VdN

Heinz
Bergschicker

Deutsche Chronik 1933-1945

Ein Zeitbild der faschistischen Diktatur

Wissenschaftliche Beratung:
Prof. Dr. sc. Olaf Groehler

Verlag der Nation
Berlin

ISBN 3-373-00093-9

4., durchgesehene Auflage 1988

Lizenznummer 400/3/88
LSV: 0269
Redaktionsschluß: 31. Mai 1987

Lektor: Rüdiger Schroeder
Technischer Redakteur: Ingrid Welzer
Technische Mitarbeit: Marga Lippert
Zusammenstellung der Register:
Egon Krenz
Korrektoren: Christa Knispel/
Hanne-Lore Martens/Heide-Rose Plake

Layout/Umbruch: Heinz Bergschicker
Typographie: Heinz Bergschicker/
Manfred Damaszynski/Hans-Joachim Schauß
Umschlag/Einband: Hans-Joachim Schauß
Karten und Schemata: Bärbel Schirm
Fototechnische Arbeiten:
Alfred Paszkowiak/Renate und Horst Ewald

Gesamtherstellung:
INTERDRUCK Graphischer Großbetrieb
Leipzig, Betrieb der ausgezeichneten
Qualitätsarbeit, III/18/97
Best.-Nr. 6961878
04950

Inhaltsverzeichnis

Geleitwort

Vom Anbruch jener unheilvollen Zeit, über die in diesem Buch berichtet wird, trennt uns ein halbes Jahrhundert. Dennoch beschäftigen wir uns immer eingehender mit ihr. Das hat nichts zu tun mit der nostalgisch verklärenden «Hitler-Welle» in der BRD, auch nichts mit der dort so genannten «Bewältigung der Vergangenheit». In der Deutschen Demokratischen Republik hat die Arbeiterklasse unter Führung ihrer revolutionären Partei und im Bunde mit allen fortschrittlichen Kräften des Volkes schon in den ersten Nachkriegsjahren dem Faschismus den Boden ein für allemal entzogen. Unser Staat braucht die faschistische Vergangenheit weder zu beschönigen noch zu bewältigen, denn er verkörpert Kampf und Hoffnung gerade derer, die dem Faschismus von Anfang an den Weg zu verlegen suchten, ihn unter unsagbaren Schwierigkeiten, Leiden und Opfern bekämpften. Wenn wir uns mit dieser Geschichtsperiode auseinandersetzen, so um unserer Zukunft willen. Sie vermittelt uns – im allgemeinen wie im besonderen – Lehren, die im Umgang mit dem Imperialismus von heute von hoher Aktualität sind. Unter diesem Blickwinkel empfehle ich das vorliegende Buch über vergangene Zeiten allen, die unser der Gegenwart geltendes Mühen voll erfassen wollen.

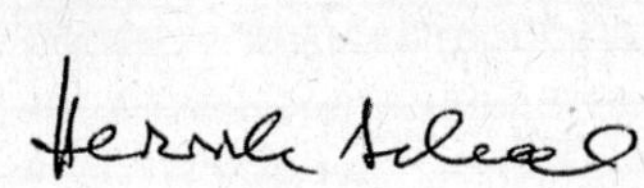

Heinrich Scheel
Professor Dr. Dr. h. c.
Präsident der Historiker-Gesellschaft
der DDR

Vorwort

Die überaus zustimmende Aufnahme, die dieses Buch nach wie vor in der gesamten Öffentlichkeit findet, veranlaßt Verlag und Autor, den bisherigen Auflagen eine weitere folgen zu lassen. Vorangestellt sei ihr wiederum ein herzlicher Dank an alle, die dazu beigetragen haben – nicht zuletzt die zahlreichen Leser, die uns ihr Engagement vielfältig zum Ausdruck brachten. Wir, die wir mit diesem neuen Buchtyp große Erwartungen verbunden hatten, fühlen uns durch das ermunternde Echo in unserem Bemühen eindrucksvoll bestätigt und ermutigt.

Seiner ganzen Anlage und Machart nach vertraut dieses Buch auf das selbständige Denken seiner Leser. Dies scheint, für sich genommen, nichts Außergewöhnliches zu sein – ist uns doch die Urteilsfähigkeit der arbeitenden Klassen und Schichten selbstverständliche Grundlage für die Gewißheit, daß sich die Welt verändern läßt. Das vorliegende Buch aber ist in ganz besonderem Maß auf das Mitdenken seiner Rezipienten angewiesen, weil es ein kompliziertes Thema mit nicht für ein solches Vorhaben vorgesehenen Mitteln behandelt.

Für die Darstellung der faschistischen Geschichtsperiode im Bild ist uns eine riesige Menge von Fotomaterial überkommen – nahezu ausnahmslos in dem Bestreben aufgenommen, dieses barbarische Regime und seine Aktionen zu motivieren und zu glorifizieren. Solches Material zur Selbstenthüllung des Faschismus werden zu lassen, bedarf nicht nur einer überlegten Auswahl und Zusammenstellung durch den Autor, sondern auch einer distanzierten Betrachtungsweise durch den Leser. Gleiches gilt für die von der Sprache der Unmenschlichkeit geprägten Text-Dokumente. Auf dem Gebiet hinwiederum, dessen Darstellung uns besonders am Herzen liegt – dem des antifaschistischen Widerstandes und seines Kerns, der revolutionären Arbeiterbewegung –, fehlt aus nur zu verständlichen Gründen Fotomaterial fast völlig. Hier sind Erfahrung und Vorstellungskraft des Lesers gefordert.

So kann das, was dieses Buch wiedergibt, letzten Endes nur Ausschnitt sein, Annäherung an die abgrundtiefe Verworfenheit und Grausamkeit des faschistischen Regimes, Andeutung auch nur des erbitterten, opferreichen Kampfes gegen die braune Pest. Kaum darstellbar die tägliche Angst und die tägliche Verlockung, die bodenlose Dummheit und die unglaubliche Arroganz, die kaltschnäuzige Profitsucht und die fühllose Bürokratie, das unsägliche Leid einzelner wie ganzer Völker und der sich unablässig selbst überwindende zornige Mut des Widerstehens.

Daß all das, was oft nur in Umrissen beschrieben werden konnte, von den Lesern mit neuen Augen gesehen, gedanklich ergänzt und seinem Wesen nach erfaßt wurde, spricht überzeugend von dem tief im Sozialismus verwurzelten humanistischen Bewußtsein der Bürger unserer Republik. Die hierzulande in über drei Jahrzehnten geduldig vermittelten Einsichten in die wahre Natur des Faschismus gestatten nun offensichtlich auch die Beschäftigung mit seinen Strukturen und Methoden. Dies ist um so notwendiger, als es sich dabei um Strukturen und Methoden des Imperialismus handelt. Gerade im Kampf um den Frieden müssen wir uns immer wieder vergegenwärtigen, welcher Praktiken er sich bedient und wessen er fähig ist – unser Leben hängt davon ab.

Berlin-Adlershof — Heinz Bergschicker

Für dieses Buch erhielt der Autor durch die Akademie der Künste der DDR 1982 den «Lion-Feuchtwanger-Preis» und durch das Komitee der Antifaschistischen Widerstandskämpfer in der DDR 1983 die Ehrenmedaille des Komitees. Die «Deutsche Chronik 1933–1945» war 1982 unter den als «Schönste Bücher der DDR» ausgezeichneten Werken.

Der Verlag

1 Nacht über Deutschland

Was 1933 über Deutschland hereinbrach, bewirkte nicht Gesetz noch Zufall. Der Faschismus war absehbar, aber auch abwendbar. Für seinen Aufstieg wie für seinen Niedergang bestanden gleichermaßen objektive Voraussetzungen. Jedem, der nur sehen wollte, gab seine Zeit ausreichend Hinweise. Doch mochten zu viele weder denken noch handeln.
Die Weimarer Republik, welcher der Faschismus entsprang, war zu keiner Zeit jener freieste der Staaten, zu dem sie von Nachahmern hochgelobt wird. Während ihrer gesamten Existenz bildete sie die – zeitweise freilich recht dekorative – Hülle kaum begrenzter bürgerlicher Klassenherrschaft. Der unüberbrückbare Gegensatz zwischen Kapital und Arbeit erhielt in ihr sogar eine besonders scharfe Ausprägung durch die zu neuer Machtvollkommenheit drängenden reaktionärsten Kräfte der deutschen Geschichte, die sich nach ihrer ernsten Niederlage im ersten Weltkrieg vorübergehend im Hintergrund halten mußten. In ihrem Endstadium erlebte die Republik von Weimar eine derartige Machtverdichtung dieser Kreise, daß selbst von formaler Demokratie kaum noch die Rede sein konnte. Mit «Notverordnungen» ohne oder gegen das Parlament regierend, leiteten die seit 1930 einander ablösenden Präsidialkabinette durch ihre sich stetig steigernde politische Willkür über zur extremsten Form imperialistischer Machtausübung: zur faschistischen Diktatur.
Zielklare Initiatoren dieses Faschisierungsprozesses waren besonders aggressive Gruppen des Industrie- und Bankkapitals, des Großgrundbesitzes und der Generalität. Ihrem unveränderten Drang nach der globalen Vormachtstellung entsprach schließlich uneingeschränkt nur noch das Programm der Nazis:

zunächst im Inneren radikale Unterwerfung der Arbeiterklasse, dann nach außen Gewaltanwendung zwecks Erweiterung der Märkte. Dazu schrankenlose Aufrüstung, endlich Krieg. An den Grenzen der innen- und außenpolitischen Aktionsfähigkeit angelangt, trat der deutsche Imperialismus planvoll in die nächste Phase seines Weltherrschaftsstrebens ein.

Als echte Gegenkraft kam nach organisatorischer Potenz, politischer wie materieller Interessenlage und historischer Bestimmung allein die Arbeiterklasse in Betracht. Doch stand ihrer Wirksamkeit ihre Spaltung entgegen, die sich in den letzten Jahren der Weimarer Republik noch vertieft hatte. Während die Kommunistische Partei im Kampf mit dem Imperialismus zur richtungweisenden Vorhut des revolutionären Proletariats geworden war, verharrte die im Revisionismus befangene Führung der Sozialdemokratie bei ihrer realitätsfremden Idee vom «Dritten Weg» zwischen den Klassenfronten. Ihr in bürgerlichen Gedankengängen wurzelnder Antikommunismus, nicht das lediglich als Reflex auftretende Sektierertum der anderen war es, der letzten Endes den von den Kommunisten lange und zäh verfolgten Plan der breiten antifaschistischen Einheitsfront scheitern ließ. Derart verunsichert, konnte die Arbeiterklasse nicht den ihr an der Spitze der Nation zukommenden Platz finden. Sich in der Mehrheit selbst begreifend, hätte sie ohne Zweifel den Vormarsch der Reaktion gestoppt.

Im gesellschaftlichen Spannungsfeld zwischen der Bourgeoisie und dem Proletariat von jedem dieser beiden Pole bald angezogen und bald abgestoßen, verloren die Mittelschichten bei wachsender Verwirrung zusehends jeden Halt. Die Auswirkungen der weltweiten Wirtschaftskrise vermehrten das Heer der Desorientierten um die Deklassierten aus Industrie und Landwirtschaft. Aus diesem Wirbelstrom verzweifelnd hoffender Ratlosigkeit bezog der Faschismus in Abstimmung mit Großindustrie und Hochfinanz sein Potential. Mit zunehmender Polarisierung mußte es zusammenbrechen.

Der Verfallsprozeß war im Gange. Das Abflauen der Wirtschaftskrise einerseits, andererseits das Eindringen antiimperialistischer Erkenntnis in die Randschichten des Proletariats ließen den Einfluß der Nazipartei stark absinken. Dennoch erschien der Bourgeoisie jeder Versuch einer Rückkehr zur bisherigen Praxis parlamentarischer Demokratie angesichts der bitteren Erfahrungen der Massen untauglich. Die Konstante imperialistischer Politik ließ sich offenbar nur durch den Übergang zu einer noch nicht kompromittierten Staatsform bewahren, die bei rigoroser Befestigung alter bürgerlicher Klassenherrschaft den Anschein neuer nationaler Würde und sozialer Gerechtigkeit erweckte.

Der Faschismus erfüllte Ansprüche solcher Art unübertrefflich; ihm wurde die Regierungsgewalt übertragen. Einen wesentlich anderen Eindruck machte die politische Szenerie anfangs indessen nicht. Neben dem braunen Reichskanzler und nur zweien der Paladine erblickte man im «Kabinett der nationalen Konzentration» schon vom vorigen und vorvorigen Kabinett her bekannte Gesichter – konservativ und reaktionär. Auch hatte trotz improvisierter Fackelzüge die bürokratische Form des eiligen Wechsels vom dritten Präsidialkabinett v. Schleicher zum vierten Präsidialkabinett Hitler nicht entfernt Ähnlichkeit mit einer «nationalen Erhebung». Straßenschlachten schließlich war man schon jahrelang gewohnt. So mag vielen zunächst der einschneidende Wandel entgangen sein, nach dem maximale Profite nunmehr durch unverhüllte, brutale Gewalt gesichert wurden.

Noch konnte der kalte Staatsstreich aufgefangen werden. Die Kommunisten, mit der Umsicht der ewig Verfolgten und dem Weitblick der unentwegt Vorangehenden, warnten, riefen die Klassenbrüder zum Generalstreik, organisierten den Widerstand. Doch der Führung der Sozialdemokratie war der Sinn für Realitäten durch alte Feindschaft und eine neue, in profitablen Regierungsjahren entdeckte Liebe zur bürgerlich-parlamentarischen Ordnung erheblich getrübt. Sie hielt es für möglich, den Faschismus «abwirtschaften» zu lassen.

Vor dem faschistischen Terror zerstoben all jene legalistischen Illusionen. Gestützt auf eine Serie die Verfassung entkräftender Notverordnungen des Reichspräsidenten, unter Beihilfe sämtlicher staatlicher Gewalten und nicht zuletzt mit übelsten Provokationen traten die Nazis zum Generalangriff auf ihre Gegner an. Der erste Schlag traf die gefährlichsten – die Kommunisten und die ihnen geistig unmittelbar Verwandten. Sie wurden unter blutigen Verfolgungen in tiefe Illegalität gedrängt. Der Sozialdemokratie zahlte sich die vornehme Zurückhaltung ihrer Führung ebensowenig aus wie den Gewerkschaften die plumpe Anbiederung der ihren – Verbot und Verfolgung ereilten beide wenig später. Die Niederlage der Arbeiterklasse war vollkommen.

Den bürgerlichen Parteien, die den Nazis mittels «Ermächtigungsgesetz» den Anschein einer legalen Vorherrschaft verliehen, blieb als einzig logische Folgerung daraus die erzwungene Selbstauflösung. Ihre Rolle als «Hüter der Demokratie» war in dem Augenblick ausgespielt, als sich die Mehrheit der führenden Monopole auf ihre konsequentesten Interessenvertreter umgestellt hatte. Die Herren des Finanzkapitals waren sich einig mit denen der Reichswehr. Sie gaben dem Faschismus vier Jahre Zeit, sich zu bewähren.

Die unbedingte Ausrichtung auf die Großen mußte den kleinen Leuten herbe Enttäuschungen bringen. Unter dem halbproletarischen Anhang der Nazis wie im Mittelstand kam der Wunsch nach einer «zweiten Revolution» auf. Er wurde im höheren Interesse des Profits ebenso rasch in Strömen von Blut erstickt wie alle sonstige Gegnerschaft. Mit dem nun nur erwünschten Tod des Reichspräsidenten konnte die «Gleichschaltung» des gesamten staatlichen Lebens auch formal zu Ende geführt werden. Das Regime der Nazis hatte sich endgültig konsolidiert.

Deutschlands Weg in den Abgrund war damit frei von letzten inneren Hindernissen. Vermochten ihn diejenigen, denen der Verstand nicht in die Stiefel gerutscht war, die nur allzuwenigen, die von den Stiefeln nicht zertreten worden waren, noch einmal zu versperren? Die Besten versuchten es.

Mit der Übertragung der Staatsmacht auf die Nazipartei vollzieht sich in Deutschland der Übergang zu einer neuen Herrschaftsform des Imperialismus. Es beginnt die brutale Diktatur jener entscheidenden Kreise des Monopolkapitals, die ihren alten Weltmachtanspruch neu auf die Tagesordnung setzen. Industrie- und Bankherren, Generäle und Großgrundbesitzer erblicken im Faschismus die einzige Kraft, dieses Vorhaben gegen den stetig anschwellenden antiimperialistischen Massenkampf umgehend zu verwirklichen. Letzte störende Schranken der bürgerlich-demokratischen Ordnung müssen fallen, unkalkulierbare Risikofaktoren ausgeschaltet werden, soll dieser zweite deutsche Anlauf zu europäischer Vorherrschaft reibungslos gelingen. In Kraft tritt das Grundgesetz des Faschismus: Kriegsvorbereitung und Krieg.

Diktatur der Minderheit

1929
23. März Reichsbank-Präsident Schacht erörtert mit General v. Seeckt diktatorische Maßnahmen des Reichspräsidenten **Mitte Mai** Führende Ruhr-Industrielle (Krupp, Thyssen, Kirdorf, Vögler) mit Schacht einig im Streben nach schärferem Regierungskurs **9. Juli** Konservative (Hugenberg, Seldte, Claß) nehmen enge Zusammenarbeit mit Nazis auf **25. Okt.** «Schwarzer Freitag» an der New-Yorker Börse; löst Weltwirtschaftskrise aus
1930
27. März Sturz des sozialdemokratisch geführten Kabinetts Müller **30. März** Erstes Präsidialkabinett (Brüning); regiert mit Notverordnungen ohne das Parlament **24. Aug.** KPD-Programm zur nationalen und sozialen Befreiung **14. Sept.** Reichstagswahl; Stimmenzuwachs der NSDAP auf fast sechseinhalb Millionen (1928: achthunderttausend); die KPD hat mit über viereinhalb Millionen Stimmen weit über eine Million neue Wähler; stärkste Partei bleibt die SPD mit über achteinhalb Millionen Stimmen
1931
5. Jan. Schacht nimmt Verbindung zu Hitler und Goebbels auf **11. Okt.** In Bad Harzburg Tagung der «nationalen Opposition» (Konservative und Nazis): «Harzburger Front» **16. Dez.** «Eiserne Front» der SPD formiert (mit ADGB, ATSB und Reichsbanner)
1932
27. Jan. Hitler spricht vor dem Industriellenklub Düsseldorf **10. April** Wiederwahl v. Hindenburgs zum Reichspräsidenten **25. Mai** Aufruf der KPD für eine antifaschistische Aktion **1. Juni** Zweites Präsidialkabinett (v. Papen) **14. Juni** Zeitweiliges Verbot von SA und SS aufgehoben; verschärfter Naziterror **20. Juli** v. Papen setzt SPD-geführte Regierung Preußens ab **31. Juli** Reichstagswahl; weit über dreizehneinhalb Millionen Stimmen für die NSDAP, fast fünfeinhalb Millionen für KPD, knapp acht Millionen für SPD **Okt.** Siebeneinhalb Millionen Arbeitslose allein in Deutschland **6. Nov.** Reichstagswahl; NSDAP verliert zwei Millionen Stimmen, SPD über eine halbe Million; Zuwachs der KPD auf sechs Millionen **17. Nov.** v. Papen tritt zurück **18. Nov.** Hitler bei v. Hindenburg; verlangt diktatorische Vollmachten **19. Nov.** Finanziers und Industrielle fordern Hitlers sofortige Ernennung **3. Dez.** Drittes Präsidialkabinett (v. Schleicher)
1933
4. Jan. Hitler und v. Papen vereinbaren bei dem Kölner Bankier Schröder NS-geführte Koalitionsregierung **5. Jan.** Analoge Gespräche mit Vögler, Kirdorf, Springorum **22. Jan.** SA-Aufmarsch vor dem Karl-Liebknecht-Haus (ZK der KPD); dort am **25. Jan.** hundertdreißigtausend Werktätige zur Gegenkundgebung **28. Jan.** Rücktritt v. Schleichers **30. Jan.** v. Hindenburg ernennt Hitler zum Kanzler

Das Hauptquartier der Nazis kurz vor der Machtübergabe ist das renommierte Berliner Hotel Kaiserhof. Hier warten die Naziführer den sicheren Ausgang der Intrige ab, durch die Hitler jetzt an die Stelle des bankrotten Kanzlers v. Schleicher geschoben werden soll

Vermittler bei der Machtübergabe an Hitler sind Baron v. Papen (links) und der Bankier v. Schröder. Dahinter: General v. Blomberg

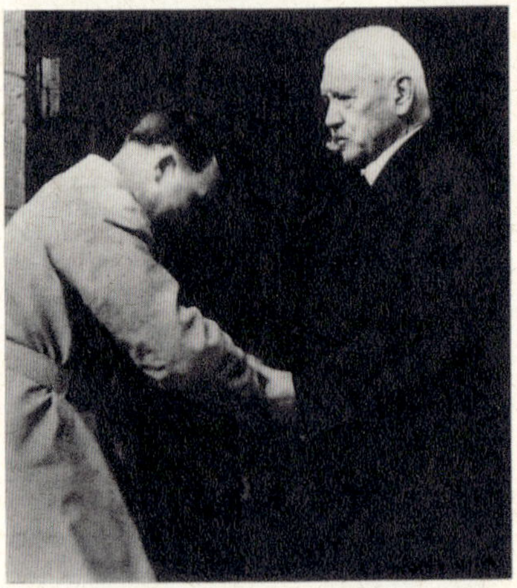

Ganz den ergebenen Diener markiert Hitler bei Reichspräsident v. Hindenburg, der ihn als «böhmischen Gefreiten» lange ablehnte

Hitlers «Kabinett der nationalen Konzentration» stellt bei lediglich drei Nazis dennoch eine aggressive Koalition extrem reaktionärer Kräfte dar. Stehend (v. l. n. r.) Seldte, Gereke, Schwerin v. Krosigk, Frick, v. Blomberg, Hugenberg; sitzend: Göring, Hitler und v. Papen

Die Nazis stellen die Machtübergabe an die NSDAP als «nationale Erhebung» dar, als Sieg ihrer «Bewegung» über Parteienhader und die angeblich drohende Bolschewisierung Deutschlands. Als neuer Herr der Reichskanzlei läßt sich Hitler sofort mit einem Fackelzug feiern. Wenige Stunden zuvor hat sein Kabinett bereits eine erste Beratung über die zweckmäßigste Unterdrückung der KPD gehabt

Schon in ihren ersten Maßnahmen erweist sich die Naziregierung als hemmungsloser Interessenvertreter der Monopolgewaltigen im Klassenkampf. Blutiger Terror gegen die konsequentesten Arbeiterfunktionäre leitet eine Unterdrückungskampagne ein, die am Ende jedwede antifaschistische Opposition ersticken soll. In vielen Städten haben sich die Arbeiter bereits in den ersten Tagen der Hitler-Herrschaft bewaffneter Überfälle der Nazibanden zu erwehren, die von der Polizei geduldet oder unterstützt werden. Mit dem Reichstagsbrand ersetzt die Naziführung den noch sporadischen Terror der SA-Verbände durch umfassende, gezielte Verfolgungsmaßnahmen des Staatsapparats. Zehntausende von Hitler-Gegnern werden in die Konzentrationslager geworfen, viele hundert ermordet.

Ein Anfang mit Schrecken

1933
30. Jan. Erste Sitzung des Kabinetts Hitler; u.a. Maßnahmen gegen KPD beraten; Reichspräsident aufgefordert, den Reichstag aufzulösen **31. Jan.** Rundfunk-Ansprache Hitlers («Gebt uns vier Jahre Zeit»; «entscheidende Tat»: der Kampf gegen den Kommunismus) **1. Febr.** Auflösung des Reichstags; für den 5. März Neuwahlen angesetzt – Göring verbietet als kommissarischer Innenminister von Preußen dort alle Veranstaltungen der KPD unter freiem Himmel **2. Febr.** Verbot durch den Reichsinnenminister auf ganz Deutschland ausgedehnt – Besetzung des Berliner Karl-Liebknecht-Hauses, Sitz des ZK der KPD **4. Febr.** Verordnung des Reichspräsidenten zum «Schutze des deutschen Volkes»; Versammlungs- und Presseverbote für jede Kritik an der Hitler-Regierung; Verhaftungen ohne Gerichtsbeschluß möglich – Auflösung der Stadt- u. Gemeindeparlamente in Preußen **7. Febr.** Preußischer Landtag aufgelöst **17. Febr.** «Schieß-Erlaß» Görings: rücksichtsloser Waffengebrauch der Polizei gegen Antifaschisten; SA, SS sowie Stahlhelm sind zu unterstützen; Erlaß von allen Länderregierungen übernommen **22. Febr.** Aus den bewaffneten Einheiten von SA, SS und Stahlhelm auf Anordnung Görings in Preußen «Hilfspolizei» formiert **27. Febr.** Reichstagsbrand; Festnahme des holländischen Anarchisten van der Lubbe als Brandstifter; Vorwand zur Verhaftung von rund zehntausend Kommunisten, Sozialdemokraten und oppositionellen Demokraten noch in der Nacht; Verbot der kommunistischen und eines Teils der sozialdemokratischen Presse **28. Febr.** Verordnung v. Hindenburgs «zum Schutz von Volk und Staat»; Verfassungs-Grundrechte aufgehoben; Androhung der Todesstrafe für antifaschistische Tätigkeit – Haftbefehle gegen führende Funktionäre der KPD **3. März** Verhaftung Thälmanns, des Vorsitzenden der KPD **6. März** Verbot des Reichsbanners und der Eisernen Front in Thüringen; bis Monatsende weitere Verbote auch in anderen Ländern **9. März** Dimitroff, Leiter des Westeuropäischen Büros der Komintern in Berlin bis zu dessen Auflösung im Februar, sowie Popoff und Taneff als angebliche «Reichstags-Brandstifter» festgenommen **21. März** «Heimtücke-Verordnung» des Reichspräsidenten; u.a. gegen Handlungen und Äußerungen, die das Wohl des Reiches oder Ansehen der Regierung schädigen – Bildung von Sondergerichten gegen Antifaschisten – Verordnung über Straffreiheit für Naziverbrechen vor der Machtübergabe – Erste offizielle Erwähnung von Konzentrationslagern (Dachau u.a.); bis zum Jahresende werden mehr als einhundert derartige Lager eingerichtet und hundertfünfzigtausend Regimegegner eingeliefert; Hunderte von Antifaschisten werden ermordet

Den Vorwand für die offene Verfolgung der KPD liefert der Reichstagsbrand. Als Urheber wird ein holländischer Anarchist festgenommen. Doch führt ein unterirdischer Gang vom Palais des Reichstagspräsidenten zum Parlamentsgebäude, und der Hausherr heißt Göring

An der nächtlichen Brandstätte streuen Goebbels (halb verdeckt), Hitler und Göring das Stichwort vom «kommunistischen Umsturzversuch» aus. Wenig später sind im Reich nach vorbereiteten Listen rund zehntausend Kommunisten und andere Hitler-Gegner verhaftet

Zuverlässige Stütze des neuen Regimes ist die Polizei, die ihr altes Feindbild nicht einmal wechseln muß. Im blutigen «Durchgreifen» gegen Arbeiterdemonstrationen hat sie jahrzehntelange Erfahrung

In manchen Städten kommt es zu Zusammenstößen. Mitte Februar gibt es am «Blutsonntag von Eisleben» beim Überfall Hunderter SA-Männer auf Einrichtungen der KPD Tote und Schwerverletzte

Tag für Tag durchkämmen Sonderkommandos die Arbeiterviertel – hier in der Nähe des Berliner Alexanderplatzes –, um planmäßig jeden Widerstand gegen die Nazis durch Verhaftungen zu brechen

In den «Sturmlokalen» der SA werden verschleppte Antifaschisten viehisch gequält; viele der Opfer erliegen den Mißhandlungen an Ort und Stelle. Einige SA-Verbände richten improvisierte KZ ein

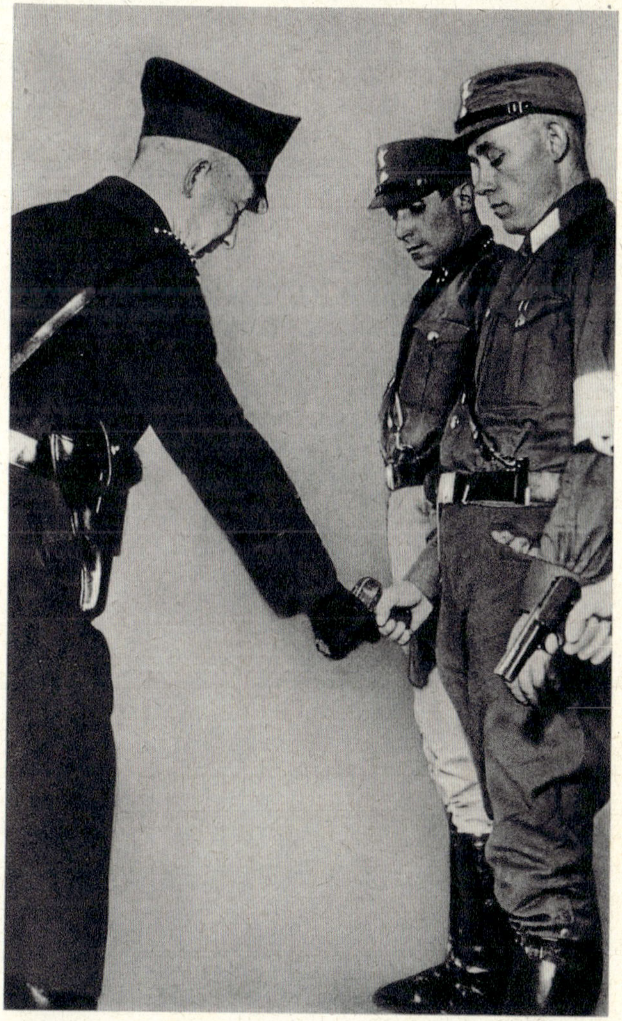

Fünfzigtausend Schläger der SA und SS sind von der Regierung zu «Hilfspolizisten» erklärt. Schußwaffengebrauch hat ihnen Preußens kommissarischer Innenminister Göring ausdrücklich anempfohlen

In ganz Deutschland entstehen im Frühjahr 1933 mehr als hundert größere und kleinere Konzentrationslager – hier in Oranienburg auf einem Fabrikgelände. Zu Anfang werden die Lager vorwiegend noch von SA bewacht; als sogenannte «Schutzhäftlinge» sind ihr neben den Kommunisten und besonders aktiven Sozialdemokraten auch zahlreiche parteilose Hitler-Gegner absolut hilflos ausgeliefert

Die Polizeigefängnisse sind überfüllt, seit v. Hindenburg die ihm von Hitler vorgelegte Notverordnung «zum Schutz von Volk und Staat» unterschrieben hat. Durch sie werden die wichtigsten Grundrechte der Weimarer Verfassung außer Kraft gesetzt. In den folgenden Monaten werden zusätzlich über vierhundertsechzig Sondergesetze und Verordnungen gegen jedwede oppositionelle Tätigkeit erlassen

Der hemmungslose Haß auf die Arbeiterbewegung schreckt nicht einmal vor solch selbstentlarvenden Demonstrationen zurück wie diesem Scheiterhaufen, den Nazis in Landsberg an der Warthe mit unter derartigen Umständen doppelt aktuellen Transparenten der KPD dekorieren. Lenins Bild am Galgen proklamiert offen den nun zur Regierungspolitik deklarierten antibolschewistischen Kreuzzug

Die Masse der bewußten Arbeiterschaft ist zur Abwehr des Faschismus entschlossen. Ein Signal zum vereinten Kampf gegen die Nazis aber bleibt aus. Die Kommunistische Partei müht sich zwar von der ersten Stunde der Hitler-Diktatur an erneut um gemeinsame Aktionen mit den Sozialdemokraten. Deren Führung jedoch will im Widerstand gegen erklärte Verfassungsfeinde den «Boden der Verfassung» nicht verlassen; auch schreckt sie der angebotene Generalstreik als Auftakt für ein schwer lösbares Bündnis. So kann zunächst die KPD in die Illegalität gedrängt und dann die SPD zerschlagen werden. Die Möglichkeit, das noch ungefestigte Regime des Faschismus sofort zu Fall zu bringen, ist verspielt. Mehr noch: Große Teile der Arbeiterschaft sind angesichts des leichten Sieges der Nazis verwirrt und entmutigt.

Getrennt – Geschlagen

1933

30. Jan. KPD ruft zum Generalstreik auf; SPD und ADGB zur Einheitsfront aufgefordert **31. Jan.** SPD-Parteivorstands-Sitzung; Rede Breitscheids: «Bereit sein ist alles!» – Tagung des ADGB-Bundesausschusses; Leipart: «Organisation, nicht Demonstration» **Ende Jan./Anf. Febr.** In vielen Städten Protestaktionen, Demonstrationen sowie auch Streiks gegen das NS-Regime **4. Febr.** Pieck ruft im Preußischen Landtag zur Einheitsfront auf **6. Febr.** KPD-Kundgebung für Aktionseinheit in Lübeck **7. Febr.** Illegale Tagung des ZK der KPD mit Bezirksfunktionären in Ziegenhals bei Berlin; Thälmann formuliert die Aufgaben der Partei – Im Berliner Lustgarten Kundgebung der Eisernen Front; zweihunderttausend Teilnehmer **10. Febr.** Zehntausende Werktätige geleiten drei ermordete Jungarbeiter nach Berlin-Friedrichsfelde; Rede Piecks **22. Febr.** Antifaschistische Kundgebungen der KPD in Leipzig und Halle **24. Febr.** Massenstreik in Hannover **26./27. Febr.** Letzte legale Ausgabe der «Roten Fahne»; erscheint ab März illegal **27. Febr.** Offener Brief Thälmanns an die sozialdemokratischen und christlichen Arbeiter **1. März** Neues Einheitsfront-Angebot der KPD an SPD/ADGB **3. März** Nach Thälmanns Verhaftung Pieck mit Vertretung beauftragt **Anf. März** KPD-Aufruf zur Befreiung Thälmanns aus der Nazihaft **8. März** ADGB-Bundesausschuß bittet Göring um Schutz für die Gewerkschaften **14. März** Weiteres Einheitsfront-Angebot der KPD an Parteivorstand der SPD **21. März** ADGB-Bundesvorstand offeriert Hitler seine Mitarbeit **30. März** Aufruf der KPD zur Verteidigung der Gewerkschaften **März/April** Etwa hundert Proteststreiks **Anf. April** Vorstand der SPD maßregelt die Berliner Jungsozialisten wegen Vorbereitung zu illegaler Tätigkeit **19. April** ADGB-Bundesvorstand ruft zur Teilnahme an den Maifeiern der Nazis auf **26. April** Reichskonferenz der SPD in Berlin; setzt die Stillhalte-Politik fort; neuer Vorstand unter Wels/Vogel **2. Mai** ADGB zerschlagen **4. Mai** SPD-Emigrationsvorstand mit Wels/Vogel/Stampfer/Ollenhauer u.a. gebildet; erst in Saarbrücken, ab Juni in Prag **Mitte Mai** KPD bildet in Paris mit Pieck/Dahlem/Florin eine Auslandsleitung; in Berlin arbeitet Inlandsleitung unter Schehr/Ulbricht/Schubert/Schulte **17. Mai** Fünfundsechzig SPD-Abgeordnete um Löbe geben im Reichstag Hitlers außenpolitischem Programm ihre Stimme **Ende Mai** Tagung des ZK der KPD; schätzt Klassencharakter der Hitler-Diktatur ein; Kritik an der Mißachtung gewerkschaftlicher und ideologischer Arbeit (Sektierertum) **18. Juni** SPD-Exilvorstand im «Neuen Vorwärts»: «Zerbrecht die Ketten!» **19. Juni** «Reichskonferenz» der SPD-Funktionäre um Löbe distanziert sich davon

Ernst Thälmann, der Vorsitzende der KPD, fällt den Nazis Anfang März in die Hände. Sie kerkern ihn in Berlin-Moabit ein, um sich in einem Schauprozeß gegen ihn als Retter des Reiches aufzuspielen. Seine ungebrochene Haltung zwingt sie, dieses Vorhaben aufzugeben

Die Schriftsteller Ludwig Renn (rechts) und Carl v. Ossietzky (Mitte) werden in der Haft Pressevertretern als Kriminelle vorgeführt

Razzia einer motorisierten Sondereinheit der Berliner Polizei (Gruppe Wecke) in einer Spandauer Laubenkolonie Ende März. Gesucht werden antifaschistische Flugschriften, die durch die in die Illegalität gedrängte KPD in großer Zahl hergestellt und verteilt werden

Die KPD-Inlandsleitung besteht bis Herbst 1933 aus John Schehr, Hermann Schubert, Fritz Schulte sowie Walter Ulbricht (oben)

Illegaler Tagungsort des Zentralkomitees der KPD ist Anfang Februar 1933 das Sporthaus Ziegenhals bei Berlin. Ernst Thälmann stellt der Partei hier die Aufgabe, durch täglichen Massenkampf der Arbeiter sowie aller Werktätigen die faschistische Regierung zu stürzen

Nachfolger Thälmanns als Vorsitzender der KPD wird für die Dauer seiner Haft Wilhelm Pieck. Er leitet die Arbeit von Paris aus an

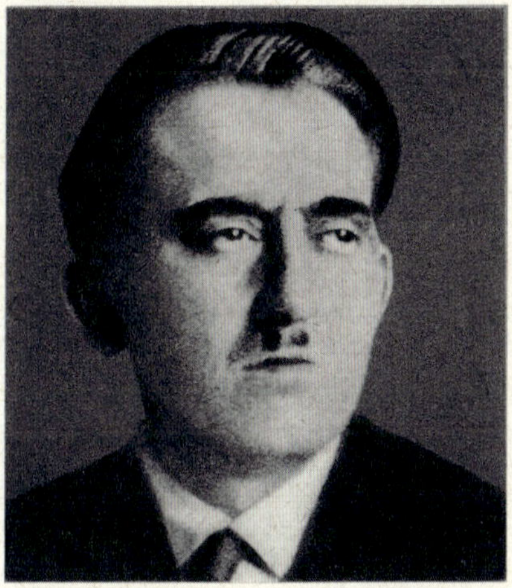

Franz Dahlem, gleichfalls auf Parteibeschluß gemeinsam mit Pieck und Florin als Mitglied der Pariser Auslandsleitung der KPD tätig

Wilhelm Florin wird von der französischen Justiz wegen antifaschistischer Tätigkeit zu Gefängnisstrafe verurteilt und ausgewiesen

Bietet Hitler brieflich die Mitarbeit des von der SPD gelösten Gewerkschaftsbundes an: Theodor Leipart, Vorsitzender des ADGB

Otto Braun, abgesetzter Ministerpräsident Preußens, geht noch Anfang März nach der Schweiz und schreibt dort seine Memoiren

Um Duldung durch das Naziregime müht sich Paul Löbe, indem er für Abwahl der jüdischen Parteivorstandsmitglieder sorgt

Die abwartende Haltung der sozialdemokratischen Leitungsgremien wird von den Nazis nicht honoriert. Polizeieinheiten besetzen das Gebäude des «Vorwärts» (oben), Zentralorgan der SPD, Hunderte aktive sozialdemokratische Arbeiter und Funktionäre werden noch in den ersten Wochen der Nazidiktatur verhaftet. Trotzdem lehnt die SPD-Führung weiterhin jederlei Aktionseinheit mit der KPD ab

Ernster Hinweis auf den auch der SPD drohenden Terror ist unter anderem die Mißhandlung des ehemaligen Ministerpräsidenten von Oldenburg, Bernhard Kuhnt, den SA-Männer in Chemnitz Anfang März durch die Stadt karren und antifaschistische Losungen von den Mauern abwaschen lassen. Er hatte sich den Haß der Nazis als 1918er «Novemberverbrecher» und «Flottenmeuterer» zugezogen

Ein strikter Feind der Aktionseinheit bleibt selbst noch im Prager Exil Otto Wels, der wiedergewählte Parteivorsitzende der SPD

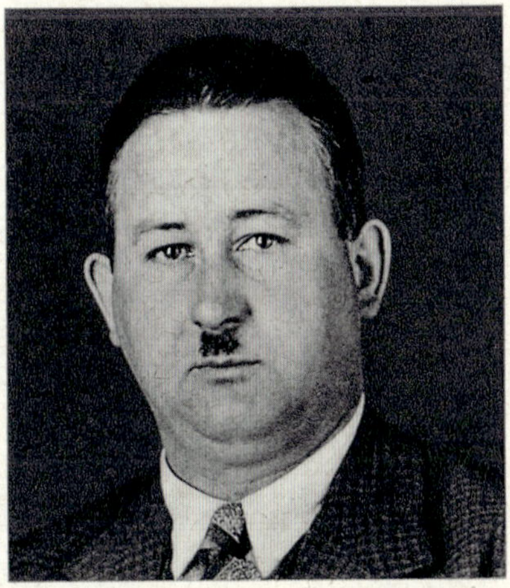

Im geheimen «Zwölfer-Ausschuß» der SPD wirkt Max Fechner. Die Berliner Zentrale hält Verbindung zu illegalen Parteigruppen

Der Berliner SPD-Bezirksvorsitzende Franz Künstler geht nach Haft im KZ den langen Weg der Erkenntnis bis zur Aktionseinheit

Neuwahlen zum Reichstag sollen den Nazis den Anschein voller Legalität verleihen. Ein entsprechender Beschluß war vom Hitler-Kabinett bereits in seiner ersten Sitzung gefaßt worden. Sein Ziel ist vor allem die Aufsplitterung der Gegenkräfte, deren einheitliche Abwehrreaktion den Faschismus in kurzer Zeit hoffnungslos lähmen würde. Die Monopole unterstützen den Wahlkampf der Nazis durch Millionenspenden. Er steht im Zeichen der enthemmten, von zahllosen Unterdrückungs-Aktionen begleiteten antikommunistischen Hetze. Trotz erheblichen Stimmenzuwachses entspricht das Ergebnis der Wahl nicht den Erwartungen der Nazis. Ihre Partei erreicht die angestrebte absolute Mehrheit nicht; zu den Kommunisten haben sich noch immer annähernd fünf Millionen Menschen bekannt.

Wahlen als Ausnahmezustand

1933
10. Febr. Wahlkampf zur Reichstagswahl mit Rede Hitlers im Berliner Sportpalast eröffnet **15. Febr.** Antifaschisten unterbrechen in Stuttgart die Lautsprecher-Übertragung einer Hitler-Rede; analoge Aktionen auch in anderen Städten **20. Febr.** Auf Vorschlag Schachts bildet die Großindustrie zur Unterstützung der NSDAP bei den Wahlen einen Wahlfonds mit drei Millionen Mark; Spender sind u.a. die Friedrich Krupp AG, die IG Farben AG und die Vereinigte Stahlwerke AG **23. Febr.** Im Sportpalast spricht Pieck auf einer Kundgebung der KPD zur Wahl; Aufruf zur Kampfeinheit der Arbeiterklasse; die Polizei löst die Kundgebung vorzeitig auf **5. März** Reichstagswahl und Wahl in den Preußischen Landtag; Ergebnis der ersteren:

Partei	Stimmen	Mandate
Insgesamt	39,3 Mio	647
davon		
NSDAP	17,3 Mio	288
SPD	7,2 Mio	120
Zentrum/BVP	5,5 Mio	92
KPD	4,8 Mio	81
DNVP	3,1 Mio	52
DVP	0,4 Mio	2
Deutsche Staatspartei	0,3 Mio	5
Den Rest der Stimmen	erhalten Splitterparteien	

9. März Naziregierung annulliert die Mandate der KPD für den Reichstag, um sich die Zwei-Drittel-Mehrheit zu sichern **12. März** Kommunalwahlen in Preußen **21. März** «Tag von Potsdam»: Eröffnung des Reichstags in der Garnisonkirche; Ansprachen Hitlers und v. Hindenburgs; SPD-Fraktion bleibt der Veranstaltung fern

Zusammensetzung des durch die Wahl bestätigten «Kabinetts der nationalen Konzentration»:

Reichskanzler	Hitler	NSDAP
Vizekanzler und Reichskommissar für Preußen	v. Papen	parteilos (bis Juni 32 Zentrum)
Außenminister	v. Neurath	parteilos
Innenminister	Frick	NSDAP
Reichswehr-Minister	v. Blomberg	parteilos
Finanzminister	Schwerin v. Krosigk	parteilos
Post/Verkehrsminister	v. Rübenach	parteilos
Wirtschaftsminister	Hugenberg	DNVP
Arbeitsminister	Seldte	Stahlhelm
Reichskommissar für Luftfahrt und komm. Innenminister Preußens	Göring	NSDAP
Justizminister	Gürtner	DNVP

Vor einem Berliner Wahllokal: Hugenberg (Mitte), Hitlers konservativer Partner. Beider Koalition erringt trotz Geldern der Großindustrie keine Zwei-Drittel-Mehrheit: SPD und KPD erhalten zusammen zwölf Millionen Stimmen. So hebt man alle KPD-Mandate auf

Die durch Kundgebungen und Demonstrationen bezeugte Kampfbereitschaft der Arbeiter veranlaßt bürgerkriegsartige Maßnahmen bei der Vorbereitung der Wahlen. Am Vortag durchsuchen in den Straßen Berlins Polizisten mit schußbereitem Karabiner die Passanten

Durch willkürliche Polizeiaktionen wie diese Haussuchung der SA im Berliner Arbeiter-Radio-Klub sollen nicht zuletzt Wähler, die mit den Arbeiterparteien sympathisieren, eingeschüchtert werden

Belagerungszustand – dieses vertraute Bild bietet Deutschland am Tag der Wahl. Auf den Hamburger Elbbrücken sind, demonstrativ vereint, schwerbewaffnete Polizisten und SA-Männer auf Patrouille

Zu einem nationalistischen Propagandarummel gestalten die Nazis die Eröffnung des im März gewählten Reichstags. In der Potsdamer Garnisonkirche beschwört der «Gefreite des ersten Weltkrieges» vor dem Feldmarschall-Präsidenten die Vision einer «Vermählung zwischen den Symbolen der alten Größe und der jungen Kraft». In dieser Veranstaltung legt er auch seinen Eid auf die Verfassung ab

Durch rigorose Eingriffe in alle Gebiete des öffentlichen Lebens schaffen die Nazis ohne Verzug Voraussetzungen einer kriegsmäßig formierten Gesellschaft. «Statthalter» und «Kommissare» reißen überall die Führung an sich. Den Reichstag degradiert man mit dem Ermächtigungsgesetz zu einer bloßen Schaubühne. Auch die übrigen Parlamente werden ausgeschaltet, die Länder entrechtet, sämtliche anderen Parteien verdrängt. Die Sozialdemokratie und die Gewerkschaften zahlen für das Stillhalten ihrer Führer nicht nur mit dem Verlust ihrer Organisationen, sondern auch mit Blut und Freiheit vieler tausend Mitglieder. Eine Welle brutalster Repression schirmt den gesellschaftlichen Konzentrationsprozeß ab, durch den sich Staat, Monopole und NSDAP eilig auf den gleichen Nenner bringen.

Die «Gleichschaltung»

1933
Febr./März Bei den Betriebsräte-Wahlen erhalten NSBO-Kandidaten nur zwölf Prozent der Stimmen **8. März** Der Reichs-Innenminister übernimmt die Polizeibefugnisse in Sachsen und anderen Ländern; Einsetzung von Reichskommissaren **9. März** v. Epp Reichskommissar in Bayern; SA und SS besetzen Ämter; Nazi-Landesregierung gebildet **17. März** Die christlichen Gewerkschaften erklären sich als unpolitisch **23. März** Der neue Reichstag nimmt mit Zustimmung der bürgerlichen Parteien das Ermächtigungsgesetz an; SPD-Fraktion stimmt dagegen; Gesetz überträgt die gesetzgeberische Gewalt der Regierung **31. März** Erstes Gesetz zur Gleichschaltung der Länder mit dem Reich; auch die Landesregierungen erhalten gesetzgeberische Gewalt; die Landesparlamente (außer in Preußen) werden aufgelöst und entsprechend Reichstags-Wahlergebnis zusammengesetzt; KPD-Mandate bleiben unberücksichtigt; analoge Festlegungen für die Gemeinden **1. April** Juden-Boykott der Nazis; KPD-Protest gegen die Exzesse **4. April** Gesetz zur Vertagung der Betriebsräte-Wahlen bis zum 30. September; «staats- oder wirtschaftsfeindliche» Betriebsräte verlieren Mandat **7. April** Zweites Gesetz zur Gleichschaltung mit dem Reich; Länder der Aufsicht von Reichsstatthaltern unterworfen **11. April** Göring zu Preußens Ministerpräsident ernannt – Gesetz zum Ersten Mai als «Feiertag der nationalen Arbeit» **13. April** Loyalitätsbesuch Leiparts (ADGB) bei der NSBO-Leitung **21. April** Befehl Leys zur Liquidierung der Gewerkschaften **1. Mai** Faschistische Mai-Feiern unter Teilnahme der Gewerkschaften; viele Gegendemonstrationen **2. Mai** NSBO, SA und SS besetzen Gewerkschaftshäuser; Nazikommissare eingesetzt; Vermögen beschlagnahmt; zahlreiche Funktionäre verhaftet – Christliche u. a. Gewerkschaften unterstellen sich freiwillig **5. Mai** v. Hindenburg ernennt die ersten Reichsstatthalter (meist NS-Gauleiter); sie bilden bis Monatsmitte neue Landesregierungen **26. Mai** Gesetz über die Einziehung des kommunistischen Vermögens **21. Juni** Stahlhelm-Organisation in die NSDAP eingegliedert – Beginn der «Köpenicker Blutwoche»; über neunzig Antifaschisten ermordet **22. Juni** Verbot der SPD; Verhaftungswelle unter ihren Funktionären **27. Juni** Selbstauflösung der DNVP; Rücktritt Minister Hugenbergs; bis **5. Juli** Selbstauflösung auch der anderen bürgerlichen Parteien **7. Juli** Verordnung zur «Sicherung der Staatsführung»: Annullierung aller SPD-Mandate **8. Juli** Gesetz über einen preußischen Staatsrat; (Mitglieder sind Thyssen, Furtwängler, General Litzmann u. a.) **14. Juli** Gesetz über die Einziehung des staatsfeindlichen (SPD-) Vermögens – Gesetz gegen die Neubildung von Parteien: NS-Monopol

Nahezu unumschränkte Vollmachten verschafft sich die Naziregierung mit dem pauschalen Ermächtigungsgesetz. Während Hitler im Reichstag dazu spricht, beobachtet Göring die Abgeordneten durch sein Fernglas. Nur die Sozialdemokraten stimmen gegen die Vorlage

Im Sitzungssaal des Berliner Magistrats hängt man neben anderen Bildern deutscher Kaiser auch das Wilhelms II. wieder auf – klares Bekenntnis zur (gescheiterten) imperialistischen Großmachtpolitik

Ersatz für die dem Mittelstand versprochenen Schritte gegen das «raffende Kapital»: ein im April 1933 unter massivem Aufgebot der SA durchgeführter Boykott sämtlicher jüdischen Läden und Praxen

Den Ländern werden Reichsstatthalter vorgesetzt – hier 1934 bei ihrer zweiten Vereidigung (auf Hitler) durch Innenminister Frick (vorn rechts). Die einzelnen Länderparlamente werden aufgelöst

Bayern wird auf seine Gleichschaltung bereits Anfang März durch einen Staatsstreich vorbereitet. Bewaffnete SA- und SS-Leute des «Reichskommissars» v. Epp besetzen Regierungsämter in München

Der 1. Mai wird zum klassenneutralen «Tag der nationalen Arbeit» verfälscht; auf dem Tempelhofer Feld spricht Hitler. Zwei Drittel der Berliner Betriebsbelegschaften bleiben dieser Kundgebung fern

Weitere Terrorgesetze und -verordnungen verkündet Göring auf einer Pressekonferenz Anfang April. Durch sie wird jede Tätigkeit gegen das Hitler-Regime mit Zuchthaus- und Todesstrafe bedroht

Besetzung aller Gewerkschaftshäuser – hier in Berlin der Büros am Engel-Ufer – und Raub des Gewerkschaftsvermögens beenden die Existenz freier Gewerkschaften zugunsten der «Arbeitsfront»

Fünf Monate nach der Machtübergabe ist die NSDAP die einzige in Deutschland offiziell bestehende Partei. Ihre Alleinherrschaft wird durch ein «Gesetz gegen die Neubildung von Parteien» abgesichert

Hitlers konservative «Einrahmung» durch Hugenberg, v. Papen und andere – hier im Landwirtschaftsrat – ist eine bloße Fiktion. In der Praxis sehen sich die «Aufpasser» umgehend an die Wand gedrückt

Die «Kampfstaffeln» der DNVP Hugenbergs werden verboten, ihre Räume besetzt. Der «Stahlhelm» flüchtet sich in die SA. Mitarbeit bei den Nazis empfehlend, lösen sich die bürgerlichen Parteien auf

Mit dem Verbot der Sozialdemokratischen Partei fällt die letzte legale Organisation der Arbeiterbewegung. Etwa dreitausend ihrer Parteifunktionäre werden verhaftet; Überfallkommandos besetzen die von Sozialdemokraten geleiteten Gemeindeverwaltungen – so das Rathaus in Neukölln (oben). Unter den einundneunzig Opfern der «Köpenicker Blutwoche» sind auch führende Sozialdemokraten

Die Weltherrschaftsträume der deutschen Monopolisten wie das Revanchedenken der deutschen Militärs haben in Hitlers Partei einen willfährigen Anwalt. Beiden Gruppen wird im faschistisch gelenkten Staatsapparat sofort beherrschender Einfluß eingeräumt. Vertreter der größten Konzerne besetzen wichtige Positionen, die Verschmelzung von staatlicher und wirtschaftlicher Macht zum staatsmonopolistischen Kapitalismus auf eine weit höhere Stufe hebend. Den Beistand der militärischen Führung sichert der geheime Ausbau der Reichswehr. In der umgehend einsetzenden Aufrüstungswelle decken sich die Interessen der Konzernherren und der Generäle völlig. Die Öffentlichkeit wird mit demagogischen Losungen von «nationaler Selbstbestimmung» auf die bevorstehende Wiederaufrüstung vorbereitet.

Im Schnittpunkt der Interessen

1933

1.Febr. Reichswehr-Minister v.Blomberg beruft Oberst v.Reichenau zum Chef des Ministeramtes **3.Febr.** Hitler erläutert der Reichswehr-Führung seine Pläne: Ausrottung des Marxismus, Kampf gegen Versailler Vertrag, Aufbau der Wehrmacht, Eroberung von «Lebensraum» **16.März** Schacht Reichsbank-Präsident **24.März** Reichsverband der deutschen Industrie dankt Hitler für Sicherung der Wirtschaft vor «Störungen» und «politischen Schwankungen» **28.März** Loyalitätserklärung der katholischen Fuldaer Bischofskonferenz für das NS-Regime **4.April** Geheimer Reichsverteidigungsrat und -ausschuß gebildet **7.April** NSDAP-Führung untersagt ihren Organisationen auf Verlangen des Industrie-Verbandes Eingriffe in die Wirtschaft **25.April** Krupp legt «Plan zur Neugestaltung der Industrie» vor **29.April** Reichs-Luftschutz-Bund, am **5.Mai** Reichs-Luftfahrt-Ministerium gegründet (Göring) **12.Mai** Gesetz zur Wiedereinführung der Militärgerichtsbarkeit **30.Mai** Kuratorium einer «Adolf-Hitler-Spende der deutschen Wirtschaft» berufen **20.Juni** Geheimfonds («Kasse L») zwecks Finanzierung der Luftrüstung geschaffen **29.Juni** Generaldirektor Schmitt (Allianz-Versicherung) neuer Wirtschaftsminister **6.Juli** Hitler verkündet den Reichsstatthaltern das Ende der «Revolution» **15.Juli** Berufung des Generalrats der Deutschen Wirtschaft: siebzehn Mitglieder aus Großindustrie, Großgrundbesitz, Großbanken, Großhandel sowie NS-Apparat – Gesetz über Zwangskartellierung; ermächtigt Wirtschaftsminister, den Monopolen Unternehmen anzuschließen und Vereinigungen zu veranlassen **20.Juli** Reichswehr-Gesetz; sieht militärische Hilfe für Reichsstatthalter vor **8.Aug.** NS-Kampfbund des gewerblichen Mittelstandes (u.a. gegen die Warenhaus-Konzerne) aufgelöst **1.Okt.** Beck Chef des Truppen-Amtes (getarnter Heeres-Generalstab) **23.Okt.** Kolonial-Programm der Deutschen Bank Hitler vorgelegt

1934

27.Jan. Treue-Erklärung evangelischer Bischöfe gegenüber Hitler **31.Jan.** Entlassung des Chefs der Heeresleitung, v.Hammerstein-Equord **1.Febr.** Neuer Chef: v.Fritsch **12.Febr.** Minister-Amt der Reichswehr wird Wehrmacht-Amt; die Abteilung Landesverteidigung Keimzelle eines Generalstabs aller Wehrmachtteile **17.Febr.** Reichswehr führt Hoheitszeichen der NSDAP ein **27.Febr.** Gesetz zur «Vorbereitung des organischen Aufbaus der deutschen Wirtschaft»; am **14.März** Einteilung in zwölf Hauptgruppen unter Führung von Monopol-Herren; Zwangsmitgliedschaft aller Unternehmer **4.April** Erlaß v. Blombergs über den Unterricht in «politischen Tagesfragen» **25.Mai** Neufassung der «Pflichten des deutschen Soldaten» verkündet

Bei den im September stattfindenden Reichswehrmanövern nahe Ulm zeigt sich ein seiner Sache sicherer Hitler. Kriegsminister v. Blomberg (rechts) steht mit seinen Generälen voll hinter den Nazis, die ihnen – kaum im Amt – Rüstung und Revanche versprochen haben

Den Segen der evangelischen Kirche erteilt jener Bischof Dibelius (rechts), der sich schon im ersten Weltkrieg als Chauvinist unrühmlich hervortat. Ebenso nachdrücklich fördert der katholische Klerus das wohlgefällige Wirken der Nazis gegen den gottlosen Kommunismus

Viele Adelige und ehemals kaiserliche Offiziere schließen sich offen den Nazis an. Voran geht dabei Exkronprinz Wilhelm von Preußen (erste Reihe, Mitte) als SA-Führer. Später wird die SS bevorzugt

Am Ziel sieht sich Generaloberst v. Seeckt (rechts), der Begründer der Reichswehr, hier mit dem Kriegsminister v. Blomberg. Seeckt trat bereits in der Weimarer Republik für ein autoritäres Regime ein

Vor dem kaiserlichen Feldmarschall und Präsidenten v. Hindenburg gibt sich Hitler anfangs betont bescheiden – noch braucht er offiziell für jedes Gesetz dessen Zustimmung. In dem engsten Mitarbeiter des Präsidenten, Staatssekretär Meißner (links), hat er nun freilich einen stillen Helfer. Meißner, Diener dreier Staatsoberhäupter, ist bemüht, sich dem künftigen Herrn rechtzeitig warm zu empfehlen

Staatskommissar Hinkel (dritter von links) bekräftigt durch einen Besuch der IG Farben – hier im Werk Höchst – Ende Februar 1934 das wechselseitige Bemühen um eine engere Verbindung zwischen Nazipartei, Staatsapparat und Monopolen. Am gleichen Tag erläßt die Naziregierung ein Gesetz, das den mächtigsten Konzernen und Banken bisher nicht gekannten Einfluß auf die Wirtschaft einräumt

Für Bankier v. Schröder (rechts) zahlt sich die Hitler früher erwiesene Unterstützung rasch aus. Links Ernährungsminister Darré

Im neuberufenen «Generalrat der Wirtschaft», September 1933. Hitler begrüßt (v. l. n. r.) den Bürgermeister von Hamburg, Krogmann, Staatssekretär Posse, Generaldirektor Diehn vom Kali-Konzern, Reichsbank-Vizepräsident Dreyse sowie Reichsbankpräsident Schacht

«Sozialpartner» im Generalrat sind Robert Ley (links), Führer der «Arbeitsfront», und Kanonenkönig Krupp v. Bohlen und Halbach

Exponent der Elektrokonzerne in Hitlers Generalrat: v. Siemens (links), hier völlig einig mit den Bankiers Fischer und Schacht

Den Standpunkt der herrschenden Klasse verdeutlicht der Stahlindustrielle Thyssen (rechts) dem Propagandaminister Goebbels

Der Großindustrielle Borsig (links) verabschiedet Ende 1933 den neuernannten deutschen Gesandten für Mexiko, v. Collenberg (in der Mitte neben Admiral Raeder). Mit Hilfe der Beziehungen zur NS-Bürokratie erweitern die Konzerne planvoll ihren Einfluß im Ausland

Fanatischer Nazi ist der Zigaretten-König Reemtsma; dem Reichsjugendführer (rechts) schenkt er hier beiläufig ein Sportflugzeug

Als einzige deutsche Partei nimmt die KPD sofort den organisierten illegalen Kampf mit dem Hitler-Regime auf. Ihre Verluste sind hoch; zu Verhaftung und Verschleppung ins Konzentrationslager kommt nun eine stetig anwachsende Zahl von Terrorurteilen der sich ohne jeden Vorbehalt hinter die Nazis stellenden Klassenjustiz. Um so schwerer wiegt die Niederlage der NS-Machthaber in dem gegen Dimitroff und seine Genossen angezettelten Reichstagsbrand-Prozeß. Das Tribunal wird hier zur Tribüne, von der aus Dimitroff eindringlich zur Aktionseinheit mahnt. Deren erste Erfolge zeigen sich in den Betrieben, wo die Kommunisten in den Zwangsorganisationen illegal tätig werden. Die Emigrationsleitung der SPD zieht trotz verbaler Einheitsbekundungen noch immer keine praktischen Schlüsse.

Gegenwehr der Unbeugsamen

1933

29. März Gesetz über die Todesstrafe; Vollzug auch durch Erhängen **4. April** Wiedereinführung des Ausreise-Sichtvermerks **24. April** H. Frank Reichskommissar zur Gleichschaltung der Justiz **26. April** Geheimes Staatspolizei-Amt in Preußen gebildet; Chef: Diels **9. Mai** Beimler flieht aus dem KZ Dachau **26. Juni** Akademie für Deutsches Recht gegründet; soll ein einheitliches NS-Recht schaffen **14. Juli** Gesetz über die Aberkennung der deutschen Staatsbürgerschaft (von Emigranten) **Sommer** Flugblatt-Aktionen und Kurzstreiks in Berlin u.a. Städten **1. Aug.** Neues Preußisches Strafvollstreckungs- und Gnadenrecht; sofortiger Vollzug der Strafe; Enthauptung mit dem Beil – In Hamburg-Altona Vollstreckung der ersten vier Todesurteile gegen Antifaschisten; dort öffentliche Proteste **25. Aug.** Erste Ausbürgerungsliste im «Reichsanzeiger»; enthält die Namen führender Kommunisten, Sozialdemokraten, Liberaler und fortschrittlicher Intellektueller **14. Sept.** Tagung des Internationalen Untersuchungsausschusses zur Aufklärung des Reichstagsbrandes (sog. Londoner Gegenprozeß); veröffentlicht am **20. Sept.** Urteil: Unschulds-Nachweis für angeklagte Kommunisten **21. Sept.** Eröffnung des Reichstagsbrand-Prozesses vor dem Reichsgericht in Leipzig **26. Sept.** Gesetz über die erneute Verschiebung der Betriebsräte-Wahlen; Betriebsräte können nun auch eingesetzt werden **13. Okt.** Gesetz zur «Gewährleistung des Rechtsfriedens»; u.a. Druck «hochverräterischer Schriften» im Ausland und ihre Einfuhr mit Todesstrafe bedroht **24. Nov.** Sicherungsverwahrung für Wiederholungstäter eingeführt **30. Nov.** Gestapo in Preußen durch Gesetz Göring direkt unterstellt **12. Dez.** «Deutscher Rechtsstand» proklamiert; hat Juristen auf NS-Basis zu formieren **23. Dez.** Im Reichstagsbrand-Prozeß erzwungener Freispruch der angeklagten Kommunisten; Dimitroff noch Monate in Haft; Todesurteil für van der Lubbe

1934

28. Jan. «Prager Manifest» des Exilvorstandes der SPD veröffentlicht; mit Aufruf zum Sturz Hitlers; Bekenntnis zur Einheit der Arbeiterklasse; bald fallengelassen **1. Febr.** Gestapo ermordet Schehr und seine Mitkämpfer **März** Verhaftungswelle in Hamburg; (neunhundert Antifaschisten) **März/April** «Vertrauensräte»-Wahlen; vierzig Prozent Beteiligung; nur ein Viertel der Nazikandidaten bestätigt **20. April** Himmler wird Inspekteur der Gestapo; holt den Chef des SS-Sicherheitsdienstes, Heydrich, in sein Amt **24. April** Volksgerichtshof geschaffen; im entsprechenden Änderungs-Gesetz für Hoch- und Landesverrat prinzipiell Todesstrafe **14. Mai** Verordnung über Freiheitsstrafen-Vollzug; reichseinheitliches Vergeltungsprinzip

Hermann Matern, KPD-Bezirkssekretär für Pommern, gelingt es, mit drei Genossen aus dem Gefängnis Altdamm zu entfliehen

Der an der Ruhr tätige Bergarbeiterführer Albert Funk wird während der Polizeihaft im dritten Stock aus dem Fenster gestürzt

Eine SS-«Strafexpedition» in Düsseldorf-Bilk, bei der Hunderte von Antifaschisten verhaftet werden. An die Stelle der Eingekerkerten treten immer wieder neue Kämpfer. Bis April 1935 sind in den Bezirksorganisationen der KPD nacheinander bis zu acht Leitungen tätig

Göring stellt den Beamten der preußischen Gestapo Mitte April 1934 ihren neuen Leiter vor: Heinrich Himmler, den Führer der SS. Himmler hat von Bayern aus die politische Polizei der Länder nacheinander unter seine Kontrolle gebracht; in Berlin löst er Diels ab

Die entschlossene Abwehr des Naziterrors beantwortet die Justiz im «Altonaer Kommunisten-Prozeß» mit vier Todesurteilen und langjährigen Zuchthausstrafen. Mitte 1935 sind über die Hälfte der leitenden KPD-Funktionäre verhaftet und verurteilt; Hunderte von Kommunisten wurden ohne Urteil ermordet. Doch formieren sich die Parteiorganisationen immer wieder, bilden sich Leitungen neu

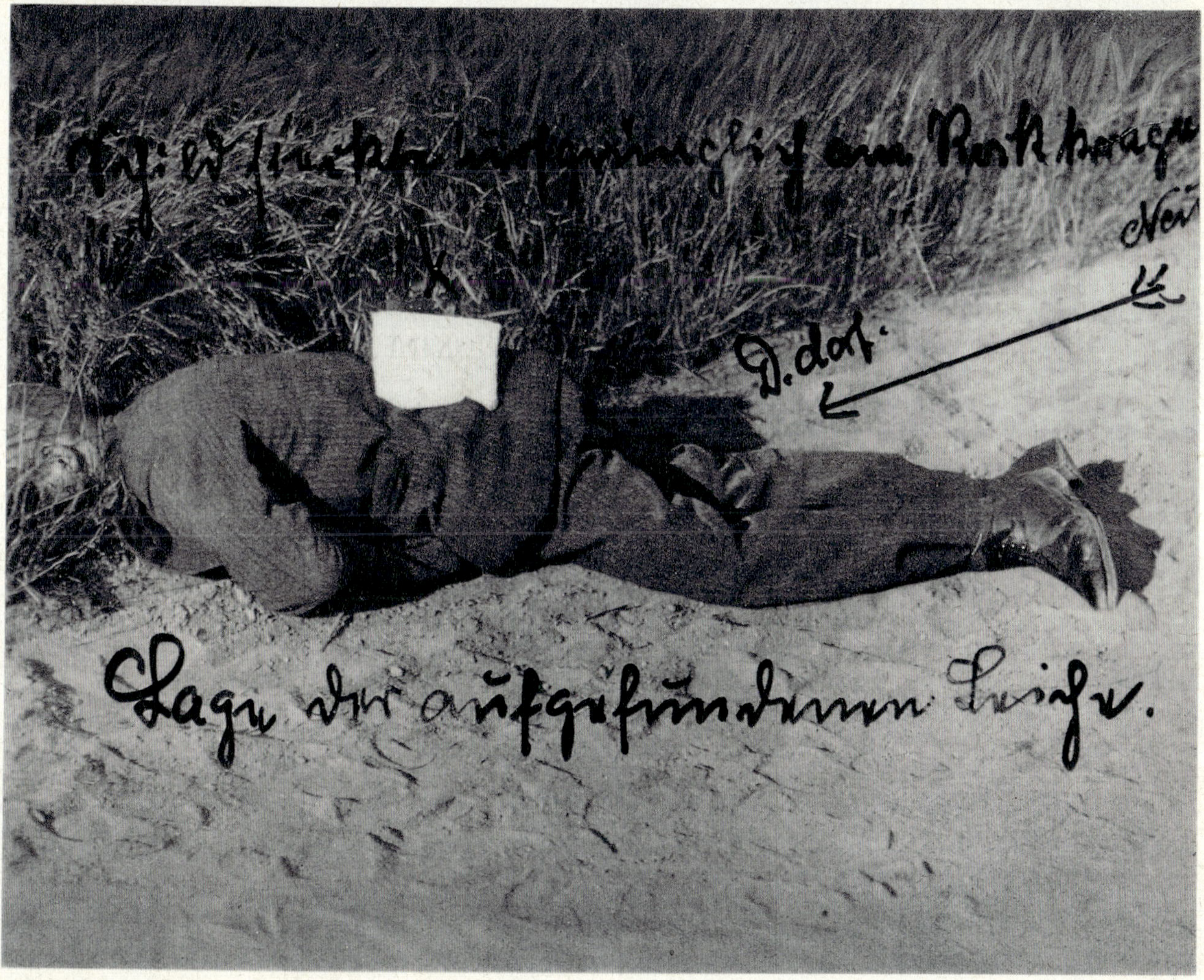

Von SA-Mördern am Wegrand erschlagen und liegengelassen: der Düsseldorfer Arbeiter Heinrich Kiepenheuer. Ein Zettel nennt das Motiv der Mörder: «Vertrieb gestern die ‹Freiheit›» (eine illegal erscheinende KPD-Zeitung). Das nüchterne Polizei-Foto registriert die Untat; verfolgt wird sie nicht: die Ermordung von Arbeitern durch die SA-Stürme ist im Frühjahr 1933 an der Tagesordnung

Vor aller Welt bloßgestellt wird das Naziregime in dem von ihm inszenierten Reichstagsbrand-Prozeß. Dem Oberreichsanwalt wie den Richtern gelingt es nicht, die Brandstiftung den Kommunisten anzulasten, obwohl sogar Göring (oben) und Goebbels als Zeugen gehört werden. Der mit zwei Landsleuten und dem Vorsitzenden der KPD-Fraktion angeklagte Dimitroff erzwingt einen Freispruch

John Schehr, seit Mai 1933 an der Spitze der illegal tätigen Landesleitung der KPD, wird durch die Gestapo unter Foltern ermordet

Blutige Rache für ihre Prozeßniederlage in Leipzig nehmen die Nazis auch an Erich Steinfurth, einem Illegalen der Roten Hilfe

Den Druck von KPD-Schriften organisiert Eugen Schönhaar. Gleich den anderen wird er vorgeblich «auf der Flucht erschossen»

Unter Vorsitz des britischen Kronanwalts Pritt (hinten): Gegenprozeß in London. Er erweist die Unschuld der vier Kommunisten

Protestversammlung in Paris gegen den Leipziger Schauprozeß. Die Weltöffentlichkeit ist durch internationale Solidaritäts-Organisationen wachgerüttelt; «Braunbücher» über den Naziterror – illegal auch in Deutschland verbreitet – entlarven die wahren Brandstifter

Während des Prozesses offenkundig ständig unter Drogen gehalten: van der Lubbe, der zum Tode verurteilte holländische Anarchist

Rudolf Schwarz, ein ZK-Mitarbeiter, wird mit Schehr, Schönhaar und Steinfurth in der Berliner Gestapo-Zentrale umgebracht

Georgi Dimitroff, der Leiter des Westeuropäischen Büros der Komintern, tritt vor dem Reichsgericht in Leipzig in bewunderungswürdiger Selbstverteidigung als Ankläger wider den Faschismus auf. Er gibt dabei zugleich den Illegalen Hinweise zur politischen Taktik

Der unüberbrückbare Gegensatz zwischen dem Klassencharakter und der Massenbasis des Faschismus wird erstmals ein Jahr nach dem Machtantritt Hitlers offenkundig. Die wachsende Unzufriedenheit breiter Volksschichten mit ihrer Lebenslage äußert sich im Verlangen halbproletarischer und kleinbürgerlicher Elemente besonders der SA nach der «zweiten Revolution». Das macht die Rivalität zwischen SA- und Reichswehr-Führung akut. Dazu kommen Streitigkeiten der Cliquen innerhalb der Nazipartei, vor allem aber die Meinungsverschiedenheiten konkurrierender Monopolgruppen um den außenpolitischen Kurs und das Tempo der Aufrüstung. Hitler verbündet sich mit der Reichswehr, verschafft sich Rückendeckung durch die Schwerindustrie und erstickt die Opposition mit Hilfe der SS im Blut.

Blutiger Abschied von leeren Versprechungen

1934

2. Jan. Schreiben Hitlers an SA-Stabschef Röhm veröffentlicht; fordert Aufgabenteilung zwischen der Reichswehr (äußere Sicherheit) und der SA (innere Sicherheit); Stärke der SA: dreieinhalb Millionen Mann **2. Febr.** Frick verlangt von den Ländern Verbot der monarchistischen Verbände **28. Febr.** Gemeinsame Tagung der Reichswehr- und der SA-Führung; geheime Rede Hitlers zur geplanten Aufrüstung **11. April** Hitler an Bord des Panzerschiffes «Deutschland»; Absprache mit der Reichswehr-Führung (Kriegsminister v. Blomberg, Chef der Heeresleitung v. Fritsch sowie Chef der Marineleitung Admiral Raeder) gegen Röhms SA; Waffenträger-Monopol der Reichswehr bestätigt **11. Mai** Goebbels leitet «Aktion gegen Miesmacher und Kritikaster» ein **16. Mai** Zusammenkunft von höheren Reichswehr-Offizieren in Bad Nauheim; Einigung über den Vorschlag v. Fritschs, Hitler als Nachfolger v. Hindenburgs beizustehen, sofern er energische Maßnahmen gegen die SA ergreift **5. Juni** Röhm bei Hitler; tritt für ein «Volksheer» aus SA-Verbänden und eine «zweite Revolution» ein; Hitler ordnet nach dem Gespräch für den Juli vierwöchigen Zwangsurlaub der SA an **9. Juni** Befehl Röhms an die SA vor dem Urlaub: «Die SA ist und bleibt das Schicksal Deutschlands» **17. Juni** Marburger Rede Vizekanzlers v. Papen; für Wiedereinführung der Monarchie, gegen das NSDAP-Monopol, für Maßnahmen gegen die SA **20. Juni** Rücktritt v. Papens **21. Juni** Hitler und v. Blomberg auf Gut Neudeck bei v. Hindenburg; Reichswehr verlangt sofortige Ausschaltung der SA, droht Hitler ultimativ mit Ausnahmezustand **23. Juni** Reichswehr-Führung trifft Vorbereitungen zur Sicherung der Aktion gegen die SA **24. Juni** Himmler und Heydrich bringen die schon im Mai aufgestellte «Reichsliste unerwünschter Personen» auf den neuesten Stand **25. Juni** v. Fritsch befiehlt der Reichswehr Alarmbereitschaft **28. Juni** Bei einem Besuch in Essen holt Hitler von Krupp und Thyssen die Beistandszusage der Schwerindustrie ein **30. Juni** Durch die Reichswehr zusätzlich mit Waffen und Munition ausgestattete SS-Einheiten richten ein Blutbad unter der SA-Führung an, in München von Hitler, in Berlin von Göring und Himmler kommandiert; unter den etwa eintausend Opfern außer Röhm und seinem Anhang zahlreiche Oppositionelle aus dem konservativen Bürgertum – Lutze neuer SA-Stabschef – Wirtschaftsminister Schmitt «erkrankt» **2. Juli** v. Hindenburg dankt Hitler **3. Juli** Dank v. Blombergs und des Kabinetts; Gesetz erklärt Mordaktion zur «Staatsnotwehr» **13. Juli** Hitler läßt sein Vorgehen vom Reichstag rechtfertigen **20. Juli** SS aus ihrer Unterstellung zur SA gelöst; Reichsführer SS selbständig

Für die Rückkehr zur Monarchie setzt sich v. Papen ein, hier mit v. Rübenach während der alljährlichen Fronleichnam-Prozession

Hitlers Amtsvorgänger v. Schleicher an der Seite seiner Frau. Die Reichswehr-Führung hat seiner Ermordung im voraus zugestimmt

Wachsende Unzufriedenheit besonders der SA-Männer orientiert sich an ihrem Stabschef Röhm. Dieser tritt für eine Milizarmee mit der SA als Kern ein. Das paßt zu der nicht verstummenden Forderung nach den versprochenen Maßnahmen gegen das Großkapital

Der Berliner SA-Chef Gruppenführer Ernst gehört wie Heines in Schlesien zu der nun lästigen, blutbesudelten «Prätorianergarde»

Unter dem Druck der beunruhigten Generalität (rechts v. Blomberg, links Raeder, der Chef der Marineleitung) verspricht ihr Hitler während einer Nordlandfahrt des Panzerschiffes «Deutschland», die Reichswehr nun zum «alleinigen Waffenträger der Nation» zu machen

Dem SA-Stabschef Röhm ist als Teilverband auch die nach Selbständigkeit strebende SS unterstellt; Oberster SA-Führer ist Hitler

Als zu kurz gekommen betrachtet sich auch der einstige Organisationsleiter der NSDAP, Gregor Strasser, seit langem Rivale Hitlers

Himmler und Heydrich übernehmen mit der SS bereitwillig die Säuberungsarbeit. Die Zügelung der SA muß ihren Einfluß stärken

Am 30. Juni 1934 mitten auf dem belebten Potsdamer Platz in Berlin: Posten der Reichswehr. Hitler ist inzwischen mit einer Eskorte der SS nach Bad Wiessee gefahren, wohin er eine SA-Führer-Tagung einberufen hat. Röhm und sein Anhang werden bei Tagesanbruch vom Begleitkommando aus den Betten gerissen, in das Zuchthaus München-Stadelheim gebracht und dort ohne Verfahren erschossen

Gemeinsamer Bierabend hoher Reichswehr- und SS-Führer rund ein halbes Jahr nach dem Blutbad. Für ihre Komplizenschaft mit der SS zahlt die Reichswehr mit ihrem Monopol als Waffenträger; die militärischen Ambitionen der SS steigern sich bis zur Konkurrenz

Kurz nach dem «Röhm-Putsch» empfängt v. Hindenburg auf Gut Neudeck Hitler und spricht ihm seine vollste Anerkennung aus

Feldmarschmäßig ausgerüstete Reichswehr-Einheiten besetzen das Berliner Hauptquartier der SA. Zwei Tage zuvor hatte sich Hitler bei Krupp in Essen der Rückendeckung der Industrie versichert

SS-Wachen in der Vorhalle der Reichskanzlei. Zur Belohnung für die Schmutzarbeit werden Himmlers Verbände unter ihrem neuen «Reichsführer SS» zu einer selbständigen «Gliederung» der NSDAP

Vor der Reichskanzlei defilieren am Tag nach der Abrechnung mit Röhm Einheiten der Reichswehr an Hitler vorüber: Die Generalität hat ihn – wie zugesagt – als Nachfolger v. Hindenburgs akzeptiert

Von dem in der Kroll-Oper zusammentretenden Reichstag, in den seine SS-Einheiten einziehen, läßt sich Hitler bescheinigen, daß die Mordaktion «als Staatsnotwehr rechtens» gewesen sei. Dem drei Tage andauernden Gemetzel fallen etwa eintausend Menschen zum Opfer, darunter völlig Unbeteiligte und Leute, mit denen einzelne Naziführer bei dieser Gelegenheit ihre Privatrechnung begleichen

Für die Nazidiktatur bildet die Abrechnung mit ihrer Opposition den Ausgangspunkt einer weiteren Konsolidierung. Nach dem Tod v. Hindenburgs reißt Hitler mit Hilfe der Reichswehr-Generalität auch das Amt des Staatsoberhauptes an sich. Er vereinigt damit in seiner Hand die nur noch formal beschränkte Gesetzgebungs- und Vollzugsgewalt. Vor allem aber ist er nun Oberster Befehlshaber aller Streitkräfte. Eine neue «Volksabstimmung» zwecks Bestätigung der Personalunion bringt freilich zwei Millionen mehr «Nein»-Stimmen als noch die vorangegangene. Um so emsiger bauen beflissene Propagandisten ihren «Führer und Reichskanzler» zum unfehlbaren Lenker deutschen Schicksals auf. Hitlers Erhöhung ermöglicht eine bisher unerreichte Machtkonzentration im Interesse der herrschenden Klasse.

Konsolidierung mit Abstrichen

1933

12. März Neue Staatsflaggen: Hakenkreuz-Fahne und Schwarz-Weiß-Rot des Kaiserreichs **7. April** Gesetzliche Rückkehr zu der 1919 abgeschafften Verleihung von Titeln und Orden – Gesetz zur Wiederherstellung des Berufsbeamtentums; baut politisch mißliebige und «nichtarische» Beamte ab **21. April** Heß zum Stellvertreter Hitlers in der NSDAP ernannt **14. Juli** Hitler-Gruß für Beamte und Behörden eingeführt **27. Aug.** Göring übergibt v. Hindenburg Schenkungs-Urkunde für Domäne Langenau und Forst Preußenwald, beide frei von Abgaben **1. Sept.** NSDAP-«Parteitag des Sieges» in Nürnberg eröffnet – Staat Bayern übereignet Göring Land auf dem Obersalzberg: «Ehrengabe» **12. Nov.** Reichstags-Wahl sowie Volksabstimmung über Deutschlands Austritt aus dem Völkerbund; nur NS-Kandidaten; zwei Millionen Nichtwähler, drei Millionen Gegenstimmen **1. Dez.** Gesetz zur «Sicherung der Einheit von Partei und Staat»; Personalunion zwischen der NSDAP-Führung und der Regierung bzw. Funktionären im Partei- und im Staatsapparat; besondere Rechte und eigene Gerichtsbarkeit der NSDAP **15. Dez.** Preußisches Gemeindeverfassungs-Gesetz; Führer-Grundsatz in den Gemeinden; für Berlin Staatskommissar

1934

30. Jan. Gesetz über den «Neuaufbau des Reiches»; beseitigt die Länderparlamente; die Hoheitsrechte der Länder dem Reich übertragen; Abschluß der Gleichschaltung der Länder **14. Febr.** Aufhebung des Reichsrates (Vertretung der Länder) **28. März** Stahlhelm in NSD-Frontkämpferbund (Stahlhelm) umgegründet – NS-Nebenorganisationen werden der NSDAP eingegliedert (DAF, Reichsbund der Beamten, Deutscher Gemeindetag u. a.) **Frühjahr** v. Hindenburg erkrankt **3. Juli** Reichsjagd-Gesetz; Göring wird Reichsjägermeister **1. Aug.** Hitler bei dem sterbenden Reichspräsidenten auf dessen Gut Neudeck – Gesetz über das Oberhaupt des Deutschen Reiches; vereinigt das Amt des Reichspräsidenten mit dem des Reichskanzlers **2. Aug.** Tod v. Hindenburgs – Wehrmacht sofort auf Hitler vereidigt – Erlaß Hitlers, ihn künftig «Führer und Reichskanzler» zu nennen **7. Aug.** Beisetzung v. Hindenburgs im Tannenberg-Denkmal **19. Aug.** Volksabstimmung zu Hitlers Personalunion; zwei Millionen Nichtwähler, vier Millionen gegen sie **20. Aug.** Gesetz zur Vereidigung der Soldaten und Beamten auf Hitler persönlich **22. Aug.** Anordnung Hitlers über den Fortbestand der Präsidialkanzlei (Meißner) **4. Sept.** Sechster NSDAP-Parteitag in Nürnberg eröffnet; Hitler-Proklamation: «In den nächsten tausend Jahren findet in Deutschland keine Revolution mehr statt!» **17. Nov.** Kanzlei des Führers der NSDAP errichtet; Chef: Bouhler

Der tote Reichspräsident wird in Gut Neudeck aufgebahrt, angetan mit dem Mantel eines Ordensritters. Im Nachlaß des Siebenundachtzigjährigen befindet sich auch ein politisches Testament, das Deutschlands Schicksal bedacht in die Hände Hitlers und seiner Partei legt

Schon Monate vor v. Hindenburgs Tod läßt sich Hitler allerorts wie ein Staatsoberhaupt empfangen. In den von ihm bevorzugten schweren Mercedes-Kompressor-Wagen reist er kreuz und quer durch die Lande, um seinen neuen Auftritt als «Führer» vorzubereiten

Einen Tag vor v. Hindenburgs Tod: Hitler mit dessen Sohn Oskar in Neudeck. Schon am Abend liegt das Nachfolge-Gesetz vor

Noch am Sterbetag läßt der Kriegsminister die Reichswehr auf Hitler vereidigen, nicht auf die Reichsverfassung, wie bisher üblich

Bei einer Volksabstimmung über Hitler als Staatsoberhaupt lehnen ihn nahezu sieben Millionen auf die eine oder andere Art ab

Vom Willen nach baldiger Revanche für die im ersten Weltkrieg erlittene Niederlage kündet unübersehbar die pompöse Beisetzung des Präsidenten als kaiserlicher Feldmarschall im ostpreußischen «Tannenberg-Nationaldenkmal». Hitler, «das lebendige Vermächtnis v. Hindenburgs an Deutschland», spricht den Nachruf. Kraft eines selbsterlassenen Gesetzes ist er nun «Führer und Reichskanzler»

Nicht unbeträchtlichen Teilen des Volkes erscheint «der Führer» unter dem Druck des Nazikultes bald wirklich als Beauftragter der «Vorsehung». Unberührt davon bleibt der Kern der Arbeiterschaft

Vom «Berghof» bei Berchtesgaden aus erledigt Hitler einen großen Teil seiner Amtsgeschäfte. Mit Vorliebe empfängt er in dem nach eigenen Entwürfen luxuriös ausgestatteten Landsitz Staatsbesucher

Als offiziell rastlos für Deutschland wirkender Übermensch glaubt Hitler, sich keine Ehefrau leisten zu können. Seine Geliebte Eva Braun verbirgt er im «Berghof», seinem Berchtesgadener Anwesen

Durch seine oft mitgeführte Hundepeitsche setzt sich der Diktator unbeabsichtigt selbst ins rechte Licht. Tatsächlich dient sie dem tierlieben, menschenverachtenden Hitler bei seiner Schäferhündin

Wie ein Gleichnis mutet diese 1934 bei einem Besuch Hitlers in Hamburg aufgenommene Szene an: Im ersten Weltkrieg Erblindete begrüßen voller Vertrauen den starken Mann, der ihrem bitteren Los nachträglich Sinn verleihen will. Daß sein Weg unweigerlich im Abgrund endet, vermögen sie nicht zu erkennen. Stimmen der Vernunft jedoch gehen unter in Fanfarenklang und Trommelschlag

Philipp Daub gehört zu den Mitgliedern der neugebildeten Landesleitung der KPD. Ihm gelingt es, sich der Verhaftung zu entziehen

Paul Merker, ebenfalls Mitglied der neuen KPD-Landesleitung. Wie Daub setzt er den Kampf vom benachbarten Ausland her fort

Adolf Rembte, wie Stamm und Maddalena schon kurz nach der Errichtung der neuen KPD-Landesleitung ein Opfer der Gestapo

Eingang zu einer geheimen Druckerei der KPD in Leipzig. Die Zahl der durch die Partei hergestellten Flugschriften wächst unaufhörlich; dazu kommen die über Grenzstützpunkte im Ausland, besonders der Tschechoslowakei, in das Reich eingeschmuggelten Materialien

Robert Stamm organisierte den Kampf der KPD in Niedersachsen und Berlin; er wird als Mitglied der Landesleitung hingerichtet

Max Maddalena, der international erfahrene Gewerkschaftsführer, kommt als Mitglied der neuen Landesleitung im Zuchthaus um

Vervielfältigungsgerät einer geheimen kommunistischen Druckerei im Gebiet Halle-Merseburg. Hinter der propagandistischen Arbeit der Partei steht eine trotz aller Schläge der Gestapo sich immer wieder regenerierende Organisation. Die bis Anfang 1935 intakte Landesleitung der KPD führt die in Städten und Betrieben tätigen Kommunisten durch eine Reihe Oberbezirks- und Bezirksleitungen

Schon im Februar 1933 verhaftet, faßt der Kommunist Walter Stoecker unbeirrt die Häftlinge im KZ zum Widerstand zusammen

Für den Neuaufbau freier Gewerkschaften setzt sich illegal neben Jahn und Schlimme der Sozialdemokrat Heinrich Schliestedt ein

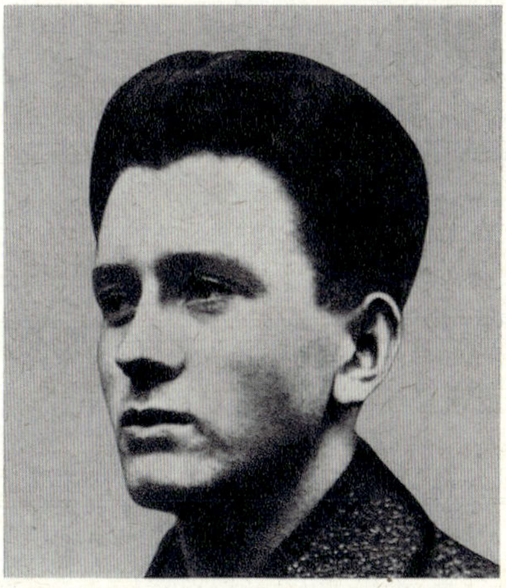

Den Antifaschismus der Jugend formiert der KJVD unter Fritz Große. Er hat Kontakte zu jungen Sozialdemokraten und Christen

Dokumente zur Zeit

Was ist Faschismus?

Thesen des XIII. Plenums des Exekutivkomitees der Komintern vom Dezember 1933 (Auszug)

1. Der Faschismus ist die offene terroristische Diktatur der am meisten reaktionären, chauvinistischen und imperialistischen Elemente des Finanzkapitals.
Der Faschismus versucht, dem Monopolkapital die Massenbasis unter der Kleinbourgeoisie zu sichern, und wendet sich dabei an die aus ihrem Geleise geschleuderten Bauern, Handwerker, Angestellten, Beamten und insbesondere an die deklassierten Elemente in den großen Städten. Er ist bestrebt, auch in die Arbeiterklasse einzudringen.
Das Wachstum des Faschismus und seine Machtergreifung in Deutschland und in einer Reihe anderer kapitalistischer Länder bedeutet, daß
a) die revolutionäre Krise und die Empörung der breiten Massen gegen die Herrschaft des Kapitals wächst;
b) die Kapitalisten nicht mehr imstande sind, ihre Diktatur mit den alten Methoden des Parlamentarismus und der bürgerlichen Demokratie im allgemeinen zu behaupten;
c) mehr noch, daß die Methoden des Parlamentarismus und die bürgerliche Demokratie überhaupt zum Hemmschuh für den Kapitalisten sowohl in der inneren Politik (Kampf gegen das Proletariat) als auch in der Außenpolitik (der Krieg für die imperialistische Neuaufteilung der Welt) werden;
d) das Kapital infolgedessen gezwungen ist, zur offenen terroristischen Diktatur innerhalb des Landes und zum schrankenlosen Chauvinismus in der Außenpolitik überzugehen, die eine direkte Vorbereitung zu imperialistischen Kriegen ist.

Der Klassencharakter des Faschismus

Dimitroff auf dem VII. Weltkongreß der Komintern in Moskau, Juli/August 1935 (Auszug)

Der Faschismus an der Macht ist ... die offene terroristische Diktatur der reaktionärsten, am meisten chauvinistischen, am meisten imperialistischen Elemente des Finanzkapitals.
Die reaktionärste Spielart des Faschismus ist der Faschismus deutschen Schlages. Er hat die Dreistigkeit, sich Nationalsozialismus zu nennen, obwohl er nichts mit Sozialismus gemein hat. Der Hitlerfaschismus – das ist nicht bloß bürgerlicher Nationalismus, das ist bestialischer Chauvinismus. Das ist ein Regierungssystem des politischen Banditentums, ein System der Provokationen und Folterungen gegenüber der Arbeiterklasse und den revolutionären Elementen der Bauernschaft, des Kleinbürgertums und der Intellektuellen. Das ist mittelalterliche Barbarei und Bestialität, zügellose Aggressivität gegenüber den anderen Völkern.
Der deutsche Faschismus spielt die Rolle des Stoßtrupps der internationalen Konterrevolution, des Hauptanstifters des imperialistischen Krieges, des Initiators eines Kreuzzuges gegen die Sowjetunion, das große Vaterland der Werktätigen der ganzen Welt.
Der Faschismus – das ist nicht eine Form der Staatsmacht, die angeblich «über beiden Klassen, dem Proletariat und der Bourgeoisie, steht», wie zum Beispiel Otto Bauer behauptet hat. Das ist nicht «aufständisches Kleinbürgertum, das von der Staatsmaschine Besitz ergriffen hat», wie der englische Sozialist Brailsford erklärt. Nein, der Faschismus – das ist nicht eine über den Klassen stehende Macht, auch nicht die Macht des Kleinbürgertums oder des Lumpenproletariats über das Finanzkapital. Der Faschismus – das ist die Macht des Finanzkapitals selbst. Das ist die Organisierung der terroristischen blutigen Niederhaltung der Arbeiterklasse und des revolutionären Teils der Bauernschaft und der Intellektuellen. Der Faschismus in der Außenpolitik – das ist der Chauvinismus in seiner brutalsten Form, der einen tierischen Haß gegen die anderen Völker züchtet.
Man muß diesen wirklichen Charakter des Faschismus besonders stark unterstreichen, weil der Deckmantel der sozialen Demagogie dem Faschismus die Möglichkeit gegeben hat, in einer Reihe von Ländern die durch die Krise aus ihrem Geleise geworfenen Massen des Kleinbürgertums und sogar manche Teile der rückständigsten Schichten des Proletariats mitzureißen, die niemals dem Faschismus gefolgt wären, wenn sie seinen wirklichen Klassencharakter, seine wahre Natur begriffen hätten.

Wie konnte der Faschismus siegen?

Dimitroff im selben Referat (Auszug)

Warum und auf welche Weise konnte der Faschismus siegen?
Der Faschismus ist der schlimmste Feind der Arbeiterklasse und der Werktätigen. Der Faschismus ist der Feind von neun Zehnteln des deutschen Volkes, von neun Zehnteln des österreichischen Volkes, von neun Zehnteln der anderen Völker der faschistischen Länder. Wie, auf welche Weise, konnte dieser schlimmste Feind siegen?
Der Faschismus konnte vor allem deshalb zur Macht kommen, weil die Arbeiterklasse durch die Politik der Arbeitsgemeinschaft mit der Bourgeoisie, die von den Führern der Sozialdemokratie betrieben wurde, gespalten, gegenüber der angreifenden Bourgeoisie politisch und organisatorisch entwaffnet war. Die kommunistischen Parteien aber waren nicht stark genug, um ohne und gegen die Sozialdemokratie die Massen in Bewegung zu bringen und in den entscheidenden Kampf gegen den Faschismus zu führen ...
War etwa der Sieg des Faschismus in Deutschland unvermeidlich? Nein, die deutsche Arbeiterklasse hätte ihn verhindern können.
Aber dazu hätte sie die Herstellung der antifaschistischen proletarischen Einheitsfront durchsetzen,

Auf den ersten Weltkrieg bezogenes Plakat der NSDAP zur Reichstagswahl im März 1933

hätte sie die Führer der Sozialdemokratie zwingen müssen, den Feldzug gegen die Kommunisten einzustellen und die wiederholten Vorschläge der Kommunistischen Partei für die Aktionseinheit gegen den Faschismus anzunehmen.
Sie hätte bei dem Angriff des Faschismus und bei der allmählichen Liquidierung der bürgerlich-demokratischen Freiheiten durch die Bourgeoisie sich nicht mit den schönen Resolutionen der Sozialdemokratie zufriedengeben dürfen, sondern sie hätte mit einem wirklichen Massenkampf antworten müssen, der die Verwirklichung der Pläne der deutschen Bourgeoisie erschwert hätte. ...
Das wurde durch die Schuld der Sozialdemokratie Deutschlands nicht getan, und deshalb konnte der Faschismus siegen ...
Der Faschismus siegte auch deshalb, weil das Proletariat von seinen natürlichen Bundesgenossen isoliert war. Der Faschismus siegte, weil es ihm gelang, die breiten Massen der Bauernschaft mitzureißen, dank der Tatsache, daß die Sozialdemokratie im Namen der Arbeiterklasse eine im Grunde genommen bauernfeindliche Politik betrieb ...
Der Faschismus siegte auch deshalb, weil es ihm gelang, in die Reihen der Jugend einzudringen, während die Sozialdemokratie die Arbeiterjugend vom Klassenkampf ablenkte, das revolutionäre Proletariat aber nicht die notwendige Erziehungsarbeit unter der Jugend entfaltete und dem Kampf für ihre besonderen Interessen und Forderungen nicht die genügende Aufmerksamkeit zuwandte ...
In diesem Zusammenhang können wir auch an einer Reihe von Fehlern der kommunistischen Parteien nicht vorbeigehen, von Fehlern, die unseren Kampf gegen den Faschismus hemmten. In unsren Reihen wurde die faschistische Gefahr in unzulässiger Weise unterschätzt, was auch bis auf den heutigen Tag nicht überall liquidiert ist. In unseren Parteien gab es früher derlei Anschauungen wie «Deutschland ist nicht Italien», in dem Sinne, der Faschismus habe wohl in Italien siegen können, aber in Deutschland, einem industriell und kulturell hochentwickelten Land mit einer vierzigjährigen Tradition der Arbeiterbewegung, sei der Faschismus unmöglich, sei sein Sieg ausgeschlossen. Heute kann man wiederum die Ansicht zu hören bekommen, der Faschismus habe in den Ländern der «klassischen» bürgerlichen Demokratie keinen Boden. Solche Anschauungen konnten und können zur Verringerung der Wachsamkeit gegenüber der faschistischen Gefahr führen und die Mobilisierung des Proletariats für den Kampf gegen den Faschismus erschweren ...
In Deutschland haben unsere Genossen lange Zeit das verletzte Nationalgefühl und die Empörung der Massen gegen den Versailler Friedensvertrag nicht genügend berücksichtigt. Sie haben sich zu den Schwankungen der Bauernschaft und des Kleinbürgertums geringschätzig verhalten. Sie sind mit dem Programm der sozialen und nationalen Befreiung zu spät hervorgetreten ...
Die Verhinderung des Sieges des Faschismus hängt vor allem von der Kampfaktivität der Arbeiterklasse selbst ab, vom Zusammenschluß ihrer Kräfte zu einer einheitlichen, gegen die Offensive des Kapitals und des Faschismus kämpfenden Armee. Das Proletariat, das seine Kampfeinheit hergestellt hat, würde den Einfluß des Faschismus auf die Bauernschaft, auf das städtische Kleinbürgertum, auf die Jugend und die Intellektuellen paralysieren, würde den einen Teil neutralisieren und den anderen auf seine Seite bringen ...
Zweitens hängt das von dem Vorhandensein einer starken revolutionären Partei ab, die den Kampf der Werktätigen gegen den Faschismus richtig leitet ...
Drittens hängt das von der richtigen Politik der Arbeiterklasse gegenüber der Bauernschaft und den städtischen kleinbürgerlichen Massen ab. Diese Massen muß man so nehmen, wie sie sind, und nicht so, wie wir sie uns wünschen. Ihre Zweifel und Schwankungen werden sie einzig und allein im Laufe des Kampfes überwinden ...

Viertens hängt das von der Wachsamkeit und den rechtzeitigen Aktionen des revolutionären Proletariats ab. Man darf sich vom Faschismus nicht überrumpeln lassen. Man darf ihm nicht die Initiative überlassen. Man muß ihm, bevor er noch seine Kräfte sammeln kann, entscheidende Schläge versetzen. Man darf nicht zulassen, daß er seine Stellung stärkt. Man muß ihm auf Schritt und Tritt, wo er sich zeigt, Widerstand leisten ...

Um die Macht

Heraus auf die Straße!

Generalstreikaufruf der KPD vom 30. Januar 1933 (Auszug)

Hitler Reichskanzler – Papen Vizekanzler – Hugenberg Wirtschaftsdiktator – die Frick und Göring an der Spitze der Polizei – Stahlhelm-Seldte Arbeitsminister! Dies neue Kabinett der offenen, faschistischen Diktatur ist die brutalste, unverhüllteste Kriegserklärung an die Werktätigen, die deutsche Arbeiterklasse!
Die Betrugsmanöver des «sozialen» Generals sind zu Ende. Die Zuspitzung der Krise, der machtvolle revolutionäre Aufschwung der Massen zwingt die Bourgeoisie, das nackte Gesicht ihrer Diktatur in äußerster Brutalität zu enthüllen. An die Stelle der «sozialen» Phrasen treten die Bajonette der Reichswehr und die Revolver der mordenden SA- und SS-Kolonnen. Schamloser Raub der Löhne, schrankenloser Terror der braunen Mordpest, Zertrampelung der letzten spärlichen Überreste der Rechte der Arbeiterklasse, hemmungsloser Kurs auf den imperialistischen Krieg – das alles steht unmittelbar bevor ...
Das blutige, barbarische Terrorregime des Faschismus wird über Deutschland aufgerichtet. Massen, laßt nicht zu, daß die Todfeinde des deutschen Volkes, die Todfeinde der Arbeiter und armen Bauern, der Werktätigen in Stadt und Land ihr Verbrechen durchführen! Setzt euch zur Wehr gegen die Anschläge und den Terror der faschistischen Konterrevolution! Verteidigt euch gegen die schrankenlose soziale Reaktion der faschistischen Diktatur!
Heraus auf die Straße!
Legt die Betriebe still!
Antwortet sofort auf den Anschlag der faschistischen Bluthunde mit Streik, mit dem Massenstreik, mit dem Generalstreik!

Droht ein Generalstreik?

Protokoll der ersten Sitzung des Kabinetts Hitler am 30. Januar 1933 (Auszug)

Der Reichskanzler wies darauf hin, daß eine Vertagung des Reichstags ohne Mithilfe des Zentrums nicht möglich sei. Nun könne man vielleicht daran denken, die kommunistische Partei zu verbieten, ihre Mandate im Reichstag zu kassieren und auf diese Weise die Mehrheit im Reichstag zu erreichen. Nach seiner Erfahrung seien jedoch Verbote von Parteien zwecklos. Er befürchte als Folgen eines eventuellen Verbots der KPD schwere innenpolitische Kämpfe und eventuell den Generalstreik. Sicherlich gebrauche die Wirtschaft Ruhe. Wenn man jedoch die Frage aufwerfe, was für die Wirtschaft eine größere Gefahr bedeute, die mit Neuwahlen verbundene Unsicherheit und Beunruhigung oder ein Generalstreik, so müsse man nach seiner Ansicht zu dem Ergebnis kommen, daß ein Generalstreik für die Wirtschaft weit gefährlicher sei.
Es sei schlechterdings unmöglich, die 6 Millionen Menschen zu verbieten, die hinter der KPD ständen. Vielleicht könne man nach Auflösung des Reichstags bei den dann bald vorzunehmenden Neuwahlen doch eine Mehrheit für die jetzige

Jetzt Einheitsfront der Tat! Schafft und verstärkt gemeinsam mit den Proletariern aller Parteirichtungen den Massenselbstschutz gegen die Provokationen der braunen Tributarmee!

Jetzt Einheitsfront der Tat!

Beschließt Streik!

Jetzt Einheitsfront der Tat! Beschließt sofort alle Maßnahmen zur Durchführung der Massenaktionen bis zum politischen Massenstreik und Generalstreik!

Denkt an den Kapp-Putsch!

Nicht Knechtschaft – sondern Freiheit! Nicht faschistische Diktatur – sondern Sozialismus, Arbeiter und Bauernrepublik! Brecht die Not der Sklaverei, brecht die Sklaverei der Not – Brot ist Freiheit, Freiheit – Brot!

Nehmt sofort Stellung! Die Waffen des Proletariats sind:

Streik! Streik! Massenaktion!

Jetzt Einheitsfront der Tat!

KPD-Flugblatt zum Machtantritt Hitlers

Reichsregierung gewinnen. Am allerbesten werde es sein, wenn der Reichstag sich freiwillig vertage.
Der Reichswirtschaftsminister und Reichsminister für Ernährung und Landwirtschaft führte aus, daß er gewiß keine Sehnsucht nach einem Generalstreik habe. Nach seiner Überzeugung werde es jedoch nicht möglich sein, um die Unterdrückung der KPD herumzukommen. Anderenfalls werde man keine Mehrheit im Reichstag erreichen, jedenfalls keine Zweidrittelmehrheit.
Nach der Unterdrückung der KPD sei die Annahme eines Ermächtigungsgesetzes durch den Reichstag möglich. Es erscheine ihm zweifelhaft, ob im Falle der Unterdrückung der KPD ein Generalstreik ausbrechen werde. Er ziehe die Unterdrückung der KPD den Neuwahlen vor.
Reichsminister Göring teilte mit, daß die Kommunisten für heute abend (30.1.) eine Demonstration geplant hätten, die er verboten habe. Nach seinen Feststellungen würde die SPD im Augenblick einen Generalstreik nicht mitmachen. Die Sozialdemokratie dränge zur Zeit auf eine Aussprache im Reichstag.
Nach seiner Auffassung sei es am besten, möglichst bald den Reichstag aufzulösen und zu Neuwahlen zu kommen. Der Reichskanzler habe sein Wort dahin verpfändet, daß auch nach den Neuwahlen die jetzige Zusammensetzung des Reichskabinetts nicht geändert werde.
Der Reichskanzler bestätigte die Richtigkeit dieser Mitteilung.

Auf dem Boden der Verfassung

Aufruf des Vorstandes und der Reichstagsfraktion der SPD vom 31. Januar 1933 (Auszug)

Wir führen unseren Kampf auf dem Boden der Verfassung. Die politischen und sozialen Rechte des Volkes, die in Verfassung und Gesetz verankert sind, werden wir gegen jeden Angriff mit allen Mitteln verteidigen. Jeder Versuch der Regierung, ihre Macht gegen die Verfassung anzuwenden oder zu behaupten, wird auf den äußersten Widerstand der Arbeiterklasse und aller freiheitlich gesinnten Volkskreise stoßen. Zu diesem entscheidenden Kampf sind alle Kräfte bereitzuhalten.
Undiszipliniertes Vorgehen einzelner Organisationen oder Gruppen auf eigene Faust würde der gesamten Arbeiterklasse zum schwersten Schaden gereichen.

Thälmanns letzte Rede

Ansprache des KPD-Vorsitzenden auf der Tagung des ZK in Ziegenhals am 7. Februar 1933 (Auszug)

Der Kampf, der vor uns liegt, ist der schwerste, den die Partei zu bestehen hat. Er kann nicht verglichen werden mit den Jahren seit 1923. Er gibt jedem Kommunisten eine noch höhere Verantwortung, als selbst in der damaligen Situation ...
Das Kabinett Hitler–Hugenberg–Papen ist die offene, faschistische Diktatur. Was die Zusammensetzung der Regierung anbetrifft, so kann es in Deutschland eine weitere Steigerung in der Richtung des offenen Faschismus kaum mehr geben. Wohl aber gibt es in den Methoden dieser Regierung der offenen, faschistischen Diktatur noch eine ganze Reihe von Steigerungsmöglichkeiten. Jeder Zweifel darüber, daß diese Regierung vor irgendwelchen Methoden des äußersten Terrors zurückschrecken würde, wäre sehr gefährlich.
Es ist der Bourgeoisie ernst damit, die Partei und die ganze Avantgarde der Arbeiterklasse zu zerschmettern. Sie wird deshalb kein Mittel unversucht lassen, um dieses Ziel zu erreichen. Also nicht nur Vernichtung der letzten spärlichen Rechte der Arbeiter, nicht nur Parteiverbot, nicht

Bekenntnis der KPD zur Aktionseinheit mit den Sozialdemokraten; Wahlplakat vom März 1933

nur faschistische Klassenjustiz, sondern alle Formen des faschistischen Terrors; darüber hinaus: Masseninternierung von Kommunisten in Konzentrationslagern, Lynchjustiz und Meuchelmorde an unseren tapferen antifaschistischen Kämpfern, insbesondere an kommunistischen Führern – das alles gehört mit zu den Waffen, deren sich die faschistische Diktatur uns gegenüber bedienen wird.
Schon die ersten Taten der Hitlerregierung beweisen den ganzen tiefen Ernst der Situation. Es wäre ein Verbrechen, irgendwelche legalistischen Illusionen in unseren Reihen zu dulden. Wir müssen in der ganzen Arbeiterklasse darüber Klarheit schaffen, daß es wahrscheinlich keine andere Art der Ablösung dieser Regierung geben kann, als ihren revolutionären Sturz. Das bedeutet nicht, daß der Sturz der Hitlerregierung und der Sieg der proletarischen Revolution unbedingt ein und dasselbe sein müssen. Wir stellen die Frage des Kampfes für den Sturz der Hitlerregierung, die Frage der Beseitigung der Hitler-Hugenberg-Regierung als unmittelbare Aufgabe ...
Worauf kommt es jetzt vor allem an? Wir müssen erreichen, daß die Kette der Massenaktionen und Massenkämpfe gegen die faschistische Diktatur in ganz Deutschland nicht mehr abreißt...

Das ist es, was wir für ganz Deutschland, aber auch für jeden einzelnen Bezirk als Aufgabe stellen: eine Kette ununterbrochener, miteinander verflochtener und sich gegenseitig ablösender Aktionen, die Entfaltung aller Formen des Massenwiderstandes und Massenkampfes gegen die faschistische Diktatur. Das ist die entscheidende Aufgabe im Kampf um die proletarische Mehrheit.

Wahlhilfe des Finanzkapitals

Eidesstattliche Erklärung des Vorstandsmitglieds der IG-Farben, v. Schnitzler, vor dem Nürnberger Gerichtshof (Auszug)

Ende Februar 1933 erhielten vier Mitglieder des Vorstandes der IG-Farben, einschließlich des Dr. Bosch, Vorsitzender des Vorstandes, und ich selbst die Einladung vom Reichstagspräsidenten, einer Sitzung in seinem Hause beizuwohnen. Der Zweck der Sitzung war nicht angegeben. Ich kann mich auf die Namen der anderen beiden Kollegen, die auch eingeladen waren, nicht entsinnen. Ich glaube, die Einladung wurde mir während einer Reise in Berlin überreicht. An der Sitzung nahmen ungefähr 20 Personen teil. Ich glaube, die meisten von ihnen waren führende Industrielle aus dem Ruhrgebiet. Unter den Anwesenden waren nach meiner Erinnerung: Dr. Schacht, der damals noch nicht Chef der Reichsbank und noch nicht Wirtschaftsminister war; Krupp von Bohlen, der anfangs 1933 Präsident des Reichsverbandes der Deutschen Industrie war; er wurde später in eine halbamtliche Organisation «Reichsgruppe Industrie» umgewandelt; Dr. Albert Vögler, der führende Mann der Vereinigten Stahlwerke; von Loewenfeld von einem Industriewerk in Essen; Dr. Stein, der Führer der Gewerkschaft Auguste Viktoria, eines Bergwerks, das der IG-Farben gehört. Dr. Stein war ein aktives Mitglied der Deutschen Volkspartei.
Ich erinnere mich, daß Schacht als eine Art Gastgeber auftrat. Während ich erwartet hatte, daß Göring kommen würde, kam Hitler herein, schüttelte jedem die Hand und setzte sich an dem Tisch nieder. In einer langen Rede sprach er hauptsächlich über die Gefahr des Kommunismus, über den er angeblich gerade einen entscheidenden Sieg errungen hätte. Er sprach dann über das Bündnis, das die Partei und die Deutschnationale Volkspartei abgeschlossen hatten. Die Deutschnationale Volkspartei war inzwischen reorganisiert worden durch Herrn von Papen. Zum Schluß kam er auf den Punkt, der meiner Ansicht nach der ganze Zweck der Besprechung war. Er betonte die Notwendigkeit, daß die beiden erwähnten Parteien die Majorität in der kommenden Reichstagswahl erreichen müßten. Krupp von Bohlen dankte Hitler für die Rede. Danach verließ Hitler das Zimmer. Dr. Schacht schlug vor, einen Wahlfonds, wie ich mich erinnere, von ungefähr drei Millionen Reichsmark zu schaffen, der zwischen den beiden Verbündeten nach ihrer relativen Stärke, die sie zur Zeit hatten, verteilt werden sollte.

Verräterische Eile

Polizei-Funkspruch des preußischen Innenministers Göring vom 27. Februar 1933, aufgenommen knapp drei Stunden nach Ausbruch des Reichstagsbrandes

betrifft reichstagsbrandstiftung und erhöhte aktivität der kpd.
1. sämtliche kommunistischen flugblätter beschlagnahmen. 2. sämtliche kommunistischen periodischen druckschriften beschlagnahmen und verbieten. die oberpräsidenten haben die verbotsmaßnahmen mit den hochverräterischen ausführungen der letzten zeit unter berücksichtigung der ständigen rechtsprechung des reichsgerichts zu begründen. 3. erhöhte aktivität der kpd erfordert verstärkte streifentätigkeit, heranziehung von hilfspolizei und örtliche arlarmbereitschaft für bereitschaftspolizeiteile, überraschende gründliche durchsuchungsaktion bei allen kommunistischen funktionären. 4. spd plakate, flugblätter und periodische druckschriften beschlagnahmen. diesen funkspruch noch heute nacht behördenchefs vorlegen.

Liquidierung der Grundrechte

Verordnung des Reichspräsidenten «zum Schutz von Volk und Staat» vom 28. Februar 1933 (Auszug)

Auf Grund des Artikels 48 Abs. 2 der Reichsverfassung wird zur Abwehr kommunistischer staatsgefährdender Gewaltakte folgendes verordnet:
§ 1 Die Artikel 114, 115, 117, 118, 123, 124 und 153 der Verfassung des Deutschen Reichs werden bis auf weiteres außer Kraft gesetzt. Es sind daher Beschränkungen der persönlichen Freiheit, des Rechts der freien Meinungsäußerung, einschließlich der Pressefreiheit, des Vereins- und Versammlungsrechts, Eingriffe in das Brief-, Post-, Telegraphen- und Fernsprechgeheimnis, Anordnungen von Haussuchungen und von Beschlagnahmen sowie Beschränkungen des Eigentums auch außerhalb der sonst hierfür bestimmten gesetzlichen Grenzen zulässig.

Vernichten und ausrotten

Göring am 3. März 1933 in Frankfurt/M. (Auszug)

Volksgenossen, meine Maßnahmen werden nicht angekränkelt sein durch irgendwelche juristische Bedenken. Meine Maßnahmen werden nicht angekränkelt sein durch irgendeine Bürokratie. Hier habe ich keine Gerechtigkeit zu üben, hier habe ich nur zu vernichten und auszurotten, weiter nichts! Dieser Kampf, Volksgenossen, wird ein Kampf gegen das Chaos sein, und solch einen Kampf führe ich nicht mit polizeilichen Machtmitteln. Das mag ein bürgerlicher Staat getan haben. Gewiß, ich werde die staatlichen und polizeilichen Machtmittel bis zum äußersten auch dazu benutzen, meine Herren Kommunisten, damit Sie hier nicht falsche Schlüsse ziehen, aber den Todeskampf, in dem ich Euch die Faust in den Nacken setze, führe ich mit denen da unten, das sind die Braunhemden.

Die Reichstagswahlen 1932/33

Zahl der Mandate

Parteien	Juli 32	Nov. 32	März 33
NSDAP	230	196	288
DNVP	37	52	52
Zentrum/BVP	97	90	92
SPD	133	121	120
KPD	89	100	81

Die restlichen Mandate erhielten Splitterparteien

Die «Heimtücke-Verordnung»

Verordnung des Reichspräsidenten «zur Abwehr heimtückischer Angriffe gegen die Regierung der nationalen Erhebung» vom 21. März 1933 (Auszug)

§ 3(1) Wer vorsätzlich eine unwahre oder gröblich entstellte Behauptung tatsächlicher Art aufstellt oder verbreitet, die geeignet ist, das Wohl des Reiches oder eines Landes oder das Ansehen der Reichsregierung oder einer Landesregierung oder der hinter diesen Regierungen stehenden Parteien oder Verbände schwer zu schädigen, wird, soweit nicht in anderen Vorschriften eine schwerere Strafe angedroht ist, mit Gefängnis bis zu zwei Jahren und, wenn er die Behauptung öffentlich aufstellt oder verbreitet, mit Gefängnis nicht unter drei Monaten bestraft.
(2) Ist durch die Tat ein schwerer Schaden für das Reich oder ein Land entstanden, so kann auf Zuchthausstrafe erkannt werden.

Das Ermächtigungs-Gesetz

Gesetz «zur Behebung der Not von Volk und Reich» vom 24. März 1933 (Auszug)

Artikel 1. Reichsgesetze können außer in dem in der Reichsverfassung vorgesehenen Verfahren auch durch die Reichsregierung beschlossen werden. Dies gilt auch für die in den Artikeln 85, Absatz 2 und 87 der Reichsverfassung bezeichneten Gesetze.
Artikel 2. Die von der Reichsregierung beschlossenen Reichsgesetze können von der Reichsverfassung abweichen, soweit sie nicht die Einrichtung des Reichstags und des Reichsrats als solche zum Gegenstand haben. Die Rechte des Reichspräsidenten bleiben unberührt.

Die Motivation zum Reichstagsbrand

Verordnung v. Hindenburgs vom 28. Februar 1933

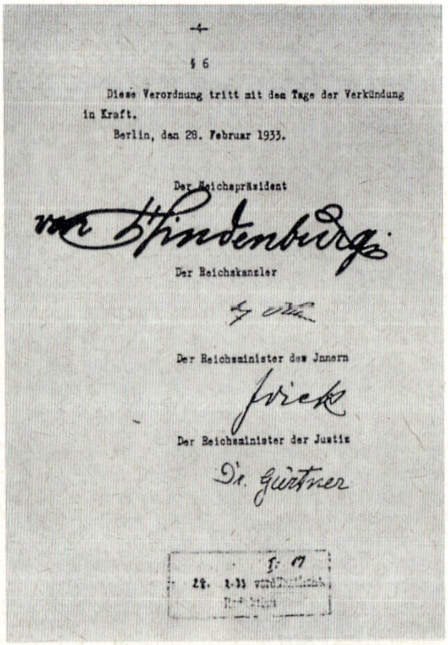

§ 6

Diese Verordnung tritt mit dem Tage der Verkündung in Kraft.

Berlin, den 28. Februar 1933.

Der Reichspräsident

v. Hindenburg

Der Reichskanzler

Der Reichsminister des Innern

Frick

Der Reichsminister der Justiz

Dr. Gürtner

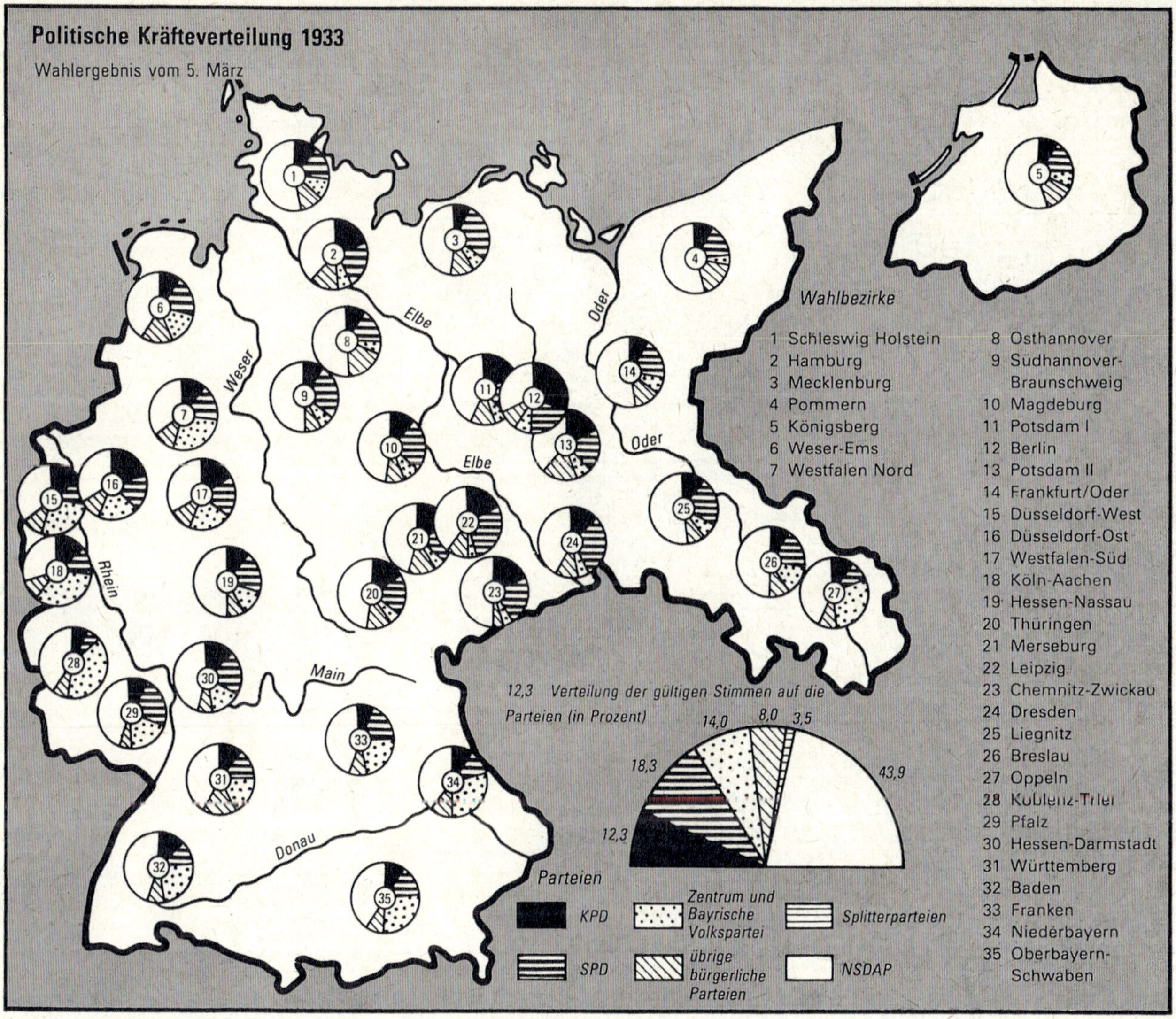

Artikel 3. Die von der Reichsregierung beschlossenen Reichsgesetze werden vom Reichskanzler ausgefertigt und im Reichsgesetzblatt verkündet. Sie treten, soweit sie nichts anderes bestimmen, mit dem auf die Verkündung folgenden Tage in Kraft ...
Artikel 4. Verträge des Reiches mit fremden Staaten, die sich auf Gegenstände der Reichsgesetzgebung beziehen, bedürfen für die Dauer der Geltung dieser Gesetze nicht der Zustimmung der an der Gesetzgebung beteiligten Körperschaften. Die Reichsregierung erläßt die zur Durchführung dieser Verträge erforderlichen Vorschriften.

Unterbringung von Gefangenen

Schnellbrief des preußischen Finanzministeriums an den Regierungspräsidenten in Oppeln; 6. April 1933 (Auszug)

In Bestätigung meines Telegramms vom heutigen Tage ersuche ich um unverzügliche Feststellung, ob der frühere Truppenübungsplatz Lamsdorf zur Unterbringung einer größeren Anzahl von Gefangenen geeignet ist. Es wird eine Belegung mit mindestens 500 Köpfen in Frage kommen.

Nationales Berufsbeamtentum

Gesetz «zur Wiederherstellung des Berufsbeamtentums» vom 7. April 1933 (Auszug)

§ 1 Zur Wiederherstellung eines nationalen Berufsbeamtentums und zur Vereinfachung der Verwaltung können Beamte nach Maßgabe der folgenden Bestimmungen aus dem Amt entlassen werden, auch wenn die nach dem geltenden Recht hierfür erforderlichen Voraussetzungen nicht vorliegen ...
§ 2 Beamte, die seit dem 9. November 1918 in das Beamtenverhältnis eingetreten sind, ohne die für ihre Laufbahn vorgeschriebene oder übliche Vorbildung oder sonstige Eignung zu besitzen, sind aus dem Dienste zu entlassen ...
§ 3 Beamte, die nicht arischer Abstammung sind, sind in den Ruhestand zu versetzen ...
Absatz 1 gilt nicht für Beamte, die bereits seit dem 1. August 1914 Beamte gewesen sind oder die im Weltkrieg an der Front für das Deutsche Reich oder für seine Verbündeten gekämpft haben oder deren Väter oder Söhne im Weltkrieg gefallen sind ...
§ 4 Beamte, die nach ihrer bisherigen politischen Betätigung nicht die Gewähr dafür bieten, daß sie jederzeit rückhaltlos für den nationalen Staat eintreten, können aus dem Dienst entlassen werden.

ADGB marschiert mit

Beschluß des Bundesausschusses des ADGB vom 19. April 1933 (Auszug)

Der Bundesausschuß des Allgemeinen Deutschen Gewerkschaftsbundes begrüßt den 1. Mai 1933 als gesetzlichen Feiertag der nationalen Arbeit und fordert die Mitglieder der Gewerkschaften auf, im vollen Bewußtsein ihrer Pionierdienste für den Maigedanken, für die Ehrung der schaffenden Arbeit und für die vollberechtigte Eingliederung der Arbeiterschaft in den Staat sich allerorts an der von der Regierung veranlaßten Feier festlich zu beteiligen.
Der Bundesausschuß erinnert in diesem Zusammenhang die Regierung und die gesamte Öffentlichkeit erneut an die Notlage der arbeitslosen Massen und spricht die Erwartung aus, daß die Regierung die gesetzliche Verkürzung der Arbeitszeit auf 40 Wochenstunden ohne Verdienstschmälerung für die Arbeiter baldigst durchführen möge.

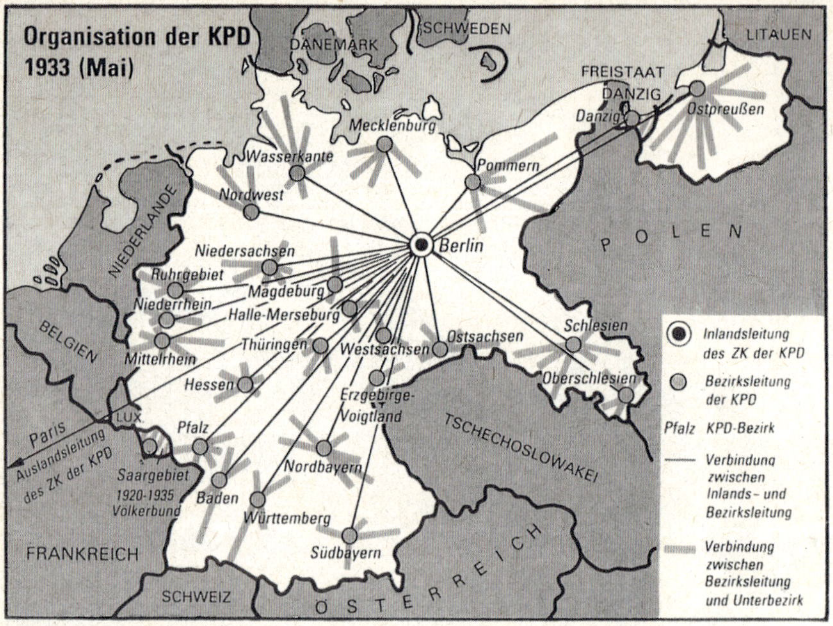

Ebenso dringlich ist es, daß die Bemühungen der Regierung um Arbeitsbeschaffung und Siedlung mit allem Nachdruck weiter gefördert werden. Die Gewerkschaften sind nach wie vor bereit, diese Bemühungen mit allen Kräften zu unterstützen.

Das Ende der Gewerkschaften

Rundschreiben des Stabsleiters der NSDAP, Ley, vom 21. April 1933 (Auszug)

Dienstag, den 2. Mai 1933, vormittags 10 Uhr, beginnt die Gleichschaltungsaktion gegen die Freien Gewerkschaften.
Die Leitung der gesamten Aktion liegt in den Händen des Aktionskomitees. Das Aktionskomitee setzt sich folgendermaßen zusammen:
Dr. Robert Ley, Vorsitzender,
Rudolf Schmeer, Stellvertreter,
Schuhmann, Kommissar für den ADGB,
Peppler, Kommissar für den AFA-Bund,
Muchow, Organisation,
Bankdirektor Müller, Komm. Leiter der Bank der Arbeiter, Angestellten und Beamten,
Brinckmann, Komm. Hauptkassierer,
Biallas, Propaganda und Presse.
Zum erweiterten Aktionskomitee gehören sämtliche kommissarischen Leiter der Verbände.
Im wesentlichen richtet sich die Aktion gegen den Allgemeinen Deutschen Gewerkschaftsbund (ADGB) und den Allgemeinen Freien Angestelltenbund (AFA-Bund). Was darüber hinaus von den Freien Gewerkschaften abhängig ist, ist dem Ermessen der Gauleiter anheimgestellt.
Verantwortlich für die Durchführung der Gleichschaltungsaktion in den einzelnen Gebieten sind die Gauleiter. Träger der Aktion soll die NSBO sein.
SA bzw. SS ist zur Besetzung der Gewerkschaftshäuser und der Inschutzhaftnahme der in Frage kommenden Persönlichkeiten einzusetzen.
Der Gauleiter trifft seine Maßnahmen im engsten Einvernehmen mit dem zuständigen Gaubetriebszellenleiter.
Die Aktion in Berlin wird durch den Aktionsausschuß selbst geleitet.
Im Reich werden besetzt:
Die Leitung der Verbände;
die Gewerkschaftshäuser und Büros der Freien Gewerkschaften, die Parteihäuser der SPD, soweit Gewerkschaften dort untergebracht sind;
die Filialen und Zahlungsstellen der «Bank der Arbeiter, Angestellten und Beamten AG»;
die Bezirksausschüsse des ADGB und des AFA-Bundes;
die Ortsausschüsse des ADGB und des AFA-Bundes.
In Schutzhaft werden genommen:
alle Verbandsvorsitzenden;
die Bezirkssekretäre und
die Filialleiter der «Bank der Arbeiter, Angestellten und Beamten AG».

Sprechchöre gegen Hitler

Erinnerungsbericht von Albert Badekow über eine illegale Blitzkundgebung des KJVD in Eimsbüttel bei Hamburg am 1. Mai 1933 (Auszug)

Die Demonstration sollte vormittags 10 Uhr in der Sillemstraße beginnen. Als wir dort kurz vorher ankamen, war die Straße menschenleer. Aber Punkt 10 Uhr ertönte ein scharfer Pfiff, und aus den Treppenhäusern strömten Hunderte von Jungen und Mädchen auf die Straße. In Sekundenschnelle formierte sich der Zug. An der Spitze flatterte eine einzige rote Fahne. Wir setzten uns in Bewegung und zogen mit Liedern und Sprechchören gegen Hitler durch die Straßen Eimsbüttels. Als die ausgesandten Späher nach kurzer Zeit bekanntgaben, daß die Polizei sich nähere, kam sofort das Kommando: Auflösen. Ehe die Polizei eintraf, war kein Jugendlicher mehr zu sehen. Diese Maiaktion war so diszipliniert verlaufen und beendet worden, daß auch nicht ein einziger in die Hände der Polizei fiel.

Selbst in der Schutzhaft ...

Schreiben des ersten Gestapo-Chefs Diels an die Regierungspräsidenten vom 24. Mai 1933 (Auszug)

In der Anlage wird eine Schrift überreicht, die unter dem Titel «Fanal», Organ der proletarischen Schutzhaftgefangenen in Gollnow, unter den Schutzhaftgefangenen in Umlauf gesetzt wurde. Diese Schrift hat einen ausgesprochen hetzerischen, kommunistischen Charakter und beweist, daß die Funktionäre der KPD selbst in der Schutzhaft nichts unversucht lassen, um den zerschlagenen Parteiapparat wieder aufzubauen und eine rege Propaganda für die kommunistischen Ideen zu entfalten.

Die Köpenicker Blutwoche

Erlebnisbericht des Kommunisten Franz Bollfraß (Auszug)

Ich war damals 19 Jahre alt und Funktionär des KJVD, der Roten Jungfront und seit 1932 Mitglied der KPD in Köpenick und deshalb bei den Faschisten verhaßt. So wurde auch ich am 21. Juni 1933 von der SA «verhaftet» und zur «Vernehmung» zum SA-Sturmlokal Demuth in die Elisabethstraße gebracht ...
Hier saß ein SA-Scharführer und nahm die «Personalien» auf. Sofort war auch einer da, der sich mit meinen Haaren beschäftigte und der Meinung war, sie wären zu lang und müßten geschnitten werden. Ich glaube, ein Tier behandelt man anders, als ich jetzt behandelt wurde. Mir wurden mit einem Gegenstand, es soll eine Schere gewesen sein, die Haare ausgerissen, so daß das Blut auf mein Gesicht und mein Hemd rann ...
Wir mußten jetzt alle unsere Hände in den Nacken legen und wurden so durch die Straßen Köpenicks geführt. Als unser Zug an der Luisenstraße vorbeikam, sah ich meine Mutter und wollte zu ihr, was aber die SA-Leute verhinderten, indem sie mich zu Boden schlugen. Darauf mußte meine Mutter, die das alles beobachtet hatte und vor Erregung zusammengebrochen war, in die Wohnung gebracht werden.

Armbinde der SA/SS-«Hilfspolizei»

Unser Marsch ging weiter bis zur Lindenstraße und dann zurück zum Lokal Demuth. Hier wurden wir sofort auf den Hof gebracht und in drei Gruppen eingeteilt.
Die erste Gruppe wurde mit einer «Verwarnung» sofort entlassen. Die zweite und dritte Gruppe mußten im Eiltempo, wie die Nazis es nannten, wieder auf den Heuboden. Unsere Gruppe mußte zusehen, wie die Genossen, gleich ob KPD oder SPD, von den SA-Banditen mit Weidenruten und Gummiknüppeln je 25 Schläge auf das nackte Gesäß erhielten. Danach verblieb dann nur noch die Gruppe der «Verhafteten» auf dem Heuboden. Es dauerte nur kurze Zeit, dann wurden auch wir über das aufgestellte Feldbettgestell «gelegt». Um

die Schmerzensschreie zu unterdrücken, preßte man unseren Kopf auf den Strohsack. Dazu ließ einer der Brüder Demuths ein Motorrad laufen, damit das Schreien der Gequälten nicht nach draußen dringen sollte ...
Nach stundenlangen Quälereien wurden wir in Wäscheautos verladen. Die SA-Schläger drohten, uns zum Müggelsee zu fahren und dort wie junge Hunde zu ersaufen. Vorerst landeten wir jedoch im Amtsgerichtsgefängnis Köpenick. Hier empfingen uns wiederum besoffene Nazis mit lautem Gejohle. Das Aussteigen aus den Autos ging ihnen nicht schnell genug, weshalb sie mit den üblichen Gegenständen auf uns einhauten und uns so in die Zellen trieben. Dort hatten wir aber nur eine kurze Pause. Bald kamen vier SA-Banditen in meine Zelle und brüllten: «Ach, hier ist der Rote Kietz», und sie begannen auf mich einzuschlagen. Stunden müssen vergangen sein, ehe ich wieder zur Besinnung kam. Vor Schmerzen konnte ich meine Glieder nicht bewegen ...
Später erfuhr ich, daß mein Nachbar, der Genosse Kuschke, sich im Betsaal geweigert hatte, seinen eigenen Sohn zu schlagen. Nach den «Freiübungen» gab man einigen unserer Genossen etwas zu trinken. Unter entsetzlichen Schreien und Schmerzen starben diese Genossen. Ihre Todesschreie waren so grausam, daß ich mich in eine Ecke meiner Zelle verkroch und mir die Ohren zuhielt. Dann war wieder lange Zeit alles um mich herum tot und still, bis SA-Leute meine Zellentür aufrissen, etwas hereinwarfen und mir zuriefen, daß sie in 10 Minuten wiederkommen würden und ich dann hängen müsse ...
Die besoffenen SA-Leute gaben keine Ruhe und begannen die Quälereien immer wieder von neuem. Schließlich wurden wir aufgefordert, aus den Zellen zu kommen und uns zu waschen, da wir entlassen werden sollten. Der Standartenführer Gehrke ließ es sich nicht nehmen, uns selbst zu «verabschieden». Mit den Worten: «Na, nun wißt ihr Kommunistenschweine, was los ist», wurden wir zur Tür hinausgestoßen ...
Ich kam in das Urbankrankenhaus in Neukölln, wo ich aber nach acht Tagen auf eigenen Wunsch wieder entlassen wurde. Den Ärzten erklärte ich, daß ich zu Hause leichter und besser sterben könne als bei ihnen. Zwei Tage später wurde ich jedoch wieder vom Sanitätsrat Dr. Lehmann ins Köpenicker Krankenhaus eingewiesen, wo ich annähernd zwei Jahre und 6 Monate zubrachte.

Rege kommunistische Tätigkeit

Schreiben des ersten Gestapo-Chefs Diels an die Stapostellen vom 22. August 1933 (Auszug)

Im Bezirk des Landesarbeitsamtes Brandenburg wurde eine rege kommunistische Tätigkeit auf den Zahl- und Meldestellen der örtlichen Arbeitsämter festgestellt. Die Staatspolizeistellen werden ersucht, die in ihrem Bezirk befindlichen Arbeitsämter in geeigneter Weise durch Polizeibeamte oder SA- bzw. SS-Leute in Zivil überwachen und gelegentliche Durchsuchungen während der Meldestunden vornehmen zu lassen.

Der Schießbefehl

Göring als preußischer Innenminister in einem Rundschreiben vom 4. Oktober 1933 (Auszug)

Nachdem die kommunistischen Organisationen im Lande zerschlagen sind, versucht ein Rest kommunistischer Hetzer den Aufbau des nationalsozialistischen Staates zu stören. Sie treiben ihre Wühlarbeit insbesondere durch die Verteilung von Handzetteln und aus dem Auslande eingeführter Flugschriften.
Ich befehle allen Polizeibeamten, diesem Treiben mit allen Mitteln entgegenzutreten. Gegen Flugblattverteiler, die sich den Polizeibeamten auf Anruf nicht stellen, ist sofort rücksichtslos von der Schußwaffe Gebrauch zu machen. Polizeibeamte, die in Ausübung dieses Befehls handeln, werde ich decken. Beamte, die durch zaghaftes Vorgehen die wirksame Abwehr derartiger staatsfeindlicher Umtriebe erschweren, haben mit Bestrafung zu rechnen.

Neue Hochverrats-Tatbestände

Gesetz «zur Gewährleistung des Rechtsfriedens» vom 13. Oktober 1933; nach ihm wird u. a. mit dem Tode oder lebenslangem Zuchthaus bestraft, ... (Auszug)

3. wer im Ausland eine Druckschrift, durch die der Tatbestand des Hochverrats (§§ 81–86 des Strafgesetzbuchs) begründet wird, herstellt, verbreitet oder zum Zwecke der Verbreitung bereit hält oder sonst ein Verbrechen des Hochverrats begeht;
4. wer es unternimmt, eine der in Nr. 3 bezeichneten Druckschriften in Kenntnis ihres hochverräterischen Inhalts zum Zwecke der Verbreitung in das Inland einzuführen, oder wer eine solche Druckschrift nach ihrer Einführung im Inland verbreitet oder wer sonst im Ausland begangenes Verbrechen des Hochverrats im Inland fördert.

Wer nicht Amboß sein will ...

Schlußrede Dimitroffs im Reichstagsbrand-Prozeß am 16. Dezember 1933 (Auszug)

Der Polizeibeamte Heller hat hier ein kommunistisches Gedicht aus einem 1925 erschienenen Buch zitiert, um zu beweisen, daß die Kommunisten 1933 den Reichstag in Brand gesetzt haben. Ich erlaube mir, hier auch ein Gedicht, aber von dem größten deutschen Dichter, Goethe, zu zitieren:

Lerne zeitig klüger sein.
Auf des Glückes großer Waage
Steht die Zunge selten ein;
Du mußt steigen oder sinken,
Du mußt herrschen und gewinnen
Oder dienen und verlieren,
Leiden oder triumphieren,
Amboß oder Hammer sein.

Ja, wer nicht Amboß sein will, der muß Hammer sein! Diese Wahrheit hat die deutsche Arbeiterschaft in ihrer Gesamtheit weder 1918 noch 1923, noch am 20. Juli 1932, noch im Januar 1933 verstanden. Die sozialdemokratischen Führer, die Wels, Severing, Braun, Leipart und Graßmann, sind schuld daran. Jetzt werden die deutschen Arbeiter das wohl verstehen können! ...
Was die volle Klärung des Reichstagsbrandes betrifft und die Feststellung der wirklichen Brandstifter, so bleibt dies natürlich dem Volksgericht der zukünftigen proletarischen Diktatur vorbehalten.
Im 17. Jahrhundert stand der Begründer der Physik, Galileo Galilei, vor dem strengen Inquisitionsgericht und sollte als Ketzer zum Tode verurteilt werden. Er hat mit tiefster Überzeugung und Entschlossenheit ausgerufen:
«Trotzdem, sie, die Erde – dreht sich doch!»
Und diese wissenschaftliche These wurde später zum Gemeingut der ganzen Menschheit.
(Der Präsident fällt Dimitroff ins Wort, steht auf und macht Anstalten zu gehen. Dimitroff spricht, davon unbeirrt, weiter:)
Wir Kommunisten können heute nicht weniger entschlossen als der alte Galilei sagen:
Und dennoch dreht sie sich! Das Rad der Geschichte dreht sich vorwärts – nach einem Sowjeteuropa, nach einem Weltbund der Sowjetrepubliken!
Und dieses Rad, getrieben durch das Proletariat unter Führung der Kommunistischen Internationale, wird durch keine Ausrottungsmaßnahmen, durch keine Zuchthausstrafen und Todesurteile aufgehalten werden. Es dreht sich und wird sich drehen bis zum endgültigen Sieg des Kommunismus!

Einsicht ohne Konsequenzen

Prager Manifest des Emigrationsvorstandes der SPD vom 28. Januar 1934 (Auszug)

Mit dem Sieg des totalen Staates ist die Frage seiner Überwindung mit grausamer Eindeutigkeit gestellt. Die Antwort lautet: totale Revolution, moralische, geistige, politische und soziale Revolution!
In diesem Kampfe wird die Sozialdemokratische Partei eine Front aller antifaschistischen Schichten anstreben. Sie wird die Bauern, die Kleingewerbetreibenden, die Kaufleute, die durch die Versprechungen der Nationalsozialisten betrogen sind, sie wird die Intellektuellen, die unter dem gegenwärtigen Régime ein bisher unvorstellbares Maß der Unterdrückung und Entwürdigung erleiden, zum gemeinsamen Kampf mit der Arbeiterklasse aufrufen.
Wir haben den Weg, wir haben das Ziel des Kampfes gezeigt. Die Differenzen in der Arbeiterbewegung werden vom Gegner selbst ausgelöscht. Die Gründe der Spaltung werden nichtig. Der Kampf zum Sturz der Diktatur kann nicht anders als revolutionär geführt werden. Ob Sozialdemokrat, ob Kommunist, ob Anhänger der zahllosen Splittergruppen, der Feind der Diktatur wird im Kampf durch die Bedingungen des Kampfes selbst der gleiche sozialistische Revolutionär. Die Einigung der Arbeiterklasse wird zum Zwang, den die Geschichte selbst auferlegt.
Die Führung der deutschen Sozialdemokratie weiß sich deshalb frei von jeder sektenhaften Abschließung und ist sich ihrer Mission bewußt, die Arbeiterklasse in einer politischen Partei des revolutionären Sozialismus zu vereinigen.

Politische Justiz zu Beginn des Dritten Reiches

Urteile in Strafjahren (nach unvollständigen, im Ausland zusammengetragenen Unterlagen der «Roten Hilfe», ohne Berücksichtigung der Todesurteile, der SA- und SS-Morde sowie der KZ-Einweisungen)

Monat	1933		1934		1935	
	Zuchthaus	Gefängnis	Zuchthaus	Gefängnis	Zuchthaus	Gefängnis
Januar	–	–	266	115	586	299
Februar	321	223	295	133	758	594
März	348	249	375	229	880	418
April	304	205	342	298	300	200
Mai	394	193	462	324	388	200
Juni	417	268	822	414	709	277
Juli	363	215	584	347	1 672	367
August	140	109	362	209	829	304
September	163	121	643	356	353	51
Oktober	294	163	.	.	744	250
November	366	144	.	.	1 142	229
Dezember	443	202	.	.	414	132
Insgesamt	3 553	2 092	4 151*	2 425*	8 775	3 321

* ohne letztes Quartal

Fliegende Demonstrationen

Schreiben Goebbels' an den Reichsinnenminister vom 17. April 1934 (Auszug)

Im vorigen Jahr sind verschiedentlich während der Abwesenheit der SA, der Polizei und der gesamten nationalsozialistisch gesinnten Bevölkerung in den Arbeitervierteln von Kommunisten kleinere Demonstrationen fast ungehindert durchgeführt worden. Ich befürchte, daß auch in diesem Jahr die Kommunisten derartige Demonstrationen versuchen werden, zumal sich inzwischen die illegale Tätigkeit der Kommunisten nicht unwesentlich verstärkt hat und auch der illegale Apparat besser aufgebaut ist als im vergangenen Jahr.
Ich schlage daher vor, die Herren Innenminister der Länder zu veranlassen, daß stärkere Formationen der Polizei in diesen Vierteln verborgen gehalten werden, um derartige Demonstrationen zu verhindern. Am zweckmäßigsten ist es, diese Maßnahme vor der Bevölkerung geheimzuhalten, so daß dadurch die Möglichkeit gegeben ist, daß Teile des kommunistischen illegalen Apparates aufgehoben werden können.

Die Einheit herstellen

Der amtierende KPD-Vorsitzende Wilhelm Pieck am 9. Juli 1934 vor dem Präsidium des Exekutivkomitees der Komintern (Auszug)

Vor der Partei steht die große Aufgabe, die Empörung der Massen zu breiten Aktionen zu steigern, in der Organisierung der Teilkämpfe ihren Masseneinfluß zu verbreitern und die sozialdemokratischen Arbeiter und die proletarischen Anhänger der Nazi in diese Kampffront gegen den Hitlerfaschismus einzubeziehen. Die Partei muß in diesen Kämpfen aber auch zu siegen verstehen, um sich dadurch das Vertrauen der Massen zu erobern. Die Arbeiterschaft ist jetzt in drei Teile gespalten: in Kommunisten, Sozialdemokraten und Nazianhänger. Wir müssen die Einheit der Arbeiterklasse herstellen, indem wir nicht nur die sozialdemokratischen Arbeiter, sondern auch die Arbeiter an der Nazifront gewinnen. Man soll allerdings den Rückgang des Masseneinflusses der Nazi nicht überschätzen. Gewiß ist die Unzufriedenheit mit dem faschistischen Regime ziemlich allgemein. Aber diese Unzufriedenheit bewirkt noch nicht, daß die Massen sich schon von Hitler abwenden. Sie müssen in eine Kampfstellung gegen Hitler gebracht werden. Und das kann nur durch die Kommunistische Partei geschehen.

Zweck der Macht

Das Ziel der Gesamtpolitik

Ausführungen Hitlers vor den Befehlshabern von Heer und Marine am 3. Februar 1933 (Auszug)

Ziel der Gesamtpolitik allein: Wiedergewinnung der pol. Macht. Hierauf muß gesamte Staatsführung eingestellt werden (alle Ressorts!).
1. Im Innern. Völlige Umkehrung der gegenwärt. innenpol. Zustände in D. Keine Duldung der Betätigung irgendeiner Gesinnung, die dem Ziel entgegensteht (Pazifismus!). Wer sich nicht bekehren läßt, muß gebeugt werden. Ausrottung des Marxismus mit Stumpf und Stiel. Einstellung der Jugend u. des ganzen Volkes auf den Gedanken, daß nur d. Kampf uns retten kann u. diesem Gedanken gegenüber alles zurückzutreten hat. (Verwirklicht in d. Millionen d. Nazi-Beweg. Sie wird wachsen.) Ertüchtigung der Jugend u. Stärkung des Wehrwillens mit allen Mitteln. Todesstrafe für Landes- u. Volksverrat. Straffste autoritäre Staatsführung. Beseitigung des Krebsschadens der Demokratie!
2. Nach außen. Kampf gegen Versailles. Gleichberechtigung in Genf; aber zwecklos, wenn Volk nicht auf Wehrwillen eingestellt. Sorge für Bundesgenossen.
3. Wirtschaft! Der Bauer muß gerettet werden! Siedlungspolitik! Künft. Steigerung d. Ausfuhr zwecklos. Aufnahmefähigkeit d. Welt ist begrenzt, u. Produktion ist überall übersteigert. Im Siedeln liegt einzige Mögl., Arbeitslosenheer z.T. wieder einzuspannen. Aber braucht Zeit u. radikale Änderung nicht zu erwarten, da Lebensraum für d(eutsches) Volk zu klein.
4. Aufbau der Wehrmacht wichtigste Voraussetzung für Erreichung des Ziels: Wiedererringung der pol. Macht. Allg. Wehrpflicht muß wieder kommen. Zuvor aber muß Staatsführung dafür sorgen, daß die Wehrpflichtigen vor Eintritt nicht schon durch Pazif., Marxismus, Bolschewismus vergiftet werden oder nach Dienstzeit diesem Gifte verfallen.

Die Ambitionen der Flugzeug-Industrie

Niederschrift des Aufsichtsratsvorsitzenden der Mitteldeutschen Stahlwerke AG, Koppenberg, vom 6. April 1933 (Auszug)

Herr Fritz Thyssen eröffnete einleitend die Sitzung mit einer Begrüßung und gab der selbständigen Flugzeug- und Flugmotorenindustrie eine beruhigende Erklärung gegen anscheinend aufgekommene Befürchtungen einer Majorisierung durch die Großindustrie ...
Herr Mehlich behandelte ausgiebig die Konstruktions- und Ausführungsfragen von Motor und Zelle, stellte hohe Anforderungen an den Motorenbau und verwarf das Holz als Baustoff. Er unterschied zwischen der technischen und der wirtschaftlichen Seite der Fertigung und war der Meinung, daß der technische Teil das Primäre sei und daß man dem Wirtschaftlichen schon nachhelfen könne. Er sprach von einer operativen Luftflotte, die Deutschland haben müsse, infolge seiner Mittellage in Europa, der die besondere Aufgabe der Störung und Zerstörung der benachbarten feindlichen Flugkräfte zufalle ...
Heinkel, als Geschäftsmann, griff die aerodynamischen und flugtechnischen Leistungen unserer Flugzeugindustrie heraus und meinte damit wahrscheinlich sich selber ...
Die Herren Vögler, Siemens und Thyssen gingen alsdann auf die angeschnittenen Material- und Konstruktionsfragen ein und unterstrichen die Notwendigkeit einer Gemeinschaftsarbeit zur Erzielung von Ausführungen in größtmöglicher Vollendung. Man einigte sich auf die Schaffung einer Treuhandstelle in Berlin bei Siemens, die zunächst besetzt wird durch die Herren Hirth und Dr. Daeves. Dr. Daeves wird zur Einleitung, Förderung und Erfüllung der gestellten Aufgaben unter Beratung durch Herrn Hirth eine Gleichschaltung aller interessierten Kräfte und Stellen in die Wege leiten.

Richtung deckt sich vollkommen

Die Deutsche Gruppe des Mitteleuropäischen Wirtschaftstages (MWT) in einem Rundschreiben vom 10. April 1933 (Auszug)

Von der Geschäftsführung des Mitteleuropäischen Wirtschaftstages, Deutsche Gruppe, sind eine Reihe von Verhandlungen mit maßgebenden poli-

«Alte Kämpfer» und «März-Gefallene» der NSDAP

nach dem infolge Mitgliedersperre im wesentlichen unveränderten Stand vom 1. Januar 1935

Partei-Eintritt	Mitglieder insgesamt		Politische Leiter insgesamt		Ortsgruppen-Leiter	Stützpunkt-Leiter	Zellen-Leiter	Block-Leiter
bis 30. Januar 1933	849 009	34%	203 304	40,4%	84,9%	59,9%	57%	28,6%
Februar bis April 1933	1 644 881	66%	299 358	59,6%	15,1%	40,1%	43%	71,2%

Die NSDAP in der Gesellschaft

Stand vom 1. Januar 1935 (nach der einzigen Mitglieder-Zählung im Dritten Reich)

Berufsgruppe	NSDAP-Mitglieder (in Tsd.)	(in Proz.)	Politische Leiter (davon in Proz.)	(Proz. des Korps)	Gesellschaft (in Tsd.)	(Proz.)	NSDAP (Proz.)
Arbeiter	756	30,3	14,9	23,0	14 950	46,3	5,1
Angestellte	484	19,4	22,9	22,6	4 032	12,5	12,0
Lehrer	84	3,4	39,3	7,1	286	0,9	29,4
Beamte (ohne Lehrer)	223	9,0	28,0	10,5	1 195	3,7	18,7
Selbständige	475	19,0	20,0	14,7	3 180	9,8	14,9
Bauern	255	10,2	28,1	19,5	2 123	6,6	12,0
Sonstige	80	3,2		2,6	6 350	20,2	1,2
Erwerbstätige	2 358	94,5	.	–	32 296	100,0	7,3
Insgesamt	2 495	100,0	.	100,0	65 218	–	3,8

Beispiel: 84000 Lehrer gehörten der NSDAP an; sie stellten 3,4 Prozent der Mitglieder. 39,3 Prozent von ihnen waren als Politische Leiter tätig, was sie mit 7,1 Prozent am Korps (der Gesamtheit) der Politischen Leiter beteiligte. In der Gesellschaft gab es damals 286000 Lehrer (0,9 Prozent der Erwerbstätigen). 29,4 Prozent davon waren NSDAP-Mitglied – fast jeder dritte! Dagegen war nur jeder zwanzigste Arbeiter Mitglied der NSDAP.

tischen und wirtschaftlichen Funktionären der NSDAP durchgeführt worden, deren Ergebnis für die Weiterentwicklung unserer Arbeit von größter Bedeutung sein dürfte. Wir konnten feststellen, daß nunmehr die Richtung der offiziellen Handels- und Außenpolitik sich vollkommen deckt mit den allgemeinen wirtschaftlichen und wirtschaftspolitischen Zielen der Deutschen Gruppe des Mitteleuropäischen Wirtschaftstages. Bei sämtlichen Herren, auch den der Landwirtschaft nahestehenden Persönlichkeiten wurde anerkannt, daß die Erweiterung des deutschen Wirtschaftsraums, insbesondere aber die Beseitigung der handelspolitischen Isolierung, in der sich Deutschland befindet, auf dem von uns beschrittenen und empfohlenen Wege eine unbedingte Notwendigkeit ist. Unsererseits wurde in den Verhandlungen Wert darauf gelegt, daß seitens der Deutschen Gruppe des Mitteleuropäischen Wirtschaftstages wertvolle Vorarbeiten in dieser Richtung geleistet sind und insbesondere ein Instrument geschaffen worden ist, mit dem die erstrebten Ziele erreicht bzw. vorbereitet werden können. Wir glauben das mit besonderer Genugtuung deshalb feststellen zu sollen, weil jetzt eine gewisse Gewähr für eine einheitliche und langfristige Verfolgung großer politischer und handelspolitischer Gesichtspunkte gegeben sein dürfte.
Die Ausschaltung der durch die Zerrissenheit unseres politischen und wirtschaftlichen Lebens bisher immer vorliegenden Störungsmomente ist ein besonders erfreuliches Kennzeichen der jetzigen Lage.

Mit aller Hingabe dienen

Reichswehrminister v. Blomberg in Bad Wildungen am 1. Juni 1933 (Auszug)

1. So oft wie möglich an Kommandeure herantreten, diese mit ihren Offizierkorps, um die innerpolitische Lage zu besprechen. Falsch, wenn Deutschnationale und Zentrum von «Regierungswechsel» sprechen. Kein Wechsel, sondern völliger Umschwung. Anspruch der Deutschnationalen auf Gleichberechtigung verfehlt. Der Umschwung ist von der Nazibewegung allein gemacht. Es wird ein Glück sein, wenn diese Bewegung bald zu der von ihr erstrebten Totalität kommt. Viele Schwierigkeiten würden dadurch erspart. Gedankengang der Nazi dabei ist: Die innenpolitische Erfüllung der Revolution gehört bis zu äußersten Konsequenzen ihrer Bewegung. Erst wenn sie bis in letzte Verästelungen durchgedrungen, kann und soll das wertvolle Personal der früheren Epoche wieder ausgenutzt werden. Daher zu wünschen, daß Deutschnationale und Zentrum bald verschwinden. Daß beim Umschwung an die Wehrmacht nicht gerührt wurde, liegt nur daran, daß wir unpolitisch waren. Dieses Unpolitischsein hatte ja nie die Bedeutung, daß wir mit dem System der früheren Regierungen einverstanden waren. Es war vielmehr ein Mittel, uns vor zu enger Verstrickung in dieses System zu bewahren. Jetzt ist das Unpolitischsein vorbei, und es bleibt nur eins: der nationalen Bewegung mit aller Hingabe zu dienen...
Von dem Prinzip, daß alle Waffen der Wehrmacht gehören und daß gesamte Landesverteidigung allein Sache der Wehrmacht ist, darf um keinen Fingerbreit abgewichen werden ...
In den nächsten Jahren wird die Wehrmacht völlig in der Aufgabe aufzugehen haben, die Reserven zu schaffen, die uns bisher zu schaffen nicht möglich war. Welches Wehrsystem – noch nicht zu übersehen... Panzerwaffen und Flieger werden entwickelt werden. Das Fliegeroffizierkorps soll Elitekorps mit stürmischem Angriffsgeist werden. Seine Bevorzugung auf allen Gebieten ist nötig und muß von anderen Zweigen der Wehrmacht verstanden werden...
6. Divisionskommandeuren wird Sorge für gutes, noch besser «herzliches» Verhältnis zu den Reichsstatthaltern dringend ans Herz gelegt.

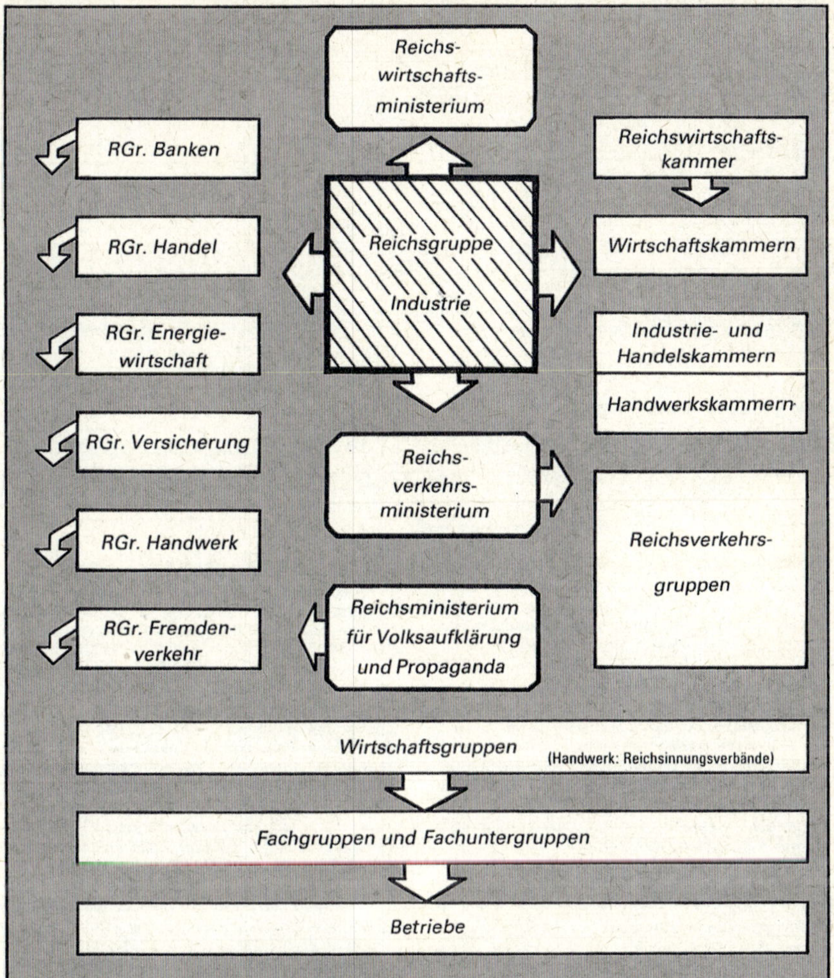

Die Wirtschaft der Monopole (Gesetz und Verordnung dazu siehe Seite 207)

Beschaffung von Kampfwagen

Aktennotiz über eine Besprechung zwischen Oberst Kühn, Vertreter des Reichswehr-Ministeriums, und Beauftragten der Konzerne Daimler-Benz, Henschel und Sohn, Maschinenfabrik Augsburg-Nürnberg und Rheinmetall-Borsig am 7. Juli 1933 (Auszug)

Oberst Kühn machte eingangs darauf aufmerksam, daß die Besprechung streng geheim gehalten werden muß und nur ein ganz enger Kreis über die Absichten des R[eichs]w[ehr]m[inisteriums] Aufschluß erhalten darf. Er führte aus: Das R[eichs]w[ehr]m[inisterium] schreitet jetzt zur Beschaffung von Kampfwagen. Es hat seit einigen Jahren Versuche mit einem Carden-Lloyd (Fabrikat Vickers-Armstrong) laufen und auf Grund der Erfahrungen gemeinsam mit Krupp eine eigene Konstruktion entwickelt. Diese ist in einem Exemplar von Krupp gebaut und vom R[eichs]w[ehr]m[inisterium] erprobt worden. 5 weitere Exemplare liefert Krupp z. Z. und 100 Stück bis Ende März 1934. Darüber hinaus sollen große laufende Bestellungen im April 1934 erteilt werden, und es sei beabsichtigt, diese auf Daimler-Benz, Henschel und MAN zu verteilen. Die 3 Firmen sollen zunächst einen Probeauftrag auf 3–5 Stück erhalten, von deren Prüfung die spätere Bestellung abhänge. Der Probeauftrag muß bis 31. 1. 1934 erledigt werden. Das Aggregat läuft unter der Bezeichnung: Landwirtschaftlicher Schlepper (La S).

Konsolidierung der Macht

Wenn es sein muß ...

SA-Stabschef Röhm in einem Artikel «SA und deutsche Revolution» vom Juni 1933 (Auszug)

Wenn die Spießerseelen meinen, daß es genüge, wenn der Staatsapparat ein anderes Vorzeichen erhalten hat, daß die «nationale» Revolution schon zu lange dauert, so pflichten wir ihnen hierin ausnahmsweise gern bei: Es ist in der Tat hohe Zeit, daß die nationale Revolution aufhört und daß daraus die nationalsozialistische wird!
Ob es ihnen paßt oder nicht – wir werden unseren Kampf weiterführen. Wenn sie endlich begreifen, um was es geht: *mit* ihnen! Wenn sie nicht wollen: *ohne* sie! Und wenn es sein muß: *gegen* sie!

Die einzige Partei

Gesetz «gegen die Neubildung von Parteien» vom 14. Juli 1933 (Auszug)

§ 1 In Deutschland besteht als einzige politische Partei die Nationalsozialistische Deutsche Arbeiterpartei.
§ 2 Wer es unternimmt, den organisatorischen Zusammenhalt einer anderen politischen Partei

Die Tätigkeit des Volksgerichtshofes

	1934	1935	1936	1937	1938	1939	1940	1941	1942	1943	1944
Angeklagte	480	632	625	618	614	470	1 091	1 237	2 572	3 338	4 379
Verurteilte	.	.	.	566	560	430	1 011	1 167	2 465	3 157	3 890
davon											
lebenslänglich	.	.	.	31	29	22	50	74	79	24	15
Todesstrafe	4	9	10	32	17	36	53	102	1 192	1 662	2 097

aufrechtzuerhalten oder eine neue politische Partei zu bilden, wird, sofern nicht die Tat nach anderen Vorschriften mit einer höheren Strafe bedroht ist, mit Zuchthaus bis zu drei Jahren oder mit Gefängnis von sechs Monaten bis zu drei Jahren bestraft.

Der Volksgerichtshof

Gesetz «zur Änderung von Vorschriften des Strafrechts und des Strafverfahrens» vom 24. April 1934 (Auszug)

§ 1 Zur Aburteilung von Hochverrats- und Landesverratssachen wird der Volksgerichtshof gebildet.
Der Volksgerichtshof entscheidet in der Hauptverhandlung in der Besetzung von fünf Mitgliedern, außerhalb der Hauptverhandlung in der Besetzung von drei Mitgliedern, einschließlich des Vorsitzenden. Der Vorsitzende und ein weiteres Mitglied müssen die Befähigung zum Richteramt haben. Es können mehrere Senate gebildet werden.
Anklagebehörde ist der Oberreichsanwalt.
§ 2 Die Mitglieder des Volksgerichtshofs und ihre Stellvertreter ernennt der Reichskanzler auf Vorschlag des Reichsministers der Justiz für die Dauer von fünf Jahren ...
Gegen die Entscheidungen des Volksgerichtshofs ist kein Rechtsmittel zulässig.

Monarchie statt NS-Monopol

«Marburger Rede» des Vizekanzlers v. Papen am 17. Juni 1934 (Auszug)

Die geschichtliche Wahrheit ist, daß die Notwendigkeit eines grundsätzlichen Kurswechsels auch von solchen Menschen anerkannt und betrieben wurde, die den Weg des Umschwungs über eine Massenpartei scheuten. Ein Anspruch auf ein revolutionäres oder nationales Monopol für bestimmte Gruppen erscheint mir deshalb als übersteigert, ganz abgesehen davon, daß er die Volksgemeinschaft stört ...
Ich weiß, wie sehr der Führer wünscht, daß im Volke das Gefühl für echte, verantwortliche, gerechte Herrschaft lebendig bleibt. Deshalb, meine ich, wird der deutsche Staat dermaleinst seine Krönung in einer Staatsspitze finden, die ein für allemal den politischen Kämpfen, der Demagogie und dem Streit der wirtschaftlichen und ständischen Interessen entrückt ist ...
Die Vorherrschaft einer einzigen Partei an Stelle des mit Recht verschwundenen Mehrparteiensystems erscheint mir geschichtlich als ein Übergangszustand, der nur solange Berechtigung hat, als es die Sicherung des Umbruchs verlangt und bis die neue personelle Auslese in Funktion tritt.

Halt vor der Wirtschaft

Hitler am 6. Juli 1933 vor den Reichsstatthaltern über den «Abschluß der Revolution» (Auszug)

Die Revolution ist kein permanenter Zustand, sie darf sich nicht zu einem Dauerzustand ausbilden. Man muß den frei gewordenen Strom der Revolution in das sichere Bett der Evolution hinüberleiten. Die Erziehung der Menschen ist dabei das wichtigste. Der heutige Zustand muß verbessert und die Menschen, die ihn verkörpern, müssen zur nationalsozialistischen Staatsauffassung erzogen werden. Man darf daher nicht einen Wirtschaftler absetzen, wenn er ein guter Wirtschaftler, aber noch kein Nationalsozialist ist; zumal dann nicht, wenn der Nationalsozialist, den man an seine Stelle setzt, von der Wirtschaft nichts versteht! ...
Die Wirtschaft ist ein lebendiger Organismus, den man nicht mit einem Schlage verwandeln kann. Die Wirtschaft baut sich nach primitiven Gesetzen auf, die in der menschlichen Natur verankert sind. Die geistigen Bazillenträger, die jetzt in die Wirtschaft einzudringen suchen, bringen Staat und Volk in Gefahr.

Schleichers Ermordung

Aus dem Polizeiprotokoll über die Vernehmung der Haushälterin Güntel (Auszug)

Ich öffnete die Haustür, worauf einer der beiden Herren fragte, ob General v. Schleicher zu Hause wäre. Ich erwiderte ihnen, daß General v. Schleicher spazierengegangen wäre. Nach einigem Hin und Her verlangte der eine der Herren in ganz energischem Tone zu Herrn General v. Schleicher vorgelassen zu werden. Der Herr zeigte mir eine viereckige Marke, die ich aber nicht beachtete, drängte, vorgelassen zu werden. Als der Herr immer mehr drängte und sagte, sagen Sie jetzt die Wahrheit, Sie sind in Gefahr oder so ähnlich, erwiderte ich: «Dann werde ich einmal nachsehen!» Ich begab mich nun in das Arbeitszimmer des Herrn General, während der fremde Herr auf dem Fuße folgte. Im Arbeitszimmer angelangt, stand der Herr dicht hinter mir und fragte den am Schreibtisch sitzenden Herrn von Schleicher, ob er der General von Schleicher sei. Herr General v. Schleicher saß am Schreibtisch im Sessel und arbeitete. Auf die an ihn gerichtete Frage wandte er seinen Körper etwas um, um den Herren zu sehen, und sagte jawohl. In diesem Augenblick krachten auch schon die Schüsse. Was weiter geschehen ist, weiß ich nicht, denn aus Angst schrie ich und lief aus dem Zimmer. In meiner Bestürzung war ich durch die Zimmer gelaufen, um nach dem Garten zu gelangen. Im Wintergarten begegnete ich dem Täter wieder. Ich kann aber nicht sagen, wo er geblieben ist. In dem Arbeitszimmer des General von Schleicher hat Frau von Schleicher am Radio gesessen. Als ich nachdem das Zimmer wieder aufsuchte, fand ich Frau v. Schleicher so mit dem General erschossen auf dem Fußboden wieder.

Der oberste Gerichtsherr

Hitler im Reichstag am 13. Juli 1934 (Auszug)

Wenn ich noch wenige Tage vorher zur Nachsicht bereit gewesen war, dann konnte es in dieser Stunde eine solche Rücksicht nicht mehr geben. Meutereien bricht man nach ewig gleichen eisernen Gesetzen. Wenn mir jemand den Vorwurf entgegenhält, weshalb wir nicht die ordentlichen Gerichte zur Aburteilung herangezogen hätten, dann kann ich ihm nur sagen: In dieser Stunde war ich verantwortlich für das Schicksal der deutschen Nation und damit des deutschen Volkes oberster Gerichtsherr. Meuternde Divisionen hat man zu allen Zeiten durch Dezimierung wieder zur Ordnung gerufen ...
Ich habe den Befehl gegeben, die Hauptschuldigen an diesem Verrat zu erschießen, und ich gab weiter den Befehl, die Geschwüre unserer inneren Brunnenvergiftung und der Vergiftung des Auslandes auszubrennen bis auf das rohe Fleisch. Und ich gab weiter den Befehl, bei jedem Versuch des Widerstandes der Meuterer gegen ihre Verhaftung, diese sofort mit der Waffe niederzumachen.

Der Eid auf die Person

Von den Einheiten der Reichswehr am 2. August 1934 abgelegter Treueeid (Auszug)

Ich schwöre bei Gott diesen heiligen Eid, daß ich dem Führer des Deutschen Reiches und Volkes Adolf Hitler, dem Oberbefehlshaber der Wehrmacht, unbedingten Gehorsam leisten und als tapferer Soldat bereit sein will, jederzeit für diesen Eid mein Leben einzusetzen.

Der Beamteneid hatte laut Gesetz vom 20. August 1934 folgenden Wortlaut:

Ich schwöre: Ich werde dem Führer des Deutschen Reiches und Volkes, Adolf Hitler, treu und gehorsam sein, die Gesetze beachten und meine Amtspflichten gewissenhaft erfüllen, so wahr mir Gott helfe.

Die Reichsstatthalter

«Reichsstatthalter-Gesetz» vom 30. Januar 1935 (Auszug)

§ 1 Der Reichsstatthalter ist in seinem Amtsbezirk der ständige Vertreter der Reichsregierung.
Er hat die Aufgabe, für die Beobachtung der vom Führer und Reichskanzler aufgestellten Richtlinien der Politik zu sorgen.
§ 2 Der Reichsstatthalter ist befugt, sich von sämtlichen Reichs- und Landesbehörden sowie von den Dienststellen der unter Aufsicht des Reichs oder Landes stehenden öffentlich-rechtlichen Körperschaften innerhalb seines Amtsbezirks unterrichten zu lassen, sie auf die maßgebenden Gesichtspunkte und die danach erforderlichen Maßnahmen aufmerksam zu machen sowie bei Gefahr im Verzuge einstweilige Anordnungen zu treffen.
Diese Rechte kann er auf die ihm beigegebenen Beamten nicht übertragen.
§ 3 Die Reichsminister können bei Durchführung der ihnen obliegenden Aufgaben den Reichsstatthalter unbeschadet der Dienstaufsicht des Reichsministers des Innern unmittelbar mit Weisungen versehen.
§ 4 Der Führer und Reichskanzler kann den Reichsstatthalter mit der Führung der Landesregierung beauftragen. In dieser Eigenschaft kann der Reichsstatthalter ein Mitglied der Landesregierung mit seiner Vertretung beauftragen.
§ 5 Auf Vorschlag des Reichsstatthalters ernennt und entläßt der Führer und Reichskanzler die Mitglieder der Landesregierung.
§ 6 Der Reichsstatthalter fertigt nach Zustimmung der Reichsregierung die Landesgesetze aus und verkündet sie.
§ 7 Das Recht der Ernennung und Entlassung der Landesbeamten steht dem Führer und Reichskanzler zu. Er übt es selbst aus oder überträgt die Ausübung anderen Stellen mit dem Rechte der Weiterübertragung.
§ 8 Das Gnadenrecht steht dem Führer und Reichskanzler zu. Er übt es selbst aus oder überträgt die Ausübung anderen Stellen mit dem Rechte der Weiterübertragung.
§ 9 Der Führer und Reichskanzler ernennt den Reichsstatthalter und kann ihn jederzeit abberufen ...
§ 10 In Preußen übt der Führer und Reichskanzler die Rechte des Reichsstatthalters aus. Er kann die Ausübung dieser Rechte auf den Ministerpräsidenten übertragen.

2 Vom Geist verlassen

Macht über die Köpfe mußte deutschen Faschisten nutzlos bleiben ohne Macht über die Gehirne. Die Ungeheuerlichkeit der imperialistischen Vorhaben bedurfte weit über Loyalität und Duldung hinaus millionenfacher Komplizenschaft. Einfache geistige Abhängigkeit des Volkes von seinen Feinden wie bisher genügte dazu nicht; sie war zu absoluter Hörigkeit zu steigern.
Grundlagen dafür gab es in der überkommenen Ideologie des deutschen Imperialismus mehr als genug. Preußischem Militarismus und bürgerlichem Chauvinismus war nach der Niederlage im ersten Weltkrieg durch den Revanchismus aufs neue die Richtung gewiesen. Folgenschwerer noch: Mit dem Sieg der sozialistischen Revolution in Rußland, dem Umsichgreifen ihrer Ideen in Deutschland, hatte der Antikommunismus – dem Hauptwiderspruch der neuen Epoche angemessen – im ideologischen System der Reaktion den zentralen Platz eingenommen. Dies berücksichtigend, machten sich die faschistischen Ideologen wohlbedacht die übelsten «Theorien» des extremen Nationalismus zu eigen, denen ihrer Absurdität und Menschenfeindlichkeit wegen bis dahin eine größere Verbreitung versagt geblieben war. Der Herkunft nach wenig originell, erlangte die von ihnen formulierte barbarische Weltanschauung ihre fürchterliche Bedeutung erst durch die eiskalte Perfektion, mit der sie in die Wirklichkeit übertragen wurde.
Den Kern des faschistischen Gedankenguts bildete die Rassenlehre. Ihr zufolge waren die Deutschen eine «Herrenrasse», auf Grund irrationaler Blutmystik dazu berufen, sich die anderen, angeblich minderwertigen Rassen zu unterwerfen und dienstbar zu machen. Hergeleitet war die unglaubliche

Anmaßung aus grauer Vorzeit, für die allein die Germanen als «Kulturträger» akzeptiert wurden. Unter Berufung darauf entwickelten die Nazis eine den Geboten des Humanismus entgegengesetzte Scheinethik, zu deren Hüterin sich die als elitärer Männerorden begriffene SS aufwarf. Die gesamte, willkürlich gedeutete deutsche Geschichte stellte aus dieser Sicht eine bloße Vorstufe zum nunmehr neu geschaffenen Tausendjährigen Reich dar.
Die lichte Gestalt des weltbeglückenden «Ariers» hatte in der finster-drohenden Erscheinung des «ewigen Juden» den unentbehrlichen Gegenspieler. Er, der allgegenwärtige, versetzte den aggressiven Faschismus jederzeit in den unschuldigen Zustand eines Verteidigers beliebiger kultureller Werte. Als «jüdische Machenschaft gegen die nordische Herrenschicht» figurierten hierbei gleichermaßen bürgerliche Demokratie, Klassenkampf und soziale Revolution. Angesichts solcher «Verschwörung des Weltjudentums» wandelte sich die Zerstörung der parlamentarischen Republik wie die Unterdrückung der deutschen Arbeiterklasse zur arterhaltenden nationalen Tat. So offenbarte sich der zum Staatsdogma erhobene Rassenantisemitismus als simple Zwecklüge, wenn auch größten Ausmaßes und gefolgt von schrecklichsten Konsequenzen.
Realitätsbezogener Schwerpunkt der faschistischen Ideologie hingegen war der Antikommunismus. Er im eigentlichen machte den Inhalt des Faschismus aus, jener absoluten Verneinung gesellschaftlichen Fortschritts. Unabhängig von seiner Durchdringung mit rassistischen Elementen, basierte der Antikommunismus auf der unversöhnlichen Feindschaft diametral entgegengesetzter Weltanschauungen. Der Marxismus-Leninismus, humanistische Lehre zur Befreiung der Menschheit durch Abschaffung jedweder Ausbeutung, und der Faschismus, brutale Anleitung zur Erzielung von Maximalprofit durch Knechtung der Menschheit, schlossen einander bedingungslos aus. Der «nationale Sozialismus» der braunen Machthaber war nicht einmal im Ansatz Alternative zum Kommunismus, sondern noch als soziale Demagogie das bloße Eingeständnis der Unmöglichkeit, in den hart arbeitenden Massen die Sehnsucht nach einem menschenwürdigeren, gerechteren Leben zu ersticken.
Als unmittelbare ideologische Kriegsvorbereitung entlarvte sich die faschistische Ideologie im Antisowjetismus. Die Verleumdung des ersten Arbeiter-und-Bauern-Staates der Welt nahm im Nazireich programmatischen Charakter an. Sinn und Zweck der hemmungslosen antibolschewistischen Hetze war nicht nur die Vernichtung des Sowjetstaates, sondern auch die Kolonisierung Rußlands. Zur Begründung ihres unverschämten Anspruchs auf «Lebensraum im Osten» zog die Naziideologie den Neomalthusianismus heran. Eine analoge Funktion, die auch die westlichen Nachbarn Deutschlands einschloß, erfüllte die imperialistische Geopolitik, nach der die aggressive deutsche Außenpolitik durch die geographische Lage des Reiches vorbestimmt sein sollte. Zahlreiche neuerrichtete Spezialinstitute hatten die diversen faschistischen Irrlehren pseudowissenschaftlich zu untermauern; aus Universitäten und Hochschulen wurden militärisch organisierte Zentren des Obskurantismus.
Der Verseuchung des deutschen Volkes mit dem faschistischen Ungeist diente ein in solcher Totalität bis dahin beispielloser Apparat. Zentral gesteuert, unterwarf er die gesamte Meinungsbildung und die an ihr Beteiligten der Diktion der Nazis. Literatur und Kunst waren zugelassen nur noch als Widerspiegelung der antihumanistischen Tendenzen des Faschismus beziehungsweise als Ablenkung davon; demonstrative Pflege «unvergänglichen deutschen Kulturgutes» erwies sich bei näherer Betrachtung nicht selten als obszöne Verkehrung des Strebens seiner Schöpfer. Unter diesen Bedingungen sank die bürgerliche Kultur in Deutschland nun auch formal auf einen unvorstellbaren Tiefstand. Ihre größte Breitenwirkung erzielte die Nazipropaganda jedoch zweifellos durch die Massenmedien, deren sie sich mit diabolischem Geschick bediente. Nach dem Verbot der proletarischen Presse wurde die bürgerlich-private durch personelle Eingriffe und mit täglicher Instruktion auf die erwünschte Linie gezwungen, ihr Verlagswesen einem Prozeß der Monopolisierung durch den NS-Pressetrust ausgesetzt. Den früher als Regierungsorgan verkannten Rundfunk wandelten die Nazis vorrangig zu einem hocheffektiven Werkzeug direkter Massenführung um. Der Film schließlich wirkte besonders verderblich durch die Unmerklichkeit, mit der er das Gift in Millionen Hirne einfließen ließ.
Täglich und überall der faschistischen Ideologie ausgeliefert, von allen Gegenkräften abgeschnitten und bereits voreingenommen durch jahrzehntelang vorausgegangene imperialistische Propaganda, erlag

die große Mehrheit des deutschen Volkes innerhalb weniger Jahre der alles überspülenden Woge des braunen Unflats. Zum Erfolg der Nazipropaganda trugen neben den zahllosen NS-Organisationen nicht zuletzt jene Gruppen der Intelligenz bei, die – wie beispielsweise die Lehrer – auf Grund ihrer gesellschaftlichen Rolle großen Einfluß auf weite Kreise ausübten.

Wer der Volksverführung geistig entgegenwirkte oder auch nur dazu fähig schien, wurde verfemt, verfolgt, vertrieben, vernichtet. Für Wahrheit und Humanität war kein Platz mehr in Deutschland. Tausende Geistesschaffende gingen außer Landes; viele suchten sich in innerem Exil gegen die Nazis zu behaupten. Unbarmherzige Konfrontation mit der rauhen Realität des enthemmten Imperialismus verhalf den meisten von ihnen zu lange gescheuten Einsichten. Die Konsequentesten legten in engem Kampfbündnis mit der Partei der Arbeiterklasse sichtbar Zeugnis ab von der Unzerstörbarkeit der in ihnen verkörperten fortschrittlichen deutschen Kultur.

Eine «geistige Ausrichtung» des deutschen Volkes betrachten die Nazis als unbedingte Voraussetzung zur Sicherung ihrer Macht wie ihrer Pläne. Im Lande der Dichter und Denker ist der mit der menschenfeindlichen faschistischen Ideologie selbst demagogisch nicht zu vereinbarende Humanismus nun antiquiert und fast «undeutsch». Viele das Geistesleben prägende Intellektuelle werden ermordet, eingesperrt oder zur Untätigkeit verurteilt, ihre Werke angeprangert oder vernichtet. Ganz besonderer Haß trifft die «Kulturbolschewisten», vorrangig Vertreter des Proletariats und Juden. Für jene, die sich aus den unterschiedlichsten Gründen nicht zur Emigration entschließen können, gleichzeitig aber an der Grundlage ihres Schaffens festhalten, folgen harte Jahre. Kaum einer durchsteht diese Zeit ohne Schaden.

Die Ächtung der Humanität

1933

15. Febr. Der Präsident der Sektion Dichtkunst (Dichterakademie), H. Mann, und K. Kollwitz zum Ausscheiden aus der Preußischen Akademie der Künste gezwungen **11. März** Gruppe «nationaler» Autoren unter Ewers erpreßt im Schutzverband Deutscher Schriftsteller Rücktritt demokratischer Vorstandsmitglieder (A. Zweig u.a.) und an ihrer Statt Aufnahme pronazistischer Vertreter **14. April** Erste Hochschullehrer «beurlaubt»; in der Folge verlieren die Universitäten und Hochschulen etwa fünfzehn Prozent ihrer Lehrkräfte **7. Mai** Sektion Dichtkunst wird «gesäubert»; anschließend auch die Sektion Bildende Kunst – Veröffentlichung Schwarzer Listen des Börsenvereins Deutscher Buchhändler mit Namen bzw. Titeln «undeutscher» Schriftsteller zur Aussortierung in Buchläden und Bibliotheken; die Liste verbotener Bücher umfaßt letztlich zwölftausendvierhundert Titel sowie das Gesamtwerk von hundertneunundvierzig Autoren **10. Mai** Bücherverbrennung in Berlin unter der Regie von Goebbels; Autodafés auch in anderen Universitätsstädten **25. Juni** Göring verlangt von den Theater-Intendanten Preußens Aufschluß über Spielpläne und Besetzung **29. Juni** Kommission zur Prüfung aller Konzertprogramme eingesetzt **24. Nov.** SA ermordet den Schauspieler Otto in der Haft **16. Dez.** Genehmigungspflicht für Kunst- und Kunstgewerbe-Ausstellungen

1934

9. Juli Mühsam im KZ Oranienburg ermordet **Okt.** NS-Kampagne gegen die Hindemith-Aufführungen Furtwänglers, der am **4. Dez.** zeitweilig zurücktritt

1935

25. April Anordnung über «unerwünschtes und schädliches Schrifttum» **6. Sept.** Genossenschaft der Bühnenangehörigen aufgelöst **12. Okt.** Tagung der Rundfunk-Intendanten verbietet «Nigger-Jazz»

1936

4. März Erste Ausstellung «Entartete Kunst» in München **9. März** Bühnen-Nachweis monopolisiert **23. Nov.** Friedens-Nobelpreis für den KZ-Häftling v. Ossietzky **27. Nov.** Verbot der Kunstkritik

1937

30. Juni Anordnung zur «Säuberung» sämtlicher Museen **19. Juli** Zentrale Ausstellung «Entartete Kunst» in München

1938

4. Mai v. Ossietzky an den Folgen der KZ-Haft verstorben **31. Mai** Gesetz über die «Einziehung von Erzeugnissen der entarteten Kunst»

1939

20. März Viertausendachthundert Kunstwerke in Berlins Hauptfeuerwache auf dem Scheiterhaufen vernichtet **30. Mai** In einem Luzerner Hotel erste Versteigerung beschlagnahmter Kunstwerke

«Wider den undeutschen Geist» ziehen in Berlin die nationalistischen Korpsstudenten zu mittelalterlicher Bücherverbrennung los

Autodafé in Leipzig. Die Primitivität dieses Mittels ist Ausdruck der ohnmächtigen Wut über die Lebenskraft des wahren Wortes

Etwa zehntausend Zentner beschlagnahmte «marxistische und pazifistische» Schriften und Bücher werden in Berlin eingestampft

Verbote aller progressiven Publikationen runden das Vernichtungswerk. Anfang 1935 stehen ca. viertausend Titel auf dem Index

Auftakt zur Austreibung des Geistes aus Deutschland Anfang Mai 1933: die geradezu mittelalterliche Bücherverbrennung, die in den Hochschulstädten (oben: neben der Staatsoper in Berlin) zelebriert wird. Auf die von Nazistudenten, nationalistischen Verbänden und SA-Leuten geschürten Scheiterhaufen fliegt alles, was Deutschland in Literatur und Wissenschaft in jüngerer Zeit zu Ansehen brachte

Malerei und Plastik der bürgerlichen Moderne und revolutionäre proletarische Kunst sind gleichermaßen als «Kulturbolschewismus» verfemt. Die derart klassifizierten Werke werden aus den Museen entfernt, später vielfach gegen Valuta ins Ausland verschleudert oder verbrannt. Eine Wanderausstellung «Entartete Kunst» bildet ab Sommer 1937 den Höhepunkt vorangegangener Anprangerungen

Carl v. Ossietzky quälen seine Peiniger im KZ bis zum Siechtum. Er stirbt, todkrank in die Polizeiaufsicht entlassen, noch 1938

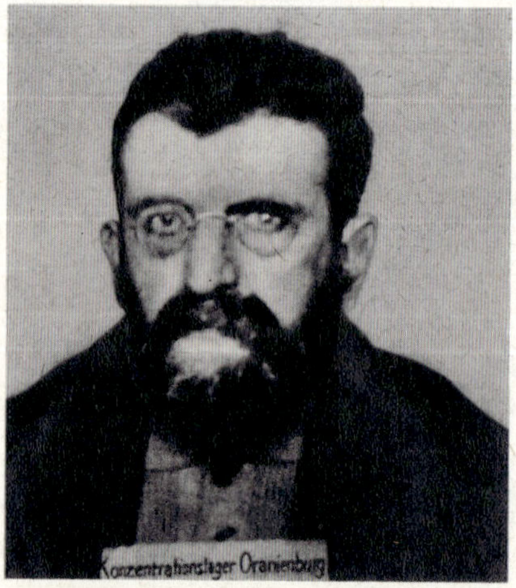

Im Konzentrationslager Oranienburg 1934 durch sadistische Mißhandlungen ermordet: der fast sechzigjährige Dichter Erich Mühsam

Der Berliner Schauspieler Hans Otto – hier als Piccolomini – leistet den Nazis erbittert Widerstand. Sie foltern ihn 1933 zu Tode

Als «Brutstätte des Kulturbolschewismus» wird im April 1933 auf Befehl Görings das weltbekannte, zu dieser Zeit in Berlin-Steglitz angesiedelte Bauhaus von der Polizei durchsucht und geschlossen

Vor dem auf der Basis der «seelenzerfasernden» Freudschen Thesen tätigen Institut für Sexualwissenschaft des Dr. Magnus Hirschfeld in Berlin sind Nazistudenten angetreten, die Bibliothek zu plündern

In Berlin verhaftete Künstler und andere Intellektuelle werden auf Polizei-Fahrzeugen abtransportiert. Der fortschrittlichen Intelligenz gilt besonderer Haß – denkend, steht sie den Kommunisten nahe

Auf Feuerwehrleitern steigen Görings Überfallkommandos in die Wohnungen der Künstlerkolonie Berlin-Wilmersdorf ein, um alle einer fortschrittlichen Gesinnung Verdächtigen abzutransportieren

Angesichts von Ignoranz und Willkür legt Max Liebermann, Maler und Ehrenpräsident der Preußischen Akademie der Künste, dieses Amt nieder: «Ich kann nicht so viel essen, wie ich kotzen möchte»

Käthe Kollwitz, die Grafikerin und Bildhauerin, muß zusammen mit dem Schriftsteller Heinrich Mann sofort die Preußische Akademie der Künste verlassen. Obendrein wird sie vor die Gestapo zitiert

Die braune Schlammflut umspült bedrohlich Deutschlands größte Humanisten: SA-Standarten während einer «Großkundgebung» auf dem Platz vor dem Weimarer Nationaltheater. In die Gesellschaft von Schiller und Goethe wagt sich anläßlich des Aufmarsches als «Festredner» ausgerechnet der Rassenhetzer Streicher. Allerdings ist der Versuch, Klassiker für sich einzuspannen, durchaus üblich

Herzliche Aufnahme im Ausland findet der Dirigent Bruno Walter, dem die Nazis als Juden Konzerte im Reich unmöglich machen

Verweigert den Nazis die Gefolgschaft: Ricarda Huch, Deutschlands führende bürgerliche Schriftstellerin. Nicht bedrängt, sondern heftig umworben, tritt sie demonstrativ aus der Dichterakademie aus, die in der Folgezeit mit strikt faschistischen Autoren aufgefüllt wird

Dicht bei Weimar entsteht zu dieser Zeit (1937) auf dem Ettersberg eines der drei größten Konzentrationslager: Buchenwald

Für den Physiker James Franck, Träger des Nobelpreises, schließen sich die Tore der Lehranstalten – «aus rassischen Gründen»

Der Maler Otto Dix wird wegen seiner das Grauen des Krieges anprangernden Bilder aus der Dresdener Kunstakademie entfernt

Der proletarische Maler Otto Nagel Anfang Mai 1937, nach seiner Entlassung aus wiederholter Nazihaft, bei einem kurzen Aufenthalt im Spreewald. Ihm wird das Atelier gesperrt, so malt er im Freien

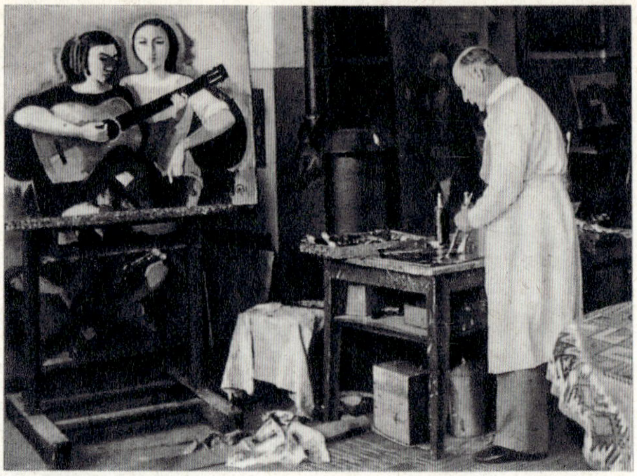

Karl Hofer, Expressionist, fällt noch im April 1933 einem Boykott gegen solche Professoren der Berliner Akademie zum Opfer, die als «destruktive marxistisch-jüdische Elemente» diffamiert werden

Berufsverbot erhält wie die meisten verfemten Künstler auch der Maler Emil Nolde (links), Mitglied der NSDAP seit 1920. Von ihm werden mehr als eintausend Bilder als «entartet» beschlagnahmt

Zigeuner als Modelle sind im Reich der «Arier» fast so verdächtig wie Proletarier. Otto Pankok, den die Aufnahme noch vor 1933 in einer Ausstellung zeigt, wird deshalb unter Polizeiaufsicht gestellt

Den für einen Realisten schmalen Pfad zugelassener Berufsausübung beschreitet der Regisseur Erich Engel. Durch geschickte Wahl der Themen gelingt ihm die Verfilmung einer Reihe bedeutender Stoffe

Totgeschwiegen wird das Werk Bernhard Kellermanns, der frühzeitig Ursachen und Hintergründe des Krieges sichtbar machte

Listenreich schlägt sich der Satiriker Erich Kästner durch. Zeitweiliges Schreibverbot erzwingt Pseudonyme und Themenwechsel

Hans Fallada ist einer von denen, die der Faschismus in tiefe menschliche Isolierung treibt, sie dadurch auch physisch zerrüttend

Aus der Lehrtätigkeit herausgerissen wird der Physiker und Nobelpreisträger Gustav Hertz. Er geht in die industrielle Forschung

Der Schauspieler Joachim Gottschalk wird zum Selbstmord getrieben, als man ihn von seiner jüdischen Ehefrau zu trennen sucht

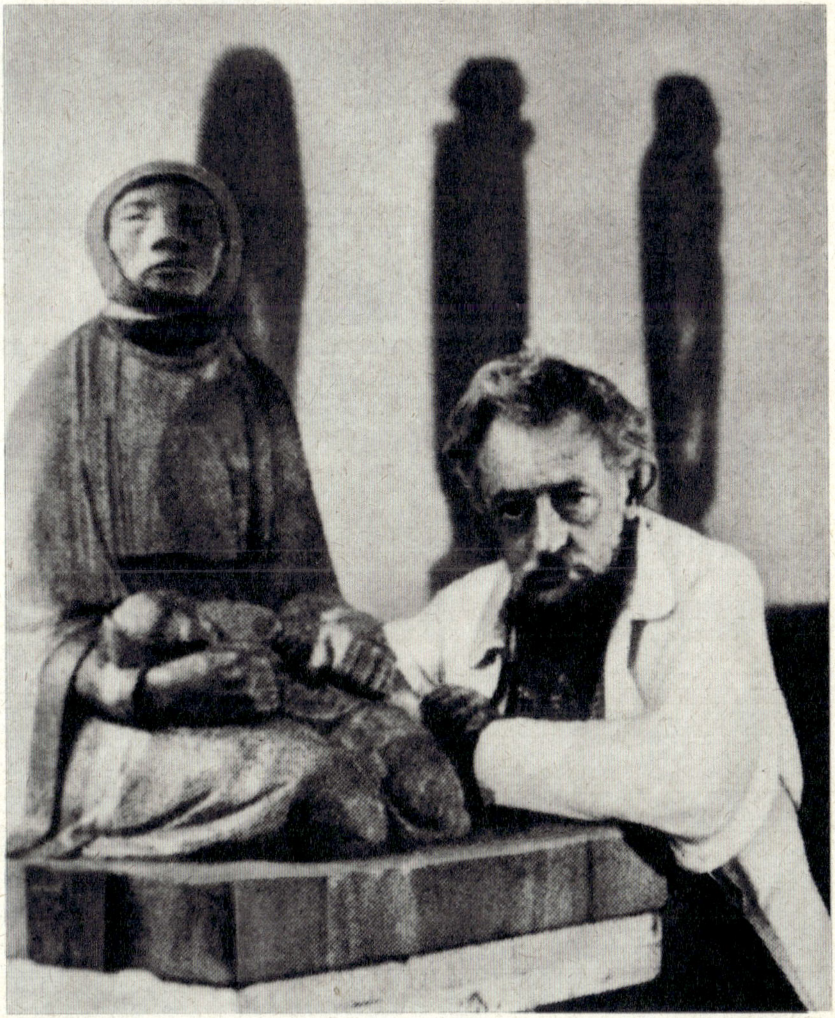

Die Einsamkeit des verfolgten Künstlers außerhalb der politischen Widerstandsbewegung wird deutlich am Bildhauer Ernst Barlach, hier 1935 in seinem Güstrower Atelier. Barlach 1937: «Ich erfahre ... eine Ausgestoßenheit, die der Preisgabe an Vernichtung gleichkommt»

Tausende von deutschen Geistesschaffenden ziehen eine höchst unsichere Existenz in der Fremde dem Leben unter dem Faschismus vor. Vielen lassen die Verfolgungen gar keine andere Wahl. Für die deutsche Wissenschaft und Kultur bedeutet das zunächst einmal einen spürbaren Ausfall; wichtige Zweige des deutschen Geisteslebens erhalten sich nur außerhalb der Grenzen des bornierten faschistischen Reichs. Wenn auch das Volk die Leistungen der Emigranten während der Dauer des Naziregimes entbehren muß, so erweist sich dieser Auszug des Geistes auf lange Sicht doch als Gewinn für Deutschland. Trotz aller harten Bedrängnisse und Entbehrungen der Fremde bereichern viele der Exilierten die deutsche Kultur dort um einmalige Werke eines nun doppelt stark empfundenen Humanismus.

Kultur im Exil

1933

März Die «AIZ» kommt in Prag unter Leitung von Weiskopf heraus **20. April** Ebenfalls in Prag Gründung der «Neuen Weltbühne» **Anf. Mai** In Moskau wird Becher Redakteur der Zeitschrift «Internationale Literatur» (ab 1937 mit Untertitel: Deutsche Blätter) **1. Juli** Der bürgerlich-liberale Journalist Schwarzschild gründet Wochenschrift «Das neue Tage-Buch» (Paris/Amsterdam) **Juli** Neugründung des Schutzverbandes Deutscher Schriftsteller; Initiatoren: Kurella, Leonhard und Seghers; Sektionen davon in Paris, Prag, Brüssel, Kopenhagen und London; Ehrenvorsitz: H. Mann **1. Aug.** Illegale Berliner Gruppe des verbotenen Bundes proletarisch-revolutionärer Schriftsteller gibt erste Nummer von «Stich und Hieb» heraus **Sept.** In Amsterdam erscheint das erste Heft der literarischen Monatsschrift «Die Sammlung» unter Leitung von K. Mann **15. Sept.** In Prag Gründung der Monatsschrift «Neue deutsche Blätter» durch Herzfelde, Graf, Seghers und Petersen

1934

März Budzislawski übernimmt die Leitung der «Neuen Weltbühne» **10. Mai** In Paris Gründung der «Deutschen Freiheitsbibliothek»; initiiert durch Feuchtwanger, H. Mann und Rolland; erfaßt und sammelt die antifaschistische Literatur **Aug.** Auf dem I. Unionskongreß der Sowjetschriftsteller in Moskau sprechen Becher, Bredel, Herzfelde, Plivier, Toller und Wolf **8. Dez.** Uraufführung des Schauspiels «Professor Mamlock» von Wolf in Zürich – Im selben Jahr wird in Glasgow auf dem PEN-Kongreß die Gründung eines eigenen PEN-Zentrums der deutschen Exil-Schriftsteller beschlossen; Präsident: H. Mann

1935

21. Juni Erster Internationaler Schriftstellerkongreß zur Verteidigung der Kultur in Paris; es sprechen u.a. Becher, Brecht, Feuchtwanger, H. Mann, Marchwitza, Seghers, Uhse, Weinert und – als Illegaler – Petersen; Gründung einer Internationalen Vereinigung der Schriftsteller zur Verteidigung der Kultur

1936

3. Febr. Offener Brief Th. Manns in der «Neuen Zürcher Zeitung»: Bekenntnis zur Exil-Literatur **Juni** Monatsschrift «Das Wort» in Moskau von Brecht, Feuchtwanger und Bredel herausgegeben; Redakteur: Erpenbeck **5. Juli** Solidaritätsschreiben Th. Manns an die Europäische Amnestiekonferenz für die Opfer des Freiheitskampfes im Dritten Reich **21. Dez.** Führende Exil-Schriftsteller setzen sich als Mitverfasser (Becher, H. Mann) oder als Unterzeichner des entsprechenden Aufrufs für eine deutsche Volksfront ein

Fortsetzung auf Seite 70

Dem Regisseur Max Reinhardt (links), der dem deutschen Theater ein Vierteljahrhundert lang zu Weltruhm verhalf, bleibt nur das Ausland. 1934 schließt er einen Vertrag mit dem Hollywood-Produzenten Warner. Auf Deutschlands Bühnen macht sich Provinzialismus breit

Das klassenkämpferische Theater des Erwin Piscator ist den Nazis zutiefst verhaßt. Der Regisseur sucht Asyl in der Sowjetunion

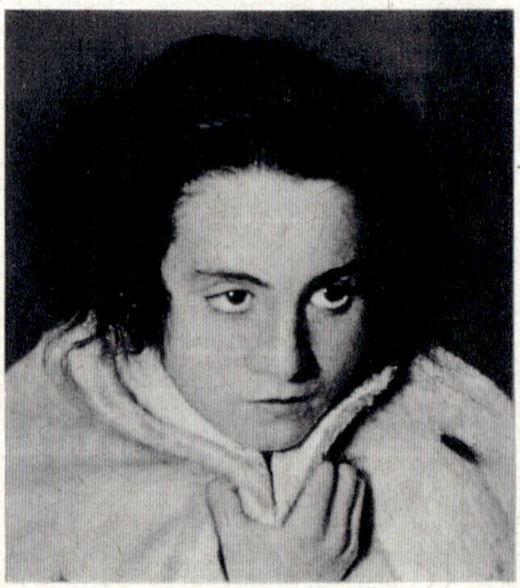

Die Schauspielerin Elisabeth Bergner muß sich an den Bühnen von London und New York ein neues Tätigkeitsfeld erschließen

Gewichtige Lehraufträge gehen in den USA an Hanns Eisler, Komponist von Film- und Bühnenmusiken sowie von Arbeiterliedern

Der Komponist Kurt Weill mit seiner Frau und besten Interpretin, Lotte Lenya, Neuerer des Musiktheaters, bekannt durch seine aktive Zusammenarbeit mit Brecht, siedelt in die Vereinigten Staaten über. Am Broadway hat er viel Erfolg mit Werken der leichten Muse

Lange Jahre der Führer des musikantischen Expressionismus, muß der Komponist Paul Hindemith 1934 in die Türkei auswandern

In der Kroll-Oper ist nun kein Platz mehr für den Dirigenten Otto Klemperer (rechts). Er verläßt Deutschland, wo Musik von Strawinsky (links) und Schönberg als «artfremd» gilt und Experimente einen Künstler unweigerlich zum «Bannerträger des Verfalls» stempeln

Vom Faschismus gleichermaßen heftig abgestoßen wie ausgestoßen: die Schauspieler Ernst Deutsch (links) und Fritz Kortner in einer Aufführung des «Fiesco». Beide sind führende Darsteller eines expressionistischen Theaters, beide emigrieren in die Vereinigten Staaten

Albert Bassermann, hier im «Diktator» am Berliner Lessing-Theater, geht 1936 noch mit siebenundsechzig Jahren in die Schweiz

Ohne Hoffnung, nimmt sich Kurt Tucholsky 1935 im schwedischen Exil das Leben. Ihm scheint sein publizistisches Wirken sinnlos

Entschiedene Kritik an der bürgerlichen Gesellschaft führt den Dramatiker Georg Kaiser schon frühzeitig in das Lager der Nazigegner. 1938 muß schließlich auch er Deutschland verlassen. In der Schweiz schreibt Kaiser zahlreiche Stücke mit antifaschistischem Inhalt

Unter den Nazis endet in Deutschland die Blütezeit einer Baukunst, die Architekten der ganzen Welt befruchtete. Walter Gropius, Mitbegründer des Bauhauses, gehört zu jenen Baukünstlern, die ihr engagiertes Talent nun nur noch im Ausland verwirklichen können

Erst in Palästina endet die Flucht Arnold Zweigs, der als Romancier die Wesensart des imperialistischen Weltkrieges aufdeckte

Abschied von der Heimat bedeutet für den pazifistischen Schriftsteller Fritz v. Unruh den Beginn einer lebenslangen Emigration

Gegner der Klassenkampf-Lehre: Wilhelm Foerster, der Philosoph und Pazifist. Seine Schriften verbrennen mit denen von Marx

Atomphysikerin Lise Meitner begibt sich 1938 nach Schweden, um Kollegen vor den Folgen deutscher Kernspaltung zu warnen

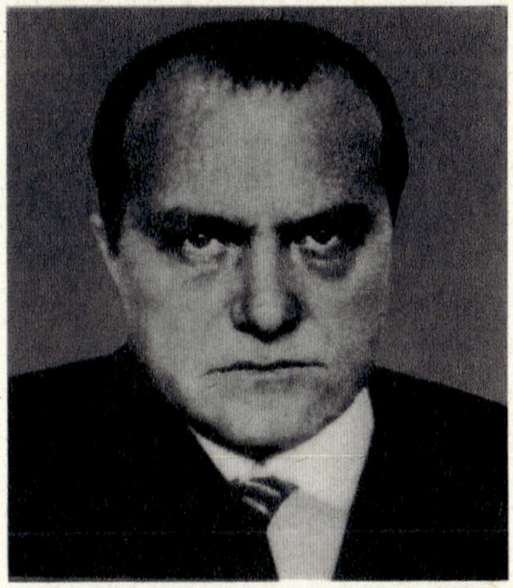

Vom inneren ins äußere Exil gelangt Max Beckmann. 1937 porträtiert er sich analog als Zuchthäusler, der seine Ketten sprengt

Symbolfigur der Verfolgung alles Geistigen im NS-Staat wird der Physiker Albert Einstein, hier an Bord eines Ozean-Liners während der Überfahrt von New York nach Antwerpen im März 1933. Der Schöpfer der Relativitätstheorie wird bedroht und ausgebürgert; in den Vereinigten Staaten, wo die «deutsche Physik» faschistischer Wissenschaftler unbekannt ist, findet er ein reiches Wirkungsfeld

In der Emigration bekennen sich die besten Vertreter des deutschen Geisteslebens in politisch eindeutiger Stellungnahme gegen den Faschismus. Einige davon machen sich im Bund mit den revolutionären Vertretern der Arbeiterklasse zu weltweit beachteten Anwälten ihrer hart unterdrückten Nation. Vor allem exilierte Schriftsteller treten der braunen Barbarei häufig nicht nur mit neuen Werken, sondern auch im streng politischen Kampf antifaschistischer Gremien und selbst auf dem offenen Schlachtfeld entgegen. Die Sowjetunion wird vielen dabei zur zweiten Heimat; dagegen ist in mehreren westlichen Demokratien in Anbetracht der zunehmend nazifreundlich eingestellten Behörden solche Betätigung oft mit Risiko verbunden. Das Echo aus Deutschland ist nahezu unhörbar. Manche verzweifeln.

Das ausgebürgerte Gewissen

Fortsetzung von Seite 66

1937

April Über den seit Mitte des Monats in Spanien als Publikationsorgan der Volksfront betriebenen «Deutschen Freiheitssender 29,8» sprechen u.a. Brecht, die Brüder Mann und A. Zweig **4. Juli** Zweiter Kongreß der Internationalen Vereinigung der Schriftsteller zur Verteidigung der Kultur in Valencia, Madrid, Barcelona und Paris; an ihm nehmen deutscherseits u.a. teil: Balk, Brecht, Bredel, H. Mann, Marchwitza, Renn, Seghers, Stern, Uhse und Weinert **Sept.** Th. Mann und Falke gründen in Zürich die Zweimonatsschrift «Maß und Wert» **16. Okt.** In Paris Uraufführung der «Gewehre der Frau Carrar» von Brecht – Im selben Jahr gründet in der Tschechoslowakei Kuba die Spieltruppe «Das neue Leben»

1938

Juni Die «Neue Weltbühne» kommt in Brüssel heraus, dann in Paris **28. Juli** Dritter Kongreß der Internationalen Vereinigung der Schriftsteller zur Verteidigung der Kultur in Paris; Redner u. a. Leonhard, Seghers und Toller **7. Okt.** In New York Gründung eines Schutzverbandes Deutsch-Amerikanischer Schriftsteller; Ehrenvorsitzender: Th. Mann; Vorsitzende: Graf und Bruckner **Dez.** Gründung des «Freien Deutschen Kulturbundes» in London; Präsident: Kokoschka

1939

Febr. Die Wochenschrift «Aufbau» in New York wird unter neuer Leitung zum Publikationsorgan deutscher Schriftsteller **Mitte März** Budzislawski, Feuchtwanger, L. Frank und Leonhard Mitgründer des Aktionsausschusses deutscher Oppositioneller in Paris; Präsident: H. Mann, Sekretär: Norden

1940

9. Nov. Uraufführung des Schauspiels «Der Soldat Tanaka» von Kaiser in Zürich

1941

19. April Uraufführung des Schauspiels «Mutter Courage und ihre Kinder» von Brecht in Zürich; Hauptrolle: Giehse **Nov.** In Mexiko Gründung der Zeitschrift «Freies Deutschland»; Leitende Mitarbeiter: Abusch, Frei und Renn

1942

10. Mai Gründung des Verlags «El Libro Libre» in Mexiko – Im selben Jahr gründet in Haifa (Palästina) A. Zweig die Zeitschrift «Orient»

1943

4. Febr. Uraufführung des Schauspiels «Der gute Mensch von Sezuan» von Brecht in Zürich – Im selben Jahr in Zürich Uraufführung der ersten Fassung «Leben des Galilei» von Brecht

1944

3. April Gründung des Verlages «Aurora» in New York durch deutsche Autoren, darunter Herzfelde

Der Dramatiker Ernst Toller bekräftigt im Exil seine Verbundenheit mit Deutschlands Proletariat. 1939 scheidet er aus dem Leben

Soziale Anklage kennzeichnet das Schaffen von Alfred Döblin. Das ist hinreichend, ihn über Frankreich in die USA zu vertreiben

Die Odyssee des revolutionären Dramatikers Bert Brecht beginnt 1933 in Österreich und führt ihn über die Schweiz, Frankreich, Dänemark (oben), Schweden, Finnland und die Sowjetunion 1941 nach Kalifornien. Im Exil entstehen Hauptwerke seines epischen Theaters

Der Arbeitersänger Ernst Busch setzt sein Lied in der UdSSR und Spanien ein. 1943 wird der Internierte ins Reich ausgeliefert

Politische Aktionen gegen den Faschismus unternimmt Thomas Mann, hier mit seiner Frau 1937 nach Verlassen der Schweiz bei der Ankunft in New York. Vor allem in regelmäßigen Radioansprachen ruft der spätbürgerliche Schriftsteller die Landsleute zur Besinnung auf

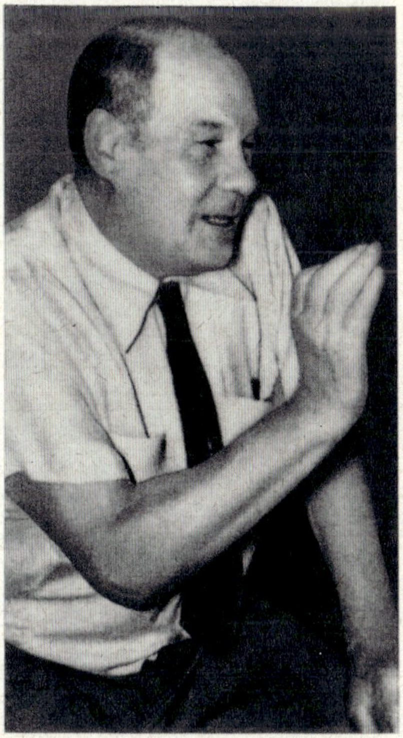

Als urwüchsiger Erzähler von den Nazis zu den Ihren gerechnet, zieht Oskar Maria Graf die Fremde vor: «Verbrennt mich!»

Präsident des 1938 in London gegründeten Freien Deutschen Kulturbundes ist später der früh ausgebürgerte Kritiker Alfred Kerr

Zum zweiten Mal emigrieren muß der 1915 erstmals geflüchtete Kriegsgegner Leonhard Frank. In Paris steht er fest zur Volksfront

Unermüdlich im Kampf gegen den Faschismus: der Dichter Erich Weinert, hier 1934 während der Abstimmungs-Vorbereitungen an der Saar bei einer Ansprache auf dem Kieselhumes. 1935 geht der streitbare Mitbegründer des «Bundes proletarisch-revolutionärer Schriftsteller» über Frankreich in das sowjetische Exil, von dort aus zu den Internationalen Brigaden im republikanischen Spanien

Jan Petersen leitet bis 1935 in Berlin eine illegale Gruppe des Bundes proletarischer Schriftsteller. Ihr Organ: «Stich und Hieb»

Der Arbeiterschriftsteller Hans Marchwitza wird 1936 Offizier in Spanien. 1941 flieht er aus französischer Internierung in die USA

Wolfgang Langhoff, ein dem Proletariat eng verbundener Schauspieler, entkommt 1934 nach zermürbender KZ-Haft in die Schweiz

Die Sowjetunion bietet zahlreichen Schriftstellern eine zweite, freie Heimat. Hinten, von links nach rechts: Hedda Zinner, Johannes R. Becher, Frau Nexö und Lilly Becher; vorn Martin Andersen-Nexö

In Odessa erlebt Friedrich Wolf 1936 die Aufführung seines neuen Stückes «Floridsdorf». Der sozialistische Dramatiker wird 1939 auf dem Weg in das republikanische Spanien in Frankreich interniert

Auf die Arbeiterklasse bauend, setzt Heinrich Mann sein Wirken für eine humanistische Gesellschaft in der Emigration mit neuen Büchern, vor allem aber mit politischem Engagement in Paris fort

Bodo Uhse, Lion Feuchtwanger und Anna Seghers als Delegierte auf dem I. Internationalen Schriftsteller-Kongreß zur Verteidigung der Kultur in einer Ausstellung der deutschen Freiheits-Bibliothek

Sicherheit auf Zeit: Willi Bredel schildert sowjetischen Arbeitern seine schweren Erlebnisse. Mitglied der KPD seit ihrer Gründung, war der proletarische Schriftsteller 1933 sofort ins KZ eingeliefert worden. Ein Jahr darauf konnte er in die ČSR fliehen, von wo aus er nach Moskau übersiedelte. Wenig später ist er in Spanien bei den Internationalen Brigaden Kommissar des Thälmann-Bataillons

Den Verlust der führenden Köpfe auf allen Gebieten des kulturellen Lebens möchten die Nazis durch Aufbau eines «arteigenen» Kulturbetriebs kompensieren. Eingeleitet mit Gleichschaltung der Künstlerverbände und Kunstorganisationen, entsteht ein engmaschiges Netz von Zwangseinrichtungen; außerhalb davon ist künstlerische Tätigkeit professionell fast unmöglich. Die Ausübung des Berufs, auch auf vielen angrenzenden Gebieten, ist an die Mitgliedschaft in einer NS-Fachkammer gebunden, damit an volle Anerkennung faschistischer Ideologie und Praxis. Fehlverhalten wird mit Berufsverbot geahndet. Originelle Leistungen kommen so kaum zustande; viele Talente verkümmern. Um die Kulturwüste zu beleben, werden die wenigen dem Reich verbliebenen Künstler von Rang und Namen vielfältig korrumpiert.

Die kommandierte Kultur

1933
13. März Reichsministerium für Volksaufklärung und Propaganda eingerichtet; Minister: Goebbels; Staatssekretär: Funk **23. März** NS-Reichsverband Deutsche Bühne gegründet: Besucherorganisation **Mai** Reichskartell der deutschen Musikerschaft als NS-Zwangsorganisation geschaffen; im **Juni** folgt das Reichskartell der Bildenden Künste, im **Juli** die NS-Rundfunkkammer **1. Juli** Reichsstelle zur Förderung des deutschen Schrifttums eingerichtet **7. Juli** NS-Neugründung der Sektion Dichtkunst an der Preußischen Akademie der Künste; Vorsitz: Johst **31. Juli** Ein neuer Reichsverband Deutscher Schriftsteller unter Stoffregen übernimmt als NS-Zwangsorganisation den Schutzverband Deutscher Schriftsteller **18. Aug.** Reichsdramaturg eingesetzt (Schlösser); steuert die Spielpläne der Theater **22. Sept.** Reichskulturkammer-Gesetz; preßt alle Kulturschaffenden in die am **1. Nov.** angeordneten Einzelkammern für Musik, für Bildende Künste, Theater, Presse, Funk, Film und Schrifttum; in ihnen gehen die bisherigen Zwangsorganisationen auf; Präsident der Reichskulturkammer: Goebbels **15. Nov.** Präsidenten der einzelnen Fachkammern werden ernannt: Strauss/Hönig/Laubinger/Amann/Dreßler-Andreß/Scheuermann/Blunck

1934
1. Mai Einweihung der ersten «Thing-Plätze» bei Halle und Heringsdorf **15. Mai** Theater-Gesetz; unterstellt die Bühnen Propagandaministerium **6. Juni** Reichsverband Deutsche Bühne mit dem Kampfbund für deutsche Kultur unter Rosenberg zur NS-Kulturgemeinde vereinigt

1935
13. Juli Strauss als Reichsmusikkammer-Präsident zurückgetreten; Nachfolger: Raabe **3. Okt.** Johst Präsident der Reichsschrifttumskammer **27. Okt.** Schlösser nun Präsident der Reichstheaterkammer **15. Nov.** Goebbels beruft einen Reichskultursenat als «repräsentatives Forum»

1936
Anf. Jan. Einsetzung eines «Reichsbühnenbildners» (v. Arendt) **19. Febr.** Kulturkreis der SA gebildet

1937
30. Jan. Nationalpreis für Kunst und Wissenschaft gestiftet; dotiert mit hunderttausend Mark; damit allen Deutschen die Annahme des Nobelpreises verboten **22. Okt.** Neue Titel für Bühnen-, Film- und Tonkünstler eingeführt

1938
5. April Präsident der Reichstheaterkammer wird Körner **6. April** Propagandaminister übernimmt die Führungsfunktion der Kulturkammer und der Einzelkammern, die auf Überwachung beschränkt werden **13. Juni** Reichstheaterakademie verkündet **27. Okt.** Großdeutsches Dichtertreffen in Weimar

Nationalpreis-Verleihung an die Mediziner Sauerbruch und Bier sowie den durch die Witwe vertretenen NS-Architekten Troost

Gern mißbraucht, doch ungeliebt: Gerhart Hauptmann, hier mit dem NS-Gauleiter von Schlesien an seinem achtzigsten Geburtstag

Mit diktatorischen Vollmachten versehener Herrscher der NS-Kultur ist Goebbels; er steht seiner Reichskulturkammer selbst vor

In den Dienst der höheren Nazipropaganda gestellt sieht sich auch der Dirigent Wilhelm Furtwängler, nach kurzem Zerwürfnis mit den Nazis ein intim geehrter Gast Görings. Der siebzigjährige Komponist Richard Strauss präsidiert zeitweilig gar der Reichsmusikkammer

Der Reichskultursenat vereint ideologische Spitzenmanager. In der ersten Reihe (v.l.n.r.) Reichsleiter Bouhler, die Kammerpräsidenten Amann (Presse), Johst (Schrifttum), Lehnich (Film), Raabe (Musik), daneben Pfitzner und Blunck sowie der Kammerpräsident Ziegler (Bildende Kunst) und andere. Rechts von Goebbels Staatssekretär Funk, links seine beiden «Reichskulturwalter» Hinkel und Moraller

Glühende Anhängerin des Wagner-Verehrers Hitler ist Winifred Wagner, hier mit ihren Söhnen Wieland und Wolfgang. Bayreuth, Wohn- und Wirkungsstätte Wagners, wird brauner Wallfahrtsort

Geburtstags-Cour der preußischen Theaterintendanten bei ihrem Brotherrn, dem Ministerpräsidenten. Göring, verheiratet mit einer Schauspielerin, betrachtet sich auch als in Kunstdingen kompetent

Von allen guten Geistern verlassen präsentiert sich die preußische Dichterakademie im Herbst 1933. Der Faschismus in der Literatur wird vertreten durch Rudolf Binding, Werner Beumelburg, Hanns Johst (Vorsitzender), Hans Friedrich Blunck, Agnes Miegel, Boerries von Münchhausen, Erwin Guido Kolbenheyer und Will Vesper; im Bild verdeckt sind Emil Strauß, Hans Grimm und Wilhelm Schäfer

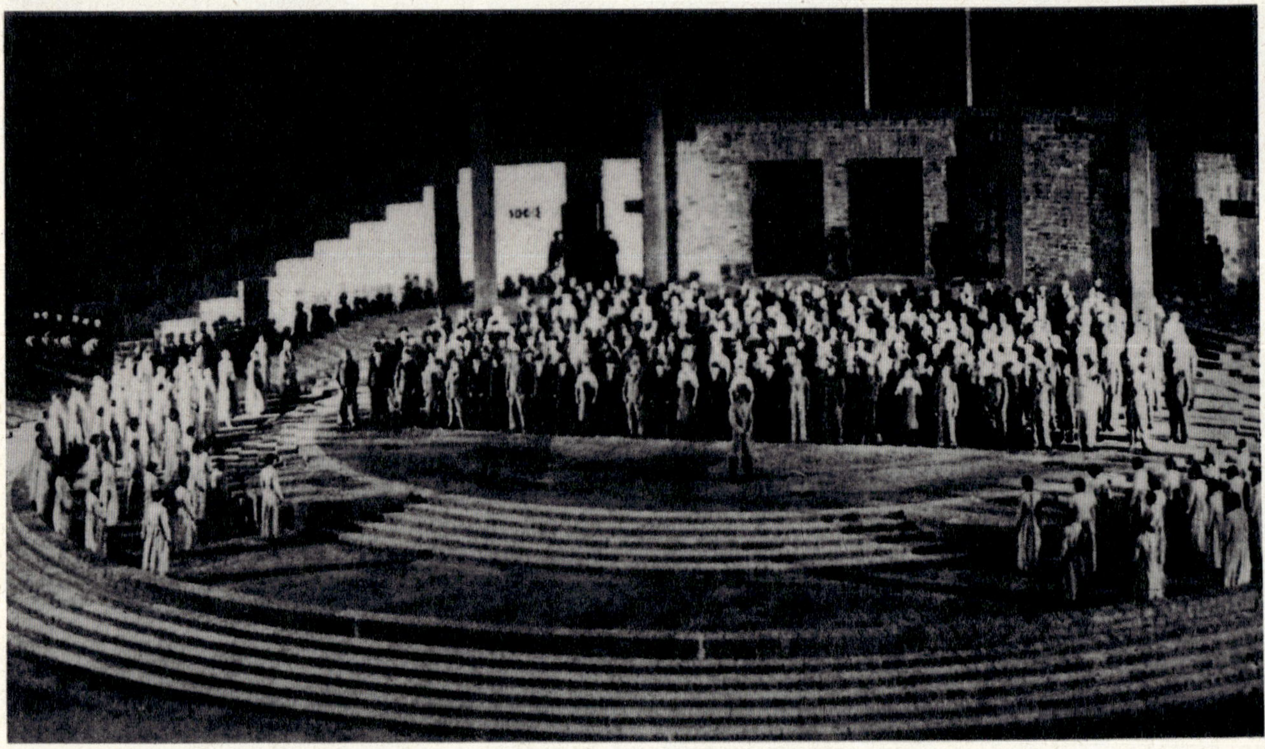

Als «Fest- und Feierstätten für die neuen Versammlungsstunden des deutschen Volkes» schaffen die Nazis in betonter Abgrenzung zum Theater sogenannte «Thing-Plätze». Hier werden eigens dazu verfaßte Blut-und-Boden-Spiele aufgeführt, so 1936 in der Berliner «Dietrich-Eckart-Bühne» (oben). Das Hunderte derartiger Plätze umfassende Vorhaben scheitert an Autoren- wie Zuschauermangel

Goebbels begutachtet das Buchangebot, begleitet von Bouhler, dem Vorsitzenden der Parteiamtlichen Prüfungskommission zum Schutz der NS-Literatur (links), seit 1935 Chef der «Kanzlei des Führers»

Drei Barden der NS-Bewegung: Heinrich Anacker, der Hitlers SA bedichtet, Friedrich Bethge, geistig im reaktionären Preußentum zu Hause, und der «Thingspiel»-Autor Eberhard Wolfgang Möller

Tief beeindruckte Wehrmachtgäste: Hermann Burte, Edwin Erich Dwinger, August Hinrichs und Eugen Roth (v. l. n. r.). Die übelste Figur ist Dwinger, ein Verfasser antibolschewistischer Hetzromane

Unter der Aufsicht von Goebbels findet alljährlich in Weimar eine «Woche des deutschen Buches» statt, hier die Eröffnung im Jahr 1935. Sie dient der Werbung für die auflagenstarke Naziliteratur

Voraussetzung der faschistischen Praxis ist die geistige Entmündigung des deutschen Volkes. Nicht die Erkenntnis, sondern die Unkenntnis der Welt festigt das NS-Regime. Weltanschauung ist ihm deshalb nicht mehr und nicht weniger als das praktikable Mittel zur Rechtfertigung seiner Weltherrschaftspläne. Die faschistische Ideologie bietet sich folgerichtig dar als wüstes Konglomerat aus wütendem Antikommunismus und übelster Rassenhetze einerseits, unsinnigen Herrenrasselehren und verlogenen Sozialphrasen andererseits. Das Ganze ist eingebettet in einen altnordisch orientierten Mystizismus. Damit wird der Boden bereitet für die Versklavung, Ausplünderung und Ausrottung beliebiger anderer Völker wie für die dem unerläßlich vorausgehende Vergewaltigung des deutschen Volkes selbst.

Ideologie der Vernichtung

1933

7. April Erste Aufnahme des «Arierparagraphen» in ein Gesetz (über Berufsbeamtentum) **25. April** Beim Reichsinnenminister Sachverständiger für Rasseforschung eingesetzt: Gehrke, der Leiter des neugegründeten Reichsvereins für Sippenforschung und Wappenkunde **11. Mai** Neuer Lehrstuhl für Politische Pädagogik an der Berliner Universität: Bäumler **14. Juli** Gesetz zur Verhütung erbkranken Nachwuchses; Zwangssterilisation (allein 1934/36 fast einhundertachtundsechzigtausend Eingriffe); Entscheid durch Erbgesundheits-Gerichte **18. Juli** Erlaß zum Studium von «Mein Kampf» durch die Beamten **23. Nov.** Gesetzliche Einschränkung von unerwünschten Eheschließungen und Adoptionen **19. Dez.** Nordostdeutsche Forschungsgemeinschaft gegründet; dient der Ostexpansion – Im gleichen Jahr Gründung des Reichsbundes für deutsche Vorgeschichte (Reinerth)

1934

24. Jan. Amt für die Überwachung der gesamten geistigen und weltanschaulichen Schulung der NSDAP angeordnet; Leiter: Rosenberg **14. April** Staatsakademie für Rassen- und Gesundheitspflege in Dresden eröffnet **15. Mai** Ein Rassenpolitisches Amt der NSDAP geschaffen; Leiter: Groß **30. Mai** In der Marienburg propagiert Rosenberg Aufbau eines deutschen Ordensstaates **22. Juni** Ein Amt für Volksgesundheit bei der Führung der NSDAP eingerichtet (Wagner) **8. Okt.** Schulungswoche «Vom Standesamt zum Sippenamt» eröffnet

1935

14. Febr. Verordnung zu amtlichen Abstammungsnachweisen **21. Mai** Richtlinien für die insgesamt vierhundertdreißig Beratungsstellen für Erb- und Rassenpflege erlassen **26. Juni** Strafgesetz gegen die Homosexualität verschärft **1. Juli** Gründung der «Forschungs- und Lehrgemeinschaft Ahnenerbe» der SS; soll den Herrenrasse-Anspruch fundieren – Gründung des Reichsinstituts für Geschichte des neuen Deutschland (W. Franck) **17. Aug.** Auflösung der Freimaurer-Logen **15. Sept.** Antisemitische «Nürnberger Gesetze»: Reichsbürger-Gesetz und Gesetz zum Schutz des deutschen Blutes und der deutschen Ehre **18. Okt.** Gesetz zum Schutz der Erbgesundheit des deutschen Volkes; Einführung der Ehetauglichkeits-Zeugnisse **24. Nov.** Übergabe der NSDAP-Reichsschulungsburg Erwitte/Westf. – Im gleichen Jahr in Berlin ein neuer Lehrstuhl für Rassenkunde und Völkerbiologie (Günther)

1936

8. Febr. Reichsausschuß zum Schutz des deutschen Blutes gegründet **24. April** Gleichzeitige Übergabe der NS-Ordensburgen Vogelsang, Krössinsee und Sonthofen **12. Juni** Reichskolonialbund gegründet

Fortsetzung auf Seite 80

Zum hundertfünfzigsten Todestag Friedrichs II. zelebriert Hitler-Stellvertreter Heß an der Gruft des «Großen Königs» in der Potsdamer Garnisonkirche eine skurrile Feierlichkeit. Analoge Ehren erfahren der «Große Kurfürst» sowie «Soldatenkönig» Friedrich Wilhelm I.

Himmler nimmt in der Gruft des Doms zu Quedlinburg weihevoll König Heinrich I. als Ahnherrn der SS in seine persönliche Obhut

Auch Niedersachsens Herzog Heinrich der Löwe wird aufgestört. 1935 läßt Hitler den Ostkolonisator in Braunschweig ausgraben

Um die frühzeitlichen Germanen rankt sich ein in vielen Bereichen verbreiteter Kult. Innenminister Frick (rechts) und Staatsminister Popitz (daneben) erkennen sich in Schloß Bellevue in ihren Ahnen

Den Höhepunkt aller Blutmystik bildet das alljährliche Münchner Ritual anläßlich des Putsches vom 9. November 1923, dem «Marsch zur Feldherrnhalle», der damals sechzehn Nazis das Leben kostete

Ordensburg Sonthofen, wie Krössinsee und Vogelsang die oberste ideologische Ausbildungsstätte der künftigen Nazi-Elite. Vorstufen dazu sind die Nationalpolitischen Erziehungsanstalten (Napola) und die «Adolf-Hitler-Schulen» für Jugendliche vom zwölften Jahr an. Die von Rosenberg als ihm unterstehendes weltanschauliches Zentrum geplante «Hohe Schule der NSDAP» bleibt ein monströser Entwurf

Fortsetzung von Seite 78
(v. Epp); Lebensraum-Propaganda **2. Juli** Himmler zelebriert die Eintausend-Jahr-Feier für Heinrich I. in Quedlinburg **8. Sept.** Beginn einer umfassenden antibolschewistischen Kampagne auf dem Parteitag der NSDAP **5. Okt.** Erste Pflegestätte der SS für Germanenkunde in Detmold eröffnet – Im gleichen Jahr Einrichtung der ersten «Lebensborn»-Heime der SS; Aufzucht «nordischer» SS-Kinder

1937

8. März Akademie für weltanschauliche Schulung auf Vogelsang verkündet **10. Okt.** Weihe einer Nordmark-Feierstätte in Bad Segeberg/Holstein

1938

22. April Einleitung einer neuen antisemitischen Kampagne: allseitige Diskriminierung **9./10. Nov.** «Reichskristallnacht»: Pogrom gegen die jüdische Bevölkerung – Im Laufe des Jahres ressortmäßig Aufbau einer Hohen Schule der NSDAP; soll die NS-Ideologie «wissenschaftlich begründen»

1939

Ende Okt. Euthanasie-Erlaß Hitlers; rückdatiert auf den 1. Sept.; deckt die anlaufende Ermordung aller Geisteskranken **28. Okt.** «Zeugungs-Befehl» Himmlers an SS und Polizei; empfiehlt Zeugung auch ohne Ehe vor dem Einrücken ins Feld

Juden-Verfolgung: Seite 102, 196, 211, 417

Urheber der kriegsträchtigen «Geopolitik» ist vor allem Prof. Haushofer. Seine Lehre verurteilt Reichs-Nachbarn zum Untergang

Als «wissenschaftlicher» Vorkämpfer aller deutschen «Rassenforscher» gilt den Nazis ein Dr. Günther von der Universität Jena

Die Bibel des Dritten Reiches ist Hitlers «Mein Kampf». Das Buch wird auf Anordnung des Innenministers durch die Standesbeamten jedem Brautpaar zur Trauung überreicht. An seinem zwangsweise verbreiteten Machwerk verdient Hitler viele Millionen; es bildet mit Rosenbergs gänzlich abstrusem «Mythus des 20. Jahrhunderts» die weltanschauliche Grundlage aller neuproduzierten NS-Literatur

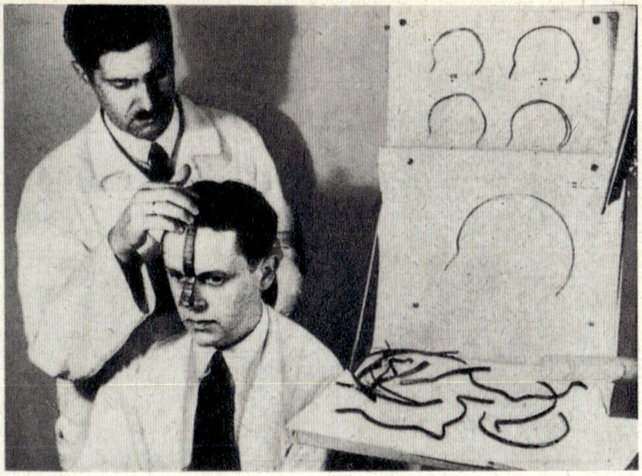

Im Berliner Kaiser-Wilhelm-Institut für Anthropologie werden in ganzen Serien Schädel mit Bleiband nachgeformt, um Unterlagen für die Unterscheidung der «Arier» von «Nichtariern» zu schaffen

Zum Verfechter eines «Ordensstaates» macht sich Rosenberg, hier mit HJ-«Schrifttums-Beauftragten». Der Chefideologe begreift sich als Philosoph und geistigen Wegbereiter des Tausendjährigen Reichs

Der Antibolschewismus als Regierungsprogramm des Naziregimes ist Hauptbestandteil der faschistischen Ideologie. In Nürnberg wird 1936 erstmals eine große antibolschewistische Ausstellung gezeigt

Unter den Giftmischern des NS-Staates zählt Gauleiter Streicher (rechts, mit Adjutant und Stellvertreter) zu den widerlichsten. Sein Hetzblatt «Der Stürmer» feiert wahre Orgien des Antisemitismus

Ein peinliches Relikt aus der «Kampfzeit»: Staatssekretär Feder, der Hitler das Schlagwort von der «Brechung der Zinsknechtschaft» lieh und dem NSDAP-Programm sozialrevolutionären Anstrich gab

Die geistige Gleichschaltung des deutschen Volkes auf die faschistische Ideologie erfolgt durch die NS-Propaganda. Ihre ideell völlig, strukturell überwiegend monopolisierten Hauptinstrumente sind die Presse und der Rundfunk, ihre Hauptmethode ist die Lüge großen Stils. Ein Heer Existenzabhängiger und Nutznießer vertieft Tag für Tag diese «Volksaufklärung». Die Lückenlosigkeit der bewußt auf eingewurzelte Vorurteile und nationale Überheblichkeit zugeschnittenen Propaganda beeinflußt beträchtliche Teile der Bevölkerung. Aufnahmebereitschaft wie Wirkungsgrad erhöhen sich in dem Maße, in dem der wirtschaftliche Aufschwung nach der weltweiten Krise und außenpolitische Erfolge die Nazis glaubwürdiger erscheinen lassen. So wird das deutsche Volk «geistig aufgerüstet».

Die Lüge als Führungsmethode

1933

30. Jan. NS-Funkwart-Organisation (Hadamovsky) besetzt Berliner Funkhaus – Monopol-Journalist Funk wird neuer Reichspressechef **13. März** Neues Ministerium für Volksaufklärung und Propaganda unter Goebbels gegründet; Staatssekretär: Funk **Frühjahr** Wirtschaftsführerkreis (F-Kreis) beim Propagandaministerium installiert; steuert dessen Tätigkeit nach Monopol-Wünschen **15. Juni** Als Rundfunkkommissar löst Dreßler-Andreß DNVP-Vertreter Krukenberg ab **30. Juni** Rundfunk geht vom Post- zum Propagandaminister über **3. Juli** Unter Beumelburg NS-Rundfunkkammer gebildet **9. Juli** Reichssendeleiter Hadamovsky Chef der Reichsrundfunk-Gesellschaft **11. Juli** Einrichtung von dreizehn Landes-Propaganda-Ämtern **31. Juli** Leitende Rundfunk-Angestellte entlassen, einige ins KZ eingeliefert **18. Aug.** Neuer Volksempfänger der Öffentlichkeit vorgestellt; Preis 76,– Mark **4. Okt.** Schriftleiter-Gesetz; Redakteure nur nach politischen und rassischen Kriterien zugelassen, im Reichsverband der deutschen Presse (Weiß) zwangserfaßt **27. Okt.** Werberat der deutschen Wirtschaft gebildet; dirigiert die gesamte Reklame **1. Nov.** Reichsrundfunkkammer (Dreßler-Andreß) und Reichspressekammer (Amann) gebildet **5. Dez.** Wolffsches Telegraphenbüro mit der Telegraphen-Union zum Deutschen Nachrichten-Büro vereinigt

1934

17. Aug. Siebenhunderttausend Volksempfänger bis zur Eröffnung der Funkausstellung produziert

1935

Febr. Erste Ausgabe des SS-Organs «Schwarzes Korps» **24. April** Anordnungen zur Schließung von bürgerlichen Zeitungsverlagen; in der Folge über viertausend Stillegungs-Verfügungen

1936

Juli Größte Kurzwellen-Sendeanlage der Welt zur Olympiade bei Zeesen in Betrieb genommen

1937

19. März Reichsintendant eingesetzt: Glasmeier; zugleich Vorsitzender und Generaldirektor der Reichsrundfunk-Gesellschaft – Kriegler Präsident der Reichsrundfunkkammer **26. Nov.** Dietrich, der Pressechef der NSDAP, wird Reichspressechef

1938

23. Juni Erste hundert Reichslautsprecher-Säulen in Breslau in Betrieb **5. Aug.** Angebot eines neuen Volksempfängers für 35,– Mark **26. Sept.** Fünf Propaganda-Kompanien ausgewählter Reporter bereit für Überfall auf ČSR. **10. Nov.** Hitler weist Presse zu psychologischer Kriegsvorbereitung an

1939

1. Sept. Abhörverbot für Auslandssender **28. Okt.** Reichsrundfunkkammer aufgelöst; ihre Aufgaben übernimmt das Propagandaministerium selbst

Vermittler der Goebbels-Direktiven sind neben Reichspressechef Dietrich (stehend) sein Stellvertreter Jahnke und der Führer im Reichsverband der deutschen Presse, Weiß, sowie Ministerialrat Berndt, im Propagandaministerium zuständig für die Inlandspresse (v. l. n. r.)

Zeitungsfahrer verlassen das Gebäude des von Hugenberg kontrollierten Scherl-Verlags. Er gehört zu den bürgerlichen, meist reaktionären Verlagen, die – formal selbständig – auf die Generallinie gebracht wurden, immerfort bedroht vom mächtigen Trust der Nazipresse

Befehlsausgabe durch den «Reichsminister für Volksaufklärung und Propaganda»: Goebbels versammelt regelmäßig die Verleger und Schriftleiter in seinem Ministerium, um ihnen in eigener Person «Sprachregelungen» möglichst nachhaltig einzuprägen. Unabhängig davon ergießt sich aus seinen Dienststellen täglich eine wahre Flut von Direktiven, «Ratschlägen» und Verboten in alle Redaktionen

Bei der Ullstein-AG: Amann, Manager des NS-Pressetrusts, mit Brinkmann (rechts), Oberhaupt aller privaten Zeitungsverleger

Teestunde für die Presse bei Goebbels. Links seine Frau, Hitler und der Staatssekretär im Propagandaministerium, Funk, ehemaliger Börsenjournalist mit engen, auf Gegenseitigkeit beruhenden Beziehungen zur Wirtschaft, rechts Generaldirektor Diehn vom Kali-Konzern

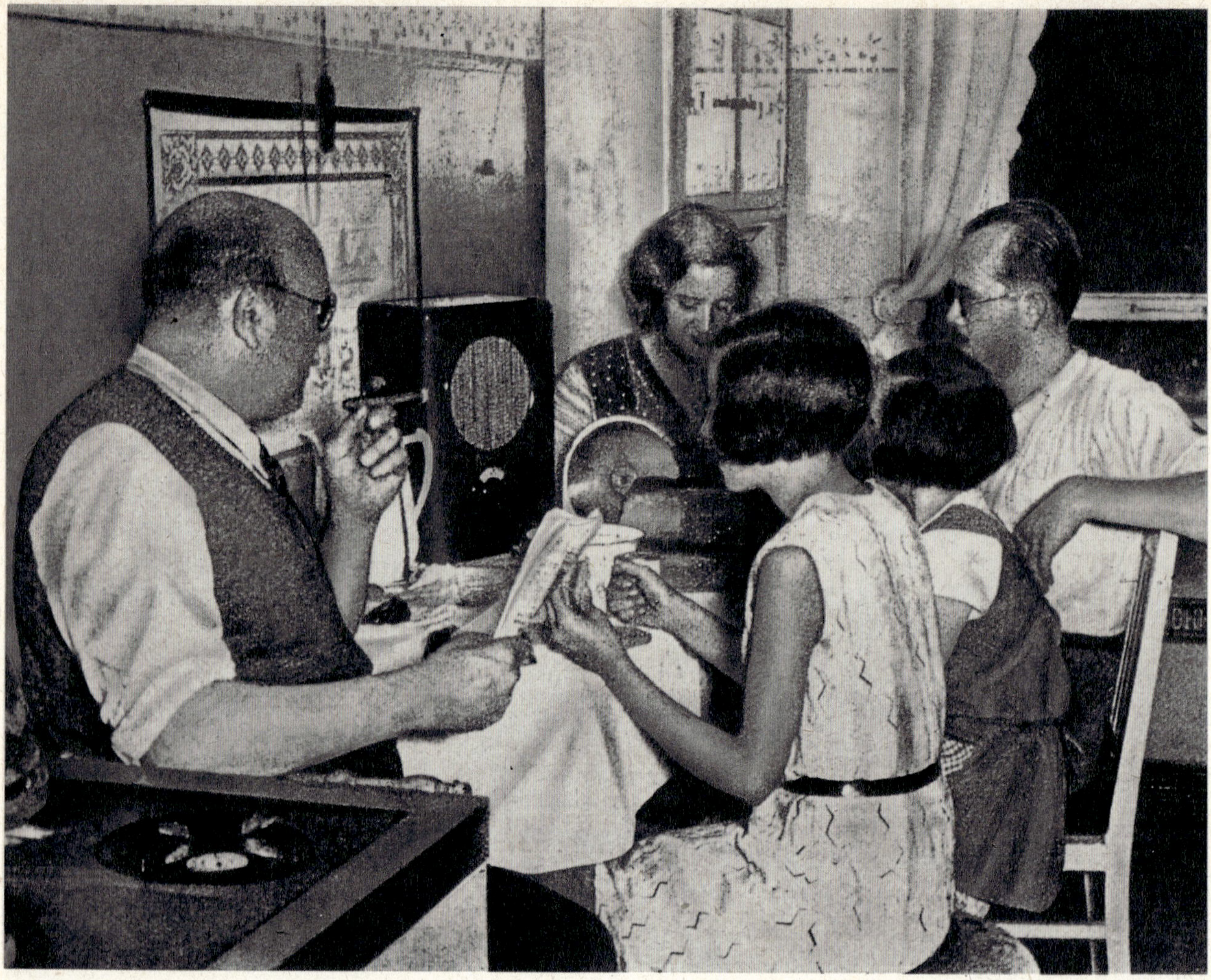

Die Stimme ihres Herrn vernehmen Millionen Deutsche im trauten Familienkreis, seit Goebbels die Rundfunk-Industrie vom Geschäft mit dem billigen «Volksempfänger» überzeugt hat. Ein Meister der Demagogie, hat sich der Propagandaminister damit das Instrument geschaffen, gerade die den NS-Staat mittragenden kleinbürgerlichen Schichten in den Bann seiner tief verlogenen Rhetorik zu ziehen

Unter Leitung von Ministerialdirektor Hinkel, dem Vertreter des Propagandaministeriums, wird mit Gruppenleitern des Rundfunks das Programm bis ins kleinste festgelegt. Aus zahllosen Varianten äußerst massiver Nazipropaganda bestehend – von der Musik bis zum Vortrag –, umstrickt es die Hörerschaft mit Verführung und Lüge. Das Weltgeschehen wird verzerrt oder einfach verschwiegen

Schaltzentrale des Drahtfunknetzes, durch das die Nazipropaganda ihre erlahmenden Opfer auch noch auf den Straßen erreicht

«Großkampftage» im Reichsrundfunk werden durch «Großkundgebungen» ausgelöst oder auch umgekehrt, so hier im Mai 1937 in Berlin. Die unablässig niederprasselnden Superlative steuern Reichsintendant Glasmeier (links) und (daneben) Reichssendeleiter Hadamovsky

Reporter bei einem «Hörbericht» über das Heer – Vorspiel für den künftigen Einsatz in Propaganda-Kompanien der Wehrmacht

Neuartige «Goebbelsschnauzen» besichtigt auf der Berliner Funkausstellung 1938 der Rundfunkkammer-Präsident Kriegler (links)

Ungeahnte Möglichkeiten – oder Gefahren? – scheint Goebbels zu erblicken, als er sich während der Funkausstellung 1935 auf dem Fernsehschirm sieht. Zu dieser Zeit ist das neue Medium zu Versuchssendungen gediehen; praktische Bedeutung erlangt es nicht mehr

Eine wichtige Rolle bei der «Ausrichtung» des deutschen Volkes weisen die Nazis dem Film zu. Wie auf den übrigen Gebieten der Propaganda können sie auch auf diesem an üble Praktiken aus der Weimarer Republik anknüpfen. Gerade in diesem Bereich finden sich viele hochtalentierte Fachleute, die sich dem neuen Regime gewissenlos verkaufen. Ihre Machwerke, unbefangenen Zuschauern als «Kunst» politisch unverdächtig und der emotional betonten Form wegen besonders eindringlich, richten folgenschwere geistige Verheerungen an. Mit dem Andauern der faschistischen Herrschaft wird der direkte Zusammenhang zwischen lange geplanten Verbrechen der Nazis und vorbereitenden Filmen beweisbar. Auf umwegige Art nicht minder verderblich wirkt sich die Methode bewußter Ablenkung durch Kitsch aus.

Als Salonlöwen gebärden sich der schon skandalumwitterte Goebbels und sein Führer zur Uraufführung des Olympia-Films von Leni Riefenstahl. Die Regisseurin macht sich in jener Zeit einen zweifelhaften Namen als Hitlers Dokumentaristin, u. a. für die Reichsparteitage

Traum und Wirklichkeit

1933
2. Febr. Anläßlich des Machtantritts nimmt Hitler mit Hugenberg und v. Papen an der Uraufführung des UFA-Films «Morgenrot» teil **28. April** Film- und Buchpreis der Regierung für Gestaltung der «nationalen Revolution» gestiftet **Juni** Staatliche Filmkredit-Bank geschaffen **14. Juli** Gesetz über vorläufige Filmkammer (Scheuermann) **12. Sept.** Uraufführung von «Hitlerjunge Quex» in München **1. Nov.** Reichsfilmkammer gebildet (Scheuermann)
1934
30. Jan. Ein Reichsfilmarchiv eingerichtet **2. Febr.** Einsetzung eines Reichsfilmdramaturgen (Krause) **16. Febr.** Lichtspiel-Gesetz; führt u. a. Vorprüfung und Zensur von Filmen ein **1. Mai** Filmpreis für antibolschewistischen Hetzstreifen «Flüchtlinge» vergeben
1935
28. März Parteitags-Film «Triumph des Willens» uraufgeführt **28. Juni** Gesetz zum neuen Lichtspiel-Gesetz; ermächtigt den Propagandaminister zum Verbot auch bereits zugelassener Filme **18. Okt.** Lehnich neuer Präsident der Reichsfilmkammer **Nov.** Uraufführung des antibolschewistischen Films «Friesennot»
1936
31. März Richtlinien der Reichsfilmkammer für die Reorganisation der Arbeit in der Filmindustrie; zielen auf volle Auslastung der Atelier-Kapazität ab **1. April** Nierentz Reichsfilmdramaturg **17. Juni** Goebbels informiert sich im Siemens-Schaltwerk über die Fortschritte der Color-Technik **11. Juli** Gesetz über die Vorführung ausländischer Filme; Zulassung dem Propagandaminister übertragen
1937
5. März Erste Reichstagung der Reichsfilmkammer; Lehnich fordert Filme mit «wahrhaft deutschem Charakter» **26. März** Verordnung zur Verleihung staatlicher Film-Prädikate wie z. B. «staatspolitisch und künstlerisch besonders wertvoll» **Frühjahr** Verstaatlichung der großen Gesellschaften UFA, Tobis, Bavaria und Terra; kleinere Produzenten in der gleichfalls verstaatlichten Berlin-Film-AG vereinigt
1938
4. März Grundstein für deutsche Filmakademie in Berlin gelegt **Sommer** Gründung der staatlichen Wien-Film-AG
1939
1. Juli Froelich Reichsfilmkammer-Präsident

Fortsetzung des Konzentrationsprozesses in der Filmindustrie während des Krieges mit Gründung der neuen Dachgesellschaft UFA-Film (UFI) für die staatlichen Filmproduktionsfirmen (1942) und Gründung der Prag-Film-AG (1943)

Von opportunistischem Zwiespalt geprägt ist das Wirken des Theaterregisseurs Gustaf Gründgens. Er gehört Görings Staatsrat an

Regisseur Karl Ritter dreht vorzugsweise markige Kriegsfilme. Sein Generalnenner: Im Felde unbesiegt und völlig unbesiegbar

Die Themenpalette des Regisseurs Gustav Ucickiy gleicht der anderer. Patriotischer Kitsch, Antibolschewismus und etwas Krieg

Mit einem untilgbaren Schandmal befleckt sich der Regisseur Veit Harlan 1940 durch den antisemitischen Pogromfilm «Jud Süß»

Anschluß an die neuen Aufgaben findet auch der betagte Regisseur Carl Froelich, hier mit Hauptdarsteller Gebühr beim Abdrehen eines «Fridericus»-Filmes. 1939 wird er Präsident der Filmkammer

Goebbels läßt sich von UFA-Generaldirektor Klitzsch die geplante Filmakademie erklären. Hinter ihm SA-Stabschef Lutze, links der Generalarbeitsführer v. Lancelle und Filmkammer-Präsident Lehnich

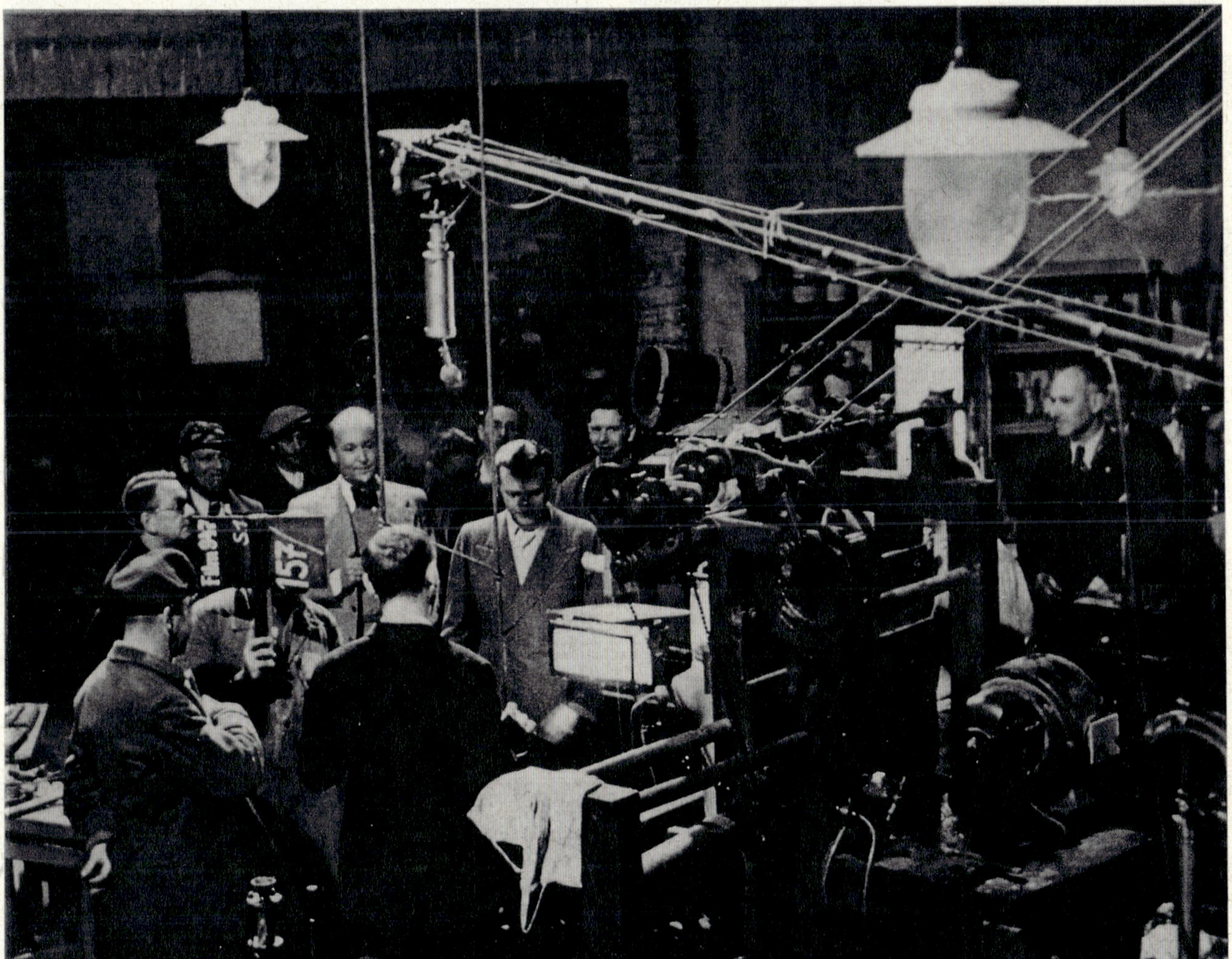

Dreharbeiten für einen im Erfinder-Milieu spielenden UFA-Streifen in Babelsberg. Die 1917 von der Obersten Heeresleitung zwecks populärer Propaganda eingerichtete Universal-Film-AG hat sich in der Weimarer Republik zum zweitgrößten Filmkonzern der Welt entwickelt. Hugenberg schloß ihn 1927 seinem Presse-Imperium an und machte den Scherl-Verlagschef Klitzsch zum Generaldirektor

Das filmideologische Trommelfeuer wird durch neue Produktionen zum ersten Weltkrieg wie «Emden» (oben) oder den U-Boot-Film «Morgenrot» eröffnet, denn: Deutschland verliert nie einen Krieg

Der Revanchegedanke ist in die filmischen Neuauflagen des ersten Weltkrieges mit Bedacht eingebettet; in Streifen wie «Patrioten» (oben) wird der Erbfeind Frankreich wieder aufs Korn genommen

Für einen nahtlosen Übergang zur Zelluloidproduktion des Dritten Reiches sorgen die schon in der Weimarer Republik serienweise hergestellten Filme über den «Großen König» und Preußens Gloria

Als absolut massenunwirksam erweist sich die einfältige Verfilmung der Blut-und-Boden-Mystik. Streifen wie «Blut und Scholle» (oben) werden sogar von aktiven Nazis als «Misthaufen-Poesie» abgelehnt

Wenig Resonanz wecken beim Kinopublikum auch Filme über die «Kampfzeit» – so «SA-Mann Brand» (oben) und andere. Die plumpe Glorifizierung der braunen Mordbanden wird deshalb aufgegeben

Groß auf die Leinwand kommen nun unter der geistigen Regie von Goebbels antibolschewistische Produktionen. «Flüchtlinge» ist eine davon: Entrechtete, doch heimatbewußte «Volksdeutsche» werden von Sowjetschergen unglaublichen Leiden unterworfen, vom Reich aber lassen sie nicht. Anprangerung der «November-Verbrecher» von 1918 ergänzt dieses Programm volksvergiftenden Klassenhasses

Den «britischen Plutokraten» wird, besonders nach Ausbruch des neuen Krieges, gleichfalls filmisch eingeheizt. Ausgerechnet über Konzentrationslager entrüstet sich der Burenfilm «Ohm Krüger»

Kolonialpropaganda gehört in das alte Konzept vom Kampf um die Weltherrschaft. Deutsche Kolonialherren wie Carl Peters kommen selbstverständlich zu Recht, da als uneigennützige Helfer, ins Land

Der unmittelbare Zusammenhang zwischen den «Filmkunstwerken» der Nazis und den von ihnen geplanten Aktionen kommt in dem antisemitischen Hetzfilm «Jud Süß» mit einer schreckenerregenden Deutlichkeit zum Ausdruck. Während der Streifen Ende 1940 über die Leinwand geht, gleichzeitig mit Tauberts «Ewigem Juden», wird durch Ghettos bereits die «Endlösung der Judenfrage» vorbereitet

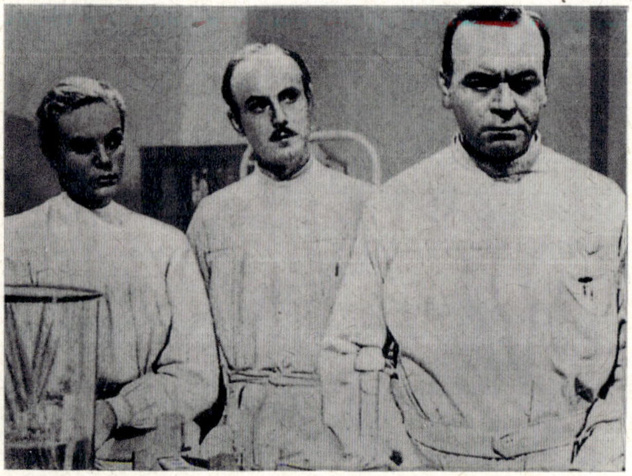

Ebenso gezielt sucht «Ich klage an» eine Massentötungsaktion vor der teils heftig protestierenden Bevölkerung zu rechtfertigen: die durch Naziärzte ausgeführte «Euthanasie erbbiologisch Kranker»

«Große Deutsche» wie Diesel (oben) werden, soweit sie sich unter NS-Aspekten als akzeptabel erweisen, in ganzen Serien porträtiert. Nicht zuletzt so wird der Anspruch auf die Herrenrasse fundiert

Filmlustspiele heitern Menschen selbst dort auf, wo es im Grunde nichts zu lachen gibt. Diese kalkulierte Funktion erfüllen glänzend Könner ihres Fachs wie Heinz Rühmann, Theo Lingen, Hans Moser

Das Hohelied der Sentimentalität, wahrer Menschlichkeit geradezu entgegengesetzt, hat im Nazifilm viele Tonarten. Zarah Leander ist darin perfekt; im Krieg weiß sie, daß einmal «Wunder gescheh'n»

«Das haut hin!» Mit Beginn des zweiten Weltkrieges hellt sich das traurige Geschichtsbild des deutschen Kinos wieder auf. «Stukas» leiten eine Fülle heroischer Kampfhandlungen ein – bis Ende 1941

Gegen die bunten Abenteuer des Lügenbarons hat Goebbels nichts einzuwenden, zumal, wenn – ihm verwandt – «Münchhausen» das staunende Publikum von der üblen Situation an den Fronten ablenkt

Der nahende Zusammenbruch zwingt den Nazifilm wieder zurück zum Thema. «Kolberg» wirbt mit historisch schiefen Parallelen für das Durchhalten. 1945 fertig, findet der Film kaum noch Kinos vor

Die faschistische Kunst offenbart sich als der formal höchst minderwertige Ausdruck der faschistischen Ideologie, zu deren Rüstzeug sie zählt. Den «arteigenen Schöpfungen von Ewigkeitswert» werden ohne tiefgehendes Erfassen überkommener Form Stilelemente der Renaissance und des Klassizismus, der Romantik und des Biedermeier einverleibt. Das fatale Ergebnis sind platt naturalistische Werke, sentimental selbst im Heroischen, erfüllt von hohlem Pathos, Blut-und-Boden-Mystik, Heimat-Idyllen und Gebär-Erotik. Die Maßstäbe setzt als «größter Meister der deutschen Kunst» der in Wien gescheiterte Jahrmarkts-Maler Hitler. Dem monströsen Kitsch in Malerei und Plastik entsprechen finster-brutale Bauten, mit denen sich die Nazis vor der Nachwelt «unvergängliche» Denkmäler errichten wollen.

Formen, dem Inhalt entsprechend

1933

Juni Gründung des Reichskartells der Bildenden Künste als Zwangsorganisation **15. Juli** Bayerische Landesregierung beschließt Neuaufbau des durch Feuer zerstörten Münchener Glaspalastes; späteres Haus der deutschen Kunst **15. Okt.** In München erstmals «Tag der deutschen Kunst» begangen; Rede Hitlers **1. Nov.** Reichskammer der Bildenden Künste (Reichskunstkammer) gegründet (Hönig)

1934

Sept. Baubeginn an den Münchener Ehrentempeln für die toten NS-Putschisten des November 1923

1935

12. Sept. Grundstein für die Kongreßhalle auf dem Nürnberger Parteitags-Gelände gelegt (geplante Kapazität: sechzigtausend Plätze) **12. Okt.** Richtfest für Reichs-Luftfahrt-Ministerium in Berlin **17. Okt.** Reichsbeauftragter für künstlerische Formgebung eingesetzt (Schweitzer) **29. Nov.** Die Deutschland-Halle in Berlin eingeweiht

1936

1. Dez. Ziegler Präsident der Reichskammer der Bildenden Künste

1937

30. Jan. Speer zum Generalbauinspekteur für die Reichshauptstadt ernannt **1. Mai** Grundstein für zentrale NS-Bauten Thüringens in Weimar gelegt **18. Juli** Eröffnung des Hauses der deutschen Kunst mit der ersten Großen Deutschen Kunstausstellung **7. Sept.** Ersten Nationalpreis für Kunst erhält der Architekt Münchener NS-Bauten, Troost **9. Sept.** Grundsteinlegung für das Deutsche Stadion in Nürnberg **4. Okt.** Gesetz über die Neugestaltung deutscher Städte (München, Berlin, Nürnberg, Hamburg); radikaler Umbau der Zentren im Stil der NS-Architektur geplant **5. Nov.** Verordnung über die Gestaltung der Reichshauptstadt

1938

27. Jan. Programm für die Neugestaltung Berlins bekanntgegeben (u.a. Durchbruch einer Nord-Süd-Achse geplant) **9. April** Erlaß über städtebauliche Maßnahmen in der Stadt der Reichsparteitage (Nürnberg) **2. Mai** Bauprogramm für München verkündet (u.a. Parteistadt, neues Opernhaus und U-Bahn) **Juni** Erlaß zum Bau einer Hamburger Elbe-Hochbrücke **8. Juni** In Kronenburg Eröffnung der Hermann-Göring-Meisterschule für Malerei **6. Juli** Erlaß über städtebauliche Maßnahmen im Gebiet der Volkswagenstadt (Wolfsburg), dem neugeschaffenen Auto-Industriezentrum **21. Dez.** Erlaß über die Neugestaltung der Hauptstadt der Bewegung (München); dort Giesler Generalbaurat

1939

9. Jan. Neue Reichskanzlei eingeweiht **25. März** Erlaß zur Neugestaltung von Linz (als künftige Museumsstadt)

Monumentalität tritt in der faschistischen Kunst an die Stelle von echter Größe. Thorak erhält als erster ein riesiges Staatsatelier, in dem er seine überdimensionalen Plastiken in voller Höhe auf die «zur Stärkung der neuen Autorität» errichteten Bauten abstimmt

Einen Begriff von dem auf Architektur übertragenen Größenwahn der um Selbstbestätigung bemühten NS-Führungsclique vermittelt das Projekt einer Kongreßhalle für Berlin, entworfen von Hitlers diensteifrigem Leibarchitekten Speer. Der Modellvergleich zeigt den Kuppelbau mit zweihundertneunzig Metern nahezu viermal so hoch wie den Reichstag und zehnmal höher als das Brandenburger Tor

Pompöse Aufmärsche vor den öden Flächen der finsteren Bauten runden das archaische Bild. Die von 1937 an jährlich stattfindende Große Deutsche Kunstausstellung in München wird beim ersten Mal mit einem Festumzug eröffnet. Für diese pseudogermanische Maskerade zeichnen Maler wie Buchner, Knecht und Kaspar. Aller Dekorateure Leitstern ist v. Arendt, der «Reichsbühnenbildner»

Bildende Kunst, vor allem aber Architektur betrachtet Hitler als seine Domäne. Eigene Entwürfe muß Speer ins reine übertragen

Auswahl von Gemälden für eine Ausstellung in der Berliner Akademie der Künste durch den NS-Beauftragten Schweitzer: auch hierbei Führerentscheidung statt demokratischer Jury. Bei der Großen Deutschen Kunstausstellung nimmt Hitler selbst letzte Eingriffe vor

Gobelinentwurf «Friedrich II. bei Kunersdorf» (Ausschnitt) von Peiner. Der Maler leitet die den Namen Görings tragende Meisterschule in Kronenburg/Eifel. Als Ministerpräsident Preußens gefällt sich der Herr von Karinhall in der Rolle des – raffenden – Kunstmäzens

Spezialist für die in großer Zahl benötigten Monumental-Adler ist Schmidt-Ehmen. Die Hoheitszeichen sind Parteibauten zugedacht

Im Atelier des tonangebenden Bildhauers Breker treten muskelprotzende Jünglinge «pazifistischer Verweichlichung» entgegen

Ebers SA-Bild ist vom selben heldisch-dummen Fanatismus erfüllt wie seine Kriegsgemälde, die deshalb sowohl in den Ausstellungen als auch in Hitlers Privatbesitz einen hervorragenden Platz finden

Heroisch sind selbst viele Landschaftsdarstellungen, so hier Kiefers «Nordisches Meer». Damit erweist sich NS-Kunst noch in diesem Genre als zweckbetontes Mittel ideologischer Kriegsvorbereitung

«Bäuerliche Venus» von Hilz, bevölkerungspolitische Sinnlichkeit mit ländlicher Idylle vereinend. Leicht verständlich, doch schwer durchschaubar, verdirbt die NS-Kunst den Geschmack des Volkes

Der Mystizismus der faschistischen Kunst äußert sich bevorzugt in Allegorien wie Kleins «Erwachen». Inhaltlich erzreaktionär, findet diese Kunst ihre Formen logisch im Rückgriff auf das Vergangene

Letzte Konsequenz der faschistischen Kunst sind die Entwürfe zu Totenburgen (Architekt: Kreis). Das am Dnepr-Ufer vorgesehene Massengrab ist mit hundertdreißig Meter Höhe reichlich bemessen

Fortschritte der Wissenschaft und Technik hängen im Deutschland der dreißiger Jahre weitgehend von der Aufgabenstellung des Naziregimes ab. Ausgangspunkt eines Aufschwungs ist die verstärkte Bereitstellung von Mitteln durch die Industrie nach dem Abflauen der Wirtschaftskrise. Auf Grund der wirtschaftlichen Mobilmachung werden jedoch schon bald nur noch kriegswichtige Vorhaben gefördert, besonders solche, die das Land «autark» machen sollen. Ebenso zweckbestimmt ist das Verhältnis des Nazistaates zu den Naturwissenschaften; völlig einseitiger Ausbau militärisch bedeutsam scheinender Zweige läßt viele der anderen Disziplinen hoffnungslos zurückfallen. Ein übriges bewirkt die mit wissenschaftlicher Arbeit nicht zu vereinbarende Atmosphäre an vielen Universitäten und Hochschulen.

Forschung im Dienste des Krieges

1933

4. Febr. Rust Kultusminister Preußens **25. April** Gesetzliche Verringerung der Abiturienten- und Studentenzahlen (letztere sinken bis Kriegsbeginn auf vierzig Proz. des Standes von 1931) **20. Juni** Deutsche Studentenschaft Gesamtvertretung aller Studierenden **29. Juni** Exmatrikulations-Erlaß für Kommunisten; es folgen ab **9. Aug.** Sozialisten und «Antinationale» **11. Nov.** Wissenschaftler rufen zur Wahl Hitlers auf (Sauerbruch, Heidegger u. a.)

1934

7. Febr. Verfassung der Deutschen Studentenschaft verkündet; verpflichtet zu SA- und Arbeitsdienst sowie zu politischer und militärischer Schulung **1. Mai** Rust wird Reichsminister für Wissenschaft, Erziehung und Volksbildung **5. Mai** Beginn eines halbjährigen Arbeitsdienstes für Studienbewerber **3. Juni** Amt für Technik der NSDAP eingerichtet (Feder) **25. Juni** Stark wird Leiter der Deutschen Forschungsgemeinschaft **30. Juli** Derichsweiler löst Stabel als Führer des NS-Studentenbundes ab **14. Nov.** NS-Studentenbund mit der alleinigen «politischen und weltanschaulichen Erziehung» beauftragt **26. Nov.** Todt Leiter des Amtes für Technik und des NS-Bundes Deutscher Technik

1935

1. April Hochschul-Strafordnung erlassen; ahndet Verletzung studentischer Sonderpflichten **25. Mai** Reichsarbeitsgemeinschaft für eine neue deutsche Heilkunde gegründet **10. Juli** NS-Studentenbund beginnt mit studentischer Lagererziehung **24. Juli** NS-Dozentenbund angeordnet

1936

15. April An jeder Hochschule Stamm-Mannschaft des NS-Studentenbundes gebildet **19. April** Erstes Kameradschaftshaus des NS-Studentenbundes in Dresden eingeweiht **20. April** Sieger-Verkündung im ersten Reichsleistungskampf der Studenten **5. Nov.** Scheel Reichsstudentenführer

1937

22. Febr. Bindung neuimmatrikulierter Studenten an eine «Stamm-Hochschule» eingeführt **16. März** Reichsforschungsrat gebildet; Präsident: General Becker **16. April** In Berlin Deutsche Akademie für Luftfahrtforschung eröffnet **22. Juni** Ehrenordnung des deutschen Studententums verkündet; billigt Zweikampf; dazu neue Waffenordnung **7. Sept.** Erster Nationalpreisträger für Wissenschaft ist Rosenberg; ferner die Mediziner Sauerbruch und Bier sowie der Asien-Forscher Filchner **27. Nov.** Grundsteinlegung für die Wehrtechnische Fakultät der Technischen Hochschule Berlin

1938

5. Mai NS-Altherrenbund gebildet; nimmt alle Bünde früherer Korpsstudenten auf

Daten zu Wissenschaft und Technik: Seite 108

Immatrikulation im Hof der Berliner Universität, November 1937. Der Uniformität des Denkens entspricht das Bild nur allzu gut. Bis 1938 wird schätzungsweise ein Drittel aller Hochschullehrer als unerwünscht entlassen; auch die Zahl der Studenten geht stark zurück

Die Forschung und Lehre sind Rust unterstellt, dem Reichs- und preußischen Minister für Wissenschaft, Erziehung und Volksbildung, hier im Kreise seiner Mitarbeiter. Ihm ist vor allem aufgegeben, die Wissenschaft auf NS-Ideologie und Kriegsvorbereitung auszurichten

Säubert Deutschlands Wissenschaft vom «jüdischen Einfluß»: Prof. Stark, Präsident der Physikalisch-Technischen Reichsanstalt

Erfinder der «arischen deutschen Physik»: Prof. Lenard, wie sein Kollege, Prof. Stark, zugleich Nobelpreisträger und aktiver Nazi

Versuche zur Atomzertrümmerung werden im Berlin-Dahlemer Kaiser-Wilhelm-Institut für Physik bei konstantem Gleichstrom von 3,2 Millionen Volt unternommen. Allgemein wird die Grundlagenforschung durch die Nazis unterschätzt und nur wenig gefördert

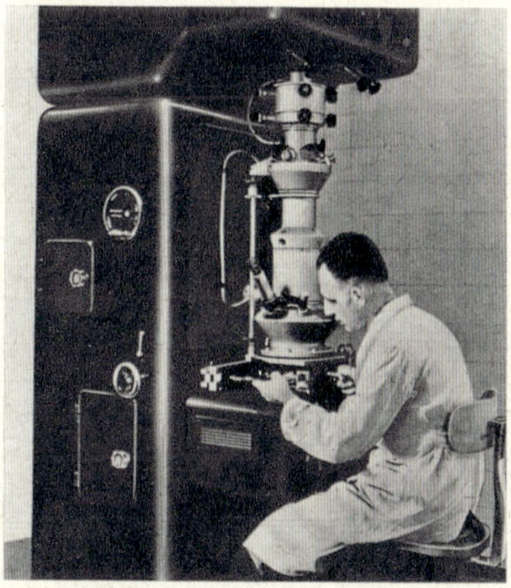

Elektronenmikroskope ermöglichen – nach fotografischer Nacharbeitung des Bildes – die zweihunderttausendfache Vergrößerung

Auf der Grundlage der Relativitätstheorie arbeitet Nobelpreisträger Prof. Heisenberg, mit Born Begründer der Quantenmechanik

Die Anwendung der Atomenergie wird von Nobelpreisträger Prof. Hahn vorbereitet: Er entdeckt 1938 die Kernspaltung des Urans

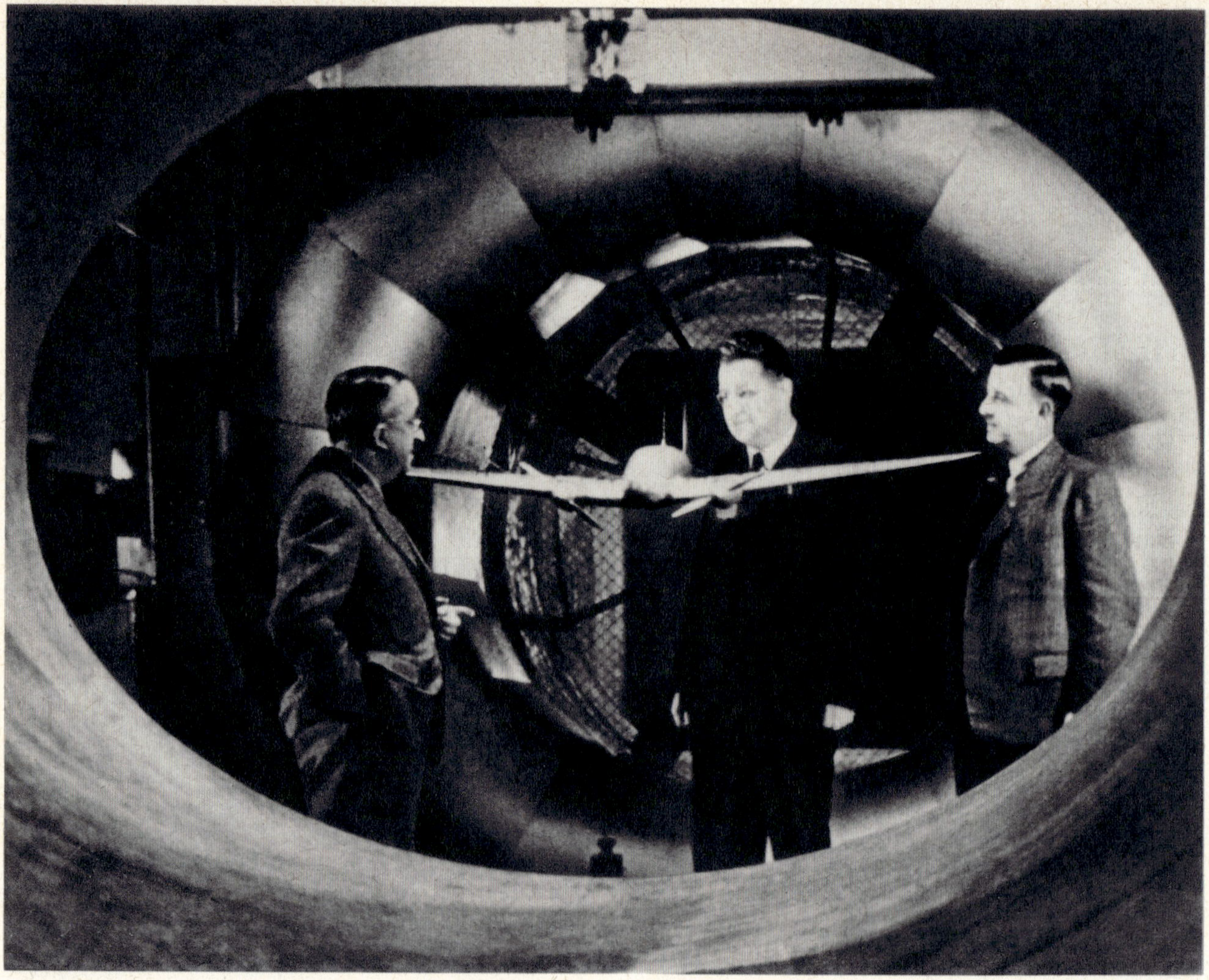

Einen großen Teil der Rüstungsausgaben des Nazistaates erhält die deutsche Luftfahrt-Industrie, die unter diesen Bedingungen einen gewaltigen Aufschwung erlebt. Zu den Hauptnutznießern zählt der Flugzeugbauer Heinkel, hier links mit seinen Chefkonstrukteuren im Windkanal bei der Erprobung von Varianten der «He 111», zu Kriegsbeginn der gebräuchlichste Bomber der deutschen Luftwaffe

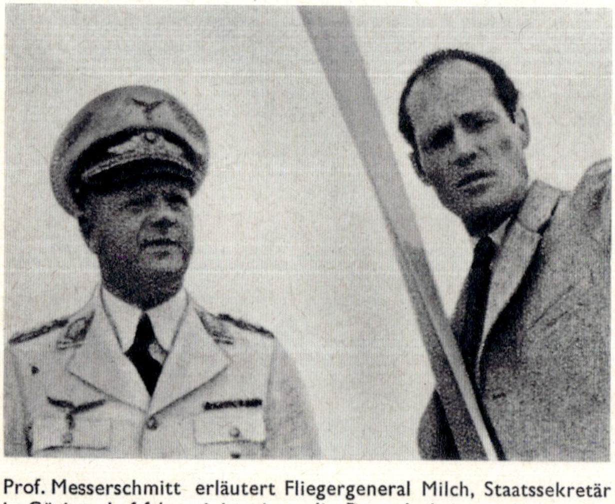

Prof. Messerschmitt erläutert Fliegergeneral Milch, Staatssekretär in Görings Luftfahrtministerium, die Besonderheiten seiner neuen «Me 109», die 1937 als das «schnellste Jagdflugzeug der Welt» gilt

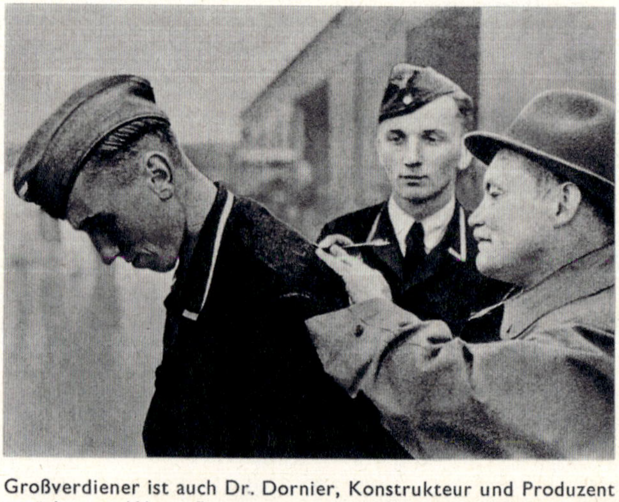

Großverdiener ist auch Dr. Dornier, Konstrukteur und Produzent zunächst von Wasserflugzeugen, nach 1933 von Fernaufklärern und Bombern. Die Junkers-Werke profitieren seit 1935 als Staatsbetrieb

Neue Metallegierungen wie Elektron (hier in Form von Masseln gestapelt) ermöglichen den Bau moderner Hochleistungsmotoren

In wissenschaftlichen Labors laufen zahllose Versuche zur Herstellung devisensparender Austauschstoffe, beispielsweise Kunstseide

Von großer wirtschaftlicher Bedeutung ist sofort das Gelingen der Fettsäure-Synthese aus Kohle und ihre industrielle Anwendung

Die Vervollkommnung des Verkehrswesens spiegelt sich auch in dieser 1935 von Borsig vorgestellten Dampf-Lok (160 km/h Spitze)

Blick in eine neuerrichtete Lastwagenfabrik der Adam-Opel-AG in Brandenburg: Der Bau schneller Transportmittel wird forciert

Mit einer Katastrophe enden die aus Prestigegründen unternommenen Versuche, die einst bedeutende Luftschiffahrt trotz mangelhafter Voraussetzungen (explosives Wasserstoffgas) fortzuführen. Im Mai 1937 verbrennt die «Hindenburg» auf einem amerikanischen Flugplatz

Dokumente zur Zeit

Dringender Appell

Text eines vom Internationalen Sozialistischen Kampfbund plakatierten Aufrufs, der im Februar 1933 zur Reichstagswahl an den Litfaß-Säulen ganz Berlins angeschlagen war

Die Vernichtung aller persönlichen und politischen Freiheit in Deutschland steht unmittelbar bevor, wenn es nicht in letzter Minute gelingt, unbeschadet von Prinzipiengegensätzen alle Kräfte zusammenzufassen, die in der Ablehnung des Faschismus einig sind. Die nächste Gelegenheit dazu ist der 5. März. Es gilt, diese Gelegenheit zu nutzen und endlich einen Schritt zu tun zum Aufbau einer einheitlichen Arbeiterfront, die nicht nur für die parlamentarische, sondern auch für die weitere Abwehr notwendig sein wird. Wir richten an jeden, der diese Überzeugung mit uns teilt, den dringenden Appell zu helfen, daß ein Zusammengehen der SPD und KPD für diesen Wahlkampf zustande kommt, am besten in der Form gemeinsamer Kandidatenlisten, mindestens jedoch in der Form von Listenverbindung. Insbesondere in den großen Arbeiterorganisationen, nicht nur in den Parteien, kommt es darauf an, hierzu allen erdenklichen Einfluß aufzubieten. Sorgen wir dafür, daß nicht Trägheit der Natur und Feigheit des Herzens uns in die Barbarei versinken lassen!
gez. Willi Eichler, Karl Emonts, Hellmuth Falkenfeld, Kurt Großmann, E. J. Gumbel, Theodor Hartwig, Maria Hodann, Käthe Kollwitz, Karl Kollwitz, Robert Kuczynski, Otto Lehmann-Rußbüldt, Heinrich Mann, Paul Oestreich, August Siemsen, Minna Specht, Erich Zeigner.
Setzt die Verantwortlichen unter Druck!

Verfolgung des Geistes

Ein Zwischenfall

Meldung der Augsburger Postzeitung vom 11. März 1933 (Auszug)

Donnerstag nachmittag sollte das Verlagsgebäude der sozialdemokratischen Chemnitzer «Volksstimme» von einer Abteilung SA durchsucht werden. Hierbei stellte sich, wie wir vom Polizeipräsidium erfahren, der Inhaber des Verlages, Georg Landgraf, mit einigen Angestellten der Druckerei den SA-Leuten entgegen. Er wurde von dem Führer der SA-Abteilung aufgefordert, der Durchsuchung des Gebäudes keinen Widerstand entgegenzusetzen. Landgraf drohte darauf dem Führer der SA-Abteilung, ihn die Treppe hinunterzuwerfen, und machte eine Handbewegung, aus der der Führer der SA anscheinend schloß, daß Landgraf zur Waffe greifen wollte. Der Führer der SA griff daher ebenfalls zur Waffe und gab auf Landgraf zwei Schüsse ab, wodurch er tödlich verletzt wurde. Er wurde zwar sofort nach dem Krankenhaus gebracht, ist aber auf dem Wege dorthin verstorben.

Alternativen

Anfrage des Präsidenten der Preußischen Akademie der Künste, v. Schillings, an die Mitglieder der Abteilung für Dichtung vom 14. März 1933

Vertraulich!
Sind Sie bereit, unter Anerkennung der veränderten geschichtlichen Lage weiter Ihre Person der Preußischen Akademie der Künste zur Verfügung zu stellen? Eine Bejahung dieser Frage schließt die öffentliche politische Betätigung gegen die Regierung aus und verpflichtet Sie zu einer loyalen Mitarbeit an den satzungsgemäß der Akademie zufallenden nationalen kulturellen Aufgaben im Sinne der veränderten geschichtlichen Lage.
Ja   Nein
(Nicht Zutreffendes bitte zu durchstreichen)
Name: Ort und Datum:

Antwort Ricarda Huchs vom 24. März 1933 (Auszug)

Heidelberg, 24. März 1933
Sehr geehrter Herr Präsident,
aus Ihrem Schreiben vom 22. März schließe ich, daß Sie meine Ablehnung, die mir vorgelegte Frage zu unterzeichnen, so aufzufassen gedenken, als hätte ich sie mit Ja beantwortet. Ich kann aber dieses Ja um so weniger aussprechen, als ich verschiedene der inzwischen vorgenommenen Handlungen der neuen Regierung aufs schärfste mißbillige.
Sie zweifeln nicht, davon überzeugt mich Ihr Brief, daß ich an dem nationalen Aufschwung von Herzen teilnehme; aber auf das Recht der freien Meinungsäußerung will ich nicht verzichten, und das täte ich durch eine Erklärung, wie die ist, welche ich zu unterzeichnen aufgefordert wurde. Ich nehme an, daß ich durch diese Feststellung automatisch aus der Akademie ausgeschieden bin. Übrigens müßte ich darauf gefaßt sein (erlauben Sie, daß ich den ernsten Gegenstand durch einen Scherz würze), wenn ich in dieser Form in der Akademie bliebe, mein Leben im Zuchthause zu beschließen «als in einen nationalen Verband eingeschlichen».

Titelblatt aus der deutschen Exil-Literatur (1942)

Die Bücherverbrennung

Bericht des «Neuköllner Tageblatts» vom 12. Mai 1933 (Auszug)

Der Opernplatz war in weitem Umfange abgesperrt und von einer dichten Kette von Zuschauern umsäumt. Um 11 Uhr trafen die ersten des Zuges im Braunhemd und Couleur, an deren Spitze der neue Ordinarius für politische Pädagogik in Berlin, Professor Dr. Alfred Bäumler, marschierte, auf dem Opernplatz ein. Sie marschierten auf dem weiten Platz auf und warfen ihre Fackeln in den in der Mitte errichteten Scheiterhaufen, auf dem die Flammen in wabernder Lohe emporschlugen. Von der Seite der Behrenstraße her beleuchteten riesige Scheinwerfer den ganzen Platz. Von den Wagen, die das undeutsche Schriftmaterial bis zum Opernplatz in die Nähe des Scheiterhaufens gebracht hatten, bildete sich eine lange Kette von Studenten, und von Hand zu Hand gingen die Bücher, die dann dem Feuer überantwortet wurden. Unter dem Jubel der Menge wurden um 11.20 Uhr die ersten Bücher der mehr als zwanzigtausend, die heute auf diesem Scheiterhaufen als symbolischer Akt verbrannt werden, in die Flammen geworfen. Cand. jur. Herbert Gutjahr ergriff das Wort zu einer kurzen Ansprache an die deutschen Studenten und Volksgenossen. Während der Verbrennung der Bücher spielten SA- und SS-Kapellen vaterländische Weisen und Marschlieder, bis neun Vertreter der Studentenschaft, denen die Werke nach einzelnen Gebieten zugeteilt waren, mit markanten Worten die Bücher des deutschen Ungeistes dem Feuer übergaben.
1. Rufer: Gegen Klassenkampf und Materialismus, für Volksgemeinschaft und idealistische Lebenshaltung! Ich übergebe der Flamme die Schriften von Marx und Kautsky. 2. Rufer: Gegen Dekadenz und moralischen Verfall! Für Zucht und Sitte in Familie und Staat! Ich übergebe der Flamme die Schriften von Heinrich Mann, Ernst Glaeser und Erich Kästner. 3. Rufer: Gegen Gesinnungslumperei und politischen Verrat, für Hingabe an Volk und Staat. Ich übergebe der Flamme die Schriften von Friedrich Wilhelm Foerster. 4. Rufer: Gegen seelenzerfasernde Überschätzung des Trieblebens, für den Adel der menschlichen Seele! Ich übergebe der Flamme die Schriften des Sigmund Freud. 5. Rufer: Gegen Verfälschung unserer Geschichte und Herabwürdigung ihrer großen Gestalten, für Ehrfurcht vor unserer Vergangenheit! Ich übergebe der Flamme die Schriften von Emil Ludwig und Werner Hegemann. 6. Rufer: Gegen volksfremden Journalismus demokratisch-jüdischer Prägung, für verantwortungsbewußte Mitarbeit am Werk des nationalen Aufbaus! Ich übergebe der Flamme die Schriften von Theodor Wolff und Georg Bernhard. 7. Rufer: Gegen literarischen Verrat am Soldaten des Weltkrieges, für Erziehung des Volkes im Geiste der Wahrhaftigkeit! Ich übergebe der Flamme die Schriften von Erich Maria Remarque. 8. Rufer: Gegen dünkelhafte Verhunzung der deutschen Sprache, für Pflege des kostbarsten Gutes unseres Volkes! Ich übergebe der Flamme die Schriften von Alfred Kerr. 9. Rufer: Gegen Frechheit und Anmaßung, für Achtung und Ehrfurcht vor dem unsterblichen deutschen Volksgeist! Verschlinge, Flamme, auch die Schriften der Tucholsky und Ossietzky.

Bildersturm

Mitteilung des Oberbürgermeisters von Frankfurt am Main, Krebs

Am 18.5.1933 wurde von Herrn beauftragten Oberbürgermeister berichtet:
Bezüglich des Heine-Denkmals darf ich annehmen, daß Sie durch die Presse davon unterrichtet sind, daß die Bronzefigur in der Nacht vom 26. zum 27. IV. 1933 gewaltsam von ihrem Sockel heruntergeworfen wurde. Die leicht beschädigte Plastik ist entfernt und im Keller des Völkermuseums gelagert worden.

Mängel des Publikums

Goebbels in einem Brief an den Obersten Parteirichter Buch vom 23. April 1936 (Auszug)

Im Mai 1935 mußte das Kabarett «Katakombe» auf meinen Antrag geschlossen werden. Der Grund zur Schließung lag nicht nur in der Art des Programms, sondern nicht zuletzt auch in der Zusammensetzung des Publikums, das vielen Punkten des Programms eine ganz andere Bedeutung gab, als ein nationalsozialistisches Publikum es getan hätte.

Presseverbote

Goebbels an die Landesregierungen sowie Ober- und Regierungspräsidenten am 7. Mai 1936 (Auszug)

Für *im Inlande* erscheinende Zeitungen und Zeitschriften behalte ich mir die Entscheidung über Verbote in *allen* Fällen selbst vor. Entsprechende Anträge sind über die zuständige Landesstelle meines Ministeriums an mich zu richten. Meine Landesstellen sind angewiesen, die Anträge durch Fernschreiber sofort an mich weiterzuleiten, so daß sofortige Behandlung gewährleistet ist. Außerhalb der Dienststunden meiner Landesstellen kann in Fällen besonderer Dringlichkeit unmittelbar fernmündlich mit der Presseabteilung meines Ministeriums Verbindung aufgenommen werden. Die Presseabteilung ist Tag und Nacht besetzt.
Für *im Auslande* erscheinende Zeitungen und Zeitschriften behalte ich mir ebenfalls die endgültige Entscheidung über Verbote vor.

Die Kunstkritik

Ministerialrat Berndt in einer Tagung des Reichskultursenats am 29. November 1936 (Auszug)

Instinktlosigkeit und Haltlosigkeit sind auch heute noch vielfach Merkmale der Kunstkritik. Am schlimmsten sieht es bei der Filmkritik aus, die nicht selten vom Lokalberichterstatter, dafür um so seltener vom Fachmann geschrieben wird. Wir haben es auch jetzt noch oft erlebt, daß Filme, denen von der Staatsführung lobende Prädikate verliehen worden sind, von der Kritik in geradezu bodenloser Weise verrissen wurden, während man Machwerke emporlobte, die deutlich den Stempel jüdischer Filmmache an der Stirn trugen.
Und nun zur Theaterkritik. Man suche in der Theaterkritik von 1936 einmal die nationalsozialistische Linie; diese Mühe wird nur selten von Erfolg gekrönt sein. Man sehe sich nach einer großen Ur- oder Erstaufführung in einer Stadt mit mehreren Zeitungen die grundverschiedenen, sich völlig widersprechenden Urteile an. Man wird dann erkennen, daß auch in der Theaterkritik sehr viel zu bessern ist und der jetzige Zustand keinesfalls beibehalten werden konnte. Für die Musikkritik gilt dasselbe ...
An die Stelle der Kunstkritik soll nun die Kunstbetrachtung treten, an die Stelle des Kritikers der Kunstschriftleiter, Theaterschriftleiter, Musikschriftleiter usw. ... Wir wollen den Kunstschriftleiter im nationalsozialistischen Staat einer solchen Möglichkeit (sich über die Güte eines Werkes zu irren) nicht aussetzen. Und darum haben wir die neuen Grundsätze für die Kunstbetrachtung aufgestellt. Sie soll alles enthalten, was zu sagen ist, aber sie soll nicht richten. Für die Beurteilung eines Kunstwerkes kann im nationalsozialistischen Staat auch nur die nationalsozialistische Kulturauffassung maßgebend sein. Nur Partei und Staat sind in der Lage, aus dieser nationalsozialistischen Kunstauffassung heraus Werte zu bestimmen. Ist eine Wertbestimmung durch diejenigen, die einen Auftrag zum Richtertum haben, gegeben, dann selbstverständlich steht es dem Kunstschriftleiter frei, mit diesem Wert zu messen. Das wird aber immer nur von Fall zu Fall geschehen können.

Entartete Kunst

Gesetz «über die Einziehung von Erzeugnissen entarteter Kunst» vom 31. Mai 1938 (Auszug)

§ 1 Die Erzeugnisse entarteter Kunst, die vor dem Inkrafttreten dieses Gesetzes in Museen oder der Öffentlichkeit zugänglichen Sammlungen sichergestellt und von einer vom Führer und Reichskanzler bestimmten Stelle als Erzeugnisse entarteter Kunst festgestellt sind, können ohne Entschädigung zugunsten des Reiches eingezogen werden, soweit sie bei der Sicherstellung im Eigentum von Reichsangehörigen oder inländischen juristischen Personen standen.

Ankündigung einer Ausstellung verfemter Kunst in München. Diese und andere Anprangerungen gipfeln von 1937 an in einer großen Wanderschau

Der Intellektuelle

Prof. W. Franck in «Kämpfende Wissenschaft» (Auszug)

Der Intellektuelle ist das genaue Gegenteil des geistig Schaffenden. Der Schaffende produziert Werte. Der Intellektuelle definiert die von anderen produzierten Werte. Der Intellektuelle ist der Kluge, der Gebildete, aber auch der Charakterlose, der Persönlichkeitslose. Der größte Feind des Schöpfers ist nicht der Primitive. Denn sein Instinkt kann mitunter die Größe leichter erfassen als alle Klugheit der Klugen. Der größte Feind der Schöpfung ist immer der Kluge.

Berufsverbot

Der Präsident der Reichskunstkammer, Ziegler, an den Maler Schmidt-Rottluff im April 1941 (Auszug)

Einschreiben!
Anläßlich der mir seinerzeit vom Führer aufgetragenen Ausmerzung der Werke entarteter Kunst in den Museen, mußten von Ihnen allein 608 Werke beschlagnahmt werden. Eine Anzahl dieser Werke war auf den Ausstellungen «Entartete Kunst» in München, Dortmund und Berlin ausgestellt.
Aus dieser Tatsache mußten Sie ersehen, daß Ihre Werke nicht der Förderung deutscher Kultur in Verantwortung gegenüber Volk und Reich entsprechen.
Obwohl Ihnen außerdem die richtungweisenden Reden des Führers anläßlich der Eröffnung der Großen Deutschen Kunstausstellungen in München bekannt sein mußten, geht aus Ihren nunmehr zur Einsichtnahme hergereichten Originalwerken der Letztzeit hervor, daß Sie auch heute noch dem kulturellen Gedankengut des nationalsozialistischen Staates fernstehen.
Ich vermag Ihnen auf Grund dieser Tatsachen nicht die für die Mitgliedschaft bei meiner Kammer erforderliche Zuverlässigkeit zuzuerkennen. Auf Grund des § 10 der Ersten Durchführungsverordnung zum Reichskulturkammergesetz vom 1.11.33 (RGBl. I S. 797) schließe ich Sie aus der Reichskammer der bildenden Künste aus und untersage Ihnen mit sofortiger Wirkung jede berufliche – auch nebenberufliche – Betätigung auf den Gebieten der bildenden Künste.
Das auf Ihren Namen lautende Mitgliedsbuch M 756 meiner Kammer ist ungültig geworden; Sie wollen es umgehend an mich zurücksenden.

Der Wille zur Tat

Rosenberg auf dem Nürnberger Parteitag 1936 in seiner «Auseinandersetzung mit dem Bolschewismus» (Auszug)

Und für uns ergibt sich heute die eine Tatsache, daß der Bolschewismus eine bestimmte Anschauung der Welt, jedenfalls in seiner Führung, repräsentiert: Es ist die Weltanschauung der Unterwelt, die grundsätzliche Aufpeitschung aller schäbigen Triebe eines zersetzten Menschentums, verbunden mit einem wahnsinnigen Haß eines fremden Parasitenvolkes, das durch die schrankenlose Großherzigkeit eines Zeitalters in einer unglücklichen Stunde das Staatsbürgerrecht Europas geschenkt erhalten hat. Eine solche politisch und militärisch organisierte Weltverschwörung, der, wenn auch mit unbegründeter Hoffnung, Millionen Verzweifelter anhängen, kann nicht mehr allein mit Polizei und Militär niedergeschlagen werden. Die Tatsache des riesigen Ausmaßes der Empörung zeigt aber für jeden tieferblickenden Forscher, daß offenbar die alten Mächte, die erklärten, die Kultur und Religion Europas zu schützen, zu schwach waren und zu schwach sind, um diesem Ansturm eine lebenskräftige neue Macht entgegenzusetzen ...
Die Überwindung der bolschewistischen Lehre ist nur und ausschließlich durch einen neuen Glauben, durch einen aus dieser Weltanschauung geborenen Willen zur Tat und dann durch die entscheidende Tat selbst möglich.

Der Untermensch

Aus einer Schrift des SS-Hauptamtes beim Reichsführer SS, 1935 (Auszug)

Der Untermensch – jene biologisch scheinbar völlig gleichgeartete Naturschöpfung mit Händen, Füßen und einer Art von Gehirn, mit Augen und Mund, ist doch eine ganz andere, eine furchtbare Kreatur, ist nur ein Wurf zum Menschen hin, mit menschenähnlichen Gesichtszügen – geistig, seelisch jedoch tieferstehend als jedes Tier. Im Inneren dieses Menschen ein grausames Chaos wilder, hemmungsloser Leidenschaften: namenloser Zerstörungswille, primitivste Begierde, unverhüllteste Gemeinheit.
Untermensch – sonst nichts! ...

Antisowjetisches Hetzplakat (aus dem Krieg)

Aber auch der Untermensch lebte. Er haßte das Werk des anderen. Er wütete dagegen, heimlich als Dieb, öffentlich als Lästerer, als Mörder. Er gesellte sich zu seinesgleichen.
Die Bestie rief die Bestie. –
Nie wahrte der Untermensch Frieden, nie gab er Ruhe. Denn er brauchte das Halbdunkle, das Chaos.
Er scheute das Licht des kulturellen Fortschritts.
Er brauchte zur Selbsterhaltung den Sumpf, die Hölle, nicht aber die Sonne. –
Und diese Unterwelt der Untermenschen fand ihren Führer: – den ewigen Juden!

Der Glaube der Nordleute

Der NS-Schriftsteller Grimm in einem 1936 erschienenen Beitrag «Gedanken» (Auszug)

Was ist der Menschheitsglaube, den Deutschland in einer schwankenden Zeit zur brauchbaren und verpflichtenden Wirklichkeit zu erwecken versucht? Der Glaube der Nordleute ist – ich will ganz kurze Sätze brauchen –, daß die Tüchtigen mehr Recht haben als die Untüchtigen; der Glaube ist, daß die Ordentlichen mehr Recht haben als die Unordentlichen; der Glaube ist, daß die Gesunden mehr Recht haben als die Kranken; der Glaube ist, daß die Begabten mehr Recht haben als die Unbegabten; der Glaube ist, daß die Schöpfer mehr Recht haben als die Nachahmer. Aber zu dem Menschheitsglauben der Nordleute gehört noch eines, zu ihm gehört die unerschütterliche Überzeugung und der Wille und der Mut, daß eben wir Nordleute mit unseren verschiedenen Völkern, mit unserem zutiefst gleichgearteten Wesen zu Vormännern dieser Erde berufen sind und daß wir die Vormannschaft so lange behalten werden, solange wir uns nicht durch müdes und auflösendes Denken und durch schwächliches und eigensüchtiges Handeln selbst verneinen.

Herren- und Kulirassen

«Die geistigen Grundlagen des Nationalsozialismus» von Zimmermann, 1933 (Auszug)

Von grundlegender Bedeutung für das Staats-, Kultur- und Bildungsideal ist hier nun die Art, wie Rassen und Völker diesen Kampf um ihren Lebensraum bestehen. Die einen suchen diesen durch Bedürfnislosigkeit, Fügsamkeit, Zähigkeit, vielfach auch Fleiß und allmähliches unmerkliches Eindringen in schon bevölkerte Räume auszufechten. Sie zeichnen sich durchgehend durch eine außerordentliche Fruchtbarkeit aus, aber vermeiden möglichst den offenen Kampf zur Sicherung des Lebensraumes für ihre Nachkommen.
Zu diesen «Kuli- oder Fellachenrassen» gehört die Überzahl der Bevölkerung des Erdballs, das Gros der farbigen Menschen Asiens und Afrikas und das ostbaltisch-ostisch-innerasiatische Volkstum Rußlands. Ein kleiner, aber mächtiger Teil der Erdbevölkerung wählte den Weg der *Parasiten.* Er sucht sich durch intelligente und heuchlerische Einfühlung und Überlistung in bodenständigen Volkstümern einzunisten, diese mit händlerischer Schlauheit um den Ertrag ihrer Arbeit zu bringen und durch raffinierte geistige Zersetzung der Selbstführung zu berauben. Die bekannteste und gefährlichste Art dieser Rasse ist das Judentum.
Die dritte Gruppe endlich führt den Kampf offen, mit Wagemut und selbstbewußtem Einsatz rassischer Kraft. Sie umfaßt die ausgesprochenen *Herren-* und *Kriegerrassen.* Sie ringen mit der Natur, um ihr Nahrung und Schätze des Bodens abzugewinnen, erst als Jäger, dann als Hirten und Bauern. Aber sie greifen auch zum Schwerte, wenn man sie ihrer Freiheit berauben will oder andere, insbesondere niedere Rassen, ihrem Nachwuchs einen Lebensraum streitig machen wollen, den diese ungenügend zu nutzen wissen. Nur diese Rassen haben sich als kulturschöpferisch und staatenbildend erwiesen. Die bedeutsamste unter ihnen ist die nordische geblieben, die sich mit ihrer Arbeits- und Wehrkraft über die Hälfte des Erdballes erobert und mit ihrer Technik und Wissenschaft ihn heute fast ganz unterworfen hat, das Vorvolk dieser Rasse aber ist das deutsche.

Preis 30 Pfennig
Der Stürmer
Herausgeber: Julius Streicher
Nürnberg, im Mai 1934
1934
Jüdischer Mordplan
gegen die nichtjüdische Menschheit aufgedeckt
Das Mördervolk
Judenopfer
Die Juden sind unser Unglück!

Titelseite einer Sondernummer des «Stürmer»

Imprägnation

Gauleiter Streicher, Herausgeber des «Stürmer», in einer 1935 erschienenen Schrift (Auszug)

Artfremdes Eiweiß ist der Same eines Mannes von anderer Rasse. Der männliche Same wird bei der Begattung ganz oder teilweise von dem weiblichen Mutterboden aufgesaugt und geht so in das Blut über. Ein einziger Beischlaf eines Juden bei einer arischen Frau genügt, um deren Blut für immer zu vergiften. Sie hat mit dem «artfremden Eiweiß» auch die fremde Seele in sich aufgenommen. Sie kann nie mehr, auch wenn sie einen arischen Mann heiratet, rein arische Kinder bekommen, sondern nur Bastarde, in deren Brust zwei Seelen wohnen und denen man körperlich die Mischrasse ansieht. Auch deren Kinder werden wieder Mischlinge sein, das heißt häßliche Menschen von unstetem Charakter und mit Neigung zu körperlichen Leiden. Man nennt diesen Vorgang «Imprägnation».

Blondheit im Gesamtvolk

«Rasse und Kultur» von Baltzer, 1934 (Auszug)

Die Kulturentwicklung der Deutschen wird dadurch bestimmt, daß einerseits sie das dem Ursprungsland der Blonden am nächsten angeschlossene Großvolk waren, sogar wahrscheinlich einen Teil davon noch heute innehaben, Schleswig-Holstein, daß darum der Hundertsatz der Blonden in ihnen erheblich ist, im Norden bis gegen 40 v. H., im Süden immer noch gegen 20 v. H., daß aber anderseits seine Tüchtigsten seit gut zwei Jahrtausenden Land und Volk verlassen haben und dadurch ein gewisser Mangel an Schöpferkraft eingetreten ist, der immer wieder die Meinung hervorruft, nur die Kreuzung mit dunklen Völkern des Südens mache den sonst unfruchtbaren Blondling schöpferisch. Aber auch Fremdblut floß seit ältester Zeit ein. Der hohe Hundertsatz der Blondheit im Gesamtvolk hielt dem immerhin einigermaßen die Waage, so daß die deutsche Allgemeinkultur, der Durchschnitt, durch lange Zeiten hindurch sehr hoch war und den Durchschnitt der anderen europäischen Völker deutlich übertraf. Und bei dem hohen Hundertsatz von Blonden konnte es auch immer wieder zu einer starken Gezeit des nordischen Blutes kommen, und dann sehen wir Deutschland staatlich oder geistig als die Vormacht Europas.

Aufzucht des reinen Typs

Reichsbauernführer Darré in einem vom ehemaligen Danziger Senatspräsidenten Rauschning berichteten Gespräch (Auszug)

Hier entsteht der neue Adel. Wir werden das beste Blut sammeln ... wie wir unser altes hannöversches Pferd aus wenigen rein gebliebenen Vater- und Muttertieren wieder herausgezüchtet haben, so werden wir aus dem besten deutschen Blut durch Verdrängungskreuzungen im Laufe der Generationen wieder den reinen Typ der nordischen Deutschen züchten. Vielleicht werden wir nicht mehr das ganze deutsche Volk reinzüchten können. Aber der neue deutsche Adel wird eine Hochzucht im buchstäblichen Sinne des Wortes sein ... Aus dem Menschenreservoir der SS werden wir den neuen Adel züchten. Wir werden das planmäßig und nach wissenschaftlich-biologischen Erkenntnissen tun, was der Blutadel früherer Zeiten instinktiv getan hat. Wir müssen für unser Zwischenzeitalter den Instinkt durch rationale Maßnahmen ersetzen. Wir werden in allererster Linie das Bauerntum heranziehen, soweit es sich noch einen Rest des guten Instinktes durch das Bekenntnis zur Bewegung erhalten hat. Wir werden auch die gute Erbmasse des alten Blutadels, soweit er sich rein erhalten hat, hereinnehmen. Mir schwebt die Bildung von «Adelshöfen» vor, wo der neue Adel fest mit dem Boden verwurzelt zugleich die stählende Aufgabe der Führung innerhalb eines fremden Volkstums haben wird. Das heißt, diese Adelshöfe werden mitten im fremdsprachigen Raum unseres kommenden Reiches liegen.

Irgendwie aus dem Blut

Himmler auf einem nationalpolitischen Lehrgang der Wehrmacht Mitte Januar 1937 (Auszug)

Ich bin zunächst darangegangen, eine bestimmte Größe zu verlangen. Ich habe keine Leute unter 1,70 Meter genommen – und da bitte ich Sie, daß Sie meine Worte ganz genau verstehen –, weil ich weiß, daß Menschen, deren Größe über einer bestimmten Zentimeterzahl liegt, das gewünschte Blut irgendwie haben müssen. Man darf bei all den Dingen natürlich nicht ausschließlich sein, ebenso wie in keiner Weise gesagt ist, daß Menschen, deren Größe unter diesem Wert liegt, es nicht haben können. Das ist selbstverständlich. Es besteht nur die größere Wahrscheinlichkeit, in dieses Reservoir zu greifen, wenn ich diese bestimmte Größe nehme ...
Von allen habe ich persönlich das Lichtbild gesehen und überlegte mir: Sind hier im Gesicht des Mannes ganz deutliche Einschläge von fremdem Blut, also überstarke Backenknochen, wozu man landläufig sagt: der sieht mongolisch oder slawisch aus! Slawisch ist übrigens ein falscher Ausdruck. Das ist lediglich der volkstümliche Ausdruck ...
Erinnern Sie sich bitte an die Soldatenratstypen des Jahres 1918 und 1919. Jeder von Ihnen, der damals Offizier war, kennt eine Anzahl dieser Leute aus persönlicher Erfahrung. Sie werden feststellen können, daß das im großen und ganzen Leute waren, die für unser deutsches Auge irgendwie komisch aussahen, die irgendeinen komischen Zug hatten, bei denen irgendein fremdes Blut eingeschlagen war. Es war der Typ Menschen, die man wohl bändigen kann und die sich in ruhigen Zeiten einordnen, die im Kriege sogar tapfer, kühn und verwegen sind, die aber in dem Moment, wo die letzte Druckprobe auf Charakter und Nerven ankommt, irgendwie aus ihrem Blut heraus versagen müssen.

Exempel SS

Rosenberg in der ersten Nummer des «Schwarzen Korps», Organ der SS; Februar 1935 (Auszug)

Der Orden und der Ordensrat sollen also jene stählernen Klammern bilden, welche die Form des deutschen Lebens zusammenhalten, und wenn man diese Form mit dem Gehalt, d.h. mit unserer Weltanschauung, erfüllt, dann erscheint uns der Orden als eine auf einer Weltanschauung begründete, von stärkster Disziplin bestimmte Führungsgemeinschaft.
Dieser Ordensgedanke steht nun schon längere Zeit im Vordergrund der Debatte über die künftigen Lebensformen der nationalsozialistischen Bewegung und wird immer bewußter ein notwendiger Begriff in ihrem Wirken.
Die SS hat hier mit die große Aufgabe, in ihrer Gemeinschaft diese Ordensform schon vorzuleben und vorzubilden und diese Form mit dem Gehalt der nationalsozialistischen Idee zu einer einzigen Einheit zu führen.

Zehn Gebote der Gattenwahl

Veröffentlicht vom Reichsausschuß für Volksgesundheitsdienst (Auszug)

1. *Gedenke, daß du ein Deutscher bist*
Alles, was Du bist, bist Du nicht aus eigenem Verdienst, sondern durch Dein Volk. Darum denke bei allem, was Du tust, ob es Deinem Volk förderlich ist.
Gemeinnutz geht vor Eigennutz.
2. *Du sollst nicht ehelos bleiben*
Alle Eigenschaften Deines Körpers und Geistes sind vergänglich. Sie sind ein Erbe, ein Geschenk Deiner Vorfahren. Sie leben in Dir in ununterbrochener Kette weiter. Wer ohne zwingenden Grund ehelos oder kinderlos bleibt, unterbricht diese Kette der Geschlechter. Dein Leben ist nur eine vorübergehende Erscheinung, Sippe und Volk sind ewig. Geistiges und körperliches Erbgut feiert in den Kindern Auferstehung.
3. *Halte Deinen Körper rein*
Du bist, was Du bist, nur einmal vorhanden. Was Dir an Gesundheit von reinen Eltern geboren, verliehen, erhalte es, um Deinem Volk dienen zu können.
4. *Du sollst Geist und Seele rein erhalten*
Halte Geist und Seele rein von allem, was Dir innerlich fremd ist, was Deiner Art zuwider ist, was Dein Gewissen Dir verbietet. Aussicht auf Geld und Gut, Aussicht auf schnelleres Fortkommen, Aussicht auf Genuß verleiten gar oft dazu, dies zu vergessen.
5. *Wähle als Deutscher nur einen Gatten gleichen oder nordischen Blutes*
Wo Eigenschaft zu Eigenschaft paßt, herrscht Gleichklang. Wo ungleiche Rassen sich mischen, gibt es einen Mißklang. Mischungen nicht zueinander passender Rassen führen im Leben der Menschen und Völker zu Entartung und Untergang. Desto schneller, je weniger die Rasseneigenschaften zueinander passen. Hüte Dich vorm Niedergang, halte Dich vom Minderwertigen fern! Glück ist nur bei Gleichgearteten möglich.
Was bedeutet nordisches Blut?
Die Geschichte lehrt, daß unsere germanischen Vorfahren dem Wunschbild des nordischen Menschen in hohem Maße entsprachen. Die nordische Rasse ist nach allen Forschungen die für die Menschheit und ihre Entwicklung wertvollste Rasse. Das deutsche Volk enthält noch einen sehr erheblichen Bestandteil nordischen Blutes. Jeder Deutsche hat daran mehr oder weniger Teil. Diesen Anteil zu erhalten und zu vermehren ist heilige Pflicht. Wer sein Blut mit Minderrassigen mischt, wird zum Verbrecher an seinem Volk.
6. *Bei der Wahl Deines Gatten frage nach seinen Vorfahren*
Du heiratest nicht Deinen Gatten allein, sondern mit ihm gewissermaßen seine Vorfahren. Wertvolle Menschen sind nur zu erwarten, wo wertvolle Vorfahren vorhanden sind. Gaben des Verstandes und der Seele sind ebenso ein Erbteil wie die Farbe der Augen und der Haare.
7. *Gesundheit ist wichtiger als äußere Schönheit*
Schönheit des Körpers ist vergänglich. Sie schützt nicht vor Krankheit. Gesundheit bietet die beste Gewähr für dauerndes Glück. Verlange von Deinem zukünftigen Lebensgefährten, daß er sich ärztlich auf Ehetauglichkeit untersuchen läßt, wie Du es selber auch tun mußt.
8. *Heirate nur aus Liebe*
Geld ist vergänglich Gut und macht nicht dauernd glücklich. Wo der göttliche Funke der Liebe fehlt, kann kein Glück gedeihen. Reichtum des Herzens und Gemütes ist die beste Gewähr für dauerndes Glück.
9. *Suche Dir keinen Gespielen, sondern einen Gefährten für die Ehe*
Der Sinn der Ehe ist die Aufzucht der Nachkommenschaft. Nur bei in seelischer, körperlicher und rassischer Beziehung gleichgearteten Menschen kann dieses Hochziel gelingen zum Segen ihrer selbst und ihres Volkes. Denn jede Rasse hat ihre eigene Seele. Nur gleiche Seelen werden einander verstehen.
10. *Du sollst Dir möglichst viele Kinder wünschen*
Viele wertvolle Kinder erhöhen den Wert eines Volkes und sind die beste Waffe im Kampf ums Dasein der Völker. Du vergehst; was Du Deinen Nachkommen gibst, bleibt. In ihnen feierst Du Auferstehung. Dein Volk lebt ewig!

Volkliche Zukunft

Aufzeichnung Bormanns über ein Gespräch Hitlers mit seiner Umgebung in der Nacht vom 27. zum 28. Januar 1944 (Auszug)

Nach diesem Krieg werden wir, wie der Führer betonte, 3–4000000 Frauen haben, die keine Männer mehr haben bzw. bekommen. Der sich hiermit ergebende Geburtenausfall wäre für unser Volk gar nicht zu ertragen: Wie viele Divisionen würden, betonte der Führer, uns in 20 bis 45 Jahren und weiter fehlen ...
Die öffentliche, d.h. allgemeine Aufklärung kann aus einleuchtenden Gründen erst nach dem Kriege einsetzen. Nur ein Grund hierfür sei angeführt: Wir können heute noch nicht an die Frauen, deren Männer voraussichtlich noch fallen werden, appellieren, und wir können unsere Aufklärung mit Rücksicht auch auf unsere Soldaten noch nicht beginnen ...
Diese Feststellungen zeigen, welche Hemmungen wir beseitigen und welche Voraussetzungen wir schaffen müssen, um die lebensnotwendige Vermehrung der Geburten zu erreichen:
1. Wir müssen auch für die Mütter, die nicht in der bisherigen Weise standesamtlich verheiratet sind, eine ganz ähnliche umfassende ideelle und materielle Sicherung schaffen. Dazu gehört u.a.: Auf jeden Fall müssen die Kinder ohne Schwierigkeiten den Namen des Vaters bekommen.
2. Ferner: Auf besonderen Antrag sollen Männer nicht nur mit einer Frau, sondern mit einer weiteren ein festes Eheverhältnis eingehen können, in dem die Frau dann ohne weiteres den Namen des Mannes erhält, die Kinder ohne weiteres den Namen des Vaters ...
4. Wie ich schon früher erwähnte, ist es notwendig, daß wir die jetzigen «Verhältnis»-Bezeichnungen, die einen mehr oder weniger anrüchigen Klang haben, abschaffen und verbieten. Wir müssen im Gegenteil sogar gute, freundliche Namen finden. Wir müssen uns also überlegen, wie das Verhältnis, das eine Frau mit einem Manne hat, mit dem sie in bisheriger Weise nicht verheiratet sein kann, bezeichnet wird; wir müssen uns überlegen, wie die Kinder aus einem solchen Freundschaftsbund bezeichnet werden sollen usw. ...
5. Nach diesem Krieg müssen die kinderlosen Ehen und die Junggesellen weit schärfer als bisher versteuert werden. Die bisherige Versteuerung der Junggesellen muß ein Kinderspiel gegen die Steuerlasten, die ihnen künftig aufzuerlegen sind, sein. Die Einkommen aus diesen Junggesellensteuern müssen zur Unterstützung der Mütter, die Kinder bekommen, dienen, zur materiellen Unterstützung unserer Nachwuchsbestrebungen.

Heiraten, Scheidungen, Geburten

in Tsd.

	1920	1929	1932	1933	1934	1935	1936	1937	1938	1939
Heiraten	895	597	517	639	739	651	610	620	645	774
Scheidungen	87	39	42	43	55	50	50	47	50	62
Geburten (lebend)	1 599	1 164	993	971	1 198	1 264	1 279	1 277	1 349	1 407

Von den Standesämtern verlangtes Arztzeugnis

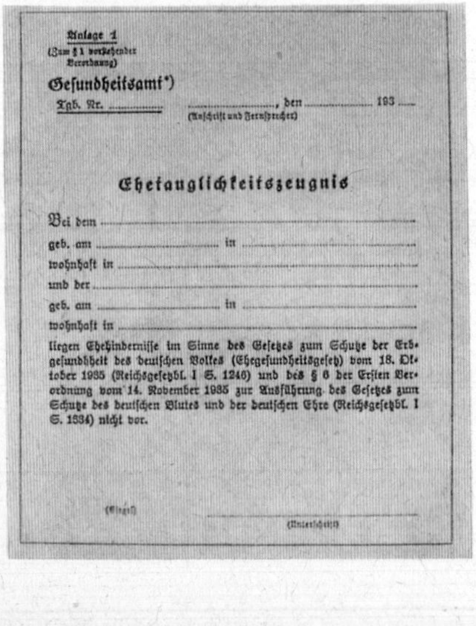
Anlage 1
(Zum § 1 vorstehender Verordnung)
Gesundheitsamt*)
Tgb. Nr. ...., den .... 193 ...
(Anschrift und Fernsprecher)

Ehetauglichkeitszeugnis

Bei dem ....
geb. am .... in ....
wohnhaft in ....
und der ....
geb. am .... in ....
wohnhaft in ....
liegen Ehehindernisse im Sinne des Gesetzes zum Schutze der Erbgesundheit des deutschen Volkes (Ehegesundheitsgesetz) vom 18. Oktober 1935 (Reichsgesetzbl. I S. 1246) und des § 6 der Ersten Verordnung vom 14. November 1935 zur Ausführung des Gesetzes zum Schutze des deutschen Blutes und der deutschen Ehre (Reichsgesetzbl. I S. 1334) nicht vor.

(Siegel) .... (Unterschrift)

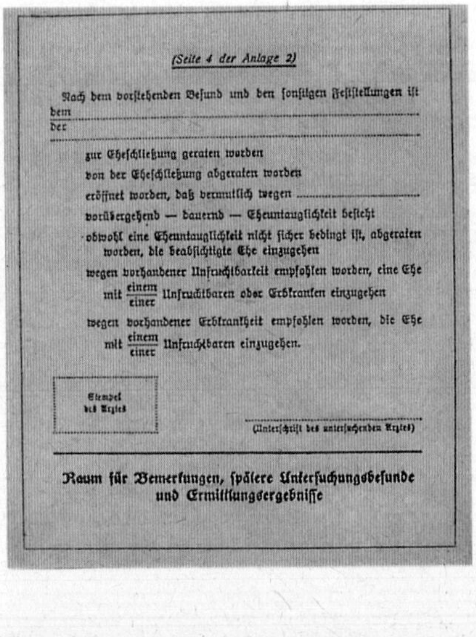
(Seite 4 der Anlage 2)

Nach dem vorstehenden Befund und den sonstigen Feststellungen ist
dem ....
der ....
zur Eheschließung geraten worden
von der Eheschließung abgeraten worden
eröffnet worden, daß vermutlich wegen ....
vorübergehend — dauernd — Eheuntauglichkeit besteht
obwohl eine Eheuntauglichkeit nicht sicher bedingt ist, abgeraten worden, die beabsichtigte Ehe einzugehen
wegen vorhandener Unfruchtbarkeit empfohlen worden, eine Ehe mit einem/einer Unfruchtbaren oder Erbkranken einzugehen
wegen vorhandener Erbkrankheit empfohlen worden, die Ehe mit einem/einer Unfruchtbaren einzugehen.

Stempel des Arztes .... (Unterschrift des untersuchenden Arztes)

Raum für Bemerkungen, spätere Untersuchungsbefunde und Ermittlungsergebnisse

Wenig Raum für Kompromisse

Goebbels am 15. November 1935 über die Aufgaben des Reichskultursenats (Auszug)

1. Es ist nicht möglich, den Eintritt in die Reichskulturkammer im einzelnen von einem Befähigungsnachweis abhängig zu machen; denn auch die Befähigung müßte wieder von Menschen überprüft werden, Menschen aber sind dem Irrtum unterworfen, und Kurzsichtigkeit, Neid oder Eifersucht könnten allzu leicht doch einmal ein kommendes Genie zwar aus der Kammer ausschließen, nicht aber daran hindern, seinen Namen unsterblich zu machen.
2. Die Überstürztheit der Organisationen, die uns in den vergangenen zwei Jahren manchmal zwang, allzusehr dem Tage zu gehorchen, macht von nun ab einer klaren Ordnung Platz. Zu Kompromissen ist dabei nur noch wenig Raum.
3. Die deutsche Kultur der Gegenwart muß mehr noch als bisher Ausdruck unseres Zeitgeistes sein. Es ist nicht damit abgetan, nach jungen Dichtern und Künstlern nur Ausschau zu halten. Man muß ihnen auch, wo sie sich zeigen, jede Möglichkeit zur Entwicklung geben.
4. Das kulturschöpferische Schaffen der Organisation der NSDAP, vor allem der Hitlerjugend, des Arbeitsdienstes, der SA und der SS, verdienen besondere Pflege und Betreuung. Denn hier ist in rohen Umrissen schon der kommende kulturelle Gestaltungswille unserer Zeit zu erkennen.
5. Nicht alles kann in Gesetzen gefaßt und reglementiert werden. Besonders im Kulturleben gilt der Grundsatz: Nicht zuviel den Gesetzen, mehr aber dem natürlichen Wachstum unserer kulturellen Kräfte vertrauen.
6. Die Freiheit des künstlerischen Schaffens ist auch im neuen Staate gewährleistet. Sie bewegt sich im scharf abgegrenzten Bezirk unserer nationalen Notwendigkeit und Verantwortung. Diese Grenzen aber werden von der Politik und nicht von der Kunst gezogen.

Literatur

Das heilige Buch

Der NS-Literat Vesper in «Die neue Literatur» im November 1933 (Auszug)

Der deutsche Buchhandel stellt sich für die Buchwoche folgende besondere Aufgabe: Es gibt in Deutschland noch Volksgenossen, Häuser und Familien, die des Führers Werk «Mein Kampf» nicht besitzen. «Mein Kampf» aber ist das heilige Buch des Nationalsozialismus und des neuen Deutschland, das jeder Deutsche besitzen muß. Es ist kein Buch zum Durchlesen, sondern ein Buch zum Durcharbeiten und Durchleben. Der Buchhandel sorge dafür, daß nach dieser Buchwoche «Mein Kampf» in jeder deutschen Familie zu finden ist.

Höherer nationaler Realismus

«Geschichte der deutschen Literatur» von Bartels, 1934 (Auszug)

Der Nationalsozialismus, der heute herrscht, hat sich, wie man sich denken kann, literarisch noch nicht seine Weise schaffen können, doch ist er auch im Schrifttum selbstverständlich nicht ohne Einfluß geblieben ...
Ich glaube, daß es eine Kunst großartig realistischer Prägung sein wird, ein höherer nationaler Realismus, der, wie einst die Romantik den Realismus, so nun seinerseits die Romantik in sich schließt, eine Dichtung, die sicher schreitet, aber, wo es nottut, auch fliegen kann. Man hat schon, nach Hitler, das neue Schlagwort «heroisch», das ich mir selbstverständlich gefallen lasse. Die Judenherrschaft in der Literatur ist, ob man auch noch auf manches gefaßt sein muß, jetzt jedenfalls gebrochen, und die Uneinigkeit unseres Volkes, die auch all die bösen Kulturerscheinungen ermöglichte, scheint nun doch auch überwunden.

Theater

Der Reichsdramaturg

Der erste Präsident der Reichstheaterkammer, Laubinger, in einem Artikel im September 1933 (Auszug)

In gemeinsamer Arbeit mit allen Befähigten hat er das Theater von der liberalen Willkür der Vergangenheit zu lösen, wobei er, wie sich erweisen wird, kaum nötig haben dürfte, in einem ihm vielfach unterstellten diktatorischen Sinn vorzugehen. Dazu schätzen wir die innere Bereitschaft des neuen deutschen Menschen viel zu hoch ein! Etwaige Besorgnisse der örtlichen Dramaturgen fallen beispielsweise schon dadurch in sich zusammen, daß gerade die Berufung eines Reichsdramaturgen die nationalsozialistische Betätigung mit bisher unerhörter Eindringlichkeit hervorgehoben hat. Sie endlich will dieses Amt in die richtigen Hände gelegt wissen, in die Hände von Persönlichkeiten von geistigem Rang und Charakter. Es wäre also widersinnig, die neue, vom Geist künstlerischer Aufgeschlossenheit und nationalsozialistischer Unerbittlichkeit getragene Institution als eine Art Mißtrauensvotum gegen die einzelnen Dramaturgen anzusehen; ganz im Gegenteil bekundet sie das Vertrauen des Reichs in den Willen aller, gemeinsam mit den Vertrauensmännern des Volkskanzlers und Reichsministers Dr. Goebbels den neuen Kurs völkischer Programmgestaltung sicherzustellen.

Thingspiel

Thesen des Thingspiel-Autors Euringer, enthalten im «Völkischen Beobachter» vom 20. Juni 1933 (Auszug)

1. Thingspiel und Freilichttheater sind zwei recht verschiedene Dinge. Ein romantisch Ritterstück, unter freiem Himmel gespielt, bleibt Theater und wird nicht Thingspiel.
2. Thingspiel und Naturtheater sind zwei recht verschiedene Dinge. Ritterburgen als Kulissen geben zwar die Illusion ab, die den Pappkasten erübrigt, aber sie bleibt theatralisch.
3. «Thingtheater» ist kein Wort. Von Theaterkünsten weg führt das Thingspiel an die Stätte, die Gerichtstag halten wird. Vom Theaterkunststück weg zum Richtplatz führt das Spiel, nun, da es ernst wird.
4. Feuer, Wasser, Luft und Erde, was beschworen wird, Stein, Gestirn und Sonnenbahn sind die Thingspielelemente. Nixen, Feen, Nymphen, Faune flüchten ins Naturtheater. Auf dem Thingplatz geht das Volk um.
5. Nicht den Spuk verwester Zeiten sucht das Thingspiel zu beleben: Kühn verewigt es die Zeit, das noch Fließende zum Fest. Nicht die Sage lebe auf! Nein, der Alltag werde Sage! Nicht das Mythologische scheine Thema für die Thingstatt, nein, der Tag, der Mythe wird!
6. Ohne Blutschwur und Beschwörung, ohne Acht und Bann kein Thing. An der Bannmeile empfängt Schweigen die verschworenen Scharen. Stumm betreten sie den Richtplatz; denn der Boden ist geheiligt.
7. Der das Spiel trägt, ist das Volk, nicht ein Dutzend Prominenter oder allbekannter Stars. Namenlos sei jeder Name! Ruhmreich sei allein das Volk!
8. Nicht ein Dichter wird gespielt und ein Stück wird aufgezogen, sondern Festtag wird gefeiert. Und der Staat steht auf dem Spiel.
9. Nicht in Haupt- und Staatsaktionen läßt er Schauspieler agieren. Volksaktionen werden Akt, Schöpfungsakt und Opferhandlung. Seine Opfer schaut das Volk, seine Opfer ehrt das Volk und verehrt sie durch die Handlung. Totenkult ist Thingstattsache. Die Gefallenen stehen auf, und aus Steinen schreit der Geist.
10. Kult, nicht «Kunst» ist Thingstattsache.
11. Handlung, das heißt: Opferhandlung. Handlung, das heißt: heilige Handlung. Nicht «dramatisch», sondern kultisch wird das Blutopfer erneuert aus dem Geist – nicht des Theaters, sondern aus dem Geist – der Richtstatt, die Gerichtstag halten wird.
12. Daß sein Recht dem Opfer werde, wird Gerichtstag abgehalten. Daß dem Blut die Ehre werde wie dem Boden, der es schluckte, wird Gerichtstag abgehalten. Daß dem Volk sein Richtspruch werde, wird Gerichtstag abgehalten.

Bildende Kunst

Alles in einer Person

Göring bei Eröffnung der «Hermann-Göring-Meisterschule für Malerei» in Kronenburg am 8. Juni 1938 (Auszug)

Hier aber hat die Vorsehung dem deutschen Volk in einer Person alles geschenkt, nicht nur den genialen starken Staatsmann und Politiker, nicht nur ein soldatisches Genie, nicht nur den ersten Arbeiter und wirtschaftlichen Gestalter seines Volkes, sondern vielleicht als allerstärkste Eignung den Künstler Adolf Hitler. Aus der Kunst kam er, der Kunst hat er sich zuerst verschrieben, der Kunst der Architektur, der mächtigen Gestalterin großer und unvergänglicher Bauten.
Und nun ist er zum Baumeister eines Reiches geworden, und in diesem Reich hat er mit als erstes den gewaltigen Bau der Kunst errichtet.

Anständiger Durchschnitt

Hitler zur Eröffnung der Großen Deutschen Kunstausstellung in München am 8. Juli 1938 (Auszug)

Ich habe es nun für notwendig erachtet, im vergangenen Jahr zunächst für den anständigen ehrlichen Durchschnitt den Weg frei zu machen. Wir haben allerdings schon bei dieser vorletzten Ausstellung die glückliche Ahnung gehabt, in dem

Werbeplakat für das Massenmedium Rundfunk

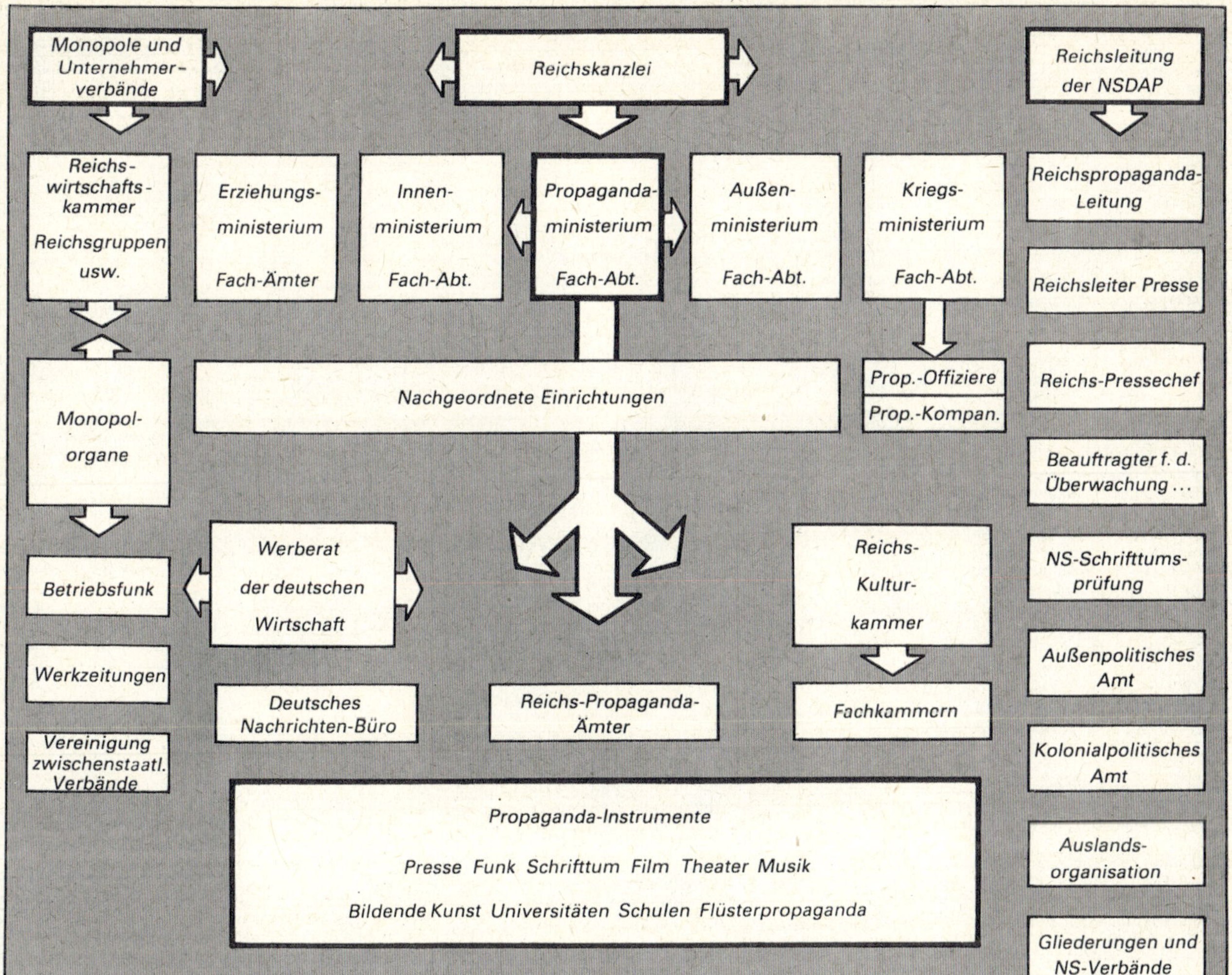

Der NS-Propaganda-Apparat

einen oder anderen den Träger künftiger größerer Leistungen vermuten zu dürfen ...
Bei allen diesen Ausstellungen habe ich nun bewußt die sogenannten Künstlerjuroren zurückgestellt. Denn ich mußte schon früher oft die Erfahrung machen, daß besonders dann, wenn diese Juroren als Künstler selbst an den Ausstellungen beteiligt sind, bei ihnen das allgemein menschliche Interesse nur zu leicht die Überhand gewinnt bei der objektiven Beurteilung der Kunstwerke.

Rundfunk

Marschroutiniers

Goebbels in einer Rede vor Rundfunk-Mitarbeitern am 14. Juli 1933 (Auszug)

Ich habe mich letzten Endes entschlossen und diesen Entschluß schon immer gehabt, die Schlüsselstellungen beim Rundfunk mit 100prozentigen Nationalsozialisten zu besetzen, Nationalsozialisten, die mit mir lange Jahre gekämpft haben, von denen ich weiß, daß sie in der Wolle gefärbt sind, die sich zu uns bekannten in einer Zeit, in der uns die Rundfunkhäuser noch verschlossen waren. Ich lasse auch keinen Zweifel darüber, daß ich den Männern, denen ich den Rundfunk vertrauensvoll in die Hand gegeben habe, eine klar umrissene Marschroute mitgebe. Solange sie diese Marschroute einhalten, können sie meines Vertrauens gewiß sein. Diese Marschroute muß durchgeführt werden, und es darf dabei kein Hindernis geben.

KZ für den Empfang von Radio Moskau

Schreiben des ersten Gestapo-Chefs Diels an die Stapostellen vom 4. September 1933 (Auszug)

Aus den in letzter Zeit vorgelegten Berichten der Staatspolizeistellen ist ersichtlich, daß die Moskauer Sendungen des Großsenders der Komintern auf Welle 1482 bzw. auf Kurzwellensender 50 immer wieder zu einer maßlosen Hetze gegen die nationale Revolution und die von ihr berufene Regierung benutzt werden. Es ist wiederholt festgestellt worden, daß Besitzer empfangsstarker Radiogeräte regelmäßig in den Abendstunden einen weiteren oder engeren Kreis von Bekannten zum Abhören der Moskauer Sendungen in ihrer Wohnung versammelt haben ...
Solange es nicht möglich ist, derartige Sendungen mit anderen Mitteln zu unterbinden, erscheint es erforderlich, zum Zwecke der Abschreckung gegen festgestellte Teilnehmer derartiger Zusammenkünfte mit aller Schärfe einzuschreiten. Sie sind grundsätzlich als Teilnehmer an geheimen kommunistischen Versammlungen in Schutzhaft zu nehmen und unverzüglich in ein Konzentrationslager zu bringen.

Rundfunkteilnehmer in Deutschland

am 1. Januar	Teilnehmer	Jahreszugang
1930	3 066 682	442 827
1931	3 509 509	471 343
1932	3 980 852	326 870
1933	4 307 722	744 885
1934	5 052 607	1 090 314
1935	6 142 921	1 050 031
1936	7 192 952	975 005
1937	8 167 957	919 497
1938	9 087 454	1 734 404
1939*	11 503 019	

** einschließlich Österreich und «Sudetenland»*

Singgebung

Der erste Präsident der Reichsrundfunkkammer, Dreßler-Andreß, 1934 in einem Artikel (Auszug)

Wir wissen, daß auch der heutige Rundfunk noch von seiner Vollkommenheit weit entfernt ist.

Aber wir wissen auch, daß erst der Nationalsozialismus kommen mußte, um seiner Erfindung überhaupt einen Sinn zu geben, daß erst der Nationalsozialismus kommen mußte, um ihn als geistiges Instrument zu handhaben. Jung und zukunftsfreudig stehen der Nationalsozialismus und sein Verkündungsmittel, der Rundfunk, an der Schwelle des Jahres der nationalsozialistischen Gestaltung, beide traditionslos, aber besessen von dem einen Willen, Führer und Volk im deutschen Lebensraum zu einer Schicksalseinheit zusammenzuschweißen.

Was ist aktuell?

«Dramaturgie des Rundfunks» von Fischer, 1942 (Auszug)

Er verkleinert – scheinbar – seinen Gesichtskreis zugunsten einer klareren Erfassung des Wesentlichen. Er wählt für den Hörer aus, um die Verwirrung von ihm zu nehmen und ihm feste Begriffe und gültige Werte zu schenken. Nicht das Interessante, das Schöne, das Bedeutende, das Einmalige an sich hat Gegenstand dieser neuen Programmgestaltung zu sein, sondern ausschließlich nur das, was die Entwicklung des einzelnen in eine neue Gemeinschaft hinein fördern hilft. Auch die Berücksichtigung des Aktuellen um der bloßen Aktualität willen gilt nicht mehr. Für den deutschen Rundfunk ist heute nur noch aktuell, was in ein Gesamtbild vom sinnvollen Vollzug der europäischen Erneuerung unter Deutschlands politischer und geistiger Führung hineinpaßt.

Keine Woche ohne Hitler

«Der Rundfunk als Führungsmittel» von Eckert, 1941 (Auszug)

Überblickt man die Daten des Jahres 1933, an denen der Führer über den Rundfunk sprach, so findet man im Durchschnitt keine Woche ohne eine Führerrede. Das Verzeichnis der Plattenaufnahmen nennt insgesamt 50 Anlässe aus der Zeit vom 1. Februar bis zum 31. Dezember 1933 ...
Der Rundfunkhörer, der Adolf Hitler etwa nicht hören wollte, hätte in diesen Wochen praktisch auf den Rundfunkempfang am Abend verzichten müssen.

Gemeinschaftsempfang verweigert

Tagesmeldung Nr. 5 des Gestapo-Amtes (Gestapa) vom 6. November 1935 (Auszug)

In dem Betriebe Mehfeld & Söhne im Kreise Lauban weigerten sich die Arbeiter anläßlich des Gemeinschaftsempfanges bei der Eröffnung des Winterhilfswerkes, die Rede des Führers nach Schluß der Mittagspause anzuhören. Sie erklärten, sie wollten dadurch ihre freie Zeit nicht verlieren.

Presse

Regierungs-Klavier

Goebbels am 18. März 1933 in «Zeitungsverlag» (Auszug)

Wie ich schon betont habe, soll die Presse nicht nur informieren, sondern muß auch instruieren. Ich wende mich dabei vor allem an die ausgesprochen nationale Presse. Meine Herren! Sie werden auch einen Idealzustand darin sehen, daß die Presse so fein organisiert ist, daß sie in der Hand der Regierung sozusagen ein Klavier ist, auf dem die Regierung spielen kann, daß sie ein ungeheuer wichtiges und bedeutsames Massenbeeinflussungsinstrument ist, dessen sich die Regierung in ihrer verantwortlichen Arbeit bedienen kann. Das zu erreichen, betrachte ich als eine meiner Hauptaufgaben.

Zeitungssterben am NS-Pressetrust

Jahr	Zeitungen insgesamt	Zeitungen NSDAP	Auflage (Mill. Exemplare) insgesamt	Auflage (Mill. Exemplare) NSDAP	Zeitschriften
1932	4 703	59	25,0	0,8	10 300
1939	2 288	200	16,0	6,1	4 800
1944	977	352	26,1	21,5	458

Zeitungsköpfe der wichtigsten NSDAP-Organe

Das Positive beleuchten

Geheimrede Hitlers vor führenden Mitarbeitern der Presse am 10. November 1938 (Auszug)

Die Presse, meine Herren, kann Ungeheures erreichen und eine ungeheuere Wirkung ausüben, dann, wenn sie selber ein Mittel zum Zweck ist ...
Wir selber haben versucht, in Deutschland die Presse zu einer solchen wirksamen Waffe auszugestalten. Und ich darf wohl am Abschluß dieses Jahres Ihnen allen aussprechen, daß ich mit diesem Versuch mehr als zufrieden bin. Die Wirksamkeit hat sich in glanzvoller Weise bewährt und erwiesen ... Das Volk muß aber weiterhin erzogen werden zu dem absoluten, sturen, selbstverständlichen, zuversichtlichen Glauben: Am Ende werden wir alles das erreichen, was notwendig ist. Das kann man nur dadurch schaffen, das kann nur gelingen durch einen fortgesetzten Appell an die Kraft der Nation, durch das Hervorkehren der positiven Werte eines Volkes und durch das möglichste Außerachtlassen der sogenannten negativen Seiten.
Dazu ist es auch notwendig, daß gerade die Presse sich ganz blind zu dem Grundsatz bekennt: Die Führung handelt richtig! Meine Herren, wir alle müssen für uns in Anspruch nehmen die Genehmigung, Fehler zu machen. Auch Zeitungsmenschen sind von dieser Gefahr nicht befreit. Aber wir alle können nur bestehen, wenn wir das Positive beleuchten. Das heißt mit anderen Worten, es ist notwendig, daß – ohne überhaupt die Möglichkeit von Fehlern zu bestreiten oder auch des Diskutierens –, es ist notwendig, daß grundsätzlich die Richtigkeit der Führung immer betont wird ...
Vor dem Volk, da gibt es überhaupt nur eine Meinung. Meine Herren, das ist ein ganz deutlicher Grundsatz!

Film

Vorprüfung

Lichtspiel-Gesetz vom 16. Februar 1934 (Auszug)

§ 1 Spielfilme, die in Deutschland hergestellt werden, müssen vor der Verfilmung dem Reichsfilmdramaturgen im Entwurf und im Drehbuch zur Begutachtung eingereicht werden. Spielfilme im Sinne dieses Gesetzes sind Filme, die eine fortlaufende Spielhandlung enthalten, um derentwillen sie hergestellt worden sind.
§ 2 Der Reichsfilmdramaturg hat folgende Aufgaben:
1. Die Filmindustrie in allen dramaturgischen Fragen zu unterstützen,
2. die Filmherstellung bei dem Entwurf (Manuskript) und bei der Umarbeitung von Filmstoffen zu beraten,
3. Filmstoffe, Manuskripte und Drehbücher, die ihm von der Industrie vorgelegt werden, daraufhin vorzuprüfen, ob ihre Verfilmung mit den Bestimmungen dieses Gesetzes vereinbar ist,
4. die Hersteller verbotener Filme bei der Umarbeitung zu beraten,
5. rechtzeitig zu verhindern, daß Stoffe behandelt werden, die dem Geist der Zeit zuwiderlaufen.

Willensbildner Film

Bericht der «BZ am Mittag» über eine Goebbels-Rede vom 10. März 1939 vor Filmschaffenden in der Berliner Kroll-Oper (Auszug)

Dr. Goebbels schilderte, wie auch der Nationalsozialismus im Jahre 1933 durchaus vor der Möglichkeit gestanden habe, resignierend den Film höchstens als eine Zwitterkunst zu werten und ihm nur mit der politischen Zensurschere zu begegnen. Der nationalsozialistische Staatsgedanke aber schließe die totale politische Willensgestaltung des deutschen Volkes in sich, und da sei es ganz unmöglich gewesen, am Film vorbeizugehen, der ja doch auch damals schon Millionen Menschen in Deutschland erfaßt hatte ...
Die Willensbildung eines Volkes sei ebenso wichtig wie die äußere Bewaffnung, die erst dann ihren wahren Wert erhalte, wenn auch ein geschlossener Wille dahinterstehe. «Eine kluge, vorausschauende Staatsführung» – und tosender Beifall war das Echo dieser Ausführung des Ministers – «muß sich von vornherein all die Mittel sichern, die dazu angetan sind oder auch nur angetan sein können, ein Volk in seiner Willenskraft zu erziehen, zu lenken und zu stärken.»

Im Dienste geistiger Kriegführung

Auftrag Goebbels' an den UFA-Regisseur Harlan vom 1. Juni 1943 (Auszug)

Hiermit beauftrage ich Sie, einen Großfilm «Kolberg» herzustellen. Aufgabe dieses Films soll es sein, am Beispiel der Stadt, die dem Film den Titel gibt, zu zeigen, daß ein in Heimat und Front geeintes Volk jeden Gegner überwindet. Ich ermächtige Sie, alle Dienststellen von Wehrmacht, Staat und Partei, soweit erforderlich, um ihre Hilfe und Unterstützung zu bitten und sich dabei darauf zu berufen, daß der hiermit von mir angeordnete Film im Dienste unserer geistigen Kriegführung steht.

Die Deutsche Studentenschaft

«Verfassung der Deutschen Studentenschaft», verkündet am 7. Februar 1934 in Berlin (Auszug)

Die Deutsche Studentenschaft ist die Vertretung der Gesamtheit der Studenten. Sie steht dafür ein, daß die Studenten ihre Pflichten in Hochschule, Volk und Staat erfüllen. Vor allem hat sie die Studenten durch die Verpflichtung zum SA-Dienst und Arbeitsdienst und durch politische Schulung zu ehrbewußten und wehrhaften deutschen Männern und zum verantwortungsbereiten selbstlosen Dienst in Volk und Staat zu erziehen. Durch lebendige Mitarbeit an den Aufgaben der Hochschulen sichert sie die unlösliche Verbundenheit von Volk und Hochschule und einen im Volke wurzelnden, an Leib und Seele starken und geistig tüchtigen akademischen Nachwuchs...
Die Erziehung zur Wehrhaftigkeit liegt bei dem SA-Hochschulamt.
Die politische Erziehung innerhalb der Deutschen Studentenschaft ist dem Nationalsozialistischen Deutschen Studentenbund anvertraut.
Im Rahmen ihrer Aufgabe verwaltet und verantwortet die Deutsche Studentenschaft ihre Angelegenheiten selbst. Unter Ausschluß jeder, auch bekenntnismäßiger Sonderung wahrt sie die Einheit und Geschlossenheit der studentischen Arbeit.

Das Kernstück

Prof. Krieck, Urheber der völkisch-politischen Anthropologie, 1936 in einem Artikel (Auszug)

Am Kernstück dieses Kosmos der Wissenschaften, an der völkisch-politischen Anthropologie, haben sämtliche Einzelwissenschaften gebend und empfangend Anteil. Jede Wissenschaft erbaut an ihr diejenige Seite, die ihrer besonderen Problemstellung und Methodik zugekehrt ist. An dieser Stelle reicht jeder Mann der Fachwissenschaft jedem Genossen aus den anderen Fachwissenschaften die Hand. Dort erfahren und erleben sie alle, daß ihnen eine gemeinsame Aufgabe und damit eine gemeinsame Verantwortung vor der Zukunft ihres Volkes zufällt. Diese Anthropologie tritt an die Stelle der bisherigen verbrauchten Philosophie in den gemeinsamen Sinnmittelpunkt. Denn es ist die bildende und bedeutende Aufgabe aller Wissenschaft, mitzuarbeiten an einem neuen Welt- und Menschenbild, zu dem die rassisch-politische Weltanschauung den Weg weist, schon dadurch den Weg weist, daß sie zu einer grundlegend neuen und allumfassenden Anschauung vom Leben hindrängt.

Deutsche Physik

Prof. Lenard in «Volk im Werden», 1936 (Auszug)

«Deutsche Physik?» wird man fragen. – Ich hätte auch arische Physik oder Physik der nordisch gearteten Menschen sagen können, Physik der Wirklichkeitsergründer, der Wahrheitssuchenden, Physik derjenigen, die Naturforschung begründet haben. – «Die Wissenschaft ist und bleibt international!» wird man mir einwenden wollen. Dem liegt aber ein Irrtum zugrunde. In Wirklichkeit ist die Wissenschaft, wie alles, was Menschen hervorbringen, rassisch, blutmäßig bedingt. Ein Anschein von Internationalität kann entstehen, wenn aus der Allgemeingültigkeit der Ergebnisse der Naturwissenschaft zu Unrecht auf allgemeinen Ursprung geschlossen wird oder wenn übersehen wird, daß die Völker verschiedener Länder, die Wissenschaft gleicher oder verwandter Art geliefert haben wie das deutsche Volk, dies nur deshalb und insofern konnten, weil sie ebenfalls vorwiegend nordischer Rassenmischung sind oder waren.

Naturnotwendigkeit Krieg

«Biologie, Nationalsozialismus und neue Erziehung» von Donath/Zimmermann, 1937 (Auszug)

Aus erbbiologischen Gründen könnte sich uns die Überzeugung aufdrängen, daß ein Krieg das schwerste nationale Unglück sei, das ein Volk treffen könne. Setzt doch im Kriege ein jedes Volk gerade seine gesündesten, wehrhaftesten und willensstärksten Männer aufs Spiel. Je länger ein Krieg dauert, um so mehr unersetzliches, wertvollstes Erbgut geht auf dem Felde der Ehre verloren. Die körperlich weniger Tüchtigen, ja oft Schlech-

Ideologische Zentren des deutschen Faschismus (1937)

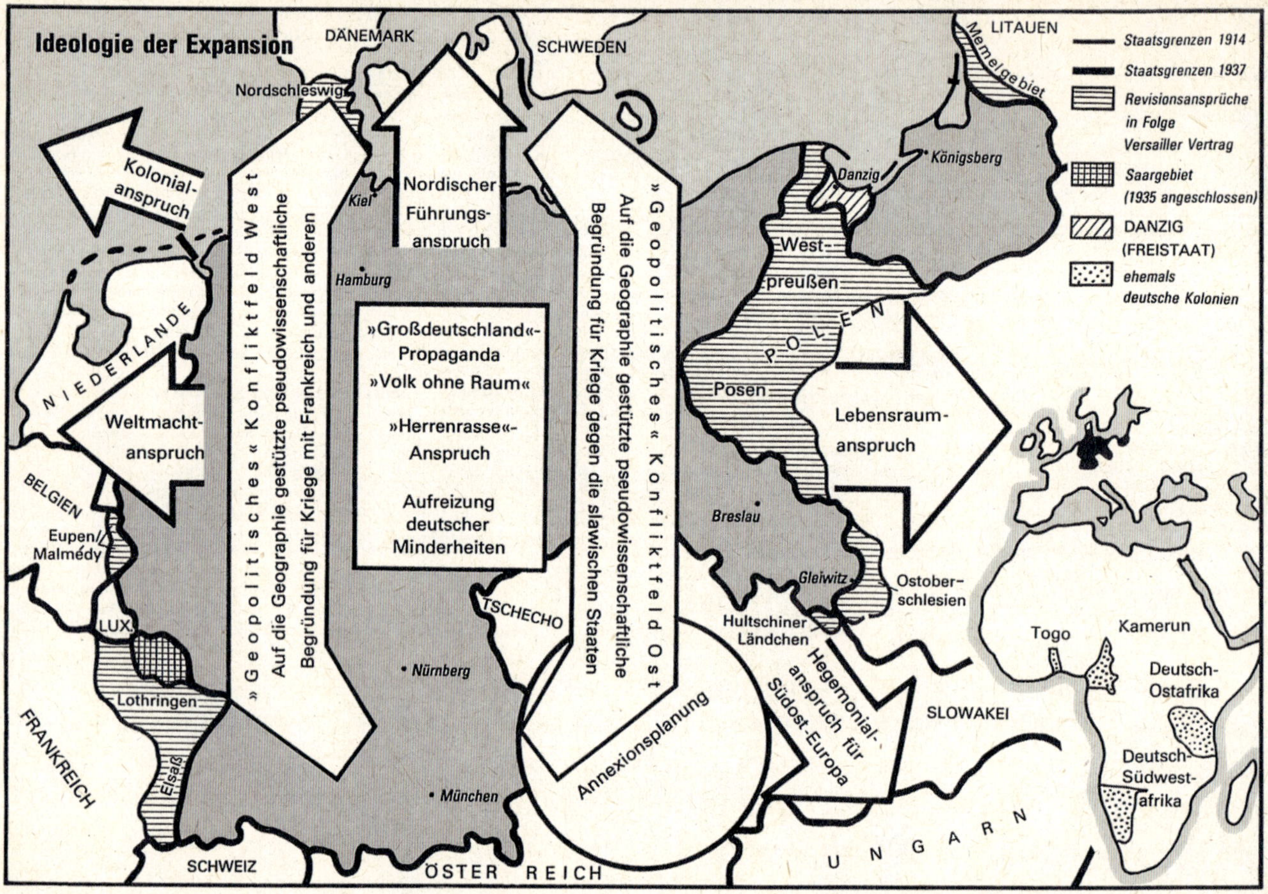

ten, bleiben zu Hause und damit für die Fortpflanzung der Rasse erhalten ...
Aus dem bisher Gesagten scheint also hervorzugehen, daß jeder Biologe ein überzeugter Pazifist sein müsse. Das wäre aber ein völliger Trugschluß. Wir dürfen nämlich ein anderes biologisches Grundgesetz hier nicht vergessen, das ist die Erhaltung der Art. Jede Art vermehrt sich unter natürlichen Verhältnissen und sucht dabei im Kampfe ums Dasein ihren Lebensraum zu behaupten oder nötigenfalls zu erhalten. Dieses Gesetz gilt auch für das Leben der Völker. Daher wäre ein Weltfrieden bloß auf der Grundlage einer gerechten Raumverteilung unter Völkern mit unveränderlicher Bevölkerungszahl denkbar. Da beides jedoch in keiner Weise der Fall ist, sind Kriege so lange eine unbedingte Naturnotwendigkeit, als die zahlenmäßig sich schwächer entwickelnden Völker nicht freiwillig einen angemessenen Teil des von ihnen eingenommenen Lebensraumes abtreten wollen.

Umwertung der Geschichte

Der Vorgeschichtsforscher Reinerth in einem im April 1937 erschienenen Artikel (Auszug)

Der Nationalsozialismus hat die deutsche Vorgeschichte aus der Enge und Begrenztheit der Fachwissenschaft herausgehoben und zur Ehrensache des ganzen deutschen Volkes gemacht. Wer unsere germanischen Vorfahren schmäht und herabsetzt, steht heute nicht mehr dem vereinzelten völkischen Kämpfer, sondern der geschlossenen Front aller nationalsozialistischen Deutschen gegenüber. Die Umwertung der deutschen Geschichte, die bewußte Einbeziehung der namenlosen frühen Jahrtausende, die den Weg unseres Volkes schicksalhaft bestimmt haben, ist in vollem Gange. Maßstab der Gesittung, der Taten und Leistungen unserer Vorfahren kann nicht mehr Rom und der Süden, sondern ausschließlich unser eigenes, blutgebundenes Volkstum sein.

Wissenschaft und Technik 1933–1940

1933
Elektronenmikroskopie nach Knoll, v. Borries, Ruska und Bruche – Elektrische Quarz-Uhr von Scheibe und Adelsberger – Diesel-elektrische Schnell-Triebwagen in Betrieb

1934
Kunstseide und Stapelfaser (Zellwolle) nach dem Verfahren von Rein in industrieller Produktion – Probebetrieb des ersten öffentlichen Fernseh-Senders (Berlin) aufgenommen – Schiffshebewerk Niederfinow in Betrieb (21. März)

1935
Domagk führt die Sulfonamide in die Therapie ein – Gesetz über die Errichtung der Talsperre Hohenwarte (13. Febr.)

1936
Giftgas Tabun entwickelt – Produktionsbeginn für synthetischen Kautschuk (Buna) – Anwendung des Krupp-Renn-Verfahrens zur Aufbereitung und Anreicherung armer Erze – Agfa-Color-Technik (Wilmanns/Schneider) – Farb-Tonfilm-Verfahren nach Fischer – Erstes Fernseh-Telefon-Gespräch Leipzig–Berlin (1. März) – Elbbrücke bei Dömitz fertig (23. April) – Patent-Gesetz; Gebrauchsmuster-Gesetz; Warenzeichen-Gesetz (5. Mai) – Eröffnung des großen Flug- und Luftschiff-Hafens in Frankfurt/M. (8. Juli) – Erste Teilstrecke der Berliner Nord-Süd-Bahn übergeben (27. Juli) – Rügen-Damm eröffnet (5. Okt.)

1937
Schlack entwickelt die Perlon-Faser – Erster einsatzfähiger Hubschrauber Focke 61 – Deutsche Ausgrabungen in Olympia begonnen (10. April) – Luftschiff-Katastrophe in Lakehurst; Explosion der «Hindenburg» (6. Mai)

1938
Erste Fernseh-Großprojektion auf der Berliner Funk-Ausstellung – Bau des Tauern-Kraftwerks in Österreich beginnt (14. Mai) – Neues Luftschiff LZ 130 «Graf Zeppelin» startet in Friedrichshafen (6. Juli) – Schiffshebewerk Magdeburg-Rothensee eingeweiht (30. Okt.)

1939
Schrader, Ritter, Linde und Ambros entwickeln als Kampfstoff das Nervengas Sarin – Schrader und Müller entwickeln Insektizid DDT – Industrielle Fettsynthese nach Reppe in Witten/Ruhr begonnen – Beginn von Arbeiten zur Kernspaltung – Erste Arbeiten zur Radartechnik – Erster Flug eines mit Flüssigkeitsraketen angetriebenen Flugzeugs: He 176 – Erstes Flugzeug mit Strahl-Triebwerk erprobt: He 178 (24. Aug.)

1940
R. Müller schafft Silizium-organische Verbindungen

3 Auf Kriegskurs

Faschismus in Deutschland bedeutete Krieg für Europa. Auf die Dauer konnte nur brutale Gewalt die Nazis ihren imperialistischen Zielen näher bringen. Das wußten sie, und nichts anderes wollten sie. An den bedrohten Staaten war es, sich darauf einzustellen, gemeinsam den Gefahrenherd zu isolieren, den Faschismus politisch und wirtschaftlich auszuzehren und damit auch dem noch kämpfenden Teil des deutschen Volkes zu helfen, sich und die Welt von dieser Völkerpest zu befreien. Diese Chance allein war dem Frieden noch gegeben. Sie wurde vertan.
Als neuartige Erscheinung stand der Faschismus Anfang der dreißiger Jahre einer Welt gegenüber, die seine Gemeingefährlichkeit zum größten Teil nicht erfaßte. In den bürgerlich-demokratischen Staaten mischte sich bei den auf andere Weise herrschenden Klassen ein verdrängtes Unbehagen über die rüden Diktaturen mit der kollegialen Anerkennung ihres tätigen Antikommunismus. Daß Faschismus im hochindustrialisierten Deutschland auch ihre Gesellschaft in Frage stellte, blieb dabei unberücksichtigt. Demgegenüber entwickelten die Sowjetunion und die in der Komintern vereinten proletarischen Parteien bereits sehr früh eine Friedensstrategie, die international ebenso wie national jeden denkbaren Bundesgenossen gegen Faschismus und Krieg zu gewinnen suchte.
Der verständnisvollen Ermutigung des Faschismus durch den imperialistischen Westen lagen soziale Motive zugrunde. Seit der Großen Sozialistischen Oktoberrevolution war das Weltgeschehen nicht mehr vorrangig von den gewohnten Konflikten der imperialistischen Staaten untereinander geprägt. Zwar hatte die schon durch den ersten Weltkrieg

eingeleitete allgemeine Krise des kapitalistischen Systems die Gegensätze zwischen diesen Staaten inzwischen weiter verschärft, und dies galt besonders für das Verhältnis der Siegerstaaten zum Hauptverlierer dieses Krieges. Als bestimmend für die Außenpolitik sämtlicher Regierungen des Imperialismus erwies sich aber seither der Hauptwiderspruch der neuen Epoche – der Widerspruch zwischen Sozialismus und Kapitalismus.

Das faschistische Deutschland sah sich in voller Übereinstimmung mit objektiven Gegebenheiten als die wichtigste Stoßkraft des Weltimperialismus gegen die Sowjetunion. Sie war Hauptobjekt und zugleich Haupthindernis seiner Weltherrschaftspläne. Die Westmächte akzeptierten das Sendungsbewußtsein der Nazis um so mehr, als die Sowjetunion nach den Ergebnissen ihres ersten Fünfjahrplanes zur nicht mehr beiläufig zu liquidierenden Großmacht aufgestiegen war. Sie vernachlässigten dabei allerdings einen für sie höchst fatalen Punkt: Obwohl die Nazis die Hauptrichtung der künftigen Expansion eindeutig festgelegt hatten, blieb die Reihenfolge ihrer wesentlich weiter reichenden Pläne offen.

Vorrangiges Ziel des deutschen Faschismus war völlig uneingeschränkte Handlungsfreiheit. Seine Außenpolitik richtete sich deshalb zunächst – unter unentwegter Beteuerung der ehrenhaftesten Absichten – gegen die «Fesseln von Versailles» und den Völkerbund. Dies fiel ihm um so leichter, als der imperialistische Raubfrieden beim deutschen Volk zu Recht verhaßt war und auch von seinen Urhebern nur noch mit halbem Herzen verteidigt wurde. Großbritannien, das den Faschismus mit dem Viermächtepakt und Rüstungskonzessionen sofort an sich binden wollte, sah sich Großmachtansprüchen gegenüber. Dennoch blieben die dort Herrschenden aus borniertem Klassendenken auch in der Folgezeit die zuverlässigsten Förderer der Nazis, während sich die Frankreichs immerhin zeitweilig auf ihre stärkere Gefährdung besannen. In den Vereinigten Staaten verfolgten ungemein einflußreiche Kreise das Gedeihen des Faschismus mit kaum verhohlener Sympathie.

Der dem Bekenntnis zur Gewalt gleichkommende Auszug Deutschlands aus dem Völkerbund blieb wie der vorangegangene Japans und der spätere Italiens ungeahndet. Das begünstigte die Nazis in ihrem Bestreben, ungestört die Front ihrer potentiellen Opfer durch zweiseitige Abkommen aufzuspalten, was den jeweiligen Partner zudem um den Beistand Dritter bringen mußte. Objekte dieser diplomatischen Diversion waren vor allem die Staaten Ost- und Südosteuropas. Ein derart hintergründiger Vertrag mit Polen stellte hier frühzeitig das gesamte Bündnissystem Frankreichs in Frage. Dagegen scheiterten erste Versuche, sich Österreich einzuverleiben, an der Rivalität Italiens im Donau-Raum, wobei die hemmungslose Aggressivität der Nazis blutig zutage trat.

Angesichts der bedrohlichen Entwicklung suchte die Sowjetunion über den Völkerbund ein System kollektiver Sicherheit aufzubauen, verweisend auf die Unteilbarkeit des Friedens. Das mißlang ihr, obgleich sie diesen Gedanken, vielfach variiert, bis unmittelbar vor Kriegsausbruch verfolgte. Bei den Westmächten war das von der Nazidiplomatie kräftig genährte antisowjetische Wunschdenken so ausgeprägt, daß sie den Faschismus mit sich steigernden Zugeständnissen immer nachhaltiger förderten, während sie die auf gemeinschaftliche Festigung des Friedens gerichteten Vorschläge der Sowjetunion nahezu ausnahmslos abwiesen. In Moskau angeregte Bemühungen des französischen Außenministers Barthou um einen Ost- und einen Mittelmeerpakt endeten mit der Ermordung des Politikers. Perfekt wurden immerhin Beistandsverträge der Sowjetunion mit Frankreich und der Tschechoslowakei. Der Völkerbund, geschaffen von Imperialisten, war offensichtlich nicht zu einem Bund der Völker umzufunktionieren, wenngleich ihn die Sowjetvertreter unermüdlich als Forum zur Anprangerung des Faschismus nutzten. Sein Versagen während der Aggressionen Italiens und Japans sowie im Freiheitskrieg Spaniens machte ihn vollends zur bloßen Kulisse außenpolitischer Täuschungsmanöver. In allen folgenden Konflikten spielte er keine Rolle mehr.

Die heimliche Vorbereitung Deutschlands auf den Krieg war unterdessen schon voll im Gange. Von Reichswehr und Rüstungsindustrie noch in der Weimarer Republik in die Wege geleitet, kam die Aufstellung einer modern ausgestatteten Massenarmee rasch voran. Das Geschäft der Konzerne florierte; beteiligt waren führende Monopole der Westmächte, die hier direkt und im Ausland indirekt mitprofitierten. Willkommenen Zuwachs an Rüstungspotential brachte die Rückgliederung der von Frankreich abhängigen Saar. Als Umfang und Art der Aufrüstung nicht länger zu verbergen, die Militärklauseln des Versailler Vertrags offen gebrochen waren, reagierten die Westmächte – so in Stresa – wiederum nur verbal. Großbritannien honorierte den Vertragsbruch sogar mit einem Flottenabkommen. Ein kräftiges Nachstoßen des Faschismus konnte nicht ausbleiben.

In der Außenpolitik der Nazis mehrten sich die aggressiven Züge. Rheinland-Besetzung und damit Mißachtung des Locarno-Vertrags, Unterordnung Österreichs sowie militärische Intervention im spanischen Bürgerkrieg markierten den Übergang zu unverhüllter Gewalt. Begleitet war das von einer Annäherung der gleichen Kurs steuernden faschistischen Staaten Italien und Japan. Damit war schon der Weltfriede sichtbar bedroht.

Der Protest gegen Faschismus und Krieg erfaßte in der ersten Hälfte der dreißiger Jahre große Schichten in vielen Ländern. Ihn weltweit zum aktiven Widerstand zu wandeln, betrachteten die Kommunistischen Parteien als ihre vordringliche Aufgabe. Ihr Moskauer Weltkongreß analysierte die akute Gefahr und setzte sich nachdrücklich für die Einheitsfront der Arbeiterklasse und für die Volksfront aller antifaschistischen Kräfte ein. Davon ausgehend, formulierte die KPD auf ihrer Brüsseler Konferenz Strategie und Taktik für den Sturz der Nazidiktatur und die Errichtung eines demokratischen deutschen Staates. Unmittelbare Konsequenz war der Pariser Volksfrontausschuß, in dem Antifaschisten aller politischen Richtungen das deutsche Volk mahnten: «Seid einig, einig gegen Hitler!»

Zwischen den imperialistischen Staaten der Welt haben sich die Gegensätze nach der Weltwirtschaftskrise stark vertieft; die allgemeine Krise des kapitalistischen Systems treibt einem neuen Höhepunkt entgegen. Verlierer wie zu kurz gekommene Sieger des ersten Weltkriegs gehen unübersehbar auf die gewaltsame Um- und Neuverteilung der Erde aus. Drohende Kriegsherde sind vor allem Japan, Deutschland und Italien mit dem Ziel, ein «Großostasiatisches Reich», ein «Großdeutsches Reich», ein «Imperium Romanum» zu errichten. Das Bemühen der Sowjetunion um eine gemeinsame Abwehr der Aggressoren stößt auf den unverändert wirksamen Hauptwiderspruch der Epoche – den zwischen ihr und den imperialistischen Staaten. Er wird vom Faschismus sehr lange erfolgreich ausgenutzt.

Vor der Neuaufteilung der Erde

1933
24. Febr. Völkerbund fordert Japan zur Räumung der Mandschurei auf **27. März** Japan verläßt den Bund **Okt.** Überfall Japans auf die Ostchina-Bahn und auf sowjetische Grenztruppen (Mandschurei)
1934
17. März Durch die Römischen Protokolle über Kooperation mit Österreich und Ungarn nimmt Italien Einfluß auf den Donau-Raum **5. Dez.** Italien überfällt die äthiopische Oase Wal-Wal **19. Dez.** Japan kündigt Washingtoner Flotten-Abkommen der führenden Seemächte über die Flottenstärken
1935
7. Jan. Mussolini-Laval-Abkommen: Frankreich gibt Äthiopien den Italienern preis **März** Provokation Japans an der sowjetisch-mandschurischen Grenze **3. Okt.** Italien überfällt Äthiopien; wird am **7. Okt.** vom Völkerbund zum Aggressor erklärt; Finanz- und Wirtschaftssanktionen gegen Italien (bis zum Juli 36) **9. Dez.** Britisch-französisches Abkommen (Hoare/Laval) über die Preisgabe Äthiopiens
1936
19. März Italienisch-albanisches Abkommen; macht Albanien völlig abhängig **9. Mai** Kaiserreich Italien proklamiert: Imperium Romanum **Juli** Beginn der Intervention Italiens gegen die Republik Spanien **25. Okt.** Achse Berlin–Rom grenzt Deutschlands und Italiens Interessengebiete ab **25. Nov.** Japan mit Deutschland im Antikomintern-Pakt vereint
1937
2. Jan. Gentleman's Agreement Großbritanniens mit Italien: freie Hand gegen die Republik Spanien **7. Juli** Japan überfällt China; Beginn des Krieges im Fernen Osten **10. Sept.** In Nyon internationale Konferenz über Italiens U-Boot-Piraterie (gegen Schiffe mit Gütern für die Republik Spanien) im Mittelmeer **6. Nov.** Beitritt Italiens zum deutsch-japanischen Antikomintern-Pakt **24. Nov.** Fernost-Konferenz des Völkerbundes in Brüssel; läßt Japan gewähren **11. Dez.** Italien verläßt den Völkerbund
1938
12. März Mussolini stimmt deutschem Einmarsch in Österreich zu **16. April** Italienisch-britisches Abkommen über gute Nachbarschaft am Mittelmeer und in Ostafrika **29. Juli** Japanischer Überfall auf sowjetisches Gebiet am Chassan-See **30. Sept.** Italien wirkt maßgeblich am Münchener Diktat mit **3. Nov.** Japan verkündet «Neuordnung Ostasiens»
1939
7. April Italien besetzt Albanien; fünf Tage danach annektiert **11. Mai** Angriff Japans am Chalchin-Gol auf die Mongolische Volksrepublik; dreimonatige Kämpfe **22. Mai** Stahlpakt: Deutsch-italienisches Militärbündnis **24. Juli** Arita-Craigie-Abkommen; Großbritannien für Japans Vorherrschaft in China

Internationaler Friedenskampf: Seite 156

Der Versuch, sich aus den großen inneren Schwierigkeiten nach der Weltwirtschaftskrise rasch zu befreien, läßt sowohl die italienischen Faschisten als auch die herrschenden Kreise Japans – unter denen gleichfalls der Faschismus Platz greift – zum Patentmittel Krieg greifen

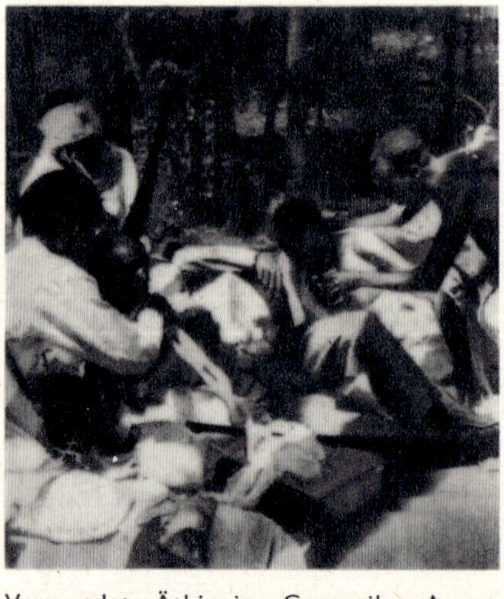

Verwundete Äthiopier. Gegen ihre Armee gehen hundertsiebzigtausend Italiener mit Panzern, Bombenflugzeugen und Giftgas vor

Den Soldaten des lange abhängigen und nun annektierten Albanien wird das italienische Armee-Abzeichen an ihre Uniform geheftet

Das stete Wachstum des römischen Weltreichs zeigen 1935 riesige Schautafeln aus Stein in der Via del Impero in Rom. Sie sind Teil der psychologischen Vorbereitung des italienischen Volkes auf den Kolonialkrieg gegen Äthiopien, der logisch der Unterdrückung der eignen Bevölkerung folgt. Auf dem Programm des Faschismus steht – im Widerspruch zu allen Möglichkeiten – das «Mittelmeer-Reich»

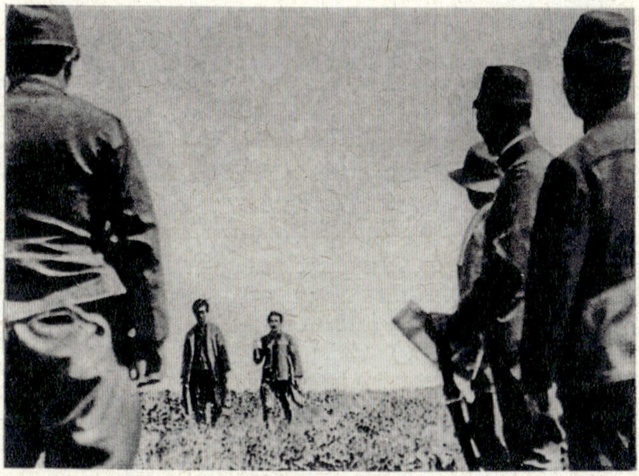

Am Chassan-See: Nach der Niederlage ihrer Truppen kehren diese japanischen Parlamentäre aus dem Stab der Sowjetarmee zurück. Nur zehn Monate danach greifen die Japaner am Chalchin-Gol an

Japaner vor dem Sturm auf Hankou. Mit der neuen Aggression gegen China führt Japan sein 1931/32 durch den Raub der Mandschurei eingeleitetes Vorhaben fort, Ostasien schrittweise zu unterwerfen

Im Völkerbund begegnen die Aggressoren, abgesehen von einigen nahezu unwirksamen Sanktionen, keinem geschlossenen Widerstand der Regierungen. Ursache dafür sind die Interessengegensätze der westlichen Großmächte, die durch den Faschismus von vornherein ins Kalkül gezogen sind. Bei der Debatte zum Überfall Italiens auf Äthiopien (oben) sind die Plätze der künftigen Achsenpartner leer

Japans Delegation unter Matsuoka zieht aus dem Völkerbund aus, als der sich weigert, die japanischen Eroberungen anzuerkennen

Die italienische Ratsdelegation unter Aloisi boykottiert mehrfach unbequeme Sitzungen bis zum endgültigen Austritt Italiens 1937

Für entschlossene Abwehr jeder Aggression durch wirkungsvolle kollektive Maßnahmen tritt im Völkerbund einzig die Sowjetunion ein, hier vertreten durch ihren Außenminister Litwinow. Die antisowjetisch orientierten Westmächte versagen sich jedoch beharrlich

Deutschlands Platz im Völkerbund ist schon seit Oktober 1933 verwaist. In den Augen der Nazis muß Mitarbeit zur Fessel werden

Die demokratische Weltöffentlichkeit setzt sich gegen die zunehmende Kriegsgefahr auf vielfältige Art und Weise eindrucksvoll zur Wehr. In Brüssel tagt im September 1936 eine Weltfriedenskonferenz mit über viereinhalbtausend Delegierten aus fünfunddreißig Staaten

Hitlers «Großdeutsches Reich» läßt sich nur auf Kosten der Nachbarländer Deutschlands herbeiführen – in letzter Konsequenz also nur durch Krieg. Friedensbeteuerungen und die Forderung nach «Gleichberechtigung» sollen die Weltöffentlichkeit täuschen, um den Nazis den unentbehrlichen Spielraum zur Vorbereitung ihrer Gewalt-Politik zu verschaffen. Auf Antisowjetismus orientiert, kommt dem die britische Regierung sofort entgegen. Der von ihr zur Aufwertung des deutschen und des italienischen Faschismus inspirierte Viermächtepakt allerdings wird nicht ratifiziert. Frankreich, unmittelbarer gefährdet, sucht Sicherheit durch Bündnisse mit Staaten Ost- und Südosteuropas. Die Nazis höhlen dieses System zielstrebig mit dem Abschluß zweiseitiger politischer und wirtschaftlicher Verträge aus.

Das Programm des Krieges

1933

2. Febr. Die Internationale Abrüstungskonferenz in Genf eröffnet die zweite Session **6. März** Polen demonstriert in Danzig militärisch gegen deutsche Revisionsabsichten **16. März** In Genf Vorlage des Macdonald-Plans: Verdoppelung der Reichswehr **12. April** Göring und v. Papen bei Pius XI. **5. Mai** Berliner (Neutralitäts-) Vertrag mit Sowjetunion verlängert **15. Mai** Österreich weist reichsdeutsche Anschluß-Emissäre (H. Frank u.a.) nach Besuch bei neugebildeter Großdeutscher (NS-) Front aus **17. Mai** «Friedensrede» Hitlers vor dem Reichstag; außenpolitisches Programm **20. Mai** Reise-Boykott gegen Österreich (Visa-Gebühr: eintausend Mark) **5. Juni** Handelsvertrag mit Ungarn **7. Juni** In Rom Viermächtepakt mit Italien, Großbritannien und Frankreich; will Völkerbund durch Großmächte-«Direktorium» überspielen; faktisch niemals in Kraft **12. Juni** Internationale Wirtschaftskonferenz in London eröffnet **20. Juli** Reichskonkordat mit dem Vatikan **14. Okt.** Deutschland tritt aus der Abrüstungskonferenz aus; am **19. Okt.** auch aus dem Völkerbund **25. Okt.** Reichswehr-Weisung für den Sanktions-Fall: Widerstand «um jeden Preis» **18. Dez.** Deutsches Memorandum an Frankreich; fordert Dreihunderttausend-Mann-Heer **28. Dez.** Die Sowjetunion schlägt Frankreich gemeinsamen Beistandspakt mit Belgien, der Tschechoslowakei, Polen und den baltischen Staaten vor

1934

17. Jan. Beschwerde Österreichs über deutsche Einmischung **26. Jan.** Nichtangriffs-Vertrag mit Polen; zehnjährige Laufzeit **9. Febr.** Balkan-Pakt von Athen (Griechenland, Rumänien, Jugoslawien, Türkei); Abwehr von Ansprüchen der Bulgaren, Ungarn, Albaner **17. Febr.** Dreimächte-Erklärung (Italien, Frankreich und Großbritannien) über die Unabhängigkeit Österreichs **17. März** Römische Protokolle (Italien, Österreich, Ungarn); gegen deutsches Vordringen zum Donau-Raum **28. März** Sowjetunion schlägt Deutschland Garantie-Pakt für baltische Staaten vor **Frühjahr** Osteuropa-Reise des französischen Außenministers Barthou; Ziel: ein System kollektiver Sicherheit **24. April** v. Ribbentrop «Beauftragter für Abrüstungsfragen» **26. April** Sowjetischer Garantie-Pakt-Vorschlag abgelehnt **14. Juni** Treffen Hitlers mit Mussolini in Venedig; ergebnislos **27. Juni** Barthou legt in Genf den Vorschlag eines Ost-Paktes vor, analog dem Locarno-Vertrag im Westen **13. Juli** Entwurf dazu durch Großbritannien in Berlin überreicht **25. Juli** Naziputsch in Österreich; bezweckt den Anschluß an das Reich **26. Juli** Aufmarsch starker Truppenverbände Italiens am Brenner – v. Papen Sondergesandter in Wien **10. Sept.** Deutschland lehnt einen Ost-Pakt ab; kurz darauf auch Polen

Auf der Weltwirtschaftskonferenz in London löst Hugenberg (Kreis), zu dieser Zeit noch Wirtschaftsminister, mit der Forderung nach Kolonien und «Lebensraum» im Osten einen massiven sowjetischen Protest aus. Die Nazis lassen ihn daraufhin – nicht ungern – fallen

Die Außenpolitik des Dritten Reiches wird durch eine zahme «Friedensrede» Hitlers vor dem Reichstag eingeleitet, der – einschließlich der Sozialdemokraten – das außenpolitische Programm der Nazis billigt. Kern des Programms ist die Revision des Versailler Vertrages

Vor der Genfer Abrüstungskonferenz erklärt Botschafter Nadolny das Einverständnis der Naziregierung mit dem Macdonald-Plan, der Deutschland eine «gleichberechtigte» Aufrüstung einräumen will

Mit einer spektakulären Pressekonferenz in Genf bereitet Goebbels Ende September 1933 den Rückzug von der Abrüstungskonferenz und den folgenden Austritt Deutschlands aus dem Völkerbund vor

«Frieden und Gleichberechtigung» lautet die verlogene Parole der Nazis zu den Reichstagswahlen im November 1933, bei denen sie sich zudem den Boykott der internationalen Gremien durch eine «Volksabstimmung» als den ausdrücklichen Wunsch der Deutschen bestätigen lassen. Gleichberechtigung heißt hier nichts anderes als forcierte Aufrüstung entgegen dem Friedensvertrag von Versailles

Unterzeichnung des Viermächtepakts in Rom durch Frankreichs Botschafter de Jouvénel. Links Mussolini als Gastgeber sowie die Botschafter v. Hassell (Deutschland) und Graham (Großbritannien)

Nach Abschluß des irreführenden Nichtangriffs-Vertrags mit Polen besucht Goebbels im Juni 1934 Warschau. Links von ihm Marschall Pilsudski und der Gesandte v. Moltke, rechts Außenminister Beck

Verstimmung kennzeichnet Hitlers ersten Besuch in Italien, wo er im Juni 1934 von Mussolini außer Gondelfahrten in Venedig kaum etwas erreicht. Hauptsächlich im Hinblick auf Österreich sind die außenpolitischen Interessen beider völlig entgegengesetzt. Während sich der «Duce» bemüht, das Land für seinen südosteuropäischen Staatenblock zu gewinnen, möchte Hitler es umgehend anschließen

Große Bedeutung für die Außen- wie die Innenpolitik des Dritten Reiches gewinnt das zwischen dem Papst und der Naziregierung 1933 ausgehandelte Konkordat. Es wird im Vatikan von Vizekanzler v. Papen und Kardinalstaatssekretär Pacelli, dem kommenden Papst Pius XII., unterzeichnet. Das Abkommen macht die Nazimörder in der Welt salonfähig und unterwirft ihnen Deutschlands Katholiken

Der erste Staatsgast des Naziregimes ist der reaktionäre ungarische Ministerpräsident Gömbös, hier bei einem späteren Aufenthalt mit Göring und dessen Frau in der Berliner Staatsoper. Seine Visiten in Deutschland machen den zunehmenden Einfluß der Nazidiplomatie in Südosteuropa deutlich, wo sich Frankreich und Italien ihrerseits mit dem entgegengesetzten Ziel um eigene Staatenbünde mühen

Faschistischem Druck begegnen soll der Balkanpakt, Anfang 1934 besiegelt durch die Außenminister (v. l. n. r.) Jevtić (Jugoslawien), Titulescu (Rumänien), Maximos (Griechenland) und Roudji (Türkei)

Der französische Außenminister Barthou (rechts), im Bild mit dem tschechoslowakischen Staatspräsidenten Masaryk, arbeitet intensiv an einem System kollektiver Sicherheit für Ost- und Südosteuropa

Der Faschismus ist zu Beginn der dreißiger Jahre in Europa zu einer der Demokratie kontinental drohenden Gefahr angewachsen – Folge wie Zeichen der allgemeinen Krise des kapitalistischen Systems. In mehreren Ländern üben die Feinde des Proletariats die Herrschaft schon mit Kugel und Kerker aus, in weiteren mehren sich faschistische Züge des jeweiligen Regierungssystems, in dritten drängt ihre Bewegung mit blutigem Terror ungeduldig zur Macht. Dies ist der eigentliche Boden der nazistischen Außenpolitik, die nur zum Teil durch Diplomaten, mindestens ebenso intensiv aber durch die Agentenschar des «Büros Ribbentrop», das Außenpolitische Amt der NSDAP und die aktive Auslandsorganisation der Nazipartei betrieben wird. Ihr unterirdisches Wirken markiert eine Blutlinie.

Jenseits der Grenzen

1933
17. März Diktatur des Klerikal-Faschismus unter Dollfuß in Österreich **19. März** Portugal erhält (Italiens) Stände-Verfassung **29. Okt.** Gründung der spanischen Falange **29. Dez.** Eiserne Garde ermordet Rumäniens Ministerpräsidenten Duca
1934
6. Febr. Faschistischer Putsch in Paris **12. Febr.** Generalstreik in Frankreich gegen Faschismus, Elend und Krieg – In Österreich provozieren neue Unterdrückungsmaßnahmen bewaffnete Abwehrkämpfe **12. März** Faschistischer Staatsstreich in Estland (Päts) **15. März** In Lettland faschistische Diktatur unter Ulmanis **14. Juli** Aufmarsch von dreißigtausend Feuerkreuzlern in Paris; bei der Gegenkundgebung eine halbe Million Werktätige **25. Juli** Dollfuß bei NS-Putsch ermordet **27. Juli** Die Kommunistische und die Sozialistische Partei Frankreichs schließen Aktionseinheits-Abkommen **17. Aug.** Aktionseinheits-Abkommen zwischen der Kommunistischen und der Sozialistischen Partei Italiens **5. Okt.** In Spanien Generalstreik gegen die Regierungsbeteiligung von Konterrevolutionären; in Asturien Aufstand **9. Okt.** Ustascha ermordet in Marseille König Alexander und Minister Barthou
1935
23. April Neue Verfassung Polens; diktatorische Vollmachten für den Präsidenten **23. Nov.** Unter Regierung Kjoseiwanow in Bulgarien Übergang zur offenen monarcho-faschistischen Diktatur
1936
15. Jan. In Spanien Volksfront-Abkommen zwischen Kommunistischer und Sozialistischer Partei sowie anderen Parteien **6. Febr.** Verbot aller Parteien in Litauen durch faschistisches Smetona-Regime **16. Febr.** Wahlsieg der Volksfront-Parteien in Spanien **26. Febr.** Militärfaschistischer Putsch in Tokio; scheitert **1. März** Demonstration von rund sechshunderttausend Werktätigen Madrids für die Volksfront **26. April/3. Mai** Wahlsieg der Volksfront-Parteien in Frankreich **4. Juni** Streik von ca. vierhunderttausend Werktätigen Frankreichs für Volksfront-Regierung; Regierung Blum gebildet **18. Juli** Militärputsch unter Franco in Spanisch-Marokko; auf Spanien ausgedehnt **4. Aug.** Metaxas geht in Griechenland zur Diktatur über
1937
28. Dez. In Rumänien stark faschistisch geprägtes Kabinett Goga gebildet (mit Cuza und Antonescu)
1938
10. Febr. Staatsstreich des rumänischen Königs; Verfassung außer Kraft; monarchistische Diktatur
1939
21. Sept. Die Eiserne Garde ermordet Rumäniens Ministerpräsidenten Călinescu

Die Fünfte Kolonne des NS-Staates: Seite 148

Vertreter der American Legion, einer der in den USA tonangebenden faschistischen Organisationen, besuchen Mitte 1934 Berlin

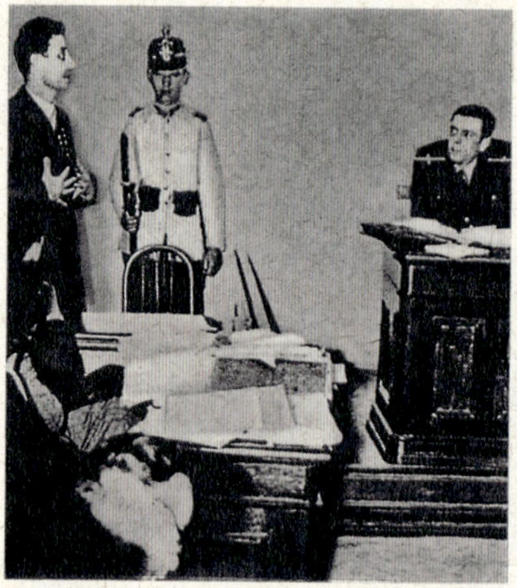

Vor dem Militärgericht: Codreanu, brutaler Führer der faschistischen Eisernen Garde Rumäniens. Er wird in der Haft erschossen

Anfang 1934 unternehmen die französischen Faschisten den Versuch, Regierungsgebäude und die Deputiertenkammer zu erstürmen

Der erste Parteitag der kopierten «Nationalsozialistischen Bewegung» in den Niederlanden findet 1933 in Utrecht statt. Mit faschistischem Gruß marschieren die Delegierten an dem Parteigründer Mussert vorüber. Neun Jahre später ist er der (Unter-) «Führer» Hollands

Der Putschversuch von zwanzigtausend z. T. bewaffneten Faschisten in Paris scheitert nicht zuletzt an der entschlossenen Abwehr der Werktätigen. Dennoch bleibt hier die faschistische Gefahr höchst akut: Feuerkreuzler, Französische Aktion, Französische Solidarität, Patriotische Jugend und Katholische Nationale Vereinigung haben allerwärmste Unterstützung von Industrie, Grundbesitz und Klerus

Nach einer Demonstration seiner Anhänger Ende Oktober 1936 in Brüssel verhaftet: Degrelle, der Anführer der belgischen Rexisten, einer 1930 gebildeten faschistischen Organisation («Christus Rex»)

Relativ wirkungslos bleiben trotz hoher Gönner die faschistischen Umtriebe in Großbritannien, wo der Adlige Mosley (rechts) 1932 nach italienischem Vorbild die British Union of Fascists begründet

Der Sicherung starker eigner Interessen im Donau-Raum dienen die römischen Protokolle über engere Zusammenarbeit, die Mussolini im März 1934 mit Österreichs Bundeskanzler Dollfuß (links) und Ungarns Ministerpräsidenten Gömbös unter Dach und Fach bringt

Unter der faschistischen Willkürherrschaft des Diktators Salazar, der hier eines seiner Waffenarsenale besichtigt, stöhnt Portugal

Ein Aufstand der österreichischen Arbeiter gegen die von Dollfuß errichtete klerikal-faschistische Diktatur wird im Februar 1934 mit Armee, Polizei und Heimwehrkräften blutig niedergeworfen. Ihre Artillerie schießt in Wien die Arbeiterviertel zusammen; über die gefangengenommenen Kämpfer des Republikanischen Schutzbundes (oben) urteilen Standgerichte. Die Konzentrationslager füllen sich

Griechenland wird durch den royalistischen Diktator Metaxas (links) vom Sommer 1936 an in einen faschistischen Staat verwandelt

Ungarns «starker Mann» ist Reichsverweser Horthy, der 1919 die dortige Räterepublik im Blut erstickte und seither an des Staates oberster Spitze steht. Unter ihm wirkt Gömbös' rechtsradikale Rassistenregierung. 1937 entsteht hier die faschistische Pfeilkreuzler-Partei

Die Kämpfe in Wien fordern zweitausend Tote und fünftausend Verwundete; unter den Opfern sind viele Frauen und Kinder

Österreichische Zollbeamte durchsuchen die aus Deutschland kommenden Fahrzeuge nach Material für die nazistische Umsturzbewegung. Zugleich versuchen die deutschen Behörden, Dollfuß mit einer Tausend-Mark-Gebühr für Österreich-Reisen ökonomisch zu erpressen

Nazistudenten demonstrieren in Wien Anfang Mai 1933 gegen ein striktes Uniformverbot. Dirigiert werden die nazistischen Unruhen von München aus; nach dem Parteiverbot nehmen sie eher noch zu

Während des Juli-Putsches in Österreich: Kräfte der Polizei und Heimwehr greifen die im Rundfunkgebäude von Wien verschanzten Nazis an, die von hier aus Falschmeldungen und Aufrufe verbreiten

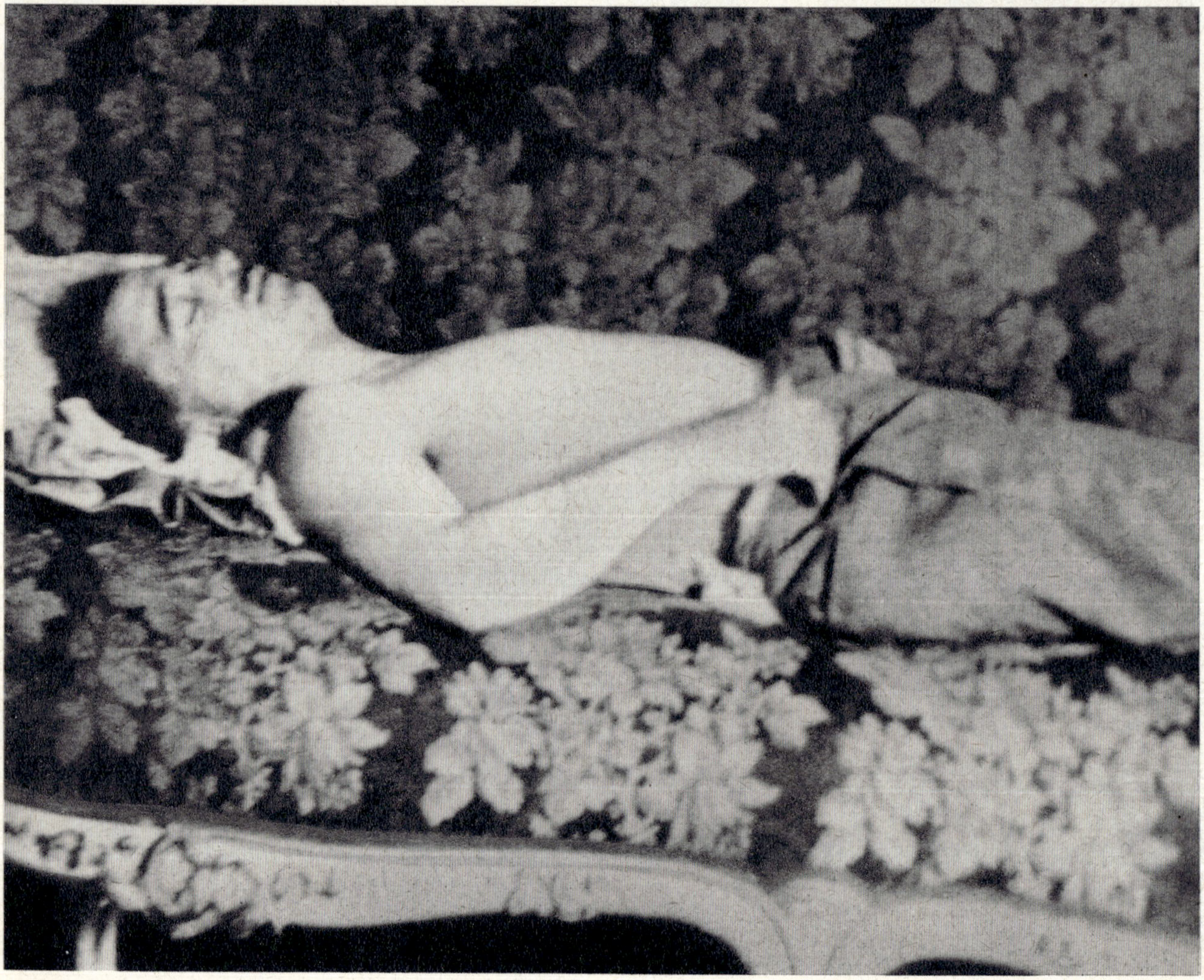

Prominentestes Opfer der Anschlußpolitik wird der österreichische Bundeskanzler Dollfuß. Die von Berlin aus gesteuerten Nazibanden strecken ihn bei ihrem Putsch im Juli 1934 mit Revolverschüssen nieder; der Verblutende wird hilflos liegengelassen. Regierungstreue Verbände ersticken den Putsch. Gegen das befürchtete Eingreifen Hitlers läßt Mussolini am Brenner seine Truppen aufmarschieren

Komplizen des nach der Tat niedergesäbelten Doppelmörders von Marseille: drei seiner kroatischen Landsleute. Vor Gericht steht in ihnen zugleich die Ustascha, eine faschistische Terrororganisation

Im Belgrader Trauerzug für Alexander I. geht Göring (links), einer der Schirmherren der Ustascha-Faschisten, die in Nazideutschland unbehelligt den Abfall Kroatiens von Jugoslawien betreiben dürfen

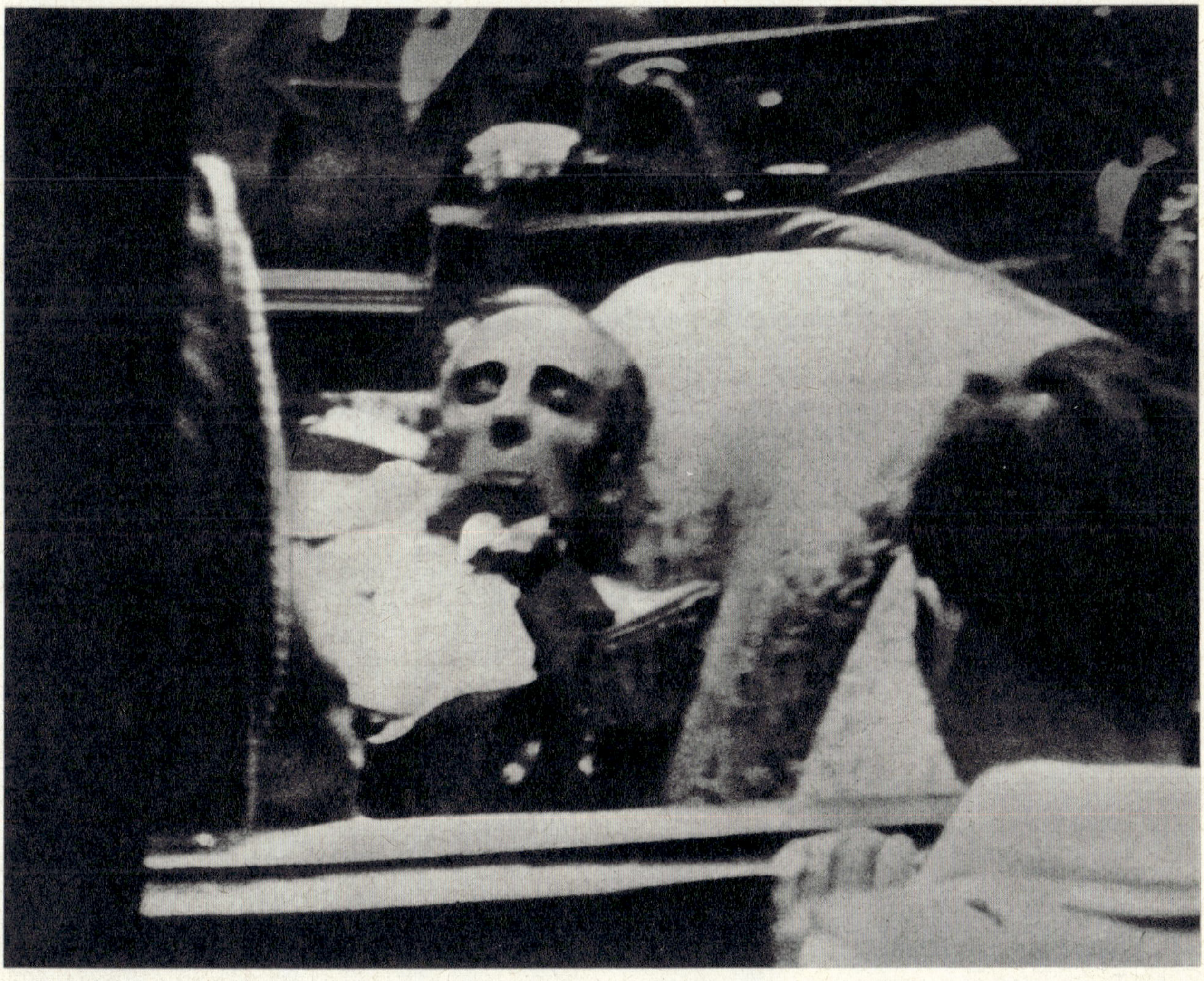

Die faschistische Blutlinie setzt sich Anfang Oktober 1934 mit dem Mord an Frankreichs Außenminister Barthou und König Alexander von Jugoslawien (oben) fort. Ihre Bündnispolitik hemmte die Nazis im Südosten, ihr plötzlicher Tod macht ihnen wie der von Dollfuß Wege frei: Neuer Außenminister Frankreichs wird Laval; Regent Jugoslawiens: Prinz Paul; Bundeskanzler Österreichs: Schuschnigg

Festumzug der Auslandsorganisation (AO) der NSDAP 1938 in der «Stadt der Auslandsdeutschen», Stuttgart. Die AO gehört wie der traditionelle Volksbund für das Deutschtum im Ausland (VDA) zum Instrumentarium höchst subversiver Tätigkeit der Nazis in anderen Staaten. Die dort gegründeten Orts- und Ländergruppen betreiben Spionage für künftige Aggressionen und werben Kollaborateure an

Chef der Militärspionage: Admiral Canaris (rechts), Leiter der Abwehrabteilung bzw. des OKW-Amtes Ausland/Abwehr (1938)

Die Auslandsorganisation der NSDAP führt Gauleiter Bohle, hier bei einem Besuch in England mit Churchill als dezenter Zivilist

Über die Grenzen wirkt mit Richtstrahlern der Deutsche Kurzwellensender, der über ein Dutzend sehr starker Stationen verfügt

Mitglieder einer Ortsgruppe der Nazipartei tief im brasilianischen Urwald. Der faschistische Einfluß unter den deutschen Siedlern in Südamerika wird unter Mißbrauch ihrer Heimatliebe stetig erhöht

Als Fünfte Kolonne der Nazis in der Tschechoslowakei fungiert die Sudetendeutsche Partei. In Eger marschiert 1935 ihre Hauptleitung mit K. H. Frank, Henlein und Brand (vorn, v. l. n. r.) zum Bundesfest

Einhundertsechsundzwanzig Nazis stehen im März 1935 vor einem Gericht in Kowno. Sie hatten im litauisch verwalteten Memel den bewaffneten Umsturz vorbereitet und einen Tatzeugen ermordet

Eine Massenversammlung des Amerika-Deutschen Volksbundes im Februar 1939 in New York. Unter aktivem Schutz der Polizei tagen im Madison Square Garden zweiundzwanzigtausend Nazianhänger

Von den Westmächten ermutigt, bauen die Nazis die militärischen und wirtschaftlichen Positionen des Reichs Zug um Zug aus. Ihr erster großer Erfolg in der Außenpolitik ist die Rückgliederung des seit Versailles durch eine Völkerbunds-Kommission verwalteten Saargebietes in den Reichsverband. Die für 1935 angesetzte Volksabstimmung über den künftigen Status dieses Territoriums wird von den Nazis mit gewaltigem Propagandaaufwand für sich entschieden. Damit können sie das Potential ihrer Aufrüstung erheblich erweitern. Die demokratischen Kräfte, die hier erstmals in größerem Umfang zu einer antifaschistischen Front vereint auftreten, vermögen sich gegen den hochauflodernden Chauvinismus nicht durchzusetzen. Mit der Saar ist dem Widerstand gegen das Naziregime eine unersetzliche Basis entzogen.

Für den Anschluß des französisch verwalteten Saargebiets ans Reich wirbt die Deutsche Front, eine Nazivereinigung, in der sämtliche bürgerlichen Parteien aufgegangen sind. Sie stachelt den Patriotismus der Saarländer schamlos mit sentimental-verlogenen Parolen auf

Anschluß an die Aufrüstung

1933

Herbst Im Saar-Gebiet die (NS-) Deutsche Front gegründet – v. Papen Reichsbevollmächtigter für Saar-Angelegenheiten **18. Dez.** In Memorandum an Frankreich fordert die deutsche Regierung die Freigabe des Saar-Gebiets ohne Abstimmung

1934

9. Jan. Denkschrift der Regierungskommission des Völkerbundes im Saar-Gebiet (Präsident: Knox) verzeichnet zunehmende terroristische Aktivität der NSDAP **20. Jan.** Völkerbunds-Rat beauftragt Baron Aloisi (Italien) mit der Vorbereitung der Abstimmung über eine Angliederung des Saar-Gebiets an Deutschland oder Frankreich **1. März** Die bürgerlichen Parteien einschließlich NSDAP gehen in der Deutschen Front auf; Landesleiter: Pirro **1. Juni** Abstimmungstermin in Genf auf den 13. Januar festgesetzt **Mitte Juni** Zentralkomitees der KPD und der FKP sowie KPD-Landesleitung rufen gemeinsam zur Entscheidung für Status quo auf **2. Juli** Auf Initiative der KPD Einheitsfront-Abkommen mit SPD-Bezirksleitung; gemeinsame Kundgebungen **12. Juli** Gemeinsamer Aufruf von KJVD und SAJ im Saar-Gebiet gegen Anschluß an Deutschland **10. Aug.** Saar-Bevollmächtigter des Reichs wird Bürckel **18. Aug.** Arbeitsdienst im Saar-Gebiet verboten; Meldepflicht für alle Mitglieder von NS-Organisationen **7. Nov.** Saar-Denkschrift saarländischer Wirtschaftsverbände für Anschluß an das Reich **10. Nov.** Anklageschrift der Regierungskommission gegen Deutsche Front **Anf. Dez.** Zahlreiche Katholiken, unter ihnen siebzig Geistliche, in Saarbrücken für Status quo **3. Dez.** Deutsch-französische Saar-Vereinbarung; regelt schon Fragen der Übergabe an das Reich; Frankreich dabei Verzicht auf weitere Gebietsansprüche zugesichert **15. Dez.** Sozialpolitischer Kampfkongreß (Kommunisten, Sozialdemokraten, Gewerkschafter) in Saarbrücken **19. Dez.** Erste internationale Ordnungstruppen für Abstimmung an der Saar **Dez.** Freie Gewerkschaften mit dem Roten Bergarbeiter-Verband (Saar) vereinigt

1935

6. Jan. Kundgebung der Deutschen Front auf dem Wackenberg bei Saarbrücken; Gegenkundgebung der Einheitsfront **13. Jan.** Abstimmung über die Saar; am **15. Jan.** Ergebnis bekanntgegeben: über neunzig Prozent für den Anschluß an Deutschland **17. Jan.** Völkerbund beschließt Wiedereinsetzung des Reichs in Hoheitsrechte an der Saar **18. Febr.** Vereinbarung mit Frankreich zur Rückgliederung **22. Febr.** Einsetzung eines Reichskommissars für das Saarland: Bürckel **1. März** Hoheitsrechte vom Reich übernommen – Hitler in Saarbrücken – Neugründung der NSDAP an der Saar **4. März** Unter Bürckel Landesregierung Saar gebildet

Die Saar-Industrie – hier die großen Stahlwerke in Völklingen – ist rüstungswichtig. 1934 produziert sie insgesamt mehr als elf Millionen Tonnen Steinkohle, knapp vier Millionen Tonnen Roheisen und Rohstahl sowie anderthalb Millionen Tonnen Walzwerkerzeugnisse

Die Losung der vereinten Antifaschisten: Festhalten am bisherigen Zustand der Saar bis zur Befreiung Deutschlands vom Faschismus. Der Status quo soll den Nazis weiteren Kräftezuwachs verwehren

Transport der Wahlurnen mit den Abstimmungsergebnissen unter Bewachung alliierter Truppen. Zwei Tage vor dieser Abstimmung hatte Außenminister Laval das Desinteresse Frankreichs verkündet

Hochinteressiert am Anschluß des Saargebietes zeigt sich dagegen Röchling, der Besitzer von Gruben und Hütten (Pfeil). Er rechnet kühl mit dem steilen Anstieg seiner Profite aus Rüstungsaufträgen

Nach Übergabe des Saargebietes an Deutschland durch Vertreter des Völkerbundes verlassen der Reichsinnenminister Frick (links) und Reichskommissar Bürckel das Kreisständehaus in Saarbrücken

Weit über zehntausend Menschen flüchten aus dem nunmehr dem Naziterror ausgelieferten Saarland. Über Deutschlands Städte geht zu dieser Zeit eine weitere Verhaftungswelle der Gestapo hinweg

Deutschlands vertragswidrige Hochrüstung ist bald nicht mehr geheimzuhalten. Bereits Ende 1934 ist der zwei Jahre zuvor von der Reichswehr ausgearbeitete «A-Plan» erfüllt, nach dem die Truppenstärke verdreifacht und die Bewaffnung modernisiert werden sollte. Der Ausbau der Luftwaffe ist weit vorangeschritten. Die Westmächte dulden die antisowjetisch deklarierten Rüstungen stillschweigend. Angesichts dessen wagen die Nazis nunmehr den offenen Bruch des Versailler Vertrags in allen entscheidenden militärischen Bestimmungen; im Reich wird die allgemeine Wehrpflicht eingeführt. In der Folge fließen den Rüstungskonzernen gewaltige staatliche Mittel zu. Die schweren Lasten dieser deutschen Wiederbewaffnung hat das Volk zu tragen – im Interesse der «Wiederherstellung seiner Ehre».

Die Tarnung fällt

1934

1. Nov. Erste Aufmarsch- und Kampfanweisungen der Reichswehr für einen Krieg mit Frankreich in Kraft **Nov./Dez.** Luftkommando-Amt (Wever) veranstaltet Winterkriegsspiel unter der Annahme des französischen Einmarschs bei Beteiligung der Tschechoslowakei, Belgiens und Polens

1935

26. Febr. Regierungs-Erlaß über den Aufbau der Luftwaffe **9. März** Göring proklamiert Luftwaffe **16. März** Gesetz über den Aufbau der Wehrmacht; sieht allgemeine Wehrpflicht vor **19. März** Große Luftschutz-Übung in Berlin **30. März** v. Reichenau legt Memorandum für Überraschungs-Angriff auf die Tschechoslowakei im Kriegsfall vor **21. April** Erster Tag der Luftwaffe **2. Mai** v. Blomberg befiehlt Vorbereitung des Überraschungsangriffs gegen die Tschechoslowakei (Fall «Schulung») **21. Mai** Wehr-Gesetz; Militär-Dienstpflicht vom achtzehnten bis fünfundvierzigsten Lebensjahr; Einführung neuer Bezeichnungen: Wehrmacht statt Reichswehr, in Heer, Kriegsmarine und Luftwaffe gegliedert, dem Kriegsministerium unterstellt – Geheimes Reichs-Verteidigungs-Gesetz; im «Verteidigungszustand» vollziehende Gewalt beim Reichskriegsminister; Einsetzung eines Generalbevollmächtigten für die Kriegswirtschaft **22. Mai** Erlaß über die einjährige Dienstzeit – Einrichtung von Wehrbezirken unter Kommandierenden Generälen **29. Mai** Erlaß der ersten Verordnung zur Musterung und Aushebung **31. Mai** Truppen-Amt in Generalstab (des Heeres) umbenannt **18. Juni** Umfang der Kriegsmarine im Londoner Flottenabkommen festgelegt; Gesamttonnage im Verhältnis zur Commonwealth-Marine wie 35:100, bei U-Booten bedarfsweise 100:100 **26. Juni** Luftschutz-Gesetz; erzwingt umfangreiche zivile Dienst- und Sachleistungen **29. Juni** Das erste von zwölf Unterseebooten in Dienst gestellt **30. Juli** v. Blomberg befiehlt Grußpflicht gegenüber Politischen Leitern **1. Okt.** Aufmarsch-Anweisung «Rot» der Operationsabteilung des Generalstabs: defensiver Zweifronten-Krieg gegen Frankreich und Tschechoslowakei – Wehrmacht-Akademie in Berlin errichtet **15. Okt.** Kriegsakademie zu ihrem hundertfünfundzwanzigsten Jahrestag neu eröffnet **22. Okt.** Weltkriegs-Marschall v. Mackensen erhält Domäne Brüssow als Erbhof **26. Okt.** Inspektion für Heeresmotorisierung umgebildet: Inspektion für Kraftfahrkampftruppen **1. Nov.** Neue Luftkriegs-Akademie in Berlin-Gatow eröffnet **7. Nov.** Erster Rekruten-Jahrgang vereidigt; Hissung der neuen Reichskriegs-Flagge **14. Nov.** Appell des Reichs-Luftschutz-Bundes in Berlin **Jahresende** Studie und Kriegsspiel des Wehrmacht-Amtes über den Mehrfronten-Krieg gegen die Tschechoslowakei und Frankreich; analoge Spiele der Luftwaffe

Deutschlands Männer ziehen nach siebzehn Jahren wieder mit Koffer und Persilkarton in Kasernen ein, so in Quedlinburg. Tatsächlich ist die durch den Vertrag von Versailles auf hunderttausend Mann begrenzte Reichswehr inzwischen schon mehr als dreimal so stark

Drill im altpreußischen Stil dient unverändert der Erziehung zum Kadavergehorsam. Für die neuen Rekruten steht ein durch die Reichswehr während der letzten siebzehn Jahre sorgfältig vorbereitetes Unterführerkorps bereit, berechnet für ein modernes Massenheer

Bewußt an des Kaisers Schwarz-Weiß-Rot knüpft auch die neue Reichskriegsflagge an, die im November 1935 überall gesetzt wird

In Dutzenden deutscher Städte entstehen erneut Garnisonen; hier marschiert das Infanterieregiment Döberitz «mit klingendem Spiel» durch Gransee in seinen neuen Standort Neustrelitz. Der das Reich durchwehende Geist wiedererwachter Wehrhaftigkeit läßt die von solchem militärischen Schauspiel angetanen Zuschauer nur zu leicht übersehen, welche Art Armee hier zu welchem Zweck aufersteht

Als modernste Luftstreitmacht ihrer Zeit präsentiert sich Görings nicht länger zu verbergende Luftwaffe. Für ihren raschen Aufbau war auf Beschluß der Ministerien für Wirtschaft, Reichswehr und Luftfahrt bereits im Juni 1933 ein Geheimfonds geschaffen worden («Kasse L»). Obgleich die meisten der neuen Maschinen Bomber sind, überging die britische Regierung die Luftrüstung schweigend

Panzer gehören neben Bombenflugzeugen – der Zweckbestimmung der Wehrmacht als Aggressionsinstrument entsprechend – zu den bevorzugten Waffengattungen. Ein Verband paradiert 1935 auf dem «Reichsparteitag der Freiheit» im Nürnberger Stadion (oben). Die Bewaffnung wie die Ausbildung erfolgen in der neuen Wehrmacht nach modernen Theorien, die im Westen unberücksichtigt bleiben

Beim Neubau von Unterseebooten – hier die «Weddigen»-Flottille im Kieler Hafen – kann die Kriegsmarine auf ihre schon seit 1920 heimlich im Ausland entwickelten Prototypen zurückgreifen. Teile für das erste Dutzend Boote sind fertig eingelagert, Besatzungen seit 1932 illegal ausgebildet. Dem Weltmachtstreben angemessener erscheint jedoch bis in den Krieg der Bau von Großkampfschiffen

Der Besitz schwerer Artillerie – hier eine großkalibrige Flak im Kraftzug – ist Deutschland nach dem Versailler Abkommen ebenso strikt verboten wie der von Kriegsflugzeugen, Panzern, U-Booten und Großkampfschiffen. Ungeachtet dessen unterstützen Monopole der Siegerstaaten die Aufrüstung vielfältig – durch Lizenzen und Patente, strategische Rohstoffe, Waffenverträge und Beteiligungen

An der neueröffneten Kriegsakademie schlagen besiegte Strategen des Kaisers verlorene Weltkriegsschlachten noch einmal. Länger und leiser am Werk ist der als «Truppenamt» getarnte Generalstab

Taktischer Unterricht der Reservisten im schlesischen Glatz. Für die neue Wehrmacht werden fünfhundertfünfzigtausend Mann in sechsunddreißig Divisionen zu vorerst einjährigem Dienst gezogen

Am Heldengedenktag 1935: Hitler mit seinen Oberbefehlshabern v. Fritsch (Heer), v. Blomberg (Wehrmacht), Göring (Luftwaffe) und Raeder (Kriegsmarine). Links der Weltkriegsveteran v. Mackensen

Der antisowjetische Grundzug westlicher Politik ermöglicht den Nazis schon bald die Aufspaltung der Front ihrer potentiellen Gegner. Bemühungen der Sowjetunion wie einzelner real denkender Staatsmänner im Westen, Maßnahmen kollektiver Sicherheit gegen die absehbare Aggression zu treffen, scheitern am Wunsch, Deutschland als festes «Bollwerk gegen den Bolschewismus» zu sehen. Die Kriegsvorbereitungen der Nazis rufen bei Anhängern solcher Denkungsart verständlicherweise nur papierne Proteste hervor; Großbritannien animiert sie sogar mit einem Flottenvertrag. Dem entsprechen unverhüllte Sympathiebekundungen ebenso einflußreicher wie erzreaktionärer Kreise der imperialistischen Staaten. Unter diesen Umständen bleibt auch der Sowjetunion nur der Weg zweiseitiger Sicherheitspakte.

Beschwichtigung statt kollektiver Abwehr

1935

27. Jan. Göring in Polen; schlägt «gemeinsamen Marsch auf Moskau» vor **21. Febr.** Großbritannien zum Gespräch über deutsche Wiederaufrüstung bereit **21. März** Frankreich legt beim Völkerbund Protest gegen deutsche Wehrpflicht ein **23. März** Handels- und Schiffahrts-Vertrag mit Rumänien **24. März** Simon und Eden in Berlin; Hitler lehnt Grenzgarantien im Osten ab **28. März** Eden in Moskau, danach in Warschau und Prag; erörtert Ost-Pakt **9. April** Wirtschaftsvereinbarung mit Sowjetunion **11. April** Stresa-Konferenz Italiens, Großbritanniens und Frankreichs; gegen einseitige Vertragskündigung; die Garantie für Österreich erneuert **17. April** Der Völkerbund verurteilt die deutsche Wiederaufrüstung **2. Mai** Französisch-sowjetischer Beistands-Pakt (in Paris) **16. Mai** Tschechoslowakisch-sowjetischer Beistands-Pakt (in Moskau) **21. Mai** Hitler weist im Reichstag Auslandsproteste als Einmischung zurück; legt «Friedensprogramm» vor; nur zu zweiseitigen Nichtangriffs-Pakten bereit **1. Juni** v. Ribbentrop Sonderbotschafter **3. Juni** Handelsabkommen mit den Vereinigten Staaten (in Washington) **18. Juni** Londoner Flottenabkommen mit Großbritannien **2. Okt.** Gründung der Anglo-German-Fellowship in London durch Konservative und Monopolisten; soll Beziehungen zum NS-Reich fördern **4. Nov.** Handelsvertrag mit Polen **23. Nov.** Comité France-Allemagne in Paris gegründet

1936

11. Jan. Erste Vollsitzung der Deutsch-Englischen Gesellschaft; bestehend aus Vorstandsmitgliedern führender deutscher Konzerne **5. Febr.** Marquess of Londonderry (Exminister) bei Hitler – König Gustav v. Schweden in der Reichskanzlei **7. März** Deutsche Truppen besetzen die entmilitarisierte Rheinland-Zone **22. März** Hitler fordert in Breslau «neue Ordnung in Europa» **11. Juni** Südosteuropa-Reise Schachts (Belgrad/Athen/Sofia/Budapest) zur wirtschaftlichen Durchdringung des Donau- und Balkan-Raumes **13. Juni** Neugründung des Reichskolonialbundes (v. Epp) **11. Juli** Österreich wird außenpolitisch gleichgeschaltet **1. Aug.** Zur Berliner Olympiade internationale Aufwertung des NS-Regimes **3. Aug.** Frankreichs Nationalbank-Präsident Labeyrie besucht Schacht **5. Aug.** Hitler empfängt Lord Vansittart vom Foreign Office und Lord Monsell **11. Aug.** v. Ribbentrop Botschafter in London **12. Aug.** Lord Kemsley und Lord Camrose (Daily Telegraph) bei Hitler **22. Aug.** Horthy auf dem Berghof **31. Aug.** Abkommen mit Polen über den Durchgangsverkehr nach Ostpreußen **4. Sept.** Lloyd George bei Hitler **15. Sept.** Frankreichs Handelsminister Bastide besucht Schacht **25. Sept.** Ägyptens Premier Nahhas Pascha in Berlin

Durch Separatverhandlungen versuchen die Nazis kollektiven Sicherheitsvereinbarungen zu begegnen. Großbritannien schickt ihnen wunschgemäß im März 1935 eine Mission nach Berlin (oben). Ihr gegenüber lehnt Hitler kategorisch jederlei Grenzgarantie im Osten ab

Zeitungskönig Lord Rothermere besucht 1934 Deutschland. Das gleiche Wohlwollen bekundet Amerikas Pressemilliardär Hearst

Der einstige britische Kriegspremier Lloyd George, hier 1936 zu Gast auf dem Berghof Hitlers, wirbt zu Hause eifrig für die Nazis

In der Reichskanzlei: Lordsiegelbewahrer Eden und Außenminister Simon, Hitler, Dolmetscher Schmidt, Außenminister v. Neurath, der britische Botschafter Phipps und Sonderbeauftragter v. Ribbentrop

Einer der wirkungsvollsten Nazipropagandisten in den Vereinigten Staaten ist deren Nationalheld, Ozeanflieger Lindbergh (links). Bei seinen häufigen Besuchen in Deutschland trifft er meistens Göring

Größte außenpolitische Aktivität entfalten die Nazis im Südosten Europas, dem bevorzugten Expansionsraum. Gegenseitige Besuche sind an der Tagesordnung. 1936 erklimmt Goebbels die Akropolis

Zu Flottengesprächen in London: Sonderbeauftragter v. Ribbentrop mit Konteradmiral Schuster und Kommodore v. Kiderlen. Mit dem Abkommen gibt Großbritannien grünes Licht für Hitlers Aufrüstung

Zusammenarbeit der Monopole: Der Präsident der Anglo-German Fellowship, Mount Temple, mit v. Ribbentrop und dem Präsidenten der Deutsch-Englischen Gesellschaft, Carl Eduard v. Coburg-Gotha

Eine Abkehr von ihrer Hitler fördernden Politik täuschen der Weltöffentlichkeit im April 1935 in Stresa der französische Außenminister Laval, Italiens Diktator Mussolini sowie die Ministerpräsidenten Großbritanniens und Frankreichs, Baldwin und Flandin, vor (v. l. n. r.)

Göring offeriert den polnischen Militärs im Januar 1935 unverblümt ein antisowjetisches Kriegsbündnis, als Beute die Sowjetukraine

Zur Beschwichtigung der aufgebrachten öffentlichen Meinung besucht Eden im Anschluß an seinen kritisierten Berlin-Aufenthalt Moskau (oben), Warschau und Prag. Ihm gegenüber lehnt die scharf antisowjetisch eingestellte Regierung Polens Kollektivvereinbarungen ab

Die Bemühungen der UdSSR um Vereinbarungen kollektiver Sicherheit führen im Mai 1935 zum Abschluß eines sowjetisch-tschechoslowakischen Beistandspaktes. In Moskau treffen sich dazu neben den beiden Außenministern Ministerpräsident Beneš (rechts) und Stalin

Die Stresa-Delegierten auf dem Weg zum Grab Cadornas, Generalstabschef im ersten Weltkrieg, unter Mussolini Feldmarschall

Unterzeichnung des sowjetisch-französischen Beistandsvertrags in Paris durch Sowjetbotschafter Potjomkin, Anfang Mai 1935. Für die UdSSR ist dieser Pakt Teil ihres Strebens nach kollektiver Sicherheit

Die Neuauflage der Römischen Protokolle Ende März 1936 mit dem neuen österreichischen Bundeskanzler Schuschnigg (rechts hinten) besagt nichts mehr. Mussolini rät dem Partner nun zum Einlenken

Die «Stresa-Front» bleibt rein deklamatorisch; Sanktionen gegen die vertragsbrüchige Aufrüstung des Reichs gibt es nicht. Österreichs Unabhängigkeit wird zwar auf dem Papier erneut garantiert, doch macht dies Italiens Kolonialkrieg illusorisch. Zunehmend von der Hilfe Hitlers abhängig, muß Mussolini in Österreich, dem übrigen Mitteleuropa und sogar im Südosten immer weiter zurückstecken

Ein Jahr nach der folgenlos proklamierten Aufrüstung lassen die Nazis zum erstenmal die Wehrmacht marschieren. Ihre Einheiten besetzen die auf Grund der Verträge von Versailles und Locarno militärfreie Zone im Rheinland. Obgleich dabei vorsichtshalber nur geringe Kräfte eingesetzt sind und die Wehrmacht insgesamt einer militärischen Reaktion der hier unmittelbar provozierten Franzosen überhaupt noch nicht gewachsen wäre, baut man im Reich zuversichtlich auf deren erwiesene Stillhalte-Politik. Wirklich entscheiden sich die so vor die Alternative einer Mobilisierung gestellten Westmächte wiederum für blasse Proteste. Kurz darauf erliegt Österreich dem Druck aus Berlin. Zugeständnisse, die bereits einer Aufgabe seiner Souveränität gleichkommen, bereiten den «Anschluß» des Landes vor.

Erprobung der Gewalt

1936

7. Jan. Kriegsschule Potsdam übergeben; weitere in Dresden, München, Hannover **11. Jan.** «OKH» statt «Heeresleitung» **24. Jan.** Göring spricht zu rund zweihunderttausend Luftschutz-Amtsträgern **16. März** Neue Truppenfahnen gestiftet; außerdem neue Dienstauszeichnungen **16. April** In Dresden Einweihung der ersten Luftkriegsschule **20. April** v. Blomberg Generalfeldmarschall, v. Fritsch und Göring Generaloberste, Raeder Generaladmiral **3. Juni** Absturz des Luftwaffen-Generalstabschefs Wever **24. Juni** Erfassung der nach dem Weltkrieg schon militärisch Ausgebildeten befohlen **26. Juni** Weisungen zur einheitlichen Kriegsvorbereitung durch Wehrmacht-Amt und Teilstreitkräfte; gehen von einer Konfrontation Deutschland/Italien mit Frankreich/Sowjetunion/Tschechoslowakei aus – Gesetz zur Wiedererrichtung eines Reichskriegsgerichts **24. Aug.** Militär-Dienstpflicht auf zwei Jahre verlängert **1. Okt.** Wehrbezirks-Einteilung verändert; Friedensheer umfaßt dreizehn Armee-Korps mit einundvierzig Divisionen und Brigaden **6. Nov.** Planspiel der Seekriegs-Leitung; bezieht Franco-Spanien sowie die spanische Republik ein **20. Nov.** U 13 sinkt in der Lübecker Bucht **23. Nov.** Deutschland tritt dem Londoner Protokoll über U-Boot-Kriegführung bei (humanisierte Regeln)

7. März Einmarsch deutscher Truppen in die 1919 entmilitarisierte Rheinland-Zone; Aufkündigung des Locarno-Pakts (deutsches Memorandum an die Signatar-Staaten) **10. März** Vorverhandlungen der führenden Locarno-Mächte in Paris; Einladung an Deutschland **14. März** Völkerbund-Rat tagt in London **19. März** v. Ribbentrop spricht vor dem Rat; Entschließung gegen Rheinland-Besetzung; Memorandum der Locarno-Mächte an Deutschland **24. März** Deutsche Antwort – Rat vertagt **1. April** v. Ribbentrop überreicht «Großen Friedensplan»

11. Juli Deutsch-österreichisches Abkommen über Neugestaltung der Beziehungen; Schuschnigg zur Koordinierung der österreichischen Außenpolitik mit der Hitlers verpflichtet; geheime Abmachung Schuschniggs mit Hitler sieht u. a. Haftentlassung von österreichischen Nazis sowie NS-Beteiligung an der Regierung vor **22. Juli** Amnestie für rund zwanzigtausend Nazis in Österreich; in der Folge auch Rückführung von rund zehntausend nach dem Putsch von 1934 in das Reich geflüchteten Nazis **27. Juli** Beginn von Wirtschaftsgesprächen mit Österreich in Berlin **24. Aug.** Gesetz über den Reiseverkehr mit Österreich; «Eintausend-Mark-Sperre» (Visa-Gebühr) aufgehoben – Abkommen über den Reiseverkehr sowie über den kleinen Grenzverkehr – Zahlungsverkehrs-Abkommen

Österreich gerät 1936 in den Würgegriff des Naziregimes. Mitte Juli erklärt es sich zum «zweiten deutschen Staat» mit einer koordinierten Außenpolitik. Im Kabinett sollen Nazis Aufnahme finden. Kurz darauf wird – hier bei Kufstein – Österreichs Grenze weit geöffnet

In die laut Versailler Vertrag entmilitarisierte Rheinland-Zone marschieren Anfang März 1936 Einheiten der Wehrmacht ein (oben in Düsseldorf). Die unmittelbare Bedrohung der Ostgrenze Frankreichs nennt sich bieder «volle Wiederherstellung der Wehrhoheit»

Vorbeimarsch deutscher Truppen am Kölner Dom. Gleichzeitig mit der Besetzung der entmilitarisierten Zone im Rheinland kündigt die Naziregierung den gerade das verbietenden Locarno-Vertrag, der außerdem die nach dem ersten Weltkrieg im Westen festgelegten Grenzen garantieren soll. Die Westmächte lassen es beim Protest bewenden; energische Maßnahmen verlangt allein die Sowjetunion

Auf der Tagung des Völkerbundrates Mitte März in London weist die deutsche Delegation Vorwürfe der Westmächte brüsk zurück (stehend der Dolmetscher, neben ihm Dieckhoff und v. Ribbentrop)

Nach fruchtlosen Stabsgesprächen der Franzosen und Belgier im Londoner Kriegsministerium Mitte April. Die vergleichsweise noch schwache Wehrmacht sollte bei Gegenaktionen sofort zurückgehen!

Kampf um den Frieden wird zur zentralen Aufgabe für alle kommunistischen Parteien. Dem internationalen Streben der Sowjetunion nach kollektiver Sicherheit entspricht national die von der Komintern entwickelte Politik der Volksfront. Der faschistischen Offensive soll in den betreffenden Ländern ein Zusammenschluß aller demokratischen Kräfte begegnen, ihr Kern: die proletarische Einheitsfront. Die Brüsseler Konferenz der KPD präzisiert das Ziel für Deutschland: Sturz der Hitler-Diktatur, Errichtung eines antifaschistisch-demokratischen Staates. Im Reich wird der Widerstandskampf aktiviert, die Zusammenarbeit mit Sozialdemokraten erweitert, engerer Kontakt zu bürgerlich-demokratischen Antifaschisten hergestellt. Der SPD-Emigrationsvorstand versagt sich auch diesem Bemühen.

Volksfront: Gemeinsam gegen Hitler

1934

1. Aug. ZK der KPD orientiert die Partei auf die Einheitsfront; für den Neuaufbau von illegalen Gewerkschaften **5. Sept.** Einheitsfront-Abkommen der KPD und SPD in Hessen **Sept.** Arbeitskreis Revolutionärer Sozialisten (Aufhäuser/Böchel) legt Plattform für die Einheitsfront vor

1935

Jan. Einheitsfront-Abkommen der KPD und SPD in Mittel- und Oberbaden – KPD-Politbüro geht von Paris nach Moskau; Dahlem/Ulbricht nach Prag entsandt **30. Jan.** Beschlüsse des ZK der KPD für Einheits- und Volksfront – Aufhäuser und Böchel aus dem Prager Exilvorstand der SPD ausgeschlossen **11. Febr.** Einheitsfront-Angebot der KPD an SPD-Vorstand; am **14. Febr.** abgelehnt **27. März** Gestapo zerschlägt KPD-Landesleitung in Berlin **1. April** KPD bietet SPD-Exilvorstand vergeblich gemeinsames Vorgehen gegen Kriegsvorbereitungen im Reich an **1. Juni** KPD schlägt vereintes Hilfskomitee für Opfer des Terrors vor; wird abgelehnt **29. Juni** Solidaritäts-Abkommen der Berliner Bezirksvorstände von Roter Hilfe und SPD **Juli** Streik in U-Boot-Werft Vegesack **25. Juli** Siebenter Weltkongreß der Komintern in Moskau: Einheits- und Volksfront-Politik, Kampf gegen den Krieg **Aug.** Auslandsvertretung der deutschen Gewerkschaften in Liberec eingerichtet (Schliestedt) **26. Sept.** Im Pariser Hotel Lutetia beraten führende Kommunisten, Sozialdemokraten und bürgerliche Demokraten über eine deutsche Volksfront; Einrichtung eines ständigen Büros (H. Mann) **3. Okt.** Brüsseler Konferenz der KPD bei Moskau; Wahl Piecks zum Vorsitzenden der Partei während der Haft Thälmanns; Programm zur Herstellung der Aktionseinheit der Arbeiterklasse sowie der Volksfront aller Hitler-Gegner **23. Nov.** Dahlem und Ulbricht verhandeln in Prag mit Vogel und Stampfer; Gespräche scheitern

1936

2. Febr. Programm-Diskussion im Lutetia-Kreis; Kundgebung an das deutsche Volk **Ende Febr.** Proteststreik auf vier Zechen in Wanne-Eickel erzwingt Freilassung von fünfzig Bergarbeitern **9. Juni** Aus dem Lutetia-Kreis der Ausschuß zur Vorbereitung einer deutschen Volksfront gebildet **10. Juni** Tagung des KPD-Politbüros in Paris: Richtlinien für die Volksfront-Plattform; Vorschlag einer antifaschistisch-demokratischen Republik; keine Einigung im Volksfront-Ausschuß **25. Juni** In Rüsselsheim streiken die Karosserie-Arbeiter des Opel-Werkes **24. Juli** Sechshundert Arbeiter der Auto-Union Berlin-Spandau streiken **21. Dez.** Aufruf des Volksfront-Ausschusses zur Bildung der deutschen Volksfront; Plattform mit dem Ziel einer Sammlung aller Hitler-Gegner

Der Tagungsort des VII. Weltkongresses der Komintern ist das Haus der Gewerkschaften in Moskau. An der Beratung nehmen fünfundsechzig kommunistische Parteien teil, die in den Kongreß-Beschlüssen den Kampf um den Frieden zu ihrer zentralen Aufgabe erklären

Dem Präsidium des VII. Weltkongresses der Kommunistischen Internationale in Moskau gehören Georgi Dimitroff, Maurice Thorez und Wilhelm Pieck an. Der Kongreß orientiert die Kommunistischen Parteien besonders darauf, eine antifaschistische Volksfront zu bilden

Opfer des Terrors: der Hafenarbeiter Fiete Schulze, ein revolutionärer Organisator des Roten Frontkämpferbundes – hingerichtet

Opfer des Terrors: der Schriftsteller Ernst Wiechert, Kritiker des NS-Regimes aus religiöser Verantwortung, mit KZ gewarnt

In Paris sucht Wilhelm Koenen im Kontakt mit führenden Sozialdemokraten und linken Bürgerlichen Grundlagen einer Volksfront

Heinrich Mann ist Vorsitzender im Pariser Volksfront-Ausschuß. Er repräsentiert die Kräfte bürgerlich-humanistischer Position

Für Aktionseinheit und Volksfront setzt sich in Paris der ehemalige Fraktionsführer der SPD im Reichstag, Rudolf Breitscheid, ein

Das Hotel Lutetia in Paris ist der Gründungs- und Tagungsort des Kreises zur Vorbereitung der deutschen Volksfront. Hier beraten ab Herbst 1935 Hitler-Gegner verschiedener politischer Richtungen über den Sturz des Naziregimes und die künftige Gestaltung eines demokratischen Deutschland. Antikommunistische Bedenken lassen es jedoch nicht zur angestrebten Konzentration der Kräfte kommen

Faschismus und Volksfront treten einander in Spanien auf dem Schlachtfeld entgegen. Der dort entbrannte national-revolutionäre Krieg wird von den italienischen und den deutschen Faschisten zur Generalprobe für die künftigen Aggressionen gemacht. Ihre massive militärische Intervention rettet die volksfeindlichen Putschisten vor der bereits absehbaren Niederlage. Während sich die Westmächte mit ihrer «Nichteinmischungs-Politik» faktisch auf die Seite von Franco, Hitler und Mussolini schlagen, ergreift die Sowjetunion moralisch und materiell Partei für das kämpfende spanische Volk. Dessen Sache verteidigen auch rund dreißigtausend Freiwillige aus dreiundfünfzig Ländern der Welt einschließlich Deutschland. Der Sieg des Faschismus über die Republik macht die Bedrohung des Weltfriedens endgültig akut.

Testfeld Spanien

1936

Anf. Febr. Spanische Faschisten verhandeln in Berlin über Unterstützung gegen die Volksfront **16. Febr.** Wahlsieg der Volksfront **März** Neue Verhandlungen in Berlin über Waffenhilfe für die Faschisten Spaniens **18. Juli** Militärputsch der Faschisten gegen die spanische Republik **23. Juli** Starke deutsche Flottenkräfte erhalten Befehl zum Auslaufen in die spanischen Gewässer **Ende Juli** Deutsch-spanische Firmen zur Ausbeutung von Rohstoff-Lagern (Hisma Ltda. und Rowak mbH) gegründet **6. Aug.** Erste Einheiten der Legion Condor in Cádiz gelandet **7. Aug.** Aufruf der KPD zu raschem Einsatz aller militärisch ausgebildeten Antifaschisten in Spanien – Geldsammlungen in zahlreichen deutschen Betrieben für die Republik Spanien – SPD-Exilvorstand lehnt gemeinsame materielle und moralische Hilfe ab **15. Aug.** KPD- und SPD-Mitglieder des Volksfront-Ausschusses erlassen gemeinsam Hilfsappell **9. Sept.** In London Nichteinmischungs-Komitee gebildet; Deutschland und Italien nehmen teil **Mitte Sept.** Sowjetische Freiwillige treffen ein; gleichzeitig läuft das erste sowjetische Lebensmittel-Schiff nach Spanien aus **30. Sept.** Franco Chef der Putsch-Regierung in Burgos **Mitte Okt.** Auf Beschluß der Komintern für die spanische Republik Internationale Brigaden gegründet; erste sowjetische Waffenlieferungen **23. Okt.** Im Hinblick auf die westliche Obstruktion im Nichteinmischungs-Komitee distanziert sich die Sowjetunion **25. Okt.** Achse Berlin–Rom gebildet **18. Nov.** Achsenmächte erkennen Franco an

1937

Jan. ZK der KPD richtet KW-Station bei Madrid ein (Eisler/Hager/Glückauf/Teubner); ab April als Deutscher Freiheitssender 29,8 Organ der Volksfront **20. März** Geheimvertrag Francos über Zusammenarbeit mit dem Reich **26. April** Bomber der Legion Condor vernichten die Stadt Guernica **31. Mai** Geschwader der deutschen Kriegsmarine beschießt Almería **23. Juni** Deutschland und Italien treten aus dem Londoner Komitee aus **19. Juli** Wirtschaftsabkommen Deutschlands mit Franco-Regierung **25. Sept.** In Berlin verabreden Hitler und Mussolini verstärkte Intervention

1938

5. Juli Londoner Komitee beschließt den Abzug aller ausländischen Freiwilligen **15. Nov.** Auflösung der Internationalen Brigaden; die deutschen und italienischen Interventen bleiben im Land

1939

27. Febr. Franco-Regierung durch Großbritannien und Frankreich anerkannt **28. März** Madrid an Franco übergeben **31. Mai** In Hamburg begrüßt Göring die heimkehrende Legion Condor **6. Juni** Parade der Legion vor Hitler in Berlin

Das von Franco-Truppen im Oktober 1936 angegriffene und eingeschlossene Madrid wird durch die Streitkräfte der Republik, darunter von den Internationalen Brigaden und den freiwilligen Volksmilizen, aufopfernd verteidigt. Seine Belagerung dauert bis Kriegsende

Spanische Frauen erflehen von den in ihre Kleinstadt nahe Sevilla eindringenden Franco-Truppen die Schonung der Männer; den mit der Volksfront sympathisierenden Einwohnern droht eine grausame Abrechnung. Hinter der Volksfront steht die ausgebeutete Mehrheit der Bevölkerung: Bauern, die Land aus Großgrundbesitz erhielten, und Arbeiter, die sich der eilig verlassenen Betriebe bemächtigten

ine Kommission des Internationalen Nichteinmischungs-Komitees ontrolliert auf einem französischen Grenzbahnhof Güterzüge nach panien auf Materiallieferungen für die an Waffen arme Republik

Deutsche Transporter fliegen gleich zu Beginn des Militärputsches fünfzehntausend Kolonialsoldaten aus Spanisch-Marokko nach dem Süden des Landes, den schon geschlagenen Meuterern aufzuhelfen

Den Kern der im Herbst 1936 gegründeten spanischen Volksarmee stellen Milizen, die (oben in Barcelona) in der Anfangsphase des Bürgerkrieges mit den Putschisten die Hauptlast zu tragen haben

Die Masse der Hilfstruppen Hitlers besteht aus Spezialverbänden mit zahlreichen neuentwickelten Panzern (oben), Geschützen und Flugzeugen, die nun an Spaniens Volk kriegsmäßig erprobt werden

Als Truppentransporter dienen der Legion Leys KdF-Schiffe. Auf die gleiche Weise liefern die Nazis für zweihundert Millionen Mark Kriegsmaterial. Mussolini wendet hier vierzehn Milliarden Lire auf

Kommandeur der Legion Condor ist zuletzt v. Richthofen (rechts, in der Mitte Franco). Das deutsche Kontingent durchlaufen insgesamt fünfzigtausend, das italienische rund hundertfünfzigtausend Mann

Unter dem Andreaskreuz Francos üben die deutschen Bomber den Mord an einer wehrlosen Zivilbevölkerung. Weltweite Empörung löst die Vernichtung der offenen Stadt Guernica im April 1937 aus

MG-Abteilung des Thälmann-Bataillons. Unter den dreißigtausend Antifaschisten der Internationalen Brigaden sind etwa fünftausend Deutsche; dreitausend davon fallen – auch für ihre eigene Heimat

Über Radio Barcelona ermutigen die deutschen Antifaschisten die Landsleute im Reich Hitlers. Für die deutsche Volksfront arbeitet ab Januar 1937 auch der Deutsche Freiheitssender 29,8 bei Madrid

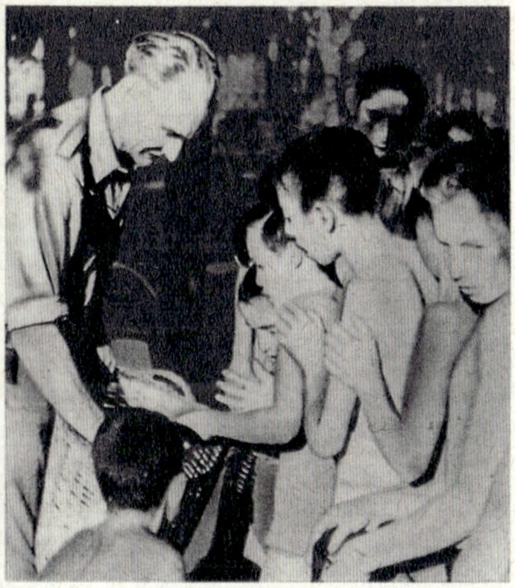

Der Kommandeur der XI. Internationalen Brigade, Heinrich Rau, bringt Kriegswaisen im Auftrag seiner Soldaten Lebensmittel

Hans Beimler (links), Beauftragter des ZK der KPD für politische Arbeit unter den Interbrigadisten, fällt Ende 1936 vor Madrid

Kommandeur internationaler Divisionen ist Hans Kahle, hier im Gespräch mit Ludwig Renn, Brigade-Stabschef und Schriftsteller

Die Beteiligung vieler Sozialdemokraten veranlaßt auch manchen Funktionär zu hastigem Besuch, so Ollenhauer (vorn) im Juli 1937 als einen der Delegierten der Sozialistischen Jugend-Internationale

Franz Dahlem bei einer Ansprache vor Journalisten. Er ist hier als Vertreter des Exekutivkomitees der Komintern und des ZK der KPD leitend in der Politischen Kommission der Interbrigaden tätig

Dokumente zur Zeit

Die Kriegstreiber

Wie die Macht gebrauchen?

Ausführungen Hitlers vor den Befehlshabern von Heer und Marine am 3. Februar 1933 (Auszug)

Wie soll pol. Macht, wenn sie gewonnen ist, gebraucht werden? Jetzt noch nicht zu sagen. Vielleicht Erkämpfung neuer Exportmögl., vielleicht – und wohl besser – Eroberung neuen Lebensraumes im Osten u. dessen rücksichtslose Germanisierung. Sicher, daß erst mit pol. Macht u. Kampf jetzige wirtsch. Zustände geändert werden können. Alles, was jetzt geschehen kann – Siedlung – Aushilfsmittel.
Wehrmacht ist wichtigste u. sozialistischste Einrichtung d. Staates. Sie soll unpol. u. überparteilich bleiben. Der Kampf im Innern nicht ihre Sache, sondern der Nazi-Organisationen. Anders wie in Italien keine Verquickung v. Heer u. SA beabsichtigt. – Gefährlichste Zeit ist die des Aufbaus der Wehrmacht. Da wird sich zeigen, ob Fr[ankreich] Staatsmänner hat; wenn ja, wird es uns Zeit nicht lassen, sondern über uns herfallen (vermutlich mit Ost-Trabanten).

Friedensrede

Reichstagsrede Hitlers am 17. Mai 1933 (Auszug)

Daß aber die heute vorliegenden Probleme eine vernünftige und endgültige Lösung erfahren, liegt im Interesse aller. Kein neuer europäischer Krieg wäre in der Lage, an Stelle der unbefriedigenden Zustände von heute etwas Besseres zu setzen ...
Wenn ich in diesem Augenblick bewußt als deutscher Nationalsozialist spreche, so möchte ich namens der nationalen Regierung und der gesamten Nationalerhebung bekunden, daß gerade uns in diesem jungen Deutschland das tiefste Verständnis beseelt für die gleichen Gefühle und Gesinnungen sowie für die begründeten Lebensansprüche der anderen Völker. Die Generation dieses jungen Deutschlands, die in ihrem bisherigen Leben nur die Not, das Elend und den Jammer des eigenen Volkes kennenlernte, hat zu sehr unter dem Wahnsinn gelitten, als daß sie beabsichtigen könnte, das gleiche anderen zuzufügen.
Indem wir in grenzenloser Liebe und Treue an unserem eigenen Volkstum hängen, respektieren wir die nationalen Rechte auch der anderen Völker aus dieser selben Gesinnung heraus und möchten aus tiefinnerstem Herzen mit ihnen in Frieden und Freundschaft leben.
Wir kennen daher auch nicht den Begriff des Germanisierens. Die geistige Mentalität des vergangenen Jahrhunderts, aus der heraus man glaubte, vielleicht aus Polen und Franzosen Deutsche machen zu können, ist uns genauso fremd, wie wir uns leidenschaftlich gegen jeden umgekehrten Versuch wenden. Wir sehen die europäischen Nationen um uns als gegebene Tatsache.

US-Karikatur zu den Friedensreden Hitlers

Der erste Erfolg

Protokoll der Kabinettssitzung vom 14. Juli 1933 (Auszug)

Der Reichskanzler lehnte eine Debatte über Einzelheiten des Reichskonkordats ab. Er vertrat die Auffassung, daß man hierbei nur den großen Erfolg sehen dürfte. Im Reichskonkordat wäre Deutsch-

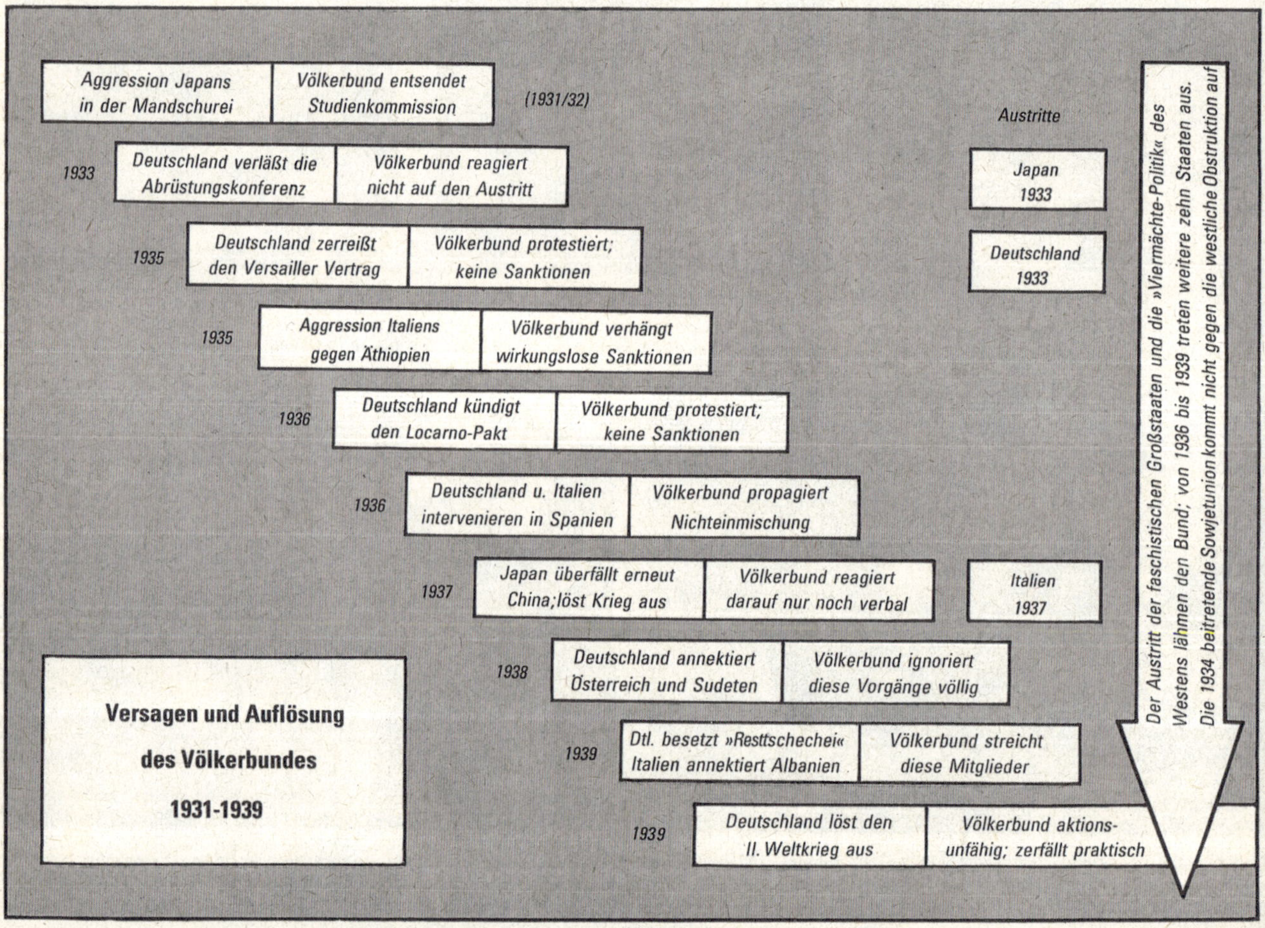

und eine Chance gegeben und eine Vertrauenssphäre geschaffen, die bei dem vordringlichen Kampf gegen das internationale Judentum besonders bedeutungsvoll wäre. Etwaige Mängel des Konkordats könnten später, bei besserer außenpolitischer Lage verbessert werden.
Der Reichskanzler sah im Abschluß des Reichskonkordats drei große Vorteile:
1. daß der Vatikan überhaupt verhandelt habe, obwohl besonders in Österreich damit operiert würde, daß der Nationalsozialismus unchristlich und kirchenfeindlich wäre;
2. daß der Vatikan zur Herstellung eines guten Verhältnisses zu diesem einen nationalen deutschen Staat bewogen werden konnte. Er, der Reichskanzler, hätte es noch vor kurzer Zeit nicht für möglich gehalten, daß die Kirche bereit sein würde, die Bischöfe auf diesen Staat zu verpflichten. Daß das nunmehr geschehen wäre, wäre zweifellos eine rückhaltlose Anerkennung des derzeitigen Regiments;
3. daß mit dem Konkordat sich die Kirche aus dem Vereins- und Parteileben herauszöge, z. B. auch die christlichen Gewerkschaften fallenließe. Auch das hätte er, der Reichskanzler, noch vor einigen Monaten nicht für möglich gehalten. Auch die Auflösung des Zentrums wäre erst mit Abschluß des Konkordats als endgültig zu bezeichnen, nachdem nunmehr der Vatikan die dauernde Entfernung der Priester aus der Parteipolitik angeordnet hätte.

Völkerbund soll einschlafen

[illegible]itler in der Ministerbesprechung am 13. Oktober [illegible]933 (Auszug)

Es tritt daher die Notwendigkeit ein, den Entwurf zu Fall und damit die Abrüstungskonferenz zum Auffliegen zu bringen. Bei einer solchen Lage muß man sich, vom Ablauf der Ereignisse gezwungen, zum Handeln entschließen. Der Verhandlungsweg ist nunmehr ausgeschlossen. Die anderen Nationen haben sich in der Absicht festgelegt, die Schuld des Scheiterns der Abrüstungskonferenz auf uns schieben zu können. Damit fällt die Hoffnung, die Lage durch Einzelbesprechungen zu verbessern. Die Motivierung unseres Entschlusses muß der Welt die Möglichkeit einer propagandistischen Auswertung gegen Deutschland nehmen ...
Wir werden daher sowohl die Abrüstungskonferenz als auch den Völkerbund verlassen müssen, da die Voraussetzung, als gleichberechtigte Nation anerkannt zu werden, nicht gegeben ist. In dieser Lage kann unsere Position dadurch gestärkt werden, daß wir zugleich mit der Mitteilung unseres Austritts, der morgen erfolgen wird, falls nicht inzwischen neue Tatsachen bekannt werden, die wider Erwarten ein Verbleiben in der Abrüstungskonferenz ermöglichen, den Reichstag auflösen, Neuwahlen ausschreiben und das deutsche Volk auffordern, sich durch eine Volksabstimmung mit der Friedenspolitik der Reichsregierung zu identifizieren. Mit diesen Maßnahmen nehmen wir der Welt die Möglichkeit, Deutschland einer aggressiven Politik zu bezichtigen. Dieses Verfahren gibt ferner die Möglichkeit, die Aufmerksamkeit der Welt ganz anders als bisher zu fesseln. Er, der Reichskanzler, werde in einer Rundfunkrede die Gründe, die den Schritt der Reichsregierung erforderlich gemacht hätten, vor der Welt darlegen...
Was die Androhungen von Sanktionen beträfe, käme es nur darauf an, die Nerven zu behalten und seinen Grundsätzen treu zu bleiben. Alle Erklärungen über mögliche und denkbare Verbesserungen der Abrüstungskonvention gingen an der entscheidenden Frage vorbei; die Lage würde für uns viel ungünstiger sein, wenn erst im Laufe der Verhandlungen die Unmöglichkeit der Annahme der Konvention durch uns zum Vorschein käme.
Er, der Reichskanzler, habe dem Herrn Reichspräsidenten Vortrag gehalten; der Herr Reichspräsident decke seine Auffassung vollkommen.
Der Welt wird ein Dienst geleistet, wenn der Völkerbund, dessen Errichtung zuletzt nur als eine gegen Deutschland gerichtete Maßnahme gedacht war, allmählich zum Einschlafen dadurch gebracht wird, daß er seine Unfähigkeit beweist, die ihm vorgelegten Probleme zu lösen.

Rückhaltloses Bekenntnis

Telegramm Krupps an Hitler zum Austritt aus dem Völkerbund vom 15. Oktober 1933

In Dankbarkeit, Verehrung und Treue bekenne ich mich rückhaltlos im Namen der im Reichsstand geeinten deutschen Industrie zu den Entschlüssen der von Ihnen, Herr Reichskanzler, geführten Reichsregierung. In der Einheitsfront aller schaffenden Stände steht die deutsche Industrie bedingungslos hinter dem Führer des deutschen Volkes. Niemand in der Welt kann bestreiten, daß nur die Anerkennung der Gleichberechtigung sich gegenseitig achtender Völker jenes Vertrauen schaffen kann, dessen alle Völker zur Überwindung der materiellen Not so dringend bedürfen. Sie weisen den Weg des Friedens und der Ehre. Auf dem vorgezeichneten Weg folgt Ihnen in unbeugsamer Entschlossenheit inmitten der einigen Nation die deutsche Industrie.

Im Falle von Sanktionen

Weisung Kriegsministers v. Blomberg an die Reichswehr vom 25. Oktober 1933 (Auszug)

1. Die weitere Entwicklung der durch Deutschlands Austrittserklärung aus dem Völkerbund und sein Verlassen der Abrüstungskonferenz geschaffenen außenpolitischen Lage kann dazu führen, daß Sanktionsmaßnahmen gegen Deutschland zur Anwendung gelangen.

Für die Luftrüstung werbendes Plakat

Welche Staaten zu Sanktionen schreiten werden, steht dahin. Sofern nicht der Völkerbundsrat eine gemeinsame Aktion beschließt, dürfte in erster Linie Frankreich in Frage kommen. Aber auch Polen, Belgien und die Tschechoslowakei können von Frankreich zu Sanktionsmaßnahmen veranlaßt werden.
2. Die Sanktionsmaßnahmen der Gegner können verschiedener Art sein. Die Wehrmacht wird sofort von solchen Maßnahmen unmittelbar berührt, die eine Verletzung des deutschen Hoheitsgebietes darstellen, also insbesondere, wenn Streitkräfte der Gegner in deutsches Landgebiet eindringen, dieses überfliegen oder beschießen. Das gleiche gilt zur See für die 3-Meilen-Zone, ferner bei feindlichen Maßnahmen gegen deutsche Seestreitkräfte, beim Aufbringen oder Versenken deutscher Handelsschiffe, bei Blockade deutscher Küsten sowie bei Angriffen auf deutsche Küstenbefestigungen oder Küstenplätze.
In erster Linie muß mit einer Besetzung deutschen Landgebietes gerechnet werden.
3. Die Reichsregierung ist gewillt, jedem feindlichen Vorgehen der unter Ziff. 2 bezeichneten Art ohne Rücksicht auf militärische Erfolgsaussicht örtlich bewaffneten Widerstand entgegenzusetzen.

Taktische Wendung

Auf zehn Jahre befristeter deutsch-polnischer Nichtangriffs-Pakt vom 26. Januar 1934 (Auszug)

Beide Regierungen erklären ihre Absicht, sich in den ihre gegenseitigen Beziehungen betreffenden Fragen, welcher Art sie auch sein mögen, unmittelbar zu verständigen. Sollten etwa Streitfragen zwischen ihnen entstehen und sollte sich deren Bereinigung durch unmittelbare Verhandlungen nicht erreichen lassen, so werden sie in jedem besonderen Falle auf Grund gegenseitigen Einvernehmens eine Lösung durch andere friedliche Mittel suchen, unbeschadet der Möglichkeit, nötigenfalls diejenigen Verfahrensarten zur Anwendung zu bringen, die in den zwischen ihnen in Kraft befindlichen anderweitigen Abkommen für solchen Fall vorgesehen sind. Unter keinen Umständen werden sie jedoch zum Zweck der Austragung solcher Streitfragen zur Anwendung von Gewalt schreiten.
Die durch diese Grundsätze geschaffene Friedensgarantie wird den beiden Regierungen die große Aufgabe erleichtern, für Probleme politischer, wirtschaftlicher und kultureller Art Lösungen zu finden, die auf einem gerechten und billigen Ausgleich der beiderseitigen Interessen beruhen.
Beide Regierungen sind der Überzeugung, daß sich auf diese Weise die Beziehungen zwischen ihren Ländern fruchtbar entwickeln und zur Begründung eines gutnachbarlichen Verhältnisses führen werden, das nicht nur ihren beiden Ländern, sondern auch den übrigen Völkern Europas zum Segen gereicht.

Ein Kampf nach dem anderen

Hitler auf einer NS-Gauleitertagung in Berlin am 2. Februar 1934 (Auszug)

Im übrigen dürfen wir jeweils immer nur einen Kampf führen. Ein Kampf nach dem anderen; eigentlich müßte es nicht heißen: «Viel Feind', viel Ehr», sondern «Viele Feinde, viel Dummheit». Außerdem kann die ganze Nation nicht zwölf Kämpfe gleichzeitig führen und begreifen. Demgemäß müssen wir das ganze Volk immer nur mit einem Gedanken erfüllen, es auf einen Gedanken konzentrieren.
Gerade für außenpolitische Fragen ist es notwendig, das ganze Volk hypnotisch hinter sich zu haben; die ganze Nation muß geradezu mit Sportgeist, mit Spielerleidenschaft an diesem Kampf interessiert sein; dies ist notwendig, nimmt die ganze Nation an dem Kampf teil, so verspielt auch sie. Ist sie desinteressiert, verspielt nur die Führung. In einem Fall entsteht eine Wut des Volkes über den Gegner, im anderen über den «Führer».

Vorposten Deutschlands

Der Präsident des Danziger NS-Senats, Rauschning, über eine Begegnung im Frühsommer 1934 (Auszug)

«Meine Herren», sprach uns Hitler an, nachdem jeder einzelne vorgestellt war und ihm «in die

Propaganda-Plakat für den Saar-Anschluß

Augen blicken» durfte, «Sie haben eine der wichtigsten Aufgaben übernommen. Sie sollen nicht bloß das Deutschtum wie bisher pflegen und erhalten, sie sollen es zu einer Kampfgruppe schulen. Sie haben nicht parlamentarische Rechte und begrenzte Freiheiten für das Deutschtum zu gewinnen. Solche gewonnenen Rechte können uns vielleicht einmal sogar eher hindernd als fördernd sein ... Darum kann ich in unserem Kreise auch keine Vertreter der alten parlamentarischen Arbeit gebrauchen. Die Herren haben abzutreten. Räumen sie nicht freiwillig den Platz, so haben Sie sie mit allen Mitteln zu beseitigen. Sie werden in vorderster Front unserer deutschen Kampfbewegung, als die Vorposten Deutschlands es uns ermöglichen, unsern Aufmarsch zu vollziehen und unsere Kampfhandlungen einzuleiten ... Sie haben weit von der Front bestimmte Unternehmungen vorzubereiten. Sie haben unsere eigenen Vorbereitungen zum Angriff zu verschleiern.»

Jenseits der Alpen

Mussolini nach dem Naziputsch in Österreich am 6. September 1934 in Bari (Auszug)

3000 Jahre Geschichte erlauben es uns, mit souveränem Mitleid auf gewisse Lehren zu schauen, die jenseits der Alpen von der Nachkommenschaft von Menschen vertreten werden, die noch keine Schrift kannten, um die Geschichte ihres Landes zu Papier zu bringen, zu einer Zeit, in der Rom einen Cäsar, einen Vergil und einen Augustus hatte.

Gemeinsam gegen Moskau

Aufzeichnungen des polnischen Staatssekretärs Szembek vom 10. Februar 1935 (Auszug)

Anschließend kamen wir auf den Besuch Görings zu sprechen. Lipski hat festgestellt, wenn auch die Jagd in Białowieska, was das Waidmännische angeht, nicht erfolgreich war, Göring doch ganz begeistert nach Polen zurückkam, begeistert von den Menschen, ihrem Benehmen und über den ihm bereiteten Empfang. Ganz besonders hatte es ihm die Liebenswürdigkeit des Präsidenten der Republik angetan, der ihn zur Jagd in Polen für die kommende Saison einlud. Göring war ungewöhnlich mitteilsam; hauptsächlich den Generälen und ganz besonders dem General Sosnkowski gegenüber; er ging sehr weit, als er uns ein antirussisches Bündnis und einen gemeinsamen Marsch auf Moskau vorschlug. Gleichzeitig ließ er durchblicken, die Ukraine werde polnisches Einflußgebiet sein, der Nord-Westen Rußlands deutsches Einflußgebiet (Interessengebiet). Lipski befürchtete auch, Göring werde während seines Besuches bei Piłsudski zu stürmisch mit präzisen Vorschlägen losgehen, und riet Moltke unmittelbar vor dem Empfang im Belvedere, Göring müsse in seinen Gesprächen mit dem Marschall unbedingt eine gewisse Zurückhaltung zeigen. Diese «Intervention» hatte ein gutes Ergebnis. Trotzdem erörterte Göring militärische Fragen, die Rußland betrafen. Natürlich hat der Marschall «gestutzt» (wörtlich im französ. Text). Piłsudski erklärte nun Göring, die Verbesserung der deutsch-polnischen Beziehungen habe es ihm erlaubt, dem russischen Sektor größere Aufmerksamkeit zu widmen. Nach Lipskis Meinung hat die Persönlichkeit des Marschalls auf Göring einen tiefen Eindruck gemacht. Lipski glaubt, daß in Görings Überlegungen der «Korridor» heute keine Streitfrage zwischen Polen und Deutschland darstellt.

Aufbau der Wehrmacht

Gesetz «für den Aufbau der Wehrmacht» vom 16. März 1935 (Auszug)

Die Reichsregierung hat folgendes Gesetz beschlossen, das hiermit verkündet wird:

§ 1 Der Dienst in der Wehrmacht erfolgt auf der Grundlage der allgemeinen Wehrpflicht.

§ 2 Das deutsche Friedensheer einschließlich der überführten Truppenpolizeien gliedert sich in 12 Korpskommandos und 36 Divisionen.

§ 3 Die ergänzenden Gesetze über die Regelung der allgemeinen Wehrpflicht sind durch den Reichswehrminister dem Reichsministerium alsbald vorzulegen.

Die Fünfte Kolonne des NS-Staates

1933

1. April Außenpolitisches Amt der NSDAP unter Rosenberg errichtet **28. Mai** NSDAP-Wahlsieg im Freistaat Danzig; unter dem Senats-Präsidenten Rauschning eine NS-Regierung gebildet **4. Juni** Pfingst-Tagung des Vereins für das Deutschtum im Ausland (VDA) in Passau; als Zeichen aktiver Zielstellung Umbenennung in Volksbund für das Deutschtum im Ausland **4. Okt.** Selbstauflösung der NSDAP im Sudeten-Gebiet; statt ihrer eine (umfassende) Sudetendeutsche Heimatfront unter Henlein geschaffen **26. Nov.** In Estland bekennt sich die Deutsch-Baltische Partei zum Nationalsozialismus; am **6. Dez.** Beschluß des estnischen Parlaments über ihre Auflösung **7. Dez.** Deutscher Tag in New York wird erstmals im Zeichen des Nationalsozialismus begangen **18. Dez.** Litauen weist hundert deutsche Beamte und Lehrer aus dem Memel-Gebiet aus

1934

1. Febr. Ein starker deutscher Afrika-Richtstrahler (Kurzwellen-Sender) in Betrieb genommen; am **3. Febr.** Sendebeginn eines Asien-Richtstrahlers; es folgt am **5. Febr.** Richtstrahler für Südamerika **8. Febr.** Litauen erläßt ein Staatsschutz-Gesetz gegen die zunehmende NS-Aktivität; am **22. Febr.** Verbot der beiden deutschen Parteien im Memelland: (National-) Sozialistische Volksgemeinschaft und Christlich-Sozialistische Arbeitsgemeinschaft **5. Mai** Schließung des Memel-Landtags wegen des Versuchs einer Revision des Memel-Statuts über Fragen der Schul-Aufsicht **18. Sept.** Henlein und Heß treffen sich erstmals bei Wunsiedel **21. Okt.** Erste große Kundgebung der Sudetendeutschen Heimatfront in Böhmisch-Leipa **28. Nov.** Greiser wird zum Senats-Präsidenten von Danzig ernannt **14. Dez.** «Memel-Prozeß» in Kowno eröffnet; vor Gericht stehen hundertsechsundzwanzig Memel-Deutsche; die Anklage hält ihnen Vorbereitung eines bewaffneten Aufstands zur Abtrennung des Memel-Gebiets von Litauen und seinen Anschluß an das Reich vor; weiterhin die Ermordung eines Zeugen ihrer NS-Aktivitäten

1935

7. Febr. Die NSDAP eröffnet ein Außenpolitisches Schulungshaus in Berlin **26. März** Im Kownoer Memel-Prozeß ergehen neben hohen Zuchthaus-Strafen vier Todesurteile; am **27. März** gesteuerte Protest-Kundgebung vor Hitlers Reichskanzlei mit Sprechchören: «Führer, schlag zu!» **7. April** Bei den Senats-Wahlen in Danzig ergibt sich eine absolute NS-Mehrheit **14. Mai** Heß in Schweden **19. Mai** Wahlerfolg der Sudetendeutschen Partei Henleins (bisher: Sudetendeutsche Heimatfront) **30. Juli** In Belgien Ausbürgerungs-Gesetz (gegen NS-Umtriebe in Eupen-Malmedy) erlassen **1. Aug** Beginn einer Deutschland-Fahrt auslandsdeutscher HJ-Mitglieder **7. Sept.** In Erlangen Arbeitstagung der Auslands-Organisation der NSDAP **30. Sept** Wahlsieg der (NS-) Einheits-Liste bei den Wahlen zum Memel-Landtag **24. Okt.** Prozeß in Lüttich gegen NS-Aktivisten in Belgien; vier Führer der Eupen-Malmedy-Bewegung ausgebürgert

1936

5. Febr. Gefängnis-Urteile gegen zehn NS-Aktive aus Eupen-Malmedy **18. Febr.** Schweiz verbietet Landesgruppe der NSDAP-Auslands-Organisation **Juni** Prozeß gegen illegale NSDAP-Gruppen in Katowice **7. Juni** Wahlerfolg der NS-Front bei den Provinzial-Wahlen in Eupen-Malmedy **8. Juni** Ausnahme-Verordnung gegen die NS-Umtriebe in Eupen-Malmedy **26. Aug.** In Stuttgart Jahrestagung des Deutschen Auslands-Instituts eröffnet; Hitler verleiht den Titel: Stadt der Auslandsdeutschen

1937

30. Jan. Bohle, Leiter der Auslands-Organisation der NSDAP, wird durch Erlaß Hitlers zugleich Chef der Auslands-Organisation im Auswärtigen Amt; allein Hitler verantwortlicher Leiter «aller Angelegenheiten der Reichsdeutschen im Ausland» **5. März** Rückwanderer-Heim (NSDAP-Auslands-Organisation) in Berlin eröffnet **17. April** Verbot des (NS-)Deutschen Bundes der Südafrikanischen Union **28. April** Autonomie-Forderungen der SdP im Prager Parlament **14. Mai** Selbstauflösung der bürgerlichen Parteien in Danzig setzt ein **7. Juni** Urteile gegen zweiundzwanzig NS-Aktivisten im polnischen Chojnice **1. Okt.** Bohle in London; hier Gespräche mit britischen Politikern; Rede vor der deutschen Kolonie; versucht wachsende Sorge vor der Untergrund-Tätigkeit seiner Organisation einzuschläfern **17. Okt.** SdP entfesselt Unruhen in Teplice; ČSR-Polizei muß einschreiten **8. Nov.** In Danzig nach HJ-Vorbild Staatsjugend gebildet **23. Nov.** Geheimtreffen deutscher Konsuln mit nordamerikanischen Monopol-Vertretern in San Francisco; erörtert Maßnahmen gegen die Politik Roosevelts – Im gleichen Jahr der Volksbund für das Deutschtum im Ausland an die SS-geleitete Volksdeutsche Mittelstelle (Lorenz) übergeben

1938

24. Jan. Bohle in Budapest **3. Febr.** Gesetz über die Meldepflicht deutscher Staatsangehöriger im Ausland **1. Sept.** In Polen wird ein (NS-)Bund der Deutschen gegründet **29. Okt.** Zunehmende NS-Provokationen im Memel-Gebiet **23. Nov.** Senat von Danzig erläßt eine «Blutschutz»-Verordnung **11. Dez.** NS-Sieg bei den Landtags-Wahlen für das Memel-Gebiet **30. Dez.** Die litauische Regierung löst ihre Staatspolizei im Memel-Gebiet auf

Wir kommen durch

Tagebuch-Eintragung Rosenbergs vom 18. März 1935 (Auszug)

18.3.1935:
Wir alle stehen noch unter dem Eindruck dieser letzten Tage, da der Führer die Souveränität D[eutschlands] verkündete. Er hat den Beschluß plötzlich gefaßt. Wie er uns am Abend des 16.3. sagte, hätte er aber 10 Tage nicht geschlafen, weil er immer wieder alle Möglichkeiten überdachte. Dann erzählte er, wie die Botschafter seine Mitteilung aufgenommen hätten. Der *Italiener* wurde bleich (vor Wut, er ist stets ein Gegner gewesen), der *Franzose* war konsterniert, meldete aber schon einen wahrscheinlichen Protest seiner Regierung an. Der Führer: «Ich nehme davon Kenntnis.» – «Im übrigen», fügte er zu uns hinzu, «ist die Achtung vor uns aber ständig im Wachsen, ich alter Praktikus merke es dem Betragen der Botschafter an. Poncet machte am Ende dann doch eine Verbeugung bis zur Horizontale.» Auf die Eröffnung hätte der *Engländer* gesagt: «Aber darüber wollten wir doch gerade verhandeln.» Er fand sich aber schnell und fragte, wie es mit den Luft- und Flottenfragen stünde. Worauf der Führer erklärte, diese Angebote an England bestünden freibleibend weiter (d. h. Parität der Luftwaffe, 35% der Flotte). Phipps: «Dann ist es ja gut. Und wieviel sind die 36 Divisionen ungefähr?» Darauf der Führer: «Rußland hat 100 Divisionen, Polen 30, Frankreich 42, wir also 36.» Worauf Phipps auch hier seine Zufriedenheit aussprach. Ich sagte: Wenn die Franzosen Schneid hätten, müßten jetzt in Paris die Bomber absurren. Führer: «Ich glaube, wir kommen durch.»

Ablehnung eines Ostpaktes

Antwort der Reichsregierung vom 13. April 1935 auf eine Anfrage aus Stresa (Auszug)

I. In den Berliner Besprechungen hat der Führer und Reichskanzler der britischen Delegation mitgeteilt, daß die Deutsche Regierung zu ihrem Bedauern nicht in der Lage sei, zum Ostpakt in der vorgeschlagenen Form ihren Beitritt zu erklären. Die Deutsche Reichsregierung sei demgegenüber aber bereit, einem solchen kollektiven Sicherheitspakte ihre Zustimmung zu geben dann, wenn er
1. sich aufbaue auf gegenseitigen und allgemeinen Nichtangriffsverpflichtungen und Schiedsgerichtsverfahren,
2. im Falle einer Friedensstörung ein konsultatives Verfahren vorsehe,
3. sei die Deutsche Reichsregierung bereit – unter Betonung der Schwierigkeiten der einwandfreien Feststellung eines Angreifers –, sich allgemeinen Maßnahmen der Nichtunterstützung eines solchen anzuschließen.
Zu diesem Angebot steht die Deutsche Reichsregierung auch heute.
II. Der Führer und Reichskanzler hat in dieser Besprechung weiter mitgeteilt, daß die Deutsche Regierung nicht in der Lage sei, einem Paktvor-

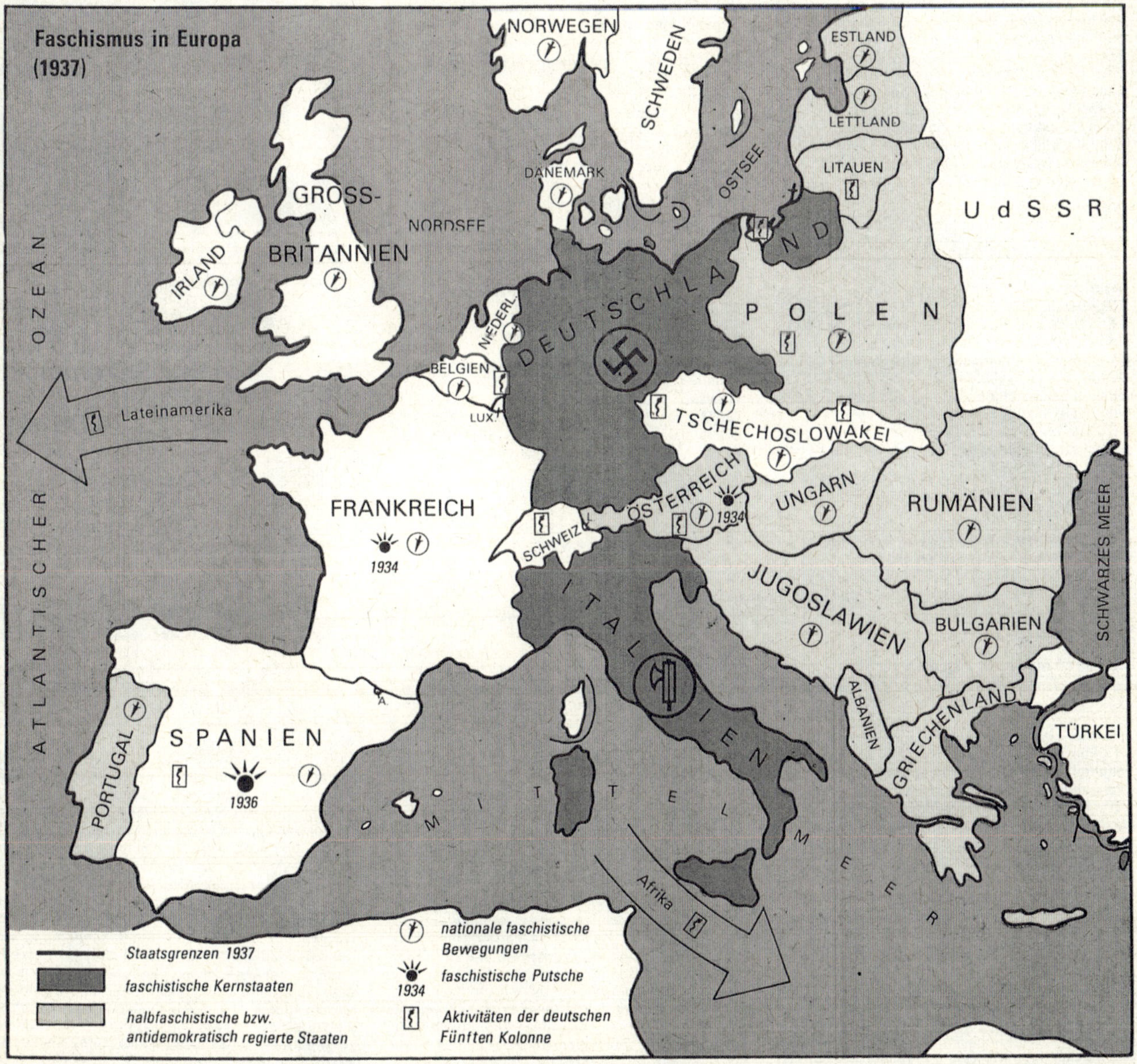

schlag zuzustimmen, der, sei es für alle oder für einzelne, mehr oder weniger automatische militärische Beistandsverpflichtungen enthalte. Diese sähe darin nicht ein Element der Friedenserhaltung, sondern eher noch ein Element der Friedensbedrohung. Die Deutsche Reichsregierung bekennt sich auch heute zu dieser Auffassung und zu der sich daraus ergebenden Haltung.

III. Die Deutsche Reichsregierung hat sofort nach Übernahme der Macht ihren Wunsch ausgedrückt, mit den umliegenden Staaten Nichtangriffspakte abzuschließen. Sie machte diesen Vorschlag, ohne eingehende Kenntnis bestehender zwei- oder mehrseitiger militärischer Abmachungen einzelner Staaten zu besitzen und ohne jede Bezugnahme auf sie. Da sie selbst keine aggressiven Absichten hegt, fühlt sie sich von wirklichen Defensivabkommen auch nicht betroffen. Auch zu dieser Auffassung bekennt sich die Deutsche Reichsregierung auch heute noch. So wenig sie daher in der Lage ist, einem Pakt beizutreten, der solche militärischen Verpflichtungen als ein wesentliches Element seines Inhaltes und damit seiner Existenz enthält, sowenig können solche außerhalb dieses Paktes liegenden Vereinbarungen die Deutsche Reichsregierung behindern, ihrerseits Nichtangriffspakte auf der oben fixierten Basis abzuschließen.

Dies ist der Sinn der Antwort der Deutschen Reichsregierung auf die Frage des Königlich Britischen Botschafters, ob Deutschland bereit sei, einen Ostpakt auf der von ihm selbst angedeuteten Grundlage abzuschließen, auch für den Fall, daß andere Staaten unter sich noch besondere Abmachungen getroffen hatten oder treffen würden.

Soldatische Erziehungsschule

Wehr-Gesetz vom 21. Mai 1935 (Auszug)

Abschnitt I
Allgemeines
§ 1 (1) Wehrdienst ist Ehrendienst am Deutschen Volke.
(2) Jeder deutsche Mann ist wehrpflichtig.
(3) Im Kriege ist über die Wehrpflicht hinaus jeder deutsche Mann und jede deutsche Frau zur Dienstleistung für das Vaterland verpflichtet.
§ 2 Die Wehrmacht ist der Waffenträger und die soldatische Erziehungsschule des deutschen Volkes. Sie besteht aus
dem Heer,
der Kriegsmarine,
der Luftwaffe.
§ 3 (1) Oberster Befehlshaber der Wehrmacht ist der Führer und Reichskanzler.
(2) Unter ihm übt der Reichskriegsminister als Oberbefehlshaber der Wehrmacht Befehlsgewalt über die Wehrmacht aus.

Bei drohender Kriegsgefahr

Geheimes Reichsverteidigungs-Gesetz vom 21. Mai 1935 (Auszug)

Abschnitt I Verteidigungszustand
§ 1 Der Führer und Reichskanzler kann bei drohender Kriegsgefahr für das Reichsgebiet den «*Verteidigungszustand*» erklären.
§ 2 (1) Mit der Erklärung des Verteidigungszustandes geht die gesamte vollziehende Gewalt auf den Führer und Reichskanzler über. In seinem Auftrage übt sie der Reichskriegsminister aus.
(2) Der Reichskriegsminister ist in Ausübung der vollziehenden Gewalt berechtigt, Rechtsverordnungen zu erlassen, die von bestehenden Gesetzen abweichen dürfen. Er kann zur Durchführung seiner Anordnungen Strafen androhen und Sondergerichte einsetzen.
(3) Der Reichskriegsminister kann die ihm zur Ausübung der vollziehenden Gewalt zustehenden Befugnisse ganz oder teilweise übertragen.
§ 3 (1) Die Reichsminister sind an die Weisungen des Reichskriegsministers gebunden. Sie bleiben

Deutsche Rüstungs- und Kriegsausgaben

(nach J. Kuczynski)
in Mrd. RM

Jahr	Volkseinkommen	Rüstungsausgaben	in Proz. des Volkseinkommens
1933	46,5	3,0	6
1934	52,5	5,5	10
1935	58,5	10,0	17
1936	65,0	12,5	19
1937	72,5	16,0	22
1938	79,5	27,0	34
1939	110,0	37,0	34
1940	114,0	49,0	43
1941	122,0	71,0	58
1942	127,0	86,0	68
1943	132,0	91,0	69
1944	135,0	91,0	68

innerhalb ihres Geschäftsbereichs die obersten Reichsbehörden.
(2) Die Reichsminister treffen die im Falle des Verteidigungszustandes erforderlichen Maßnahmen und sind ermächtigt, Rechtsverordnungen zu erlassen, die von bestehenden Gesetzen abweichen dürfen.
Abschnitt II Mobilmachung
§ 4 (1) Wird der Kampf mit einem äußeren Feind unvermeidlich, so kann der Führer und Reichskanzler die «*Mobilmachung*» anordnen.
(2) Die Anordnung der Mobilmachung schließt die Erklärung des Verteidigungszustandes gemäß Abschnitt I in sich, falls dieser nicht schon vorher erklärt ist, unbeschadet der Vorschrift des § 6.
(3) Mit der Anordnung der Mobilmachung tritt der Kriegszustand im Sinne der Gesetze ein.
§ 5 Die Reichsminister treffen die im Falle der Mobilmachung erforderlichen Maßnahmen und sind ermächtigt, Rechtsverordnungen zu erlassen, die von bestehenden Gesetzen abweichen dürfen.
§ 6 (1) Zur Leitung der gesamten Kriegswirtschaft ernennt der Führer und Reichskanzler einen «Generalbevollmächtigten für die Kriegswirtschaft».
(2) Aufgabe des «Generalbevollmächtigten für die Kriegswirtschaft» ist es, alle wirtschaftlichen Kräfte in den Dienst der Kriegführung zu stellen und das Leben des deutschen Volkes wirtschaftlich zu sichern.
(3) Ihm unterstehen:
Der Reichswirtschaftsminister,
der Reichsminister für Ernährung und Landwirtschaft,
der Reichsarbeitsminister,
der Reichsforstmeister und
alle dem Führer und Reichskanzler unmittelbar unterstellten Reichsbehörden.
Ferner wird von ihm verantwortlich die Finanzierung der Kriegführung (im Bereich des Reichsfinanzministeriums und der Reichsbank) geleitet.
(4) Der «Generalbevollmächtigte für die Kriegswirtschaft» ist berechtigt, innerhalb seines Aufgabengebietes Rechtsverordnungen zu erlassen, die von den bestehenden Gesetzen abweichen dürfen.

Vereinter Vertragsbruch

Zum Londoner Flottenabkommen über die Stärke der deutschen Kriegsmarine vom 18. Juni 1935 (Auszug)

Während der letzten Tage haben die Vertreter der Regierung des Deutschen Reiches und der Regierung Seiner Majestät im Vereinigten Königreich Besprechungen abgehalten, deren Hauptzweck darin bestand, den Boden für eine allgemeine Konferenz zur Begrenzung der Seerüstungen vorzubereiten. Ich freue mich, Euer Exzellenz nunmehr die formelle Annahme des Vorschlags der Regierung des Deutschen Reiches, der in diesen Besprechungen zur Erörterung gestanden hat, durch die Regierung Seiner Majestät im Vereinig ten Königreich mitzuteilen, wonach die zukünftig Stärke der deutschen Flotte gegenüber der Gesamtflottenstärke der Mitglieder des Britischen Commonwealth im Verhältnis 35:100 stehen soll. Die Regierung Seiner Majestät im Vereinigten Königreich sieht diesen Vorschlag als einen außerordentlich wichtigen Beitrag zur zukünftigen Seerüstungsbeschränkung an. Weiterhin glaubt sie daß die Einigung, zu der sie nunmehr mit der Regierung des Deutschen Reiches gelangt ist und die sie als eine vom heutigen Tage ab gültige, dauernde und endgültige Einigung zwischen den beiden Regierungen ansieht, den Abschluß eines zukünftigen allgemeinen Abkommens über eine Seerüstungsbegrenzung zwischen allen Seemächten der Welt erleichtern wird.

Fotomontage Heartfields zum Flottenabkommen

Der psychologische Augenblick

Aufzeichnung des deutschen Botschafters in Rom v. Hassell, zum Vorspiel der Rheinland-Besetzung (Auszug)

Rom, 14. Februar 1936
Der Führer führte aus, daß er zur Zeit mit einer außerordentlich weittragenden Frage beschäftigt sei, über die er bisher nur mit den Herren von Neurath, von Blomberg, von Fritsch, von Ribbentrop und Göring gesprochen habe. Es handele sich darum, ob Deutschland die Pariser Ratifizierung des Russenpakts (bzw. auch schon einen zustimmenden Kammerbeschluß) zum Anlaß nehmen solle, Locarno zu kündigen und die entmilitarisierte Zone wieder mit Truppen zu belegen. Letzteres sei vom militärischen Standpunkte gesehen eine unbedingte Notwendigkeit. Bisher habe er immer als Zeitpunkt das Frühjahr 1937 ins Auge gefaßt. Die politische Entwicklung lege aber den Gedanken nahe, ob nicht der psychologische Augenblick jetzt gekommen sei.
Für den Aufschub spreche zwar die Tatsache, daß Deutschland militärisch noch unfertig sei und 1937 wesentlich stärker sein würde; denkbar sei ferner im späteren Zeitpunkt ein russisch-japanischer Konflikt, der Deutschland entlasten würde. Indessen sei letzteres ganz unsicher, und was die militärischen Kräfteverhältnisse angehe, so nehme auch die Stärke der anderen, insbesondere der Russen, zu. Jetzt aber sei Rußland nur darauf erpicht, im Westen Ruhe zu haben, England sei militärisch in

schlechtem Zustand und durch andere Probleme stark gefesselt, Frankreich sei innerpolitisch zerfahren. In beiden Ländern sei eine starke Gegnerschaft gegen den Russenpakt für uns zu buchen. Er glaubt nicht, daß man solchen deutschen Schritt mit militärischem Vorgehen beantworten werde – vielleicht allerdings mit wirtschaftlichen Sanktionen; diese seien aber inzwischen bei der als Prügelknaben dienenden Gefolgschaft der Großmächte recht unbeliebt geworden ...
Aus der Unterhaltung mit Neurath ist interessant, daß nach seiner Ansicht für Hitler in erster Linie das innerpolitische Motiv maßgebend ist: H[itler] fühle das Herabgehen der Stimmung für das Regime und suche eine nationale Parole, um die Massen neu zu entflammen, die üblichen Wahlen nebst Volksabstimmung oder eins von beiden zu machen und anschließend eine große innere Anleihe aufzulegen. Die Militärs (Fritsch, Beck) seien gegen die Sache, außer Blomberg, der wie immer blind allem zustimme, was H[itler] anrege.
Um 12.15 gingen wir zu H[itler], wo sich auch Ribbentrop einfand. Letzterer machte mir während der Unterhaltung einen fatalen Eindruck; er hing mit andächtigem Ausdruck an H[itlers] Lippen, sagte fortwährend «mein Führer» und redete ihm in plumpster Weise nach dem Munde, was letzterer nicht zu merken schien. Wenn H[itler] drei Möglichkeiten so skizzierte, daß jedes Kind merken konnte, daß er für die dritte wäre, so schoß Ribbentrop nach vorn und flüsterte: «Die dritte, mein Führer, die dritte!» Neurath sagte wenig, äußerte kaum etwas von seinen vorher so scharf vorgebrachten Bedenken und unterstützte gelegentlich einiges, was ich in der Hinsicht vorbrachte.

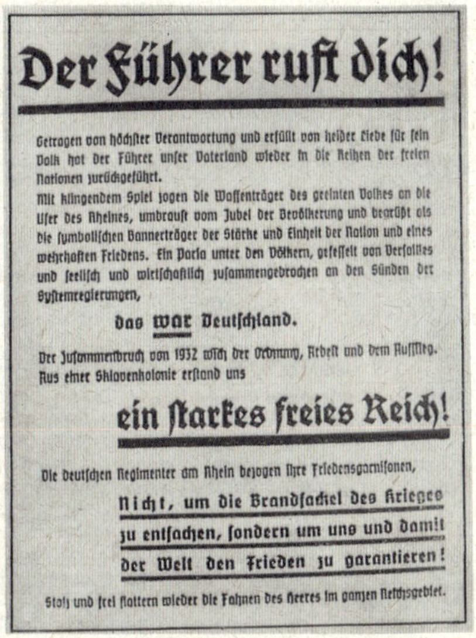

Der Führer ruft dich!

Getragen von höchster Verantwortung und erfüllt von heißer Liebe für sein Volk hat der Führer unser Vaterland wieder in die Reihen der freien Nationen zurückgeführt.
Mit klingendem Spiel zogen die Waffenträger des geeinten Volkes an die Ufer des Rheines, umbraust vom Jubel der Bevölkerung und begrüßt als die symbolischen Bannerträger der Stärke und Einheit der Nation und eines wehrhaften Friedens. Ein Paria unter den Völkern, gefesselt von Versailles und seelisch und wirtschaftlich zusammengebrochen an den Sünden der Systemregierungen,

das war Deutschland.

Der Zusammenbruch von 1932 wich der Ordnung, Arbeit und dem Aufstieg. Aus einer Sklavenkolonie erstand uns

ein starkes freies Reich!

Die deutschen Regimenter am Rhein bezogen ihre Friedensgarnisonen,

Nicht, um die Brandfackel des Krieges zu entfachen, sondern um uns und damit der Welt den Frieden zu garantieren!

Stolz und frei flattern wieder die Fahnen des Heeres im ganzen Reichsgebiet.

Propaganda-Text zur Rheinland-Besetzung

Der zweite deutsche Staat
Deutsch-österreichische Erklärung vom 11. Juli 1936 (Auszug)

In der Überzeugung, der europäischen Gesamtentwicklung zur Aufrechterhaltung des Friedens eine wertvolle Förderung zuteil werden zu lassen, wie in dem Glauben, damit am besten den vielgestaltigen wechselseitigen Interessen der beiden deutschen Staaten zu dienen, haben die Regierungen des Deutschen Reiches und des Bundesstaates Österreich beschlossen, ihre Beziehungen wieder normal und freundschaftlich zu gestalten.
Aus diesem Anlaß wird erklärt:
1. Im Sinne der Feststellungen des Führers und Reichskanzlers vom 21. Mai 1935 anerkennt die deutsche Reichsregierung die volle Souveränität des Bundesstaates Österreich.
2. Jede der beiden Regierungen betrachtet die in dem anderen Lande bestehende innerpolitische Gestaltung, einschließlich der Frage des österreichischen Nationalsozialismus, als eine innere Angelegenheit des anderen Landes, auf die sie weder unmittelbar noch mittelbar Einwirkung nehmen wird.
3. Die österreichische Bundesregierung wird ihre Politik im allgemeinen wie insbesondere gegenüber dem Deutschen Reiche stets auf jener grundsätzlichen Linie halten, die der Tatsache, daß Österreich sich als deutscher Staat bekennt, entspricht ...
In der Erwägung, daß die von beiden Seiten gewünschte Entspannung sich nur verwirklichen lassen wird, wenn dazu gewisse Vorbedingungen seitens der Regierungen beider Länder erstellt werden, wird die Reichsregierung sowohl wie die österreichische Bundesregierung in einer Reihe von Einzelmaßnahmen die hierzu notwendigen Voraussetzungen schaffen.

Langsam zunehmender Druck
Gesandtschaftsbericht v. Papens aus Wien vom 1. September 1936 (Auszug)

Für unsere Marschroute empfehle ich nach der taktischen Seite weiterhin geduldige psychologische Behandlung bei langsam zunehmendem Druck in der Richtung auf eine Änderung des Regimes. Hierbei werden die für Ende Oktober vorgesehenen Wirtschaftsverhandlungen ein sehr brauchbares Werkzeug für die Durchsetzung einiger unserer Wünsche sein.
In Besprechungen sowohl mit Regierungsmitgliedern wie mit den Führern der illegalen Partei, die durchaus auf dem Boden des Abkommens vom 11. Juli stehen, versuche ich, die nächste Entwicklung dahin vorzubereiten, daß eine korporative Vertretung der Bewegung in der Vaterländischen Front angestrebt, jedoch auf Einbau von führenden Nationalsozialisten in entscheidende Stellungen vorläufig verzichtet wird. Dahingegen sollen in solche Positionen nur Persönlichkeiten berufen werden, die die Unterstützung und das Vertrauen der Bewegung genießen.

Zittert für Europa
Auftakt der antibolschewistischen Kampagne in Hitlers Reichstagsrede vom 7. März 1936 (Auszug)

Ich zittere für Europa bei dem Gedanken, was aus unserem alten, menschenüberfüllten Kontinent werden soll, wenn durch das Hereinbrechen dieser destruktiven und alle bisherigen Werte umstürzenden asiatischen Weltauffassung das Chaos der bolschewistischen Revolution erfolgreich sein würde. Ich bin vielleicht für viele europäische Staatsmänner ein phantastischer, jedenfalls aber unbequemer Warner ... Ich kann nicht verhindern, daß andere Staaten ihren Weg gehen, den sie nun einmal glauben gehen zu müssen oder wenigstens gehen zu können; aber ich werde es verhindern, daß auch Deutschland diesen Weg in das Verderben antritt.
Und ich glaube, daß dieses Verderben in dem Augenblick seinen Einzug halten würde, in dem

Zum Reichsparteitag 1936 geklebtes Plakat

die Staatsführung sich selbst zum Verbündeten einer solchen destruktiven Lehre hergeben wollte. Ich sehe keine Möglichkeit, dem deutschen Arbeiter die mich so tief bewegende Gefahr des Unglücks eines bolschewistischen Chaos in Deutschland klarzumachen, wenn ich selbst als Führer der Nation mich in enge Beziehungen zu dieser Gefahr bringen wollte. Ich will auch hier als Staatsmann und Führer des Volkes alles das tun, was ich von einzelnen Volksgenossen erwarte und verlange. Ich glaube nicht, daß die engere Berührung mit einer Weltanschauung, die für ein Volk verderblich ist, für Staatsmänner nützlich sein kann.

Gedanken eines Industriellen
Denkschrift des Saar-Konzernchefs Röchling für Hitler vom 17. August 1937 (Auszug)

Immer drohender wird die Kriegsgefahr für das deutsche Volk. Im Osten steht Rußland mit seiner kommunistischen Staatsauffassung und der Gottlosenlehre im schärfsten Gegensatz zum nationalsozialistischen Deutschland, das ihm den Weg zur

Vermögensentwicklung deutscher Aktiengesellschaften
dargestellt am Beispiel führender Konzerne in Mill. RM

Konzern	1933	1937	1939	1941	1942
Wintershall AG	270	283	318	379	394
Gute-Hoffnungshütte AG	113	106	126	146	175
Hoesch AG	204	215	251	310	335
Mitteldeutsche Stahlwerke	102	125	170	221	232
Krupp AG	389	575	746	876	.
Mannesmann AG	322	255	285	343	363
Daimler-Benz AG	64	110	170	146	.
IG Farben AG	1 746	1 638	1 868	2 333	2 832
AEG	472	431	598	827	1 042
Deutsche Bank AG	3 039	3 301	4 184	6 573	7 504

Weltrevolution versperrt. Deutschland hat mit seinem Antisemitismus dem in Rußland absolut herrschenden Judentum und dem Judentum der Welt, dem einflußreichsten Vorkämpfer des Bolschewismus, den schärfsten Kampf angesagt. Indem es den Juden in Deutschland das Leben immer schwerer macht, sie dadurch aus dem Lande treibt und überall, wo diese Flüchtlinge hinkommen, den Antisemitismus mächtig anschwellen läßt, rührt es an das Leben schlechthin der jüdischen Rasse.
Im Westen sehen wir die Entwicklung in Frankreich immer mehr zum Bolschewismus hinübergleiten ... Der schrankenlose Individualismus, wie er sich in allen Gesetzen und der gesamten politischen Haltung des Volkes ausdrückt, macht eine Änderung der dem Bolschewismus entgegeneilenden Entwicklung der politischen Lage fast unmöglich. Durch das Militärbündnis mit Rußland gibt der französische Generalstab, wenn auch ungewollt, sein Placet. Es ist nicht zu sehen, worin die Möglichkeit bestehen sollte, den Entscheidungskampf zwischen Bolschewismus und Nationalsozialismus zu vermeiden. Die Kräfte, die wir in der Welt und damit auch in Frankreich für den Ausgleich zu mobilisieren suchen, sind zu schwach, vielfach auch gar nicht willens, einen neuen Weltkonflikt zu verhindern.
England, das bis in die höchsten Kreise verjudet ist, hat viel zu viel Hemmungen, um sich auf unsere Seite zu stellen ...
Das Fazit aller dieser Überlegungen ist also, daß der Krieg fast unvermeidlich ist; die wesentlichste Frage ist, wann er ausbricht. Darüber irgend etwas vorauszusagen, wäre vermessen. Ich glaube aber nicht, daß er bald kommen wird. Jedenfalls müssen wir mit dieser Auseinandersetzung rechnen und uns mit allen Mitteln darauf einrichten, denn dieser Kampf ist ein Kampf um unsere Existenz.

Hitlers Hilfe für Franco

nur vom 7. Nov. 1936 bis zum 31. Okt. 1938

Art der Hilfe	Kosten in RM
Waffen	6 284 356,37
Munition	44 135 235,32
Gerät	111 069 475,63
Transport	16 563 471,78
Treibstoff	1 988 603,35
sonstige Sach-Ausgaben	6 819 978,63
Versicherungen	2 430 741,44
Reisen	851 381,87
Einkleidungs-Beihilfen	142 117,50
sonstige persönliche Ausgaben	55 727,92
Vorschüsse	36 800,42
Insgesamt	190 377 890,23

Erprobung im scharfen Schuß

Aussage Görings vor dem Internationalen Militär-Tribunal in Nürnberg am 14. März 1946 (Auszug)

Als in Spanien der Bürgerkrieg ausgebrochen war, sandte Franco einen Hilferuf an Deutschland um Unterstützung, besonders in der Luft ... Franco stand mit seinen eigentlichen Truppen in Afrika, konnte nicht herüberkommen ... Das Entscheidende war, daß zunächst seine Truppen nach Spanien kamen.
Der Führer überlegte sich, ich drängte lebhaft, die Unterstützung unter allen Umständen zu geben. Einmal, um der Ausweitung des Kommunismus an dieser Stelle entgegenzutreten, zum zweiten aber, um meine junge Luftwaffe bei dieser Gelegenheit in diesem oder jenem technischen Punkt zu erproben.
Ich sandte mit Genehmigung des Führers einen großen Teil meiner Transportflotte und sandte eine Reihe von Erprobungskommandos meiner Jäger, Bomber und Flakgeschütze hinunter und hatte auf diese Weise Gelegenheit, im scharfen Schuß zu erproben, ob das Material zweckentsprechend entwickelt wurde. Damit auch das Personal eine gewisse Erfahrung bekam, sorgte ich für einen starken Umlauf, das heißt immer wieder neue hin und die anderen zurück.

Ein voller technischer Erfolg

Tagebuch-Notiz des Leiters der Entwicklungs-Abteilung im Technischen Amt des Reichsluftfahrtministeriums, Oberst Dr. Ing. Freiherr v. Richthofen, von Ende November 1936 bis Ende Januar 1937 Chef der Luftwaffen-Versuchsgruppe in Spanien, dann Stabschef der Legion Condor, ab Ende November 1938 ihr letzter Befehlshaber (Auszug)

30.4.37
Guernica, Stadt von 5000 Einwohnern, buchstäblich dem Erdboden gleichgemacht. Angriff erfolgte mit 250-kg- und Brandbomben, letztere etwa 1/3. Als die 1. Jus* kamen, war überall schon Qualm (von VB**, die mit 3 Flugzeugen angriffen), keiner konnte mehr Straßen-, Brücken- und Vorstadtziel erkennen und warf nun mitten hinein. Die 250er warfen eine Anzahl Häuser um und zerstörten die Wasserleitung. Die Brandbomben hatten nun Zeit, sich zu entfalten und zu wirken. Die Bauart der Häuser: Ziegeldächer, Holzgalerie und Holzfachwerkhäuser, führte zur völligen Vernichtung. – Bombenlöcher auf Straßen noch zu sehen, einfach toll. – Stadt war völlig gesperrt für mindestens 24 Stunden, es war die geschaffene Voraussetzung für einen großen Erfolg, wenn Truppen nur nachgerückt wären. So nur ein voller technischer Erfolg unserer 250er u. EC.B.1***.
In Guernica heilige Eiche, unter der die Könige seit über 1000 Jahren ... die Verfassung und Rechte von Viscaya beschworen ...
Weiter nach Durango. Hübsches Städtchen mit schönen Adelspalästen. Durch 2maligen Bombenwurf der Italiener allerdings toll aussehend. Es ist, als ob die Bomben die Kirchen geradezu gesucht hätten. Der große Dom, in dem gerade große Messe war, hat mindestens 6, eine Klosterkirche (Kloster war allerdings rote Kaserne) mindestens 4 Bomben bekommen. Nur Mauern stehen noch. Im Dom viel (es heißt über 150) Tote ...
1.5.37
Ich beschließe, auf Urlaub zu gehen, da in nächster Zeit vor Bilbao doch nichts los. Auf Steinbock in Gredos. Sander genehmigt. Morgen geht's los.

* *Ju 52*
** *VB = Versuchsbomber = He 111*
*** *1-kg-Brandbombe der IG Farben, bestehend aus Elektron, gefüllt mit Thermit*

Der ganze Sinn und Zweck

Hisma-Chef Bernhardt am 4. November 1937 an den deutschen Botschafter in Salamanca (Auszug)

Wir sind uns darüber klar, daß das Projekt der Montana den ganzen Sinn und Zweck unserer Hilfe in Spanien auf wirtschaftlichem Gebiet ausmacht; denn all unsere Rohstoffbeschaffung durch Einkauf ... bedeutet nichts Bleibendes, sondern eine Rohstoffbeschaffung von der Hand in den Mund.
Zweck unserer wirtschaftlichen Interessennahme in Spanien muß das tiefe Hineingehen in die Hauptquellen des spanischen Reichtums sein, nämlich in Landwirtschaft und Bergbau ...
Auf eine klare Formel gebracht, kann man sagen, daß mit der Lösung oder dem Scheitern unserer Bemühungen im spanischen Bergbau wir unsere Hilfeleistung nach Spanien als erfolgreich oder mißlungen bezeichnen können. In dieser klaren Erkenntnis, daß das Montana-Problem der wirkliche Zweck unserer wirtschaftlichen Bemühungen ist, müssen wir diese Probleme mit allen zur Verfügung stehenden Mitteln verwirklichen. Es muß hier festgestellt werden, daß diese Mittel auf allen Gebieten gefunden und eingesetzt werden müssen, daß wir also zur Erreichung dieses einzigen Zweckes unserer wirtschaftlichen Festsetzung diplomatisch, militärisch und kulturell Einfluß nehmen müssen ...
Die Durchführung des bisherigen Gesamtproblemes wird, wenn auf verständigem Wege dies nicht erreicht werden kann, erzwungen werden müssen. Über diese Notwendigkeit müssen wir uns von Anfang an klar sein. Es wird jedoch unsere Aufgabe sein, diese Druckausübung erst dann in Szene zu setzen, wenn mit Überredung, Überzeugung und tatsächlichen Erfolgen das Gewünschte nicht erreicht wird.

Plakative Kolonial-Propaganda der Nazis

Nutznießer der Rüstungskonjunktur

Summen in Mill. RM

	IG Farben		Vereinigte Stahlwerke	Krupp	Siemens (gesamt)	Zeiß
Geschäftsjahr*	Brutto-Profit	Netto-Profit	Brutto-Profit	Netto-Profit	Gesamt-Umsatz	Gesamt-Umsatz
1932 (/33)	71,5	47	.	.	.	20
1933 (/34)	122,1	74	.	6,7	411,0	29
1934 (/35)	125,6	68	120,5	10,3	.	45
1935 (/36)	153,4	71	225,8	14,4	.	68
1936 (/37)	250,8	140	248,6	17,2	853,6	85
1937 (/38)	295,7	188	257,1	.	907,2	98
1938 (/39)	274,2	191	.	21,1	1091,6	115
1939 (/40)	376,7	.	.	27,7	.	142

* *meist nicht deckungsgleich mit dem Kalenderjahr*

Die Friedenskräfte

Wer ist Aggressor?

Von der Sowjetunion am 6. Februar 1933 in Genf vorgelegte Konvention; unterzeichnet am 3. Juli 1933 durch sie, Afghanistan, Estland, Lettland, Persien, Rumänien, Polen, die Türkei (Auszug)

Art. II. Folglich wird, unter Vorbehalt der zwischen den streitenden Parteien in Kraft befindlichen Abkommen, der Staat als Aggressor gelten, der als erster bei einem internationalen Streit eine der folgenden Handlungen begeht:
1. Kriegserklärung an einen anderen Staat;
2. Invasion seiner Streitkräfte, auch ohne Kriegserklärung, in das Territorium eines anderen Staates;
3. Angriff seiner Land-, See- und Luftstreitkräfte, auch ohne Kriegserklärung, auf das Territorium, die Schiffe oder die Flugzeuge eines anderen Staates;
4. Seeblockade der Küsten oder Häfen eines anderen Staates;
5. Unterstützung der bewaffneten Banden, die, auf seinem Territorium gebildet, in das Territorium eines anderen Staates eingefallen sind, oder Weigerung, trotz der Forderung des überfallenen Staates, auf seinem eigenen Territorium alle in seiner Macht stehenden Maßnahmen zu ergreifen, um den erwähnten Banden jegliche Hilfe und jeglichen Schutz zu entziehen.
Art. III. Keine Erwägung politischer, militärischer, wirtschaftlicher oder anderer Art kann als Entschuldigung oder als Rechtfertigung für die in Art. II in Betracht gezogene Aggression dienen.

Perspektiven des Antisowjetismus

Stalin vor dem XVII. Parteitag der KPdSU(B) am 26. Januar 1934 (Auszug)

Man kann wohl kaum daran zweifeln, daß dieser Krieg der für die Bourgeoisie gefährlichste Krieg sein würde. Er würde nicht nur deshalb der gefährlichste sein, weil die Völker der UdSSR auf Tod und Leben für die Errungenschaften der Revolution kämpfen würden. Er würde für die Bourgeoisie auch deshalb der gefährlichste sein, weil der Krieg sich nicht nur an den Fronten, sondern auch im feindlichen Hinterland abspielen würde. Die Bourgeoisie braucht nicht daran zu zweifeln, daß die zahlreichen Freunde der Arbeiterklasse der UdSSR in Europa und Asien bemüht sein werden, ihren Unterdrückern, die einen verbrecherischen Krieg gegen das Vaterland der Arbeiterklasse aller Länder angezettelt haben, in den Arm zu fallen. Und mögen die Herren Bourgeois nicht uns Vorwürfe machen, wenn sie am Tage nach einem solchen Kriege einige ihnen nahestehende Regierungen vermissen werden, die jetzt «von Gottes Gnaden» wohlbehalten regieren...
Man kann wohl kaum daran zweifeln, daß ein zweiter Krieg gegen die UdSSR zu einer völligen Niederlage der Angreifer, zur Revolution in einer Reihe von Ländern in Europa und Asien und zur Zerschmetterung der Bourgeois- und Gutsbesitzerregierungen dieser Länder führen wird ...
Unsere Außenpolitik ist klar. Sie ist eine Politik der Erhaltung des Friedens und der Verstärkung der Handelsbeziehungen mit allen Ländern. Die UdSSR denkt nicht daran, irgend jemand zu bedrohen, und erst recht nicht, irgend jemand zu überfallen. Wir sind für den Frieden und verteidigen die Sache des Friedens. Aber wir fürchten keine Drohungen und sind bereit, auf einen Schlag der Kriegsbrandstifter mit einem Gegenschlag zu antworten. Wer den Frieden will und sachliche Beziehungen mit uns anstrebt, wird stets bei uns Unterstützung finden. Denjenigen aber, die versuchen sollten, unser Land zu überfallen, wird eine vernichtende Abfuhr zuteil werden, damit ihnen in Zukunft die Lust vergehe, ihre Schweineschnauze in unseren Sowjetgarten zu stecken.

Über die Einheitsfront

Brief Dimitroffs an die Kommission zur Erörterung seines Referats für den VII. Weltkongreß der Komintern vom Juni 1934 (Auszug)

1. Im Zusammenhang mit der veränderten Situation muß sich auch unsere Taktik der Einheitsfront ändern. Statt sie ausschließlich als Manöver zur Entlarvung der Sozialdemokratie anzuwenden, ohne ernsthafte Versuche, die wirkliche Einheit der Arbeiter im Kampf herbeizuführen, müssen wir sie in einen wirksamen Faktor der Entfaltung des Massenkampfes gegen die Offensive des Faschismus verwandeln.
2. Es muß Schluß gemacht werden mit der Orientierung, daß die Einheitsfront nur von unten geschaffen werden kann und daß jeder gleichzeitige Appell an die Führung der sozialdemokratischen Partei als Opportunismus betrachtet wird.
3. Die kämpferische Initiative der Massen muß entfaltet werden, ohne kleinliche Bevormundung der Einheitsfrontorgane durch die kommunistischen Parteien; keine Deklamationen über die Hegemonie der kommunistischen Partei, sondern Verwirklichung der Leitung durch die kommunistische Partei in der Praxis.

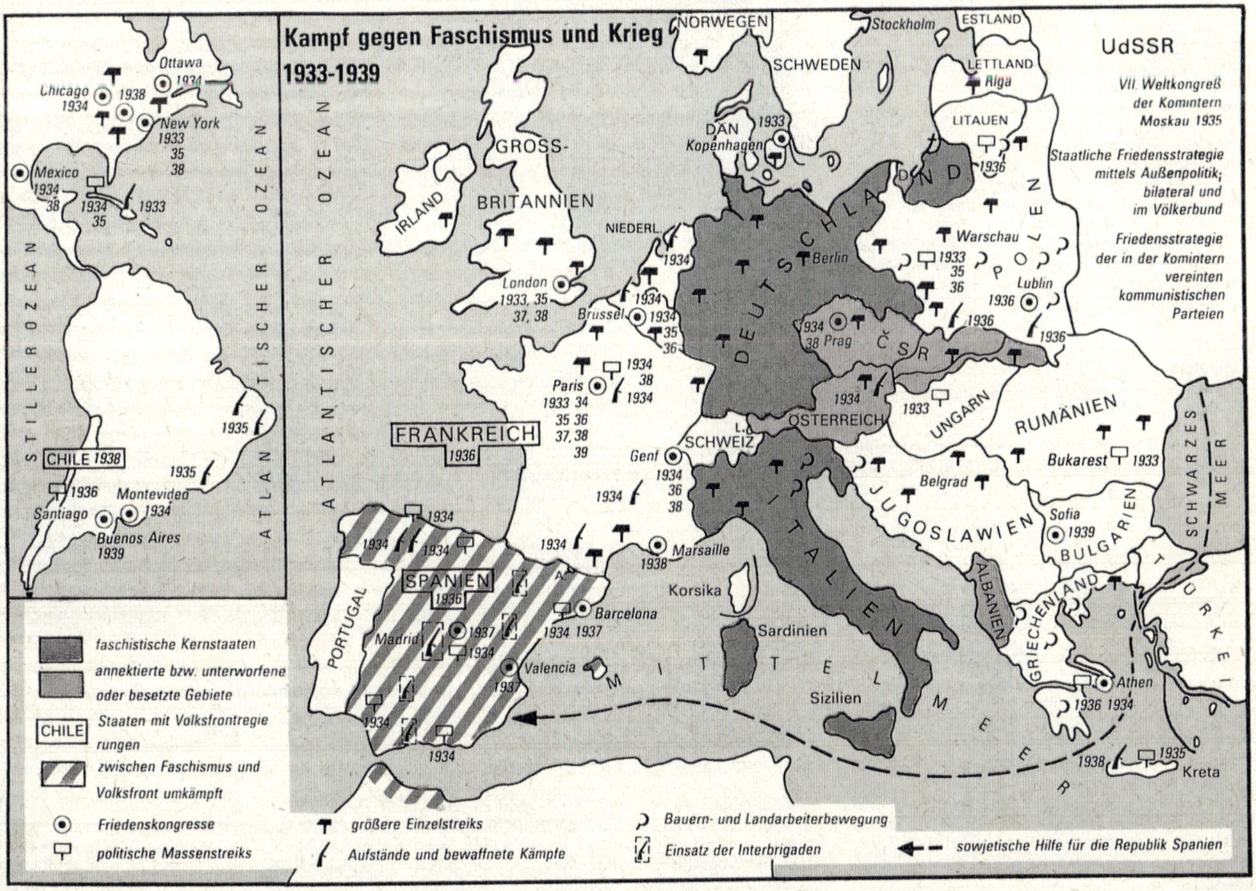

4. Unser Herangehen an die sozialdemokratischen und parteilosen Arbeiter muß sich in unserer ganzen Massenarbeit, Agitation und Propaganda von Grund auf ändern. Wir dürfen uns nicht auf allgemeine Behauptungen über den Verrat der Sozialdemokratie beschränken, sondern müssen den Arbeitern konkret, geduldig und überzeugend erläutern, wohin die sozialdemokratische Politik der Zusammenarbeit mit der Bourgeoisie führt und bereits geführt hat. Nicht alles auf die sozialdemokratischen Führer abwälzen, sondern auch auf die Verantwortung der sozialdemokratischen Arbeiter selber verweisen, sie zum Nachdenken über ihre eigene Verantwortung zwingen, sie zwingen, den richtigen Weg des Kampfes zu suchen, usw.

Das Gebot der Stunde

Gemeinsamer Aufruf der Bezirksleitungen Hessen-Frankfurt der KPD und Hessen-Nassau der SPD vom 5. September 1934 (Auszug)

Hitler führt Deutschland in die Katastrophe, wenn nicht die geeinte Arbeiterklasse im Bündnis mit allen Werktätigen seinem verbrecherischen Treiben ein Ende bereitet.
Einheitliche antifaschistische Aktion ist deshalb das Gebot der Stunde!
Schon stehen überall sozialdemokratische und kommunistische Arbeiter Schulter an Schulter im Kampf. Schon bilden sich überall, besonders in den Betrieben, antifaschistische Einheitsorgane zur Führung des Kampfes. Die sich immer stärker herausbildende und immer mutiger und siegesbewußter auftretende Einheitsfront der Arbeiterklasse beginnt bereits auf die bisher irregeleiteten Werktätigen aller Bevölkerungsschichten tiefen Eindruck auszuüben.
In dem ehrlichen Bestreben, diesen Willen der Massen zur kämpfenden Einheitsfront über alles bisher uns Trennende hinweg zur unüberwindlichen Front des antifaschistischen Kampfes bis zum Sturz des Faschismus zu steigern, haben die illegalen Bezirksleitungen der Sozialdemokratischen und Kommunistischen Partei in gemeinsamer Beratung beschlossen, sich zu einer Aktionseinheit zusammenzuschließen mit dem Ziel, den tagtäglichen Kampf aller Ausgebeuteten um Lohn und Brot zu breiten Massenkämpfen gegen den Faschismus und die hinter ihm stehende profitgierige Ausbeuterklasse bis zu ihrer Vernichtung durch die proletarische Revolution zu steigern, um dann durch die Diktatur der Arbeiterklasse im Bündnis mit allen Werktätigen den wirklichen Sozialismus aufzubauen.

Die Sowjetunion im Völkerbund

Sowjetische Beitrittserklärung zum Völkerbund vom 18. September 1934 (Auszug)

In der Annahme, daß die genannte Einladung, die von der überwiegenden Mehrheit der Mitglieder des Völkerbundes ausgeht, den wirklichen Friedenswillen des Bundes und dessen Ansicht, daß die Mitarbeit der UdSSR notwendig ist, ausdrückt, ist die Sowjetregierung, die die Erhaltung und Festigung des Friedens als Hauptaufgabe ihrer Außenpolitik ansieht und die sich gegenüber Vorschlägen zur internationalen Zusammenarbeit im Interesse des Friedens niemals taub verhielt, bereit, die Einladung, die sie erhalten hat, anzunehmen und Mitglied des Völkerbundes zu werden, und die Erfüllung der sich daraus ergebenden internationalen Pflichten und Beschlüsse, die für die Mitglieder des Bundes nach dem Statut des Völkerbundes verbindlich sind, zu übernehmen.
Die Sowjetregierung empfindet eine besondere Zufriedenheit darüber, daß ihr Eintritt in den Bund mit dem Zeitpunkt zusammenfällt, da vom Völkerbund die Frage über die Koordinierung des Statuts des Bundes mit dem Briand-Kellogg-Pakt erörtert wird, der den Krieg außerhalb des Gesetzes stellt.

Gegen die Klassenarmee des Faschismus

Erklärung des ZK der KPD vom 4. April 1935 zur Wehrpflicht in Deutschland (Auszug)

Die Proklamation des allgemeinen Militärdienstes durch die Hitlerregierung bedeutet den Übergang zu der verstärkten Militarisierung Deutschlands zum Zwecke der unmittelbaren Vorbereitung und Organisierung des imperialistischen Krieges ...
Die Beseitigung des Versailler Vertrags im Interesse des deutschen Volkes kann nicht auf dem Wege eines imperialistischen Krieges, sondern nur durch eine brüderliche Verständigung der Völker aller Länder und durch die Befreiung des Deutschtums vom Faschismus erreicht werden.
Die kommunistische Partei ist gegen die Klassenarmee des Hitlerfaschismus, sie kämpft für die Wehrhaftmachung der Arbeiter und Werktätigen Deutschlands, für eine Rote Armee der Arbeiter und Bauern, im Gegensatz zu den Armeen der imperialistischen Mächte, die nur der Knechtung der Völker und blutigen Eroberungskriegen dienen.

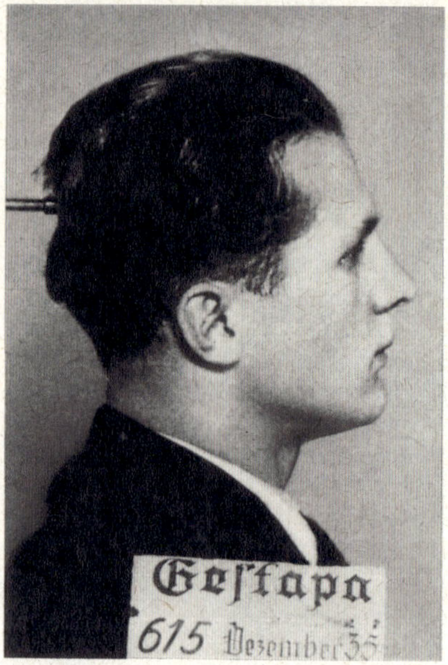

Gestapoaufnahme eines 1935 im Widerstandskampf verhafteten jungen kommunistischen Funktionärs: Erich Honecker. Er wird wegen Aufbaus des KJVD zehn Jahre lang eingekerkert – bis zur Befreiung des Zuchthauses Brandenburg-Görden Ende April 1945

Wir können nicht gleichgültig bleiben

Referat Palmiro Togliattis am 13. August 1935 auf dem VII. Weltkongreß der Komintern (Auszug)

Das ist ein Argument, Genossen, und zwar keineswegs ein zweitrangiges, das denen entgegengehalten werden muß, die uns fragen, warum wir die Verteidigung der bürgerlich-demokratischen Freiheiten in den Mittelpunkt unserer Einheitsfront- und Volksfrontpolitik stellen. Wir können nicht gleichgültig bleiben angesichts des Entstehens eines von den kriegerischsten und chauvinistischsten Gruppen der Bourgeoisie geführten Staatensystems, angesichts des Wachstums der extremen Kriegsparteien in der ganzen Welt, angesichts der Tendenz zur Bildung eines Blocks einer Reihe faschistischer Länder für den Krieg gegen die Sowjetunion. Im Zusammenhang damit besteht unsere Aufgabe nicht nur darin, die Ereignisse passiv zur Kenntnis zu nehmen, sondern darin, Politik zu treiben, das heißt, in diese Ereignisse einzugreifen, um ihren Lauf zu ändern oder wenigstens den Ausbruch des Krieges hinauszuschieben. Die Abschaffung der demokratischen Freiheiten und der Angriff auf die Sowjetunion wären gleichzeitig das Ende jeglicher Spur von Freiheit für die Völker Europas.
Es ist nicht schwer vorauszusehen, was ein siegreicher Krieg des deutschen Faschismus für Europa bedeuten würde. Ein solcher Krieg wäre das Ende der nationalen Unabhängigkeit der Tschechen, der Litauer, anderer kleiner baltischer Völker, der Polen, Holländer und Belgier. Das verstehen alle Völker Europas.

Zentrale Losung: Frieden

Resolution des VII. Weltkongresses der Komintern vom 20. August 1935 (Auszug)

Der VII. Weltkongreß der Kommunistischen Internationale bestätigt die Beschlüsse des VI. Kongresses über den Kampf gegen den imperialistischen Krieg und stellt den kommunistischen Parteien, den revolutionären Arbeitern, den Werktätigen, den Bauern und unterdrückten Völkern der ganzen Welt folgende Hauptaufgaben:
1. Kampf für den Frieden und zur Verteidigung der Sowjetunion ...
2. Einheitliche Volksfront im Kampfe für den Frieden, gegen die Kriegstreiber ...
3. Verknüpfung des Kampfes gegen den imperialistischen Krieg mit dem Kampf gegen den Faschismus ...
4. Kampf gegen Militarismus und Rüstungen ...
5. Kampf gegen den Chauvinismus ...
6. Kampf für die nationale Befreiung und die Unterstützung der nationalen Befreiungskriege.

Faschismus mit den Massen schlagen

Schlußwort des neuen KPD-Vorsitzenden Pieck auf der «Brüsseler Konferenz» am 15. Oktober 1935 (Auszug)

Was ist nun das Neue, das uns die Parteikonferenz gegeben hat? ...
Es ist die neue Erkenntnis, daß die faschistischen Massenorganisationen das entscheidende Wirkungsfeld für unsere gesamte Tätigkeit zur Gewinnung der Massen für den Kampf gegen den Faschismus sind. Wir müssen den Faschismus mit den Massen, die er in seinen Zwangsorganisationen vereint und beherrscht, zu schlagen verstehen. Das werden wir aber nur vermögen, wenn wir uns mit unserer gesamten Organisation und unserer Arbeit in diesen Massenorganisationen wirklich verankern. Wir müssen eine ständige systematische Arbeit zur Beeinflussung der Massen in diesen Organisationen leisten, sowohl in der allgemeinen politischen Aufklärung wie in der gewerkschaftlichen Tätigkeit und in allen Betriebsfragen. Darin liegt die hohe Bedeutung des vom Genossen Dimitroff gegebenen Beispiels des Trojanischen Pferdes. Das ist natürlich unter den illegalen Bedingungen, unter denen unsere Genossen arbeiten müssen, nicht so einfach. Wir müssen dazu die Kunst erlernen, alle legalen Möglichkeiten in diesen Organisationen und im Betrieb richtig auszunutzen. Die Faschisten werden selbstverständlich dagegen mit dem schärfsten Terror vorgehen. Sie haben schon damit begonnen, weil sie verstehen, welche Gefahr das Trojanische Pferd für sie bedeutet.

«Marxismus im Ruhrgebiet»

Unter diesem Titel vor Angehörigen der Gestapo im Jahr 1936 gehaltener Vortrag (Auszug)

Nachdem Ende 1933 die zu Beginn des Umschwunges festgenommenen kommunistischen und sozialdemokratischen Funktionäre aus den Konzentrationslagern entlassen wurden, begann die eigentliche illegale Aufbauarbeit der KPD im Westen. Massen von Flugblättern erschienen im Ruhrgebiet, die z.T. in Rotationsdruck, zum Teil im Abziehverfahren in Tausenden von Exemplaren hergestellt und verbreitet wurden. Regelmäßig erschienen in den kommunistischen Bezirken Ruhr und Niederrhein die illegalen Zeitungen «Ruhrecho» und «Freiheit», die auch schon vor der Machtübernahme Tageszeitungen der KPD waren. In Abständen von 14 Tagen erschienen diese teils in Rotationsdruck, teils im Abziehverfahren hergestellten Druckschriften. Als Funktionärorgan zur Orientierung der kommunistischen Funktionäre erschien monatlich ab Januar 1934 «Der Revolutionär». Ein weiteres Blatt erschien unter der Überschrift «Gewerkschaftszeitung für die RGO» ...

Es erschienen z. Z. die «Rote Fahne» und die «Junge Garde», die im Rotationsdruck in Auflagen bis zu 15000 Exemplaren in meinem Bereich hergestellt wurden und zweimal im Monat erschienen. Dann erschienen monatlich 50–60 im Abzugsverfahren hergestellte Flugblätter in einer Auflage von 2000–3000 Stück je Flugblatt. Von der herausgegebenen «Roten Fahne» waren allein 6000 Exemplare fürs Ruhrgebiet und 5000 für Niederrhein bestimmt. Der Rest ging nach Berlin. Daneben lieferte der grenztechnische Apparat laufend aus Holland illegales Druckschriftenmaterial, insbesondere getarnte Broschüren, von denen allein durch meine Beamten über 30 Zentner erfaßt wurden.

Immer mehr steigerte sich die illegale kommunistische Tätigkeit. Teilweise wurden die Treffs mit Waffen abgedeckt. Man arbeitete illegal im Sport, wo eine eigene Zeitung, betitelt «W.A.S.» (Westdeutscher Arbeitersport), erschien. Regelmäßig erschien jeden Monat der «Zünder», das Zersetzungsblatt für Polizeibeamte. Aus den darin enthaltenen Nachrichten mußte man schließen, daß auch Polizeibeamte dem kommunistischen Am.-Apparat als Zuträger zur Verfügung standen ...

Welchen Umfang die kommunistische Organisation im Ruhrgebiet angenommen hatte, zeigt der Verlauf einer Aktion meiner Beamten im Sommer vorigen Jahres ... Im Verlaufe einer Aktion wurden etwa 500 Personen festgenommen und der Vorbereitung zum Hochverrat überführt ...

So wurden dank der erfolgreichen Arbeit der Stapo, die nur in engster Zusammenarbeit mit dem SD, der in allen Fällen in gutem Zusammenwirken mitarbeitet, im Jahre 1935 3700 Personen wegen illegaler kommunistischer Betätigung in meinem Stapostellenbereich festgenommen.

KPD mit Spaniens Volk

Aufruf des ZK der KPD vom 3. August 1936

Das spanische Volk steht im schwersten Kampf um seine Freiheit. Der Sieg der spanischen Volksfront ist ein Sieg der Demokratie und des Friedens in Europa. Die Niederlage der spanischen Volksfront wäre eine gewaltige Stärkung des Faschismus, besonders des Hauptkriegstreibers Hitler, und eine gefährliche Bedrohung der Volksfront in Frankreich. Alle Friedensfreunde haben deshalb nur ein Ziel: Franco, den blutigen Verbündeten Hitlers, zu schlagen. Wir appellieren an alle militärisch ausgebildeten deutschen Antifaschisten im Ausland, sich der spanischen Volksfront als Soldaten zur Verfügung zu stellen. Meldet euch bei den euch bekannten verantwortlichen Funktionären.

Hafenarbeiter gegen Kriegsverbrechen

Aus «Dokumente des Widerstands», erschienen in Hamburg 1947 (Auszug)

Die Solidarität in den Betrieben für den spanischen Freiheitskampf ist ständig im Anwachsen. In mehreren Betrieben Norddeutschlands wurden Gelder gesammelt ... Nach der Hochzeit eines Betriebsarbeiters wird z. B. das Wirtschaftsgeld für die erste Woche gesammelt. Das Sammelergebnis landet aber in Wirklichkeit bei der «Hilfe für das republikanische Spanien» ...

Es bleibt nicht bei den Sammlungen. Als die Waffentransporte von Hamburg nach Spanien einen immer größeren Umfang annehmen, bildet sich im Hafen ein geheimer Kontroll- und Meldeausschuß der Hamburger Hafenarbeiter, der einen «Signaldienst» aus verschiedenen Abteilungen des Hafens organisiert. Genaue Angaben über auslaufende, mit Waffen und Munition beladene Schiffe werden immer wieder der Öffentlichkeit übermittelt. Der Signaldienst kann diesen vorbildlichen Kampf gegen Hitlers Kriegsverbrechen in Spanien führen, weil er sich auf die Masse der Arbeiter und die Verbindung in der DAF stützt. Deutsche Seeleute weigern sich im Verlauf dieser Aktion, Waffen- und Munitionsladungen zu befördern. Sie erklären, daß auf dieser Route ihr Leben in ständiger Gefahr ist. Auf dem Dampfer «Henrica» und anderen Schiffen lassen sich die Seeleute abmustern, weil sie nicht Soldaten, Flugzeuge und Kanonen zu Franco bringen wollen.

Aufruf zur Volksfront

vom 21. Dezember 1936 (Auszug)

Die Volksinteressen werden rücksichtslos der Vorbereitung eines neuen Krieges geopfert, der furchtbarer sein wird als alle bisherigen Kriege. Auf dem letzten Nürnberger Parteitag hat Adolf Hitler die Steigerung dieser Politik angekündigt. Sie droht, nicht nur Deutschland, sondern die ganze Welt in eine entsetzliche Katastrophe zu stürzen. Um ihretwillen wird das deutsche Volk gezwungen, dem Rüstungskapital immer größere Opfer zu bringen.

In Nürnberg haben die Führer der Nationalsozialisten den Kreuzzug gegen die Sowjetunion und gleichzeitig gegen die demokratischen Staaten gepredigt. Der Ausrottungskampf gegen alle freiheitlichen Bewegungen in der Welt wurde verkündet. Er hat begonnen in Spanien. Deutsche Bomben legen Madrid und andere spanische Städte in Trümmer. Deutsche Divisionen, ausgerüstet mit allen Mitteln der Mordtechnik, stürzen sich auf das heroisch um seine Freiheit kämpfende spanische Volk.

Erfüllt von der Überzeugung, daß die braune Tyrannei einzig und allein durch den Zusammenschluß aller zum Kampf für Freiheit und Recht bereiten Deutschen gebrochen werden kann, rufen wir unsere Volksgenossen im Reich und im Ausland auf, sich in einer deutschen Volksfront zu vereinigen!

Die Volksfront will keine neue Partei sein. Sie soll ein Bund aller derer werden, die entschlossen sind, ihre Kraft für Freiheit und Wohlstand des deutschen Volkes einzusetzen. Alle in ihr vereinigten Parteien und Gruppen bleiben ihren besonderen weiterreichenden Zielen treu. Alle eint der Wille, die braune Zwangsherrschaft zu vernichten.

Erst der Sturz der nationalsozialistischen Machthaber wird jeder politischen, geistigen und religiösen Strömung die Möglichkeit geben, für ihre Ansichten, Ziele und Ideale in freier Gleichberechtigung einzutreten. Um das zu erreichen, verpflichten sich alle Gegner des heutigen Regimes, geeint zu bleiben und in geschlossener Front zu streiten, bis der Gegner besiegt und ein freies Deutschland geschaffen ist.

Wir fordern: Freiheit für das Volk!

Freiheit für alle Opfer des Regimes, die in den Zuchthäusern, Gefängnissen und Konzentrationslagern schmachten! Aufhebung aller Terror- und Ausnahmegesetze! Keine Folter, keine Konzentrationslager mehr!

Bestrafung aller, die für die Verbrechen des heutigen Systems verantwortlich sind!

Freiheit der Presse, Versammlungsfreiheit!

Freiheit des Gewissens, des Denkens und der religiösen Übung!

Ein Ende der Rassenhetze, dieser Schmach für die deutsche Kultur!

Ein Ende der kriegshetzerischen Propaganda in jeder Gestalt!

Wahl der Richter durch das Volk! Sicherung des einzelnen gegen Willkür durch eine verbürgte Rechtsordnung!

Koalitionsrecht für alle schaffenden Männer und Frauen!

Befreiung der Wissenschaft von allen Fesseln! Neuaufbau aller Unterrichtsanstalten in freiheitlichem und modernem Geist!

Brot durch Freiheit!

Die Geschichte der Nachkriegszeit hat gezeigt, wie kleine Gruppen Bevorrechteter, die den Großgrundbesitz, die großen Industriekonzerne und die Banken beherrschen, zu Totengräbern der Freiheit wurden. Um die Freiheit zu sichern, wird das neue Deutschland die Volksfeinde ihrer Macht entkleiden.

Es wird die Rüstungsindustrie und die Großbanken verstaatlichen. Es wird alle Sabotageversuche des Großkapitals unter Anwendung der schärfsten Mittel zu verhindern wissen.

Es wird die junkerlichen Saboteure der Volks-

ernährung und Volksfreiheit enteignen. Es wird Heer und Verwaltung von allen Staatsfeinden säubern und zu verläßlichen Stützen des neuen Deutschlands machen.
Dagegen wird im neuen Deutschland der Bauer frei auf seinem Besitz sein. Er wird des Schutzes seines Eigentums gegen die Zwangswirtschaft und gegen jene Zwangsabgaben teilhaftig werden, die ihn heute häufig genug zwingen, sich seines Grundes und Bodens zu entäußern.
Der deutsche Bauer wird der Bevormundung und der Schikanen der Reichsnährstandsbonzen ledig sein. Die Aufhebung der Erbhofgesetzgebung wird die freie Verfügung [über] sein Eigentum und seine ihm vom Dritten Reich geraubte Kreditfähigkeit wiederherstellen. Durchgreifende Entschuldungsmaßnahmen sind vorzunehmen...
Gegen Krieg und Autarkie, für Frieden und Zusammenarbeit!
Hitler braucht den Krieg um der Erhaltung seiner Herrschaft und um der Erreichung der imperialistischen Ziele seiner Auftraggeber willen. Das neue Deutschland braucht den Frieden zur Befestigung seiner jungen Freiheit und für seinen sozialen und wirtschaftlichen Aufbau. Es wird eine große starke Macht des Friedens sein, die die Politik der friedenstörenden Einmischung in die Angelegenheiten anderer Länder verlassen wird. Sie wird der gewissenlosen Hetze gegen die Sowjetunion ein Ende bereiten. Das Recht, das an Stelle der Gewalt das staatliche und private Leben Deutschlands beherrschen soll, wird auch maßgebend für die Gestaltung der Beziehungen unter den Völkern sein. Internationale wirtschaftliche Zusammenarbeit tritt an die Stelle der das gesamte Wirtschaftsleben zerstörenden Autarkie.
Zur Erreichung dieser Ziele haben wir uns zusammengefunden, sicher der Zustimmung unserer Gesinnungsgenossen in der Heimat.

Der internationale Friedenskampf 1933–1939

1933
6. Febr. Die Sowjetunion schlägt auf der Genfer Abrüstungs-Konferenz Konvention zu Aggressor-Begriff vor **März** Nationaler Antikriegs-Kongreß in London – In Montevideo Südamerikanischer Antikriegs-Kongreß **5. März** Exekutiv-Komitee der Kommunistischen Internationale (EKKI) ruft kommunistische Parteien zum verstärkten Kampf gegen den Faschismus auf; der Sozialistischen Arbeiter-Internationale (SAI) wird gemeinsamer Kampf gegen faschistische Offensive angetragen **7. März** Ablehnung der SAI; sozialdemokratische Parteien zu gleicher Haltung angewiesen **1. April** Resolution des EKKI zur Lage in Deutschland; entlarvt den aggressiven Charakter der Politik des deutschen Faschismus **14. April** Skandinavische Arbeiter-Konferenz gegen den Faschismus tagt in Kopenhagen **Juni** Acht kommunistische Parteien Europas appellieren an die Arbeiter, den 1. August als Kampftag gegen Imperialismus und Krieg zu begehen – Antikriegs-Konferenzen in Bulgarien und den Niederlanden **4. Juni** Antifaschistischer Arbeiter-Kongreß Europas in Paris eröffnet; sein Manifest erklärt Faschismus zur internationalen Gefahr; Antifaschistisches Zentralkomitee gewählt (Pleyel-Bewegung) **5. Juli** Aggressor-Konvention von elf Staaten unterzeichnet **20. Aug.** In Paris ein Weltkomitee gegen imperialistischen Krieg und Faschismus gegründet (als Vereinigung des 1932 in Amsterdam gebildeten Weltkomitees zum Kampf gegen den imperialistischen Krieg mit der Pleyel-Bewegung); Leitung: Barbusse **21. Aug.** Konferenz der SAI in Paris; trotz der Forderungen ihres linken Flügels kein Beschluß zur antifaschistischen Aktionseinheit **2. Sept.** Nichtangriffs-Vertrag der Sowjetunion mit Italien **22. Sept.** Weltkongreß der Jugend gegen Krieg und Faschismus in Paris mit Delegierten aus vierzig Ländern eröffnet; Leitung der deutschen Delegation: Becker **29. Sept.** Erster (nord-) amerikanischer Kongreß gegen Krieg und Faschismus **Sept.** In Shanghai Eröffnung eines Fernöstlichen Antikriegs-Kongresses **Okt.** Ein Antikriegs-Kongreß für Australien tagt in Sydney **16. Nov.** Diplomatische Beziehungen Vereinigte Staaten/Sowjetunion aufgenommen; sowjetischer Vorschlag eines Pazifik-Paktes **28. Nov.** EKKI-Tagung in Moskau eröffnet; berät zu Faschismus und Kriegsgefahr; der deutsche Faschismus als Haupt-Kriegsbrandstifter in Europa gebrandmarkt **12. Dez.** ZK der KPdSU (B) beschließt Kampf für System kollektiver Sicherheit **28. Dez.** Vorschläge der Sowjetunion an Frankreich für gemeinsame Ausarbeitung von Maßnahmen zur Sicherung des Friedens in Europa

1934
4. April Verlängerung des sowjetisch-litauischen Nichtangriffs-Vertrages **9. Juli** Das Präsidium des EKKI berät mit der KPD-Führung in Moskau über den Kampf gegen den Faschismus in Deutschland **4. Aug.** In Paris Internationaler Frauen-Kongreß gegen Krieg und Faschismus eröffnet **Sept.** Der zweite (nord-) amerikanische Kongreß gegen Krieg und Faschismus findet in Chicago statt **18. Sept.** Die Sowjetunion tritt auf Einladung von dreißig Staaten dem Völkerbund bei; ständiger Rats-Sitz **17. Nov.** Die sozialistischen Parteien Frankreichs, Italiens, Österreichs, Polens, der Schweiz und Spaniens fordern Schritte der SAI im Interesse einer Einheitsfront gegen Krieg und Faschismus; die SAI-Exekutive stellt daraufhin den Landes-Gliederungen die Entscheidung über Abkommen mit den Kommunisten frei

1935
Mitte Jan. Politsekretariat des EKKI berät mit Politbüro des ZK der KPD; am **19. Jan.** Resolution zur Organisierung einer breiten antifaschistischen Volksfront in Deutschland **7. März** Vorschlag der Roten Gewerkschafts-Internationale (RGI) an den Internationalen Gewerkschafts-Bund (IGB), Kräfte gegen den Faschismus zu vereinen; am **14. März** Ablehnung des Vorschlags **Anf. April** Aufruf von zehn kommunistischen Parteien Europas gegen die Wiedereinführung der Wehrpflicht in Deutschland **2. Mai** Sowjetisch-französischer Beistands-Pakt in Paris abgeschlossen **16. Mai** In Moskau Abschluß eines sowjetisch-tschechoslowakischen Beistands-Paktes **Juni** Elfeinhalb Millionen Briten nehmen an einem Friedens-Plebiszit teil – In Kopenhagen beschließt der IGB unverbindliche Einheitsfront-Verhandlungen mit der Komintern **25. Juli** Der Siebente Weltkongreß der Komintern in Moskau eröffnet; von sechsundsiebzig Kommunistischen Parteien der Komintern fünfundsechzig Parteien durch Delegierte vertreten; Rechenschafts-Bericht des EKKI erstattet Pieck; Dimitroff spricht zur Offensive des Faschismus und den Aufgaben der KI im Kampf um die Einheit der Arbeiterklasse gegen den Faschismus; der Weltkongreß erklärt Kampf um den Frieden zur zentralen Aufgabe der kommunistischen Parteien **6. Sept.** Gemeinsamer Appell der Roten Sport-Internationale und der Sozialistischen Arbeiter-Sport-Internationale zum Boykott der Olympischen Spiele in Berlin; im Laufe des Jahres in vielen Ländern Komitees zur Verteidigung der Olympischen Idee gebildet **25. Sept.** Komintern schlägt der SAI gemeinsame Maßnahmen gegen den drohenden Überfall Italiens auf Äthiopien vor **26. Sept.** Sechster Weltkongreß der Kommunistischen Jugend-Internationale in Moskau eröffnet; berät über Einbeziehung der Jugend in Kampf gegen Faschismus und Krieg; deutsche Redner u.a. Spangenberg und Hähnel **7. Okt.** Nach dem Überfall Italiens auf Äthiopien erneuert die Komintern gegenüber der SAI ihren Vorschlag zu Einheitsfront-Aktionen; die SAI ist lediglich zu informativem Kontakt bereit **30. Nov.** Eröffnung der Internationalen Juristen-Konferenz in Paris; Veranstalter: Internationale Juristische Vereinigung und Liga für Menschenrechte; berät über Rechtsbeugung in Nazideutschland **7. Dez.** In Paris Gründung des Internationalen Komitees zur Verteidigung des olympischen Gedankens

1936
März/April Präsidium des EKKI berät wichtigste Aufgaben im Kampf gegen den Krieg **26. Juni** In Leeds beginnt der Britische National-Kongreß für den Frieden **5. Juli** Die europäische Amnestie-Konferenz für die Opfer des Freiheitskampfes im Dritten Reich tagt in Brüssel; ständiges Präsidium **13. Aug.** Europäische Konferenz zur Verteidigung der spanischen Republik, der Demokratie und des Friedens (in Paris) **23. Aug.** Die Internationale Rote Hilfe beschließt auf einer Konferenz ihrer europäischen Ländersektionen in Paris verstärkte Solidaritäts-Maßnahmen für den Freiheitskampf des spanischen Volks **31. Aug.** Weltjugend-Kongreß für Frieden in Genf eröffnet **3. Sept.** Beginn der Weltfriedens-Konferenz in Brüssel; Teilnahme von rund viertausend Delegierten aus fünfunddreißig Ländern, die rund siebenhundertfünfzig nationale und internationale Organisationen repräsentieren; Gründung einer Weltvereinigung für den Frieden

1937
11. März Spanien-Konferenz von SAI und IGB in Brüssel; Aktionseinheit «nicht erwünscht» **21. Juni** Komintern und SAI verhandeln in Annemasse am Genfer See über koordinierte Aktionen gegen die faschistische Intervention in Spanien; Beginn einer Einigung durch rechte Kräfte der Labour-Party und der SPD zunichte gemacht **21. Aug.** In Moskau ein sowjetisch-chinesischer Nichtangriffs-Vertrag geschlossen **Nov.** Sowjet-Gewerkschaften verhandeln in Moskau über ihren Eintritt in den IGB; Verhandlungen nach einem halben Jahr vom Vorstand des IGB abgebrochen **13. Nov.** In Paris Europäische Konferenz für Recht und Freiheit in Deutschland; Internationales Zentrum gegründet **26. Nov.** Nationaler Kongreß für Demokratie und Frieden in Pittsburgh/USA; organisiert durch die Amerikanische Liga gegen Krieg und Faschismus

1938
17. März Sowjetunion schlägt Einberufung einer internationalen Konferenz zur Friedenssicherung in Europa vor **April** Konstituierung des (nord-) amerikanischen Friedens-Komitees **7. Mai** Protest des Exekutiv-Komitees der Weltvereinigung für den Frieden gegen deutsche Annexion Österreichs **22. Juli** Weltkongreß gegen Rassenhetze und Antisemitismus in Paris; Berichte aus Afrika, Asien und Europa; Weltvereinigung gegen Rassenhetze und Antisemitismus gegründet; ein internationales Exekutiv-Komitee gewählt **16. Aug.** Eröffnung des zweiten Weltjugend-Kongresses für den Frieden in New York; fünfundfünfzig Länder sind durch fünfhundert Delegierte vertreten; (Deutschland: Jungmann) **20. Sept.** Die Sowjetunion bietet der bedrohten Tschechoslowakei ihre Hilfe an **7. Nov.** Manifest der Komintern gegen das Münchener Diktat; Vorschlag für eine Weltkonferenz aller Arbeiter-Organisationen zur Herstellung einer internationalen Einheitsfront gegen Faschismus; die SAI versagt sich

1939
März Sowjetisch-finnische Verhandlungen über einen Vertrag gegenseitiger Hilfe – Gemeinsame Protest-Erklärung der Kommunistischen Parteien Deutschlands, Österreichs, der Tschechoslowakei anläßlich der Vernichtung der ČSR; fordern die Welt auf, Rückzug des Faschismus zu erzwingen **13. Mai** In Paris Internationale Konferenz über die Probleme des Friedens, der Demokratie und der Verteidigung der Menschenwürde **14. Mai** SAI-Präsident de Brouckère und der Sekretär Adler treten wegen Aktionsunfähigkeit der Organisation zurück **23. Aug.** In Moskau Nichtangriffs-Vertrag der Sowjetunion mit Deutschland geschlossen

4 Die «Volks-gemeinschaft»

Das Verhältnis des Faschismus zum deutschen Volk gründete sich auf tiefe Menschenverachtung. Offiziell als «Herrenvolk» gepriesen, waren die Deutschen den Naziführern intern eine «stumpfe Masse», die von einer Elite durch kombiniert ideologische und terroristische Methoden für die Ziele des deutschen Imperialismus mobilisiert und eingesetzt wurde. Gerade daraus ergab sich zugleich das überwache Mißtrauen des Regimes gegen eben dieses Volk, die vielfältig sichtbar werdende Furcht vor seiner Selbstbesinnung, zu der es an geschichtlichen Wendepunkten mehr als einmal gefunden hatte.

Seiner systemstabilisierenden Aufgabe entsprach der Faschismus – im Unterschied zu allen seinen politischen Vorgängern – auf zweifache Weise: einmal durch die extreme Brutalität, mit der er seine Schutzfunktion für die herrschende Klasse und besonders deren Oberschicht ausübte, vor allem aber durch den diabolischen Kunstgriff, die politisch desorientierten und unerfahrenen Massen gegen ihre ureigenen Interessen zu organisieren. Mit einem wirklichkeitsfernen Programm, das sich gleichermaßen sehr radikal und traditionsbewußt gab, suchte er das Vertrauen breiter sozialer Schichten zu gewinnen. Er wandte sich dabei in erster Linie an die städtischen und ländlichen Mittelschichten, die wegen ihrer zwiespältigen Lage in der kapitalistischen Gesellschaft höchst anfällig waren. Unterdrückt zwar und abhängig, beuteten sie dennoch ihrerseits als Eigentümer die noch Schwächeren aus. Ihrer Vorstellungswelt war die sozialdemagogische Komponente deutschfaschistischer Ideologie exakt angepaßt.

Die soziale Demagogie der Nazipartei stellte sich

als Sammlung stereotyper Anschauungen aus dem Alltag dar, als Anhäufung krasser Vorurteile und blanker Illusionen, angereichert durch Rückgriffe auf reaktionäre Ideen und mehr als zweifelhafte Erfahrungen einer jahrhundertelangen preußisch-deutschen Entwicklung. A und O des «nationalen Sozialismus» war die Verherrlichung der starken Staatsmacht, von der sich das Kleinbürgertum die Beseitigung des vom Großkapital ausgehenden Drucks erhoffte. Dem faschistischen Staat sollte in allen Bereichen, bis ins Leben des einzelnen hinein, die entscheidende Rolle zufallen. Derart definiert, diente der arg mißbrauchte Begriff des Sozialismus einer noch weit übleren Absicht als der, das Volk mit antikapitalistischen, absolut systemfremden Parolen werbend hinters Licht zu führen. In einem Land, in dem der Staat immer stärker den Interessen der mächtigsten Monopole unterworfen wurde, erwies sich der «nationale Sozialismus» als äußerst praktikable Methode, die gesamte Gesellschaft durch staatsmonopolistische Regulierungsmaßnahmen binnen kürzester Frist für den Krieg ökonomisch und moralisch «auf Vordermann» zu bringen.

Zur Militarisierung der Gesellschaft setzte der Faschismus sein angeblich deutscher Art gemäßes «Führerprinzip» ein. Dem Volk blieb, wo auch immer, nur noch «Gefolgschaft». Die Verfassung erschöpfte sich darin, den «Willen des Führers» als oberstes Gesetz anzuerkennen. Auf ihn wurde alles und jeder durch die Nazipartei festgelegt; ihre «Hoheitsträger» hatten von oben bis unten die erdrückende «Einheit von Partei und Staat» zu gewährleisten. Ein üppig wuchernder Apparat faschistisch eingeschworener Beamter überwachte in diesem Geist noch das letzte Dorf. Parallel dazu kommandierten Nazi-Amtswalter ein nach Berufsgruppen gegliedertes Ständewesen. Ergänzt durch eine Vielzahl von Organisationen für die verbleibenden Lebensgebiete, umstrickte dieses Netzwerk unentrinnbar die gesamte Bevölkerung. Sie wurde in Uniformen aller Art gekleidet, mit Titeln und Rängen, Orden und «Ehrenzeichen» ausgestattet. Jeder, der sich dazu mißbrauchen ließ, erhielt ein Amt, wähnend, nun ebenfalls befehlen zu dürfen, wo er doch dadurch nur um so mehr zu gehorchen hatte.

Unter der unablässig anwachsenden Bedrückung litten am stärksten die «Schaffenden». Politisch entrechtet und verfolgt, sahen sich Arbeiter und Angestellte obendrein noch härter ausgebeutet. Mit Hilfe des Staates und der Naziorganisationen errichteten die Unternehmer ein militärähnliches Regime, das sie – als «Betriebsführer» – nahezu uneingeschränkt handhabten. Bei unangemessenen Löhnen, schlechten Arbeitsbedingungen und stark verlängerten Arbeitszeiten war den Belegschaften jeder Protest als illegal verwehrt. Dennoch kam es hier und da immer wieder zu Streiks und zu passiver Resistenz, anzeigend, daß der Kern des industriellen Proletariats in strikter Ablehnung des Faschismus verharrte. Umfassendere Aktionen verhinderte nicht nur der Terror, sondern auch die sich zusehends verändernde Zusammensetzung der Arbeiterklasse. In den Arbeitsprozeß wurden in steigendem Maße junge, von den Nazis «geformte» Menschen einbezogen, dazu sehr viele deklassierte Mittelständler, während die aktivsten Proletarier eingekerkert oder doch peinlichster Beobachtung ausgesetzt waren.

Getreu ihrem Grundsatz der «Auslese», die den Schwächeren bedenkenlos dem Stärkeren opferte, verfuhren die Nazis auch gegenüber den anderen Klassen und Schichten. Auf dem Lande festigten sie ihre Position durch einseitige Stärkung der Dorfbourgeoisie. «Erbhofbauern» hatten gegen die Masse der Klein- und Mittelbauern (die sich nur «Landwirte» nennen durften) eine Reihe von Vorrechten zu wahren. Das von den Gutsbesitzern abhängige Landproletariat wurde in elendesten Verhältnissen belassen. Eine gleichartige soziale Differenzierung vollzog sich in den städtischen Mittelschichten, wo zahllose Handwerker, Einzelhändler und kleinere Unternehmer ihre Existenz verloren. Der Intelligenz, die verständlicherweise pauschal herabgesetzt wurde, blieb nur die Wahl zwischen Widerstand oder Anpassung.

Hauptnutznießer der allgemeinen Militarisierung waren die Monopole. Der systematische Aufbau einer «Wehrwirtschaft» unter Beschneidung der zivilen Bedürfnisse stärkte ihren lenkenden Einfluß auf den faschistischen Staatsapparat weiter. Über ihre dort eingefügten Mitarbeiter bestimmten sie die Wirtschaftspolitik Deutschlands, dies freilich im steten Kampf ihrer divergierenden Interessengruppen. Analog dazu inspirierten sie maßgeblich die Innen- und Außenpolitik der Nazis. Die nach der Konsolidierung des faschistischen Regimes voll

einsetzende Aufrüstung brachte ihnen Profite, die den feinen Unterschied zwischen «raffendem und schaffendem Kapital» umgehend in Vergessenheit geraten ließen.
Die sich objektiv verschärfenden Widersprüche zum Volk waren mit einem sozialdemagogischen Programm allein auf Dauer nicht zu verdecken. Deshalb suchte ihnen die Naziführung durch die materielle Korruption bestimmter Schichten und durch ein breit gefächertes Wohltätigkeitssystem zu begegnen, für das im Zeichen der angeblichen sozialen Verbundenheit aller ausgerechnet die Masse der Werktätigen selbst einzustehen hatte. Rechtzeitig zu Hilfe kam eine – verglichen mit den erinnerungsprägenden Krisenjahren – relative Verbesserung der Lebenslage. So vermochten die Nazis aus der Rüstungskonjunktur, die sie als ihr Wirtschaftswunder ausgaben, ironischerweise noch Prestigegewinn zu ziehen. Als nicht minder doppelbödig erwies sich die offizielle Sorge um die Familie. Nur bevölkerungspolitisch motiviert, diskriminierte sie die Frau als herdgebundene Gebärmaschine in historisch beispielloser Weise. Die Jugend beanspruchte der Faschismus ohne Umschweife voll und ganz für sich. Bei alledem erwartete das Regime freudige Mitarbeit eines jeden; das skeptische «Abseitsstehen» einzelner endete über kurz oder lang mit dem folgenreichen «Ausschluß aus der Volksgemeinschaft».
Der Terror erhielt im faschistischen Staatsgefüge die elementare Funktion ständiger Abschreckung. Weit über das akute Bedürfnis hinaus, aktive politische Gegner «unschädlich» zu machen, war ein gewaltiger Unterdrückungsapparat jederzeit bereit, sich von der geringsten oppositionellen Regung provozieren zu lassen. Die Rechtsprechung orientierte sich an dem willkürlich auslegbaren «gesunden Volksempfinden». Urteile waren nicht zwingend an Gesetze gebunden, Einweisungen in die Konzentrationslager nicht an Urteile. Unter solchen Umständen absoluter Rechtsunsicherheit blühten das Spitzelwesen und Denunziantentum, konnte keiner mehr dem Nachbarn oder Kollegen trauen. Das ließ, erwünschter Effekt, Millionen unterbewußt Zuflucht in der Gedankenwelt der Nazis suchen.

Unter dem Faschismus bietet Deutschland ein Bild bedrohlicher Uniformität. «Du bist nichts, dein Volk ist alles» – das wird die für die Bedeutungslosigkeit des Einzelschicksals im Dritten Reich charakteristische Parole. Hitlers «deutsche Volksgenossen» sind von der Wiege bis zur Bahre erfaßt, organisiert und reglementiert, einzig mit der Absicht, sie zu willfährigen Herdenwesen zu formen. Bald gibt es kaum noch einen Bereich des öffentlichen oder des privaten Lebens, den die Nazis nicht mit ihrer ein ganzes Volk entmündigenden Ideologie durchtränkt, den sie nicht anmaßendem Eingriff unterzogen hätten. Die nicht auf menschliche Solidarität, sondern auf Befehl und Gehorsam bezogene «Volksgemeinschaft» ist damit lediglich ein ausgeklügeltes System zur bedingungslosen Unterordnung der Massen.

Nation im Gleichschritt

1935

3. Jan. Treuekundgebung der Partei-, Staats- und Wehrmachtführer für Hitler **30. Jan.** Gesetz über neue Gemeinde-Ordnung; alleinverantwortlicher Bürgermeister unter Aufsicht eines Beauftragten der NSDAP (z. B. Kreisleiter) – Reichsstatthalter-Gesetz; Kompetenz geht nun bis zur Übernahme der Regierung **2. Aug.** Hitler erklärt München zur «Hauptstadt der Bewegung» **10. Sept.** «Parteitag der Freiheit» eröffnet **15. Sept.** Reichsflaggen-Gesetz; Hakenkreuzfahne alleinige Staatsflagge **7. Nov.** NS-Frontkämpferbund (Stahlhelm) wegen seiner Konkurrenz zur SA aufgelöst

1936

29. März Reichstags-Wahl; offiziell erhält Hitlers NSDAP fast neunundneunzig Prozent der Stimmen **8. Sept.** «Parteitag der Ehre» eröffnet **22. Okt.** Alle Frontkämpferverbände unter Führung des Herzogs von Coburg-Gotha zusammengeschlossen

1937

26. Jan. Deutsches Beamten-Gesetz; verpflichtet zu «unbedingtem Gehorsam»; Reichsdienststraf-Ordnung **30. Jan.** Hitler läßt im Reichstag das Ermächtigungs-Gesetz um vier Jahre verlängern – Aufnahme der bürgerlichen Kabinettsmitglieder in die NSDAP **2. Febr.** Eltz v. Rübenach scheidet aus dem Kabinett aus; das Verkehrsministerium erhält Dorpmüller, die Reichspost Ohnesorge **9. März** Gesetz über die Amtszeit (-Verlängerung) der zur Wahl stehenden Gemeindeverwaltungen **1. Mai** Beitrittssperre der NSDAP gelockert; Aufnahme von rund zwei Millionen neuen Mitgliedern nach zweijähriger Anwartschaft in Gliederungen und Verbänden; Ende 1937 damit insgesamt etwa fünf Millionen Parteimitglieder **1. Juli** Verleihung von Titeln, Orden und Ehrenzeichen nur noch durch Hitler selbst **1. Aug.** Erstes Reichstreffen der NS-Kriegsopferversorgung (Oberlindober) in Berlin **6. Sept.** «Parteitag der Arbeit» eröffnet **18. Okt.** Erster Deutscher Beamtentag in München eröffnet **26. Nov.** Lammers, Chef der Reichskanzlei, wird Reichsminister **1. Dez.** Chef der Präsidialkanzlei, Meißner, wird Staatsminister

1938

18. März Kyffhäuser-Bund zu alleiniger Vertretung aller ehemaligen Soldaten erklärt und in neuen NS-Reichskriegerbund (Reinhard) umgewandelt **3. Juni** Privatkanzlei Hitlers unter Bormann in die «Kanzlei des Führers der NSDAP» eingegliedert **5. Sept.** «Parteitag Großdeutschland» eröffnet

1939

1. März Erlaß über den 9. November (Jahrestag des Naziputsches von 1923) als Staatsfeiertag **20. April** Zu Hitlers fünfzigstem Geburtstag findet in Berlin eine vierstündige Truppenparade statt **27. Aug.** «Parteitag des Friedens» abgesagt

Die Führerschaft der Nazis übernimmt den Lebensstil der Großbourgeoisie. Ihren Aufwand können Repräsentationspflichten kaum bemänteln. Auf Görings Landsitz «Karinhall» in der Schorfheide verschaffen exklusive Teenachmittage üppigem Luxus das einfühlsame Publikum

Der weitaus größte Teil des Volkes lebt in ärmlichen, wenn auch nach damaligem Maßstab erträglichen Verhältnissen. Das Verständnis seiner eigenen Lage ist ihm durch die soziale Demagogie der Nazis verwehrt. Die weiß nur von «Schaffenden der Stirn und der Faust»

In zahllosen Aufmärschen und Kundgebungen beschworen, entlarvt sich die «Volksgemeinschaft» in der Praxis als ein die Massen ganz bewußt irreführendes Schlagwort, Lüge schon im Anspruch: «Auf blutmäßiger Verbundenheit, auf gemeinsamem Schicksal sowie auf gemeinsamem politischem Glauben beruhende Lebensgemeinschaft des Volkes, der Klassen- und Standesgegensätze wesensfremd sind.»

Niemand, der nicht «erfaßt», nichts, was nicht «ausgerichtet» ist – das ist der Traum der Nazis von einer totalen Gesellschaft, die sie zum totalen Krieg brauchen. Das «Landvolk» untersteht dem Reichsbauernführer Darré und seinen besitzesstolzen Ortsbauernführern

Reichsbeamtenführer ist Reichsleiter Neef (links). Lehrer sind in Gauleiter Wächtlers NS-Lehrerbund Mitglied («Erzieher-Front»)

Führer der Deutschen Angestelltenfront ist Nazigauleiter Forster, in seinem Hauptberuf zuständig für den raschen Anschluß Danzigs

Reichsärzteführer Dr. Wagner gliedert mit Hilfe seiner neuen Reichsärzteordnung den dubiosen «Ärztestand in Staat und Volk» ein

Für knallharten ideologischen Gleichschritt der deutschen Hochschullehrer sorgt deren Reichsdozentenführer Prof. Dr. Schultze (SS)

Reichsstudentenführer Dr. Scheel leitet den NS-Studentenbund. Den Kreis schließen NS-Dozentenbund sowie NS-Altherrenbund

Trächtigkeit, Haus, Herd und Hitler hat die Reichsfrauenführerin Scholtz-Klink in der gläubigen NS-Frauenschaft zu propagieren

Einen eigenen Führer haben auch die braven Handwerker. Er heißt Walter (links vorn) und ist wie jeder der Führerkollegen schmuck uniformiert. Am Niedergang des Handwerks kann er nichts ändern

Morsche Knochen zittern lassen will selbst der Reichskriegerbund (Kyffhäuser-Bund). Seine betagten Führer sind (v. l. n. r.) der Herzog v. Coburg-Gotha, Oberst a. D. Reinhard, General v. d. Schulenburg

Der Führer aller Führer tritt am liebsten im ganz großen, sorgsam vorbereiteten Rahmen auf, hier 1934 bei einem Erntedankfest auf dem Bückeberg, sonst zu den jährlich stattfindenden Parteitagen in Nürnberg, damals «Stadt der Reichsparteitage». Bei derartigen «Weihestunden der Nation» ist die ganze Szenerie vorbedacht so gestaltet, daß Hitler unerreichbar über den gelenkten Massen steht

Dem «Landvolk» weisen die Nazis in ihrer Gesellschaft eine meist mystisch begründete Schlüsselstellung zu. Als «Lebensquell der nordischen Rasse» hat es auf seiner «Scholle» «echter Volkwerdung der Deutschen» die Grundlage zu liefern. Die praktischen Ziele faschistischer Landwirtschaftspolitik nehmen sich hingegen wesentlich nüchterner aus. Eine planmäßige Förderung der Mittel- und Großbauern soll den Nazis Verbündete im Dorf gewinnen, als Gegengewicht zu den in Ablehnung verharrenden Industriearbeitern wie zum Landproletariat selbst. Überdies ist der Landwirtschaft kategorisch aufgetragen, Deutschland von Nahrungsmitteleinfuhren weitgehend unabhängig und damit auch auf diesem Gebiet für den beabsichtigten Krieg «autark» zu machen. Die Unlösbarkeit der Aufgabe verursacht periodisch Konflikte.

Blut und Boden

1933

14. Febr. Verordnung über landwirtschaftlichen Vollstreckungsschutz **4. April** Unter Darré Reichs-Führergemeinschaft des deutschen Bauernstandes gebildet **15. Mai** Gesetz über bäuerliches Erbhof-Recht in Preußen **1. Juni** Gesetz zur Regelung landwirtschaftlicher Schuldverhältnisse **29. Juni** Reichsminister für Ernährung und Landwirtschaft wird Darré, der auch das preußische Ministerium übernimmt **13. Juli** Metzner «Sonderbeauftragter für bäuerliches Brauchtum, Sitte und Gesittung» **14. Juli** Gesetz über die Neubildung des deutschen Bauerntums; ländliche Siedlung Reichsmonopol **13. Sept.** Gesetz über den vorläufigen Aufbau des Reichsnährstandes; Markt- und Preisregulierung **29. Sept.** Reichs-Erbhof-Gesetz **1. Okt.** Auf dem Bückeberg erstes NS-Erntedankfest

1934

12. Jan. Darré Reichsbauernführer **19. Jan.** Erster Reichsbauerntag in Weimar **29. März** Preußisches Landjahr-Gesetz; verpflichtet Schulentlassene zu unbezahlter Landarbeit **18. Nov.** Reichsbauerntag in Goslar verkündet «Erzeugungsschlacht»

1935

1. Jan. Landwirtschaftsministerien des Reiches und Preußens vereinigt (Darré) **26. Febr.** Gesetz zur Befriedigung des Bedarfs der Landwirtschaft an Arbeitskräften **Aug.** Versorgungsschwierigkeiten bei Schweinefleisch **6. Okt.** Goebbels: Importe an Lebensmitteln von zweieinhalb auf eine Milliarde Mark gekürzt **Herbst** Versorgungslücke bei Fett und Futtergetreide **22. Dez.** Gestapoaktion gegen «Saboteure der Volksernährung»

1936

7. April Einführung der Landarbeits-Lehre **26. Juni** Umlegungs-Gesetz zur Feld- und Flurbereinigung **10. Juli** Erstes Erbhöfe-Dorf im hessischen Ried übergeben **4. Dez.** Kundenlisten für Speisefette im Handel eingeführt **11. Dez.** Publikation von Verbrauchslenkungs-Richtlinien für Hausfrauen

1937

16. Febr. Reichsinspektor für Erzeugungsschlacht ernannt (Schneider) **23. März** Vierjahresplan-Direktiven Görings an Reichsnährstands-Führer; Leistungswettbewerb des Landvolks; Einführung der Hofkarte (über Besitz und Erträge) zwecks Kontrolle durch «Hofberater» **22. Juli** Verordnung zur Sicherstellung des Brotgetreide-Bedarfs

1938

2. Febr. HJ-Werbeaktion für landwirtschaftliche Berufe **1. Mai** Landjugend-Förderungsgemeinschaft ins Leben gerufen **7. Juli** Förderungs-Verordnung für die Landbevölkerung; private Kredite **27. Nov.** Darré fordert Maßnahmen gegen die Landflucht **Dez.** Lagerraum-Bauprogramm für zwei Millionen Tonnen Brotgetreide angeordnet (bis Febr. 1939)

Das alte «Brauchtum» hat die Landbevölkerung auf ihr kulturell-technisches Zurückbleiben noch stolz zu machen, wie 1937 bei dem zur NS-Schau gestalteten Erntedankfest auf den Bückeberg. «Blut und Boden» macht sie von vornherein «zur festesten Stütze der Nation»

Einen zuverlässigen Rückhalt gegen die Kleinbauern und das Landproletariat schaffen sich die Nazis in den geförderten «Erbhofbauern». Bäuerliche Wirtschaften über siebeneinhalb Hektar dürfen als «Erbhöfe» laut Gesetz nicht geteilt, belastet oder gar verkauft werden

Der Ortsbauernführer teilt den Bauern seiner Gemeinde Aufgaben in der «Erzeugungsschlacht» zu. Dörfliche Protestaktionen gegen die Zwangsablieferung vor allem von Milch werden streng bestraft

Eine mecklenburgische Landarbeiterfamilie im Jahre 1936. Ihr fehlt es am Notwendigsten, aber nicht an hungrigen Kindern. Aus solch elenden Katen ziehen die Gutsbesitzer und Großbauern ihre Kraft

Göring eröffnet die Grüne Woche 1936, eine Werbeveranstaltung des «Reichsnährstandes». Aufgaben dieser Zwangsorganisation sind Markt- und Preisregelungen zur «Sicherung der Nahrungsfreiheit»

Kostspielige Maschinen können sich nur die wirtschaftlich starken Bauern und Gutsbesitzer leisten, die anderen sind, von steigenden Steuern bedrückt, auf Sense, Rechen und Dreschflegel angewiesen

Teilweise noch der Gesindeordnung des neunzehnten Jahrhunderts unterliegend, werden die Landarbeiter besonders auf Rittergütern schamlos ausgebeutet; Folge ist auch hier zunehmende Landflucht

Widersprüche zwischen Kapital und Arbeit sind im NS-Reich offiziell nicht anerkannt. Inoffiziell werden sie zugunsten der Unternehmer geregelt. Mit der Übertragung des «Führerprinzips» auch auf die Betriebe ist eindeutig klargestellt, wessen Interessen der faschistische Staat wahrnimmt. Die an die Stelle der freien Gewerkschaften getretene Zwangsorganisation Deutsche Arbeitsfront hat dabei die Ausbeutung der Werktätigen zu sichern, ihren Widerstand zu ersticken und sie mit faschistischem Gedankengut zu verseuchen. Der Kombination von Terror und sozialer Demagogie erliegen zuerst die wegen wirtschaftlicher Schwierigkeiten ins Proletariat abgesunkenen kleinbürgerlichen Schichten; der stabile Kern der Industriearbeiterschaft bleibt davon fast unberührt. In den Betrieben hält der Klassenkampf an.

Gefolgschaft dem Kapital

1933

6. Mai Deutsche Arbeitsfront verkündet **10. Mai** Kongreß der DAF; Führer: Ley; Gesamtverbände für Arbeiter (Schuhmann, NSBO) und Angestellte (Wagner) **17. Mai** Streik- und Aussperrungsverbot **19. Mai** Gesetz zur Einsetzung von Treuhändern der Arbeit; ordnen die Tarife an **23. Juni** Erlaß über DAF-Gesamtverband für Unternehmer

1934

20. Jan. Gesetz zur Ordnung der nationalen Arbeit verkündet **26. Jan.** Neugliederung der DAF: NS-Betriebszellen (NSBO-Mitglieder) und – für die Gesamtbelegschaft – NS-Betriebsgemeinschaften; dazu neunzehn Reichsbetriebsgruppen **28. März** Verordnung über die unbefristete Fortdauer der Tarifverträge **März/April** Vertrauensräte-Wahlen bestätigen bei vierzig Prozent Beteiligung nur ein Viertel der NSBO-Kandidaten **12. Juli** Erlaß zur Zusammenarbeit der Polizei mit den Treuhändern der Arbeit **10. Aug.** Verordnung über Verteilung von Arbeitskräften; beschränkt Arbeitsplatz-Wahl **24. Okt.** Verordnung über die DAF: Unterstellung unter NSDAP **11. Dez.** Aufruf zu Betriebsappellen

1935

21. Jan. Erster Reichsbetriebs-Appell im gesamten Handel **26. Febr.** Gesetz über die Einführung des Arbeitsbuches **26. März** Gewerbliche Wirtschaft der DAF eingegliedert **12. April** Vertrauensräte-Wahlen; offiziell Erfolg der NSBO **13. Juni** Reichsarbeitskammer in der DAF angeordnet **19. Juni** Aufbau des neuen Reichsarbeits- u.-wirtschaftsrats geregelt (Spitzengremium der Arbeitsgemeinschaft DAF/Unternehmer) **4. Nov.** Zentralbüro der DAF fordert betriebliche Zusammenarbeit mit Gestapo

1936

31. März Gesetz zur Verlängerung der Amtsdauer der Vertrauensräte **27. April** Einsetzung eines Obersten Ehren- und Disziplinarhofes der DAF **29. Aug.** Verfügung über NS-Musterbetriebe

1937

5. März Erlaß zu den DAF-Werkscharen **9. März** Neues Gesetz zur Verlängerung der Amtsdauer der Vertrauensräte **1. Mai** DAF-Leistungskampf der deutschen Betriebe verkündet

1938

11. Febr. Erstmals Reichsberufs-Wettkampf aller schaffenden Deutschen **26. Febr.** Reichstreuhänder für den öffentlichen Dienst neu eingeführt **1. April** Drittes Gesetz zur Verlängerung der Amtsdauer der Vertrauensräte – «bis auf weiteres» **22. Juni** Vierjahresplan-Verordnung über Zwangseinsatz von Werktätigen «für Aufgaben von besonderer staatspolitischer Bedeutung» (Westwall-Bau u.a.)

1939

1. Jan. Neue Arbeitszeit-Ordnung in Kraft; erlaubt Arbeitstag von zehn bis vierzehn Stunden

Der Ausbeutung sind angesichts der uneingeschränkten Unternehmer-Diktatur praktisch keine Grenzen mehr gesetzt. Zeitnahmen am Arbeitsplatz nach berüchtigtem Refa-System werden sogar von eigenen «Untersuchungstrupps» der Arbeitsfront (oben) vorgenommen

Die militärisch organisierte Werkschar, deren Front hier der oft volltrunkene DAF-Führer Ley abschreitet, nennt sich stolz «weltanschaulicher Stoßtrupp der Deutschen Arbeitsfront in den Betrieben», ihre Aufgabe ist «Erziehung der Arbeitskameraden» zum Faschismus

Prominentester Anteilnahme erfreuen sich die «NS-Musterbetriebe», die «vorbildliche nationalsozialistische Haltung» nachweisen

Die Betriebe werden unter den Nazis zu Arbeitskasernen. Aus ihren Belegschaften macht die Anfang 1934 in Kraft tretende nazistische Arbeitsgesetzgebung «Gefolgschaften», die dem Unternehmer – nun «Betriebsführer» – schon fast militärischen Gehorsam schulden

Ley vereidigt die Mitglieder einer der 1935 geschaffenen Arbeitskammern, als regionale Leitungsorgane der Arbeitsfront zugehörig

Tonfilmwagen, Wanderbibliotheken sowie Theaterfahrten stellen einige der Mittel zur nazistischen Verseuchung der Betriebe dar

Dem «Betriebsfrieden» dienen sogenannte Arbeitsausschüsse, in denen Unternehmer und abhängige «Gefolgschaftsmitglieder» vereint über Unstimmigkeiten entscheiden. Ähnlich sehen die Arbeitsgerichte aus. Ernstere Differenzen melden die Betriebsspitzel der Gestapo

Nach verhältnismäßig kurzer Zeit geht es in Deutschland scheinbar aufwärts. Das Naziregime brüstet sich mit seinen Leistungen. Schon ihre Grundlage – der schrittweise Rückgang der Arbeitslosigkeit – ist jedoch nicht das Verdienst des Faschismus, sondern Ausdruck eines weltweiten Abflauens der Wirtschaftskrise. Unerwähnt bleibt ferner, daß viele Propagandaschlager auf Arbeiten aus vornazistischer Zeit zurückgehen, daß hinter ihnen eine schamlose Ausbeutung der Werktätigen und rigorose Ausplünderung des ganzen Volkes steckt, daß schließlich ihre Finanzierung oft auf unsicherer Basis ruht. Die meisten dieser Unternehmen und Einrichtungen werden zudem mit anderer Zielsetzung geschaffen als vorgegeben. Der angebliche «Sozialismus der Tat» bildet so den Höhepunkt faschistischer Demagogie.

Optische Täuschungen

1933

1. Juni Gesetzes-Komplex zur Verminderung der Arbeitslosigkeit (Förderung öffentlicher Bauten, Begünstigung privater Investitionen, Überführung der weiblichen Arbeitskräfte in die Hauswirtschaft, Ehestands-Darlehen bis eintausend Mark) **27. Juni** Errichtung des Unternehmens Reichsautobahnen **13. Sept.** Aufruf zum Winterhilfswerk **23. Sept.** «Arbeitsschlacht» eröffnet: erster Spatenstich zur Autobahn bei Frankfurt/M. **1. Okt.** Erster Eintopf-Sonntag (der erste Sonntag eines jeden Monats) **18. Okt.** Verbot von Preissteigerungen **28. Nov.** NS-Gemeinschaft Kraft durch Freude verkündet **9. Dez.** Todt Generalinspekteur für Straßenwesen

1934

28. Febr. Reichsausschuß für das Hilfswerk Mutter und Kind gebildet **29. März** Reichskommissar für das Siedlungswesen eingesetzt (Feder) **13. Mai** Reichsmütterdienst beim Deutschen Frauenwerk eingerichtet **Mitte Nov.** Scholtz-Klink, Leiterin des Frauenwerkes und der NS-Frauenschaft, wird Reichsfrauenführerin

1935

11. März Madeira-Fahrt der KdF-Flotte **30. März** Gesetz zur Förderung des Wohnungsbaus (Kleinwohnungen und Kleinsiedlung) **3. April** Reichsschulungstagung des Amtes Schönheit der Arbeit **19. Mai** Erstes Autobahn-Teilstück Frankfurt/M.–Darmstadt übergeben **15. Sept.** Verordnung über einmalige Kinderbeihilfen an kinderreiche Familien

1936

15. Febr. Hitler kündigt den Volkswagen an **2. Mai** Grundstein für KdF-Seebad Saßnitz/Rügen gelegt **24. Mai** Zusammenschluß öffentlicher und freier Wohlfahrtspflege unter Hilgenfeldt, Leiter der NS-Volkswohlfahrt **6. Juni** In Köln Kundgebung des Reichsbundes der Kinderreichen **15. Juni** Erste Reichssiedlerschule in Erlangen eröffnet **24. Okt.** Reichsheimstätten-Bund tagt in Würzburg

1937

5. Mai Das KdF-Schiff «Wilhelm Gustloff» läuft in Hamburg vom Stapel **25. Nov.** Reichsheimstätten-Gesetz; privilegiert Vorkämpfer des NS-Regimes und Kinderreiche **2. Dez.** Erste Verleihung eines Ehrenbuches für die kinderreiche deutsche Familie

1938

14. Febr. KdF-Aufklärungsfeldzug: Warmes Essen in den Betrieben **22. März** KdF-Flotte in Tripolis **29. März** In Hamburg Stapellauf des KdF-Schiffes «Robert Ley» **28. April** Ein Frauenhilfsdienst zur Wohlfahrts- und Krankenpflege gebildet **26. Mai** Grundstein zum Volkswagen-Werk in Fallersleben gelegt **1. Aug.** DAF leitet Sparaktion für den KdF-Wagen mit 5.– Mark wöchentlich ein; Liefertermin offen **16. Sept.** Volkswagenwerke-GmbH gegründet **16. Dez.** Ehrenkreuz der deutschen Mutter gestiftet

Die «Straßen des Führers» sind bereits in der Weimarer Republik entworfen worden und dienen nun vorrangig strategischen Zwecken. Die Kosten von etwa sechseinhalb Milliarden Mark (bis 1944) werden zum größeren Teil aus der Arbeitslosenversicherung bestritten

Mit dem ungewohnten Spaten eröffnet Hitler im Herbst 1933 an der Autobahn die «Arbeitsschlacht». Die durch Abgabenerlasse sowie Bauzuschüsse massiv geförderte Kampagne soll Arbeitslose binden

Den Autobahnbau leitet Generalinspekteur Todt (ganz links). Von den vorgegebenen sechstausendneunhundert Kilometern schafft er die Hälfte; dafür sind die Kosten doppelt so hoch wie veranschlagt

Im Arbeitsamt des ostpreußischen Elbing werden Erwerbslose zu neuem Einsatz verpflichtet. Meist handelt es sich dabei um mindere Arbeiten im Straßenbau, in der Land- und Forstwirtschaft und um ähnliche Notstandstätigkeiten, entlohnt nach Sätzen, die kaum die Höhe der Arbeitslosenunterstützung überschreiten. Frauen werden als «Doppelverdiener» nach Möglichkeit aus dem Beruf verdrängt

Eintausend Mark soll der «Volkswagen» kosten, der im voraus auf KdF-Sparkarten zu bezahlen ist. Mit diesen Millioneneinlagen wird das Wolfsburger VW-Werk errichtet; Produktionsbeginn ist 1940

Das imposante Modell eines Urlauberschiffes besichtigen der Leiter des Reichsamtes für Reisen, Wandern und Urlaub, Lafferentz, sein DAF-Reichsleiter Ley und der KdF-Chef Dreßler-Andreß (v. l. n. r.)

Urlaub auf Madeira – das für eine Reihe «Gefolgschaftsmitglieder» mit speziellen Verdiensten in Erfüllung gehende Traumbild der NS-Organisation «Kraft durch Freude». In Wirklichkeit sind einige KdF-Dampfer bereits als Truppentransporter bzw. Lazarettschiffe vorbereitet, so, wie Porsches KdF-Auto als Wehrmacht-Kübelwagen aufersteht – zweifellos ein echtes Meisterstück sozialer Demagogie

Der graue Alltag der Arbeiter und Angestellten entspricht in gar keiner Weise dem Traumbild vom «nationalen Sozialismus». Schon vor Beginn des Krieges beträgt die wöchentliche Arbeitszeit nicht selten fünfzig Stunden und mehr. Zugleich wird die Produktivität hochgetrieben, beispielsweise im Fahrzeugbau bis 1939 auf fast das Doppelte. Im gleichen Umfang nehmen Unfälle und Krankheiten zu

Der mit viel Propagandalärm betriebene Bau von Siedlungshäusern setzt die alten Bemühungen fort, die Arbeiter an ihre Betriebe zu fesseln. Über den rückläufigen Wohnungsbau schweigt man lieber

«Schönheit der Arbeit» läßt durch Rationalisierung die Ausbeutung noch anwachsen. Zudem werden den «Schaffenden» als «Spenden» und DAF-Beiträge Hunderte Millionen Mark vom Lohn einbehalten

Vorweihnachtlicher Einkaufstrubel 1937 in Berlin, Leipziger-, Ecke Friedrichstraße. In den Jahren vor dem Krieg nimmt der Umsatz an Konsumgütern zu; verminderte Arbeitslosigkeit und Überstunden haben die Lohnsumme vergrößert. Den gleichzeitigen Preisanstieg sucht die Regierung durch eine Verringerung der Gewinnspannen bei den Einzelhändlern, Handwerkern und Gastwirten aufzufangen

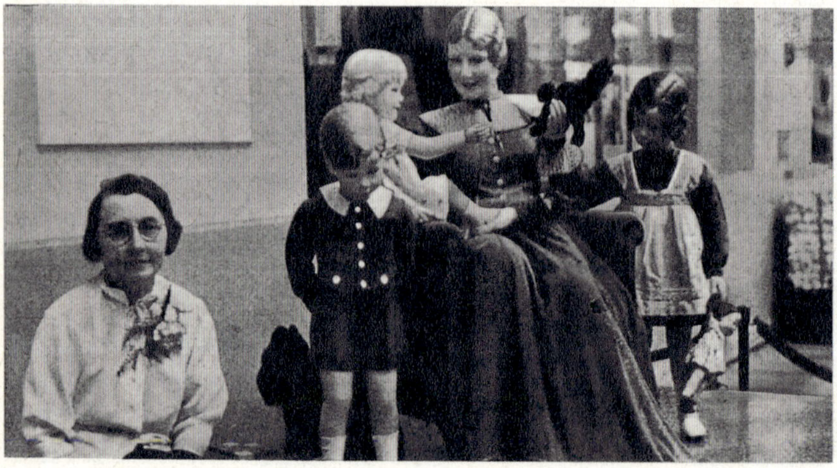

Das Idealbild der deutschen Familie präsentiert Käthe Kruse 1938 auf der Weltausstellung in Paris. Familiengründungen werden vom NS-Staat durch sogenannte Ehestandsdarlehen unterstützt, die pro Kind zu einem Viertel erlassen werden – der Führer braucht Soldaten

«Die deutsche Frau raucht nicht!» heißt es in vielen Gaststätten. Das gilt weniger den Nikotinschäden als dem Emanzipationsdrang

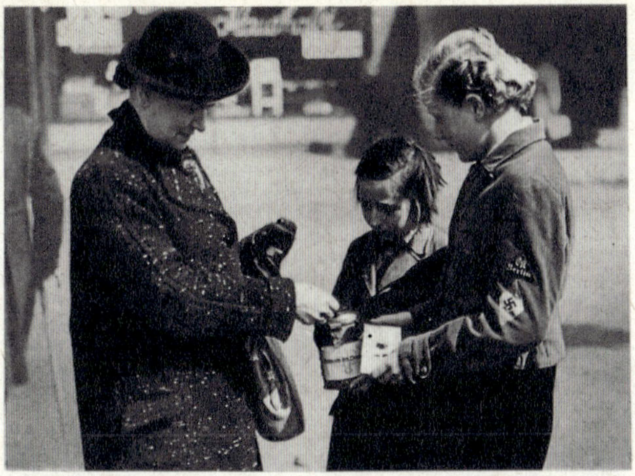

Straßenbettel wird ein Staatsgeschäft. Regelmäßige Sammlungen für das «Winterhilfswerk» der NS-Volkswohlfahrt unter Reichswalter Hilgenfeldt bringen dem Naziregime unkontrolliert Milliarden ein

Die Herabwürdigung der Frau zur Gebärmaschine wird durch die Verleihung von «Mutterkreuzen» in Gold, Silber und Bronze eher noch hervorgehoben. Hitler: «Auch die Frau hat ihr Schlachtfeld»

Umzug zum Reichshandwerkertag 1936 in Frankfurt/M., der «Stadt des deutschen Handwerks». Trotz aller Zünftelei werden bis 1939 siebenhunderttausend Handwerker um ihre Werkstätten gebracht

«Eintopf-Sonntag» in einem exklusiven Restaurant, eine Mahlzeit zu fünfzig Pfennigen. Durch solche Mätzchen weist man sich als echter «Volksgenosse» aus – und spart Devisen für die deutsche Rüstung

Das durch den Terror der Hitler-Diktatur arg ramponierte Ansehen Deutschlands in der Welt soll durch eine Vielzahl von vorwiegend sportlichen Unternehmungen wieder aufpoliert werden. Auf dem New-Yorker Flugplatz landet Mitte August 1938 eine viermotorige «Focke-Wulf-Condor» nach ihrem Nonstop-Flug von Berlin. Auch Himalaja- und Arktisexpeditionen bringen einigen Prestigegewinn

Die Begeisterung breiter Volksschichten für den Sport wird von den Nazis umgehend in den Dienst ihrer Pläne gestellt. Sport ist ihnen lediglich «körperliche Ertüchtigung» zur «Wehrhaftmachung» der Jugendlichen. Unter einem «Reichssportführer» sind alle Sportverbände im Deutschen Reichsbund für Leibesübungen gleichgeschaltet. Die durch ihn ausgeübte «volkserzieherische Gewalt» hat das ganz unverblümt erklärte Ziel, das militärische Kräftepotential durch Breitensport physisch «einsatzfähig» und psychisch «einsatzwillig» zu machen. Zugleich wird im Interesse des internationalen Prestiges der Leistungssport forciert: Die im friedlichen Wettstreit der Nationen scharenweise mit hervorragenden Ergebnissen aufwartenden deutschen Sportler stehen «im Machtkampf um die Führung auf dem Kontinent».

Sport – unfrei

1933
29. April Einsetzung des Reichssportkommissars v. Tschammer und Osten **19. Juli** Ernennung des Kommissars zum Reichssportführer **21. Juli** Erste Deutschland-Fahrt des NS-Kraftfahrer-Korps

1934
23. Juli Deutsche Kampfspiele in Nürnberg; hier zugleich auf erstem Kongreß am **27. Juli** Gründung des Deutschen Reichsbundes für Leibesübungen durch Zusammenfassung der Sportvereine **12. Dez.** Hochschul-Sportordnung erlassen; Sportpflicht; Stiftung eines Hochschul-Sportabzeichens

1935
15. Febr. Gesetz über die Beurlaubung für Zwecke der Leibeserziehung – SA-Sportabzeichen neu gestiftet **28. April** Zweite deutsche Gepäckmarsch-Meisterschaften in Leipzig **23. Juni** Die Deutsche Turnerschaft im Reichsbund für Leibesübungen gleichgeschaltet **21. Dez.** Reichsinspekteur für die Reit- und Fahrausbildung eingesetzt (Litzmann)

1936
3. Febr. Erste Reichs-Segelflug-Führerschule bei Borkenberge **6. Febr.** Olympische Winterspiele in Garmisch-Partenkirchen eröffnet **15. April** Reichsakademie für Leibesübungen in Berlin errichtet **19. April** NS-Reiter-Korps aufgestellt **23. April** Im Reichsinnenministerium Reichssportamt gebildet **22. Juni** Zur Olympiade hat die Berliner Gestapo «vorbeugend» über achthundert Antifaschisten in Haft genommen **18. Juli** Gestapo-Runderlaß über Postkontrolle ausländischer Sportler **1. Aug.** Hitler eröffnet die Olympischen Sommerspiele in Berlin – Verteilung antifaschistischer Flugblätter **10. Okt.** Herberger Fußball-Reichstrainer

1937
1. Febr. Leistungssport von der HJ übernommen; Reichssportführer ist mit der Leibeserziehung der Jugend beauftragt **5. Juni** Erster Reichswettkampf der HJ **13. Aug.** Erste Reichswettkämpfe der SA **9. Sept.** Erste NS-Kampfspiele zu den Nürnberger Parteitagen **1. Okt.** Richtlinien für Leibeserziehung an Knabenschulen; Turnlehrer als NS-Funktionär **19. Okt.** Reichsschwimmschein für die deutsche Jugend angeordnet **17. Nov.** Ein NS-Flieger-Korps unter General Christiansen beschlossen

1938
7. Mai HJ-Führer-Sportabzeichen gestiftet **25. Juli** Eröffnung des Deutschen Turn- und Sportfestes in Breslau; dort Aufmarsch der auslandsdeutschen NS-Organisationen **21. Dez.** Der Reichsbund für Leibesübungen wird Organisation der NSDAP

1939
19. Jan. SA Träger der vor- und nachmilitärischen Erziehung; ihr Sportabzeichen nun Wehrabzeichen **1. Febr.** Genehmigungspflicht für jede Teilnahme deutscher Sportler an Auslandsveranstaltungen

Im Berliner Olympia-Stadion wird der «Führer-Stander» gesetzt – alarmierendes Zeichen der Anwesenheit Hitlers. Die noch vor seinem Machtantritt an Berlin vergebene Olympiade 1936 gestalten die Nazis zur «groß aufgezogenen» Propagandaschau ihres Dritten Reiches

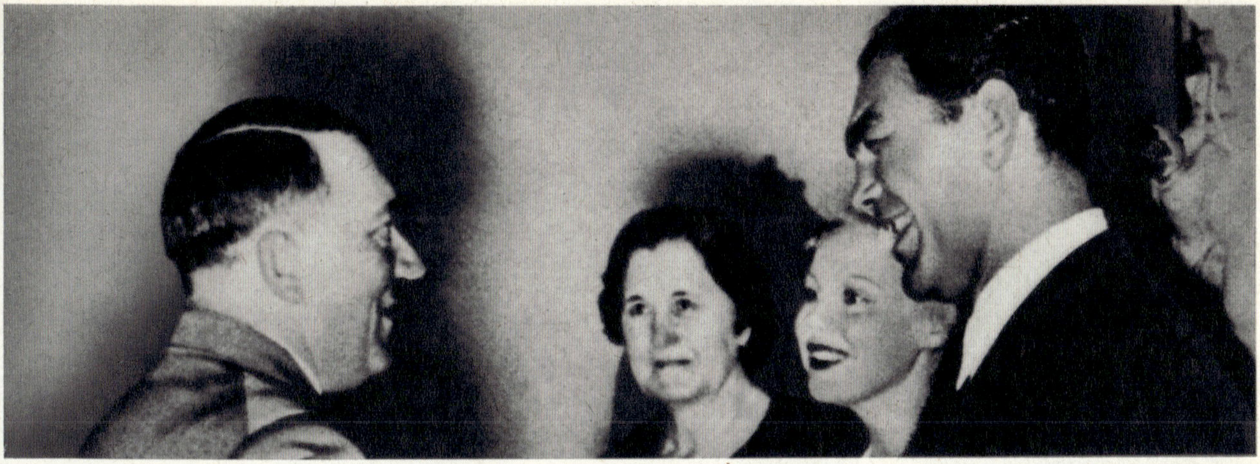

Eine mit Rassenhetze durchsetzte Welle des Chauvinismus löst im Sommer 1936 der Sieg des Schwergewichtsboxers Max Schmeling über den farbigen Amerikaner Joe Louis aus. Der Sieger, seine Frau (Filmstar Anny Ondra) sowie die stolze Mutter werden von Hitler belobigt. Die globale Überlegenheit deutscher Fäuste scheint sonnenklar – bis zum K. o. Schmelings durch Louis im Rückkampf

Unter den Athleten, die sich durch die Nazis nicht korrumpieren lassen, steht der Arbeitersportler Werner Seelenbinder an erster Stelle. Seiner Widerstandstätigkeit wegen wird er 1944 hingerichtet

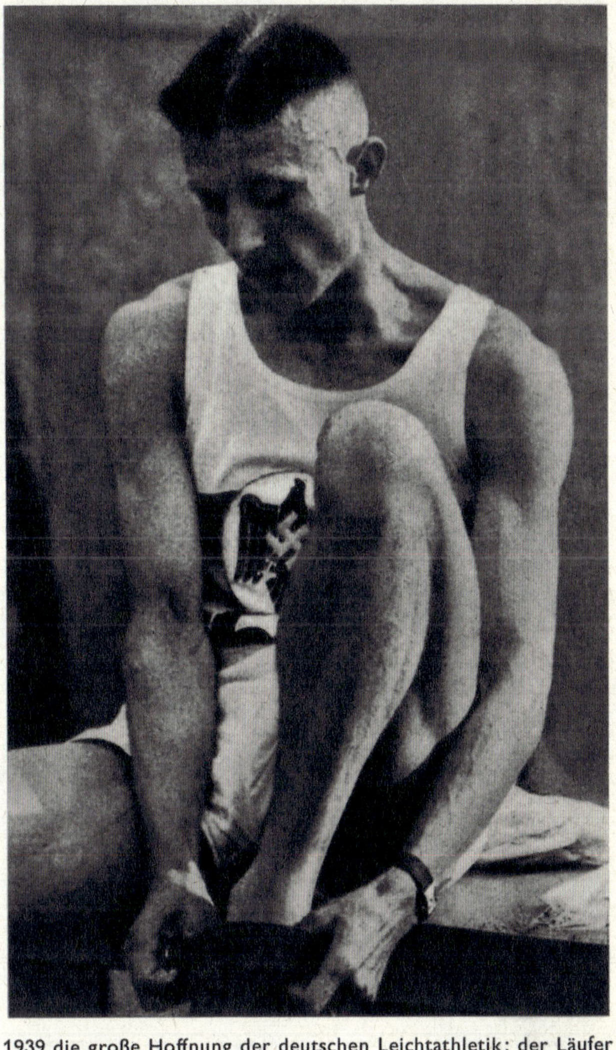

1939 die große Hoffnung der deutschen Leichtathletik: der Läufer Rudolf Harbig, der über die mittleren Strecken sechs Weltrekorde aufstellt. Ihn wie viele andere Sporttalente verschlingt Hitlers Krieg

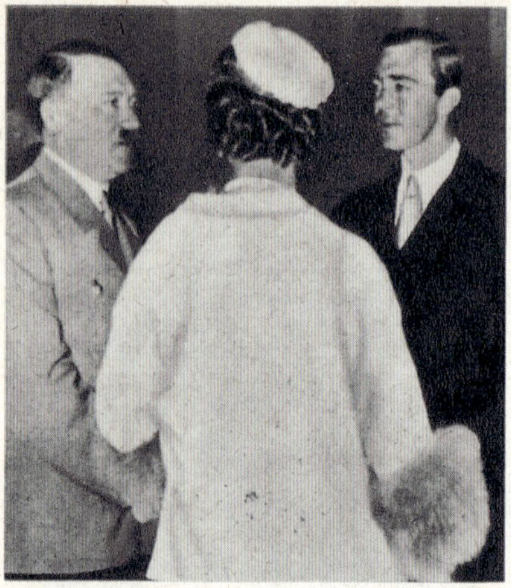

Olympisch erhöht, empfangen die Nazis als nun salonfähige Gastgeber die High Society der Welt, so den schwedischen Erbprinzen

Das Olympia-Stadion im «Reichssportfeld» erbaut Professor March (links), am Modell mit dem Generalsekretär des NOK, Diem

Präsident des Olympischen Komitees ist im Dritten Reich Ritter v. Halt (links), hier mit Ley bei den Winterspielen in Garmisch

Bei der Grenzgemeinde Hellendorf im östlichen Erzgebirge bringt ein tschechoslowakischer Stafettenläufer das olympische Feuer auf deutsches Gebiet. Ihn empfangen verlogene Transparente, die der Jugend der Welt den Frieden versprechen. In gleicher Weise ist in Berlin alles vorbereitet, um den ausländischen Gästen einen völlig irreführenden Eindruck von der Lage in Deutschland zu vermitteln

Zur gleichen Zeit, da die ersten Einheiten der Legion Condor mit neuentwickelten Waffen auf dem Weg nach Spanien sind, ehrt das Internationale Olympische Komitee in der Gedenkstätte Unter den Linden die gefallenen Kämpfer des deutschen Imperialismus. Die sich zur Olympiade häufenden Achtungsbeweise des Auslands für das Dritte Reich verwirren und entmutigen viele kritische Deutsche

Einmarsch der Nationen zur feierlichen Eröffnung der Olympischen Winterspiele in Garmisch-Partenkirchen. Vor der Tribüne grüßt die britische Abordnung Hitler mit erhobenem rechtem Arm – eine Geste, die bei mehreren Delegationen auch zu den Sommerspielen vermerkt wird. Später nennt man dies «olympischen Gruß». Nicht so höflich äußern sich die deutschen Antifaschisten in Flugblättern

Zur Internationalen Automobil- und Motorrad-Ausstellung 1937 in Berlin inspiziert Hitler die mit ihren Wagen vor der Reichskanzlei angetretenen deutschen Rennmannschaften. Autorennsport wird in Deutschland groß geschrieben; Caracciola, Stuck, Lang, Rosemeyer und v. Brauchitsch kennt jedes Kind. Die Matadoren der Rennpiste haben dem Volk im Frieden beizeiten den «Heroismus» vorzuleben

Reichssportführer v. Tschammer und Osten mit den Leichtathleten Gisela Mauermeyer und Hans Heinrich Sievert beim «Rapport»

Als bester Turner der Welt stellt sich zur Olympiade Alfred Schwarzmann vor, auch er «ein verbissener Kämpfer» um den Sieg

Auf dem Rasen ist «Schalke 04» zu dieser Zeit mit sechs Meistertiteln erfolgreichster Verein. Im Bild Szepan vor einem Torschuß

Teilnahme an Sportereignissen bringt Popularität ein: Göring und Goebbels bei den Europameisterschaften im Eiskunstlauf, 1936 im Berliner Sportpalast. Vorn das deutsche Meisterpaar Herber/Beier

Die deutschen Ruderer behaupten in nahezu sämtlichen Bootsklassen die Weltspitze, hier – während der Olympiade – der siegreiche Vierer ohne Steuermann, mit «deutschem Gruß» stramm auf Kurs

Zu Botschaftern des Dritten Reiches werden meist unfreiwillig all jene Sportler, die im Ausland Siege unter der Hakenkreuz-Fahne erringen, so auch die ganz hervorragende Skiläuferin Christl Cranz

Ein bei internationalen Tennisturnieren sehr geschätzter Gegner ist Gottfried v. Cramm. Die Nazis verwehren ihm 1939 den Antritt in Wimbledon, wo er inoffizielle Weltmeisterehren erwarten darf

Zum «Garanten der Zukunft» des Dritten Reiches werten die Nazis wohlbedacht die deutsche Jugend auf. Der von ihnen erst hervorgerufene Generationenkonflikt stellt die Jungen und Mädchen bewußt in Gegensatz zu den Älteren, um sie ungestört der Erziehung durch den Faschismus aussetzen zu können. Ohne politische Erfahrung, in Schule und Jugendorganisation und Alltag unablässig massivem ideologischem Einfluß unterworfen, angetan von Räuberromantik und kitschiger Idylle, verfällt ein großer Teil der deutschen Jugend gläubig den braunen Machthabern. Die mißbrauchen jugendliche Begeisterungsfähigkeit gewissenlos für eine sich stufenweise steigernde Gewöhnung an «bedingungslose Gefolgschaft». Erwünschtes Produkt dieser Erziehung sind sentimentale Totschläger.

Ideale jenseits der Moral

1933

31. März NS-Arbeitsdienstbeauftragter Hierl im Reichsarbeitsministerium Staatssekretär **5. April** v. Schirach unterstellt sich den von HJ besetzten Reichsausschuß der deutschen Jugendverbände **Ende April** Hierl wird Reichsarbeitsführer **1. Mai** Antifaschistische Blitzdemonstration in Hamburg **15. Mai** Reichsführerschule des Arbeitsdienstes in Spandau eröffnet (v. Lancelle) **17. Juni** v. Schirach zum Jugendführer des Deutschen Reiches ernannt **22. Juni** Auflösung des Reichsausschusses der deutschen Jugendverbände; ihre Vertreter z.T. in dem durch v. Schirach gleichzeitig berufenen Deutschen Jugendführerrat **22. Juli** Todesurteil für sechs antifaschistische Jungarbeiter aus Köln **19. Dez.** Evangelische Jugend in HJ eingegliedert

1934

Febr. KJVD-Vorsitzender Große zur Anleitung des Widerstandskampfes der Jugendlichen aus Paris nach Deutschland zurückgekehrt **9. April** Erster Reichsberufs-Wettkampf der deutschen Jugend **Juli** Über eine Million Jugendliche in Zeltlagern der HJ **Aug.** Verhaftung Großes; seine Aufgabe übernehmen Jungmann/Hähnel **7. Okt.** Völkischer Artamanen-Bund in HJ-Landdienst übernommen **Jahresende** Sechs Millionen HJ-Mitglieder

1935

6. März Allgemeine Arbeitsdienstpflicht vor dem Studium **26. Juni** Reichsarbeitsdienst-Gesetz; für männliche Jugend halbjährige Dienstpflicht **27. Juni** RAD-Stärke auf vorerst zweihunderttausend Mann festgelegt **20. Juli** Frick verbietet konfessionellen (katholischen) Jugendverbänden sportliche und politische Tätigkeit, auch uniformierende Kleidung und Abzeichen **Aug./Sept.** Erster Adolf-Hitler-Marsch der HJ nach Nürnberg **3. Okt.** Verfügung über Pimpfenprobe und DJ-Leistungsabzeichen

1936

25. Febr. RAD-Strafordnung gegen jede «bewußte Auflehnung» **30. Aug.** Erste DJ-Führerschule auf Schloß Halden/Westfalen eröffnet **26. Sept.** Erlaß über RAD-Stärken bis 1939: dreihunderttausend Jungen, fünfundzwanzigtausend Mädchen **18. Okt.** Erstmals gleichzeitige Übergabe von rund fünfzig neuen Jugendherbergen **1. Dez.** Gesetz über die HJ als einzige Organisation der gesamten Jugend

1937

4. April Schauprozeß in Berlin gegen katholische Jugendführer (Rossaint) **19. April** Neuaufnahme einer Million Jugendlicher in HJ und BDM **3. Mai** Erstmals gleichzeitige Grundsteinlegung für über fünfhundert neue HJ-Heime **14. Juni** Führer des Jungnationalen Bundes und der Pfadfinder vor dem Volksgerichtshof in Essen **2. Okt.** Übergabe der HJ-Reichsführerschule in Potsdam **19. Okt.** Der

Fortsetzung auf Seite 182

Die zehn- bis vierzehnjährigen Jungen werden restlos als «Pimpfe» im Deutschen Jungvolk «erfaßt». In den Heimnachmittagen, bei Geländespielen und «auf Fahrt» in den Zeltlagern erzieht man sie zu «blindem Gehorsam», gewöhnt sie rasch an Tornister, Koppel, Dolch

Umgang mit Waffen bringt man «echten» Jungens möglichst frühzeitig bei – der «Tag der Wehrmacht» ist nur eine Gelegenheit

Die Mädchen werden Hausmütterchen mit Zöpfen und Spinnrad, Blockflöte und dem «BDM-Werk Glaube und Schönheit» (oben)

Im Zeughaus Unter den Linden kann Vater dem Sohne Deutschlands spezielle Größe an waffenklirrender Vergangenheit nachweisen

In der Schule «formen» die zum erheblichen Teil dem Faschismus ergebenen Lehrer die Kinder im nazistischen Sinn. Der Lehrstoff ist vom antisemitischen Rassenwahn durchsetzt, aus der plumpen Geschichtsfälschung wird Revanchehetze, der «Weltanschauung» liegt platter Antikommunismus zugrunde. Wissen zählt wenig, und Denken ist verpönt. Das Ziel: «charakterlich einwandfrei» zu sein

Fortsetzung von Seite 180
weibliche RAD eröffnet die Reichsschule Üdersee
1938
5. Jan. BDM-Dienst durch eine hauswirtschaftliche Arbeitspflicht erweitert **19. Jan.** Verkündung des BDM-Werkes Glaube und Schönheit (zu Castell) **15. Febr.** Einführung des weiblichen Pflichtjahres in der Haus- und Landwirtschaft (vor Aufnahme einer Berufstätigkeit) **April** Erster Gesundheits-Appell der deutschen Jugend; Gesundheitspässe ausgegeben **3. Juni** In Braunschweig Richtfest der (HJ-) Reichsakademie für deutsche Jugendführung **11. Aug.** Abkommen v. Schirach/Keitel: verstärkte vormilitärische Ausbildung der Jugend **26. Aug.** HJ-Streifendienst gebildet; dient Disziplinierung der Jugend (wie Landdienst Kaderreserve der SS)
1939
Jahresanfang Zwangsauflösung des katholischen Jungmänner-Verbandes **März/Juli** Aufbau einer Widerstandsorganisation kommunistischer, sozialdemokratischer und katholischer Jugendlicher in Berlin unter Kapelle/Ziegler **25. März** HJ-Dienst Pflicht aller Jugendlichen von zehn bis achtzehn Jahren (Zwangsorganisation) – Gründung einer Stamm-HJ als NSDAP- (Nachwuchs-) Gliederung **4. Sept.** Arbeitsdienstpflicht für Mädchen
Die Schule im NS-Staat: Seite 206

Reichsjugendführer v. Schirach besucht eine der elitären «Adolf-Hitler-Schulen», in der die künftige NS-Führerschaft gedrillt wird

«Die Fahne ist mehr als der Tod», behauptet eines der vielen HJ-Lieder, mit denen der jugendliche Hang zur Romantik ins Mystische verschoben wird. Dem entspricht Erziehung zur Brutalität – der faschistische Staat braucht den treusorgend mordenden Familienvater

Der Hitlerjugend gehören die vierzehn- bis achtzehnjährigen Jungen an. Sie umfaßt außer den normalen Verbänden mehrere Untergliederungen für eine spezialisierte Ausbildung, so Motor-, Marine-, Flieger- und Nachrichten-HJ. Oben: Ein HJ-Schulgleiter am Übungshang

Durch Zeltlager werden alle Jugendlichen an das «auf Fahrt gehen» gewöhnt, das auf das Nomadenleben künftiger Krieger abzielt

Vorm Essen: ein Lied. Führerinnen des Bundes Deutscher Mädel (BDM), zu dem die Vierzehn- bis Einundzwanzigjährigen gepreßt werden. Die Zehn- bis Vierzehnjährigen sind Deutsche Jungmädel

Befehlshaber des Arbeitsdienstes ist Reichsarbeitsführer Hierl. Ihm unterstehen 1939 dreihundertsechzigtausend Mann in militärischer Disziplin. Heirat z. B. bedarf der Genehmigung durch Vorgesetzte

Ein «Pflichtjahr» in Landwirtschaft oder Haushalt haben von 1938 an Mädchen bis fünfundzwanzig abzuleisten. Als «Arbeitsmaiden» sind sie Ausbeutungsobjekte der Grundbesitzer und Nazigünstlinge

In Barackenlagern kaserniert, sind RAD-Angehörige wehrlos einer fast unaufhörlichen «Erziehung im Geiste des Nationalsozialismus» ausgeliefert. Das macht sie reif für den anschließenden Militärdienst

«Arbeitsmänner» beim «Ehrendienst am deutschen Volke», der in der Hauptsache aus Erdarbeiten besteht. Der Reichsarbeitsdienst ist die Zwangsorganisation für die Jugendlichen ab achtzehn Jahren

Auf Kosten der arbeitenden Bevölkerung wird Deutschlands Wirtschaft militarisiert. Der Neue Plan Schachts drosselt die Einfuhr von Konsumgütern zugunsten des Imports rüstungswichtiger Rohstoffe und Halbfertigfabrikate; mit demselben Ziel erweitert er den Export durch den Wechsel der Handelspartner und Unterbieten der Weltmarktpreise. Die entstehenden Verluste macht man durch höhere Inlandspreise, Export-Ausgleichskassen und strammes Anziehen der Steuerschraube wett. Gedeckt wird die Aufrüstung vor allem durch betrügerische Finanzmanipulationen unter Einbeziehung der Deutschen Reichsbank. Fachliche und territoriale Zwangsvereinigungen bringen alle Unternehmen in direkte Abhängigkeit von führenden Monopolen, denen staatliche Vollmachten erteilt werden.

Programmierung des Mangels

1933

17. März Schacht nach Rücktritt Luthers wieder Reichsbank-Präsident **1. April** Reinhardt (NSDAP, Kommerz- und Privatbank) nun Staatssekretär im Reichswirtschaftsministerium **April** Gründung der Metallurgischen Forschungs-Gesellschaft (Mefo); Scheinfirma zur Finanzierung der Rüstung **12. Juni** Gesetzliche Meldepflicht für Auslandsguthaben und Devisen **8. Juli** Transfer-Einigung; leitet Stopp der Zinszahlungen und Tilgung von Auslandsschulden in Devisen ein; Zahlung in «Sperrmark» an eine Konversionskasse **14. Dez.** Feder-Bosch-Vertrag der IG Farben mit dem Reich; garantiert ab 1936 Abnahme von jährlich dreihunderttausend Tonnen synthetischen Treibstoffs zu Festpreisen **18. Dez.** Zinsen-Transfer für Auslandsschulden auf dreißig Prozent verringert

1934

18. April Devisen-Freigrenze im Reiseverkehr auf fünfzig Mark herabgesetzt **27. April** Konferenz der Auslandsgläubiger in Berlin eröffnet; nach vier Wochen ohne Ergebnis beendet **28. Mai** Import-Devisenkontingent auf zehn Prozent vermindert **14. Juni** Reichsbank setzt Zinszahlungen an die Auslandsgläubiger völlig aus **20. Juni** Memorandum der Wirtschaftsgruppe im Reichswehrministerium fordert «Wirtschafts-Diktator» **1. Juli** Einsetzung eines Reichs-Rohstoff-Kommissars (Puppe) **5. Juli** Sondervollmachten für Reichswirtschaftsminister (von Gesetzen abweichende Maßnahmen, Strafen) **30. Juli** Schacht kommissarisch Reichswirtschaftsminister **8. Sept.** Einfuhr-Überwachung verordnet **11. Sept.** Freigrenze für Warengrenzverkehr auf zehn Mark gesenkt **24. Sept.** Neuer Plan Schachts in Kraft; nun staatsmonopolistische Kontrolle der Import-, Export- und Devisenwirtschaft **29. Sept.** Devisen-Freigrenze im Reiseverkehr: zehn Mark **5. Nov.** Reichskommissar für Preisüberwachung eingesetzt (Goerdeler) **27. Nov.** Erste Verordnung zum Gesetz über organischen Wirtschafts-Aufbau; Zwangsgliederung unter Führung der Monopole in Reichsgruppen: Industrie, Handwerk, Handel, Banken, Versicherungen und Energiewirtschaft; Reichswirtschaftskammer **4. Dez.** Gesetz über die Durchforschung des Reichs nach Lagerstätten

1935

4. Febr. Devisen-Bewirtschaftungs-Gesetz (zum Neuen Plan) **3. Mai** Schacht legt Denkschrift zur Rüstungs-Finanzierung vor **21. Mai** Schacht wird Generalbevollmächtigter für die Kriegswirtschaft **27. Sept.** Schacht verlangt Wehrhaftmachung der Energiewirtschaft **1. Nov.** Wehrwirtschaftsstab im Kriegsministerium gebildet; Chef: Oberst Thomas **6. Dez.** Spinnstoff-Gesetz; regelt die Produktion von Textilien **13. Dez.** Energiewirtschafts-Gesetz; unterstellt Energieversorgung der Reichsaufsicht

Die 1936 zu Hitlers Geburtstag auf der Berliner Ost-West-Achse demonstrierte Rüstung finanziert Schacht zum Teil durch ungedeckte Wechsel einer speziellen Scheinfirma, der Mefo, die von der Reichsbank bis zur Höhe von zwölf Milliarden Mark diskontiert werden

Eine internationale Transferkonferenz sanktioniert die Weigerung der Nazis, ihre Auslandsschulden künftig in Valuta einzulösen. Viele Gläubiger legen nun die «Sperrmark» in der deutschen Rüstung an

In England verhandelt eine deutsche Delegation (dritter von links: Blessing von der Reichsbank) zum Beschluß der Naziregierung, die 1929 im Young-Plan festgelegten Reparationszahlungen einzustellen

Das Rüstungsprogramm läßt nicht nur die Gewinne der Monopole emporschnellen, sondern auch die Zahl der Arbeitsunfälle und der Berufserkrankungen. Gesteigerte Ausbeutung, gedeckt durch eine verstärkte Unterdrückung, ruft in den Betrieben einen wachsenden Widerstand hervor. In den Opel-Werken (oben) streiken 1936 die Karosserie-Arbeiter, in Berlin sechshundert Mann der Auto-Union

Auf einem Empfang bei Wirtschaftsminister Schacht und Gattin in der Reichsbank begegnen sich Exponenten harter Richtungskämpfe: Bosch (links) vertritt jene Monopole, die einen Zweifronten-Krieg scheuen, das antisowjetische Bündnis mit den Westmächten suchen und die Aufrüstung durch Außenhandel sichern möchten, während Krupp (rechts) zu der auf einen Blitzkrieg bauenden Gruppe zählt

Serienproduktion von Feldgeschützen im Düsseldorfer Zweigwerk der Rheinmetall-Borsig-AG. Trotz Verzichts auf Devisenausgaben für Konsumgütereinfuhren vermag Schachts Neuer Plan die für die Rüstung benötigten Valuta-Mittel bald nicht mehr in ausreichendem Maß bereitzustellen. Damit schwindet Schachts Einfluß, zugleich ist die Position der hinter ihm stehenden Monopolgruppe erschüttert

Noch 1935 haben im Ruhrgebiet Borbet (rechts) und Vögler (links) von den Vereinigten Stahlwerken das Ohr Hitlers. Ein Jahr darauf hat sie IG-Farben-Generaldirektor Krauch mit dem Programm der Wirtschaftsautarkie verdrängt. Unterstützt wird er von der AEG und Siemens, den Flugzeugkonzernen, schwerindustriellen Kreisen um Flick, Krupp und Mannesmann sowie von der Deutschen Bank

Marschstiefel am laufenden Band liefert die Salamander-Schuhfabrik, wodurch es deren Chef bis zum Wehrwirtschaftsführer bringt

Berlins Doppelstock-Busse werden mit Gas betankt, um die lästigen Devisenausgaben für den Treibstoffimport senken zu können

Hochbetrieb herrscht auch in den deutschen Uniformschneidereien, denn die Wehrmacht wird vergrößert, die Dienstzeit verlängert

Während einer Ausstellung in Berlin unterhält sich Poensgen mit Innenminister Frick. Seine Vereinigten Stahlwerke sind führend in der von 1934 bis 1936 tonangebenden Monopolgruppe um Schacht

Schon unter Wilhelm II. auf Kriegskurs war die Werft Blohm und Voß in Hamburg. Blohm junior hat sich bei Hitlers Besuch für ein mindestens ebenso profitables Flottenbauprogramm zu bedanken

Oppositionelle Regungen im Volk werden schon im Keim durch einen allumfassenden Terrorapparat unterdrückt. Neben den herkömmlichen Machtinstrumenten – Armee und Polizei – verfügen die Nazis zusätzlich über den Apparat ihrer Partei und deren Gliederungen sowie über die Gestapo und den Sicherheitsdienst der SS. Damit wachen Hunderttausende eifriger Spitzel über die Gefolgschaftstreue der Volksgenossen. Mit ihren Opfern füllt eine das Recht schamlos prostituierende Justiz die Gefängnisse und Zuchthäuser. Absolut willkürlich erfolgen Einweisungen in Konzentrationslager, denen vor allem politische «Wiederholungstäter» ausgesetzt sind. Dort tobt sich an ihnen ein Sadismus aus, dem oft die physische, kaum aber die moralische Vernichtung gequälter Widerstandskämpfer gelingt.

In sogenannten Reichswettkämpfen überprüft die SA alljährlich den Ausbildungsstand als Bürgerkriegstruppe. Ihre Stärke beträgt 1934 über drei Millionen Mann. Später wird sie reduziert und durch die Wehrmannschaften und Sondereinheiten organisatorisch gestrafft

Das System des Terrors

1934
7. Juli Inspektion der KZ und SS-Wachverbände (Totenkopf) gebildet (Eicke) **9. Aug.** H. Frank zum Präsidenten der Akademie für Deutsches Recht ernannt **8. Sept.** Auslandsfahrkarten nur noch in Grenzstationen **16. Okt.** Vereinigung des Justiz- und des Innenministeriums des Reichs mit denen Preußens **19. Dez.** Reichsjuristen-Führer H. Frank Minister ohne Geschäftsbereich

1935
März Neuordnung der KZ abgeschlossen; sieben Lager: Dachau, Esterwegen, Lichtenburg, Sachsenburg, Bad Sulza, Columbia-Haus und Fuhlsbüttel **2. April** Staatsakt zur Verkündung einheitlicher Reichsjustiz **28. Juni** Gesetz zur Änderung des Strafgesetzbuches: Bestrafung auch ohne Gesetz, Strafen für Verletzung der Wehrpflicht und -kraft sowie für Beschimpfung der NSDAP, verschärfte Strafen für Homosexualität – Zweites Änderungs-Gesetz ermöglicht die «analoge Anwendung» von Strafvorschriften (willkürliche Anpassung) sowie Untersuchungshaft zur Sicherung vor Verbrechen

1936
5. Febr. Sondergerichte auch für die Beschimpfung von Reich, Flagge, Wehrmacht zuständig **10. Febr.** Preußisches Gestapo-Gesetz; macht die Kreis- und die Ortspolizei zu Hilfsorganen **21. Febr.** Reichs-Rechtsanwalts-Ordnung; Zulassung hängt von der NS-Organisation ab **18. April** Volksgerichtshof dem Reichsgericht gleichgestellt; Präsident am **15. Mai** Thierack **17. Mai** Bund NS-Deutscher Juristen nun NS-Rechtswahrer-Bund; Reichsjuristenführer Reichsrechtsführer **17. Juni** Himmler wird Chef der deutschen Polizei; Vertreter: Daluege **26. Juni** SD-Chef Heydrich Leiter der Sicherheitspolizei (Gestapo und Kripo) **2. Juli** Änderungs-Gesetz: u. a. gegen Wehrmittel-Beschädigung **12. Juli** Als Stammlager wird das KZ Sachsenhausen errichtet

1937
24. Juni Polizeibeamten-Gesetz; zwölf Jahre lang Beamte auf Widerruf; Heiratserlaubnis **16. Juli** Baubeginn im KZ Buchenwald **18. Juli** Technische Nothilfe ständiges Hilfsorgan der Polizei **14. Dez.** Überwachung und Vorbeuge-Haft eingeführt

1938
3. März Bestimmungen zur Sicherheitsverwahrung verschärft **Mai** Die Polizeiaktion «Arbeitsscheue Reich» bringt elftausend Vorbeuge-Häftlinge ins KZ, darunter viele Zigeuner und Juden **20. Nov.** Sondergerichte auch für Fälle zuständig, in denen «öffentliche Erregung» sofortiges Urteil gebietet

1939
13. Mai Haus des deutschen Rechts in München eröffnet; «Volksgesetzbuch» angekündigt **18. Mai** Ankunft des ersten Häftlings-Transports in dem neuerrichteten Frauen-KZ Ravensbrück

Hitler begrüßt die angetretenen Reichsleiter und Gauleiter (meist Reichsstatthalter) der NSDAP. Die «Hoheitsträger» kommandieren 1935 mit Hilfe eines mehr als zwei Dutzend Ränge umfassenden Korps Politischer Leiter rund zweieinhalb Millionen «Parteigenossen»

Das NS-Kraftfahrer-Korps unter Hühnlein (rechts) ist wie das elitäre NS-Flieger-Korps Christiansens eine Gliederung der NSDAP

Unter den «Amtsträgern» der Nazipartei ist der Blockleiter den Hausbewohnern als ein stets lauernder Nachbar am gefährlichsten

Den Blockleiter und seine «Pgs» überwacht der Zellenleiter, jenen der Ortsgruppen-, diesen der Kreisleiter: Disziplin aus Angst

Als Gliederungen der NSDAP gelten SA und SS, NSKK, NSFK, HJ, NS-Frauenschaft sowie NS-Dozentenbund und NS-Studentenbund

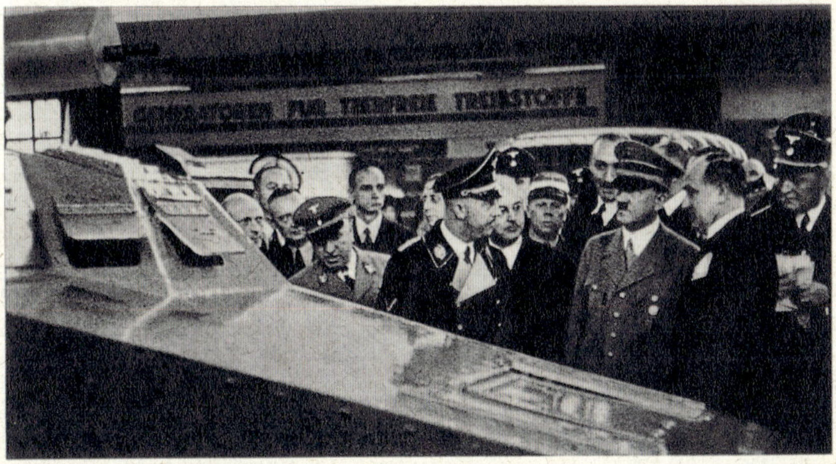

Auf der Berliner Automobil-Ausstellung 1938 lassen sich Hitler, Himmler und Ley den bei Krupp gebauten Polizei-Straßenpanzerwagen erklären. Die sich zur «Staatstruppenpolizei» entwickelnde SS Himmlers umfaßt als Eliteverband dreihunderttausend ausgesuchte Leute

Für die Justiz bedeutet die Naziherrschaft ebenso wie für die ihr zuarbeitende Polizei Erfüllung des alten Klassenauftrags mit neuer Brutalität. Ab Oktober 1936 sind alle Richter auch äußerlich durch ein «Hoheitszeichen» an ihren Roben gleichgeschaltet. Ideologisch ausgerichtet werden sie durch den NS-Rechtswahrerbund und den im Deutschen Rechtsstand befehlenden Reichsrechtsführer H. Frank

Amtseinführung des Generalstaatsanwalts Lautz beim Landgericht Berlin im August 1936. Grundlage des «arteigenen Rechts» ist auch ihm «des Führers Wille, Ausdruck des gesunden Volksempfindens»

Präsident des Volksgerichtshofes ist ab Mai 1936 Thierack, hier in der Mitte, daneben Reichsjustizminister Gürtner und Reichsanwalt Jorns. Links die Justiz-Staatssekretäre Schlegelberger und Freisler

Das Hauptquartier der Gestapo liegt in der Prinz-Albrecht-Straße in Berlin. Seine Folterkeller sind berüchtigt; Tausende von aktiven Antifaschisten werden hier bestialisch gequält, ungezählte ermordet

Das Zuchthaus Brandenburg wird besonders stark mit Opfern der politischen Nazijustiz belegt. Neben den Einzelverfahren häufen sich Massenprozesse mit nicht selten Hunderten von Angeklagten

Von Reichsinnenminister Frick (links) übernimmt Himmler im Juni 1936 auch die Führung der deutschen Polizei. Damit sind sämtliche Instrumente des unmittelbaren Terrors in seiner Verfügungsgewalt

Der Polizeiausschuß der Akademie für Deutsches Recht: SD-Chef Heydrich, Himmler, Akademiepräsident H. Frank, Standartenführer Best, Polizeigeneral Daluege, Berlins Polizeipräsident Graf Helldorf

Polizeipräsidium Berlin-Alexanderplatz, für viele der Beginn eines langen Leidensweges. Allein 1936 werden nahezu vierzehnhundert Sozialdemokraten und rund zwölftausend Kommunisten verhaftet

Im Gefängnis Berlin-Moabit ist bis August 1937 Ernst Thälmann in strenger Einzelhaft. Dennoch gelingt es der KPD-Führung mit Hilfe seiner Frau, die Verbindung zu ihm dauerhaft aufrechtzuerhalten

Hofgang im Zuchthaus Halle. Viele politische Häftlinge werden im Anschluß an die Verbüßung ihrer Zuchthausstrafe sofort in eines der Konzentrationslager «verbracht», um sie weiterhin zu isolieren

Ausgabe der Häftlingssuppe, eines meist ungenießbaren Absuds, im KZ Flossenbürg. Die Gefangenen tragen gestreifte Einheitskleidung (ab 1939), Nummer und Farbdreieck, das ab 1937 in allen Lagern eingeführt wird. Zur gleichen Zeit werden die meisten der sieben 1935 aufrechterhaltenen KZ aufgelöst und ihre Insassen in die drei Hauptlager Dachau, Sachsenhausen oder Buchenwald transportiert

Erdtransport im KZ Sachsenhausen. Unsagbar schwere Arbeit mit primitiven Geräten gehört zu den üblichen «Erziehungsmethoden» der SS, der ein «natürlicher» Tod ihrer Opfer nur gelegen kommt

Arbeit an der durch einen elektrisch geladenen Stacheldrahtzaun zusätzlich gesicherten Umfassungsmauer des Lagers Dachau. Hier sind Ende 1938 ungefähr achtzehntausend Häftlinge untergebracht

Ankunft der im Sommer 1937 von der Lichtenburg nach Buchenwald verlegten KZ-Häftlinge. Anfangs sind es zweieinhalbtausend, schon anderthalb Jahre später zählt das Lager rund elftausend Insassen

Eine Arbeitsbaracke im neuangelegten Frauen-KZ Ravensbrück. Der erste Transport trifft hier im Mai 1939 ein; bis 1945 passieren das Lagertor hundertzweiunddreißigtausend Frauen und Minderjährige

Schon am Lagertor Buchenwalds offenbart sich der beispiellose Zynismus der SS, der den physischen Qualen psychische hinzufügt

«Pfahlhängen» zählt neben dem Prügelbock und dem Hungerarrest im «Bunker» zu den bevorzugten Strafen für jedes «Vergehen»

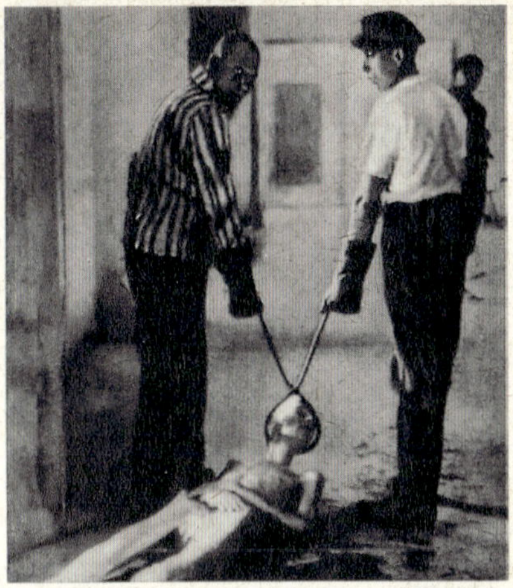

Der sich täglich wiederholenden Peinigung erliegen Häftlinge ohne Zahl. Die Leichen werden im Lagerkrematorium eingeäschert

Lagerappell in Sachsenhausen bei Oranienburg, unter schußfertigen schweren Maschinengewehren auf den Wachttürmen. Dabei müssen die Häftlinge auch im Winter trotz dünner Kleidung und hölzerner Schuhe oft stundenlang strammstehen. Bewacht werden sie durch die SS-Totenkopfverbände, eine Sondertruppe mit zwölfjähriger Dienstzeit. Zudem stehen kasernierte SS-Verfügungstruppen bereit

Die gläubigen Christen beider Konfessionen ordnet sich der Nazistaat mit Hilfe ihrer Kirchenleitungen unter. Sein Versuch, die Protestanten durch die Faschisierung ihrer Kirche an das NS-Reich zu binden, scheitert allerdings am Widerstand vieler aufrechter Geistlicher. Der Machtübernahme durch die «Deutschen Christen» setzen sie mutig ihre Bekennende Kirche entgegen, die wider die Verfälschung der christlichen Lehre und das pseudogermanische Neuheidentum auftritt. Ihre Vertreter werden ebenso verfolgt wie jene Katholiken, die sich trotz Konkordats dem menschenfeindlichen Regime standhaft widersetzen. Als die Nazis ihre Massenbasis hinreichend gesichert glauben, verschieben sie die völlige Gleichschaltung der Kirchen. Im Kriege entsteht bei der NS-Führung der Plan, Kirchen nach dem Sieg abzuschaffen.

Kreuz und Hakenkreuz

1933

3. April Erste Reichstagung Deutscher Christen (DC) fordert Gleichschaltung der Kirche **26. April** Hitler beauftragt den DC-Gauobmann Müller mit der Gründung einer evangelischen Reichskirche **24. Juni** In Preußen Kirchenkommissar eingesetzt (Jaeger); besetzt Kirchenleitungen um **28. Juni** Müller Leiter des evangelischen Kirchenbundes **14. Juli** Gesetz über Verfassung der Evangelischen Kirche: Reichsbischof, Reichskirchenregierung; Kirchenkommissariat erloschen **20. Juli** Vatikan schließt Konkordat **23. Juli** Kirchenwahlen in der Evangelischen Kirche; DC-Flügel erzwingt Zwei-Drittel-Mehrheit **5. Aug.** Müller nun Präsident des Evangelischen Oberkirchenrats **21. Sept.** Aufruf Niemöllers zu einem Pfarrer-Notbund **27. Sept.** Nationalsynode in Wittenberg wählt Müller zum Reichsbischof **20. Nov.** Pfarrer-Notbund (unter Niemöller) gegründet: Bekennende Kirche

1934

25. Jan. Müller und die evangelischen Bischöfe bei Hitler **26. Jan.** Niemöller wird beurlaubt **27. Jan.** Die evangelischen Bischöfe stellen sich hinter Müller **29. Mai** Barmer Synode der Bekennenden Kirche; Ansprache Barths **20. Okt.** Synode der Bekenntniskirche in Dahlem; erklärt kirchliches Notrecht: Widerstand gegen den Reichsbischof

1935

5. März Kanzelabkündigung der Bekenntniskirche gegen die NS-Ideologie; siebenhundert Pfarrer verhaftet **17. Mai** Erster «Devisenschieber»-Prozeß gegen Ordensmitglieder; bis Jahresende weitere sechzig derartige Verfahren **16. Juli** Einsetzung eines Reichskirchenministers (Kerrl) **18. Juli** Erlaß Görings gegen oppositionelle Katholiken **24. Sept.** Gesetz zur Sicherung (der Einheit) der Evangelischen Kirche; Kirchenausschüsse gebildet

1936

April Beginn der «Sittlichkeits-Prozesse» gegen katholische Priester und Ordensbrüder **30. Juli** KPD ruft Katholiken zu gemeinsamem Widerstand

1937

12. Febr. Rücktritt des Reichskirchenausschusses: Vermittlung gescheitert; Verhaftungswelle in der Bekenntniskirche **27. März** Kanzelverkündigung einer päpstlichen Enzyklika gegen Verletzungen des Konkordats **1. Juli** Verhaftung Niemöllers

1938

3. Jan. Reichszentrale der Katholischen Aktion geschlossen, außerdem einige Klöster, Fakultäten und Hochschulen **7. Febr.** Prozeß gegen Niemöller **27. Sept.** Bekenntniskirche gegen drohenden Krieg

1939

8. April Einige evangelische Landeskirchen nehmen die DC-Grundsätze an **31. Mai** Rechter Flügel der Bekenntniskirche schwenkt auf die NS-Linie ein

Amtseinführung des Reichsbischofs Müller. Der Führer der «Deutschen Christen» soll mit Hilfe einer neuen «Deutschen Christlichen Nationalkirche» alle Gläubigen dem Nazismus gleichschalten. Dazu spaltet er 1933 die bereits zuvor unterwanderte evangelische Kirche

Dieses Bild wird, versehen mit dem pronazistischen Bekenntnis des Päpstlichen Nuntius Torregrossa, 1933 von den Nazis als Wahlplakat verwendet. Nach dem Konkordat scheint die katholische Kirche gebunden, jedoch leisten viele Laien und Priester bald Widerstand

In Buchenwald gefoltert und ermordet: der Pfarrer Paul Schneider. Sein Bekenntnis hat auch Einzelhaft im «Bunker» nicht erstickt

Friedrich Weissler, Mitverfasser einer 1935 verbreiteten Denkschrift der Bekennenden Kirche, 1937 in Sachsenhausen umgebracht

Bayerns Landesbischof Hans Meiser, 1934 mit Württembergs Bischof Theophil Wurm amtsenthoben und unter Hausarrest gestellt

Hunderte katholischer Priester und Ordensmitglieder werden 1937 in «Sittlichkeitsprozessen» verurteilt, auch dieser Franziskaner in Koblenz. Anlaß ist die Kritik des Papstes an der Kirchenverfolgung

Reichskirchenminister Kerrl kann die opponierenden Christen nicht disziplinieren; der Versuch einer Reichskirche ist damit praktisch gescheitert. Nun sollen diktierte Massenaustritte die Kirche lähmen

Furchtlos klagt Pastor Martin Niemöller das Terrorregime an. 1933 gründet er den Pfarrer-Notbund, Basis für die Bekennende Kirche, 1937 wirft man ihn ins KZ, wo er bis 1945 Sondergefangener ist

Der Antisemitismus wird zur Staatsdoktrin des Dritten Reiches erhoben. Nach den einleitenden Boykott- und Entlassungsaktionen gegen eine angebliche Überfremdung fixiert das konsolidierte Naziregime den Ausschluß aller Juden aus seiner «Volksgemeinschaft» nun durch die «Nürnberger Gesetze» auch juristisch. In ihrer bösartigsten Form – dem «blutsbedingten» Rassismus – steigert sich die Verfolgung der «Nichtarier» durch eine Unzahl Verbote und Schikanen zu täglicher Folter. Die geheime massenpsychologische Absicht dieses Rassen-Antisemitismus wird schließlich im organisierten Massenpogrom unübersehbar: Neben der Bereicherung des Staates und der Monopole findet es seinen erklärten Sinn in geistiger Einstimmung des Volkes auf die kommenden Blutbäder eines neuen Krieges.

Mittelalter in Mitteleuropa

1933
1. April Organisierter Boykott jüdischer Geschäfte und Praxen **7. April** Berufsbeamten-Gesetz führt zur Entlassung der Juden aus dem Staatsdienst; später Arierparagraph auch auf anderen Gebieten
1935
15. Sept. Verkündung der Nürnberger Gesetze auf dem NSDAP-Parteitag: Reichsbürger-Gesetz sowie Gesetz zum Schutz des deutschen Blutes und der deutschen Ehre; bei Verletzung Zuchthausstrafen
1936
22. Febr. Rassentrennung der Ärzteschaft; Verbot der Bestallung jüdischer Ärzte
1938
22. April Verordnung gegen die Tarnung jüdischer Gewerbebetriebe **26. April** Jüdisches Vermögen muß angemeldet werden **14. Juni** Registrierung der jüdischen Gewerbebetriebe angeordnet **15. Juni** Verhaftung vorbestrafter Juden **22. Juli** Kennkarte für Juden angekündigt **25. Juli** Berufsverbot für jüdische Ärzte **17. Aug.** Zwangsweise Einführung der Vornamen Israel und Sara **27. Sept.** Jüdische Rechtsanwälte erhalten Berufsverbot **5. Okt.** «J»-Kennzeichnung der Reisepässe **28. Okt.** Siebzehntausend staatenlose Juden ins deutsch-polnische Niemandsland abgeschoben **7. Nov.** NS-Diplomat v. Rath in Paris durch Grynszpan getötet **9./10. Nov.** Organisierte antisemitische Pogrome im gesamten Reich («Kristallnacht») **12. Nov.** Ministersitzung unter Göring ordnet kollektive Sühneleistung der Juden an (eine Milliarde Mark) – Ausschaltung der Juden aus dem Wirtschaftsleben angeordnet (Geschäfte, Handwerk, Betriebsführung usw.) – Goebbels verbietet Juden den Besuch kultureller Veranstaltungen – Sechsundzwanzigtausend Juden verhaftet; Entlassung gegen ein Bußgeld **14. Nov.** Ausschluß jüdischer Studenten **15. Nov.** Jüdische Schüler ausgeschlossen **28. Nov.** Einschränkung des Wohnsitzes und der Bewegungsfreiheit von Juden **3. Dez.** Verordnung über den Einsatz des jüdischen Vermögens; Zwangsverschleuderung von Unternehmen, Haus- und Grundbesitz: Arisierung – Juden die Führerscheine und Kfz-Zulassungen entzogen **6. Dez.** Judenbann in Berlin
1939
17. Jan. Berufsverbot für die jüdischen Zahnärzte, Tierärzte, Apotheker **24. Jan.** Weisung Görings, Auswanderung der Juden zu fördern (Entrichtung einer «Reichsfluchtsteuer») **30. Jan.** Hitler kündigt im Reichstag für den Kriegsfall die Vernichtung der jüdischen Rasse in Europa an **Febr.** Unter Heydrich Gründung einer Reichszentrale für die jüdische Auswanderung **21. Febr.** Ablieferungspflicht für Edelmetalle, Edelsteine und Perlen **6. Juli** Verordnung über eine Reichsvereinigung der Juden: zentrale Erfassung

Pogromhetze in Nürnberg, wo auf dem Reichsparteitag 1935 dieser Antisemitismus durch Gesetze erhärtet wird. Danach sind Juden keine gleichwertigen «Reichsbürger», Verkehr außerhalb der Ehe und Eheschließung mit ihnen ist als «Rassenschande» strikt verboten

Brennende Synagogen signalisieren im November 1938 überall in Deutschland einen neuen Höhepunkt der Judenverfolgung. In diesen Tagen werden etwa siebeneinhalbtausend jüdische Geschäfte geplündert und zerstört, Zehntausende von Juden verhaftet, Dutzende erschlagen

Ein «Judenbann» verbietet den staatlich Verfemten zuerst in Berlin das Betreten des Zentrums sowie den Besuch von Parks, Bädern, Sportplätzen, Theatern, Kinos, Museen, Ausstellungen, Bibliotheken

Öffentlich angeprangert so wie hier 1935 in Hamburg werden fast ausnahmslos «arische» Frauen und jüdische Männer. Unterbewußter Sexualneid impotenter Germanen bemäntelt sich so weltanschaulich

Trostlose Einsamkeit spricht aus dieser Szene in Memel. Von rund fünfhundertfünfundzwanzigtausend jüdischen Bürgern müssen fast dreihunderttausend aus dem Reich auswandern. An ihrem Hab und Gut bereichern sich viele Nazis und ihre Günstlinge, einschließlich großer Konzerne. Nur zwanzigtausend Juden überleben das Dritte Reich in Deutschland, z. T. verborgen von menschlichen Mitbürgern

Dokumente zur Zeit

Nationale und soziale Demagogie

Referat Dimitroffs auf dem VII. Weltkongreß der Komintern am 2. August 1935 (Auszug)

Wo liegt die Quelle des Einflusses des Faschismus auf die Massen? Dem Faschismus gelingt es, die Massen zu gewinnen, weil er in demagogischer Weise an ihre brennendsten Nöte und Bedürfnisse appelliert. Der Faschismus entfacht nicht nur die in den Massen tief verwurzelten Vorurteile, sondern er spekuliert auch auf die besten Gefühle der Massen, auf ihr Gerechtigkeitsgefühl und mitunter sogar auf ihre revolutionären Traditionen. Warum spielen sich die deutschen Faschisten, diese Lakaien der Großbourgeoisie und Todfeinde des Sozialismus, vor den Massen als «Sozialisten» auf und geben ihren Machtantritt als «Revolution» aus? Weil sie bestrebt sind, den Glauben an die Revolution, den Drang zum Sozialismus, der in den Herzen der breiten werktätigen Massen Deutschlands lebt, auszunutzen.

Der Faschismus handelt im Interesse der extremen Imperialisten, aber vor den Massen tritt er unter der Maske des Beschützers der erniedrigten Nation auf und appelliert an das verletzte Nationalgefühl, wie zum Beispiel der deutsche Faschismus, der mit der Losung «Gegen Versailles» die kleinbürgerlichen Massen mitriß.

Der Faschismus erstrebt die zügelloseste Ausbeutung der Massen, tritt aber mit einer raffinierten antikapitalistischen Demagogie an sie heran, macht sich den tiefen Haß der Werktätigen gegen die räuberische Bourgeoisie, gegen die Banken, die Truste und die Finanzmagnaten zunutze und stellt Losungen auf, die im gegebenen Moment für die politisch unreifen Massen am verlockendsten sind: in Deutschland – «Gemeinnutz geht vor Eigennutz»; in Italien – «Unser Staat ist kein kapitalistischer, sondern ein Korporativstaat; in Japan – «Für ein Japan ohne Ausbeutung»; in den Vereinigten Staaten – «Für die Aufteilung der Reichtümer» usw.

Der Faschismus liefert das Volk den korruptesten, käuflichsten Elementen auf Gnade und Ungnade aus, tritt aber vor dem Volk mit der Forderung nach einer «ehrlichen und unbestechlichen Regierung» auf. Der Faschismus, der auf die tiefe Enttäuschung der Massen über die Regierungen der bürgerlichen Demokratie spekuliert, entrüstet sich scheinheilig über die Korruption (zum Beispiel die Barmat- und Sklarekaffäre in Deutschland, die Staviskyaffäre in Frankreich und mehrere andere).

Der Faschismus fängt im Interesse der reaktionärsten Kreise der Bourgeoisie die enttäuschten, den alten bürgerlichen Parteien den Rücken kehrenden Massen ein. Er imponiert diesen Massen durch die Heftigkeit seiner Angriffe gegen die bürgerlichen Regierungen, durch die Unversöhnlichkeit seines Verhaltens gegenüber den alten Parteien der Bourgeoisie. Der Faschismus, der durch seinen Zynismus und seine Verlogenheit alle anderen Spielarten der bürgerlichen Reaktion in den Schatten stellt, paßt seine Demagogie den nationalen Besonderheiten jedes Landes an, ja sogar den Besonderheiten der verschiedenen sozialen Schichten in ein und demselben Lande. Und die Massen des Kleinbürgertums, selbst ein Teil der Arbeiter, durch die Not, die Arbeitslosigkeit und die Ungewißheit ihrer Existenz zur Verzweiflung getrieben, werden zu Opfern der sozialen und chauvinistischen Demagogie des Faschismus ...

Aber welche Maske der Faschismus auch aufsetzen, in welchen Formen er auch auftreten und auf welchem Wege auch immer er zur Macht gelangen mag:

der Faschismus – das ist die grausamste Offensive des Kapitals gegen die werktätigen Massen;

der Faschismus – das ist der zügelloseste Chauvinismus und Raubkrieg;

der Faschismus – das ist die wütende Reaktion und Konterrevolution;

der Faschismus – das ist der schlimmste Feind der Arbeiterklasse und aller Werktätigen!

Selbstdarstellung der Kasernenhof-Wohlfahrt

Der Staat

Führer und Volk

Prof. E. R. Huber in einer 1939 erschienenen Veröffentlichung über Verfassungsgrundsätze (Auszug)

Der Grundzug der neuen Verfassung ist, daß die parlamentarische Demokratie durch das völkische Reich ersetzt worden ist. Die parlamentarische Demokratie ging von der Ideologie aus, daß in ihr der Wille des Volkes, der sich in Wahlen und Abstimmungen manifestiere, maßgebend sei. Das völkische Führerreich beruht auf der Erkenntnis, daß der wahre Wille des Volkes nicht durch parlamentarische Wahlen und Abstimmungen gefunden werden kann, sondern daß der Wille des Volkes nur durch den Führer rein und unverfälscht hervorgehoben wird.

Daß sich der Volkswille im Führer verkörpert, schließt nicht aus, daß der Führer die lebenden Volksangehörigen zur Abstimmung über eine bestimmte Frage aufruft. Durch diese «Volksbefragung» gibt der Führer die Entscheidung allerdings nicht an das abstimmende Volk ab. Der Sinn der Abstimmung ist nicht, daß das Volk von sich aus an Stelle des Führers handelt und daß das Ergebnis der Abstimmung an die Stelle des Führerwillens tritt. Die Abstimmung hat vielmehr den Sinn, das gesamte lebende Volk für ein vom Führer aufgestelltes politisches Ziel aufzurufen und einzusetzen.

Die Volksbefragung hat den Sinn, den Willen des Führers nach außen zu kräftigen und deutlich als Willen der völkischen Einheit in die Erscheinung treten zu lassen. Der eigentliche Willensträger des Volkes aber bleibt der Führer selbst.

Wahnsinnige Verkehrung

Geheimrede Hitlers vor dem Führernachwuchs auf Sonthofen am 23. November 1937 (Auszug)

Unsere Demokratie baut sich dann auf dem Gedanken auf, daß

1. an jeder Stelle ein nicht von unten Gewählter sondern ein von oben Auserlesener eine Verantwortung zu übernehmen hat, bis zur letzten Stelle hin;

2. daß er unbedingte Autorität nach unten und absolute Verantwortung nach oben hat, zum Unterschied von sonstigen Demokratien, die jeden von unten aussuchen, nach unten verantwortlich sein und nach oben mit Autorität ausgestattet sein lassen – eine vollkommen wahnsinnige Verkehrung jeder menschlichen Organisation ...

Wenn überhaupt irgendwo das Talent zu der ihm gebührenden Rolle kommen kann, dann nur in solch einem autoritären Regime, da jeder in ihm weiß, daß er – wenn er einen talentierten Mann fördert – nicht selbst durch eine Abstimmung der Mehrheit aus dem Sattel gehoben wird. Die Demokratie im üblichen Sinne dagegen ist der Todfeind aller Talente, da die Mehrheit stets untalentiert ist und daher stets Angst vor dem Talent hat. In ihr läuft der Ortsgruppenführer, der ein Talent heranholt, Gefahr, daß dies Talent die Ortsgruppe mobilisiert und eines Tages die sogenannte Generalmitgliederversammlung einberuft, die den alten Ortsgruppenführer im Wege der Abstimmung heraussetzt. Ähnlich haben wir ja die Demokratie mit der Demokratie besiegt.

Wenn Führung und Volk geschlossen sind, spielt ein Irrtum keine Rolle, da es immer nur einen Weg gibt und damit selbst der Irrtum tausendmal besser ist als zwei Erkenntnisse, nach denen jeder tun kann, was er will, also besser als die Zügellosigkeit aller ...

Noch eine besondere Aufgabe haben wir: die Beseitigung all jener Minderwertigkeitsempfindungen, die in unserem Volk waren, ihm künstlich angezüchtet wurden, da die früheren Regierungen sie notwendig benötigten und brauchten. Wir sind Todfeinde der sogenannten halben, weil falschen Bescheidenheit, die da sagt, wir wollen uns etwas zurückhalten, man braucht doch nicht immer so in den Vordergrund zu treten, wir wollen nicht immer von uns reden und alles übertrumpfen, wir wollen bieder bleiben und nicht übel auffallen, man soll uns mehr lieben, die anderen sollen uns nicht mit schiefen Augen ansehen. Im Gegenteil: wir wollen unser Volk ganz nach vorne führen! Ob sie uns lieben, das ist uns einerlei! Wenn sie uns nur respektieren! Ob sie uns hassen, ist uns einerlei, wenn sie uns nur fürchten.

Totale Inpflichtnahme

Der Staats- und Verwaltungsrechtler Prof. Forsthoff in einer Publikation von 1933 (Auszug)

Der totale Staat muß ein Staat der totalen Verantwortung sein. Er stellt die totale Inpflichtnahme jedes einzelnen für die Nation dar. Diese Inpflichtnahme hebt den privaten Charakter der Einzelexistenz auf. In allem und jedem, in seinem öffentlichen Handeln und Auftreten ebenso wie innerhalb der Familie und häuslichen Gemeinschaft verantwortet jeder einzelne das Schicksal der Nation. Nicht daß der Staat bis in die kleinsten Zellen des Volkslebens hinein Gesetze und Befehle ergehen läßt, ist wesentlich, sondern daß er auch hier eine Verantwortung geltend machen kann, daß er den einzelnen zur Rechenschaft ziehen kann, der sein persönliches Geschick nicht dem der Nation völlig unterordnet. Dieser Anspruch des Staates, der ein totaler ist und an jeden Volksgenossen gestellt ist, macht das neue Wesen des Staates aus.

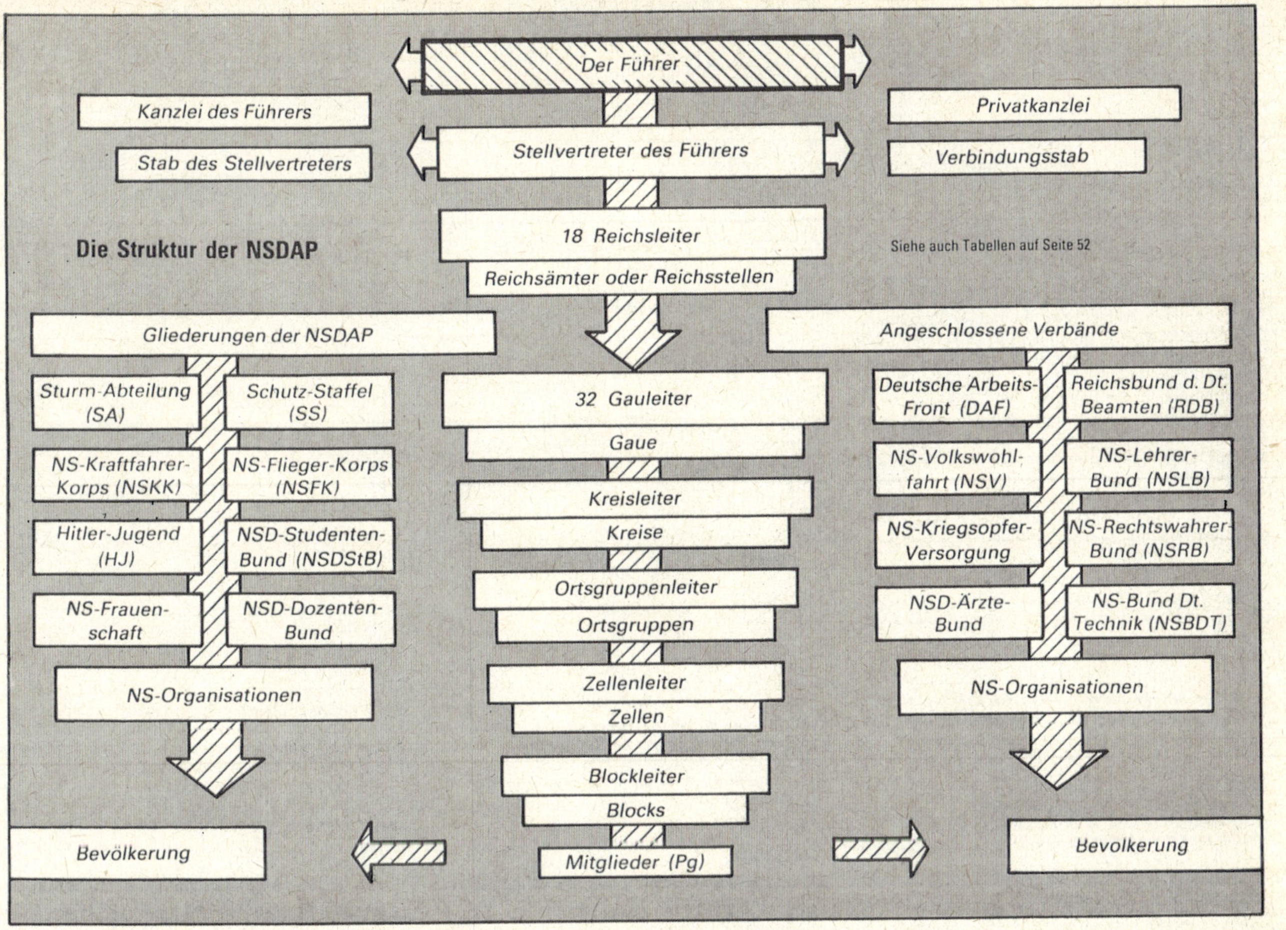

Der Ordensstaat

Wiedergabe gedanklicher Leitsätze eines in der Ordensburg Vogelsang tätigen SS-Führers zu Form und Sinn des von der SS-Elite propagierten «Ordensstaates» aus dem Herbst 1937, mitgeteilt durch seinen Gesprächspartner Eugen Kogon

Was wir Ausbilder des Führernachwuchses wollen, ist ein modernes Staatswesen nach dem Muster der hellenischen Stadtstaaten. Diesen aristokratisch gelenkten Demokratien mit ihrer breiten ökonomischen Helotenbasis sind die großen Kulturleistungen der Antike zu danken. Fünf bis zehn vom Hundert der Bevölkerung, ihre beste Auslese, sollen herrschen, der Rest hat zu arbeiten und zu gehorchen. Nur so sind jene Höchstwerte erzielbar, die wir von uns selbst und dem deutschen Volke verlangen müssen.
Die Auslese der neuen Führerschicht vollzieht die SS – positiv durch die Nationalpolitischen Erziehungsanstalten (Napola) als Vorstufe, durch die Junkerschulen und die Ordensburgen als die wahren Hochschulen der kommenden nationalsozialistischen Aristokratie, sowie durch ein anschließendes staatspolitisches Praktikum; negativ durch die Ausmerzung aller rassenbiologisch minderwertigen Elemente und die radikale Beseitigung jeder unverbesserlichen politischen Gegnerschaft, die sich grundsätzlich weigert, die weltanschauliche Grundlage des nationalsozialistischen Staates und seine wesentlichen Einrichtungen anzuerkennen.
Innerhalb von spätestens zehn Jahren wird es uns auf diese Weise möglich sein, Europa das Gesetz Adolf Hitlers zu diktieren, um den sonst unvermeidlichen Verfall des Kontinents zum Stillstand zu bringen und die wahre Völkergemeinschaft, mit Deutschland als führender Ordnungsmacht an der Spitze, aufzubauen.

Gemeinde-Verwaltung

Reichsinnenminister Frick am 30. Januar 1935 in der Presse zur neuen Gemeindeordnung (Auszug)

Da der nationalsozialistische Staat die parlamentarisch-demokratische Verwaltung, die die Verantwortung des einzelnen verwischt oder sogar aufhebt, ablehnt, mußte auch in der Gemeindeselbstverwaltung der Grundsatz der unbeschränkten Führerverantwortlichkeit eingeführt werden ... In den zwei Jahren seit der Machtübernahme hat sich die auf den Führergrundsatz abgestellte Verwaltungsreform erprobt. Sie gewährleistet eine einheitliche, schlagkräftige und straffe Verwaltungsführung und sichert umfassende Verantwortlichkeit. Der Parlamentarismus ist aus den Gemeindestuben endgültig verbannt. Dadurch wird die Mitwirkung der Bürgerschaft, die den höchsten Wert der Selbstverwaltung darstellt, nicht ausgeschlossen. Die zur Beratung berufenen Gemeindevertreter stehen aber dem Leiter der Gemeinde nicht mehr als geschlossene Vertretungskörperschaft mit Kontrollbefugnissen gegenüber, sondern sind in einheitlicher Zielsetzung mit ihm in der Selbstverwaltung tätig. Der Leiter wird auf Vorschlag des Beauftragten der NSDAP nach Genehmigung der Aufsichtsbehörde von der Gemeinde ernannt. Er muß daher das Vertrauen von Partei und Staat genießen und sich durch Leistung und Führung die Treue der Gefolgschaft verdienen und erhalten können. Die Kontrolle über die Tätigkeit des Leiters der Gemeinde übt in vollstem Umfange der Staat aus. Die NSDAP als die Vertretung des Gesamtvolkes, die dem Volk gegenüber die Mitverantwortung für alles öffentliche Geschehen trägt, ist in der Verwaltung der Gemeinde maßgebend eingeschaltet. Sie allein beruft die Gemeinderäte, die als Berater des Bürgermeisters aus dem dazu geeigneten Kreis der Bürgerschaft ernannt werden.

Grundpfeiler Berufsbeamtentum

Deutsches Beamten-Gesetz vom 26. Januar 1937 (Auszug)

Ein im deutschen Volk wurzelndes, von nationalsozialistischer Weltanschauung durchdrungenes Berufsbeamtentum, das dem Führer des Deutschen Reichs und Volkes, Adolf Hitler, in Treue verbunden ist, bildet einen Grundpfeiler des nationalsozialistischen Staates. Daher hat die Reichsregierung das folgende Gesetz beschlossen, das hiermit verkündet wird ...
§ 1 Der deutsche Beamte steht zum Führer und zum Reich in einem öffentlich-rechtlichen Dienst- und Treueverhältnis (Beamtenverhältnis).
Er ist der Vollstrecker des Willens des von der Nationalsozialistischen Deutschen Arbeiterpartei getragenen Staates.
Der Staat fordert von dem Beamten unbedingten Gehorsam und äußerste Pflichterfüllung; er sichert ihm dafür seine Lebensstellung.

Das Volk

Arbeiter

Gefolgschaft in Treue

Gesetz «zur Ordnung der nationalen Arbeit» vom 20. Januar 1934 (Auszug)

§ 1 Im Betriebe arbeiten der Unternehmer als Führer des Betriebes, die Angestellten und Arbeiter als Gefolgschaft gemeinsam zur Förderung der Betriebszwecke und zum gemeinsamen Nutzen von Volk und Staat.

§ 2 (1) Der Führer des Betriebes entscheidet der Gefolgschaft gegenüber in allen betrieblichen Angelegenheiten, soweit sie durch dieses Gesetz geregelt werden.

(2) Er hat für das Wohl der Gefolgschaft zu sorgen. Diese hat ihm die in der Betriebsgemeinschaft begründete Treue zu halten...

§ 6 (1) Der Vertrauensrat hat die Pflicht, das gegenseitige Vertrauen innerhalb der Betriebsgemeinschaft zu vertiefen.

(2) Der Vertrauensrat hat die Aufgabe, alle Maßnahmen zu beraten, die der Verbesserung der Arbeitsleistung, der Gestaltung und Durchführung der allgemeinen Arbeitsbedingungen, insbesondere der Betriebsordnung, der Durchführung und Verbesserung des Betriebsschutzes, der Stärkung der Verbundenheit aller Betriebsangehörigen untereinander und mit dem Betriebe und dem Wohle aller Glieder der Gemeinschaft dienen. Er hat ferner auf eine Beilegung aller Streitigkeiten innerhalb der Betriebsgemeinschaft hinzuwirken. Er ist vor der Festsetzung von Bußen auf Grund der Betriebsordnung zu hören.

«Ausgleich der Interessen»

Verordnung Hitlers «über die Deutsche Arbeitsfront» vom 24. Oktober 1934 (Auszug)

§ 1 Die Deutsche Arbeitsfront ist die Organisation der schaffenden Deutschen der Stirn und der Faust.

In ihr sind insbesondere die Angehörigen der ehemaligen Gewerkschaften, der ehemaligen Angestelltenverbände und der ehemaligen Unternehmervereinigungen als gleichberechtigte Mitglieder zusammengeschlossen.

Die Mitgliedschaft bei der Deutschen Arbeitsfront wird durch die Mitgliedschaft bei einer beruflichen, sozialpolitischen, wirtschaftlichen oder weltanschaulichen Organisation nicht ersetzt. Der Reichskanzler kann bestimmen, daß gesetzlich anerkannte ständische Organisationen der Deutschen Arbeitsfront korporativ angehören.

§ 2 Das Ziel der Deutschen Arbeitsfront ist die Bildung einer wirklichen Volks- und Leistungsgemeinschaft aller Deutschen.

Sie hat dafür zu sorgen, daß jeder einzelne seinen Platz im wirtschaftlichen Leben der Nation in der geistigen und körperlichen Verfassung einnehmen kann, die ihn zur höchsten Leistung befähigt und damit den größten Nutzen für die Volksgemeinschaft gewährleistet.

§ 3 Die Deutsche Arbeitsfront ist eine Gliederung der NSDAP im Sinne des Gesetzes zur Sicherung der Einheit von Partei und Staat vom 1. Dezember 1933...

§ 4 Die Führung der Deutschen Arbeitsfront hat die NSDAP.

Der Stabsleiter der PO führt die Deutsche Arbeitsfront. Er wird vom Führer und Reichskanzler ernannt.

Er ernennt und enthebt die übrigen Führer der Deutschen Arbeitsfront.

Zu solchen sollen in erster Linie Mitglieder der in der NSDAP vorhandenen Gliederungen der NSBO und NS-Hago, des weiteren Angehörige der SA und der SS ernannt werden...

Berufs- und Sozial-Gliederung der Erwerbstätigen in Deutschland

Wirtschaftszweig	1925 Mill.	Proz.	1933 Mill.	Proz.	1939 Mill.	Proz.
Land- und Forstwirtschaft	9,8	30,3	9,4	28,8	8,9	25,9
Industrie und Handwerk	13,7	42,3	13,2	40,6	14,6	42,3
Handel und Verkehr	5,2	16,2	6,0	18,4	6,1	17,5
Dienstleistungen	3,6	11,2	4,0	12,2	5,0	14,3
Sozialstruktur						
Arbeiter und Hausangestellte	16,2	50,2	16,3	50,1	17,5	50,8
Beamte und Angestellte	5,5	17,0	5,6	17,1	6,5	18,9
Selbständige	5,1	15,9	5,3	16,4	4,8	13,9
Mithelfende Familienangehörige	5,5	16,9	5,4	16,4	5,7	16,4

Löhne und Gehälter

			1929	1932	1936	1939
Tarif-Stundenlohn	Facharbeiter	Pf	101,10	81,60	78,30	79,10
(Durchschnitt der	Hilfsarbeiter	Pf	79,40	64,40	62,30	62,80
höchsten Tarif-Alters-	Facharbeiterin	Pf	63,40	53,10	51,60	51,50
stufe in 17 Gewerben)	Hilfsarbeiterin	Pf	52,70	43,90	43,40	44,00
Brutto-Stundenlohn	Industrie-Arbeiter	RM	0,96	0,73	0,74	0,81
Brutto-Wochenlohn	Industrie-Arbeiter	RM	28,40	20,83	24,94	28,08
Brutto-Monatsgehalt	Angestellter	RM	207,00	182,00	199,00	231,00

§ 7 Die Deutsche Arbeitsfront hat den Arbeitsfrieden dadurch zu sichern, daß bei den Betriebsführern das Verständnis für die berechtigten Ansprüche ihrer Gefolgschaft, bei den Gefolgschaften das Verständnis für die Lage und die Möglichkeiten ihres Betriebes geschaffen wird.

Die Deutsche Arbeitsfront hat die Aufgabe, zwischen den berechtigten Interessen aller Beteiligten einen Ausgleich zu finden, der den nationalsozialistischen Grundsätzen entspricht und die Anzahl der Fälle einschränkt, die nach dem Gesetz vom 20. Januar 1934 den zur Entscheidung allein zuständigen staatlichen Organen zu überweisen sind.

Die für diesen Ausgleich notwendige Vertretung aller Beteiligten ist ausschließlich Sache der Deutschen Arbeitsfront. Die Bildung anderer Organisationen oder ihre Betätigung auf diesem Gebiet ist unzulässig.

§ 8 Die Deutsche Arbeitsfront ist die Trägerin der Nationalsozialistischen Gemeinschaft «Kraft durch Freude».

Die Deutsche Arbeitsfront hat für die Berufsschulung Sorge zu tragen.

Sie hat ferner die Aufgaben zu erfüllen, die ihr durch das Gesetz vom 20. Januar 1934 übertragen wurden.

Ausgerichtete Gemeinschaft

Aufruf Leys zu regelmäßigen Betriebsappellen vom 11. Dezember 1934 (Auszug)

1. Die Gemeinschaft ist nicht ein Kollektiv, ein zusammengewürfelter Haufen von Menschen, sondern sie ist ausgerichtet, jeder hat seinen Platz.
2. Oberstes Gesetz der Gemeinschaft ist die Disziplin, ausgedrückt durch die Begriffe «Führer» und «Gefolgschaft».
3. Jeder muß wissen, daß er nur soviel von der Gemeinschaft verlangen kann, als er bereit ist, der Gemeinschaft zu geben.
4. Gemeinschaft wird erst dann zu einer Kampfgemeinschaft, wenn sie auf ihr Ziel marschiert. Deshalb müssen wir verlangen, daß jeder, der in Deutschland Arbeit und Brot haben will, an dem Aufbau dieses Deutschlands teilnehmen muß.
5. Damit die Gemeinschaft den Kampf mit dem Schicksal bestehen kann, muß sie zur Höchstleistung erzogen werden, d. h. daß jeder einzelne in dieser Gemeinschaft zur höchsten Leistung angespornt wird.

Anstatt Klassenkampf

Erlaß Hitlers zur Leipziger «Vereinbarung über die Eingliederung der gewerblichen Wirtschaft in die DAF» vom 26. März 1935 (Auszug)

Der Nationalsozialismus hat den Klassenkampf beseitigt. Die Kampforganisationen der Gewerkschaften und der Arbeitgeberverbände sind verschwunden. An die Stelle des Klassenkampfes ist die Volksgemeinschaft getreten. In der Deutschen Arbeitsfront findet diese Volksgemeinschaft ihren sichtbaren Ausdruck durch den Zusammenschluß aller schaffenden Menschen. Organisationen innerhalb der deutschen Volkswirtschaft sind notwendig, aber sie sollen nicht gegeneinander, sondern miteinander arbeiten. Ich begrüße und billige daher die Absicht des Reichswirtschaftsministers, die von ihm durch Gesetz vom 27. Februar und Ausführungsverordnung vom 27. November 1934 geschaffene Organisation der gewerblichen Wirtschaft als korporatives Mitglied in die Deutsche Arbeitsfront einzugliedern. Die von ihm gemeinsam mit dem Reichsarbeitsminister und dem Leiter der Deutschen Arbeitsfront am heutigen Tage getroffene Vereinbarung über eine einheitliche Zusammenarbeit auf wirtschafts- und sozialpolitischem Gebiet wird hierdurch von mir bestätigt.

Mißtrauen gegen die DAF

Lagebericht der Stapostelle Aachen vom Oktober 1935 (Auszug)

Es fehlt den Arbeitern vielfach das lebendige Gefühl für den Wert und die Aufgaben der Deutschen Arbeitsfront, die es ihrerseits an manchen Stellen wohl auch nicht verstanden hat, den engen Konnex mit diesen Volksgenossen zu finden oder aufrechtzuerhalten.

Ein großer Teil der Arbeiter, die früher im marxistischen Lager standen, kann ein Mißtrauen gegen die Deutsche Arbeitsfront und manche ihrer Funktionäre, an deren Eignung sie – wohl nicht immer unbegründet – Zweifel haben, nicht überwinden. Nach meiner Auffassung müßte die DAF Wert darauf legen, daß sie innerhalb jedes Betriebes einen festen Stamm zuverlässiger Vertrauensmänner gewinnt, die ihr Ziel lediglich im Ausbau der DAF und der Herstellung eines vertrauensvollen Verhältnisses zwischen der Arbeiterschaft und ihrer Gesamtorganisation und nicht in persönlichen Vorteilen sehen. Immer wieder wird die Frage nach dem Verbleiben der Beiträge für die DAF aufgeworfen. Ein Teil der Arbeiterschaft ist nicnt der Auffassung, daß diese bei der DAF eine zweckmäßige und ihren Wünschen entsprechende Verwendung finden.

Streik bei Auto-Union

Information des Gestapa vom 24. Juli 1936

In der Sattlerei der Autounion in Berlin-Spandau sind am 24.7.1936 morgens etwa 500–600 Mann in Streik getreten. Die Streikenden versammelten sich auf dem Fabrikhof und beantworteten Aufforderungen zur Wiederaufnahme der Arbeit mit Grölen und Johlen. Der Anlaß ist eine Umorganisation der Löhne, die von der Direktion veranlaßt worden ist.

Anwachsen von Streiks

Bericht der Abteilung II 1 A 2 des Gestapa vom 28. Juli 1936 (Auszug)

Am 27.7.36 fand im Reichswirtschaftsministerium beim Ministerialdirigenten Pg. Stiehler eine Konferenz betreffend des Anwachsens von Streiks in den Betrieben statt ...
Pg. Stiehler betonte, daß im Jahre 1936 ein größeres Anwachsen von Streiks oder streikähnlichen Arbeitsaussetzungen stattgefunden habe als 1935 und 1934 ...
Man konnte aus diesen Arbeitsniederlegungen ersehen, daß in einer Anzahl von Fällen tatsächlich die Taktik der Illegalen, die Arbeiterschaft wieder langsam an Streiks zu gewöhnen, angewandt worden war.

Arbeitsunfälle/Berufserkrankungen

Jahr	Anzahl	Jahr	Anzahl
1933	929 592	1937	1 799 512
1934	1 173 594	1938	2 006 574
1935	1 354 315	1939	2 253 749
1936	1 527 344		

Plakette eines «NS-Musterbetriebs». Der Titel gilt «vorbildlicher nationalsozialistischer Haltung»

Unruhe auf Wehrmacht-Baustellen

Vortragsnotiz der Abwehrabteilung III Wi Luft vom 26. September 1936 (Auszug)

Berichte mehrerer Abwehrstellen lassen erkennen, daß in letzter Zeit bei Wehrmachtbaustellen, vor allem der Luftwaffe, in zunehmendem Maße kommunistische Umtriebe in Erscheinung treten. Diese äußern sich in Arbeitsverweigerungen, Sabotageakten und -drohungen, Absingen der «Internationale», «Heil Moskau»-Rufen, staatsfeindl. Äußerungen in Briefen, Verteilung von Handzetteln hochverräterischen Inhalts usw. Teilweise wurde kommunistische Zellenbildung beobachtet und Verkehr zwischen Gesinnungsgenossen benachbarter Baustellen festgestellt. In einem Falle wurde der Diebstahl einer größeren Menge Sprengstoff gemeldet ...
Abw. hat in engster Zusammenarbeit mit Gestapo veranlaßt;
1. Überwachung und Überprüfung der Arbeitskräfte der Baustellen.
2. Einsatz von V-Leuten in die Belegschaften.

V-Männer und Schwarze Listen

Bericht der Abteilung II A des Gestapa vom 19. Januar 1937 (Auszug)

1. Am 16.1.37 fand beim Abteilungsleiter eine Besprechung über den Streik bei der Fa. Opel statt, an der teilnahmen die beteiligten Vertreter der Arbeitsfront aus Frankfurt a/M., der Leiter der Staatspolizeistelle Ffm. und sein Sachbearbeiter, der Referent für politische Wirtschaftsangelegenheiten, vom Gestapa Assessor Fehlis und sein Sachbearbeiter sowie für das Ref. II A – Marxismus – Krim.-Rat Opitz.
Zweck der Besprechung war, aus der Behandlung der Streikvorkommnisse Lehren für die Zukunft zu ziehen. Die sofortige fristlose Entlassung aller am Streik beteiligten 260 Personen wurde gebilligt, auch die Inschutzhaftnahme der Rädelsführer. Erwünscht wäre gewesen, wenn die Stapo Ffm. durch ein Netz von Vertrauensleuten im Werk rechtzeitig von der Stimmung, der Streikabsicht und über die Personen der Drahtzieher informiert gewesen wäre. Es ist daher als wichtig anerkannt worden, daß die Staatspolizeistellen in allen derartigen Werken ein Netz von Vertrauensleuten aufziehen, die aber keineswegs als Nationalsozialisten oder Parteimitglieder bekannt sein dürfen ...
Weitere Aufgabe der Staatspolizei muß es sein, sich ein genaues Bild über die politische Zusammensetzung der Belegschaft zu verschaffen, insbesondere eine Kartei aller politisch unzuverlässigen Arbeitsgefolgschaftsmitglieder aufzubauen, damit sie in der Lage ist, bei einem Streik sofort die durch Kartei und V-Männer bezeichneten politisch Verdächtigen aus der Gefolgschaft sofort festzunehmen.

Eisenbahner organisieren sich

Anklageschrift gegen die Gewerkschafter Hans Funger, Paul Emmen u. a. für den Prozeß vor dem Volksgerichtshof im November 1937 (Auszug)

Die Anklage befaßt sich mit dem Wiederaufbau einer illegalen Organisation des Einheitsverbandes der Eisenbahner Deutschlands (E. d. E. D.) im Rheinland und im Ruhrgebiet unter Leitung der Internationalen Transportarbeiter-Föderation (I. T. F.). Zu diesem Zwecke sind auf Veranlassung des Kaufmannes Johannes Jahn und des Schlossers Willi Molitor die Angeschuldigten Funger, Emmen, Bachmann, Radtke, Komorowski, Pester und Malina zunächst untereinander in Verbindung getreten und haben gemeinschaftliche Besprechungen an verschiedenen westdeutschen Orten abgehalten. Sie haben außerdem Beziehungen zur I. T. F. angeknüpft und sind mit deren Funktionären, insbesondere dem Generalsekretär Edo Fimmen, dem Kassierer Oldenbrock und dem genannten Jahn in Amsterdam, Venlo und Arnheim zusammengetroffen, um über ihre illegale Tätigkeit und die Lage in Deutschland zu berichten sowie Anweisungen für die weitere Arbeit entgegenzunehmen. Sie haben sich ferner bemüht, im Rheinland neue Stützpunkte zu errichten. Zu mehreren Besprechungen sind sie von dem Angeschuldigten Tillier mit dessen Kraftwagen gefahren worden. Dieser hat auch in seinem Wagen illegale Druckschriften und Kurierbriefe aus Holland nach Deutschland eingeführt. Der Angeschuldigte Kellner ist in Leipzig propagandistisch tätig gewesen und hat ebenfalls an Besprechungen in Holland teilgenommen.

Jede Möglichkeit nutzen

Flugblatt einer in der Hamburger Werft Blohm und Voß wirkenden Widerstandsgruppe vom Beginn des Jahres 1939 (Auszug)

Wer sollte uns wohl hindern können, wenn wir uns – gestützt auf geeignete Paragraphen der heutigen Arbeitsgesetzgebung und unter Berufung auf die Versprechungen der Naziführer – mit unseren Forderungen an den Vertrauensrat, an die Betriebsobleute, an die Amts- und Jugendwalter wenden und damit auf die Erfüllung dieser Versprechungen dringen? ...
Wir müssen darum auch in den unteren Einheiten der Deutschen Arbeitsfront die Naziführer beim Wort nehmen, die Erfüllung der Versprechungen fordern und so jede legale Möglichkeit zur Mobilisierung aller Kollegen, einschließlich der nationalsozialistischen, ausnutzen, um unseren gemeinsamen Forderungen Nachdruck zu verleihen und sie durchzusetzen. Denn wir alle sind des ewigen Opferns müde. In allen Werftkollegen an der Wasserkante regt sich der Widerstand gegen die gesteigerte Ausbeutung und gegen die Ungerechtigkeit. Das ermöglicht es, in der ganzen Industriegruppe einheitlich und geschlossen zu handeln ...
Mißachtet man unsere gerechten Forderungen weiterhin und läßt die Versprechungen der Naziführer nur Worte bleiben, denen keine Taten folgen, versucht man, uns durch Zwangsmaßnahmen den Zehnstundentag aufzubürden und aus uns, trotz Entkräftung und Übermüdung, noch höhere Leistungen herauszupressen, so gilt für alle Kollegen:
Acht Stunden – genug geschunden!
Wie der Lohn – so die Leistung!
Langsamer arbeiten!

Lebenshaltungs-Kosten

amtlicher Index

1913/14 = 100	1929	1932	1933	1935	1936	1939
Ernährung	155,7	115,5	113,3	120,4	122,4	122,8
Kleidung	172,0	112,2	106,7	117,8	120,3	133,3
Gesamt	154,0	120,6	118,0	123,0	124,5	126,2

Monatliche Renten

Durchschnittswerte in RM

Rentenart	1931	1933	1936	1938	1939
Sozialrentner-Fürsorge	18,47	16,22	16,37	17,05	16,96
Invaliden-Witwenrente	23,40	21,10	19,30	19,00	19,20
Invaliden-Rente	37,20	33,40	30,90	31,25	32,10
Angestellten-Rente	65,51	56,98	54,69	54,01	68,46

Bauern

Der Reichsnährstand

Gesetz «über den vorläufigen Aufbau des Reichsnährstandes» vom 13. September 1933 (Auszug)

§ 1 Der Reichsernährungsminister wird ermächtigt, über den Aufbau des Standes der deutschen Landwirtschaft (Reichsnährstand) eine vorläufige Regelung zu treffen. Die Landwirtschaft im Sinne dieses Gesetzes umfaßt auch Forstwirtschaft, Gartenbau, Fischerei und Jagd; zum Reichsnährstand gehören auch die landwirtschaftlichen Genossenschaften, der Landhandel (Groß- und Kleinhandel) und die Be- und Verarbeitung landwirtschaftlicher Erzeugnisse.

§ 2 Der Reichsernährungsminister kann den Reichsnährstand oder einzelne seiner Gruppen ermächtigen, die Erzeugung, den Absatz sowie die Preise und Preisspannen von landwirtschaftlichen Erzeugnissen zu regeln, wenn dies unter Würdigung der Belange der Gesamtwirtschaft und des Gemeinwohls geboten erscheint.

§ 3 Der Reichsernährungsminister kann zur Regelung der Erzeugung, des Absatzes sowie der Preise und Preisspannen von landwirtschaftlichen Erzeugnissen Gruppen und Angehörige des Reichsnährstandes und sonstiger Unternehmungen und Einrichtungen, die landwirtschaftliche Erzeugnisse herstellen oder vertreiben, zusammenschließen oder an bestehende Zusammenschlüsse anschließen, wenn der Zusammenschluß oder Anschluß unter Würdigung der Belange der Gesamtwirtschaft und des Gemeinwohls geboten erscheint.

Bauerntum als Blutquelle

Reichserbhof-Gesetz vom 29. September 1933 (Auszug)

Die Reichsregierung will unter Sicherung alter deutscher Erbsitte das Bauerntum als Blutquelle des deutschen Volkes erhalten.
Die Bauernhöfe sollen vor Überschuldung und Zersplitterung im Erbgang geschützt werden, damit sie dauernd als Erbe der Sippe in der Hand freier Bauern verbleiben ...
Die Reichsregierung hat daher das folgende Gesetz beschlossen. Die Grundgedanken des Gesetzes sind:
Land- und forstwirtschaftlicher Besitz in der Größe von mindestens einer Ackernahrung und von höchstens 125 Hektar ist Erbhof, wenn er einer bauernfähigen Person gehört.
Der Eigentümer des Erbhofs heißt Bauer.
Bauer kann nur sein, wer deutscher Staatsbürger, deutschen oder stammesgleichen Blutes und ehrbar ist.
Der Erbhof geht ungeteilt auf den Anerben über.
Die Rechte der Miterben beschränken sich auf das übrige Vermögen des Bauern. Nicht als Anerben berufene Abkömmlinge erhalten eine den Kräften des Hofes entsprechende Berufsausbildung und Ausstattung; geraten sie unverschuldet in Not, so wird ihnen die Heimatzuflucht gewährt.
Das Anerbenrecht kann durch Verfügung von Todes wegen nicht ausgeschlossen oder beschränkt werden.
Der Erbhof ist grundsätzlich unveräußerlich und unbelastbar.

Gewisse Erfolge

Rückblickender Bericht von General Thomas, Chef des Wehrwirtschafts- und Rüstungsstabes im OKW, aus dem Jahr 1944 (Auszug)

Ernährungslage
Die landwirtschaftliche Erzeugungsschlacht hatte bis zum Jahre 1937 wohl gewisse Erfolge gebracht, aber noch nicht dazu geführt, daß eine genügende Sicherung für den Mobilmachungsfall gegeben war. Auf dem Gebiete der Nahrungsmittel bestand eine Auslandsabhängigkeit von etwa 20%, bei Futtergetreide von etwa 30%, bei Fetten 50%. Besonders bedenklich war das Fehlen jeglicher Ernährungsreserven, die einmal zur Überbrückung von Mißernten erforderlich waren und die andererseits eine unbedingte Notwendigkeit für den Mob.-Fall darstellten. Die Lage auf dem Ernährungsgebiet mußte daher in Verbindung mit der gespannten Devisenlage im Jahre 1937 als gespan angesehen werden und führte dazu', daß seite der Reichsregierung und des Reichsnährstand scharfe Maßnahmen getroffen wurden, um die Pr duktion zu heben und möglichst starke Einkäu zu tätigen. Auf dem Ernährungsgebiet wurde auc dank des dauernden Druckes des Min.-Präsidente Göring durch die angeordneten Maßnahmen ei tatkräftige Mob.-Vorarbeit getroffen. Der Erfo dieser Maßnahmen zeigte sich in der erheblic günstigeren Ernährungslage beim Ausbruch d Krieges.

Holzgeschnitzte Tor-Tafel eines Erbhofbauern

Erbhöfe als Basis der Großbauern

Stand von 1938

Gruppen	Anzahl der Höfe in Tsd.	Prozent	Bodenbesitz in Tsd. ha	Prozent
bis 7,5 ha	20,1	2,9	134,5	0,9
von 7,5 ha bis 10 ha	99,8	14,6	875,5	5,6
von 10 ha bis 15 ha	175,4	25,6	2 168,5	13,9
von 15 ha bis 20 ha	118,7	17,3	2 053,1	13,2
von 20 ha bis 25 ha	75,7	11,0	1 692,2	10,9
von 25 ha bis 50 ha	145,1	21,2	4 969,1	31,9
von 50 ha bis 75 ha	33,1	4,8	1 975,4	12,7
von 75 ha bis 100 ha	11,3	1,7	964,6	6,2
von 100 ha bis 125 ha	4,7	0,7	520,4	3,4
von 125 ha und darüber	1,1	0,2	208,6	1,3
Insgesamt	685,0	100,0	15 561,9	100,0

Bauern-Siedlung 1919–1940

Jahre	Zahl der neuen Höfe	Bodenbesitz (ha)	Durchschnittsgröße (ha)
1919–1925	16 812	146 704	8,7
1926–1932	40 645	455 406	11,1
1933	4 914	60 297	12,3
1934	4 931	74 192	15,0
1935	3 905	68 338	17,5
1936	3 308	60 358	18,2
1937	1 894	37 596	19,8
1938	1 456	27 834	19,1
1939	798	17 927	22,5
1940	682	15 900	23,3
1933–1940	21 888	362 442	16,3

Zum Erntedankfest

Bericht der Stapostelle Düsseldorf vom 29. Januar 193 (Auszug)

Betrifft: Hetzpropaganda unter den Bauern
Von der Staatspolizei Hannover und den Staats polizeistellen Trier, Aachen und Kiel sind in de Tagen unmittelbar vor und nach dem Erntedank fest auf dem Bückeberg verschiedene an di Bauern gerichtete Hetzschriften festgestellt wo den. Die Flugblätter sind in der Mehrzahl mit Ab zugsverfahren hergestellt, zum Teil jedoch nu mit der Schreibmaschine vervielfältigt worden.
Im Amtsbereich der Staatspolizeistelle Hannove wurden sie an Telegrafenstangen, Bäumen, Milch böcken usw. angeklebt bzw. niedergelegt. Die Ve teiler benutzten hierbei anscheinend einen Kraf wagen.
In den Schriften wird in verhetzender Form gege die agrarpolitischen Maßnahmen der Regierun Stellung genommen, insbesondere werden di hohen Steuern und Beiträge, die Preispolitik so wie die Roggenablieferungspflicht und ander Marktordnungsvorschriften kritisiert.

«Bäuerliche Marktordnung»

Bericht der «Rundschau», Basel, vom 30. Juni 1938 (Auszug)

Der Zweck der «Marktordnung» ist die unein geschränkte Kontrolle und «Lenkung» der Erzeu gung und des Verbrauchs landwirtschaftliche Produkte ... Das Selbstschlachten und das Selbs

buttern wurden verboten, die Zentrifugen der Bauern zum großen Teil plombiert ... Man zwang die Bauern zur Einschränkung des Anbaus von Weizen und Gemüse ... Dafür verordnete man den Anbau von Flachs, der sich für den deutschen Bauern nicht lohnt, der aber im Interesse der Kriegsvorbereitungen liegt ...
Die Zwangsmaßnahmen im Rahmen der nationalsozialistischen Marktordnung stießen alsbald auf den heftigsten Widerstand der Bauern. Ganze Dörfer verweigerten die Abgabe der Milch, die Ablieferung von Getreide und anderen Erzeugnissen ...
Die Antwort der nationalsozialistischen Behörden war der Übergang von der bloßen Strafandrohung zur unmittelbaren Gewaltanwendung. Zahlreiche Bauern wurden verhaftet. Es wurden die Stallkontrollen, die Milchprüfungs- und Zentrifugenkontrollen eingeführt. Beauftragte des Nährstandes – häufig in Begleitung der Ortspolizei – durchsuchen regelmäßig die Scheunen und sonstigen Räume des Hofes, um etwa versteckte Produkte zu beschlagnahmen. Die letzte Getreideernte wurde in vielen Gegenden des Reiches unter Bewachung von SS- und SA-Leuten direkt vom Felde weggeholt und in die Mühlen oder Kasernen gebracht.

Nicht selbstverständlich

Der Reichsminister für Ernährung und Landwirtschaft, Darré, auf dem Nürnberger Parteitag 1938 (Auszug)

Man nimmt heute eine ausreichende Schweinefleischversorgung gewissermaßen als selbstverständlich an.
Man erinnert sich dabei kaum noch, daß im Jahre 1935 vom Monat August bis in den November hinein die Schweinefleischversorgung sehr mangelhaft war und daß insbesondere in den größeren Städten die Versorgung nur bis zu 50 v. H., ja vielfach nur bis zu 30 v. H., gedeckt werden konnte.

Versorgungslücken

Göring am 29. Oktober 1936 im Sportpalast Berlin (Auszug)

Wir hören, es gibt hier und da Fleischknappheit. Gewiß wird es hier und da eine Spannung geben, aber auch hier wird alles geschehen. Wir werden versuchen, weitere Grundlagen für die Züchtung von mehr Vieh zu schaffen. Vor allem aber, meine lieben Volksgenossen, gibt es außer Fleisch noch etwas sehr Gutes. Es gibt Fische!
Und doch wissen wir, daß nun einmal die größte Spannung auf dem Gebiete des Fettes besteht. Hier ist der größte Auslandsbezug notwendig, und so wird auch hier die stärkste Einschränkung aller notwendig sein. Trotzdem werden wir auch hier die Erzeugung stärken. Wenn alle Volksgenossen mithelfen, und wenn jeder versteht, daß nun einmal heute Deutschland nicht reich genug ist, Abfälle beiseite zu werfen, sondern daß diese Abfälle gesammelt werden müssen, um sie den großen Mästereien der Städte usw. zuzuführen, dann werdet ihr dafür auch sehen, daß die Fettlage sich bessern wird. Wir sind nun einmal in einer Festung. Da heißt es: Alles und das Letzte einzusetzen.

Landarbeiter im Ausstand

Tagesbericht der Stapo Halle vom 7. Juli 1936 zur Lage im Industriegebiet Bitterfeld (Auszug)

Unter den ländlichen Arbeitern, die ebenfalls zum großen Teil aus Oberschlesien sind, ist auch eine staatsfeindliche Einstellung festgestellt worden. Sie haben in Einzelfällen die Arbeit niedergelegt und diese verlassen, angeblich, weil sie ausgebeutet würden. So wurde z. B. am 27.6.1936 von der zur Zeit auf dem Rittergut Priorau beschäftigten 12 oberschles. Landarbeitern und Landarbeiterinnen die Arbeit verweigert.

Pro-Kopf-Verbrauch

Jahr	Fleisch kg	Eier Stück	Milch Liter	Butter kg	Fette kg	Kartoffeln kg	Gemüse kg	Obst kg	Kaffee kg
1929	44,9	144	117	8,0	18,8	172,0	.	.	2,2
1932	42,1	138	105	7,5	20,4	191,0	47,3	38,8	2,0
1936	45,0	117	114	8,5	17,9	170,8	52,0	29,2	2,4
1939	48,5	124	103	9,2	18,0	188,7	47,0	20,3	1,5
Verbrauch eines durchschnittlichen Vier-Personen-Arbeiter-Haushaltes									
1928	146,5	472	481	17,9	55,4	507,8	127,3	96,2	.
1937	118,5	258	358	19,1	37,3	530,3	117,8	64,9	.

Mittelstand

Handwerk in der DAF

Elf Punkte Leys zur Eingliederung der Handwerks- in die Wirtschaftskammern, veröffentlicht am 19. Februar 1937 (Auszug)

1. Die Deutsche Arbeitsfront will, daß sich Unternehmer und Arbeitnehmer nicht länger in getrennten Organisationen gegenüberstehen, sie will die schaffenden Menschen eines Betriebes – ob Unternehmer oder Arbeiter – in der lebendigen Betriebsgemeinschaft zusammenfassen. Deshalb gründet das deutsche Handwerk in der DAF, nach Berufen geordnet, in den Grenzen der politischen Kreise «Gewerke», in denen Lehrlinge, Gesellen und Meister zusammengefaßt werden. Das Gemeinschaftshaus gibt den kulturellen und gesellschaftlichen Mittelpunkt des Gewerkes, und die Werkschar des Gewerkes stellt den weltanschaulichen Stoßtrupp desselben. Die Meisterschulen, in denen sich die Meister dauernd auf der Höhe ihres handwerklichen Könnens halten, sind dem Gewerkhaus angeschlossen. Das Gewerk ist die lebendige Zelle des Handwerks. In den einzelnen Ortschaften – Grenzen der politischen Ortsgruppe – sind alle Handwerker der Deutschen Arbeitsfront in der Ortshandwerkerschaft zusammengeschlossen, der ein Ortshandwerkswalter vorsteht ...
Alle Jugend, die einen Beruf erlernt, geht durch die Werkstatt des Handwerks. Das Handwerk ist der Hort des schöpferischen deutschen Geistes. Höchste Qualitätsleistung kann allein das Handwerk retten. Wer sich der Berufserziehung der Deutschen Arbeitsfront unterwirft – praktische Berufsberatung – Handwerkslehrzeit – Lehrwerkstätten – Gesellenschule und -erziehung –, wird alsdann von den Selbsthilfeeinrichtungen der Deutschen Arbeitsfront einen Personalkredit erhalten, um eine Existenz zu gründen ...
3. Die Deutsche Arbeitsfront hat das Gesellenwandern wieder eingeführt und baut es tatkräftig aus ...
4. Die Deutsche Arbeitsfront prüft das Können und die Leistungen des Handwerkers durch die ständige Teilnahme am Reichsberufswettkampf, den die Deutsche Arbeitsfront auch auf das Gesellentum übertragen wird ...
6. Das Handwerk hat neue Fahnen, Fahnen des neuen Deutschland, von der Partei verliehen bekommen. Die alten Innungsfahnen als Symbole äußerster Zerrissenheit im Handwerk sind verschwunden, das Handwerk des neuen Deutschland marschiert unter der Fahne der völkischen Einheit ...
7. Für besondere Leistungen im Handwerk – 30jährige Berufszeit, besondere Verdienste um die Partei oder die Gemeinschaft, besondere Leistung im Beruf, soziale Leistungen usw. – habe ich einen Ehrenring des deutschen Handwerks gestiftet ...
8. Die Deutsche Arbeitsfront hat ein neues Brauchtum im Handwerk geschaffen, das bei feierlichen Anlässen – Freisprechungen, Lehrlingsaufnahme, Ehrungen usw. – die Feier nach nationalsozialistischen Grundsätzen umrahmt und die früheren freimaurerischen Gebräuche ausschaltet.

Neueröffnete und aufgegebene Handwerksbetriebe

Jahr	Zuwachs	Abgang	Rückgang
1936	104 234	132 109	27 875
1937	75 153	137 726	62 573

Allgemein klagt man ...

Politischer Lagebericht des Kreisleiters von Kissingen für Juni/Juli 1939 (Auszug)

Der kleine Beamte, Angestellte, Sekretär, klagen zur Zeit immer mehr über geringes Gehalt bzw. Verdienst, dem gegenüber erhöhte Ausgaben und schlechte Ware stehen. Löhne und Gehälter bleiben immer auf ein und derselben Stufe stehen, die Steuern haben sich erhöht, die Miete erhöht sich bei jedem Wechsel der Wohnung, auch Lebensmittel steigen, zwar unmerklich, im Laufe von Jahren jedoch fühlbar; allgemein klagt man über schlechte Waren bei Einkäufen.

Einzelhandels-Preise

durchschnittlich in Pfennig

Erzeugnis	1929	1932	1939
1 kg Roggenbrot	42,8	36,9	32,7
1 kg Kartoffeln	13,6	9,0	9,0
1 kg Schweinebauch	262,4	148,3	164,1
1 kg Butter	440,6	289,4	314,7
1 l Vollmilch	30,6	23,2	23,3
1 Ei	15,7	9,5	12,0

Mittelstand in Temperament gebracht

Stimmungs- und Lagebericht des Gauleiters von Köln-Aachen, Grohé, vom 7. März 1935 (Auszug)

Die Herausstellung der Judenfrage in Presse und Reden hat ein freudiges Echo in der Bevölkerung aller Schichten hervorgerufen. Eine deutlichere Propaganda gegen das Einkaufen in jüdischen Geschäften wird nicht nur unseren Grundsätzen entsprechen, sondern auch die etwas gedrückte Stimmung in Mittelstandskreisen heben.

Derselbe im Bericht vom 9. April 1935 (Auszug)

Schließlich hat zur Steigerung der Aktivität der Partei die ausführlichere und schärfere Behandlung der Judenfrage beigetragen. Abgesehen von der Grundsätzlichkeit dieser Frage und dem wachgewordenen völkischen Instinkt, der ihre Behandlung allgemein erwünscht macht, haben wir mit dem Thema Judenfrage, Warenhaus, Judengeschäft usw. den resignierenden Mittelstand wieder in Temperament gebracht.

Frauen

Diskriminierung weiblicher Beamter

Reichsinnenminister Frick am 5. Oktober 1933 in einem Schreiben an die Obersten Reichsbehörden sowie an die Landesregierungen und die Reichsstatthalter (Auszug)

Wie ich aus zahlreichen Eingaben entnehme, herrscht in den Kreisen der weiblichen Beamten, Lehrer und Angestellten starke Beunruhigung über die von verschiedenen Reichs-, Landes- und Gemeindebehörden gegen sie durchgeführten weitgehenden Abbaumaßnahmen. Es wird darauf hingewiesen, daß sich verschiedene Stellen bei ihrem Vorgehen offenbar von der Anschauung leiten lassen, im nationalsozialistischen Staate seien weibliche Beamte und Angestellte grundsätzlich aus dem öffentlichen Dienst zu entfernen oder aus dem bisher innegehabten Amt in ein solches von geringerem Rang und Einkommen oder in eine Angestelltenstelle abzudrängen ...
Ich halte es grundsätzlich für richtig, daß bei gleicher Eignung männlicher und weiblicher Kräfte für eine Verwendung im öffentlichen Dienste dem männlichen Bewerber der Vorzug gegeben wird. Andererseits muß ich jedoch darauf hinweisen, daß auf bestimmten Gebieten, namentlich im Bereiche der Jugendfürsorge und Jugendpflege, zum Teil auch in dem des Unterrichts, das dienstliche Bedürfnis die Verwendung weiblicher Kräfte in Beamten- und Angestelltenstellen erfordert.
Eine Reihe von Beschwerden gibt mir ferner Anlaß, darauf aufmerksam zu machen, daß verheiratete weibliche Beamte und Lehrer nach dem Gesetze über die Rechtsstellung der weiblichen Beamten vom 30.5.1932 in der Fassung vom 30.6.1933 (Reichsgesetzbl. I S. 435) nur dann zu entlassen sind, wenn ihre wirtschaftliche Versorgung dauernd gesichert erscheint. Die einschlägigen Bestimmungen bedeuten eine Ausnahmeregelung gegenüber weiblichen Beamten. Ihre Voraussetzungen müssen daher zweifelsfrei vorliegen.

Das Los der Jute-Arbeiterinnen

Illegales Flugblatt der KPD an die Beschäftigten der Jute-Spinnerei Sandhofen (1935) (Auszug)

Haarsträubende Verhältnisse in der Jute-Spinnerei. Über 1500 Arbeiter, hauptsächlich Arbeiterinnen, sind im Betrieb beschäftigt. Die Zustände sind furchtbar. Schon vor Jahren ging der Betrieb dazu über, jeder Weberin zwei Webstühle statt wie früher einen zu übergeben. Das bedeutete ein ungeheueres Hetztempo für jede Arbeiterin. Die Nazis haben versprochen, diesen Zustand abzuschaffen. Statt einer Verbesserung ist aber eine Verschlechterung eingetreten, denn seit über einem Jahr wird nur das allerschlechteste Rohmaterial verwendet, wodurch die Arbeit ungeheuer erschwert wird.
Während noch vor zwei Jahren eine Arbeiterin im Akkord 26 bis 30 Mark verdienen konnte, ist es

Plakat der NS-Volkswohlfahrt

heute so, daß sie im günstigsten Fall 22 bis 23 Mark verdient. In der Praxis jedoch kommen die Arbeiterinnen infolge des schlechten Materials bei härtester Schufterei mit ihrem Akkord nicht einmal auf den Taglohn, welcher wöchentlich netto rund 14 Mark einbringt. Die jüngeren Arbeiterinnen verdienen 6 bis 9 Mark die Woche.
Wie ein Mensch von solchen Hundelöhnen leben soll, ist unerklärlich. Dafür ein Beispiel: Ein Teil der Arbeiterinnen wohnt im Mädchenheim. Dort müssen sie zahlen: für ein Mittag- und Abendessen je 50 Pfennig, für eine Tasse Kaffee 10 Pfennig, für ihren Verschlag (Zimmer kann man das nicht nennen) 1,20 Mark pro Woche. Will eine Arbeiterin sich auch nur ein Essen und zwei Tassen Kaffee am Tag leisten, dann ergibt das folgende Rechnung: 7 Essen zu 50 Pfennig = 3,50 Mark, 14 Tassen Kaffee = 1,40 Mark, 1,20 Mark Miete pro Woche, das macht zusammen 6,10 Mark. Dazu die Ausgaben für Frühstück und Vesperbrot, für Nachtessen, für Wäsche, für Schuhe und Kleider – jeder kann sich ausrechnen, daß diese Mädchen mit 6 bis 9 Mark Lohn buchstäblich hungern müssen. Selbst die Vollverdiener mit 14 Mark müssen sich jede Schuhsohle am Mund absparen.
Der Vertrauensrat Hans Schenkel ist ein richtiger Unternehmerknecht. Auf Beschwerden der Arbeiterinnen weiß er nur, sie abzuschnauzen mit den Worten: «Ihr müßt halt mehr schaffe». Hunger, Elend, Ausbeutung im höchsten Grade, brutale Behandlung durch die Vorgesetzten – das ist das Los der Jute-Arbeiterinnen im Dritten Reich. All das steht im Zeichen des «Schutzes von Mutter und Kind».

Die deutsche Frau

Die Reichsfrauenführerin Scholtz-Klink auf dem Internationalen Kongreß für Hauswirtschaftsunterricht in Berlin am 25. August 1934 (Auszug)

Es ist die Formung der deutschen Frau zur bewußten deutschen Frau der Gegenwart, und wir stellen ganz bestimmte Ansprüche an die deutsche Frau der Gegenwart. Wir machen uns ein Bild von ihr; und ich möchte Ihnen auch das einmal ganz kurz umreißen. Die deutsche Frau, wie wir sie uns denken, muß, wenn es die Lage des Volkes fordert, verzichten können auf Luxus und Genuß, sie muß arbeiten können, geistig und körperlich gesund sein, und sie muß aus dem harten Leben, das wir heute zu leben gezwungen sind, ein schönes Leben machen können; sie muß zum letzten innerlich um die Nöte und Gefahren, die das Leben unseres Volkes bedrohen, wissen. Sie muß so sein, daß sie alles, was von ihr gefordert wird, gern tut. Sie muß, ich fasse es in einem Wort zusammen, politisch denken können, nicht parteipolitisch, nicht politisch im Sinne des politischen Kampfes mit anderen Nationen, sondern politisch so, daß sie mitfühlt, mitdenkt, mitopfert mit dem ganzen Volk.

Im Schoß des Weibes

«Die Wende in der Mädchenerziehung» von Kade, 1937 (Auszug)

Der Nationalsozialismus hat uns zum Bewußtsein gebracht, daß im Schoße des Weibes die Zukunft des Volkes ruht, daß der Volkstod unser unabwendbares Schicksal ist, wenn das Weib dem Volke die Fruchtbarkeit seines Schoßes verweigert. Die völkisch wertvollen Kräfte, die der Schöpfer in Schoß und Herz der deutschen Frau gelegt hat, werden im Existenzkampf unseres Volkes hoch gewertet und restlos eingesetzt. Der Nationalsozialismus hat uns gelehrt, daß das Weib als Hüterin der Reinheit des deutschen Blutes eine große Verantwortung trägt.
Aus diesen Erkenntnissen hat die Familien- und Bevölkerungspolitik des Dritten Reiches die Folgerungen gezogen, sie hat die Voraussetzungen dafür geschaffen, daß die Frau die ihr von unserem völkischen Schicksal gestellte Aufgabe erfüllen kann. Die Frau steht auf einer neuen Lebensgrundlage und in einem reichen Wirkungskreise. Sie muß nun zeigen, daß sie sich ihrer völkischen Verantwortung bewußt und bereit ist, daraus zu handeln. Sie muß den Schicksalsruf der Volkheit hören und den Auftrag des Volkes erfüllen ...
Das «Schönheitsideal» der jüngsten Vergangenheit, welches das schmalhüftige und engbrüstige Püppchen auf den Thron hob, ist im Wanken. Man beginnt wieder aufzuschauen zu kraftvollen, blühenden Frauengestalten voll gesunder Natürlichkeit, zu dem deutschen Frauentypus, der in stolzer leiblicher und seelischer Schönheit eine heilige Fruchtbarkeit und den Lebenswillen des deutschen Volkes verkörpert.

Das Handwerk 1933–1939

1933
3. Mai Gleichschaltung des Reichsverbandes des deutschen Handwerks; Reichsstand des Handwerks **26. Aug.** Generalappell des deutschen Handwerks auf der Leipziger Braunen Messe **15. Okt.** Reichshandwerks-Woche **29. Nov.** Gesetz über den vorläufigen Aufbau des deutschen Handwerks
1934
26. Jan. Schmidt Reichshandwerkerführer **13. März** Reichsstand des Handwerks der Organisation der gewerblichen Wirtschaft eingegliedert; die wird im März 1935 in die Deutsche Arbeitsfront übernommen **16. April** Aufmarsch von hunderttausend Handwerkern in Stuttgart **15. Juni** Verordnung zum Aufbau des deutschen Handwerks; Innungszwang und Befähigungs-Nachweis **28. Okt.** Führertagung des deutschen Handwerks in Braunschweig; Botschaft Hitlers **29. Okt.** Tag des Handwerks in Braunschweig; achtzehntausend Versammlungen im Reich
1935
18. Jan. Weitere Verordnungen zum vorläufigen Aufbau des Handwerks; Großer Befähigungs-Nachweis; Handwerkskarte **25. April** Rund eintausend Handwerksgesellen brechen zur Wanderschaft auf **15. Juni** Reichshandwerkertag in Frankfurt/M.; Titelverleihung: Stadt des deutschen Handwerks
1936
6. Juni Internationale Handwerkerkonferenz in Frankfurt/M. **25. Nov.** Reichshandwerkermeister Schmidt in der Organisation der gewerblichen Wirtschaft zurückgetreten; nun Walter Leiter des Handwerks in der DAF
1937
23. Febr. Erlaß über Eingliederung der Handwerkskammern in die Wirtschaftskammern
1938
9. April Göring Ehrenmeister des deutschen Handwerks **4. Aug.** Sehnert Leiter des Handwerks (DAF)
31. Aug. Schramm Reichshandwerkermeister

Nichtuniformierte Wesen

Reichsjugendführer v. Schirach in «Die Hitler-Jugend. Idee und Gestalt»; 1934 (Auszug)

Das Jungvolk erklärt dem Muttersöhnchen den Krieg. Jungvolkerziehung ist Erziehung zur Selbständigkeit. Noch nie gab es eine so große Zahl selbständiger Jungen. Sie sehen mit einer gewissen Verachtung auf das herab, was man landläufig «Kinder» nennt, und ärgern sich maßlos, wenn sie von Erwachsenen selbst so bezeichnet werden. Nach ihrer (und auch meiner) Meinung sind Jungvolkjungen eine Sache für sich. Mit «Kinder» bezeichnen wir die nichtuniformierten Wesen niedriger Altersstufen, die noch nie einen Heimabend oder einen Ausmarsch mitgemacht haben ...
Oh, ein Pimpf versteht schon etwas von der Welt! Wenn er unterwegs seine Hosen zerrissen hat, näht er sie selbst wieder zusammen. Geht es nicht anders, dann mit Bindfaden. Kinder pflegen in ähnlichen Situationen zu heulen und nach der Mutter zu schreien. Pimpfe sind auf sich selbst gestellt. Kinder verreisen nur in Begleitung Erwachsener. Pimpfe gehen mit ihrem Führer auf Fahrt. Andere Eltern sprechen von ihrem Kinde, die Pimpfeneltern aber reden von ihrem Sohn. «Mein Sohn, der Pimpf!» In diesem Satz liegt diese tiefe Wandlung unserer Jugend.

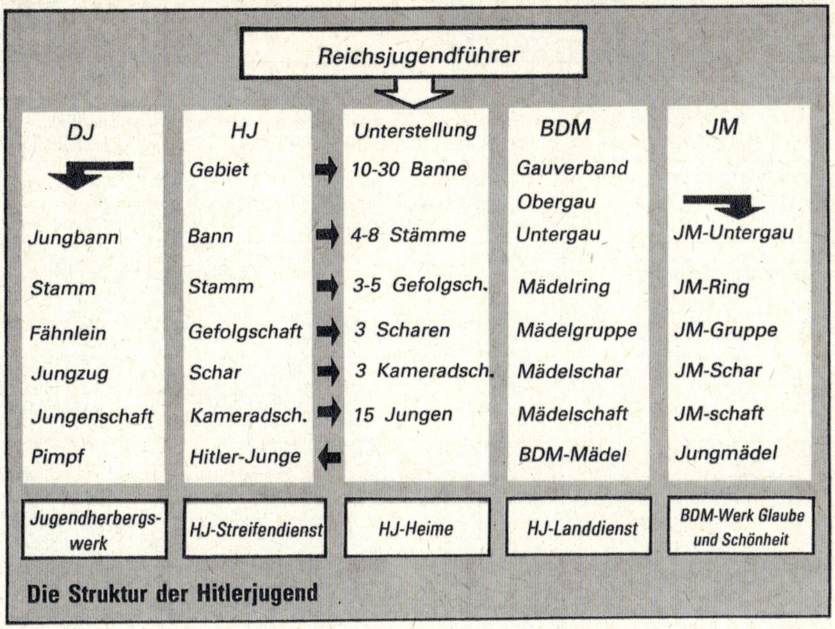

Die Struktur der Hitlerjugend

Der Reichsarbeitsdienst als Wahlhelfer 1936

Der Arbeitsmann

Reichsarbeitsführer Hierl auf der Reichstagung der DAF in Leipzig am 28. März 1935 (Auszug)

Der «Arbeitsmann», wie er uns als Erziehungsideal vorschwebt, dem wir in der Praxis erfolgreich näherrücken, ist ein neuer Typ, ein Typ, so wie ihn Soldat oder Seemann darstellt, besser vielleicht noch ein Begriff wie etwa Gentleman.
Dieser von uns geschmiedete Typ des Arbeitsmannes ist das Ergebnis einer Verschmelzung von den drei Grundelementen: des Soldatentums, Bauerntums und Arbeitertums, alle drei in nationalsozialistischer Auffassung.
Der Arbeitsmann, wie wir ihn zu entwickeln und zu formen bemüht sind, ist treu, gehorsam und kameradschaftlich, er ist hart, echt und bescheiden, er ist ein Feind der hohlen Phrasen und des trügerischen Flimmers und Scheines.
So wollen wir den Arbeitsmann als typenbildende Kraft für das deutsche Arbeitsvolk.

Organisationszwang

Gesetz über die Hitlerjugend vom 1. Dezember 1936 (Auszug)

§ 1 Die gesamte deutsche Jugend innerhalb des Reichsgebietes ist in der Hitlerjugend zusammengefaßt.
§ 2 Die gesamte deutsche Jugend ist außer in Elternhaus und Schule in der Hitlerjugend körperlich, geistig und sittlich im Geiste des Nationalsozialismus zum Dienst am Volk und zur Volksgemeinschaft zu erziehen.
§ 3 Die Aufgabe der Erziehung der gesamten deutschen Jugend in der Hitlerjugend wird dem Reichsjugendführer der NSDAP übertragen. Er ist damit «Jugendführer des Deutschen Reiches». Er hat die Stellung einer Obersten Reichsbehörde mit dem Sitz in Berlin und ist dem Führer und Reichskanzler unmittelbar unterstellt.

«Überspannter» Jugendschutz

Stellungnahme der Reichsgruppe Industrie zum «Vorläufigen Referentenentwurf zum Gesetz über Kinderarbeit usw.» vom 5. Mai 1936 (Auszug)

Grundsätzlich begrüßt die Reichsgruppe Industrie die im Vorspruch des Referentenentwurfs enthaltenen Grundgedanken. Es wird nicht verkannt, daß aus vielfachen Erwägungen heraus weitere Schutzbestimmungen für die noch in der Entwicklung begriffenen und deshalb noch nicht vollleistungsfähigen Jahresklassen der Jugendlichen geboten sind ...
Auf der anderen Seite muß jedoch die Gewähr gegeben sein, daß im Interesse der Jugendlichen geschaffene Bestimmungen sich nicht in ihrer letzten Auswirkung gegen die Jugendlichen wenden, und es muß weiter Bedacht genommen werden, jegliche durch eine Überspannung der Schutzbestimmungen eintretende übermäßige Behinderung der Betriebe zu vermeiden.
Die aus diesen Erwägungen gegen den Entwurf zu erhebenden Bedenken richten sich insbesondere gegen die Heraufsetzung des Schutzalters auf 18 Jahre, die Einrechnung der Berufsschulzeit in die tägliche bzw. Wochenarbeitszeit, die Höchstgrenze für Arbeitszeitverlängerung, die Ruhepausen, den Arbeitsschluß vor Sonn- und Feiertagen und die Sonntagsar[beitsruhe].

Sie werden nicht mehr frei

Rede Hitlers am 2. Dezember 1938 in Reichenberg (Auszug)

Diese Jugend lernt ja nichts anderes als deutsch denken, deutsch handeln, und wenn diese Knaben mit zehn Jahren in unsere Organisation hineinkommen und dort oft zum erstenmal überhaupt eine frische Luft bekommen und fühlen, dann kommen sie vier Jahre später vom Jungvolk in die Hitler-Jugend, und dort behalten wir sie wieder vier Jahre. Und dann geben wir sie erst recht nicht zurück in die Hände unserer alten Klassen- und Standeserzeuger, sondern dann nehmen wir sie sofort in die Partei, in die Arbeitsfront, in die SA oder in die SS, in das NSKK und so weiter. Und wenn sie dort zwei Jahre oder anderthalb Jahre sind und noch nicht ganze Nationalsozialisten geworden sein sollten, dann kommen sie in den Arbeitsdienst und werden dort wieder sechs und sieben Monate geschliffen, alles mit einem Symbol, dem deutschen Spaten. Und was dann nach sechs oder sieben Monaten noch an Klassenbewußtsein oder Standesdünkel da oder da noch vorhanden sein sollte, das übernimmt dann die Wehrmacht zur weiteren Behandlung auf zwei Jahre, und wenn sie nach zwei, drei oder vier Jahren zurückkehren, dann nehmen wir sie, damit sie auf keinen Fall rückfällig werden, sofort wieder in die SA, SS und so weiter, und sie werden nicht mehr frei ihr ganzes Leben.

Die Leipziger Meuten

Urteilsbegründung im Verfahren gegen die Meute «Reeperbahn»; Januar 1940 (Auszug)

II. Das Wesen der Leipziger Meuten
Für das Land Sachsen war durch die Verordnung vom 31.3.1937 die «Bündische Jugend» verboten worden. Noch in demselben Jahre machten sich in Leipzig Gruppen von Jugendlichen bemerkbar, welche die verbotene BJ insofern nachahmten, als sie sich mehr oder weniger nach ihrem Vorbild einheitlich kleideten, so daß schon an der äußeren Aufmachung eine gewisse Zusammengehörigkeit erkennbar war ...
Besonders beliebt waren bei Burschen und Mädchen rote Halstücher. An ihrem «Geschirr» erkannten sich die Mitglieder dieser Jugendgruppen, für welche mit der Zeit der Name «Meute» in Auf-

nahme kam. In Leipzig bildete sich eine ganze Anzahl solcher Meuten. Manche von ihnen hatten zahlreiche Mitglieder. Der Zeuge Walther beziffert die Zahl der Jugendlichen, die zu diesen Meuten in irgendwelcher Verbindung standen, auf 1500 ...
Zunächst war man geneigt, die Meuten als Auswüchse großstädtischen Rowdytums zu behandeln. Dann glaubte man in ihnen wegen ihrer Tracht eine Fortsetzung der verbotenen BJ sehen zu müssen. Schließlich stellte es sich heraus, daß den Meuten erhebliche innerpolitische Bedeutung beizumessen ist. Sie entwickelten sich – mindestens gilt es von einem Teil der Meuten, namentlich den Meuten «Hundestart», «Reeperbahn» und «Lille» zu einem gefährlichen Gegenspieler der HJ und des BDM, also der Staatsjugend ...
Für die Meuten kennzeichnend wurde die Erfahrung, daß sie sich gerade in den Stadtteilen Leipzigs zusammenfanden, die zur Systemzeit als Hochburgen der marxistischen Parteien gegolten hatten. Die Wirtschaften, die sie besuchten, waren dieselben, in denen sich früher die kommunistische Jugend versammelt hat. Einzelne der Meuteangehörigen kamen zu diesen aus den Kreisen des KJVD und der kommunistischen Jungpioniere. Sie pflegten die Tradition jener staatsfeindlichen Jugendgruppen. Den Neulingen erzählten sie von den Fahrten, die sie früher gemacht hatten, und dem Lagerleben und organisierten weitere Fahrten, bei denen durch das gemeinsame Absingen marxistischer Lieder die Stimmung im marxistischen Sinne beeinflußt werden sollte. Man vermied den deutschen Gruß und ersetzte ihn durch den Gruß der Roten Jungpioniere «Seid bereit – immer bereit», den man in einer verstümmelten russischen Übersetzung – bud cadoff – gebrauchte. Man wußte, wo und wann man sich traf, ohne daß es einer besonderen Verabredung bedurfte. Viele Angehörigen der Meuten fanden sich regelmäßig an den bekannten Treffpunkten ein, manche an jedem Abend oder doch 2- bis 3mal in der Woche.
Den Gesprächsstoff in den Gruppen, die sich auf diese Weise zusammenfanden, bildeten vielfach politische Erörterungen. Die Anregung dazu wurde Berichten entnommen, die ausländische Sender, insbesondere der Sender Moskau, über Ereignisse der Tagespolitik gebracht hatten ...
Über das politische Ziel, zu dessen Verwirklichung man sich zusammengetan hatte, war man sich einig. Es war der Sturz Hitlers und die gewaltsame Beseitigung der gegenwärtigen Reichsverfassung, an deren Stelle die Diktatur des Proletariats treten sollte.

Verfall der Bildung

Jahr	Volksschul-Lehrer	Volksschüler je Lehrer	Mittelschulen Lehrer	Mittelschulen Schüler	Höhere Schulen Lehrer	Höhere Schulen Schüler	Hochschulen Studenten
1931	190 281	39,9	11 517	229 671	44 902	778 440	137 767
1939	176 552	50,6	10 256	277 313	43 307	663 516	56 477

Verschärftes Bildungs-Privileg
Angaben in Proz.

		soziale Herkunft Arbeiter	Bauern	Beamte	Angestellte	Geschäftsleute
Studenten	1933	3,9	7,0	42,1	12,9	20,9
	1939	3,2	5,0	40,4	15,1	18,8
Napola*-Schüler	1940	13,1	7,2	31,6	22,0	16,3
Adolf-Hitler-Schüler	1940	11,1	5,0	15,0	21,0	33,0

* *Nationalpolitische Erziehungsanstalt*

Die Schule im NS-Staat 1933–1939

1933
4. Febr. Rust Kultusminister Preußens **22. Febr.** Beschluß über den Abbau der «auf marxistischer Weltbetrachtung» beruhenden weltlichen Schulen **8. April** Reichstagung des NS-Lehrerbundes unter Schemm in Leipzig **20. April** Gründung der ersten Nationalpolitischen Erziehungsanstalten in Plön, Köslin und Potsdam **25. April** Gesetz gegen die Überfüllung deutscher Schulen und Hochschulen; reduziert dort Zahl der Juden und Frauen **6. Mai** Umwandlung aller Pädagogischen Akademien in Hochschulen für Lehrerbildung; dort Einführung von politisch-weltanschaulichen Grundfächern wie Vererbungslehre, Rassen- und Volkskunde, Wehrwissenschaft, Grenzlandkunde u.a. **9. Mai** Frick kündigt Länder-Kultusministern reichseinheitlich Schulreform-Programm auf der Grundlage reiner NS-Ideologie an **11. Mai** Lehrstuhl für Politische Pädagogik an der Berliner Universität errichtet (Bäumler) **7. Juni** Deutsche Erziehertagung in Magdeburg; Gleichschaltung der Lehrerverbände; unterstellt sämtliche Erzieher dem NS-Lehrerbund **14. Juni** Rust setzt in Preußen Ausschüsse zur politischen «Säuberung» der Lehrerschaft ein **Ende Juni** Landgebundene Hochschule für Lehrerbildung in Lauenburg/Pommern eröffnet **20. Juli** Richtlinien Fricks für den Geschichtsunterricht an Volksschulen **1. Sept.** Rust-Erlaß über völkische Erziehung an Berufs- und Fachschulen Preußens **13. Sept.** Erlaß Rusts zur Einführung der Rassenkunde in den Biologie-Unterricht und als Prinzip für Deutsch, Geschichte und Erdkunde **4. Okt.** Erlaß zum Ausbau preußischer Schullandheime für nationalpolitische Lehrgänge älterer Schüler **8. Dez.** Gründung der Deutschen Erzieherfront: NS-Lehrerbund mit seinen Fachschaften **9. Dez.** Lehrerkonferenzen in Preußen auf Beratungsrolle reduziert **15. Dez.** In Preußen nationalpolitische Lehrgänge in den neuen Fächern für die Lehrer angeordnet **28. Dez.** Begrenzung der Hochschulreife auf fünfzehntausend Abiturienten; zu Ostern des folgenden Jahres von insgesamt zehntausend Abiturientinnen nur eintausendfünfhundert zum Studium zugelassen

1934
20. Jan. Leitgedanken Fricks zur Schul-Ordnung publiziert **12. Febr.** Mädchen in Preußen Besuch von Jungenschulen verboten (ab 1936 reichsweit) **29. März** Preußisches Gesetz über das Landjahr; Einberufung der Volksschul-Abgänger vor allem aus «gesundheitlich und politisch gefährdeten» Familien zu massiver Indoktrination **3. April** Einführung des Führer-Prinzips an allen preußischen Volks- und Mittelschulen **23. April** NS-Oberschule Feldafing am Starnberger See eröffnet; SA-Gründung; die Klassen zu SA-Stürmen zusammengefaßt **1. Mai** Rust Reichsminister für Wissenschaft, Erziehung und Volksbildung **8. Juni** Schuljahr neu eingeteilt; zugunsten von Gemeinschaftslagern der Lehrer statt vier nun acht Wochen Sommerferien **11. Juli** Erstmals Staatsjugend-Tag (bis 1937 schulfreier Sonnabend jeder Woche für HJ-Dienst; Nichtmitglieder der HJ erhalten nationalpolitischen Unterricht) **21. Aug.** Beschluß über ein neues Volksschul-Lesebuch **31. Okt.** Schulgemeinde mit HJ-Beauftragtem ersetzt die Elternbeiräte

1935
27. März Erlaß über Ausschluß von der Höheren Schule bei Versagen in den Leibesübungen **23. Mai** Richtlinien für die neuen ein- und dreijährigen Frauenschulen (bis Ende 1937) **18. Juni** Prüfung der Pädagogen Landesprüfungsämtern vorbehalten **Jahresmitte** Erstes eigenes Schulungszentrum des Deutschen Zentralinstituts für Erziehung und Unterricht in Rankenheim errichtet; NS-Thematik in Vorträgen und Schulungswochen **15. Aug.** Erlaß über die Werbung für die HJ durch die Lehrer **11. Okt.** Nachweis hausfraulicher Kenntnisse von allen Oberschülerinnen gefordert **5. Dez.** Neuer Führer des NS-Lehrerbundes wird Wächtler

1936
März Heißmeier, Chef des Hauptschulungsamtes der SS, nun neuer Leiter der Nationalpolitischen Erziehungsanstalten **30. März** Erlaß, schulische Förderung, Auszeichnungen und Stipendien den HJ-Mitgliedern vorzubehalten **12. Mai** Rust gibt dem NS-Lehrerbund ausschließliches Recht zur weltanschaulichen Erziehung der Lehrer **26. Juni** Zahl der Turnstunden auf drei pro Woche erhöht **11. Juli** Haus der deutschen Erziehung in Bayreuth eröffnet; neuer Sitz des NS-Lehrerbundes **1. Sept.** Für Offiziersbewerber Prüfungserleichterungen eingeführt **30. Nov.** Auf Verlangen der Wehrmacht Verkürzung der Oberschuldauer auf zwölf Jahre **28. Dez.** Vereinheitlichung der Höheren Schulen

1937
15. Jan. Verfügung über die Adolf-Hitler-Schulen als Vorstufen der Ordensburgen; unter Leitung der HJ **20. März** Gymnasialbildung für Mädchen völlig beseitigt **10. April** (NS-) Heimatkunde zur weltanschaulichen Grundlage der ersten beiden Volksschuljahre erklärt **7. Juni** Reichsordnung für die pädagogische Prüfung erlassen; ein Nachweis des NS-Gedankenguts erforderlich **14. Sept.** Neue Richtlinien für die Leibeserziehung an Knabenschulen; nun auch Boxen, Fußball, Geländesport **12. Okt.** Prüfungs-Ordnung für Volksschullehrer herausgegeben; verlangt Nachweis NS-politischen Wohlverhaltens **26. Okt.** Reichs-Richtlinien für den Schulunterricht im NS-Geist erlassen; lösen die bisherigen Richtlinien der Länderministerien ab **2. Dez.** Schulausschüsse in Preußen aufgehoben; ihre Vollmachten den Bürgermeistern übertragen **31. Dez.** Erlaß über eine «arteigene Sprachlehre»

1938
29. Jan. Neuordnung des höheren Schulwesens beendet; grundsätzlich acht Klassen – Zahl der Turnstunden hier auf wöchentlich fünf erhöht – Zulassung zu den Hochschulen für Lehrerbildung geregelt; abhängig von Mitarbeit in der NSDAP oder ihren Gliederungen **18. Febr.** Erlaß über den Vertrauenslehrer der HJ; setzt deren Maßstäbe bei der Beurteilung von Schülern durch **20. April** Abiturientinnen erhalten Reifezeugnis erst nach dem Pflichtjahr ausgehändigt **1. Juli** Erlaß über das sechsklassige Mittelschulwesen **6. Juli** Neues Reichsschulpflicht-Gesetz; unterwirft die Schüler ausdrücklich der «Erziehung und Unterweisung im Geiste des Nationalsozialismus» **27. Okt.** Reichsschule Bayreuth des NS-Lehrerbundes eingeweiht

1939
8. Jan. Mädchen ist Teilnahme am Lateinunterricht in den Unter- und Mittelstufen verboten **5. April** Turnen zum Abiturfach erklärt **5. Juli** Lehrer sämtlich Reichsbeamte **8. Sept.** Zur Wehrmacht eingezogene Primaner erhalten Reifevermerk

)ie heimlichen Herren

Virtschaftslenkung durch Monopole

esetz «zur Vorbereitung des organischen Aufbaus er Wirtschaft» vom 27. Februar 1934 (Auszug)
iehe dazu auch das Schema auf Seite 53!

ie Reichsregierung hat das folgende Gesetz be- hlossen, das hiermit verkündet wird:
1 Der Reichswirtschaftsminister wird zur Vor- ereitung des organischen Aufbaues der deutschen Virtschaft ermächtigt,
Wirtschaftsverbände als alleinige Vertretung res Wirtschaftszweiges anzuerkennen;
, Wirtschaftsverbände zu errichten, aufzulösen der miteinander zu vereinigen;
, Satzungen und Gesellschaftsverträge von Wirt- chaftsverbänden zu ändern und zu ergänzen, ins- esondere den Führergrundsatz einzuführen;
. die Führer von Wirtschaftsverbänden zu be- ellen und abzuberufen;
. Unternehmer und Unternehmungen an Wirt- chaftsverbände anzuschließen.

Wirtschaftsverbände sind solche Verbände und Vereinigungen von Verbänden, denen die Wahrnehmung wirtschaftlicher Belange von Unternehmern und Unternehmungen obliegt.
§ 2 Der Reichswirtschaftsminister kann im Einvernehmen mit dem Reichsminister des Innern zur Durchführung dieses Gesetzes Rechtsverordnungen und allgemeine Verwaltungsvorschriften erlassen; auch kann er im Einvernehmen mit dem Reichsminister des Innern Vorschriften ergänzenden Inhalts erlassen.

«Organischer Wirtschaftsaufbau»

Erste Verordnung zu vorstehendem Gesetz vom 27. November 1934 (Auszug)

§ 1 Die gewerbliche Wirtschaft wird fachlich und bezirklich zusammengefaßt und gegliedert. Die Organisation und die öffentlich-rechtlichen Vertretungen der gewerblichen Wirtschaft werden organisch verbunden.
§ 2 Fachlich wird die gewerbliche Wirtschaft in einer Reichsgruppe Industrie in Hauptgruppen und in den Reichsgruppen Handwerk, Handel, Banken, Versicherungen und Energiewirtschaft zusammengefaßt.
In den Hauptgruppen der Industrie und in den Reichsgruppen der übrigen gewerblichen Wirtschaft werden Wirtschaftsgruppen gebildet, die sich nach Bedarf in Fachgruppen und Fachuntergruppen gliedern.
§ 3 Bezirklich wird die gewerbliche Wirtschaft in Wirtschaftsbezirken zusammengefaßt.
Wirtschaftsgruppen, Fachgruppen und Fachuntergruppen können sich bezirklich untergliedern, wenn ein zwingendes wirtschaftliches Bedürfnis besteht, einen bestimmten Wirtschaftszweig für einen Wirtschaftsbezirk oder innerhalb eines solchen zusammenzufassen ...
§ 6 Die bestehenden Wirtschaftsverbände sind, soweit tunlich, in die fachliche oder bezirkliche Gliederung zu überführen und erhalten damit die neue Rechtsform (§ 5). Die Überführung wird durch den Reichswirtschaftsminister angeordnet, soweit sie nicht von den Verbänden durchgeführt wird ...
§ 16 Die Gruppe der gewerblichen Wirtschaft hat ihre Mitglieder auf dem Fachgebiet zu beraten und zu betreuen.

Der Leiter hat die Gruppe im Sinne des nationalsozialistischen Staates zu führen und die Angelegenheiten der Gruppe und ihrer Mitglieder unter Rücksichtnahme auf die Gesamtinteressen der gewerblichen Wirtschaft und unter Wahrung des Staatsinteresses zu fördern. Der Leiter ist der Gruppe und den Leitern der übergeordneten Gruppen für die ordnungsmäßige Führung der Gruppe verantwortlich.
Weisungen des Leiters, die durch den Zweck der Gruppe oder durch den Zusammenschluß der gewerblichen Wirtschaft bedingt sind, haben die Mitglieder zu folgen.

Militärisch geführter Organismus

Denkschrift der IG Farben für den Rüstungsbeirat des Reichswehrminister vom März 1935 (Auszug)

Der Gedanke, die Außenorganisation des RWM unter Einschluß des RLM zur Vorbereitung der Industrie auf den Krieg zu erweitern, bedeutet letzten Endes, sich mit den Problemen über den Aufbau einer alle Kräfte des Volkes zusammenschließenden Wirtschaftsorganisation zu befassen.
Wenn man sich nicht nur an die im Kriege unter dem Zwange der Not entstandene Organisationsform anlehnen will, sondern wenn man darauf ausgeht, die gesamten produktiven Kräfte auf weite Sicht vorbereitend einem einheitlichen Zweck unterzuordnen, so heißt dies – naturgemäß unter Benutzung der im Kriege gesammelten Erfahrungen – eine wehrwirtschaftliche Neuorganisation zu schaffen, die den letzten Mann und die letzte Frau, die letzte Produktionseinrichtung und Maschine sowie den letzten Rohstoff der Erzeugung von kriegswichtigen Produkten zuführt und alle Arbeitskräfte, Produktionseinrichtungen und Rohstoffe in einem straff militärisch geführten wirtschaftlichen Organismus eingliedert. Die gesamte Erzeugung der Industrie, des Handwerks und Gewerbes sowie der Landwirtschaft gilt in diesem Sinne als kriegswichtig und muß daher in den Rahmen einer umfassenden Wehrwirtschaft einbezogen werden ...
Die für den Frontdienst benötigten Kräfte ordnen sich nach dem rein militärischen Mobilmachungsplan in den Rahmen der Wehrmacht ein, auf sie hat nach ihrem Übertritt zur Truppe die Wehrwirtschaft keinen Einfluß mehr.
Die Erfassung der freibleibenden Kräfte muß naturgemäß in planvoller Zusammenarbeit auf weite Sicht durch Wehrmacht und Wehrwirtschaft geschehen.
Die in Industrie, Gewerbe und Landwirtschaft verbleibenden Arbeitskräfte treten dann gemäß einem – dem militärischen Mobilmachungsplan entsprechenden – wehrwirtschaftlichen Mobilmachungsplan unter militärischem, wehrwirtschaftlichem Kommando in Tätigkeit. Es müssen also für die Industriewerke, für die lebenswichtigen Handwerks- und Gewerbebetriebe sowie für die in ihrer Gesamtheit ausnahmslos lebenswichtige Landwirtschaft eingehende Mobilisierungspläne aufgestellt werden ...
Einen letzten Schritt auf dem Wege der straffen militärischen Organisation der Wehrwirtschaft würde es bedeuten, auch alle in Frage kommenden Arbeitskräfte der Wehrwirtschaft im Kriegsfalle militärisch einzugliedern und den betreffenden Organen der Wehrwirtschaft (W[ehr]w[irtschafts]offiziere usw.) zu unterstellen.

Rüstungsfinanzierung

Reichswirtschaftsminister Schacht in einer Denkschrift vom 3. Mai 1935 (Auszug)

Die nachfolgenden Ausführungen gehen davon aus, daß die Durchführung des Rüstungsprogramms nach Tempo und Ausmaß *die* Aufgabe der deutschen Politik ist, daß demnach alles andere diesem Zweck untergeordnet werden muß, soweit nicht durch Vernachlässigung anderer Fragen das eine Hauptziel etwa gefährdet wird. Auch nach dem 16. März 1935 besteht die Schwierigkeit weiter, daß man eine propagandistische Bearbeitung des deutschen Volkes zur Unterstützung der Rüstung nicht vornehmen kann, ohne unsere Lage international zu gefährden. Die in sich schon nahezu unmögliche Finanzierung des Wehrprogramms wird hierdurch noch ganz besonders erschwert.
Eine weitere Voraussetzung muß ferner vorangestellt werden. Die Notenpresse kann zur Finanzierung der Rüstung nur in dem Umfange herangezogen werden, als die Aufrechterhaltung des Geldwertes es erlaubt. Jede Inflation steigert die Preise der ausländischen Rohstoffe und steigert die inländischen Preise, ist also eine Schlange, die sich in den Schwanz beißt. Der Umstand, daß unsere Rüstung bis zum 16. März 1935 völlig und seitdem immer noch zum größten Teil getarnt werden muß, hat dazu geführt, daß die Notenpresse schon am Anfang des ganzen Rüstungsprogramms in Anspruch genommen worden ist, während es an sich das Natürliche gewesen wäre, sie an den Endpunkt der Finanzierung zu setzen. Im Portefeuille der Reichsbank von 3775 Millionen + 866 Millionen abgezweigte Wechsel = insgesamt 4641 Millionen machen die Rüstungswechsel RM 2374 Millionen aus. (Stand vom 30. April 1935)
Die Reichsbank hat die ihrer Verwaltung zugänglichen, den Ausländern gehörenden deutschen Markbeträge größtenteils ... in Rüstungswechseln angelegt.
Unsere Rüstungen werden also zu einem Teil mit den Guthaben unserer politischen Gegner finanziert. Es sind ferner für die Rüstungsfinanzierung verwandt die rund 500 Millionen RM, die im Januar 1935 aus der bei den Sparkassen untergebrachten Reichsanleihe entstanden. Im regulären Haushalt sind bisher für die Wehrmacht vorgesehen gewesen im Etatsjahr 1933/34 RM 750 Millionen, im Etatsjahr 1934/35 RM 1100 Millionen und für das Etatsjahr 1935/36 RM 2500 Millionen.
Die Summe der Fehlbeträge des Etats seit 1928 steigt nach dem Voranschlag 1935/36 auf 5 bis 6 Milliarden RM. Dieser Gesamtfehlbetrag wird zur Zeit bereits durch kurzfristige Kreditinanspruchnahme des Geldmarktes finanziert. Er vorbelastet also in dieser Höhe die Möglichkeiten der Inanspruchnahme des öffentlichen Marktes für die Rüstung ...
Es ergeben sich demnach folgende Aufgaben:
1.) Es muß ein Beauftragter zunächst sämtliche Quellen und Einnahmen feststellen, die aus Reichs-, Staats- und Parteiabgaben sowie Gewinnen der öffentlichen oder Parteibetriebe fließen.
2.) Alsdann hat ein vom Führer beauftragtes Gremium zu untersuchen, wie diese Beträge bisher verwandt wurden und was künftig aus diesen Beträgen dem bisherigen Zweck entzogen und der Rüstungsfinanzierung zugeführt werden kann.
3.) Das gleiche Gremium hat die Vermögensbestände aller öffentlichen und parteiamtlichen Organisationen daraufhin zu prüfen, wie das Vermögen angelegt ist, in welchem Umfange dieses Vermögen für die Rüstungsfinanzierung herangezogen werden kann.
4.) Das Reichsfinanzministerium ist zu beauftragen, die Möglichkeiten eines erhöhten Steueraufkommens durch Erhebung neuer oder Erhöhung bestehender Steuern zu prüfen.
Die bisherige Finanzierung der Rüstungen durch die Reichsbank war unter den gegebenen politischen Verhältnissen eine Notwendigkeit und der politische Erfolg hat das Richtige dieser Handlung erwiesen. Nunmehr aber müssen unter allen Umständen die anderen Wege der Rüstungsfinanzierung eröffnet werden. Dabei müssen sämtliche nicht dringend benötigte Ausgaben auf anderen Gebieten unterbleiben und die ganze an sich geringe Finanzkraft Deutschlands muß auf das eine Ziel der Rüstungsfinanzierung konzentriert werden. Ob das Finanzproblem mit dieser Marschroute gelingt, steht noch völlig dahin, aber ohne eine solche Konzentration wird es mit Sicherheit scheitern.

Verschleierung

Schreiben aus dem Reichsfinanzministerium an den Reichskriegsminister vom 13. April 1937 (Auszug)

Ich bestätige hiermit, daß innerhalb meines Ressorts nur ein kleiner Kreis von Beamten zur Bearbeitung der mit der Mefo* in Verbindung stehenden Angelegenheiten herangezogen wird, so daß die unbedingte Geheimhaltung gesichert ist.
Die Zweckbestimmung lautet für Kap. XIV 2 Titel 1 «Ausgaben aus Anlaß der Beschaffung von Geldmitteln im Wege des Kredits» und für Kap. XIV 3 Titel 2 «Verzinsung der zur vorübergehenden Verstärkung der ordentlichen Betriebsmittel der Reichshauptkasse aufgenommenen Mittel». Die Erläuterungen werden im Haushaltsplan für 1937 eine so allgemeine Fassung erhalten, daß daraus nicht ersehen werden kann, für welche Zwecke die Beträge Verwendung finden, um die die Haushaltansätze bei den genannten Kapiteln für 1937 gegenüber 1936 erhöht sind.
* *Metallurgische Forschungs-Gesellschaft; eine Scheinfirma zur Rüstungsfinanzierung (siehe auch Seite 184)*

Konzentration des Kapitals

in Mill. RM

	1927	1932	1935	1938	1941
Zahl der AG und GmbH	29 621	15 990	27 936	18 999	17 220
Summe der Roh-Gewinne	2 513	903	2 528	5 349	8 732

Verteilung des Volkseinkommens

in Mrd. RM

	1929	1932	1936	1939	1939:1932	1939:1929
Volkseinkommen	72,3	42,6	63,6	87,2	+105%	+ 36%
Unverteilte Gewinne der AG und GmbH	0,9	−0,5	2,3	4,8	–	+533%
Unternehmer- und Vermögens-Einkünfte	21,4	12,8	20,2	29,2	+126%	+ 36%
davon Industrie, Handwerk, Handel	11,8	6,0	10,6	17,9	+199%	+ 52%
Land- und Forstwirtschaft	5,5	3,7	5,8	6,9	+ 87%	+ 26%
Löhne und Gehälter (inclusive Direktoren usw.)	43,0	25,7	35,3	46,5	+ 81%	+ 8%
Renten und Unterstützungen	9,2	9,4	7,8	10,2	+ 9%	+ 11%

Das Blendwerk

Rückgang der Arbeitslosigkeit

Jahr	Arbeitslose	Jahr	Arbeitslose
1932	5 575 000	1937	912 312
1933	4 804 428	1938	429 461
1934	2 718 309	1939	118 915
1935	2 151 039	1939 Juli	38 379
1936	1 592 655		

Ein Eingeständnis

«Tatsachen und Zahlen über Deutschland»; 1940 erschienene NS-Propagandaschrift (Auszug)

Eines der ersten Ziele der nationalsozialistischen Regierung war ... die Beseitigung der Arbeitslosigkeit. Zwei besondere Arbeitsbeschaffungsprogramme, Notstandsarbeiten und vor allem der Bau der Reichsautobahn, verminderten im Verein mit der allgemeinen Belebung der Wirtschaftstätigkeit die Zahl der Arbeitslosen in kurzer Zeit ...
An die Stelle der Arbeitslosigkeit war Mangel an Arbeitskräften getreten, der sich immer stärker bemerkbar machte.
Wenn die Arbeitslosigkeit so rasch beseitigt werden konnte, so hing das vor allem auch damit zusammen, daß vom Jahre 1935 an die Aufrüstung das Bild der deutschen Wirtschaft mehr und mehr bestimmte. Die Aufgabe des zweiten Vierjahresplanes, Deutschland möglichst unabhängig von den wichtigsten Rohstoffen zu machen, nahm daneben so viel Arbeitskräfte in Anspruch, daß eine sorgfältige Lenkung dieses Sektors der Wirtschaft notwendig wurde.

Rollbahn ins Aufmarschgebiet

Thyssen am 20. Juli 1933 an den Generalinspektor für das Straßenwesen, Todt (Auszug)

Das rheinisch-westfälische Industriegebiet ist eines der bedeutendsten Wirtschaftsgebiete Deutschlands und Europas. Strategisch liegt es im Aufmarschgebiet künftiger Auseinandersetzungen im Westen. Die Frage seines Anschlusses an das geplante Reichsautobahnnetz wird daher sehr bald an Sie herantreten. Man wird sich hier im Bezirk vor allem des Siedlungsverbandes Ruhrkohlenbezirk bedienen können, der auf dem Gebiet der Straßenplanung und des Straßenausbaus schon seit Jahren vorbildliche Arbeit nach großen Gesichtspunkten geleistet hat. Wie ich höre, ist demnächst eine Besprechung über die Frage der Fortführung der Autobahn Bonn–Köln in Düsseldorf beabsichtigt. Für meine Beteiligung an dieser Besprechung wäre ich Ihnen ergebenst dankbar. Zugleich schlage ich vor, auch den Ruhrsiedlungsverband schon zu dieser Besprechung hinzuzuziehen.

Bezugsscheine im Panzerschrank

Geheimes Schreiben des Reichsbankpräsidenten Schacht an das Reichswirtschaftsministerium u.a. vom 18. Oktober 1935 (Auszug)

Gegen die Versendung der für den Mob.-Fall vorgesehenen Bezugsscheine und ihre Bereitlegung bei den Verwaltungsbehörden habe ich keine grundsätzlichen Bedenken. Ich lege jedoch aus außenpolitischen Gründen den größten Wert darauf, daß hierbei jede nur denkbare Vorsorge für strengste Geheimhaltung dieser Maßnahme getroffen wird. Wenn im Ausland bekannt würde, daß wir für den Kriegsfall Bezugsscheine hergestellt und sogar bereits verteilt haben, so können hieraus ernste Nachteile für das Reich entstehen, denn es ist mit Sicherheit damit zu rechnen, daß

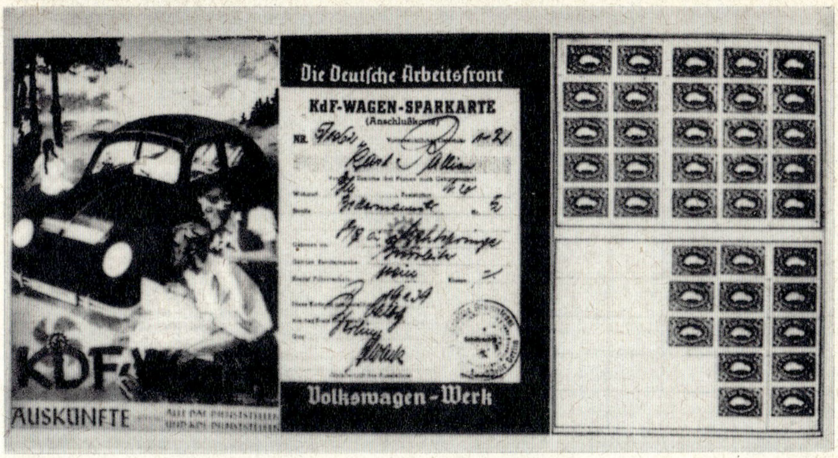

Werbeplakat und Sparkarte für den fast ausschließlich als Wehrmacht-Kübel gebauten VW

solche Maßnahmen als Vorbereitung auf einen nahe bevorstehenden Krieg und damit als Beweis für deutsche Angriffsabsichten ausgelegt werden würden. Ich wäre deshalb dankbar, wenn die Verteilung der Bezugsscheine auf die mittleren Verwaltungsbehörden (in Preußen die Regierungspräsidenten) beschränkt bliebe, die für strengste Geheimhaltung absolut sichere Gewähr leisten.

Sinn des Siedlungswerks

Hauptamtsleiter Ludovici in einer Rede am 14. Mai 1936 (Auszug)

So ist es der Sinn des nationalsozialistischen Siedlerwerkes, die ungesunde soziale Struktur, die der Liberalismus hinterlassen hat und durch die zwei Drittel der deutschen Berufstätigen vollkommen vom Boden gelöst wurden, zu heilen. Es handelt sich darum, wieder ein gesundes Verhältnis herzustellen und die Werktätigen neben dem Bauern zu einem bodenständigen Stand zu machen, der in der Heimat wurzelt und in seinen Daseinsgrundlagen gefestigt ist.

Das Wohnungsdefizit

Jahresbericht des Arbeitswissenschaftlichen Instituts der DAF von 1940 (Auszug)

Bei der Volkszählung 1939 waren für 19,3 Millionen Haushaltungen nur 17,8 Millionen Wohnungen vorhanden. Es fehlten also 1,5 Millionen Wohnungen. Dazu kommen 1,3 Millionen abbruchreifer Wohnungen, ein Neubedarf von 1,5 Millionen Wohnungen und zur Bekämpfung der Überfüllung 1,7 Millionen. Insgesamt also 6 Millionen.

Zwangsspende WHW

in Mill. RM

1933/34	358,1	1936/37	415,2
1934/35	367,4	1937/38	419,0
1935/36	364,5	1938/39	566,4

Lohnraub

Tagesmeldung des Gestapo vom 4. November 1935

Am 12.10. wurden auf der Schiffswerft Blohm & Voss in Hamburg durch Anschlag die monatlichen Sätze für das Winterhilfswerk bekanntgegeben und deren Zahlung den Arbeitern vorgeschlagen. Die Sätze waren je nach Lohnhöhe von RM 0,23 – bis RM 1,– gestaffelt. Die Arbeiter erhielten zugleich mit der Lohntüte einen vorgedruckten Zettel, der ausgefüllt an die Werkleitung zurückgegeben werden mußte, falls der Arbeiter mit der vorgeschlagenen Höhe einverstanden sein sollte. Etwa 60% der Belegschaft erklärte sich mit dem Vorschlag einverstanden, während der Rest keinen Zettel abgab.

VW-Sparaktion

Ley zum Beginn der Volkswagen-Sparaktion am 1. August 1938 (Auszug)

1. Jeder Deutsche ohne Unterschied der Klassen, des Standes und des Besitzes kann Käufer des Volkswagens werden.
2. Die niedrigste Sparrate einschließlich Versicherung beträgt pro Woche 5 RM. Die regelmäßige Einhaltung dieser Sparrate garantiert nach einer noch festzusetzenden Zeit den Erwerb eines Volkswagens. Diese Zeitspanne wird bei Beginn der Produktion festgesetzt.

Aufruf zu Spenden für das Winterhilfswerk

Die Drohung

Präventivmaßnahmen

Rundschreiben des SD-Chefs Heydrich an alle außerpreußischen Politischen Polizeien vom 29. Juli 1935 (Auszug)

Die in letzter Zeit besonders zunehmende Aktivität der kommunistischen Funktionäre macht es unbedingt erforderlich, ihnen und allen Mitarbeitern besondere Aufmerksamkeit zu schenken und für ihre schärfste Bekämpfung zu sorgen. In der Erkenntnis, daß illegale Bewegungen mit Strafgesetzen allein niemals bekämpft werden können, daß vielmehr die Präventivmaßnahmen vorherrschend sein müssen, ordne ich an:
1.) Personen, die sich bis zum Umbruch im kommunistischen Sinne betätigt haben und nunmehr neuerdings im Verdacht illegaler Betätigung stehen, sind in Schutzhaft zu nehmen und einem Konzentrationslager zu überstellen.
2.) Personen, die sich seit dem Umbruch bereits illegal betätigt haben, sind dann sofort in Schutzhaft zu nehmen, wenn ihr Verhalten erkennen läßt, daß sie nach wie vor staatsfeindlich eingestellt sind, und der Verdacht besteht, daß sie in versteckter Form gegen den Staat hetzen.
3.) Kommunistische Funktionäre, die nunmehr nach Strafverbüßung zur Entlassung kommen sollen, sind grundsätzlich in Schutzhaft zu nehmen, sofern es sich bei ihnen um gefährliche Staatsgegner handelt oder anzunehmen ist, daß sie sich wieder der illegalen KPD zur Verfügung stellen werden.
4.) Jene Kommunisten, welche zum zweiten Male in Schutzhaft genommen werden mußten, sind auf absehbare Zeit nicht mehr zu entlassen.
(Vergleiche auch Erlaß des Herrn Reichs- und Preußischen Ministers des Innern vom 13.12.34 – III P 3500/403.) Ein gleiches Vorgehen ist auch bei allen übrigen marxistischen Staatsgegnern geboten.

Flächenbedarf eines KZ

Schreiben des Inspekteurs der Konzentrationslager, SS-Gruppenführer Eicke, vom 27. Oktober 1936 an das thüringische Innenministerium

1. Der für ein geräumiges Konzentrationslager für 3 bis 6000 Insassen einschließlich Kaserne für ein SS-Bataillon benötigte Flächenraum darf nicht unter 60 Hektar (zusammenhängend) betragen. Eine solche Einrichtung dient nicht nur im Frieden, sondern muß den Bedürfnissen eines Krieges in erhöhtem Maße Rechnung tragen. Das bei Oranienburg neu eingerichtete KL hat eine Fläche von 78 Hektar Staatsgrund.
2. Ich wäre dankbar, wenn die nun brennend werdende Frage der Verlegung des KL Lichtenburg baldigst der von mir vorgeschlagenen Entscheidung zugeführt würde. Es haben sich bereits mehrere preußische Städte um die Verlegung und Zuweisung dieses Lagers bemüht und Mittel hierfür in Aussicht gestellt. Die Verlegung des Lagers muß bis Frühjahr 1937 durchgeführt sein. Aus diesem Grunde bitte ich um Mitteilung, ob Thüringen an der Neueinrichtung eines Konz.-Lagers weiterhin festhält, andernfalls würde ich die auf preußischem Staatsboden gebotenen Gelegenheiten ins Auge fassen.

Pflichten des Richters

Reichsrechtsführer Frank in «Deutsches Recht» 1936 (Auszug)

1. Der Richter ist nicht als Hoheitsträger des Staates über den Staatsbürger gesetzt, sondern er steht als Glied in der lebendigen Gemeinschaft des deutschen Volkes. Es ist nicht seine Aufgabe, einer über der Volksgemeinschaft stehenden Rechtsordnung zur Anwendung zu verhelfen oder allgemeine Wertvorstellungen durchzusetzen, vielmehr hat er die konkrete völkische Gemeinschaftsordnung zu wahren, Schädlinge auszumerzen, gemeinschaftswidriges Verhalten zu ahnden und Streit unter Gemeinschaftsgliedern zu schlichten.
2. Grundlage der Auslegung aller Rechtsquellen ist die nationalsozialistische Weltanschauung, wie sie insbesondere in dem Parteiprogramm und den Äußerungen unseres Führers ihren Ausdruck findet.
3. Gegenüber Führerentscheidungen, die in die Form eines Gesetzes oder einer Verordnung gekleidet sind, steht dem Richter kein Prüfungsrecht zu. Auch an sonstige Entscheidungen des Führers ist der Richter gebunden, sofern in ihnen der Wille, Recht zu setzen, unzweideutig zum Ausdruck kommt.
4. Gesetzliche Bestimmungen, die vor der nationalsozialistischen Revolution erlassen worden sind, dürfen nicht angewendet werden, wenn ihre Anwendung dem heutigen gesunden Volksempfinden ins Gesicht schlagen würde. Für die Fälle, in denen der Richter mit dieser Begründung eine gesetzliche Bestimmung nicht anwendet, ist die Möglichkeit geschaffen, höchstrichterliche Entscheidung herbeizuführen.

In aller Stille

Brief der Hamburger Gestapo vom 4. November 1936 an das örtliche Friedhofsamt

Auf Anordnung des Herrn Generalstaatsanwaltes hat die Einäscherung und die Beisetzung des am 17.1.1894 in Aachen geborenen Etkar *André*, der am 10.7.1936 vom Hanseatischen Oberlandesgericht zum Tode verurteilt und am 4.11.36 hingerichtet wurde, *noch heute* am 4.11.36 auf dem Ohlsdorfer Friedhof zu erfolgen.
Die Stunde der Beisetzung ist unverzüglich hierher zu melden, gemäß Rücksprache mit dem beauftragten Beamten, Krim.-Sekr. Naujock.
Die Beisetzung ist in aller Stille und unter strengster Verschwiegenheit vorzunehmen. Ferner wurde gebeten, die Grabnummer dem beauftragten Beamten der Staatspolizei zu übergeben, die Eintragung in das dortige Buch so vorzunehmen, daß der Name des Toten nicht daraus hervorgeht.
Es wird weiterhin ersucht, künftig bei jeder Nachfrage dieserhalb sofort an Gestapo 6, Krim.-Insp. *Kraus* oder dessen Vertreter im Amt (Fernsprecher 34 1000 Neb.-Ansch. 2716) darüber Mitteilung zu machen. Der Aufenthalt der Person ist nach Möglichkeit solange hinzuziehen, bis ein Beamter der Staatspolizei erscheint.

«Umtriebe» 1936/37

Lagebericht des Gestapa für 1937 (Auszug)

Im Jahre 1937 wurden wegen illegaler kommunistischer Betätigung 8068 Personen gegenüber 11687 Personen im Jahre 1936 festgenommen ...
Es sind im Jahre 1937: 927430 (1936: 1643200) Hetzschriften zur Verbreitung gelangt, wovon etwa 70 Prozent kommunistische Erzeugnisse gewesen sind.
Die Gesamtzahl setzt sich zusammen aus: 84000 (1936: 222000) getarnten Broschüren, 788000 (1936: 1234000) anderen Schriften, die im Buchdruck, sowie aus 55430 (1936: 187200) Schriften, die im Abzugsverfahren hergestellt waren.

Widerstand im Zuchthaus

Gestapo-Bericht vom 12. Juli 1938 an den Reichsführer SS (Auszug)

Im Juli 1936 wurde ferner bekannt, daß im Zuchthaus Fuhlsbüttel kommunistische Organisationen bestehen sollten. Um dieser Sache auf den Grund gehen zu können, wurden in Zusammenarbeit mit der Staatsanwaltschaft bei dem Sondergericht in Hamburg etwa 25 Strafgefangene nach Unterbrechung ihrer Strafhaft in Schutzhaft genommen. Die Ermittlungen ergaben nun folgendes Bild:
Im Zuchthaus Hamburg-Fuhlsbüttel waren etwa 800 Strafgefangene untergebracht, die sich zu etwa gleichen Teilen aus politischen und kriminel-

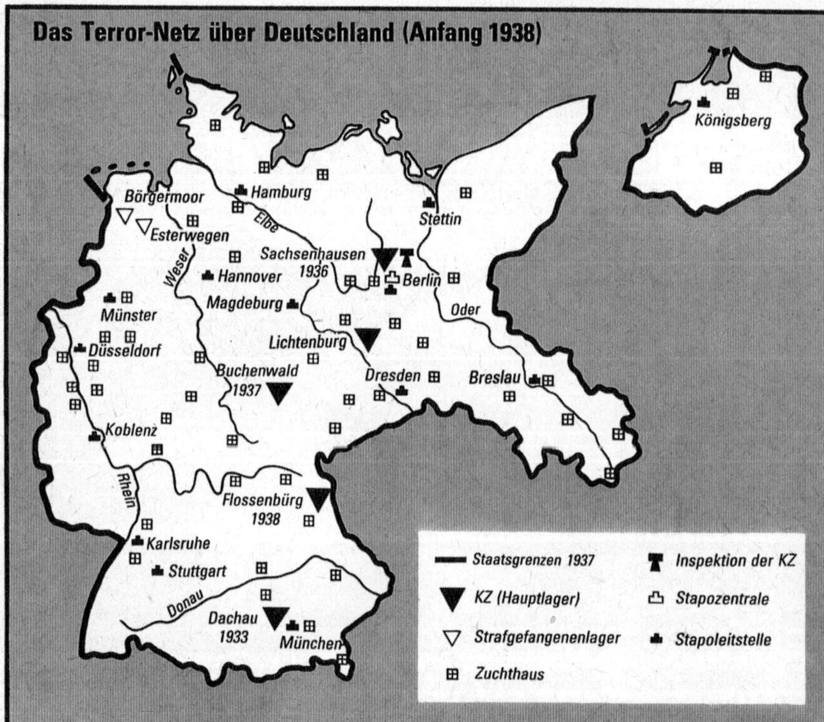

len Häftlingen zusammensetzten. Die Gefangenen waren teilweise in Einzelzellen und teilweise in Gemeinschaftssälen untergebracht. In Einzelhaft befanden sich die Gefangenen mit höheren Strafen. Diese arbeiteten auch in ihren Zellen. Die übrigen Gefangenen wurden entweder in Arbeitssälen oder in ihren Schlafräumen mit Bastarbeiten beschäftigt. Im Bastlager waren z. B. 70 Häftlinge tätig. Hier wurden Material ausgegeben und fertige Sachen abgeliefert. Infolgedessen konnten die im Bastlager tätigen Gefangenen mit allen übrigen Häftlingen in Verbindung treten. Das Bastlager bildete also die Zentrale.
Die Kommunisten hatten es verstanden, nach und nach eine größere Anzahl früherer Spitzenfunktionäre in das Bastlager zu bekommen. Fast alle Posten als Kalfaktoren oder Vormänner wurden von Kommunisten eingenommen.
Es wurden nun Schulungskurse abgehalten, eine «Rote Hilfe» aufgezogen usw. Die RH versorgte die langjährigen und in Einzelhaft sitzenden Gefangenen mit Zeitungen, den neuesten Nachrichten und Kautabak. Es war auch gelungen, eine Verbindung mit der Außenwelt herzustellen und auf diesem Wege nichtzensierte Briefe hinauszuschmuggeln und Tabak, Nachrichten usw. in die Anstalt hineinzubringen.
Einzelne Gefangene, die sich gut geführt hatten, durften alle 14 Tage 2 Rollen Kautabak bestellen, mußten aber hiervon eine bestimmte Menge für die «Rote Hilfe» abgeben. Im Falle einer Weigerung drohte Terrorisierung von seiten der übrigen Gefangenen. Man hielt sich an einen Ausspruch Lenins: «Das Zuchthaus ist die Hochschule der Revolution.»

Die SS-Verfügungstruppe

Geheime Anordnung Hitlers vom 17. August 1938 (Auszug)

1. Die SS in ihrer Gesamtheit, als eine politische Organisation der NSDAP, bedarf für die ihr obliegenden politischen Aufgaben keiner militärischen Gliederung und Ausbildung. Sie ist unbewaffnet.
2. Für besondere innerpolitische Aufgaben des Reichsführers SS und Chef der Deutschen Polizei, die ihm zu stellen ich mir von Fall zu Fall vorbehalte, oder für die mobile Verwendung im Rahmen des Kriegsheeres (SS-Verfügungstruppe) sind von den Anordnungen der Ziffer 1. folgende bereits bestehende bzw. für den Mob.-Fall aufzustellende SS-Einheiten ausgenommen:
die SS-Verfügungstruppe,
die SS-Junkerschulen,
die SS-Totenkopfverbände,
die Verstärkung der SS-Totenkopfverbände (Polizeiverstärkung).
Sie unterstehen im Frieden dem Reichsführer SS und Chef der Deutschen Polizei, der ... allein die Verantwortung für ihre Organisation, Ausbildung, Bewaffnung und volle Einsatzfähigkeit hinsichtlich der ihm von mir zu stellenden innerpolitischen Aufgaben trägt ...
Die SS-Verfügungstruppe ist weder ein Teil der Wehrmacht noch der Polizei. Sie ist eine stehende bewaffnete Truppe, zu meiner ausschließlichen Verfügung ...
Die Verwendung der SS-Verfügungstruppe im Mob.-Fall ist eine doppelte:
1. Durch den Oberbefehlshaber des Heeres im Rahmen des Kriegsheeres. Sie untersteht dann ausschließlich den militärischen Gesetzen und Bestimmungen, bleibt aber politisch eine Gliederung der NSDAP.
2. Im Bedarfsfalle im Innern nach meinen Weisungen. Sie untersteht dann dem Reichsführer-SS und Chef der Deutschen Polizei ...
Die SS-Totenkopfverbände sind weder ein Teil der Wehrmacht noch der Polizei. Sie sind eine stehende bewaffnete Truppe der SS zur Lösung von Sonderaufgaben polizeilicher Natur, die zu stellen ich mir von Fall zu Fall vorbehalte.

Praxisschilder während des «Juden-Boykotts»

Die Ausgestoßenen

Die Nürnberger Gesetze

Reichsbürger-Gesetz, verkündet auf dem Nürnberger Parteitag am 15. September 1935 (Auszug)

§ 1 1. Staatsangehöriger ist, wer dem Schutzverband des Deutschen Reiches angehört und ihm dafür besonders verpflichtet ist.
2. Die Staatsangehörigkeit wird nach den Vorschriften des Reichs- und Staatsangehörigkeitsgesetzes erworben.
§ 2 1. Reichsbürger ist nur der Staatsangehörige deutschen oder artverwandten Blutes, der durch sein Verhalten beweist, daß er gewillt und geeignet ist, in Treue dem deutschen Volk und Reich zu dienen.
2. Das Reichsbürgerrecht wird durch Verleihung des Reichsbürgerbriefes erworben.
3. Der Reichsbürger ist der alleinige Träger der vollen politischen Rechte nach Maßgabe der Gesetze.

Gesetz «zum Schutze des deutschen Blutes und der deutschen Ehre» vom 15. September 1935 (Auszug)

§ 1 1. Eheschließungen zwischen Juden und Staatsangehörigen deutschen oder artverwandten Blutes sind verboten. Trotzdem geschlossene Ehen sind nichtig, auch wenn sie zur Umgehung dieses Gesetzes im Auslande geschlossen sind...
§ 2 Außerehelicher Verkehr zwischen Juden und Staatsangehörigen deutschen oder artverwandten Blutes ist verboten.
§ 3 Juden dürfen weibliche Staatsangehörige deutschen oder artverwandten Blutes unter 45 Jahren nicht in ihrem Haushalt beschäftigen.
§ 4 1. Juden ist das Hissen der Reichs- und Nationalflagge und das Zeigen der Reichsfarben verboten.
2. Dagegen ist ihnen das Zeigen der jüdischen Farben gestattet...
§ 5 1. Wer dem Verbot des § 1 zuwiderhandelt, wird mit Zuchthaus bestraft.
2. Der Mann, der dem Verbot des § 2 zuwiderhandelt, wird mit Gefängnis oder mit Zuchthaus bestraft.
3. Wer den Bestimmungen der §§ 3 oder 4 zuwiderhandelt, wird mit Gefängnis bis zu einem Jahr und mit Geldstrafe oder mit einer dieser Strafen bestraft.

Die «Arisierung»

Jüdische Firmen	Deutschland	Österreich
Im April 1938	39532	25519
Davon sind im Frühjahr 1939		
aufgelöst	14803	17877
«arisiert»	5976	4172
«in Arisierung»	11263	3470

Nachfrage weitaus größer

Aktennotiz des Vorstandsmitglieds der Deutschen Bank, Kimmich, vom 25. Juli 1938 (Auszug)

Von 700 in der Zentrale erfaßten jüdischen Unternehmungen sind (bis 25.7.1938) ca. 200 arisiert. Für zahlreiche weitere schweben noch Verhandlungen. Es laufen jetzt täglich Mitteilungen ein, daß Objekte arisiert sind. In einigen Branchen läßt das Angebot an wirklich guten Objekten stark nach. Die Nachfrage ist hier weitaus größer, z. B. in der Metall- und Chemiebranche. Es ist nicht immer möglich, diese Interessenten auf andere Branchen hinzulenken.
Eine weitere Beschleunigung der Arisierung kann dann erwartet werden, wenn die Genehmigungen schneller erteilt werden. Es dauert häufig 2 Monate, bis alle Instanzen ihr placet gegeben haben.

Staatspolizeilicher Volkszorn

Geheimes Fernschreiben des Gestapo-Chefs Müller vom 9. November 1938 an alle Stapostellen und Stapoleitstellen im Reich

1. Es werden in kürzester Frist in ganz Deutschland Aktionen gegen Juden, insbesondere gegen deren Synagogen, stattfinden. Sie sind nicht zu stören. Jedoch ist im Benehmen mit der Ordnungspolizei sicherzustellen, daß Plünderungen und sonstige besondere Ausschreitungen unterbunden werden können.
2. Sofern sich in Synagogen wichtiges Archivmaterial befindet, ist dieses durch eine sofortige Maßnahme sicherzustellen.
3. Es ist vorzubereiten die Festnahme von etwa 20000–30000 Juden im Reiche. Es sind auszuwählen vor allem vermögende Juden. Nähere Anordnungen ergehen noch im Laufe dieser Nacht.
4. Sollten bei den kommenden Aktionen Juden im Besitz von Waffen angetroffen werden, so sind die schärfsten Maßnahmen durchzuführen. Zu den Gesamtaktionen können herangezogen werden Verfügungstruppen der SS sowie Allgemeine SS. Durch entsprechende Maßnahmen ist die Führung der Aktionen durch die Stapo auf jeden Fall sicherzustellen.

Helft den jüdischen Mitbürgern!

Erklärung des ZK der KPD «gegen die Schmach der Judenpogrome» vom November 1938 (Auszug)

Immer in der Vergangenheit hat die Reaktion, wenn sie ein Volk aufs schlimmste ausplünderte und die Erbitterung des Volkes fürchtete, sich der schmutzigen Mittel der Judenhetze und der Pogrome zum Zwecke der Ablenkung von den wahren Schuldigen am Volkselend bedient ...
Die Kommunistische Partei wendet sich an alle Kommunisten, Sozialisten, Demokraten, Katholiken und Protestanten, an alle anständigen und ehrbewußten Deutschen mit dem Appell: Helft unseren gequälten jüdischen Mitbürgern mit allen Mitteln! Isoliert mit einem Wall der eisigen Verachtung das Pogromistengesindel von unserem Volke! Klärt die Rückständigen und Irregeführten, besonders die mißbrauchten Jugendlichen, die durch die nationalsozialistischen Methoden zur Bestialität erzogen werden sollen, über den wahren Sinn der Judenhetze auf!

Die Konfessionen

Deutsche Christen

Entschließung der Deutschen Christen auf ihrer Sportpalast-Kundgebung am 13. November 1933 (Auszug)

Ein dauernder Frieden kann hier nur geschaffen werden durch Versetzung oder Amtsenthebung aller der Pfarrer, die entweder nicht willens oder nicht fähig sind, bei der religiösen Erneuerung unseres Volkes und der Vollendung der deutschen Reformation aus dem Geist des Nationalsozialismus führend mitzuwirken ...

3. Wir erwarten von unserer Landeskirche, daß sie den Arierparagraphen – entsprechend dem von der Generalsynode beschlossenen Kirchengesetz – schleunigst und ohne Abschwächung durchführt, daß sie darüber hinaus alle fremdblütigen evangelischen Christen in besondere Gemeinden ihrer Art zusammenfaßt und für die Begründung einer judenchristlichen Kirche sorgt.

4. Wir erwarten, daß unsere Landeskirche als eine deutsche Volkskirche sich frei macht von allem Undeutschen in Gottesdienst und Bekenntnis, insbesondere vom Alten Testament und seiner jüdischen Lohnmoral.

5. Wir fordern, daß eine deutsche Volkskirche Ernst macht mit der Verkündung der von aller orientalischen Entstellung gereinigten schlichten Frohbotschaft und einer heldischen Jesusgestalt als Grundlage eines artgemäßen Christentums, in dem an die Stelle der zerbrechenden Knechtsseele der stolze Mensch tritt, der sich als Gotteskind dem Göttlichen in sich und in seinem Volke verpflichtet fühlt.

6. Wir bekennen, daß der einzige wirkliche Gottesdienst für uns der Dienst an unseren Volksgenossen ist, und fühlen uns als Kampfgemeinschaft vor unserem Gott verpflichtet, mitzubauen an einer wehrhaften und wahrhaften völkischen Kirche, in der wir die Vollendung der deutschen Reformation Martin Luthers erblicken und die allein dem Totalitätsanspruch des nationalsozialistischen Staates gerecht wird.

Alle Mittel aus dem Heiligtum

Hirtenbrief der deutschen katholischen Bischöfe vom 24. Dezember 1936 (Auszug)

Der Führer und Reichskanzler Adolf Hitler hat den Anmarsch des Bolschewismus von weitem gesichtet und sein Sinnen und Sorgen darauf gerichtet, diese ungeheure Gefahr von unserem deutschen Volk und dem gesamten Abendland abzuwehren. Die deutschen Bischöfe halten es für ihre Pflicht, das Oberhaupt des deutschen Reiches in diesem Abwehrkampf mit allen Mitteln zu unterstützen, die ihnen aus dem Heiligtum zur Verfügung stehen.

Aufhetzerisch im höchsten Grade

Spitzelbericht über einen Gottesdienst Pastor Niemöllers in der Annenkirche zu Berlin-Dahlem am 30. Januar 1937 (Auszug)

Pastor Niemöller ging am Anfang seiner Predigt mit einer beispiellosen Frechheit auf die letzten 4 Jahre ein. Den Besuchern des Gottesdienstes wurden unter Fortlassung der wirklichen Gründe allgemeine Vorgänge aufgezählt, die auf den nicht unterrichteten Besucher aufhetzerisch im höchsten Grade wirken mußten.

Es war eine Schande, daß am Tage der nationalen Erhebung, da, wo jeder Deutsche mit Genugtuung und Stolz die Rede des Führers gehört hatte, dieser Pastor N. sich erlaubte, Gifte der Zersetzung und Gemeinheiten um sich zu spritzen. Niemöller äußerte sich zuerst im folgenden Sinne: Heute am 30. Januar, wenn wir einen Rückblick auf die letzten 4 Jahre tun, so haben wir keine Freude gehabt, sondern nur Trübsal. Haben diese 4 Jahre nicht nur zur Folge gehabt, daß Tausende von Männern, die sonst nie etwas mit der Polizei zu tun hatten, von ihr festgenommen wurden und Hunderte ins Konzentrationslager kamen? Ist es ein Erfolg? Die evangelische Kirche liegt gefesselt am Boden ... u.a.

Dann ging N. im Ton eines Unschuldslammes auf die Vorgänge der Stadt Lübeck im ungefähren Sinn ein: Was in Lübeck geschehen ist, ist wohl allen bekannt. Die Stadt Lübeck mußte das über sich ergehen lassen, daß 8 Pfarrer der Stadt Hausarrest bekommen haben und ein Pfarrer der Stadt verwiesen wurde. Den B.K. treuen Pfarrern ist es verboten worden, das Wort Gottes zu predigen.

N. verlas dann Namen von Pfarrern, die seit April 1936 und folgenden Monaten aus ihrer Gemeinde verwiesen wurden. Die Frechheit selbst brachte er in folgendem heraus: Erfüllt uns die Zeit vor 1933 nicht mit innerer Befriedigung, da sie uns die Geschlossenheit und innere Stärke zeigte? Waren es nicht Jahre der Stärke und des Kampfes gegen den Bolschewismus? Ja, die Entkirchlichung, Entchristlichung und Entsittlichung schreitet fort, und dann folgt die Nacht ...

Zum Schluß erwähnte er in heuchlerischer Weise in der Fürbitte: «und gib unserem Führer Kraft und Stärke, und seine Berater lasse die Wahrheit reden ...»

In der Kirche waren von der B.K.-Geschäftsstelle in der Saarlandstraße Herr Mielke und Fräulein Mayer anwesend. Vor und in der Kirche ist es zu Zwischenfällen nicht gekommen.

Jungkatholiken gegen Angriffskrieg

Bericht von Theo Hespers, erschienen Ende 1937 in den Niederlanden. Hespers wirkte dort für die antinazistische Einheitsfront der Jugend; er wurde im September 1943 hingerichtet (Auszug)

Da die Hitler-Regierung erleben mußte, daß trotz aller Unterdrückungsmaßnahmen die Geschlossenheit der katholischen Jugend nicht zu zerstören war, versuchte sie auf einem anderen Wege, ihre Beseitigung zu erreichen: durch die Vernichtung der Führung der katholischen Jugend. Der Hauptsitz der katholischen Jugend befand sich in Düsseldorf ... Die Zentrale in Düsseldorf erfaßte bis zu Beginn des Jahres 1936 noch immer gegen 40000 katholische Jugendliche.

Düsseldorf war aber nicht nur das organisatorische Zentrum. Hier hatte sich mit der Zeit auch eine geistige Führung herausgebildet, die in dem Kreis um Kaplan Dr. Rossaint ihren Mittelpunkt hatte. In der ersten Februarwoche 1936 erfolgte dann eine breit angelegte Verhaftungsaktion. Es wurden unter anderem verhaftet: Generalsekretär Dr. Clemens, Düsseldorf; Kaplan Hilgers, Düsseldorf, früherer Gauleiter des «Quickborn»; Kaplan Kremer, Remscheid; der Reichsführer der Sturmscharen, Steber; Kaplan Dr. Rossaint, Oberhausen; Kaplan Josef Thomé, M.-Gladbach, früherer Bundesführer der «Kreuzfahrer», Jugendpräses Kaplan Spülbeck, M.-Gladbach; Peter Himmes; Hermann Jülich und noch über hundert andere katholische Jugendführer des Rheinlandes. Ein Teil der Verhafteten wurde nach monatelanger, teilweise einjähriger Haft wegen Mangels an Beweisen, aber auch erst auf Grund höherer Interventionen, wieder freigelassen. Gegen Dr. Rossaint, Dr. Clemens, Kaplan Kremer, Steber, Jülich und zwei weitere Angeklagte wurde dann im April 1937 ein drei Wochen dauernder Schauprozeß vor dem Zweiten Senat des «Volksgerichtshofes» in Berlin geführt ... Man beschuldigte die Angeklagten, sich gegen die «Sicherheit des Staates» durch Zusammenwirken mit Kommunisten vergangen zu haben. Erschwerend wirkte für den Hauptangeklagten und einige andere seiner Freunde ihre jahrelange Zugehörigkeit zum «Friedensbund Deutscher Katholiken». Keinem der Angeklagten konnte ein politisches Zusammengehen mit Kommunisten nachgewiesen werden. Trotzdem wurde der Hauptangeklagte Dr. Rossaint zu elf Jahren Zuchthaus, der Reichsführer der «Sturmscharen», Steber, zu fünf Jahren, Jülich zu zwei Jahren und Kaplan Kremer zu achtzehn Monaten Gefängnis verurteilt. Die Begründung lautete auf «Vorbereitung und Beihilfe zum Hochverrat ...»

Mehr als alles Gerede Hitlers und seiner Gehilfen über Frieden ist die Behandlung der Friedensfrage im Rossaint-Prozeß aufschlußreich für den wirklichen «Friedenswillen» des «Nationalsozialismus» ...

«Wir hatten uns die Aufgabe gesetzt, in katholischen Kreisen Propaganda für den Friedensgedanken zu treiben»,

erklärte Kaplan Kremer und erhielt vom Gerichtspräsidenten zur Antwort:

«Ist Ihnen nicht zum Bewußtsein gekommen, daß eine dauernde Betonung des Friedensgedankens in der von Ihnen gewählten Form Folgen haben mußte? Wer als Apostel herumzieht und den Frieden predigt, der glaubt an den Krieg»,

und dann, sich zu Kaplan Rossaint wendend, fuhr er fort:

«Sie haben in der nationalsozialistischen Erhebung eine drohende Kriegsgefahr gesehen, ohne zu bedenken, welche Gefahr Sie durch diesen Defaitismus heraufbeschwören.»

Darauf gab Kaplan Dr. Rossaint die eindeutig klare Antwort:

«Ich habe in einer Besprechung mit Jungkatholiken den Standpunkt vertreten, daß der Nationalsozialismus das Chaos bedeutet, weil er zum Kriege führt. Vom Christentum her kann es nur eine Verdammung des Angriffskrieges geben...»

Keine Glaubensfreiheit ohne Kampf

Aufruf des ZK der KPD «Offene Worte an alle Katholiken Deutschlands»; April 1937 (Auszug)

Der Kampf *für* Glaubensfreiheit ist unzertrennlich verbunden mit dem Freiheitskampf des deutschen Volkes. Es wird in Deutschland keine Glaubensfreiheit geben, die nicht im großen Freiheitskampf der deutschen Volksfront errungen wird ... Katholische Freunde, angesichts der großen Gefahr, die unserer Heimat durch Hitlers Kriegspolitik droht, wollen wir unsere brüderliche gegenseitige Hilfe im Kampfe gegen den gemeinsamen Feind Hitler geloben.

Faschistische Mauerinschrift gegen die Bekennende Kirche

5 Zuspitzung der Widersprüche

Schritt für Schritt seinem Eroberungsprogramm folgend, trieb der deutsche Faschismus Europa in die Vorkriegskrise des imperialistischen Systems. Im untergründigen Ringen um die politische und wirtschaftliche Vormacht vergrößerten sich die Gegensätze zwischen den beiden Gruppierungen des Imperialismus rascher als ihre laut und leise beschworene antisowjetische Gemeinsamkeit. Die forcierte Aufrüstung steifte den Exponenten des deutschen Monopolkapitals den Rücken; aus ihr erwachsene Schwierigkeiten steigerten eher noch ihre Aggressivität. So trugen die Maßnahmen zur Vorbereitung des Krieges dazu bei, diesen Krieg schließlich unvermeidlich zu machen.

Vier Jahre nach dem Machtantritt des Faschismus war Deutschland erneut stärkster imperialistischer Staat in ganz Europa. An industrieller Produktion wurde es nur noch von den Vereinigten Staaten übertroffen. Sein Außenhandel hatte sich durch die staatliche Lenkungs- und Subventionspolitik erheblich erweitert, vor allem – in erbitterter Konkurrenz mit Briten und Nordamerikanern – in Südosteuropa und Lateinamerika. Die deutsche Wirtschaft beschäftigte rund achtzehn Millionen Werktätige, davon etwa sechs Millionen Frauen. Mit dem Absinken der Arbeitslosenzahl unter die Anderthalb-Millionen-Grenze erreichte sie endlich den Stand vor Ausbruch der Weltwirtschaftskrise; in einigen Fachberufen und auf dem Lande machte sich Arbeitskräftemangel bemerkbar. Den Nazis war dies Anlaß zu überschwenglichen Bilanzen. In Wahrheit handelte es sich nicht um einen echten Aufschwung, sondern um eine Scheinblüte.

Deutschland erlebte – im Gegensatz zur übrigen Welt – eine fieberhafte Rüstungskonjunktur. Ihre

Begleiterscheinungen ließen nicht auf sich warten. Die unproduktiven Aufwendungen für die geradezu sprunghaft anschwellende Wehrmacht zehrten die Wirtschafts- und Finanzkraft des Landes schnell aus. Darunter litt zunehmend die Versorgung mit Industriewaren und Lebensmitteln. Bedenklicher noch schien dem Regime der sich verschärfende Mangel an strategischen Rohstoffen. Devisen zum Einkauf im Ausland aber waren nicht ausreichend aufzubringen. Der Neue Plan vermochte die von Tag zu Tag stürmischer wachsenden Forderungen der Rüstungswirtschaft offensichtlich nicht länger zu befriedigen.

Um den künftigen Kurs entbrannten innerhalb der Monopolbourgeoisie harte Auseinandersetzungen. Konzentriert auf die Wirtschaftspolitik, nahmen sie im Endergebnis auch schon die richtungweisenden außenpolitischen und militärischen Entscheidungen vorweg. Die bislang tonangebende Monopolgruppe um die Vereinigten Stahlwerke trat – den von ihr getragenen Neuen Plan modifizierend – für eine vorübergehende Minderung des Rüstungstempos ein, damit durch gesteigerte Exporte und mit Hilfe von Anleihen bei den kapitalistischen Großstaaten Devisen für den Rohstoffeinkauf beschafft werden konnten. Politisch lief das bei klar antisowjetischer Zielstellung auf ein zeitweiliges Zusammengehen mit den Westmächten hinaus, militärisch auf die Vermeidung eines Mehrfrontenkriegs. Überspielt wurde diese Monopolgruppe von den aggressivsten Kräften des deutschen Finanzkapitals, verkörpert in den IG Farben, den Großbanken und besonders bedenkenlosen Montan-Industriellen. Sie setzten sich für absolute wirtschaftliche Autarkie ein, was praktisch der Vorbereitung eines Krieges nach allen Seiten gleichkam. Genau diese Vorstellungen machte sich die Naziführung umgehend zu eigen; das Ergebnis war der «zweite» Vierjahresplan zur kriegsmäßigen Mobilisierung der Wirtschaft.

Der Vierjahresplan bildete das wirtschaftspolitische Konzept für den Blitzkrieg. Zivilen Bedarf radikal zurückdrängend, sollte er das Rüstungspotential auf Hauptgebieten innerhalb kürzester Frist umfassend stärken. Statt einer mit langem Krieg rechnenden, für das rohstoffarme Deutschland sowieso niemals erreichbaren Tiefenrüstung strebte er die auf eine rasche Überwältigung des Gegners zugeschnittene Breitenrüstung an. Damit entsprach der Plan völlig der abenteuerlichsten Militärdoktrin faschistischer Generalstäbler, sie zugleich unausweichlich als die künftige Strategie programmierend. Selbst einen Mehrfrontenkrieg glaubte man so abschnittsweise für sich entscheiden zu können.

Mit der Verwirklichung der Vierjahresplan-Politik traten die Kriegsvorbereitungen in ihr konkretes Stadium. Zwar war schon nach Jahresfrist klar erkennbar, daß der Plan eine absolute Autarkie nicht herbeizuführen vermochte. Dies veranlaßte die nunmehr ausschlaggebenden Monopole, Militärs und Naziführer nach erneuten Richtungskämpfen zwischen den Fraktionen der herrschenden Klasse jedoch nur, Abhilfe in einer Beschleunigung ihres aggressiven Stufenprogramms zu suchen: durch möglichst umgehende Annexion der kleinen Länder in der unmittelbaren Nachbarschaft. Solche Störung des europäischen Gleichgewichts mußte eigentlich Frankreich und Großbritannien auf den Plan rufen; sie wurden folglich aus potentiellen Partnern im großen Krieg mit der Sowjetunion zu zwangsläufig bevorzugten Feinden. Den Kampf mit ihnen sah man allerdings auf dem Weg zur Weltherrschaft ohnehin als unvermeidlich an, Zuwarten obendrein als schädlich für den eigenen Rüstungsvorsprung. Im Hinblick auf den akuten Kollisionskurs wurde die staatliche und militärische Führung umgebildet und weiter zentralisiert, wodurch sich die Tendenz staatsmonopolistischer Machtausübung erheblich verstärkte. Die Wehrmacht erhielt erstmals exakte Ziele: Österreich und die Tschechoslowakei.

Das Konflikte heraufbeschwörende Vorgehen des Faschismus auf eigene Faust und eigene Rechnung spaltete das imperialistische Lager endgültig. Den über den größten Teil der Welt herrschenden Westmächten – Großbritannien, Frankreich und die Vereinigten Staaten – stand der durch Achse und Antikominternpakt neu formierte Block der faschistischen Staaten – Deutschland, Italien und Japan – gegenüber, massiv seine Ansprüche auf Neuverteilung der Erde anmeldend. Im Vorfeld der außenpolitischen Fronten trieb der über die Jahre hinweg immer gnadenloser geführte Kampf der Monopole beider Seiten um Rohstoffquellen, Absatzmärkte und Einflußsphären unübersehbar seinem blutigen Höhepunkt entgegen. Nicht nur die Nazis, auch realistisch denkende Politiker des Westens waren sich darüber im klaren, daß die Gegensätze auf die Dauer nur gewaltsam zu lösen waren. Vorerst jedoch suchten die Regierungen der Westmächte die Aggressivität der gefährlich erstarkten Konkurrenten auf jenen gemeinsamen Nenner zu bringen, den ihnen die Naziregierung wohlbedacht und unermüdlich vor Augen hielt: den Antisowjetismus. Die Beschwichtigungspolitik ging rasch über in eine Politik der freien Hand, die, eigene Interessen vernachlässigend, Garantien negierend, Bündnisse verratend, die Nazis nach Osten ablenken sollte. Auf der Strecke bleiben mußten dabei absehbar alle kleineren Staaten dieses Raums.

Aggression und Annexion kennzeichneten nun offen die Außenpolitik des deutschen Faschismus. Seine Taktik blieb dabei im Grunde gleich: Die Fünfte Kolonne hatte Unruhen zu provozieren, die durch die Nazipropaganda zur Unterdrückung aufrechter Deutscher umgefälscht wurden. Unannehmbare Forderungen sollten jede Verhandlung vereiteln; am Ende stand Erpressung mit nackter Gewalt. Innerhalb von zwölf Monaten unterwarf sich der Nazistaat so Österreich, die Tschechoslowakei und das Memelgebiet. Sein Territorium wuchs um fast eine Viertelmillion Quadratkilometer Land, seine Bevölkerung um ca. achtzehn Millionen Menschen, sein Potential um erhebliche kriegswirtschaftliche Ressourcen. Mehr angeregt als gesättigt, erhob er umgehend Ansprüche gegenüber Polen.

Erleichtert, wenn nicht erst ermöglicht, wurden die faschistischen Raubzüge durch die Kapitulation der jeweiligen Regierungen. Ihr Antibolschewismus verbot ihnen, sich sowjetischer Unterstützung zu bedienen, der Antikommunismus ließ sie vor der Organisierung echten Volkswiderstandes zurückschrecken. Bourgeoise Versager, sahen sie sich im Zurückweichen noch übertroffen durch ihre Amtskollegen im Westen, die sich von der Duldung der Aggression bis zu schamloser Mittäterschaft an ihr herabwürdigten. Im Falle Polens, wo die Dinge den gleichen Verlauf zu nehmen begannen, hielt die verbündeten Regierungen letzten Endes nur das Lebensinteresse heimischer Monopole und die Empörung der eigenen Völker im Wort.

Im deutschen Volk trat anfängliche Kriegsangst nur zu bald hinter bedenkenlosen Nationalismus zurück, schien doch seinem «Führer» auch ohne Krieg fast Unmögliches zu glücken. Nicht minder beruhigt zeigten sich jene bürgerlichen Kreise, die aus Sorge vor den Folgen einer unabgesicherten Aggression mit dem Gedanken eines Militärputschs gespielt hatten. Die Sozialdemokratie, nur noch auf die Westmächte bauend, handelte schon lange nicht mehr als Partei; der begrenzte Widerstand der Bekennenden Kirche war abgewürgt. Unbeirrt im Kampf gegen das Unheil verharrte allein die Kommunistische Partei, die bis Kriegsausbruch über die Hälfte ihrer Mitglieder an den Terror verlor. Auf ihrer Berner Konferenz wies sie allen die Alternative zum faschistischen Raubstaat: eine demokratische deutsche Republik.

Für die Sowjetunion wurden Maßnahmen gegen die Expansion des Faschismus zunehmend eine Frage der eigenen Sicherheit. Sie war seit München in Europa, aber auch im Fernen Osten unmittelbar gefährdet: hier durch das britisch-französische Bestreben, mit den Nazis zu globaler Einigung zu gelangen, dort durch die amerikanisch-britische Ermunterung der Japaner, die es zum zweitenmal auf schwere, monatelang andauernde Grenzkämpfe mit den sowjetischen Truppen ankommen ließen. Die Aktionseinheit aller imperialistischen Staaten gegen die Sowjetunion schien greifbar nahe, mit ihr ein Zweifrontenkrieg. Eine solche Bedrohung zwang die Sowjetregierung zu raschem Entschluß. Nach einem den ganzen Vorkriegssommer hindurch anhaltenden Doppelspiel der Westmächte handelte sie in letzter Stunde. Der Nichtangriffsvertrag mit Deutschland entzog sie dem sich abzeichnenden Komplott. Dagegen ging die Rechnung der Nazis nicht auf: Statt durch diesen Vertrag militärisch abgeschreckt zu werden, waren die Regierungen der Westmächte im Bestreben, ihren politischen Bankrott zu verschleiern, zur Kriegserklärung an das aus ihrer Sicht nun offenbar zu allem fähige Regime gezwungen.

Vor neuen Aktionen zur Erweiterung ihrer Macht- und Interessenbereiche grenzen die faschistischen Großstaaten ihre Ansprüche untereinander ab. Die «Achse Berlin–Rom» manifestiert die neue Gemeinsamkeit des deutschen und italienischen Faschismus. Für Nazi-Deutschland als den stärkeren Partner ermöglicht das eine wesentlich intensivere Einflußnahme auf Österreich, das restliche Mitteleuropa und den Balkan. Demonstrativ gegen die Sowjetunion richtet sich der Antikominternpakt mit Japan, durch den sich der fernöstliche Aggressor Rückendeckung für seinen geplanten Eroberungszug in China erhofft. Mit diesen Absprachen ist das weltbedrohende Kriegsbündnis vorgezeichnet. Trotzdem zeigen sich die Westmächte bereit, den antisowjetischen Grundzug dieser Politik zu honorieren.

Die Verschwörung gegen den Frieden

1936

14. Okt. Belgien erklärt seine absolute Neutralität; kündigt Mitgliedschaft im Locarno-Pakt **24. Okt.** Italiens Außenminister Ciano auf dem Berghof; am **25. Okt.** hier Vertrag über die deutsch-italienische Zusammenarbeit («Achse») **14. Nov.** Deutschland kündigt Bestimmungen des Versailler Vertrages über Internationalisierung der deutschen Ströme **25. Nov.** Antikominternpakt Deutschland–Japan (in Berlin); Geheim-Protokoll über abgestimmtes Verhalten bei Krieg mit der Sowjetunion **10. Dez.** Drei Wirtschaftsabkommen mit Italien (in Rom)

1937

27. Jan. Wirtschaftsabkommen mit Österreich (in Berlin) **30. Jan.** Hitler zieht deutsche Unterschrift zum Kriegsschuld-Artikel von Versailles zurück **22. Febr.** v. Neurath besucht Wien; Proteste der Bevölkerung **15. März** Der König v. Dänemark bei Hitler **13. April** Schacht legt in Brüssel einen Plan «zur wirtschaftlichen Befriedung Europas» vor; verlangt Rohstoffquellen und Absatzmärkte sowie Verzicht Frankreichs auf Streben nach kollektiver Sicherheit **19. April** Österreichs Kriegsminister Glaise-Horstenau bei Hitler **16. Juni** Schacht in Wien – Österreichische Industrielle bei Hitler **10. Juli** «Pressefrieden» mit Österreich; sieht die Einstellung der Polemiken vor – Handelsvertrag mit Frankreich (in Paris) **17. Juli** «Qualitatives» Flottenabkommen mit Großbritannien zu Größe und Bewaffnung der Kriegsschiffe (in London) **8. Aug.** v. Neurath trifft Außenminister Schmidt in Vorarlberg **7. Sept.** Hitler erklärt den Vertrag von Versailles für ungültig **28. Sept.** Mussolini auf einer Kundgebung der «Achse» in Berlin **13. Okt.** Deutsche Garantie für die Neutralität Belgiens **22. Okt.** Finnlands Außenminister Holsti besucht Berlin **27. Okt.** Herzog v. Windsor Gast Hitlers **5. Nov.** Minderheiten-Regelung mit Polen **6. Nov.** Italien schließt sich dem Antikominternpakt an **19. Nov.** Lord Halifax auf dem Berghof; Preisgabe des Status quo in Mitteleuropa **28. Nov.** Londoner Ministerkonferenz (Großbritannien/Frankreich); erweitert Nichteinmischungs-Politik auf Europa

1938

14. Jan. Polens Außenminister Beck zu Besuch in Berlin **20. Febr.** Rücktritt Außenminister Edens **8. März** Hoover bei Hitler **12. März** Deutschland annektiert Österreich **6. April** Osloer Konferenz der Nordischen Staaten: Neutralität; keinerlei Maßnahmen kollektiver Sicherheit **3. Mai** Hitler zu Besuch in Italien; verzichtet auf Südtirol **1. Juli** Wirtschaftsabkommen mit Großbritannien, Polen und der Schweiz **23. Juli** Kopenhagen-Deklaration zur Osloer Konferenz; ihr treten auch Belgien, die Niederlande und Luxemburg bei **21. Sept.** Beck bei Hitler **29. Sept.** Münchener Konferenz

Vom Reichsbühnenbildner mit trutzig-pompösem Hintergrund versehen, empfiehlt Hitler das Dritte Reich den Westmächten Mitte Februar 1938 im Reichstag offen als Rammbock gegen den Bolschewismus. Damit macht er sie seinen nun steigenden Ansprüchen geneigt

Deutschlands offene Anpreisung als «Damm gegen die bolschewistische Flut» war schon auf dem Reichsparteitag von 1936 angelaufen

Nach Gesprächen über die Achse Berlin–Rom: Die Außenminister v. Neurath und Ciano bei Hitler auf dem Berghof; im Hintergrund die beiden Botschafter Attolico (links) und v. Hassell. Durch den Vertrag grenzen die expandierenden Mächte ihre Interessengebiete ab

Unterzeichnung des Antikominternpaktes durch Sonderbotschafter v. Ribbentrop und den japanischen Botschafter Graf Mushakoye (links). Die lang andauernden Gespräche mit dem zunehmend faschisierten Japan münden damit in ein unverhülltes antisowjetisches Bündnis

Dem Antikominternpakt schließt sich Italien, hier vertreten durch Außenminister Ciano, Ende 1937 an. Mit dieser Kampfansage an die Sowjetunion hofft man auf ein Entgegenkommen der Westmächte

Bei einer Kundgebung auf dem Berliner «Maifeld» anläßlich seines Staatsbesuches im September 1937 gelobt Mussolini seinem neuen Freund Hitler leichtfertig, «mit ihm bis ans Ende zu marschieren»

Große Flottenparade im Golf von Neapel zu Ehren Hitlers, der im Mai 1938 Mussolinis Staatsbesuch erwidert. Während Mussolini in Berlin Österreich endgültig preisgab, um für seine Kolonialpolitik Hitlers Unterstützung zu erhalten, zahlt der «Mehrer des Reiches» den «Duce» nun mit Verzicht auf das «deutschstämmige» Südtirol für dessen Hilfe bei der Vergewaltigung der Tschechoslowakei aus

Während eines Japan-Besuchs Anfang 1937 wird die Besatzung des leichten Kreuzers «Emden» durch den Shinto-Priester des Tempels in Yasakuni begrüßt. Hinter der nun bekundeten Zuneigung steht ein geheimes Zusatzprotokoll zum Antikominternpakt, das im Fall des Konflikts mit der Sowjetunion einheitliche Maßnahmen beider Staaten vorsieht und politische Verträge mit der UdSSR verbietet

Über die deutsche Kriegsakademie werden auch fremde Offiziere wie dieser Türke zu potentiellen Komplizen künftiger Aggression

Portugals Staatsjugend-Chef Guetes (links) läßt sich im Sommer 1938 durch v. Schirach im Sportwagen Bayerns kernige HJ zeigen

Nach Abschluß des Wirtschaftsvertrags mit Österreich Anfang 1937 empfängt Hitler eine von Schacht intensiv betreute Gruppe Industrieller aus dem Nachbarland. Die Wirtschaft Österreichs unterliegt durch beträchtliche Kapitalbeteiligungen starkem deutschem Einfluß

Ein Regierungsempfang im Berliner Schloß für die beeindruckten Teilnehmer eines der zahlreichen internationalen Fachkongresse

Lord Halifax, der Präsident des Geheimen Kabinettsrates (zweiter von links), stellt Hitler im November 1937 bei seinem Besuch auf dem Berghof eine Erneuerung der Viermächte-Politik in Aussicht

Hoher «Freundschaftsbesuch» bei der Royal Air Force im Oktober 1937: Generalmajor Udet, Generalleutnant Stumpff und General Milch, der eben Lord Swinton vom Luftfahrt-Ministerium begrüßt

Kriegsminister v. Blomberg, als Leiter einer deutschen Delegation zu den Krönungsfeierlichkeiten Georgs VI. im Mai 1937 zu Gast in Großbritannien, läßt sich in Dorset die dortigen Panzer vorführen

Der frühere Präsident der USA, Hoover (Mitte), ist im März 1938 Gast der Carl-Schurz-Gesellschaft. Links daneben Schacht und der neuernannte US-Botschafter Wilson, rechts außen Bankier v. Stauß

Im Kreise hocheleganter Naziprominenz darf sich Großbritanniens Prinz Charles (Mitte) während der München-Riemer Rennwochen im August 1938 am großen Kampf um das «Braune Band» erbauen

Juni 1937 in Paris: Generalstabschef Beck zu Besuch bei Kollegen Gamelin, flankiert von Attaché v.Kühlenthal und Gehilfen Speidel

Die deutschen Luftschutz-Vorbereitungen interessieren im Januar 1938 den britischen Unterstaatssekretär Lloyd, hierfür Experte

Staatssekretär Milch empfängt im August 1938 den Generalstabschef der französischen Luftwaffe, General Vuillemin (in der Mitte)

Ungeniertes Interesse verrät der Deutschland-Besuch des Herzogs von Windsor und seiner Gattin im Oktober 1937. DAF-Führer Ley sichert den Gästen – hier in einer Berliner Mustersiedlung – das ihnen zugestandene Maß an Bewegungsfreiheit. In den Thronerben hatten die Nazis große Hoffnungen gesetzt. Als Eduard VIII. mußte er jedoch, standeswidrig heiratend, schon nach Monaten abdanken

Erfolg bei künftigen Auseinandersetzungen versprechen sich die Nazis vor allem durch den sie begünstigenden Rüstungsvorsprung. Wegen der forcierten Kriegsvorbereitung steht ihr Regime jedoch schon im vierten Jahr seiner Herrschaft vor äußerst ernsten wirtschaftlichen Schwierigkeiten. Für eine weitere Aufrüstung in diesem Tempo fehlen Rohstoffe und Devisen. Angesichts dessen verliert die am Außenhandel interessierte, auf ein antisowjetisches Abkommen mit den Westmächten ausgehende Monopolgruppe um Schacht an Einfluß. Nach vorn schiebt sich die zum allseitigen Krieg entschlossene Gruppe, in der die große Chemie-Industrie dominiert. Sie inspiriert den Vierjahresplan. Sein intern genanntes Ziel: die kurzfristige Kriegsbereitschaft der Wirtschaft und der Wehrmacht durch Autarkie.

Verkündung des neuen Vierjahresplanes im Berliner Sportpalast. Auf der Tribüne zeigen sich Außenminister v. Neurath, Staatssekretär Lammers, Minister Popitz, Finanzminister Schwerin v. Krosigk, Reichsbankpräsident Schacht und Kriegsminister v. Blomberg (v. l. n. r.)

Mobilmachung der Monopole

1936

27. April Göring Beauftragter für Rohstoff- und Devisenfragen; bildet unter Loeb im **Mai** Rohstoff- und Devisenstab **17. Aug.** Denkschrift Röchlings fordert Kriegsvorbereitung gegen die Sowjetunion **Mitte Aug.** Experten der IG Farben unter Krauch bereiten Unterlagen für einen Vierjahresplan vor; zusammengefaßt am **26. Aug.** in einer Denkschrift Hitlers; sie fordert Kriegsbereitschaft der Armee und Wirtschaft innerhalb von vier Jahren **4. Sept.** Denkschrift im Ministerrat; Göring: Krieg mit der Sowjetunion unvermeidlich **9. Sept.** Verkündung des Vierjahresplans auf dem Nürnberger Parteitag **2. Okt.** Staatssekretär Backe gibt in Goslar die Parole «Kampf dem Verderb!» aus **11. Okt.** In Hof proklamiert Heß: «Kanonen statt Butter!» **18. Okt.** Göring wird Beauftragter für den Vierjahresplan **22. Okt.** Erlaß Görings über einen Ministerrat für den Vierjahresplan; Mitglieder sind u.a. Lammers, Keppler, Körner – Amt für deutsche Roh- und Werkstoffe gebildet (Loeb) **28. Okt.** Göring-Rede in Berlin: Lohnstopp und Arbeitsfrieden **29. Okt.** Reichskommissar für die Preisbildung eingesetzt (Wagner) **7. Nov.** Die ersten sechs Anordnungen zur Sicherung von Arbeitskräften erlassen; vor allem Bau- und Metallarbeiter betroffen **13. Nov.** Zusammenwirken Industrie/Wehrmacht im Krieg am Wehrkreis Dresden erprobt **26. Nov.** Verbot von Preiserhöhungen **1. Dez.** Devisenvergehen mit dem Tod bedroht (Wirtschaftssabotage) – Gesetz zur Erschließung von Bodenschätzen **Dez.** Exposé der IG Farben zur Finanzierung der Buna-Werke **17. Dez.** Göring verlangt von der Großindustrie Rohstoffe und Devisen; verspricht ihr reichliche Entschädigung in «siegreichem Krieg»

1937

30. Jan. Aktien-Gesetz: Auflösung kleiner AGs; Großaktionäre und Vorstände gestärkt **10. Febr.** Gesetz zur Neuregelung des Verhältnisses der Reichsbahn und der Reichsbank: Reichsbahn der Regierung unterstellt; Bankdirektorium ist Hitler rechenschaftspflichtig **25. Mai** Wehrwirtschaftliche Generalstabsreise mit Schacht und Vertretern der Wirtschaft **15. Juli** Gründung der Reichswerke AG für Erzbergbau u. Eisenhütten «Hermann Göring» (Pleiger/Körner) **23. Juli** Zusammenschluß aller Bergbau-Berechtigten angeordnet (zu umfassender Ausbeutung der Erzlager) **26. Nov.** Schacht als (kommissarischer) Wirtschaftsminister abgelöst; Nachfolger: Funk **2. Dez.** Zur Anpassung an den Vierjahresplan übernimmt Göring interimistisch das Ministerium **10. Dez.** Wehrwirtschaftsführer in der Luftfahrt-Industrie ernannt **Jahresende** Restlose Erschöpfung der Rohstoff-Vorräte; die Gold- und Devisenreserven des Reichs sind auf vierundsiebzig Millionen Mark abgesunken

Wirtschaftsminister Schacht, Vertreter der besser abgedeckten Expansion, muß gehen; die Leitung der Reichsbank bleibt ihm noch

An den Berliner U-Bahn-Sperren werden Sammelboxen für leere Tuben angebracht – jedes Gramm Rohstoff dient der Aufrüstung

Im Zeichen des Vierjahresplan-Schweins beginnt 1937 unter der für eine Mangelwirtschaft absurden Parole «Kampf dem Verderb!» in jedem Haus die Sammlung von Küchenabfällen sowie von Knochen, Lumpen und Papier. Das soll Devisen für die Rüstung frei machen

Auf der Grünen Woche 1937 verkostet Göring bei der «Sparsamen Hausfrau» einen neuentwickelten Brotaufstrich – für Butter sind verbrauchsdrosselnde Kundenlisten eingeführt worden. Ungeachtet dessen verlangt der «Beauftragte für den Vierjahresplan» von den Arbeitern, daß trotz Lohnstopps «Ruhe in den Betrieben ist» und dort unverdrossen «geschafft wird vom Morgen bis zum Abend»

Deutschlands Importabhängigkeit bei Textilrohstoffen, die mehr als zwei Drittel des Bedarfs beträgt, soll durch gesteigerte Erzeugung synthetischen Ersatzmaterials wie Zellwolle wettgemacht werden

Das erste Buna-Werk der IG Farben nahe Schkopau produziert ab März 1937; nennenswert ist der Ausstoß erst zwei Jahre später. Bis dahin wird der Kautschuk zu fünfundachtzig Prozent eingeführt

Bis 1937 wächst die kriegswichtige Produktionsmittel-Industrie um mehr als ein Viertel gegenüber 1928. Durch die Aufrüstung fehlen der Wirtschaft bereits rund eine Million spezialisierte Arbeitskräfte

Die Essener Gußstahl-Fabrik von Krupp. Er bildet mit Flick und den Konzernchefs von Mannesmann die schwerindustrielle Komponente der auf eine beschleunigte Expansion drängenden Monopolgruppe

Die nach Göring benannten Reichswerke bei Watenstedt-Salzgitter werden aus Steuergeldern errichtet, nachdem die Konzerne derart unrentable Investitionen abgelehnt haben. Sie sollen den Anteil der Roheisenerzeugung aus der eigenen Förderung auf fünfzig Prozent steigern. Auch andere kriegswichtige Produktionszweige, vor allem die chemische Industrie, erhalten Staatszuschüsse in Milliardenhöhe

Kernstück der IG Farben sind die Leuna-Werke. Hier sowie in den neuen Hydrier- und Fischer-Tropsch-Anlagen werden 1938 bereits vierundvierzig Prozent des deutschen Treibstoff-Bedarfs abgedeckt

Die Elektrokonzerne – hier Siemens in Berlin – gehören zu der von den IG Farben geführten Gruppe aggressiver Monopole, die sich in den Richtungskämpfen um die zukünftige Politik durchsetzt

Göring besucht den Tagebau Haverlahwiese der Reichswerke nahe Watenstedt-Salzgitter, wo er niedrigprozentiges Eisenerz fördern läßt. Links Stabsamtsleiter Gritzbach und Generaldirektor Pleiger

Überall forschen Schürftrupps nach unentdeckten Bodenschätzen. So steigt die deutsche Erdölproduktion von 1933 bis 1939 auf über das Dreifache, freilich ohne mehr als ein Drittel des Bedarfs zu decken

Bereits ein Jahr nach der Verkündung des Vierjahresplanes sind dessen Mängel offenkundig. Die angestrebte Autarkie kann nur sehr bedingt hergestellt werden. Trotzdem behauptet sich die dafür eintretende staatsmonopolistische Gruppierung. Ihre brutale Lösung besteht im Übergang zur sofortigen Annexion angrenzender Gebiete. Bewußt in Kauf genommen wird dabei die Gefahr des Konflikts mit den Westmächten. Alle den neu festgelegten Kriegskurs denkbarerweise nur hemmenden Wirtschaftler, Militärs und Diplomaten werden abgelöst; an ihre Stelle treten Exponenten der Blitzkriegsstrategie. Hitler selbst überträgt sich den Oberbefehl über die Wehrmacht, deren Einsatzpläne präzisiert werden. Hand in Hand damit baut jene nun unbestritten führende Monopolgruppe ihre Positionen weiter aus.

Kurs des kalkulierten Risikos

1937

Jahresbeginn Massive Befestigung der deutschen West- und Ostgrenze **5. Juni** Göring kündigt auf Generalappell des Luftschutzbundes Ausgabe der Volksgasmaske an **24. Juni** Geheime Weisung zur einheitlichen Kriegsvorbereitung der Wehrmacht: «stete Kriegsbereitschaft» nach Westen (Fall Rot) Südosten (Fall Grün) und Osten sowie für einige Sonderfälle (Otto = Österreich und Richard = Republik Spanien) **20. Juli** Wehrsteuer-Gesetz; für die nicht Einberufenen **20. Sept.** Einwöchiges Großmanöver der drei Wehrmachtteile im Raum Mecklenburg/Pommern; Teilnahme hoher Militärs aus Italien, Ungarn und Großbritannien; in Berlin und Norddeutschland Luftschutz-Woche **Herbst** Umrüstung sowie verstärkte Motorisierung des Heeres eingeleitet **5. Nov.** Beratung Hitlers mit dem Kriegs- und dem Außenminister sowie den drei Oberbefehlshabern: «Lebensraum» soll durch «Gewalt unter Risiko» gewonnen werden **21. Dez.** Überarbeitete Weisung zur einheitlichen Kriegsvorbereitung der Wehrmacht: Angriffskrieg gegen Tschechoslowakei – auch bei Zweifrontenkrieg

1938

26. Jan. Erzwungener Rücktritt Kriegsministers v. Blomberg **28. Jan.** Beurlaubung v. Fritschs, des Heeres-Oberbefehlshabers **1. Febr.** Göring bildet Wehrwirtschaftsrat aus Vertretern der führenden Monopole (Wehrwirtschaftsführer) **4. Febr.** Erlaß Hitlers über die oberste Führung der Wehrmacht: Kriegsministerium aufgelöst; aus Wehrmacht-Amt Oberkommando der Wehrmacht gebildet (Keitel); unmittelbarer Oberbefehlshaber der Wehrmacht wird Hitler selbst; Oberbefehlshaber des Heeres: v. Brauchitsch – v. Blomberg und v. Fritsch sowie viele andere hohe Offiziere entlassen – Göring zum Generalfeldmarschall ernannt – v. Ribbentrop wird neuer Außenminister; v. Neurath Chef eines Geheimen Kabinettsrates; Abberufung v. Papens – Wirtschaftsministerium neu gegliedert: Industrie/Deutsche Roh- und Werkstoffe (Gen. Major Loeb); Bergbau/Eisen/Energie (Gen. Major v. Hanneken); Wirtschaftsordnung/Handel/Handwerk (Staatsrat Schmeer); Geld- und Kreditwesen (Präsident z. D. Lange) sowie Außenhandel/Devisen/Export (Major v. Jagwitz) – Unterstellung der Reichsstellen für Wirtschaftsausbau bzw. für Bodenforschung sowie des Reichskommissars für Altmaterialverwertung **7. Febr.** Amtseinführung Funks als Wirtschaftsminister **8. März** Amtszeit Schachts als Präsident der Reichsbank um vier Jahre verlängert **20. März** Im Außenministerium Keppler Staatssekretär; am **2. April** auch v. Weizsäcker; Ernennung von neuen Botschaftern für Rom, London und Tokio

Kriegsminister v. Blomberg läßt sich wenige Tage vor seiner Entlassung mit seiner neuen Frau, einer ehemaligen Prostituierten, von Prof. Schneider den Leipziger Zoo zeigen. Die Mißehe ist Ausgangspunkt einer Intrige gegen die einen Westfeldzug scheuenden Militärs

Botschafter v. Ribbentrop auf dem Weg zum Abschiedsbesuch beim britischen König; er ist von Hitler zum Außenminister berufen worden. Sein Amtsvorgänger v. Neurath wird zum Trost Präsident des obskuren, niemals zusammentretenden Geheimen Kabinettsrats

Abgelöst, erhält der Oberbefehlshaber des Heeres, v.Fritsch (links), durch Nachfolger v.Brauchitsch – ehrenhalber – ein Regiment

Göring führt den früheren Börsenjournalisten Funk als neuen Wirtschaftsminister ins Amt ein. Zuvor hatte Göring dort interimistisch selbst amtiert, um das bis dahin federführende Ministerium radikal zum Exekutivorgan seiner Vierjahresplan-Behörde zu reorganisieren

Die Instrumente seiner Gewaltpolitik prüft der neue Oberbefehlshaber in Döberitz, wo man feldmarschmäßige Ausrüstung vorführt

Gesandter v.Papen, hier im Wiener Kreis seiner Mitarbeiter, ist Hitlers gewaltsamen Plänen gegen Österreich nunmehr im Wege

Nicht als Kriegsminister, wie erhofft, sondern als neuernannter Generalfeldmarschall nimmt Göring eine Parade ab. Die Enttäuschung teilt er mit Himmler, der den einen Westkonflikt scheuenden v. Fritsch als Homosexuellen verleumdet hatte, um seine Nachfolge anzutreten

Als erster Staat in Europa fällt den Nazis Österreich anheim. Seine strategische Lage – Schlüsselposition im Donau-Raum – macht es den deutschen Militärs begehrenswert, die Rohstoffe, Industrien und Arbeitskräfte locken die deutschen Monopole an. Der «Anschluß» des Landes wird unter starkem politisch-militärischem Druck etappenweise vorbereitet. Vorwände für die unablässige Einmischung des Reiches in seine inneren Angelegenheiten hat die österreichische NS-Bewegung zu liefern. Schuschniggs klerikalfaschistisches Regime, ohne jede Basis im Volk und von seinem Gönner Mussolini im Stich gelassen, erliegt dem Zusammenspiel. Trotz der früheren Garantieverpflichtungen akzeptieren eilfertig auch die Westmächte die militärische Vergewaltigung des Landes durch den Faschismus.

Heimkehr in Hitlers Reich

1938

10. Jan. Österreich und Ungarn erklären sich auf Konferenz mit Italien in Budapest für die Achse und den Antikominternpakt **12. Febr.** Schuschnigg in Berchtesgaden; Hitler fordert ultimativ die Unterordnung Österreichs und NS-Regierungsbeteiligung **13. Febr.** Dreitägige Scheinmaßnahmen der Wehrmacht angeordnet **15. Febr.** Österreichs Regierung nimmt Hitlers Forderungen an **16. Febr.** Seyß-Inquart Innenminister **17. Febr.** Amnestie für die noch inhaftierten Nazis – Seyß-Inquart bei Hitler; Umsturzplan **20. Febr.** Drohrede Hitlers im Reichstag **24. Febr.** Antwort Schuschniggs im Parlament: Österreich bleibt unabhängig **27. Febr.** Nazitumulte, besonders in Graz **Ende Febr.** Breite Volksbewegung für die Unabhängigkeit des Landes **4. März** NS-Beauftragter Keppler verlangt dagegen Repressalien **9. März** Schuschnigg kündigt eine Volksbefragung für den 13 März an **10. März** Ein Ultimatum Hitlers fordert Verschiebung und den Rücktritt Schuschniggs **11. März** Weisung Nr. 1 an die Wehrmacht zu «Unternehmen Otto» – Philipp v. Hessen in Rom; Stillhalte-Zusage Mussolinis – Deutscher Grenzaufmarsch – Am Abend erklärt Schuschnigg über Rundfunk den Rücktritt seines Kabinetts und Verschiebung der Abstimmung – Nachts durch Bundespräsident Miklas Ernennung Seyß-Inquarts zum Kanzler **12. März** Einmarsch der Wehrmacht – Hitler in Linz – Dank an Mussolini **13. März** Verhaftungsaktion Himmlers – In Linz Wiedervereinigungs-Gesetz – Miklas legt sein Amt nieder – Bundesheer neu vereidigt – Auflösung der Vaterländischen Front **15. März** Hitler in Wien; Erlasse zur Landesregierung, Beamten-Vereidigung und Einführung der Reichs-Gesetze – Seyß-Inquart wird Reichsstatthalter **16. März** Vereidigung der Polizei – Übernahme des Generalstabs, der Bundesbahnen sowie der Bundesbank **17. März** Protest der Sowjetunion gegen die Annexion **18. März** Loyalitätserklärung der katholischen Bischöfe; zwei Wochen später auch des evangelischen Oberkirchenrats **19. März** Einbeziehung in den Vierjahresplan – Keppler Reichsbeauftragter **22. März** Völkerbund löscht Mitgliedschaft Österreichs **23. März** Einbeziehung in die Aufrüstung **2. April** Großbritannien erkennt die Annexion an; Frankreich und die Vereinigten Staaten folgen **7. April** Bei Salzburg Beginn des Baues einer neuen Autobahn **9. April** Hitler in Wien **10. April** Mit der Neuwahl des Reichstags verbundene Volksabstimmung über den Anschluß **14. April** Ostmark-Gesetz: Auflösung Österreichs in Reichsgaue **23. April** Bürckel Reichskommissar für die Wiedervereinigung **13. Mai** Baubeginn der Reichswerke Linz **22. Mai** NS-Gauleiter ernannt **31. Mai** Einführung der neuen Landesregierung

Das Ölvorkommen bei Zistersdorf nordöstlich Wien ist für die deutsche Kriegswirtschaft nicht ohne Belang; von erheblich größerem Interesse sind allerdings die hochqualitativen steirischen Eisenerze, die Vögler mit sechs Millionen Tonnen Jahresausbeute veranschlagt

Seyß-Inquart spricht als eben neuernannter österreichischer Innenminister in Graz vor steirischen «Amtswaltern» der Nazipartei

Im Parlament gelobt Schuschnigg unter dem Kruckenkreuz seiner Vaterländischen Front pathetisch: «Rot-Weiß-Rot bis in den Tod»

Nach Hitlers Rede vom 20. Februar rotten sich in Graz (oben) und anderen österreichischen Städten die Nazianhänger zu ausufernden Anschluß-Kundgebungen zusammen. Angesichts dieser Bedrohung der Unabhängigkeit Österreichs verlangen annähernd eine Million Werktätige mit ihrer Unterschrift von der Regierung Schuschnigg demokratische Freiheiten, um ein Vaterland verteidigen zu können

Wien am 10. März: Die Straßen sind bedeckt mit Flugblättern der Vaterländischen Front zu der am Vortag von Schuschnigg in Panik angesetzten Volksabstimmung. Am Tag darauf gibt der Kanzler auf

Bundestruppen besetzen am 11. März Graz und andere Städte zur Sicherung gegen Nazianschläge. Stunden später wird den Truppen befohlen, einen deutschen Einmarsch widerstandslos hinzunehmen

Bewaffnete Nazis nehmen am 12. März noch vor der Wehrmacht wichtige Punkte Wiens in Besitz, darunter das Bundeskanzleramt

Das nach dem erzwungenen Rücktritt Schuschniggs gebildete Nazi-Kabinett Österreichs präsentiert sich noch ganz souverän: (v. l. n. r.) Solff, Neumayer, Hueber, weiter als neuer Bundeskanzler Seyß-Inquart, dann Menghin, Reinthaler, Glaise-Horstenau, Jury, Fischböck

Starke deutsche Luftlandeeinheiten gehen am 12. März ungehindert auf dem Wiener Flugplatz Aspern nieder. Über die Landesgrenzen marschieren zur gleichen Zeit rund zweihunderttausend Mann nach Österreich ein. Dem gehen fernmündliche Anweisungen Görings an Seyß-Inquart voraus, pro forma um «militärischen Schutz» durch Deutschland zu bitten. Die Wehrmacht hat längst Order erhalten

Aus Süddeutschland trifft am 1. April die in Reserve gehaltene Österreichische Legion ein, SA-Bürgerkriegstruppe exilierter Nazis

Am Brenner-Paß begrüßen sich nun deutsche und italienische Offiziere: Mussolini hat dem späten Ersuchen Hitlers nachgegeben, den Einmarsch der Wehrmacht nach Österreich zu dulden. Seine Handlungsfreiheit Deutschland gegenüber ist seit Spanien stark vermindert

Österreichs Antifaschisten vermögen dem Einmarsch angesichts völliger Tatenlosigkeit ihres Bundesheeres nicht entgegenzutreten

Im Wiener Hotel Astoria ist vorsorglich für etwaige Befehlsverweigerer ein deutsches Luftwaffen-Kriegsgericht etabliert worden

Mit bis dahin selbst in Deutschland kaum erlebter Brutalität fällt der antisemitische Auswurf in Österreich über die Juden her

Einbruch in die Schatzkammer der Wiener Alten Hofburg: Hitlers Stellvertreter Heß berauscht sich an den Kaiser-Insignien, die nun «ins Reich heimkehren» – wie auch Goldbestände und Wertpapiere

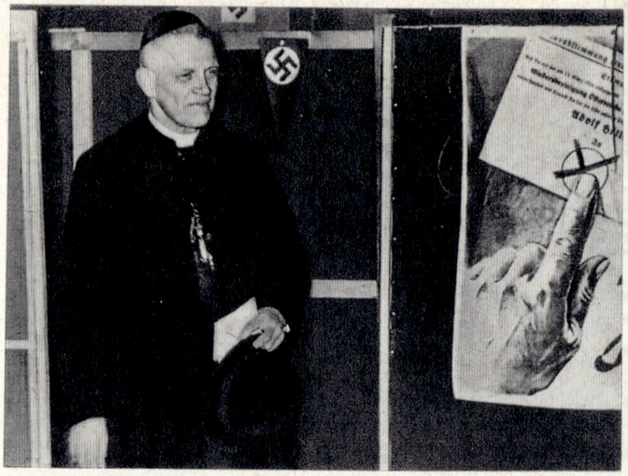

Kardinal Innitzer, der Erzbischof von Wien, ist einer der ersten bei der «großdeutschen Wahl». Er und seine Amtsbrüder geloben Hitler umgehend Loyalität, ebenso der evangelische Oberkirchenrat

Göring macht sich in Linz noch Mitte Mai an die Grundsteinlegung eines neuen Reichswerkes. Die Alpine Montan AG Wien wird nun diesem Konzern eingegliedert; Österreichs Nationalbank aufgelöst

Himmler vereidigt die Wiener Polizei, assistiert von Heydrich und Daluege sowie dem Anschlußexperten Bürckel. Mitte April sind im ganzen Land bereits fünfundsiebzigtausend Menschen verhaftet

Den Eid auf Hitler hat sofort auch das österreichische Bundesheer abzulegen. Dem Aggressor wächst damit ein weiteres Dutzend gut ausgerüsteter Divisionen zu, abgesehen vom übrigen Potential

Drei Sondermaschinen bringen aus Mannheim Hakenkreuzflaggen nach Wien, damit es zum «Großdeutschen Tag» dekoriert werden kann. Österreichs Eigenständigkeit löst sich in der «Ostmark» auf

In Hitlers Reichstag gibt es schon Mitte März nur noch eine ihm untertänige Landesregierung Österreichs: Seyß-Inquart (rechts) ist bloßer Reichsstatthalter, Gauleiter Bürckel (links) Reichskommissar

Auf dem Heldenplatz in Wien läßt sich Hitler am 15. März als erster großdeutscher Führer feiern. Die Begeisterung der Mehrheit der Bevölkerung ist echt; das rund hundertjährige Streben nach einem Großdeutschland scheint erfüllt. Daß an die Stelle der drückenden klerikal-faschistischen Diktatur der Dollfuß und Schuschnigg sofort das Terrorregime der Gestapo tritt, geht den meisten zu spät auf

Das Ausbleiben jeder ernsthaften Reaktion auf die Aggressionspolitik des Faschismus schwächt den Widerstand vieler kleinerer Staaten folgenschwer ab. Ihnen gegenüber begreift sich Nazi-Deutschland schon jetzt als europäische Vormacht. Immer tiefer in ihre Wirtschaft eindringend, macht es ein südosteuropäisches Land nach dem anderen zugleich politisch abhängig. Die Sowjetunion vermag trotz ihrer intensiven Bemühungen bei den am Antikommunismus erblindeten Westmächten noch immer nicht die simple Erkenntnis wachzurufen, daß der Frieden nur durch Kollektivmaßnahmen zu retten ist. So ist man in Berlin sicher, London und Paris weitere Zugeständnisse entreißen zu können. Die Raubgier des Faschismus ist nun genährt statt «beschwichtigt», sein nächstes Opfer bereits ausgewählt.

Freie Hand im Osten

1936

16. Nov. Schacht zur Vertiefung des deutschen Einflusses in der Türkei, anschließend im Iran; in beiden Ländern zunehmend starke wirtschaftliche und politische Positionen Deutschlands

1937

22. März Constantinescu, Präsident der Nationalbank Rumäniens, bei Schacht **26. April** Ungarns Kriegsminister Rőder auf dem Berghof **3. Aug.** Der türkische Minister Cetinkaya besucht Hitler **25. Nov.** Ungarns Ministerpräsident Darányi in der Reichskanzlei **26. Nov.** Südosteuropa-Reise v. Schirachs

1938

15. Jan. Deutschland-Besuch des jugoslawischen Ministerpräsidenten Stojadinović **12. März** Mit der Annexion Österreichs bricht Deutschland das Tor nach Südosteuropa auf **Juli** König Georg II. von Griechenland besucht Deutschland **31. Juli** Abkommen von Saloniki: Zustimmung der Balkan-Pakt-Mächte zur Aufrüstung Bulgariens **21. Aug.** Deutschland-Besuch Horthys – Konferenz der Kleinen Entente in Bled: Einverständnis mit der Aufrüstung Ungarns **18. Sept.** Südosteuropa-Reise Funks (Belgrad/Sofia/Ankara) **20. Sept.** Ungarns Ministerpräsident Imrédy besucht den Berghof **24. Sept.** König Boris von Bulgarien zu Besuch bei Hitler **29. Sept.** De-facto-Liquidierung der Kleinen Entente durch die Münchener Konferenz **2. Nov.** Durch den Ersten Wiener Schiedsspruch Bindung Ungarns an die Achsenmächte **24. Nov.** König Carol II. von Rumänien auf dem Berghof

1939

16. Jan. Kreditabkommen mit der Türkei **24. Febr.** Ungarn schließt sich dem Antikominternpakt an **1. März** Deutschland Mitglied der Europäischen Donau-Kommission **14. März** Die Slowakei wird ein selbständiger faschistischer Staat **15. März** Umwandlung des tschechischen Rumpfstaates in ein deutsches Protektorat **23. März** Wirtschaftsabkommen mit Rumänien (in Bukarest); Gründung deutsch-rumänischer Wirtschafts-Gesellschaften; Erteilung von Konzessionen; Unterwerfung unter deutsche Lebensmittel- und Rohstoff-Interessen **18. April** v. Papen Botschafter in Ankara **29. April** Ungarns Ministerpräsident Teleki besucht Hitler **4. Mai** Kreditabkommen mit Jugoslawien; für den Kauf deutschen Kriegsmaterials **20. Mai** Gründung einer Deutsch-Jugoslawischen Gesellschaft **1. Juni** Jugoslawiens Prinzregent Paul auf Deutschland-Besuch **22. Juni** Handelsvertrag mit der Slowakei (in Bratislava) **5. Juli** Ungarns Generalstabschef v. Werth bei Hitler – Deutschland-Besuch des bulgarischen Ministerpräsidenten Kjoseiwanow **20. Juli** Protokoll über eine landwirtschaftliche Zusammenarbeit mit Rumänien

Vergebens stemmen sich die Sowjetdiplomaten im Völkerbund wie in den Hauptstädten der Westmächte der kriegsfördernden Beschwichtigungspolitik entgegen. Einer der wohl aktivsten ist Botschafter Maiski, hier im März 1937 während eines Meetings in London

Auch die Achsenpartner sind im Vormarsch. In Bled gestatten die Vertreter der Kleinen Entente (oben) Ende August 1938 Ungarn die Wiederaufrüstung. Drei Wochen zuvor war dasselbe Zugeständnis Bulgarien in Saloniki von den Balkan-Pakt-Mächten gemacht worden

Boris III. aus dem Stammhaus Coburg-Gotha drängt Bulgarien wiederum an die Seite des «Waffenbruders» aus dem ersten Weltkrieg

Griechenlands Diktator Metaxas 1938 mit DAF-Chef Ley in Athen. Ideologisch steht er den Nazis nahe, ökonomisch den Briten

Das jugoslawische Prinzregentenpaar 1939 in Görings Jagdrevier. Die Regierung Pauls öffnet das Land dem deutschen Großkapital

Wirtschaftsminister Funk (rechts) während seiner Südosteuropa-Visite in Ankara. Er räumt der Türkei umfangreiche Kredite ein

Nach der blutigen Verwarnung der eigenen Faschisten liefert Carol II. selbst Rumäniens Rohstoffe an Hitlers Kriegswirtschaft aus

Ungarns Reichsverweser Horthy läßt sich bei seinem Deutschland-Besuch im August 1938 durch Krupp die Fertigstellung des Schweren Kreuzers «Prinz Eugen» melden, den seine Frau tauft. Für territoriale Gewinne bringt Horthy sein Land in Abhängigkeit von den Nazis

Den schmachvollen Höhepunkt erreicht die «Beschwichtigungspolitik» der Westmächte mit ihrem Verrat an der Tschechoslowakei. Die großen Industriegebiete dieses Landes stechen dem deutschen Imperialismus um so mehr ins Auge, als er seine der Rüstung entspringenden wirtschaftlichen Probleme durch den «Anschluß» Österreichs nur für kurze Zeit mildern konnte. Den Vorwand für die neue Annexion hat das hochgespielte Minderheiten-Problem der drei Millionen Sudetendeutschen zu liefern, dessen Lösung die Nazis bewußt verhindern. Obgleich die Sowjetunion zu ihrer Bündnisverpflichtung steht, unterstützen die Westmächte Hitler; der törichte Antikommunismus der Prager Regierung kommt dem noch entgegen. Der Faschismus vermag hier trotzdem zunächst nur einen Teilerfolg zu erzielen.

Verraten und verkauft

1938

17. März Sowjetische Vorschläge zur kollektiven Sicherung der Tschechoslowakei; von den Westmächten abgelehnt **23. März** Aufgehen sämtlicher bürgerlichen deutschen Parteien in der Sudetendeutschen Partei; Austritt ihrer Minister aus der Regierung **28. März** ČSR-Regierung stellt neues Minderheiten-Statut in Aussicht (erster Plan) – Instruktion Henleins auf dem Berghof **21. April** Hitler und Keitel erörtern Auslösung des Falls «Grün» **23. April** Beratung der Sowjetregierung: Jederzeit Hilfe für die ČSR **24. April** SdP lehnt Minderheiten-Statut ab; verkündet ihr Karlsbader Programm: NS-Selbstverwaltung u.a. Forderungen **28. April** Londoner Konferenz der Westmächte: bei Widerstand der ČSR gegen SdP-Forderungen Verlust jeder Hilfe **8. Mai** Kalinin, Vorsitzender des Obersten Sowjets, bestätigt Arbeiterdelegation aus der ČSR sowjetische Hilfsbereitschaft **12. Mai** Henlein zu Gesprächen mit britischen Politikern in London **14. Mai** SdP formiert «Schutzdienst» **19. Mai** Henlein bricht die Verhandlungen mit der ČSR-Regierung ab – Deutscher Scheinaufmarsch an ČSR-Grenze **20. Mai** OKW übergibt Entwurf der Weisung zum Fall «Grün» – Beginn blutiger Unruhen im Sudetengebiet **21. Mai** Volksbewegung zur Verteidigung der Republik; Teilmobilisierung der ČSR-Armee **22. Mai** Gemeindewahlen; neunzig Prozent der deutschen Stimmen für SdP **30. Mai** Weisung zum Fall «Grün» abgeändert: ČSR in absehbarer Zeit militärisch zerschlagen **7. Juni** SdP-Memorandum: Erweiterung des Karlsbader Programms **18. Juni** Richtlinien Hitlers zum Fall «Grün»: Ab 1. Oktober jede günstige Gelegenheit nutzen **25. Juni** Litwinow bekräftigt in Leningrad Beistands-Vertrag mit der ČSR **3. Juli** Aufmarsch der SdP in Komotau **18. Juli** Geheimbesprechung Lord Halifax' mit Hitler-Adjutanten Wiedemann: britischer Druck auf ČSR – In der Folge zweiter Plan der ČSR-Regierung; britischer Vermittler angenommen **3. Aug.** Als Vermittler reist Lord Runciman in die ČSR **15. Aug.** Wehrmacht leitet Mobilisierungs-Maßnahmen ein **19. Aug.** Die ČSR-Regierung akzeptiert Regierungsämter für SdP **23. Aug.** Dritter Plan der ČSR-Regierung für das Sudetengebiet: Autonomie **26. Aug.** Henlein ruft «Notwehrrecht» aus **Anf. Sept.** ČSR-Manöver an der Grenze **2. Sept.** Die Sowjetunion schlägt den Westmächten militärische Konsultationen vor – Henlein auf dem Berghof **5. Sept.** Französische Teilmobilisierung **6. Sept.** Vierter Plan der ČSR-Regierung: Erfüllung des Karlsbader Programms **7. Sept.** Nach NS-Provokation in Ostrava wieder Verhandlungsabbruch durch SdP **9. Sept.** Detailberatung zum Fall «Grün» (Hitler, v. Brauchitsch,

Fortsetzung auf Seite 238

Henlein hat auf Weisung Hitlers Maximalforderungen zu stellen, zugleich aber auch jedes Entgegenkommen auszuschlagen. So lehnt er Ende April ein neues Minderheitenstatut ab: Das Karlsbader SdP-Programm verlangt dreist Selbstverwaltung und NS-Propagandafreiheit

Frühjahr und Sommer stehen im Zeichen drohender Demonstrationen der Wehrmacht an den Grenzen der Tschechoslowakei. An einer Übung bei Grafenwöhr nimmt Hitler selbst teil; links im Hintergrund der neue OKW-Chef Keitel, zweiter von rechts: v. Brauchitsch

Die Škoda-Werke in Plzeň, Europas zweitgrößtes Rüstungszentrum, bilden einen – nicht erwähnten – Hauptgrund für die Annexionsabsicht der Nazis. Zugleich möchte man bei einem Angriff nach Westen die erstklassige ČSR-Armee nicht länger in der Flanke wissen

Die Spannungen im Mai werden durch deutsche Scheinaufmärsche im Grenzgebiet und provokatorische Kundgebungen der Anhänger Henleins (oben) ausgelöst. Heftigste Abwehrreaktionen des Volkes zwingen die Regierung der ČSR zur Teilmobilisierung; sogar die Westmächte sehen sich veranlaßt, Berlin zu warnen. Die Nazis weichen vorerst zurück; die Annexion wird gründlicher vorbereitet

Vor und bei den Gemeindewahlen kommt es zu blutigen Unruhen im tschechoslowakischen Grenzgebiet. Die Henlein-Partei setzt zu blutigen Terrorakten Schlägertrupps ein; oben eine Straßensperre

In Eger, dem Zentrum der Sudetendeutschen Partei, werden zwei bei den hier besonders schweren Auseinandersetzungen getötete Henlein-Anhänger mit provokatorischem SdP-Zeremoniell beerdigt

 Fortsetzung von Seite 236
Keitel und Halder) **12. Sept.** NS-Parteitags-Rede Hitlers: Sudetendeutsche «weder wehrlos noch verlassen» **13. Sept.** Blutige Provokation der SdP in Eger und Karlsbad – In den Grenzbezirken Standrecht verhängt – Chamberlain bietet Hitler Besuch an **14. Sept.** SdP ruft Aufstand aus; ihre Zentrale in Eger wird von Militär besetzt **15. Sept.** Chamberlain auf dem Berghof; mit Abtretung des Sudetengebiets einverstanden – Aufruf Henleins: «Wir wollen heim ins Reich!» **16. Sept.** Verbot der SdP; sie bildet am **17. Sept.** Sudetendeutsches Freikorps **18. Sept.** Fünf deutsche Armeen in den Bereitstellungsräumen konzentriert – Londoner Ministerkonferenz der Westmächte: Ultimatum an ČSR – Mussolini in Triest: Italiens Platz gewählt **19. Sept.** Anfrage der ČSR-Regierung in Moskau nach Hilfe auch ohne Frankreich; am **20. Sept.** positive Antwort; Voraussetzung: Hilfsersuchen **21. Sept.** Annahme des Westmächte-Ultimatums durch ČSR-Regierung **22. Sept.** Demonstrationen und Streiks in Prag, Brno, Plzeň u.a. Städten – Rücktritt der Regierung Hodža; neue Regierung Sirový – Treffen Hitlers mit Chamberlain in Bad Godesberg; neue Forderungen Hitlers: sofortiger Einmarsch, Volksabstimmung in weiteren Gebieten sowie Befriedigung der Ansprüche Ungarns und Polens **23. Sept.** Mobilmachung der ČSR-Armee **24. Sept.** Teilmobilisierung in Großbritannien und Frankreich – KPD-Appell: Hände weg von der Tschechoslowakei! – Übergabe der Godesberger Forderungen (Memorandum) an die ČSR durch den britischen Militärattaché in Berlin: Räumung des Sudetengebiets bis zum 1. Oktober **25. Sept.** Forderungen von der ČSR-Regierung abgelehnt **26. Sept.** Vorschlag Chamberlains: Berlin und Prag sollen direkt verhandeln – Hitler lehnt ab; verkürzt Räumungsfrist auf 28. September, 14 Uhr; am Abend Rede Hitlers im Sportpalast: droht der ČSR mit Krieg – Britische Regierungserklärung: Abtretung bereits zugestanden – Roosevelt mahnt Hitler und Beneš: Streit friedlich beilegen; am **27. Sept.** interveniert Roosevelt bei Mussolini – Chamberlain bittet Hitler um Frieden; nachts ein Vermittlungsersuchen Chamberlains an Mussolini **28. Sept.** Vorschlag Mussolinis zu Viermächte-Konferenz; Hitler nimmt an **29. Sept.** Münchener Konferenz mit Hitler, Mussolini, Chamberlain und Daladier; Abkommen: Räumung des Sudetengebiets durch die ČSR bis 10. Oktober; Ansprüche Polens und Ungarns anerkannt; keine Garantien für neue ČSR-Grenzen **30. Sept.** Abkommen an ČSR-Regierung übermittelt; sie nimmt es unter Protest an **1. Okt.** Beginn des Einmarsches der Wehrmacht in das von den tschechoslowakischen Truppen zonenweise geräumte Gebiet

Auf Hitlers Berghof erhält Henlein (Mitte) am 2. September Instruktionen zur Auslösung der «September-Krise». Die Annexion der Tschechoslowakei ist spätestens seit Ende Mai beschlossene Sache; seit Mitte August laufen in Deutschland die Mobilisierungsmaßnahmen

Die Opfer heftiger Zusammenstöße in Falkenau – Gendarmen und Zivilisten – werden bestattet. Signal für den Aufstand war Hitlers ermunternde, mit deutscher Intervention drohende Parteitags-Rede

Während der schweren Unruhen in Eger. In der Mitte weist sich SdP-Führer K. H. Frank (ohne Kopfbedeckung) ČSR-Polizisten aus. Prag verhängt das Standrecht; die SdP-Zentrale Eger wird besetzt

Nahe der Grenze zur Tschechoslowakei – in Annaberg – inspiziert der aus dem Sudetengebiet geflüchtete Henlein am 21. September sein neues Freikorps, das hier als Fünfte Kolonne ausgerüstet wird

Durch die Entsendung von Lord Runciman als «Vermittler» – hier links, mit Staatspräsident Beneš – sucht die britische Regierung ein Alibi für die offene Begünstigung der Naziforderungen zu erlangen

Mit gewaltigen Kundgebungen und Streiks zwingt die Bevölkerung der Tschechoslowakei – oben in Prag – die Regierung Hodža zum Rücktritt. Diese hatte sich einem britisch-französischen Ultimatum gebeugt, die verlangten Gebiete sofort abzutreten. Die Sowjetunion bereitet sich darauf vor, der verlassenen Nation notfalls auch ohne die Hilfe Frankreichs beizustehen, wird aber nicht dazu aufgefordert

Der nach Berchtesgaden geeilte britische Premierminister Chamberlain (Mitte) sagt Hitler verständnisvolle Unterstützung der Westmächte zur Erlangung der Sudetengebiete zu. Ein britisch-deutsches Bündnis kann er aber weder hier noch in Godesberg zustande bringen

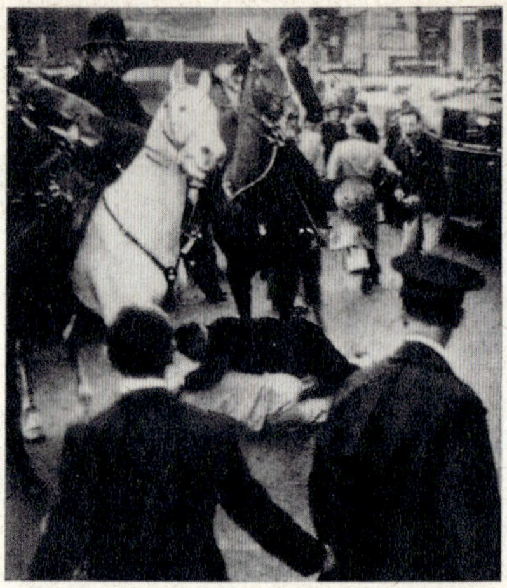

Londoner Polizei zerschlägt Kundgebungen gegen ein britisch-französisches Ultimatum an die ČSR-Regierung, Hitler nachzugeben

Auf Vorschlag der Vereinigten Staaten kommt durch Vermittlung Italiens die Münchener Konferenz zustande. Am Kamin versammelt sind (v. l. n. r.): Chamberlain, Hitler, Mussolini, Ciano, Daladier und v. Ribbentrop. Die Runde ist sich einig, daß die Tschechoslowakei ihre Grenzgebiete in der Zeit vom 1. bis 10. Oktober zu räumen hat; auch Ansprüche Polens und Ungarns werden großzügig akzeptiert

Godesberg: Hitler verlangt den sofortigen Einmarsch, «Volksabstimmung» über neue Gebiete, Annexionen Ungarns und Polens

Modern bewaffnet, könnte die tschechoslowakische Armee mit fünfundvierzig Divisionen aussichtsreich Widerstand leisten. Als die Godesberger Verhandlungen stocken, wird sie mobilisiert. Frankreich und Großbritannien folgen – zum Schein – mit Teilmaßnahmen

Von der Konferenz ausgeschlossen sind die Tschechoslowakei und die ihr auch noch in dieser Lage Hilfe anbietende Sowjetunion

Mit ihrem nördlichen Grenzgebiet verliert die ČSR zugleich die starken Befestigungen, die sich Hitler – erleichtert – erklären läßt

Ein Parlamentär der ČSR-Armee teilt einer Vorausabteilung der Wehrmacht mit, daß die nächste der drei Zonen geräumt wurde

Dem «Selbstbestimmungsrecht» der Sudetendeutschen werden nun eine Million Tschechen unterworfen. Tausende von ihnen flüchten vor der zonenweise einrückenden Wehrmacht und dem begleitenden Terror der SS- und Henlein-Leute in den tschechischen Reststaat

Auf das deutsche Volk hat die zunehmende Kriegsgefahr zunächst einen ernüchternden Einfluß. Erst die Kapitulation beider Westmächte erweckt bei vielen den Eindruck, Hitler sei imstande, Deutschland auch ohne Anwendung militärischer Gewalt zu Macht und Größe zu verhelfen. Die faschistische Ideologie gewinnt an Boden. Ohnehin sind breite Volksschichten für die nationale und soziale Demagogie empfänglicher geworden, seit sich ihre Einkünfte erhöht, ihre Lebensverhältnisse sich damit scheinbar gebessert haben: Deutschlands gesamte Wirtschaft läuft jetzt für die Rüstung auf Hochtouren. Durch das zeitweilige Zurückschrecken der Bevölkerung gewarnt, verstärken die Nazis mit den übelsten Mitteln die psychologische Kriegsvorbereitung. All das erschwert den Kampf der Antifaschisten beträchtlich.

Verhängnisvolle Trugschlüsse

1938

15. Jan. Institut für Seegeltung in Magdeburg eröffnet **1. März** Grundsteinlegung zur Reichs-Luftschutz-Schule Berlin-Wannsee **4. April** OKW-Denkschrift über Kriegführung als Problem der Organisation; mit Thesen zum Totalen und Blitz-Krieg **14. Mai** Erste Heeres-Unteroffiziers-Schule in Eiche bei Potsdam eingeweiht **28. Mai** Sofort-Ausbau der Westbefestigungen sowie Verstärkung von Heer und Luftwaffe befohlen **13. Juni** Gesetz über zivile Leistungen für Wehrzwecke **22. Juni** Vierjahresplan-Verordnung für Zwangseinsatz von Arbeitskräften; preßt u.a. rund vierhunderttausend Werktätige zum Westwall-Bau **18. Aug.** Rücktritt des Heeres-Generalstabschefs Beck; Nachfolger: Halder **27. Aug.** Inspektionsreise Hitlers durch Norddeutschland und zum Westwall **Mitte Sept.** Vorbereitung eines Militärputsches durch Beck/Goerdeler/Oster; wegen Münchener Konferenz aufgegeben **15. Okt.** Zivile Notdienst-Verordnung; ermöglicht Zwangsverpflichtung von Zivilisten – Reichs-Kolonialverwaltungs-Schule eröffnet **Nov.** Mannesmann-Generaldirektor Zangen Leiter der Reichsgruppe Industrie **15. Nov.** Oberst v. Schell Generalbevollmächtigter für Kraftfahrzeugwesen **18. Nov.** Eine Verdreifachung des Rüstungs-Index fordert Göring im Reichsverteidigungsrat **2. Dez.** Funk verkündet auf Außenhandelstagung Export-Offensive **9. Dez.** Generalbevollmächtigter für die Bauwirtschaft: Todt **14. Dez.** Auftrag an Funk zur Leistungssteigerung in der Industrie

1939

19. Jan. Schacht auch als Reichsbank-Präsident durch Funk ersetzt **4. Febr.** Reorganisation der Luftwaffe; Generalinspekteur: Milch; Generalluftzeugmeister: Udet; Generalstabschef: Jeschonnek; drei neue Luftflottenkommandos unter Kesselring, Felmy, Sperrle **1. März** Mobilmachungsabschnitt 1939/40 in Kraft: Feldheer mit zweidreiviertel, Ersatzheer mit fast einer Million Mann **2. März** Verordnung zur Erhöhung der Förderleistungen im Bergbau **15. März** Typenbegrenzung der Kraftfahrzeug-Industrie **18. März** Viertes Luftflottenkommando unter Löhr in Wien **24. März** Neuer Finanzplan: zwangsweise Ausgabe unverzinslicher Steuergutscheine an Unternehmer **14. Mai** Hitler besichtigt eine Woche lang den Westwall **15. Juni** Reichsbank Hitler direkt unterstellt: unbegrenzte Kreditaufnahme durch das Reich **7. Juli** Gründung der «AG Reichswerke Hermann Göring»: Dach-Gesellschaft u.a. für Rheinmetall-Borsig, Steyr-Daimler-Benz-Puch-AG, Škoda Plzeň, Brünner Waffenwerke und Alpine Montan **29. Juli** Hitler inspiziert neue Befestigungszonen im Saargebiet und in der Saarpfalz **5. Aug.** Beauftragter für die Leistungssteigerung im Kohlenbergbau: Walter

Nach München läßt sich Hitler im Sportpalast von seinen Paladinen und Anhängern als ein von der «Vorsehung» begnadeter Nationalheld feiern; vielen ist er nun wirklich der Mann, der sogar gegen die Großmächte ohne Krieg alles vermag: «Führer befiehl, wir folgen!»

Für den kommenden Krieg werden immer mehr Jahrgänge wehrpflichtiger Männer scharf gedrillt. Bis Oktober 1938 ist das Heer bereits auf einundfünfzig Divisionen und Brigaden angewachsen. Die Stoßkraft bilden fünf Panzerdivisionen und vier motorisierte Divisionen

Der Oberbefehlshaber des Heeres, v. Brauchitsch, inspiziert die Geschützproduktion der Düsseldorfer Rheinmetall AG. Die Konzerne verdienen an der beschleunigten Aufrüstung schon jetzt Unsummen; der Reingewinn der IG Farben verfünffacht sich von 1932 bis 1939

Generalstabschef Beck, mit Leipzigs Oberbürgermeister Goerdeler Anführer einer auf die Westmächte bauenden Fronde, tritt wegen militärischer Bedenken gegen kriegerische Verwicklungen zurück

Auf einem Empfang «Wehrmacht und Handwerk»: Becks Nachfolger Halder zwischen General Becker und Oberst v. Schell (links) sowie General Fromm und Reichshandwerkermeister Schramm (rechts)

Beim Durchmarsch einer motorisierten Division kommt in Berlin im August 1938 die Antikriegsstimmung der Bevölkerung voll zum Ausdruck. Hitler beklagt diesen «Defätismus» am 10. November vor ausgewählten Pressevertretern und verlangt von ihnen, «bestimmte außenpolitische Vorgänge so zu beleuchten», daß nun «die innere Stimme des Volkes selbst … nach der Gewalt zu schreien» beginnt

Ein Kolonialpolitisches Schulungshaus weiht Reichsleiter v. Epp Ende Oktober 1938 in Ladeburg-Bernau ein. Die Kolonialplanung nimmt im staatlichen und militärischen Bereich zusehends feste Form an

Generaladmiral Raeder besichtigt das neue Institut für Seegeltung in Magdeburg. Dritter von rechts ist der kaiserliche Vizeadmiral v. Trotha, nunmehr Leiter des Reichsbundes deutscher Seegeltung

Die deutsche Familie 1939. Luftschutz dient hier vor allem auch als psychologische Kriegsvorbereitung. Hitler am 10. November 1938 zu seinen «Verteidigungsmaßnahmen»: «Die Umstände haben mich gezwungen, jahrzehntelang fast nur vom Frieden zu reden.» So nur sei es ermöglicht worden, Deutschland «die Rüstung zu geben, die immer wieder für den nächsten Schritt als Voraussetzung nötig war»

Westwall-Arbeiter im Gespräch mit den hier bereits stationierten Soldaten. Auf einer Anzahl von Baustellen kommt es zu Aktionen gegen äußerst schlechte Arbeits- und Lebensbedingungen; die Nazis sind gezwungen, Abhilfe zu schaffen. In vielen deutschen Betrieben wird sechzig Stunden pro Woche gearbeitet. Die Löhne deckt die Notenpresse: 1939 laufen doppelt soviel Banknoten um wie 1933

Nach dem auf 1944 abzielenden «Z-Plan» der Kriegsmarine laufen 1938/39 modernste Großkampfschiffe vom Stapel – «Bismarck» und «Tirpitz» sowie der nie vollendete Träger «Graf Zeppelin» (oben)

Der gegen Frankreich gerichtete Westwall verschlingt den größten Teil der deutschen Zementproduktion; um ihn möglichst rasch zu vollenden, werden vierhunderttausend Arbeiter zwangsverpflichtet

Die Hoffnung der Westmächte, den Frieden zu Lasten Dritter erkauft zu haben, erweist sich schnell als böse Selbsttäuschung. Zur Raubgier des Faschismus ist nun Hemmungslosigkeit getreten. Nachdem aus der ersten Beute auch andere befriedigt sind, wenden sich die Nazis dem tschechoslowakischen Kernstaat zu. Ein von ihnen inszenierter Putsch slowakischer Separatisten leitet die Okkupation ein; das tschechische Gebiet wird gewaltsam zum «Protektorat» erklärt. Damit hat der deutsche Imperialismus ein halbes Jahr nach der Münchener Konferenz rund siebeneinhalb Millionen fremde Staatsbürger unterjocht – unter Verzicht auf alle bisherigen Beschönigungen. Die Litauen abgepreßte Freigabe des Memellandes erregt daneben in der Weltöffentlichkeit beinahe keine Aufmerksamkeit mehr.

Die Vollendung des Raubzugs

1938
30. Sept. Nichtangriffs-Deklaration Deutschlands und Großbritanniens **1. Okt.** Deutscher Einmarsch in das Sudetengebiet – Henlein Reichskommissar **2. Okt.** Besetzung des Teschener (Olše-) Gebiets durch Polen **5. Okt.** Beneš tritt zurück – Unter Bródy autonome Regierung der Karpato-Ukraine **7. Okt.** In der Slowakei wird autonome Regierung unter Tiso gebildet **10. Okt.** Sudetengebiet wird in den Vierjahresplan einbezogen **16. Okt.** Treffen Görings mit slowakischen Ministern Ďurčanský und Mach sowie Naziführer Karmasin (Slowakei) **19. Okt.** Tiso und Karmasin bei Hitler, außerdem Bačinsky (Karpato-Ukraine) **21. Okt.** Weisung des OKW zur «Erledigung der Rest-Tschechei» und Besetzung des Memellandes **30. Okt.** Henlein Gauleiter im Sudetenland **2. Nov.** Erster Wiener Schiedsspruch; teilt Ungarn Gebiete der ČSR zu **5. Nov.** Übernahme der SdP in NSDAP **21. Nov.** Gesetz zur «Wiedervereinigung» des Sudetenlands mit dem Reich **30. Nov.** Hácha Staatspräsident der ČSR; Regierung Beran **4. Dez.** Reichstags-Ergänzungswahlen im Sudetengebiet **6. Dez.** Nichtangriffs-Erklärung Deutschland/Frankreich
1939
21. Jan. ČSR-Außenminister Chvalkovský in Berlin; Hitler fordert völlige Unterwerfung des Landes **10. März** Tiso-Regierung durch ČSR-Regierung abgesetzt **11. März** Entscheidung Hitlers, die ČSR zu zerschlagen – Keppler, Seyß-Inquart, Bürckel und mehrere Generäle nach Bratislava entsandt; organisieren den Abfall von Prag **13. März** Tiso und Ďurčanský bei Hitler; Entgegennahme fertiger Proklamation **14. März** Unabhängigkeits-Erklärung der Slowakei – Ungarn besetzt Karpato-Ukraine – Hacha und Chvalkovský nach Berlin beordert **15. März** Wehrmacht marschiert in tschechisches Gebiet ein – Die Naziführung erpreßt von Hácha Protektorats-Vertrag – Hitler in Prag **16. März** Erlaß über das «Protektorat Böhmen und Mähren» **18. März** Reichsprotektor ernannt: v. Neurath; Chef der Zivilverwaltung: Henlein; Polizeichef und Staatssekretär: K. H. Frank – Protestnote der Sowjetunion gegen Annexion **20. März** Litauens Außenminister Urbsys in Berlin; v. Ribbentrop fordert das Memelgebiet **21. März** Auflösung der ČSR-Nationalversammlung durch Hácha **22. März** Staatsvertrag mit Litauen: Abtretung des Memelgebiets **23. März** Besetzung des Gebiets; Hitler in Memel – «Schutzvertrag» mit der Slowakei **2. April** Alle Parteien der ČSR aufgelöst **27. April** Neue Protektorats-Regierung Eliáš **1. Mai** Henlein Reichsstatthalter **19. Aug.** Vorrang der deutschen Sprache im Protektorat; am **23. Aug.** Einführung einer allgemeinen Arbeitspflicht **28. Okt.** Erste tschechische Protestaktionen gegen Kolonialstatus

Auf dem Londoner Flugplatz schwenkt Chamberlain das Papier, das er Hitler in München abgenötigt hat: «Friede für unsere Zeit!» Der Text spricht nur von Konsultationen und dem Wunsch der Völker beider Staaten, «niemals wieder gegeneinander Krieg zu führen»

Mit dem ersten Wiener Schiedsspruch befehlen Ciano und v. Ribbentrop der ohnmächtigen Tschechoslowakei, den Süden der Slowakei und der Karpato-Ukraine an Ungarn abzutreten. Polen hat sich noch Anfang Oktober im Teschener (Olxe-) Gebiet großzügig selbst bedient

An der Spitze ungarischer Truppen reitet Horthy theatralisch über die Donau-Brücke von Komárom in das zugesprochene Gebiet

Den Rest der Karpato-Ukraine, dazu noch die Ostslowakei, holt sich Horthy im März 1939; seine Einheiten begegnen polnischen

Polnische Panzer im Teschener Gebiet, wo neben einhundertzwanzigtausend Tschechen nicht mehr als achtzigtausend Polen leben

Im Uhrensaal des Quai d'Orsay, Sitz des französischen Außenministeriums, unterzeichnen v. Ribbentrop und Außenminister Bonnet analog zum deutsch-britischen Papier feierlich eine Nichtangriffs-Deklaration. Sie setzt die antisowjetische Beschwichtigungspolitik fort

In Bratislava geht die slowako-faschistische Hlinka-Garde gegen Polizisten vor, die den separatistischen Umtrieben wehren sollten

Der slowakische Separatistenführer Tiso mit v. Ribbentrop. Von der Zentralregierung in Prag wegen seiner Bestrebungen als Ministerpräsident der autonom gewordenen Slowakei abgesetzt, ruft Tiso auf Drängen der Nazis hin einen unabhängigen faschistischen Staat aus

Den Mitte März 1939 in den tschechischen Reststaat einrückenden deutschen Truppen schlägt blanker Haß entgegen – im Bild spuckt eine Pragerin die deutschen Kradschützen an. Von den britischen und französischen Verbündeten verraten, wegen der Furcht seiner eigenen reaktionären Regierung vor dem Volkskrieg an den Feind verkauft, ist das Volk von nun an selbst Träger des Widerstandes

Unterzeichnung eines «Schutzvertrages» über die Slowakei. Links vor v. Ribbentrop der slowakische Faschistenführer Tuka und sein Minister Ďurčanský; verdeckt ist Keppler, Drahtzieher des Abfalls

Oberhalb des Loreto-Klosters in Prag hat sich eine Batterie der deutschen Flak eingenistet. Noch kurz vorher war Hácha gedroht worden, im Fall der Gegenwehr die Stadt sofort zu bombardieren

Staatspräsident Hácha und Außenminister Chvalkovský unterwegs zu Hitler, begleitet durch den Berliner Stadtkommandanten Seifert und den Staatssekretär Meißner. Stunden später ist Hácha erpreßt

Als Reichsprotektor für Böhmen und Mähren läßt sich v. Neurath durch Oberbefehlshaber v. Brauchitsch in den Hradschin, seinen künftigen Amtssitz, führen. Praktische Gewalt übt die Gestapo aus

Landungstruppen der Kriegsmarine besetzen unmittelbar nach der Okkupation der Tschechoslowakei das Memelland. Litauen mußte es nach der Androhung von Gewalt formell an das Reich abtreten

Dem Kriegsprogramm der Nazis setzt die Kommunistische Partei das Programm einer vom Imperialismus freien demokratischen Republik entgegen. Einen entsprechenden Beschluß faßt ihre Berner Konferenz. Der drohende Krieg soll verhindert, zumindest aber möglichst rasch durch den Sturz des Faschismus beendet werden. Die Partei verstärkt dazu ihre Tätigkeit in Deutschland, wo sich um ihre Organisationen ein fester Kreis von Hitler-Gegnern schart. Ihr Appell zur Aktionseinheit wird vom Emigrationsvorstand der SPD erneut zurückgewiesen. Er hält Widerstand für sinnlos; bürgerlich und antikommunistisch orientiert, will er nur Kräfte für die von den Westmächten herbeizuführende nachfaschistische Periode sammeln. So kommt es auch jetzt zu keiner umfassenden antifaschistischen Front.

Unter dem Fallbeil

1937

Jan. ZK der KPD begrüßt in Brief an den Prager SPD-Vorstand das Zehn-Punkte-Programm einer Berliner sozialdemokratischen Volksfront-Gruppe (Brass u.a.); SPD-Vorstand lehnt Programm ab **Anf. Febr.** In Paris vorbereitender Ausschuß für die Volksfront im Saargebiet konstituiert **28. Febr.** Sekretariat des ZK der KPD gebildet; Sitz Prag, später Paris **20. März** Koordinierungs-Ausschuß deutscher Gewerkschafter in Paris eingerichtet **10. April** Volksfront-Tagung in Paris; Botschaft an das deutsche Volk **2. Sept.** Kreis Revolutionärer Sozialisten kehrt ohne Aufhäuser, Böchel und Seydewitz zur SPD zurück **Okt.** Herbstkonferenz in Stockholm (KPD-, SPD- und SAP-Mitglieder)

1938

In Deutschland beginnt die KPD, ihre kleineren, meist voneinander isolierten Parteiorganisationen gebietsweise zusammenzufassen; damit entstehen Zentren in Berlin, Hamburg, Leipzig, Dresden, Stettin, Danzig, Mannheim und Frankfurt/M., in den Bergbau- und Industriegebieten an Rhein und Ruhr, in Oberschlesien sowie in Mitteldeutschland **Jan.** Vierzigtausend Bergarbeiter der Saar lehnen Zusatzschichten ab **14. Mai** ZK der KPD erörtert die aktuelle Lage: im Kriegsfall Sturz des Hitler-Regimes durch eine Volksfront; Aktionsprogramm **Juni** SPD-Vorstand von Prag nach Paris **16. Aug.** Angesichts der Kriegsgefahr fordert das ZK den SPD-Vorstand vergebens zum Gespräch über die Aktionseinheit auf **13. Sept.** Erneutes Angebot **14. Sept.** Aufruf des SPD-Vorstandes: Hoffnung, ein Krieg der Westmächte werde Hitler stürzen

1939

30. Jan. Parteikonferenz der KPD in Draveil bei Paris (Berner Konferenz); Programm für eine demokratische Republik; vermehrter Widerstand (Ziel u.a. operative Leitung in Deutschland, in den Bezirken selbständige Leitungen; ab **Febr.** verstärkter Instrukteur-Einsatz in das Reich, vor allem von Schweden aus) **Mitte März** Gründung des Aktionsausschusses Deutscher Oppositioneller in Paris (H. Mann, Norden) **3. April** ZK der KPD schlägt SPD-Vorstand gegen akute Kriegsgefahr gemeinsame Maßnahmen vor; abgelehnt **26. April** SPD-Vorstand berät Haltung im Krieg; Tarnow gegen Aufrufe zur Sabotage und Niederlegung der Waffen **18. Mai** Im Wald bei Oranienburg berichtet Uhrig siebzig Mitkämpfern über Berner Konferenz **16. Juni** Die Westwall-Arbeiter erzwingen durch Streiks u.a. Verbesserung ihrer Lage **25. Juli** Die Belegschaft von Blohm und Voß, Hamburg, setzt Lohnerhöhung durch **30. Aug.** Registrierung der deutschen Emigranten in Frankreich; Internierung; Mehrheit der emigrierten Kommunisten und des Sekretariats des ZK der KPD in Haft

Das Fallbeil im Zuchthaus Brandenburg, einer der meistbeanspruchten Hinrichtungsstätten der blutbesudelten Nazijustiz. Schon in den ersten Jahren der Hitler-Herrschaft werden Dutzende Todesurteile vollstreckt; von 1937 bis 1944 rund sechzehntausendsechshundert

Etkar André, RFB-Leiter der Wasserkante, in vierundvierzig Haftmonaten zum Krüppel gefoltert, wird am 4. November 1936 geköpft

Liselotte Herrmann stirbt am 21. Juni 1938 als erste Antifaschistin auf der Guillotine. Die rote Studentin ist Mutter eines Kindes

Wilhelm Firl, am 16. August 1937 durch das Fallbeil enthauptet. Er wirkte von Oktober 1935 an praktisch als Inlandsleiter der KPD

Ein Angeklagter vorm Volksgerichtshof. Insgesamt werden in den Vorkriegsjahren rund zweihundertfünfundzwanzigtausend Männer und Frauen von der NS-Justiz zu annähernd sechshunderttausend Jahren Haft verurteilt; bis 1939 veranstaltet man nicht weniger als sechsundachtzig Massenprozesse. Mehr als eine Million Deutsche müssen für kürzere oder längere Zeit in ein Konzentrationslager

Der Metallarbeiter Robert Uhrig leitet in Berlin eine KPD-Organisation mit illegalen Zellen in rund zwanzig größeren Betrieben

Eine Widerstandsgruppe, die zum Teil aus früheren Soldaten besteht, führt Exoffizier Josef Römer («Aufbruch-Kreis») ab 1939 an

An der Spitze einer illegalen Organisation Jugendlicher steht in Berlin Buchdrucker Heinz Kapelle, Sportler und Jungkommunist

Mitglieder der Vereinigten Kletterabteilung überwinden die Grenze in der Sächsischen Schweiz. Mit ihrer Hilfe schleust das ZK der KPD getarnte Flugschriften ein und gefährdete Antifaschisten aus

Anlaufstelle für im Untergrund wirkende Sozialdemokraten ist ein Milchladen, den Max Fechner mit seiner Frau in Berlin-Neukölln betreibt. Sozialdemokratische Gruppen gibt es in mehreren Städten

Schulungstreff der Widerstandsgruppe um den Jungkommunisten Herbert Baum, einen Elektriker. Ihr gehören vor allem parteilose jüdische Jugendliche an, die im Berliner Siemens-Konzern arbeiten

Südlich von Paris, in dieser heutigen Gaststätte in Draveil, berät Ende Januar bis Anfang Februar 1939 die zur Tarnung so genannte Berner Konferenz der KPD. Sie ruft die deutschen Arbeiter sowie alle Patrioten auf, sich zur Rettung der Nation vor dem drohenden Krieg zusammenzuschließen. Gleichzeitig legt sie das umfassende Programm für eine künftige deutsche demokratische Republik vor

Als Instrukteur des ZK der KPD hilft Willi Gall (oben) Otto Nelte im Südosten Berlins eine wirksame Parteiorganisation aufbauen

Beim von Jahn und Molt geleiteten Aufbau der Eisenbahner-Gewerkschaft in Süd- und Westdeutschland ist Fridolin Endrass aktiv

Kommunistische Betriebszellen in Chemnitz koordiniert eine örtliche Leitung mit Albert Hähnel (oben), Max Müller und Karl Winter

Die stufenweise Expansion des deutschen Imperialismus erreicht den kritischen Punkt mit dem Griff nach Polen. Der nimmersatte Konkurrent droht den Großmächten des Westens unerträglich zu werden. Das sich daraus ergebende Risiko eines Weltkrieges ist den herrschenden Kreisen Deutschlands voll bewußt. Beruhigen mag sie allenfalls die lange Zeit zwiespältige Haltung der Westmächte. Diese geben trotz ihrer Garantien für Polen die Absicht zu erkennen, in den Krieg mit Hitler-Deutschland lediglich die Sowjetunion zu verwickeln. In Moskau zieht man daraus in letzter Minute die einzige noch mögliche Konsequenz. Nun läßt der Versuch der Nazis, das Kräfteverhältnis in Europa weiter zu ihren Gunsten zu ändern, die dem imperialistischen System eignenden Widersprüche voll aufbrechen.

Konfrontation der Kontrahenten

1938

24. Okt. Vorschlag einer «endgültigen Regelung» mit Polen (v. Ribbentrop zu Botschafter Lipski): Grenzgarantie, Verlängerung des Nichtangriffs-Vertrags und (gegebenenfalls) die Ukraine gegen den Anschluß Danzigs an das Reich, exterritoriale Eisenbahn und Autobahn nach Ostpreußen sowie vor allem Beitritt Polens zum Antikomintern-Pakt

1939

2. Jan. Großbritannien lockert Flotten-Abkommen (gleiche U-Boot-Tonnage Deutschlands u. a.) **5. Jan.** Polens Außenminister Beck auf dem Berghof; die Verhandlungen über Hitlers Vorschläge stocken – Norman, Gouverneur der Bank von England, bei Schacht **25. Jan.** v. Ribbentrop bei Beck; keine Einigung erzielt **24. Febr.** Beitritt Ungarns und Mandschukuos zum Antikomintern-Pakt **21. März** v. Ribbentrop mahnt Polen; am **26. März** definitive Absage Polens **27. März** Franco-Spanien tritt dem Antikomintern-Pakt bei **31. März** Großbritannien und Frankreich geben Polen ein Hilfeversprechen **13. April** Analoge Garantie für Griechenland und Rumänien **14. April** Roosevelt ersucht Hitler und Mussolini um die Zusage, eine Reihe Staaten nicht anzugreifen **28. April** Absage Hitlers im Reichstag; Kündigung des Londoner Flotten-Abkommens und des Nichtangriffs-Paktes mit Polen **11. Mai** Polen lehnt ein sowjetisches Beistandsangebot ab **12. Mai** Britisches Beistands-Abkommen mit der Türkei **19. Mai** Militär-Pakt Frankreichs mit Polen **20. Mai** Wirtschafts-Abkommen mit Litauen (in Berlin) **22. Mai** Ciano auf dem Berghof; Militärbündnis mit Italien («Stahl-Pakt») **31. Mai** Nichtangriffs-Vertrag mit Dänemark (in Berlin); am **7. Juni** entsprechende Verträge mit Lettland und Estland **23. Juni** Beistands-Abkommen Frankreichs mit der Türkei **30. Juni** Handelsvertrag mit Frankreich (in Paris); am **28. Juli** Waren- sowie Zahlungs-Abkommen mit Japan (deutscher Kredit) **12. Aug.** Japan vertagt Militär-Pakt mit Achsenmächten – In Moskau Militär-Gespräche der Sowjetunion und der Westmächte; scheitern am **21. Aug.** an der Hinhalte-Taktik der westlichen Unterhändler **22. Aug.** Vermittelnde Botschaft Chamberlains an Hitler **23. Aug.** v. Ribbentrop in Moskau; Nichtangriffs-Vertrag mit der Sowjetunion **25. Aug.** Britischer Beistands-Pakt mit Polen (in London) **26. Aug.** Deutsche Regierung erklärt, Neutralität der Niederlande, Belgiens, Luxemburgs und der Schweiz zu achten **28. Aug.** Chamberlain schlägt Deutschland direkte Verhandlungen mit Polen vor **29. Aug.** Deutsche Zusatzforderungen: Übergabe des Korridors und Oberschlesiens, Sonderrechte für «Volksdeutsche» **30. Aug.** Auf neuen britischen Vorschlag sechzehn deutsche Scheinforderungen

Die Sowjetunion zwischen den Feuern: Seite 270

Bei einer Visite in Warschau Ende Januar 1939 erneuert v. Ribbentrop gegenüber Polens Staatspräsident Mościcki (Mitte) und Außenminister Beck (links) die bereits im Oktober des Vorjahres erhobenen Forderungen an die Nachbarn. Ganz links Botschafter v. Moltke

Die Außenminister von Lettland und Estland, Munters (links) und Selter (rechts), setzen in Berlin ihre Unterschrift unter Nichtangriffs-Verträge mit Deutschland. Tatsächlich wollen sich die Nazis laut OKW-Weisung vom 11. April auch alle baltischen Staaten einverleiben

Skandinaviens Außenminister (Erkko, Finnland; Koth, Norwegen; Munch, Dänemark, und Sandler, Schweden) beraten Anfang Mai in Stockholm das deutsche Angebot, mit ihren Ländern Nichtangriffs-Verträge zu schließen. Dänemark erliegt diesem Täuschungsversuch

In Genf sucht der sowjetische Botschafter Maiski (Mitte) Ende Mai 1939 die Außenminister Frankreichs und Großbritanniens, Bonnet (links) und Halifax (rechts), für einen Sicherheits-Pakt zu gewinnen

Der «Stahl-Pakt» ist perfekt. In Mailand hat v. Ribbentrop Ende Mai mit Graf Ciano das deutsch-italienische Militärbündnis unter Dach und Fach. Außen die Botschafter v. Mackensen (links) und Attolico

Vor dem USA-Kongreß tritt Präsident Roosevelt im Januar gegen eine Fortsetzung der Isolationspolitik ein. Im April fordert er von Hitler für einunddreißig Staaten die Zusage, sie nicht anzugreifen

Beistands-Erklärungen für die Türkei unterzeichnen die Franzosen (oben) und die Briten. Kurz zuvor hatten die beiden Mächte die Unverletzlichkeit Polens, Griechenlands und Rumäniens garantiert

Mitte Juli finden in Warschau Militär-Gespräche statt. Hinten links Marschall Rydź-Śmigły, neben ihm General Ironside. Ende August wird der folgenreiche britisch-polnische Beistands-Pakt geschlossen

Auf energisches Drängen der Sowjetunion trifft am 11. August nach beschaulicher Anreise mit dem Dampfer eine britisch-französische Militärmission in Moskau ein. Die ihr angehörenden zweitrangigen Offiziere verfügen über keinerlei Vollmachten. In den langwierigen Verhandlungen erstreben sie ein Abkommen, das ihre Staaten aus dem Krieg heraushalten, die UdSSR aber hineinverwickeln würde

Isoliert und bedroht, entschließt sich die Sowjetregierung, Hitlers Angebot eines Nichtangriffs-Vertrages anzunehmen. Von links nach rechts: v. Ribbentrop, Unterstaatssekretär Gaus, Stalin und Molotow

Nach dem Handels-Abkommen vom August: Ein deutsches Schiff lädt Edelstahl für Leningrad. Die Verträge mit Deutschland geben der Sowjetunion Zeit und Mittel, ihre Verteidigungskraft zu stärken

Vor den führenden Offizieren aller Wehrmachtteile erklärt Hitler Ende Mai in der Reichskanzlei, Deutschlands Wirtschaftsprobleme müßten nun gelöst werden. Das sei ohne Krieg keinesfalls möglich

Zahlreiche deutsche Diversionsgruppen, darunter diese unter dem Leutnant Herzner, sind auf Schlüsselpositionen angesetzt. Herzner nimmt, nicht rückrufbar, am 26. August den wichtigen Jablonka-Paß

Eine Flut wilder Greuelmeldungen über die angebliche Verfolgung «Volksdeutscher» in Polen ergießt sich seit Monaten gezielt über die deutsche Bevölkerung. In Berlins Strandbad Wannsee ahnt an diesem 27. August wohl kaum einer, daß der Krieg schon in vollem Gange wäre, wenn Hitler nicht auf Mussolinis Zögern hin den auf den Vortag festgesetzten Angriffstermin eben noch aufgehoben hätte

Dokumente zur Zeit

Wirtschaftliche Mobilisierung

Beschleunigter Bau von Großanlagen

Protokoll über die Besprechung zwischen Keppler, Leiter des Büros «Sonderaufgabe deutsche Roh- und Werkstoffe», und den Vertretern der IG Farben am 19. September 1935 in der Reichskanzlei (Auszug)

Keppler hält den beschleunigten Bau einer Großanlage für erforderlich. Durch die schnell fortschreitende Motorisierung des Heeres sei es nötig, das Problem des künstlichen Kautschuks mit größtem Nachdruck zu behandeln ... Als Standort wird gemäß Forderung der militärischen Stellen wieder Piesteritz genannt.
Nach längerer Aussprache wird folgendes Vorgehen in Aussicht genommen:
1.) Die IG baut voraussichtlich in Piesteritz eine Fabrik für 200–250 Moto synth. Kautschuk, die auf 1000 Moto erweiterungsfähig angelegt wird;
2.) die Anlage soll mit größter Beschleunigung ausgeführt werden. Die unverbindlich angegebene Bauzeit von 1 Jahr wird nach Möglichkeit abgekürzt.
3.) Die Finanzierung der Anlage erfolgt durch die IG.
4.) Keppler verpflichtet sich, mit den militärischen Stellen zu verhandeln und zu erreichen, daß eine Abnahmegarantie für mehrere Jahre zu einem festgesetzten Preise gegeben wird.
5.) Der Abgabepreis wird unter Mitwirkung des Treuhänders, Dr. Voss, festgestellt. Zu dem Einstandspreis kommt ein Amortisationsbetrag, der die vollständige Abschreibung der Anlage in 3, höchstens 5 Jahren ermöglicht, ferner eine 5%ige Verzinsung des Anlage- und Umlaufkapitals und schließlich ein angemessener Satz für Regiekosten, der eine Abgeltung für Generalia und Versuchskosten beinhalten soll.

In vier Jahren

Denkschrift Hitlers über einen Vierjahresplan vom 26. August 1936 (Auszug)

Europa hat zur Zeit nur zwei dem Bolschewismus gegenüber als standfest anzusehende Staaten: Deutschland und Italien. Die anderen Länder sind entweder durch ihre demokratische Lebensform zersetzt, marxistisch infiziert und damit in absehbarer Zeit selbst dem Zusammenbruch verfallen oder von autoritären Regierungen beherrscht, deren einzige Stärke die militärischen Machtmittel sind, d.h. aber:
sie sind infolge der Notwendigkeit, die Existenz ihrer Führung den eigenen Völkern gegenüber durch die Brachialmittel der Exekutive zu sichern, unfähig, diese Brachialgewalt zur Erhaltung der Staaten nach außen anzusetzen. Alle diese Länder wären unfähig, jemals einen aussichtsvollen Krieg gegen Sowjetrußland zu führen. Wie denn überhaupt außer Deutschland und Italien nur noch Japan als eine der Weltgefahr gegenüber standhaltende Macht angesehen werden kann ...
Die militärische Auswertung soll durch die neue Armee erfolgen. Das Ausmaß und das Tempo der militärischen Auswertung unserer Kräfte können nicht groß und nicht schnell genug gewählt werden! Es ist ein Kapitalirrtum zu glauben, daß über diese Punkte irgendein Verhandeln oder ein Abwägen stattfinden könnte mit anderen Lebensnotwendigkeiten. Sosehr auch das gesamte Lebensbild eines Volkes ein ausgeglichenes sein soll, sosehr müssen doch in gewissen Zeiten einseitige Verschiebungen zugunsten anderer, nicht so lebenswichtiger Aufgaben vorgenommen werden. Wenn es uns nicht gelingt, in kürzester Frist die deutsche Wehrmacht in der Ausbildung, in der Aufstellung der Formationen, in der Ausrüstung und vor allem auch in der geistigen Erziehung zur ersten Armee der Welt zu entwickeln, wird Deutschland verloren sein! Es gilt hier der Grundsatz, daß das, was in Monaten des Friedens versäumt wurde, in Jahrhunderten nicht mehr eingeholt werden kann.
Es haben sich daher dieser Aufgabe alle anderen Wünsche bedingungslos unterzuordnen. Denn diese Aufgabe ist das Leben und die Lebenserhaltung, und alle sonstigen Wünsche – und mögen sie in anderen Zeitläufen noch so verständlich sein – sind demgegenüber belanglos oder sogar lebensgefährdend und mithin abzulehnen ...
6. Die endgültige Lösung liegt in einer Erweiterung des Lebensraumes – bzw. der Rohstoff- und Ernährungsbasis unseres Volkes. Es ist die Aufgabe der politischen Führung, diese Frage dereinst zu lösen.
7. Die vorübergehende Entlastung kann nur im Rahmen unserer heutigen Wirtschaft gefunden werden. Und dazu ist folgendes festzustellen:
a) Da das deutsche Volk in seiner Ernährung steigend von der Einfuhr abhängig sein wird, desgleichen aber auch gewisse Rohstoffe unter allen Umständen wenigstens teilweise aus dem Auslande beziehen muß, ist mit allen Mitteln auf die Ermöglichung dieser Einfuhr hinzuarbeiten.

Monopolisierung der deutschen Industrie

Stand zu Kriegsbeginn

Produktionsbereich	Haupt-konzerne	Anteil in Proz.
Steinkohle	5	68
Braunkohle	4	65
Eisenerz	2	64
Eisenmetallurgie	3	70
Erdöl	3	100
Kali	3	90
Chemie	1	80
Synth. Treibstoff	4	100
Elektroindustrie	2	90
Aluminium	2	100
Magnesium	2	100
Automobilindustrie	3	80
Zement (Kartelle)	4	100
Stickstoff (Syndikat)	1	100

b) Die Steigerung des eigenen Exports ist theoretisch möglich, praktisch aber kaum wahrscheinlich. Deutschland exportiert nicht in einen politisch oder wirtschaftlich luftleeren Raum, sondern in unerhört hart umstrittene Gebiete. Unser Export ist gemessen an dem allgemeinen internationalen Wirtschaftsschwund nicht nur nicht mehr, sondern weniger gesunken als der der anderen Völker und Staaten. Allein, da die Lebensmitteleinfuhr im großen gesehen überhaupt keine wesentliche Senkung verträgt, sondern eher steigt, muß auf anderem Weg ein Ausgleich gefunden werden.
c) Es ist aber unmöglich, bestimmte Rohstoffdevisen für den Import von Lebensmitteln zu verwenden, wenn nicht der sonstigen deutschen Wirtschaft ein schwerer, ja vielleicht vernichtender Schlag zugefügt werden soll. Es ist aber vor allem gänzlich unmöglich, dies auf Kosten der nationalen Aufrüstung zu tun ...
Es ist nicht genug damit getan, von Zeit zu Zeit nur Rohstoff- oder Devisenbilanzen aufzustellen oder von einer Vorbereitung der Kriegswirtschaft im Frieden zu sprechen, sondern es ist notwendig, der Friedensernährung und vor allem der Kriegführung die Mittel zu sichern, die durch menschliche Energie und durch Tatkraft gesichert werden können. Und ich stelle daher zu einer endgültigen Lösung unserer Lebensnot folgendes Programm auf:
I. Ähnlich der militärischen und politischen Aufrüstung bzw. Mobilmachung unseres Volkes hat auch eine wirtschaftliche zu erfolgen, und zwar im selben Tempo, mit der gleichen Entschlossenheit und wenn nötig auch mit der gleichen Rücksichtslosigkeit ...
II. Zu diesem Zwecke sind auf all den Gebieten, auf denen eine eigene Befriedigung durch deutsche Produktionen zu erreichen ist, Devisen einzusparen, um sie jenen Erfordernissen zuzulenken, die unter allen Umständen ihre Deckung nur durch Importe erfahren können ...
Die Erfüllung dieser Aufgaben in Form eines Mehrjahresplans der Unabhängigmachung unserer nationalen Wirtschaft vom Ausland wird es aber auch erst ermöglichen, vom deutschen Volk auf wirtschaftlichem Gebiet und dem Gebiete der Ernährung Opfer zu verlangen...
Es sind jetzt fast 4 kostbare Jahre vergangen. Es gibt keinen Zweifel, daß wir schon heute auf dem Gebiet der Brennstoff-, der Gummi- und zum Teil auch in der Eisenerzversorgung vom Ausland restlos unabhängig sein könnten. Genau wie wir zur Zeit 700000 oder 800000 t Benzin produzieren, könnten wir 3 Millionen t produzieren. Genauso, wie wir heute einige tausend t Gummi fabrizieren, könnten wir schon jährlich 70000 und 80000 t erzeugen. Genauso, wie wir von 2½ Millionen t Eisenerzerzeugung auf 7 Millionen t stiegen, könnten wir 20 oder 25 Millionen t deutsches Eisenerz verarbeiten und wenn notwendig auch 30. Man hat nun Zeit genug gehabt, in 4 Jahren festzustellen, was wir nicht können. Es ist jetzt notwendig, auszuführen, das, was wir können.
Ich stelle damit folgende Aufgabe:
I. Die deutsche Armee muß in 4 Jahren einsatzfähig sein.
II. Die deutsche Wirtschaft muß in 4 Jahren kriegsfähig sein.

Der Grundgedanke

Niederschrift des Ministerrates vom 4. September 1936 unter Vorsitz Görings (Auszug)

Der Führer und Reichskanzler hat an den Herrn Generaloberst und den Herrn Reichskriegsminister eine Denkschrift gegeben, die die Generalanweisung für die Durchführung darstellt.
Sie geht von dem Grundgedanken aus, daß die Auseinandersetzung mit Rußland unvermeidbar ist. Was Russen im Aufbau geleistet haben, können wir auch leisten.
Welches Risiko fürchtet die Wirtschaft im Vergleich zu dem außenpolitischen Risiko, das der Führer dauernd trägt? Über die Finanzierungsfrage wird der Führer eine Denkschrift folgen lassen ...
Für die Durchführung der in der Denkschrift gestellten Aufgabe ist der Herr Generaloberst verantwortlich.
Maßnahmen, an die heranzugehen wir uns jetzt vielleicht noch scheuen, müßten wir zwangsläufig ergreifen, wenn morgen Krieg wäre. Sie sind infolgedessen durchführbar.
Zwei Grundgedanken:
1.) Selbstversorgung auf all den Gebieten, auf denen dies technisch möglich ist, mit größter Energie aufbauen; jährliche Devisenersparnis muß über den ersten Vorschlag des Rohstoff- und Devisenstabes, der zunächst 600 Millionen Reichsmark vorsieht, noch hinausgehen.
2.) Mit Devisen ist überall dort zu überbrücken, wo dies für Aufrüstung und für Ernährung nötig erscheint.
Zur Devisenbeschaffung muß jeder Abfluß ins Ausland mit allen Mitteln verhindert werden, andererseits das, was draußen ist, hereingeholt werden. Der Führer wird in nächster Zeit die Wirtschaftsführer sprechen und ihnen seine Grundgedanken darlegen.

«Merkschwein» des «Ernährungs-Hilfswerkes»

Bei der Autorität des Staates sind die notwendigen Maßnahmen durchaus durchführbar. Friedrich der Große, auf den von verschiedensten Seiten Bezug genommen wird, war in seiner Finanzgebarung scharfer Inflationist ...
Alle Maßnahmen haben so zu erfolgen, als ob wir im Stadium der drohenden Kriegsgefahr uns befänden.

Zivile Versorgung

Bekanntmachung im «Völkischen Beobachter» vom 4. Dezember 1936 (Auszug)

Um dem Kleinhändler und Fleischer eine gerechte Verteilung der Fette an den Verbraucher zu ermöglichen, werden der Einzelhandel und das Fleischerhandwerk das bereits im letzten Winter auf privater Grundlage angewandte Verfahren der Kundenliste in erweitertem Umfange und auf zuverlässigen Unterlagen ab Januar 1937 wieder aufnehmen. Um bei der Kundenliste die Personenzahl des einzelnen Haushalts zu berücksichtigen, werden die Eintragungen in die Kundenliste nur auf Grund von Haushaltsnachweisen durchgeführt werden. Noch im Dezember wird den Haushaltungen ein Haushaltungsnachweis zugehen, der als Unterlage für die Eintragung in die Kundenliste bei dem vom Verbraucher selbst gewählten Geschäft dient. Die Ausgabe der Haushaltsnachweise wird in gleicher Weise durchgeführt wie die Personenstandsaufnahme vom 10. Oktober jeden Jahres.

Die typisch deutsche Waffe

«Vorschläge zur Nutzbarmachung der deutschen Chemie für die Landesverteidigung» vom 21. Juli 1938, verfaßt von Abteilung F der Reichsstelle für Wirtschaftsausbau (Chef: IG Farben Direktor Krauch) (Auszug)

Bildung eines Chemiker-Offizierskorps

1. Ausgehend von dem materiellen Wert der chemischen Waffe (Kampfstoff und Nebel) muß der Vorbereitung ihres Einsatzes entsprechend Rechnung getragen werden.
2. Die chemische Waffe ist die typisch den deutschen Rohstoffbedingungen und der Kapazität der deutschen chemischen Industrie entsprechende Waffe.
3. Die chemische Waffe ist auch vom Standpunkt ihrer Anwendung die typisch deutsche Waffe, da sie der besonderen naturwiss[enschaftlich]-technischen Begabung der Deutschen entspricht. (Die gewisse bestehende Diffamierung ist ein Zeichen sentimentaler Kritiklosigkeit).
4. Die im Rahmen des Wehrwirtschaftsausbaues auszuweitende und noch entstehende chemische Industrie gewaltigen Ausmaßes (Mineralöl, Buna usw.) bietet praktisch kaum begrenzte Möglichkeiten zur Erzeugung der chemischen Waffen. Diese chemischen Synthesen mit ihren Nebenprodukten und mit ihren ganzen chemischen Möglichkeiten, die das Ausland in absehbarer Zeit nicht durchführen wird, da ihm die betr[effenden] Naturstoffe – die aber nicht ohne weiteres in Kampfstoffe umgewandelt werden können – vom Weltmarkt her zur Verfügung stehen, sichern Deutschland eine überragende Überlegenheit, wenn es sich zu dem Gedanken vom Wert der chemischen Waffe bekennt und die gegebenen Möglichkeiten in großzügiger Weise nutzbar zu machen beginnt.
5. Die deutsche chemische Industrie wird unter zielbewußter Führung allen materiellen Anforderungen in planmäßiger Aufbauarbeit gerecht werden können ...
6. Von der Seite der militärischen Anwendung der chemischen Waffe her besteht noch nicht die notwendige Vorbereitung, um dem Gedanken des verstärkten Einsatzes der chemischen Waffe gebührend Rechnung zu tragen.

Es wird daher vorgeschlagen:

7. Ein Chemiker-Offizierskorps innerhalb der Wehrmacht (für Heer, Kriegsmarine und Luftwaffe) wird gegründet (entsprechend dem Sanitäts-Offizierskorps). In ihm werden alle Chemiker der Wehrmacht und als Reserveoffiziere die der Wirtschaft und Technik vereinigt ...
8. Als Fronttruppe («Nebeltruppe») werden statt der bisherigen zwei Nebelabteilungen 12 Regimenter gebildet. Ihre Mannschaft setzt sich aus Arbeitern und Angestellten (Laboranten) der chemischen Industrie zusammen.
9. Bestimmte Teile anderer Waffengattungen werden planmäßig zur Dienstleistung in der Nebeltruppe abkommandiert, damit eine Durchdringung der gesamten Wehrmacht mit dem Gedanken der chemischen Waffe erfolgt.
10. Aus dem Chemiker-Offizierskorps werden die Führer erwachsen, die an den höchsten militärischen Kommandostellen dem Gedanken des Wertes und des Einsatzes der chemischen Waffe die entsprechende Geltung verschaffen werden.
11. Im Verlaufe von mehreren Jahren wird damit in Deutschland eine in keinem sonstigen Lande der Welt mögliche oder bestehende Truppe geschaffen werden, die dem überlegenen Material der deutschen chemischen Waffe auch den überlegenen Einsatz verbürgt.

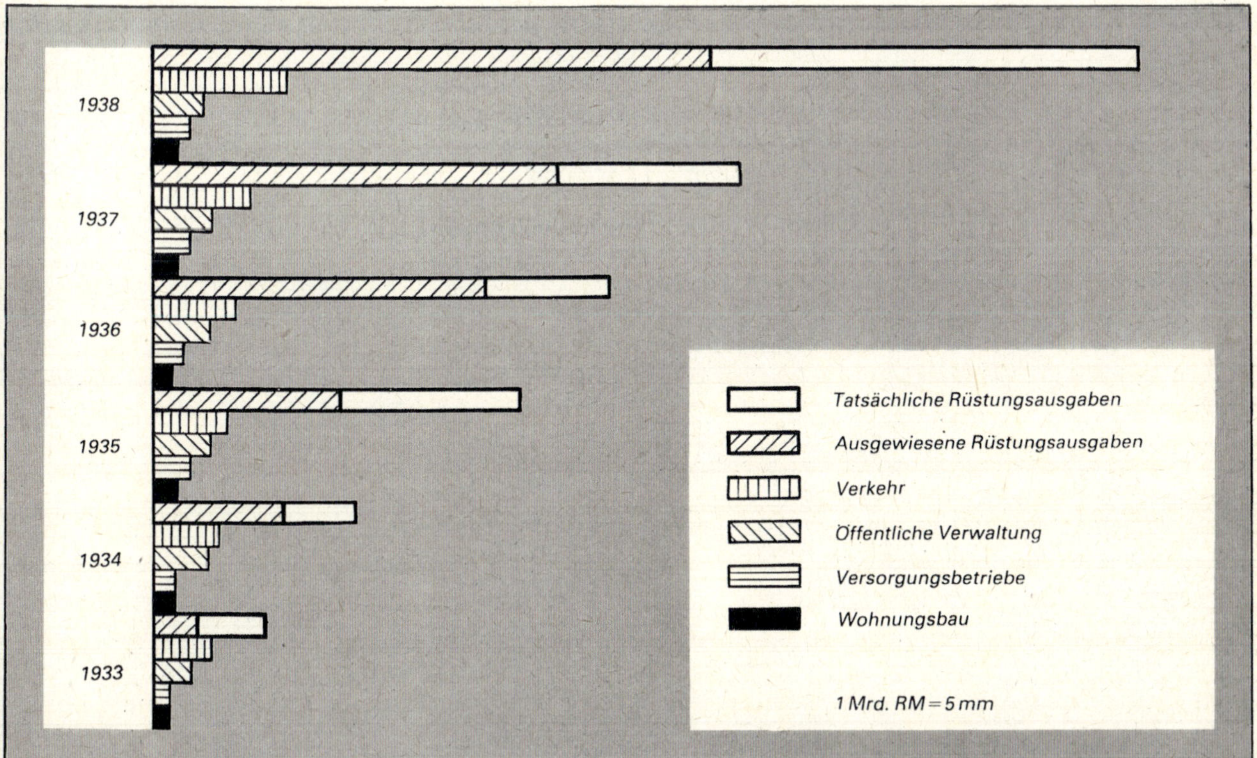

Kriegswirtschaft im Frieden

Der Kriegsblock

Die Achse

Mussolini am 1. November 1936 in Mailand (Auszug)

Die Zusammenkunft von Berlin hat eine Verständigung zwischen den beiden Ländern über bestimmte Probleme ergeben, von denen in diesen Tagen einige ganz besonders brennend sind. Aber diese Verständigung, die in besonderen Niederschriften festgelegt und in gebührender Form unterschrieben worden ist, diese Vertikale Berlin–Rom ist nicht eine Schnittlinie, sondern vielmehr eine Achse, um die alle europäischen Staaten, die von dem Willen der Zusammenarbeit und des Friedens beseelt sind, zusammenarbeiten können.

Der Antikominternpakt

Fünfjähriges «Abkommen gegen die Kommunistische Internationale» vom 25. Dezember 1936 (Auszug)

Die Regierung des Deutschen Reiches und die Kaiserlich-Japanische Regierung
In der Erkenntnis, daß das Ziel der Kommunistischen Internationale, Komintern genannt, die Zersetzung und Vergewaltigung der bestehenden Staaten mit allen zu Gebote stehenden Mitteln ist,
In der Überzeugung, daß die Duldung einer Einmischung der Kommunistischen Internationale in die inneren Verhältnisse der Nationen nicht nur deren inneren Frieden und soziales Wohlleben gefährdet, sondern auch den Weltfrieden überhaupt bedroht,
Sind in dem Wunsche, gemeinsam zur Abwehr gegen die kommunistische Zersetzung zusammenzuarbeiten, in folgendem übereingekommen:
Artikel I Die Hohen Vertragsschließenden Staaten kommen überein, sich gegenseitig über die Tätigkeit der Kommunistischen Internationale zu unterrichten, über die notwendigen Abwehrmaßnahmen zu beraten und diese in enger Zusammenarbeit durchzuführen.
Artikel II Die Hohen Vertragsschließenden Staaten werden dritte Staaten, deren innerer Friede durch die Zersetzungsarbeit der Kommunistischen Internationale bedroht wird, gemeinsam einladen, Abwehrmaßnahmen im Geiste dieses Abkommens zu ergreifen oder an diesem Abkommen teilzunehmen.

Geheimes Zusatzabkommen (Auszug)

Artikel I Sollte einer der Hohen Vertragsschließenden Staaten Gegenstand eines nicht provozierten Angriffs oder einer nicht provozierten Angriffsdrohung durch die Union der Sozialistischen Sowjetrepubliken werden, so verpflichtet sich der andere Hohe Vertragsschließende Staat, keinerlei Maßnahmen zu treffen, die in ihrer Wirkung die Lage der Union der Sozialistischen Sowjetrepubliken zu entlasten geeignet sein würden.
Sollte der in Absatz 1 bezeichnete Fall eintreten, so werden sich die Hohen Vertragsschließenden Staaten sofort darüber beraten, welche Maßnahmen sie zur Wahrung der gemeinsamen Interessen ergreifen werden.
Artikel II Die Hohen Vertragsschließenden Staaten werden während der Dauer dieses Abkommens ohne gegenseitige Zustimmung mit der Union der Sozialistischen Sowjetrepubliken keinerlei politische Verträge schließen, die mit dem Geiste dieses Abkommens nicht übereinstimmen.

Bis ans Ende marschieren

Mussolini in seiner Rede auf dem Reichssportfeld Berlin am 28. September 1937 (Auszug)

Trotz allem Drängen hat Deutschland sich den Sanktionen nicht angeschlossen. Wir werden das niemals vergessen. Dies ist der Punkt, an dem zum erstenmal ganz deutlich das Vorhandensein eines notwendigen Zusammengehens zwischen dem nationalsozialistischen Deutschland und dem faschistischen Italien in Erscheinung tritt. Das, was man nunmehr in der ganzen Welt als die Achse Berlin–Rom kennt, entstand im Herbst neunzehnhundertfünfunddreißig und hat in den letzten zwei Jahren für die immer stärkere Annäherung unserer beiden Völker aneinander wie für die wachsende politische Stärkung des europäischen Friedens großartig gearbeitet.
Der Faschismus hat seine Ethik, der er treu zu bleiben beabsichtigt, und diese Ethik deckt sich mit meiner persönlichen Moral: klar und offen reden und, wenn man einen Freund hat, mit ihm zusammen bis ans Ende marschieren.

Sondermarke der Reichspost zur «Achse»

Die Begünstigung

Bewunderung für die Vettern

Lord Mount Temple, Präsident der Anglo-German Fellowship, am 11. Januar 1936 auf einem Festessen zur ersten Tagung der Deutsch-Englischen Gesellschaft in Berlin (nach Schultheß) (Auszug)

«Die freundschaftlichen Gefühle des engl. Volkes gegenüber seinen deutschen Vettern sind stärker, als Sie es sich vorstellen. Und unsere öffentliche Meinung ist überzeugt, daß eine endgültige und klare Verständigung zwischen unseren beiden Völkern zustande kommen muß, die dem Frieden und dem Bestande der Welt dienen soll. Wir können viel vollenden, wenn wir willens sind, uns darum zu bemühen.» Zum Schluß verleiht der Lord der Bewunderung Ausdruck, mit der das englische Volk die erfolgreichen und kühnen Anstrengungen verfolge, die das deutsche Volk zur Niederschlagung des Bolschewismus unternehme. «Ihre Kraft und Entschlossenheit haben Europa von einer wirklichen Gefahr befreit, einer Gefahr, die im Augenblick behoben scheint, aber jederzeit wieder ausbrechen kann.»

Mangelnde englische Staatskunst

Der frühere britische Luftfahrtminister Lord Londonderry am 22. Februar 1936 in einer Rede in Durham nach Rückkehr von einer Deutschlandreise (nach Schultheß) (Auszug)

Die deutschen Luftstreitkräfte würden nach Abschluß ihrer Ausbildung wahrscheinlich die stärksten der Welt sein. Mit Hilfe der Organisation, die ihre Stärke sei, könne die deutsche Regg. ihre Luftflotte in einem überraschenden Tempo ausbauen. Deutschland übe auch eine Kontrolle über seine Fabriken aus, so daß die Lieferungen erheblich schneller durchgeführt werden könnten als in England. Es würde eine Folge mangelnder englischer Staatskunst sein, wenn England im Kriegsfalle sich auf der Seite der Gegner Deutschlands befinden sollte. Er sei überzeugt, daß die deutsche Nation keine feindseligen Gefühle gegen England hege. Deutschland vermehre seine Stärke von Tag zu Tag. In wirtschaftlicher Hinsicht mache es große Fortschritte. Wofür das engl. Parlament Wochen und Monate brauche, könne in Deutschland mit einem Federstrich erledigt werden. Gewisse einflußreiche Persönlichkeiten hätten es für richtig gehalten zu sagen, daß die Entwicklung der deutschen Luftflotte sich ausschließlich gegen Großbritannien richte. Er erwiderte darauf, ohne zu zögern, daß er daran auch nicht einen Augenblick glaube. Die deutsche Nation und die deutsche Regg. seien von einem Wunsche der Freundschaft mit England beseelt. Das letzte, was Deutschland wünsche, sei eine kriegerische Frontstellung der Nationen und eine Gegnerschaft Englands und Frankreichs. Man habe ihm an zuständiger deutscher Stelle erklärt, man fühle sich verpflichtet, Deutschland so zu organisieren, daß es ein Bollwerk gegen den Drang des Ostens nach Westen sei, gegen den Drang der weltumspannenden Lehren der sowjetruss. Regg., die über die Erde verbreitet würden mit dem Endziel einer Weltrevolution.

Keine Änderung ausgeschlossen

Protokoll der Besprechung zwischen Hitler und Halifax am 19. November 1937 (Auszug)

Lord Halifax betonte eingangs, daß er die Gelegenheit begrüße, durch eine persönliche Aussprache mit dem Führer ein besseres Verständnis zwischen England und Deutschland herbeiführen zu können. Es wäre dies nicht nur für die beiden Länder, sondern auch für die gesamte europäische Zivilisation von größter Wichtigkeit ... In England sei man der Auffassung, daß die zur Zeit bestehenden Mißverständnisse durchaus aus dem Wege geräumt werden könnten. Man erkenne die großen Verdienste, die sich der Führer um den Wiederaufbau Deutschlands erworben habe, voll und ganz an, und wenn die englische öffentliche Meinung zu gewissen deutschen Problemen gelegentlich eine kritische Stellung einnehme, so liege dies zum Teil daran, daß man in England nicht vollständig über die Beweggründe und Umstände gewisser deutscher Maßnahmen unterrichtet sei. So verfolge die englische Kirche die Entwicklung der Kirchenfrage in Deutschland voller Besorgnis und Unruhe. Ebenso ständen die Kreise der Arbeiterpartei gewissen Dingen in Deutschland kritisch gegenüber. Trotz dieser Schwierigkeiten wären er (Lord Halifax) und andere Mitglieder der Englischen Regierung davon durchdrungen, daß der Führer nicht nur in Deutschland selbst Großes geleistet habe, sondern er auch durch die Vernichtung des Kommunismus im eigenen Lande diesem den Weg nach Westeuropa versperrt habe, und daß daher mit Recht Deutschland als Bollwerk des Westens gegen den Bolschewismus angesehen werden könne ...
Die Engländer seien ein Volk der Realitäten und seien vielleicht mehr als andere davon überzeugt, daß die Fehler des Versailler Diktats richtiggestellt werden müßten. England habe ja auch in der Vergangenheit stets seinen Einfluß in diesem realistischen Sinne geltend gemacht ... Man müsse versuchen, dieselbe Sprache zu sprechen, und dabei vermeiden, sich über große Entfernungen mit lauter Stimme zu unterhalten ...
Englischerseits glaube man nicht, daß der status quo unter allen Umständen aufrecht erhalten werden müsse. Man erkenne an, daß eine Anpassung an neue Verhältnisse, Korrektur früherer Fehler und notwendig gewordene Änderung bestehender Zustände ins Auge gefaßt werden müßte. England mache dabei nur seinen Einfluß in der Richtung geltend, daß diese Änderungen nicht auf eine Weise erfolgen, die der vom Führer vorhin erwähnten unvernünftigen Lösung, dem Spiel der freien Kräfte, das letzten Endes Krieg bedeutete, entspräche. Er müsse nochmals im Namen der englischen Regierung betonen, daß keine Ände-

rungsmöglichkeit des bestehenden Zustandes ausgeschlossen sein solle, daß aber Änderungen nur auf Grund einer vernünftigen Regelung erfolgen dürften. Wenn man sich beiderseitig darüber einig sei, daß die Welt nicht statisch wäre, so müsse man versuchen, dieser Erkenntnis auf Grund gemeinsamer Ideale in der Weise gerecht zu werden, daß die vorhandenen Energien in gegenseitigem Vertrauen auf ein gemeinsames Ziel gerichtet würden ...
Er frage daher den Führer nach seiner Einstellung zum Völkerbund, ebenso wie zur Abrüstung. Alle anderen Fragen könne man dahingehend charakterisieren, daß sie Änderungen der europäischen Ordnung beträfen, die wahrscheinlich früher oder später eintreten würden. Zu diesen Fragen gehöre Danzig und Österreich und die Tschechoslowakei. England sei nur daran interessiert, daß diese Änderungen im Wege friedlicher Evolution zustande gebracht würden, und daß Methoden vermieden würden, die weitergehende Störungen, wie sie weder der Führer noch andere Länder wünschten, verursachen könnten.
Auch der Führer gab seiner Befriedigung darüber Ausdruck, mit Lord Halifax eine so offene und umfassende Aussprache gehabt zu haben, und erklärte, daß er ohne weiteres die von Lord Halifax soeben genannte Zielsetzung für Deutschland annehmen könne. Jemand, der, wie er, Soldat im Weltkrieg gewesen sei, wolle den Krieg nicht wieder. In England und in anderen Ländern bestünden die gleichen Tendenzen. Nur ein Land, Sowjetrußland, könne bei einem allgemeinen Konflikt gewinnen.

Der Kurswechsel

Stete Kriegsbereitschaft

«Weisung für die einheitliche Kriegsvorbereitung der Wehrmacht» vom 24. Juni 1937 (Auszug)

Allgemeine Richtlinien.
1.) Die allgemeine politische Lage berechtigt zu der Vermutung, daß Deutschland mit keinem Angriff von irgendeiner Seite zu rechnen hat. Hierfür sprechen in erster Linie neben dem fehlenden Kriegswillen bei fast allen Völkern, insbesondere bei den Westmächten, auch die mangelnde Kriegsbereitschaft einer Reihe von Staaten, vornehmlich Rußlands. Ebensowenig besteht von Seiten Deutschlands die Absicht, einen europäischen Krieg zu entfesseln.
Trotzdem erfordert die politisch labile und überraschende Zwischenfälle nicht ausschließende Weltlage eine stete Kriegsbereitschaft der deutschen Wehrmacht.
a) um Angriffen jederzeit entgegentreten
b) und um etwa sich ergebende politisch günstige Gelegenheiten militärisch ausnutzen zu können.
Dem müssen die Vorbereitungen der Wehrmacht für einen etwaigen Krieg im Mob.-Abschnitt 1937/1938 Rechnung tragen ...
Teil 2
Wahrscheinliche Kriegsfälle
(Aufmärsche) ...
II) Zweifrontenkrieg mit Schwerpunkt Südost.
(Aufmarsch «Grün»)
1.) Voraussetzungen.
Um den bevorstehenden Angriff einer überlegenen feindlichen Koalition abzuwehren, kann der Krieg im Osten mit einer überraschenden deutschen Operation gegen die Tschechoslowakei beginnen. Die politischen und völkerrechtlichen Voraussetzungen für ein derartiges Handeln müssen vorher geschaffen sein ...
2.) Aufgabe der deutschen Wehrmacht ist es, ihre Vorbereitungen so zu treffen, daß die Masse aller Kräfte schnell, überraschend und mit stärkster Wucht in die Tschechoslowakei einbrechen kann und daß im Westen nur ein Mindestmaß von Kräften als Rückendeckung für diese Angriffsoperation vorgesehen wird.

Gewalt unter Risiko

Niederschrift einer Besprechung Hitlers mit den Ministern v. Blomberg und v. Neurath sowie allen Oberbefehlshabern am 5. November 1937 in der Reichskanzlei, angefertigt von Wehrmachtsadjutant Oberst Hoßbach (Auszug)

Der Führer stellte einleitend fest, daß der Gegenstand der heutigen Besprechung von derartiger Bedeutung sei, daß dessen Erörterung in anderen Staaten wohl vor das Forum des Regierungskabinetts gehörte, er – der Führer – sähe aber gerade im Hinblick auf die Bedeutung der Materie davon ab, diese in dem großen Kreise des Reichskabinetts zum Gegenstand der Besprechung zu machen. Seine nachfolgenden Ausführungen seien das Ergebnis eingehender Überlegungen und der Erfahrungen seiner viereinhalbjährigen Regierungszeit; er wolle den anwesenden Herren seine grundlegenden Gedanken über die Entwicklungsmöglichkeiten und -notwendigkeiten unserer außenpolitischen Lage auseinandersetzen, wobei er im Interesse einer auf weite Sicht eingestellten deutschen Politik seine Ausführung als seine testamentarische Hinterlassenschaft für den Fall seines Ablebens anzusehen bitte. Der Führer führte sodann aus:
Das Ziel der deutschen Politik sei die Sicherung und die Erhaltung der Volksmasse und deren Vermehrung. Somit handele es sich um das Problem des Raumes ...
Bevor er sich der Frage der Behebung der Raumnot zuwende, sei die Überlegung anzustellen, ob im Wege der Autarkie oder einer gesteigerten Beteiligung an der Weltwirtschaft eine zukunftsreiche Lösung der deutschen Lage zu erreichen sei.
Autarkie:
Durchführung nur möglich bei straffer nationalsozialistischer Staatsführung, welche die Voraussetzung sei; als Resultat der Verwirklichungsmöglichkeit sei festzustellen:
A. Auf dem Gebiet der Rohstoffe nur bedingte, nicht aber totale Autarkie.
1. Soweit Kohle zur Gewinnung von Rohprodukten in Betracht komme, sei Autarkie durchführbar.
2. Schon auf dem Gebiet der Erze Lage viel schwieriger. Eisenbedarf – Selbstdeckung möglich und Leichtmetall, bei anderen Rohstoffen – Kupfer, Zinn dagegen nicht.
3. Faserstoffe – Selbstdeckung, soweit Holzvorkommen reicht. Eine Dauerlösung nicht möglich.
4. Ernährungsfette möglich.
B. Auf dem Gebiet der Lebensmittel sei die Frage der Autarkie mit einem glatten «nein» zu beantworten ...
Beteiligung an der Weltwirtschaft:
Ihr seien Grenzen gezogen, die wir nicht zu beheben vermöchten. Einer sicheren Fundierung der deutschen Lage ständen die Konjunkturschwankungen entgegen, die Handelsverträge böten keine Gewähr für die praktische Durchführung. Insbesondere sei grundsätzlich zu bedenken, daß seit dem Weltkriege eine Industrialisierung gerade früherer Ernährungsausfuhrländer stattgefunden habe. Wir lebten im Zeitalter wirtschaftlicher Imperien, in welchem der Trieb der Kolonisierung sich wieder dem Urzustand nähere; bei Japan und Italien lägen dem Ausdehnungsdrang wirtschaftliche Motive zugrunde, ebenso wie auch für Deutschland die wirtschaftliche Not den Antrieb bilden würde. Für Länder außerhalb der großen Wirtschaftsreiche sei die Möglichkeit wirtschaftlicher Expansion besonders erschwert.
Der durch die Rüstungskonjunkturen verursachte Auftrieb in der Weltwirtschaft könne niemals die Grundlage zu einer wirtschaftlichen Regelung für einen längeren Zeitraum bilden, welch letzterer vor allem auch die vom Bolschewismus ausgehenden Wirtschaftszerstörungen im Wege stünden. Es sei eine ausgesprochene militärische Schwäche derjenigen Staaten, die ihre Existenz auf dem Außenhandel aufbauten. Da unser Außenhandel über die durch England beherrschten Seegebiete führe, sei es mehr eine Frage der Sicherheit des Transportes als eine solche der Devisen, woraus die große Schwäche unserer Ernährungssituation im Kriege erhelle. Die einzige, uns vielleicht traumhaft erscheinende Abhilfe läge in der Gewinnung eines größeren Lebensraumes, ein Streben, das zu allen Zeiten die Ursache der Staatenbildungen und Völkerbewegungen gewesen sei. Daß dieses Streben in Genf bei den gesättigten Staaten keinem Interesse begegne, sei erklärlich. Wenn die Sicherheit unserer Ernährungslage im Vordergrund stände, so könne der hierfür notwendige Raum nur in Europa gesucht werden, nicht aber ausgehend von liberalistisch-kapitalistischen Auffassungen in der Ausbeutung von Kolonien. Es handele sich nicht um die Gewinnung von Menschen, sondern von landwirtschaftlich nutzbarem Raum. Auch die Rohstoffgebiete seien zweckmäßiger im unmittelbaren Anschluß an das Reich in Europa und nicht in Übersee zu suchen, wobei die Lösung sich für ein bis zwei Generationen auswirken müsse. Was darüber hinaus in späteren Zeiten notwendig werden sollte, müsse nachfolgenden Geschlechtern überlassen bleiben. Die Entwicklung großer Weltgebilde gehe nun einmal langsam vor sich, das deutsche Volk mit seinem starken Rassekern finde hierfür die günstigsten Voraussetzungen inmitten des europäischen Kontinents. Daß jede Raumerweiterung nur durch Brechen von Widerstand und unter Risiko vor sich gehen könne, habe die Geschichte aller Zeiten – Römisches Weltreich, Englisches Empire – bewiesen. Auch Rückschläge seien unvermeidbar. Weder früher noch heute habe es herrenlosen Raum gegeben, der Angreifer stoße stets auf den Besitzer.
Für Deutschland laute die Frage, wo größter Gewinn unter geringstem Einsatz zu erreichen sei.
Die deutsche Politik habe mit den beiden Haßgegnern England und Frankreich zu rechnen, denen ein starker deutscher Koloß inmitten Europas ein Dorn im Auge sei, wobei beide Staaten eine weitere deutsche Erstarkung sowohl in Europa als auch in Übersee ablehnten und sich in dieser Ablehnung auf die Zustimmung aller Parteien stützen könnten. In der Errichtung deutscher militärischer Stützpunkte in Übersee sähen beide Länder eine Bedrohung ihrer Überseeverbindungen, eine Sicherung des deutschen Handels und rückwirkend eine Stärkung der deutschen Position in Europa ...
Zur Lösung der deutschen Frage könne es nur den Weg der Gewalt geben, dieser niemals risikolos sein. Die Kämpfe Friedrichs des Großen um Schlesien und die Kriege Bismarcks gegen Österreich und Frankreich seien von unerhörtem Risiko gewesen, und die Schnelligkeit des preußischen Handelns 1870 habe Österreich vom Eintritt in den Krieg ferngehalten. Stelle man an die Spitze der nachfolgenden Ausführungen den Entschluß zur Anwendung von Gewalt unter Risiko, dann bleibe noch die Beantwortung der Fragen «wann» und «wie». Hierbei seien drei Fälle zu entscheiden:
Fall 1: Zeitpunkt 1943–1945.
Nach dieser Zeit sei nur noch eine Veränderung zu unseren Ungunsten zu erwarten.
Die Aufrüstung der Armee, Kriegsmarine, Luftwaffe sowie die Bildung des Offizierskorps seien annähernd beendet. Die materielle Ausstattung

Die Industrieproduktion der wichtigsten imperialistischen Länder

Produktionsindex: 1929 = 100

Jahr	Deutschland	Vereinigte Staaten	Großbritannien	Frankreich
1924	68	80	90	78
1932	53	54	83	72
1936	103	88	116	78
1938	126	72	115	76

und Bewaffnung seien modern, bei weiterem Zuwarten läge die Gefahr ihrer Veraltung vor. Besonders der Geheimhaltungsschutz der «Sonderwaffen» ließe sich nicht immer aufrechterhalten. Die Gewinnung von Reserven beschränke sich auf die laufenden Rekrutenjahrgänge, ein Zusatz aus älteren unausgebildeten Jahrgängen sei nicht mehr verfügbar.
Im Verhältnis zu der bis dahin durchgeführten Aufrüstung der Umwelt nähmen wir an relativer Stärke ab. Wenn wir bis 1943/45 nicht handelten, könne infolge des Fehlens von Reserven jedes Jahr die Ernährungskrise bringen, zu deren Behebung ausreichende Devisen nicht verfügbar seien. Hierin sei ein «Schwächungsmoment des Regimes» zu erblicken. Zudem erwarte die Welt unseren Schlag und treffe ihre Gegenmaßnahmen von Jahr zu Jahr mehr. Während die Umwelt sich abriegele, seien wir zur Offensive gezwungen. Wie die Lage in den Jahren 1943/45 tatsächlich sein würde, wisse heute niemand. Sicher sei nur, daß wir nicht länger warten können.
Auf der einen Seite die große Wehrmacht mit der Notwendigkeit der Sicherstellung ihrer Unterhaltung, das Älterwerden der Bewegung und ihrer Führer, auf der anderen Seite die Aussicht auf Senkung des Lebensstandards und auf Geburteneinschränkung ließen keine andere Wahl als zu handeln. Sollte der Führer noch am Leben sein, so sei es sein unabänderlicher Entschluß, spätestens 1943/45 die deutsche Raumfrage zu lösen. Die Notwendigkeit zum Handeln vor 1943/45 käme im Fall 2 und 3 in Betracht.
Fall 2:
Wenn die sozialen Spannungen in Frankreich sich zu einer derartigen innenpolitischen Krise auswachsen sollten, daß durch letztere die französische Armee absorbiert und für eine Kriegsverwendung gegen Deutschland ausgeschaltet würde, sei der Zeitpunkt zum Handeln gegen die Tschechei gekommen.
Fall 3:
Wenn Frankreich durch einen Krieg mit einem anderen Staat so gefesselt ist, daß es gegen Deutschland nicht «vorgehen» kann.
Zur Verbesserung unserer militärisch-politischen Lage müsse in jedem Fall einer kriegerischen Verwicklung unser erstes Ziel sein, die Tschechei und gleichzeitig Österreich niederzuwerfen, um die Flankenbedrohung eines etwaigen Vorgehens nach Westen auszuschalten ...
An sich glaube der Führer, daß mit hoher Wahrscheinlichkeit England, voraussichtlich aber auch Frankreich die Tschechei bereits im stillen abgeschrieben und sich damit abgefunden hätten, daß diese Frage eines Tages durch Deutschland bereinigt würde. Die Schwierigkeiten des Empire und die Aussicht, in einen lang währenden europäischen Krieg erneut verwickelt zu werden, seien bestimmend für eine Nichtbeteiligung Englands an einem Kriege gegen Deutschland. Die englische Haltung werde gewiß nicht ohne Einfluß auf die Frankreichs sein. Ein Vorgehen Frankreichs ohne die englische Unterstützung und in der Voraussicht, daß seine Offensive an unseren Westbefestigungen sich festlaufe, sei wenig wahrscheinlich. Ohne die Hilfe Englands sei auch nicht mit einem Durchmarsch Frankreichs durch Belgien und Holland zu rechnen, der auch bei einem Konflikt mit Frankreich für uns außer Betracht bleiben müsse, da es in jedem Fall die Feindschaft Englands zur Folge haben müßte. Naturgemäß sei eine Abriegelung im Westen in jedem Fall während der Durchführung unseres Angriffs gegen die Tschechei und Österreich notwendig. Hierbei sei zu berücksichtigen, daß die Verteidigungsmaßnahmen der Tschechei von Jahr zu Jahr an Stärke zunähmen und daß auch eine Konsolidierung der inneren Werte der österreichischen Armee im Laufe der Jahre stattfände. Wenn auch die Besiedelung insbesondere der Tschechei keine dünne sei, so könne die Einverleibung der Tschechei und Österreichs den Gewinn von Nahrungsmitteln für 5 bis 6000000 Menschen bedeuten unter Zugrundelegung, daß eine zwangsweise Emigration aus der Tschechei von 2, aus Österreich von 1000000 Menschen zur Durchführung gelange. Die Angliederung der beiden Staaten an Deutschland bedeute militärpolitisch eine wesentliche Entlastung infolge kürzerer, besserer Grenzziehung, Freiwerdens von Streitkräften für andere Zwecke und der Möglichkeit der Neuaufstellung von Truppen bis in Höhe von etwa 12 Divisionen, wobei auf 1000000 Einwohner eine neue Division entfalle.
Von der Seite Italiens sei[en] gegen die Beseitigung der Tschechei keine Einwendungen zu erwarten, wie dagegen seine Haltung in der österreichischen Frage zu bewerten sei, entziehe sich der heutigen Beurteilung und sei wesentlich davon abhängig, ob der Duce noch am Leben sei.
Das Maß der Überraschung und der Schnelligkeit unseres Handelns sei für die Stellungnahme Polens entscheidend. Gegen ein siegreiches Deutschland wird Polen – mit Rußland im Rücken – wenig Neigung haben, in den Krieg einzutreten.
Einem militärischen Eingreifen Rußlands müsse durch die Schnelligkeit unserer Operationen begegnet werden; ob ein solches überhaupt in Betracht kommen werde, sei angesichts der Haltung Japans mehr als fraglich.
Trete der Fall 2 – Lahmlegung Frankreichs durch einen Bürgerkrieg – ein, so sei infolge Ausfalles des gefährlichsten Gegners die Lage jederzeit zum Schlag gegen die Tschechei auszunutzen.
In gewissere Nähe sähe der Führer den Fall 3 gerückt, der sich aus den derzeitigen Spannungen im Mittelmeer entwickeln könne und den er eintretendenfalls zu jedem Zeitpunkt, auch bereits im Jahre 1938, auszunutzen entschlossen sei ...
Feldmarschall von Blomberg und Generaloberst von Fritsch wiesen bei der Beurteilung der Lage wiederholt auf die Notwendigkeit hin, daß England und Frankreich nicht als unsere Gegner auftreten dürften ...
Zu den seitens des Feldmarschalls von Blomberg und des Generalobersten von Fritsch hinsichtlich des Verhaltens Englands und Frankreichs angestellten Überlegungen äußerte der Führer ..., daß er von der Nichtbeteiligung Englands überzeugt sei und daher an eine kriegerische Aktion Frankreichs gegen Deutschland nicht glaube.

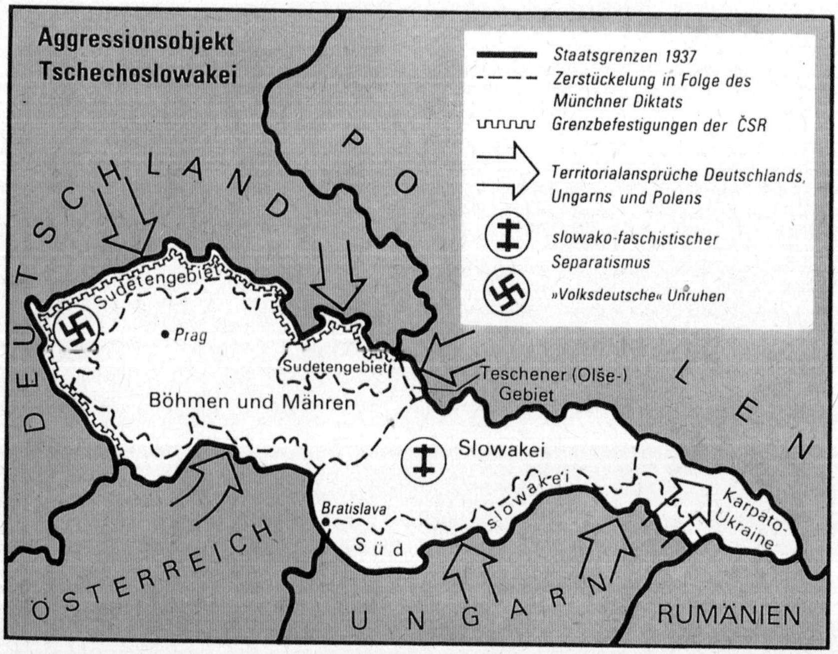

Schwerpunkt Südost

Weisung Hitlers an die Wehrmacht vom 21. Dezember 1937, Anlage 1 vom 7. Dezember (Auszug)

II. Zweifrontenkrieg mit Schwerpunkt Südost. (Aufmarsch «Grün»)
1.) Voraussetzungen
Hat Deutschland seine volle Kriegsbereitschaft auf allen Gebieten erreicht, so wird die militärische Voraussetzung geschaffen sein, einen Angriffskrieg gegen die Tschechoslowakei und damit die Lösung des deutschen Raumproblems auch dann zu einem siegreichen Ende zu führen, wenn die eine oder andere Großmacht gegen uns eingreift.
Neben vielem anderen gehört dazu in erster Linie die Verteidigungsfähigkeit unserer Westbefestigungen, die es erlaubt, auch gegen eine vielfache Überlegenheit die Westgrenze des Deutschen Reiches mit schwachen Kräften auf lange Zeit zu halten.
Aber auch dann wird die Staatsführung das politisch Mögliche tun, um Deutschland das Risiko eines Zweifrontenkrieges zu ersparen und jede Lage zu vermeiden versuchen, der Deutschland nach menschlichem Ermessen militärisch oder wirtschaftlich nicht gewachsen ist.
Entwickelt sich die politische Lage nicht oder nur langsam zu unseren Gunsten, so wird damit auch die Auslösung des Falles «Grün» von unserer Seite her noch um Jahre hinausgeschoben werden müssen. Tritt aber eine Lage ein, die durch Englands Abneigung gegen einen allgemeinen europäischen Krieg, durch seine Uninteressiertheit an dem mitteleuropäischen Problem und durch einen zwischen Italien und Frankreich im Mittelmeer ausbrechenden Konflikt die Wahrscheinlichkeit schafft, daß Deutschland außer Rußland keinen weiteren Gegner an der Seite der Tschechoslowakei findet, so wird der Fall «Grün» auch vor der erreichten vollen Kriegsbereitschaft Deutschlands eintreten.
2.) Das Kriegsziel im Falle «Grün» ist stets die rasche Besitznahme von Böhmen und Mähren unter gleichzeitiger Lösung der österreichischen Frage im Sinne der Einbeziehung Österreichs in das Deutsche Reich. Um dieses letztere Ziel zu erreichen, werden militärische Machtmittel nur dann erforderlich sein, wenn andere Mittel nicht zum Erfolg führen oder geführt haben.

Antibritische Konstellation

Notiz v. Ribbentrops für Hitler vom 2. Januar 1938 (Auszug)

1) England ist mit seinen Rüstungen im Rückstand – daher spielt es auf Zeitgewinn.
2) England glaubt, daß bei Wettlauf mit Deutschland die Zeit für England arbeitet – Ausnutzung seiner größeren wirtschaftlichen Möglichkeiten für seine Aufrüstung – Zeit zur Erweiterung seiner Bündnisse (z. B. Amerika).
3) Halifaxbesuch ist daher als Erkundungs- und Verschleierungsmanöver anzusehen – auch Deutschenfreunde in England spielen vielfach nur ihnen zugeteilte Rolle.
4) England und sein Premierminister sehen m. E. nach dem Halifaxbesuch keine ihnen möglich erscheinende Basis einer Einigung mit Deutschland – sie trauen dem nationalsozialistischen Deutschland alles zu, wie ja auch wir den Engländern alles zutrauen – sie fürchten daher von einem starken Deutschland eines Tages zu ihnen nicht genehmen Lösungen gezwungen zu werden – um dem zu begegnen, stellt England sich auf alle Fälle mit seinen militärischen und politischen Maßnahmen auf eine Auseinandersetzung mit Deutschland ein.
5) Daher von uns zu ziehende Konsequenz:
1) nach außen weiter Verständigung mit England unter Wahrung Interessen unserer Freunde
2) Herstellung, in aller Stille, aber mit ganzer Zähigkeit, einer Bündniskonstellation gegen England – d.h. praktisch Festigung unserer Freundschaften mit Italien und Japan –, ferner Hinzugewinnung aller Staaten, deren Interessen direkt oder indirekt mit unseren konform gehen – enge und vertrauliche Zusammenarbeit der Diplomaten der drei Großmächte zu diesem Zweck.
Nur auf diese Weise können wir England begegnen, sei es eines Tages noch zum Ausgleich oder zum Konflikt. England wird ein harter und scharfer Gegner in diesem diplomatischen Spiel sein.

Deutsche Wirtschaftsexpansion nach Lateinamerika

Angaben in Mill. RM

	Einfuhr 1932	1936	1937	1938	Ausfuhr 1932	1936	1937	1938
insgesamt:	521	588	915	949	241	515	663	646
darunter								
Argentinien	192	119	295	240	90	98	147	153
Brasilien	81	131	186	220	48	133	177	163
Chile	24	59	81	97	8	49	56	61
Mexiko	24	56	65	65	25	51	66	46

Deutsche Wirtschaftsexpansion nach Südosteuropa*

in Mill. RM

Jahr	Einfuhr	Ausfuhr
1936	386,9	374,9
1937	574,0	555,7
1938	535,9	544,3
1938**	732,9	642,4
1939**	765,6	810,0
1940**	1 143,9	1 178,0

* *bezogen auf Bulgarien, Griechenland, Jugoslawien, Rumänien und Ungarn*
** *einschließlich Österreich und «Sudetenland»*

Keine «nationale Konzentration»

Kundgebung des ZK der KPD zur Umbildung der Führungsspitzen in Wehrmacht, Wirtschaft und Außenpolitik vom 9. Februar 1938 (Auszug)

Die Ereignisse des 4. Februar sind für das deutsche Volk äußerst alarmierend. Die Entfernung von Dutzenden Generälen und Hunderten Offizieren aus dem Reichsheer ist keine «nationale Konzentration», wie es die Naziführer darstellen. Sie bedeutet in Wahrheit die Verschärfung der Hitlerdiktatur über das deutsche Volk zur unmittelbaren Vorbereitung neuer Kriegsprovokationen ...
Der Krieg, den Hitler zusammen mit Mussolini gegen die spanische Republik führt, die Unterstützung der japanischen Invasion gegen das chinesische Volk durch die Hitlerregierung, der vorbereitete Überfall auf Österreich und die Tschechoslowakei durch Hitlers Kriegspartei – das hat nichts gemein mit der Verteidigung der nationalen Interessen des deutschen Volkes. Im Gegenteil, das ist ein Attentat gegen die Existenz und Zukunft des deutschen Volkes selbst, ist eine verbrecherische Politik, die Deutschland in eine Niederlage und in den Abgrund führt. Selbst Generäle des Reichsheeres haben erkennen müssen, daß die Politik Hitlers keine Stärkung Deutschlands bringt, sondern die Gefahr der Vernichtung in einem von Hitler provozierten Weltkrieg gegen die mächtigsten und reichsten Länder der Welt.

Dann kommt die Stunde ...

Besprechung Görings mit Luftfahrt-Industriellen am 8. Juli 1938 (Auszug)

Ich glaube, so wie die ganze Lage ist, ist es zu 10, zu 15 Prozent so, daß sich irgendwie die Sache verhältnismäßig noch in kleineren Aktionen lösen kann. Aber zu 80, 85, 90 Prozent bin ich überzeugt, daß es doch einmal einen größeren Kladderadatsch geben wird und daß wir dann einmal den großen Kampf machen müssen, den ich nicht scheue. Es kommt nur darauf an, daß nicht wieder schlapp gemacht wird. Es kommt darauf an, daß man sich immer klarmacht: Wir können nur siegen durch ein ungeheures Mehr an Einsatz. Wir müssen alles das, was die anderen an Rohstoffen mehr haben, durch den Menschen ersetzen ...
Denn wenn ich Ihnen bis jetzt in wenigen Worten das Schicksal gesagt habe, das uns treffen würde, wenn wir den Kampf verlieren, so darf ich auch einmal darauf hinweisen, was sein würde, wenn wir den Kampf gewinnen würden. Dann ist Deutschland die erste Macht der Welt, dann kommt die Stunde, wo Deutschland reich ist. Aber man muß was riskieren, man muß was einsetzen.

Das wesentliche Expansionsobjekt

Konzernpublizist Rechberg in einer Denkschrift vom 18. November 1938 (Auszug)

Ich möchte daher noch einmal meine Auffassung rekapitulieren:
1. Das Deutsche Reich, der ausreichenden Agrar- und Rohstoffbasis entbehrend, ist innerhalb seiner gegenwärtigen Grenzen nicht lebensfähig. Die deutschen Industrien – infolge gegebener Faktoren höher belastet als die Industrien vieler anderer Länder – können meist nur mit Verlust die Erzeugnisse exportieren, gegen die das Reich ihm unentbehrliche ausländische Agrarprodukte und Rohstoffe eintauscht.
2. Deutschland ist daher zur Expansion gezwungen. Wesentliches Expansionsobjekt ist das vom Bolschewismus zugrunde gerichtete, aber in seinem möglichen Agrarertrag und an ungehobenen Bodenschätzen unberechenbar reiche Gebiet Sowjetrußlands.
3. Eine Expansion, die ausreichend wäre, um Deutschland zum Wirtschaftsimperium mit ausreichender Agrar- und Rohstoffbasis zu machen, kann nur mit militärischer Gewalt gewonnen werden.
4. Ist die militärische Macht und ist gegenwärtig die Agrar- und Rohstoffbasis Deutschlands ausreichend, um gleichzeitig den Expansionskrieg gegen Osten und den Defensivkrieg gegen die Westmächte England, Frankreich und die Vereinigten Staaten von Amerika mit Erfolg durchhalten zu können?
5. Italien kann als sicherer Bundesgenosse Deutschlands nicht gelten, solange es die spanische Position nicht fest und unentreißbar in den Händen hat, und solange es nicht gewiß ist, daß die Aktionsfreiheit des italienischen Regierungschefs auch für den Krieg im Mittelmeerraum unbeschränkt ist.
Sollte es aus machtpolitischen Erwägungen dem Führer vorteilhaft scheinen, eine Intervention der Westmächte in einen Expansionskrieg Deutschlands gegen Osten zu verhindern, so können positive Vorschläge zur Erwägung gestellt werden.
In jedem Fall glaube ich, daß die Operationspläne des verstorbenen General Hoffmann gegen das bolschewistische Rußland von großer Wichtigkeit sind.

Stand der kolonialen Vorarbeiten

«Bericht I über den Stand der kolonialen Vorarbeiten» des OKW vom 27. Januar 1939 (Auszug)

Auf Anregung des Reichsaußenministers, von Ribbentrop, ist seit 28. November 1938 mit der Kolonialabteilung des Auswärtigen Amtes in allen politischen Kolonialfragen Verbindung aufgenommen worden und politisch engste Zusammenarbeit durch [das] Oberkommando der Wehrmacht zugesagt worden.
Bei einer am 10. Januar 1939 stattgefundenen Besprechung zwischen Gesandtschaftsrat Bielfeld und Oberst von Geldern (Abteilung Ausland) wurde vom Leiter der Kolonialabteilung des Auswärtigen Amtes (Pol. X) mitgeteilt, daß in nächster Zeit zwischen Auswärtigem Amt und Kolonialpolitischem Amt in München, Leiter General der Infanterie von Epp, Verhandlungen beginnen werden, die eine Stelle im Reich mit der Zusammenfassung aller kolonialen Vorarbeiten schaffen soll ...
General von Epp hatte am 14. Januar 1939 bereits eine diesbezügliche Unterredung mit den noch lebenden Gouverneuren der ehemaligen deutschen Kolonien. Diese Besprechung ergab volle Übereinstimmung.
Am 20. Dezember 1938 fand in München eine Zusammenkunft zwischen General der Infanterie von Epp, Vizeadmiral Canaris und Kapitän zur See Bürkner statt, an der der Stabsleiter des Kolonialpolitischen Amtes, Kapitänleutnant a. D. Wenig, und der Leiter der «Gruppe Berlin» des Kolonialpolitischen Amtes, Oberstleutnant Bauszus, teilnahmen.
Abschließend wurde vereinbart, daß:
1.) Oberkommando der Wehrmacht und Reichsleiter General der Infanterie Ritter von Epp künftighin auf sämtlichen einschlägigen kolonialen Gebieten in enger Fühlungnahme zusammenarbeiten.
2.) Die grundlegenden Vorarbeiten für die Aufstellung von einsatzbereiten kolonialen Truppen sofort aufgenommen werden.
Es bearbeiten daher Oberkommando der Wehrmacht die Vorbereitungen für den Aufbau späterer Schutztruppen, das Kolonialpolitische Amt die der Polizeitruppen in zukünftigem kolonialem Neubesitz.

Die ersten Raubzüge

Österreich

Das längst fällige Ende

Hitler zu Schuschnigg bei dessen Besuch auf dem Berghof am 12. Februar 1938, von letzterem nach seiner Erinnerung berichtet (Auszug)

Das ist ganz selbstverständlich, daß Sie auszutreten hatten. Übrigens hat Österreich nie etwas getan, was dem Deutschen Reich genützt hat. Seine ganze Geschichte ist ein ununterbrochener Volksverrat ... Aber dieser geschichtliche Widersinn muß endlich sein längst fälliges Ende finden. Und das sage ich Ihnen, Herr Schuschnigg: Ich bin fest dazu entschlossen, mit dem allem ein Ende zu machen ... Von Österreich aus bekam jede nationale Regung seit je nur Prügel zwischen die Füße; das war ja auch die Haupttätigkeit der Habsburger und der katholischen Kirche. Ich kann Ihnen nur nochmals sagen, daß es so nicht weitergeht. Ich habe einen geschichtlichen Auftrag, und den werde ich erfüllen, weil mich die Vorsehung dazu bestimmt hat ... Versuchen Sie es doch einmal, und machen Sie eine freie Volksabstimmung in Österreich, in der Sie und ich gegeneinander kandidieren; dann werden Sie sehen.

Fall «Otto»

Weisung Hitlers an die Wehrmacht vom 11. März 1938 (Auszug)

1. Ich beabsichtige, wenn andere Mittel nicht zum Ziele führen, mit bewaffneten Kräften in Österreich einzurücken und dort verfassungsmäßige Zustände herzustellen und weitere Gewalttaten gegen die deutschgesinnte Bevölkerung zu unterbinden ...
3. Aufgaben:
a) Heer: Der Einmarsch nach Österreich hat in der mir vorgetragenen Art zu erfolgen. Das Ziel für das Heer ist zunächst die Besetzung von Oberösterreich, Salzburg, Niederösterreich, Tirol, die schnelle Besitznahme von Wien und die Sicherung der österreichisch-tschechischen Grenze.
b) Luftwaffe: Die Luftwaffe hat zu demonstrieren und Propagandamaterial abzuwerfen, österreichische Flughäfen für eventuell nachzuziehende Verbände zu besetzen, das Heer in dem erforderlichen Umfange zu unterstützen und außerdem Kampfverbände zu besonderen Aufträgen bereitzuhalten.
4. Die für das Unternehmen bestimmten Kräfte des Heeres und der Luftwaffe müssen ab 12.3.38 spätestens 12 Uhr einmarsch- bzw. einsatzbereit sein. Die Genehmigung zum Überfliegen und Überschreiten der Grenze und die Festsetzung des Zeitpunktes hierfür behalte ich mir vor.
5. Das Verhalten der Truppe muß dem Gesichtspunkt Rechnung tragen, daß wir keinen Krieg gegen ein Brudervolk führen wollen. Es liegt in unserem Interesse, daß das ganze Unternehmen ohne Anwendung von Gewalt in Form eines von der Bevölkerung begrüßten friedlichen Einmarsches vor sich geht. Daher ist jede Provokation zu vermeiden. Sollte es aber zum Widerstand kommen, so ist er mit größter Rücksichtslosigkeit durch Waffengewalt zu brechen. Übergehende österreichische Verbände treten sofort unter deutschen Befehl.

Keine Einigung der Nation

Brief des ZK der KPD an das ZK der KPÖ vom März 1938 (Auszug)

Die deutsche Arbeiterklasse, das deutsche Volk lehnen den ungeheuerlichen Gewaltakt Hitlers gegen Österreich mit aller Leidenschaft ab ...

Wahlplakat für die Volksabstimmung 1938

Die braune Diktatur will die militärische, wirtschaftliche und politische Vorherrschaft in Mitteleuropa und am Balkan errichten. Dem dient die Vergewaltigung Österreichs und ebenso der geplante Angriff gegen die Tschechoslowakei. Die Annexion Österreichs durch die Hitlerdiktatur hat daher nichts zu tun mit dem Gedanken der Einigung der deutschen Nation. Im Gegenteil: Die Annexion ist ein weiterer Schritt Hitlers zur Zerreißung des Volkes, zur Entfesselung des Weltkrieges, der zur Katastrophe für das deutsche Volk werden muß.

Folgen strafloser Aggression

Erklärung Volkskommissars Litwinow am 17. März 1938 vor der Presse (Auszug)

Während es früher zu Aggressionsfällen in mehr oder minder von Europa entfernten Kontinenten kam oder in den europäischen Randgebieten, wo zusammen mit den Interessen der Opfer der Aggression die Interessen nur einiger nächstgelegener Länder betroffen wurden, wurde diesmal der Gewaltakt direkt inmitten Europas verübt; so erwuchs eine unzweifelhafte Gefahr nicht nur für die 11 Länder, die nunmehr an den Aggressor grenzen, sondern für alle europäischen Staaten, ja nicht nur für die europäischen. Diese Gefahr bedroht die territoriale Integrität und in jedem Falle die politische, wirtschaftliche und kulturelle Unabhängigkeit vorerst nur der kleinen Nationen, aber ihre unausweichliche Unterjochung wird die Voraussetzung für einen Druck und sogar den Angriff auch auf große Staaten schaffen.
Vor allem erwächst hier eine Bedrohung der Tschechoslowakei ...

IG Farben denkt weiter

Bericht des stellvertretenden Vorstandsmitglieds der IG Farben, Haefliger, vom 6. April 1938 über seinen Wien-Besuch (Auszug)

Am Samstag, dem 2. April, abends, wurde ich auch noch von Herrn Staatssekretär Keppler im Hotel Imperial empfangen, dem ich über unsere Tätigkeit in Wien kurz berichtete ...
Ich benutzte die Gelegenheit – auf ein mir von Herrn Keppler gegebenes Stichwort hin –, um zu sondieren, wie sich die deutschen Behörden zu einer Einflußnahme auf Unternehmungen in der Sudeten-Tschechoslowakei stellen.

Tschechoslowakei

Unannehmbare Forderungen

Aufzeichnung über die Audienz des SdP-Führers Henlein bei Hitler am 28. März 1938 (Auszug)

Bei der nahezu dreistündigen Besprechung war außer dem Führer noch anwesend der Stellvertreter des Führers, Reichsminister Heß, der Außenminister von Ribbentrop und Obergruppenführer Lorenz. Der Führer erklärte, daß er beabsichtige, das tschechoslowakische Problem in nicht allzu langer Zeit zu lösen ...
Die Tendenz der Anweisung, die der Führer Henlein gegeben hat, geht dahin, daß von seiten der SDP Forderungen gestellt werden sollten, die für die tschechische Regierung unannehmbar sind. Henlein beabsichtigt, trotz der günstigen Lage durch die österreichischen Ereignisse, nichts zu überspitzen, sondern nur die alten Forderungen auf Selbstverwaltung und Wiedergutmachung am Parteitag (23./24. April 1938) zu stellen. Eine Anregung des Führers, eigene deutsche Regimenter, mit deutschen Offizieren und deutscher Kommandosprache, zu fordern, will er sich für später vorbehalten. Das Reich wird von sich aus nicht eingreifen. Für die Ereignisse sei zunächst Henlein selbst verantwortlich. Es müßte aber eine enge Zusammenarbeit erfolgen. Henlein hat dem Führer gegenüber seine Auffassung folgendermaßen zusammengefaßt: Wir müssen also immer so viel fordern, daß wir nicht zufriedengestellt werden können. Diese Auffassung bejahte der Führer.

Das Selbstbestimmungsrecht

Bericht des Auswärtigen Amtes an v. Ribbentrop vom 26. August 1938 (Auszug)

II. Das aktuellste Problem der deutschen Politik, das tschechische, kann leicht, muß aber nicht zum Konflikt mit der Entente führen. Weder Frankreich noch England suchen Händel wegen der Tschechei. Beide würden die Tschechei vielleicht sogar sich selbst überlassen, wenn diese ohne direkte äußere Eingriffe und durch innere selbstverschuldete Auflösungserscheinungen ihr verdientes Los erlitte. Dieser Prozeß müßte allerdings ein schrittweiser sein und über Volksabstimmung und Gebietsabtrennung zum Kräfteverfall des Restgebietes führen.
Für einen unmittelbaren Zugriff, dem die Entente tatenlos zusähe, ist das tschechische Problem dagegen politisch noch nicht reif, und zwar auch dann nicht, wenn dieser Zugriff schnell und überraschend käme. Deutschland kann den Zeitpunkt nicht frei bestimmen, wo diese Frucht ohne zu großes Risiko zu pflücken wäre. Es kann die gewünschte Entwicklung nur vorbereiten.

Während der sogenannten «Mai-Krise» 1938 im Sudetengebiet überschmierte Ortsschilder

Hierfür wird das z.Z. von England ausgehende Stichwort des Selbstbestimmungsrechts der Sudetendeutschen, das wir bewußt uns bisher nicht zu eigen gemacht haben, langsam aufzugreifen sein. Die internationale Überzeugung, daß diesen Deutschen die Wahl ihrer staatlichen Zugehörigkeit vorenthalten worden sei, wird nützliche Vorarbeit tun, gleichgültig, ob der chemische Auflösungsprozeß des tschechoslowakischen Staatsgebildes schließlich doch noch durch mechanisches Zutun gefördert werden kann oder nicht. Das Schicksal der eigentlichen Rumpf-Tschechei wäre damit allerdings noch nicht klar umrissen; es wäre aber trotzdem schon besiegelt.
Diese Methode im Vorgehen gegen die Tschechei empfiehlt sich auch wegen unseres Verhältnisses zu Polen. Unvermeidlich muß die deutsche Abkehr von den südöstlichen Grenzproblemen und der Übergang zu den östlichen und nordöstlichen die Polen hellhörig machen. Daß nach Liquidation der tschechischen Frage Polen an der Reihe ist, wird allgemein vermutet werden. Je später diese Vermutung aber als fester Bestandteil in die internationale Politik eingeht, um so besser ist es. Bis auf weiteres ist diese Politik unter landläufigen und bewährten Maximen wie «Selbstbestimmungsrecht» und «völkische Gemeinschaft» fortzuführen. Alles andere könnte uns als reiner Imperialismus ausgelegt werden und den Widerstand der Entente früher und energischer auf den Plan rufen, als unsere Kräfte es ertragen.

Anzeige eines englischen Reisebüros im Sommer 1939: «Kümmere Dich nicht um Hitler ...»

Blitzartiges Handeln

Protokoll einer Besprechung Hitlers mit Keitel am 21. April 1938 über «Grundlagen zur Studie Grün» (Auszug)

A Politisch
1.) Strategischer Überfall aus heiterem Himmel ohne jeden Anlaß oder Rechtfertigungsmöglichkeit wird abgelehnt. Da Folge: feindliche Weltmeinung, die zu bedenklicher Lage führen kann. Solche Maßnahme nur zur Beseitigung des letzten Gegners auf dem Festlande berechtigt.
2.) Handeln nach einer Zeit diplomatischer Auseinandersetzungen, die sich allmählich zuspitzen und zum Kriege führen.
3.) Blitzartiges Handeln auf Grund eines Zwischenfalls (z. B. Ermordung des dtsch. Gesandten im Anschluß an eine deutschfdl. Demonstration).
B Militärische Folgerungen
1.) Zu den politischen Möglichkeiten 2) und 3) sind die Vorbereitungen zu treffen. Fall 2) ist der unerwünschte, da «Grün» Sicherheitsmaßnahmen getroffen haben wird ...
C Propaganda
1.) Flugblätter für das Verhalten der Deutschen im Grünland.
2.) Flugblätter mit Drohungen zur Einschüchterung der Grünen.

Unabänderlicher Entschluß

Vom 30. Mai 1938 datierte Korrektur Hitlers an seiner Weisung vom 24. Juni 1937 (Auszug)

1. Politische Voraussetzungen.
Es ist mein unabänderlicher Entschluß, die Tschechoslowakei in absehbarer Zeit durch eine militärische Aktion zu zerschlagen. Den politisch und militärisch geeigneten Zeitpunkt abzuwarten oder herbeizuführen ist Sache der politischen Führung.
Eine unabwendbare Entwicklung der Zustände innerhalb der Tschechoslowakei oder sonstige politische Ereignisse in Europa, die eine überraschend günstige, vielleicht nie wiederkehrende Gelegenheit schaffen, können mich zu frühzeitigem Handeln veranlassen.
Die richtige Wahl und entschlossene Ausnützung eines günstigen Augenblicks ist die sicherste Gewähr für den Erfolg. Dementsprechend sind die Vorbereitungen unverzüglich zu treffen.

Anglo-französischer Druck

In Prag überreichte Vorschläge Frankreichs und Großbritanniens an die Regierung der Tschechoslowakei vom 18. September 1938 (Auszug)

Die Vertreter der Regierungen Frankreichs und Englands haben sich heute über die allgemeine Lage beraten und dabei den Bericht des englischen Ministerpräsidenten über seine Besprechungen mit Herrn Hitler behandelt. Die englischen Minister übergaben ihren französischen Kollegen ihre Schlußfolgerungen aus dem ihnen über die Arbeit seiner Mission von Lord Runciman vorgelegten Bericht. Die Vertreter beider Regierungen sind davon überzeugt, daß heute nach den Ereignissen der letzten Zeit der Punkt erreicht ist, an dem die hauptsächlich von Sudetendeutschen bewohnten Gebiete nicht weiter innerhalb der Grenzen des tschechoslowakischen Staates gehalten werden können, ohne die Interessen der Tschechoslowakei selbst und den europäischen Frieden auf die Dauer zu gefährden.
1. Angesichts dieser Überlegungen haben sich die beiden Regierungen zu der Folgerung gezwungen gesehen, daß die Aufrechterhaltung des Friedens und die Sicherung der vitalen Interessen der Tschechoslowakei nur dann wirklich gewährleistet werden können, wenn jene Gebiete jetzt an das Reich abgetreten werden.

Sowjetisches Angebot

Der ČSR-Gesandte in Moskau, Fierlinger, am 22. September 1938 in einem Telegramm an Prag

Ich teilte Potjomkin mit, daß wir den Pakt mit der UdSSR, solange wir kein internationales Statut unterschreiben, für aktuell betrachten. Ich habe ihn deshalb um ständige Wachsamkeit und Bereitschaft gebeten, was er mir zusagte. An den Grenzen Polens sind für den Fall eines Angriffs gegen uns Vorkehrungen getroffen worden. Er fragte mich, warum unsere Regierung nie die Frage eines bedingungslosen Beistands durch die Union gestellt habe. Ich sagte, daß es mit Hinblick auf die geographische Lage schwer war, dies zu erwägen. Wir stimmten darin überein, daß Prag augenblicklich absolute Klarheit schaffen muß, ob Frankreich dennoch militärisch beisteuern wird, wenn von uns neue Konzessionen verlangt werden. Antworte augenblicklich.

Ohne weitere Verzögerung

Deutsches Memorandum vom 23. September 1938, an Chamberlain übergeben und von diesem nach Prag weitergeleitet (Auszug)

Die von Stunde zu Stunde sich mehrenden Nachrichten über Zwischenfälle im Sudetenland beweisen, daß die Lage für das Sudetendeutschtum völlig unerträglich und damit zu einer Gefahr für den europäischen Frieden geworden ist. Es ist daher unerläßlich, daß die von der Tschechoslowakei anerkannte Abtrennung des Sudetenlandes nunmehr ohne jede weitere Verzögerung erfolgt. Auf beiliegender Karte ist das abzutretende sudetendeutsche Gebiet rot schraffiert. Die Gebiete, in denen über die zu besetzenden Gebiete hinaus ebenfalls noch abgestimmt werden muß, sind grün schraffiert eingezeichnet.

Zur Hilfe bereit

Telegramm des sowjetischen Volkskommissariats für Verteidigung an seinen Luftwaffen-Attaché in Frankreich vom 25. September 1938

Besuchen Sie persönlich Gamelin, danken Sie ihm für die Information über die Vorkehrungen des französischen Oberkommandos und teilen Sie ihm folgendes mit:
«Unser Oberkommando hat bisher folgende Präventivmaßnahmen getroffen:
1. Dreißig Infanteriedivisionen wurden in die mit den Westgrenzen direkt benachbarten Gebiete zusammengezogen. Das gleiche wurde hinsichtlich der Reiterdivisionen veranlaßt.
2. Die Einheiten wurden angemessen durch Reservisten ergänzt.
3. Soweit es sich um unsere technischen Truppen – Luftstreitkräfte und Tankeinheiten – handelt, sind sie in voller Bereitschaft.»
Teilen Sie das Ergebnis beschleunigt mit.

Das Münchener Diktat

Abkommen zwischen Deutschland, Italien, Frankreich und Großbritannien über die Tschechoslowakei in München am 29. September 1938 (Auszug)

Deutschland, das Vereinigte Königreich von Großbritannien, Frankreich und Italien sind unter Berücksichtigung des Abkommens, das hinsichtlich der Abtretung des sudetendeutschen Gebietes bereits grundsätzlich erzielt wurde, über folgende Bedingungen und Modalitäten dieser Abtretung und über die danach zu ergreifenden Maßnahmen übereingekommen und erklären sich durch dieses Abkommen einzeln verantwortlich für die zur Sicherung seiner Erfüllung notwendigen Schritte.
1. Die Räumung beginnt am 1. Oktober.
2. Das Vereinigte Königreich von Großbritannien, Frankreich und Italien vereinbaren, daß die Räumung des Gebietes bis zum 10. Oktober vollzogen wird, und zwar ohne Zerstörung irgendwelcher bestehender Einrichtungen, und daß die tschechoslowakische Regierung die Verantwortung dafür trägt, daß die Räumung ohne Beschädigung der bezeichneten Einrichtungen durchgeführt wird.
3. Die Modalitäten der Räumung werden im einzelnen durch einen internationalen Ausschuß festgelegt, der sich aus Vertretern Deutschlands, des Vereinigten Königreichs von Großbritannien, Frankreichs, Italiens und der Tschechoslowakei zusammensetzt.
4. Die etappenweise Besetzung des vorwiegend deutschen Gebietes durch deutsche Truppen beginnt am 1. Oktober. Die vier auf der anliegenden Karte bezeichneten Gebietsabschnitte werden in folgender Reihenfolge durch deutsche Truppen besetzt: Der mit I bezeichnete Gebietsabschnitt am 1. und 2. Oktober; der mit II bezeichnete Gebietsabschnitt am 2. und 3. Oktober; der mit III bezeichnete Gebietsabschnitt am 3., 4. und 5. Oktober; der mit IV bezeichnete Gebietsabschnitt am 6. und 7. Oktober. Das restliche Gebiet vor-

wiegend deutschen Charakters wird unverzüglich von dem oben erwähnten internationalen Ausschuß festgestellt und bis zum 10. Oktober durch deutsche Truppen besetzt werden.
5. Der in § 3 erwähnte internationale Ausschuß wird die Gebiete bestimmen, in denen eine Volksabstimmung stattfinden soll. Diese Gebiete werden bis zum Abschluß der Volksabstimmung durch internationale Formationen besetzt werden. Der gleiche Ausschuß wird die Modalitäten festlegen, unter denen die Volksabstimmung durchgeführt werden soll, wobei die Modalitäten der Saarabstimmung als Grundlage zu betrachten sind. Der Ausschuß wird ebenfalls den Tag festsetzen, an dem die Volksabstimmung stattfindet. Dieser Tag darf jedoch nicht später als Ende November liegen.
6. Die endgültige Festlegung der Grenzen wird durch den internationalen Ausschuß vorgenommen werden. Dieser Ausschuß ist berechtigt, den vier Mächten, Deutschland, dem Vereinigten Königreich von Großbritannien, Frankreich und Italien, in bestimmten Ausnahmefällen geringfügige Abweichungen von der streng ethnographischen Bestimmung der ohne Volksabstimmung zu übertragenden Zonen zu empfehlen.
7. Es wird ein Optionsrecht für den Übertritt in die abgetrennten Gebiete und für den Austritt aus ihnen vorgesehen. Die Option muß innerhalb von sechs Monaten vom Zeitpunkt des Abschlusses dieses Abkommens an ausgeübt werden. Ein deutsch-tschechoslowakischer Ausschuß wird die Einzelheiten der Option bestimmen, Verfahren zur Erleichterung des Austausches der Bevölkerung erwägen und grundsätzliche Fragen klären, die sich aus diesem Austausch ergeben.
8. Die tschechoslowakische Regierung wird innerhalb einer Frist von vier Wochen, vom Tage des Abschlusses dieses Abkommens an, alle Sudetendeutschen aus ihren militärischen und polizeilichen Verbänden entlassen, die diese Entlassung wünschen. Innerhalb derselben Frist wird die tschechoslowakische Regierung sudetendeutsche Gefangene entlassen, die wegen politischer Delikte Freiheitsstrafen verbüßen.

Gerangel um die Beute

Aktennotiz des Vorstandsmitglieds der Chemischen Fabrik v. Heyden AG, Strubberg, zur Vorsprache im Reichswirtschaftsministerium am 6. Oktober 1939 (Auszug)

Dr. Jungel führte einleitend aus, daß die Fa. von Heyden große Sorgen wegen ihrer Weiterentwicklung und ihrer Existenz habe, wenn die Aussiger Betriebe, die in Sudetendeutschland gelegen sind, in andere Hände als die der Fa. von Heyden gelangen, insbesondere in die Hände von Großkonzernen wie die IG. Dem Vernehmen nach soll die IG bereits weit fortgeschrittene Verhandlungen eingeleitet haben. Zwischen der Fa. von Heyden und der Wehrwirtschaftsinspektion IV hätten schon im Frühjahr d. J. Verhandlungen wegen Aussig, die streng geheimgehalten werden mußten, stattgefunden; diese hatten zum Ziel, daß, wenn Aussig und Falkenau militärisch besetzt werden sollten, einige Herren der Fa. von Heyden, die den Aussiger Betrieb genau kennen, im wirtschaftlichen Stab des Armeegruppen-Kommandos die Fortführung der Betriebe des Aussiger Vereins in die Hand nehmen sollten ...
Dr. Pfunder sei Ende September unter Beförderung zum Leutnant ausersehen worden, sofort mit der militärischen Besetzung nach Aussig einzurücken.

Herr im Haus der anderen Völker

Aufruf des ZK der KPD «An das deutsche Volk» von Anfang Oktober 1938 (Auszug)

Hitlers Hintermänner sind die alten Kriegstreiber von 1914, die Millionäre und Rüstungsgewinnler. Hitler setzt größenwahnsinnig und mit faschistischen Gewaltmethoden die verhängnisvolle alldeutsche Eroberungspolitik fort, die im Jahre 1918 zur Niederlage und zu Versailles führte. Hitler will Herr im Hause der andern Völker sein! Darum seine kriegerische Einmischung zugunsten Francos in Spanien, darum seine Zerstückelung und Unterjochung der Tschechoslowakei. Darum drohte Hitler in seiner Saarbrückener Rede mit dem Weltkrieg, falls in England und Frankreich sich die Völker anstelle Chamberlains und Daladiers andere Regierungen erwählen.

«Erledigung der Resttschechei»

Weisung Hitlers an die Wehrmacht vom 21. Oktober 1938 (Auszug)

Die künftigen Aufgaben der Wehrmacht und die sich daraus ergebenden Vorbereitungen für die Kriegführung werde ich später in einer Weisung niederlegen.
Bis zum Inkrafttreten dieser Weisung muß die Wehrmacht jederzeit auf folgende Fälle vorbereitet sein:
1.) Sicherung der Grenzen des deutschen Reiches und Schutz gegen überraschende Luftangriffe.
2.) Erledigung der Resttschechei,
3.) Inbesitznahme des Memellandes ...
2. Erledigung der Resttschechei
Es muß möglich sein, die Resttschechei jederzeit zerschlagen zu können, wenn sie etwa eine deutschfeindliche Politik betreiben würde.
Die hier für von der Wehrmacht zu treffenden Vorbereitungen werden ihrem Umfange nach erheblich geringer sein, als s. Z. für «Grün»; sie müssen dafür aber, unter Verzicht auf planmäßige Mobilmachungsmaßnahmen, eine ständige und wesentlich höhere Bereitschaft gewährleisten. Organisation, Gliederung und Bereitschaftsgrad der dafür vorgesehenen Verbände sind schon im Frieden derart auf Überfall abzustellen, daß der Tschechei selbst jede Möglichkeit planmäßiger Gegenwehr genommen wird. Das Ziel ist die rasche Besetzung der Tschechei und die Abriegelung gegen die Slowakei. Die Vorbereitungen müssen so getroffen werden, daß gleichzeitig die «Grenzsicherung West» durchgeführt werden kann.

Erpressung eines Präsidenten

Protokoll der Berliner Besprechung Hitlers mit ČSR-Staatspräsident Hácha und dem Außenminister Chvalkovský in den ersten Stunden des 15. März 1939, bei der beiden der Protektorats-Vertrag abgenötigt wurde (Auszug)

Wir stünden nun vor dieser Sachlage, und er habe den Befehl gegeben zum Einmarsch der deutschen Truppen und der Eingliederung der Tschechoslowakei ins Deutsche Reich ...
Morgen um 6 Uhr rücke von allen Seiten her die deutsche Armee in die Tschechei ein, und die deutsche Luftwaffe werde die tschechischen Flughäfen besetzen. Es gäbe zwei Möglichkeiten. Die erste sei die, daß sich das Einrücken der deutschen Truppen zu einem Kampf entwickelt. Dann wird dieser Widerstand mit allen Mitteln mit Brachialgewalt gebrochen. Die andere ist die, daß sich der Einmarsch der deutschen Truppen in erträglicher Form abspielt, dann würde es dem Führer leicht, bei der Neugestaltung des tschechischen Lebens der Tschechoslowakei ein großzügiges Eigenleben, eine Autonomie und eine gewisse nationale Freiheit zu geben ... Die Stunden vergingen. Um 6 Uhr würden die Truppen einmarschieren. Er schäme sich beinah zu sagen, daß auf jedes tschechische Bataillon eine deutsche Division käme. Die militärische Aktion sei eben keine kleine, sondern sie sei in aller Großzügigkeit angesetzt. Er möchte ihm jetzt raten, sich mit Chvalkowsky zurückzuziehen, um zu besprechen, was zu tun sei.

Die innere Mobilisierung

A-Kartei für Staatsfeinde

Gestapa, gezeichnet Heydrich, am 7. Juli 1938 a alle Stapo(leit)stellen (Auszug)

I. Gliederung der A-Kartei
1) Die in den A-Karteien erfaßten Staatsfeind werden in 3 Gruppen – A1, A2 und A3 – ge gliedert.
Gruppe 1 (= A1) umfaßt alle diejenigen Staats feinde, die ob ihrer besonderen Bedeutung un Gefährlichkeit schon bei der Einleitung der ge tarnten Vorausmaßnahmen für die allgemein Mobilmachung festgenommen werden müssen.
Dabei ist sorgfältig darauf zu achten, daß durc diese Festnahmen keinesfalls eine Bloßstellun der getarnten Vorausmaßnahmen erfolgen dar Deshalb dürfen weder bestimmte Gruppen – z. B Minderheitenführer – noch bestimmte Einzelper sonen – z. B. ausländische Journalisten –, dere Festnahme auf eine bevorstehende Mobilmachun hinweisen würde, in die Gruppe A1 aufgenomme werden.
Im Hinblick auf die Schwierigkeiten aller Maß nahmen in den Tagen der getarnten Vorbereitun einer Mobilmachung und auf die Notwendigkei auch in diesen Tagen neu verdächtig werdend Personen unschädlich zu machen, ist die Grupp A1 zahlenmäßig möglichst zu beschränken.
Außer den gefährlichsten Hoch- und Landesver rätern kommen vor allem nur Saboteure, Funktio näre und Mitarbeiter des BB- oder Am.-Apparates usw. in Frage, wobei nicht die frühere Betätigung sondern allein die Gefährlichkeit in der Gegen wart und für die Zukunft ausschlaggebend sei muß.
2) Gruppe 2 (= A2) umfaßt diejenigen Persone die gleichzeitig mit der öffentlichen Anordnun der Mobilmachung festgenommen werden mü sen.
Auch bei der Aufnahme in die Gruppe A2 ist i Hinblick auf die Belastung der Polizei in de Mobilmachungstagen stärkste zahlenmäßige B schränkung erforderlich.
3) Gruppe 3 (= A3) umfaßt schließlich alle die jenigen Personen, die zwar nicht in der Gegenwa oder in den Tagen einer Mobilmachung die Siche heit des Reiches unmittelbar gefährden, die abe in Zeiten schwerer Belastungsproben und de durch sie verursachten innerpolitischen Spannu gen als politisch so gefährlich angesehen werde müssen, daß ihre Festnahme oder ihre besonder Überwachung ins Auge gefaßt werden muß.
II. Einrichtung und Führung der A-Kartei
4) Auf der linken Seite jeder Karteikarte i durch einen Reiter festzustellen, ob die bezeic nete Person zur Gruppe A1, A2 oder A3 g hört.
Gruppe A1 wird durch einen roten Reiter,
Gruppe A2 ,, ,, ,, blauen Reiter und
Gruppe A3 ,, ,, ,, grünen Reiter
bezeichnet.
Auf der rechten Seite jeder Karteikarte ist durc einen zweiten Reiter festzustellen, welch Sparte von Staatsfeinden die erfaßte Perso zuzurechnen ist.
Dabei werden bezeichnet

Kommunisten	durch dunkelrote Reite
Marxisten**	durch hellrote Reiter
Oppositionelle	durch gelbe Reiter
Reaktionäre***	durch blaue Reiter
Funktionäre des polit. Katholizismus	durch schwarze Reiter
Attentäter	durch braune Reiter
Querulanten	durch violette Reiter
Sonstige Staatsfeinde	durch weiße Reiter

(insbes. Wirtschaftsschädlinge, aus der Weh macht fristlos entlassene Provokateure usw.)

* *KPD-Apparate (siehe Abkürzungsverzeichnis)*
** *gemeint sind Sozialdemokraten*
*** *bezeichnet bürgerliche (konservative) Kräfte*

Unterbringung im Mob.-Fall

Chef der Sipo, gezeichnet Best, am 28. September 1938 an alle Stapo(leit)stellen (Auszug)

Betr.: Unterbringung der nach der A-Kartei festzunehmenden Personen.
Die auf Grund der A-Kartei festgenommenen Personen sind zunächst in Polizei- oder Gerichtsgefängnissen unterzubringen und sobald als möglich den Konzentrationslagern Buchenwald, Sachsenhausen oder dem in Ostpreußen zu errichtenden Konzentrationslager zuzuführen.

Görings Konsequenzen

Protokoll einer Vierjahresplan-Besprechung bei Göring am 14. Oktober 1938 (Auszug)

Generalfeldmarschall Göring eröffnete die Sitzung mit der Erklärung, daß er Weisungen geben wolle für die Arbeit der nächsten Monate. Jeder wisse ja aus der Presse, wie die Lage in der Welt sei, und der Führer habe ihn infolgedessen angewiesen, ein gigantisches Programm durchzuführen, gegen das die bisherigen Leistungen bedeutungslos seien. Demgegenüber beständen Schwierigkeiten, die er mit der größten Energie und Rücksichtslosigkeit überwinden werde ...
Er habe vom Führer den Auftrag, die Rüstung abnorm zu steigern, wobei in erster Linie die Luftwaffe stände. Die Luftwaffe sei schnellstens zu verfünffachen; auch die Marine müsse schneller rüsten, und das Heer müsse schneller große Mengen von Angriffswaffen schaffen, insonderheit schwere Artillerie und schwere Tanks. Daneben her gehen muß die fabrikatorische Rüstung, wobei insonderheit Treibstoffe, Gummi, Pulver und Sprengstoffe in den Vordergrund zu rücken sind. Daneben muß gehen der beschleunigte Straßenausbau, Kanalausbau und insonderheit der Eisenbahnausbau.
Dazu käme der VJP, der nach zwei Gesichtspunkten neu zu ordnen ist.
Im VJP sind in erster Linie alle Bauten vorwärtszutreiben, die der Rüstung dienen und in zweiter Linie alle die Anlagen zu schaffen, die wirklich devisensparend sind ...
Alle Wünsche und Pläne von Staat, Partei oder anderen Stellen, die nicht ganz in dieser Linie liegen, sind rücksichtslos zurückzustellen.
Auch weltanschauliche Fragen können jetzt nicht gelöst werden, dazu sei später Zeit. Er warne dringend, Arbeitern Versprechungen zu machen, die von ihm nicht gehalten werden können. Wünsche der Arbeitsfront treten voll in den Hintergrund.
Die Wirtschaft müsse voll umgestellt werden. Es sei sofort eine Untersuchung aller Produktionsstellen einzuleiten, ob sie auf die Rüstung und den Export umgestellt werden könnten oder stillzulegen seien ...
Rohstoffe und Energie sind genau zu lenken. Ebenso ist die Menschenverteilung in ganz anderer Form als bisher zu organisieren. Die Umschulung hat nicht funktioniert; alle Stellen haben versagt. Die Eingliederung der Jugend in die Wirtschaft werde ganz großzügig von ihm organisiert werden. Es seien große staatliche Lehrlingswerkstätten zu schaffen; außerdem werden die Werke verpflichtet werden, bestimmte Mengen Lehrlinge einzustellen. Es müßte eine Umschulung von Hunderttausenden stattfinden. Frauenarbeit sei viel mehr als bisher durchzuführen. Vor allem sei die weibliche Jugend viel mehr einzustellen. Achtstündige Arbeitszeit gibt es nicht mehr; wo notwendig, seien Überstunden zu machen, 2–3fache Schichten seien selbstverständlich. Wo Weigerungen der Arbeiterschaft erfolgen, wie z. B. in Österreich, will Generalfeldmarschall Göring mit Zwangsarbeit vorgehen; er werde Zwangsarbeitslager schaffen. Die Arbeitsfront solle nicht falsche Sozialbegriffe unter die Arbeiter bringen. Tatsache sei, daß unsere Generation die Karre in den Dreck gefahren habe, indem die Arbeiter gemeutert haben und indem wir die Schuld auf uns geladen haben, daß wir diese Arbeiter nicht sofort zusammengeschossen haben. Wir müßten also auch die Sache wieder in Ordnung bringen.

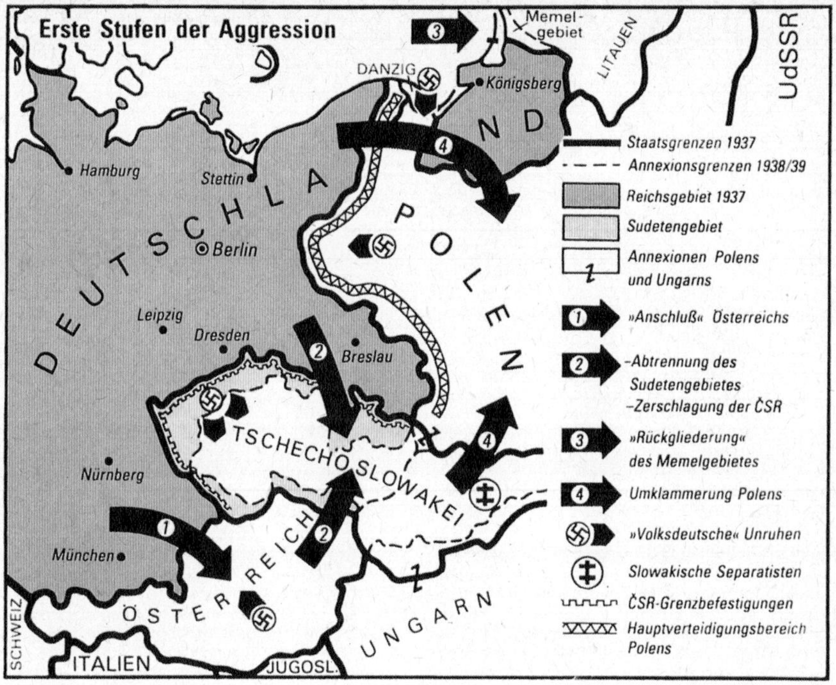

Kriegsgegnerschaft

Offener Brief einer Berliner Betriebsgruppe an den Nationalrat der Labour Party vom 5. November 1938 (Auszug)

Wir versichern Euch, daß unser Volk gegen kein anderes Volk Haß noch Feindschaft hegt. Niemals kam das offener zum Ausdruck als in den Septembertagen, in den Tagen, als die friedliebende Menschheit in Furcht und Angst vor dem Kriege lebte. Da zeigte unser ganzes Volk den Faschisten, daß es den Frieden will. In den Betrieben wurde ausgesprochen, daß man alles tun würde, um den Krieg rasch zu beenden. Selbst Nazianhänger sprachen aus, daß es ein Verbrechen wäre, um der 3 Millionen Sudetendeutschen einen Krieg zu beginnen, der weit mehr Opfer kosten würde. Den heftigen Anklagen wagten die Faschisten meist nicht entgegenzutreten, so unerwartet war ihnen die starke Kriegsgegnerschaft des Volkes.
Wie groß war deshalb unsere Empörung und Enttäuschung, als die Tschechoslowakei von Chamberlain und Daladier an Hitler verschachert wurde.

Die Stimme des Volkes

Geheimrede Hitlers vor leitenden Mitarbeitern der Presse am 10. November 1938 (Auszug)

Wir haben uns dabei einige Aufgaben gestellt in diesem Jahr, die wir durch unsere Propaganda – und hier darf ich die gegenwärtige Presse mit an die Spitze der Instrumente stellen – erreichen wollen.
Erstens die langsame Vorbereitung des deutschen Volkes selbst. Die Umstände haben mich gezwungen, *jahrzehntelang* fast nur vom Frieden zu reden. Nur unter der fortgesetzten Betonung des deutschen Friedenswillens und der Friedensabsichten war es mir möglich, dem deutschen Volk Stück für Stück die Freiheit zu erringen und ihm die Rüstung zu geben, die immer wieder für den nächsten Schritt als Voraussetzung notwendig war. Es ist selbstverständlich, daß eine solche jahrzehntelang betriebene Friedenspropaganda auch ihre bedenklichen Seiten hat; denn es kann nur zu leicht dahin führen, daß sich in den Gehirnen vieler Menschen die Auffassung festsetzt, daß das heutige Regime an sich identisch sei mit dem Entschluß und dem Willen, den Frieden unter *allen* Umständen zu bewahren. Das würde aber nicht nur zu einer falschen Beurteilung der Zielsetzung dieses Systems führen, sondern es würde vor allem auch dahin führen, daß die deutsche Nation, statt den Ereignissen gegenüber gewappnet zu sein, mit einem Geist erfüllt wird, der auf die Dauer als Defaitismus gerade die Erfolge des heutigen Regimes nehmen würde und nehmen müßte. Der Zwang war die Ursache, warum ich jahrelang nur vom Frieden redete. Es war nunmehr notwendig, das deutsche Volk psychologisch allmählich umzustellen und ihm langsam klarzumachen, daß es Dinge gibt, die, wenn sie nicht mit friedlichen Mitteln durchgesetzt werden können, mit Mitteln der Gewalt durchgesetzt werden *müssen*. Dazu war es aber notwendig, nicht etwa nun die Gewalt als solche zu propagieren, sondern es war notwendig, dem deutschen Volk bestimmte außenpolitische Vorgänge so zu beleuchten, daß die *innere Stimme* des Volkes selbst langsam nach der Gewalt zu schreien begann. Das heißt also, bestimmte Vorgänge so zu beleuchten, daß im Gehirn der breiten Masse des Volkes ganz automatisch allmählich die Überzeugung ausgelöst wurde: wenn man das eben nicht im Guten abstellen kann, dann muß man es mit Gewalt abstellen; so kann es aber auf keinen Fall weitergehen. Diese Arbeit hat Monate erfordert, sie wurde planmäßig begonnen, planmäßig fortgeführt, verstärkt. Viele haben sie nicht begriffen, meine Herren; viele waren der Meinung, das sei doch alles etwas übertrieben. Das sind jene überzüchteten Intellektuellen, die keine Ahnung haben, wie man ein Volk zu der Bereitschaft bringt, geradezustehen, auch wenn es zu blitzen und zu donnern beginnt.

Am Vorabend des Krieges

Bilanz des Widerstandes

Referat des KPD-Vorsitzenden Pieck auf der «Berner Konferenz» am 30. Januar 1939 (Auszug)

Mit der Schaffung der Volksfront steht es gegenwärtig eher noch schlechter als mit der Schaffung der Einheitsfront. Im Lande sind überhaupt noch keine ernsten Ansätze dazu vorhanden. Es gibt wohl Verbindungen zu Handwerkern, Händlern und Intellektuellen, aber von Verbindungen zu den Bauern wissen wir sehr wenig. Auch was in der Emigration von uns versucht wurde, um einen Anfang in der Volksfront zu schaffen, ist wenig befriedigend. Der Pariser Ausschuß zur Vorbereitung einer deutschen Volksfront ist durch die Machinationen einiger Sozialdemokraten wieder vollständig zerfallen. Dabei wird überall sehr viel von der Notwendigkeit der Volksfront geredet und geschrieben. Es haben sich die verschiedensten Gruppen gebildet, die von sich behaupten, daß sie die Volksfront zum Sturze des Hitlerfaschismus wollen, es herrscht aber überall die größte Verwirrung über das Wesen und die Aufgaben der Volksfront. Einige möchten die Kommunisten davon ausschalten, andere wieder verstehen darunter sogar ein Bündnis der Werktätigen mit Teilen der Bourgeoisie, was im Grunde genommen auf die Fortsetzung der Koalitionspolitik hinausläuft. Wir müssen demgegenüber ganz klar zum Ausdruck bringen, daß die Volksfront das Bündnis der Arbeiterklasse mit den Bauern, dem Mittelstande und den Intellektuellen, also ein Bündnis der Werktätigen gegen den Hitlerfaschismus ist. Selbstverständlich wird im Kampfe gegen den Faschismus auch ein vorübergehendes Zusammengehen mit Teilen der Bourgeoisie möglich sein, aber dieses Zusammengehen ist nicht auf eine Stufe mit dem Bündnis der Arbeiterklasse mit den Bauern und anderen Werktätigen zu stellen. Dieses Bündnis richtet sich nicht nur gegen den Hitlerfaschismus, sondern ist auch auf die Aufrichtung und Sicherung einer demokratischen Volksrepublik gerichtet, in der nicht mehr die Bourgeoisie, sondern die Volksfront die Führung haben wird.

Fall «Weiß»

Weisung Hitlers «für die einheitliche Kriegsvorbereitung der Wehrmacht für 1939/40» vom 11. April 1939 (Auszug)

II. «Fall Weiß»
Die gegenwärtige Haltung *Polens* erfordert es, über die bearbeitete «Grenzsicherung Ost» hinaus die militärischen Vorbereitungen zu treffen, um nötigenfalls jede Bedrohung von dieser Seite für alle Zukunft auszuschließen.
1. *Politische Voraussetzungen und Zielsetzung.*
Das deutsche Verhältnis zu Polen bleibt weiterhin von dem Grundsatz bestimmt, Störungen zu vermeiden. Sollte Polen seine bisher auf dem gleichen Grundsatz beruhende Politik gegenüber Deutschland umstellen und eine das Reich bedrohende Haltung einnehmen, so kann ungeachtet des geltenden Vertrages eine endgültige Abrechnung erforderlich werden.
Das *Ziel* ist dann, die polnische Wehrkraft zu zerschlagen und eine den Bedürfnissen der Landesverteidigung entsprechende Lage im Osten zu schaffen. Der Freistaat Danzig wird spätestens mit Beginn des Konfliktes als deutsches Reichsgebiet erklärt.
Die politische Führung sieht es als ihre Aufgabe an, Polen in diesem Fall womöglich zu isolieren, d. h. den Krieg auf Polen zu beschränken.
Eine zunehmend krisenhafte innere Entwicklung in *Frankreich* und eine daraus folgernde Zurückhaltung *Englands* könnten eine derartige Lage in nicht zu ferner Zeit entstehen lassen.
Ein Eingreifen *Rußlands*, soweit dieses dazu fähig sein sollte, wird Polen aller Voraussicht nach nichts nützen, da es seine Vernichtung durch den Bolschewismus bedeuten müßte.
Die Haltung der *Randstaaten* wird allein von den militärischen *Erfordernissen* Deutschlands bestimmt werden. Im Zuge der weiteren Entwicklung kann es erforderlich werden, die Randstaaten bis zu der Grenze des alten Kurland zu besetzen und dem Reich einzugliedern.
Auf deutscher Seite kann man mit *Ungarn* als Bundesgenossen nicht ohne weiteres rechnen.
Die Haltung *Italiens* ist durch die Achse Berlin – Rom bestimmt.

Um die Frage herumdrücken

Protokoll der Sitzung des Pariser Emigrationsvorstandes der SPD am 26. April 1939 (Auszug)

Tarnow: ... Zu der Frage der Beteiligung der Emigration am Kriege weist er auf die entstehenden Schwierigkeiten hin. Er zieht es vor, daß jeder das mit sich selbst abmachen muß, und hält es für unzweckmäßig, eine Entscheidung des Parteivorstandes herbeizuführen. Er befürchtet von einer Entscheidung des Parteivorstandes, daß sie die Bewegung sehr schädigen könnte und möglicherweise eine Keimzelle für eine neue Dolchstoßlegende bilden würde. Er empfiehlt für den Fall einer Publikation vorsichtige Formulierung und schlägt vor, nichts in einen solchen Aufruf hineinzuschreiben, was so ausgelegt werden könne, als ob der Parteivorstand zum Kampf mit der Waffe in der Hand gegen das Regime auffordern würde. Er empfiehlt, sich um die Beantwortung der Frage, ob die deutschen Soldaten kämpfen sollen oder nicht, herumzudrücken.

Der «Stahl-Pakt»*

Auf zehn Jahre befristeter deutsch-italienischer Beistands-Pakt vom 22. Mai 1939 (Auszug)

Artikel I Die vertragschließenden Teile werden ständig in Fühlung miteinander bleiben, um sich über alle ihre gemeinsamen Interessen oder die europäische Gesamtlage berührenden Fragen zu verständigen.
Artikel II Falls die gemeinsamen Interessen der vertragschließenden Teile durch internationale Ereignisse irgendwelcher Art gefährdet werden sollten, werden sie unverzüglich in Beratungen über die zur Wahrung dieser Interessen zu ergreifenden Maßnahmen eintreten.
Wenn die Sicherheit oder andere Lebensinteressen eines der vertragschließenden Teile von außen her bedroht werden sollten, wird der andere vertragschließende Teil dem bedrohten Teil seine volle politische und diplomatische Unterstützung zuteil werden lassen, um diese Bedrohung zu beseitigen.
Artikel III Wenn es entgegen den Wünschen und Hoffnungen der vertragschließenden Teile dazu kommen sollte, daß einer von ihnen in kriegerische Verwicklungen mit einer anderen Macht oder mit anderen Mächten gerät, wird ihm der andere vertragschließende Teil sofort als Bundesgenosse zur Seite treten und ihn mit allen seinen militärischen Kräften zu Lande, zur See und in der Luft unterstützen.
Artikel IV Um im gegebenen Falle die schnelle Durchführung der im Artikel III übernommenen Bündnispflichten sicherzustellen, werden die Regierungen der beiden vertragschließenden Teile ihre Zusammenarbeit auf militärischem Gebiete und auf dem Gebiete der Kriegswirtschaft weiter vertiefen ...
Artikel V Die vertragschließenden Teile verpflichten sich schon jetzt, im Falle eines gemeinsam geführten Krieges Waffenstillstand und Frieden nur in vollem Einvernehmen miteinander abzuschließen.

* *seinerzeit aufgekommene Bezeichnung*

Werbung für Gaskrieg-Schutzmittel, 1938

Es wird zum Kampf kommen

Besprechung Hitlers mit den Befehlshabern un führenden Offizieren am 23. Mai 1939 in der Reichs kanzlei; Aufzeichnung des Chefadjutanten de Wehrmacht, Oberstleutnant Schmundt (Auszug)

Nach 6 Jahren ist die heutige Lage folgende:
Nationalpolitische Einigung der Deutschen is erfolgt, außer kleinen Ausnahmen. Weitere Er folge können ohne Blutvergießen nicht meh errungen werden.
Die Grenzziehung ist von militärischer Wichtig keit.
Der Pole ist kein zusätzlicher Feind. Polen wir immer auf der Seite unserer Gegner steher Trotz Freundschaftsabkommen hat in Polen imme die Absicht bestanden, jede Gelegenheit geg uns auszunutzen.
Danzig ist nicht das Objekt, um das es geht. Es har delt sich für uns um die Erweiterung des Leben raumes im Osten und Sicherstellung der Ernä rung sowie die Lösung des Baltikumproblem Lebensmittelversorgung ist nur von dort möglic wo geringe Besiedelung herrscht. Neben de Fruchtbarkeit wird die deutsche ... Bewirtscha tung die Überschüsse gewaltig steigern. In Europ ist keine andere Möglichkeit zu sehen.
Kolonien: Warnung vor Schenkung koloniale Besitzes. Es ist keine Lösung des Ernährungspr blems. Blockade!
Zwingt uns das Schicksal zur Auseinandersetzun mit dem Westen, ist es gut, einen größeren Os raum zu besitzen. Im Kriege werden wir noc weniger als im Frieden mit Rekordernten rechne können.
Die Bevölkerung nichtdeutscher Gebiete t keinen Waffendienst und steht zur Arbeitsleistu zur Verfügung.
Das Problem «Polen» ist von der Auseinande setzung mit dem Westen nicht zu trennen.
Polens innere Festigkeit gegen den Bolschewi mus ist zweifelhaft. Daher auch Polen eine zwe felhafte Barriere gegen Rußland.
Kriegsglück im Westen mit schneller Entsche dung ist fraglich, ebenso die Haltung Polens.
Einem Druck durch Rußland hält das poln. Regi nicht stand. Polen sieht in einem Siege Deutsc lands über den Westen eine Gefahr und wird u den Sieg zu nehmen versuchen.
Es entfällt also die Frage, Polen zu schonen, u bleibt der Entschluß, bei erster passender Ge heit Polen anzugreifen.

n eine Wiederholung der Tschechei ist nicht zu lauben. Es wird zum Kampf kommen. Aufgabe st es, Polen zu isolieren. Das Gelingen der Isoierung ist entscheidend.
)aher muß sich der Führer endgültigen Befehl um Losschlagen vorbehalten. Es darf nicht zu iner gleichzeitigen Auseinandersetzung mit dem Vesten (Frankreich u. England) kommen ...
)er Krieg mit England und Frankreich wird ein Krieg auf Leben und Tod.

Stand der Aufrüstung

'ortrag des Chefs des Wehrwirtschaftsamtes, General Thomas, vor Mitarbeitern des Auswärtigen Amtes am 24. Mai 1939 (Auszug)

Dem 100000-Mann-Heer von 7 Infanteriedivisionen und 3 Kavalleriedivisionen steht heute gegenüber ein Friedensheer mit 18 Generalkommandos, 39 Infanteriedivisionen, 5 Panzerdivisionen, 4 leichten Divisionen und 22 Maschinengewehrbataillonen. Dazu steht an der Grenze eine große Anzahl ständiger Grenzschutzformationen. Dadurch, daß jede Großbeschaffung neuer Waffen im 100000-Mann-Heer nicht in Frage kam, die Fortentwicklung neuer Typen aber im geheimen fleißig betrieben wurde, konnte unser heutiges Heer auf allen Gebieten mit den modernsten Waffen ausgerüstet werden und steht jetzt in seiner gesamten Infanteriebewaffnung und in der Masse seiner Geschütztypen sicherlich an der Spitze der Welt. Völlig neu und in den letzten 5 Jahren entstanden sind die 5 Panzerdivisionen, die moderne Schlachtenreiterei und die leichten Divisionen, die leichte Reiterei. Genauso liegen die Verhältnisse auf materiellem Gebiet. Neu geschaffen wurde die gesamte Ausrüstung der Panzerdivisionen und der leichten Divisionen ...
Daneben wurde eine ungeheure Anzahl von Spezialkraftfahrzeugen, teils schwierigster Konstruktionen, entwickelt und beschafft, die Artillerie teilweise auf Kraftzug umgestellt und mit modernstem Schall- und Lichtmeßgerät versehen. Die starke Vermehrung der technischen Truppen stellte besondere Anforderungen an die Rüstung.
Zu dieser vielseitigen Aufrüstung kommt noch der Bau der Grenzbefestigungen, die zunächst im Osten vorgenommen und, sobald es die Lage gestattete, im Westen begonnen wurden. Die Konzentration des Ausbaus im Westen haben Sie alle im letzen Jahr erlebt. Ich möchte hier erwähnen, daß der Bau moderner Festungen höchste Anforderungen an die Rüstungsfirmen stellt, die Panzertürme bauen ...
Die Kriegsmarine hatte 1933 außer einigen veralteten Vorkriegs-Linienschiffen 1 Panzerschiff zu 10000 Tonnen, 6 leichte Kreuzer, 12 Torpedoboote. Seit 1933 wurden in Dienst gestellt: 2 Schlachtschiffe zu je 26000 Tonnen, zwei Panzerschiffe zu je 10000 Tonnen, 17 Zerstörer und 47 U-Boote; insgesamt 125000 Tonnen Schiffraum. Vom Stapel liefen außerdem 2 Schlachtschiffe zu 35000 Tonnen, 4 schwere Kreuzer zu je 10000 Tonnen, 1 Flugzeugträger, 5 Zerstörer und 7 U-Boote von insgesamt 106000 Tonnen. Der Stapellauf weiterer Schiffe steht bevor.
Die Luftwaffe ist neu erstanden und steht heute da mit einer Stärke von 260000 Köpfen. Bereits heute verfügt die Luftwaffe über 21 Geschwader mit 240 Staffeln. Ihre Vergrößerung ist im Gange. Die Flakwaffe ist mit ihren 4 Typen sicherlich die modernste der Welt und umfaßt bereits jetzt fast 300 Flakbatterien. Flakgeschütze noch größerer Kaliber sind in der Einführung begriffen.
In gleichem Ausmaße hat sich der Aufbau der deutschen Rüstungsindustrie vollzogen. Aus den wenigen zugelassenen Fabriken des Versailler Vertrages ist die mächtigste Rüstungsindustrie entstanden, die zur Zeit in der Welt besteht. Sie ist zu Leistungen herangewachsen, die teilweise die deutschen Kriegsleistungen erreichen, teilweise sogar übertreffen. Die Rohstahlproduktion Deutschlands ist heute nächst Amerika die größte der Welt, die Aluminiumerzeugung übertrifft die Amerikas und der anderen Staaten der Welt ganz erheblich. Die Fertigungsleistungen unserer Gewehr-, MG- und Geschützfabriken sind zur Zeit größer als die jedes anderen Staates. Unsere Pulver- und Sprengstoffproduktion soll im nächsten Jahr wieder die Höhe des Hindenburgprogramms erreichen ...
Die Nachrichten, die bisher vorliegen, lassen nicht darauf schließen, daß in den westlichen Großstaaten die Aufrüstung schon mit der Energie betrieben wird wie hier bei uns. Wenn die politische Lage aber dazu führt, daß es zu einem längeren Wettrüsten kommt, so müssen wir uns natürlich klar sein, daß die Westmächte bei den Rüstungsausmaßen ihrer Wirtschaft in der Lage sein können, in etwa 1–1½ Jahren den deutschen Rüstungsvorsprung einzuholen. Die vereinigte große Wirtschaftskraft Englands, Amerikas, Frankreichs ist auf die Dauer eben größer als die der Achsenmächte, und die westlichen Großstaaten werden bei einem Wettrüsten nicht die Schwierigkeiten finden, die Deutschland und Italien durch den Rohstoff- und Menschenmangel immer haben werden. Kommt es zu einem solchen Wettrüsten und anschließend zu einem Krieg, so hängt der Kriegsausgang m. E. davon ab, ob es den Achsenstaaten glückt, durch einen schnellen entscheidenden Schlag die Kriegsentscheidung zu erzwingen. Glückt dies nicht, und kommt es zu einem Abringen wie im Weltkriege, so entscheidet die Tiefe der wehrwirtschaftlichen Kraft, d. h. die Durchhaltemöglichkeit.

Ungleiche Bedingungen

Stellungnahme der Sowjetregierung vom 31. Mai 1939 zu den Verhandlungen mit den Westmächten über einen Sicherheitspakt (Auszug)

Selbstverständlich ist das Prinzip der Gegenseitigkeit und gleicher Verpflichtungen die Grundlage für ein solches Abkommen.
Man muß feststellen, daß dieses elementare Prinzip in gewissen englisch-französischen Vorschlägen keine Sympathie fand. Die Engländer und Franzosen haben sich gegen den direkten Überfall von Aggressoren durch Pakte über gegenseitige Hilfe untereinander und mit Polen Garantien geschaffen und wollten sich im Falle des Überfalls von Aggressoren auf Polen und Rumänien die Hilfe der UdSSR sichern, aber sie ließen die Frage offen, ob die UdSSR ihrerseits auf ihre Hilfe rechnen kann, wenn ein direkter Überfall von Aggressoren auf sie erfolgt, ebenso wie sie die andere Frage offenließen, ob sie sich an Garantien für die an die UdSSR angrenzenden kleinen Staaten beteiligen können, die die nordwestlichen Grenzen der UdSSR decken, falls diese Staaten nicht imstande sein sollten, ihre Neutralität gegen den Überfall von Aggressoren zu behaupten. Somit hat sich für die UdSSR eine ungleiche Lage ergeben.

Das militärische Axiom

Aus den Moskauer Militärberatungen zwischen der Sowjetunion, Großbritannien und Frankreich; für die sowjetische Seite spricht Marschall Woroschilow. Protokoll vom 21. August 1939 (Auszug)

In seiner Erklärung hat der Leiter der englischen Mission, Admiral Drax, im Namen der englischen und französischen Militärmission einige Fragen gestellt. Die sowjetische Militärmission hält es für notwendig, ihre Erklärung dazu zu geben.
1. In der Erklärung wird betont, daß die französische und englische Militärmission zur Ausarbeitung einer Militärkonvention in die UdSSR eingeladen wurden.
Die sowjetische Militärmission erläutert den wirklichen Sachverhalt.
Die gegenwärtige Beratung der Militärmissionen Englands, Frankreichs und der UdSSR war die natürliche Fortsetzung der politischen Verhandlungen, die zwischen den Vertretern Englands, Frankreichs und der UdSSR bekanntlich mit dem Ziel geführt wurden, einen gemeinsamen Plan für den Widerstand gegen eine Aggression in Europa auszuarbeiten.
In diesem Zusammenhang hat die sowjetische Regierung wiederholt erklärt, daß sie einen politischen Pakt und eine militärische Konvention, die das Ergebnis von politischen und militärischen Verhandlungen zwischen unseren Ländern sein sollen, nicht voneinander trennen kann.
Die Regierungen Englands und Frankreichs schlossen sich der Meinung der sowjetischen Regierung an und entsandten ihre Militärmissionen in die UdSSR.
2. Der englisch-französischen Militärmission fällt es nach ihrer Erklärung schwer, die Handlungsweise der sowjetischen Mission zu verstehen, deren Absicht, nach ihrer Meinung, darin besteht, gleichzeitig schwierige und wichtige politische Fragen zu stellen.
Die Absicht der sowjetischen Militärmission bestand und besteht darin, mit der englischen und französischen Militärmission Vereinbarungen über die praktische Organisation einer militärischen Zusammenarbeit der bewaffneten Kräfte der drei verhandelnden Seiten zu treffen.
Die sowjetische Mission ist der Meinung, daß die UdSSR, die keine gemeinsame Grenze mit Deutschland hat, Frankreich, England, Polen und Rumänien nur dann Hilfe leisten kann, wenn ihren Truppen der Durchzug durch polnisches und rumänisches Territorium gewährt wird, da es keine anderen Wege gibt, um mit den Truppen des Aggressors in Fühlung zu treten.
So, wie sich die englischen und amerikanischen Truppen im vorigen Weltkrieg nicht an der militärischen Zusammenarbeit mit den bewaffneten Kräften Frankreichs hätten beteiligen können, wenn sie nicht die Möglichkeit gehabt hätten, auf dem Territorium Frankreichs zu operieren, so können auch die sowjetischen bewaffneten Streitkräfte nicht an einer militärischen Zusammenarbeit mit den bewaffneten Streitkräften Frankreichs und Englands teilnehmen, wenn ihnen nicht gestattet wird, das Territorium Polens und Rumäniens zu betreten. Das ist ein militärisches Axiom...
Die englische und die französische Militärmission stimmen darin zu unserer Verwunderung nicht mit der sowjetischen Militärmission überein...
Die sowjetische Militärmission kann sich nicht vorstellen, wie die Regierungen und Generalstäbe Englands und Frankreichs, als sie ihre Missionen zu Verhandlungen über den Abschluß einer Militärkonvention in die UdSSR entsandten, keine

Die Entwicklung der Wehrmacht 1933–1939

Verbände	1933	1934	1935	1936	1937	1938	1939	Mobilmachung
Heeresgruppenkommandos	2	2	3	3	4	6	6	11
Generalkommandos	–	10	10	12	13	19	22	26
Divisionen	10	24	29	39	39	51	51	102
Luftwaffengruppenkommandos	–	–	–	–	–	3	3	4
Luftflotten	–	–	–	–	–	3	4	4
Fliegerdivisionen	–	1	–	–	–	6	7	7
Fliegergruppen	–	3	13	37	66	85	86	89

genauen und positiven Weisungen zu dieser elementaren Frage geben konnten, zu der Frage des Durchzugs und der Operationen sowjetischer bewaffneter Streitkräfte gegen die Truppen des Aggressors auf dem Territorium Polens und Rumäniens, zu denen England und Frankreich entsprechende politische und militärische Beziehungen unterhalten.
Wenn aber die Franzosen und Engländer diese axiomatische Frage zu einem großen Problem machen, das eine längere Untersuchung erfordert, so geht daraus hervor, daß aller Grund vorhanden ist, um an ihrem Streben nach einer echten und ernsten militärischen Zusammenarbeit mit der UdSSR zu zweifeln. In Anbetracht des Dargelegten fällt die Verantwortung für die Verzögerung der militärischen Verhandlungen sowie für die Unterbrechung dieser Verhandlungen natürlich auf die französische und englische Seite.

Der deutsch-sowjetische Nichtangriffs-Vertrag

Durch v. Ribbentrop und Molotow am 23. August 1939 in Moskau unterzeichneter, auf zehn Jahre befristeter, sofort in Kraft tretender Vertrag (Auszug)

Die Deutsche Reichsregierung und die Regierung der Union der Sozialistischen Sowjetrepubliken, geleitet von dem Wunsche, die Sache des Friedens zwischen Deutschland und der UdSSR zu festigen, und ausgehend von den grundlegenden Bestimmungen des Neutralitätsvertrages, der im April 1926 zwischen Deutschland und der UdSSR geschlossen wurde, sind zu nachstehender Vereinbarung gelangt:
Artikel I Die beiden Vertragschließenden Teile verpflichten sich, sich jeden Gewaltakts, jeder aggressiven Handlung und jeden Angriffs gegeneinander, und zwar sowohl einzeln als auch gemeinsam mit anderen Mächten, zu enthalten.
Artikel II Falls einer der Vertragschließenden Teile Gegenstand kriegerischer Handlungen seitens einer dritten Macht werden sollte, wird der andere Vertragschließende Teil in keiner Form diese dritte Macht unterstützen.
Artikel III Die Regierungen der beiden Vertragschließenden Teile werden künftig fortlaufend zwecks Konsultation in Fühlung miteinander bleiben, um sich gegenseitig über Fragen zu informieren, die ihre gemeinsamen Interessen berühren.
Artikel IV Keiner der beiden Vertragschließenden Teile wird sich an irgendeiner Mächtegruppierung beteiligen, die sich mittelbar oder unmittelbar gegen den anderen Teil richtet.
Artikel V Falls Streitigkeiten oder Konflikte zwischen den Vertragschließenden Teilen über Fragen dieser oder jener Art entstehen sollten, werden beide Teile diese Streitigkeiten oder Konflikte ausschließlich auf dem Wege freundschaftlichen Meinungsaustausches oder nötigenfalls durch Einsetzen von Schlichtungskommissionen bereinigen.

Erste Stellungnahme der KPD

Erklärung des ZK der KPD vom 25. August 1939 zum deutsch-sowjetischen Vertrag (Auszug)

Das deutsche Volk begrüßt den Nichtangriffspakt zwischen der Sowjetunion und Deutschland, weil es den Frieden will und in diesem Pakt eine erfolgreiche Friedenstat von seiten der Sowjetunion sieht. Es begrüßt diesen Pakt, weil er nicht wie das Bündnis Hitlers mit Mussolini und den japanischen Militaristen ein Instrument des Krieges und der imperialistischen Vergewaltigung anderer Völker, sondern ein Pakt zur Wahrung des Friedens zwischen Deutschland und der Sowjetunion ist.
Die durch den Pakt geschaffene außenpolitische und innenpolitische Lage stellt aber vor alle Antifaschisten, vor alle friedens- und freiheitsliebenden Deutschen große Aufgaben, die im verstärkten Kampf gegen die Nazidiktatur gelöst werden müssen ...
Das werktätige deutsche Volk und besonders die deutschen Arbeiter müssen die Friedenspolitik der Sowjetunion unterstützen, sich an die Seite aller von den Nazis unterdrückten und bedrohten Völker stellen und nunmehr erst recht dafür kämpfen, daß im Geiste des von der Sowjetregierung mit Deutschland abgeschlossenen Nichtangriffspaktes sofort ebensolche Friedenspakte mit Polen, Rumänien, mit Frankreich und England, mit allen Völkern, die sich mit Recht durch die Angriffspolitik Hitlers bedroht fühlen, geschlossen werden ...
Die Kommunistische Partei Deutschlands warnt das deutsche Volk, sich Illusionen hinzugeben, daß das Hitlerregime eine solche Politik, die allein im Interesse des deutschen Volkes liegen würde, durchführen wird. Hitler hat den Nichtangriffspakt mit der Sowjetunion nur in der Notlage einer schwierigen Situation abgeschlossen. Das ganze deutsche Volk muß der Garant für die Einhaltung des Nichtangriffspaktes zwischen der Sowjetunion und Deutschland sein. Nur wenn das deutsche Volk selbst das Schicksal der deutschen Nation in seine Hände nimmt, wird der Friede gesichert sein. Vertraut nur auf eure eigene Kraft! ...
Für eine freie Deutsche Republik, in der das deutsche Volk selbst über sein Schicksal und seine Zukunft entscheiden kann.

Die Sowjetunion zwischen den Feuern

1939
10. März Parteitag der KPdSU warnt vor einer Einbeziehung in imperialistische Konflikte **16. März** Endgültige Zerschlagung der Tschechoslowakei – Düsseldorfer Vertrag der Reichsgruppe Industrie mit der Federation of British Industries; Zweck: Abbau gegenseitiger Konkurrenz; Kooperation auf dem Weltmarkt (wirtschaftliches Gegenstück zur Beschwichtigungs-Politik; wird nicht mehr ratifiziert; auf Teilgebieten bereits Abkommen in Kraft: Vertrag der IG Farben und Ruhr-Chemie mit der Standard Oil Co. of New Yersey und der britischen Royal Dutch Shell vom 20. Oktober 1938 über die Lizenz zur synthetischen Erzeugung von Benzin sowie ein Kartell-Vertrag des Rheinisch-Westfälischen Kohle-Syndikats mit der Mining Federation of Great Britain vom 28. Januar 1939 über Interessen-Gebiete und Kohle-Preise auf anderen Märkten); am **18. März** Beginn weiterer Geheim-Gespräche mit britischen Konzernen – Vorschlag der Sowjetunion für eine Konferenz zur Abwehr künftiger Aggressionen; am **19. März** Ablehnung der Westmächte: Konferenz «verfrüht» **22. März** Britisch-französischer Noten-Austausch über gegenseitigen Beistand **23. März** Minister Hudson in Moskau; Beginn von Gesprächen über Maßnahmen der kollektiven Sicherheit **17. April** Sowjetunion schlägt Großbritannien/Frankreich Dreimächte-Pakt vor: Politischer Vertrag über gegenseitige Hilfe, Militär-Konvention zu dessen Realisierung, gemeinsame Garantie für sämtliche Länder von der Ostsee bis zum Schwarzen Meer (Antwort auf das Verlangen der Westmächte nach einseitigen Garantien der Sowjetunion für Polen, Rumänien, die Türkei und Griechenland sowie – erforderlichenfalls – Beistand auch für sie selbst) **5. Mai** Außenminister Litwinow scheidet aus dem Amt; Nachfolger: Molotow **10. Mai** TASS meldet die Ablehnung eines Dreimächte-Pakts durch die britische Regierung **11. Mai** Beistands-Angebot der Sowjetunion an Polen; wird abgelehnt – Am Chalchin-Gol Überfall Japans auf die Mongolische Volksrepublik; mongolisch-sowjetische Truppen in schweren Kämpfen **22. Mai** Deutschland und Italien schließen «Stahl-Pakt» **27. Mai** Sowjetunion besteht auf einem effektiven Dreimächte-Pakt mit Garantien auch für Lettland, Estland und Finnland sowohl gegen direkte als auch gegen indirekte Aggressionen (Verwandlung in Aufmarsch-Raum) **30. Mai** Deutsches Außenministerium weist seinen Moskauer Botschafter v. d. Schulenburg an, mit der Sowjetregierung zwecks besserer Beziehungen Fühlung aufzunehmen **2. Juni** Neuer sowjetischer Pakt-Vorschlag an die Westmächte **6. Juni** Über den schwedischen Industriellen Wennergren stellt Göring Chamberlain einen Forderungs-Plan für die künftige Zusammenarbeit zu **7. Juni** Geheime Gespräche des Göring-Vertrauten Wohlthat mit dem britischen Diplomaten Ashton-Gwatkin über eine Verstärkung des deutschen Einflusses im Osten und Südosten Europas **13. Juni** Botschafter Henderson unterrichtet die deutsche Regierung über die britische Bereitschaft zu Verhandlungen (Wirtschafts-, Kolonial- und Abrüstungs-Fragen); am **27. Juni** Angebot erneuert **28. Juni** Vorschlag v. d. Schulenburgs an die Sowjetregierung zwecks Normalisierung der Beziehungen **30. Juni** Oberste Heeres- und Flottenleitung der USA bestätigt die «Rainbow»-Pläne zur eventuellen Entsendung von Streitkräften nach Europa oder Afrika **13. Juli** Die Sowjetunion schlägt den Westmächten Militär-Beratungen in Moskau vor **18. Juli** Besprechungen Wohlthats mit Londons Beauftragten Hudson und Wilson über Abgrenzung der Interessen-Sphären und einen deutsch-britischen Nichtangriffs-Pakt **25. Juli** Westmächte nehmen den sowjetischen Vorschlag zu Beratungen in Moskau an **26. Juli** Neues deutsches Normalisierungs-Angebot an die Sowjetunion; am **29. Juli** Bekräftigung durch den Botschafter v. d. Schulenburg **2. Aug.** v. Ribbentrop schlägt dem sowjetischen Geschäftsträger ein Geheim-Protokoll zur Abgrenzung der Interessen-Sphären «zwischen dem Schwarzen Meer und der Ostsee» vor; darauf folgt am **3. Aug.** Vorsprache auch v. d. Schulenburgs bei der Sowjetregierung – Chamberlain läßt deutschem Botschafter durch Wilson Einigungs-Vorschläge auf Kosten Südost-Europas zustellen **7. Aug.** Geheimtreffen Görings mit britischen Industriellen in Nord-Friesland; neue Viermächte-Konferenz nach dem Münchener Vorbild im Gespräch – Sowjetregierung lehnt die deutschen Vorschläge ab **9. Aug.** Außenminister Halifax bekräftigt Chamberlains Konzept **11. Aug.** Die britischen und französischen Militär-Experten treffen in Moskau ein; am **12. Aug.** Beginn der Militär-Gespräche zwischen der Sowjetunion und den Westmächten – Unterredung Göring-Lord Runciman: bei britisch-sowjetischem Vertrag keine Vierer-Konferenz möglich **14. Aug.** Detailliertes Angebot v. d. Schulenburgs an die Sowjetregierung; abgelehnt – Deutsche Landwirtschafts-Delegation in Moskau **15. Aug.** Deutsche Regierung drängt auf den Empfang v. Ribbentrops in Moskau **17. Aug.** Zeitweilige Unterbrechung der Militär-Gespräche nach Ablehnung der sowjetischen Vorschläge – Britische Regierung bereitet die Entsendung eines Unterhändlers zu Hitler vor: Zustimmung für die Viermächte-Konferenz **19. Aug.** Sowjetregierung erklärt Einverständnis mit Besuch v. Ribbentrops am 26. oder 27. August – Deutsch-sowjetisches Handels- und Kredit-Abkommen **21. Aug.** Abbruch der Moskauer Militär-Verhandlungen (westliche Experten haben keine Vollmachten) – Botschaft Hitlers an Stalin: Bitte um Empfang v. Ribbentrops spätestens am übernächsten Tag – Stalin sagt zu **23. Aug.** v. Ribbentrop in Moskau; Abschluß des deutsch-sowjetischen Nichtangriffs-Vertrags; am **31. Aug.** Ratifikation in Berlin und Moskau

6 Um die Weltherrschaft

Auf dem Weg zur höchsten Machtentfaltung war dem Faschismus sein Ende schon vorgezeichnet. Durch den Überfall auf Polen entfesselte er einen Weltkrieg, den siegreich abzuschließen außerhalb seiner Möglichkeiten lag. Ganze fünfundzwanzig Jahre nach dem Scheitern ihres ersten Versuchs, die Erde neu aufzuteilen, verfielen die deutschen Imperialisten aufs neue dem Wahn von der eigenen Übermenschlichkeit – Abenteurer aus Raubgier und durchaus unbelehrbar, weil sich sonst selbst in Frage stellend.
Der zweite Weltkrieg entstand – wie bereits der erste – aus dem Imperialismus heraus. Innerhalb seines Systems hatte sich der Zündstoff gehäuft, hier flammte er auf. Die Ursache des erneuten Weltbrandes bildeten wiederum unüberwindliche Widersprüche, erwachsen aus der ungleichmäßigen wirtschaftlichen und politischen Entwicklung der imperialistischen Staaten. Hauptverantwortlich für den Krieg waren das deutsche Finanzkapital und der deutsche Militarismus. Sie führten ihn unter der faschistischen Flagge «nicht um blasse Ideale», sondern um Land, Rohstoffe und Arbeitskräfte, um Absatzmärkte und Kapitalanlagesphären, um die politische und wirtschaftliche Vorherrschaft des deutschen Imperialismus in der ganzen Welt. Sein globales Eroberungsprogramm schloß unabdingbar die Beseitigung der Sowjetunion ein, zugleich die Vernichtung aller sozialistischen, demokratischen und nationalen Bewegungen auf der Erde. Demgegenüber war die Haltung der Westmächte durch das Bestreben bestimmt, ihre im ersten Weltkrieg gefestigte Vorrangstellung zu behaupten, sich die faschistische Konkurrenz unterzuordnen und deren gewaltsame Expansion möglichst rasch umzulenken

auf den gemeinsamen Erzfeind, den sowjetischen Arbeiter-und-Bauern-Staat.
Ausgebrochen als imperialistische Kraftprobe der imperialistischen Kontrahenten, unterschied sich der zweite Weltkrieg dennoch grundsätzlich vom ersten. Bereits im Überfall auf Polen und seinen bitteren Folgen für dieses Land wurde erkennbar, daß an die Kriegführung und die Kriegsziele des deutschen Imperialismus herkömmliche Maßstäbe nicht angelegt werden konnten, ging es ihm doch darum, ganze Nationen zu versklaven oder auszulöschen. So manifestierte sich im Widerstand der substantiell bedrohten Völker vom ersten Tag des Krieges an eindeutig das Element gerechten Kampfes. Wesentlich anders war die Lage auch durch die bloße Existenz der Sowjetunion, die den Widersprüchen zwischen den imperialistischen Staaten den ihnen gemeinsamen Gegensatz zum sozialistischen Staat hinzufügte.
Einer weltweiten militärischen Auseinandersetzung vermochte das deutsche Kriegspotential in keiner Weise zu genügen. War es im Vergleich zu dem Polens erdrückend, so mußte es bei energischer Reaktion Frankreichs und Großbritanniens schon erheblich strapaziert werden, ganz zu schweigen von einer gleichzeitigen Inanspruchnahme durch zwei Fronten. Die beiden Westmächte verfügten bei Ausbruch der Feindseligkeiten zusammen über etwa die gleiche Industrie- und Rüstungskapazität wie Deutschland; die noch neutralen Vereinigten Staaten über die dreifache. Vorräte an wichtigen Rohstoffen besaß die deutsche Wirtschaft nur für ein halbes Jahr. Annähernd gleich groß war auch die rein militärische Stärke der imperialistischen Gegner; sie wurde allerdings vorerst relativiert durch einen deutschen Rüstungsvorsprung von ein bis anderthalb Jahren. Ihn aufrechtzuerhalten und zu nutzen war einer der Gründe, aus denen die Naziführung den Krieg begonnen hatte: Die Zeit arbeitete gegen sie – das aber auch im Kriege.
Den Ausgleich für die Schwächen ihres Potentials erblickten die deutschen Militärs im Blitzkrieg und im «totalen» Krieg. Einen Kampf an mehreren Fronten vermeidend, wollten sie die Gegner nacheinander durch plötzlichen Überfall bei höchster Konzentration der Kräfte und Mittel niederwerfen. Der «totale» Krieg, der eigentlich vom ersten Tag an «letzten Einsatz» im Inneren erfordert hätte, galt mit Rücksicht auf die ohnehin sehr gedrückte Stimmung des Volkes vorerst nur dem Gegner; er schloß von vornherein den Bruch des Völkerrechts, brutalste Kriegführung und rigorose Plünderung ein. Die Mängel solcher Militärdoktrin, die des totalen Blitzsieges bedurfte, lagen auf der Hand. Nicht der geringste war die Unterschätzung des zu erwartenden Volkswiderstandes.
Das Verhalten der Westmächte rechtfertigte die faschistische Konzeption zunächst voll und ganz: Großbritannien und Frankreich erwiesen dem sich verzweifelt wehrenden polnischen Verbündeten kaum Hilfe; an der gesamten Westfront herrschte praktisch Waffenruhe. Die Beschwichtigungspolitik fortsetzend, strebten die westlichen Regierungen offensichtlich eine neue Übereinkunft mit den Nazis an. Zu wessen Nachteil, machten ihre mit Ausbruch des finnisch-sowjetischen Winterkriegs wunderbar belebten Generalstäbe mehr als deutlich. Diese Rechnung ging jedoch nirgends auf. Alle deutschen «Friedensangebote» verlangten die Unterordnung des französischen wie des britischen Imperialismus. Bekräftigt wurde dies bald darauf durch gewaltsame Okkupation der neutralen Staaten Dänemark und Norwegen.
Bankrott erklärten sich die Beschwichtiger erst mit der Offensive der Wehrmacht in Westeuropa. Die Niederlande, Belgien und Luxemburg, sämtlich neutral, wurden in wenigen Tagen überrollt, wobei die einrückenden anglo-französischen Streitkräfte eine vernichtende Niederlage erlitten. Zu ihrer verfehlten Strategie kam während der «Schlacht um Frankreich» die Vollendung des nationalen Verrats durch zur Macht gelangte Kapitulanten. Sie brachen den Kampf ab; Großbritannien stand allein. Zur erheblichen Enttäuschung der Nazis setzte es jedoch unter einer neuen Führung den Krieg fort. Es zur See abzuschneiden mißlang der deutschen Wehrmacht ebenso, wie es aus der Luft verhandlungsbereit zu bomben.
Unter äußerstem Einsatz wurde vom ersten Tage an auf dem «Kriegsschauplatz Innerdeutschland» gekämpft. Der Unterdrückungsapparat des Regimes war ausgebaut und straff zusammengefaßt worden; Verhaftungswellen sollten den Widerstand gegen den Krieg von vornherein möglichst gering halten. Dennoch gelang der Kommunistischen Partei der Aufbau illegaler Bezirksorganisationen; in Berlin bildeten ZK-Beauftragte eine operative Leitung. Die Parteiorganisationen wurden zu Zentren weit

umfassenderer Widerstandsorganisationen, in die sich aufrechte Menschen aus allen Kreisen der Bevölkerung einreihten. Ihr selbstloses Wirken litt freilich stark unter der rasch um sich greifenden Demoralisierung des deutschen Volkes, das nach den leichten Siegen der Wehrmacht bei relativ stabiler Versorgung zunehmend der faschistischen Propaganda verfiel. Ein übriges tat demonstrativ ausgeübter Terror.

Was der Welt im Falle des deutschen Endsieges bevorstand, war am Schicksal aller okkupierten Länder klar abzulesen. Eine «artgemäß» abgestufte Besatzungspolitik, die von sich friedlich gebender Nötigung im selbstverwalteten Dänemark bis zum Dahinvegetieren unter den Galgen des polnischen Generalgouvernements reichte, hatte letzten Endes überall das gleiche Ziel: neben einer optimalen Ausschöpfung des ökonomischen und menschlichen Potentials im Interesse deutscher Kriegswirtschaft die Vorbereitung der «Neuordnung Europas». Als Initiatoren einer solchen endgültigen Unterwerfung des Kontinents traten die deutschen Konzerne auf; sie machten sich nicht nur eilends über die Beute her, sondern legten auch «Wunschprogramme» zur «Friedensplanung» vor. Emsige Militärs und Diplomaten assistierten ihnen mit strategischen und machtpolitischen Forderungen. Nicht sofort annektierte Gebiete sollten in der Zukunft direkt abhängig gemacht oder mittels einer europäischen «Großraumwirtschaft» ausgepowert werden.

Besondere Doppelbödigkeit zeichnete die Politik der «Neuordnung» in Südosteuropa aus. Hier war der anglo-französische Einfluß auszuschalten, aber auch die italienische Konkurrenz zurückzudrängen, ein Maximum an Hilfsquellen zu erschließen und dabei der Anschein uneigennütziger Partnerschaft zu erwecken. Außer der ohnehin völlig abhängigen Slowakei wurden Rumänien, Ungarn und Bulgarien, ökonomisch bereits weitestgehend untergeordnet, dazu über den Dreimächte-Pakt der faschistischen Großstaaten jetzt auch politisch gleichgeschaltet. Wirtschaftlich kaum weniger ausgesaugt als die mit Waffengewalt unterworfenen Länder, hatten Deutschlands neue «Verbündete» zusätzlich ihr Territorium als Aufmarschraum zur Verfügung zu stellen, ihre Armeen als Hilfstruppen. Jugoslawien, dessen Volk sich offen dagegen auflehnte, wurde in einem Zug mit Griechenland überwältigt, wo dem italienischen Faschismus ein Alleingang mißraten war. Nach der – vertragslosen – Annäherung auch Finnlands sah der deutsche Faschismus damit alle Voraussetzungen geschaffen, sein insgeheim seit Jahr und Tag verfolgtes Hauptziel anzugehen: die Vernichtung der Sowjetunion, von der er sich zugleich die endgültige Niederlage Großbritanniens versprach.

Polens gewaltsame Unterwerfung wird von den deutschen Führungsgremien langfristig ins Werk gesetzt. In Staat und Nazipartei, Wehrmacht und Wirtschaft laufen geheime Vorbereitungen für den Überfall spätestens fünf Monate zuvor voll an. Als Begründung für ihn muß Danzig herhalten und – nach sattsam bekanntem Vorbild – die angebliche Bedrückung vieler «Volksdeutscher». Die psychologische Einstimmung auf den Krieg obliegt dem Stufe für Stufe hochschaltenden Propagandaapparat, die Motivation dem im Nachbarland wühlenden Geheimdienst der SS. Um Skepsis und Widerstand sorgt sich frühzeitig der Terrorapparat des Regimes. Ein weiteres Mal ist «alles einkalkuliert» – einschließlich einer möglichen Ausweitung des Raubzuges zum Weltkrieg. Nur machen diesmal die Völker die Rechnung.

Die Entfesselung des Weltbrandes

1938
24. Nov. Weisung Hitlers zu «handstreichartiger Besetzung von Danzig»
1939
3. April OKW-Weisung zum Krieg gegen Polen (Fall «Weiß»); Termin: ab 1. September jederzeit – In der Folge Provokationen der «Volksdeutschen Mittelstelle» in Polen; antipolnische Kampagne in Presse, Rundfunk und Wochenschau; Auftrumpfen des Danziger NS-Senats gegenüber Polen **11. April** Überarbeitete Weisung zur einheitlichen Kriegsvorbereitung der Wehrmacht für 1939/40; sieht auch Besetzung des Baltikums vor; rechnet mit Krieg gegen die Westmächte **10. Mai** Richtlinien «für den Wirtschaftskrieg gegen Polen» **23. Mai** Beratung Hitlers mit den Oberbefehlshabern in der Reichskanzlei: «Danzig ist nicht das Objekt», sondern «Lebensraum im Osten» **27. Mai** Kürzung des Handelsverkehrs mit Polen für das dritte Quartal **10. Juni** Der Reichsverteidigungsrat erläßt Richtlinien «für die Verteilung und den Einsatz der Bevölkerung im Kriege» **17. Juni** Goebbels in Danzig; leitet dort Kundgebungswelle ein **22. Juni** Zeitplan des OKW für den Überfall fertiggestellt **23. Juni** Richtlinien «für die Kriegsbereitschaft der Verkehrsmittel» **26. Juni** Generalstabschef Halder nach Estland und Finnland **8. Aug.** Danzigs NS-Gauleiter Forster auf dem Berghof **10. Aug.** Befehl des SD-Chefs Heydrich zur Vorbereitung von Provokationen im Grenzgebiet – Antipolnische Kundgebung mit Forster in Danzig **14. Aug.** Hitler berät mit den Oberbefehlshabern: Zweifronten-Krieg vermeidbar **18. Aug.** In Danzig Aufmarsch der neuformierten SS-Heimwehr **20. Aug.** Forster spricht in Danzig **22. Aug.** Auf dem Berghof legt Hitler mit den Oberbefehlshabern sowie Führern der Heeresgruppen und Armeen den Kriegsbeginn auf den 26. August fest; Ziel: «Vernichtung Polens» **23. Aug.** Weisungen der militärischen Abwehr (Canaris bzw. Lahousen): Zusammenarbeit der Wehrmacht mit der deutschen Fünften Kolonne in Polen – Forster in Danzig zum Staatsoberhaupt erklärt **25. Aug.** Befehl Hitlers zum Überfall auf Polen am nächsten Tag – In Danzig läuft das Linienschiff «Schleswig-Holstein» ein – Vorstoß erster Sondereinheiten auf polnisches Gebiet, u. a. am Jablonka-Paß und in Ostpreußen – Mitteilung Mussolinis an Hitler: Italien nicht kriegsbereit – Abends Rücknahme des Angriffs-Befehls **26. Aug.** Angriffs-Termin neu auf 1. September festgesetzt **31. Aug.** Vom SD vorgetäuschter Überfall auf den Reichssender Gleiwitz und andere Provokationen durch Sondereinheiten an der deutsch-polnischen Grenze – Mittags Weisung Nr. 1 für die Kriegführung: Operationsplan; Angriffszeit: 4.45 Uhr

Diplomatische Vorgeschichte: Seite 254 und 270

Den Kriegsgrund gegen Polen liefert ein angeblicher Überfall polnischer «Insurgenten» auf den Reichssender Gleiwitz. Ein mit dieser Provokation beauftragtes Sonderkommando des SD hinterläßt dort einen Toten: einen bekannten Vertreter der polnischen Minderheit

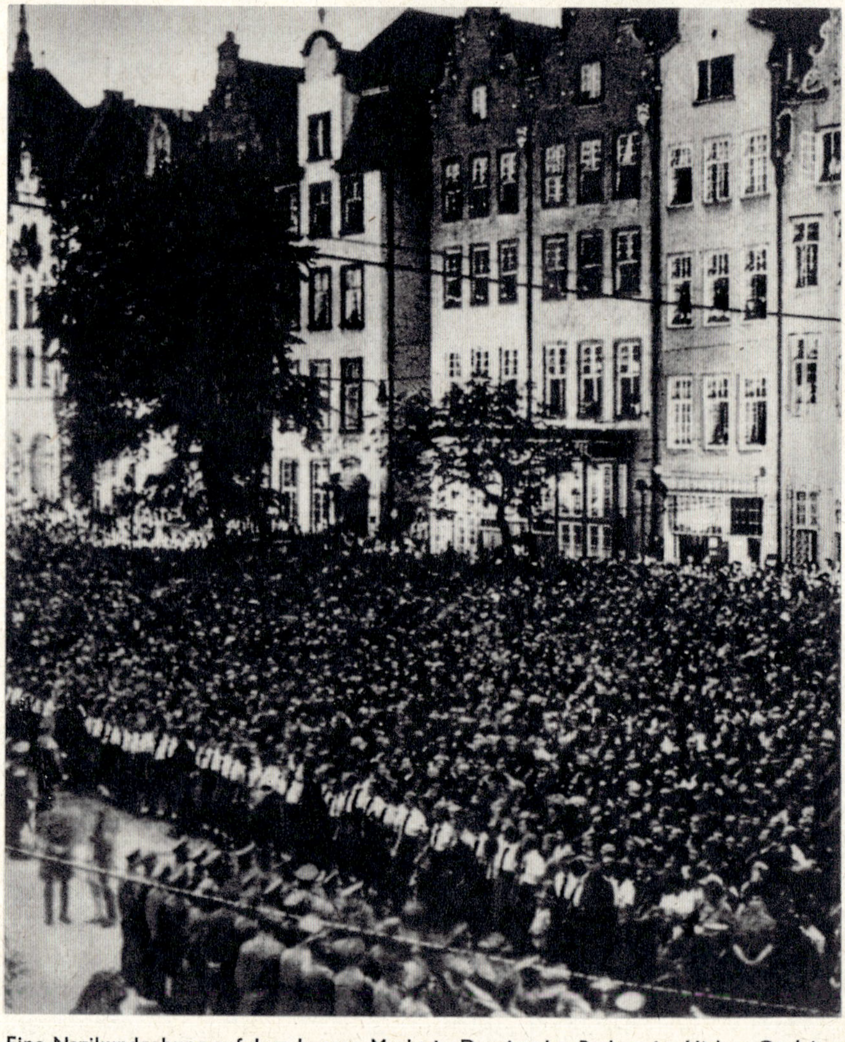

Eine Nazikundgebung auf dem Langen Markt in Danzig; der Redner ist Hitlers Gauleiter Forster. Von den ursprünglich erhobenen Forderungen nach besseren Verbindungen ins Reich ist im August kaum noch die Rede; Forster kündigt Danzigs «baldige Befreiung» an

Einsatzübung der Luftwaffe im Hochsommer 1939. Die militärische Vorbereitung zum Überfall auf Polen (Fall «Weiß») läuft bereits seit April; ihr Endtermin ist der 1. September. Vorgesehen ist ein Feldheer mit mehr als zweidreiviertel Millionen Mann sowie ein fast eine Million Mann zählendes Ersatzheer. Dreitausendzweihundert Panzer sowie viertausenddreihundert Flugzeuge sind einsatzbereit

Beim Überfall auf Polen demonstrieren die deutschen Militärs erstmals das Wesen des Blitzkrieges. Nach systematischer Sabotagetätigkeit und heimtückischer Provokation zerschlagen massiert angesetzte Panzer- und Luftwaffenverbände völlig überraschend die ungewarnten Streitkräfte des angegriffenen Landes, wobei die Zivilbevölkerung einem erbarmungslosen Terror unterworfen wird. Der Beistand beider Westmächte für Polen erschöpft sich in späten und rein formalen Kriegserklärungen an Hitlers Deutschland; militärische Hilfe leistet ihm faktisch keiner der Verbündeten. Derart im Stich gelassen, fällt Polen dem zahlenmäßig und vor allem technisch weit überlegenen Aggressor sehr schnell anheim. Der polnische Staat wird zerstückelt, ein Territorium mit fast acht Millionen Polen annektiert.

Vom Danziger Hafen aus feuert die schon am 25. August zu einem «Besuch» eingelaufene «Schleswig-Holstein» im Morgengrauen des 1. September ihre Salven gegen die polnischen Truppen auf der Westerplatte. In der Stadt stürmt indes SS-Heimwehr polnische Ämter

Der Blitzkrieg

1939

1. Sept. Die Wehrmacht überfällt Polen – Rede Hitlers im Reichstag; Danzig wird eingegliedert – Frankreich und Großbritannien fordern deutschen Rückzug aus Polen – Italien «nichtkriegführend» – Aufruf des SPD-Vorstands an das deutsche Volk **1./7. Sept.** Erste Feldzugs-Etappe: In den Grenzschlachten die Verteidigung durchbrochen **2. Sept.** KPD-Führung berät neue Lage – Vermittlungs-Vorschlag Mussolinis: Waffenstillstand und neue Viermächte-Konferenz über Polen; Frankreich ist dafür, Deutschland und Großbritannien lehnen ab **3. Sept.** Nach neuen Ultimaten Kriegserklärung Großbritanniens und Frankreichs; die Dominien folgen – Aufruf des ZK der KPD: Einigung der deutschen Arbeiterbewegung und der Opposition zum Sturz Hitlers – In zahlreichen Städten und Betrieben äußern deutsche Werktätige durch Mauerinschriften, Sabotageakte u. a. Aktionen ihren Protest gegen den Krieg; Widerstandsgruppen der KPD, darunter die Kapelles in Berlin, verbreiten selbstangefertigte Flugblätter **4. Sept.** Grudziądz besetzt, ebenso Częstochowa; hier die erste große Massenexekution an Zivilisten **5. Sept.** Kielce und Bydgoszcz erobert; Polens Oberbefehlshaber Rydź-Śmigły befiehlt Rückzug hinter die Weichsel; die Regierung verläßt Warschau – Die USA erklären ihre Neutralität **6. Sept.** Kraków eingenommen – Symbolischer Vorstoß französischer Truppen im Vorfeld des Westwalls bei Saarbrücken **7. Sept.** Toruń erobert **8./16. Sept.** Zweite Etappe des Feldzugs: Konzentrischer Vorstoß auf Warschau **8. Sept.** Deutscher Handstreich auf Warschau abgewehrt – Besatzung der Westerplatte muß Kampf einstellen **8./11. Sept.** Südlich Warschau polnische Kräftegruppe eingeschlossen; Reste kapitulieren bei Radom **9./12. Sept.** Ausbruchsversuche der im Westen Polens abgeschnittenen Verbände leiten die Schlacht an der Bzura ein **12./17. Sept.** Das gesamte polnische Feldheer wird westlich des Bug eingeschlossen **17. Sept.** Polens Heeresleitung und Regierung fliehen nach Rumänien – Östlich des Bug Einmarsch der Sowjetarmee – Beginn der letzten Feldzugsphase **17./20. Sept.** Einschließung und Kapitulation polnischer Kräfte nahe Lublin **18./21. Sept.** Starke polnische Verbände bei Kutno zur Aufgabe gezwungen **19. Sept.** Warschau völlig eingeschlossen **24. Sept.** Beginn der Luftangriffe auf die polnische Hauptstadt **25. Sept.** Sturm auf Warschau **28. Sept.** Kapitulation der Verteidiger – Deutsch-sowjetischer Vertrag über Demarkations-Linie am Bug **29. Sept.** Modlin kapituliert **2. Okt.** Auf der Halbinsel Hel wird das Feuer eingestellt **6. Okt.** Nahe Kock legen die letzten polnischen Truppen die Waffen nieder

Der Kriegsbeginn im Reich: Seite 311

Die Front der entlang der Landesgrenzen verteilten polnischen Streitkräfte wird von den übermächtigen Stoßgruppierungen überall innerhalb weniger Tage durchbrochen. Noch westlich der Weichsel geht damit die Masse der polnischen Verbände kämpfend zugrunde

Unter den massierten Schlägen von mehr als zweitausend deutschen Flugzeugen, darunter zwölfhundert Bombern, bleibt Polens kleiner Luftwaffe keine Chance. Sie kann den Aufmarsch nicht abschirmen

Als Hauptinstrument seines Blitzkrieges setzt Hitlers Generalstab neben der Luftwaffe die Panzertruppe ein. Zweitausendachthundert deutsche Kampfwagen dringen umgehend in die Tiefe des Landes vor

Den Streitkräften Polens, die auf Deckung der Industriegebiete im Westen orientiert sind, ist eine französische Entlastungsoffensive gegen das Ruhrgebiet zugesagt; nur sie erlaubt solche Konzeption

Polens Armee leistet nach besten Kräften Widerstand, vermag die zahlenmäßig doppelt so starken Angreifer jedoch nicht aufzuhalten. Zudem macht sie die technisch-materielle Unterlegenheit fast hilflos

Motorisierte Infanteriedivisionen folgen hier den durchbrechenden Panzern dichtauf. Die Lage der polnischen Streitkräfte wird nahezu verzweifelt; ihre westlichen Verbündeten jedoch rühren sich nicht

Untrennbarer Bestandteil der die Zivilbevölkerung einbeziehenden Blitzkriegs-Strategie ist der vorbeugende Terror. Im Gefolge der deutschen Truppen kommen Einsatzkommandos der SS, Gestapo und Polizei. In Bydgoszcz (Bromberg) machen sie einige tausend Polen nieder – aus Rache für hundertsiebzig Diversanten, die hier durch von ihnen beschossene polnische Einheiten getötet wurden

Um Warschau entbrennen dreiwöchige harte Kämpfe mit der von Arbeiterbataillonen unterstützten Garnison. Der antifaschistische Widerstand bedrohter Völker erlebt hier seinen ersten Höhepunkt

Übergabeverhandlungen mit den tapferen Verteidigern Warschaus in Rakow. Ihr Generalstab hat sich nach Brest, die Regierung nach Rumänien geflüchtet. Warschau überdauert sie um elf bittere Tage

Ein «brutales Vorgehen» ist den deutschen Truppen über die Oberbefehlshaber schon seit dem 22. August ausdrücklich befohlen

Aus Ostpolen müssen die deutschen Verbände wieder hinter Bug und San zurück, als die Sowjetarmee nach Flucht der polnischen Regierung die ihrem Land 1920 entrissenen, von Ukrainern und Belorussen bewohnten Gebiete besetzt, freudig erwartet von Landsleuten

Die Marinesoldaten der Halbinsel Hel geben sich erst am 2. Oktober gefangen; bei Kock hält sich die Restarmee bis zum 6. Oktober

Der hier noch auf sein Schlachtfeld geeilte Hitler (links) wird bald Opfer der eigenen Propaganda vom «unfehlbaren Feldherrn»

Artilleriebeschuß und Bombenhagel sind erst der Auftakt zu den Leiden, denen sich die Bevölkerung Warschaus wie ganz Polens später ausgesetzt sieht. Westen und Norden des Landes werden Deutschland einverleibt, der Rest zum «Generalgouvernement» erklärt

Nach der Unterwerfung Polens bereiten die Nazis umgehend den Angriff auf Westeuropa vor. Die Regierungen Großbritanniens und Frankreichs suchen eben zu dieser Zeit noch immer nach einem Vergleich auf Kosten Dritter. Ausdruck dessen ist der «seltsame Krieg» an der deutschen Westgrenze, wo sich die alliierten Armeen auf Patrouillengefechte beschränken. Dagegen entwickeln die Westmächte große Aktivität bei dem Versuch, durch militärische Unterstützung Finnlands in dem Ende 1939 entbrennenden «Winterkrieg» möglicherweise doch noch eine antisowjetische Einheitsfront mit dem NS-Reich herzustellen. Die imperialistischen Gegensätze erweisen sich jedoch als unüberbrückbar. Hitler-Deutschlands Überfall auf Norwegen und Dänemark verdeutlicht den Anspruch auf Vormachtstellung.

Selbstmörderisches Zwischenspiel

1939

3. Okt. Beginn der Verlegung deutscher Truppen aus Polen nach dem Westen **6. Okt.** Im Reichstag «letztes Friedensangebot» Hitlers an Frankreich und Großbritannien **9. Okt.** OKW-Weisung zum Feldzug gegen Frankreich, Belgien, Luxemburg und die Niederlande **10. Okt.** Raeder weist Hitler auf die Bedeutung Norwegens hin **19. Okt.** Erster Aufmarschplan des OKH für eine Offensive im Westen **21. Okt.** Brief des ZK der KPD «an die Leitungen und Funktionäre ... im Lande über die Aufgaben der Partei» **5. Nov.** Termin für Angriff im Westen auf 12. Nov. festgesetzt; am **7. Nov.** erste Verschiebung des Termins; achtundzwanzig weitere folgen **8. Nov.** Bombenattentat auf Hitler in München durch den Arbeiter Elser; am **22. Nov.** werden als «Drahtzieher» zwei vom SD in Venlo (Niederlande) entführte britische Geheimdienst-Offiziere vorgestellt **23. Nov.** Hitler bekräftigt den Oberbefehlshabern seinen Entschluß, vor einem Überfall auf die Sowjetunion im Westen offensiv zu werden **30. Nov.** Beginn des dreieinhalb Monate dauernden finnisch-sowjetischen «Winterkrieges» **14. Dez.** Hitler empfängt norwegischen Faschisten-Führer Quisling; befiehlt danach «Studie Nord» **Ende Dez.** Beratung des ZK der KPD in Moskau mit Parteifunktionären; Beschluß, in Deutschland eine operative Leitung sowie Bezirksleitungen zu schaffen; mit Hilfe der Komintern ausgearbeitete Plattform orientiert Partei auf Kampf zum Sturz Hitlers und zur raschen Beendigung des Krieges

1940

Jahresanfang Auslandsleitung des ZK der KPD in Stockholm (Mewis) gebildet **Ende Jan.** Aufruf des SPD-Parteivorstandes: «Macht Euch nicht mitschuldig» **11. Febr.** Wirtschaftsabkommen mit Sowjetunion (in Moskau) **1. März** OKW-Weisung zum Überfall auf Norwegen und Dänemark **2. März** Welles bei Hitler **18. März** Hitler und Mussolini treffen sich am Brenner-Paß **20. März** Rücktritt der Regierung Daladier; neue Regierung Reynaud **9. April** Überfall auf Norwegen und Dänemark; im Oslo-Fjord Versenkung der «Blücher»; Verlust der «Karlsruhe» vor Kristiansand **10. April** In Bergen sinkt die «Königsberg», zwei Zerstörer bei Narvik verloren **13. April** Vor Narvik gehen die anderen acht Zerstörer verloren **14./18. April** Alliierte Landungen bei Harstad, Namsos und Åndalsnes **21. April** Bei Lillehammer Niederlage der britischen Truppen **1./2. Mai** Åndalsnes und Namsos geräumt **13./28. Mai** Verlustreiche Kämpfe um Stadt und Hafen Narvik **3. Juni** Die alliierten Verbände werden aus Narvik abgezogen **4./9. Juni** Deutscher Flottenvorstoß auf Harstad; britischer Flugzeugträger versenkt **10. Juni** Kapitulation der norwegischen Truppen im Norden des Landes

Hinter den mächtigen Befestigungen der Maginot-Linie sowie im übrigen Frankreich liegen acht Monate lang einhundertundvier Divisionen in Ruhe. Großbritannien schickt ganze vier Divisionen über den Kanal. Die Wehrmacht indessen steht seit Ende Oktober sprungbereit

Nach Kriegsbeginn druckt die Organisation der KPD unter Nelte (oben) und Gall eine illegal vertriebene «Berliner Volkszeitung»

Bäcker Hanno Günther führt mit neunzehn Jahren eine Berliner Jugendgruppe, die auf Flugschriften Hitlers Raubkrieg anprangert

Nach einem Gespräch am Brenner-Paß im März verabschiedet Mussolini Hitler. Er hat ihm zugesagt, nun in den Krieg einzutreten

Im unfertigen Westwall nimmt sich der «seltsame Krieg» nicht so gemütlich aus, obgleich der Gegner die Lücken großzügig übersieht. Zudem werden die deutschen Truppen durch Gefechtsübungen auf den insgesamt neunundzwanzigmal verschobenen Angriff hart gedrillt

Profitinteressen der neutralen USA lassen Unterstaatssekretär Welles in Rom, Berlin (oben), Paris und London aktiv sondieren

Die neue Auslandsleitung des ZK der KPD unter Karl Mewis schickt Beauftragte zur Bildung einer operativen Leitung ins Reich

Zwanzig Minuten nach einer ungewöhnlich kurzen Rede Hitlers explodiert im Münchener Bürgerbräu die selbstgebaute Zeitbombe eines Einzelgängers – des katholischen Arbeiters Georg Elser. Die NS-Propaganda lastet das Attentat eilig dem britischen Geheimdienst an

Über Dänemark erscheinen am 9. April 1940 deutsche Luftlandeeinheiten. Jütland wird von Infanterie- und Panzerverbänden besetzt, in den Häfen des Nachbarlands legen Einheiten der Kriegsmarine an. Dänemarks zwei Divisionen verzichten befehlsgemäß auf Widerstand

Die Wehrmacht fordert in Kopenhagen von der Bevölkerung über Lautsprecher, Ruhe und Ordnung zu wahren – bei Todesstrafe

In Norwegen werden gegen zum Teil sehr heftigen Widerstand einhundertvierzigtausend Mann an Land gebracht, hier in Oslo. «Unternehmen Weserübung» ist angesichts der den Invasoren weit überlegenen britischen Flotte ein mit Totalverlust rechnendes Abenteuer

Luftlandeeinheiten auf dem Flugplatz von Oslo. Insgesamt sind fast neunhundert Flugzeuge im Einsatz; sie sollen die Unterlegenheit zur See ausgleichen. Initiator des Überfalls war bereits im Oktober 1939 Marine-Oberbefehlshaber Raeder selbst; ab Dezember wurde seine Operation mit Hilfe des norwegischen Faschistenführers Quisling vorbereitet. Dessen Agenten sabotieren nunmehr die Verteidigung

Gebirgsjäger haben das Fernsprechamt von Trondheim besetzt. Diese Stadt wird Ziel einer Gegenoperation der britischen Kräfte

Durch die deutsche Landung in Narvik soll die aus Schweden kommende, hier endende Erzbahn unter Kontrolle gebracht werden

Nordwärts vorstoßende deutsche Einheiten sind in das Sperrfeuer der sich hier erbittert verteidigenden Norweger geraten. In Mittelnorwegen landen erst eine Woche nach dem Überfall anglo-französische Verbände. Sie werden bis Ende April wieder zurückgeworfen

Nach dem Abzug der Briten und Franzosen aus Mittelnorwegen müssen am 10. Juni die norwegischen Truppen einsam kapitulieren

Vor Narvik werden zehn deutsche Zerstörer versenkt; außerdem gehen in Norwegen drei Kreuzer sowie mehr als fünfzig weitere Einheiten verloren. Die deutschen Truppen in Narvik rettet allein der Abzug der hier gelandeten alliierten Verbände nach Frankreich

Frankreich wird schon im Frühjahr 1940 das Opfer seiner eigenen Politik. Hitlers Wehrmacht überrennt die neutralen Nachbarn Belgien, Niederlande und Luxemburg und eröffnet den Feldzug im Westen. Der Kern der französischen Armee und das britische Expeditionskorps, die sofort nach Belgien vorrücken, werden dort abgeschnitten und ans Meer gedrückt; die Masse der britischen Streitkräfte kann sich jedoch retten. In der folgenden «Schlacht um Frankreich» liefern dessen volksfeindliche, kompromißbereite Politiker das schwer angeschlagene Land an die Nazis aus. Ein Waffenstillstands-Diktat besiegelt die Unterwerfung. Deutschland ist damit stärkste imperialistische Kontinentalmacht; die faschistische Propaganda macht den Sieg zum Triumph: Nun scheint auch Großbritanniens Niederlage nahe.

Triumph ohne Perspektive

1940

10. Mai Offensive der Wehrmacht in Westeuropa; Überfall auf die neutralen Staaten Niederlande, Belgien und Luxemburg – Deutsche Bombenwürfe auf Freiburg/Breisgau; als «alliierter Luftterror» Vorwand für einen brutalen deutschen Luftkrieg – Rücktritt Chamberlains; Kriegskabinett Churchill gebildet **12. Mai** ZK der KPD: solidarisch mit der Arbeiterklasse der überfallenen Länder **13. Mai** Deutsche Panzer überqueren bei Dinant und bei Sedan die Maas – Einnahme von Lüttich **14. Mai** Aufmarsch der nach Westbelgien eingerückten britisch-französischen Verbände an der Dyle-Linie beendet – Deutscher Luftangriff auf Rotterdam **15. Mai** Kapitulation sämtlicher niederländischer Streitkräfte **16. Mai** Dyle-Linie von den deutschen Verbänden durchbrochen **17. Mai** Brüssel besetzt **20. Mai** Deutsche Panzer an der Somme-Mündung; damit sind die nördlich des Flusses stehenden französischen, belgischen und britischen Truppen abgeschnitten **22. Mai** Vergebliche Gegenangriffe der Alliierten bei Arras **24. Mai** Halt-Befehl des OKW an die zur Vernichtung der abgeschnittenen Verbände angetretenen Truppen; am **26. Mai** wird Angriff fortgesetzt **27. Mai/4. Juni** Evakuierung der meisten eingeschlossenen Verbände aus dem Raum Dünkirchen nach Großbritannien **28. Mai** In Flandern kapitulieren die Streitkräfte Belgiens **3. Juni** Schwere Luftangriffe auf Flugplätze und Betriebe bei Paris **5. Juni** Beginn der «Schlacht um Frankreich»; deutsche Armeen durchbrechen «Weygand-Linie» an Somme und unterer Aisne **6. Juni** ZK der FKP fordert Volksbewaffnung und Verteidigung von Paris **9. Juni** Deutsche Offensive auch an oberer Aisne und Maas **10. Juni** Italien tritt in Krieg ein **11. Juni** Französische Regierung verläßt Paris (nach Tours) **14. Juni** Kampfloser Einmarsch deutscher Truppen in Paris – Südlich Saarbrücken Frontalangriff auf Maginot-Linie – Regierung in Bordeaux **15. Juni** Eroberung von Verdun **16. Juni** Deutscher Rhein-Übergang nahe Colmar – Rücktritt des Kabinetts Reynaud; Pétain Regierungschef **17. Juni** Deutsche Panzer an der Schweizer Grenze; damit Gros des französischen Heeres an der Maginot-Linie und in Lothringen eingeschlossen – Pétain erbittet Waffenstillstand **18. Juni** Über Radio London ruft de Gaulle zur Sammlung in der Bewegung Freies Frankreich auf **19. Juni** Nantes und Brest besetzt; französische Flotte läuft nach Oran und Casablanca aus **20. Juni** Frankreich ersucht Italien um Waffenstillstand; am **21. Juni** italienische Offensive in den Alpen; nach nur drei Tagen festgelaufen **22. Juni** In Compiègne deutsch-französischer Waffenstillstand – Im Raum Nancy/Belfort kapituliert Rest einer französischen Kräftegruppe **24. Juni** Waffenstillstand mit Italien

Rotterdam wird von der Luftwaffe zerstört, während dort noch Kapitulationsverhandlungen laufen. Die Verluste der holländischen Zivilbevölkerung sind in diesem Krieg ebenso hoch wie die der Armee. Völlig isoliert, stellt diese am fünften Tag des Überfalls das Feuer ein

Deutsche Stoßtrupps überwinden den Albert-Kanal, das Haupthindernis der belgischen Verteidigung. Luftlandetruppen nehmen Objekte im Hinterland, so das Sperrfort Eben Emael. In Flandern hoffnungslos zusammengedrängt, kapituliert Belgiens Armee Ende Mai

Entgegen der Annahme der Alliierten verläuft der deutsche Hauptstoß durch Luxemburg und die Ardennen – ins Hinterland der nach Belgien vorgerückten anglo-französischen Armeen. Eine starke deutsche Panzergruppe dringt unangefochten bis zur Kanalküste durch

In Dünkirchen werden die Kernarmeen der Alliierten eng eingeschlossen; die britische kann (ohne Ausrüstung) evakuiert werden

Zertrümmerte Panzer auf den Fluchtstraßen der Alliierten. Ursache für ihre Niederlage ist neben dem volksfeindlichen Kapitulantentum eine völlig veraltete Strategie. So sind die nach Zahl überlegenen französischen Panzerkräfte zersplittert, während die deutschen in kompakten Verbänden (zehn Panzerdivisionen, davon acht in einer Gruppe) vorgehen. Hinzu kommt rascher Verlust der Luftherrschaft

Mit Beginn der «Schlacht um Frankreich» in der ersten Junihälfte ist die französische Zivilbevölkerung den Schrecken des Krieges voll ausgeliefert; selbst Flüchtlingskolonnen werden durch die Luftwaffe angegriffen. Nach Dünkirchen fast doppelt überlegen, durchbrechen die deutschen Armeen in schweren Kämpfen die Verteidigungslinie an Somme, Aisne und Oise. Paris wird ihnen kampflos übergeben

Verduns Verteidiger ergeben sich sofort. Zu der vom französischen Generalstab angestrebten Ausblutungsstrategie kommt es nirgends mehr; auch die Maginot-Linie muß – tief umfaßt – geräumt werden

Das brennende Rouen auf dem Weg der deutschen Verbände nach Süden. Während der Juni-Offensive wird das Land stark verwüstet. In seiner Führung setzen sich nun endgültig die Kapitulanten durch

Gedemütigte Vertreter der französischen Streitkräfte werden Ende Juni gezwungen, die Kapitulation bei Compiègne in dem Salonwagen vorzunehmen, in dem 1918 die Deutschen Frieden erbitten mußten

Die Waffenstillstands-Kommission in Wiesbaden. Der französische Bevollmächtigte, General Huntziger, stellt dem Militärbefehlshaber für das okkupierte Frankreich, v. Stülpnagel, seine Mitarbeiter vor

Französisch-italienische Verhandlungen über einen Waffenstillstand finden in Ogliate bei Rom statt; Italien ist durch Marschall Badoglio (rechts stehend) und Außenminister Ciano (daneben) repräsentiert

Bei seinem Aufenthalt im unterworfenen Paris läßt sich Hitler das monumentale Grab Napoleons zeigen. Göring nennt seinen Führer nach Frankreichs Niederlage den «größten Feldherrn aller Zeiten»

Als Künder neudeutschen Waffenruhms folgen der Wehrmacht die Barden des Dritten Reiches auf dem Fuße: In Paris triumphieren Kolbenheyer, Blunck, Johst und Brehm (v. l. n. r.) über den Erbfeind

Für die nun anstehende Fahrt «gegen Engeland» komponiert Herms Niel (links) nicht nur einen Marsch, er erfindet auch neue Fanfaren dafür. Seine RAD-Kapelle macht Stimmung in «Wunschkonzerten»

Die Heimkehr der siegreichen Truppen ist ein in vielen deutschen Großstädten wohlbedacht inszeniertes Schauspiel, hier Unter den Linden in Berlin. Begeisterung über den schnellen Sieg verdrängt die anfängliche Besorgnis vor einem so großen Krieg. Die eigenen Verluste waren verhältnismäßig niedrig; siebenundzwanzigtausend Tote, achtzehntausend Vermißte, einhundertelftausend Verwundete

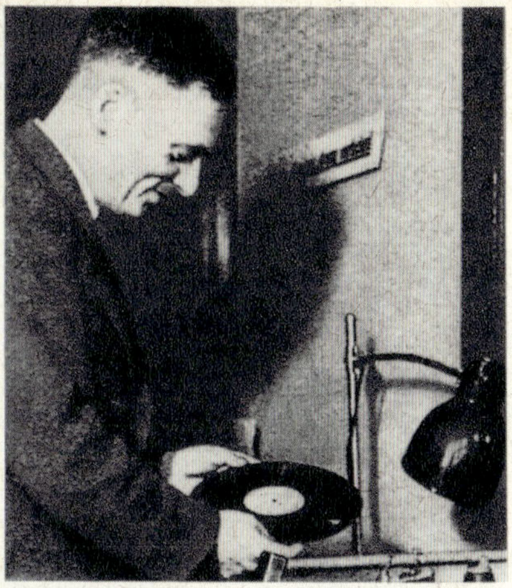

Im Großdeutschen Rundfunk beherrscht die Sondermeldung das Programm – eingeleitet durch Siegesfanfaren von einer Schallplatte

Propaganda-Kompanien lügen den Krieg zu einem Sportfest um. Ihre «PK-Berichter» versorgen Presse, Funk und Wochenschau

Einen wichtigen Platz in der ideologischen Kriegführung nimmt der Film ein, der voll auf die neue Thematik angesetzt ist (oben: Dreharbeiten zu «Kampfgeschwader Lützow», ein Hetzfilm der Tobis). Ergänzt werden die Spielfilme durch verlogene UFA-Wochenschauen

Die Jugend wird durch Groschenhefte über «Kriegsabenteuer» und mit «Frontstunden» in der Schule (oben) kriegsbereit gemacht

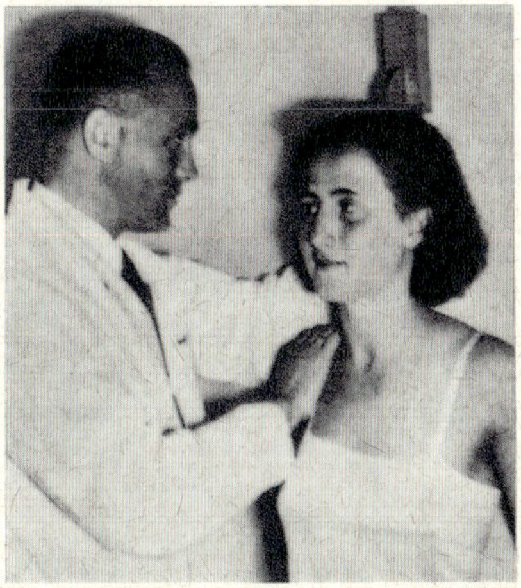

Durch die Arbeitsdienstpflicht für Mädchen (oben: Musterung) und die HJ-Dienstpflicht werden neue Bevölkerungsteile unterjocht

Das «Euthanasie»-Programm beaufsichtigen neben Reichsleiter Bouhler Hitlers Leibarzt Prof. Brandt (rechts) und Dr. Conti (links)

Der britische Imperialismus will und kann sich nicht dem brutalen Vormachtanspruch der deutschen Konkurrenz beugen. Hinter seiner neuen Regierung steht nun auch die ihre Lebensinteressen verteidigende Inselbevölkerung. Angesichts dessen bereitet das deutsche Oberkommando eine amphibische Operation vor. Sie muß unterbleiben, als die Luftwaffe sie nicht auf Anhieb durch die Eroberung der Luftherrschaft sichern kann. Selbst verheerende Terrorangriffe gegen zahlreiche britische Städte bewirken keine Verhandlungsbereitschaft. Die faschistische Führung, die ihren unmittelbar nach Frankreichs Kapitulation beschlossenen Überfall auf die Sowjetunion materiell und personell zunehmend gefährdet sieht, beschränkt den Kampf mit Großbritannien schließlich auf den «Zufuhrkrieg» durch U-Boote.

Krieg mit der Insel

1939

3. Sept. Im Nordatlantik eröffnen die deutschen U-Boote den Handelskrieg – Torpedierung des Passagierschiffes «Athenia» **17. Sept.** Ein U-Boot versenkt britischen Flugzeugträger «Courageous» **24./26. Sept.** Die Panzerschiffe «Deutschland» und «Admiral Graf Spee» nehmen im Atlantik Kreuzerkrieg auf **2. Okt.** Beginn des uneingeschränkten U-Boot-Kriegs in den Gewässern um die Britischen Inseln **14. Okt.** Versenkung des Schlachtschiffes «Royal Oak» in Scapa Flow **17. Dez.** Die in einem Gefecht stark beschädigte «Admiral Graf Spee» versenkt sich vor Montevideo selbst

1940

3. Febr. Göring ordnet für die Rüstungswirtschaft Entwicklungsstopp zugunsten höchsten Ausstoßes im Jahre 1940 an **31. März** Auslaufen des ersten deutschen Hilfskreuzers «Atlantis» **16./17. Mai** Die britische Luftwaffe eröffnet mit Angriffen auf das Ruhrgebiet ihren strategischen Luftkrieg **21. Mai** Raeder unterbreitet Hitler Gedanken zur Landung auf den Britischen Inseln **30. Juni/1. Juli** Besetzung der Kanalinseln Jersey, Guernsey und Alderney **2. Juli** OKW-Weisung für die Invasion «unter bestimmten Voraussetzungen» **9. Juli** Befehl Hitlers zur Verlagerung des Schwerpunktes der Rüstung auf Luftwaffe und Marine **10. Juli** Beginn stärkerer Luftangriffe gegen Südengland **16. Juli** OKW-Weisung zur Vorbereitung einer Landungs-Operation in England (zwischen Ramsgate und der Insel Wight) **19. Juli** «Friedensappell» Hitlers an Großbritannien im Reichstag; wird am **22. Juli** zurückgewiesen **30. Juli** Ein Wehrwirtschaftsstab «England» aufgestellt **31. Juli** Entschluß Hitlers zum Überfall auf die Sowjetunion im Frühjahr 1941 überträgt praktisch der Luftwaffe und Marine Großbritanniens Niederkämpfung; die am gleichen Tag für den 15. September in Aussicht genommene Heeres-Invasion erhält «Fangstoß»-Charakter **Juli** Eine Million Briten bereiten sich in Home Guard und Zivilverteidigung freiwillig auf Abwehr vor **13. Aug.** Beginn des verschärften Luftkriegs gegen Großbritannien **17. Aug.** «Totale Blockade» um die Britischen Inseln verhängt **27. Aug.** Entscheidung für eine Invasion auf verkürzter Front **4. Sept.** Übergang zu nächtlichen Luftangriffen gegen die Britischen Inseln angeordnet; am **7. Sept.** schwerer Nachtangriff auf London; fünfundsechzig weitere folgen **7./8. Sept.** Erste britische Luftangriffe auf deutsche Landungs-Fahrzeuge in den Kanalhäfen **15. Sept.** Höhepunkt der Luftschlachten über der britischen Hauptstadt; sechsundfünfzig deutsche Maschinen abgeschossen **17. Sept.** Die Invasion wird «bis auf weiteres» verschoben; am **12. Okt.** vorerst abgesagt **14./15. Nov.** Schwerer deutscher Luftangriff auf die Stadt Coventry

Ein belgischer Frachter ist von einem deutschen U-Boot torpediert worden; die Mannschaft geht vom brennenden Schiff in die Rettungsboote. Nach Verhängung der «Blockade» über die Britischen Inseln wird in Sperrzonen auch jedes Handelsschiff ohne Warnung versenkt

Für die Landung auf den Britischen Inseln werden von Juli 1940 an zwei Armeen und über dreitausend Fahrzeuge bereitgestellt, meistens Behelfsbauten wie diese mit Flak bestückte Siebel-Fähre. «Unternehmen Seelöwe» bedarf aber zumindest der deutschen Luftherrschaft

Vizeadmiral Dönitz leitet als Befehlshaber den «uneingeschränkten U-Boot-Krieg», der Tausenden ziviler Seeleute das Leben kostet

Als Kriegsheld Nummer eins gilt zeitweilig U-Boot-Kommandant Prien. Im Kriegshafen Scapa Flow versenkte er ein Schlachtschiff

Oberbefehlshaber der Kriegsmarine ist bis Anfang 1943 Großadmiral Raeder, hier links vorn beim Lagevortrag eines Befehlshabers

Beim Einlaufen in den Heimathafen begegnet ein deutsches U-Boot einem Großkampfschiff der Kriegsmarine. Während «Kreuzerkrieg» der schweren Einheiten und Hilfskreuzer lediglich zu Kriegsbeginn Erfolge zeitigt, wachsen die Versenkungsziffern der U-Boote bald stark an. Dennoch vermögen sie nicht, Großbritanniens Versorgung mit Lebensmitteln und Rohstoffen aus Übersee völlig lahmzulegen

Deutsche Bombergeschwader im Anflug auf britische Städte. Neben diesen Maschinen vom Typ «Ju 88» sind vorzugsweise «He 111» sowie Sturzkampfbomber «Ju 87» im Einsatz. Ihre Aufgabe ist zu Beginn der Luftoffensive vor allem die Vernichtung der britischen Luftwaffe

Für Görings brutale Luftoffensive sind rund eintausend Bomber eingesetzt, die England von der besetzten Kanalküste aus anfliegen

Rettungsmannschaften bergen in London die Verschütteten. Während der achtmonatigen «Luftschlacht um England» werden etwa vierzigtausend britische Zivilisten durch deutsche Bomben getötet: ab September 1940 sind Wohngebiete das bevorzugte Ziel der Luftangriffe

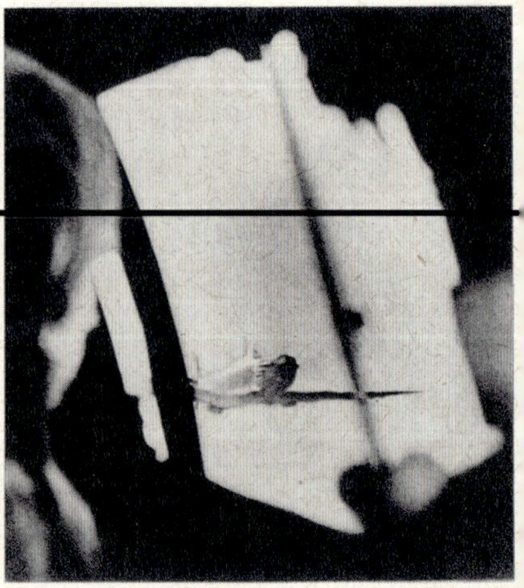

Eine «Spitfire» greift über der Insel einen «He 111»-Bomber an. Die britischen Jäger erweisen sich als den deutschen überlegen

Großbritanniens Städte sollen nach den Worten Hitlers «ausradiert» werden. Das Exempel wird an Coventry statuiert. Mitte November 1940 greifen rund fünfhundert Bomber die Stadt in mehreren Wellen an und vernichten sie zum größten Teil. Weitere schwere Angriffe richten sich gegen London, das fünfundsechzigmal hintereinander unter Bomben liegt, sowie zahlreiche andere britische Großstädte

An der britischen Südost-Küste geht eine abgeschossene «Do 17» in Flammen auf. Der Luftwaffe kosten die Angriffe bis Ende März rund viertausendvierhundert Maschinen und sechstausend Flieger

Zieleinweisung deutscher Bomberbesatzungen vor dem Start. Nach den hohen Einbußen werden bis zum Ende der Luftoffensive Anfang Mai 1941 fast nur noch Nachtangriffe auf britische Städte geflogen

In den besetzten Gebieten bestimmen die vorerst sorgsam verschleierten Kriegsziele des deutschen Imperialismus Form und Art der Besatzungspolitik. In Betracht kommen die Angliederung der «einzudeutschenden» Territorien, die koloniale Verwaltung von «Nebenländern des Reichs» und die Aufsicht über formal selbständige, jedoch völlig abhängige Staaten. Dem «Kern- oder Stammland» des künftigen deutschen Weltreiches soll Europa als ein «Großwirtschaftsraum» unterstellt werden. Voraussetzungen für die mehr ökonomisch als ideologisch angelegte «Neuordnung» des Kontinents schaffen die deutschen Konzerne sofort durch vielfältige Eingriffe in den Besitz ihrer Konkurrenten. Kollaborateure arbeiten ihnen zu, Terror schirmt die Ausplünderung ab, in der sich schließlich alle Pläne erschöpfen.

Europas «Neuordnung»

1939

Sept. Beginn systematischer Massenverhaftungen und -exekutionen in Polen; beteiligt ist ab **Ende Sept.** ein volksdeutscher «Selbstschutz» – Erste polnische Widerstandsgruppen **7. Okt.** Himmler «Reichskommissar für die Festigung deutschen Volkstums» **8. Okt.** Erlaß über die «Verwaltung der deutschen Ostgebiete»; ein Drittel Polens annektiert **12. Okt.** Generalgouvernement über die polnischen Restgebiete **25. Okt.** Zivilverwaltung unter Generalgouverneur H. Frank – Arbeitspflicht für alle Polen; bis Mai 1940 werden über eine Viertelmillion Menschen ins Reich verschleppt **1. Nov.** Verfügung Görings zur Errichtung einer «Haupttreuhandstelle Ost» für die Ausplünderung Polens **2. Nov.** Appell von KPD, KPÖ und KPČ zu gemeinsamem Kampf gegen Unterdrückung und Germanisierung **11. Nov.** Mit Einverleibung des Bezirkes Łódź ist nahezu halb Polen vom Reich annektiert

1940

22. Febr. Verordnung über die Enteignung aller landwirtschaftlichen Grundstücke und Betriebe in den annektierten Gebieten Polens; zwangsweise Aussiedelung ins Generalgouvernement zugunsten deutscher Umsiedler **24. Febr.** Im Hofbräuhaus proklamiert Hitler «Neuaufbau der Welt» **17. März** Reichsministerium für Bewaffnung und Munition unter Todt errichtet **24. April** Gauleiter Terboven Reichskommissar für Norwegen **18. Mai** Erlaß zur Annexion von Eupen, Malmedy und Moresnet – Seyß-Inquart Reichskommissar der Niederlande **17. Juni** Reichsgruppe Industrie zur «Neuordnung im europäischen Großwirtschaftsraum»; in der Folge Wunschprogramme der Konzerne **25. Juni** Funk spricht sich für Ausdehnung der deutschen Wirtschaftsordnung auf ganz Europa aus **27. Juni** IG Farben fordert Beschlagnahme der gesamten Industrie Frankreichs **28. Juni** v. Falkenhausen Militärbefehlshaber in Belgien und Nordfrankreich **11. Juli** Pétain französischer «Staatschef»; Laval leitender Minister; Regierungssitz wird Vichy **19. Juli** Zwölf Generäle werden Feldmarschälle, Göring «Reichsmarschall» **2. Aug.** Luxemburg zur «Eindeutschung» unter Zivilverwaltung; am 7. Aug. mit gleichem Ziel deutsche Zivilverwaltung für Elsaß und Lothringen **3. Aug.** Die IG Farben legt erste Teile ihrer «Friedensplanung» vor **31. Aug.** Denkschrift K. H. Franks verlangt Ermordung und Deportation von Millionen Tschechen **Sept.** Beginn der Vertreibung der französischen Bevölkerung aus Elsaß-Lothringen ins unbesetzte Frankreich (bis Jahresende einhundertfünfundsiebzigtausend Personen) **3. Okt.** Großer Beirat der Reichsgruppe Industrie erörtert erneut «Großraumwirtschaft»

Schwerpunkt-Verlagerung im Reich: Seite 322

Über eine neue Rheinbrücke bei Kehl betritt Nazigauleiter Wagner (Mitte) das ihm seit dem Waffenstillstand mit Frankreich als Chef der deutschen Zivilverwaltung unterstellte Elsaß. Gleichermaßen annektiert sind Lothringen, Eupen-Malmedy sowie ganz Luxemburg

In Böhmen und Mähren wird unter Reichsprotektor v. Neurath, der hier die Škoda-Werke Plzeň besichtigt, ein brutales Gestapo-Regime zur Unterdrückung jeder nationalen Regung der Tschechen praktiziert. Die wehren sich mit großen Demonstrationen und vielen Streiks

Nachfolger v. Neuraths wird 1942 Heydrich (links), neben ihm Staatssekretär K. H. Frank und die Kollaborateure Bienert und Krejči

Generalgouverneur Frank, hier mit seinem Staatssekretär Bühler (links) im Krakówer Schloß, macht Polen zum Land der Galgen

Luxemburg untersteht dem Nazigauleiter Simon, der hier führenden Mitarbeitern seiner Zivilverwaltung Weisungen für die äußerliche «Eindeutschung» erteilt. Die Luxemburger widersetzen sich heftig

Als Chef der Zivilverwaltung für Lothringen läßt sich Nazigauleiter Bürckel (vorn) vom Bürgermeister der Stadt Metz begrüßen. Eine der Annexionsfolgen ist sehr bald die Einberufung zur Wehrmacht

Vor der Pariser Militärkommandantur. Aufgabe der Wehrmacht in den besetzten Gebieten ist es, Europas faschistische «Neuordnung» gegen jeden Widerstand durchzusetzen. Die Exekutionskommandos der deutschen Armee lassen keinen Zweifel an der altpreußischen Pflichterfüllung der Offiziere gegenüber den Nazis. An westlichen Gegnern anfangs demonstrierte «Ritterlichkeit» wird bald abgelegt

Frankreichs Kollaborationsregierung, die in Vichy amtiert, wird durch Präsident Pétain (links) und Ministerpräsident Laval geleitet

Nur Faschisten akzeptieren in der Slowakei Ministerpräsident Tuka (rechts), der sich am Polen-Krieg mit eigenen Truppen beteiligt

Zum Synonym für den Landesverräter wird Quisling (rechts), hier mit Terboven, dem Reichskommissar für das besetzte Norwegen

Urheber der «Neuordnung» Europas sind führende Monopole, deren Repräsentant Krupp durch Hitler im August 1940 dekoriert wird. Sie haben schon frühzeitig Pläne für eine «Großraumwirtschaft» ausgearbeitet, die sie durch Vertreter im Staatsapparat realisieren

In Holland besorgt der Altfaschist Mussert die Geschäfte der Besatzungsmacht. Rechts daneben der Reichskommissar Seyß-Inquart

Als Führer eines kroatischen Separatstaates läßt sich nach der Niederlage Jugoslawiens der Ustascha-Chef Pavelić (links) einsetzen

Die Unterwerfung der besiegten Völker wird vom ersten Tag ihrer Niederlage an planmäßig betrieben. Während sich die Nazis dazu im Westen und Norden Europas vorerst differenzierter Methoden bedienen, wüten in Polen SS und SD völlig ungehemmt (oben: vor einer Massenhinrichtung in Sosnowiec). Ziel ist hier der Raub des Landes, die Versklavung und Ausrottung, das Ende der Nation

Willfähriger Vollstrecker der faschistischen Welteroberungspläne ist die Generalität, deren Spitzen von Hitler nach der Niederlage Frankreichs zu Generalfeldmarschällen ernannt werden. Von links nach rechts: Keitel, Chef des OKW, v.Rundstedt, v.Bock, Göring als «Reichsmarschall», Hitler, v.Brauchitsch, der Oberbefehlshaber des Heeres, v.Leeb, List, v.Kluge, v.Witzleben sowie v.Reichenau

Geldtransport bei einer Reichskreditkasse in Frankreich. Hier wie in den anderen besetzten Gebieten wird die Inflation systematisch genährt, um so das Land restlos auszuplündern und zu unterwerfen

Roheisenblöcke in den Rüstungswerken Schneider-Creusot, einem jener Großbetriebe, die das deutsche Kriegspotential entscheidend erhöhen. Der Konkurrenten bemächtigen sich Konzerne und Banken

Für wertloses Besatzungsgeld kaufen die deutschen Soldaten halb Europa leer, hier in Paris. Das versöhnt selbst so manche Frau und Braut mit dem Krieg. Wer denkt an andere oder an die Zukunft?

In Schloß Neuschwanstein besichtigen Hitler und Goebbels Gemälde, die ein Sonderstab Rosenbergs im besetzten Europa geraubt hat

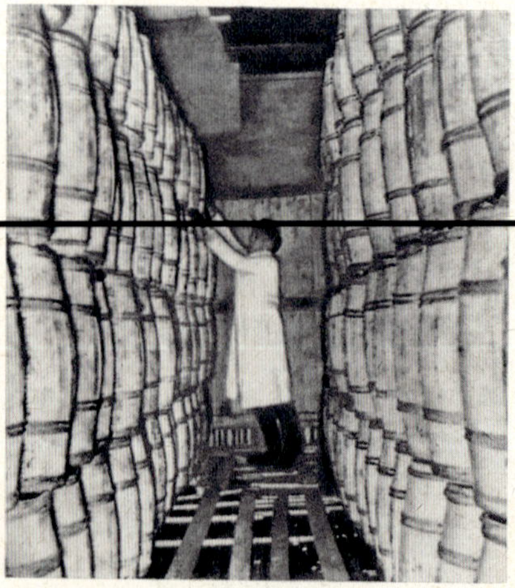

Während die Bevölkerung in den besetzten Ländern zum Hungern verurteilt ist, füllen sich die deutschen Lager – hier mit Butter

Die Bevölkerung annektierter Gebiete führt ein Helotendasein. In Poznań («Warthegau») gibt es Straßenbahnen «Nur für Deutsche»

Hunderttausende von «Volksdeutschen» werden aus Wolynien, dem Baltikum und Bessarabien «heimgeholt», wo 1940/41 nach zwanzig Jahren der Unterdrückung wieder die Sowjetmacht errichtet wird

Belgische Werktätige vor der Abfahrt ins Reich. Sie zählen zu den drei Millionen Zwangsarbeitern und Kriegsgefangenen, die bereits vor dem Überfall auf die Sowjetunion die Heimat verlassen müssen

Eine Ostraum-Schau eröffnet Himmler in seiner neuen Eigenschaft als der «Reichskommissar für die Festigung deutschen Volkstums» im März 1941. Hier wird vor Augen geführt, wie das Land der aus ihrer Heimat vertriebenen Polen germanisiert werden soll. Rechts Hitlers Stellvertreter Heß, links hinter Himmler der neue Minister für Bewaffnung und Munition, Todt, Chefplaner der Kriegswirtschaft

Als Haupthindernis für sein Streben nach der Weltherrschaft betrachtet der deutsche Imperialismus die Sowjetunion. Die völlige Vernichtung der sozialistischen Großmacht ist zudem elementarer Bestandteil der Pläne, die «deutschen Siedlungsraum im Osten» beanspruchen. Unbeirrt ihrer strategischen Konzeption folgend, wendet sich die Naziführung nach der Niederlage Frankreichs sofort wieder dem alten Hauptziel zu. Der das Vorfeld bildende Südost-Raum, dessen «Neuordnung» schon lange mit wirtschaftlicher Durchdringung eingeleitet ist, wird nun auch politisch gleichgeschaltet. Durch Druck und Versprechungen beziehen hier die Nazis einen Staat nach dem anderen in den zwischenzeitlich formierten Kriegsblock der faschistischen Großmächte ein. Zugleich läuft die militärische Vorbereitung an.

Komplott wider den Sozialismus

1940

29. Mai «Öl-Waffen-Pakt» zwischen Deutschland und Rumänien **12. Juni** Spanien erklärt sich als «nichtkriegführend» **17./21. Juni** In den baltischen Staaten Sturz der faschistischen Regimes **28. Juni** Rumänien tritt Nordbukowina an die Sowjetunion ab und gibt ihr Bessarabien zurück **3. Juli** Die Vorgespräche zum Überfall auf die Sowjetunion gehen in die Operations-Planung über **21./22. Juli** Lettland, Estland und Litauen erklären sich zu Sowjetrepubliken **28. Juli** Salzburger Gespräche mit Vertretern Ungarns, Rumäniens, Bulgariens und der Slowakei über die deutsche Hegemonie in Südosteuropa bzw. auf dem Balkan **30. Aug.** Zweiter Wiener Schiedsspruch; befriedigt Ungarn auf Kosten Rumäniens **4. Sept.** General Antonescu rumänischer «Staatsführer»; Abdankung Carols II. **7. Sept.** Vertrag von Craiova; Rumänien erfüllt die Ansprüche Bulgariens **22. Sept.** Deutsch-finnisches Transit-Abkommen (Truppentransporte) **27. Sept.** Dreimächte-Pakt Deutschland–Italien–Japan (in Berlin); Interessen-Abgrenzung und Koordination der Aggressions-Pläne **1. Okt.** Deutsch-finnisches Waffen-Nickelerz-Abkommen **12. Okt.** Deutsche Militärmission in Bukarest; am Monatsende folgen ihr «Lehrtruppen» **23. Okt.** Hitler trifft in Hendaye Franco; am **24. Okt.** in Montoire Pétain; beide entziehen sich antibritischer Kontinental-Koalition **28. Okt.** Italien überfällt Griechenland; Mussolini informiert Hitler erst danach; sofort Gegenstoß der Griechen bis tief nach Albanien; am **3. Nov.** britische Kommandos in Athen **12. Nov.** OKW-Weisung zur Sicherung der deutschen Südost-Flanke (Griechenland/Mittelmeer) – Molotow in Berlin; versucht Bulgarien abzuschirmen **20. Nov.** Ungarn schließt sich dem Dreimächte-Pakt an; am **23. Nov.** Pakt-Beitritt Rumäniens; am **24. Nov.** Beitritt der Slowakei **10. Dez.** OKW-Weisung zur Verlegung starker Fliegerverbände nach Sizilien und Süditalien **13. Dez.** OKW-Weisung für den Überfall auf Griechenland: Unternehmen «Marita»

1941

13. Jan. Boris von Bulgarien auf dem Berghof; Pakt-Beitritt offen **14. Jan.** Antonescu bietet auf dem Berghof Waffenhilfe Rumäniens an **19. Jan.** Mussolini auf dem Berghof; das OKW übernimmt Koordinierung der Kriegführung im Mittelmeer **14. Febr.** Jugoslawiens Ministerpräsident Cvetkovič bei Hitler; keine Einigung über den Pakt-Beitritt **28. Febr.** Bei Giurgiu deutscher Brückenschlag über die Donau; am **1. März** Beitritt Bulgariens zum Dreimächte-Pakt; am **2. März** Einmarsch deutscher Truppen **4. März** Prinzregent Paul von Jugoslawien auf dem Berghof **7. März** Landung stärkerer britischer Hilfstruppen in Griechenland **25. März** Jugoslawien tritt Dreimächte-Pakt bei

Unterzeichnung des zweiten Wiener Schiedsspruchs durch Ciano und v. Ribbentrop. Nach ihm erhält Ungarn das 1919 Rumänien zugefallene Nordtranssilvanien (Siebenbürgen). Die darauf in Rumänien folgende Staatskrise bringt die militärfaschistische Diktatur Antonescu

Einmarsch der bulgarischen Truppen in die Süddobrudscha. Im Vertrag von Craiova gab Rumänien das 1913 annektierte Gebiet frei

Ungarische Panzer bei einer Festparade in Cluj. Das von Rumänien abgetretene Gebiet zählt etwa zweieinhalb Millionen Einwohner

Unbeeindruckt verläßt Außenminister Molotow im November 1940 Berlin. Im Disput mit ihm hatte Hitler ohne jeden Erfolg versucht, die Sowjetunion für seine Welteroberungspläne einzuspannen. Molotow seinerseits strebte die Abschirmung Bulgariens gegen die Nazis an

Zwischen Deutschland, Italien und Japan wird Ende September 1940 ein Dreimächte-Pakt abgeschlossen. Per Telefon teilt v. Ribbentrop (links) die Unterzeichnung dem japanischen Außenminister in Tokio mit. Rechts der italienische Außenminister Graf Ciano sowie der japanische Botschafter Kurusu. Der Pakt grenzt Interessensphären ab, führt in der Realität jedoch zu keiner wirklichen Koordination

Bei einem Treffen in Montoire entzieht sich Pétain dem Drängen Hitlers nach einem antibritischen Bündnis mit Vichy-Frankreich. Er erhofft für sein Regime mehr vom Lavieren zwischen den Fronten

In Hendaye bemüht sich Hitler vergebens, Franco zur «Wegnahme Gibraltars» zu bewegen. Die kolonialimperialistischen Gegensätze zwischen Spanien, Frankreich und Italien sind nicht zu überwinden

Bulgariens Zar Boris III. – hier Anfang Juni 1941 bei Hitler auf dem Berghof – liefert sein Land als Aufmarschgebiet aus. Rohstoffe und Lebensmittel gehen auf Kosten des eignen Volkes nach Deutschland

Jugoslawiens profaschistischer Ministerpräsident Cvetković weilt im Februar 1941 auf Hitlers Berghof. Auch er schließt sein Land dem antisowjetischen Block in scharfem Gegensatz zur Volksmeinung an

In Polen wird seit August 1940 unter dem Deckwort «Aufbau Ost» forciert das für den Aufmarsch gegen die Sowjetunion benötigte Verkehrsnetz instand gesetzt; zugleich werden Fernmeldestrecken ausgebaut und annähernd einhundertfünfzig Flug- und Landeplätze hergerichtet. Führend beteiligt ist die «Organisation Todt», eine streng militärisch gegliederte Bautruppe für Anlagen in Frontnähe

Antonescu – hier bei seinem Besuch in München – führt Rumänien auftragsgemäß in den antisowjetischen Block. Seine Waffenhilfe soll durch das Sowjetterritorium westlich des Dnepr belohnt werden

Bahntransport deutscher Panzerverbände durch Siebenbürgen. Seit Oktober 1940 werden in Rumänien starke Kräfte der Wehrmacht als «Lehrtruppe» konzentriert, nicht zuletzt wegen der Erdölfelder

Finnland bereitet sich unter Marschall Mannerheim (links) und dem Staatspräsidenten Ryti (rechts) auf Revanche für die Niederlage im «Winterkrieg» vor. Deutschen Truppen wird der Transit gestattet

Horthy stellt sich Ende April 1941 hinter Hitlers Pläne. Zugleich kassiert er für Ungarns Teilnahme am Überfall auf Jugoslawien, dem er sich vier Monate zuvor in «ewiger Freundschaft» verband

Ohne Bulgariens formellen Beitritt zum faschistischen Kriegsblock abzuwarten, rücken deutsche Verbände noch Ende Februar 1941 von Rumänien in das Land ein und besetzen dort strategische Punkte

Unerwartete Hemmnisse stellen sich einer völligen Gleichschaltung der Balkanstaaten in Jugoslawien und Griechenland entgegen. Griechenland, das Ende Oktober 1940 von Italien überfallen wird, die Angreifer aber in kurzer Zeit bis weit nach Albanien hinein zurückschlägt, soll durch eine Intervention deutscher Truppen bezwungen werden; sie haben hier zudem die Briten auszuschalten. Noch ehe es dazu kommt, erhebt sich das jugoslawische Volk gegen die Einbeziehung seines Landes in den faschistischen Kriegsblock. Beide Staaten werden durch Hitlers Wehrmacht brutal unterworfen. Zugleich «bereinigen» Spezialverbände die Lage im Mittelmeer-Raum: Sie nehmen die britisch besetzte Insel Kreta und treiben die Briten aus der italienischen Cyrenaica bis tief nach Ägypten zurück.

Empörung auf dem Balkan

1941

25. März In Jugoslawien Volksbewegung gegen den Beitritt zum Dreimächte-Pakt; am **27. März** in Belgrad Militärputsch; Bildung der Regierung Simović – Abends OKW-Weisung zum Überfall auf Jugoslawien gleichzeitig mit dem Überfall auf Griechenland; Verschiebung des Überfalls auf die Sowjetunion um etwa vier Wochen **3. April** OKW-Weisung zur militärischen Zusammenarbeit mit Ungarn, Rumänien, Bulgarien **5. April** Sowjetisch-jugoslawischer Freundschafts-Vertrag **6. April** Überfall der Wehrmacht auf Jugoslawien und Griechenland; schwere Luftangriffe auf Belgrad **7. April** Luftangriff auf den Hafen von Piräus – Skopje erobert – **9. April** Einmarsch in Saloniki; Kapitulation der Griechen in Ostmazedonien – Deutsche Panzer in Niš **10. April** Einnahme von Zagreb **11. April** Einmarsch ungarischer Verbände in Jugoslawien; Vorstoß der Italiener entlang der dalmatinischen Küste **12. April** Deutsche Panzer dringen in Belgrad ein – Griechischer Rückzug aus Westmazedonien eingeleitet **13. April** Angriff auf die britische Sperrstellung am Olymp **14. April** Beginn des griechischen Rückzugs aus Albanien **15. April** Fall Sarajevos **17. April** Kapitulation der jugoslawischen Streitkräfte (in Belgrad) **19. April** Bulgarische Verbände rücken in Mazedonien ein **20. April** Kapitulation der auf dem Rückzug aus Albanien abgeschnittenen griechischen Armee bei Janina **21. April** Griechische Gesamtkapitulation (in Saloniki); zwei Tage darauf in Gegenwart der Italiener wiederholt **24. April** Britische Stellung an den Thermopylen durchbrochen – Evakuierung des britischen Expeditionskorps durch die Flotte eingeleitet; Transport nach Kreta und Ägypten **27. April** Deutscher Einmarsch in Athen **20. Mai** Deutsche Luftlandung auf Kreta (Unternehmen «Merkur»); schwerste deutsche Verluste

10. April Kvaternik proklamiert ein unabhängiges Kroatien; Rückkehr des Ustascha-Chefs Pavelić aus Italien **20. April** Zerstückelung Jugoslawiens in zehn Teile durch v. Ribbentrop und Ciano in Wien **24. April** Horthy sucht Hitler auf; erhält u.a. Bačka und Mur-Gebiet **29. April** Griechische Marionetten-Regierung Tsolácoglu gebildet **13. Mai** Deutsch-kroatischer Grenzvertrag mit Annexion der Südsteiermark **18. Mai** Italienisch-kroatischer Staatsvertrag; Annexion Dalmatiens und seiner Inseln **9. Juni** Für die okkupierten Balkan-Gebiete Wehrmachtbefehlshaber im Südosten eingesetzt (List); Sitz: Saloniki **15. Juni** Kroatien schließt sich dem Dreimächte-Pakt an **29. Aug.** Nedić bildet eine serbische Marionetten-Verwaltung

An dem zur offenen Stadt erklärten Belgrad vollziehen drei Tage lang deutsche Bomber die Operation «Strafgericht». Die Luftangriffe töten eine große Anzahl Einwohner. Jugoslawien kann dem Aggressor außer stark unterlegenen Kräften nur veraltete Waffen entgegensetzen

Jugoslawiens Volk antwortet auf Beitritt zum Dreimächte-Pakt mit Sturz der Regierung Cvetković. Angesichts der deutschen Invasionsdrohung erweist die Sowjetunion dem neuen bürgerlichen Kabinett durch Abschluß eines Freundschafts-Vertrages moralisch Beistand

Ein gefangengenommener jugoslawischer Offizier wird verhört. Als Dolmetscher fungiert einer der «Volksdeutschen», die auch hier von Anfang an einen Teil der Fünften Kolonne stellen. Unter den vielfältigen Belastungen bricht der heftige Widerstand rasch zusammen

An den Helmen der den Verteidigern sofort in den Rücken fallenden Ustascha-Kroaten wird das Staatswappen Jugoslawiens entfernt

Straßenkämpfe in einer nordjugoslawischen Stadt. Die Masse der deutschen Verbände bricht von Bulgarien aus in Jugoslawien ein

Am elften Tag geben Jugoslawiens Streitkräfte auf. Das Land wird aufgeteilt. Deutschland annektiert Nord-, Italien Westslowenien sowie Dalmatien, Ungarn u. a. die Bačka, Bulgarien Mazedonien. Kroatien wird «unabhängig», Montenegro Italien, Serbien dem Reich unterstellt

Die kleine Dorfszene irgendwo zwischen Zagreb und Athen macht deutlich, wie hilflos die Bevölkerung der überfallenen Länder dem über sie hereinbrechenden Unheil ausgeliefert ist. Verstärkt wird der Schrecken hier durch die hohe Zahl von Panzerdivisionen und motorisierten Verbänden, die «Unternehmen Marita» beschleunigen sollen, um für den Angriff auf die Sowjetunion freie Hand zu haben

Vorausabteilung der sogenannten «schnellen Verbände»; zwischen den Panzerspähwagen gefangene griechische Soldaten. Vergleichbar ist hier nur das zu schwache britische Expeditionskorps ausgerüstet

Bei Übergabeverhandlungen zwischen General Tsolácoglu und dem Kommandeur der SS-Leibstandarte, Dietrich. Der General liefert seine Epirus-Armee aus. Er wird Chef einer Marionetten-Regierung

Gegen die zäh gehaltenen Bergstellungen wird neben der Luftwaffe schwere Artillerie eingesetzt. Trotzdem gelingt es nicht, die neue Metaxas-Bunkerlinie zu durchbrechen; sie muß umgangen werden

Auf Athens Akropolis gefällt sich Feldmarschall v. Brauchitsch in der Pose antiker Helden. Jenen eher verwandt ist Manolis Glezos, der hier als Signal zum Volkswiderstand die Naziflagge herunterreißt

Viertausend Tote und Vermißte, vorwiegend Fallschirmjäger sowie Gebirgsjäger, kostet die Einnahme der von den Briten besetzten Insel Kreta. Erst nach siebentägigen Kämpfen ist Kreta genommen

Nicht minder verlustreich ist die Einnahme Kretas für die deutsche Luftwaffe, die viele Transportmaschinen und Lastensegler noch am Boden verliert. Der Marine werden zwei Landekonvois zerschlagen

Absprung der Fallschirmjäger. Unternehmen «Merkur» verursacht auch den Briten hohe Menschen- und Schiffsverluste. Ihre Seewege im östlichen Mittelmeer sind durch Kretas Fall verstärkt gefährdet

Dokumente zur Zeit

Wir müssen handeln

Ansprache Hitlers vor den Oberbefehlshabern am 22. August 1939 (Auszug)

Es war mir klar, daß es früher oder später zu einer Auseinandersetzung mit Polen kommen mußte. Ich faßte den Entschluß bereits im Frühjahr, dachte aber, daß ich mich zunächst in einigen Jahren gegen den Westen wenden würde und dann erst gegen den Osten. Aber die Zeitfolge läßt sich nicht festlegen. Man darf auch vor bedrohlichen Lagen nicht die Augen schließen. Ich wollte zunächst mit Polen ein tragbares Verhältnis herstellen, um zunächst gegen den Westen zu kämpfen. Dieser mir sympathische Plan war aber nicht durchführbar, da sich Wesentliches geändert hatte. Es wurde mir klar, daß bei einer Auseinandersetzung mit dem Westen Polen uns angreifen würde. Polen strebt den Zugang zum Meer an. Nach der Besetzung des Memelgebietes zeigte sich die weitere Entwicklung, und es wurde mir klar, daß u. U. eine Auseinandersetzung mit Polen zu einem ungünstigen Zeitpunkt kommen könnte. Als Gründe für diese Überlegung führe ich an:

1.) Zunächst zwei persönliche Bedingungen:

Meine eigene Persönlichkeit und die Mussolinis. Wesentlich hängt es von mir ab, von meinem Dasein, wegen meiner politischen Fähigkeiten. Dann die Tatsache, daß wohl niemand wieder so wie ich das Vertrauen des ganzen deutschen Volkes hat. In der Zukunft wird es wohl niemals wieder einen Mann geben, der mehr Autorität hat als ich. Mein Dasein ist also ein großer Wertfaktor. Ich kann aber jederzeit von einem Verbrecher, von einem Idioten beseitigt werden.

Der zweite persönliche Faktor ist der Duce. Auch sein Dasein ist entscheidend. Wenn ihm etwas zustößt, wird die Bündnistreue Italiens nicht mehr sicher sein. Die Grundeinstellung des italienischen Hofes ist gegen den Duce. Vor allem der Hof sieht in der Erweiterung des Imperiums eine Belastung. Der Duce ist der nervenstärkste Mann in Italien.

Der dritte persönliche, für uns günstige Faktor ist Franco. Wir können von Spanien nur wohlwollende Neutralität verlangen. Aber das hängt von der Persönlichkeit Francos ab. Er garantiert eine gewisse Einheitlichkeit und Stetigkeit des jetzigen Systems in Spanien. Wir müssen in Kauf nehmen, daß es in Spanien noch keine faschistische Partei von unserer inneren Geschlossenheit gibt.

Auf der Gegenseite ein negatives Bild, soweit es die maßgebenden Persönlichkeiten betrifft. In England und Frankreich gibt es keine Persönlichkeit von Format.

Bei uns ist das Fassen von Entschlüssen leicht. Wir haben nichts zu verlieren, nur zu gewinnen. Unsere wirtschaftliche Lage ist infolge unserer Einschränkungen so, daß wir nur noch wenige Jahre durchhalten können. Göring kann das bestätigen. Uns bleibt nichts anderes übrig, wir müssen handeln. Unsere Gegner riskieren viel und können nur wenig gewinnen. Der Einsatz Englands in einem Kriege ist unfaßbar groß. Unsere Gegner haben Führer, die unter dem Durchschnitt stehen. Keine Persönlichkeiten. Keine Herren-, keine Tatmenschen ...

Die Gründung Großdeutschlands war politisch eine große Leistung, militärisch war sie bedenklich, da sie erreicht wurde durch einen Bluff der politischen Leitung. Es ist notwendig, das Militär zu erproben. Wenn irgend möglich, nicht in einer Generalabrechnung, sondern bei der Lösung einzelner Aufgaben ...

Immer habe ich ein großes Wagnis auf mich genommen in der Überzeugung, daß es gelingen könne. Auch jetzt ist es ein großes Risiko. Eiserne Nerven ...

Wir werden den Westen halten, bis wir Polen erobert haben. Wir müssen uns unserer großen Produktionsleistung bewußt sein. Sie ist noch viel größer als 1914–18.

Der Gegner hatte noch die Hoffnung, daß Rußland als Gegner auftreten würde nach Eroberung Polens. Die Gegner haben nicht mit meiner großen Entschlußkraft gerechnet. Unsere Gegner sind kleine Würmchen. Ich sah sie in München ...

Wir brauchen keine Angst vor Blockade zu haben. Der Osten liefert uns Getreide, Vieh, Kohle, Blei, Zink. Es ist ein großes Ziel, das vielen Einsatz fordert. Ich habe nur Angst, daß mir noch im letzten Moment irgendein Schweinehund einen Vermittlungsplan vorlegt.

Vernichtung Polens

Zweite Ansprache Hitlers vor den Oberbefehlshabern am 22. August 1939 (Auszug)

Vernichtung Polens im Vordergrund. Ziel ist Beseitigung der lebenden Kräfte, nicht die Erreichung einer bestimmten Linie. Auch wenn im Westen Krieg ausbricht, bleibt Vernichtung Polens im Vordergrund. Mit Rücksicht auf Jahreszeit schnelle Entscheidung.

Ich werde propagandistischen Anlaß zur Auslösung des Krieges geben, gleichgültig, ob glaubhaft. Der Sieger wird später nicht danach gefragt, ob er die Wahrheit gesagt hat oder nicht. Bei Beginn der Führung des Krieges kommt es nicht auf das Recht an, sondern auf den Sieg.

Herz verschließen gegen Mitleid. Brutales Vorgehen. 80 Mill. Menschen müssen ihr Recht bekommen. Ihre Existenz muß gesichert werden. Der Stärkere hat das Recht. Größte Härte.

Schnelligkeit der Entscheidung notwendig. Festen Glauben an den deutschen Soldaten. Krisen sind nur auf Versagen der Nerven der Führer zurückzuführen ...

Überzeugung, daß die deutsche Wehrmacht den Anforderungen gewachsen ist. Auslösung wird noch befohlen, wahrscheinlich Samstag* morgen.

**d. h. am 26. August 1939*

Das Potential der imperialistischen Blöcke am Vorabend des zweiten Weltkrieges

Produktionsmenge bezogen auf zwölf Monate

	Deutschland, Italien, Japan	Großbritannien, Frankreich, USA	Verhältnis
Bevölkerung der Mutterländer	195,9 Mill.	220,9 Mill.	1 : 1,1
Bevölkerung der Kolonien und der abhängigen Länder	87,0 Mill.	586,0 Mill.	1 : 6,7
Elektroenergie	116,5 Mrd. kWh	176,4 Mrd. kWh	1 : 1,5
Roheisen	21,0 Mill. t	48,4 Mill. t	1 : 2,2
Stahl	31,5 Mill. t	69,6 Mill. t	1 : 2,3
Steinkohle	251,0 Mill. t	691,0 Mill. t	1 : 2,7
Erdöl und synthetischer Treibstoff	3,5 Mill. t	171,0 Mill. t	1 : 52
Getreide	53,1 Mill. t	119,7 Mill. t	1 : 2,1
Heeresstärke	5,6 Mill.	1,8 Mill.	3 : 1

Die Aggression gegen Polen

«Konserven» für Gleiwitz

Eidesstattliche Aussage des SD-Funktionärs Helmut Naujocks vor den westalliierten Untersuchungs-Behörden (Auszug)

Ich, Helmut Naujocks, mache unter Eid und nach vorheriger Einschwörung folgende Erklärung:

1. Ich war von 1931 bis 19. Oktober 1944 ein Mitglied der SS und von seiner Gründung im Jahre 1934 bis Januar 1941 ein Mitglied des SD. Ich diente als Mitglied der Waffen-SS von Februar 1941 bis Mitte 1942. Später arbeitete ich in der wirtschaftlichen Abteilung der Militärverwaltung von Belgien von September 1942 bis September 1944. Am 19. Oktober ergab ich mich den Alliierten.

2. Ungefähr am 10. August 1939 befahl mir Heydrich, der Chef der Sipo und des SD, persönlich, einen Anschlag auf die Radiostation bei Gleiwitz in der Nähe der polnischen Grenze vorzutäuschen und es so erscheinen zu lassen, als wären Polen die Angreifer gewesen. Heydrich sagte: «Ein tatsächlicher Beweis für polnische Übergriffe ist für die Auslandspresse und für die deutsche Propaganda nötig.» Mir wurde befohlen, mit 5 oder 6 anderen SD-Männern nach Gleiwitz zu fahren, bis ich das Schlüsselwort von Heydrich erhielt, daß der Anschlag zu unternehmen sei. Mein Befehl lautete, mich der Radiostation zu bemächtigen und sie so lange zu halten, als nötig ist, um einem polnisch sprechenden Deutschen die Möglichkeit zu geben, eine polnische Ansprache über das Radio zu halten. Dieser polnisch sprechende Deutsche wurde mir zur Verfügung gestellt. Heydrich sagte, daß es in der Rede heißen solle, daß die Zeit für eine Auseinandersetzung zwischen Polen und Deutschen gekommen sei und daß die Polen sich zusammentun und jeden Deutschen, der ihnen Widerstand leistet, niederschlagen sollten. Heydrich sagte mir damals auch, daß er Deutschlands Angriff auf Polen in wenigen Tagen erwartete.

3. Ich fuhr nach Gleiwitz und wartete dort 14 Tage. Dann bat ich Heydrich um Erlaubnis, nach Berlin zurückkehren zu dürfen, wurde aber angewiesen, in Gleiwitz zu bleiben. Zwischen dem 25. und 31. August suchte ich Heinrich Müller, den Chef der Gestapo, auf, der sich damals in der Nähe in Oppeln befand. In meiner Gegenwart erörterte Müller mit einem Mann namens Mehlhorn Pläne für einen Grenzfall, in dem vorgetäuscht werden sollte, daß polnische Soldaten deutsche Truppen angreifen ... Deutsche in der Anzahl von ungefähr einer Kompanie sollten dazu verwendet werden. Müller sagte, er hätte ungefähr 12 oder 13 verurteilte Verbrecher, denen polnische Uniformen angezogen werden sollten und deren Leichen auf dem Schauplatz der Vorfälle liegengelassen werden sollten, um zu zeigen, daß sie im Laufe der Anschläge getötet worden seien. Für diesen Zweck war für sie eine tödliche Einspritzung vorgesehen, die von einem Doktor gemacht werden sollte, der von Heydrich eingestellt war; dann sollten ihnen auch Schußwunden zugefügt werden. Nachdem der Anschlag beendet war, sollten Mitglieder der Presse und andere Leute auf den Schauplatz geführt werden; weiter sollte ein polizeilicher Bericht angefertigt werden.

4. Müller sagte mir, daß er von Heydrich Befehl hatte, einen dieser Verbrecher mir zur Verfügung zu stellen für meine Tätigkeit in Gleiwitz. Das Kennwort, mit dem er diese Verbrecher nannte, war «Konserven».

5. Der Vorfall in Gleiwitz, an dem ich teilnahm, wurde am Vorabend des deutschen Angriffs auf Polen ausgeführt. Soweit ich mich erinnere, brach der Krieg am 1. September 1939 aus. Am Mittag des 31. August bekam ich von Heydrich per Telefon das Schlüsselwort, daß der Anschlag um 8.00 Uhr abends desselben Tages zu erfolgen habe. Heydrich sagte: «Um diesen Anschlag auszuführen, melden Sie sich bei Müller wegen der Konser-

«Antiplutokratisches» Hetzplakat im Kriege

ven.» Ich tat dies und wies Müller an, den Mann in der Nähe der Radiostation an mich abzuliefern. Ich erhielt diesen Mann und ließ ihn am Eingang der Station hinlegen. Er war am Leben, aber nicht bei Bewußtsein. Ich versuchte, seine Augen zu öffnen. Von seinen Augen konnte ich nicht feststellen, daß er am Leben war, nur von seinem Atem. Ich sah keine Schußwunden, nur eine Menge Blut über sein ganzes Gesicht verschmiert. Er trug Zivilkleider.
6. Wir nahmen die Radiostation wie befohlen, hielten eine drei oder vier Minuten lange Rede über einen Notsender, schossen einige Pistolenschüsse ab und verließen den Platz.
Beschworen und unterschrieben vor Leutnant Martin.

Gewaltsame Lösung

Hitlers OKW-Weisung Nr. 1 «für die Kriegführung» vom 31. August 1939 (Auszug)

1.) Nachdem alle *politischen Möglichkeiten erschöpft sind*, um auf friedlichem Wege eine für Deutschland unerträgliche Lage an seiner Ostgrenze zu beseitigen, habe ich mich zur *gewaltsamen Lösung* entschlossen.
2.) Der *Angriff gegen Polen* ist nach den für Fall Weiß getroffenen Vorbereitungen zu führen mit den Abänderungen, die sich beim Heer durch den inzwischen fast vollendeten Aufmarsch ergeben.
Aufgabenverteilung und Operationsziel bleiben unverändert.
Angriffstag: 1.9.39
Angriffszeit: 4.45
Diese Zeit gilt auch für die Unternehmungen Gdingen – Danziger Bucht und Brücke Dirschau.
3.) Im *Westen* kommt es darauf an, die Verantwortung für die Eröffnung von Feindseligkeiten eindeutig England und Frankreich zu überlassen. Geringfügigen Grenzverletzungen ist zunächst rein örtlich entgegenzutreten. Die von uns Holland, Belgien, Luxemburg und der Schweiz zugesicherte Neutralität ist peinlich zu achten.
Die deutsche Westgrenze ist *zu Lande* an keiner Stelle ohne meine ausdrückliche Genehmigung zu überschreiten.
Zur See gilt das gleiche für alle kriegerischen oder als solche zu deutenden Handlungen.
Die defensiven Maßnahmen der *Luftwaffe* sind *zunächst* auf die unbedingte Abwehr feindl. Luftangriffe an der Reichsgrenze zu beschränken, wobei so lange wie möglich die Grenze der neutralen Staaten bei der Abwehr einzelner Flugzeuge und kleinerer Einheiten zu achten ist.

Die KPD zum Kriegsausbruch

Erklärung des ZK der KPD vom 3. September 1939 (Auszug)

Die KPD fordert alle Antifaschisten in Deutschland und in der Emigration auf, jetzt erst recht zäh und beharrlich im Sinne der Einigung der deutschen Arbeiterbewegung und der deutschen Opposition zu wirken, die Feinde der Einheit und die Trotzkisten rücksichtslos zu bekämpfen und alle Kräfte für den Sturz Hitlers zu mobilisieren. Die verbrecherische Haltung einiger ehemaliger Führer der SPD hat die Kriegsvorbereitungen Hitlers erleichtert und den Zusammenschluß der Opposition in der Emigration verhindert. Es gibt deshalb heute keine gemeinsame Plattform der Opposition zum Sturze Hitlers. Die KPD ist die einzige Kraft in Deutschland, die – mit den Massen verbunden – ihre Absichten eindeutig verkündete, die ohne Schwankungen den Weg zur Volksrevolution beschritten hat.

Nur die IG ist in der Lage …

Fernschreiben des Vorstands- und Zentralausschußmitglieds der IG Farben, v. Schnitzler, an den IG-Direktor Krüger vom 7. September 1939 (Auszug)

Bitten schon jetzt R-Wi-M von nachstehenden Zusammenhängen zu unterrichten: Im Laufe der nächsten Tage werden aller Voraussicht nach vier polnische Farbstoffabriken in deutsche Hände fallen …
Auf den Fabriken befinden sich erhebliche und wertvolle Vorräte in Vor-, Zwischen- und Endprodukten, alle fast ausschließlich auf dem Gebiet der Teerfarbstoffe und der ihnen verwandten Hilfsprodukte. Ohne zu der Frage des Weiterbetriebes der Fabriken im gegenwärtigen Moment Stellung nehmen zu wollen, möchten wir es für unbedingt erforderlich halten, daß die Verwertung der vorgesagten Vorräte im Interesse der deutschen Volkswirtschaft durch Sachverständige erfolgt. Nur die IG ist in der Lage, diese Sachverständigen zu stellen.

Weder gerecht noch national

Gemeinsamer Aufruf unterschiedlich gebundener Siemens-Arbeiter vom Herbst 1939 (Auszug)

Dieser Krieg ist weder ein gerechter und nationaler Krieg noch ein Krieg für die Freiheit.
Es ist kein gerechter Krieg, weil er nicht für die Ehre und Freiheit unseres Volkes geführt wird, sondern für die Unterdrückung anderer Völker, für die Annexion anderer Länder. Hitler führt ihn, um neue Rohstoffquellen und neue Absatzmärkte für die Großindustrie zu erobern. Er führt ihn mit dem Ziel, die Arbeiter anderer Länder derselben Ausbeutung durch das deutsche Großkapital zu unterwerfen, unter der ihr selber schon leidet. Ein derartiger Krieg ist gegen das Volk, es ist ein imperialistischer Krieg …
Der Hitlerkrieg ist auch ein antinationaler Krieg. Er bringt die deutsche Nation und die Einheit Deutschlands in Gefahr. Der Versuch, anderen Völkern ein Nazi-Versailles aufzuzwingen, bedroht Deutschland mit einem noch schlimmeren Versailles. Darum ist die Beseitigung Hitlers zu einer nationalen Aufgabe geworden, zu einem Kampf um die Erhaltung Deutschlands.

Die Komintern zum Krieg

Aufruf des Exekutivkomitees der Komintern von Anfang November 1939 (Auszug)

Der Krieg tobt im Herzen Europas. Die herrschenden Klassen Englands, Frankreichs und Deutschlands führen Krieg um die Herrschaft über die Welt. Dieser Krieg ist die Fortsetzung des vieljährigen imperialistischen Streites im Lager des Kapitalismus. Drei der reichsten Staaten – England, Frankreich und die Vereinigten Staaten von Amerika – herrschen über die wichtigsten Weltstraßen und Absatzmärkte. Sie haben die entscheidenden Rohstoffquellen an sich gerissen. In ihren Händen befinden sich riesige wirtschaftliche Ressourcen. Sie haben sich mehr als die Hälfte der Menschheit unterworfen. Die Ausbeutung der Werktätigen, die Ausbeutung der unterdrückten Kolonialvölker verhüllen sie mit dem Trugbild einer falschen Demokratie, um die Massen um so leichter zu betrügen. Gegen ihre Weltherrschaft, für die eigene Vorherrschaft kämpfen andere kapitalistische Staaten, die die Arena der kolonialen Expansion später betreten haben. Sie wollen die Rohstoff- und Lebensmittelquellen, die Goldvorräte und die Menschenmassen der Kolonien zu ihren Gunsten neu aufteilen. Das ist der wahre Sinn dieses Krieges, der ein ungerechter, reaktionärer und imperialistischer Krieg ist. An diesem Kriege tragen alle kapitalistischen Regierungen und die herrschenden Klassen der kriegführenden Staaten in erster Linie Schuld.
Diesen Krieg kann die Arbeiterklasse nicht unterstützen. Gegen einen derartigen Krieg haben die Kommunisten stets gekämpft.

«Außerordentliche Befriedungs-(AB-)Aktion»*

Aktenvermerk Heydrichs, Chef der Sipo und des SD, vom 2. Juli 1940 (Auszug)

Bei allen bisherigen Einsätzen: Ostmark, Sudetenland, Böhmen und Mähren und Polen, waren gemäß Sonderbefehl des Führers besondere polizeiliche Einsatzgruppen (Sicherheitspolizei und Ordnungspolizei) mit den vorrückenden, in Polen mit den kämpfenden Truppen vorgegangen und hatten auf Grund der vorbereiteten Arbeit systematisch durch Verhaftung, Beschlagnahme und Sicherstellung wichtigsten politischen Materials heftige Schläge gegen die reichsfeindlichen Elemente in der Welt aus dem Lager der Emigration, Freimaurerei, Judentum und politisch-kirchlichem Gegnertum sowie der 2. und 3. Internationale geführt.
Die Zusammenarbeit mit der Truppe unterhalb der Stäbe und in vielen Fällen auch mit verschiedenen Stäben des Heeres war im allgemeinen gut; lediglich über grundsätzliche Fragen der Staatsfeindbekämpfung bestand in vielen Fällen bei den höheren Befehlshabern des Heeres eine grundsätzlich andere Auffassung. Diese Auffassung, die zum großen Teil aus Unkenntnis der weltanschaulichen Gegnerlage heraus entstand, verursachte dann Reibungen und Gegenweisungen gegen die vom Reichsführer SS nach den Weisungen des Führers sowie des Generalfeldmarschalls durchgeführte politische Tätigkeit.
Während bis zum polnischen Feldzug diese Schwierigkeiten im allgemeinen durch persönliche Fühlungnahme und Aufklärung zu meistern waren, bestand diese Möglichkeit beim polnischen Einsatz nicht. Ursache lag hier jedoch darin, daß die Weisungen, nach denen der polizeiliche Einsatz handelte, außerordentlich radikal waren (z. B. Liquidierungsbefehl für zahlreiche polnische Führungskreise, der in die Tausende ging), daß den gesamten führenden Heeresbefehlsstellen und selbstverständlich auch ihren Stabsmitgliedern dieser Befehl nicht mitgeteilt werden konnte, so daß nach außen hin das Handeln der Polizei und SS als willkürliche, brutale Eigenmächtigkeit in Erscheinung trat.
Dazu kam, daß der Selbstschutz zu Anfang aus zwar verständlicher Erbitterung gegen die Polengreuel selbst zum Teil unmögliche, unkontrollierbare Racheakte ausführte, die dann wieder zu Lasten von SS und Polizei geschrieben wurden.
Stellt man Übergriffe, Plünderungsfälle, Ausschreitungen des Heeres und der SS und Polizei gegenüber, so kommt hierbei SS und Polizei bestimmt nicht schlecht weg.

*Ausrottung der polnischen Führungsschicht

Der Krieg im Inneren

Rundfunkmaßnahmen

Verordnung des Ministerrats für die Reichsverteidigung «über außerordentliche Rundfunkmaßnahmen» vom 1. September 1939 in kommentierter Wiedergabe durch die NS-Presse (Auszug)

Im modernen Krieg kämpft der Gegner nicht nur mit militärischen Waffen, sondern auch mit Mitteln, die das Volk seelisch beeinflussen und zermürben sollen. Eines dieser Mittel ist der Rundfunk.
Jedes Wort, das der Gegner herübersendet, ist selbstverständlich verlogen und dazu bestimmt, dem deutschen Volke Schaden zuzufügen.
Die Reichsregierung weiß, daß das deutsche Volk diese Gefahr kennt, und erwartet daher, daß jeder Deutsche aus Verantwortungsbewußtsein heraus es zur Anstandspflicht erhebt, grundsätzlich das Abhören ausländischer Sender zu unterlassen.
Für diejenigen Volksgenossen, denen dieses Verantwortungsbewußtsein fehlt, hat der Ministerrat für die Reichsverteidigung eine Verordnung erlassen, die das Abhören von politischen Nachrichten und Übertragungen ausländischer Sender verbietet und unter Strafe stellt ...
Gefährlicher als das Abhören ausländischer Sender ist die Verbreitung von Nachrichten dieser Sender. Hierfür tritt eine Zuchthausstrafe ein und in besonders schweren Fällen die Todesstrafe. Schon diese Strafmittel beweisen den Ernst und unabänderlichen Entschluß der Reichsregierung, jede Volkszersetzung und Volksvergiftung, die vom ausländischen Rundfunk ausgeht, im Keime zu ersticken. Denn für das deutsche Volk gilt es nicht, irgendeinem Tendenzbericht des Auslandes Glauben zu schenken, sondern für jeden einzelnen von uns gilt nur ein Wille und ein Gesetz: das Wort des Führers!

Innere Staatssicherung

«Grundsätze der inneren Staatssicherung während des Krieges», von Sipo- und SD-Chef Heydrich erlassen am 3. September 1939 (Auszug)

1. Jeder Versuch, die Geschlossenheit und den Kampfwillen des deutschen Volkes zu zersetzen, ist rücksichtslos zu unterdrücken. Insbesondere ist gegen jede Person sofort durch Festnahme einzuschreiten, die in ihren Äußerungen am Sieg des deutschen Volkes zweifelt oder das Recht des Krieges in Frage stellt.
2. Dagegen sind mit psychologischem Verständnis und mit erzieherisch bestärkendem Bemühen diejenigen Volksgenossen zu behandeln, die aus äußerer oder innerer Not oder in Augenblicken der Schwäche sich Entgleisungen irgendwelcher Art zuschulden kommen lassen.
3. Besonderes Augenmerk ist auf alle Versuche zu richten, in der Öffentlichkeit – Gastwirtschaften, öffentlichen Verkehrsmitteln usw. – andere Personen in volks- und reichsfeindlichem Sinne zu beeinflussen. Ebenso ist gegen jeden Versuch der Bildung von Zusammenschlüssen und Kreisen zur Verbreitung derartiger Auffassungen und Nachrichten in der schärfsten Weise einzuschreiten. Wenn die Voraussetzungen der Öffentlichkeit oder der Zirkelbildung vorliegen, sind die verdächtigen Personen in jedem Falle festzunehmen.
4. Nach der Festnahme einer verdächtigen Person sind unverzüglich alle zur möglichst vollständigen Klärung des Falles erforderlichen Ermittlungen durchzuführen. Hierbei ist an Hand der bei den Staatspolizei(leit)-stellen und bei den SD-Unterabschnitten vorhandenen Unterlagen und durch Vernehmung geeigneter Gewährspersonen – auch durch Befragen der örtlichen Parteidienststellen – möglichst gründlich festzustellen, aus welcher allgemeinen Einstellung und aus welchen besonderen Beweggründen die betreffenden Personen gehandelt haben. Alsdann ist unverzüglich dem Chef der Sicherheitspolizei Bericht zu erstatten und um Entscheidung über die weitere Behandlung der festgenommenen Personen zu bitten, da gegebenenfalls auf höhere Weisung brutale Liquidierung solcher Elemente erfolgen wird.

Inschrift an der Kläranlage im Wolfswinkel, Leipzig-Markkleeberg, Mitte November 1939

Gegen Volksschädlinge

Von Staatssekretär Freisler unterzeichnete Rundverfügung des Reichsjustizministeriums «über die Behandlung von Strafverfahren auf Grund der Verordnung gegen Volksschädlinge», 12. September 1939

Deutschland steht im Kampf um Ehre und Recht. Vorbild der Pflichterfüllung ist für jeden Deutschen heute mehr denn je der deutsche Soldat. Wer, statt ihm nachzuleben, am Volk sich versündigt, hat keinen Platz mehr in unserer Gemeinschaft.
Zur rücksichtslosen Bekämpfung dieser Volksschädlinge hat der Ministerrat für die Reichsverteidigung die erforderlichen gesetzlichen Grundlagen geschaffen.
Von allen Richtern und Staatsanwälten erwarte ich, daß sie die Verordnung mit derselben rücksichtslosen, schnellen, scharf zupackenden Entschlossenheit und Tatkraft anwenden, mit der sie erlassen wurde.
Nichtanwendung äußerster Strenge gegenüber solchen Schädlingen wäre Verrat am kämpfenden deutschen Soldaten!
Alle Beteiligten müssen zudem mitwirken, daß Tat, Anklage, Hauptverhandlung, Urteil und Vollstreckung einander auf dem Fuße folgen.
Allen beteiligten Richtern und Staatsanwälten ist diese Verfügung sofort zuzuleiten.

Sonderbehandlung

Präzisierung der obigen Grundsätze Heydrichs, ergangen am 20. September 1939 (Auszug)

3. Die Grenzziehung zwischen Ziffer 1 und 2 muß ich den Stapoleit- und Stapostellen überlassen.
4. Bei den Fällen zu Ziffer 1 ist zu unterscheiden zwischen solchen, die auf dem üblichen Wege erledigt werden können, und solchen, welche einer Sonderbehandlung zugeführt werden müssen. Im letzteren Falle handelt es sich um solche Sachverhalte, die hinsichtlich ihrer Verwerflichkeit, ihrer Gefährlichkeit oder ihrer propagandistischen Auswirkung geeignet sind, ohne Ansehen der Person durch rücksichtslosestes Vorgehen (nämlich durch Exekution) ausgemerzt zu werden. Solche Fälle sind z. B. Sabotageversuche, Aufwiegelung oder Zersetzung von Heeresangehörigen (sic!) oder eines größeren Personenkreises, Hamsterei in großen Mengen, aktive kommunistische oder marxistische Betätigung usw.

Unmittelbar selbständig reagieren

Brief der KPD-Führung vom 21. Oktober 1939 an die Leitungen und Funktionäre im Lande (Auszug)

Die Parteileitungen und -zellen müssen unmittelbar selbständig auf alle Ereignisse reagieren, die Hauptargumente des Faschismus sofort beantworten und die Organisierung des revolutionären Kampfes in den Betrieben und Massenorganisationen leiten. Es ist notwendig, Arbeiter, die sich im Kampfe bewährt haben, für die Partei zu gewinnen und dadurch die Parteizellen zu stärken und die Zahl der Parteigruppen zu vermehren. Von größter Bedeutung für die Führung des Massenkampfes ist die Herausgabe illegaler vervielfältigter Flugblätter und Zeitungen durch die Parteileitungen im Lande. Diese illegalen Zeitungen sind gleichzeitig ein organisatorisches Mittel, einen Kreis von Sympathisierenden um die Partei zu bilden.

Verhaftungen wegen kommunistischer und sozialdemokratischer Betätigung 1939–1942

Monat	1939	1940	1941	1942
Januar	679	705	466	.
Februar	590	849	723	.
März	633	693	775	.
April	540	816	768	.
Mai	664	929	905	1 069
Juni	767	698	1 169	917
Juli	607	760	680	1 965
August	737	700	762	1 210
September	1 089	837	620	.
Oktober	948	818	544	.
November	1 000	581	424	.
Dezember	749	398	266	.

Lagebericht: A. Hochverrat; 1. KPD

Der Oberreichsanwalt beim Volksgerichtshof in einer Übersicht vom 31. Januar 1940 (Auszug)

1. Kammergerichtsbezirk
In den Rheinmetall-Borsig-Werken konnte ein Arbeiter beim Anmalen kommunistischer Symbole überrascht werden (10 J 1/40). In Mühlenbeck sind kommunistische Handzettel verbreitet (10 J 235/39), in der Berliner S-Bahn ist eine Informationsschrift der KPD neuester Ausgabe gefunden worden, in der ins einzelne gehende Richtlinien für die Zersetzungsarbeit im Kriege gegeben werden (10 J 247/39). Hersteller und Verbreiter der Schriften konnten noch nicht ermittelt werden.

2. Oberlandesgerichtsbezirk Kiel
Im Kreis Segeberg haben drei Arbeiter, die beim Bau eines Flugplatzes beschäftigt waren, die Hetznachrichten ausländischer Sender verbreitet und versucht, ihre Arbeitskameraden im kommunistischen Sinn zu beeinflussen (12 J 100/39) ...
3. Oberlandesgerichtsbezirk Celle
Ein bei der Zuckerfabrik in Schladen beschäftigter Protektoratsangehöriger hat unter der Belegschaft planmäßig für die kommunistischen Ziele geworben (10 J 245/39).
4. Oberlandesgerichtsbezirk Jena
In Ilmenau (Thüringen) ist eine illegale kommunistische Gruppe festgenommen worden, die sich während des Jahres 1939 bis zum Ausbruch des Krieges namentlich durch Herstellung und Verbreitung von Flugschriften betätigt hat. Es sind mindestens 8 verschiedene Hetzschriften hergestellt worden ... Das Verfahren richtet sich gegen 22 Beschuldigte, von denen sich noch 15 in Untersuchungshaft befinden ...
5. Ostmark
Hier handelt es sich meist um Verfahren gegen Kommunisten, die das Moskauer Abkommen sowie den Ausbruch des Krieges und die dadurch bedingten wirtschaftlichen Verhältnisse zur staatsfeindlichen Propaganda ausnutzen.

Der Kriegsbeginn im Reich

1939
25. Aug. Höhere SS- und Polizeiführer aktiviert; Zweck: einheitliche Leitung des Unterdrückungsapparates **26. Aug.** Verordnung über das Sonderstrafrecht im Kriege und bei besonderem Einsatz tritt in Kraft, ebenso die Verordnung über die militärischen Strafverfahren **27. Aug.** Verordnung über die Zwangsrationierung von Lebensmitteln; «Normal-Verbraucher» erhalten etwa die Hälfte ihres normalen Konsums – Verordnung über die Zwangsbewirtschaftung der landwirtschaftlichen Erzeugnisse: Ablieferungs-Pflicht für die Bauern **30. Aug.** Ministerrat für die Reichsverteidigung gebildet (Göring, Lammers, Frick, Funk, Heß und Keitel; Himmler und Goebbels nehmen teil); erläßt «Schubladen-Gesetze» für den Kriegsfall **30. Aug./1. Sept.** Zweitausend KPD-Funktionäre und eine größere Zahl anderer Antifaschisten ins KZ eingeliefert («Aktions-Häftlinge»); außerdem «Protektorats-Häftlinge» (u.a. Prager Studenten) sowie im Reich lebende Polen **Anf. Sept.** Ausgabe von Richtlinien und Anordnungen über den Einsatz der NSDAP im Kriege; die hundertfünfzigtausend hauptamtlichen Partei-Funktionäre und die über fünf Millionen Partei-Mitglieder sind beauftragt, nachhaltig den Krieg zu propagieren und jeden Widerstand dagegen im Keim zu ersticken – Zur Koordinierung des Propagandakriegs bei Goebbels tägliche «Ministerkonferenz»; «Tagesparolen» und «Sprachregelungen» – Inkrafttreten des im Juni ausgearbeiteten Plans zur «Aufrechterhaltung der Kulturbetriebe im A-Fall»: die Großstadt-Theater spielen weiter, viele kleinere Theater, Kabaretts, Varietés, Kinos und Museen schließen; statt dessen Fronttheater zur «Truppenbetreuung»; nach dem Polen-Feldzug gelockert – In jedem Wehrkreis Bezirkswirtschaftsämter eingerichtet; dazu in den Gemeinden bzw. Kreisen Wirtschaftsämter; rund siebenhundert Ernährungsämter neu eingerichtet, angeleitet durch Landes-Ernährungsämter **1. Sept.** Ministerrat setzt vierzehn Reichsverteidigungs-Kommissare ein (NSDAP-Gauleiter), im Oktober zwei weitere für die annektierten Gebiete Polens; beigeordnet sind Reichsverteidigungs-Ausschüsse und Führungsstäbe Wirtschaft – Verordnung über die Beschränkung des Arbeitsplatzwechsels – Verordnung über außerordentliche Rundfunkmaßnahmen: Abhörverbot für Auslandssender – Juden der Besitz von Radios verboten; Ausgangs- und Einkaufs-Beschränkungen – Kriminelle Vergehen vor Sondergerichte (Vereinfachungs-Verordnung) **2. Sept.** Die Deutsche Evangelische Kirchenleitung segnet den Hitler-Krieg; Bekenntniskirche fordert gleichfalls dessen Unterstützung **3. Sept.** Heydrich erläßt «Grundsätze zur inneren Staatssicherung während des Krieges» – Befehl Hitlers ordnet die «Gesamtmobilmachung» der Wirtschaft an; zivile Produktion wird aus Sorge um die Volksstimmung aufrechterhalten **4. Sept.** Bekanntgabe der anfangs zurückgestellten Kriegswirtschafts-Verordnung; sie verfügt u.a. Lohnstopp, Kriegssteuern, Kriegszuschläge zur Einkommensteuer (ab 234.– RM), hebt Beschränkungen der Arbeitszeit, Tarif-Urlaub und Lohnzuschläge auf **5. Sept.** Verordnung gegen Volksschädlinge; Ausnutzung des Kriegszustandes für Straftaten strafverschärfend bis zur Todesstrafe – Todt wird Leiter aller Heeresbauten **7. Sept.** Früher entlassene Juden wieder in KZ eingeliefert – Im KZ Sachsenhausen auf Befehl Himmlers Exekution eines Arbeiters, der in den Junkers-Werken Luftschutzarbeiten verweigerte **10. Sept.** Das katholische Kirchen-Amtsblatt tritt für Hitlers Krieg ein – Speer Leiter aller Luftrüstungs-Bauten, dann auch der Marine-Bauten **11. Sept.** Den Reichsverteidigungs-Kommissaren Höhere SS- und Polizeiführer zugeordnet **12. Sept.** Alle «Psychopathen» als potentielle Unruhestifter in KZ eingewiesen **15. Sept.** Im KZ exekutiert werden ein Hallenser Arbeiter wegen Sabotage und ein Kriegsdienstverweigerer (Bibelforscher) aus Dinslaken – Denkschrift Rosenbergs über den «Seelen- und Charakterkrieg»; für Propagierung einer «neuen deutschen Lebensordnung» und der «europäischen Sendung» **16. Sept.** Durch Gesetz Einspruchsmöglichkeiten der Justizorgane gegen zu milde Urteile erweitert **20. Sept.** Verordnung Heydrichs zur Durchführung der «Grundsätze»; u.a. justizlose «Sonderbehandlung» **27. Sept.** Unter Heydrich Reichs-Sicherheits-Hauptamt gebildet; vereint in seiner Hand den Sicherheitsdienst der SS (den SD; Leitung: Ohlendorf) mit dreitausend hauptamtlichen Mitarbeitern sowie rund fünfzigtausend V-Leuten und Zuträgern, die Gestapo (H. Müller) mit etwa vierzigtausend hauptamtlichen Mitarbeitern und einem Mehrfachen an Spitzeln sowie die Kriminalpolizei (Nebe) **30. Sept.** OKW kündigt zur Erhöhung der als äußerst mangelhaft empfundenen Disziplin Wehrmacht-Straflager an **1. Okt.** Erstes Radio-Wunschkonzert: «Bindeglied zwischen Front und Heimat» **Okt.** Zurücknahme wesentlicher Bestimmungen der Kriegswirtschafts-Verordnung; keine Veränderung der Lohn- und Gehaltssätze, erneute Zahlung der üblichen Lohnzuschläge **4. Okt.** Verordnung gegen jugendliche Schwerverbrecher **6. Okt.** Freudenkundgebungen in Berlin anläßlich des «Friedensangebots» Hitlers an die Westmächte; Dämpfung der unerwünschten Reaktion der Bevölkerung mit scharfen Dementis einer Annahme **18. Okt.** «Arbeitsbummelanten» aus Polizeirazzien sind auf Befehl Himmlers ins KZ einzuweisen **19. Okt.** Erlaß Himmlers an die Polizei, auf Ersuchen der Ernährungsämter sofort gegen widersetzliche Bauern vorzugehen **24. Okt.** Erlaß zur Verschärfung der «Schutzhaft» (KZ); im Krieg keine Entlassung, vor allem politischer Häftlinge; im Lager besondere Strafabteilungen **26. Okt.** Uraufführung des militaristischen Flieger-Films «D III 88» **Ende Okt.** Auf den 1. September rückdatierter «Euthanasie»-Erlaß Hitlers: Mordaktion gegen «lebensunwertes Leben» **Nov.** OKW-Wehrwirtschaftsstab wird Wehrwirtschafts- und Rüstungsamt (General Thomas) – Aufstellung des Heeres-Streifendienstes – Filmzensur verschärft; vor Produktionsbeginn Vorlage des Drehbuches im Propaganda-Ministerium **11. Nov.** Konferenz der Universitäts- und Hochschulrektoren erläßt Leitsätze für die «geistigen Waffenschmieden des Volkes» **14. Nov.** Reichs-Kleiderkarte eingeführt; (Punktsystem; Großtextilien/Schuhe weiter auf Bezugsschein) **15. Nov.** Letzte (sechste) Sitzung des Ministerrats für die Reichsverteidigung; unter seinem Namen aber weiterhin Verordnungen (bis Ende August 1942 fast einhundertsechzig) **17. Nov.** Urlaubssperre in den Betrieben wiederaufgehoben **25. Nov.** Ergänzende Strafvorschriften zum Schutz der Wehrkraft; richten sich vor allem gegen die «Wehrkraftzersetzung» **29. Nov.** Hitler-Befehl für ein Munitionsprogramm; Auffüllung der in Polen unvorhergesehen geschwächten Vorräte – Göring erläßt Richtlinien zur Rüstungssteigerung; kleine und mittlere Betriebe werden als Unterlieferanten den Konzernen unterworfen **Winter** Transport-

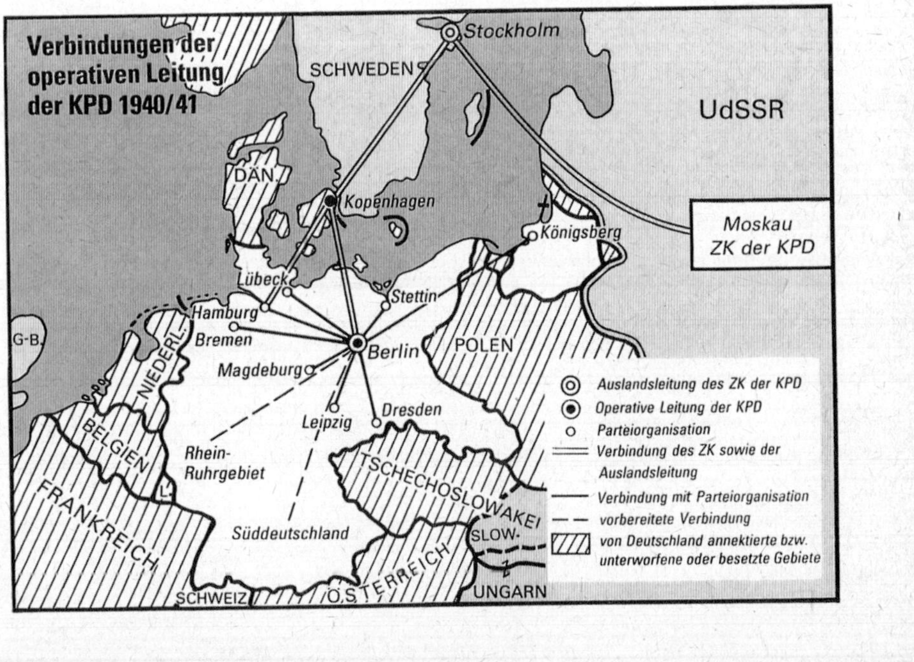

Verbindungen der operativen Leitung der KPD 1940/41

schwierigkeiten verursachen eine Krise in der Kohleversorgung – In den überfüllten KZ bricht Typhus aus; allein in Buchenwald kommen mehr als zweitausend Häftlinge um **1. Dez.** Rosenberg von Hitler mit Vorarbeiten für eine einheitliche ideologische Ausrichtung des Volkes beauftragt **5. Dez.** Erlaß zur Umbildung der Reichsstelle für Wirtschaftsausbau in ein Reichsamt (Krauch, IG Farben) – Verordnung gegen Gewaltverbrecher **7. Dez.** Funk als Generalbevollmächtigter für die Wirtschaft von Göring amtsenthoben; Vollmachten zur Umstellung der Industrie auf den Kriegsbedarf werden auf die Reichsgruppe Industrie und ihre Wirtschaftsgruppen übertragen – Generalrat des Vierjahresplans umgebildet; neue Mitglieder aus Wehrmacht, Staatsapparat und NSDAP berufen; Führungsanspruch bekräftigt **19. Dez.** Vertreter der Großkonzerne fordern für Kriegsproduktion oberste Entscheidungsinstanz **20. Dez.** Goebbels weist die Presse an, «antiplutokratischen Kurs» einzuschlagen: «Volkskrieg gegen den britischen Kapitalismus» **21. Dez.** Eichmann wird Leiter des Judenreferats im Reichs-Sicherheits-Hauptamt und damit Organisator der «Endlösung»

1940

Jan. Beginn der Vernichtung Geisteskranker in den Anstalten Brandenburg-Görden, Grafeneck und Hartheim; zusätzlich ab April in Sonnenstein, ab September in Bernburg und ab Januar 1941 in Hadamar – Kunstausstellung «Polenfeldzug und U-Boot-Krieg» in Berlin eröffnet **10. Jan.** OKW-Befehl gegen den «Verkehr Kriegsgefangener mit deutschen Frauen» **29. Jan.** Erlaß Hitlers über die Gründung einer Hohen Schule der NSDAP unter Rosenberg; geplanter Standort: am Chiem-See **Febr.** Beginn der Juden-Deportationen aus Deutschland in polnische Ghettos – Die Zahl der Sondergerichte hat sich im Reich gegenüber 1938 mit fünfundfünfzig verdoppelt; Strafzuschläge von fünfzig Prozent; «standgerichtlicher Charakter» **9. Febr.** Rosenberg Beauftragter zur Sicherung der nationalsozialistischen Weltanschauung **23. Febr.**

Wöchentliche Lebensmittelrationen eines «Normal-Verbrauchers»*

in Gramm

Zeitpunkt	Brot	Fleisch	Fett
Ende September 1939	2 400	500	270
Mitte April 1942	2 000	300	206
Anfang Juni 1943	2 325	250	218
Mitte Oktober 1944	2 225	250	218
Mitte März 1945	1 778	222	109

* *«Unproduktive» wie Angestellte, Hausfrauen*

Todt Generalinspekteur für Sonderaufgaben im Vierjahresplan; es folgt am **17. März** Ernennung zum Reichsminister für Bewaffnung und Munition **27. März** Führende Vertreter der Reichsgruppe Industrie und der Wirtschaftsgruppen stellen eine Konzern-Liste für den Beirat des Ministers auf **6. April** Todt verfügt die Bildung von Arbeitsgemeinschaften der Munitionserzeugung; dazu am **8. April** Anordnung des Leiters der Reichsgruppe Industrie, Zangen, über die «Selbstverantwortung der Betriebe» **14. April** Weitere Delikte in der Wehrmacht mit Todesstrafe bedroht **27. April** Zur Behebung des akuten Arbeitskräfte-Mangels legt Reichsarbeitsminister Seldte einen Verordnungs-Entwurf über verstärkten Einsatz von Frauen vor; am **9. Mai** durch den Generalbevollmächtigten für die Reichsverwaltung (Frick; hier im Auftrag des Ministers der Staatssekretär Stuckart) abgelehnt: «Mißgriffe können sich sowohl auf die Stimmung in der Heimat wie auf die an der Front gefährlich auswirken» **10. Mai** Das Feldheer zählt nunmehr einhundertsechsundfünfzig Divisionen (gegenüber einhundertacht Divisionen am 10. September 1939)

Schwerpunkt-Verlagerung im Reich: Seite 322

Mobilisierung innerer Reserven

Die Richtungskämpfe

General Beck ist skeptisch

Denkschrift des Generalobersten a. D. Beck von Ende September 1939 (Auszug)

Wer mit Großbritannien sich in einen Krieg einläßt, hat einen Weltkrieg zu führen ...
1. Eine Möglichkeit für eine militärische Entscheidung im Westen ist nicht zu erkennen. Das deutsche Heer muß sich im Westen auf eine Abwehrschlacht von unbegrenzter Dauer einrichten.
Schon immer sind Einschließung und Aushungern ein Mittel der Kriegskunst gewesen, eine Festung zur Übergabe zu zwingen.
2. Der Krieg im Westen wird sich daher hinschleppen und im ganzen betrachtet lange dauern.
3. Je länger der Krieg dauert, desto mehr steigen die Möglichkeiten der Gegner, Deutschland auszuhungern und zu zermürben.
4. Der Zweck jeden Krieges, einen guten Frieden zu gewinnen, erscheint nicht erreichbar, der Notbehelf, den Gegner friedensgeneigt zu machen, ganz ins Ungewisse gehüllt.

Vernichtung der westlichen Gegner

Denkschrift und Richtlinien Hitlers zum Krieg im Westen vom 9. Oktober 1939, ergangen an die drei Oberbefehlshaber und OKW-Chef Keitel (Auszug)

Das deutsche Kriegsziel hat ... in der endgültigen militärischen Erledigung des Westens zu bestehen, d.h. in der Vernichtung der Kraft und Fähigkeit der Westmächte, noch einmal der staatlichen Konsolidierung und Weiterentwicklung des deutschen Volkes in Europa entgegentreten zu können.
Diese innere Zielsetzung muß allerdings der Welt gegenüber die von Fall zu Fall psychologisch bedingten propagandistischen Korrekturen erfahren. Am Kriegsziel selbst aber ändert dies nichts. Es ist und bleibt die Vernichtung unserer westlichen Gegner ...
Die Erfolge des polnischen Feldzuges haben zunächst die seit vielen Jahrzehnten ohne Aussicht auf Verwirklichung ersehnte Tatsache der Möglichkeit eines Ein-Frontenkrieges geschaffen, das heißt: Deutschland kann unter Belassung geringfügiger Deckungstruppen im Osten mit seiner gesamten Kraft zur Auseinandersetzung im Westen antreten.

Gegenwärtig nicht zu erreichendes Ziel

Brief des OB der HGr. C, v. Leeb, an den OBdH, v. Brauchitsch, vom 31. Oktober 1939 (Auszug)

Die militärischen Gründe, die gegen die Absichten des Führers sprechen, sind klar. Wir können allein schon wegen unserer Ersatzlage nicht durchhalten ... Das Schwert hat nicht die Schärfe, die der Führer wohl annimmt ... Es fehlt an allen Ecken und Enden ...
Ich halte es für ein gegenwärtig nicht zu erreichendes Ziel, Engländer, Franzosen und Belgier militärisch zu vernichten. Denn nur dann, wenn sie vernichtet sind, werden sie, im Angriffsfalle, zu einem Frieden bereit sein.
Die Erfolge im Osten mit den Wunschgedanken im Westen in Beziehung zu bringen, würde ein verhängnisvolles Abweichen von der Wirklichkeit sein.
Auf politischem Gebiet haben wir doch Polen als Faustpfand in der Hand. Wenn dies den Gegnern nicht paßt, mögen sie doch angreifen.
Das gesamte Volk ist von einer tiefen Friedenssehnsucht erfüllt. Es will den drohenden Krieg nicht und steht ihm ohne jede innere Anteilnahme gegenüber. Wenn die Parteidienststellen etwas anderes berichten, dann halten sie mit der Wahrheit zurück. Das Volk erwartet sich jetzt den Frieden von der Politik seines Führers, weil es wohl ganz instinktiv fühlt, daß eine Vernichtung Frankreichs und Englands nicht möglich ist und weiterreichende Pläne daher zurückgestellt werden müssen. Als Soldat muß man das gleiche sagen.

Größter historischer Entschluß

Besprechung Hitlers mit den Oberbefehlshabern am 23. November 1939 (Auszug)

Alles geht darauf hinaus, daß jetzt der Moment günstig ist, in 6 Monaten kann es aber vielleicht nicht mehr so sein.
Als letzten Faktor muß ich in aller Bescheidenheit meine eigene Person nennen: unersetzbar. Weder eine militärische noch eine zivile Persönlichkeit könnte mich ersetzen. Die Attentatsversuche können sich wiederholen. Ich bin überzeugt von der Kraft meines Gehirns und von meiner Entschlußkraft. Kriege werden immer beendigt nur durch Vernichtung des Gegners. Jeder, der anders denkt, ist unverantwortlich. Die Zeit arbeitet für den Gegner. Jetzt ist ein Kräfteverhältnis, das sich für uns nicht mehr verbessern, sondern nur ver-

Europas Imperialismus zu Kriegsbeginn

Land	Feldheer	Kriegsflugzeuge	Panzer	Geschütze*
Deutschland	2 760 000	3 541	3 195	15 585
Italien	1 183 000	2 950	1 424	8 600
Polen	750 000	463	600	4 500
Frankreich	2 330 000	1 735	3 682	11 000
Großbritannien	897 000	1 660	1 148	

* *ab 7,5 cm und schwere Granatwerfer*

schlechtern kann. Der Gegner wird nicht Frieden schließen, wenn das Kräfteverhältnis für uns ungünstig ist. Keine Kompromisse. Härte gegen sich selbst. Ich werde angreifen und nicht kapitulieren. Das Schicksal des Reiches hängt nur von mir ab. Ich werde danach handeln. Heute haben wir noch Überlegenheit, wie wir sie nie gehabt haben ...
Es ist ein schwerer Entschluß für mich. Keiner hat das geschaffen, was ich geschaffen habe. Mein Leben spielt keine Rolle dabei. Ich habe das deutsche Volk zu großer Höhe geführt, wenn man uns auch jetzt in der Welt haßt. Dieses Werk setze ich auf das Spiel. Ich habe zu wählen zwischen Sieg oder Vernichtung. Ich wähle den Sieg. Größter historischer Entschluß, zu vergleichen mit dem Entschluß Friedrichs des Großen vor dem 1. Schlesischen Krieg. Preußen verdankt seinen Aufstieg dem Heroismus eines Mannes. Auch dort waren die nächsten Berater geneigt zur Kapitulation. Alles hing von Friedrich dem Großen ab. Auch der Entschluß Bismarcks 1866 und 1870 war nicht minder groß.
Mein Entschluß ist unabänderlich. Ich werde Frankreich und England angreifen zum günstigsten und schnellsten Zeitpunkt. Verletzung der Neutralität Belgiens und Hollands ist bedeutungslos. Kein Mensch fragt danach, wenn wir gesiegt haben.

Motive der Opposition

Statement der Gruppe Goerdeler/Beck, im Februar 1940 durch v. Hassell bei geheimen Gesprächen mit einem Vertreter Großbritanniens in der Schweiz übergeben (Auszug)

I. Es ist äußerst wichtig, diesen unsinnigen Krieg so schnell als möglich zu beenden. II. Diese Notwendigkeit besteht, weil die Gefahr immer größer wird, daß Europa vollkommen zerstört und vor allem bolschewisiert wird. III. Für uns bedeutet Europa nicht ein Schlachtfeld oder eine Machtbasis, sondern hat ‹la valeur d'une patrie› [‹den Wert eines Vaterlandes› – d. Verf.], in deren Rahmen ein gesundes, lebenskräftiges Deutschland gerade im Hinblick auf das bolschewistische Rußland ein unentbehrlicher Faktor ist. IV. Das Ziel des Friedensschlusses muß eine dauernde Befriedung und Gesundung Europas auf fester Grundlage und eine Sicherheit gegen baldiges Wiederaufflammen kriegerischer Auseinandersetzungen sein. V. Hierfür ist Bedingung, daß die Vereinigung Österreichs (und des Sudetenlandes) mit dem Reich außerhalb der Erörterung steht. Ebenso kommt ein Wiederaufrollen von Grenzfragen im Westen Deutschlands nicht in Frage, während die deutsch-polnische Grenze im wesentlichen mit der deutschen Reichsgrenze im Jahre 1914 übereinstimmen muß.

Die Aggression in Nordeuropa

Aufträge für Quisling

Anlage I zum «kurzen Tätigkeitsbericht des Außenpolitischen Amtes der NSDAP von 1933–43» (Auszug)

Die politische Vorbereitung der militärischen Besetzung *Norwegens in den Kriegsjahren 1939/1940.* Wie schon erwähnt, erschien von allen politischen Gruppierungen in Skandinavien nur die in Norwegen vom ehemaligen Kriegsminister und Major a. D. Vidkun Quisling geführte «Nasjonal Samling» einer ernsteren politischen Beachtung würdig. Sie war eine politische Kampfgruppe, getragen von der Idee einer großgermanischen Gemeinschaft, und wurde natürlich von allen herrschenden Kräften angefeindet, die ihren Durchbruch in der Bevölkerung mit allen Mitteln zu verhindern trachteten. Das Amt hielt mit Quisling eine dauernde Verbindung aufrecht und verfolgte aufmerksam seine mit zäher Energie geführten Angriffe auf die im englischen Fahrwasser segelnde Bourgeoisie ...
Um der zunehmenden feindlichen Propagandatätigkeit ein Gegengewicht zu schaffen, sagte der Führer Quisling eine finanzielle Unterstützung seiner auf dem großgermanischen Gedanken fußenden Bewegung zu. Die militärische Bearbeitung der nunmehr aufgenommenen Fragen wurde dem militärischen Sonderstab übertragen, der Quisling besondere Aufträge übermittelte. Die politische Bearbeitung sollte Reichsleiter Rosenberg übernehmen, die finanziellen Unkosten das Auswärtige Amt tragen, wobei der Reichsaußenminister vom Außenpolitischen Amt fortlaufend informiert werden sollte. Die Aufrechterhaltung der Verbindung mit Quisling wurde Amtsleiter Scheidt übertragen, der im Verlauf der weiteren Entwicklung dem Marineattaché in Oslo, Korvettenkapitän Schreiber, zugeteilt wurde. Es wurde die strengste Geheimhaltung der ganzen Angelegenheit angeordnet.

Studie N*

Großadmiral Raeder in einem Memorandum vom 30. Januar 1944 zu seiner Initiative (Auszug)

Dem Führer leuchtete sofort die Bedeutung des Norwegenproblems ein; er bat mich um Überlassung des Sprechzettels und erklärte, er wolle sich mit der Frage beschäftigen.
Bei der weiteren Entwicklung unterstützte mich Korv.-Kapitän Schreiber, Marineattaché in Oslo, und der M-Chef persönlich – in Verbindung mit der Organisation Rosenberg –, so daß wir Verbindung mit Quisling und Hagelin erhielten, die Anfang Dezember in Berlin eintrafen und von mir – im Einvernehmen mit Reichsleiter Rosenberg – beim Führer eingeführt wurden. Auf Grund der Besprechung des Führers mit Quisling und Hagelin am 14.12.39 nachmittags gab der Führer den Befehl zur Vorbereitung des Norwegenunternehmens durch OKW.

* *Deckname für den auf Raeders Anregung ausgearbeiteten Operationsentwurf*

Unternehmen «Weserübung»

OKW-Weisung Hitlers vom 1. März 1940 (Auszug)

1. Die Entwicklung der Lage in Skandinavien erfordert es, alle Vorbereitungen dafür zu treffen, um mit Teilkräften der Wehrmacht Dänemark und Norwegen zu besetzen («Fall Weserübung»). Hierdurch soll englischen Übergriffen nach Skandinavien und der Ostsee vorgebeugt, unsere Erzbasis in Schweden gesichert und für Kriegsmarine und Luftwaffe die Ausgangsstellung gegen England erweitert werden.
Kriegsmarine und Luftwaffe fällt im Rahmen der gegebenen Möglichkeiten die Sicherung des Unternehmens gegen das Eingreifen englischer See- und Luftstreitkräfte zu.
Die für «Fall Weserübung» einzusetzenden Kräfte werden im Hinblick auf unsere militärpolitische Stärke gegenüber den nordischen Staaten so schwach als möglich gehalten. Ihre zahlenmäßige Schwäche muß durch kühnes Handeln und überraschende Durchführung ausgeglichen werden.
Grundsätzlich ist anzustreben, der Unternehmung den Charakter einer *friedlichen* Besetzung zu geben, die den bewaffneten Schutz der Neutralität der nordischen Staaten zum Ziel hat. Entsprechende Forderungen werden mit Beginn der Besetzung den Regierungen übermittelt werden. Flotten- und Luftdemonstrationen werden erforderlichenfalls den nötigen Nachdruck geben. Trotzdem auftretender Widerstand ist unter Einsatz aller militärischen Mittel zu brechen.

Inschutznahme

Ministerbesprechung bei Goebbels am 10. April 1940 (Auszug)

d) Unbedingt muß die These aufrechterhalten bleiben und unterstrichen werden, daß die Operation lediglich eine Antwort auf die englischen Operationen in norwegischen Gewässern war und erst durch diese ausgelöst wurde.
e) Der Minister erwartet von den Angehörigen des Ministeriums, daß diese These der Inschutznahme auch von ihnen selbst nicht etwa angezweifelt oder gar lächerlich gemacht wird.

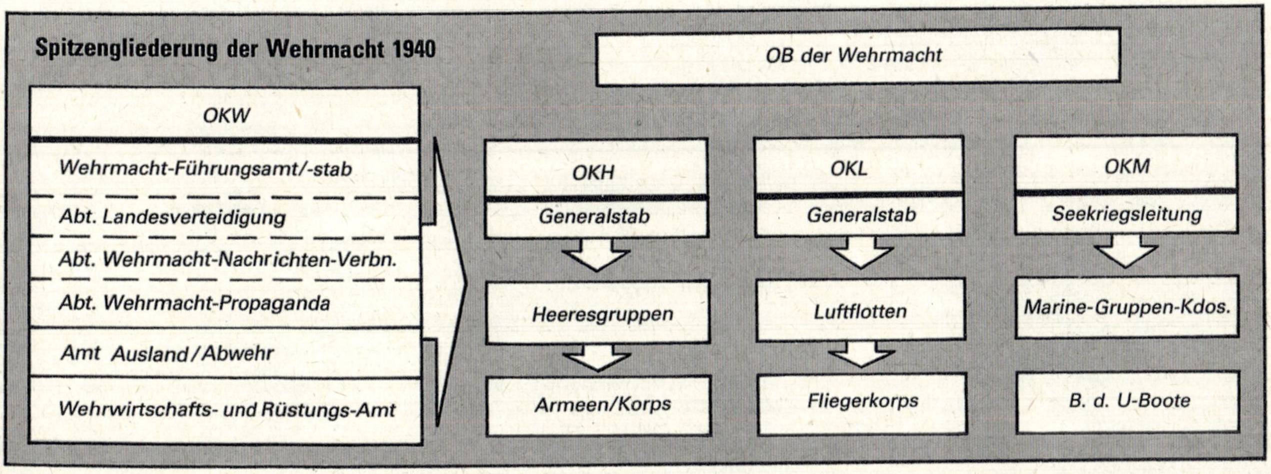

Die Aggression in Westeuropa

Neutralität sicherstellen

Offizieller belgischer Bericht über die Ereignisse in den Jahren 1939/40 (Auszug)

Von 4.30 Uhr an gingen Mitteilungen ein, die nicht einen Schatten von Zweifel ließen: Die Stunde war gekommen. Zuerst wurden Flugzeuge im Osten gemeldet. Um 5 Uhr traf die Nachricht über die Bombardierung von zwei holländischen Flughäfen, über die Verletzung der belgischen Grenze, über die Landung deutscher Soldaten beim Fort Eben-Emael und über die Bombardierung der Station Jemelle ein ...
Um 8.30 Uhr kam der deutsche Botschafter in das Ministerium für Auswärtige Angelegenheiten. Als er das Zimmer des Ministers betrat, begann er ein Papier aus der Tasche zu ziehen. Herr Spaak unterbrach ihn: «Verzeihung, Herr Botschafter, ich spreche zuerst.» Und mit indignierter Stimme verlas er den Protest der belgischen Regierung: «Herr Botschafter, die deutsche Armee hat soeben unser Land angegriffen. Es ist das zweite Mal in 25 Jahren, daß Deutschland einen verbrecherischen Angriff auf ein neutrales und loyales Belgien unternommen hat. Was soeben geschehen ist, ist vielleicht noch abscheulicher als der Überfall von 1914. Kein Ultimatum, keine Note, kein Protest irgendwelcher Art wurde je zuvor der belgischen Regierung übermittelt. Erst durch den Angriff selbst hat Belgien erfahren, daß Deutschland die von ihm am 13. Oktober 1937 gegebenen und bei Kriegsausbruch freiwillig erneuerten Garantien verletzt hat ...»
Der Botschafter konnte dann den Inhalt der von ihm überreichten Note lesen: «Ich bin von der Reichsregierung angewiesen», sagte er, «die folgende Erklärung abzugeben. Um der Invasion Belgiens, Hollands und Luxemburgs zuvorzukommen, für die Großbritannien und Frankreich deutlich gegen Deutschland gerichtete Vorbereitungen getroffen haben, sieht sich die Reichsregierung genötigt, die Neutralität der drei genannten Länder mit Waffengewalt sicherzustellen. Zu diesem Zweck wird die Reichsregierung Streitkräfte größten Umfanges einsetzen, so daß jeglicher Widerstand nutzlos ist. Die Reichsregierung garantiert Belgien sein europäisches und koloniales Gebiet und auch sein Herrscherhaus unter der Bedingung, daß kein Widerstand geleistet wird. Im Falle irgendwelchen Widerstandes setzt Belgien die Zerstörung seines Landes und seine Unabhängigkeit aufs Spiel. Es liegt daher im Interesse Belgiens, daß die Bevölkerung aufgefordert wird, allen Widerstand aufzugeben, und daß den Behörden die nötigen Weisungen erteilt werden, sich mit dem deutschen Militärkommando in Verbindung zu setzen.»

An die Franzosen gerichtetes deutsches Flugblatt

Sich nicht mißbrauchen lassen

Erklärung des ZK der KPD vom 12. Mai 1940 (Auszug)

Die deutschen Kommunisten sprechen ihre volle Sympathie aus für die Opfer der Vergewaltigung und des imperialistischen Krieges in Dänemark, Norwegen, Holland, Belgien und Luxemburg, für das unterdrückte tschechische, polnische und österreichische Volk. Die deutschen Kommunisten fühlen sich solidarisch und kampfverbunden mit der Arbeiterklasse dieser Länder. Sie beschwören die deutschen Arbeiter und Bauern im Soldatenrock, sich nicht mißbrauchen zu lassen für die Vergewaltigung, Terrorisierung und Ausplünderung ihrer werktätigen Brüder in den von der deutschen Armee besetzten Gebieten. Die deutschen Proletarier fühlen sich mit den Arbeitern und Bauern Frankreichs verbunden, die jetzt am schwersten von den Greueln des Krieges betroffen werden.

Rotterdam ein Schutthaufen

Funkbefehl des OB der 18. Armee, v. Küchler, an das XXXIX. AK vom 13. Mai 1940, 18.45 Uhr

Widerstand in Rotterdam ist mit allen Mitteln zu brechen, nötigenfalls ist Vernichtung der Stadt [an]zudrohen und durchzuführen.

Der Kommandierende General des XXXIX. AK, Gen. Schmidt, am Abend des 13. Mai in einem Ultimatum an den holländischen Stadtkommandanten (nach dem Kriegstagebuch des AK) (Auszug)

Der Widerstand ..., der gegen das Vordringen der deutschen Wehrmacht geleistet wird, zwingt mich dazu, [Ihnen mitzuteilen], daß ich zu den notwendigen Mitteln [greifen werde], falls der Widerstand nicht unverzüglich aufgegeben wird ... Dies kann die völlige Vernichtung der Stadt nach sich ziehen. Ich ersuche Sie als Mann von Verantwortungsgefühl, darauf hinzuwirken, daß diese schwere Schädigung der Stadt unterbleiben kann... Als Zeichen des Einverständnisses ersuche ich Sie, [sofort einen Parlamentär zu entsenden, der] mit den notwendigen Vollmachten ausgestattet ist ... Erhalte ich binnen zwei Stunden nach Übergabe dieser Mitteilung keine Antwort, so bin ich gezwungen, die schärfsten Vernichtungsmittel anzuwenden.

Meldung des XXXIX. AK an das AOK 18 vom 14. Mai 1940, 15.30 Uhr

Bombenangriff 15 Uhr nicht mehr abzubremsen. Fiel in laufende Verhandlungen. Fortsetzung fraglich. Angriff vorläufig verschoben.

Tagebuch des Stellvertr. Chefs des Luftwaffen-Führungsstabs, Oberst Hoffmann v. Waldau, vom 25. Mai 1940 (Rückblick) (Auszug)

Auch nach Eintreffen der Panzer versteifte sich unter englischem Druck der Widerstand mit Schwerpunkt in Rotterdam. Es blieb die Radikallösung übrig, ihn durch Luftangriff zu brechen. Der Angriff von 2 K* und Stukagruppen verwandelte Südrotterdam zu einem Schutthaufen, der jeglichen Vergleich mit Warschau aushielt ...

* *Kampf- (Bomber –)*

Der Krieg mit Großbritannien

Blut, Mühsal, Tränen, Schweiß

Rede Churchills vor dem britischen Unterhaus am 13. Mai 1940 anläßlich der Bildung des neuen Kriegskabinetts (Auszug)

Ich hoffe, man wird es mir verzeihen, wenn ich in dieser kritischen Lage mich heute nicht mit einer längeren Ansprache an das Haus wende. Ich hoffe, daß jeder meiner Freunde und jeder meiner jetzigen oder früheren Kollegen, der von der Regierungsbildung berührt ist, den etwaigen Mangel an Förmlichkeiten nachsehen wird, mit dem wir vorgehen mußten. Ich möchte dem Haus dasselbe sagen, was ich den Mitgliedern dieser Regierung gesagt habe: «Ich habe nichts zu bieten als Blut, Mühsal, Tränen und Schweiß.»
Uns steht eine Prüfung von allerschwerster Art bevor. Wir haben viele, viele lange Monate des Kämpfens und des Leidens vor uns. Sie werden fragen: Was ist unsere Politik? Ich erwidere: Unsere Politik ist, Krieg zu führen, zu Wasser, zu Lande und in der Luft, mit all unserer Macht und mit aller Kraft, die Gott uns verleihen kann; Krieg zu führen gegen eine ungeheuerliche Tyrannei, die in dem finsteren, trübseligen Katalog des menschlichen Verbrechens unübertroffen bleibt. Das ist unsere Politik. Sie fragen: Was ist unser Ziel? Ich kann es in einem Wort nennen: Sieg – Sieg um jeden Preis, Sieg trotz allem Schrecken, Sieg, wie lang und beschwerlich der Weg dahin auch sein mag; denn ohne Sieg gibt es kein Weiterleben. Möge man darüber im klaren sein: Kein Weiterleben für das Britische Weltreich; kein Weiterleben für all das, wofür das Britische Weltreich eingetreten ist; kein Weiterleben für den jahrhundertealten Drang und Impuls des Menschengeschlechts, seinem Ziel zuzustreben.

Drei Möglichkeiten

Denkschrift des Chefs des Wehrmachtführungsamtes, General Jodl, vom 30. Juni 1940 (Auszug)

Wenn politische Mittel nicht zum Ziele führen, muß der Widerstandswille Englands mit Gewalt gebrochen werden:
a) durch den Kampf gegen das englische Mutterland,
b) durch die Ausweitung des Krieges an der Peripherie.
Zu a: gibt es 3 Möglichkeiten:
1.) die *Belagerung:*
Sie umfaßt den Kampf zur See und aus der Luft gegen jede Ein- und Ausfuhr,
den Kampf gegen die englische Luftwaffe und alle wehrwirtschaftlichen Kraftquellen des Landes.
2.) den *Terrorangriff* gegen die englischen Bevölkerungszentren.
3.) die *Landung* mit dem Ziel, England zu besetzen.
Der deutsche Endsieg auch über England ist nur mehr eine Frage der Zeit. Feindliche Angriffsoperationen größeren Stils sind nicht mehr möglich.
Deutschland kann also ein Kampfverfahren wählen, das die eigenen Kräfte schont und Risiken vermeidet ...
Dieses erste und wichtigste Ziel der Kampfführung gegen England wird gleichzeitig ergänzt durch den Kampf gegen die englischen Vorratslager sowie die Ein- und Ausfuhr auf See und in den Häfen.
Verbunden mit Propaganda und zeitweiligen Terrorangriffen – als Vergeltung erklärt –, wird diese zunehmende Schwächung der englischen Ernährungsbasis den *Widerstandswillen des Volkes lähmen und endlich brechen und damit seine Regierung zur Kapitulation zwingen.*
Eine Landung in England kann erst ins Auge gefaßt werden, wenn die Luftherrschaft durch die deutsche Luftwaffe erkämpft ist.

Unternehmen «Seelöwe»

OKW-Weisung Hitlers zur Landung auf den Britischen Inseln vom 16. Juli 1940 (Auszug)

Da England, trotz seiner militärisch aussichtslosen Lage, noch keine Anzeichen einer Verständigungsbereitschaft zu erkennen gibt, habe ich mich entschlossen, eine Landungsoperation gegen England vorzubereiten und, wenn nötig, durchzuführen.
Zweck dieser Operation ist es, das englische Mutterland als Basis für die Fortführung des Krieges gegen Deutschland auszuschalten und, wenn es erforderlich werden sollte, in vollem Umfang zu besetzen.
Hierzu befehle ich folgendes:
1. Die *Landung* muß sich in Form eines überraschenden Überganges in breiter Front etwa von Ramsgate bis in die Gegend westlich der Insel Wight vollziehen, wobei Teilen der Luftwaffe die Rolle der Artillerie, Teilen der Kriegsmarine die Rolle der Pioniere zufallen wird. Ob es zweckmäßig ist, vor dem allgemeinen Übergang *Teilaktionen*, etwa zur Besetzung der Insel Wight oder der Grafschaft Cornwall, zu unternehmen, ist vom Standpunkt jedes Wehrmachtsteiles aus zu prüfen und das Ergebnis mir zu melden. Die Entscheidung behalte ich mir vor. Die Vorbereitungen für die Gesamtoperation müssen bis Mitte August abgeschlossen sein.
2. Zu diesen *Vorbereitungen* gehört auch, daß diejenigen Voraussetzungen geschaffen werden, die eine Landung in England möglich machen.
a) Die englische Luftflotte muß moralisch und tatsächlich so weit niedergekämpft sein, daß sie keine nennenswerte Angriffskraft dem deutschen Übergang gegenüber mehr zeigt.
b) Es müssen minenfreie Wege geschaffen sein.
c) Durch eine dichte Minensperre muß die Straße von Dover in beiden Flanken sowie der Westeingang des Kanals etwa in der Linie Alderney–Portland abgesperrt sein.
d) Durch starke Küstenartillerie muß das Küstenvorfeld beherrscht und artilleristisch abgeschirmt sein.
e) Die Fesselung der englischen Seestreitkräfte kurz vor dem Übergang sowohl in der Nordsee als auch im Mittelmeer (durch die Italiener) ist erwünscht, wobei schon jetzt versucht werden muß, den englischen Seestreitkräften, die sich im Mutterland befinden, durch Luft- und Torpedoangriffe nach Kräften Abbruch zu tun.

Der Dreimächte-Pakt

Auf zehn Jahre befristeter deutsch-italienisch-japanischer Vertrag vom 27. September 1940 (Auszug)

Die Regierungen von Deutschland, Italien und Japan sehen es als eine Voraussetzung für einen dauerhaften Frieden an, daß jede Nation der Welt den ihr gebührenden Raum erhält. Sie haben deshalb beschlossen, bei ihren Bestrebungen im großostasiatischen Raum und in den europäischen Gebieten Seite an Seite zu stehen und zusammenzuarbeiten, wobei es ihr vornehmstes Ziel ist, eine neue Ordnung der Dinge zu schaffen und aufrechtzuerhalten, die geeignet ist, Gedeihen und Wohlfahrt der dortigen Völker zu fördern. Es ist ferner der Wunsch der drei Regierungen, die Zusammenarbeit auf solche Nationen in anderen Teilen der Welt auszudehnen, die geneigt sind, ihren Bemühungen eine ähnliche Richtung wie sie selbst zu geben, damit so ihre auf den Weltfrieden als Endziel gerichteten Bestrebungen verwirklicht werden können. Dementsprechend haben die Regierungen von Deutschland, Italien und Japan folgendes vereinbart:
Artikel 1 Japan anerkennt und respektiert die Führung Deutschlands und Italiens bei der Schaffung einer neuen Ordnung in Europa.
Artikel 2 Deutschland und Italien anerkennen und respektieren die Führung Japans bei der Schaffung einer neuen Ordnung im großostasiatischen Raum.
Artikel 3 Deutschland, Italien und Japan kommen überein, bei ihren Bemühungen auf der vorstehend angegebenen Grundlage zusammenzuarbeiten. Sie übernehmen ferner die Verpflichtung, sich mit allen politischen, wirtschaftlichen und militärischen Mitteln gegenseitig zu unterstützen, falls einer der drei vertragschließenden Teile von einer Macht angegriffen wird, die gegenwärtig nicht in den europäischen Krieg oder in den chinesisch-japanischen Konflikt verwikkelt ist.
Artikel 4 Um den gegenwärtigen Pakt zur Durchführung zu bringen, werden unverzüglich gemeinsame technische Kommissionen zusammentreten, deren Mitglieder von den Regierungen Deutschlands, Italiens und Japans zu ernennen sind.
Artikel 5 Deutschland, Italien und Japan erklären, daß die vorstehenden Abmachungen in keiner Weise den politischen Status berühren, der gegenwärtig zwischen jedem der drei vertragschließenden Teile und Sowjetrußland besteht.

Der Luftkrieg über Großbritannien (1940)

	Einsatzmonat Juli	August	September	Oktober	November	Dezember
Zahl der deutschen Einsätze*	5 376	4 779	7 260	9 911	6 778	3 844
davon Großeinsätze	–	4	21	27	18	11
Abgeworfene Bombenlast (t)						
an Sprengbomben	1 473,4	4 447,8	6 614,5	8 790,6	6 204,9	3 812,7
an Brandbomben		189,1	427,9	323,3	305,5	510,2
Verluste der Zivilbevölkerung an Toten	258	1 075	6 954	6 334	4 588	3 793
an Verletzten	321	1 261	10 615	8 695	6 202	5 044

	Einsatzphase 10. 7.–7. 8.	8. 8.–23. 8.	24. 8.–6. 9.	7. 9.–30. 9.	1. 10.–31. 10.
Deutsche Flugzeugverluste**	192	403	378	435	325
Britische Flugzeugverluste	74	200	295	210	136

* *ohne Aufklärungs- und Jagdflugzeuge*
** *nur über Großbritannien; Gesamtverluste bis 31. März 1941: 4383 Maschinen (incl. stark beschädigter)*

Selbstdarstellung eines Rüstungskonzerns in der deutschen Zeitschriften-Presse

Bekanntlich...

Ministerbesprechung bei Goebbels am 9. Januar 1941 (Auszug)

Major Martin ist in einem Kommentar des Rundfunk-Nachrichtendienstes auf einen Satz aufmerksam geworden, in dem es hieß: «... bekanntlich fahren nach England keine Schiffe mehr.» Er teilt mit, daß die Lichtbildaufklärung im gesamten englischen Seeraum an einem einzigen Tag ergeben hat, daß 220 Schiffe von und nach englischen Häfen in Fahrt waren.

Der Plan der Opposition

Friedensplan Goerdelers vom 30. Mai 1941, zur Übermittlung an die britische Regierung (Auszug)

Folgende von der deutschen Gruppe verfolgten Friedensziele werden als Grundlage von Verhandlungen vorgeschlagen:
1. Wiederherstellung der vollen Souveränität der während des Krieges von den Kriegsparteien besetzten neutralen Länder.
2. Bestätigung der vor dem Kriege erfolgten Anschlüsse von Österreich, Sudetenland, Memelland an Deutschland.
3. Wiederherstellung der Grenzen Deutschlands von 1914 gegenüber Belgien, Frankreich, Polen.
4. Festsetzung der europäischen Ländergruppen auf Grund des nationalen Selbstbestimmungsrechts durch eine Friedenskonferenz sämtlicher Staaten.
5. Rückgabe der deutschen Kolonien oder gleichwertiger Kolonialgebiete unter gleichzeitiger Einrichtung eines internationalen Mandatarsystems für alle Kolonien.
6. Keine Kriegsentschädigungen, gemeinsamer Wiederaufbau.
7. Abbau der Zollgrenzen.
8. Einsetzung eines mit Vollmachten versehenen Wirtschaftsrates.
9. Internationale Kontrolle der Währungen.
10. Wiederaufnahme der Arbeiten des Internationalen Arbeitsamtes.
11. Wiederherstellung des Rechtes, Bestrafung der Schuldigen.
12. Ausbau der internationalen Schiedsgerichtsbarkeit.
13. Begründung einer regelmäßigen Konferenz der europäischen Staaten und entsprechender Zusammenschlüsse auf regionaler Basis.
14. Allgemeine Begrenzung und Herabsetzung der Rüstungen.
15. Internationale Kontrolle der Rüstungen und der Rüstungsindustrien.

Die Wendung nach Osten

Das russische Problem

Tagebuch-Eintragung des Generalstabschefs Halder vom 22. Juli 1940 (Auszug)

6. Mitte dieser Woche auf Vortrag Raeder Entschluß des Führers, ob Landungsunternehmen *in diesem Herbst* durchgeführt werden soll. Wenn nicht jetzt, dann erst Mai nächsten Jahres.
Klarheit also wahrscheinlich Ende dieser Woche.
Endgültige Entscheidung, ob U-Boot-Krieg und Luftkrieg in schärfster Form aufgenommen werden soll, wahrscheinlich erst Anfang August.
Unternehmen England dann etwa 25.8.
7. Stalin kokettiert mit England, um England im Kampf zu erhalten und uns zu binden, um Zeit zu haben, das zu nehmen, was er nehmen will und was nicht mehr genommen werden kann, wenn Frieden ausbricht.
Er wird Interesse haben, daß Deutschland nicht zu stark wird. Aber es liegen keine Anzeichen für russische Aktivität uns gegenüber vor.
8. Russisches Problem in Angriff nehmen. Gedankliche Vorbereitungen treffen. Dem Führer ist gemeldet:
a) Aufmarsch dauert 4–6 Wochen.
b) Russisches Heer schlagen oder wenigstens so weit russischen Boden in die Hand nehmen, als nötig ist, um feindliche Luftangriffe gegen Berlin und schlesisches Industriegebiet zu verhindern.
Erwünscht, so weit vorzudringen, daß man mit unserer Luftwaffe wichtigste Gebiete Rußlands zerschlagen kann.
c) +Politisches Ziel: Ukrainisches Reich.
Baltischer Staatenbund, Weiß-Rußland–Finnland.
Baltikum «Pfahl im Fleisch».
+Fremde Heere Ost.
d) Nötig 80–100 Divn.; Rußland hat 50–75 gute Divn.
Wenn wir in diesem Herbst Rußland angreifen, wird England luftmäßig entlastet. Amerika kann an England und Rußland liefern.
e) +Operation: Welche Operationsziele können wir stellen? Welche Kräfte? Zeit und Raum der Bereitstellung?
Operationsbahnen: Baltikum, Finnland–Ukraine.
Berlin und schlesische Gebiete schützen.
Rumänische Ölzentren schützen.
+Op. Abt.

Entschluß: Frühjahr 1941

Tagebuch-Eintragung des Generalstabschefs Halder über Ausführungen Hitlers vom 31. Juli 1940 (Auszug)

Führer:
Englands Hoffnung ist Rußland und Amerika. Wenn *Hoffnung auf Rußland wegfällt, fällt auch Amerika* weg, weil Wegfall Rußlands eine Aufwertung *Japans* in Ostasien in ungeheurem Maß folgt.
Rußland ostasiatischer Degen Englands und Amerikas gegen Japan. Hier für England ungenehmer Wind.
Japaner haben ihr Programm wie Rußland, das vor Kriegsende noch erledigt werden soll …
Rußland Faktor, auf den England am meisten setzt … Ist aber Rußland zerschlagen, dann ist Englands letzte Hoffnung getilgt. Der Herr Europas und des Balkans ist dann Deutschland.
Entschluß: Im Zuge dieser Auseinandersetzung muß Rußland erledigt werden. Frühjahr 1941. Je schneller wir Rußland zerschlagen, um so besser. Operation hat nur Sinn, wenn wir Staat in einem Zug schwer zerschlagen. Gewisser Raumgewinn allein genügt nicht. Stillstehen im Winter bedenklich.
Daher besser warten, aber bestimmter Entschluß, Rußland zu erledigen. Notwendig auch wegen Lage an der Ostsee. 2. Großstaat an Ostsee nicht brauchbar.
Mai 1941. 5 Monate Zeit zur Durchführung. Am liebsten noch in diesem Jahre. Geht aber nicht, um Operation einheitlich durchzuführen.
Ziel: Vernichtung der Lebenskraft Rußlands. Zerlegen in:
1. Stoß Kiew. Anlehnung an Dnepr. Luftwaffe zerstört Übergänge Odessa.
2. Stoß Randstaaten mit Richtung Moskau.
Schließlich Zusammenfassung aus Norden und Süden.
Später Teiloperation auf Ölgebiet Baku.
Inwieweit man Finnland und Türkei interessiert, wird man sehen.
Später: Ukraine, Weißrußland, Baltische Staaten an uns. Finnland bis ans Weiße Meer.
7 Div. Norwegen (autark machen!), Munition,
50 Div. Frankreich,
3 Div. Holland, Belgien.
60
120 für Osten
180
Mit je mehr Verbänden wir kommen, um so besser.
Wir haben 120 plus 20 Urlaubsdiv.

«Aufbau Ost»

Befehlsentwurf des OKW vom 2. August 1940 (Auszug)

Der Führer hat sich entschlossen, von der Bildung eines selbständigen Restpolen abzusehen und die besetzten Ostgebiete dem Großdeutschen Reich einzugliedern.
Daraus ergibt sich auch für die Wehrmacht die Forderung, den neu gewonnenen Ostraum auf allen Gebieten zu festigen und auszubauen.
Während der Kriegsdauer kommt hinzu, daß die zunehmende Luftbedrohung im Westen die militärische Ausnutzung der gesicherten Ostgebiete in verstärktem Maße erfordert.
Folgende Richtlinien sind hierfür maßgebend:
Neuaufstellungen, die mit Rücksicht auf die allgemeine Kriegslage noch erforderlich sein werden, sowie die Ausbildung der Truppen sollen vorzugsweise in den Ostgebieten erfolgen. Die hierzu erforderlichen Übungsmöglichkeiten (Truppenübungsplätze des Heeres, Bodenorganisationen der Luftwaffe, Versorgungseinrichtungen) sind beschleunigt zu schaffen.
Wehrmachtsvorräte aller Art, besonders Treibstoff, Munition, Gerät und Verpflegung, sind in großem Umfang im Ostraum zu lagern, gegebenenfalls aus den luftbedrohten Westgebieten dorthin zu überführen.
Für den Ausbau des *Eisenbahn- und Straßennetzes* sind im Rahmen der vorstehenden Truppenbedürfnisse die Forderungen der Wehrmacht baldigst den zuständigen Reichsstellen zuzuleiten.
Die *Nachrichtenverbindungen* sind entsprechend den Bedürfnissen der Wehrmacht weiter auszubauen.
Das *Kartenwesen Ost* ist beschleunigt dem Truppenbedarf anzupassen.
Rüstungswirtschaftliche Einrichtungen, die dem unmittelbaren Truppenbedarf dienen (z. B. Kraftfahrzeugwerkstätten), müssen ausreichend vorhanden sein.

Mission in Rumänien

Richtlinien des OKW-Chefs Keitel vom 20. September 1940 (Auszug)

Auf den Wunsch der Rumänischen Regierung nach deutschem Ausbildungspersonal und Lehrtruppen hat der Führer und Oberste Befehlshaber entschieden:
1. Heer und Luftwaffe entsenden Militärmissionen nach Rumänien. Ihre Aufgabe nach außen hin ist, das befreundete Rumänien bei der Organisation und Ausbildung seiner Wehrmacht anzuleiten.
2. Die *wirklichen Aufgaben*, die weder den Rumänen noch der eigenen Truppe gegenüber in Erscheinung treten dürfen, sind
a) das Ölgebiet gegen Zugriff einer dritten Macht und vor Zerstörung zu schützen;
b) die rumänische Wehrmacht nach einem straffen, auf die deutschen Interessen ausgerichteten Plan zur Lösung bestimmter Aufgaben zu befähigen;
c) für den Fall eines uns aufgezwungenen Krieges mit Sowjetrußland den Einsatz deutscher und rumänischer Kräfte von Rumänien aus vorzubereiten.

Unternehmen «Marita»

OKW-Weisung Hitlers vom 13. Dezember 1940 (Auszug)

1. Der Ausgang der Kämpfe in Albanien läßt sich noch nicht übersehen. Angesichts der bedrohlichen Lage in Albanien ist es doppelt wichtig, daß englische Bestrebungen, unter dem Schutze einer Balkanfront eine vor allem für Italien, daneben für das rumänische Ölgebiet gefährliche Luftbasis zu schaffen, vereitelt werden.
2. Meine Absicht ist daher:
a.) in den nächsten Monaten in Südrumänien eine sich allmählich verstärkende Kräftegruppe zu bilden,
b.) nach Eintreten günstiger Witterung – voraussichtlich im März – diese Kräftegruppe über Bulgarien hinweg zur Besitznahme der Ägäischen Nordküste und – sollte dies erforderlich sein – des ganzen griechischen Festlandes anzusetzen (Unternehmen Marita).
Mit der Unterstützung durch Bulgarien ist zu rechnen …
6. Nach Durchführung des Unternehmens Marita ist beabsichtigt, die Masse der hierfür eingesetzten Verbände zu *neuer Verwendung* herauszuziehen.

Fall «Barbarossa»

Hitlers OKW-Weisung Nr. 21 vom 18. Dezember 1940 (Auszug)

Die deutsche Wehrmacht muß darauf vorbereitet sein, auch vor Beendigung des Krieges gegen England *Sowjetrußland in einem schnellen Feldzug niederzuwerfen* (Fall Barbarossa).
Das *Heer* wird hierzu alle verfügbaren Verbände einzusetzen haben, mit der Einschränkung, daß die besetzten Gebiete gegen Überraschungen gesichert sein müssen.
Für die *Luftwaffe* wird es darauf ankommen, für den Ostfeldzug so starke Kräfte zur Unterstützung des Heeres freizumachen, daß mit einem raschen Ablauf der Erdoperationen gerechnet werden kann und die Schädigung des ostdeutschen Raumes durch feindliche Luftangriffe so gering wie möglich bleibt. Diese Schwerpunktbildung im Osten findet ihre Grenze in der Forderung, daß der gesamte von uns beherrschte Kampf- und Rüstungsraum gegen feindliche Luftangriffe hinreichend geschützt bleiben muß und die Angriffshandlungen gegen England, insbesondere seine Zufuhr, nicht zum Erliegen kommen dürfen.
Der Schwerpunkt des Einsatzes der *Kriegsmarine* bleibt auch während eines Ostfeldzuges eindeutig gegen *England* gerichtet.
Den *Aufmarsch* gegen Sowjetrußland werde ich gegebenenfalls acht Wochen vor dem beabsichtigten Operationsbeginn befehlen. Vorbereitungen, die eine längere Anlaufzeit benötigen, sind – soweit noch nicht geschehen – schon jetzt in Angriff zu nehmen und bis zum 15.5.41 abzuschließen.
Entscheidender Wert ist jedoch darauf zu legen, daß die Absicht eines Angriffs nicht erkennbar wird.
Die Vorbereitungen der Oberkommandos sind auf folgender Grundlage zu treffen:
I. *Allgemeine Absicht:*
Die im westlichen Rußland stehende Masse des russischen *Heeres* soll in kühnen Operationen unter weitem Vortreiben von Panzerkeilen vernichtet, der Abzug kampfkräftiger Teile in die Weite des russischen Raumes verhindert werden.

In rascher Verfolgung ist dann eine Linie zu erreichen, aus der die russische Luftwaffe reichsdeutsches Gebiet nicht mehr angreifen kann. Das Endziel der Operation ist die Abschirmung gegen das asiatische Rußland aus der allgemeinen Linie Wolga–Archangelsk. So kann erforderlichenfalls das letzte Rußland verbleibende Industriegebiet am Ural durch die Luftwaffe ausgeschaltet werden.
Im Zuge dieser Operation wird die russische *Ostseeflotte* schnell ihre Stützpunkte verlieren und damit nicht mehr kampffähig sein.
Wirksames Eingreifen der russischen *Luftwaffe* ist schon bei Beginn der Operation durch kraftvolle Schläge zu verhindern.
II. *Voraussichtliche Verbündete und deren Aufgaben:*
1.) Auf den Flügeln unserer Operation ist mit der aktiven Teilnahme *Rumäniens* und *Finnlands* am Kriege gegen Sowjetrußland zu rechnen.
In welcher Form die Streitkräfte beider Länder bei ihrem Eingreifen deutschem Befehl unterstellt werden, wird das Oberkommando der Wehrmacht zeitgerecht vereinbaren und festlegen.
2.) *Rumäniens* Aufgabe wird es sein, zusammen mit der dort aufmarschierenden Kräftegruppe den gegenüberstehenden Gegner zu fesseln und im übrigen Hilfsdienste im rückwärtigen Gebiet zu leisten.
3.) *Finnland* wird den Aufmarsch der aus Norwegen kommenden abgesetzten deutschen *Nordgruppe* (Teile der Gruppe XXI) zu decken und mit ihr gemeinsam zu operieren haben. Daneben wird Finnland die Ausschaltung von Hangö zufallen.
4.) Mit der Möglichkeit, daß *schwedische* Bahnen und Straßen für den Aufmarsch der deutschen Nordgruppe spätestens von Operationsbeginn an zur Verfügung stehen, kann gerechnet werden...
IV. Alle von den Herren Oberbefehlshabern auf Grund dieser Weisung zu treffenden Anordnungen müssen eindeutig dahin abgestimmt sein, daß es sich um Vorsichtsmaßnahmen handelt für den Fall, daß Rußland seine bisherige Haltung gegen uns ändern sollte.

Kampagne der Spionage-Hysterie

Nunmehr Rußland zerschlagen

Kriegstagebuch des OKW über Ausführungen Hitlers vor den Befehlshabern am 9. Januar 1941 (Auszug)

Bisher habe er nach dem Prinzip gehandelt, immer die wichtigsten feindlichen Positionen zu zerschlagen, um einen Schritt weiterzukommen. Daher müsse nunmehr Rußland zerschlagen werden. Entweder gäben die Engländer dann nach, oder Deutschland würde den Kampf gegen England unter günstigsten Umständen weiterführen. Die Zertrümmerung Rußlands würde es auch Japan ermöglichen, sich mit allen Kräften gegen die USA zu wenden. Das würde die letzteren vom Kriegseintritt abhalten.
Für die Zerschlagung Rußlands sei die Zeitfrage besonders wichtig. Die russische Wehrmacht sei zwar ein tönerner Koloß ohne Kopf, ihre künftige Entwicklung aber nicht sicher vorauszusagen. Da Rußland auf jeden Fall geschlagen werden müsse, so sei es besser, es jetzt zu tun, wo die russische Wehrmacht über keine Führer verfüge und schlecht gerüstet sei und wo die Russen in ihrer mit fremder Hilfe entwickelten Rüstungsindustrie große Schwierigkeiten zu überwinden hätten ...
Die Zertrümmerung Rußlands werde für Deutschland eine große Entlastung bedeuten. Im Osten brauchten dann nur 40–50 Div. zu bleiben, das Heer könne verkleinert und die gesamte Rüstungsindustrie für die Luftwaffe und Kriegsmarine eingesetzt werden. Alsdann müsse man einen voll ausreichenden Flakschutz aufbauen und die wichtigste Industrie in die ungefährdeten Gebiete verlegen. Deutschland würde dann unangreifbar sein.
Der russische Riesenraum berge unermeßliche Reichtümer. Deutschland müsse ihn wirtschaftlich und politisch beherrschen, jedoch nicht angliedern. Damit verfüge es über alle Möglichkeiten, in Zukunft auch den Kampf gegen Kontinente zu führen, es könne dann von niemand mehr geschlagen werden. Wenn diese Operation durchgeführt würde, werde Europa den Atem anhalten.

Auf die Folgen verweisen

Telegramm des Auswärtigen Amtes, Botschafter Ritter, an die deutsche Gesandtschaft in Sofia vom 15. Januar 1941 (Auszug)

V. Nach Ihrem Drahtbericht Nr. 14 vom 13. Januar und nach den Mitteilungen des bulgarischen Gesandten hier nehmen wir als sicher an, daß die bulgarische Regierung in den wichtigsten Fragen, nämlich Beitritt zum Dreimächtepakt und Durchmarsch der deutschen Truppen durch Bulgarien, keinerlei Schwierigkeiten mehr machen wird. Sollten Sie wider Erwarten bei Ihren Unterredungen doch auf grundsätzliche Schwierigkeiten oder auch nur auf Vorbehalte formeller Art stoßen, etwa der Art, daß noch Kabinettssitzungen stattfinden oder daß etwa gar noch Parlamentsausschüsse gefragt werden müssen, so bitte ich, solche etwaigen taktischen Versuche von vornherein und entschieden beiseite zu schieben und keinen Zweifel darüber zu lassen, daß der Entschluß der Reichsregierung unabänderlich feststeht und daß die dafür notwendigen militärischen Befehle bereits erteilt sind. Ich hoffe, daß diese entschiedene Haltung und diese Mitteilungen genügen, um alle etwaigen Hemmungen auf bulgarischer Seite zu beseitigen. Sollten trotzdem wider Erwarten Vorbehalte irgendwelcher Art aufrechterhalten werden, so bitte ich, alsbald von sich aus mit dem größten Nachdruck auf die ernsten Folgen zu verweisen, die sich daraus unmittelbar für Bulgarien und für seine jetzige und künftige politische Stellung ergeben könnten.

Zum Einmarsch in Bulgarien

Flugblatt der KPD vom März 1941 (Auszug)

Der Einmarsch in Bulgarien dient den Interessen der deutschen Konzernherren, die ihr altes Kriegsziel verfolgen, über den Balkan nach Kleinasien vorzustoßen, und die dort an Stelle der britischen Vorherrschaft ihre Herrschaft errichten wollen. Darum können die Balkanvölker nicht in Frieden leben. Darum werden die deutschen Soldaten in immer fernere Länder getrieben.

Willfährige Türkei?

Überlegungen der Abteilung Landesverteidigung im OKW vom 28. April 1941 (Auszug)

Aus Vorstehendem wird der Schluß gezogen, daß bei Beginn «Barbarossa» an die Türkei die Forderung zu stellen ist, die Meerengen bis auf weiteres für jeden Verkehr zu schließen ...
Die Öffnung der Meerengen nach Durchführung «Barbarossa» bzw. in einem späteren Stadium der Operationen für unseren eigenen Verkehr ist dann eine spätere Frage. Dabei wird unterstellt, daß nach erfolgreichem Verlauf des Feldzuges und bei der ständigen Bedrohung, der die türkische Meerengen-Position durch unsere Machtstellung im Balkan und insbesondere in Bulgarien ausgesetzt ist, die türkische Regierung sich unseren Wünschen gegenüber willfähriger zeigen wird als bisher.

Wünsche an die Finnen

Der OKW-General Jodl vor Vertretern des finnischen Generalstabs in Salzburg am 25. Mai 1941 (Auszug)

Für den somit im frühen Sommer möglichen Konflikt soll Besprechung Grundlage der Zusammenarbeit geben. Dabei sollen nicht schwere Lasten auf die Finnen abgewälzt, sondern nur Wünsche übermittelt werden, deren Ausführung der politischen Entschließung der Finnen überlassen bleibt. Ablauf des möglichen Kampfes läßt sich mit Sicherheit voraussagen: Durch Teilnahme vieler kleiner Staaten (Kreuzzug gegen Bolschewismus) und insbesondere Überlegenheit deutscher Wehrmacht wird Rußland nach Wegnahme eines bestimmten Raumes nicht mehr kampffähig sein. Dabei wird Zusammenbruch im Norden am schnellsten erfolgen und Ostsee bald in unsere Hand kommen. Nach Eintritt der russischen Katastrophe wird Deutschland die führende und unangreifbare Macht in Europa darstellen, sein Heer zugunsten der Luftwaffen- und Kriegsmarinerüstungen vermindern und England, das jetzt noch auf Rußland hofft, ebenfalls niederwerfen können.

Jugoslawien zerschlagen

Besprechung Hitlers mit führenden Militärs und Politikern am 27. März 1941 (Auszug)

Führer ist entschlossen, ohne mögliche Loyalitätserklärungen der neuen Regierung abzuwarten, alle Vorbereitungen zu treffen, um Jugoslawien militärisch und als Staatsgebilde zu zerschlagen. Außenpolitisch werden keine Anfragen oder Ultimaten gestellt werden. Zusicherungen der jug. Regierung, denen für die Zukunft doch nicht zu trauen ist, werden zur Kenntnis genommen. Angriff wird beginnen, sobald die hierfür geeigneten Mittel und Truppen bereitstehen ...
Politisch ist es besonders wichtig, daß der Schlag gegen Jugoslawien mit unerbittlicher Härte geführt wird und die militärische Zerschlagung in einem Blitzunternehmen durchgeführt wird. Hierdurch dürfte die Türkei in genügendem Maße abgeschreckt werden und der spätere Feldzug gegen Griechenland in günstigem Sinne beeinflußt werden. Es ist damit zu rechnen, daß bei unserem Angriff sich die Kroaten auf unsere Seite stellen werden. Eine entspr. politische Behandlung (spätere Autonomie) wird ihnen sichergestellt werden. Der Krieg gegen Jugoslawien dürfte in Italien, Ungarn und Bulgarien sehr populär sein, da für diese Staaten territoriale Erwerbungen in Aussicht zu stellen sind, für Italien die Adriaküste, Ungarn Banat, Bulgarien Mazedonien.
Dieser Plan setzt voraus, daß wir alle Vorbereitungen zeitlich beschleunigt treffen und so starke Kräfte ansetzen, daß der jug. Zusammenbruch in kürzester Frist erfolgt.
In diesem Zusammenhang muß der Beginn der Barbarossaunternehmung bis zu 4 Wochen verschoben werden.

Immer tiefer ins Unglück

Gemeinsame Erklärung des ZK der KPD und des KJVD vom 12. April 1941 (Auszug)

Jede Hilfe für den gerechten Kampf des jugoslawischen und des griechischen Volkes hilft dem deutschen Volk im Kampf gegen die kapitalistischen Kriegsinteressenten im eigenen Land ...
Die deutschen Machthaber treiben Deutschland immer tiefer in das Kriegsunglück, in den Ruin. Sie handeln damit entgegen den nationalen Interessen unseres Volkes.

Die deutsche Industrieproduktion im Kriege

Jahr	Insgesamt	Waffen u. Gerät	Konsumgüter	Wohnungsbau*
1939	100	100	100	100
1940	97	176	95	53
1941	99	176	96	36
1942	100	254	86	23
1943	112	400	91	.
1944	110	500	86	14

* Mengenindex

Unter stärkster Anspannung

Bericht des Wehrwirtschafts- und Rüstungsamtes vom 10. Juli 1941 über den Zeitraum vom 1. September 1940 bis 1. April 1941 (Auszug)

In den dem Bericht zugrunde liegenden 7 Fertigungsmonaten des Winters 1940/41 wurde unter stärkster Anspannung des gesamten im großdeutschen Wirtschaftsraum sowie den besetzten Gebieten zur Verfügung stehenden Fertigungspotentials eine gewaltige Steigerung in der materiellen Ausrüstung der Wehrmacht erreicht. Gleichzeitig konnte der Ausbau der für die Wehrmachtfertigung ausschlaggebenden Grundstoffindustrien (Buna-, Treibstoff-, Aluminium-, Pulver- und Sprengstofferzeugung) stark erweitert werden. Durch Ausbau von neuen Kapazitäten für die Schwerpunktprogramme der 3 Wehrmachtteile wurde sichergestellt, daß die für die nächste Zeit hier vorgesehenen Steigerungen auch tatsächlich erreicht werden.
Soweit noch Engpässe bestehen (Flakgeschütze und -munition, Flakgeräte, Marinegeschütze und -munition, Gleisketten, Motorengetriebe, Kurbelwellen usw.), sind bereits alle Maßnahmen ergriffen, die eine Auflockerung und damit eine Fertigungssteigerung noch in diesem Jahr gewährleisten.
Die erzielten Steigerungen auf dem Gebiet der unmittelbaren sowie der mittelbaren Kriegsfertigung waren nur durch Zuführung einer großen Zahl von Kriegsgefangenen und ausländischen Arbeitern in die Rüstungsindustrie, Freistellung von Facharbeitern aus der Truppe, Verlagerung von Aufträgen aus Engpaßgebieten, weitgehendste Heranziehung der in den besetzten Gebieten vorhandenen Kapazitäten und schärfste Drosselung aller nichtkriegswichtigen Fertigungen möglich.
Es muß jedoch festgestellt werden, daß trotz aller dieser Anstrengungen niemals die von der Obersten Führung gestellten Forderungen auf dem Rüstungsgebiet, die entsprechend der jeweiligen Kriegslage wohl vielfachen Änderungen unterworfen waren, im ganzen gesehen aber sich dauernd erhöhten, voll verwirklicht werden konnten, da selbst die im erweiterten großdeutschen Raum vorhandenen Fertigungsmöglichkeiten hierzu nicht ausreichten. Es konnte daher nur der entsprechend der Kriegslage jeweils wichtigste Programmteil voll durchgeführt werden.

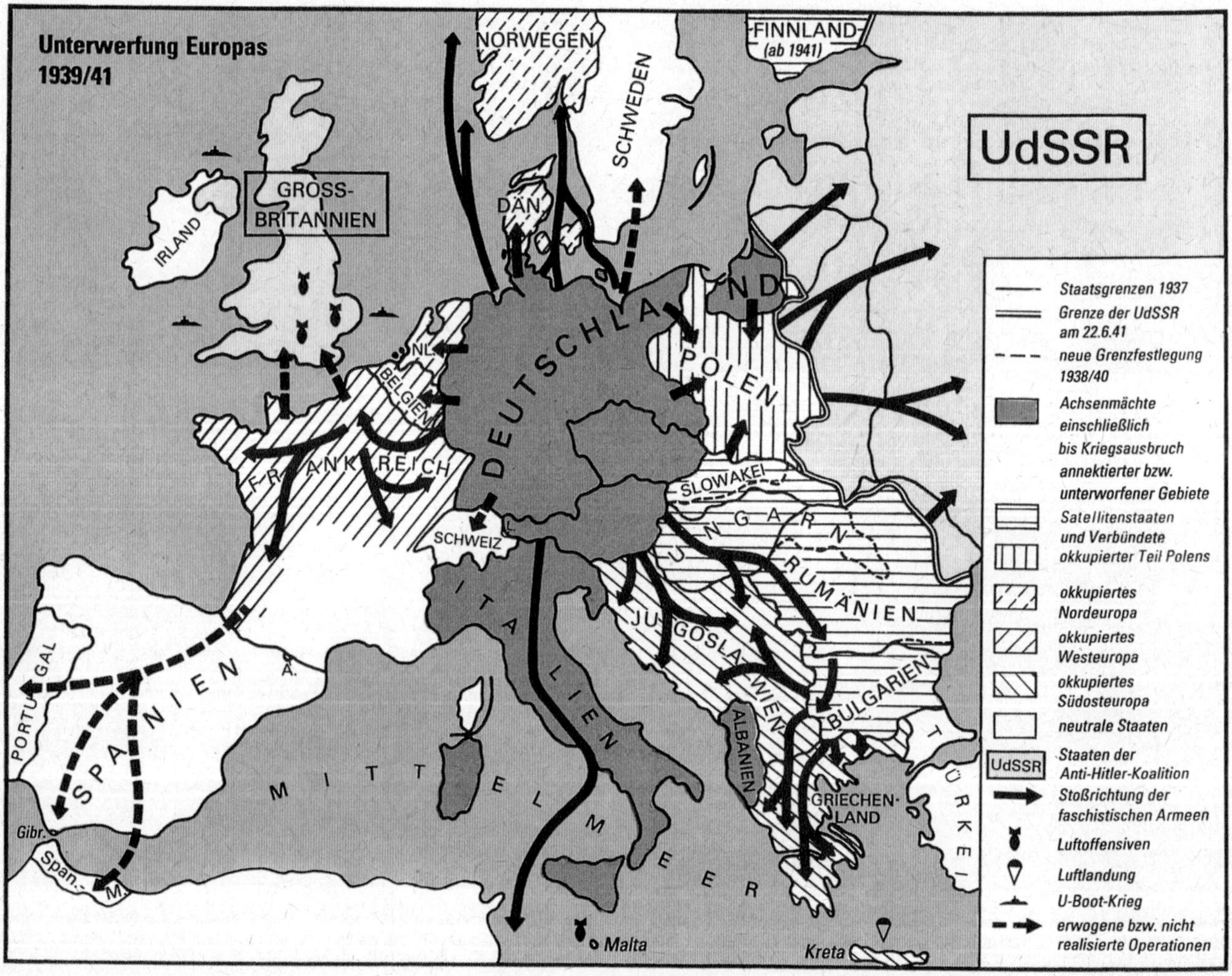

Unterwerfung Europas 1939/41

Die Neuordnung

Vage Kriegsziele

Ministerbesprechung bei Goebbels am 6. Mai 1940 (Auszug)

Herr Fritzsche soll nochmals die Presse anweisen (und eine gleiche Anweisung hat auch an die Partei und ihre Redner zu ergehen), daß jegliche Erörterung und Präzisierung unserer Kriegsziele zu unterbleiben hat. Der Minister betont die Notwendigkeit, derartige Ziele möglichst vage hinzustellen; die deutschen Kriegsziele könnten demgemäß stets nur in die Worte gefaßt werden: «Gerechter und dauerhafter Friede und Lebensraum für das deutsche Volk.»

Großwirtschaftsraum

Friedensvertrags-Vorschläge der Mitarbeiter des Auswärtigen Amtes, Ritter und Clodius, vom 30. Mai 1940 (Auszug)

I. Großwirtschaftsraum

Jetzt zeichnet sich für die Zukunft die Möglichkeit eines Großwirtschaftsraums unter deutscher Führung ab. Diesem Raum gehören an

1) Großdeutschland (mit Böhmen und Mähren und Polen) als wirtschaftliches und politisches Zentrum.

2) Ihm sind einzugliedern Holland, Belgien, Luxemburg, Dänemark, Norwegen in einer wirtschaftspolitischen Form, die noch zu entscheiden ist. Es kommen dafür in Betracht Zollpräferenzen, Zollunion, Zoll- und Währungsunion, Wirtschaftsunion ... Gleichwohl bin ich der Auffassung, daß wir – wenn die militärische und politische Lage dies gestattet – bald zur endgültigen und letzten Form des wirtschaftlichen Anschlusses, der Wirtschaftsunion, schreiten sollten. Krieg, Währungsverfall und Wiederaufbau werden von selbst in diesen Ländern zu großen wirtschaftlichen und sozialen Umstellungen führen. Es geht gewissermaßen in einem Aufwaschen...

3) Dem Großwirtschaftsraum sind bereits angegliedert, wenn auch nicht in einer besonderen wirtschaftspolitischen Form, so doch tatsächlich, die Länder im Donauraum. Schon Großdeutschland hatte eine wirtschaftliche Vormachtstellung in der Einfuhr und Ausfuhr dieser Länder von durchschnittlich 50%. In einem Falle geht diese Vormachtstellung schon bis fast 70% ...

4) Die übrigen Staaten im nordischen Raum: Schweden, Finnland, Litauen, Lettland, Estland sind in einer ähnlichen tatsächlichen Weise wie der Donauraum stärker anzugliedern. Mit den drei baltischen Staaten ist dies durch die kürzlichen Verträge bereits geschehen. Diese Verträge sichern Großdeutschland bereits eine ausschlaggebende wirtschaftliche Vormachtstellung ...

Ein solcher Großwirtschaftsraum umfaßt rund 200 Millionen Menschen. Diese Menschen haben zum großen Teil eine überdurchschnittliche Konsum- und Produktionskraft ...

III. Kolonialreich

Ein Kolonialreich bestehend aus den deutschen Kolonien in Afrika, Belgisch Kongo, Französisch Äquatorialafrika (vielleicht auch Britisch Nigeria) kann nach einer längeren Periode intensiver Entwicklung den Bedarf Großdeutschlands und des Großwirtschaftsraumes an tropischen und subtropischen pflanzlichen Rohstoffen und Genußmitteln weitgehend decken. Darüber hinaus auch zu einem großen Teil den Bedarf an Kupfer. Vielleicht werden auch noch andere mineralische Rohstoffe gefunden. In zehn bis fünfzehn Jahren kann es den Bedarf an pflanzlichen Speisefetten ganz decken, was wichtig ist, da bei Speisefetten die größte Lücke im Großwirtschaftsraum besteht. Ferner ganz oder zum Teil den Bedarf an Kakao, Kaffee, Tee, Tabak, Baumwolle, Kautschuk, Spezialhölzern, Gerbstoffen und anderem.

Umfang und Ausstrahlung

Der Präsident des Führerrings der Gesellschaft für europäische Wirtschaftsplanung und Großraumwirtschaft, Daitz, in einer Denkschrift vom 31. Mai 1940 (Auszug)

Eine kontinentaleuropäische Großraumwirtschaft unter deutscher Führung muß in ihrem letzten Friedensziel sämtliche Völker des Festlandes von Gibraltar bis zum Ural und vom Nordcap bis zur Insel Zypern umfassen, mit ihren natürlichen kolonisatorischen Ausstrahlungen in den sibirischen Raum und über das Mittelmeer nach Afrika hinein.

Um die wissenschaftlichen Grundlagen für den wirtschaftspolitisch unabwendbaren Aufbau einer solchen kontinentaleuropäischen Großraumwirtschaft unter deutscher Führung zu schaffen, habe ich bereits in den ersten Tagen des Krieges die «Gesellschaft für europäische Wirtschaftsplanung und Großraumwirtschaft e.V.» gegründet ...

Wenn wir den europäischen Kontinent wirtschaftlich führen wollen, wie dies aus Gründen der wirtschaftlichen Stärkung des europäischen Kontinents als Kernraum der weißen Rasse unbedingt erforderlich ist und eintreten wird, so dürfen wir aus verständlichen Gründen diese nicht als eine deutsche Großraumwirtschaft öffentlich deklarieren. Wir müssen grundsätzlich immer nur von Europa sprechen, denn die deutsche Führung ergibt sich ganz von selbst aus dem politischen, wirtschaftlichen, kulturellen, technischen Schwergewicht Deutschlands und seiner geographischen Lage. Ebenso wird mit Hilfe unseres deutschen Wirtschaftssystems, wie es durch die nationalsozialistische Revolution geschaffen wurde, sich die Mark bei einer geschickten handelspolitischen Führung ganz von selbst als Standardwährung durchsetzen.

Friedensvertrags-Wünsche

Die Wirtschaftsgruppe Eisenschaffende Industrie in einem Rundschreiben vom 26. Juni 1940 (Auszug)

Von amtlicher Seite sind wir über die Reichsgruppe Industrie ersucht worden, umgehend festzustellen, welche Wünsche für den kommenden Friedensvertrag und für die Neugestaltung der Wirtschaftsbeziehungen im europäischen Raum bestehen.

Dabei sollen vorzugsweise folgende Länder berücksichtigt werden:

Norwegen, Dänemark, Schweden, Finnland, Holland, Belgien, Luxemburg, Frankreich, England und auch der Balkan.

Wir halten es für zweckmäßig, daß Sie bei Ihren Wünschen zunächst hinweisen auf die Verluste, die Ihre Gesellschaft infolge des Friedensschlusses von 1919 in fremden Ländern erlitten hat, sei es an Gruben, Hütten, Fabriken der verarbeitenden Industrie, an Verkehrsmitteln und an Einrichtungen des Handels, sei es an Konzessionen auf Bodenschätze, an Lizenzen für die Erzeugung oder Verarbeitung usw. Darüber hinaus bitten wir Sie, auch die Ihres Erachtens in Betracht kommenden Forderungen mitzuteilen, die sich auf die neuere Entwicklung beziehen, sei es, daß es sich um die Zusammenarbeit mit einzelnen europäischen Ländern handelt, sei es, daß es sich um Beseitigung gewisser Hemmnisse, wie z.B. solcher der Handels- und Verkehrspolitik, oder um andere Maßnahmen handelt, die dem neuen Wirtschaftsaufbau in Europa dienen können.

Konkurrenzverhältnisse

Rundschreiben der Reichsgruppe Industrie an die Wirtschaftsgruppen vom 4. Juli 1940 (Auszug)

1. Die Industrieanalyse kann zunächst auf folgende Länder beschränkt werden: Dänemark, Schweden, Norwegen, Holland, Belgien, Luxemburg und Frankreich ...

Bedeutungsvoller als die Schilderung des Status selbst sind also die Schlußfolgerungen, die die Wirtschaftsgruppen ziehen und die die jeweiligen Wünsche deutlich erkennen lassen. Die wichtigsten Punkte in der Industrieanalyse werden daher die Bewertung der ausländischen Industrie und die Konkurrenzverhältnisse sein (Punkt 3 und 10 des Schemas), aus denen in erster Linie die Wünsche der deutschen Industrie abzuleiten sein werden ...

Wir bitten, mit den Arbeiten für die Länder Ungarn, Schweiz, Finnland und England fortzufahren, damit die Ausarbeitungen zu einem späteren Termin ohne längere Anlaufzeit vorgelegt werden können.

Stützpunkte

Denkschrift des Oberkommandos der Marine vom 27. Juli 1940 an das Auswärtige Amt, das OKW und andere Dienststellen (Auszug)

Da der Seekriegsleitung bekannt geworden ist, daß bei verschiedenen Dienststellen Planungen für ein zukünftiges Kolonialreich vorbereitet werden, sieht sie sich zu folgenden Ausführungen veranlaßt.

1. Für die Verteidigung eines Kolonialreiches sind Flottenstützpunkte notwendig. Es ist erforderlich, bei der Entscheidung über die Ausdehnung und Gestaltung des künftigen Kolonialreiches die Frage der Stützpunktgewinnung von vornherein in Rechnung zu stellen. Da der Ausbau neuer Stützpunkte einen erheblichen Aufwand an Zeit und Geld erfordert, ist es geboten, weitgehend auf vorhandene Stützpunkte zurückzugreifen ...

2. a) Stützpunkte an der Westküste Afrikas
Dakar (Senegal), franz.
Konakry (Guinea), franz.
Freetown (Sierra Leone), engl.
Duala (Kamerun), franz. Mandat
Pointe Noire (Äquatorialafrika), franz.
Buma (Kongo), belgisch

b) Stützpunkte an der Ostküste Afrikas
Sansibar, engl.
Daressalam, engl. Mandat
Mombassa-Kilindini (Kenya), engl.
Diego Suarez (Madagaskar), franz. (Anlage 1)

c) Außer den genannten Häfen ist der Besitz der vorgelagerten Inseln an der Westküste:
Fernando Po, spanisch
Sao Thome, portugiesisch
St. Helena, englisch
Ascension, englisch
an der Ostküste:
Pemba, englisch
Comoren, französisch
Seychellen, englisch
Mauritius, englisch
und der übrigen kleinen Inseln im gleichen Seegebiet von hohem Wert für die eigene Seekriegführung und die Verteidigung des Kolonialgebietes. In der Hand eines zukünftigen Gegners bilden sie eine unmittelbare Bedrohung.

d) Da freier Zugang zum Atlantik für deutsche Seestreitkräfte notwendig ist, wird angenommen, daß ein Festsetzen der Engländer auf Island und den Faröern verhindert wird und daß auf dem Wege der politischen Neuordnung im europäischen Raum auf diesen Inseln – ebenso wie an der norwegischen Küste – deutscher Einfluß maßgebend und gewisse militärische Ausnutzung möglich wird. Für die Überbrückung des langen Seeweges von der Heimat bis zu den Kolonien ist der Besitz zumindest eines Zwischenstützpunktes, und zwar auf den Azoren, erwünscht. Hierfür kommt jedoch nur Sao Miguel mit Ponto Delgada oder Fayal mit Horta in Frage, da die übrigen Inseln keine Hafenanlagen besitzen ...

In zweiter Linie ist ein Stützpunkt auf den Kanarischen Inseln erwünscht. Wegen der Hafen- und Versorgungsmöglichkeiten bieten auch hier nur Santa Cruz de Tenerife auf Tenerife oder Puerto de la Luz (Las Palmas) auf Gran Canaria nutzbringende Möglichkeiten (Anlage 3) ...

4. In diesem Zusammenhang darf auch auf die Wichtigkeit Bornholms für eine künftige Kriegführung in der Ostsee hingewiesen werden. Die Seekriegsleitung muß daher auch den Erwerb der Insel Bornholm fordern.

Wirtschaftliche Neugestaltung

Bericht über eine Besprechung in der HA II des Reichswirtschaftsministeriums am 30. Juli 1940 (Auszug)

Es ist eine Abteilung VO im Reichswirtschaftsministerium unter Leitung von Herrn Ministerialdirigent Schlotterer gebildet worden, deren Aufgabe es ist, die Vorbereitungsarbeiten für die wirtschaftliche Neugestaltung Europas durchzuführen.
Die einzelnen Referate werden gebeten zu prüfen, an welchen Rohstoffen und an welchen Verarbeitungsstätten in dem von Deutschland beherrschten Wirtschaftsraum Mangel herrschen wird. Zu dem Raum sollen zunächst folgende Länder gerechnet werden: Norwegen, Schweden, Dänemark, Finnland, Belgien, Holland, Luxemburg, Deutschland, Protektorat, Generalgouvernement, Slowakei, Ungarn, Jugoslawien, Rumänien, Bulgarien. Die Zugehörigkeit von Griechenland und der Schweiz ist noch unbestimmt.
Bei der Prüfung sind auch folgende Möglichkeiten einer Einflußnahme auf die Wirtschaft der anderen Länder zu erwägen:
Ausweitung der Produktion in den neuen Ländern, Verdrängung fremden Kapitals, Eindringen in nationale Industrien der anderen Länder, Einflußnahme durch Einsetzen deutscher oder deutschfreundlicher Direktoren, Aufbau neuer Industrien, Anschluß bestehender Industrien an vorhandene deutsche Kartelle, Aufbau neuer Kartelle.

Ein Europa der Not

KPD-Erklärung «Gegen das Diktat von Compiègne», veröffentlicht am 2. August 1940 (Auszug)

Der Plan der Schaffung eines «neuen Europa», von dem die deutsche Presse redet, läuft auf nichts anderes hinaus, als über ganz Europa die Vorherrschaft des deutschen Imperialismus zu errichten, den unterworfenen und unabhängigen Völkern reaktionäre, volksfeindliche, totalitäre Regierungen aufzuzwingen, die seine willfährigen Werkzeuge sind. Ein solches «neues Europa» wäre ein Europa mit entrechteten, versklavten Arbeitern und Bauern, ein Europa der Not, des Elends, des Hungers der werktätigen Massen ...
Die Niederwerfung und nationale Knechtung anderer Völker führt niemals zu dauerndem Frieden, sondern stets nur zu neuen, noch blutigeren Kriegen. Die imperialistische Eroberung und Unterdrückung entfacht den Haß der Völker gegen die Eroberer, unter deren Joch sie gerieten oder zu geraten befürchten.

Tschechoslowakei

Zukunft des Protektorats

Bericht des AA-Vertreters beim Reichsprotektor, Ziemke, vom 5. Oktober 1940 an das Auswärtige Amt über einen Befehlsempfang v. Neuraths bei Hitler (Auszug)

Zur Frage der Zukunft des Protektorats streifte der Führer folgende drei Möglichkeiten:
1. Belassung einer tschechischen Autonomie, wobei die Deutschen im Protektorat als gleichberechtigte Mitbürger lebten. Diese Möglichkeit scheidet aber aus, da immer mit tschechischen Umtrieben gerechnet werden müsse.
2. Die Aussiedlung der Tschechen und die Verdeutschung des böhmisch-mährischen Raumes durch deutsche Siedler. Auch diese Möglichkeit käme nicht in Frage, da ihre Durchführung 100 Jahre beanspruchte.
3. Die Verdeutschung des böhmisch-mährischen Raumes durch Germanisierung der Tschechen, d.h. durch ihre Assimilierung. Letztere wäre für den größten Teil des tschechischen Volkes möglich. Von der Assimilierung seien auszunehmen diejenigen Tschechen, gegen welche rassische Bedenken beständen oder welche reichsfeindlich eingestellt seien. Diese Kategorie sei auszumerzen.
Der Führer entschied sich für die dritte Möglichkeit.

Polen

Sklaven des Großdeutschen Weltreichs

Bericht des Wirtschafts-Rüstungs-Amtes im OKW vom 25. November 1941, bearbeitet von Rittmeister Dr. Varain (Auszug)

In der ersten Unterredung, die der Leiter der Zentralabteilung und der VO der Rü In* Ober-Ost zum Oberverwaltungschef (später GG)** mit Reichsminister Frank am 3.10.1939 in Posen hatten, legte dieser seinen ihm vom Führer übertragenen Auftrag und die wirtschaftspolitischen Richtlinien dar, nach denen er die Verwaltung in Polen zu führen gedachte. Danach kam nur eine Ausnutzung des Landes durch rücksichtslose Ausschlachtung, Abtransport aller für die deutsche Kriegswirtschaft wichtigen Vorräte, Rohstoffe, Maschinen, Fabrikationseinrichtungen usw., Heranziehung der Arbeitskräfte zum Einsatz im Reich, Drosselung der gesamten Wirtschaft Polens auf das für die notdürftigste Lebenshaltung der Bevölkerung unbedingt notwendige Minimum, Schließung aller Bildungsanstalten, insbesondere der technischen Schulen und Hochschulen, zur Verhütung einer polnischen Intelligenzschicht in Frage. «Polen soll wie eine Kolonie behandelt werden. Die Polen werden die Sklaven des Großdeutschen Weltreiches werden.»

* *Verbindungs-Offizier der Rüstungs-Inspektion*
** *Generalgouverneur*

Grußpflicht

Anweisung des Leiters des Kreises Konin, Margull, an die deutsche Bevölkerung (ab 4. November 1939)

Ich weise hiermit im Einvernehmen mit dem Herrn Stadtkommandanten auf folgendes hin:
1. Jeder Pole, ausgenommen sind Frauen, ist verpflichtet, jeden Deutschen in Uniform durch Abnehmen der Kopfbedeckung bzw. durch Verbeugung zu grüßen. Dabei ist es gleichgültig, welche Uniform der Deutsche trägt (Wehrmachts-, Partei-, Polizei-, Forstschutz-, Beamtenuniform usw.)...
3. Ich erwarte von jedem Uniformträger, daß er bei Unterlassung des Grußes diesen sofort selbst erzwingt bzw. den Polen bei der Abnahme der Kopfbedeckung entsprechend behilflich ist.

Ladenschild im okkupierten Polen

Behandlung Fremdvölkischer

Denkschrift des Leiters des Rassenpolitischen Amtes der NSDAP, Gross, vom 28. November 1940 (Auszug)

Bei der Behandlung der Fremdvölkischen im Osten müssen wir darauf sehen, soviel wie möglich einzelne Völkerschaften anzuerkennen und zu pflegen, also neben den Polen und Juden die Ukrainer, die Weißrussen, die Goralen, die Lemken und die Kaschuben. Wenn sonst noch irgendwo Volkssplitter zu finden sind, auch diese. Ich will damit sagen, daß wir nicht nur das größte Interesse daran haben, die Bevölkerung des Ostens nicht zu einen, sondern im Gegenteil in möglichst viele Teile und Splitter zu zergliedern ...
Für die nichtdeutsche Bevölkerung des Ostens darf es keine höhere Schule geben als die vierklassige Volksschule. Das Ziel dieser Volksschule hat lediglich zu sein:
Einfaches Rechnen bis höchstens 500, Schreiben des Namens, eine Lehre, daß es ein göttliches Gebot ist, den Deutschen gehorsam zu sein und ehrlich, fleißig und brav zu sein. Lesen halte ich nicht für erforderlich.
Außer dieser Schule darf es im Osten überhaupt keine Schulen geben ...
Die Bevölkerung des Generalgouvernements setzt sich dann zwangsläufig nach einer konsequenten Durchführung dieser Maßnahmen im Laufe der nächsten 10 Jahre aus einer verbleibenden minderwertigen Bevölkerung, die noch durch abgeschobene Bevölkerung der Ostprovinzen sowie all der Teile des deutschen Reiches, die dieselbe rassische und menschliche Art haben (Teile, z.B. der Sorben und Wenden), zusammen.
Diese Bevölkerung wird als führerloses Arbeitsvolk zur Verfügung stehen und Deutschland jährlich Wanderarbeiter und Arbeiter für besondere Arbeitsvorkommen (Straßen, Steinbrüche, Bauten) stellen; sie wird selbst dabei mehr zu essen und zu leben haben als unter der polnischen Herrschaft und bei eigener Kulturlosigkeit unter der strengen, konsequenten und gerechten Leitung des deutschen Volkes berufen sein, an dessen ewigen Kulturtaten und Bauwerken mitzuarbeiten und diese, was die Menge der groben Arbeit anlangt, vielleicht erst ermöglichen.

Vesteuropa

aumerweiterung

e Seekriegsleitung zu «Raumerweiterungs- und ützpunktfragen», 3. Juni 1940 (Auszug)

Diese Probleme sind in erster Linie politischer atur und bergen in sich eine Fülle von Fragen litischer Art, die zu beantworten nicht Sache er Marine sein kann. Sie berühren aber auch nz wesentlich die strategischen Möglichkeiten, e sich je nach Lösung dieser Frage dem späteren nsatz und Wirkung der Marine bieten können.
ist allzu bekannt, als daß es noch erwähnt erden müßte, daß die heutige Lage Deutsch-nds in der Enge der Deutschen Bucht und der ırch eine Reihe von Staaten umgrenzten und einflußten Ostsee ein für die Zukunft Groß-eutschlands unmöglicher Zustand ist. Eine weiterung dieser strategischen Möglichkeiten rüber hinaus, daß nicht für alle Zeit die Blockie-ng Deutschlands von Übersee durch die natür-chen geographischen Gegebenheiten bestehen eiben soll, verlangt, daß in irgendeiner Form esen Verhältnissen mit Kriegsende ein Ende ereitet wird.
ie Lösung könnte etwa in folgenden Möglich-eiten gesehen werden:
Die durch den Kriegsverlauf gewonnenen Ge-ete Dänemark, Norwegen, Nord-Frankreich eiben in dem Umfange besetzt und werden dem Umfange organisiert, daß sie als deutscher esitz für die Zukunft gelten können. Diese ösung wird sich da empfehlen, wo die Härte der ntscheidung den Gegner treffen kann und treffen ll und wo eine allmähliche «Verdeutschung» des ebietes durchführbar erscheint ...
Die Stärke Groß-Deutschlands sollte sich in en von ihm durch diesen Krieg gewonnenen rategischen Räumen so auswirken, daß die sher in diesen Räumen lebenden Völker sich *litisch, wirtschaftlich und militärisch* in völliger bhängigkeit von Deutschland fühlen und be-nden. Wird es erreicht, durch die militärischen aßnahmen der Besetzung im Kriege eine aumerweiterung vorzunehmen, in dem Umfange, f den ich noch kommen werde, wird es weiter reicht, daß Frankreich in seiner Wehrkraft olkskörper, Bodenschätze, Industrie, Wehr-acht) so zerschlagen wird, daß ein Wiederer-eben als ausgeschlossen bezeichnet werden muß, ird es weiterhin erreicht, daß die kleineren aaten, wie Niederlande, Dänemark, Norwegen, eine Abhängigkeit von uns gezwungen werden, e uns in jedem Falle und zu jeder Zeit eine er-ute leichte Besetzung dieser Länder ermöglicht, ann ist praktisch dasselbe, psychologisch wesent-ch mehr erreicht.
ie Lösung zu 3) erscheint daher die gegebene, h. Zerschlagen Frankreichs, Besetzen Belgiens, nes Teiles Nord- und Ost-Frankreichs, Be-ehenlassen der Niederlande, Dänemarks und orwegens in dem bezeichneten Sinne, Bereini-ng des Verhältnisses zur Schweiz.
er Besitz Islands würde eine wesentliche rategische Erweiterung für Deutschland brin-en.

m die Beute

gebuch-Eintragung Halders vom 15. Oktober 1940 m Bericht des AA-Verbindungsoffiziers v. Etzdorf er das Brenner-Treffen Mussolinis mit Hitler am Oktober 1940 (Auszug)

uce: Forderung 8000 qkm: 1000 qkm im Gebiet n Nizza, 7000 qkm Korsika, Tunis, Dschibuti.
hrer: Deutsche Forderungen: Elsaß-Lothringen it Abrundungen; koloniale Stützpunkte an der rikanischen Westküste. Alte Kolonien mit ge-ssen Abrundungen; Französisch-Mittelafrika; rontheim (Norwegen) bleibt deutscher Kriegs-afen. Evtl. auch einverstanden mit einer Kanarischen Insel anstelle von Agadir oder anderem Stützpunkt an nordwestafrikanischer Küste.
Franco schlägt Pachtung der Häfen vor. Führer will eigenen Hafen haben, um ihn militärisch ausbauen zu können ...
Forderungen Spaniens: Gibraltar, Marokko, Oran.

Südosteuropa

Lebensstandard zweitrangig

Ausarbeitung der Forschungsstelle für Wehrwirtschaft beim Vierjahresplan-Amt vom 15. Januar 1941 (Auszug)

Der Aufbau des Südostens muß demzufolge in weniger breiten Bahnen erfolgen, als oft gefordert wird. Der Gedanke, der Bevölkerung des Südostens eine rasche Besserung ihres Lebensstandards zu bringen, kann keinesfalls in erster Linie stehen. Auch wird nicht als vordringlich angestrebt werden können, die in der drückenden agrarischen Übervölkerung zum Ausdruck kommende «verdeckte Arbeitslosigkeit» durch arbeitsbeschaffungsähnliche Maßnahmen im Südosten zum Verschwinden zu bringen. Besser können diese überschüssigen Arbeitskräfte bei uns selbst eingesetzt werden.

Führungsaufgabe der Reichsgruppe

Albrecht, Geschäftsführer der Wirtschaftsgruppe Feinmechanik und Optik, in einer Aktennotiz zur Sitzung des Außenhandelsausschusses der Reichsgruppe Industrie am 8. November 1941; das Referat hält Geheimrat Fellinger (Auszug)

Die Führungsaufgabe stünde Deutschland zu, das bedeutet im Rahmen der Industrie der Reichsgruppe Industrie bzw. deren Außenhandelsausschusses. Er habe heute sich nicht nur mit Handelsvertragsverhandlungen zu befassen, sondern mit Planungen größten Ausmaßes auf der Grundlage der Mitarbeit der Wirtschaftsgruppen. Zu diesem Zwecke seien die Länderausschüsse geschaffen worden.
Es bestünden der Italienausschuß, Ostasienausschuß, Südostausschuß, dieser unter Vorsitz von Herrn Dr. Ilgner. Er soll die allgemeinen Richtlinien der deutschen Großraumpolitik mit den besonderen Notwendigkeiten des Donauraumes in Übereinstimmung bringen. Er bediene sich hierzu u.a. der Mitarbeit der Südosteuropa-Gesellschaft, welcher das Studium der Wirtschaftskräfte und Entwicklungsmöglichkeiten in diesen Ländern obliegt. Im Wiener Institut für Wirtschaftsforschung besitze die Südosteuropäische Gesellschaft einen wissenschaftlichen Apparat, der das Planungsmaterial vorbereitet. Ihre Vorschläge würden im Südostausschuß durchberaten. Er gliedere sich in Länderausschüsse, die nicht nur beratend, sondern richtunggebend und ausführend tätig werden sollen. Sie müssen die unentbehrlichen Sachverständigen-Gremien der Regierung werden, die Mitarbeiter der Regierungsausschüsse, in deren Industrieausschüssen jeweils ein Regierungsvertreter den Vorsitz hat. Weitgehende Personalunion zwischen den Industrieausschüssen, den Regierungsausschüssen und den Länderausschüssen der Reichsgruppe Industrie werde angestrebt. Wichtig sei persönliche Zusammenarbeit mit den Persönlichkeiten des betreffenden Landes. In der jeweiligen Zusammensetzung sollen die Länderausschüsse die Exponenten der Gemeinschaftsinteressen enthalten. Sie sollen klein sein und bei Bedarf als Sachverständige für Spezialfragen zusätzliche Vertreter einzelner Wirtschaftsgruppen in Anspruch nehmen. Zur Zeit sind gebildet Ausschüsse für Rumänien, Ungarn, Griechenland, Bulgarien, Kroatien, Serbien, Slowakei. Die Bildung weiterer Ausschüsse bliebe vorbehalten.

Wie unter den Türken

Der Vertreter der Südosteuropa-Gesellschaft in Berlin, Kratz, am 4. Juni 1942 in einem Brief an Hauptgeschäftsführer Heinrichsbauer (Auszug)

Daß die bisherigen Bemühungen der deutschen Regierung, die darauf abzielen, eine Steigerung der landwirtschaftlichen Erträge in Südosteuropa zu erreichen, um dadurch das Ernährungsvolumen in Mitteleuropa zu vergrößern, nicht zu dem gewünschten Erfolg geführt haben, ist eine Tatsache, die heute auch in weiten Kreisen bekannt sein dürfte ...
Für uns ergibt sich in logischer Folgerung daraus, daß wir in Südosteuropa zunächst in gleicher Weise, wie vor einigen hundert Jahren die Türkei, auf agrarpolitischem Gebiet Kolonialwirtschaft betreiben müssen, d.h., daß wir aus dem Lande herausholen, was die Balkanvölker entbehren können, ohne völlig zu verelenden.

Importe ohne Bezahlung

Reichsfinanzminister Graf Schwerin v. Krosigk am 15. Juli 1942 an Göring (Auszug)

Die Clearing-Verschuldung war Ende 1939 noch ganz unbedeutend, Ende 1940 betrug sie noch 953 Millionen, Ende 1941 schon 3251 Millionen RM. Inzwischen hat sie die 5-Milliarden-Grenze überschritten, für Ende 1942 werden wir mit 7 Milliarden RM rechnen müssen, die als Waren- und Clearing-Schulden nicht wie die früheren Weltkriegsschulden oder die jetzigen Lend-und-Lease-Schulden politische, sondern kommerziell angestempelt sind und uns so geradezu zwingen, unsere Bereitwilligkeit und Fähigkeit, sie nach dem Kriege abzutragen, stets von neuem zu versichern, obwohl jetzt in keiner Weise feststeht, ob und wie das einmal möglich sein soll.

Deutschland

Nach dem Sieg ...

Streng vertrauliche Denkschrift der Reichsgruppe Industrie vom 1. August 1940 (Auszug)

Die nach dem siegreichen Kriege zu erwartende europäische Großraumwirtschaft unter Führung des Großdeutschen Reiches in Zusammenhang mit der künftigen Orientierung der Weltwirtschaft wirft schwerwiegende Probleme politischer, wirtschaftlicher und sozialer Art auf, deren Lösung alsbald in Angriff zu nehmen ist. Die Länder um uns herum, insbesondere im ost- und südosteuropäischen Raum, weisen einen wesentlich niedrigeren Lebensstandard auf. In Zukunft gilt es, diese Länder mit Gütern in verstärktem Umfange zu versorgen und darüber hinaus auf dem Weltmarkte die Exportfähigkeit nicht nur zu halten, sondern wesentlich zu stärken. Diese Möglichkeiten werden abhängen von den Bedingungen, nicht zuletzt von den zu erstellenden Preisen, die wiederum abhängig sind von den Selbstkosten, die ihrerseits weitreichend von den Lohnkosten bedingt sind. Die Menge der zu erstellenden Güter ist abhängig von den zur Verfügung stehenden Materialien, den betrieblichen Kapazitäten, den verfügbaren Arbeitskräften und der Dauer der Arbeitszeit. Diese wird nicht zuletzt auch beeinflußt durch die Möglichkeiten weiterer technischer und organisatorischer Rationalisierung ...
A. Grundfragen
I. Künftige Stellung des Unternehmers
Bei der zu erwartenden wirtschaftlichen und sozialen Neuordnung, die zweifellos von der Politik bestimmt werden muß, wird die Stellung des Unternehmers von Bedeutung sein; auch für die Zukunft ist es unerläßlich, den großen Strom der Privatinitiative entscheidend in den Aufbau- und Ausbauwillen des Nationalsozialis-

mus einzuspannen. Aufgabe des Unternehmers ist es, den Güterbedarf zu decken, d.h. den Konsum des einzelnen im Volke wie auch den Gemeinschaftsbedarf des Volkes. Wie die Ergebnisse der Wehrwirtschaft, des Vierjahresplanes und der Kriegswirtschaft beweisen, ist es dem deutschen Unternehmertum in gemeinschaftlicher Betriebsarbeit mit seinen Gefolgschaften gelungen, diesen gigantischen Produktionsaufgaben gerecht zu werden ...

Gerade für die Zukunft gilt es, die kommenden großen Aufgaben tatkräftig und zielklar als Dienst am Volke und am Staat, d.h. ohne jeden inneren Vorbehalt, im nationalsozialistischen Sinne in Angriff zu nehmen. Der Staat kann auf die Führung nicht verzichten. Er wird aber um so weniger in die Wirtschaft selbst eingreifen zu brauchen, je besser die Unternehmer wie auch die Organe der wirtschaftlichen Selbstverwaltung die Bedürfnisse der nationalsozialistischen Staatsführung erkennen und erfüllen ...

IV. Arbeitspolitische Grundfragen

Der Wirtschaft im kommenden europäischen Großraum wird, wie schon einleitend betont, von der politischen Führung eine große Fülle von Aufgaben gestellt werden, die u.E. nur durch eine entsprechend große Zahl von Arbeitskräften zu bewältigen ist. Es ist der Gedanke ausgesprochen worden, für die Vielzahl der einfachen, untergeordneten und primitiv erscheinenden Arbeiten nichtvolksdeutsche Arbeitskräfte zu verwenden, vielmehr sollen solche Arbeiten ausschließlich von Angehörigen sogenannter Hilfsvölker (vorwiegend Slawen usw.) ausgeführt werden. Dem volksdeutschen Arbeiter soll eine gehobenere, qualitativ wertvollere Arbeitsleistung vorbehalten bleiben ...

V. Angestellter – Arbeiter

Bei Überprüfung der sozialen Neuordnung spielt auch die Frage der Beibehaltung der Zweiteilung der Gefolgschaftsmitglieder in Angestellte und Arbeiter eine Rolle. Bestrebungen, diese Zweiteilung aufzuheben und einen einheitlichen Typus des Gefolgschaftsmannes zu schaffen, sollte nicht Folge geleistet werden. Eine völlige rechtliche Gleichstellung ist unmöglich. Wir behalten uns vor, auf dieses Thema noch besonders zurückzukommen ...

C. Arbeitszeit

Die Dauer der künftigen Arbeitszeit wird gleich falls abhängen von den Aufgaben, die der Führe in Zukunft stellen wird...

Bei der Dauer der Arbeitszeit wird daher auf di unterschiedlichen Möglichkeiten und Notwendig keiten Rücksicht zu nehmen sein, was für ein möglichst elastische Gestaltung der Arbeitszeit vorschriften, wie sie schon durch die Kriegserfor dernisse angebahnt ist, spricht. Der Achtstunden tag ist heute bei uns keine weltanschauliche Frag mehr. Arbeitstempo und Intensität haben sich i den letzten 20 Jahren geändert, aber auch Ar beitserleichterungen mit sich gebracht ... Di Tatsache, daß je nach seiner geistigen oder kör perlichen Inanspruchnahme in dem einen Beru eine Arbeitszeit von 9 Stunden keine größere Lei stung bedeutet als im anderen Beruf eine solch von 8 Stunden, ist nicht wegzuwischen und bei de Arbeitszeitgestaltung zu berücksichtigen. Die nicht zuletzt in Hinsicht auf die lange Arbeitszei des Landarbeiters. Das bedeutet, daß der allge meine Achtstundentag nicht unbedingt Berechti gung zu haben braucht.

Schwerpunkt-Verlagerung im Reich

1940

Mai «Reichsprogramm» für die über einhundert deutschen Rundfunk-Sender eingeführt: verstärkte Zentralisierung der Propaganda – Wochenzeitung «Das Reich» erscheint erstmals; Leitartikel in der Regel von Goebbels **18. Mai** Das Propaganda-Ministerium ordnet eine starke Einschränkung der Kunst- und Film-Betrachtung in der Presse an; «gefühlvoll-lyrische» Feuilletons entfallen **21. Mai** Befehl Hitlers zur Schwerpunkt-Verlagerung der Rüstung von Heeresmaterial auf U-Boote und Flugzeuge («Ju 88»-Programm) **28. Mai** Konzeption zur Umgliederung des Feldheeres vorgelegt; Ziel: Freistellung von Facharbeitern für die Rüstung **Ende Mai** Konzentration der Presse zugunsten des NSDAP-Pressetrusts (Franz-Eher-Verlag mit rund dreihundert Tageszeitungen und dreizehn Millionen Exemplaren Auflage); fünfhundertvierzig Tageszeitungen sowie zweihundert Zeitschriften stellen Erscheinen ein **Anf. Juni** Sonderausschuß Panzerwagen beim Munitions-Ministerium gebildet (Rohland; Vereinigte Stahlwerke AG u. a.) **7. Juni** Flugzeug-Beschaffungs-Programm des Luftfahrt-Ministeriums; sieht Erhöhung der Beschäftigung in der Luftrüstung von vierundachtzigtausend auf sechshundertzweiundzwanzigtausend Leute vor **14. Juni** Weisung des OKW zur Verlagerung des Rüstungs-Schwerpunktes; vor allem auch auf das U-Boot-Programm **Anf. Juli** Der Munitions-Beirat des Todt-Ministeriums wird zum Rüstungs-Beirat (Keßler; Reichsgruppe Industrie); die Munitions-Ausschüsse in den Wehrkreisen werden Rüstungs-Ausschüsse **5. Juli** OKH (v. Brauchitsch/Halder) beschließt Aufstellung eines Kolonial-Regiments in Bergen/Rügen; Kern eines Expeditions-Korps **9. Juli** Weisungen Hitlers erneuern Auftrag zur Schwerpunkt-Verlagerung auf Luftwaffe, Marine und schnelle Truppen; Marine darf Z- (= Ziel-) Plan von 1939 wiederaufnehmen: Weiterbau an fünf Schlachtschiffen, dem Flugzeugträger sowie anderen schweren Einheiten **13. Juli** Ein neues Flugzeug-Beschaffungs-Programm sieht den Bau von nahezu einhalbmal mehr «Ju 88» und knapp doppelt soviel «Me 109» vor **18. Juli** Göring erläßt entsprechende Dringlichkeits-Ordnung mit zwei statt bisher zehn Stufen **23. Juli** Todt verfügt die Stillegung von Erweiterungs-Bauten in Munitions-Industrie **Aug.** Gesamtkonzern der «Reichswerke Hermann Göring» wird in drei Unterkonzerne gegliedert: Montan-, Waffen- und Schiffahrts-Block mit einem (unterbewerteten) Gesamtkapital von sechshundertfünfzig Millionen RM; Holding-Gesellschaft mit zweihundertfünfzig Millionen RM Kapital **7. Aug.** Axmann neuer Reichsjugendführer; v. Schirach Gauleiter in Wien; bleibt Beauftragter (Reichsleiter) der NSDAP für die Jugenderziehung **17. Aug.** Umsteuerung der Rüstung auf vorrangige Ausrüstung von zweihundert Heeres-Divisionen, darunter Panzer- und motorisierte Verbände, bis zum 1. April 1941; im Herbst auf hundertachtzig Divisionen für das «Kriegsheer 1941» reduziert **22. Aug.** Propaganda-Ministerium verbietet Presse Berichterstattung über die inneren und sozialen Verhältnisse in der Sowjetunion; zur gleichen Zeit Anlaufen stärkerer Propaganda für «Lebensraum im Osten» **Sept.** Rundfunk-«Reichsprogramm» auf Kosten der Regional-Programme noch erweitert **Okt.** Axmann setzt sich öffentlich für Programm zur Ausbildung berufsmäßiger HJ-Führer ein; «Achtjahresplan für Weltanschauung» sowie für «vormilitärische Ertüchtigung» **7. Okt.** Richtlinien des OKW für den Dienst der Truppen im Winter 1940/41: u.a. verstärkte NS-Indoktrination durch Schulung **12. Okt.** Anordnung zur Gründung des Deutschen Zementverbandes (unter Führung der größten Monopole) **18. Okt.** Hitler verkündet die Verlängerung des Vierjahresplanes um weitere vier Jahre; Görings Vollmachten werden erneuert **Anf. Nov.** Beim Todt-Ministerium Sonderausschuß Waffen gebildet (E. Müller; Krupp-Konzern) **Nov.** Fünf Wochenschauen zur Deutschen Wochenschau des UFA-Konzerns zusammengelegt; wöchentlich tausendneunhundert Kopien für zwanzig Millionen Zuschauer; dazu Auslands-Woche – Axmann führt den Jugenddienst-Arrest ein; (bis zu acht Tagen oder drei Wochenenden auf Polizei-Revieren) **4. Nov.** In einem Betriebs-Appell verkündet Ley für die Zeit nach dem kurz bevorstehenden Sieg «größtes Sozial-Werk der Welt»; Altersfürsorge im Entwurf fertiggestellt; «Gesundheits-Werk»; «Freizeit- und Erholungs-Werk»; «revolutionäre Lohn-Ordnung»; «großes soziales Wohnungs-Bauprogramm» **15. Nov.** Ley Reichskommissar für den sozialen Wohnungsbau

1941

Jan. OKW teilt intern Verzicht auf militärische Aktionen in den Kolonien während des Krieges mit **21. Jan.** Großbanken beraten über Gründung einer zentralen Öl-Gesellschaft **Febr.** Deutscher Salz-Verband gebildet (unter Führung der Kali-Monopole) – Bildung der «Todt-Kommissionen» in den Wehrbezirken und -kreisen; durchforschen die Betriebe auf Arbeitskräfte für die Rüstung **3. März** Reichsvereinigung Kohle gebildet (Pleiger; Reichswerke «Hermann Göring») **16. März** Erlaß Hitlers zur Errichtung von Krieger-Friedhöfen (Generalbaurat: Kreis) **27. März** Die Kontinental Öl-AG (Konti-Öl) gegründet (Fischer; IG Farben Blessing; Dresdner Bank) **3. April** Erlaß Hitler zur Errichtung eines Reichs-Verwaltungs-Gericht (Präsident: Sommer; Parteikanzlei) **19. April** Neu Richtlinien zur Sicherung der Landbewirtschaftung ermöglichen Hof-Überwachung durch «Aufsichts Personen», Verwaltung durch «Treuhänder» ode Zwangsverpachtung **12. Mai** Nach England-Flu von Heß wird Dienststelle des Stellvertreters de Führers durch Verfügung Hitlers Parteikanzlei Leiter: Bormann **14. Mai** Göring beruft an sei Ministerium einen Industrie-Rat für Luftwaffen Gerät (Generalluftzeugmeister Udet; Vertreter Werner; Junkers/Auto-Union) **28. Mai** Himmle sanktioniert durch Erlaß Arbeitserziehungs-Lage der Konzerne (achtwöchige Zwangsarbeit unte KZ-Bedingungen) **29. Mai** Bormann die Befugniss eines Reichsministers übertragen; Mitglied ir Reichskabinett und im Ministerrat für die Reichs verteidigung; strebt in dieser Schlüsselstellun Verschmelzung von Partei- und Staatsapparat a **31. Mai** Zahl der deutschen Arbeitskräfte gegen über gleichem Zeitpunkt des Vorjahres um ein Million siebenhunderttausend gesunken **Anf. Jun** OKW-Plan für Propaganda-Maßnahmen in Kraft zwölf PK-Kompanien des Heeres, vier der Luft waffe und zwei PK-Einheiten der Marine sowi sechs SS-Kriegsberichter-Züge einsatzbereit fü die Sowjetunion **20. Juni** Erlaß Hitlers für ein au Kosten der Heeres-Rüstung gehendes Luftwaffen Sonderprogramm (Göring-Programm) **21. Juni** Al erste Entwicklungs-Kommission des Ministerium für Bewaffnung und Munition Panzer-Kommissio gebildet (Porsche; VW-Konzern) **26. Juni** Überfa auf die Sowjetunion wird in einem Hirtenbrief de deutschen katholischen Bischöfe als Dienst ar Vaterland begrüßt – Staatssekretär Milch zur Göring-Programm: soll Luftwaffe innerhalb vo drei Jahren vervierfachen **30. Juni** Vertrauensra der deutschen evangelischen Kirche begrüßt de Krieg gegen die Sowjetunion in einem Telegramm an Hitler als Kampf «gegen den Todfeind alle Ordnung und abendländisch-christlichen Kultur **14. Juli** Weisung des OKW zur Rückverlagerun des Rüstungs-Schwerpunktes auf Luftwaffe un Marine **22. Aug.** Göring ordnet dreistufige Strafe gegen säumige Betriebs-Arbeiter an; letzte Stufe Arbeits-Sonderkommandos **Sept.** Reichsgrupp Industrie bildet Zentralen Kolonialwirtschaftliche Ausschuß **30. Okt.** Verordnung über das Eisern Sparen (Einbehalten von zehn Prozent des Lohn zwecks Abbau des Geld-Überhangs; 1943 überal eingeführt; in diesem Jahr vierzehn Milliarde RM für die Rüstung abgezogen) **17. Nov.** Ude begeht Selbstmord; seinen Posten als Genera luftzeugmeister übernimmt Milch

7 Auf Leben und Tod

Den entscheidenden Schritt in die Katastrophe tat der deutsche Faschismus mit dem Überfall auf die Sowjetunion. Extreme Verkörperung einer überlebten Epoche, forderte er ein zukunftsbewußtes Gesellschaftssystem heraus, von dessen politisch-moralischer Überlegenheit er keine Vorstellung hatte. Durch die gewaltsame Einbeziehung der sozialistischen Großmacht wandelte sich der Krieg endgültig zu einem gerechten antifaschistischen Befreiungskampf der Völker. Sein bestimmendes Gepräge gab ihm von nun an die Sowjetunion, den reaktionärsten Kräften des Weltimperialismus die Frage nach Sein oder Nichtsein von Sozialismus, Demokratie und Humanität definitiv beantwortend. Ihre Kriegsziele deckten sich nicht nur mit denen der friedliebenden Menschheit, sie stimmten auch mit dem wohlverstandenen Interesse des deutschen Volkes selbst überein.

Massenverhaftungen kommunistischer und anderer Gegner des Naziregimes leiteten die Aggression gegen die Sowjetunion logisch ein. Hatte schon der Überfall auf Polen und der Konkurrenzkrieg mit den imperialistischen Westmächten vom ersten Tage an den kämpfenden Teil des Proletariats zu der tätigen Forderung veranlaßt, den Völkermord sofort zu beenden, so mußte der durch deutsche Armeen eröffnete Klassenkrieg gegen die Heimat des Sozialismus den Widerstandswillen besonders der Kommunisten vervielfachen. Das trat in der Folge trotz neuer schwerer Ausfälle tatsächlich ein; die den Verhaftungen Entgangenen sammelten sich wieder in Parteiorganisationen, denen es in verschiedenen Gebieten gelang, Sozialdemokraten, parteilose Arbeiter, Angestellte und Intellektuelle in mehreren größeren Widerstandsorganisationen zu vereinen. Selbst in progressiven Kreisen des Bürgertums wuchs die Erkenntnis, daß nunmehr der Faschismus den Rubikon überschritt und das deutsche Volk vollends ins Unglück zu stürzen drohte.

Für den Krieg gegen die Sowjetunion stellte der deutsche Faschismus nach einjähriger intensiver Vorbereitung die stärkste imperialistische Armee der Welt bereit, unterstützt durch Streitkräfte der Satellitenstaaten. Die Wehrmacht besaß nach vier Feldzügen große Kampferfahrung; ihre Ausrüstung mit modernem Material entstammte den Industrien fast des ganzen Kontinents. Außer den besetzten und verbündeten Staaten förderten auch die Neutralen mehr oder weniger die faschistische Kriegführung – schon, um nicht selbst der gegen sie bereits vorgeplanten Aggression zum Opfer zu fallen. Im Vergleich dazu war das sowjetische Verteidigungspotential wenn nicht klein, so doch in vielen Positionen geringer. Zudem hatte die Sowjetunion den absolut mächtigsten Schlag der Wehrmacht allein aufzufangen; sie trug fortan die Hauptlast des Krieges, der an dieser Front auch entschieden wurde.

Der unvermittelte Ansturm faschistischer Armeen verursachte der Sowjetunion schwerste Verluste an Menschen und Material; trotz der heldenhaften sowjetischen Gegenwehr drangen die deutschen Stoßgruppierungen in knapp fünfeinhalb Monaten eintausend und mehr Kilometer nach Osten vor und eroberten lebenswichtige Industrie-, Rohstoff- und Landwirtschaftsgebiete. Ihren Auftrag, den Sowjetstaat in allerkürzester Frist zu zerschlagen, konnte die Wehrmacht freilich nicht ausführen. Sie verschliß im Gegenteil ihre Kräfte an dem ungewohnten Gegner derart, daß sie sich seiner vor Moskau losbrechenden Gegenoffensive beinahe hilflos ausgeliefert sah. Damit war die arrogante Blitzkriegsstrategie endgültig gescheitert; dem faschistischen Deutschland stand ein langwieriger Krieg bevor, der seine Potenzen weit übersteigen mußte.

Verlauf und Perspektiven des Kampfes im Osten ernüchterten in Deutschland Millionen. Die hohen Verluste deprimierten die Bevölkerung; obendrein mußten im Frühjahr die Lebensmittelzuteilungen gekürzt werden. Lauter werdende Kritik am Naziregime rief verstärkte Repressalien hervor; SS und NSDAP erweiterten ihren Machtbereich. In der militärischen Führung kam es zu durchgreifenden Umbesetzungen. Vor allem aber wurde die durch Gründung des Reichsministeriums für Bewaffnung und Munition bereits angebahnte Konzentration im kriegswirtschaftlichen Leitungssystem weiter vorangetrieben; maßgebliche Kräfte der deutschen Monopolbourgeoisie, vertreten besonders durch die trustähnliche Reichsgruppe Industrie, machten das Ministerium zu ihrem wichtigsten staatlichen Exekutiv-Organ. Mit Hilfe von Hauptausschüssen und Ringen diktatorisch die Produktion steuernd, ging die staatsmonopolistische Superbehörde an die bis dahin tunlichst vermiedene Mobilisierung sämtlicher Kapazitäten für die Rüstung. Hinzu trat millionenfache Deportation von Zwangsarbeitern ins Reich sowie die verschärfte Ausbeutung der besetzten Gebiete. Entsprechend verstärkte sich der Druck auf die Vasallen und «Waffengefährten» des Reiches.

Alle Versuche, das deutsche Kriegspotential den gestiegenen Anforderungen anzugleichen, mußten indessen trotz enorm gesteigerten Ausstoßes der Rüstungsindustrie letztlich fehlschlagen. Zum einen überbot die sowjetische Industrie trotz unsäglicher Schwierigkeiten die Leistungen der deutschen bald bei weitem – ganz zu schweigen vom Unterschied der Potentiale an lebendiger Kraft –, zum anderen erlitt die deutsche Außenpolitik zu dieser Zeit ein Fiasko, das den faschistischen Block mit einer Allianz konfrontierte, die über drei Viertel aller Industriekapazitäten und Rohstoffvorräte der Erde verfügte.

Mit dem durch Japan veranlaßten Kriegseintritt der Vereinigten Staaten wurde der letzte Schritt zu einer bald an die fünfzig Länder umfassenden antifaschistischen Koalition getan. Schon lange vor Kriegsausbruch von der Sowjetunion angestrebt, verwirklichte sich nun die Zusammenarbeit von sozial grundverschiedenen Staaten zur Abwehr der Aggressoren. Die Sorge um die eigenständige imperialistische Existenz und der Druck bedrohter Völker hatten zumindest vorübergehend den Antibolschewismus in den Hintergrund gedrängt: der sozialistische Klassenfeind bot jetzt praktisch die einzige Garantie für den endgültigen Sieg über den Faschismus. Wirksame materielle und direkte militärische Hilfe für den Verbündeten indessen blieb lange aus. Gegen die Masse der deutschen Streitkräfte kämpfend, errang die Sowjetunion in

der Allianz die militärische, durch die Verkündung ihrer gerechten, demokratischen Kriegsziele die politische Führung.
Das Ausbleiben der Zweiten Front ermöglichte der Wehrmacht einen neuen Feldzug in der südlichen Sowjetunion. Im Vorstoß zu Wolga und Kaukasus verfolgten ihre Armeen ein zwar variiertes, doch ebenso hochfliegendes Programm wie im Vorjahr. Sie sollten dort die erstrangigen Wirtschaftszentren erobern, die zu deren Schutz zusammengezogenen sowjetischen Hauptkräfte vernichten, die Türkei zum Kriegseintritt bewegen und den Weg in den Nahen Osten öffnen. Tatsächlich wurden sie durch die Sowjetstreitkräfte in einer sich über Monate hinziehenden Abwehrschlacht restlos ausgeblutet. Eine bei Stalingrad beginnende, dann die gesamte Ostfront erfassende sowjetische Gegenoffensive traf sie vernichtend; im Süden wurden fünf faschistische Armeen zerschlagen und auf ihre Ausgangsstellung zurückgeworfen. Damit hatte die Sowjetunion, auf sich allein gestellt, den grundlegenden Umschwung im zweiten Weltkrieg eingeleitet.

Krieg gegen die Sowjetunion wird von den Nazis von Anfang an als Konfrontation einander ausschließender Gesellschaftssysteme aufgefaßt. Das Unternehmen «Barbarossa» soll den Machtbereich des Faschismus bis zur Linie Archangelsk–Astrachan erweitern. Es ist dabei nur Mittel zum Zweck: Der erste sozialistische Staat der Erde soll vernichtet und in ein riesiges deutsches Kolonialreich umgewandelt werden. Der Blitzkriegs-Plan ist auf einen Vier-Monate-Feldzug abgestellt. Er beruht auf maßloser Überbewertung der eigenen Kräfte und Mittel, obendrein noch bei klassenbornierter Geringschätzung des Gegners. Dessen rascher Zusammenbruch gilt als völlig sicher. Nicht einkalkuliert ist die Stabilität seiner Gesellschaftsordnung, sind ihre moralischen, ökonomischen und militärischen Möglichkeiten.

Planung mit Rechenfehlern

1940

2. Juni Beginn militärischer Vorgespräche zum Überfall auf die Sowjetunion **10. Juni** Deutsch-sowjetische Konvention zur Beilegung von Grenzstreitigkeiten **21. Juli** Hitler fordert Vorbereitung eines Operationsplanes **31. Juli** Als Zeitpunkt für den Überfall nennt Hitler das Frühjahr 1941, als Feldzugsdauer fünf Monate **5. Aug.** Generalmajor Marcks legt «Aufmarschstudie Ost» vor **9. Aug.** OKW-Weisung zum «Aufbau Ost» (Vorbereitung des Aufmarsch-Raumes) **17. Aug.** «Umsteuerung» der Rüstung zugunsten der Erhöhung der Heeresstärke auf einhundertachtzig Divisionen bei starker Motorisierung und Vermehrung der Panzertruppe **6. Sept.** Das OKH befiehlt Verlegung der ersten fünfzehn Divisionen aus dem Westen nach dem Osten **30. Okt.** Hauptquartier des OKH wird von Fontainebleau nach Zossen verlegt **29. Nov.** Erstes Planspiel des OKH **18. Dez.** OKW-Weisung zum Überfall auf die Sowjetunion: Fall «Barbarossa» **27. Dez.** Vorinformierung Antonescus

1941

Anf. Jan. Im Wirtschafts-Rüstungs-Amt des OKW wird ein «Arbeitsstab Rußland» gebildet (später umbenannt: «Wirtschaftsstab z. b. V. Oldenburg»; dann «Wirtschaftsstab Ost») **31. Jan.** OKH erläßt Aufmarsch-Anweisung für «Ostfeldzug» **13. März** OKW-Richtlinien auf «Sondergebieten»: Massenausrottung, Aufteilung des Staates, Ausplünderung **27. März** Verschiebung des Überfalls um etwa vier Wochen **30. März** Hitler proklamiert vor seinen Militärs «Vernichtungskampf» **22. April** Protest der Sowjetunion gegen deutsche Spionage-Flüge **30. April** Endgültiger Termin für den Überfall neu festgelegt **Mai** Die SS bildet «Einsatzgruppen» **10. Mai** Heß fliegt nach Großbritannien; versucht Zweifronten-Krieg abzuwenden **13. Mai** OKW-Erlaß über Kriegsgerichtsbarkeit (Verbrechen an Sowjetbürgern straflos) **20. Mai** Hundertzwanzig Divisionen an der Ostgrenze konzentriert **25. Mai** Finnlands Generalstabschef Heinrichs informiert **Anf. Juni** Ausgabe der «Grünen Mappe» Görings zur Ausplünderung der Sowjetunion **2. Juni** Am Brenner trifft Hitler Mussolini; keine Mitteilung über Aggressions-Absicht **3. Juni** Verhandlungen mit dem finnischen Oberkommando – Zuführung von vierundzwanzig Panzer- und mot. Divisionen eingeleitet **6. Juni** «Kommissar-Befehl» des OKW (zur Ermordung der sowjetischen Polit-Offiziere) **10. Juni** Luftwaffe beginnt ihren Aufmarsch **11. Juni** Weisungs-Entwurf für «Zeit nach Barbarossa»: Operationen in Nahost und in Nordwest-Afrika **12. Juni** Unterrichtung Antonescus **22. Juni** Kurier informiert Mussolini **24. Juni** Himmler befiehlt die Ausarbeitung des «Generalplans Ost»: zugunsten deutscher Siedler Deportation der Einwohner

Symbol der friedlichen Absichten der Sowjetunion: die Brücke am Bug, über die bis zuletzt Güterzüge mit Getreide und Erdöl nach Deutschland rollen. Nach dem Wirtschaftsvertrag in die Sowjetunion gehende Lieferungen dagegen werden spürbar verringert und verzögert

Über der Karte der Sowjetunion: v. Brauchitsch, Oberbefehlshaber des Heeres, Heusinger, Chef der Operationsabteilung, ein weiterer Generalstäbler und Halder, Generalstabschef. Die Vorbereitung des Überfalls läuft bereits seit dem Juli 1940. Nach der Ausarbeitung mehrerer Operationsvarianten ergeht Mitte Dezember die Weisung zu Fall «Barbarossa». Von nun an steht dieses Ziel im Vordergrund

Bei einer Inspektion des Aufmarschraumes besucht v. Brauchitsch auch die Brucke von Przemyśl. Besondere Vorkommnisse: keine

Mit Hilfe derartiger Luftbildkameras liefert Görings Sonderstaffel Rowehl bereits seit 1937 Spionageunterlagen für die Aggression

Göring, Keitel und Himmler, hier im April 1941 bei Hitler, haben die jeweiligen Pläne für den Überfall längst fertigstellen lassen

Eine Verständigung mit Großbritannien strebt Hitler-Stellvertreter Heß durch den später offiziell mit «Wahnvorstellungen» motivierten Alleinflug nach Schottland an. Dort geht man aber nicht auf ihn ein

Serienbau zweimotoriger Maschinen des Typs «Do 217» in einem westdeutschen Rüstungsbetrieb. 1940 steigt die Flugzeugproduktion auf zehntausend Stück, vorwiegend Bomber («Ju 88») und Jäger

Rumäniens Erdölfelder zählen zu den bedeutendsten Rohstoffquellen der deutschen Kriegswirtschaft. Ihr stehen Anfang 1941 nicht nur die eigenen und die noch vor Kriegsbeginn geraubten Vorkommen zur Verfügung, sondern auch die der abhängigen und unterworfenen Staaten Europas. Mehr oder weniger freiwillig liefern auch die fünf Neutralen. Entsprechend groß ist das Potential an Arbeitskräften

Schwere Bomben im Lager. Die Erzeugung von Munition wird 1940 gedrosselt, weil die Vorräte für einen «Blitzkrieg» ausreichen

Schon frühzeitig werden Frauen zur Arbeit in der Rüstung herangezogen – hier in den Junkers-Werken für den Bau von Bombern

Rund fünftausend Geschütze verlassen 1940 die Werkhallen. Hoch ist auch der Ausstoß an Granatwerfern und Maschinengewehren

An der Grobblech-Walzstraße eines Hüttenwerks im annektierten Katowice. Bis zum Sommer 1941 hat sich die Kapazität der für die deutsche Rüstung arbeitenden Stahlindustrie auf Kosten besetzter Länder um wenigstens fünfzehn Millionen Tonnen erhöht, um über einhundert Millionen Tonnen die Steinkohleförderung. Das gesamte Treibstoff-Aufkommen erreicht gleichzeitig acht Millionen Tonnen

Eine der riesigen Montagehallen, in denen 1941 an die viertausend Panzer fertiggestellt werden. Ebenso bedeutend ist die Produktion an Sturmgeschützen, Schützenpanzerwagen und LKW. Die Industrie der okkupierten Länder wird weitgehend in die Rüstungsfertigung einbezogen. Grundlage für den enormen Ausstoß an Kriegsmaterial sind jedoch die anderthalb Millionen deutschen Werkzeugmaschinen

Vorbereitung und Ausführung des größten faschistischen Verbrechens werden durch die ideologische Verblendung des deutschen Volkes wesentlich erleichtert. Erhebliche Teile der Bevölkerung sind von der Kette militärischer Erfolge beeindruckt; allzuviele schreckt der sich im Verlauf des Krieges und besonders kurz vor dem Überfall ständig verschärfende Terror. Den Widerstand der Illegalen vermag das nicht zu lähmen. Sein wesentlicher Träger sind nach wie vor die Kommunisten. Ihr Zentralkomitee ist verstärkt bemüht, die Parteiorganisationen und die mit ihnen verbündeten Hitler-Gegner zusammenzufassen und zu lenken – direkt und über die Stockholmer Auslandsleitung, mittels illegal einreisender oder mit dem Fallschirm abspringender ZK-Beauftragter, durch den Deutschen Volkssender Moskau.

Illegal gegen das Verbrechen

1940

Frühjahr Die Organisationen der KPD im Reich entfalten durch Flugblattpropaganda und Sabotage der Rüstungsproduktion ihren Kampf gegen den Krieg; in Zusammenarbeit mit Sozialdemokraten und parteilosen Arbeitern sowie Angehörigen der Intelligenz schaffen sie Widerstandsorganisationen; regionale Zentren entstehen so u.a. in Berlin (Uhrig/Sieg/Guddorf), Dresden (Bochow/Hensel/Schulze/Stein), Chemnitz (Hähnel/Müller/Winter), Leipzig (Schumann/Schwarz/Hoffmann/Zipperer), Frankfurt/M. (Breitinger/Häuslein/Leis), München (Olschewski), an Rhein und Ruhr sowie an der Wasserkante, in Schlesien und Pommern **8. April** SPD- und Gewerkschaftsführer erklären auf einer Konferenz in Kopenhagen Widerstandskampf für aussichtslos; fordern Militärdiktatur, die «Wall gegen den Bolschewismus» schafft **Juni/Aug.** Die ZK-Beauftragten Hallmeyer, Müller, Schmeer, Henke und Emmerlich reisen illegal in das Reich ein **Juli** Erste Ausgabe «Das freie Wort» der Berliner Gruppe Günther – Arbeitsverweigerung in der Oberhausener Gute-Hoffnungs-Hütte gegen Schichtverlängerung **Aug.** Operative Leitung der KPD (Emmerlich/Steffelbauer) gebildet (in Berlin) **Spätsommer** Berliner Bezirksleitung der KPD (Uhrig u.a.) geschaffen **Jahresende** Zerfall des SPD-Emigrationsvorstandes; seine aus Frankreich entkommenen Mitglieder gehen über Lissabon teils nach Großbritannien, teils in die USA

1941

Jahresanfang Die Berliner Kundschaftergruppe Schulze-Boysen/Harnack/Kuckhoff informiert die Sowjetunion über die Pläne der Nazis **19. März** Union deutscher sozialistischer Organisationen in Großbritannien gegründet (Vogel/Ollenhauer-, SAP-, Neu-Beginnen- und ISK-Gruppe in London) **Frühjahr** Ausbau und Koordinierung zahlreicher KPD- und Widerstandsorganisationen; im Rhein-Ruhr-Gebiet durch den ZK-Beauftragten Seng u.a., in Hamburg unter Leitung von Abshagen/Bästlein/Jacob, im mitteldeutschen Industriegebiet durch Büchner, Gotsche u.a., in Stuttgart (Hummler/Wagner), Mannheim (Lechleiter u.a.), Breslau usw. – Verhaftungen in der Dresdener und Leipziger Organisation **Ende Mai** Die Gestapo zerschlägt die operative Leitung der KPD **Mitte Juni** Aus einigen bereitgestellten Ostfront-Einheiten gehen Arbeiter zur Sowjetarmee über **22. Juni** Im Reich setzen Massenverhaftungen durch die Gestapo ein **24. Juni** Aufruf der KPD-Führung zum Überfall auf die Sowjetunion **Ende Juni** Blatt der Gruppe Vogel/Ollenhauer befürwortet die Absicht, die Sowjetunion und Deutschland einander aufreiben zu lassen **Juli** Protestaktionen in zahlreichen

Fortsetzung auf Seite 332

Der Eisenbahner John Sieg zählt in Berlin mit Robert Uhrig und Wilhelm Guddorf zur Leitung der Bezirksorganisation der KPD

Die Funktion einer operativen Leitung der KPD im Reich üben der eingereiste Arthur Emmerlich (oben) und Kurt Steffelbauer aus

Führender Kopf in der Bezirksorganisation Leipzig der KPD ist Georg Schumann. Er kommt wie die meisten direkt aus dem KZ

ZK-Beauftragter Alfred Kowalke setzt mit Robert Uhrig nach der Zerschlagung der ersten operativen Leitung deren Arbeit fort

Der Generalstab des Terrors gegen jedwedes Aufbegehren: Himmler, Reichsführer SS, links von ihm Nebe, der Chef der Kriminalpolizei, rechts von ihm Heydrich, seit Kriegsbeginn Leiter des neuen Reichs-Sicherheits-Hauptamtes mit Gestapo, Kripo und Sicherheitsdienst

Frühstückspause in einer Wilhelmshavener Werft. Gespräche über den Krieg und seine Folgen sind gefährlich und werden selbst in so kleinem Kreis nur sehr vorsichtig geführt. Die zu Kriegsbeginn weitverbreitete Sorglosigkeit weicht spätestens mit dem Überfall auf die Sowjetunion ernsten Vorbehalten. Zum Handeln aber kann sich nur ein relativ kleiner Teil des deutschen Volkes durchringen

In Süddeutschland bildet Georg Lechleiters KPD-Organisation einen Widerstandskern. 1941 erscheint ihre Zeitung «Der Vorbote»

Mitteldeutschlands Antifaschisten erhalten Impulse durch die von Herbert Bochow u. a. geleitete KPD-Bezirksorganisation Dresden

An der Wasserkante kämpft die Hamburger KPD-Organisation unter Robert Abshagen (oben), Franz Jacob und Bernhard Bästlein

Fortsetzung von Seite 330
Betrieben, Städten und Ortschaften Deutschlands gegen den Überfall **Sommer** Einreise weiterer ZK-Beauftragter (Bischoff, Kowalke, Kaps) **1.Sept.** Die Gruppe Vogel/Ollenhauer bekennt sich nach Auseinandersetzung mit SAP- und Neu-Beginnen-Gruppe zur Anti-Hitler-Koalition **10.Sept.** In der Sowjetunion nimmt der Deutsche Volkssender der KPD die Arbeit auf **Herbst** Uhrig/Kowalke üben Funktion der operativen Leitung aus – Sieg gibt die «Innere Front» heraus, Baum den «Ausweg», Lechleiter den «Vorboten» **15.Okt.** Appell des ZK der KPD «An das deutsche Volk und das deutsche Heer» **Anf. Dez.** Bezirksleitung Wasserkante der KPD gebildet (Abshagen/Bästlein/Bohne/Bruhn/Jacob/Reincke); in Verbindung mit den Partei- und Widerstandsgruppen entlang der Küste von Nord- und Ostsee – Die Bezirksleitung Nordbaden-Pfalz (Lechleiter/Faulhaber/Langendorf/Moldrzyk) hat ihr Organisationsnetz über Mannheim auf dessen Landkreis, Heidelberg, Ludwigshafen u.a. Städte ausgedehnt – Leipziger Bezirksleitung führt etwa zwei Dutzend Widerstandsgruppen, die Berliner Bezirksleitung rund siebzig, meist in Rüstungsbetrieben **Ende Dez.** Poser (Jena) und Neubauer (Gotha) bereiten Vereinigung ihrer Gruppen zur KPD-Bezirksorganisation Thüringen vor

Oberregierungsrat Dr. Arvid Harnack vom Wirtschaftsministerium gehört zu den seit 1933 illegal wirkenden Intellektuellen Berlins

Als Kämpfer in der Sowjetarmee springen Albert Hößler und andere Kommunisten am Fallschirm zum Einsatz in Deutschland ab

An der Spitze der deutschen Kundschaftergruppe, die im Rahmen der internationalen Organisation «Rote Kapelle» (ein ihr von der Gestapo gegebener Name) wirkt, steht neben Dr. Arvid Harnack und Dr. Adam Kuckhoff der Oberleutnant Harro Schulze-Boysen, tätig im Luftfahrt-Ministerium, oben im Kreise dortiger Mitarbeiter. Die Gruppe ist Teil einer weit umfassenderen Widerstandsorganisation

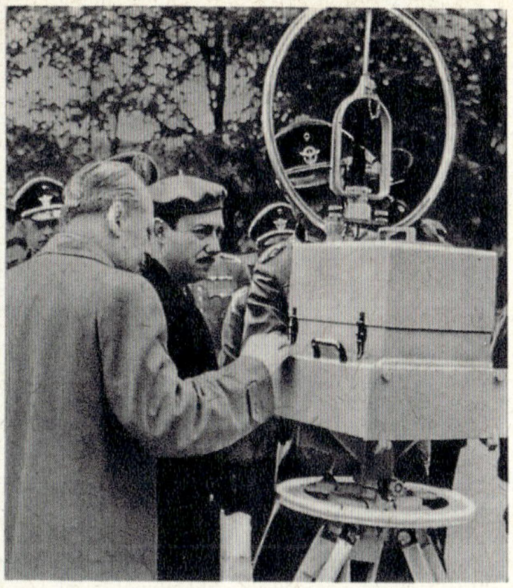

Mobile Peilgeräte zum Aufspüren illegaler Sender werden an der Polizeischule Berlin Besuchern aus Franco-Spanien vorgeführt

Die Kundschaftergruppe wird von erfahrenen Funktionären der KPD-Bezirksorganisation unterstützt, darunter Walter Husemann (oben mit seiner Frau) und Hans Coppi, der das Funkgerät bedient. Gesendet wird unter anderem von den zahlreichen Seen rings um Berlin

Inmitten von Erznazis arbeitet der Kundschafter Dr. Richard Sorge (ganz rechts), hier bei einer Veranstaltung der deutschen Botschaft in Tokio. Offiziell als Zeitungskorrespondent in Japan, kündigt Dr. Sorge den Überfall auf die Sowjetunion bereits Anfang März 1941 an

Bis August 1942 ist die Organisation aktiv tätig, dann werden hundertdreißig Kämpfer gestellt, neunundvierzig zum Tode verurteilt

Der Soldat Alfred Liskow, früher Arbeiter in Kolberg, durchschwimmt vor dem Angriff den Bug und warnt die sowjetische Armee

Mit der «Ju 88» und drei Kameraden landet Beobachter Hans Kratz aus Frankfurt/M. am 25. Juni bei Kiew, um sich gefangenzugeben

Mit einem gewaltigen Aufgebot an Menschen und Material tritt der Faschismus zum entscheidenden Kampf um die Weltherrschaft an. Sein die Sowjetunion zu diesem Zeitpunkt überraschender Angriff bringt deren Streitkräfte sofort in eine sehr schwierige Lage; schon in den Grenzschlachten büßen sie neben vielen Verbänden einen Großteil der Panzer und Flugzeuge ein. Hitlers drei Heeresgruppen können in die Tiefe des Raumes vorstoßen. In einer Reihe blutiger Kesselschlachten zerschlagen sie die Masse der ihnen entgegengeworfenen Divisionen. Trotz riesiger Landgewinne deutet sich das Mißlingen des Blitzkrieges jedoch bereits an: Dieser Gegner bewahrt in erbitterten Abwehrkämpfen den Zusammenhang seiner Front. Der Vormarsch verlangsamt sich, die Verluste wachsen von Tag zu Tag.

Inferno der Kesselschlachten

1941
22. Juni Deutscher Überfall auf die Sowjetunion von der Ostsee bis zu den Karpaten; Luftangriffe gegen Flugplätze und Städte; Beginn der Grenzschlachten – Rumänien und Italien erklären der Sowjetunion den Krieg; Churchill begrüßt sie im Rundfunk als Verbündeten **23. Juni** Hauptquartier des Oberkommandos der Sowjetstreitkräfte unter Stalin gebildet – Kriegserklärung der Slowakei; sie stellt Hilfstruppe **23./24. Juni** Gegenstöße der Sowjetarmee im Norden, Zentrum und Süden der Front **24. Juni** Sowjetischer Rat für Evakuierung gebildet (Schwernik) – Vereinigte Staaten sind zur Unterstützung der Sowjetunion bereit **26. Juni** Sowjetische Gegenstöße am Südflügel – Finnland erklärt den Krieg; am **27. Juni** Kriegserklärung Ungarns; es marschiert in Galizien ein **28. Juni** Kesselschlacht von Minsk und Białystok eröffnet **29. Juni** Deutscher Vorstoß auf Murmansk **30. Juni** Staatliches Verteidigungskomitee der Sowjetunion (unter Stalin) gebildet **1. Juli** Deutsch-finnische Offensive aus Mittel-Finnland **2. Juli** Offensive an der rumänisch-sowjetischen Grenze **5./9. Juli** Sowjetische Gegenschläge im Zentrum der Front **10. Juli** Abschluß der Grenzschlachten; Litauen, Lettland, Süd-Estland, West-Belorußland, West-Ukraine sowie große Teile des Moldau-Gebiets erobert – Finnische Offensive nördlich Ladoga-See – Beginn der Operationen bei Kiew – Kampf im Vorfeld Leningrads eröffnet; endet am 8. Sept. mit Blockade – Smolensker Verteidigungsoperation der Sowjetarmee beginnt (achtwöchige Abwehr); am **13. Juli** Gegenoffensive **26. Juli** Vernichtung sowjetischer Verbände bei Mogiljow **27. Juli** Bei Uman Kesselschlacht eröffnet **30. Juli** HGr. Mitte zum Übergang in Verteidigung gezwungen **31. Juli** Finnischer Angriff nordwestlich des Ladoga-Sees **1. Aug.** Vernichtung sowjetischer Verbände nahe Roslawl **5. Aug.** Beginn der Verteidigung Odessas **9./24. Aug.** Schlacht bei Gomel **12. Aug.** Südlich des Ilmen-Sees sowjetischer Gegenschlag **21. Aug.** Kesselschlacht von Kiew eröffnet – Finnischer Angriff auf der Karelischen Landenge **4. Sept.** Finnische Offensive zum Swir **5. Sept.** Estland ist völlig besetzt **11. Sept.** Angriff auf Leningrad; nach vierzehn Tagen abgebrochen **24. Sept.** Gegenstöße sowjetischer Verbände am Südflügel **30. Sept./2. Okt.** HGr. Mitte leitet Offensive gegen Moskau ein; bei Brjansk und Wjasma Kesselschlachten – HGr. Süd tritt zur Eroberung des Donez-Beckens an **5. Okt.** Schlacht am Asowschen Meer **14. Okt.** Murmansk-Vorstoß gestoppt **27. Okt.** Durchbruch auf der Landenge von Perekop; drei Tage später beginnt Verteidigung von Sewastopol **Ende Okt.** Offensive gegen Moskau bleibt auf Linie Kalinin–Tula stecken, Süd-Offensive vor Rostow

Vier Luftflotten mit nahezu viertausend Flugzeugen zerschlagen schon während der ersten Tage das Gros der sowjetischen Luftwaffe und die meisten sowjetischen Panzereinheiten der westlichen Militärbezirke. Erleichtert wird das durch eine unzureichende Luftabwehr

Finnische Panzer während des Vormarsches auf Leningrad. Weitere Kräfte rücken zur Murman-Bahn sowie im Hohen Norden vor

Eindringen rumänischer Panzereinheiten in Kischinjow. Rumänien und Finnland nehmen mit je zwei Armeen an den Operationen teil

Für den Überfall sind mehr als viereinhalb Millionen deutsche Soldaten aufmarschiert – gut ausgerüstet, kampferfahren, siegessicher

Die meist völlig überraschten sowjetischen Truppen schlagen sich an vielen Abschnitten bis zum letzten Mann. In der Festung Brest erlischt der Widerstand der Verteidiger endgültig erst am 20. Juli

In den Hauptstoßrichtungen dringen vier deutsche Panzergruppen mit dreitausendsiebenhundert Panzern rasch in die Tiefe vor. Dem kann die Sowjetunion nur weit unterlegene Kräfte entgegensetzen

Im Morgenlicht des 22. Juni überqueren die deutschen Truppen die sowjetischen Grenzflüsse. Zweiundvierzigtausend Geschütze und Granatwerfer geben Feuerschutz. Zusammen mit den Streitkräften der Satellitenstaaten sind vom Eismeer bis zum Schwarzen Meer einhundertneunzig Divisionen eingesetzt, die meisten davon in den Heeresgruppen Nord, Mitte und Süd. Der Hauptstoß gilt Moskau

Einzelne Gegenschläge der Sowjetarmee können die übermächtigen Stoßgruppierungen vorerst nicht aufhalten. In zweieinhalb Wochen rücken diese bis zu sechshundert Kilometer weit in das Land vor

Unter einer Zeltbahn auf dem Sturmgeschütz: nicht die ersten und bei weitem nicht die letzten Toten. Die erbitterte Gegenwehr der sowjetischen Truppen kostet von Anfang an unerwartet hohe Opfer

Ein trügerisches Bild vermitteln die riesigen Gefangenenlager, die nach «Kesselschlachten» während der zweiten Phase der Kämpfe (Juli bis September) entstehen. Minsk, Mogiljow, Uman und Kiew verursachen der Sowjetarmee schwerste Verluste an Menschen wie an Material: ihre Front zerreißt nicht. Und die deutschen Armeen büßen über eine halbe Million Mann und die Hälfte der Panzer ein

Übermütig läuten deutsche Soldaten in Kiew die Siegesglocken. Sie wissen es nicht besser als ihr Führer, der nun triumphiert: «Dieser Gegner ist bereits gebrochen und wird sich nie mehr erheben»

Sowjetische Infanterie gräbt sich ein. Ihr hartnäckiger Widerstand verringert das deutsche Vormarschtempo von anfangs dreißig auf zwei bis sechs Kilometer pro Tag. Alle Terminpläne sind hinfällig

Bau von Sperren in Odessa. Die gemeinsam mit ihren Einwohnern verteidigte Stadt wird erst Mitte Oktober geräumt. Den Angreifern ist der Zusammenhalt von Volk und Armee eine Überraschung mehr

Kämpfe um einen Bahnhof im Gebiet Smolensk, auf dem Weg nach Moskau. Sowjetische Gegenschläge zwingen hier Anfang August die Heeresgruppe Mitte für nahezu zwei Monate in die Verteidigung

Im «Führerhauptquartier» kommt es angesichts der unerwarteten Schwierigkeiten zu Differenzen über die weiteren Operationen. Im Gespräch mit Hitler: Keitel, Halder, v. Brauchitsch; rechts Heusinger

Mussolini mit Hitler bei einem kurzen Frontbesuch im Osten. Wie alle anderen Verbündeten wird auch er nachdrücklich ersucht, die Wehrmacht in der Sowjetunion durch Hilfstruppen zu unterstützen

Auf dem Weg nach Moskau entbrennen im Oktober neue schwere Kämpfe. Achtzig Panzer- und Infanteriedivisionen durchbrechen die sowjetische Front. Bei Brjansk und Wjasma bilden sich «Kessel»

Zur Stadt Lenins stößt die deutsche Heeresgruppe Nord vor; nach blutigen Schlachten besetzt sie das gesamte Baltikum, ohne die ihr gegenüberstehenden sowjetischen Armeen vernichten zu können

Leningrad im Scherenfernrohr deutscher Beobachter. Seit Anfang September ist die Stadt von der Landseite her blockiert; Zugang besitzt sie nur noch über den Ladoga-See. Die Belagerungsarmeen haben das Ziel, Leningrad wenn nicht zu nehmen, dann zumindest auszuhungern. Vorwiegend an Lebensmittelmangel kommen in der Stadt nach neuesten Angaben eine Million Menschen ums Leben

Beobachterinnen der Moskauer Luftabwehr beim Dienst hoch über den Dächern. Nur wenigen deutschen Flugzeugen gelingt es, den dichten Flakgürtel um die sowjetische Metropole zu durchbrechen

Der Sturmangriff auf die Landenge von Perekop bringt die Krim bis auf Sewastopol in deutsche Hand. Das Gros der Heeresgruppe Süd greift in Richtung auf den Kaukasus an und erreicht Rostow

Durch tiefen Schlamm quälen sich die deutschen Kolonnen ihrem befohlenen Ziel entgegen. Aber nicht die beide Seiten behindernde Regenperiode, sondern die sich vor Moskau deutlich versteifende sowjetische Abwehr bringt sie schließlich zum Stehen. Sowohl im Zentrum als auch auf ihren Flügeln liegt die Heeresgruppe Mitte fest; von der Hauptstadt trennen sie noch rund hundert Kilometer

Endgültig scheitert der Blitzkrieg vor der sowjetischen Hauptstadt. Moskau widersteht dem Anprall der deutschen Armeen, die im Spätherbst 1941 massiert angreifen, um hier noch die fragwürdige Entscheidung zu erzwingen. Im hereinbrechenden Winter offenbart sich der höchst spekulative Kern der faschistischen Strategie. Durch die vorangegangenen Schlachten völlig ausgezehrt, müssen die deutschen Armeen vor einer umfassenden sowjetischen Gegenoffensive unter hohen Verlusten zurückweichen. Ihre Front zerreißt; Panik greift um sich. Mit der ersten schweren Niederlage der Wehrmacht in diesem Krieg ist der lähmende Mythos von ihrer «Unbesiegbarkeit» endgültig dahin. Auf faschistischer Seite veranlaßt die durchaus neuartige Situation tiefgreifende Umstellungen in allen Bereichen.

Menetekel Moskau

1941

12. Nov. Sowjetische Gegenoffensive bei Tichwin auf den Wolchow **15./17. Nov.** Erneutes Antreten der HGr. Mitte gegen Moskau **17. Nov.** Sowjetische Gegenoffensive bei Rostow; HGr. Süd muß auf den Mius zurückgehen **28. Nov.** Deutsche Panzer am Moskauer Kanal – OB der HGr. Süd, v. Rundstedt, abgelöst **1. Dez.** HGr. Mitte liegt fest; am **3. Dez.** letzter Durchbruchsversuch im Zentrum (Naro-Fominsk) gescheitert **5. Dez.** Gegenoffensive der Sowjetarmee nördlich von Moskau auf Klin – Der OB des Heeres, v. Brauchitsch, reicht Abschied ein **6. Dez.** Sowjetische Gegenoffensive südlich von Moskau bei Tula; im Süden und Norden Moskaus Durchbrüche und deutscher Rückzug **8. Dez.** Das OKW befiehlt für gesamte Ostfront Übergang zur Verteidigung **9. Dez.** HGr. Nord zieht Verbände hinter den Wolchow zurück **10. Dez.** Durchbruch am Südflügel der HGr. Mitte bei Liwny **13. Dez.** Durchbruch bei Tula **16. Dez.** Befreiung Kalinins **17. Dez.** Deutsche Offensive gegen Sewastopol; nach Landung sowjetischer Verbände im Osten der Krim abgebrochen **19. Dez.** Hitler übernimmt Oberbefehl über das Heer – Ablösung v. Bocks, OB der HGr. Mitte **20. Dez.** Weiterer Rückzug im Süden Moskaus; daraufhin am **25. Dez.** Armee-OB Guderian abgelöst **27. Dez.** Sowjetische Angriffe im Südwesten von Kalinin **30. Dez.** Sowjetische Front im Südwesten Moskaus auf die Linie Naro-Fominsk–Kaluga–Koselsk vorgetrieben

1942

2. Jan. Sowjetischer Durchbruch nordwestlich von Rshew **3. Jan.** Einschließung deutscher Verbände bei Suchinitschi **8. Jan.** Sowjetische Offensive südlich vom Ilmen-See – Armee-OB Hoepner aus der Wehrmacht ausgestoßen **9. Jan.** Sowjetische Offensive auf den Waldai-Höhen; Einschließung deutscher Verbände bei Cholm **10. Jan.** Schwere sowjetische Angriffe bei Wolokolamsk **11. Jan.** Durchbruch sowjetischer Kavallerie südlich von Juchnow **15. Jan.** Auch der dritte der bisherigen HGr. OB abgelöst (v. Leeb; HGr. Nord) **18. Jan.** Bei Isjum/Barwenkowo deutsche Südfront gebrochen **18./24. Jan.** Rückzug der gesamten HGr. Mitte in «Winter-Stellung» **25. Jan.** Sowjetische Verbände schneiden Demjansker Frontvorsprung ab **27. Jan.** Beginn sowjetischer Luftlandungen im Rücken der HGr. Mitte **1. Febr.** Zur Einschließung der bereits von Rshew her tief umfaßten HGr. Mitte Angriff sowjetischer Verbände auf Wjasma; am **3. Febr.** bei Juchnow deutscher Gegenangriff; schneidet die sowjetischen Kräfte im Rücken der HGr. Mitte ab **2. März** Befreiungsangriff bei Juchnow von Osten her; scheitert **13. März** Sowjetischer Angriff auf der Halbinsel Kertsch; im April wiederholt

Das Reich nach Moskau: Seite 369

Moskau bereitet sich auf seine Verteidigung vor. In der Stadt werden aus den Werktätigen der Betriebe und Verwaltungen elf Volkswehr-Divisionen aufgestellt; an den Befestigungen und Hindernissen des äußeren Verteidigungsgürtels arbeiten hunderttausend Einwohner

Gepanzerte deutsche Einheiten im Vormarsch auf Moskau. Durch Zusammenfassung seiner Kräfte nach einer zweiwöchigen Unterbrechung bringt das deutsche Oberkommando Mitte November die Offensive wieder in Gang. Sie gewinnt bis zum Monatsende gefährlich Raum

Sowjetische Verstärkungen auf dem Weg an die Front. Sie kommen von weniger bedrängten Abschnitten und aus Neuaufstellungen, vor allem aber aus dem Fernen Osten, wo zunächst kein Angriff droht

Marschpause bei einer sowjetischen Einheit. Trotz der gefährlichen Lage gibt es weder bei den Soldaten noch unter der Bevölkerung Panik – ein Umstand, der in der Welt staunend registriert wird

Erst zwei Dutzend Kilometer vor Moskau wird der Ansturm der Panzer- und Infanteriedivisionen durch Gegenschläge zum Stehen gebracht. Letzte Durchbruchsversuche scheitern Anfang Dezember

Vorgehen im Schneesturm. Nur jeder fünfte deutsche Soldat besitzt Winterbekleidung, denn nur ein Fünftel der eingesetzten Truppen sollte nach dem eingeplanten «Blitzkrieg» als Besatzung überwintern

Spitzen der Panzergruppe Guderian bei Tula. An der Südflanke der Stoßgruppierung versagt des Durchbruchsstrategen Taktik ebenso wie im Norden bei Klin. Die Angreifer werden zusehends zermürbt

Zur Entlastung des belagerten Leningrad läuft unweit Tichwin eine sowjetische Offensive, vor der die deutschen Verbände hinter den Wolchow zurückgehen müssen. Die Blockade wird aufrechterhalten

In Straßenkämpfen befreien sowjetische Schützen das erst wenige Tage zuvor eroberte Rostow. Die Heeresgruppe Süd, durch Stöße gegen ihre Nordflanke in äußerster Gefahr, zieht sich weit zurück

Vor Moskau liegengebliebene deutsche Schützenpanzerwagen. Die Materialverluste der Heeresgruppe Mitte sind gewaltig. Zwei der drei hier eingesetzten Panzerarmeen verlieren nahezu alle Panzer

Südlich vom Ilmen-See wird die Besatzung des Stützpunktes Cholm monatelang eingeschlossen, als hier die Front der Heeresgruppe Nord reißt. Von fünftausend Mann bleiben zwölfhundert unversehrt

Luftversorgung der bei gleicher Gelegenheit auf den Waldai-Höhen um Demjansk eingeschlossenen einhunderttausend Mann. Erst nach zweieinhalb Monaten kann der Kessel von außen geöffnet werden

Von leichten Panzern dicht begleitete sowjetische Ski-Truppen im Angriff vor Moskau. Der Anfang Dezember über die abgekämpften deutschen Stoßgruppierungen hinwegfegenden Gegenoffensive hat die Heeresgruppe Mitte keine Reserven mehr entgegenzusetzen. So wird sie in einer Kette blutiger Schlachten, die erst im Frühjahr 1942 verebben, bis zu dreihundert Kilometer weit zurückgeworfen

Irgendwo auf den endlosen Schneefeldern rings um die sowjetische Hauptstadt: eine Gruppe erfrorener deutscher Infanteristen. An der Kälte zugrunde gegangene Soldaten machen einen erheblichen Teil der nur im Dezember an achtundsiebzigtausend Mann betragenden Verluste aus. Eine zusammenhängende deutsche Front existiert hier nicht mehr; sie kann erst im April 1942 wiederhergestellt werden

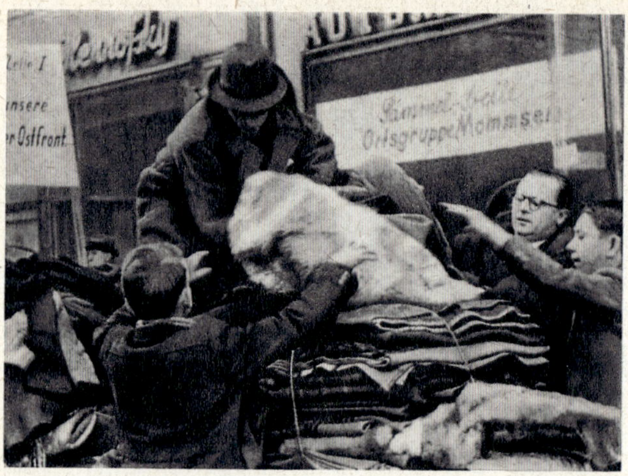

Überall in Deutschland werden nach dem Scheitern des Blitzkrieges warme Wintersachen gesammelt, um die der Kälte preisgegebene Truppe zu versorgen. An die Ostfront gelangt nur ein Teil – zu spät

Verkehrseinschränkungen sind eine Folge des Katastrophenwinters im Osten. Nicht weniger als dreißig Divisionen müssen eilig aus Deutschland und den besetzten Ländern zur Front verlegt werden

Am «Heldengedenktag» im März 1942 begrüßt Hitler an der Neuen Wache in Berlin einige Verwundete. Teilnehmer der Winterschlacht erhalten ein Ehrenzeichen, ironisch «Gefrierfleisch-Orden» genannt

Zunehmende Luftangriffe zwingen die deutsche Bevölkerung nachts in die Luftschutzkeller. Vom Frühjahr 1942 an wird eine deutsche Großstadt nach der anderen durch Flächenbombardements zerstört

Verstärkte Anstrengungen in der Rüstungswirtschaft verlangt Ley von den Arbeitern bei einer Kundgebung im Berliner Sportpalast Anfang Februar 1942. Die Kriegsproduktion reicht nicht mehr aus

Eine Geschäftsfrau beim täglichen Aufkleben der Lebensmittelkarten-Abschnitte. Im April 1942 werden die Rationen erheblich gekürzt

Der Ernüchterung weiter Bevölkerungskreise wie der Soldaten haben Stimmungsmacher der Reichskulturkammer entgegenzuwirken, hier Lale Andersen bei einem improvisierten Auftreten mit «Lili Marleen». Die Filmproduktion wird auf ablenkende Themen orientiert

Im Vergleich zum Vorjahr wächst 1942 die Produktion der deutschen Rüstungsindustrie durch Rationalisierung um vierzig Prozent

Generalluftzeugmeister Udet (links) vermag zwischen Forderungen und Verlusten nicht mehr auszugleichen. Er begeht Selbstmord

Nach Todt übernimmt im Februar 1942 Speer (Mitte) die Leitung des Ministeriums für Bewaffnung und Munition. Er macht es durch Einbeziehung weiterer Konzernvertreter zur staatsmonopolistischen Zentrale. Rechts Staatssekretär Backe (Ernährung/Landwirtschaft)

Die existenzgefährdende Bedrohung durch den nun weltweit angreifenden Faschismus zwingt Großbritannien und die Vereinigten Staaten in ein vom gemeinsamen Interesse bestimmtes Bündnis mit der Sowjetunion. Getragen wird es von den Völkern sämtlicher beteiligter Länder, entsprechend dem jetzt absolut eindeutigen Charakter des Krieges als gerechtem antifaschistischem Befreiungskampf. Ungeachtet dessen läßt wirksame Hilfe für den schwer ringenden sowjetischen Verbündeten auf sich warten. Die traurige Spekulation einiger westlicher Politiker auf gegenseitige Schwächung der Sowjetunion und Deutschlands ist dabei unübersehbar. Dennoch ist dem Faschismus nunmehr ein Potential entgegengesetzt, gegen das er auf längere Sicht trotz größter Anstrengungen auch nicht annähernd aufkommen kann.

Polarisierung der Kräfte

1941

5. März OKW-Weisung zur «Zusammenarbeit mit Japan»; soll Überfall auf britische Fernost-Basen veranlassen **11. März** Pacht- und Leih-Gesetz der USA in Kraft: Rüstungs-Lieferungen an Achsen-Gegner **27. März** Japans Außenminister Matsuoka in Berlin; wird nicht über geplanten Überfall auf Sowjetunion informiert; am **13. April** in Moskau: Neutralitäts-Vertrag Japans mit der Sowjetunion **18. Juni** Türkei schließt «Freundschafts-Vertrag» mit Deutschland (in Ankara) **1. Juli** v. Ribbentrop fordert Angriff Japans auf die Sowjetunion; am **2. Juli** stellt Japans Kronrat den Überfall vorerst zurück **12. Juli** Britisch-sowjetisches Abkommen über gegenseitige Hilfeleistung **15. Juli** Bündnis-Vorschlag Hitlers an Japan: zur «Vernichtung der USA» **18. Juli** Sowjetunion schließt ein Beistands-Abkommen mit ČSR-Exilregierung; am 30. Juli mit der Exilregierung Polens; im Lauf des Sommers mit den Exilregierungen Belgiens, Norwegens, Griechenlands, Jugoslawiens und dem de-Gaulle-Komitee **30. Juli** Roosevelts Sonderbeauftragter Hopkins bei Stalin **9. Aug.** Treffen Churchills und Roosevelts auf See; «Atlantik-Charta» verkündet **11. Sept.** «Schießbefehl» Roosevelts gegen Schiffe der Achse in der US-Verteidigungszone **24. Sept.** Die Sowjetunion sowie vierzehn weitere Staaten billigen die «Atlantik-Charta» **29. Sept.** In Moskau Konferenz über Hilfslieferungen (Beaverbrook, Harriman, Molotow) **13. Nov.** Neutralitäts-Gesetz der USA geändert; ihre Handelsschiffe werden bewaffnet und dürfen nun die Kriegszone befahren **25. Nov.** Antikomintern-Pakt in Berlin erweitert; restliche Satelliten treten ihm bei **5. Dez.** Hitler sagt den Japanern Hilfe im Kriegsfalle zu **7. Dez.** Überfall der Japaner auf Pearl Harbor; schwere Verluste der USA-Flotte; Beginn der japanischen Landeoperationen **11. Dez.** Deutschland und Italien erklären den USA den Krieg – Abkommen mit Italien und Japan über gemeinsame Kriegführung **16. Dez.** Eden erörtert in Moskau Bündnis-Vertrag mit Sowjetunion **22. Dez.** Roosevelt und Churchill beraten in Washington; gemeinsames Komitee der Stabschefs gebildet; Krieg in Europa vorrangig

1942

1. Jan. Deklaration der sechsundzwanzig Staaten umfassenden Anti-Hitler-Koalition **18. Jan.** Militär-Abkommen Deutschlands mit Italien und Japan **26. Mai** Britisch-sowjetischer Bündnis-Vertrag für zwanzig Jahre (in London) **11. Juni** Amerikanisch-sowjetisches Abkommen über gegenseitige Hilfe – Britisches Kabinett beschließt statt Zweiter Front Landung in Französisch-Nordafrika **12. Aug.** In Moskau Treffen Stalins mit Churchill und Hopkins **19. Aug.** Britische Landung bei Dieppe **25. Aug.** Befehl zum Bau des deutschen «Atlantik-Walls»

Auf einem britischen Schlachtschiff verkünden Roosevelt und Churchill Mitte August 1941 die «Atlantik-Charta». Sie enthält die Kriegsziele beider Staaten. Die Sowjetunion tritt der Charta im September bei, deren demokratische Zusicherungen an die Völker betonend

Eine Demonstration der Verbundenheit mit der Sowjetunion in New York. Die Allianz der Westmächte mit der Sowjetunion kommt nicht zuletzt unter dem Druck der Öffentlichkeit zustande, die in den folgenden Jahren auch auf wirksamer Hilfe für den Verbündeten besteht

Roosevelts Sonderbeauftragter Harriman im Spätherbst 1941 nach seiner Rückkehr aus Moskau, wo über US-Hilfe verhandelt wurde

Mit dem Überfall japanischer Trägerflugzeuge auf die Pazifikflotte der Amerikaner in Pearl Harbor dehnt sich der Krieg weltweit aus. Vier Tage danach erklären auch Hitler und Mussolini den Vereinigten Staaten den Krieg. Die Grundlage dafür ist der Dreimächte-Pakt

Erweiterung des Mitte Juli 1941 zwischen Großbritannien und der Sowjetunion geschlossenen Beistands-Vertrages in London, Ende Mai 1942. Am Tisch von links nach rechts: Botschafter Maiski, der sowjetische Außenminister Molotow, der britische Außenminister Eden, Premierminister Churchill. Der sowjetischen Seite wird bei dieser Gelegenheit eine Zweite Front noch für 1942 fest zugesagt

Eine Antwort auf die Herausbildung der Anti-Hitler-Koalition soll die Verlängerung des Antikomintern-Pakts um weitere fünf Jahre darstellen, die Ende November 1941 in der Reichskanzlei vollzogen wird. Bulgarien, Dänemark, Finnland, Kroatien, Rumänien und die Slowakei sowie das japanisch besetzte China treten dem Pakt neu bei. Ungarn, Spanien und Mandschukuo gehören ihm seit 1939 an

Unterzeichnung eines Abkommens über gemeinsame Kriegführung durch v.Ribbentrop sowie die Botschafter Italiens und Japans im Dezember 1941. Es konkretisiert den Inhalt des Dreimächte-Pakts

Bei einem Staatsbesuch im Frühjahr 1941 hatte sich der japanische Außenminister Matsuoka die Handlungsfreiheit bewahrt. Von Berlin fuhr er nach Moskau und schloß dort einen Nichtangriffs-Vertrag

Nazibotschafter v. Papen (rechts) verabschiedet in İstanbul den neuen türkischen Botschafter für Berlin. Die Bemühungen v. Papens um den Kriegseintritt der Türkei führen 1942 zum Aufmarsch starker türkischer Verbände an der sowjetischen Grenze. Doch wartet man ab

Wie die Türkei, Spanien und Schweden hilft Portugal unter dem Diktator Salazar (oben) den Achsenmächten mit Rohstofflieferungen

Deutsche Truppen wehren Mitte August 1942 an der französischen Kanalküste bei Dieppe innerhalb weniger Stunden ein offensichtlich aus propagandistischen Gründen eingeleitetes Landeunternehmen mit vorwiegend kanadischen Truppen ab. An ihm sind nicht mehr als sechstausend Mann beteiligt. Sein blutiges Mißlingen muß den Westmächten nun für das Ausbleiben der Zweiten Front herhalten

1942 wird die Strategie der faschistischen Führung verstärkt von der entscheidenden Bedeutung der Front im Osten bestimmt. Der schon jetzt spürbare Kräftemangel veranlaßt eine abenteuerliche Operation. Alle militärischen Anstrengungen werden auf den Südflügel der Front konzentriert, wo man Getreide und Erdöl erbeuten und den Kern der sowjetischen Streitkräfte zertrümmern will. Nach ersten siegreichen Kämpfen um die strategische Initiative wird die deutsche Offensive im Sommer bei nur hinhaltendem Widerstand der noch geschwächten Sowjetarmeen bis an die Wolga und tief in den Kaukasus vorgetragen. Eine Einschließung großer sowjetischer Verbände aber gelingt kaum noch. Im Herbst halten sie in diesmal unerschütterlicher Abwehr den Vormarsch der Wehrmacht für immer auf.

Entscheidungssuche im Süden

1942
5. April OKW-Weisung für die Sommer-Offensive im Süden der Ostfront; Hauptziel: Eroberung des Kaukasus und seiner Erdöl-Felder; Vernichtung «der den Sowjets noch verbliebenen lebendigen Wehrkraft»; Nebenziele: im Süden Unterbrechung der Wolga-Schiffahrt, im Norden der Transporte auf der Murman-Bahn; Eroberung von Leningrad sowie Sewastopol **8. Mai** Deutsche Offensive auf der Krim-Halbinsel Kertsch **9. Mai** Sowjetische Frühjahrs-Offensive in Richtung auf Charkow; am **17. Mai** deutsche Gegenoffensive; endet mit Kesselschlacht **7. Juni** Deutsch-rumänische Offensive auf Sewastopol; fällt nach drei Wochen **28./30. Juni** Beginn der deutschen Sommer-Offensive aus den Räumen Kursk/Belgorod **6. Juli** Deutsche Panzer in Woronesh **9. Juli** Südöstlich Charkow Angriff deutscher Panzerverbände auf den Donez **12. Juli** Vernichtung der seit Ende Mai am Wolchow eingeschlossenen sowjetischen Verbände **15. Juli** OB der HGr. B, v. Bock, abgelöst **23. Juli** Eroberung von Rostow – OKW-Weisung zum gleichzeitigen Angriff auf Stalingrad und den Kaukasus **25. Juli** Deutsche Panzer nordwestlich Kalatsch am Don **26. Juli** HGr. A eröffnet östlich Rostow den Angriff auf den Kaukasus – Im Mittelabschnitt sowjetische Offensive bei Rshew **4. Aug.** Angriff einer auf Stalingrad eingedrehten deutschen Panzerarmee **6. Aug.** Kuban bei Armawir überquert **7. Aug.** Im Großen Don-Bogen beginnt die Vernichtung dort abgeschnittener sowjetischer Kräftegruppe **9. Aug.** Krasnodar und Maikop erobert **13. Aug.** Ankunft einer Armee Italiens am Mittleren Don **19. Aug.** Angriff der deutschen Sechsten Armee vom Don auf Stalingrad **20. Aug.** Sowjetische Angriffe an der Don-Front erzielen Brückenköpfe **22. Aug.** Deutsche Gebirgstruppen bleiben vor Suchumi liegen **23. Aug.** Nördlich von Stalingrad deutsche Panzer an der Wolga **25. Aug.** Östlich Leningrad sowjetische Offensive; Blockade nicht gebrochen **29. Aug.** Durchbruch der Panzerarmee südwestlich Stalingrad **1. Sept.** Deutsch-rumänischer Angriff über See auf die Taman-Halbinsel – Im Kaukasus deutscher Terek-Brückenkopf bei Mosdok **9. Sept.** OB der HGr. A, v. List, abgelöst; sein Kommando übernimmt Hitler **10. Sept.** Noworossisk erobert – Südlich Stalingrad deutsche Panzer an der Wolga **13. Sept.** Beginn der Kämpfe um Stalingrad **15. Sept.** Sowjetische Entlastungs-Offensive bei Woronesh **24. Sept.** Rücktritt von Generalstabschef Halder; Nachfolger wird Zeitzler – Deutscher Angriff auf die Pässe nach Tuapse; keinerlei Durchbruch **10. Okt.** Eine rumänische Armee in die Don-Front eingefügt **18. Okt.** Deutscher Angriff auf Tuapse bleibt stecken; am **25. Okt.** Angriff am Nordrand des Kaukasus; bleibt vor Ordshonikidse liegen

Am Nord- und Mittelabschnitt der Ostfront fesseln starke sowjetische Angriffe das ganze Jahr 1942 hindurch erhebliche deutsche Kräfte. Einen wesentlichen Erfolg können deutsche Verbände hier nur durch die Beseitigung des sowjetischen Wolchow-Brückenkopfes erzielen

Deutsche Truppen im brennenden Hafen von Sewastopol, das sich den vorangegangenen Herbst und Winter hindurch gehalten hatte

Im Sumpfgelände des «Flaschenhalses» am Ladoga-See, der Leningrad vom Hinterland abschneidet, werden Verwundete geborgen

Erbarmungsloser Nahkampf – hier während des Sturmangriffs am Sapun-Berg – ist für die Kämpfe um Sewastopol charakteristisch. Die Verteidiger suchen ihn aus Munitionsmangel. Ihre Stellungen werden durch eine ungeheure deutsche Artilleriekonzentration zerschlagen

Sturmgeschütz nach den Durchbruchskämpfen zwischen Charkow und Kursk. Trotz ihrer Raumgewinne sind die deutschen Verbände außerstande, «vorwärts des Don» sowjetische Kräfte einzuschließen

Nach einer blutigen Schlacht im großen Don-Bogen überwinden die deutschen Truppen den Strom Ende August. Vor ihnen liegt, nur noch fünfzig Kilometer weit und scheinbar ungeschützt, Stalingrad

Die Sechste Armee im Vormarsch auf Kalatsch am Don. In offener Steppe zwischen Donez und Don können sich die Panzerverbände völlig ungehindert entfalten, doch wird ihnen hier nur hinhaltender Widerstand geleistet. Zwischen Woronesh und Kalatsch besetzen Sicherungen das Westufer des Don; ihre Aufgabe übernehmen bald die frisch herangeführten Armeen Ungarns, Italiens und Rumäniens

Erst nach schweren Straßenkämpfen kann Rostow genommen werden. Hier und östlich davon erfolgt der Durchbruch in den Kuban

Wieder hat der Kompanieführer einen Mann verloren. Die zähe sowjetische Verteidigung zehrt die Stoßkraft der deutschen Verbände zunehmend aus. Dazu kommt die mit jedem Vormarschkilometer wachsende Ausdehnung der Front, deren Festigkeit analog abnimmt

Woronesh bleibt den ganzen Sommer über umkämpft. Behauptet wird es unter Einsatz anderwärts fehlender deutscher Reserven

Brennende Öltanks der Raffinerien in Krasnodar. Die Hoffnung des deutschen Oberkommandos, durch den Vorstoß zum Kaukasus die Hand auf reiche Erdölvorkommen legen zu können, erfüllt sich an keiner Stelle. In allen eroberten Gebieten hat man die ergiebigeren Bohrlöcher gesprengt oder ausbetoniert. Und ein Durchbruch nach Grosny und Baku gelingt weder bei Ordshonikidse noch bei Mosdok

Gebirgstruppen haben den Kluchor-Paß überwunden und rücken auf die Schwarzmeer-Küste vor. Munition und die zerlegten Geschütze werden mit Tragtieren befördert. Gegenschläge der sowjetischen Verbände machen die unzulängliche Verteidigung der Pässe wieder wett. Der deutsche Durchbruch mißlingt hier ebenso wie der bei Noworossisk angestrebte. Im Herbst sind alle Reserven verausgabt

Im Vorfeld von Stalingrad vereiteln die sowjetischen Truppen den Versuch, die Stadt «aus der Bewegung heraus» zu nehmen. Vom unteren Don wird deshalb zusätzlich eine Panzerarmee herangeholt

Mitte September beginnen in Stalingrad härteste Kämpfe um jeden Straßenzug. Die deutsche Führung wirft einen Verband nach dem anderen in die Schlacht, um endlich das Wolga-Ufer zu gewinnen

Auf den übrigen Kriegsschauplätzen spielen sich während der Entscheidungs-Schlachten in der Sowjetunion ebenfalls äußerst heftige Kämpfe ab. Der Umfang der eingesetzten Kräfte und Mittel sowie die relativ geringfügigen Auswirkungen der dort erzielten Ergebnisse beeinflussen jedoch den Verlauf des Krieges nur unwesentlich. Als direkte Folge wachsender Unterstützung durch die Vereinigten Staaten bessert sich allmählich Großbritanniens Lage sowohl im See- als auch im Luftkrieg. In Nordafrika kämpfen die Briten um ihre Mittelmeer-Positionen an den Verbindungswegen zu den Dominien und den Kolonien. Die deutsch-italienischen Truppen werden hier nach einer Reihe von erfolgreichen Operationen vernichtend geschlagen. Eine zweite Front der Westmächte in Westeuropa aber kommt nicht zustande.

Feldzug im Sande

1940

20. Aug. Italien erklärt das Mittelmeer sowie die Küste Nordafrikas zum Operationsgebiet – Erster deutscher Operations-Entwurf zur Einnahme von Gibraltar («Felix»); im Dezember wegen Francos Zögern abgesagt **13. Sept.** Italienische Offensive aus Libyen nach Ägypten; am **9. Dez.** britische Gegenoffensive tief in die italienische Cyrenaica

1941

19. Jan. Achsen-Mächte koordinieren Vorgehen im Mittelmeer-Raum **22. Jan.** Briten erobern Tobruk **11. Febr.** In Tripolis landet deutscher Sperrverband (Afrika-Korps) **31. März** Bei Agedabia Offensive der Achsen-Truppen bis nach Sollum; am **14. April** scheitert ein Handstreich gegen Tobruk; ebenso ein weiterer Angriff vierzehn Tage darauf **27. Mai** Halfaya-Paß erobert **18. Nov.** Britische Offensive; belagertes Tobruk entsetzt; Rückzug der Achsen-Truppen bis El Agheila **5. Dez.** Deutsche Luftflotte nach Libyen und Sizilien verlegt; Ziel u. a. Malta

1942

21. Jan. Deutsch-italienische Gegenoffensive bis El Gazala **2. April** Beginn eines sechswöchigen Luftbombardements auf Malta; OKW-Weisung zu seiner Eroberung wird jedoch aufgehoben **26. Mai** Offensive der Achsen-Truppen bei El Gazala; am **21. Juni** Tobruk erobert **23. Juni** Die Truppen der Achse dringen in Ägypten ein; am **3. Juli** wegen Nachschubmangels bei El Alamein Übergang zur Verteidigung **10. Okt.** Neue Luft-Offensive gegen Malta **23. Okt.** Britische Offensive bei El Alamein; Achsen-Truppen geschlagen; sie ziehen sich bis El Agheila zurück **7./8. Nov.** Landung der Alliierten in Algerien und Marokko; daraufhin am **10. Nov.** deutscher Sperrverband in Tunis; in vier Wochen zur Panzerarmee verstärkt **11. Nov.** Einmarsch deutscher Truppen ins unbesetzte Frankreich; die Italiener landen auf Korsika **13. Nov.** Militär-Abkommen der Vichy-Truppen mit Alliierten – Die Briten nehmen Tobruk **17. Nov.** Erste Kämpfe des Sperrverbandes in Tunesien westlich Biserta **27. Nov.** Selbstversenkung der französischen Flotte in Toulon **11. Dez.** Rückzug der Achsen-Truppen von El Agheila auf die Buerat-Linie **21. Dez.** In Tunesien ergebnislose Offensive der Alliierten

1943

23. Jan. Tripolis verloren **14. Febr.** Vergeblicher Angriff der Panzerarmee in Tunesien **20. Febr.** Rückzug der Achsen-Truppen zur Mareth-Linie **24. Febr.** Vorstoß über den Kasserine-Paß; ohne Ergebnis **19. März** Offensive der Briten an der Mareth-Linie; am **6. April** Angriff der Amerikaner im Westen **7. April** Achsen-Truppen in Tunesien zu Lande eingeschlossen; am **5. Mai** Durchbruch der Briten **7. Mai** Tunis und Biserta aufgegeben **12./13. Mai** Kapitulation der HGr. Afrika

Das Mitte Februar 1941 in Libyen eintreffende Afrika-Korps wird in Tripolis ausgeschifft. Es besteht zunächst nur aus einer Panzer- und einer leichten Infanteriedivision. Dennoch ist es den hier nur noch schwachen Briten bei voller deutscher Luftherrschaft eindeutig überlegen

Eine Einheit des Afrika-Korps geht in Schützenkette durch die Wüste vor. Das Korps wirft in der ersten April-Hälfte zusammen mit den italienischen Truppen die Briten bis zum Halfaya-Paß in Ägypten zurück. Tobruk aber wird bis zum November ergebnislos belagert

Zerstörer-Flugzeuge «Me 110» sichern einen deutsch-italienischen Geleitzug mit Nachschub für die Achsen-Truppen. Vormarsch oder Rückzug hängen auf diesem Kriegsschauplatz weitestgehend vom Nachschub ab, dieser wiederum von der See- und Luftherrschaft über das Mittelmeer. Als Stützpunkt bewährt sich hierbei für die Briten Malta, das schwer bombardiert, aber nie genommen wird

Im VW-Kübel vom Tode überrascht. Die deckungslose Sandwüste erschwert Angriff wie Verteidigung erheblich. Vor allem gegen die Tiefflieger gibt es außer eigenen Luftstreitkräften keinerlei Schutz

General Rommel (Mitte), Kommandeur des Afrika-Korps, im Stab der Italiener. Die Lage ist kritisch. Eine britische Offensive Mitte November 1941 entsetzt Tobruk; die Cyrenaica wird aufgegeben

Erneut wendet sich das Blatt Anfang 1942. Das Afrika-Korps greift die zögernd aufrückenden britischen Verbände Ende Januar wieder an und wirft sie auf El Gazala und Bir Hacheim zurück. Dem folgt eine weitere deutsch-italienische Offensive Ende Mai. Nach äußerst verlustreichen Panzergefechten unterliegen die Briten. Tobruk fällt den Achsen-Truppen zu (oben), die erst vor El Alamein haltmachen

Entwaffnung einer deutschen Panzerbesatzung vor El Alamein. Die entscheidungsuchende Offensive der Briten beginnt Ende Oktober 1942 mit elfhundert Panzern, im Schutz einer uneingeschränkten Luftherrschaft. Nach wiederholtem, tagelangem Ansturm wird die deutsch-italienische Front durchbrochen. Die Achsen-Truppen sind ohne Verstärkung und Nachschub; sie müssen die Flucht ergreifen

Um Alexandria füllen sich die Gefangenenlager; die Verluste der Achsen-Truppen sind enorm. So sind vier italienische Divisionen zur Kapitulation gezwungen, weil ihnen die Verbündeten die Fahrzeuge und das Trinkwasser stahlen. Innerhalb der folgenden drei Monate räumt das Afrika-Korps die Cyrenaica und Tripolitanien. Es geht zur Grenze Tunesiens zurück und bezieht dort die Mareth-Linie

Im Rücken des Afrika-Korps landen in den französischen Kolonien Algerien (oben) und Marokko Anfang November sieben Divisionen der Westmächte, vorwiegend Amerikaner. Vichys Truppen gehen meist zu ihnen über. Das deutsche Oberkommando verlegt daraufhin eine um drei italienische Divisionen verstärkte Panzerarmee nach Tunesien. Sie soll die Alliierten vorerst vom Kontinent fernhalten

Gegen die unerfahrenen Amerikaner vermag sich die Panzerarmee Mitte Februar 1943 mit einem Angriff bis über den Kasserine-Paß (oben) zu behaupten. Östlich aber bricht im März die Mareth-Linie

Südfrankreich wird nach der Landung der Alliierten in Nordafrika von deutschen Truppen besetzt. Unter dem Beschuß ihrer Panzer versenkt sich in letzter Minute die französische Flotte in Toulon

Mitte Mai 1943 werden die durch neue Angriffe in den Raum Tunis gepreßten Achsen-Truppen vom jetzt doppelt überlegenen Gegner überwältigt. Zweihundertfünfzigtausend Mann geben sich gefangen

Unübersehbares Zeichen für eine sich im Kriegsgeschehen anbahnende Wende ist die Schlacht an der Wolga. Der klassische Sieg der Sowjetarmee über die Streitkräfte des faschistischen Kriegsblocks trifft die Wehrmacht ins Mark. Sie sieht sich jetzt einem Feind gegenüber, der ihr in Bewaffnung und Ausrüstung, an Zahl wie an Erfahrung und strategisch-taktischem Vermögen durchaus ebenbürtig, der Moral nach aber bei weitem überlegen ist. Nicht wenigen der deutschen Soldaten und Offiziere ist das Stalingrader Massenopfer ein warnender Hinweis auf die Bedenkenlosigkeit der Führung gegenüber der eigenen Truppe. Die von Rückschlägen auch an anderen Abschnitten der Ostfront gefolgte Katastrophe, in der sich das Fiasko von Moskau vervielfacht, erschüttert ganz Deutschland in seinen Grundfesten.

Wendemarke Stalingrad

1942

9. Nov. Letzter deutscher Angriff zur Eroberung der restlichen Stadtgebiete von Stalingrad; nach seinem Scheitern hier Übergang zur Verteidigung **19. Nov.** Sowjetische Gegenoffensive nordwestlich von Stalingrad; die rumänische Front zerbricht **20. Nov.** Sowjetische Offensive südlich Stalingrad; führt ebenfalls zum Durchbruch **22. Nov.** OKW befiehlt: «Einigeln» **23. Nov.** Östlich Kalatsch am Don treffen die sowjetischen Stoßkeile zusammen; rund dreihunderttausend Deutsche und Rumänen sind eingeschlossen **24. Nov.** Beginn einer absolut ungenügenden Luftversorgung **25. Nov.** Deutsche Besatzung Welikije Lukis eingeschlossen **27. Nov.** Neugebildete HGr. Don (Stalingrader Kessel, nicht betroffene Teile der rumänischen Armeen und der Panzerarmee, frische Panzerkräfte) an ihren OB übergeben **12. Dez.** Bei Kotelnikowo tritt eine neu formierte Panzergruppe (HGr. Don) zum Entsatzversuch für Stalingrad an **16. Dez.** Sowjetische Offensive am Mittleren Don; Vernichtung der dort stehenden italienischen Armee **19. Dez.** Vorstoß der Entsatzgruppe bleibt stecken; wird vier Tage später abgebrochen **24. Dez.** Sowjetische Gegenoffensive auf Kotelnikowo; Front durchbrochen

1943

1. Jan. Rückzug der HGr. A aus dem Hochkaukasus und vom Terek; Panzerkräfte werden in Richtung Rostow zurückgeführt, die Infanterie-Verbände an den Kuban gedrängt **10. Jan.** Sowjetarmee beginnt den Stalingrader Kessel zu zertrümmern **12. Jan.** Offensive auf Schlüsselburg; Durchbruch beendet am 18. Jan. Blockade Leningrads **13. Jan.** Operation von Rossosch-Ostrogoshsk; eine ungarische Armee vernichtet **17. Jan.** Die deutsche Kräftegruppe in Welikije Luki aufgerieben **24. Jan.** Offensive im Raum Woronesh; Stadt nun aufgegeben – Armawir geräumt **26. Jan.** Stalingrad-Kessel aufgespalten **28. Jan.** Nahe Kastornoje eine deutsche Armee eingeschlossen; ihre Reste brechen Mitte Februar aus **31. Jan.** Der Stalingrader Südkessel kapituliert; es folgt am **2. Febr.** Kapitulation des Nordkessels **4. Febr.** Sowjetische Marinetruppen landen nahe Noworossisk **8. Febr.** Befreiung von Kursk; am **9. Febr.** Belgorod befreit **12. Febr.** Befreiung von Krasnodar **14. Febr.** Deutsche Truppen räumen Rostow und Woroschilowgrad **16. Febr.** Charkow aufgegeben **17. Febr.** Räumung des Demjansker Frontvorsprungs eingeleitet **19. Febr.** Deutsche Gegenoffensive zwischen Dnepr und Donez; führt Mitte März zur Rückeroberung von Charkow und Belgorod **1. März** Beginn der Räumung des Dreiecks Rshew-Gshatsk-Wjasma **5. April** HGr. A nunmehr im «Kuban-Brückenkopf» konzentriert **6. April** Erfolgloser deutscher Angriff gegen den sowjetischen Landekopf südlich Noworossisk

Von Ende August 1942 an schlagen deutsche Bomber auf Stalingrad ein; den Auftakt bildet an einem Tag der Angriff einer kompletten Luftflotte mit über zweitausend Einsätzen. Die Halbmillionenstadt sinkt in Trümmer. Ihre Arbeiter verstärken die Reihen der Verteidiger

Am Steilufer der Wolga, ihrem oft letzten Rückhalt, schwören die Sowjetsoldaten, dem Feind diese Stadt nicht zu überlassen. Seinen ersten Angriff weisen schwache Verbände und Arbeiterwehren ab

Die Schlacht um jede Straße Stalingrads beginnt Mitte September mit einem deutschen Großangriff. Zentrum und Südstadt werden in blutigem Ringen erobert. Die Werke im Norden (oben) widerstehen

Sowjetische Geschützbedienung während der Mitte Oktober ihren Höhepunkt erreichenden Kämpfe im Industriebezirk. In schwerster Bedrängnis haben die Verteidiger Verstärkung erhalten; seitdem tobt eine Schlacht um jedes Haus. Die deutsche Führung verheizt immer mehr Verbände, ohne die Operation «durch Säuberung der noch vom Feind besetzten Restgebiete zum Abschluß zu bringen»

Durch eine gewaltige sowjetische Gegenoffensive Mitte November 1942 wird die in Stalingrad festliegende deutsche Sechste Armee samt Teilen einer Panzerarmee eingeschlossen. Beiderseits davon zertrümmert der sowjetische Ansturm die Satellitenarmeen. Mitte Februar 1943 sind die sowjetischen Verbände zeitweilig weit über Charkow vorgestoßen. Die Front stabilisiert sich endlich am Donez

Erdbunker der eingeschlossenen Stalingrad-Belagerer an der Front zur Steppe. Im Kessel stecken rund dreihunderttausend Mann; der Entsatzversuch einer Panzergruppe wird im Dezember abgewiesen

Eine ausreichende Luftversorgung der zweiundzwanzig Divisionen im Kessel erweist sich sehr schnell als unmöglich. Zehntausende verhungern, erfrieren, erliegen ihren Verwundungen oder Seuchen

Tief in ihrem Hinterland ebenfalls mit Einschließung bedroht, müssen sich die im Kaukasus schon in die Verteidigung gedrängten deutschen Armeen im Januar 1943 durch die Steppe bis nach Taganrog flüchten. Der größte Teil wird in den «Kuban-Brückenkopf» abgedrängt

Straßenkämpfe im «Festen Platz» Welikije Luki, wo siebentausend Mann abgeschnitten sind. Rund zweihundert können ausbrechen

Ein Flak-Kampftrupp im Frontvorsprung um Rshew/Wjasma, der wie der von Demjansk aus Kräftemangel schleunigst geräumt wird

Deutsche Gegenstöße an der Newa können nicht verhindern, daß der Blockadering um Leningrad Mitte Januar endlich zerbricht

Nur noch einundneunzigtausend Mann treten in Stalingrad den Weg in die Gefangenschaft an. Über zweihunderttausend sind umgekommen, die Hälfte in der letzten Januarwoche, als die von Mitte des Monats an immer stärker eingedrückten Kesselfronten mehrfach reißen

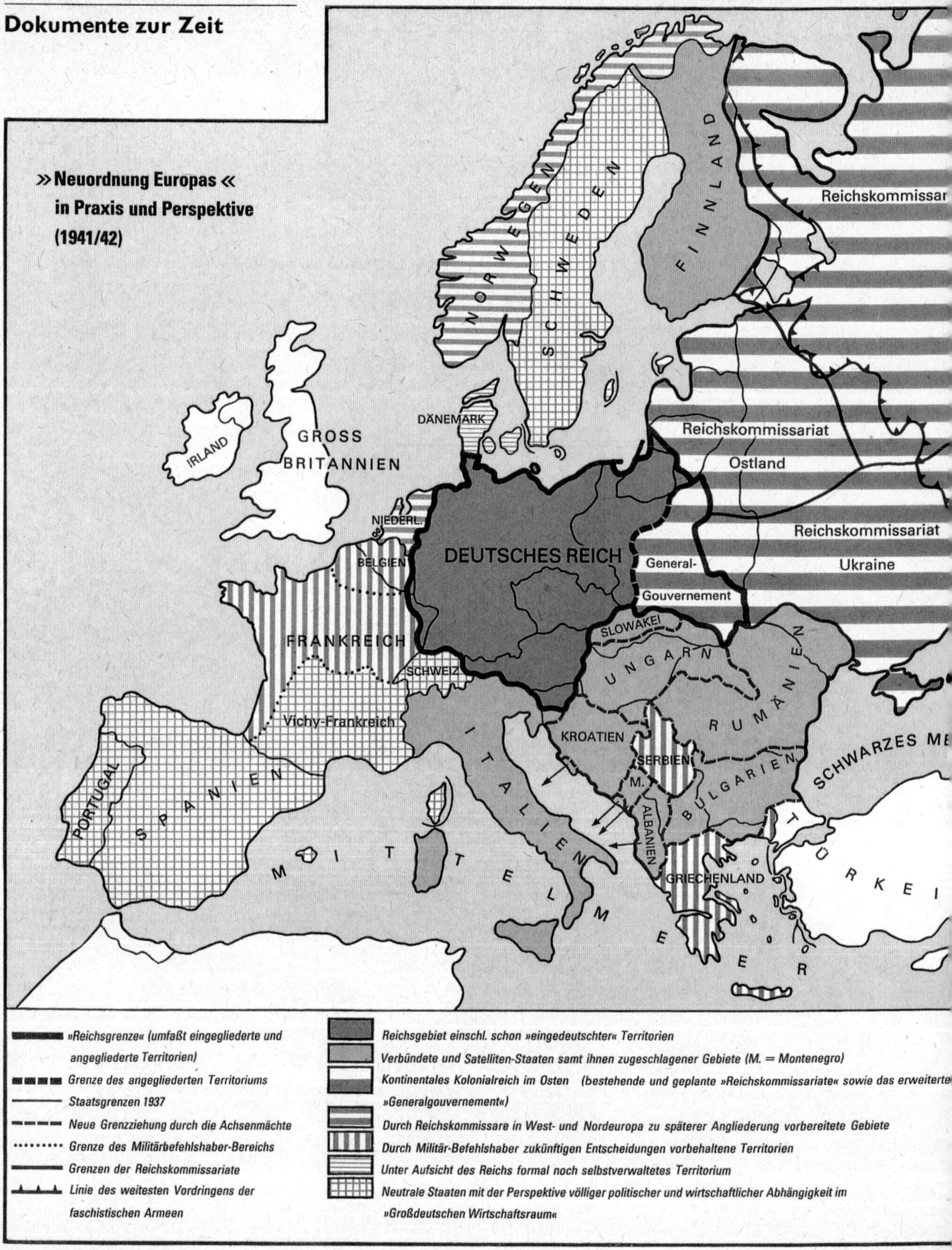
»Neuordnung Europas«
in Praxis und Perspektive
(1941/42)
FINNLAND
NORWEGEN
SCHWEDEN
Reichskommissar
DÄNEMARK
GROSS
BRITANNIEN
IRLAND
Reichskommissariat
Ostland
NIEDERL.
DEUTSCHES REICH
Reichskommissariat
Ukraine
BELGIEN
General-
Gouvernement
FRANKREICH
SLOWAKEI
UNGARN
RUMÄNIEN
SCHWEIZ
Vichy-Frankreich
KROATIEN
SERBIEN
SCHWARZES ME
PORTUGAL
SPANIEN
ITALIEN
M.
ALBANIEN
BULGARIEN
TÜRKEI
MITTELMEER
GRIECHENLAND
»Reichsgrenze« (umfaßt eingegliederte und angegliederte Territorien)
Grenze des angegliederten Territoriums
Staatsgrenzen 1937
Neue Grenzziehung durch die Achsenmächte
Grenze des Militärbefehlshaber-Bereichs
Grenzen der Reichskommissariate
Linie des weitesten Vordringens der faschistischen Armeen
Reichsgebiet einschl. schon »eingedeutschter« Territorien
Verbündete und Satelliten-Staaten samt ihnen zugeschlagener Gebiete (M. = Montenegro)
Kontinentales Kolonialreich im Osten (bestehende und geplante »Reichskommissariate« sowie das erweiterte »Generalgouvernement«)
Durch Reichskommissare in West- und Nordeuropa zu späterer Angliederung vorbereitete Gebiete
Durch Militär-Befehlshaber zukünftigen Entscheidungen vorbehaltene Territorien
Unter Aufsicht des Reichs formal noch selbstverwaltetes Territorium
Neutrale Staaten mit der Perspektive völliger politischer und wirtschaftlicher Abhängigkeit im »Großdeutschen Wirtschaftsraum«

Die Vorbereitung

Täuschungsunternehmen

Richtlinien des OKW-Chefs Keitel «für die Feindtäuschung» vom 15. Februar 1941 (Auszug)

1. Ziel der Täuschung ist es, die Vorbereitungen für das *Unternehmen «Barbarossa» zu verschleiern.* Dieser wesentliche Zweck ist für alle der Irreführung dienenden Maßnahmen richtunggebend.
Hierzu kommt es darauf an, im ersten Zeitabschnitt, d.h. bis etwa Mitte April, die z.Z. vorherrschende Ungewißheit über unsere Absichten zu erhalten. In dem anschließenden zweiten Zeitabschnitt müssen die dann nicht mehr zu tarnenden Vorbereitungen für Barbarossa selbst als Irreführung und *Ablenkung von der Invasion nach England* hingestellt werden.
2. Als *Richtlinien* für die der Irreführung dienenden Nachrichten und Maßnahmen gelten:
a) *im 1. Zeitabschnitt*
Verstärkung des weithin bereits bestehenden Eindrucks der bevorstehenden *Invasion* nach England. Hierzu Angaben über neue Angriffs- und Transportmittel.
Übertreibung der Bedeutung der *Nebenunternehmen* (Marita*, Sonnenblume**, X. Fliegerkorps) und der dafür angesetzten Kräfte.
Begründung der Aufmarschbewegung Barbarossa als Austauschmaßnahmen zwischen Westen, Heimat und Osten, als Heranführung rückwärtiger Staffeln für das Unternehmen Marita und letzten Endes als defensive Rückendeckung gegen Rußland.
b) *im 2. Zeitabschnitt*
ist die *Aufmarschbewegung Barbarossa als das größte Täuschungsunternehmen der Kriegsgeschichte* hinzustellen, das dazu diene, von den letzten Vorbereitungen der Invasion nach England abzulenken.

**Überfall auf Griechenland*
***Intervention in Nordafrika*

Arbeitsstab Rußland

Aufzeichnung des Chefs des Wehrwirtschafts- und Rüstungsamtes, General Thomas (Auszug)

Im November 1940 wurde der Chef Wi.-Rü.-Amt zusammen mit Staatssekretär Körner, Neumann, Backe und General von Hanneken vom Reichsmarschall über die geplante Ostoperation unterrichtet. Auf Grund dieser Weisungen wurde Ende 1940 im Wi.-Rü.-Amt mit den Vorarbeiten für den Ostfeldzug begonnen...
Für die Bearbeitung dieser Aufgaben wurde Anfang Januar 1941 ein Arbeitsstab Rußland eingesetzt, der zunächst dem Oberstleutnant Luther, später dem Generalmajor Schubert unterstellt wurde. Die Bearbeitung erfolgte nach den Weisungen des Amtschefs beziehungsweise der Amtsgruppe Ausland des Wi.-Rü.-Amtes unter Heranziehung aller Dienststellen, Wirtschaftsstellen und sonstiger Persönlichkeiten, die Kenntnisse über Rußland besaßen. Durch diese intensive Vorbereitungstätigkeit wurde ein hervorragendes Sachmaterial zusammengebracht, das für die Verwaltung des Landes von größtem Wert sein sollte.

Wirtschaftsstab Oldenburg

Aktennotiz über eine Besprechung bei General Thomas am 28. Februar 1941 (Auszug)

Der General befahl, einen erweiterten Organisationsentwurf für den Reichsmarschall aufzustellen. Wesentlicher Inhalt:
1. Unterstellung der gesamten Organisation unter den Reichsmarschall. *Zweck:* Stützung und Erweiterung der Maßnahmen des Vierjahresplans.
2. Organisation muß alles umfassen, was Wehrwirtschaft betrifft. Ausgenommen nur Ernährung, auf deren Gebiet bereits Sonderauftrag an Staatssekretär Backe erteilt sein soll.
3. Eindeutige Feststellung, daß die Organisation unabhängig zu sein hat von der Militär- bzw. Zivilverwaltung ...
Hauptaufgabe der Organisation werde in der Erfassung von Rohstoffen und in der Übernahme aller wichtigen Betriebe bestehen. Für die letztere Aufgabe würden zweckmäßigerweise von Anfang an zuverlässige Persönlichkeiten deutscher Konzerne eingeschaltet werden, da nur mit Hilfe ihrer Erfahrungen von Beginn an erfolgreiche Arbeit geleistet werden könne (z.B. Braunkohle, Erz, Chemie, Erdöl).

Sondergebiete

OKW-«Richtlinien auf Sondergebieten» vom 13. März 1941, unterzeichnet durch Keitel (Auszug)

2.) Das im Zuge der Operationen zu besetzende *russische Gebiet* soll, sobald der Ablauf der Kampfhandlungen es erlaubt, nach besonderen Richtlinien in Staaten mit *eigenen Regierungen* aufgelöst werden.
Hieraus folgert:
a) Das mit dem Vorgehen des Heeres über die Grenzen des Reiches und der Nachbarstaaten gebildete *Operationsgebiet* des Heeres ist der Tiefe nach soweit als möglich zu beschränken. Der Ob. d.H. hat die Befugnis, in diesem Gebiet die vollziehende Gewalt auszuüben, mit der Ermächtigung, sie auf die Oberbefehlshaber der Heeresgruppen und Armeen zu übertragen.
b) Im Operationsgebiet des Heeres erhält der *Reichsführer SS* zur Vorbereitung *der politischen Verwaltung Sonderaufgaben* im Auftrage des Führers, die sich aus dem endgültig auszutragenden Kampf zweier entgegengesetzter politischer Systeme ergeben. Im Rahmen dieser Aufgaben handelt der Reichsführer SS selbständig und in eigener Verantwortung. Im übrigen wird die dem Ob.d.H. und den von ihm beauftragten Dienststellen übertragene vollziehende Gewalt hierdurch nicht berührt. Der Reichsführer SS sorgt dafür, daß bei Durchführung seiner Aufgaben die Operationen nicht gestört werden. Näheres regelt das OKH mit dem Reichsführer SS unmittelbar.
c) Sobald das Operationsgebiet eine ausreichende Tiefe erreicht hat, wird es *rückwärts begrenzt.* Das neubesetzte Gebiet rückwärts des Operationsgebietes erhält eine eigene *politische* Verwaltung. Es wird entsprechend den volkstumsmäßigen Grundlagen und in Anlehnung an die Grenzen der Heeresgruppen zunächst in *Nord (Baltikum), Mitte (Weißrußland) und Süd (Ukraine) unterteilt.* In diesen Gebieten geht die *politische Verwaltung auf Reichskommissare über,* die ihre Richtlinien vom Führer empfangen.
3.) Zur Durchführung aller *militärischen Aufgaben* in den politischen Verwaltungsgebieten rückwärts des Operationsgebietes werden *Wehrmachtsbefehlshaber* eingesetzt, die dem Chef des Oberkommandos der Wehrmacht unterstehen ...
4.) Mit der einheitlichen Leitung der *Wirtschaftsverwaltung* im Operationsgebiet und in den politischen Verwaltungsgebieten hat der Führer den Reichsmarschall beauftragt, der diese Aufgaben dem *Chef des Wi.-Rü.-Amtes* übertragen hat. Besondere Richtlinien hierzu ergehen vom OKW/Wi.-Rü.-Amt.
5.) Die Masse der *Polizeikräfte* wird den Reichskommissaren unterstellt.

Im Osten ist Härte mild

Tagebuch-Eintragung Halders vom 30. März 1941 über Ausführungen Hitlers (Auszug)

Rußlands Rolle und Möglichkeiten. Begründung der Notwendigkeit, die russische Lage zu bereinigen. Nur so werden wir in der Lage sein, in zwei Jahren materiell und personell unsere Aufgaben in der Luft und auf den Weltmeeren zu meistern, wenn wir die Landfragen endgültig und gründlich lösen.

Unsere Aufgaben gegenüber Rußland: Wehrmacht zerschlagen, Staat auflösen ...
Kampf zweier Weltanschauungen gegeneinander. Vernichtendes Urteil über Bolschewismus, ist gleich asoziales Verbrechertum, Kommunismus ungeheure Gefahr für die Zukunft. Wir müssen von dem Standpunkt des soldatischen Kameradentums abrücken. Der Kommunist ist vorher kein Kamerad und nachher kein Kamerad. Es handelt sich um einen Vernichtungskampf. Wenn wir es nicht so auffassen, dann werden wir zwar den Feind schlagen, aber in 30 Jahren wird uns wieder der kommunistische Feind gegenüberstehen. Wir führen nicht Krieg, um den Feind zu konservieren.
Künftiges Staatenbild: Nordrußland gehört zu Finnland. Protektorate Ostseeländer, Ukraine, Weißrußland.
Kampf gegen Rußland: Vernichtung der bolschewistischen Kommissare und der kommunistischen Intelligenz ...
Der Kampf muß geführt werden gegen das Gift der Zersetzung. Das ist keine Frage der Kriegsgerichte. Die Führer der Truppe müssen wissen, worum es geht. Sie müssen in dem Kampf führen. Die Truppe muß sich mit den Mitteln verteidigen, mit denen sie angegriffen wird. Kommissare und GPU-Leute sind Verbrecher und müssen als solche behandelt werden ...
+Der Kampf wird sich sehr unterscheiden vom Kampf im Westen. Im Osten ist Härte mild für die Zukunft ...
+ ObdH-Befehl
Die Führermaschinerie des russischen Reiches muß zerschlagen werden. Im großrussischen Bereich ist Anwendung brutalster Gewalt notwendig. Weltanschauliche Bande halten das russische Volk noch nicht fest genug zusammen. Es wird mit dem Beseitigen der Funktionäre zerreißen.
Kaukasien soll später an die Türkei abgegeben, aber von uns ausgenutzt werden.

Der Zeitplan

Besprechung beim Chef der Abteilung Landesverteidigung im OKW am 30. April 1941 (Auszug)

1. *Zeitplan Barbarossa:*
Der Führer hat entschieden:
Beginn Barbarossa 22. Juni, ab 23. Mai Höchstleistungsfahrplan.
Zu Beginn der Operationen sind OKH-Reserven in den vorgesehenen Räumen noch nicht eingetroffen.
2. *Stärkeverhältnis im Fall Barbarossa:*
Abschnitt Nord: deutsche und russische Kräfte etwa gleich
Abschnitt Mitte: starke deutsche Überlegenheit
Abschnitt Süd: russische Überlegenheit
3. *Russischer Aufmarsch:*
Weiterhin starke Truppenverlegungen an die deutsch-russische Grenze.
4. *Beurteilung des Ablaufs Barbarossa durch Ob. d. H.:*
Voraussichtlich heftige Grenzschlachten, Dauer bis zu 4 Wochen. Im weiteren Verlauf wird dann aber nur noch mit geringerem Widerstand zu rechnen sein.
Beurteilung des russischen Soldaten:
Der Russe wird sich dort, wo er hingestellt wird, bis zum letzten schlagen.

Aufgabe und Perspektive

Besprechung mit den Staatssekretären über die Aggression vom 2. Mai 1941 (Auszug)

1.) Der Krieg ist nur weiter zu führen, wenn die gesamte Wehrmacht im 3. Kriegsjahr aus Rußland ernährt wird.
2.) Hierbei werden zweifellos ...zig Millionen Menschen verhungern, wenn von uns das für uns Notwendige aus dem Lande herausgeholt wird.
3.) Am wichtigsten ist die Bergung und der Abtransport von Ölsaaten, Ölkuchen, dann erst Getreide. Das vorhandene Fett und Fleisch wird voraussichtlich die Truppe verbrauchen.
4.) Die Beschäftigung der Industrie darf nur auf Mangelgebieten wiederaufgenommen werden, z. B.
die Werke für Verkehrsmittel,
die Werke für allgemeine Versorgungsanlagen (Eisen),
die Werke für Textilien,
von Rüstungsbetrieben nur solche, bei denen in Deutschland Engpässe bestehen.
Aufmachung von Reparaturwerkstätten für die Truppe natürlich in erhöhtem Ausmaß.

Wirtschaftspotential Deutschlands und der Sowjetunion 1940/41

Produktion/Förderung innerhalb von 12 Monaten	Deutschland und besetzte Gebiete	Sowjetunion
Roheisen	24,4 Mill. t	14,9 Mill. t
Stahl	31,8 Mill. t	18,3 Mill. t
Walzmaterial	22,5 Mill. t	13,1 Mill. t
Kohle*	404,3 Mill. t	165,9 Mill. t
Erdöl**	8,8 Mill. t	31,1 Mill. t
Elektroenergie	70,0 Mrd. kWh	48,3 Mrd. kWh
Werkzeugmaschinen***	126 000 Stück	58 400 Stück
Lokomotiven	1 918 Stück	914 Stück

* *Braunkohle auf Steinkohle umgerechnet*
** *einschl. synthet. Treibstoffe (4,1 Mill. t) u. Importe (2,8 Mill. t)*
*** *nur Deutschland*

Kriegsgerichtsbarkeit

Erlaß Hitlers vom 13. Mai 1941 über die Verfolgung von Straftaten in der Sowjetunion (Auszug)

I. Behandlung von Straftaten feindlicher Zivilpersonen
1. *Straftaten feindlicher Zivilpersonen* sind der Zuständigkeit der Kriegsgerichte und der Standgerichte bis auf weiteres entzogen.
2. *Freischärler* sind durch die Truppe im Kampf oder auf der Flucht schonungslos zu erledigen.
3. Auch *alle anderen Angriffe feindlicher Zivilpersonen gegen die Wehrmacht*, ihre Angehörigen und das Gefolge sind von der Truppe auf der Stelle mit den äußersten Mitteln bis zur Vernichtung des Angreifers niederzukämpfen.
4. Wo Maßnahmen dieser Art versäumt wurden oder zunächst nicht möglich waren, werden *tatverdächtige Elemente sogleich einem Offizier vorgeführt. Dieser entscheidet, ob sie zu erschießen sind.*
Gegen Ortschaften, aus denen die Wehrmacht hinterlistig oder heimtückisch angegriffen wurde, werden unverzüglich auf Anordnung eines Offiziers in der Dienststellung mindestens eines Bataillons- usw. -Kommandeurs *kollektive Gewaltmaßnahmen* durchgeführt, wenn die Umstände eine rasche Feststellung einzelner Täter nicht gestatten.
5. Es wird *ausdrücklich verboten*, verdächtige Täter zu *verwahren*, um sie bei Wiedereinführung der Gerichtsbarkeit über die Landeseinwohner an die Gerichte abzugeben.
6. Die Oberbefehlshaber der Heeresgruppen können im Einvernehmen mit den zuständigen Befehlshabern der Luftwaffe und der Kriegsmarine die *Wehrmachtsgerichtsbarkeit über Zivilpersonen* dort *wieder einführen*, wo das Gebiet ausreichend befriedet ist.
Für das *Gebiet der politischen Verwaltung* ergeht diese Anordnung durch den Chef des Oberkommandos der Wehrmacht.
II. Behandlung der Straftaten von Angehörigen der Wehrmacht und des Gefolges gegen Landeseinwohner
1. Für *Handlungen*, *die Angehörige der Wehrmacht* und des Gefolges *gegen feindliche Zivilpersonen* begehen, besteht *kein Verfolgungszwang*, auch dann nicht, wenn die Tat zugleich ein militärisches Verbrechen oder Vergehen ist.
2. Bei der *Beurteilung solcher Taten* ist in jeder Verfahrenslage zu berücksichtigen, daß der Zusammenbruch im Jahre 1918, die spätere Leidenszeit des deutschen Volkes und der Kampf gegen den Nationalsozialismus mit den zahllosen Blutopfern der Bewegung entscheidend auf bolschewistischen Einfluß zurückzuführen war und daß kein Deutscher dies vergessen hat.
3. Der Gerichtsherr prüft daher, ob in solchen Fällen eine *disziplinare Ahndung* angezeigt oder ob ein *gerichtliches Einschreiten* notwendig ist. Der Gerichtsherr ordnet die Verfolgung von Taten gegen die Landeseinwohner *im kriegsgerichtlichen Verfahren nur dann an*, wenn es die *Aufrechterhaltung der Manneszucht oder* die Sicherung der Truppe erfordert.

Der Kommissar-Befehl

OKW-Richtlinie vom 6. Juni 1941, unterzeichnet durch Generalmajor Warlimont (Auszug)

Im Kampf gegen den Bolschewismus ist mit einem Verhalten des Feindes nach den Grundsätzen der Menschlichkeit oder des Völkerrechts *nicht* zu rechnen. Insbesondere ist von den *politischen Kommissaren aller Art* als den eigentlichen Trägern des Widerstandes eine haßerfüllte, grausame und unmenschliche Behandlung unserer Gefangenen zu erwarten.
Die Truppe muß sich bewußt sein:
1. In diesem Kampf ist Schonung und völkerrechtliche Rücksichtnahme diesen Elementen gegenüber falsch. Sie sind eine Gefahr für die eigene Sicherheit und die schnelle Befriedung der eroberten Gebiete.
2. Die Urheber barbarisch asiatischer Kampfmethoden sind die politischen Kommissare. Gegen diese muß daher *sofort* und ohne weiteres mit aller Schärfe vorgegangen werden.
Sie sind daher, wenn im Kampf oder Widerstand ergriffen, grundsätzlich sofort mit der Waffe zu erledigen.

Görings Grüne Mappe

Richtlinien des nunmehrigen Wirtschaftsführungsstabes Ost («Grüne Mappe») vom Juni 1941 (Auszug)

I. Nach den vom Führer gegebenen Befehlen sind alle Maßnahmen zu treffen, die notwendig sind, um die *sofortige und höchstmögliche Ausnutzung der besetzten Gebiete* zugunsten Deutschlands herbeizuführen. Dagegen sind alle Maßnahmen zu unterlassen oder zurückzustellen, die dieses Ziel gefährden könnten.
II. Die Ausnutzung der neu zu besetzenden Gebiete hat sich in erster Linie auf den Gebieten der *Ernährungs-* und der *Mineralölwirtschaft* zu vollziehen. Soviel wie möglich Lebensmittel und Mineralöl für Deutschland zu gewinnen ist *das wirtschaftliche Hauptziel der Aktion* ...
Die Wirtschaftsorganisation
A. Allgemeines
Der Reichsmarschall hat zur einheitlichen Leitung der Wirtschaftsverwaltung im Operationsgebiet und in den später einzurichtenden politischen Verwaltungsgebieten den «*Wirtschaftsführungsstab Ost*» gebildet, der ihm unmittelbar untersteht und

in seiner Vertretung von Staatssekretär Körner geleitet wird. Zur Vertretung der militärischen Belange hat für die Vorbereitung und für die Dauer der militärischen Operationen der Chef des Wehrwirtschafts- und Rüstungsamtes, General der Infanterie Thomas, die Federführung, die er als Mitglied des Wirtschaftsführungsstabes Ost ausübt.

Die Weisungen des Reichsmarschalls erstrecken sich auf alle Gebiete der Wirtschaft, einschließlich Ernährung und Landwirtschaft. Sie sind durch die nachgeordneten Wirtschaftsdienststellen (siehe B) durchzuführen.

Die Anordnungen des «Wirtschaftsführungsstabes Ost» werden durch Chef Wi.-Rü.-Amt dem ins besetzte Gebiet vorgeschobenen «*Wirtschaftsstab Ost*» zur Durchführung übermittelt, der sich während der Operationen in unmittelbarer Nähe von OKH/GenQu befindet.

B. *Wirtschaftsorganisation im Operationsgebiet*

I. Die dem Wirtschaftsstab Ost *nachgeordneten Wirtschaftsdienststellen* sind, soweit sie im Operationsgebiet tätig sind, bei den *Kommandostellen des Heeres* eingesetzt und diesen *militärisch unterstellt*, und zwar:

a) *Im rückwärtigen Heeresgebiet:*

Je eine *Wirtschaftsinspektion* bei den Befehlshabern des rückwärtigen Heeresgebietes,

je ein oder mehrere *Wirtschaftskommandos* bei den Sicherungsdivisionen,

je eine Gruppe IV Wi bei den Feldkommandanturen.

b) *Im Armeegebiet:*

Je ein IV Wi (= VO Wi.-Rü.-Amt) bei den AOK,

je eine *Gruppe* IV Wi bei den in das Armeegebiet vorgezogenen, den AOK unterstehenden Feldkommandanturen, ferner nach Bedarf in das Armeegebiet vorgeschobene, den AOK militärisch unterstellte *Wirtschaftskommandos*.

Motivierungen

Aufzeichnung Bormanns vom 16. Juli 1941 (*Auszug*)

Auf Anordnung des Führers fand heute bei ihm um 15 Uhr eine Besprechung mit Reichsleiter Rosenberg, Reichsminister Lammers, Feldmarschall Keitel, mit dem Reichsmarschall und mir statt ...

Wesentlich sei es nun, daß wir unsere Zielsetzung nicht vor der ganzen Welt bekanntgäben; dies sei auch nicht notwendig, sondern die Hauptsache sei, daß wir selbst wüßten, was wir wollten. Keinesfalls solle durch überflüssige Erklärungen unser eigener Weg erschwert werden. Derartige Erklärungen seien überflüssig, denn soweit unsere Macht reiche, könnten wir alles tun, und was außerhalb unserer Macht liege, könnten wir ohnehin nicht tun.

Die Motivierung unserer Schritte vor der Welt müsse sich also nach taktischen Gesichtspunkten richten. Wir müßten hier genauso vorgehen wie in den Fällen Norwegen, Dänemark, Holland und Belgien. Auch in diesen Fällen hätten wir nichts über unsere Absichten gesagt, und wir würden dies auch weiterhin klugerweise nicht tun. Wir werden also wieder betonen, daß wir gezwungen waren, ein Gebiet zu besetzen, zu ordnen und zu sichern; im Interesse der Landeseinwohner müßten wir für Ruhe, Ernährung, Verkehr usw. sorgen; deshalb unsere Regelung. Es soll also nicht erkennbar sein, daß sich damit eine endgültige Regelung anbahnt! Alle notwendigen Maßnahmen – Erschießen, Aussiedeln etc. – tun wir trotzdem und können wir trotzdem tun. Wir wollen uns aber nicht irgendwelche Leute vorzeitig und unnötig zu Feinden machen. Wir tun also lediglich so, als ob wir ein Mandat ausüben wollten. *Uns* muß aber dabei klar sein, daß wir aus diesen Gebieten nie wieder herauskommen.

Demgemäß handelt es sich darum:

1.) Nichts für die endgültige Regelung zu verbauen, sondern diese unter der Hand vorzubereiten;

2.) wir betonen, daß wir die Bringer der Freiheit wären.

Im einzelnen:

Die Krim muß von allen Fremden geräumt und deutsch besiedelt werden.

Ebenso wird das alt-österreichische Galizien Reichsgebiet. Jetzt ist unser Verhältnis zu Rumänien gut, aber man weiß nicht, wie künftig zu jeder Zeit unser Verhältnis sein wird. Darauf haben wir uns einzustellen, und danach haben wir unsere Grenzen einzurichten. Man soll sich nicht vom Wohlwollen Dritter abhängig machen; danach müssen wir unser Verhältnis zu Rumänien einrichten.

Grundsätzlich kommt es also darauf an, den riesenhaften Kuchen handgerecht zu zerlegen, damit wir ihn erstens beherrschen,

zweitens verwalten und

drittens ausbeuten können.

Die Russen haben jetzt einen Befehl zum Partisanenkrieg hinter unserer Front gegeben. Dieser Partisanenkrieg hat auch wieder seinen Vorteil: er gibt uns die Möglichkeit auszurotten, was sich gegen uns stellt.

Grundsätzliches:

Die Bildung einer militärischen Macht westlich des Ural darf nie wieder in Frage kommen und wenn wir hundert Jahre darüber Krieg führen müßten. Alle Nachfolger des Führers müssen wissen: die Sicherheit des Reiches ist nur dann gegeben, wenn westlich des Ural kein fremdes Militär existiert; den Schutz dieses Raumes vor allen eventuellen Gefahren übernimmt Deutschland ...

Auch wenn wir einzelne Gebietsteile jetzt schon abteilen, immer müssen wir als Schützer des Rechts und der Bevölkerung vorgehen. Demgemäß seien die jetzt notwendigen Formulierungen zu wählen, wir sprechen nicht von einem neuen Reichsgebiet, sondern von einer durch den Krieg notwendigen Aufgabe.

Im einzelnen:

Im Baltikum muß jetzt das Gebiet bis zur Düna nach näherer Festlegung mit Feldmarschall Keitel in Verwaltung genommen werden ...

Der Reichsmarschall bittet den Führer um Mitteilung, welche Gebiete anderen Staaten zugesagt seien.

Der Führer erwidert, Antonescu wolle Bessarabien und Odessa nebst einem Streifen, der von Odessa in West-Nordwest führt.

Hetzplakat zum «Ostfeldzug»

Auf die Einwände des Reichsmarschalls und Rosenbergs stellt der Führer fest, daß die neue, von Antonescu gewünschte Grenze wenig außerhalb der alten rumänischen Grenze führe.

Der Führer betont weiter, den Ungarn, den Türken und den Slowaken sei nichts Bestimmtes zugesagt worden.

Der Führer stellt dann zur Erwägung, ob man nicht den altösterreichischen Teil Galiziens sofort zum Gouvernement geben soll; auf Einwände hin bestimmt der Führer, dieser Teil solle nicht zum Gouvernement kommen, sondern lediglich gleichzeitig dem Reichsminister Frank unterstellt werden (Lemberg).

Der Reichsmarschall hält es für richtig, verschiedene Teile des Baltenlandes, z. B. die Bialystoker Forsten, Ostpreußen zuzuteilen.

Der Führer betont, das gesamte Baltenland müsse Reichsgebiet werden.

Ebenso müsse die Krim mit einem erheblichen Hinterland (Gebiet nördlich der Krim) Reichsgebiet werden; das Hinterland müsse möglichst groß sein.

Hiergegen hat Rosenberg Bedenken wegen der dort wohnenden Ukrainer.

(Nebenbei: Es tritt mehrfach in Erscheinung, daß Rosenberg für die Ukrainer sehr viel übrig hat; er will die alte Ukraine auch erheblich vergrößern.)

Der Führer betont weiter, auch die Wolgakolonie müsse deutsches Reichsgebiet werden, ebenso das Gebiet um Baku; es müsse deutsche Konzession werden (Militärkolonie).

Die Finnen wollen Ostkarelien, doch soll wegen der großen Nickelvorkommen die Halbinsel Kola zu Deutschland kommen. Mit aller Vorsicht müsse die Angliederung Finnlands als Bundesstaat vorbereitet werden. Das Gebiet um Leningrad wird von den Finnen beansprucht; der Führer will Leningrad dem Erdboden gleich machen lassen, um es dann den Finnen zu geben.

Die Ostfront zu Kriegsbeginn

Kräfte und Mittel	Deutschland *Verbündete*	Sowjetunion
Heeresstärke (Mann)	4 600 000 *900 000*	2 800 000
Panzer und Sturmgeschütze	4 000 *260*	1 475 moderne
Geschütze und Granatwerfer	42 000 *5 200*	34 695
Flugzeuge	4 000 *980*	6 540 (davon 1 540 moderne)

Stand am 22. Juni 1941; erfaßt sind lediglich die faschistischen und sowjetischen Verbände an dieser Front

Fälle von Fahnenflucht

Fernschreiben des Generalstabschefs Halder vom 14. Juni 1941 an den Abschnittsstab Ostpreußen

In den letzten Tagen sind einzelne Fälle von Fahnenflucht über die russische Grenze vorgekommen. Die AOK werden ersucht, durch verschärfte Überwachung des Grenzgebietes, auch außerhalb der Grenzübergänge, der Wiederholung derartiger Vorkommnisse vorzubeugen. Verteiler bis zu den AOK im Osten.

Der Feldzug nach Moskau

Unsre Sache verteidigt die Rote Armee

Aufruf der KPD vom 24. Juni 1941 (Auszug)

Schaffende aller Berufe! Unsere eigene Sache ist es, die von der Roten Armee siegreich verteidigt wird. Unser Feind steht im eigenen Land: Die faschistischen Landsknechte der Großkapitalisten, der Kriegsgewinnler sind unser Feind! Der gemeinsame Sieg der Roten Armee und der um ihre nationale Freiheit kämpfenden unterdrückten Völker wird auch der Sieg unseres deutschen Volkes sein ...
Wir sind stark, wenn wir nur ernstlich wollen. Wir haben Freunde und Verbündete in all den gemarterten Völkern, die ihre Freiheit wiederhaben wollen. Unser größter und stärkster Freund ist und bleibt das Sowjetvolk, dessen Banner das Wahrzeichen der gerechten Sache aller für Freiheit, Glück und Ehre kämpfenden Menschen geworden ist ... Es lebe die Solidarität aller vom Faschismus Unterdrückten und Bedrohten!

Erschöpfen sie sich?

Stellungnahme der Londoner Gruppe des SPD-Vorstandes von Ende Juni 1941 (Auszug)

Keinen Augenblick dürfen wir uns unklar darüber sein, wieviel für den Ausgang dieses Weltkrieges und die Zukunft der Menschheit von den Ereignissen der nächsten Wochen abhängt. Die beiden zahlenmäßig stärksten Armeen der Welt kämpfen miteinander an einer Front, die vom Eismeer oder von der Ostsee bis zum Schwarzen Meer oder zum Mittelmeer reicht. Gelingt einer von beiden ein schneller Sieg, dann kann ihr auf dem europäisch-asiatischen Festland niemand mehr ernstlichen militärischen Widerstand leisten. Erschöpfen sie sich in langen Schlachten, dann kann der Druck von den Völkern des Festlandes weichen, dann kann die Macht der britischen und amerikanischen Demokratie zum beherrschenden Faktor der politischen Neugestaltung der Welt werden.

Feldzug gewonnen

Tagebucheintragung des Generalstabschefs Halder vom 3. Juli 1941 (Auszug)

Im ganzen kann man also schon jetzt sagen, daß der Auftrag, die Masse des russischen Heeres vorwärts Düna und Dnjepr zu zerschlagen, erfüllt ist. Ich halte die Aussage eines gefangenen russischen kommandierenden Generals für richtig, daß wir ostwärts von Düna und Dnjepr nur noch mit Teilkräften zu rechnen haben, die allein stärkemäßig nicht in der Lage sind, die deutschen Operationen noch entscheidend zu hindern. Es ist also wohl nicht zuviel gesagt, wenn ich behaupte, daß der Feldzug gegen Rußland innerhalb [von] 14 Tagen gewonnen wurde. Natürlich ist er damit noch nicht beendet. Die Weite des Raumes und die Hartnäckigkeit des mit allen Mitteln geführten Widerstandes wird uns noch viele Wochen beanspruchen.

Koloß unterschätzt

Tagebucheintragung des Generalstabschefs Halder vom 11. August 1941 (Auszug)

In der gesamten Lage hebt sich immer deutlicher ab, daß der Koloß Rußland, der sich bewußt auf den Krieg vorbereitet hat, mit der ganzen Hemmungslosigkeit, die totalitären Staaten eigen ist, von uns unterschätzt worden ist. Diese Feststellung bezieht sich ebenso auf die organisatorischen wie auf die wirtschaftlichen Kräfte, auf das Verkehrswesen, vor allem aber auf rein militärische Leistungsfähigkeit.

Bisher verwöhnt

Geheimbericht des SD «Meldungen aus dem Reich» Nr. 217 vom 4. September 1941 (Auszug)

Verwöhnt durch den schnellen Verlauf der bisherigen Feldzüge, die in Soldatenbriefen im Vergleich zu dem gegenwärtigen harten Ringen im Osten als «KdF-Fahrten» bezeichnet werden, und unter dem Einfluß der im Laufe der Kriegsjahre stärker in Erscheinung tretenden Verknappungserscheinungen in der Versorgungslage, verfolgen viele Volksgenossen den ihrer Ansicht nach schon zu lange dauernden Feldzug im Osten mit einem gewissen Unbehagen. Die bisher vereinzelt zum Ausdruck gekommene Meinung, daß der deutsche Vormarsch im Osten nur noch sehr langsam vorwärts gehe, gewinnt immer mehr an Boden.

Zwei Deutschlands

Appell der ersten Beratung von kriegsgefangenen deutschen Soldaten bei Moskau, 8. bis 10. Oktober 1941 (Auszug)

Es gibt zwei Deutschlands:
das Deutschland der Nazischmarotzer und das Deutschland der Werktätigen; das Deutschland der vertierten Raub- und Mordgesellen und das Deutschland des ehrlichen und fleißigen Volkes. Es gibt ein Deutschland der faschistischen Barbaren und das Deutschland der großen Denker, Erfinder und Dichter, die durch ihre Leistungen die Weltkultur bereichert haben. Es gibt ein Deutschland größenwahnsinniger Machthaber, die ihre Herrschaft durch einen aussichtslosen Krieg bis zum letzten deutschen Soldaten zu retten suchen; und es gibt ein anderes Deutschland, das Hitler und seine faschistische Terrorherrschaft verflucht. Es gibt ein Deutschland des Volkes, das die unverzügliche Einstellung des Krieges fordert.
Zwischen diesen beiden Deutschlands klafft ein Abgrund.

Was zu tun bleibt

Ausführungen des Leiters der Presseabteilung im Propaganda-Ministerium, Fritzsche, am 13. Oktober 1941; nach den Notizen eines zu dieser Einweisung beorderten Journalisten

Die militärische Entscheidung dieses Krieges ist gefallen. Was nun noch zu tun bleibt, trägt vorwiegend politischen Charakter nach Innen und nach Außen. An irgendeinem Punkte werden die deutschen Heere im Osten stehenbleiben, und es wird dann eine von uns gezogene Grenze errichtet, die das große Europa und den unter deutscher Leitung stehenden europäischen Interessenblock abschirmt gegen Osten. Es ist möglich, daß militärische Spannungen und auch kriegerische Auseinandersetzungen im kleinen noch acht oder zehn Jahre andauern, diese Lage ändert jedoch nach dem Willen der deutschen Staatsführung nichts daran, den europäischen Kontinent aufzubauen und ihn nach eigenen, von Deutschland diktierten Gesetzen zu ordnen. Gewiß ist dies ein «Europa hinter Stacheldraht», aber dieses Europa wird wirtschaftlich, industriell und agrarisch vollständig autark sein und militärisch im Grunde unangreifbar ...
Wörtlich sagte Fritzsche, wenn das deutsche Volk innerlich sich damit abgefunden habe, daß diese Art Kriegszustand mit selbstverständlich vermindertem Einsatz an kämpfenden Menschen und an Material für 10 Jahre andauert, dann wären praktisch neun Jahre dieser Zeit bereits überwunden. Es ist nun die Aufgabe der deutschen Presse, diese Aufklärung auf bestimmte Stichworte hin im kommenden Winter zu betreiben, und diese Aufgabe ist aus psychologischen Gründen natürlich hochpolitisch. Das Stehvermögen des deutschen Volkes muß gestärkt werden, dann wird sich die Entwicklung so planmäßig vollziehen, daß innerhalb kurzer Zeit niemand mehr merkt, daß überhaupt kein Frieden geschlossen wurde.

Sowjetischer Aufruf zur Verteidigung der Heimat

Hoffnungsloser Krieg

Erklärung des ZK der KPD vom 15. Oktober 1941 (Auszug)

Das deutsche Volk hat von diesem verbrecherischen Krieg genug. Er hat ihm Elend, Unglück und Schande gebracht. Das deutsche Volk will den Frieden. Jeder militärische Erfolg Hitlers aber zieht den Krieg nur in die Länge, vergrößert die Verluste und stürzt Deutschland immer tiefer in den Abgrund ...
Dieser Krieg ist ein für das deutsche Volk hoffnungsloser Krieg. Hitler hat alle seine Reserven gegen die Sowjetunion geworfen, und doch hat er nicht die Kraft, das Sowjetvolk und seine Rote Armee zu überwinden. Die materiellen und moralischen Reserven der Sowjetunion sind unversiegbar. Hinter jeder Front erhebt sich eine neue Front. Für jeden Schritt vorwärts zahlen die deutschen Soldaten mit Blut und Leichen. Und während die deutsche Armee im Krieg gegen die Sowjetunion verblutet, sammelt England in allen Teilen seines Weltreiches gewaltige Kräfte an. Die Vereinigten Staaten von Amerika stellen ihre gesamte gigantische Kriegsindustrie in den Dienst der Völker, die für die Freiheit kämpfen. Nur ein Verrückter kann glauben, daß Hitler die Kraft habe, eine solche Weltkoalition zu überwinden. Hitlers Niederlage ist unvermeidlich.
Im Vorgefühl seines unerbittlich herannahenden Untergangs versucht Hitler, der Deutschland in immer neue Abenteuer hineinreißt, durch die lügenhafte Behauptung, seine, Hitlers, Niederlage bedeute eine Katastrophe für Deutschland, das deutsche Volk an sich zu fesseln.
Die Geschichte aber lehrt, daß Völker niemals dadurch untergegangen sind, daß sie verbrecherische Regierungen stürzten. Im Gegenteil! Der Sturz solcher Regierungen förderte die Wiedergeburt sowie den materiellen und moralischen Aufschwung des Volkes.
Die einzige Rettung für das deutsche Volk besteht darin, mit dem Kriege Schluß zu machen. Um aber mit dem Kriege Schluß zu machen, muß Hitler gestürzt werden. Der Krieg wird so lange weitergehen, wie Hitler und seine Bande Deutschland regieren. Und wehe unserem Volk, wenn es sein Schicksal bis zuletzt an Hitler bindet, wenn wir Deutschen nicht selber in Deutschland Ordnung schaffen, sondern es den anderen Völkern überlassen, Europa von der faschistischen Pest zu säubern.

Übergang zur Verteidigung

Hitlers OKW-Weisung Nr. 39 vom 8. Dezember 1941 (Auszug)

Der überraschend früh eingebrochene strenge Winter im Osten und die dadurch eingetretenen Versorgungsschwierigkeiten zwingen zu sofortiger Einstellung aller größeren Angriffsoperationen und zum Übergang zur Verteidigung.
Wie diese Verteidigung zu führen ist, wird bestimmt durch *das Ziel*, das mit ihr verfolgt wird, nämlich:
a) Räume zu behaupten, die operativ oder wehrwirtschaftlich für den Gegner von großer Bedeutung sind,
b) den im Osten eingesetzten Kräften der Wehrmacht eine möglichst große Erholung und Auffrischung zu ermöglichen und
c) dadurch die Voraussetzungen für die Wiederaufnahme größerer Angriffsoperationen im Jahre 1942 zu schaffen ...
IV.) Der *personelle Ersatz* der Wehrmacht muß für das Jahr 1942 auch dann gesichert sein, wenn hohe Verluste eintreten sollten. Da der Jahrgang 1922 allein nicht ausreichen wird, sind durchgreifende Maßnahmen geboten.
Ich ordne an:
1.) Alle innerhalb der Wehrmacht aus der Heimat oder Sonderverwendung (z.B. Wehrmachtsmission Rumänien) freizumachenden Kräfte sind in einem großzügigen Abbau der kämpfenden Front nutzbar zu machen.
Soldaten jüngerer Jahrgänge, die sich im Heimatkriegsgebiet oder rückwärtigen Diensten befinden, sind dabei gegen ältere Frontsoldaten auszutauschen.
2.) Für den Austausch zwischen Ost- und Westkriegsschauplatz gilt folgendes:
Im Westen befindliche vollverwendungsfähige Divisionen der 2. und 3. Welle und Panzerdivisionen sind gegen besonders abgekämpfte Ostdivisionen auszutauschen. Dabei kann eine nur vorübergehende Schwächung während des Winters in Frankreich in Kauf genommen werden ...
3.) Junge uk-gestellte Arbeiter sind in größtem Umfange durch Gefangene und russische Zivilarbeiter, die in Gruppen eingesetzt werden, allmählich freizumachen. Besondere Anordnungen hierüber ergehen durch das Oberkommando der Wehrmacht.

Erstaunen

Geheimbericht des SD «Meldungen aus dem Reich» Nr. 246 vom 15. Dezember 1941 (Auszug)

Das Ansteigen der Gefallenenzahlen in letzter Zeit hat um so größeres Erstaunen ausgelöst, als nach der seinerzeitigen Eröffnung durch den Reichspressechef allgemein angenommen worden war, daß der Bolschewismus entscheidend geschlagen sei und Kampfhandlungen größeren Ausmaßes kaum noch zu erwarten seien. Einen breiten Raum nahmen in den Erörterungen ebenfalls die bekanntgegebenen Verwundetenzahlen ein, die vielfach als sehr hoch bezeichnet werden.

Fanatischer Widerstand

Fernschreiben der Operationsabteilung im Heeres-Generalstab an das Oberkommando der Heeresgruppe Mitte vom 18. Dezember 1941 (Auszug)

1. Der Führer hat befohlen:
«Größere Ausweichbewegungen können nicht durchgeführt werden. Sie führen zum völligen Verlust von schweren Waffen und Gerät. Unter persönlichem Einsatz der Befehlshaber, Kommandeure und Offiziere ist die Truppe zum fanatischen Widerstand in ihren Stellungen zu zwingen, ohne Rücksicht auf durchgebrochenen Feind in Flanke und Rücken. Nur durch eine derartige Kampfführung ist der Zeitgewinn zu erzielen, der notwendig ist, um die Verstärkungen aus der Heimat und dem Westen heranzuführen, die ich befohlen habe. Erst wenn Reserven in rückwärtigen Sehnenstellungen eingetroffen sind, kann daran gedacht werden, sich in diese Stellung abzusetzen.»

Realistischer Optimismus

Ministerbesprechung bei Goebbels am 19. Dezember 1941 (Auszug)

Die Propaganda des «realistischen Optimismus» ist notwendig sowohl im Hinblick auf das Verhältnis zwischen Heimat und Front, als auch auf die innere Stimmung der Heimat ...
Der Minister erklärt als Ziel dieser Propaganda, das deutsche Volk hart zu machen und ihm den Eindruck zu vermitteln, daß die Regierung Härte verlange, dafür aber auch das Volk fest und gerecht führe. Es sei in diesem Zusammenhang völlig abwegig, das, was die Heimat zur Verwendung der Front abgebe, als Opfer zu bezeichnen. Es sei kein Opfer, wenn jemand länger als in Friedenszeiten auf Verkehrsmittel warten müsse oder wenn er Schallplatten, Wollsachen oder ähnliches zur Verfügung stelle. Dies seien Unbequemlichkeiten, vielleicht auch Entbehrungen und selbstverständliche Hilfeleistungen, nicht aber Opfer.

«Eisernes Sparen»

Die illegale «Süddeutsche Volksstimme» in ihrer Nummer 12/1941 (Auszug)

Anfang November [1941] sind neue Kriegsdekrete erlassen worden, welche weitere Mittel für die Kriegsfinanzierung herbeischaffen sollen. Aber auch hier sehen wir wiederum, daß den Kapitalisten kein Haar gekrümmt wird. Die Profitfresser haben auch nicht einen Pfennig zu opfern ...
Wie springt die Hitlerregierung nun aber mit den lohnarbeitenden Deutschen um? Mit einem Federstrich wurde für diese diktiert, daß ab sofort ein Teil der Löhne und Gehälter auf einem sogenannten «Eisernen Sparkonto» einzubehalten ist. Als obere Spargrenze soll im Taglohn eine Mark täglich, im Wochenlohn 6 Mark und im Monatslohn 26 Mark gestohlen werden! ...
Eine neue, fast unglaubliche ökonomische Ausblutung der Massen Deutschlands ... Auf 20 Millionen Lohn- und Gehaltsempfänger berechnet, (bei 50 Wochen je 6 M) erpreßt Hitler also annähernd 6 Milliarden Mark aufs neue aus dem Volke – nur durch das «Sparkonto»! Das ist soviel, wie der gesamte Reichsetat im Jahre 1932 ausmachte. Und das Entscheidende ist: Dieses «Spargeld» sehen die Werktätigen natürlich niemals wieder! Es wird beschlagnahmt, ausgegeben und im wahrsten Sinne «verpulvert».

Verluste der Winterschlacht

Analyse des OKW vom 6. Juni 1942 (Auszug)

1. *Personell*
Obwohl dem Ostheer in der Zeit vom 22.2.41 bis 1.5.1942 1100000 Mann als Ersatz aus der Heimat zugeführt wurden (nicht gerechnet die unmittelbar aus den Lazaretten zur Feldtruppe zurückgekehrten Genesenen), wird das Ostheer am 1.5.42 voraussichtlich 625000 Fehlstellen gehabt haben; sie entfallen im wesentlichen auf die fechtende Truppe.
Es verfügen die Verbände
der Heeresgruppe Süd über etwa 50%,
der Heeresgruppen Mitte und Nord über etwa 35% ihrer ursprünglichen infanteristischen Kampfkraft ...
3. *Beweglichkeit*
Die großen Kfz.-Ausfälle während des Winterfeldzuges – vom 1.11.41 bis 15.3.42 75000 Kfz., bei einer Zuführung von nur 7000 Kfz. – und die hohen Ausfälle an Pferden – vom 1.11.41 bis 15.3.42 rund 180000 bei nur 20000 Ersatz – haben die Möglichkeiten der Wiederherstellung der vollen Beweglichkeit des Heeres bis zum Operationsbeginn wesentlich beeinträchtigt ...
4. *Reserven*
Im Heimatkriegsgebiet stehen Reserven nicht mehr zur Verfügung; kalendermäßige Aufstellungen aus dem Ersatzheer sind aus personellen und materiellen Gründen nicht möglich. Die im Laufe der Operationen noch anfallenden personellen Kräfte, Waffen und Gerät werden voll für die im Sommer entstehenden Ausfälle benötigt bzw. für den Ausbau einzelner Waffengattungen (z.B. Heeres-Flak) aufgebraucht. Mit einer Vermehrung der Verbände kann vorerst nicht mehr gerechnet werden (Jahrgang 1923 bereits einberufen). Neuaufstellungen von mot. und Panzerverbänden sind nur noch durch Umbildung bestehender Verbände durchführbar.

An Bestürzung grenzend

Geheimbericht des SD «Meldungen aus dem Reich» Nr. 248 vom 5. Januar 1942 (Auszug)

Die Übernahme des Oberbefehls über das Heer durch den Führer hat nach übereinstimmenden Meldungen aus allen Teilen des Reiches stärkste Überraschung hervorgerufen. Ein vielfach an Bestürzung grenzendes Erstaunen herrschte in weiten Bevölkerungskreisen darüber, daß der Wechsel im Oberbefehl des Heeres gerade in der Zeit härtester Kämpfe an allen Fronten und ausgerechnet vor den Weihnachtsfeiertagen vorgenommen wurde. Hierin wurde vielfach der Beweis gesehen, daß den Führer nur Gründe von tiefgehender Bedeutung und größter Tragweite zu diesem Schritt bewogen haben könnten ...
Der weitaus größte Teil der Bevölkerung brachte die Maßnahme des Führers mit dem Aufruf des Reichsministers Dr. Goebbels zur Sammlung von Wintersachen für die Soldaten der Ostfront in Zusammenhang und vermutete, daß Generalfeldmarschall von Brauchitsch vom Führer für die mangelhafte Versorgung der Soldaten mit Winterkleidung verantwortlich gemacht worden sei ...
Generalfeldmarschall von Brauchitsch habe das Rüstungspotential und die Widerstandskraft der Sowjets unterschätzt und es in Verkennung der tatsächlichen Lage unterlassen, rechtzeitig Vorbereitungen für einen Winterfeldzug zu treffen ...
Ein anderer Teil der Bevölkerung vermutet, daß die Übernahme des Oberbefehls des Heeres durch den Führer auf die angeblich bedrohliche Lage an allen Teilen der Front zurückzuführen sei.

Umsteuerung der Rüstung

Richtlinien Hitlers für die Rüstungsproduktion im Jahre 1942 vom 10. Januar 1942 (Auszug)

In Anpassung an die veränderte Kriegslage gelten für die Rüstung 1942 die folgenden Richtlinien:
1. Die *Zielsetzung auf weite Sicht* bleibt unverändert der Ausbau der Luftwaffe und Kriegsmarine zum Kampf gegen die angelsächsischen Mächte. Diesem Grundsatz ist bei allen Rüstungsplanungen und den vorbereitenden Maßnahmen hierzu Rechnung zu tragen.
Die *Kriegsführung im Jahre* 1942 verbietet jedoch bis auf weiteres ein Absinken der Rüstung des Heeres zugunsten dieser Zielsetzung. Das Heer ist vielmehr für die im Jahre 1942 gestellten Kriegsaufgaben erneut zu verstärken und zu bevorraten.
2. *Die Mittel der Rüstung sind daher zunächst bevorzugt den gesteigerten Bedürfnissen des Heeres dienstbar zu machen.* Die Grundlage hierfür bildet der Einsatz der für die Wehrmacht insgesamt verfügbaren *Rohstoffe*.
Ich beauftrage den Chef des Oberkommandos der Wehrmacht, hiernach die *Rohstoffverteilung* für das erste Halbjahr 1942 vorzunehmen, unter *Kürzung bei Kriegsmarine und Luftwaffe*, soweit diese unvermeidbar ist.

Selbstverwaltung mit Festpreisen

Aufzeichnungen des Konzernvertreters Albrecht über die Sitzung des Großen Beirats der Reichsgruppe Industrie am 13. Januar 1942 (Auszug)

Im Gegensatz zur bisherigen Praxis, in der der Aufwand bezahlt wurde, muß es in Zukunft heißen: Nur die Leistung wird bezahlt. Daher Festpreise. Die am rationellsten arbeitende Fabrik hat den größten Gewinn.
Hierzu ist nötig, daß die Selbstverwaltung der Wirtschaft eingeschaltet wird. Die Wirtschaft selbst hat Vorschläge zu machen, wie die Konzentration der Fertigung, d.h. die rationellste Ausbeute, erzielt wird.

Die neue Rüstungsorganisation

Rede Speers, Reichsminister für Bewaffnung und Munition, zu der von seinem Vorgänger Todt eingeleiteten «Selbstverwaltung der Wirtschaft» am 24. Februar 1942 vor den Gauleitern (Auszug)

Die verschiedensten Massenerzeugnisse, wie Waffen, Munition, Panzer, Wehrmachtgeräte, Triebwerk- und Zellenbau bei der Luftwaffe, Kraftfahrzeuge und Schienenfahrzeuge oder Nachrichtenmittel, werden in Hauptausschüssen zusammengeschlossen, die sich ihrerseits wieder in zahlreiche Sonderausschüsse gliedern...
Die Hauptausschüsse haben mit ihren Sonderausschüssen die Aufgabe, die konstruktiven Wünsche der Wehrmachtteile entgegenzunehmen und dann ihrerseits die notwendigen praktischen Vorschläge zu machen... Gleichzeitig haben die Hauptausschüsse die Aufgabe, Aufträge zu lenken, also dafür zu sorgen, daß die Betriebe durch gegenseitigen Austausch möglichst nur noch einen Gegenstand, diesen aber in größeren Serien, fertigen. Bei den zahlreichen Haupt- und Sonderausschüssen treten die verschiedensten, gemeinsam durchzuführenden Aufgaben gleichzeitig auf... Um auch hier eine Gleichschaltung der verschiedensten Interessen zu erhalten, sind «Industrieringe» gebildet [worden]. Alle in ihrem Arbeitsbereich befindlichen gemeinsamen Fragen der Hauptausschüsse werden bei ihnen zusammengefaßt, wobei die einzelnen Sachbearbeiter der Haupt- und Sonderausschüsse gleichzeitig in Personalunion die Bearbeiter der Industrieringe sind...

In die Kampffront einreihen

Mitte Februar 1942 in Berlin versandte Schrift John Siegs und Harro Schulze-Boysens (Auszug)

Wir retten uns und das Land nur dann, wenn wir den Mut finden, uns in die Kampffront gegen Hitler einzureihen und damit den Beweis zu liefern, daß Faschismus und Kriegswahnsinn keine deutschen Erscheinungen sind, sondern Ergebnisse eines ungesunden Systems, an dem die ganze Welt mitschuldig ist und das daher von den aufbauenden Kräften der ganzen Welt einschließlich Deutschlands überwunden werden muß ...
Alles, was zu sagen ist, läßt sich zusammenfassen in die Aufforderung, endlich Ernst zu machen! Schickt diesen Brief in die Welt hinaus, so oft Ihr könnt! Gebt ihn an Freunde und Arbeitskameraden weiter! Ihr seid nicht allein! Kämpft zunächst auf eigene Faust, dann gruppenweise.

Große Enttäuschung

Geheimbericht des SD «Meldungen aus dem Reich» Nr. 270 vom 23. März 1942 (Auszug)

Nach übereinstimmenden Meldungen aus allen Teilen des Reiches hat die Bekanntgabe der Herabsetzung der Lebensmittelzuteilungen große Enttäuschung ausgelöst und insbesondere in Arbeiterkreisen zu einer nicht unbeträchtlichen Beunruhigung geführt ...
In mehreren Meldungen wurde zum Ausdruck gebracht, daß die Bekanntgabe der «einschneidenden» Lebensmittelkürzungen auf einen großen Teil der Bevölkerung geradezu «niederschmetternd» gewirkt habe, und zwar ... wie kaum ein anderes Ereignis während des Krieges ...
Insbesondere nehme die Arbeiterschaft der Großstädte und Industriegebiete, die häufig schon die seitherige Versorgung als reichlich knapp ansah, nach den bisherigen Feststellungen vielfach eine Stellungnahme ein, die jegliches Verständnis für die Notwendigkeit der neuen Maßnahme vermissen lassen. Die Stimmung in diesen Bevölkerungskreisen sei auf einem im Verlauf des Krieges bisher noch nicht festgestellten Tiefstand angelangt. Zahlreiche Volksgenossen hätten ihrer Enttäuschung in ironisierenden Äußerungen über die angeblich sichergestellte deutsche Versorgungslage und vereinzelt sogar in unverhohlenen Andeutungen über die Minderung ihrer zukünftigen Arbeitsleistungen Ausdruck gegeben. Besonders hart würden die neuen Einschränkungen von den Hausfrauen empfunden, denen es infolge des Mangels an Kartoffeln und Gemüse nahezu unmöglich sei, ihre Familien ausreichend zu ernähren.

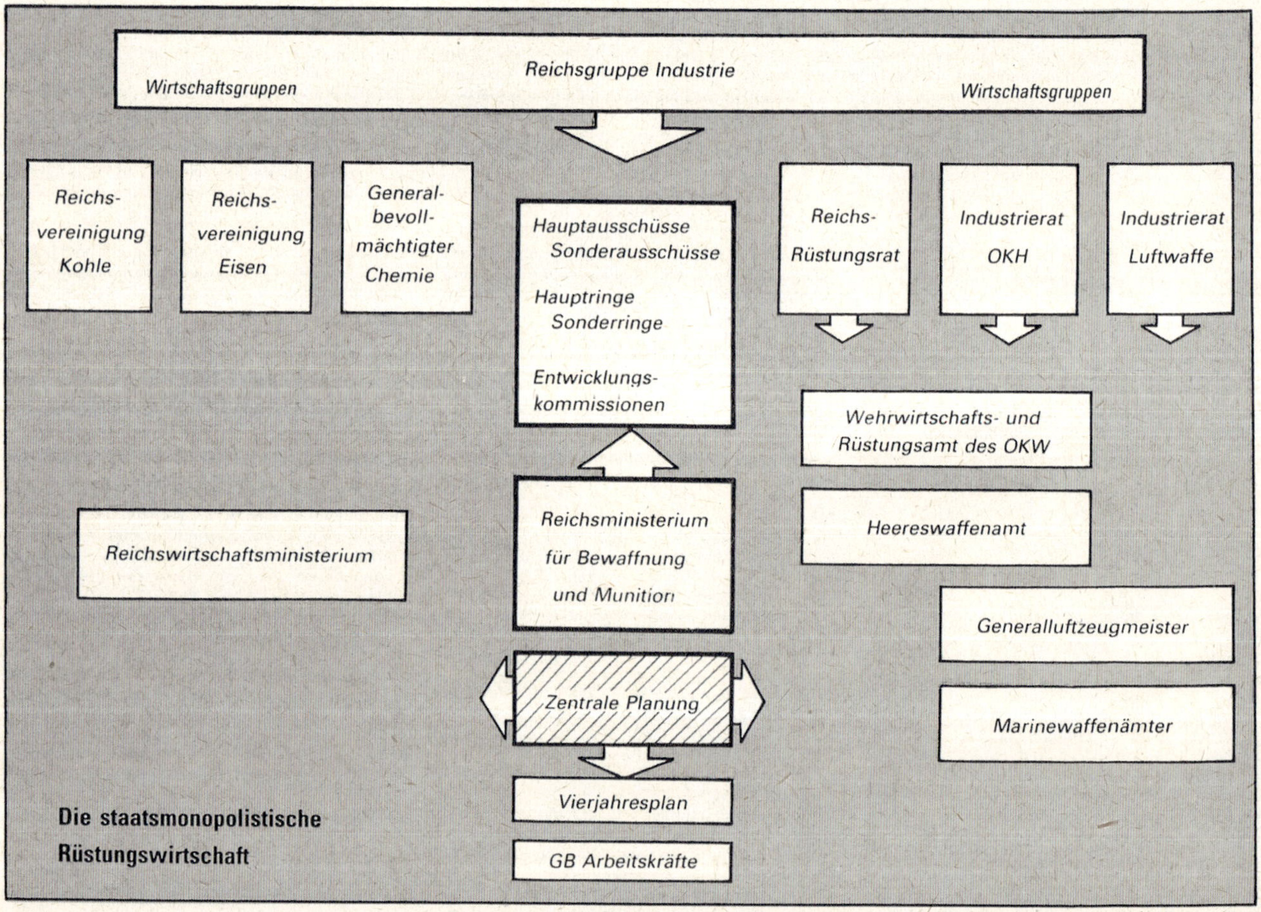

1941

28. Nov. Das bisherige Rüstungs-Programm wird durch OKW-Richtlinien aufgehoben (Freistellung der Arbeitskräfte durch die geplante Auflösung von neunundvierzig Heeres-Divisionen unmöglich) **Dez.** Zur Behebung des Arbeitskräfte-Mangels fordern OKW, die Zentrale des Vierjahres-Plans, Ministerium für Bewaffnung und Munition sowie Arbeitsministerium einen «Menschen-Kommissar» **3. Dez.** Erlaß Hitlers über die Vereinfachung und Leistungssteigerung der Rüstungs-Produktion; in der Regie von Todt – Beim Reichs-Sicherheits-Hauptamt Arbeitskreis für sicherheitspolizeiliche Fragen des Ausländer-Einsatzes in der deutschen Wirtschaft gebildet **11. Dez.** Im Reichstag kündigt Hitler neue Verschärfung des Justiz-Terrors an **15. Dez.** Staatssekretär Schlegelberger weist die Richter und Staatsanwälte zu härterem Vorgehen an; tägliche Presse-Mitteilungen über Todes- und Zuchthaus-Strafen **20. Dez.** Goebbels verliest den Aufruf Hitlers zur Sammlung von Wintersachen für die Ostfront **22. Dez.** Verfügung Todts über «Selbstverantwortung der Rüstungs-Wirtschaft»; Rüstungs-Ausschüsse der Wehrbezirke werden aufgegeben, ebenso die Sonderausschüsse; diese werden zu Hauptausschüssen beim Ministerium; zwei neue Hauptausschüsse gebildet: Allgemeines Wehrmacht-Gerät (Zangen; Mannesmann; zugleich Chef der Reichsgruppe Industrie) und Maschinen (Benkert; Siemens); Konzentration der Produktion in den «Bestbetrieben»; zentrale Arbeitsbüros der Produktionszweige; Personalunion zwischen den Funktionen im Ministeriums-Bereich und denen der Wirtschafts-Gruppen angestrebt **Jahresende** Beginn einer Diskussion um neue Tarif-Ordnung (achtstufiger Lohn-Katalog statt bisheriger drei Lohngruppen; Vorgriff auf «Reichs-Lohnordnung» nach dem Kriege: neue Akkord-Löhne)

1942

Jan. Beginn zusätzlicher Sonntags-Schichten in der Rüstungs-Industrie (vor allem für den Panzerbau) und im Kohlebergbau **10. Jan.** Erlaß Hitlers über die Rüstung 1942: «Neubildung und Auffrischung starker Offensiv-Verbände» bis 1. Mai 1942; die Marine-Rüstung stark reduziert; Programm der Luftwaffe «zeitweilig zurückgestellt»; Produktion von Bomben gedrosselt **13. Jan.** Todt verlangt vor dem Großen Beirat der Reichsgruppe Industrie stärkere Belastung des ganzen deutschen Volkes **17. Jan.** Aufstellung der Landwacht (Angehörige der SA, der SS und anderer NS-Organisationen sowie Teilnehmer des ersten Weltkriegs); als Bürgerkriegs-Truppe militärisch gegliedert und der Gendarmerie unterstellt **25. Jan.** Geheim-Erlaß Hitlers zur Verwaltungs-Vereinfachung: «Einsatz aller verfügbaren Kräfte für die Wehrmacht und die Rüstungs-Industrie» **Ende Jan.** Todt legt bei Hitler seine präzisierten Vorschläge zum Umbau des staatsmonopolistischen Apparates vor **8. Febr.** Todt tödlich verunglückt; neuer Reichsminister für Bewaffnung und Munition wird Speer, Leiter aller Rüstungsbauten für Luftwaffe, Marine und Heer, enger Vertrauter wichtiger NS-Funktionäre und Konzern-Chefs **13./18. Febr.** Speer setzt mit Hilfe von Vögler/Zangen gegenüber Wehrmacht-Rüstungs-Organisation den Führungsanspruch des Ministeriums über gesamte «Selbstverwaltungs-Organisation der Wirtschaft» durch; Bildung von Industrie-Ringen zur Regulierung/Rationalisierung von Engpaß-Zulieferungen **19. Febr.** Bestätigung dieser Organisationsform durch Hitler **7. März** Verordnung zum «Einsatz zusätzlicher Arbeitskräfte für die Ernährungssicherung des deutschen Volkes»: Ortsbauern-Führer können Frauen, Alte und Jugendliche aus Landgemeinden und -städten zwangsverpflichten lassen; bei der Ernte 1942 ca. achthunderttausend Zwangsverpflichtete **8. März** Hetzausstellung «Das Sowjet-Paradies» in Berlin eröffnet; später auch in anderen Städten gezeigt **21. März** Ernennung des Generalbevollmächtigten für den Arbeitseinsatz: Sauckel; ihm wesentliche Bereiche des Arbeitsministeriums unterstellt; in okkupierten Gebieten «Anwerbe-Kommissionen» **April** Deutscher (Reichs-) Rüstungs-Rat gebildet; unter dem Vorsitz von Speer die fünf Chefs der Wehrmacht-Rüstungsstellen: Milch (OBdL), Leeb/Fromm (OKH), Witzell (OKM). Thomas (OKW) sowie acht Rüstungs-Industrielle: Bücher, Keßler, Pleiger, Poensgen, Röchling, Roehnert, Vögler und Zangen; im Juli Krupp, Malzacher und Werner aufgenommen **6. April** Kürzung der Rationen für Fleisch, Fett, Brot und Zucker **20. April** Erlaß über die Selbstverwaltungs-Organe (Ausschüsse und Ringe) in der Rüstungs-Wirtschaft; regelt die Unterordnung der angeschlossenen Betriebe und Firmen – Durchführungs-Verordnung zur Bildung von Gau-Wirtschaftskammern; sollen den NSDAP-Einfluß verstärken; erst ein Jahr später unter Unternehmer-Führung realisiert **22. April** Göring muß mit Erlaß Gründung der Zentralen Planung unter Speer akzeptieren; sie steuert die Rohstoff-Verteilung und reguliert Verkehrs-, Energie- und Arbeitskräfte-Fragen; bewirkt damit den Abbau der Vierjahres-Plan-Behörden **26. April** Reichstag bestätigt Hitler als den «Obersten Gerichtsherrn»; keine Bindung an Rechtsnormen **30. April** OKH bildet Industrie-Rat; «beratende Unterstützung» des Chefs des Heeres-Waffenamtes (u.a. Leiter von sechs Hauptausschüssen und drei wichtigen Entwicklungs-Kommissionen; geschäftsführender Vorsitzender: Rohland) **7. Mai** Erlaß Hitlers teilt das Wehrwirtschafts- und Rüstungsamt des OKW in zwei Behörden: Rüstungs-Amt (wird Speers Ministerium eingegliedert) und Wehrwirtschafts-Amt (verbleibt beim OKW) **29. Mai** Gründung der Reichsvereinigung Eisen (Röchling, Krupp und Rohland) **Ende Mai** Beginn von Groß-Razzien auf entflohene Kriegsgefangene und Zwangsarbeiter; Einsatz der Landwacht **1. Juni** Goebbels-Erlaß über die deutsche Buch-Produktion; infolge der Kürzung der Papier-Kontingente auf ein Drittel des Vorkriegsstandes nur noch «kriegswichtige» Bücher zugelassen («Mein Kampf» erreicht 1943 Gesamt-Auflage von neun Millionen achthundertvierzigtausend Exemplaren; Rosenbergs «Mythus des XX. Jahrhunderts» fast eine Million) **Juni** Kartoffeln streng rationiert **Mitte Juli** Plan der Reichsvereinigung Eisen zur Leistungssteigerung der eisenschaffenden Industrie vorgelegt; sieht die Produktion von monatlich zwei Millionen sechshundertfünfzigtausend Tonnen Walz- und Gußstahl vor; wird nicht erreicht **7. Aug.** Rundschreiben Bormanns zur Trennung aller in Personalunion besetzten Partei- und Staatsämter: die NSDAP soll politisch-weltanschaulich-kulturell führen und betreuen **20. Aug.** Thierack Reichsjustizminister; Staatssekretär: Rothenberger; Freisler Präsident des Volksgerichtshofes **5. Sept.** Übereinkommen der Parteikanzlei mit Himmler zur «Überwachung fremdvölkischer Arbeitskräfte» durch Funktionäre der NSDAP in den Gemeinden **17. Sept.** Bildung von Rüstungs-Inspektionen und neuen Rüstungs-Kommissionen angeordnet (Mittelinstanz zu den zentralen Hauptausschüssen, Ringen und Sonderausschüssen) **18. Sept.** Thierack und Himmler vereinbaren die Überführung von Häftlingen der Justiz in die KZ «zur Vernichtung durch Arbeit»; Strafsachen von Polen, Russen, Ukrainern, Juden und Zigeunern soll die SS «erledigen» **20. Sept.** Sauckel leitet «lohnordnende Maßnahmen» ein; auf Kosten der Belegschaften Lohnerhöhungen für die Facharbeiter-Schlüsselkräfte – Befehl Hitlers zur Vorbereitung einer Flak-Miliz aus Jugendlichen; soll hundertzwanzigtausend Luftwaffen-Soldaten für Ostfront-Einsatz frei machen **30. Sept.** Mehr als vierundfünfzigtausend Justiz-Häftlinge befinden sich zum Arbeitseinsatz in Außenstellen – Erlaß Hitlers dehnt Vollmacht Sauckels zur Ernennung eigener Beauftragter auf sämtliche militärischen und zivilen Behörden aus **Okt.** Außerordentliche Einziehungs-Aktion des OKW beginnt **1. Okt.** In Metall- und Eisen-Industrie neue Tarif-Ordnung eingeführt; für die Bau- und Elektro-Industrie in Vorbereitung; «Lohnkürzungen unvermeidlich» – OKW und Parteikanzlei beschließen Erhöhung der Kriegsversehrten-Rente – Herausgabe der «Richterbriefe» des Reichsjustizministeriums; in Nr. Eins Ankündigung eines «Richterkorps» sowie einer «Justizreform» **4. Okt.** Rentenversicherung neu geordnet **7./9. Okt.** Verordnungen über die Wiederbeschäftigung von Beamten im Ruhestand und von nach 1933 entlassenen weiblichen Beamten **11. Okt.** Verzicht auf Abschluß-Zeugnisse höherer Lehranstalten bei Offiziers-Bewerbern **16. Okt.** Verordnung über ein «Kriegsauflagen-Programm» (zur Bereitstellung versorgungswichtiger Waren) **19. Okt.** Brot- und Fleischrationen werden wieder erhöht **22. Okt.** NSDAP durch Vollmachten an die Reichsverteidigungs-Kommissare nunmehr Träger der Hilfsmaßnahmen nach Luftangriffen **23. Okt.** Erlaß über den deutschen Wohnungsbau (sozialer Wohnungsbau Ley unterstellt) **28. Okt.** Speer für Einweisung von «Arbeitsbummelanten» in die KZ **3. Nov.** Fritzsche wird im Propagandaministerium «Beauftragter für die Politische Gestaltung des Großdeutschen Rundfunks» **16. Nov.** Verordnung über die Reichsverteidigungs-Kommissare und die Vereinheitlichung der Wirtschaftsverwaltung; die Wirtschafts- und Verteidigungs-Bezirke einander angeglichen; Kriegswirtschafts-Stäbe gebildet; von nun an jeder der Gauleiter Reichsverteidigungs-Kommissar (einundvierzig statt bisher siebzehn): regionale Zentralinstanz zur politischen Leitung der zivilen Verteidigung **22. Nov.** General v. Unruh erhält von Hitler Sondervollmachten zur Prüfung des Kriegseinsatzes in sämtlichen innerdeutschen Wehrmacht-Dienststellen, beim Ersatz-Heer, bei Staatsbehörden und in der Wirtschaft; soll Kräfte und Mittel zum Fronteinsatz freimachen **25. Nov.** Verordnung über Grundsätze zur Neuordnung der Warenbewirtschaftung; unter Monopol-Führung nun einheitliche Lenkungs-Bereiche; Reichsstellen-Beauftragte ersetzen die Beamten **1. Dez.** Rohland legt ein neues Panzer-Bauprogramm vor **5. Dez.** Goebbels tritt im Berliner Sportpalast für eine «wirklichkeitsgetreue Volksaufklärung ohne Pose und Schminke» auf; leitet Propaganda-Schwenkung ein – Kriegs-Fahndungs-Erlaß Himmlers; gegen die Zwangsarbeiter- und Kriegsgefangenen-Flucht; zu dieser Zeit monatlich etwa zwanzigtausend bei steigender Tendenz; in den Wehrkreisen werden Fahndungs-Trupps gebildet **7. Dez.** Verhaftung von achtundzwanzig in Opposition zur HJ stehenden Jugendgruppen im Rheinland (über siebenhundert Jugendliche) **8. Dez.** Himmler ordnet die Bildung Großer Sonderkommissionen gegen Sabotage und «andere politische Gewaltverbrechen» bei allen Gestapo-Leitstellen an **9. Dez.** Übereinkunft von Himmler und Bormann über die Aufstellung einer Stadtwacht; den Polizei-Revieren untergeordnet **12. Dez.** Erlaß Hitlers über die Rechtsstellung der NSDAP; stellt den Parteiapparat über staatlichen Verwaltungsapparat **14. Dez.** Befehl Himmlers zur Übergabe von mindestens fünfunddreißigtausend Justiz-Häftlingen an die KZ-Lager (bis Ende Januar) **17. Dez.** Abkommen der Parteikanzlei mit dem OB der Luftwaffe macht NSDAP alleinverantwortlich für Versorgung der Bombengeschädigten **18. Dez.** Rundschreiben Bormanns registriert allgemeine Stimmungsverschlechterung bei der Bevölkerung; verlangt, jeden Zweifel am Sieg «mit massiven Mitteln zum Schweigen» zu bringen **29. Dez.** Auf Initiative von Goebbels (läßt seit Mitte Dezember Vorarbeiten leisten) Beratung mit Bormann über gesteigerte Kriegsanstrengung der Heimatfront **30. Dez.** Vorlage eines analogen Gesetz-Entwurfs Sauckels bei Reichskanzlei-Chef Lammers **31. Dez.** Unter Goebbels ein interministerieller Ausschuß gegen Luftkriegs-Schäden gebildet; verfügt über motorisierte Hilfszüge zur Versorgung und für Notreparaturen, Lazarett-Züge und Warenlager **Jahresende** Zahl der Sondergerichte im Reich hat sich auf vierundsiebzig erhöht

Totaler Krieg im Reich: Seite 465

Befreiungsmission der Sowjetunion

Rundfunkrede Stalins vom 3. Juli 1941 (Auszug)

Den Krieg gegen das faschistische Deutschland darf man nicht als gewöhnlichen Krieg betrachten. Er ist nicht nur ein Krieg zwischen zwei Armeen. Er ist zugleich der große Krieg des ganzen Sowjetvolkes gegen die faschistischen deutschen Truppen. Dieser Vaterländische Volkskrieg gegen die faschistischen Unterdrücker hat nicht nur das Ziel, die über unser Land heraufgezogene Gefahr zu beseitigen, sondern auch allen Völkern Europas zu helfen, die unter dem Joch des deutschen Faschismus stöhnen. In diesem Befreiungskrieg werden wir nicht allein dastehen. In diesem großen Krieg werden wir treue Verbündete an den Völkern Europas und Amerikas haben, darunter auch am deutschen Volk, das von den faschistischen Machthabern versklavt ist. Unser Krieg für die Freiheit unseres Vaterlandes wird verschmelzen mit dem Kampf der Völker Europas und Amerikas für ihre Unabhängigkeit, für die demokratischen Freiheiten. Das wird die Einheitsfront der Völker sein, die für die Freiheit, gegen die Versklavung und die drohende Unterjochung durch die faschistischen Armeen Hitlers eintreten. Durchaus begreiflich und bezeichnend ist in diesem Zusammenhang die historische Rede des Herrn Churchill, des Premierministers Großbritanniens, über die Hilfe für die Sowjetunion, sowie die Deklaration der Regierung der Vereinigten Staaten von Amerika über ihre Bereitschaft, unserem Lande Hilfe zu erweisen – Erklärungen, die in den Herzen der Völker der Sowjetunion nur das Gefühl der Dankbarkeit hervorrufen können.

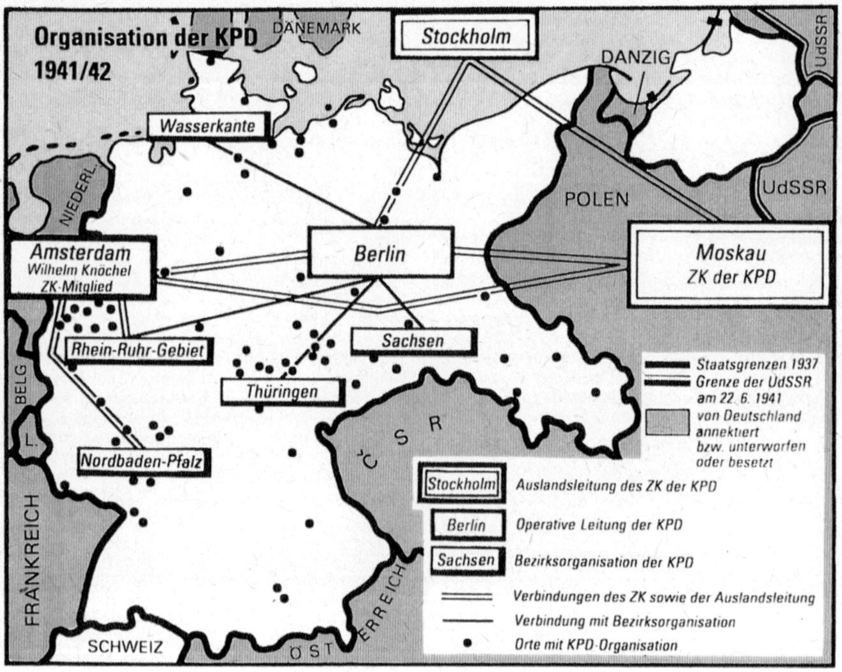

Die NS-Justiz im Kriege

	1939	1940	1941	1942	1943 (I. Halbjahr)
Verurteilte insgesamt	298 851	266 223	320 766	307 653	159 970
darunter wegen					
Hochverrat	1 128	1 112	1 917	1 124	658
Landesverrat	663	697	782	600	324
Widerstand gegen die Staatsgewalt	4 343	2 674	2 617	1 563	.
Wehrmittel-Beschädigung	20	14	27	74	.
Verrat militärischer Geheimnisse	46	71	116	122	31
Verstoß gegen die Arbeitsdisziplin	36	2 808	3 504	14 384	14 185
Verstoß gegen die Kriegswirtschafts-VO	9	743	3 063	7 621	6 384
Verstoß gegen die Volksschädlings-VO	170	2 943	3 108	4 410	3 182
Verstoß gegen die Rundfunk-VO	36	830	721	922	456
Wehrkraft-Zersetzung, *davon*	3	2 014	4 597	8 112	4 612
verbotener Umgang mit Kriegsgefangenen	3	1 909	4 345	7 974	4 530

Nach «Barbarossa»

Durch Jodl unterzeichneter Entwurf der Weisung Nr. 32 des OKW vom 11. Juli 1941 (Auszug)

A.) *Nach der Zerschlagung* der *sowjetrussischen Wehrmacht* werden Deutschland und Italien das europäische Festland – vorläufig ohne die iberische Halbinsel – militärisch beherrschen. Irgendeine ernsthafte Gefährdung des europäischen Raumes zu Lande besteht dann nicht mehr. Zu seiner Sicherung und für die noch in Betracht kommenden Angriffsoperationen genügen wesentlich geringere Kräfte des Heeres, als sie bisher aufrechterhalten werden mußten.
Der Schwerpunkt der Rüstung kann auf die Kriegsmarine und auf die Luftwaffe gelegt werden...

B.) Aus dieser Lage heraus, wie sie sich nach der siegreichen Beendigung des Ostfeldzuges ergeben wird, können der Wehrmacht für den Spätherbst 1941 und den Winter 1941/42 folgende strategische Aufgaben erwachsen:

1.) Der *neu gewonnene Ostraum* muß organisiert, gesichert und unter voller Mitwirkung der Wehrmacht wirtschaftlich ausgenutzt werden ...

2.) Fortsetzung des *Kampfes gegen die britische Position im Mittelmeer und in Vorderasien* durch konzentrischen Angriff, der aus Libyen durch Ägypten, aus Bulgarien durch die Türkei und unter Umständen auch aus Transkaukasien heraus durch den Iran vorgesehen ist ...
Schließung des Westeinganges in das Mittelmeer durch Ausschaltung von Gibraltar.
Die Vorbereitungen für das schon einmal geplante Unternehmen «Felix» müssen schon während des Auslaufens der Operationen im Osten in vollem Umfange wieder aufgenommen werden ...

4.) Neben diesen möglichen Operationen gegen die britische Machtstellung im Mittelmeer muß die «Belagerung Englands» nach Abschluß des Ostfeldzuges durch Kriegsmarine und Luftwaffe wieder in vollem Maße aufgenommen werden ...

C.) Zu welchem Zeitpunkt die geplanten Operationen im Mittelmeerraum und im Vorderen Orient begonnen werden können, läßt sich noch nicht übersehen. Die stärkste operative Wirkung würde ein möglichst gleichzeitiger Beginn der Angriffe gegen Gibraltar, Ägypten und Palästina ergeben.

Die Atlantik-Charta

Durch Roosevelt und Churchill am 14. August 1941 fixierte Grundsätze und Kriegsziele (Auszug)

Der Präsident der Vereinigten Staaten, Franklin D. Roosevelt, und Premierminister Winston S. Churchill als Vertreter Seiner Majestät Regierung des Vereinigten Königreichs halten es nach gemeinsamer Besprechung für zweckmäßig, einige allgemeine Grundsätze der nationalen Politik ihrer Länder bekanntzugeben, auf die sie ihre Hoffnung auf eine bessere Zukunft für die Welt gründen.

1. Die USA und Großbritannien erstreben keine territorialen oder sonstigen Erwerbungen.

2. Sie wünschen keinerlei Gebietsveränderungen, die nicht mit den frei zum Ausdruck gebrachten Wünschen der davon betroffenen Völker übereinstimmen.

3. Sie achten das Recht aller Völker, selbst die Regierungsform zu wählen, unter der sie leben wollen; sie wünschen, daß denen die souveränen Rechte und die Selbstverwaltung zurückgegeben werden, denen sie gewaltsam entrissen worden sind.

4. Sie werden sich unter gebührender Berücksichtigung ihrer bestehenden Verpflichtungen bemühen, einen Zustand zu fördern, bei dem alle Staaten, groß oder klein, Sieger oder Besiegte, unter gleichen Bedingungen Zugang zum Welthandel und zu den Rohstoffen der Welt haben, die zu ihrem wirtschaftlichen Gedeihen notwendig sind.

5. Sie wünschen vollste Zusammenarbeit zwischen allen Nationen auf wirtschaftlichem Gebiet herzustellen mit dem Ziel, für alle verbesserte Arbeitsbedingungen, wirtschaftlichen Fortschritt und soziale Sicherheit zu gewährleisten.
6. Sie hoffen, daß nach der endgültigen Zerstörung der Nazityrannei ein Frieden geschaffen wird, der allen Ländern die Möglichkeit gibt, in Sicherheit innerhalb ihrer Grenzen zu leben, und der auch einen Zustand gewährleistet, bei dem alle Menschen in allen Ländern der Welt ihr Leben frei von Furcht und Mangel leben können.
7. Ein solcher Friede soll es allen ermöglichen, ohne irgendwelche Behinderungen die Meere und Ozeane zu überqueren.
8. Sie glauben, daß alle Staaten der Welt aus realistischen wie aus ideellen Gründen dazu gelangen müssen, auf die Anwendung von Gewalt zu verzichten. Da kein zukünftiger Frieden erhalten werden kann, wenn von Staaten, die mit Angriffen jenseits ihrer Grenzen drohen oder drohen können, weiterhin ihre Land-, See- und Luftrüstungen aufrechterhalten werden, glauben sie, daß bis zur Schaffung eines umfassenderen und dauerhaften Systems allgemeiner Sicherheit die Entwaffnung solcher Länder wesentlich ist. England und die USA werden ebenso alle anderen durchführbaren Maßnahmen unterstützen und fördern, welche den friedliebenden Völkern die drückende Last der Rüstungen erleichtern.

Gemeinsame Kriegführung

Deutsch-italienisch-japanisches Abkommen «über gemeinsame Kriegführung» vom 11. Dezember 1941 (Auszug)

In dem unerschütterlichen Entschluß, die Waffen nicht niederzulegen, bis der gemeinsame Krieg gegen die Vereinigten Staaten von Amerika und England zum erfolgreichen Ende geführt worden ist, haben sich die Deutsche Regierung, die Italienische Regierung und die Japanische Regierung über folgende Bestimmungen geeinigt:
Artikel I Deutschland, Italien und Japan werden den ihnen von den Vereinigten Staaten von Amerika und England aufgezwungenen Krieg mit allen ihnen zu Gebote stehenden Machtmitteln gemeinsam bis zum siegreichen Ende führen.
Artikel II Deutschland, Italien und Japan verpflichten sich, ohne volles gegenseitiges Einverständnis weder mit den Vereinigten Staaten von Amerika noch mit England Waffenstillstand oder Frieden zu schließen.
Artikel III Deutschland, Italien und Japan werden auch nach siegreicher Beendigung des Krieges zum Zwecke der Herbeiführung einer gerechten Neuordnung im Sinne des von ihnen am 27. September 1940 abgeschlossenen Dreimächtepaktes auf das engste zusammenarbeiten.

Deklaration der Sechsundzwanzig

Erklärung der Mitgliedstaaten der Anti-Hitler-Koalition vom 1. Januar 1942 (Auszug)

Die unterzeichneten Regierungen sind überzeugt, daß ein vollständiger Sieg über den Feind von größter Bedeutung für die Verteidigung der Existenz, Freiheit und Unabhängigkeit der Nationen, die Erhaltung der Menschenrechte und der Gerechtigkeit in ihren eigenen wie in den anderen Ländern ist, die jetzt im gemeinsamen Kampf gegen die wilden und brutalen Kräfte stehen, die die Welt zu unterjochen drohen.
Sie verpflichten sich:
1. alle ihre militärischen und wirtschaftlichen Hilfsmittel gegen die Mitgliedstaaten des Dreimächtepaktes, mit denen sie im Kriege stehen, einzusetzen;
2. jede Regierung verpflichtet sich, mit den Regierungen, die diese Erklärung unterzeichnen, zusammenzuwirken und keinen separaten Waffenstillstand oder Frieden abzuschließen.

Der Feldzug nach Stalingrad

Die Konti-Öl im Kaukasus

IG Farben-Direktor Ernst-Rudolf Fischer auf der zweiten Aufsichtsrats-Sitzung der Kontinentalen Öl-AG am 13. Januar 1942 (Auszug)

Die Vorarbeiten für die Wiederinbetriebnahme der kaukasischen Erdölgebiete werden von der Ost Öl Gesellschaft mbH [Tochtergründung der Konti-Öl AG] betrieben; es ist beabsichtigt, den Namen dieser Gesellschaft zu gegebener Zeit ihrem zukünftigen Wirkungsbereich anzupassen. ... Die Gesellschaft hatte weisungsgemäß damit gerechnet, im Herbst vorigen Jahres im Kaukasus zum Einsatz zu kommen. Die wiederholte Verlegung des Termins hat es erforderlich gemacht, den Einsatz entsprechend den neu festgesetzten Terminen erneut zu planen und vorzubereiten ... In der Erwartung, daß nach einer deutschen Besetzung des Kaukasus in ausreichendem Umfange einheimische Arbeitskräfte vorgefunden werden, sind für den Einsatz im Sommer 1942 im Kaukasus ca. 550 Fachkräfte aller Art, in Deutschland sorgfältig ausgewählt, sichergestellt worden.

Hauptoperation im Süden

OKW-Weisung Nr. 41 vom 5. April 1942 (Auszug)

Sobald Wetter- und Geländeverhältnisse die Voraussetzungen dazu bieten, muß nunmehr die Überlegenheit der deutschen Führung und Truppe das Gesetz des Handelns wieder an sich reißen, um dem Feinde ihren Willen aufzuzwingen.
Das Ziel ist, die den Sowjets noch verbliebene lebendige Wehrkraft endgültig zu vernichten und ihnen die wichtigsten kriegswirtschaftlichen Kraftquellen so weit als möglich zu entziehen.
Hierzu werden alle verfügbaren Kräfte der deutschen Wehrmacht und die der Verbündeten herangezogen. Dabei muß aber gewährleistet sein, daß die besetzten Gebiete im Westen und Norden Europas, *insbesondere die Küsten*, unter allen Umständen gesichert bleiben.
I. *Allgemeine Absicht:*
Unter Festhalten an den ursprünglichen Grundzügen des Ostfeldzuges kommt es darauf an, bei Verhalten der Heeresmitte, *im Norden* Leningrad zu Fall zu bringen und die Landverbindung mit den Finnen herzustellen, auf dem *Südflügel* der Heeresfront aber den Durchbruch in den Kaukasusraum zu erzwingen.
Dieses Ziel ist in Anbetracht der Abschlußlage nach der Winterschlacht, der verfügbaren Kräfte und Mittel und der Transportverhältnisse nur abschnittsweise zu erreichen.
Daher sind zunächst alle greifbaren Kräfte zu der *Hauptoperation im Südabschnitt* zu vereinigen mit dem Ziel, den Feind vorwärts des Don zu vernichten, um sodann die Ölgebiete im kaukasischen Raum und den Übergang über den Kaukasus selbst zu gewinnen.

Ohne Nuancierungen

Ministerbesprechung bei Goebbels am 7./9. Juli 1942; Gegenstand sind Berichte über die aufopferungsvolle Verteidigung Sewastopols (Auszug)

Mehrere Formulierungen waren psychologisch außerordentlich gefährlich. Es kam nämlich zum Ausdruck, daß auch die Sowjets eine Idee hätten ... Darum muß ... eine bestimmte Begriffsskala geschaffen werden, die das Tapfere und Heldenhafte des deutschen Soldaten von der primitiven animalischen Haltung des Bolschewisten scharf trennt. Es muß bei der Berichterstattung über die Bolschewisten vermieden werden
1. jeder Ausdruck oder Hinweis auf ein nach unseren Begriffen soldatisches Verhalten und auf eine angebliche Idee des Bolschewismus,

Eine vorzeitige Siegesbilanz für 1942

2. jeder Begriff, der für die Schilderung der Taten unserer Soldaten vorbehalten bleiben muß ...
Je länger der Krieg dauere, desto mehr frage sich die deutsche Öffentlichkeit, ob die schweren Opfer und Entbehrungen nötig seien; wenn sich dann in der deutschen Propaganda Anhaltspunkte ergäben, daß die Bolschewiken ebenfalls für eine hochstehende Idee kämpften, die ihnen eine so große Widerstandskraft verleihe, so würde damit der deutsche Angriffswille, der in diesem Kampf auf Tod und Leben entscheidend sei, irritiert ...
Das deutsche Volk sei ein Volk ohne Nuancierungen. Es kenne nur schwarz oder weiß und nichts dazwischen.

Wenigstens diese Stadtteile

Befehl Hitlers vom 17. November 1942 (Auszug)

Folgender Führerbefehl ist allen in Stalingrad eingesetzten Kommandeuren bis zum Rgt.-Kdr. einschließlich mündlich bekanntzugeben:
Die Schwierigkeiten des Kampfes um Stalingrad und die gesunkenen Gefechtsstärken sind mir bekannt. Die Schwierigkeiten für den Russen sind jetzt aber bei dem Eisgang auf der Wolga noch größer. Wenn wir diese Zeitspanne ausnützen, sparen wir uns später viel Blut.
Ich erwarte deshalb, daß die Führung nochmals mit aller wiederholt bewiesenen Energie und die Truppe nochmals mit dem oft gezeigten Schneid alles einsetzen, um wenigstens bei der Geschützfabrik und beim Metallurgischen Werk bis zur Wolga durchzustoßen und diese Stadtteile zu nehmen.
Luftwaffe und Artillerie müssen alles tun, was in ihren Kräften steht, diesen Angriff vorzubereiten und zu unterstützen.

Der Vernichtung entgegen

Funkspruch des OB der kurz zuvor in Stalingrad eingeschlossenen 6. Armee, Generaloberst Paulus, an Hitler (24. November 1942, abends)

Mein Führer!
Seit Eingang Ihres Funkspruchs vom 22.11. abends hat sich die Entwicklung der Dinge überstürzt.
Die Schließung des Kessels ist im Südwesten und Westen nicht geglückt. Bevorstehende Feindeinbrüche zeichnen sich hier ab.
Munition und Betriebsstoff gehen zu Ende. Zahlreiche Batterien und Panzerabwehrwaffen haben sich verschossen. Eine rechtzeitige, ausreichende Versorgung ist ausgeschlossen.
Die Armee geht in kürzester Zeit der Vernich-

tung entgegen, wenn nicht unter Zusammenfassen aller Kräfte der von Süden und Westen angreifende Feind vernichtend geschlagen wird.
Hierzu ist sofortige Herausnahme aller Divisionen aus Stalingrad und starker Kräfte aus der Nordfront erforderlich. Unabwendbare Folge muß dann Durchbruch nach Südwesten sein, da Ost- und Nordfront bei derartiger Schwäche nicht mehr zu halten.
Uns geht dann zwar zahlreiches Material verloren, es wird aber die Mehrzahl wertvoller Kämpfer und wenigstens ein Teil des Materials erhalten.
Die Verantwortlichkeit für diese schwerwiegende Meldung behalte ich in vollem Umfange, wenn ich melde, daß die Kommandierenden Generale Heitz, Strecker, Hube und Jaenecke die gleiche Beurteilung der Lage haben.
Bitte auf Grund der Lage nochmals um Handlungsfreiheit! Heil mein Führer! gez. Paulus

Friedensmanifest

Aufruf des ZK der KPD «an die Wehrmacht und das deutsche Volk» vom 6. Dezember 1942 (Auszug)

Zum gemeinsamen Einsatz für ein gemeinsames Ziel schlagen wir als das Aktionsprogramm der nationalen Friedensbewegung die folgenden zehn Punkte vor:
1. Sofortige Einstellung der Kriegshandlungen. Unverzügliche Zurückführung der Wehrmacht in die Heimat und den Verzicht auf Eroberungen und fremden Raum.
2. Sturz der Hitlerregierung und die Schaffung einer nationalen demokratischen Friedensregierung.
3. Verhaftung und Bestrafung der Kriegsschuldigen und die Einziehung ihres Vermögens. Auflösung der SS und der Gestapo.
4. Freilassung der verhafteten und verurteilten Geistlichen, Abgeordneten, Partei- und Gewerkschaftsführer und aller wegen politischer Delikte von der Hitlerregierung Eingekerkerten. Auflösung der Konzentrationslager. Außerkraftsetzung der entwürdigenden Rassenhetze.
5. Freiheit der Meinung, der Presse und der Versammlung, Freiheit des Glaubens und der Weltanschauung. Ungehinderte Ausübung des Gottesdienstes. Freiheit der politischen, wirtschaftlichen und kulturellen Organisation.
6. Aufhebung aller von der Hitlerregierung erlassenen volksschädlichen wirtschaftlichen Zwangsgesetze. Wiederherstellung der Freiheit der bäuerlichen und gewerblichen Wirtschaft und des freien Handels. Sicherung der Existenz und der Entwicklung der kleinen und mittleren Betriebe in Landwirtschaft, Handel und Gewerbe. Gerechte Verteilung der Steuerlasten. Staatliche Förderung der Zivilgütererzeugung und des Außenhandels. Verfassungsmäßiger Schutz des rechtmäßig erworbenen Eigentums.
7. Arbeit, gerechte Entlohnung, achtstündigen Normalarbeitstag und das Recht auf Erholung für alle Arbeiter und Angestellten. Wiederherstellung der alten Rechtsansprüche der Beamten. Förderung der Bildungs- und Aufstiegsmöglichkeiten der Jugend.
8. Ausreichende staatliche Unterstützung und umfassende Fürsorge für die Kriegsversehrten und für die Hinterbliebenen der Gefallenen auf Kosten des enteigneten Vermögens der Kriegsschuldigen, Kriegsgewinnler, Spekulanten und Schieber.
9. Eine auf den Frieden und die internationale Zusammenarbeit der Völker und Staaten orientierte Außenpolitik, Anerkennung des Rechtes auf Selbständigkeit und Eigenstaatlichkeit für alle Völker.
10. Einberufung einer aus freien, gleichen, direkten und geheimen Wahlen hervorgehenden neuen deutschen Reichsversammlung, die eine demokratische Reichsverfassung beschließt und die verfassungsmäßige und materielle Garantien für Recht, Gesetz und Ordnung schafft.

Gerüchtweise befürchtet

Geheimbericht des SD «Meldungen aus dem Reich» Nr. 344 vom 17. Dezember 1942 (Auszug)

... hinsichtlich der im Raum von Stalingrad kämpfenden Truppen besteht nach wie vor große Besorgnis, um so mehr, als Stalingrad in den letzten Wehrmachtsberichten nicht mehr genannt wurde. Gerüchtweise wird in zahlreichen Teilen des Reiches erzählt, daß die im Raum von Stalingrad stehenden deutschen Truppen mit etwa 80000 bis 100000 Soldaten völlig eingeschlossen seien, wodurch die Befürchtung, Stalingrad könne dadurch doch zu einem «zweiten Verdun» werden, erneut aufgetaucht ist.

Zweifel zum Schweigen bringen

Rundschreiben des Leiters der Parteikanzlei, Bormann, vom 18. Dezember 1942 (Auszug)

Jeder Zweifel an einem deutschen Sieg und an der Gerechtigkeit unserer Sache muß sofort mit einwandfreien Argumenten und – wenn das nicht hilft – nach dem Vorbild der Kampfzeit mit massiveren Mitteln zum Schweigen gebracht werden. Wir stehen wie vor der Machtübernahme im härtesten Kampf, die alten Gegner haben sich wieder gefunden, und die alten Mittel werden wieder gegen uns angewandt. Der Führer erwartet, daß die Partei auch von sich aus wieder Geist und Methoden unserer Kampfzeit zur Anwendung bringt, sich nicht auf Verwalten und Regieren beschränkt, sondern führt.

Flugblatt für die deutschen Truppen

Weitere Verteidigung sinnlos

Meldung der 6. Armee aus Stalingrad an das OKH vom 24. Januar 1943

Die Armee meldet auf Grund der Korpsberichte und persönlicher Meldung der Kommandierenden Generale, soweit noch erfaßbar, folgende Lagebeurteilung: Truppe ohne Munition und Verpflegung, erreichbar noch Teile von 6 Divisionen. Auflösungserscheinungen an der Süd-, Nord- und Westfront. Keine einheitliche Befehlsführung mehr möglich. Ostfront geringfügig verändert. 18000 Verwundete ohne Mindesthilfe an Verbandszeug und Medikamenten. 44., 76., 100., 305., 384. I.D. vernichtet. Front infolge starker Einbrüche vielseitig aufgerissen. Stützpunkte und Deckungsmöglichkeiten nur noch im Stadtgebiet, weitere Verteidigung sinnlos. Zusammenbruch unvermeidbar. Armee erbittet, um noch vorhandene Menschenleben zu retten, sofortige Kapitulationsgenehmigung. gez. Paulus

Anfang vom Ende?

Geheimbericht des SD «Meldungen aus dem Reich» Nr. 356 vom 4. Februar 1943 (Auszug)

Die Meldung vom Ende des Kampfes in Stalingrad hat im ganzen Volke noch einmal eine tiefe Erschütterung ausgelöst...
Der dritte Punkt, um den die Gespräche der Volksgenossen z.Z. kreisen, ist die Bedeutung des Kampfes um Stalingrad im gesamten Kriegsverlauf. Allgemein ist die Überzeugung vorhanden, daß Stalingrad einen Wendepunkt des Krieges bedeute. Während die kämpferischen Naturen Stalingrad als Verpflichtung zum letzten Einsatz aller Kräfte an der Front und in der Heimat empfinden, von diesem Einsatz aber auch den Sieg erhoffen, sind die labileren Volksgenossen geneigt, im Fall von Stalingrad den Anfang vom Ende zu sehen.

Es gärt im deutschen Volk

Flugblatt der christlich-studentischen Widerstandsorganisation «Weiße Rose» in München von Mitte Februar 1943 (Auszug)

Erschüttert steht unser Volk vor dem Untergang der Männer von Stalingrad. Dreihundertdreißigtausend deutsche Männer hat die geniale Strategie des Weltkriegsgefreiten sinn- und verantwortungslos in Tod und Verderben gehetzt. Führer, wir danken dir!
Es gärt im deutschen Volk: Wollen wir weiter einem Dilettanten das Schicksal unserer Armeen anvertrauen? Wollen wir den niederen Machtinstinkten einer Parteiclique den Rest der deutschen Jugend opfern? Nimmermehr! Der Tag der Abrechnung ist gekommen, der Abrechnung der deutschen Jugend mit der verabscheuungswürdigsten Tyrannis, die unser Volk je erduldet hat. Im Namen der deutschen Jugend fordern wir vom Staat Adolf Hitlers die persönliche Freiheit, das kostbarste Gut des Deutschen zurück, um das er uns in der erbärmlichsten Weise betrogen ...
Freiheit und Ehre! Zehn lange Jahre haben Hitler und seine Genossen die beiden herrlichen deutschen Worte bis zum Ekel ausgequetscht, abgedroschen, verdreht, wie es nur Dilettanten vermögen, die die höchsten Werte einer Nation vor die Säue werfen. Was ihnen Freiheit und Ehre gilt, haben sie in zehn Jahren der Zerstörung aller materiellen und geistigen Freiheit, aller sittlichen Substanzen im deutschen Volk genugsam gezeigt. Auch dem dümmsten Deutschen hat das furchtbare Blutbad die Augen geöffnet, das sie im Namen von Freiheit und Ehre der deutschen Nation in ganz Europa angerichtet haben und täglich neu anrichten. Der deutsche Name bleibt für immer geschändet, wenn nicht die deutsche Jugend endlich aufsteht, rächt und sühnt zugleich, ihre Peiniger zerschmettert und ein neues geistiges Europa aufrichtet. Studentinnen! Studenten! Auf uns sieht das deutsche Volk! Von uns erwartet es, wie 1813 die Brechung des napoleonischen, so 1943 die Brechung des nationalsozialistischen Terrors aus der Macht des Geistes. Beresina und Stalingrad flammen im Osten auf, die Toten von Stalingrad beschwören uns!
«Frisch auf, mein Volk, die Flammenzeichen rauchen!»
Unser Volk steht im Aufbruch gegen die Verknechtung Europas durch den Nationalsozialismus, im neuen gläubigen Durchbruch von Freiheit und Ehre.

8 Übermenschen – Untermenschen

Barbarei und Verbrechen bildeten im faschistischen Herrschaftssystem die grundlegenden Faktoren der ungefährdeten Machtausübung. Sie wurzelten in der unmenschlichen Ideologie des Faschismus, und sie waren möglich durch die entsprechende Erziehung seiner Kreaturen. Geplant und angeordnet aber wurden sie weder von irrgläubigen Fanatikern noch von blutrünstigen Sadisten, sondern von eiskalt rechnenden Strategen des Schreckens.
Die Motive der normalen Menschen unbegreiflichen Grausamkeit des Faschismus erschließen sich recht deutlich in einer rational scheinbar widersinnigen, jedoch millionenfach praktizierten Verfolgung der Juden. Weit über die traditionellen Antriebe des Antisemitismus hinaus – Deckmantel zu sein für gesellschaftliche Mißstände und die sich aus ihnen ergebenden Widersprüche – erfüllte der Rassismus im Dritten Reich zunächst vorrangig die Funktion emotional betonter Kriegsvorbereitung. Bereits die Abwertung der Juden als Menschen zweiter Klasse durch die «Nürnberger Gesetze» sollte aus den Deutschen eine sich «völkisch» erhoben dünkende, zu Herrschaft und Unterdrückung berufene Rasse formen helfen. Als das deutsche Volk während der «Sudetenkrise» trotz alledem Kriegsbegeisterung vermissen ließ, versuchten die Nazis, es durch den vom Anlaß weitgehend unabhängigen, bis in das Detail organisierten Blut- und Zerstörungsrausch der «Kristallnacht» auf die Anwendung nackter Gewalt einzustimmen. Mit Kriegsbeginn wurde der Rassismus zum Element psychologischen Terrors gegen die eigene Bevölkerung: Die in ihrer Mitte einsetzenden Judendeportationen erzeugten durch ihre Willkür eine Atmosphäre der unbestimmten Drohung gegen jeden, der sich im Widerstand von

Hitlers «Volksgemeinschaft» ausschloß. Daß sich der Rassismus nach dem Überfall auf die Sowjetunion zur Massenvernichtung der Juden steigerte, war die fürchterliche Konsequenz eines Regimes, das seine ungeheuerlichen Pläne in diesem Raum durch namenloses Grauen gegen jedes Aufbegehren abzusichern suchte.

Im Schatten der Judenmassaker gingen die Nazis zugleich ein offenkundig zweckbetonteres Ziel an: die Ausrottung all jener Völker, Volksteile und Gruppen, die ihren Absichten im Wege standen. Ihren Rassismus durch den beliebig anwendbaren Begriff des «Untermenschen» unausgesprochen auf die unterworfenen Slawen ausdehnend, bestritten sie den «minderwertigen Ostvölkern» praktisch die Existenzberechtigung. Mordkommandos hatten deren «Führungsschichten» sofort zu liquidieren, in der Sowjetunion besonders die Politkommissare der Truppen, die Partei- und Staatsfunktionäre, die Kommunisten und Komsomolzen sowie sonstige im Widerstand verharrende Patrioten. Mit ihrer Einstufung als «jüdisch-bolschewistische Anführer des Untermenschentums» leitete der Faschismus in altgewohnter Manier vom Antisemitismus über zum Antikommunismus.

Während die faschistische «Neuordnung Europas» im Westen und Norden mit Rücksicht auf die dort langfristig verfolgten Ziele außenpolitischer und wirtschaftlicher Art nur im Fall des Widerstands ihr eigentliches Wesen enthüllte, wurde sie im Osten vom ersten Kriegstag an mit aller Brutalität und Gründlichkeit betrieben. In dem hier geplanten riesigen kontinentalen Kolonialreich erblickten die Nazis sowohl den wesentlichen Inhalt als auch den notwendigen Rückhalt ihres gesamten Vorhabens. Zudem war die faschistische Umgestaltung nicht nur Osteuropas, sondern auch West- und Nordeuropas allein durch die Zertrümmerung des Sowjetstaates zum Abschluß zu bringen und dauerhaft zu sichern. Für die wirtschaftliche «Neuordnung» im Osten sorgte eine militärisch aufgebaute Organisation, in der die deutschen Konzerne dirigierend vertreten waren. Ihre Hauptaufgabe bestand im Raub der sowjetischen Bodenschätze, vor allem des Erdöls, sowie in der Aneignung der Agrarprodukte. Die sowjetische Verarbeitungsindustrie sollte weitestgehend zerstört werden, um den deutschen Firmen Absatzmärkte zu sichern. Eine ganze Gruppe neu ins Leben gerufener Ost-Gesellschaften wetteiferte nach dem alten Grundsatz, daß zur Erzielung von Höchstprofit jedes Verbrechen erlaubt ist, um das Geschäft des Jahrhunderts.

Den «Lebensraum» für die zukünftigen deutschen Ansiedler versuchten die Nazis durch eine regelrechte «Technik der Entvölkerung» zu schaffen. Sie begann praktisch schon mit der Kriegführung, die auf den Tod einer möglichst großen Zahl von Gefangenen durch Hunger und Seuchen sowie auf die umfassende Zerstörung der Dörfer und Städte bedacht war. Eine «natürliche Verminderung» der Zivilbevölkerung um Millionen von Menschen versprach man sich von chronischer Unterernährung, bewirkt durch restlose Ausplünderung der Landwirtschaft. Weitere Millionen sollten bei härtester Zwangsarbeit umkommen, Dutzende von Millionen aus dem deutschen Machtbereich nach Sibirien abgedrängt werden. Den Rest erwartete die Fron für faschistische «Wehrbauern» und Gutsherren oder ein Sklavendasein im Dienste deutscher Konzerne. An der Peripherie eines solchen, sich bis zum Ural erstreckenden Kolonialimperiums war immerwährender Krieg vorgesehen; ständige Vorstöße von Panzer- und Bomberverbänden in die Weiten des Ostens hätten das militärische Übergewicht zu wahren gehabt.

Grenzen wurden dem Faschismus allerdings sehr bald nicht nur an der Front, sondern auch tief im Hinterland gesetzt. Die von seinen Absichten her zwangsläufig mörderische Besatzungspolitik ließ besonders den physisch bedrohten Völkern nur eine Alternative: Kampf bis zum Äußersten. So entfesselte der Faschismus selbst von Anfang an einen nach Dimension und Intensität beispiellosen Volkskrieg, der sich nach dem Überfall auf die Sowjetunion noch steigerte. Art und Umfang des Widerstands hingen stark ab vom Ausmaß der Unterjochung, nicht minder vom Bewußtseins- und Organisationsgrad der Gegenkräfte. Seine höchste und wirkungsvollste Form erreichte der Volkskampf deshalb im sowjetischen Partisanenkrieg. Es war auch kein Zufall, daß sowohl sozial weitgespannte Nationale Fronten als auch Volksbefreiungsarmeen gerade in Ländern mit aktiven kommunistischen Parteien entstanden, selbst mitten im Lager der Satelliten. Die tragende Rolle der Arbeiterklasse und der werktätigen Bauern verlieh dem Ringen der Volksmassen um ihre Freiheit revolutionäre Züge, die spätestens mit der offenen Erhebung gegen die fremden und eigenen Bedrücker deutlich hervortraten. Dem Faschismus erschwerte dieser «Kampf im Dunkeln» erheblich die Kriegführung und Ausplünderung; er beanspruchte bedeutende militärische Kräfte und Mittel und trug dadurch wesentlich zur Niederlage der Aggressoren bei. Sich gegen ihn auf das «Kriegsrecht» zu berufen war eine der größten Unverfrorenheiten des Naziregimes, dessen Repressalien den Volkszorn nur noch anfachten.

Angesichts der Greuel sah sich das deutsche Volk vor die Wahl gestellt zwischen Mittäterschaft und Selbstreinigung. Die nie eindeutig formulierten, nun aber überschaubar gewordenen Kriegsziele des Faschismus widerlegten schlagend die dreiste Lüge vom «aufgezwungenen Krieg». Dennoch fand die übergroße Mehrheit des Volkes nicht den Mut, von dem Mordregime klar abzurücken, geschweige denn die Kraft, sich dagegen zu erheben, wohl auch aus Sorge, Rechenschaft legen zu müssen für die von Monat zu Monat anwachsende Mitschuld. Vor allem Offiziere und Soldaten waren – unmittelbar mit ungezählten Schandtaten konfrontiert – nur noch unzulänglich durch militärischen Befehl vor dem eigenen Gewissen zu schützen. Gerade ihnen eröffnete das in der Sowjetunion auf Initiative des ZK der KPD gegründete Nationalkomitee «Freies Deutschland» die Möglichkeit, sich aus dem immer tiefer ins Verderben führenden Teufelskreis von Gehorsam und Verbrechen zu lösen.

Im Krieg erlebt die faschistische Ideologie ihre furchtbare Vergegenständlichung. Von der Mißachtung anderer Völker durch die «Herrenmenschen» Hitlers sind schon die Methoden der Kriegführung geprägt; das elende Los der Gefangenen ist nur einer ihrer barbarischen Aspekte. Generell ist das Leben eines Angehörigen der versklavten Völker nur die herauszupressenden Zwangsarbeitsstunden wert; Brandschatzung und Plünderung gelten als Recht der Truppe; Geiselmorde steigern sich zur Ausrottung der Einwohner ganzer Dörfer und kleiner Städte. Auf dem Höhepunkt seiner Macht bedroht der Faschismus die Nationen selbst in ihrer Existenz. Seinen tieferen Sinn findet der mit offiziellen Wahnideen motivierte Terror im Ziel der ungestörten, maximalen Ausbeutung der Unterworfenen.

Unmenschlichkeit als Leitmotiv

1941

Ende Juni «SS-Einsatzgruppen» beginnen mit der Ausrottung **8. Juli** Hitler versichert, Moskau und Leningrad dem Erdboden gleichmachen zu wollen **15. Juli** Vorlage des «Generalplans Ost» (Meyer-Hetling): Deportation bzw. Ermordung von mehr als dreißig Millionen Polen, Litauern, Belorussen, Westukrainern, Esten, Letten und Tschechen, die viereinhalb Millionen deutschen Siedlern Platz zu machen haben **17. Juli** Gestapo-Befehl, potentiell gefährliche Kriegsgefangene zu ermorden **23. Juli** Das OKW befiehlt «drakonische Maßnahmen» im Hinterland **16. Sept.** Befehl Keitels, für jeden dort getöteten Soldaten fünfzig bis hundert Geiseln zu erschießen («Geiselmord-Befehl») **1. Okt.** Keitel ordnet an, ausreichend Geiseln vorrätig zu halten **7. Okt.** OKW-Befehl Jodls, sowjetische Städte zu zerstören **21. Okt.** Im jugoslawischen Kragujevac werden siebentausend Geiseln ermordet **7. Dez.** OKW verfügt heimlichen Transport von Regime-Gegnern aus Westeuropa ins Reich («Nacht-und-Nebel-Erlaß») **16. Dez.** Weisung des OKW, «ohne Einschränkung ... auch gegen Frauen und Kinder, jedes Mittel anzuwenden» **Winter** Hungertod von Hunderttausenden im besetzten Europa

1942

6. Jan. Sowjetischer Protest gegen die Vernichtung von Kulturdenkmälern **12. Jan.** In der Sowjetunion deutsche Polizeigerichte gebildet **27. Mai** Attentat auf Heydrich; am **10. Juni** Lidice vernichtet **12. Juli** Gestapo-Chef Müller befiehlt für die besetzten Gebiete «verschärfte Vernehmungen» **20. Juli** Erlaß des OKW zur Tätowierung sowjetischer Kriegsgefangener **4. Aug.** Befehl Keitels, Fallschirmspringer dem SD zu übergeben **8. Sept.** Befehl zum Stellungsbau durch sowjetische Zivilisten in der Kampfzone **18. Okt.** OKW-Weisung Hitlers, Angehörige feindlicher Spezialeinheiten sofort zu ermorden («Kommando-Befehl»)

1943

29. Jan. Bormann übermittelt Politischen Leitern einen Erlaß des OKW über Waffengebrauch und Körperstrafen gegen Gefangene **2. Okt.** H. Frank ordnet Sipo- und SD-Schnellgerichte in Polen an **25. Nov.** Bormann befiehlt den Gauleitern, milde Behandlung von Kriegsgefangenen weiterzumelden

1944

2. März OKW ordnet Übergabe aus Gefangenenlagern entflohener Offiziere und Unteroffiziere an SD/Sipo zur Erschießung an («Kugel-Erlaß»); dazu bis Februar 1945 viertausendsiebenhundert Mann ins KZ Mauthausen eingeliefert **30. Mai** Bormann verbietet, gegen (die propagierten) Lynchmorde an abgeschossenen Fliegern einzuschreiten **10. Juni** Oradour vernichtet **30. Sept.** Rechtsprechung über Kriegsgefangene von Bormann der SS übertragen

Unter zahllosen Dokumenten faschistischer Unmenschlichkeit ist dies eines der brutalsten und erschütterndsten: Ein deutscher Polizeisoldat schießt eine Mutter mit dem Kind im Arm nieder. Rechts hebt eine Gruppe Unglücklicher vor ihrem Tod das eigene Massengrab aus

Erschießung der männlichen Einwohner des Dorfes Kondamari auf Kreta: «Vergeltung» für den Tod eines Soldaten. Das System «kollektiver Gewaltmaßnahmen» wird auf Befehl der obersten deutschen Führung überall im besetzten Europa praktiziert. Seine Wirkung: Haß

Die Ausrottung beträchtlicher Teile der sowjetischen Bevölkerung war bereits vor dem Überfall planmäßig vorbereitet. «Wir werden eine Technik der Entvölkerung entwickeln müssen ...», hatte Hitler erklärt. Er habe «das Recht, Millionen einer sich wie Ungeziefer vermehrenden niedrigeren Rasse zu vernichten». Dementsprechend ermorden hier vier «SS-Einsatzgruppen» zwei Millionen Menschen

Auf dem Schießstand von Vincennes: Einer von dreißigtausend Franzosen, die von der Besatzung als Geiseln hingerichtet werden

Russische Kinder vor dem Hungertod. Das Verpflegen von Zivilisten ist der Truppe als «mißverstandene Menschlichkeit» verboten

Erst vergewaltigt, dann erschossen. Durch OKW-Erlaß zur Kriegsgerichtsbarkeit sind Verbrechen gegen Sowjetbürger straffrei

Nach einer «Aktion» der Sicherheitspolizei am 10. Juni 1942 in dem tschechischen Bergarbeiterdorf Lidice: die Männer erschossen, die Frauen ins Konzentrationslager, die Kinder ins «Erziehungslager» verschleppt, die Häuser gesprengt. Das ist die Rache für den Tod des amtierenden Reichsprotektors, den aus England eingeflogene Patrioten richteten. Zudem ergehen achtzehnhundert Todesurteile

Geiselmord in Pančevo. Die «Vergeltungsmaßnahme» des deutschen Stadtkommandanten ist nur ein Vorspiel für die Greuel, denen sich Jugoslawien wenig später ausgesetzt sieht. So werden im Herbst 1941 im Bezirk Mačva sechstausend, in Kraljevo zweitausend und in Kragujevac siebentausend Einwohner auf einmal ermordet, weil sie in dem durch Partisanen befreiten Gebiet normal gelebt hatten

SS-Truppen äschern am 10. Juni 1944 die westfranzösische Ortschaft Oradour-sur-Glane ein. Die Männer werden erschossen, die Frauen und Kinder in der Dorfkirche teils erstickt, teils lebendig verbrannt

Eine Gruppe der «Division Brandenburg», die sich in sowjetischer Uniform auf ein neues Mordkommando vorbereitet. Die Diversanten wirken gegen alles Kriegsrecht oft tief im gegnerischen Hinterland

Kriegsgefangene Sowjetsoldaten stillen ihren Durst eilig am Wasser eines Baches. Ihre Leiden enden nach brutaler Ausbeutung meist mit dem Tod. Hunderttausende verhungern oder werden ermordet

Auf sowjetischem Gebiet ist das Niederbrennen von Dörfern Teil einer auf das Chaos abzielenden Kriegführung. Über siebzigtausend gehen in Flammen auf, viele davon im Verlauf von «Strafaktionen»

Jasnaja Poljana, einst Wohnsitz Leo Tolstois, nach dem Abzug der deutschen Truppen. Zum Diebstahl von Kulturschätzen kommt hier bewußte Zerstörung: «Untermenschen» können keine Kultur haben

Osteuropa soll im Zuge der faschistischen Neuordnung kolonisiert werden. Dazu ist die baldige «Aussiedelung» von fünfzig bis fünfundachtzig Prozent der Bevölkerung aus dem Westen der Sowjetunion, Polen und der Tschechoslowakei nach Sibirien sowie die physische Vernichtung weiterer Volksteile beabsichtigt. Das besetzte sowjetische Staatsgebiet zerreißen die Nazis in riesige «Reichskommissariate». In ihnen werden plangerecht Millionen Menschen ermordet, Zehntausende von Dörfern und Kleinstädten niedergebrannt, die kulturellen, sozialen und volksbildenden Einrichtungen systematisch zerstört. Die überlebende Bevölkerung verfällt bei härtester Sklavenarbeit allmählich dem Hungertod. Spezialorganisationen der Monopole rauben die Landwirtschaft und Industrie restlos aus.

Beherrschen – verwalten – ausbeuten

1941

Ende Juni Görings «Wirtschaftsstab Ost» nimmt seine Tätigkeit in der Sowjetunion auf **16. Juli** NS-Führung berät Ausplünderung und Aufteilung der Sowjetunion **17. Juli** Rosenberg Ostminister **27. Juli** Gründung der Zentral-Handelsgesellschaft Ost; am **20. Aug.** Gründung der Berg- und Hüttenwerks-Gesellschaft Ost **7. Nov.** Richtlinien Görings zur Zwangsarbeit von Sowjetbürgern; am **19. Dez.** Arbeitspflicht-Verordnung Rosenbergs

1942

Febr. Gesetz zur Auflösung der Kolchosen **1. März** Rosenberg Chef des Sonderstabs Bildende Kunst **21. März** Sauckel Generalbevollmächtigter für den Arbeitseinsatz; fordert am **31. März** verdreifachte Deportationen aus der Sowjetunion **8. Mai** Hitler berät mit Rosenberg/Bormann Germanisierung in der Sowjetunion **Juni** In Paris betreibt Sauckel die «Anwerbung» von einhundertfünfzigtausend Fachkräften **13. Juni** Göring befiehlt den Ausbau des Schwarzen Marktes im besetzten Westeuropa zugunsten seiner Kriegswirtschaft **6. Aug.** Göring verlangt eine verschärfte Ausplünderung Europas **12. Aug.** Bormann befiehlt der NSDAP, Himmlers Germanisierungs-Programm zu fördern **18. Aug.** H. Frank meldet achthunderttausend polnische Zwangsarbeiter; weitere hundertvierzigtausend sollen folgen **4. Sept.** Bericht über Rekrutierung von fünfhunderttausend Frauen und Mädchen aus dem Osten für Nazihaushalte **30. Sept.** Sauckel zum Einsatz von Kommissaren für Deportationen ermächtigt **Okt.** Anordnung zur Versorgung der Truppe ausschließlich aus dem besetzten Gebiet **3. Okt.** Sauckel verlangt von Rosenberg weitere vierhundertfünfzigtausend Arbeiter **30. Okt.** Speer empfiehlt KZ-Haft für «Drückeberger» unter den Zwangsarbeitern

1943

Febr. Arbeitspflicht für Sowjetbürger schon ab vierzehntem Lebensjahr **17. März** Sauckel fordert von Rosenberg innerhalb von vier Wochen eine weitere Million Zwangsarbeiter **9. April** Sauckel verlangt über zweihunderttausend Arbeiter aus Frankreich, im Juni fünfhunderttausend **22. April** Speer rät zum Einsatz sowjetischer Arbeiter in den Gruben **5. Mai** Rundschreiben Bormanns zur Zwangsarbeiter-Behandlung: SS-Überwachung

1944

4. Jan. Auftrag an Sauckel zur Rekrutierung von weiteren vier Millionen Zwangsarbeitern **1. Febr.** Arbeitspflicht für Franzosen ab vierzehn Jahren **14. Juni** Befehl zur Deportation von fünfzigtausend Zehn- bis Vierzehnjährigen aus der Sowjetunion: «Heu-Aktion» **13. Sept.** Bormann befiehlt seinen Kreisleitern Verhandlungen mit Kriegsgefangenen-Lagern über Arbeitskräfte

Rosenberg, der «Minister für die besetzten Ostgebiete», mit Stellvertreter Meyer sowie den «Reichskommissaren» Koch und Lohse

Sauckel (rechts), «Generalbevollmächtigter für den Arbeitseinsatz», führt Deutschlands Kriegswirtschaft Millionen Verschleppte zu

Die wirtschaftliche Ausplünderung der Sowjetunion leitet Göring, hier 1942 während einer Inspektionsreise. Detaillierte Anweisungen für den Raub aller Wirtschaftsgüter sind schon kurz vor dem Überfall ergangen. Sie werden verwirklicht durch den «Wirtschaftsstab Ost»

Zwangsarbeit sowjetischer Bauern im Hinterland der Front. Zu solchen Arbeiten werden in erheblichem Umfang auch Frauen herangezogen. Grundlage dafür ist die für die gesamte Bevölkerung eingeführte Arbeitspflicht. Ihre Verletzung wird als Sabotage schwer bestraft

Beauftragte der «Organisation Todt» übernehmen ein sowjetisches Stahlwerk. Es wird der «Berg- und Hüttenwerksgesellschaft Ost» eingegliedert, die es – großenteils aus Vertretern der Monopole bestehend – einem der deutschen Konzerne als «Treuhandbetrieb» übergibt. Varianten dazu sind die «Ostland-Faser-Gesellschaft», die «Wirtschaftliche Forschungsgesellschaft», die «Kontinentale Öl-AG»

Großadmiral Raeder läßt sich in Nikolajew von Spezialisten eines deutschen Konzerns Bericht über die Arbeit einer übernommenen Werft erstatten. Viele Betriebe werden auch völlig ausgeschlachtet

In Güterzügen werden sowjetische Frauen zur Zwangsarbeit nach Deutschland transportiert. Insgesamt treiben Sauckels «Erfasser» dazu allein in der Sowjetunion fünf Millionen Menschen zusammen

In einem Sowchos überprüft ein «Landwirtschaftsführer» die Arbeit in den Ställen. Unter Naziverwaltung beträgt der Arbeitstag nicht selten vierzehn bis sechzehn Stunden, wofür ein schamlos niedriger Lohn gezahlt wird. Disziplinverstöße werden mit Nahrungsentzug und Prügelstrafe geahndet. Ein System von Kommandanturen und Verwaltungen sorgt dafür, daß das Land gründlich ausgepreßt wird

Ukrainisches Getreide wird verladen. Den Raub landwirtschaftlicher Erzeugnisse besorgt die «Zentralhandelsgesellschaft Ost». Sie «erfaßt» unter anderem zehn Millionen Tonnen Getreide, über drei Millionen Tonnen Kartoffeln sowie eine Million Tonnen Öl und Ölsaaten

Sowchosen und Kolchosen werden generell zu deutschem Besitz erklärt. In den Gütern müssen die Ansässigen Frondienste leisten

Die Truppe versorgt sich weisungsgemäß selbst – auf Kosten der Bauern. Unterdessen bleibt ein großer Teil der Stadtbevölkerung im besetzten Gebiet ohne jede Nahrung; Zehntausende verhungern

Ein deutscher «Kreislandwirt» hat die Agronomen der umliegenden Dörfer versammelt, um ihnen mitzuteilen, was jede der Gemeinden abzuliefern hat. In aller Regel ist das nahezu der gesamte Ertrag

Nach einem Agrargesetz vom Februar 1942 werden die Kolchosen aufgelöst; das Land wird der Wehrmacht und deutschen Junkern übergeben. Den Rest erhalten einheimische Kollaborateure (oben)

Das im besetzten Gebiet errichtete Sklavenhalter-System prägt den Stil der Herrschenden. In der Ukraine residiert Reichskommissar Koch wie ein mittelalterlicher Großfürst. Zu den Nazischlächtern gesellen sich viele von Hitler hier und in Polen mit Rittergütern belehnte Feldmarschälle und – in den erst 1940 mit der Sowjetunion vereinigten Territorien – die ehemaligen Guts- und Fabrikbesitzer

Über kurz oder lang sehen sich Millionen «unpolitischer» Deutscher an der Front und in der Heimat vor die Frage gestellt, ob man einem verbrecherischen Regime wie dem der Nazis weiter blind Gefolgschaft leisten darf. Die meisten Generäle und die übrigen Offiziere Hitlers verdrängen das Problem ebenso wie die zahllosen anderen großen und kleinen Nutznießer des Systems. Bei den anständigen Menschen steigert sich das Unbehagen über den Faschismus zu einer merklichen Distanz. Das gilt auch für die Truppe, deren Kampfmoral spürbar absinkt. In Gang gesetzt wird solcher Erkenntnisprozeß bei den meisten allerdings erst durch die harten Schläge sowjetischer Waffen. So vermögen auch sie keinen Weg zu finden zwischen den Nazis auf der einen und dem «Feind» auf der anderen Seite.

Stumpfe Werkzeuge

1941

3. Juli Stalin proklamiert den Vaterländischen Volkskrieg gegen die faschistische Versklavung **9. Juli** Generalstabschef Halder betrachtet den Ost-Feldzug als entschieden **25. Aug.** Denkschrift des OKW mit dem Eingeständnis, daß der Krieg gegen die Sowjetunion 1941 nicht beendet werden kann **3. Okt.** Hitler erklärt öffentlich, «daß dieser Gegner bereits gebrochen ist und sich nie mehr erheben wird» **6. Nov.** Stalin verkündet Kriegsziele der Sowjetunion: Befreiung der eigenen wie der übrigen Völker Europas vom Faschismus

1942

6. Jan. Roosevelt nennt als Kriegsziel der USA «Zerschmetterung des deutschen Militarismus» **23. Febr.** Stalin erklärt im Befehl Nr. 55: «Die Hitler kommen und gehen; das deutsche Volk, der deutsche Staat bleibt» **15. März** Hitler sagt die Vernichtung der Sowjetarmee nun für Sommer 1942 voraus **2. Okt.** Das OKW verfügt Aufstellung der Bewährungs-Division 999 für etwa dreißigtausend als «wehrunwürdig» Erklärte; ein Drittel davon sind politische Häftlinge **14. Okt.** Für den Winter 1942/43 sind die deutschen Truppen der Ostfront Hitler zufolge «rechtzeitig und besser vorbereitet» als im Vorjahr

1943

30. Jan. Göring hält der im Stalingrader Kessel zugrunde gehenden Sechsten Armee die Totenrede **21. Juni** Erlaß zur Errichtung eines Zentralen Sonderstandgerichts der Wehrmacht; zuständig für «politische Vergehen ..., die sich gegen das Vertrauen in die politische oder militärische Führung richten»; sofortige Urteils-Vollstreckung **Okt.** Ausgabe von Lebensmittel-Paketen für die Front-Urlauber eingeführt **22. Dez.** Beim OKW NS-Führungsstab gebildet; den Kommandeuren werden NS-Führungs-Offiziere beigegeben; Aufbau eines Spitzel-Systems in der Truppe **Jahresende** Seit Kriegsbeginn sind ca. viertausendfünfhundert Soldaten zum Tode verurteilt worden

1944

7. Jan. «Führungshinweis» Bormanns verlangt von den Politischen Leitern Einwirkung auf die Frauen, damit «ihre Briefe an die Front trotz der harten Gegebenheiten des Krieges Glaube und Zuversicht ... ausstrahlen» **27. Jan.** Vortrag Hitlers vor den Ostfront-OB über die «Notwendigkeit nationalsozialistischer Erziehung des Heeres» **Jan./Juni** Im ersten Halbjahr achtmal mehr Angehörige der Wehrmacht zum Tode verurteilt als im gleichen Zeitraum des Vorjahres; insgesamt erhöht sich die Anzahl der Kriegsgerichts-Urteile auf weit mehr als das Doppelte **1. Aug.** Hitler befiehlt die «Sippenhaftung» für Angehörige von Offizieren, die in Gefangenschaft antifaschistisch arbeiten

Der Typ des bedenkenlosen Draufgängers wird von der Nazipropaganda begreiflicherweise besonders gepflegt. Die faschistischen Raubziele erfordern hohen persönlichen Einsatz bei absoluter Gedankenlosigkeit. Doch geben solche Soldaten in der Krise am schnellsten auf

An Orden und Ehrenzeichen herrscht an der deutschen Front kein Mangel. Überkommene Auszeichnungen genügen nicht mehr dem Bedarf an Heroismus; das Eiserne Kreuz wird vom Ritterkreuz überboten, jenes durch Eichenlaub, Schwerter und Brillanten aufgewertet

Nicht unterschiedliche Charaktere, sondern eine unterschiedliche Lebenserfahrung spiegelt diese unvermerkt entstandene Aufnahme einer Gruppe von Infanteristen wider, die den Einschlag deutscher Stuka-Bomben in sowjetischen Feldstellungen beobachten. Vom fast körperlichen Miterleben der Älteren reicht der Gesichtsausdruck über stumpfes Abwarten bis zur naiven jugendlichen Begeisterung

Massengräber gehören im Osten zum täglichen «Fronterlebnis». Die deutschen Verluste steigen von Monat zu Monat. Bald haben die Überlebenden nicht mehr Zeit und Gelegenheit, die Toten zu bergen

Als sieghafte «Herrenmenschen» begreifen sich in der Sowjetunion mit der Zeit nur noch Unverbesserliche oder blutjunge Soldaten wie diese, die sich dort von einem Kind ihre Stiefel putzen lassen

Mit Munitionskisten beladen durch den karelischen Urwald. Hier wie bei vielen anderen Gelegenheiten hilft keine – ohnehin mehr als genug versagende – Technik weiter. Und im Unterbewußtsein bohrt quälend die Frage nach dem Sinn der übermenschlichen Strapazen

Warmes Essen gehört an den angegriffenen Frontabschnitten zu den Ausnahmen. Auch Essenholer wollen das Kriegsende erleben

Einzige Ablenkung im nervenzermürbenden Wechsel von Angriff, Abwehr und Flucht ist eine Zigarette, oft gegen Brot eingetauscht

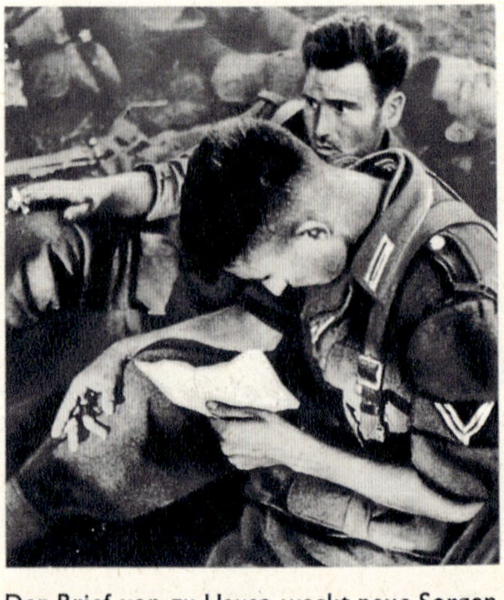

Der Brief von zu Hause weckt neue Sorgen bei den Soldaten, seit der Krieg nach der eigenen Heimat greift. Feldpost geht lange

Ein Foto ist oft das Letzte, was den Angehörigen von Mann, Sohn oder Bruder bleibt. Es zeigt ihn sauber gewaschen und ordentlich angezogen, würdig bereit für schwarzes Band und «stolze Trauer»

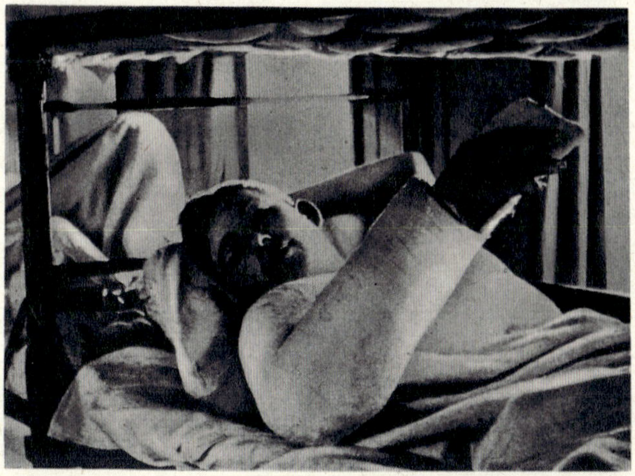

Von Glück kann reden, wer mit einem «Heimatschuß» davonkommt und obendrein noch einen richtigen Lazarettzug erwischt. Für die Mehrzahl enden solche Transporte mit einem Dasein als Krüppel

Schnaps vertreibt alle Fragen und Probleme, abgesehen davon, daß er den Mannesmut ungemein steigert. Vielen ersetzt der Griff zur Flasche das Eingeständnis, an einem Verbrechen tätig mitzuwirken

Der Abschiedskuß auf dem Bahnhof beendet den nur allzu kurzen Heimaturlaub bei Frau und Kind. Wird man sich wiedersehen? Die Aussichten verringern sich mit jedem weiteren Kriegstag rapide

Trotz aller Bemühungen ist der Faschismus nicht imstande, die Lebenskraft der Völker zu brechen. In den okkupierten Ländern setzen die mutigsten Patrioten den Kampf ihrer Armeen mit dem Widerstand gegen die «Neuordnung Europas» fort. Von der Sowjetunion und den westlichen Alliierten gefördert, vor allem aber gestützt auf die illegalen kommunistischen Parteien, tun sie der Kriegsmaschinerie der Nazis schweren Abbruch. Vorbild der Untergrundkämpfer ist die sowjetische Partisanenbewegung, die sich rasch zu einem ernst zu nehmenden militärischen Faktor herausbildet. Die mit unsagbarer Brutalität gegen sie und die Volksbefreiungskräfte der übrigen Länder unternommenen Feldzüge fesseln Armeen. Der Einsatz «landeseigener» Hilfstruppen verschärft den Kampf noch.

Kampf ohne Ende

1939

28. Okt. Demonstrationen im «Protektorat» gegen die Germanisierung **Herbst** In Polen Gründung erster Widerstandsgruppen zum Kampf gegen die faschistische Ausrottungs-Politik

1940

10. Juli Manifest der FKP gegen die Okkupanten und Kollaborateure in Frankreich **Sommer** Erste Partisanengruppen in Belgien aufgestellt **11. Nov.** In Paris demonstrieren Studenten **Herbst** Erste bewaffnete Widerstandsgruppen in Frankreich

1941

17. Febr. Streik holländischer Docker; am **25. Febr.** Generalstreik in Amsterdam **10. Mai** Proteststreik von hunderttausend belgischen Metallarbeitern **15. Mai** FKP proklamiert Nationale Front **27. Mai** Hunderttausend nordfranzösische Bergarbeiter beginnen dreiwöchigen Streik **31. Mai** Beginn des griechischen Widerstands **Juni** Streik in Lille – Erste Partisanengruppen Jugoslawiens **24. Juni** Bulgarische Arbeiterpartei beschließt bewaffneten Widerstand; erste Partisanengruppen **27. Juni** In Jugoslawien Oberster Stab der Volksbefreiungsabteilungen gebildet **29. Juni** KPdSU proklamiert den Partisanenkrieg; im Juli erste Abteilungen **7. Juli** Organisierter Volkskrieg in Jugoslawien eröffnet **Sommer** In Norwegen formiert sich die «Militärorganisation» **Sept.** Zentrales Nationales Revolutionskomitee der ČSR gebildet – In Oslo streiken rund vierzigtausend Arbeiter **24. Sept.** De Gaulle gründet in London das Nationalkomitee «Freies Frankreich» **27. Sept.** In Griechenland wird eine Nationale Befreiungsfront gebildet **8. Nov.** Gründung der Kommunistischen Partei Albaniens **Dez.** Griechische Volksbefreiungsarmee formiert

1942

5. Jan. Gründung der Polnischen Arbeiterpartei, die eine «Gwardia Ludowa» (Volksgarde) bildet **14. Febr.** «Armia Krajowa» (Heimat-Armee) faßt den bürgerlichen Widerstand in Polen zusammen **April** Hundertzwanzigtausend belgische Arbeiter streiken **30. Mai** Zentraler Partisanenstab beim sowjetischen Hauptquartier gebildet **17. Juli** Die Vaterländische Front Bulgariens verkündet ihr Programm **31. Juli** Himmler verbietet Gebrauch des Wortes «Partisan»; am **31. Aug.** Befehl des OKW zur Aufstellung von «Jagdkommandos» **Sept.** Streik in Athen **16. Sept.** Gründung der Nationalen Befreiungsfront Albaniens **11. Nov.** OKH erläßt «Kampfanweisung für die Bandenbekämpfung im Osten» **25. Nov.** Gemeinsames Aktions-Programm der FKP und des De-Gaulle-Komitees vereinbart **26. Nov.** Ein Antifaschistischer Rat der Nationalen Befreiung Jugoslawiens gegründet **Dez.** Dänische Kommunistische Partei bildet Militärgruppen in den Betrieben

Als Helfer der Besatzungstruppen betätigen sich diese Angehörigen einer Polizeieinheit, zusammengestellt aus lettischen Faschisten

Die Anführer einer speziell zur «Jagd» auf Partisanen formierten Kalmücken-Abteilung mit dem deutschen Führungsoffizier (links)

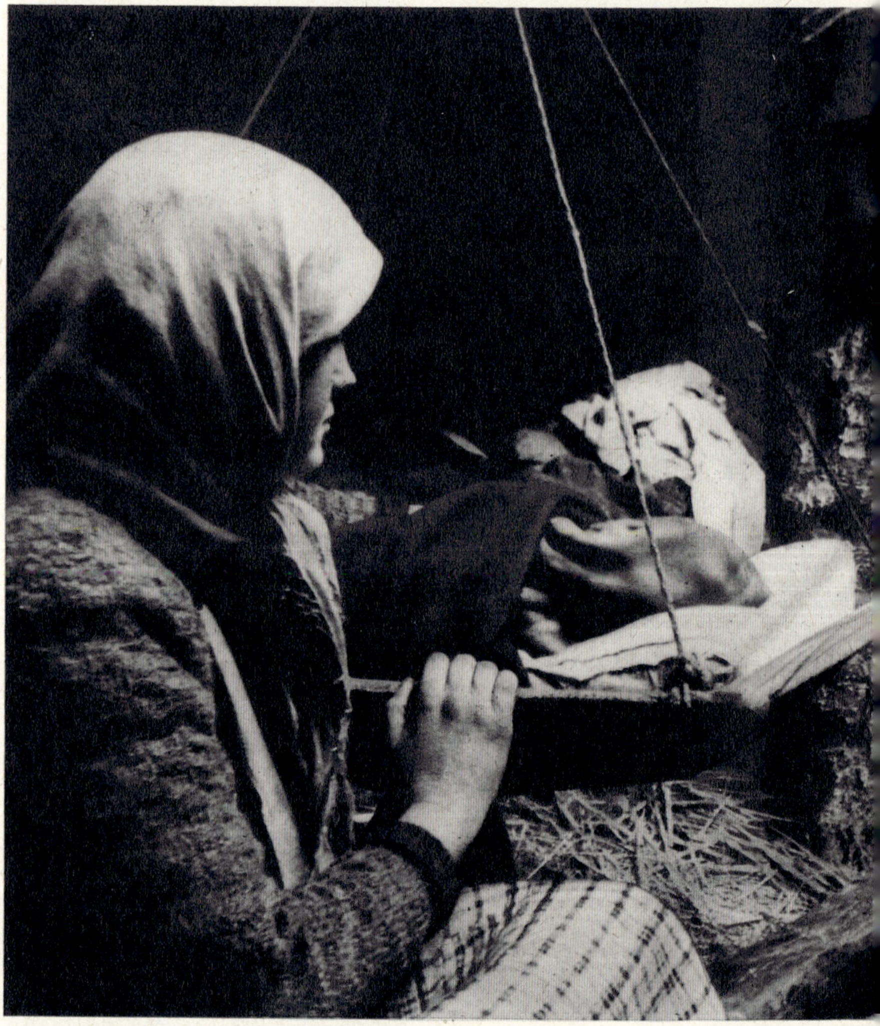

In einem Waldlager sowjetischer Partisanen. Während der Operationen und Streifzüge im Hinterland der deutschen Front entstehen zahlreiche befreite Zonen. Unter Kontrolle der Partisanen stehen die Brjansker Wälder sowie Gebiete um Leningrad, Minsk und Smolensk

Gegen die sowjetischen Partisanen sind Ende 1942 schon Truppen in Stärke von rund sechzig Divisionen im Einsatz, großenteils mit schweren Waffen (oben: Jagdpanzer «Nashorn») ausgerüstet – die Wirksamkeit der Partisanenbewegung erhöht sich weiter. Bis zum Sommer 1943 verliert die Wehrmacht dreihunderttausend Mann an sie, dazu Hunderte von Panzern, Geschützen und selbst Flugzeuge

Illegale Partei- und Jugendorganisationen unterstützen in Stadt und Land die Aktionen der Partisaneneinheiten, die von bewährten Kommunisten – meist fronterfahrenen Offizieren – geführt werden

Eine Schienensprengung wird vorbereitet. Rund dreitausend Züge entgleisen in den ersten beiden Kriegsjahren; ebenso viele Brücken fliegen in die Luft. Das deutsche Nachschubnetz ist schwer getroffen

Vorrückende sowjetische Soldaten lassen sich durch einen Bauern einweisen. Das Zusammenwirken der Fronttruppen mit Partisanen wird durch Spezialstäbe geleitet, die auch deren Versorgung lenken

Durch die Résistance gesprengter Güterzug. In der französischen Widerstandsbewegung arbeiten die Kommunistische Partei und das von de Gaulle in England gegründete Nationalkomitee zusammen

Die slowakischen Truppen gehen großenteils zur Sowjetarmee und zu den Partisanen über, so auch diese von Ján Nálepka (links) geführte Abteilung. Ende August 1944 erhebt sich das ganze Land

Polnische Partisanen auf dem Marsch. Den Widerstand trägt hier hauptsächlich die von London aus gesteuerte bürgerliche Armia Krajowa sowie die Armia Ludowa der Polnischen Arbeiterpartei

Deutsche Truppen im Einsatz gegen die ELAS, die an siebzigtausend Mann zählende griechische Volksbefreiungsarmee. Aufopferungsvoll kämpfen auch Albaniens Partisanen, die ihre Heimat selbst befreien

Druck von Flugblättern in einem Versteck holländischer Widerstandskämpfer. Statt des Motors treibt ein Fahrrad die Druckpresse

Von der jugoslawischen Volksbefreiungsarmee gefangengenommene Soldaten. Zwischen den vierhunderttausend Kämpfern Titos und der auf einundzwanzig Divisionen angeschwollenen Besatzungstruppe entbrennen bald regelrechte Schlachten, die erst mit der Befreiung enden

Barrikadenbau in Kopenhagen, während des Streiks im Juni 1944. Bereits im Vorjahr hatten die Dänen im Generalstreik gestanden

Hundertzwanzigtausend Partisanen kämpfen im verbündeten Bulgarien konsequent gegen die fremden und einheimischen Faschisten

Polizei des Vichy-Regimes geht gegen streikende Werktätige vor. In Frankreich kommt es schon im Frühjahr 1941 zu ausgedehnten Streiks. Mit diesem Kampfmittel wehren sich auch Hunderttausende von Arbeitern in Belgien, Holland, Dänemark, Norwegen und Griechenland

Getreu ihrer irrsinnigen Rassenlehre gehen die Nazis während des Krieges methodisch zur Massenvernichtung der Juden über. Die okkupierten Gebiete werden gewissenhaft «durchgekämmt», um Europa «judenrein» zu machen. Während die sowjetischen Juden in ihrer Mehrzahl bereits kurz nach dem Einmarsch deutscher Truppen hingemetzelt werden, pfercht man die polnischen zuerst in neuen Ghettos zusammen, um sie dann – ebenso wie die aus dem übrigen Europa deportierten Juden – in eine der sechs auf polnischem Boden gelegenen Todesfabriken abzutransportieren. In einem regelrechten Fließverfahren vergast, verbrennt und verwertet die SS dort rund sechs Millionen Menschen. Vereinzelter Widerstand gegen die kaltblütige Ausrottungskampagne wird mit drastischen Mitteln gebrochen.

Die «Endlösung der Judenfrage»

1939
Sept. Organisierte Pogrome im besetzten Polen
1940
10. Febr. Erste Deportationen aus drei deutschen Bezirken **30. April** Łódź erstes von über fünfzig Ghettos in Polen **15. Nov.** Das Warschauer Ghetto wird durch eine Mauer «abgeschlossen»
1941
Febr. Massentransporte zum Warschauer Ghetto eingeleitet **7. März** Zwangsarbeit für die deutschen Juden angeordnet **28. Juni** Nach dem Überfall auf die Sowjetunion erstes Pogrom in Kowno **2. Juli** Pogrom in Lwow **11. Juli** Massaker in Białystok **31. Juli** Heydrich von Göring mit «Gesamtlösung» beauftragt **15. Sept.** Judenstern im Reich Pflicht **19. Sept.** Ghetto Shitomir liquidiert **23. Sept.** Erste Gas-Versuche **28. Sept.** Massaker in Kiew **8. Okt.** Aufbau des Lagers Auschwitz-Birkenau beginnt **12. Okt.** Gemetzel in Dnepropetrowsk **14. Okt.** Massendeportation deutscher Juden nach Polen setzt ein **Ende Okt.** Massaker in Riga, Vilnius, Kowno und Dwinsk **6. Nov.** Gemetzel in Rowno **25. Nov.** Blutbad in Rostow **Nov.** Lager Lublin (Majdanek) wird KZ **8. Dez.** Massaker in Riga – Lager Chełmno gegründet **22. Dez.** Gemetzel in Vilnius **30. Dez.** Massaker in Simferopol
1942
15. Jan. «Umsiedlung» beginnt mit Räumung des Ghettos Łódź **20. Jan.** «Wannsee-Konferenz» zur «Endlösung der Judenfrage» **Ende Jan.** Beginn der Deportationen nach Theresienstadt **Febr./März** Massenmord in Charkow **17. März** Lager Bełżec errichtet – Ghetto Lublin «umgesiedelt» **28. März** Erste Transporte aus Frankreich und der Slowakei **April/Juni** Die «Umsiedlung» wird auf ganz Polen ausgedehnt **17. Mai** Lager Sobibór errichtet **23. Juni** Erste «Selektion» in Auschwitz **Juli** Lager Treblinka in Betrieb – Massaker in Minsk, Lida, Slonim und Rowno **15. Juli** Erster Transport aus Holland **4. Aug.** Erster Transport aus Belgien **Aug.** Erster Transport aus Kroatien **9. Sept.** Gemetzel in Kislowodsk **29. Okt.** Blutbad in Pinsk **25. Nov.** Erster Transport aus Norwegen
1943
20. Jan. Erster Transport aus Theresienstadt **März** Transporte aus Holland, der Tschechoslowakei, Österreich, Luxemburg und Bulgarien **April** Lager Bergen-Belsen für Geiseltausch errichtet **19. April** Aufstand im Warschauer Ghetto **11. Juni** Himmler befiehlt Liquidierung aller Ghettos in Polen; am **21. Juni** Liquidierung der Ghettos auf sowjetischem Gebiet befohlen **18. Okt.** Erster Italien-Transport
1944
15. Mai Deportation fast einer halben Million Juden aus Ungarn beginnt **24. Juli** Befreiung Majdaneks **Ende Okt.** Letzte Vergasung in Auschwitz

Deportation der Juden aus Würzburg im Frühjahr 1942. Sie werden nach Osten, in eines der Ghettos abtransportiert. Zu Beginn des Jahres hatte die «Wannsee-Konferenz» hoher Nazibeamter und SS-Führer letzte Maßnahmen zur «Endlösung der Judenfrage» beschlossen

Wartesäle des Todes sind die Ghettos, die vom Frühjahr 1940 an in allen größeren Städten Polens (oben: in Łódź) eingerichtet werden. Hinter Mauern und Stacheldraht verhungern Hunderttausende. Ihren Platz nehmen aus Mittel- und Westeuropa deportierte Juden ein

In einem der Sammellager flehen Frauen die Wachtposten an, das Leben ihrer Kinder zu schonen. Wie die meisten Frauen zählen aber gerade die Kinder und die Alten zu den ersten Opfern: Sie sind nicht arbeitsfähig, für die Rüstungskonzerne also ohne jedes Interesse. Männer dagegen werden in Arbeitskolonnen vereint, um den «Großteil durch natürliche Verminderung ausfallen» zu lassen

Eine jüdische Familie in Holland unterwegs zur befohlenen Sammelstelle. Vom Frühjahr 1942 an wird ganz Europa «durchgekämmt»

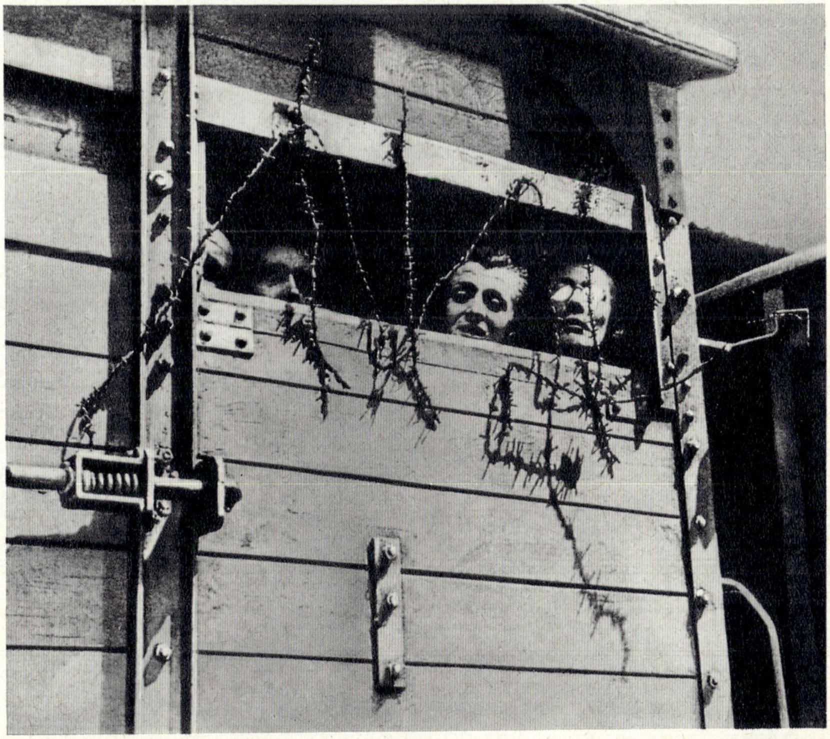

«Auf Transport» in plombierten, stacheldrahtvernagelten Viehwaggons, deren Boden dick mit Chlorkalk bestreut ist, weil zahllose der zusammengepferchten Opfer schon unterwegs umkommen. Im Juli 1942 beginnt die Räumung der Ghettos. Endstation ist die Gaskammer

Das Warschauer Ghetto, aus dem den Sommer 1942 über bereits vierhunderttausend Menschen in die Vernichtungslager transportiert worden sind, erhebt sich zu Ostern des folgenden Jahres, als die Deportationen wiederaufgenommen werden. Kampfgruppen leisten bewaffneten Widerstand. SS-, Polizei- und Armee-Einheiten brennen daraufhin das Ghetto nieder. Sechzigtausend Juden werden getötet

Sowjetische Juden werden von «SS-Einsatzgruppen», die der Front dichtauf folgen, meist an Ort und Stelle durch Massenerschießungen ermordet. In Winniza wühlen Opfer ihre Gräber mit bloßen Händen

Ein in Auschwitz-Birkenau eingetroffener «Transport» wird an der Rampe «selektiert»: Frauen, Kinder und Greise links, die Männer rechts. Spätestens hier werden die Familien auseinandergerissen

Der prüfende Blick bei der «Selektion» entscheidet über Leben und Tod. Kräftige Männer werden von der SS für drei Mark pro Tag deutschen Konzernen wie Siemens, Krupp und IG Farben vermietet

Alle nicht für die «Ausrottung durch Arbeit» in Frage Kommenden werden in Gaskammern geführt, wie diese Mütter mit den Kindern in Treblinka. Hinten einer der hier tätigen ukrainischen Faschisten

den Gaskammern der 1941/42 auf polnischem Gebiet errichteten odesfabriken – Auschwitz, Majdanek, Chełmno, Bełżec, Sobibór nd Treblinka – werden etwa vier Millionen Juden mit dem Giftgas «Zyklon B» der IG Farben erstickt. Den Leichen werden die Haare abgeschnitten und Goldzähne ausgebrochen, ehe sie im Krematorium verbrannt werden. Die Kleider verarbeitet man meist zu Spinnstoff

Zum Wesenskern des faschistischen Staates wird mehr und mehr das KZ-System. Die in enger Zusammenarbeit mit der deutschen Industrie vollzogene Umstellung der Lager von «politischer Erziehung» auf profitable Zwangsarbeit gipfelt in dem Bestreben der SS, die KZ zur Dauereinrichtung werden zu lassen und auf dieser Basis einen eigenen Wirtschaftskonzern zu schaffen. Dem dient auch der sich im Kriegsverlauf vollziehende Übergang vieler Funktionen der Justiz an Polizei und SS; die Justiz ist schließlich fast völlig auf eine propagandistisch angelegte Standgerichts-Rolle reduziert. Der größere Teil der eine Million sechshunderttausend deutschen Antifaschisten, die von 1933 bis 1945 eingekerkert werden, endet in einem der zwanzig zentralen oder der mehreren hundert kleineren Konzentrationslager.

Der KZ-Staat

1939

2. Sept. Netz der Konzentrationslager um das KZ Stutthof (bei Danzig) erweitert **Okt.** Sonderlager Hinzert (bei Trier) errichtet **Winter** In den seit Kriegsbeginn überfüllten KZ-Lagern setzt ein Massensterben hungernder Häftlinge ein

1940

1. Mai Illegale Maifeiern politischer Häftlinge in Buchenwald **20. Mai** Errichtung des KZ Auschwitz (bei Katowice) beginnt **4. Juni** KZ Neuengamme selbständig **15. Aug.** Errichtung eines Jugend-KZ: Moringen (bei Northeim) **23. Sept.** Befehl zum Ausbrechen der Goldzähne an Häftlings-Leichen

1941

26. Febr. IG-Farben-Direktor Krauch erwirkt die Anordnung Himmlers zum Bau eines Buna-Werks bei Auschwitz durch KZ-Häftlinge; im **April** dort Baubeginn **1. Mai** Groß-Rosen (Reg. Bez. Breslau) selbständiges KZ **2. Juli** Empfehlung Himmlers, «friedensmäßigen Ausbau» der KZ vorzubereiten **17. Juli** Das Reichs-Sicherheits-Hauptamt erläßt Richtlinien zur Überführung sowjetischer Kriegsgefangener in die KZ; dort werden Zehntausende Kommunisten und Komsomolzen ermordet **26. Juli** Errichtung des KZ Natzweiler-Struthof (Elsaß) **29. Sept.** Beauftragter für den Häftlings-Einsatz in der Inspektion der KZ berufen

1942

1. Febr. Wirtschafts-Verwaltungs-Hauptamt der SS gebildet (Pohl); erhält am **4. Febr.** den Auftrag zur Unterstützung der Rüstungs-Konzerne durch Häftlings-Arbeit **16. März** Inspektion der KZ dem Wirtschafts-Verwaltungs-Hauptamt eingegliedert; KZ-System damit auf Zwangsarbeit umgestellt **31. Mai** Errichtung des KZ Auschwitz-Monowitz (für Buna-Werke) **Aug.** In den KZ befinden sich einhundertfünfzehntausend Häftlinge; über zehn Prozent davon sterben im selben Monat

1943

5. Jan. Errichtung des KZ Herzogenbusch (Vught; Niederlande) **Sommer** Illegales Internationales Lagerkomitee in Buchenwald gegründet; weitere Komitees in Sachsenhausen, Dachau, Auschwitz **28. Aug.** Neues KZ «Dora» in Nordhausen; beginnt mit Stollenbau für unterirdisches V-Waffen-Werk **22. Sept.** Speer setzt den Häftlings-Einsatz auch außerhalb der Lager in Konzern-Betrieben durch

1944

April Konzern-Betriebe verfügen mit Hilfe der SS über einhundertfünfundsechzig KZ-Nebenlager; am Jahresende über mehr als fünfhundert **11. April** SS-Führung befiehlt die öffentliche Hinrichtung von Häftlingen bei Sabotage **1. Aug.** In den KZ befinden sich über eine halbe Million Häftlinge; zum Jahresende mehr als siebenhunderttausend

Staatspolizei/Justiz: Seite 311, 322, 369, 465

In Begleitung von Beauftragten der Industrie inspiziert Himmler das KZ Mauthausen. Vom Bestreben geleitet, möglichst viele der billigen Arbeitskräfte maximal und mit Höchstprofi auszubeuten, wirken beide Geschäftsparteien auf eine ständige Erweiterung der Lager hi

Zählappelle wie dieser in Mauthausen gehören zu den bevorzugten Strafmethoden der S im KZ. Bei dem im Foto festgehaltenen Appell mußten die Häftlinge ohne Unterbrechun achtzehn Stunden lang völlig nackt und bewegungslos auf dem MG-bewachten Hof aushalte

In Auschwitz erläutert Oberingenieur Faust von der IG Farben Himmler den hier durch den Konzern angelegten Industriekomplex

Nach Heydrich wird Kaltenbrunner Leit des Reichs-Sicherheits-Hauptamtes, hier m Ziereis (links), Kommandant in Mauthause

:üstungsminister Speer und NS-Gauleiter Eigruber überprüfen in :inem Konzernbetrieb den Einsatz von KZ-Häftlingen. Speer drängt ınablässig auf neue Arbeitskräfte. Die SS vermietet den Konzernen etwa eine halbe Million Häftlinge gleichzeitig. Sie kassiert für sie monatlich rund fünfzig Millionen Mark. Nach durchschnittlich neun Monaten werden die völlig erschöpften Häftlinge getötet und ersetzt

in Mädchen aus einem pommerschen Dorf wird auf dem Marktplatz vor dem Abtransport ı ein KZ angeprangert, weil sie Beziehungen zu einem Polen unterhielt. Trotz strengster 'erbote läßt sich der Kontakt mit Zwangsarbeitern und Kriegsgefangenen nicht unterbinden

Thierack, seit 1942 Justizminister, ernennt wenig später Staatssekretär Freisler (links) zu seinem Nachfolger am Volksgerichtshof

Das Innere einer Häftlingsbaracke im KZ Buchenwald. Jeder der in vier Etagen angeordneten Verschläge dient mehreren Häftlingen zugleich als Schlafstätte. Anfang 1945 sind in Buchenwald mehr als hundertzehntausend Mann unter unbeschreiblichen Bedingungen auf engstem Raum zusammengepfercht, in weiteren dreizehn großen Stammlagern jeweils zwanzigtausend bis achtzigtausend Häftlinge

Prof. Clauberg ist einer der Naziärzte, die in den KZ unmenschliche Experimente an Häftlingen vornehmen. Er sterilisiert Frauen

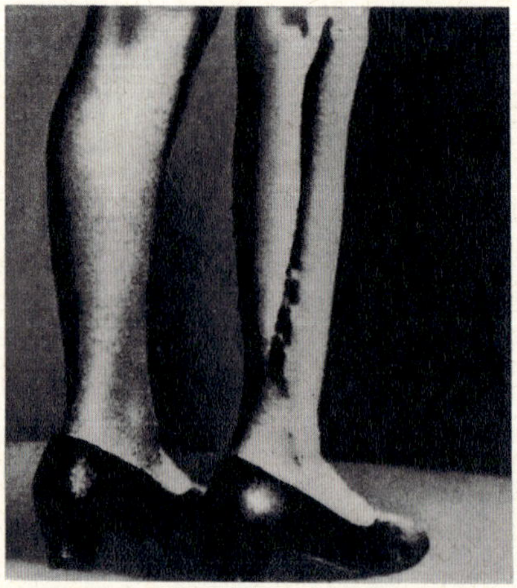

Operationsnarbe eines weiblichen Häftlings nach einem «Versuch» in Ravensbrück. Die Mehrzahl der Opfer verendet unter Qualen

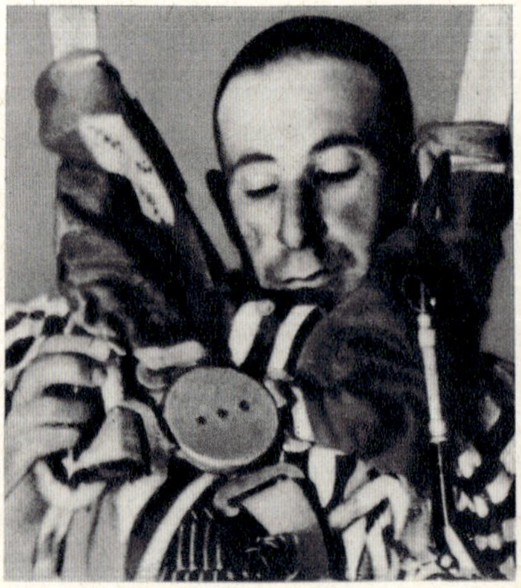

Ein Häftling während eines der in Dachau praktizierten Unterdruck-Experimente. Den Abschluß des Versuches bildet die Sektion

Hinrichtungen am Lagergalgen auf dem Appellplatz, im Angesicht der stumm angetretenen Häftlinge, sind neben Prügelbock und Bunker eines der beliebtesten «Erziehungsmittel» der SS. Höhepunkt des Zynismus: Dem Todeskandidaten wird von der Lagerkapelle aufgespielt

Mit der Errichtung von Massivbauten, hier einer neuen Verbrennungsanlage, setzt 1941 der «friedensmäßige Ausbau» der Lager ein

Knochenarbeit in einem Steinbruch des KZ Flossenbürg. Im Laufe des Krieges geht die SS-Führung dazu über, die anfangs in erster Linie der Vernichtung der Häftlinge dienende Arbeit zum Aufbau eines eigenen Wirtschaftskonzerns zu nutzen. Sie übernimmt eine größere Anzahl Betriebe verschiedenster Art und erweitert die in den Lagern vorhandenen Werkstätten vielfach zu Rüstungsbetrieben

Der sich deutlich abzeichnende Umschwung im Kriegsverlauf begünstigt den Kampf der Antifaschisten. Im deutschen Volk nehmen Unruhe und Unzufriedenheit zu – Ausdruck der latenten inneren Krise des faschistischen Systems. Widerstand leisten jetzt nicht nur Arbeiter, sondern zunehmend auch viele Angehörige des Bürgertums, der Intelligenz und beider christlicher Konfessionen. Auf Grund ihrer Volksfront-Politik können die Kommunisten ihren Wirkungskreis so bedeutend erweitern. Zentren ihrer illegalen Tätigkeit, in die auch Kriegsgefangene und viele Zwangsarbeiter einbezogen werden, entstehen in Berlin, Sachsen und Thüringen, im Ruhrgebiet, an der Wasserkante sowie in Süddeutschland. Der Gestapo gelingt es, mehrere Organisationen zu sprengen; die Überlebenden setzen den Kampf fort.

Stärker als die Nacht

1942

9. Jan. Zur Verstärkung der operativen Leitung der KPD reist ZK-Mitglied Knöchel illegal nach Berlin **4. Febr.** Verhaftungen in der Berliner und Münchener Widerstandsorganisation (u.a. Uhrig, Römer, Olschewski) **Mitte Febr.** Gestapo deckt Organisation Nordbaden-Pfalz auf **März** F-Aktion (Frieden – Freiheit – Fortschritt) der Organisation der KPD an Rhein und Ruhr; hier gibt Knöchel den «Friedenskämpfer», Seng das «Ruhr-Echo», Kaps die «Freiheit» heraus **Frühjahr** Gruppen um Büchner/Gotsche vereinigt zur Antifaschistischen Arbeitergruppe Mitteldeutschland **April** «Neu-Beginnen»-Organisation Augsburg (Wager/Frieb) zerschlagen **14. April** «Hunger»-Aktion der KPD Leipzig **Mai** Illegale KPD-Leitung in Frankreich wird «Westleitung» unter Niebergall **17. Mai** Erste Gruppe deutscher Kommunisten von sowjetischem Flugzeug am Fallschirm in Deutschland abgesetzt **18. Mai** Gruppe Baum steckt die Antisowjet-Schau in Berlin in Brand; Gruppe danach zerschlagen **Juni** ZK-Beauftragter Kamradt ins Rhein-Ruhr-Gebiet entsandt **Juni/Juli** Flugblatt-Aktionen der Münchener Studentengruppe Scholl **Aug.** Vichy-Regime liefert deutsche Kommunisten aus, u.a. Dahlem, Rädel und Rau – ZK-Beauftragter Beuttel nach Hessen-Nassau **Aug./Sept.** Massenverhaftung in Berliner Partei- und Widerstandsorganisation; Kundschaftergruppe um Schulze-Boysen/Harnack zerschlagen **17. Okt.** KPD-Organisation Hamburg, die über dreißig Gruppen führt, von der Gestapo angeschlagen **Herbst** Saefkow/Jacob bilden neue Leitung der Berliner KPD-Organisation **6. Dez.** Friedensmanifest der KPD **Jahresende** In München wird Antinazistische Deutsche Volksfront (ADV) unter Hutzelmann/Jahres/Zimmet gebildet

1943

Jan./Febr. Verhaftungswelle an Rhein und Ruhr (u.a. Seng/Kaps/Rieke), die auf Berlin übergreift (Beuttel) und hier die operative Leitung (Knöchel/Kowalke) trifft **3./4. Febr.** Aktionen der Gruppe Scholl **3./17. Febr.** ZK der KPD berät über die Rettung des deutschen Volkes und den Weg nach Hitlers Sturz; in der Folge dazu Arbeitsgruppen **18. Febr.** Scholl-Gruppe beim Einsatz in München verhaftet **Anf. März** Sowjetische Kriegsgefangene bilden in München Widerstandsorganisation BSW **Frühjahr** Neue operative Leitung der KPD aus führenden Funktionären der großen Partei- und Widerstandsorganisationen geschaffen (Saefkow/Jacob/Schumann/Neubauer/Schwantes) **Ende Juli** Bei Verhandlungen mit der KPD-Organisation in Großbritannien lehnen Vogel und Ollenhauer offizielles Zusammengehen ab **Aug.** Vereinigtes Zentrum von ADV und BSW geschaffen **11. Aug.** Thälmann nach Bautzen verlegt

Eine am «Neu-Beginnen»-Kreis orientierte Organisation von Sozialdemokraten führen Josef Wager (oben) und Hermann Frieb

Aufnahme in der bürgerlichen Opposition finden Carlo Mierendorff und andere, vom Arbeiter-Widerstand isolierte SPD-Führer

Auf selbstverfaßten Flugblättern rufen der siebzehnjährige Lehrling Helmuth Hübener und seine Freunde in Hamburg zum Kampf

Dr. med. Georg Groscurth ist führend in der «Europäischen Union», einem Solidarität mit Ausländern übenden Kreis Intellektueller

Das Berliner Arbeiter-Ehepaar Otto und Else Hampel fertigt und verteilt zwei Jahre lang handgeschriebene Flugzettel mit Aufrufen zum Widerstand. Einzig dem Gewissen treu, ohne den Rückhalt einer Organisation, ist es exemplarisch für viele unbekannte Einzelkämpfer

Den Abscheu Tausender deutscher Studenten gegen das NS-Regime formuliert die Gruppe «Weiße Rose», der die Geschwister Hans und Sophie Scholl sowie Christoph Probst (v.l.n.r.), Alexander Schmorell und Willi Graf angehören; ihnen nahe steht Prof. Kurt Huber. Ihre Flugblätter tauchen an vielen Hochschulen auf. Mitte Februar 1943 schlägt die Gestapo an der Universität München zu

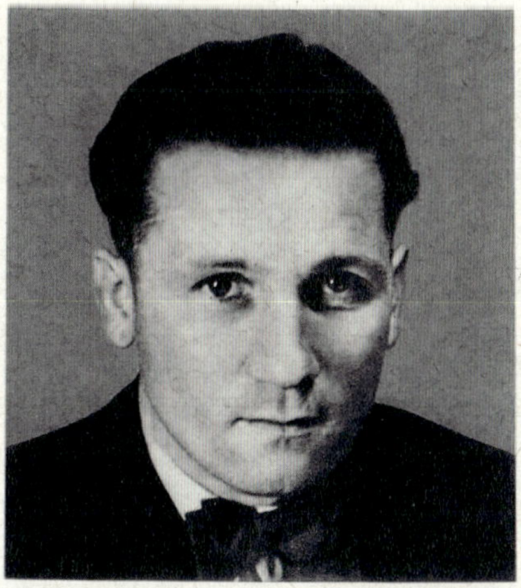

Zur Antinazistischen Deutschen Volksfront (ADV) erweitern die Christlich-Radikalen Hans Hutzelmanns ihre Münchener Gruppe

Für die Verfolgten tritt Berlins katholischer Dompropst Bernhard Lichtenberg ein; u.a. durch öffentliche Gebete und Protestbriefe

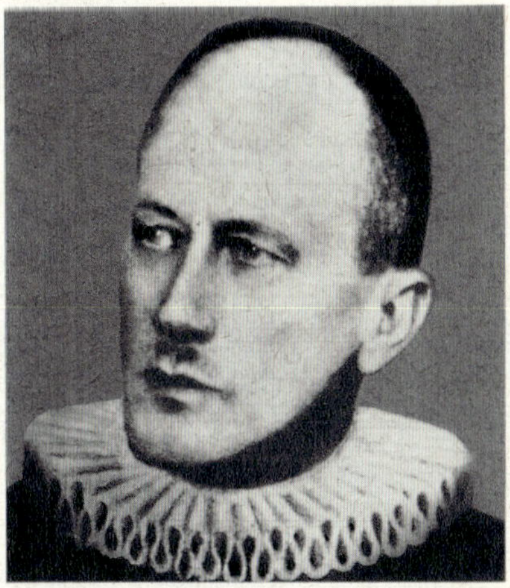

Der protestantische Lübecker Pfarrer Karl Friedrich Stellbrink bekämpft zusammen mit drei katholischen Geistlichen die Barbarei

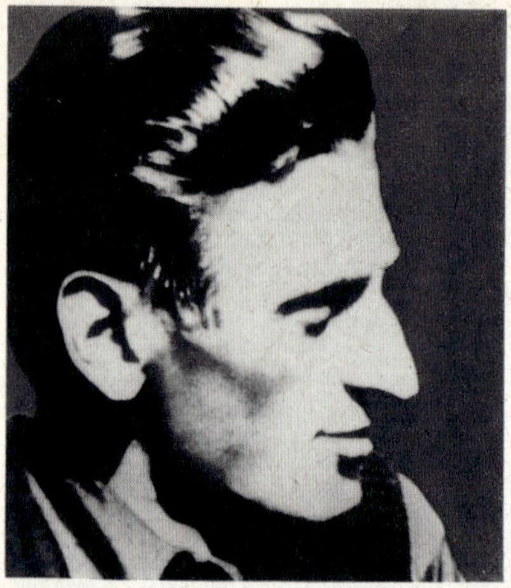

Die operative Leitung der KPD im Reich obliegt 1942 außer Alfred Kowalke dem neueingesetzten ZK-Mitglied Wilhelm Knöchel

Eine der ZK-Beauftragten der KPD, die an Fallschirmen durch sowjetische Flugzeuge abgesetzt werden, ist Käthe Niederkirchner

Sowjetische Komsomolzen, die an der Organisierung des Widerstandes in vielen Berliner Kriegsgefangenen- und Zwangsarbeiter-Lagern teilhaben. In München kommt es zu einer weit ausstrahlenden Zusammenarbeit deutscher Antifaschisten und sowjetischer Gefangener

Unter den Augen der SS wirkt ab Sommer 1943 im KZ Buchenwald das durch Walter Bartel geleitete Internationale Lagerkomitee

Eine antisowjetische Hetzausstellung im Berliner Lustgarten wird kurz nach der Eröffnung (oben) Mitte Mai 1942 von Mitgliedern der Widerstandsgruppe Herbert Baum in Brand gesetzt. Die Gestapo macht die Gruppe aus; achtundzwanzig Illegale werden hingerichtet

Das Vichy-Regime liefert Mitte 1942 neben anderen Internierten Siegfried Rädel (oben) sowie Franz Dahlem und Heinrich Rau aus

Aus dem Gerichtsgefängnis von Hannover wird Ernst Thälmann Mitte August 1943 in das Zuchthaus Bautzen übergeführt. Die beiden größeren Fenster im dritten Stock gehören zu der Zelle, in der er Anfang 1944 die «Anwort auf Briefe eines Kerkergenossen» schreibt

Treffpunkt der Berliner KPD-Leitung ist im August 1943 eine Adlershofer Wohnung: zu Ernst Thälmann ist der Kontakt abgerissen

Ernst Thälmann während des Hofganges. Im April 1944 bereitet die operative Leitung der KPD erneut seine Befreiung aus dem Zuchthaus Bautzen vor. Anton Saefkow billigt den Plan der damit beauftragten Dresdener Organisation. Massenverhaftungen verhindern ihn

Die Schlosserwerkstatt in der Jenaer Heimstätten-Siedlung, wo mit dem auf dem Tisch stehenden Vervielfältigungsapparat zahlreiche Flugschriften hergestellt werden. Urheber ist die von Neubauer und Poser geleitete thüringische Widerstandsorganisation. Anfang 1942 entstanden, entwickelt sich ihr Kern zur Bezirksleitung der KPD mit Stützpunkten und Zellen in Dutzenden wichtiger Betriebe

Magnus Poser hat nach seiner Entlassung aus der Haft bereits ab 1937 in Jena eine wirksame Widerstandsorganisation formiert

In dieser Jenaer Klischee-Anstalt fertigt ein parteiloser Mitkämpfer die Druckstöcke für die Schriften der Thüringer Organisation an

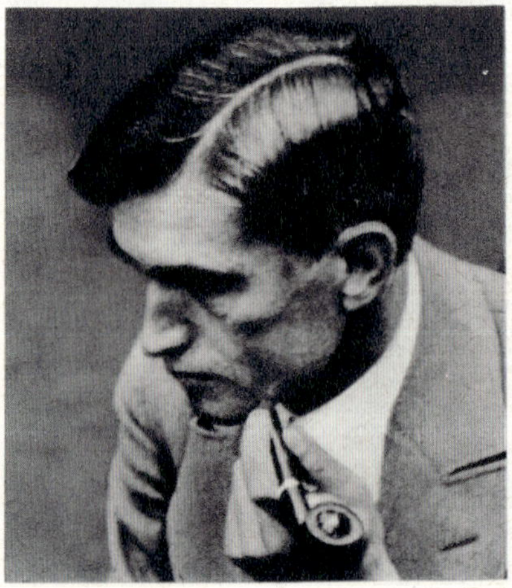

Dr. Theodor Neubauer, einer der führenden KPD-Funktionäre, baut ab 1939 nach sechs Jahren Haft erneut illegale Parteizellen auf

Um die Kommunisten Wilhelm Olschewski Vater (oben) und Sohn in München haben sich auch viele parteilose Kämpfer geschart

Auf NKFD-Basis errichtet der desertierte Kommunist Wilhelm Tollmann eine politisch wie sozial umfassende Organisation in Köln

Widerstand in Stettin, im Industriezentrum Pommerns, entfacht eine KPD-Organisation unter Walter Empacher (oben) und anderen

Herstellungsort der illegalen Zeitung «Die innere Front» in Berlin-Rudow. Gegründet von der Widerstandsorganisation um Schulze-Boysen und Harnack, erscheint die Zeitung trotz vieler Verhaftungen mit Hilfe der regionalen KPD über zweieinhalb Jahre lang regelmäßig

In seiner Antifaschistischen Arbeitergruppe Mitteldeutschland sammelt Robert Büchner mit Otto Gotsche Berg- und Chemiearbeiter

Mit Kriegsgefangenen und Zwangsarbeitern steht in Leipzig Max Haukes Internationales Antifaschistisches Komitee in einer Front

Ein Ende des Krieges durch Selbstbesinnung vor allem der deutschen Frontsoldaten und Offiziere setzt sich das in der Sowjetunion 1943 gegründete Nationalkomitee «Freies Deutschland» zum Ziel. Es vereint Kriegsgefangene unterschiedlichster Herkunft und Anschauung mit emigrierten Kommunisten. Ihre mühevolle Aufklärungstätigkeit in den Gefangenenlagern trägt Früchte. Aktionsgruppen des Komitees suchen an der Front und im tiefen Hinterland der Wehrmacht gemeinsam mit sowjetischen Kommunisten die noch unter dem Einfluß des Faschismus stehenden Kameraden zu veranlassen, die Waffen umzukehren oder zumindest niederzulegen. Zum NKFD-Programm bekennen sich bald auch zahlreiche antifaschistische Organisationen im besetzten Europa und in Übersee sowie in Deutschland selbst.

Feldgrau gegen den Faschismus

1941
10. Okt. Appell deutscher Kriegsgefangener in der Sowjetunion **Nov.** Erstausgabe «Das freie Wort» für deutsche Kriegsgefangene in der Sowjetunion
1942
Ende Jan. Eine Bewegung «Freies Deutschland» in Mexiko gegründet (Renn) **Mai** In den USA gibt Gruppe deutscher Antifaschisten mit Norden und G. Eisler «The German American» heraus **30. Mai** Beratung kriegsgefangener deutscher Offiziere in der Sowjetunion **28. Juni** Erste Kriegsgefangenen-Kundgebung im sowjetischen Lager Nr. 27 **4. Dez.** Bredel, Ulbricht und Weinert beginnen Agitation am Stalingrader Kessel
1943
Febr. Lateinamerikanisches «Komitee der Freien Deutschen» unter Renn gegründet **18. Juni** Pieck berät mit gefangenen Generälen und Offizieren **Ende Juni** Im Lager Krasnogorsk vorbereitender Ausschuß für ein Nationalkomitee gewählt **12. Juli** Gründungskonferenz des Nationalkomitees «Freies Deutschland» in Krasnogorsk; Präsident: Weinert **19. Juli** Als Organ des NKFD erscheint erstes «Freies Deutschland» **20. Juli** Ein gleichnamiger Sender nimmt seinen Betrieb auf **Aug.** Entstehen der Bewegung «Freies Deutschland» in der Schweiz **11. Sept.** Gründung des Bundes deutscher Offiziere in Lunjowo; Präsident: General v. Seydlitz; am **14. Sept.** Anschluß des Bundes an NKFD **25. Sept.** Die «Freie Deutsche Bewegung» in Großbritannien gegründet; Präsident: R. Kuczynski **Ende Sept.** Bewegung «Freies Deutschland» für den Westen in Paris gegründet; Präsident: Niebergall **13. Okt.** Programm für die Union deutscher sozialistischer Organisationen in Großbritannien beschlossen; keine Zusammenarbeit mit der KPD
1944
Anf. Jan. Freier Deutscher Kulturbund gegründet (in Stockholm) **5. Jan.** NKFD beschließt eine neue Linie: statt bewaffneter Rückkehr ins Reich nun Einstellung der Kampfhandlungen und Übertritt auf die sowjetische Seite **März** Zwei Gruppen des NKFD zu belorussischen Partisanen entsandt **5. März** Fünfundzwanzig Artikel des NKFD an Volk und Wehrmacht **2. Mai** In New York Rat für ein demokratisches Deutschland gegründet; Vorsitzender: Tillich **8. Aug.** GFM Paulus bricht mit NS-Regime **10. Aug.** In Griechenland Gründung eines Antifa-Komitees «Freies Deutschland» **Sept.** Legales NKFD-Komitee in Paris **8. Dez.** Fünfzig kriegsgefangene Generäle appellieren an Volk und Wehrmacht **Dez.** OKW droht den Soldaten bei NKFD-Übertritt mit «Sippenhaft»; Mitglieder der Bewegung nehmen am bewaffneten Kampf in der Sowjetunion, Polen, Frankreich und Griechenland teil sowie am Widerstand im Reich; u.a. in Köln

Als Ausdruck der Abkehr vom Faschismus trennen bewußte Soldaten und Offiziere die verhaßten Hoheitszeichen von der Uniform

Im Fronteinsatz vor Stalingrad spricht der kommunistische Schriftsteller Willi Bredel zu den eingeschlossenen deutschen Soldaten

Das erste antifaschistische Bekenntnis legen kriegsgefangene deutsche Soldaten in einem eindringlichen Aufruf vom Oktober 1941 ab

Gründung des Nationalkomitees «Freies Deutschland» Mitte Juli 1943 in Krasnogorsk, nahe Moskau. Erich Weinert, eben gewählter Präsident des Komitees, unterzeichnet das dort beschlossene Manifest. Neben ihm stehend Friedrich Wolf, rechts dahinter Walter Ulbricht

Erich Weinert (links) und Walter Ulbricht (rechts) zusammen mit deutschen Soldaten, die sich an der Stalingrader Front gefangengegeben haben. Beide hatten von den sowjetischen Gräben aus mit Lautsprechern dazu aufgerufen, den sinnlosen Kampf einzustellen und das eigene Leben zu retten. Zu dieser Zeit bedurfte es aber erst neuer sowjetischer Angriffe, ehe ganze Einheiten kapitulierten

Während einer Weihnachtsfeier des NKFD unterhält sich der ZK-Vorsitzende Wilhelm Pieck mit einem der Wehrmacht-Geistlichen

In unermüdlicher Diskussion verdrängen die Kommunisten – hier Wilhelm Florin – den Faschismus aus den Köpfen der Gefangenen

Johannes R. Becher und Erich Weinert im Gespräch mit General v. Seydlitz, der dem Bund deutscher Offiziere im NKFD vorsteht

Generalfeldmarschall Paulus, Generalmajor Leyser, Oberst Adam sowie General v. Seydlitz (v. l. n. r.) beraten einen Aufruf an das deutsche Volk, sich gegen Hitler und Himmler, gegen ihr unheilbringendes System zu erheben. Alle vier kamen in Stalingrad in Gefangenschaft

Eine starke Gruppe der «Freien Deutschen» gründen Emigranten in Mexiko. Präsident wird hier der Schriftsteller Ludwig Renn

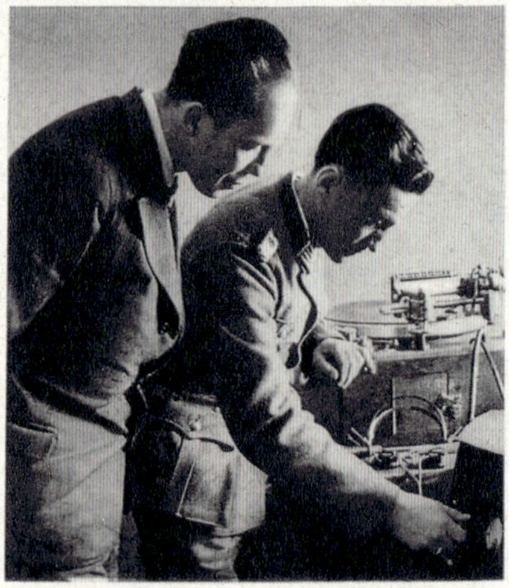

Hans Mahle und Major Stösslein nehmen im Studio des zum NKFD gehörenden Senders «Freies Deutschland» eine Schallplatte auf

Beratung im NKFD im Januar 1944. Links die Majore Krausnick und Homann, rechts vorn der Reichstagsabgeordnete Florin. Anfang 1945 bekennen sich im Osten drei Viertel aller Kriegsgefangenen zum NKFD, darunter mehr als fünfzig Generäle und viertausend Offiziere

Das Nationalkomitee gibt Woche für Woche eine eigene Zeitung heraus, die gleichfalls seinen Namen trägt: «Freies Deutschland»

Die Bewegung «Freies Deutschland» für den Westen nimmt teil am Kampf der Résistance. Viele ihrer Mitglieder fallen oder werden ermordet; manche erleben – so hier in Nîmes – den Tag des Sieges

Griechische und deutsche Partisanen bei Vólos. Erste Mitkämpfer kommen aus den hier eingesetzten Bewährungseinheiten 999. Von August 1944 an stellt eine NKFD-Organisation Hundertschaften auf

Der Frontbeauftragte des NKFD, Oberst Steidle, begegnet auf der Fahrt zur Hauptkampflinie soeben eingebrachten Gefangenen. Die Kämpfer des Nationalkomitees fordern die deutschen Soldaten und Offiziere – meist unter Einsatz ihres Lebens – durch Flugblätter und Lautsprecher auf, die Waffen niederzulegen. Andere Gruppen überschreiten die Frontlinie und arbeiten im deutschen Hinterland

Dokumente zur Zeit

Rosenbergs Braune Mappe

Richtlinien Reichsministers Rosenberg für die «Zivilverwaltung in den besetzten Ostgebieten» vom September 1941 (Auszug)

I. Reichsministerium für die besetzten Ostgebiete
Dem Reichsminister für die besetzten Ostgebiete sind die neuerdings besetzten Ostgebiete unterstellt. Auf Weisung des Führers richtet er dort bei Aufhebung der Militärverwaltung eine Zivilverwaltung ein. Er leitet und beaufsichtigt die gesamte Verwaltung dieses Raumes und vertritt die Souveränität des Reiches in den besetzten Ostgebieten ...
II. Allgemeine Gebietseinteilung
Die besetzten Ostgebiete gliedern sich in Reichskommissariate (als erste die Reichskommissariate Ostland und Ukraine). Die Reichskommissariate werden in Generalbezirke unterteilt, die sich wiederum in Kreisgebiete gliedern. Mehrere Kreisgebiete können zu einem Hauptbezirk zusammengefaßt werden. Die Grenzen der Reichskommissariate werden nach politischen, völkischen, wirtschafts- und verkehrspolitischen Gesichtspunkten festgesetzt werden. Sie decken sich mit den Grenzen der Befehlsbereiche der Wehrmachtbefehlshaber.

Auszusiedelnde Fremdvölker

Dezernent Wetzel vom Ostministerium in einer Niederschrift vom 27. April 1942 (Auszug)

Bereits im November 1941 wurde mir bekannt, daß das Reichssicherheitshauptamt an einer Generalplanung für den Osten arbeitete. Der zuständige Sachbearbeiter im Reichssicherheitshauptamt, Standartenführer Ehlich, nannte mir damals schon die im Plan erwähnte Ziffer von 31 Mill. auszusiedelnder Fremdvölkischer ...
Aus dem Plan ergibt sich, daß es sich nicht um ein Sofortprogramm handelt, daß vielmehr die Besiedlung des Raumes mit Deutschen etwa 30 Jahre nach dem Kriege erreicht sein soll. Wie aus dem Plan hervorgeht, sollen 14 Mill. Fremdvölkische in dem Raum verbleiben. Ob diese jedoch innerhalb der vorgesehenen Zeit von 30 Jahren wirklich umgevolkt und eingedeutscht werden, erscheint mehr als zweifelhaft, da auch nach dem vorliegenden Plan die Anzahl der deutschen Siedler nicht gerade beträchtlich ist ...
Damit ergibt sich für die hier in Betracht kommenden Gebiete eine Gesamtbevölkerung von 51 Mill. Die Zahl der an sich nach dem Plan zu Evakuierenden dürfte damit tatsächlich größer sein, als in dem Plan vorgesehen ist. Nur wenn man davon ausgeht, daß die etwa 5 bis 6 Mill. Juden, die in diesem Raume wohnen, schon vor der Evakuierung beseitigt sind, kommt man zu der in dem Plan erwähnten Ziffer von 45 Mill. Fremdvölkischen. Die Ausführungen des Planes ergeben jedoch, daß die Juden in den genannten 45 Mill. noch enthalten sind. Insofern erscheint also der Plan offensichtlich von falschen Bevölkerungsziffern auszugehen ...
Der Plan sieht nun die Aussiedlung von 80 bis 85% Polen [vor], d. h., es kommen, je ob man von 20 oder 24 Millionen Polen ausgeht, 16 bis 20,4 Millionen Polen zur Aussiedlung, während 3 bis 4,8 Millionen Polen im deutschen Siedlungsraum verbleiben sollen ...
Es kommt darauf an, im russischen Raum eine Bevölkerung zu haben, die sich in ihrer großen Masse aus den oben beschriebenen, primitiv europiden Typen zusammensetzt. Sie wird einer deutschen Führung die geringsten Schwierigkeiten machen ...
Das Ziel einer deutschen Bevölkerungspolitik im russischen Raum wird sein müssen, die Geburtenziffern auf ein Maß zu bringen, das unter der deutschen Geburtenziffer liegt. Das gleiche dürfte übrigens auch für den äußerst geburtenstarken Kaukasusraum, zum Teil später auch für die Ukraine Geltung haben ... Für uns Deutsche kommt es nur darauf an, das Russentum derart zu schwächen, daß es nicht mehr in der Lage ist, den deutschen Führungsanspruch im europäischen Raum zu gefährden. Diesem Ziel bringen uns die oben aufgezeigten Wege näher ...
Nach den heute vorhandenen Auffassungen soll ein großer Teil der Tschechen, soweit sie rassisch nicht bedenklich erscheinen, zur Eindeutschung gelangen. Man rechnet hier mit ungefähr 50% der tschechischen Bevölkerung, die hierfür in Betracht kommt. Geht man von diesen Zahlen aus, würden etwa 3½ Millionen Tschechen übrigbleiben, die, da ihre Eindeutschung nicht vorgesehen ist, allmählich aus dem Reichsgebiet entfernt werden müßten.

An einem Restaurant in Berditschew (Ukraine): «Eintritt nur für Deutsche aus dem Reich»

Germanischer Osten

Reichsführer SS, Himmler, am 16. September 1942 in seiner Feldkommandantur bei Shitomir (Auszug)

Dieses Vorfeld Asiens erobern wir jetzt. Was an gutem Blut überhaupt auf der Welt vorhanden ist, an germanischem Blut, das haben wir zusammenzuholen. Wir werden die Volksdeutschen heimführen; die Germanen werden sich, ob sie wollen oder nicht, ob sie es einsehen oder nicht, zu diesem Reich bekennen müssen, aus dem Zwang des geschichtlichen Gesetzes heraus, aus dem Zwang des Blutes heraus. Jedes gute Blut – und das ist der erste Grundsatz, den Sie sich merken müssen –, das Sie irgendwo im Osten treffen, können Sie entweder gewinnen, oder Sie müssen es totschlagen. Es auf der anderen Seite zu lassen, damit dort morgen wieder ein Führer ersteht, kleinen, großen oder mittleren Formats, das wäre ein Verbrechen an uns selbst, denn letzten Endes besiegen kann uns nur unser eigenes Blut oder – wollen wir es hier in Rußland anders ausdrücken – die Früchte, die Errungenschaften unseres eigenen Blutes ...
Die Gesamtlinie ist absolut die: Wir haben diesem Volk keine Kultur zu bringen. Ich kann Ihnen wörtlich nur das wiederholen, was der Führer wünscht. Es genügt, 1. wenn die Kinder in der Schule die Verkehrszeichen lernen, damit sie uns nicht in die Autos laufen, 2. wenn sie das kleine Einmaleins bis 25 lernen, damit sie soweit zählen können und 3. wenn sie noch ihren Namen schreiben können; mehr ist nicht nötig ...
Das 3. Problem: Grund und Boden für die Menschen! In diesen 20 Jahren haben wir zu besiedeln die heutigen deutschen Ostprovinzen, von Ostpreußen herunter bis Oberschlesien, das gesamte Generalgouvernement; wir haben einzudeutschen und zu besiedeln Weißruthenien, Estland, Lettland, Litauen, Ingermanland und die Krim. In den anderen Gebieten werden... so wie wir es hier anfangen, entlang den Marschstraßen, an denen unsere Autobahnen, Eisenbahnen, Flugplätze liegen, geschützt durch unsere Garnisonen kleine Städte von 15–20000 Einwohnern entstehen und im Umkreis von 10 km deutsche Dörfer, so daß sie immer in deutsches Leben eingebettet sind mit dem kulturellen Mittelpunkt in der Stadt. Diese Siedlungsperlen, die wir hier bis zum Don und zur Wolga – und ich hoffe bis zum Ural – vortreiben, werden eines Tages, eines Jahres und im Laufe einer Generation immer mehr Schichten ansetzen müssen durch den ewig jungen Nachwuchs des germanischen Blutes. Dieser germanische Osten bis zum Ural muß, und dafür arbeiten wir hier als SS-Männer in unseren Gedanken, unserem Leben und Erziehen wie unsere Kameraden draußen in ihrem Vorsterben dafür kämpfen, die Pflanzstätte des germanischen Blutes sein, damit dann in 4 bis 500 Jahren, wenn das Schicksal Europas bis zu einer Auseinandersetzung zwischen den Kontinenten solange Zeit läßt, statt 120 Millionen 5–600 Millionen Germanen vorhanden sind. Hier können sie geboren werden, können sie wachsen als Bauern, hier kann das Volk stark werden! Wir haben dann ein bäuerliches Volk in einem vernünftigen Verhältnis von Stadt zu Land, eine Weite von Land, in der sich der Germane entwickeln kann, ohne Spießbürger zu werden wie in Klein-Deutschland.

An den Fettnapf

Rede Goebbels' am 18. Oktober 1942 (Auszug)

Wir wollen uns endlich einmal als Volk an den Fettnapf der Welt setzen. Bisher haben wir nur um blasse Ideale gekämpft, um die Frage Proletariat oder Bürgertum oder Sozialismus oder Nationalsozialismus oder Preußen oder Bayern oder ob man das Abendmahl in einfacher oder in zweifacher Gestalt reichen solle. Diesmal geht es um wichtigere Dinge, und zwar um Dinge, die uns alle angehen, um Kohle, Eisen, Öl und vor allem um Weizen, damit wir das tägliche Brot auf dem Tisch haben.
Wenn wir über kurz oder lang den Stoß in den Kaukasus fortsetzen, dann haben wir die reichsten Ölgebiete Europas in unserer Hand. Wer das Öl, das Eisen und die Kohle besitzt, der wird den Krieg gewinnen.

Kleinstaaten-Gerümpel

Goebbels in seinem Tagebuch unter dem 8. Mai 1943 über eine Reichs- und Gauleiterbesprechung bei Hitler (Auszug)

Aus alledem aber hat der Führer die Konsequenz gezogen, daß das Kleinstaatengerümpel, das heute noch in Europa vorhanden ist, so schnell wie möglich liquidiert werden muß. Es muß das Ziel unseres Kampfes bleiben, ein einheitliches Europa zu schaffen. Europa kann aber eine klare Organisation nur durch die Deutschen erfahren. Eine andere Führungsmacht ist praktisch nicht vorhanden. Der Führer betont in diesem Zusammenhang wiederum, daß wir froh darüber sein müssen, keine Japaner auf dem europäischen Kontinent zu besitzen. Wenn die Italiener uns heute auch sehr viele Sorgen und Schwierigkeiten bereiten, so müssen wir uns doch glücklich preisen, daß sie uns bei der späteren Organisierung Europas keine ernsthafte Konkurrenz stellen können. Wären die Japaner auf dem europäischen Kontinent angesiedelt, so würden die Dinge wesentlich anders liegen. Heute aber sind wir praktisch die einzige in Betracht kommende Führungsmacht auf dem europäischen Festland ...
Der Führer gibt seiner unumstößlichen Gewißheit Ausdruck, daß das Reich einmal ganz Europa beherrschen wird. Wir werden dafür noch sehr viele Kämpfe zu bestehen haben, aber sie werden zweifellos zu den herrlichsten Erfolgen führen. Von da ab ist praktisch der Weg zu einer Weltherrschaft vorgezeichnet. Wer Europa besitzt, der wird damit die Führung der Welt an sich reißen.

Die Kriegführung

Geplantes Chaos

Von Jodl unterzeichneter Befehl des OKW-Chefs vom 7. Oktober 1941 (Auszug)

Der Führer hat erneut entschieden, daß eine Kapitulation von Leningrad oder später von Moskau nicht anzunehmen ist, auch wenn sie von der Gegenseite angeboten würde ...
Schwere Seuchengefahren sind zu erwarten. Kein deutscher Soldat hat daher diese Städte zu betreten. Wer die Stadt gegen unsere Linien verlassen will, ist durch Feuer zurückzuweisen. Kleinere, nicht gesperrte Lücken, die ein Herausströmen der Bevölkerung nach Innerrußland ermöglichen, sind daher nur zu begrüßen. Auch für alle übrigen Städte gilt, daß sie vor der Einnahme durch Artilleriefeuer und Luftangriffe zu zermürben sind und ihre Bevölkerung zur Flucht zu veranlassen ist.
Das Leben deutscher Soldaten für die Errettung russischer Städte vor einer Feuersgefahr einzusetzen oder deren Bevölkerung auf Kosten der deutschen Heimat zu ernähren, ist nicht zu verantworten.
Das Chaos in Rußland wird um so größer, unsere Verwaltung und Ausnützung der besetzten Ostgebiete um so leichter werden, je mehr die Bevölkerung der sowjetrussischen Städte nach dem Innern Rußlands flüchtet.
Dieser Wille des Führers muß sämtlichen Kommandeuren zur Kenntnis gebracht werden.

Zerstörungen in der Sowjetunion

1 710	Städte
70 000	Dörfer
66,2	Millionen m² Wohnfläche
31 850	Industriebetriebe
1 138	Schächte
99 876	Kolchosen
289	Maschinen- und Traktorenstationen
13 000	Brücken
65 000	km Eisenbahnstrecke
4 100	Bahnhöfe
15 900	Lokomotiven
428 000	Waggons
8 309	Binnenschiffe
82 000	Schulen
334	Hochschulen
427	Museen
7 632	Krankenhäuser
2 766	Kirchen

Verhungern lassen

Besprechung des OKH-Generalstabschefs Halder mit den Stabschefs der Heeresgruppen und Armeen in Orscha am 13. November 1941 (Auszug)

Seitens des Chefs der Heeresgruppe Mitte wird die Frage der Ernährung der Kriegsgefangenen angeschnitten. Insbesondere wird seitens der Heeresgruppe Mitte darauf hingewiesen, daß die Kriegsgefangenen einen notwendigen Zuschuß an Arbeitskraft darstellten, in ihrem gegenwärtigen Zustand aber nicht arbeiten könnten, vielmehr in großem Umfange der Erschöpfung anheimfielen.
Der Generalquartiermeister* greift in die Auseinandersetzungen ein und erklärt:
Nichtarbeitende Kriegsgefangene in den Gefangenenlagern haben zu verhungern ...
IX. *Bemerkungen des Generalquartiermeisters nach dem Abendessen ...*
3.) Die Frage der Ernährung der Zivilbevölkerung ist katastrophal. Um überhaupt zu einem Ergebnis zu kommen, mußte man zu einer Klassifizierung schreiten. Es ist klar, daß innerhalb dieser Klassifizierung an oberster Stelle die Truppe und ihre Bedürfnisse stehen müssen. Der Bevölkerung kann nur ein Existenzminimum zugebilligt werden. Dabei wird das flache Land immer noch einigermaßen erträglich dastehen. Unlösbar dagegen ist die Frage der Ernährung der Großstädte. Es kann keinem Zweifel unterliegen, daß insbesondere Leningrad verhungern muß, denn es ist unmöglich, diese Stadt zu ernähren. Aufgabe der Führung kann es nur sein, die Truppe hiervon und von den damit verbundenen Erscheinungen fernzuhalten.

* *General Wagner*

Vernichtung im KZ

Vernehmung des zweiten Rapportführers im KZ Sachsenhausen, Sorge («Eiserner Gustav») (Auszug)

Staatsanwalt: Was ist Ihnen über eine Besprechung im August 1941 bekannt, in der über die Vernichtung russischer Kriegsgefangener gesprochen wurde?
Sorge: Im August 1941 traf der General der Waffen-SS, Eicke, der damalige Kommandant der Totenkopf-Division, im Lager ein und hatte eine Besprechung, an der die einzelnen Lagerführer teilnahmen.
Staatsanwalt: Was wurde dabei im einzelnen erörtert? Haben Sie gefragt, ob Sie die sowjetischen Kriegsgefangenen, die in das Lager eingeliefert wurden, in die Listen eintragen sollten?
Sorge: Nach dem Eintreffen des ersten Transports fragte ich meinen Vorgesetzten Suhren, ob ich diese in die Arbeitslisten eintragen sollte. Diese Frage wurde verneint, und es wurde Anweisung gegeben, diese Leute zu vernichten.
Staatsanwalt: Wieviel Mann waren das?
Sorge: Etwa 6000 beim ersten Transport.
Staatsanwalt: Und wurden die eingetroffenen sowjetischen Kriegsgefangenen wirklich vernichtet?
Sorge: Jawohl. Alle in den Monaten August bis Oktober 1941 im Lager eintreffenden russischen Kriegsgefangenen wurden bis auf 1000 Mann vernichtet und verbrannt.
Staatsanwalt: Vernichtet und verbrannt? Wo?
Sorge: In einer speziell erbauten Baracke in der Nähe des Krematoriums auf dem Industriehof.
Staatsanwalt: Und was geschah mit den 1000 Kriegsgefangenen, die am Leben blieben?
Sorge: 400 Mann starben im April 1942 an Hunger.
Staatsanwalt: Und die restlichen 600?
Sorge: Das waren abgemagerte Skelette.

Der Kommando-Befehl

Befehl Hitlers vom 18. Oktober 1942 (Auszug)

3.) Ich befehle daher:
Von jetzt ab sind alle bei sogenannten Kommandounternehmungen in Europa oder in Afrika von deutschen Truppen gestellte Gegner, auch wenn es sich äußerlich um Soldaten in Uniform oder Zerstörertrupps mit oder ohne Waffen handelt, im Kampf oder auf der Flucht bis auf den letzten Mann niederzumachen. Es ist dabei ganz gleich, ob sie zu ihren Aktionen durch Schiffe und Flugzeuge angelandet werden oder mittels Fallschirmen abspringen. Selbst wenn diese Subjekte bei ihrer Auffindung scheinbar Anstalten machen sollten, sich gefangen zu geben, ist ihnen grundsätzlich jeder Pardon zu verweigern. Hierüber ist in jedem Einzelfall zur Bekanntgabe im Wehrmachtbericht eine eingehende Meldung an das OKW zu erstatten.
4.) Gelangen einzelne Angehörige derartiger Kommandos als Agenten, Saboteure usw. auf einem anderen Weg – z. B. durch die Polizei in den von uns besetzten Ländern – der Wehrmacht in die Hände, so sind sie unverzüglich dem SD zu übergeben.
Jede Verwahrung unter militärischer Obhut, z. B. in Kriegsgefangenenlagern usw., ist ... strengstens verboten.

Mittel der allerletzten Entscheidung

Bericht des Sonderausschusses C beim Reichsminister für Rüstung und Kriegsproduktion unter Leitung des IG-Farben-Generaldirektors Ambros (Auszug)

Die Lage auf dem Kampfstoffgebiet. Auszug aus dem Vortrag im Führerhauptquartier am 15. Mai 1943 mit einer Gegenüberstellung der Situation vom 1. März 1944.
In der deutschen Kampfstofferzeugung laufen zwei Entwicklungen nebeneinander:
a) der Ausbau der bereits im letzten Weltkrieg von deutscher oder alliierter Seite hergestellten Kampfstoffe.
b) Die Auffindung von Typen, welche voraussichtlich als Neuheit für einen militärischen Einsatz gebraucht werden könnten ...
Es wurde einleitend dem Führer dargelegt, daß durch Arbeiten der IG Farbenindustrie Elberfeld ein neuer Typ von Kampfstoffen entwickelt wurde, das Tabun (früher Trilon, T 83), dessen physiologische Wirkung vielleicht am besten als Blut- und Nervengift zum Unterschied zu den bisher bekannten Körpern zu kennzeichnen ist. Tabun wirkt bereits in geringsten Dosen tödlich durch Lähmung des Zentralnervensystems, was sich durch Atmungshemmung, Erblindung und stärkste Krämpfe anzeigt ...
Im Anschluß an den Vortrag beim Führer wurde ein Beschluß der Verdopplung dieser Fabrikation auf 2000 Moto* Tabun gefaßt. Die steigenden Schwierigkeiten im Arbeitseinsatz für diese Geheimanlagen und in der Zuteilung der Baumaterialien, außerdem die Verknappung in der Lieferung der notwendigen Rohstoffe, wie z. B. Phosphor, beschränkten aber dieses Ausbauprogramm auf die alte Kapazitätszahl von 1000 Moto.
Diese Abänderung der ursprünglichen Planung konnte um so leichter getroffen werden, weil inzwischen ein neuer, mindestens sechsfach so wirksamer Typ im Sarin (früher Trilon, T 46) als einsatzfähig befunden wurde ...
Das Verfahren ist im Technikumsmaßstab befriedigend entwickelt, so daß auch zu hoffen ist, daß in der Großtechnik ebenso die entsprechende Leistung erreicht werden kann. Die Großanlage von 500 Moto dürfte jedoch nicht vor Mitte 1945 anfahrbereit sein; auch für diesen Typ ist unbedingt die Dringlichkeit der Vorrangstufe mit einem Stichwort erforderlich.
Im Vortrag wurde besonders auf die demoralisierende Wirkung, die bei Anwendung dieser beiden Typen Tabun und Sarin auftreten wird, verwiesen und der Einsatz dieser Stoffe als ein Mittel der allerletzten Entscheidung gekennzeichnet.

* *Monatstonnen*

Genfer Konvention kündigen?

Aufzeichnung des Stabes beim Oberbefehlshaber der Marine, Dönitz, über dessen Teilnahme an der «Führerlage» vom 19. Februar 1945 (Auszug)

Der Führer erwägt, ob das Deutsche Reich nicht aus der Genfer Konvention austreten solle ..., um dem Gegner damit zu bekunden, daß wir entschlossen sind, mit allen Mitteln bis zum Äußersten um unser Dasein zu kämpfen und auch die eigene Bevölkerung durch diese Maßnahme zum äußersten Widerstand aufzurufen werde. Der Führer beauftragt den Ob. d. M, das Für und Wider dieses Schrittes zu erwägen ...

Dönitz antwortet am 20. Februar (Auszug):

Militärisch gesehen lägen für die Seekriegführung keinerlei Gründe für diesen Schritt vor, die Nachteile seien im Gegenteil größer als die Vorteile. Auch allgemein scheine dem Ob. d. M. diese Maßnahme keine Vorteile zu bringen. Es sei besser, die für notwendig gehaltenen Maßnahmen ohne Ankündigung zu treffen und nach außen hin auf alle Fälle das Gesicht zu wahren.

Die Ausplünderung

Raub von Agrarprodukten 1939–1944/45

in 1 000 t

Land	Getreide	Fett	Fleisch
aus Polen	5 450	83,9	539
aus Frankreich	8 900	131,3	1 001
aus den Niederlanden	2 963*	–	148
aus Dänemark	–	279,3	878
aus Norwegen	–	102,2	2 750**
aus der UdSSR	9 200	364,5	622

* Gemüse
** Fisch

Landkarte der Schwerindustrie

Aktenvermerk des Leiters der Auslandsabteilung des Otto-Wolff-Konzerns, Reichard, vom 25. Juni 1941 (Auszug)

Mit der fortschreitenden militärischen Besetzung russischen Gebietes ist bekanntlich beabsichtigt, eine weitverzweigte wirtschaftliche Organisation aufzuziehen. Für den Bereich Eisen und Stahl sind für die im ganzen vorgesehenen vier Verwaltungsbezirke (Leningrad, Moskau, Kiew und Kaukasus) folgende leitende Persönlichkeiten vorgesehen:

1. für Leningrad — Herr Direktor Korschan (Krupp AG)
2. für Moskau — Herr Direktor Gärtner (Reichswerke Hermann Göring)
3. für Kiew — Herr Direktor Dr. vom Bruck (Hoesch AG)
4. für Kaukasus — noch unbesetzt

Das weitaus wichtigste Gebiet stellt die Ukraine mit einer Erzförderung von 22 Millionen Tonnen Eisenerz, 1,8 Millionen Tonnen Manganerz, einer Stahlproduktion von 12 Millionen Tonnen und etwa 35 wichtigen Hochofen- und Walzwerken dar.

Heute besuchte ich den mir sehr gut bekannten, für die südrussische Eisenindustrie vorgesehenen Bevollmächtigten, Herrn Dr. vom Bruck, dessen Stab vorläufig aus folgenden Herren besteht:

1. Dr. Faulhaber — bisher Wirtschaftsgruppe Eisenschaffende Industrie
2. Bleckmann — aus Fa. Schoeller & Bleckmann
3. Dr. Wesemann — Maxhütte
4. Dr. Küttner — Fachgruppe Edelstahl
5. Dr. Becker — Hoesch AG
6. Ostermann — Werkstoffverfeinerung
7. Dr. Bruhn — Gutehoffnungshütte.

Der Zuständigkeitsbereich des Herrn Dr. vom Bruck umfaßt das Gebiet der Eisenschaffenden Industrie, der Gießereiindustrie und der Werkstoffverfeinerung, voraussichtlich auch noch Stahl- und Eisenbau; ferner wird Herrn Dr. vom Bruck die Verteilung der Erze obliegen. Herr Dr. vom Bruck teilte mir im Laufe der Unterhaltung mit, daß die Werke 22, 23 und 24 sowie das Werk 41 zur Betreuung (vorläufig technischer Art) durch die Gruppe Otto Wolff vorgesehen seien.

Nach kolonialen Methoden

Memorandum über die Ergebnisse der Diskussion zur Wirtschaftspolitik in den besetzten Gebieten der Sowjetunion von Anfang November 1941 (Auszug)

Die Diskussion der Wirtschaftspolitik und Organisation in den neu besetzten Ostgebieten, die am 8. November 1941 unter dem Vorsitz des Reichsmarschalls stattfand, führte zu den folgenden Ergebnissen:

A. Allgemeine Grundlagen für die Wirtschaftspolitik in den neu besetzten Ostgebieten.

I. Für die Kriegsdauer sind die Bedürfnisse der Kriegsindustrie das höchste Gesetz aller wirtschaftlichen Unternehmungen in den neu besetzten Ostgebieten.

II. Auf lange Sicht werden die neu besetzten Ostgebiete nach kolonialen Methoden und Gesichtspunkten ausgebeutet werden. Die einzige Ausnahme sind jene Teile des Ostlandes, welche auf Befehl des Führers für Eindeutschung vorgesehen sind; aber auch sie fallen unter die unter I. aufgeführten Grundsätze.

III. Der Schwerpunkt für alle Wirtschaftsarbeiten liegt in der Produktion von Nahrungsmitteln und Rohmaterialien. Die größtmöglichen Produktionspreise für die Versorgung des Reiches und der anderen europäischen Staaten sollen durch billige Produktion und Aufrechterhaltung des niedrigen Lebensniveaus erzielt werden. Auf diese Art soll eine Einkommenquelle für das deutsche Reich eröffnet werden, die es ermöglichen wird, in einigen Jahrzehnten einen großen Teil der Schulden – verursacht durch die Finanzierung des Krieges – zu decken.

Firmenschild einer der «Ostgesellschaften» und ihres «Treuhänders» an einem sowjetischen Stahlwerk

Die Ostgesellschaften

Bericht der Wirtschaftspolitischen Abteilung der IG Farben an die Mitglieder des Vorstandes und des kaufmännischen Ausschusses vom 3. Januar 1942 (Auszug)

Zum Thema der Errichtung von Ostgesellschaften ist zu berichten, daß bisher 17 solcher Gesellschaften gegründet worden sind, die – vielleicht in der Überlegung, von dem Begriff «Monopol-Gesellschaften» abzurücken – von der Reichsgruppe Industrie in 3 Gruppen, I. Erfassungs- und Handelsgesellschaften, II. Betriebsgesellschaften, III. Betreuungsgesellschaften, unterteilt werden.

Zur Gruppe I Erfassungs- und Handelsgesellschaften gehören:

1. Zentralhandelsgesellschaft Ost für landwirtschaftlichen Absatz und Bedarf mbh, 2. Deutsche Forst- und Holzwirtschaftsgesellschaft mbH, Abteilung Osten, 3. Rohstoff-Handelsgesellschaft mbH, 4. Osterfassungsgesellschaft für Häute und Pelle und verwandte Gebiete mbH, 5. Ostland-Öl-Vertriebs-GmbH.

Zur Gruppe II Betriebsgesellschaften gehören:

1. Berg- und Hüttenwerksgesellschaft mbH, 2. Ostfaser GmbH, 3. Kontinentale Öl AG, 4. Baltische Öl GmbH, 5. Ost-Öl-GmbH.

Zur Gruppe III Betreuungsgesellschaften gehören:

1. Soda- und Ätzkalien-Ost GmbH, 2. Chemie Ost GmbH, 3. Superphosphat-Ost GmbH, 4. Stickstoff-Ost GmbH, 5. Seifen- und Waschmittel-Ost GmbH.

Kapitalmäßig ist die IG an den folgenden Gesellschaften beteiligt:

Kontinentale Öl AG Gesamtkapital RM 80 Millionen, IG-Beteiligung RM 3 Millionen = 3,75%; Chemie Ost GmbH Gesamtkapital RM 20000, IG-Beteiligung RM 1000 = 5%; Soda- und Ätzkalien-Ost GmbH Gesamtkapital RM 30000, IG-Beteiligung RM 5000 = 16,67%; Stickstoff-Ost GmbH Gesamtkapital RM 100000, IG-Beteiligung RM 54700 = 54,7%.

Öffentliche Arbeitspflicht

Verordnung Rosenbergs vom 19. Dezember 1941, in der Fassung vom 27. August 1942 (Auszug)

§ 1 (1) Alle Bewohner der besetzten Ostgebiete unterliegen nach Maßgabe ihrer Arbeitsfähigkeit der öffentlichen Arbeitspflicht.
(2) Die Reichskommissare können für bestimmte Bevölkerungsgruppen die Arbeitspflicht ausdehnen oder einschränken.
(3) Für Juden ergeht Sonderregelung.

§ 2 Personen, die eine dauernde gemeinschaftsnützliche Beschäftigung nachweisen können, sollen zur Erfüllung der öffentlichen Arbeitspflicht nicht herangezogen werden.

§ 3 (1) Die Entlohnung geschieht nach gerecht erscheinenden Sätzen.
(2) Die Fürsorge für die Arbeitspflichtigen und ihre Familien ist im Rahmen des Möglichen sicherzustellen.

§ 4 (1) Die zur Durchführung dieser Verordnung erforderlichen Vorschriften erlassen die Reichskommissare.
(2) Zuwiderhandlungen gegen diese Verordnung und die zu ihrer Durchführung erlassenen Vorschriften werden mit Zuchthaus oder Gefängnis bestraft. Zur Aburteilung sind die Sondergerichte zuständig.

Das Allerletzte herausholen

Gauleiter Koch, Reichskommissar für die Ukraine, am 26. August 1942 auf einer Tagung in Rowno (Auszug)

Der Gauleiter kam direkt aus dem Führerhauptquartier und brachte mit ungewöhnlich anerkennenden Worten den Dank des Führers für die Arbeit der La-Führer zum Ausdruck. Er stellte den politischen Standpunkt und seine Aufgaben als Reichskommissar folgendermaßen heraus:

Es gibt keine freie Ukraine. Das Ziel unserer Arbeit muß sein, daß die Ukrainer für Deutschland arbeiten und nicht, daß wir das Volk hier beglücken. Die Ukraine hat das zu liefern, was Deutschland fehlt ...

Der Führer hat 3 Millionen Tonnen Getreide aus der Ukraine für das Reich verlangt, und diese müssen herangeschafft werden. Diskussionen über mangelnde Transportmöglichkeiten wünscht er nicht zu hören. Das Transportproblem muß durch eigene Phantasie gelöst werden.

Ebenso wichtig wie die Aufbringung der Getreideumlage ist die Lieferung von 700000 Tonnen Ölfrüchten. Sie ist entscheidend für die Fettbilanz Deutschlands. Das Allerletzte muß ohne Rücksicht auf die Bevölkerung herausgeholt werden ...

Wenn dieses Volk 10 Stunden am Tag arbeitet, dann muß es 8 Stunden für uns arbeiten. Alle sentimentalen Einwendungen müssen unterbleiben. Mit eiserner Gewalt muß dieses Volk regiert werden, damit es uns jetzt hilft, den Krieg zu gewinnen.

Erfassung von Ostarbeitern

Stimmungsbericht der Auslandsbrief-Prüfstelle Berlin auf Grund der vom 11. September bis zum 10. November 1942 geöffneten Briefe aus den besetzten Ostgebieten (Auszug)

In den Briefen aus der Ukraine zeichnet sich eine weitere, scharfe *Verschlechterung der Stimmung* ab, und unter dem Eindruck der verstärkten Aushebung von Arbeitskräften für das Reich hat sich der ukrainischen Bevölkerung ein panischer Schrecken bemächtigt.

Entsetzte Schilderungen von *Zwangsmaßnahmen* der Verwaltungsbehörde zur Erfassung von Ostarbeitern bilden einen Großteil der für die in Deutschland beschäftigten Angehörigen bestimmten Nachrichten aus der Heimat. Die Abneigung, dem Rufe zum Arbeitseinsatz im Reichsgebiet zu folgen, ist offenbar ständig gewachsen, nicht zuletzt infolge der Berichte von Ostarbeitern, die von ihren Arbeitsplätzen nach Hause geflüchtet oder entlassen worden sind. Um dennoch die Arbeitertransporte in der angesetzten Kopfzahl sicherzustellen, werden angeblich Männer und Frauen einschließlich Jugendlicher vom 15. Lebensjahr ab auf der Straße, von den Märkten und aus Dorffestlichkeiten heraus aufgegriffen und fortgeschafft. Die Bewohner halten sich deshalb ängstlich verborgen und vermeiden jeden Aufenthalt in der Öffentlichkeit. Zu der Anwendung der Prügelstrafe ist nach den vorliegenden Briefen seit etwa Anfang Oktober das Niederbrennen der Gehöfte bzw. ganzer Dörfer als Vergeltung für die Nichtbefolgung der an die Gemeinden ergangenen Aufforderungen zur Bereitstellung von Arbeitskräften getreten. Die Durchführung dieser letzteren Maßnahme wird aus einer ganzen Reihe von Ortschaften gemeldet.

Finanzielle Ausplünderung

in Mill. RM

Land bzw. Gebiet	Besatzungskosten und Clearingschulden
Österreich	11 363
Protektorat Böhmen/Mähren	2 400
Generalgouvernement	5 015
Dänemark	2 530
Norwegen	4 900
Frankreich	43 116
Belgien	9 300
Niederlande	12 030

Herrenloser Kunstbesitz

Bericht des Rosenberg unterstehenden «Sonderstabs Bildende Kunst» über die Zeit von Oktober 1940 bis Juli 1944 (Auszug)

Im Verlauf dieser Kunsterfassungsaktion des Einsatzstabes in den besetzten Westgebieten wurden erfaßt:

203 Einsatzstellen (Sammlungen) mit
21 903 bisher gezählten und inventarisierten Kunstgegenständen aller Art ...

In der Zeit vom März 1941 bis Juli 1944 wurden vom Sonderstab Bildende Kunst ins Reich verbracht:

29 *große Transporte* umfassend
137 *Waggons* mit
4174 *Kisten mit Kunstwerken* ...

Es wurden bis zum 15.7.1944 wissenschaftlich inventarisiert: 21 903 *Kunstgegenstände*

5 281 *Gemälde, Pastelle, Aquarelle, Zeichnungen*
684 *Miniaturen, Glas- und Emailmalereien, Buch- und Handschriften*
583 *Plastiken, Terrakotten, Medaillen und Plaketten*
2 477 *Möbel mit kunstgeschichtlichem Wert*
583 *Textilien (Gobelins, Teppiche, Stickereien, koptische Stoffe)*
5 825 *kunsthandwerkliche Gegenstände* (Porzellan, Bronzen, Fayencen, Majoliken, Keramik, Schmuck, Münzen, Gegenstände aus Edelsteinen)
1 286 *Ostasiatische Kunstwerke* (Bronzen, Plastiken, Porzellan, Gemälde, Wandschirme, Waffen)
289 *Antike Kunstwerke* (Skulpturen, Bronzen, Vasen, Schmuck, Schalen, geschnittene Steine, Terrakotten).

Diese Zahlen werden sich noch dadurch erhöhen, daß die Erfassungsaktion im Westen noch nicht beendet ist und aus Mangel an Fachkräften ein Teil der erfaßten Bestände noch nicht wissenschaftlich inventarisiert werden konnte.

Der außergewöhnliche künstlerische und materielle Wert der erfaßten Kunstwerke ist in Zahlen nicht erfaßbar.

Die Unterdrückung

Geiselvorräte

Befehl des OKW-Chefs Keitel an den Wehrmacht-Befehlshaber Südost vom 1. Oktober 1940 (Auszug)

Die Überfälle auf Wehrmachtangehörige, die in der letzten Zeit in den besetzten Gebieten erfolgten, geben Veranlassung, darauf hinzuweisen, daß es angebracht ist, daß die Militärbefehlshaber ständig über eine Anzahl Geiseln der verschiedenen politischen Richtungen verfügen, und zwar
1) nationalistische,
2) demokratisch-bürgerliche und
3) kommunistische.

Es kommt dabei darauf an, daß sich darunter bekannte führende Persönlichkeiten oder deren Angehörige befinden, deren Namen zu veröffentlichen sind.

Je nach der Zugehörigkeit des Täters sind bei Überfällen Geiseln der entsprechenden Gruppe zu erschießen.

Besatzungsnetz

Vortragsnotiz aus der Operationsabteilung des Heeres-Generalstabs, Mitte Juli 1941 (Auszug)

I. Die Zahl der Besatzungsverbände ist möglichst gering zu halten. Ein erster Vorschlag hatte die Zahl von insgesamt 60 Divisionen errechnet, nach genauerer Überrechnung war die Zahl von 54 Divisionen insgesamt festgelegt worden.

Die Zahl der mot. Verbände ist durch Weisung des Führers auf 12 Pz., 6 mot. Divisionen festgelegt worden ...

II. Die Truppenverteilung ist von dem Vorschlag des Reichsleiters Rosenberg ausgegangen, der die Aufteilung in die vier Staatsgebilde Ostland, Rußland, Ukraine und Kaukasus vorsieht.

Für jedes der beiden kleineren Staatsgebilde Ostland und Kaukasus und für jede Hälfte der räumlich großen Staaten Ukraine und Rußland wurde die Zahl von je 7–10 Divisionen und 1 AOK für notwendig erachtet ...

III. Für die Truppenverteilung im einzelnen waren folgende Gesichtspunkte maßgebend:

1. Die Truppe ist in begrenzten Räumen, die an starke Abschnitte anzulehnen und rundum verteidigungsfähig auszubauen sind, in Stärke von 1–2 Divisionen zusammenzuhalten (befestigte Plätze).
2. Die befestigten Plätze müssen in der Nähe der russischen industriellen und wirtschaftlichen Lebenszentren liegen, so daß diese dauernd unter dem bestimmenden Einfluß der deutschen Besatzungsmacht stehen. Hierfür sind besonders wichtig:
das Don-Donez-Industriegebiet,
das zentralrussische Industriegebiet,
das Gebiet um Petersburg (Leningrad) und
das Ural-Industriegebiet.
3. Die befestigten Plätze sollen nach Möglichkeit nicht in den Industriegebieten liegen, sondern an deren Rande, um nicht die Wirtschaft zu hemmen, und *abgesetzt* von großen Städten, um die Beeinflussungsmöglichkeit der Besatzung herabzumindern.
4. Sie sollen weitgehend an die Schlüsselpunkte der wichtigsten West-Ost-Verbindungen herangelegt werden und selbst gesicherten Eisenbahnanschluß haben. Versorgungseinrichtungen müssen in ausreichendem Umfang in gesicherter Nähe oder innerhalb der befestigten Plätze liegen.
5. Ein Teil von ihnen soll ermöglichen, den Mittellauf der Wolga in beweglich geführter Verteidigung gegen Angriffe aus ostwärtiger Richtung zu halten.
6. Sie sollen in sich eine leistungsfähige Bodenorganisation der Luftwaffe (bereits bestehende Flugplätze oder neu zu schaffende E-Häfen) aufnehmen können.
7. Sie sollen so liegen, daß sie sich gegenseitig mit mot. Kräften unterstützen können (1–2 Tagesmärsche Entfernung für mot. Verbände) ...

Es würde sich empfehlen, ein Besatzungs-AOK zu bilden, Sitz Moskau, an dessen Ostgrenze exterritorial eine Operationsarmee unterzubringen wäre.

Geiselmord-Befehl

Befehl des OKW-Chefs Keitel vom 16. September 1941 (Auszug)

1.) Seit Beginn des Feldzuges gegen Sowjetrußland sind in den von Deutschland besetzten Gebieten allenthalben kommunistische Aufstandsbewegungen ausgebrochen. Die Formen des Vorgehens steigern sich von propagandistischen Maßnahmen und Anschlägen gegen einzelne Wehrmachtangehörige bis zu offenem Aufruhr und verbreitetem Bandenkrieg ...

Angesichts der vielfachen politischen und wirtschaftlichen Spannungen in den besetzten Gebieten muß außerdem damit gerechnet werden, daß nationalistische und andere Kreise diese Gelegenheit ausnutzen, um durch Anschluß an den kommunistischen Aufruhr Schwierigkeiten für die deutsche Besatzungsmacht hervorzurufen ...

2.) Die *bisherigen Maßnahmen*, um dieser allgemeinen kommunistischen Aufstandsbewegung zu begegnen, haben sich *als unzureichend erwiesen*.

Der Führer hat nunmehr angeordnet, daß *überall mit den schärfsten Mitteln* einzugreifen ist, um die Bewegung in kürzester Zeit niederzuschlagen.

Nur auf diese Weise, die in der Geschichte der Machterweiterung großer Völker immer mit Erfolg angewandt worden ist, kann die Ruhe wieder hergestellt werden.

3.) Hierbei ist nach folgenden *Richtlinien* zu verfahren:

a) Bei *jedem Vorfall* der Auflehnung gegen die deutsche Besatzungsmacht, gleichgültig wie die Umstände im einzelnen liegen mögen, muß auf *kommunistische Ursprünge* geschlossen werden.

b) Um die Umtriebe im Keime zu ersticken, sind *beim ersten Anlaß* unverzüglich die schärfsten Mittel anzuwenden, um die Autorität der Besatzungsmacht durchzusetzen und einem weiteren Umsichgreifen vorzubeugen. Dabei ist zu bedenken, daß ein Menschenleben in den betroffenen Ländern vielfach nichts gilt und eine abschreckende Wirkung nur durch ungewöhnliche Härte erreicht werden kann. Als Sühne für ein deutsches Soldatenleben muß in diesen Fällen im allgemeinen die Todesstrafe für 50–100 Kommunisten als angemessen gelten. Die Art der Vollstreckung muß die abschreckende Wirkung noch erhöhen.

Mitteilung eines deutschen Stadtkommandanten im besetzten Jugoslawien

Nacht-und-Nebel-Erlaß

Durch OKW-Chef Keitel unterzeichnete Richtlinien Hitlers vom 7. Dezember 1941 (Auszug)

I. In den besetzten Gebieten ist bei Straftaten von nichtdeutschen Zivilpersonen, die sich gegen das Reich oder die Besatzungsmacht richten und deren Sicherheit oder Schlagkraft gefährden, grundsätzlich die Todesstrafe angebracht.
II. Die Straftaten des Abschnittes I sind grundsätzlich nur dann in den besetzten Gebieten abzuurteilen, wenn wahrscheinlich ist, daß gegen die Täter, mindestens aber die Haupttäter, Todesurteile ergehen, und wenn das Verfahren und die Vollstreckung der Todesurteile schnellstens durchgeführt werden können. Sonst sind die Täter, mindestens aber die Haupttäter, nach Deutschland zu bringen.
III. Täter, die nach Deutschland gebracht werden, sind dort dem Kriegsverfahren nur unterworfen, wenn besondere militärische Belange es erfordern. Deutschen und ausländischen Dienststellen ist auf Fragen nach solchen Tätern zu erklären, sie seien festgenommen worden, der Stand des Verfahrens erlaube keine weiteren Mitteilungen.
IV. Die Befehlshaber in den besetzten Gebieten und die Gerichtsherren sind im Rahmen ihrer Zuständigkeit für die Durchführung dieses Erlasses persönlich verantwortlich.
V. Der Chef des Oberkommandos der Wehrmacht bestimmt, in welchen besetzten Gebieten dieser Erlaß anzuwenden ist. Er ist zu Erläuterungen, zum Erlaß von Durchführungsvorschriften und zu Ergänzungen befugt. Der Reichsminister der Justiz erläßt die Durchführungsbestimmungen für seinen Bereich.

Schreiben des Chefs OKW vom 2. Februar 1942 (Auszug)

Der Erlaß bringt eine grundsätzliche Neuerung. Der Führer und Oberste Befehlshaber der Wehrmacht befiehlt, daß die von Zivilpersonen in den besetzten Gebieten begangenen Straftaten der bezeichneten Art von den zuständigen Kriegsgerichten in den besetzten Gebieten nur abzuurteilen sind, wenn
a) das Urteil auf Todesstrafe lautet und
b) das Urteil innerhalb von 8 Tagen nach der Festnahme verkündet wird.
Nur wenn beide Voraussetzungen gewährleistet werden, verspricht sich der Führer und Oberste Befehlshaber der Wehrmacht von der Behandlung der Strafverfahren in den besetzten Gebieten die erforderliche abschreckende Wirkung.
Andernfalls sollen künftig die Beschuldigten heimlich nach Deutschland gebracht und die weitere Behandlung der Strafsachen hier betrieben werden. Die abschreckende Wirkung dieser Maßnahmen liegt
a) in dem spurlosen Verschwindenlassen der Beschuldigten,
b) darin, daß über ihren Verbleib und ihr Schicksal keinerlei Auskunft gegeben werden darf.
Für die Abwehrstellen bringt diese Anordnung nur geringfügige Änderungen ihrer Tätigkeit ...
Der Erlaß des Führers ist zunächst nur in den besetzten Westgebieten (Norwegen, Niederlande, Belgien und Nordfrankreich, Frankreich) anzuwenden.

Grundsätze für den SS-Mann

Rede Himmlers vor den SS-Gruppenführern in Posen am 4. Oktober 1943 (Auszug)

Ein Grundsatz muß für den SS-Mann absolut gelten: ehrlich, anständig, treu und kameradschaftlich haben wir zu Angehörigen unseres eigenen Blutes zu sein und zu sonst niemandem. Wie es den Russen geht, wie es den Tschechen geht, ist mir total gleichgültig. Das, was in den Völkern an gutem Blut unserer Art vorhanden ist, werden wir

Für die Ergreifung der «Banditin Katja», einer belorussischen Studentin, werden 3000,– Mark, 5 Pud Salz und 25 Hektar Boden versprochen

uns holen, indem wir ihnen, wenn notwendig, die Kinder rauben und sie bei uns großziehen. Ob die anderen Völker in Wohlstand leben oder ob sie verrecken vor Hunger, das interessiert mich nur insoweit, als wir sie als Sklaven für unsere Kultur brauchen, anders interessiert mich das nicht. Ob bei dem Bau eines Panzergrabens 10000 russische Weiber an Entkräftung umfallen oder nicht, interessiert mich nur insoweit, als der Panzergraben für Deutschland fertig wird. Wenn mir einer kommt und sagt: «Ich kann mit den Kindern oder den Frauen den Panzergraben nicht bauen. Das ist unmenschlich, denn dann sterben die daran», – dann muß ich sagen: «Du bist ein Mörder an Deinem eigenen Blut, denn wenn der Panzergraben nicht gebaut wird, dann sterben deutsche Soldaten, und das sind Söhne deutscher Mütter. Das ist unser Blut.» ... Ich wünsche, daß die SS mit dieser Einstellung dem Problem aller fremden, nichtgermanischen Völker gegenübertritt, vor allem den Russen.

Warnung vor Kriegsverbrechen

Erklärung der Moskauer Außenministerkonferenz vom 30. Oktober 1943 (Auszug)

Das Vereinigte Königreich, die Vereinigten Staaten und die Sowjetunion haben von vielen Seiten Beweismaterial über Greueltaten, Massaker und kaltblütige Massenexekutionen erhalten, die von den Hitlerstreitkräften in vielen der von ihnen überwältigten Länder, aus denen sie jetzt unaufhaltsam vertrieben werden, begangen wurden ...
Im Hinblick hierauf erklären die eingangs genannten drei Alliierten Mächte, die im Namen von zweiunddreißig Vereinten Nationen sprechen, hiermit feierlich und verkünden das eindringlich warnend in nachstehender Erklärung:
Sobald irgendeiner in Deutschland gebildeten Regierung ein Waffenstillstand gewährt werden wird, werden jene deutschen Offiziere und Soldaten sowie Mitglieder der Nazipartei, die für die obengenannten Greueltaten, Massaker und Exekutionen verantwortlich gewesen sind oder bewußt daran teilgenommen haben, nach den Ländern zurückgeschickt werden, in denen ihre abscheulichen Taten begangen worden sind, damit sie nach den Gesetzen dieser befreiten Länder und der freien Regierungen, die dort gebildet werden, abgeurteilt und bestraft werden ...
Mögen sich diejenigen, die ihre Hände bisher nicht mit unschuldigem Blut besudelt haben, davor hüten, sich den Reihen der Schuldigen zuzugesellen, denn die drei Alliierten Mächte werden sie ganz gewiß bis an das äußerste Ende der Welt verfolgen und sie ihren Anklägern ausliefern, damit ihnen Gerechtigkeit geschehe.
Diese Erklärung berührt nicht die Frage der Hauptverbrecher, deren Verbrechen nicht mit einem bestimmten geographischen Ort verbunden sind; sie werden durch gemeinsames Urteil der Regierungen der Verbündeten bestraft werden.

Der Widerstand

Unerträgliche Bedingungen schaffen

Direktive des Rates der Volkskommissare der UdSSR und des ZK der Kommunistischen Partei der Sowjetunion (B) vom 29. Juni 1941 (Auszug)

In den vom Feind okkupierten Gebieten sind Partisanenabteilungen und Diversionsgruppen zu schaffen für den Kampf gegen die Einheiten der feindlichen Armee, zur Entfesselung des Partisanenkriegs überall und allerorts, für die Zerstörung von Brücken, Straßen, Telefon- und Telegrafenverbindungen, zur Niederbrennung der Versorgungslager usw. In den okkupierten Gebieten müssen für den Feind und alle seine Helfershelfer unerträgliche Bedingungen geschaffen werden, sie müssen auf Schritt und Tritt verfolgt und vernichtet werden, ihre Maßnahmen sind zu vereiteln.

Beschluß des ZK der KPdSU (B) vom 18. Juli 1941 (Auszug)

Die Aufgabe besteht darin, ... in den okkupierten Gebieten das Netz unserer bolschewistischen illegalen Organisationen zur Führung sämtlicher Aktionen gegen die faschistischen Okkupanten aufzubauen ... Um diesem Kampf im Rücken der deutschen Truppen weitesten Umfang und höchste Wirksamkeit zu verleihen, ist es unerläßlich, daß sich die Leiter der Republik-, Gebiets- und Rayonkomitees der Partei- und der Sowjetorganisationen sofort selbst der Sache annehmen ...

Ein Plakat der niederländischen Kommunisten

Auf in den Kampf!

Aufruf des Politbüros der Kommunistischen Partei Jugoslawiens vom 4. Juli 1941 (Auszug)

Völker Jugoslawiens: Serben, Kroaten, Slowenen, Montenegriner, Mazedonier und andere! Euer Land wird von den gleichen Verbrechern unterjocht und ausgeplündert, die sich erdreisteten, ihre blutigen Klauen gegen die Sowjetunion zu erheben ... Jetzt ist die Zeit gekommen ..., euch wie ein Mann zu erheben und in den Kampf zu ziehen gegen die Okkupanten und ihre einheimischen Helfer ... Schreckt nicht vor dem Terror des Feindes zurück. Beantwortet diesen Terror mit einem massierten Schlag gegen die empfindlichsten Punkte der faschistischen Banditen und Okkupanten. Vernichtet alles, was den faschistischen Eroberern dient. Wir lassen es nicht zu, daß unsere Eisenbahnen Kriegs- und anderes Material befördern, das den faschistischen Horden in ihrem Kampf gegen die Sowjetunion dient. Machen wir unser Land für die faschistischen Eroberer zu einer belagerten Festung!

Historische Aufgabe

Aufruf der Kommunistischen Partei Rumäniens vom 8. Juli 1941 (Auszug)

Die historische Aufgabe und Verantwortung der Kommunistischen Partei Rumäniens gegenüber dem rumänischen Volk gebieten, Seite an Seite mit dem großen Sowjetvolk und mit den anderen vergewaltigten Völkern in Rumänien den Kampf für den Sturz des deutschen blutigen Faschismus und seiner Helfershelfer aus allen Ländern zu organisieren, für die Verjagung der deutschen Besatzung aus Rumänien, für die Vernichtung der Verräterbande, die sich mit Antonescu an der Spitze des Staatsruders bemächtigt hat, für die Befreiung des Landes vom blutigen deutschen Joch, für den Sieg der Sowjetunion und für ein freies und unabhängiges Rumänien.

Für Freiheit in nationaler Einheit

Aufruf des ZK der Bulgarischen Arbeiterpartei vom 27. Juli 1941 (Auszug)

Mit den anderen Völkern gegen den Faschismus kämpfen und zu seiner Niederlage beitragen, bedeutet Kampf für unsere eigene Freiheit und Unabhängigkeit, für eine wahre und völlige nationale Einheit, für brüderliche Verständigung mit den übrigen Balkanvölkern ... Laßt uns unverzüglich handeln, mit allen Mitteln handeln! Laßt uns das Hinterland der faschistischen Bande zerstören! Wir wollen den deutschen Faschisten kein Getreide und keine Produkte geben, und das, was sie und ihre bulgarischen Helfershelfer uns mit Zwang nehmen, wollen wir mit allen möglichen Mitteln vernichten!

Kein demütiges Lamm

Richtlinien des ZK der Kommunistischen Partei der Slowakei aus dem Jahr 1941 (Auszug)

Die Kommunistische Partei ist ... davon überzeugt, daß kein Patriot und tapferer Slowake den Deutschen zuliebe als demütiges Lamm Hungers sterben wird, er wird auch nicht für ihre barbarischen Interessen an der Ostfront verbluten, sondern lieber in die Janosik-Partisanengemeinschaften eintreten, wo er zusammen mit den tschechischen, polnischen und ungarischen Partisanen ... kämpfen wird!

Unser Rückhalt: das ganze Volk

Befehl des Oberkommandos der Volksgarde Polens vom 15. Mai 1942 (Auszug)

Eure Aufgabe ist es, den Partisanenkampf in das Zentrum Polens zu verlegen. Andere Abteilungen werden den Kampf in den dem Reich einverleibten Gebieten und in den übrigen Gebieten Polens aufnehmen.
Eure unmittelbare Kampfaufgabe ist es, Verkehrsstraßen zu zerstören und den Nachschub von Kriegsmaterial und Soldaten an die Front zu desorganisieren; Militärobjekte jeder Art und für die Wehrmacht arbeitende Betriebe zu zerstören; Polizeiabteilungen und kleinere Militäreinheiten zu vernichten; Verwaltungsorgane auseinanderzutreiben; das Fernmeldenetz zu desorganisieren und Lebensmittellager zu zerstören – den Okkupanten überhaupt auf jedem Schritt und Tritt zu schaden, sie zur ständigen Wachsamkeit zu zwingen, Unruhe zu stiften, sie zur Verdoppelung der Wachtposten und zur Abberufung immer neuer Einheiten von der Front zwecks Sicherung des Hinterlandes zu zwingen. Unsere unmittelbare Reserve und unsere Rückendeckung ist das ganze polnische Volk, ist jeder ehrliche Pole, den wir auf unserem Kampfweg treffen.
Geht in Eintracht mit jedem in den Kampf, der ihn ehrlich wünscht. Ihr seid nicht die letzten. Es werden Euch weitere Hunderte und Tausende folgen. Die polnischen Wälder und Felder, Straßen und Dörfer füllen sich mit Partisanenabteilungen – mit Kämpfern um die Freiheit.

Um die künftigen Generationen

Direktive des ZK der Kommunistischen Partei der Tschechoslowakei vom April 1943 (Auszug)

Genossen! ... Für die nächsten Wochen stellen wir folgende Hauptaufgaben:
1. Aktive Kampfkundgebungen der Massen, besonders der Arbeiterschaft in den Betrieben, Organisierung von Teilstreiks bis zum Generalstreik.
2. Organisierung von Partisanenabteilungen und deren Bewaffnung.
3. Den Aufbau der nationalrevolutionären Ausschüsse abschließen und das Volk auf den bewaffneten Aufstand vorbereiten ...
Der Augenblick unserer Befreiung ist bereits in Sicht! Es ist notwendig, aktiver in den Kampf einzugreifen. Wir erfüllen unsere geschichtliche Aufgabe. Wir sind das Rückgrat und die Faust des Volkes und das Haupt der nationalrevolutionären Ausschüsse! Welche ehrenvolle, erhabene und fruchtbare Aufgabe! Wir sind stolz darauf, daß das Schicksal uns bestimmte, in der Zeit derart epochaler Umwälzungen zu leben und zu kämpfen. Wir gestalten das Schicksal ganzer künftiger Generationen unseres Volkes, die mit Dankbarkeit unserer Opfer gedenken werden. In den Kampf – für nationale, soziale und wirtschaftliche Befreiung!

Vorbereitung des nationalen Aufstands

Richtlinien der Französischen Kommunistischen Partei vom April 1943 (Auszug)

I. Mit allen Mitteln verhindern, daß der Feind Frankreich seiner aktivsten Elemente beraubt, und zu diesem Zweck einen unerbittlichen Kampf gegen die Zwangsverschickung von Arbeitern führen;
II. Sabotageakte verüben, Maschinen zerstören, Fabriken und Lager des Feindes in Brand stecken, Züge zum Entgleisen bringen, Transportmittel unbrauchbar machen;
III. Den bewaffneten Kampf gegen den Feind und gegen die Verräter entwickeln, neue Gruppen von bewaffneten, gleich den FTP kämpfenden Patrioten bilden.
Das französische Volk muß kämpfen, kämpfen ohne abzuwarten, um den nationalen Aufstand vorzubereiten.
Der Feind hat Angst vor dem nationalen Aufstand, für den die Landung der Alliierten das Signal geben wird. Deshalb bereitet er sich jetzt darauf vor, alle Männer von 15 bis 65 Jahren in Konzentrationslagern und Kasernen zu internieren, was um jeden Preis verhindert werden muß.
Aber es wird den Boches und ihren Lakaien in Vichy praktisch unmöglich sein, diesen Plan durchzuführen, wenn die Leitungen der patriotischen Organisationen folgende Maßnahmen ergreifen:
I. In jeder Ortschaft werden Kontakte zwischen den patriotischen Organisationen zwecks Koordinierung ihrer Aktionen hergestellt. Überall werden Gruppen von bewaffneten Patrioten gebildet, die im Augenblick des Aufstandes der Bevölkerung zur Seite stehen.
II. Ohne auf Anweisung der zentralen Organisationen zu warten, müssen die Leiter der patriotischen Organisationen, sobald ihnen die Landung der Alliierten gemeldet wird:
a) alle ihre Mitglieder mobilisieren, und diese haben sich als disziplinierte und opferbereite Soldaten zu betrachten; die Bevölkerung in Alarmbereitschaft versetzen, sie sammeln, ihr bewaffnete Gruppen zur Seite stellen, sie bewaffnen, falls vorher Waffenlager angelegt wurden; den Angriff auf die nächstgelegenen Waffenlager organisieren; überall Kampfgruppen aufstellen, um die ganze kampffähige Bevölkerung zu erfassen;
b) das Wirtschaftsleben durch Auslösung des Generalstreiks lahmlegen; Anschläge gegen die Transportmittel und das Verpflegungssystem des Feindes durchführen;
c) die Angehörigen der Miliz, die Polizisten und Gendarmen töten oder gefangennehmen, wenn sie Franzosen verhaften wollen; die in den Gefängnissen und Lagern befindlichen Patrioten befreien;
d) die öffentlichen Gebäude besetzen: Präfekturen, Bürgermeisterämter, Postämter, Rundfunk usw.; die Vertreter der Vichybehörden absetzen; sie durch die Vertretungen patriotischer Gruppierungen ersetzen, die die Versorgung und die öffentliche Verwaltung in die Hand nehmen.
Dies sind die allgemeinen Anweisungen an die Patrioten, um den nationalen Aufstand vorzubereiten und ihm zu ersten Erfolgen zu verhelfen – als Gewähr für den Endsieg.

Eindringliche Warnung vor Partisanen-Überfällen am Rande einer Landstraße in Jugoslawien

Partisanen

Ministerbesprechung bei Goebbels am 27. Februar 1942 (Auszug)

Um die russischen Partisanen nicht unnötig populär zu machen und um ihnen nicht den Schein des Heldentums zu geben, ordnet der Minister an, daß immer neue Worte für die Partisanen in der Presse und im Rundfunk verwandt werden.

Eine ernste Gefahr

Hitlers OKW-Weisung Nr. 46 über den Kampf gegen Partisanen vom 18. August 1942 (Auszug)

I.) Das *Bandenunwesen im Osten* hat in den letzten Monaten einen nicht mehr erträglichen Umfang angenommen und droht zu einer ernsten Gefahr für die Versorgung der Front und die wirtschaftliche Ausnützung des Landes zu werden.
Bis zum Beginn des Winters müssen diese Banden im wesentlichen ausgerottet und damit der Osten hinter der Front befriedet werden, um entscheidende Nachteile für die Kampfführung der Wehrmacht im Winter zu vermeiden.
Hierzu ist erforderlich:
1.) Schnelle durchgreifende aktive Bekämpfung der Banden unter Zusammenfassung aller hierzu freizumachenden und geeigneten Kräfte der Wehrmacht, der SS und der Polizei.
2.) Zusammenfassung aller propagandistischen, wirtschaftlichen und politischen Maßnahmen auf die Notwendigkeit der Bandenbekämpfung.

Die Selbstbesinnung

Exempel für Überläufer

Dringendes Fernschreiben des Reichs-Sicherheits-Hauptamtes an die Stapo-Leitstelle Düsseldorf vom 15. Februar 1943 (Auszug)

Betrifft: Panzergrenadier Wenzeslaus Leiss
Bezug: Hiesiges FS vom 2.2.1943, IV D 2 – 5427/42, K.L.b. 116
Über die Familie Leiss ist folgende Pressenotiz erschienen:
«Die Sicherheitspolizei ist einer Verräterfamilie, die der polnischen Minderheit in Deutschland angehörte, auf die Spur gekommen und hat sie unschädlich gemacht.
Nachdem ein Sohn der polnischen Familie Leiss in Moers-Rheinland an der Ostfront zum Feind übergelaufen ist und weiteren, das Leben vieler deutscher Soldaten gefährdenden Verrat geübt hat, haben die angestellten polizeilichen Nachforschungen bei seinen Angehörigen ergeben, daß diese Familie seit Jahren kommunistische Zersetzungsarbeit betrieb und feindlichen Spionagezwecken dienstbar war.
Diese fortgesetzte Verratstätigkeit hat nunmehr durch die Hinrichtung der gesamten an der Verschwörung beteiligten Familie ihre Sühne gefunden.»
Die Angehörigen sind zu unterrichten, daß im Zuge dieser Maßnahmen
1.) Josefa Leiss, geb. Heyden, geb. am 22.1.1881 in Reklin,
2.) Felix Leiss, geb. am 19.11.1914 in Moers,
3.) Josef Leiss, geb. am 3.3.1916 in Moers,
4.) Theodora Leiss, geb. Chwiroth, geb. am 22.1.1915 in Homberg
hingerichtet worden sind.
Über die Kinder Marianne Leiss, geb. am 21.10.1940 in Moers, und Wilhelm Christen, geb. am 17.1.1938 in Moers, ist keinerlei Auskunft zu erteilen.

Nationalkomitee «Freies Deutschland»

Manifest des NKFD «an die Wehrmacht und an das deutsche Volk» vom 12./13. Juli 1943 (Auszug)

Kein äußerer Feind hat uns Deutsche jemals so tief ins Unglück gestürzt wie Hitler. Die Tatsachen beweisen: Der Krieg ist verloren. Deutschland kann ihn nur noch hinschleppen um den Preis unermeßlicher Opfer und Entbehrungen. Die Weiterführung des aussichtslosen Krieges würde das Ende der Nation bedeuten ...
Aber Deutschland darf nicht sterben! Es geht jetzt um Sein oder Nichtsein unseres Vaterlandes ...
Das deutsche Volk braucht und will unverzüglich den Frieden.
Aber mit Hitler schließt niemand Frieden. Niemand wird auch nur mit ihm verhandeln. Daher ist die Bildung einer wahrhaft deutschen Regierung die dringendste Aufgabe unseres Volkes. Nur sie wird das Vertrauen des Volkes und seiner ehemaligen Gegner genießen. Nur sie kann den Frieden bringen ...
Eine solche Regierung muß stark sein und über die nötigen Machtmittel verfügen, um die Feinde des Volkes, Hitler und seine Gönner und Günstlinge, unschädlich zu machen, mit Terror und Korruption rücksichtslos aufzuräumen, eine feste Ordnung zu schaffen und Deutschland nach außen hin würdig zu vertreten. Sie kann nur aus dem Freiheitskampf aller Volksschichten hervorgehen, gestützt auf Kampfgruppen, die sich zum Sturz Hitlers zusammenschließen. Die volks- und vaterlandstreuen Kräfte in der Armee müssen dabei eine entscheidende Rolle spielen.
Eine solche Regierung muß den Krieg sofort abbrechen, die deutschen Truppen an die Reichsgrenzen zurückführen und Friedensverhandlungen einleiten, unter Verzicht auf alle eroberten Gebiete. So wird sie den Frieden erzielen und Deutschland in die Gemeinschaft gleichberechtigter Völker zurückführen. Erst sie schafft dem deutschen Volke die Möglichkeit, im Frieden seinen nationalen Willen frei zu bekunden und seine Staatsordnung souverän zu gestalten ...
Deutsche Soldaten und Offiziere an allen Fronten!
Ihr habt die Waffen! Bleibt unter den Waffen! Bahnt Euch mutig unter verantwortungsbewußten Führern, die eins sind mit Euch im Kampf gegen Hitler, den Weg zur Heimat, zum Frieden.
Schaffende Männer und Frauen in der Heimat!
Ihr seid die Mehrheit! Macht sie zur Stoßkraft durch Organisation! Bildet Kampfgruppen im Betrieb, im Dorf, im Arbeitslager, auf den Hochschulen, überall, wo Ihr zusammenkommt! Leistet Hitler keine Gefolgschaft mehr! Laßt Euch nicht mehr mißbrauchen zur Mithilfe an der Verlängerung des Krieges! Kämpft mit allen Mitteln, jeder auf seine Weise an seinem Platz im gesellschaftlichen Staats- und Wirtschaftsleben!

NS-Führung im Heer

Richtlinien General Schörners, Chef des neuen NS-Führungsstabes, vom 28. März 1944 (Auszug)

Die Mobilisierung solcher Werte für den Sieg, also die Aktivierung der politischen Erziehung zum fanatischen Soldaten des Nationalsozialismus, ist die Aufgabe des NS-Führungsoffiziers. Je länger der Krieg dauert und je schärfer die weltanschaulichen Fronten sich hüben und drüben abzeichnen, um so wichtiger wird diese Aufgabe.
Es kommt ausschlaggebend darauf an, daß der Soldat – ob im Panzerdeckungsloch oder in einem Stab – sich jederzeit der auf ihm ruhenden Verantwortung für sein Volk bewußt ist und daß er danach handelt. Das muß ihm tagaus, tagein von seinen Vorgesetzten eingeschärft werden. Das volle Bewußtsein, Kämpfer der nationalsozialistischen Weltanschauung zu sein und die letzte Verantwortung gegenüber der schwer geprüften Heimat zu tragen, muß den Soldaten selbst in aussichtsloser Lage zum verbissenen Widerstand anfeuern. Dieser feste Glaube an die Überlegenheit der Idee und an die Gerechtigkeit seiner Sache sind die schärfsten Waffen gegen den Feind und dessen fadenscheinige Moral. Eine deutsche Truppe dieser Art ist unbedingt überlegen und überwindet jede Krise, selbst wenn einmal der Nachschub an Waffen und Munition nicht klappt.

Ein Frontbeauftragter meldet

Bericht des Frontbeauftragten Goßens an das NKFD vom 18. April 1944 (Auszug)

Vom 2. bis 11. arbeitete ich in verschiedenen Divisionen und Regimentern und schickte sechs Gefangene in den Kessel zurück. Vom 11. bis 16. war ich wieder im Armeestab, sprach mit Gefangenen, las Beutebriefe, schrieb Flugblätter und Lautsprecherprogramme. Singer arbeitet jetzt ständig beim Armeestab (Gefangenengespräche und Briefauswertung), Duller und Schimann arbeiten jetzt als Vertrauensleute des NK in Divisionen (Lautpropaganda mit OGU und Funkgeräten, Rückschicken von Kriegsgefangenen). Am 16. ging ich mit einem Hauptmann der Roten Armee wieder in eine Division und sandte zwei Mann zurück. Allen diesen Gefangenen habe ich jeweils mitgegeben: NK-Flugblätter (aus Moskau und Frontstellen), «Freies Deutschland», Nr. 23/1943 bis 11/1944, Briefe von Kriegsgefangenen aus dem Lager 27, Handzettel, Ausweise zum Übertritt auf die Seite des NK. Mehrere Gefangene berichten, es sei bekannt, daß die Russen Gefangene zurückschicken; es sei jetzt Befehl, solche Leute sofort nach Deutschland zu schicken, wo sie in Strafkompanien gesteckt werden. Zwei Mann haben mir, unabhängig voneinander, erzählt, daß bei Schepetowka drei von den Russen zurückgeschickte deutsche Soldaten standrechtlich erschossen wurden (Namen und Truppenteil nicht zu erfahren). Insgesamt habe ich bisher auf diese Weise 80 Zeitungen und etwa 600 verschiedene Flugblätter in die deutsche Truppe geschafft. Von der Nr. 11 erhielten wir 250 Exemplare, die den Divisionen zugeschickt wurden. Zwei der rückgeschickten Gefangenen nahmen einen Brief des Generals von Seydlitz mit (Grenadier May an den Kommandeur der 96. I.D., Unteroffizier Reuter an Kommandeur der 19. Pz.-Div.).
Heute gingen wir zur Armee zurück, um Material zu holen; nachmittags werden wir mit der MGU nach vorn fahren...

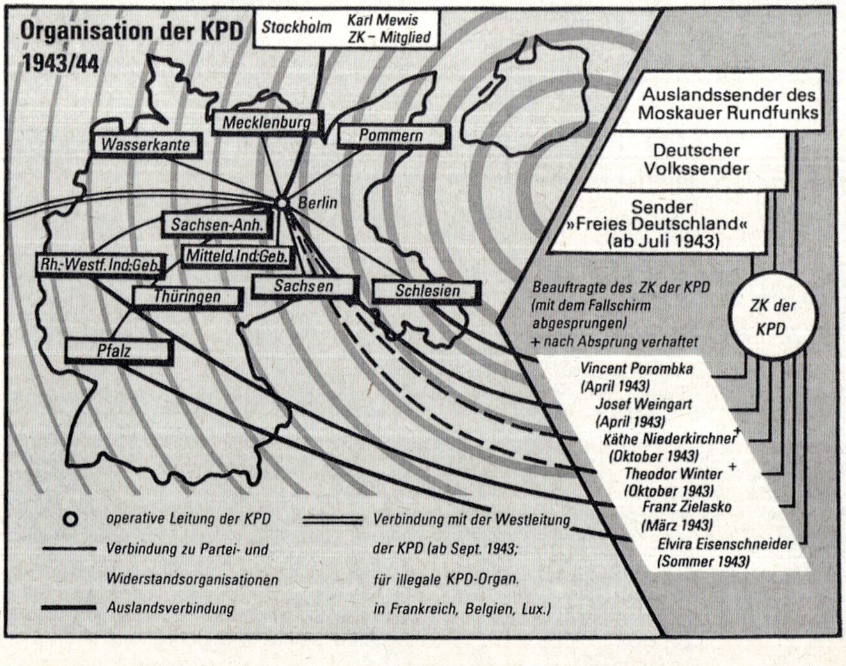

Der Massenmord

«Lebensunwertes Leben»

Aufstellung über die Vernichtung Geisteskranker durch die sogenannte Euthanasie, aufgefunden in Schloß Hartheim (Auszug)

Bis zum 1. September 1941 wurden desinfiziert: Personen: 70273. Diese Zahl
1. verteilt auf die einzelnen Anstalten für die Jahre 1940 und 1941 ergibt folgende Aufstellung:

Anstalt	1940	1941	Sa
A = Grafeneck	9839	–	9839
B = Brandenburg	9772	–	9772
Be = Bernburg	–	8601	8601
C = Hartheim	9670	8599	18269
D = Sonnenstein	5943	7777	13720
E = Hadamar	–	10072	10072
A–E	35224	35049	70273

...

Bei einem durchschnittlichen Tagessatz von RM 3.50 ergibt sich hierdurch:

1. eine tägl. Ersparnis von	RM	245955,50
2. eine jährl. Ersparnis von	RM	88543980,00
3. bei einer Lebenserwartung von 10 Jahren	RM	885439800,00

d.h. diese Summe wird bzw. ist bis zum 1. September 1941 auf Grund der bisher durchgeführten Desinfektion von 70273 Personen erspart worden.

Juden im besetzten Gebiet

Schnellbrief des Sipo/SD-Chefs Heydrich an die Chefs aller Einsatzgruppen vom 21. September 1939

Ich nehme Bezug auf die heute in Berlin stattgefundene Besprechung und weise noch einmal darauf hin, daß die *geplanten Gesamtmaßnahmen* (also das Endziel) *streng geheim* zu halten sind.
Es ist zu unterscheiden zwischen
1. dem Endziel (welches längere Fristen beansprucht) und
2. den Abschnitten der Erfüllung des Endzieles (welche kurzfristig durchgeführt werden).
Die geplanten Maßnahmen erfordern gründlichste Vorbereitung sowohl in technischer als auch in wirtschaftlicher Hinsicht.
I. *Als erste Vorausnahme für das Endziel gilt zunächst die Konzentrierung der Juden vom Lande in die größeren Städte.*
Sie ist mit Beschleunigung durchzuführen ...
Es gilt grundsätzlich, daß jüdische Gemeinden mit unter 500 Köpfen aufzulösen und der nächstliegenden Konzentrierungsstadt zuzuführen sind.
II. *Jüdische Ältestenräte*
1. In jeder jüdischen Gemeinde ist ein jüdischer Ältestenrat aufzustellen.
Er ist im Sinne des Wortes *vollverantwortlich* zu machen für die exakte und termingemäße Durchführung aller ergangenen und noch ergehenden Weisungen.

Das Warschauer Ghetto

Der Warschauer «Umsiedlungsamtsleiter» Schön in einem Vortrag am 21. Januar 1941 (Auszug)

Der jüdische Wohnbezirk ist etwa 403 ha groß. Auf diesem Gebiet wohnen nach Angaben des Judenrates, der eine Volkszählung vorgenommen haben will, etwa 410000 Juden, nach unseren Beobachtungen und Schätzungen, die von verschiedenen Seiten vorgenommen wurden, etwa 470000–590000 Juden.
Unter Zugrundelegung der statistischen Angaben des Judenrates und bei Inabzugbringung der Grundflächen und Friedhöfe wohnen 1108 auf einem ha bebauter Fläche, d.h. also 110800 Personen auf dem km^2. Die Bevölkerungsdichte der Stadt Warschau beträgt 14400 Personen auf dem km^2 der Gesamtgrundfläche und 38000 auf dem km^2 bebauter und bewohnbarer Fläche ...
Im jüdischen Wohnbezirk sind etwa 27000 Wohnungen mit einem Zimmerdurchschnitt von $2^1/_2$ Zimmern. Die Belegung errechnet sich demnach auf 15,1 Personen pro Wohnung und 6 bis 7 Personen pro Zimmer.
Der jüdische Wohnbezirk ist von dem übrigen Stadtgebiet unter Ausnützung von Brand- und Trennmauern und durch Vermauerung von Straßenzügen, Fenster-, Tür- und Baulücken abgetrennt. Die Mauern haben eine Höhe von 3 Metern und werden durch einen Stacheldrahtaufsatz um einen weiteren Meter erhöht.
Motorisierte und berittene Polizeistreifen sichern außerdem die Überwachung.

Kennzeichnung

Polizeiverordnung «über die Kennzeichnung der Juden» vom 1. September 1941 (Auszug)

§ 1 (1) Juden ..., die das sechste Lebensjahr vollendet haben, ist es verboten, sich in der Öffentlichkeit ohne einen Judenstern zu zeigen.
(2) Der Judenstern besteht aus einem handtellergroßen, schwarz ausgezogenen Sechsstern aus gelbem Stoff mit der schwarzen Aufschrift «Jude». Er ist sichtbar auf der linken Brustseite des Kleidungsstücks fest aufgenäht zu tragen.
§ 2 Juden ist verboten,
a) den Bereich ihrer Wohngemeinde zu verlassen, ohne eine schriftliche Erlaubnis der Ortspolizeibehörde bei sich zu führen,
b) Orden, Ehrenzeichen und sonstige Abzeichen zu tragen ...
§ 4 Die Paragraphen 1 und 2 finden keine Anwendung
a) auf den in einer Mischehe lebenden jüdischen Ehegatten, sofern Abkömmlinge aus der Ehe vorhanden sind und diese nicht als Juden gelten, und zwar auch dann, wenn die Ehe nicht mehr besteht oder der einzige Sohn im gegenwärtigen Kriege gefallen ist;
b) auf die jüdische Ehefrau bei kinderloser Mischehe während der Dauer der Ehe.

Einsatzgruppe A berichtet

Geheimer Tätigkeitsbericht der Einsatzgruppe A für die Zeit vom 16. Oktober 1941 bis zum 31. Januar 1942 (Auszug)

Die systematische Säuberungsarbeit im Ostland umfaßte gemäß den grundsätzlichen Befehlen die möglichst restlose Beseitigung des Judentums. Dieses Ziel ist mit Ausnahme von Weißruthenien im wesentlichen durch die Exekutionen von bislang 229052 Juden (siehe Anlage) erreicht. Der in den baltischen Provinzen verbleibende Rest wird dringend zur Arbeit benötigt und ist in Ghettos untergebracht ...
Die endgültige und grundlegende Beseitigung der nach dem Einmarsch der Deutschen im weißruthenischen Raum verbliebenen Juden stößt auf gewisse Schwierigkeiten. Das Judentum bildet gerade hier einen außerordentlich hohen Prozentsatz der Facharbeiter, die mangels anderweitiger Reserven im dortigen Gebiet unentbehrlich sind. Ferner hat die Einsatzgruppe A das Gebiet erst nach Eintritt des starken Frostes übernommen, [der] die Massenexekutionen stark erschwerte. Eine weitere Schwierigkeit besteht darin, daß die Juden über das ganze Land weit verstreut wohnen. Bei den großen Entfernungen, den schwierigen Wegeverhältnissen, dem Mangel an Kraftfahrzeugen und Benzin und den geringen Kräften der Sicherheitspolizei und des SD sind die Erschießungen auf dem Lande nur unter Anspannung aller Kräfte möglich. Trotzdem wurden bisher 41000 Juden erschossen...
Der Kommandant in Weißruthenien ist trotz der schwierigen Lage angewiesen, die Judenfrage baldmöglichst zu liquidieren.

Antisemitisches Hetzplakat zur «Endlösung»

Die Wannsee-Konferenz

Protokoll der Besprechung Heydrichs mit Staatssekretären und SS-Führern über die «Endlösung der Judenfrage» am 20. Januar 1942 in Berlin, Am Großen Wannsee Nr. 56/58 (Auszug)

II. Chef der Sicherheitspolizei und des SD, SS-Obergruppenführer Heydrich, teilte eingangs seine Bestellung zum Beauftragten für die Vorbereitung der Endlösung der europäischen Judenfrage durch den Reichsmarschall mit und wies darauf hin, daß zu dieser Besprechung geladen wurde, um Klarheit in grundsätzlichen Fragen zu schaffen. Der Wunsch des Reichsmarschalls, ihm einen Entwurf über die organisatorischen, sachlichen und materiellen Belange im Hinblick auf die Endlösung der europäischen Judenfrage zu übersenden, erfordert die vorherige gemeinsame Behandlung aller an diesen Fragen unmittelbar beteiligten Zentralinstanzen im Hinblick auf die Parallelisierung der Linienführung.
Die Federführung bei der Bearbeitung der Endlösung der Judenfrage liege ohne Rücksicht auf geographische Grenzen zentral beim Reichsführer-SS und Chef der Deutschen Polizei (Chef der Sicherheitspolizei und des SD).
Der Chef der Sicherheitspolizei und des SD gab sodann einen kurzen Rückblick über den bisher geführten Kampf gegen diesen Gegner. Die wesentlichsten Momente bilden
a) die Zurückdrängung der Juden aus den einzelnen Lebensgebieten des deutschen Volkes,
b) die Zurückdrängung der Juden aus dem Lebensraum des deutschen Volkes.
Im Vollzug dieser Bestrebungen wurde als einzige vorläufige Lösungsmöglichkeit die Beschleunigung der Auswanderung der Juden aus dem Reichsgebiet verstärkt und planmäßig in Angriff genommen ...
Trotz dieser Schwierigkeiten wurden seit der Machtübernahme bis zum Stichtag 31.10.1941 insgesamt rund 537000 Juden zur Auswanderung gebracht. Davon

vom 20.1.1933 aus dem Altreich	rd. 360000
vom 15.3.1938 aus der Ostmark	rd. 147000
vom 15.3.1939 aus dem Protektorat Böhmen und Mähren	rd. 30000

...
Inzwischen hat der Reichsführer-SS und Chef der Deutschen Polizei im Hinblick auf die Gefahren einer Auswanderung im Kriege und im Hinblick auf die Möglichkeiten des Ostens die Auswanderung von Juden verboten.

III. Anstelle der Auswanderung ist nunmehr als weitere Lösungsmöglichkeit nach entsprechender vorheriger Genehmigung durch den Führer die Evakuierung der Juden nach dem Osten getreten. Diese Aktionen sind jedoch lediglich als Ausweichmöglichkeiten anzusprechen, doch werden hier bereits jene praktischen Erfahrungen gesammelt, die im Hinblick auf die kommende Endlösung der Judenfrage von wichtiger Bedeutung sind.

Im Zuge dieser Endlösung der europäischen Judenfrage kommen rund 11 Millionen Juden in Betracht, die sich wie folgt auf die einzelnen Länder verteilen:

Land		Zahl
A.		
Altreich		131 800
Ostmark [Österreich]		43 700
Ostgebiete [annektiertes Polen]		420 000
Generalgouvernement		2 284 000
Bialystok		400 000
Protektorat Böhmen und Mähren		74 200
Estland – judenfrei –		
Lettland		3 500
Litauen		34 000
Belgien		43 000
Dänemark		5 600
Frankreich/Besetztes Gebiet		165 000
Unbesetztes Gebiet		700 000
Griechenland		69 600
Niederlande		160 800
Norwegen		1 300
B.		
Bulgarien		48 000
England		330 000
Finnland		2 300
Irland		4 000
Italien einschl. Sardinien		58 000
Albanien		200
Kroatien		40 000
Portugal		3 000
Rumänien einschl. Bessarabien		342 000
Schweden		8 000
Schweiz		18 000
Serbien		10 000
Slowakei		88 000
Spanien		6 000
Türkei (europ. Teil)		55 500
Ungarn		742 800
UdSSR		5 000 000
Ukraine	2 994 684	
Weißrußland ausschl. Bialystok	446 484	
Zusammen		über 11 000 000

Bei den angegebenen Judenzahlen der verschiedenen ausländischen Staaten handelt es sich jedoch nur um Glaubensjuden, da die Begriffsbestimmungen der Juden nach rassischen Grundsätzen teilweise dort noch fehlen ...

Unter entsprechender Leitung sollen im Zuge der Endlösung die Juden in geeigneter Weise im Osten zum Arbeitseinsatz kommen. In großen Arbeitskolonnen, unter Trennung der Geschlechter, werden die arbeitsfähigen Juden straßenbauend in diese Gebiete geführt, wobei zweifellos ein Großteil durch natürliche Verminderung ausfallen wird.

Der allfällig endlich verbleibende Restbestand wird, da es sich bei diesem zweifellos um den widerstandsfähigsten Teil handelt, entsprechend behandelt werden müssen, da dieser, eine natürliche Auslese darstellend, bei Freilassung als Keimzelle eines neuen jüdischen Aufbaues anzusprechen ist. (Siehe die Erfahrung der Geschichte.)

Im Zuge der praktischen Durchführung der Endlösung wird Europa vom Westen nach Osten durchgekämmt. Das Reichsgebiet einschließlich Protektorat Böhmen und Mähren wird, allein schon aus Gründen der Wohnungsfrage und sonstigen sozialpolitischen Notwendigkeiten, vorweggenommen werden müssen.

Die evakuierten Juden werden zunächst Zug um Zug in sogenannte Durchgangsghettos verbracht, um von dort aus weiter nach dem Osten transportiert zu werden.

Wichtige Voraussetzung, so führte SS-Obergruppenführer Heydrich weiter aus, für die Durchführung der Evakuierung überhaupt, ist die genaue Festlegung des in Betracht kommenden Personenkreises.

Es ist beabsichtigt, Juden im Alter von über 65 Jahren nicht zu evakuieren, sondern sie einem Altersghetto – vorgesehen ist Theresienstadt – zu überstellen.

Neben diesen Altersklassen – von den am 31.10. 1941 sich im Altreich und der Ostmark befindlichen etwa 280000 Juden sind etwa 30% über 65 Jahre alt – finden in den jüdischen Altersghettos weiterhin die schwerkriegsbeschädigten Juden und Juden mit Kriegsauszeichnungen (EK1) Aufnahme. Mit dieser zweckmäßigen Lösung werden mit einem Schlag die vielen Interventionen ausgeschaltet.

Der Beginn der einzelnen größeren Evakuierungsaktionen wird weitgehend von der militärischen Entwicklung abhängig sein ...

IV. Im Zuge der Endlösungsvorhaben sollen die Nürnberger Gesetze gewissermaßen die Grundlage bilden, wobei Voraussetzung für die restlose Bereinigung des Problems auch die Lösung der Mischehen- und Mischlingsfragen ist.

Chef der Sicherheitspolizei und des SD erörtert im Hinblick auf ein Schreiben des Chefs der Reichskanzlei zunächst theoretisch die nachstehenden Punkte:

1. Behandlung der Mischlinge 1. Grades. Mischlinge 1. Grades sind im Hinblick auf die Endlösung der Judenfrage den Juden gleichgestellt ...

Abschließend wurden die verschiedenen Arten der Lösungsmöglichkeiten besprochen, wobei sowohl seitens des Gauleiters Dr. Meyer als auch seitens des Staatssekretärs Dr. Bühler der Standpunkt vertreten wurde, gewisse vorbereitende Arbeiten im Zuge der Endlösung gleich in den betreffenden Gebieten selbst durchzuführen, wobei jedoch eine Beunruhigung der Bevölkerung vermieden werden müsse.

Eine Massenexekution

Eidliche Erklärung des Bauingenieurs Gräbe in Wiesbaden über die Ermordung der Dubnoer Juden am 5. Oktober 1942 (Auszug)

Moennikes und ich gingen direkt zu den Gruben. Wir wurden nicht behindert. Jetzt hörte ich kurz nacheinander Gewehrschüsse hinter einem Erdhügel. Die von den Lastwagen abgestiegenen Menschen, Männer, Frauen und Kinder jeden Alters, mußten sich auf Aufforderung eines SS-Mannes, der in der Hand eine Reit- oder Hundepeitsche hielt, ausziehen und ihre Kleidung nach Schuhen, Ober- und Unterkleidern getrennt an bestimmten Stellen ablegen. Ich sah einen Schuhhaufen von schätzungsweise 800 bis 1000 Paar Schuhen, große Stapel von Wäsche und Kleidern. Ohne Geschrei oder Weinen zogen sich diese Menschen aus, standen in Familiengruppen beisammen, küßten und verabschiedeten sich und warteten auf den Wink eines anderen SS-Mannes, der an der Grube stand und ebenfalls eine Peitsche in der Hand hielt. Ich habe während einer Viertelstunde, als ich bei den Gruben stand, keine Klagen oder Bitten um Schonung gehört. Ich beobachtete eine Familie von etwa 8 Personen, einen Mann und eine Frau, beide ungefähr von 50 Jahren, mit deren Kindern, so ungefähr 1-, 8- und 10jährig, sowie zwei erwachsene Töchter von 20 bis 24 Jahren. Eine alte Frau mit schneeweißem Haar hielt das einjährige Kind auf dem Arm und sang ihm etwas vor und kitzelte es. Das Kind quietschte vor Vergnügen. Das Ehepaar schaute mit Tränen in den Augen zu. Der Vater hielt an der Hand einen Jungen von etwa 10 Jahren, sprach leise auf ihn ein. Der Junge kämpfte mit den Tränen. Der Vater zeigte mit dem Finger zum Himmel, streichelte ihn über den Kopf und schien ihm etwas zu erklären. Da rief schon der SS-Mann an der Grube seinem Kameraden etwas zu. Dieser teilte ungefähr 20 Personen ab und wies sie an, hinter den Erdhügel zu gehen. Die Familie, von der ich hier sprach, war dabei ...

Ich ging um den Erdhügel herum und stand vor dem riesigen Grab. Dicht aneinandergepreßt lagen die Menschen so aufeinander, daß nur die Köpfe zu sehen waren. Von fast allen Köpfen rann Blut über die Schultern. Ein Teil der Erschossenen bewegte sich noch. Einige hoben ihre Arme und drehten den Kopf um, um zu zeigen, daß sie noch lebten. Die Grube war bereits dreiviertel voll. Nach meiner Schätzung lagen darin bereits ungefähr 1000 Menschen. Ich schaute mich nach dem Schützen um. Dieser, ein SS-Mann, saß am Rand der Schmalseite der Grube auf dem Erdboden, ließ die Beine in die Grube herabhängen, hatte auf seinen Knien eine Maschinenpistole liegen und rauchte eine Zigarette. Die vollständig nackten Menschen gingen eine Treppe, die in die Lehmwand der Grube gegraben war, hinab, rutschten über die Köpfe der Liegenden hinweg bis zu der Stelle, die der SS-Mann anwies. Sie legten sich vor die toten oder angeschossenen Menschen, einige streichelten die noch Lebenden und sprachen leise auf sie ein. Dann hörte ich eine Reihe Schüsse. Ich schaute in die Grube und sah, wie die Körper zuckten oder die Köpfe schon still auf den vor ihnen liegenden Körpern lagen. Von den Nacken rann Blut.

Vernichtung des Warschauer Ghettos

Zusammenfassender Bericht des SS-Brigade-Führers und Generals der Polizei, Stroop (Auszug)

Der von den Juden und Banditen geleistete Widerstand konnte nur durch energischen unermüdlichen Tag- und Nachteinsatz der Stoßtrupps gebrochen werden. Am 23. April 1943 erging vom Reichsführer SS über den Höheren SS- und Polizeiführer Ost in Krakau der Befehl, die Durchkämmung des Ghettos in Warschau mit größter Härte und unnachsichtiger Zähigkeit zu vollziehen.

Ich entschloß mich deshalb, nunmehr die totale Vernichtung des jüdischen Wohnbezirks durch Abbrennen sämtlicher Wohnblocks, auch der Wohnblocks bei den Rüstungsbetrieben, vorzunehmen. Es wurde systematisch ein Betrieb nach dem anderen geräumt und anschließend durch Feuer vernichtet. Fast immer kamen dann die Juden aus ihren Verstecken und Bunkern heraus. Es war nicht selten, daß die Juden in den brennenden Häusern sich so lange aufhielten, bis sie es wegen der Hitze vorzogen, aus den Stockwerken herauszuspringen. Mit gebrochenen Knochen versuchten sie dann noch über die Straße in Häuserblocks zu kriechen, die noch nicht oder nur teilweise in Flammen standen. Oft wechselten die Juden auch ihre Verstecke während der Nacht, indem sie sich in bereits abgebrannte Ruinen verzogen und dort solange Unterschlupf fanden, bis sie von den einzelnen Stoßtrupps aufgefunden wurden. Auch der Aufenthalt in den Kanälen war schon nach den ersten acht Tagen kein angenehmer mehr. Häufig konnten auf der Straße durch die Schächte laute Stimmen aus den Kanälen herausgehört werden. Mutig kletterten dann die Männer der Waffen-SS oder der Polizei oder Pioniere der Wehrmacht in die Schächte hinein, um die Juden herauszuholen, und nicht selten stolperten sie dann über bereits verendete Juden oder wurden beschossen. Immer mußten Nebelkerzen in Anwendung gebracht werden, um die Juden herauszutreiben. So wurden an einem Tage 183 Kanaleinsteiglöcher geöffnet und in diese zu einer festgelegten X-Zeit Nebelkerzen herabgelassen mit dem Erfolg, daß die Banditen, vor dem angeblichen Gas flüchtend, im Zentrum des ehemaligen jüdischen Wohnbezirks zusammenliefen und aus den dort befindlichen Kanalöffnungen herausgeholt werden konnten. Zahlreiche Juden, die nicht gezählt werden konnten, wurden in Kanälen und Bunkern durch Sprengungen erledigt. Je länger der Widerstand andauerte, desto härter wurden die Männer der Waffen-SS, der Polizei und der Wehrmacht, die auch hier in treuer Waffenbrüderschaft unermüdlich an die Erfüllung ihrer Aufgaben herangingen und stets beispielhaft und vorbildlich ihren Mann standen.

Tagesmeldung Stroops vom 16. Mai 1943 (Auszug)

Das ehemalige jüdische Wohnviertel Warschau besteht nicht mehr. Mit der Sprengung der Warschauer Synagoge wurde die Großaktion um 20.15 Uhr beendet ... Gesamtzahl der erfaßten und nachweislich vernichteten Juden beträgt insgesamt 56065. Dieser Zahl hinzuzusetzen sind noch die Juden, die durch Sprengungen, Brände usw. ums Leben gekommen, aber zahlenmäßig nicht erfaßt werden konnten.

Die Todesfabriken

Niederschrift des SS-Obersturmführers Gerstein am 4. Mai 1945 in Rottweil, in alliierter Haft* (Auszug)

Am anderen Morgen kurz vor sieben kündigt man mir an: In zehn Minuten kommt der erste Transport! – Tatsächlich kam nach einigen Minuten der erste Zug von Lemberg aus an. 45 Waggons mit 6700 Menschen, von denen 1450 schon tot waren bei ihrer Ankunft. Hinter den vergitterten Luken schauten, entsetzlich bleich und ängstlich, Kinder durch, die Augen voller Todesangst, ferner Männer und Frauen. Der Zug fährt ein: 200 Ukrainer reißen die Türen auf und peitschen die Leute mit ihren Lederpeitschen aus den Waggons heraus. Ein großer Lautsprecher gibt die weiteren Anweisungen: Sich ganz ausziehen, auch Prothesen, Brillen usw. Die Wertsachen am Schalter abgeben, ohne Bons oder Quittung. Die Schuhe sorgfältig zusammenbinden (wegen der Spinnstoffsammlung), denn in dem Haufen von reichlich 25 Meter Höhe hätte sonst niemand die zugehörigen Schuhe wieder zusammenfinden können. Dann die Frauen und Mädchen zum Friseur, der mit zwei, drei Scherenschlägen die ganzen Haare abschneidet und sie in Kartoffelsäcken verschwinden läßt. «Das ist für irgendwelche Spezialzwecke für die U-Boote bestimmt, für Dichtungen oder dergleichen!» sagt mir der SS-Unterscharführer, der dort Dienst tut. – Dann setzt sich der Zug in Bewegung. Voran ein bildhübsches junges Mädchen, so gehen sie alle die Allee entlang, alle nackt, Männer, Frauen, Kinder, ohne Prothesen. Ich selbst stehe mit dem Hauptmann Wirth oben auf der Rampe zwischen den Kammern. Mütter mit ihren Säuglingen an der Brust, sie kommen herauf, zögern, treten ein in die Todeskammern! – An der Ecke steht ein starker SS-Mann, der mit pastoraler Stimme zu den Armen sagt: «Es passiert euch nicht das Geringste! Ihr müßt nur in den Kammern tief Atem holen, das weitet die Lungen, diese Inhalation ist notwendig wegen der Krankheiten und Seuchen.» Auf die Frage, was mit ihnen geschehen würde, antwortet er: «Ja, natürlich, die Männer müssen arbeiten, Häuser und Chausseen bauen, aber die Frauen brauchen nicht zu arbeiten. Nur wenn sie wollen, können sie im Haushalt oder in der Küche mithelfen.» – Für einige von diesen Armen ein kleiner Hoffnungsschimmer, der ausreicht, daß sie ohne Widerstand die paar Schritte zu den Kammern gehen – die Mehrzahl weiß Bescheid, der Geruch kündet ihnen ihr Los! – So steigen sie die kleine Treppe herauf, und dann sehen sie alles. Mütter mit Kindern an der Brust, kleine nackte Kinder, Erwachsene, Männer, Frauen, alle nackt – sie zögern, aber sie treten in die Todeskammern, von den anderen hinter ihnen vorgetrieben oder von den Lederpeitschen der SS getrieben. Die Mehrzahl ohne ein Wort zu sagen. Eine Jüdin von etwa 40 Jahren, mit flammenden Augen, ruft das Blut, das hier vergossen wird, über die Mörder. Sie erhält 5 oder 6 Schläge mit der Reitpeitsche ins Gesicht, vom Hauptmann Wirth persönlich, dann verschwindet auch sie in der Kammer. Viele Menschen beten. Ich bete mit ihnen, ich drücke mich in eine Ecke und schreie laut zu meinem und ihrem Gott. Wie gerne wäre ich mit ihnen in die Kammer gegangen, wie gerne wäre ich ihren Tod mitgestorben. Sie hätten dann einen uniformierten SS-Offizier in ihren Kammern gefunden – die Sache wäre als Unglücksfall aufgefaßt und behandelt worden, sang- und klanglos verschollen. Noch also darf ich nicht. Ich muß noch zuvor verkünden, was ich hier erlebe! – Die Kammern füllen sich. Gut vollpacken – so hat es der Hauptmann Wirth befohlen. Die Menschen stehen einander auf den Füßen. 700 bis 800 auf 25 Quadratmetern, in 45 Kubikmetern! Die SS zwängt sie physisch zusammen, soweit es überhaupt geht. – Die Türen schließen sich. Währenddessen warten die anderen draußen im Freien nackt ... Jetzt endlich verstehe ich auch, warum die ganze Einrichtung Heckenholt-Stiftung heißt. Heckenholt ist der Chauffeur des Dieselmotors, ein kleiner Techniker, gleichzeitig Erbauer dieser Anlage. Mit den Dieselauspuffgasen sollen die Menschen zu Tode gebracht werden. Aber der Diesel funktioniert nicht! Der Hauptmann Wirth kommt. Man sieht, es ist ihm peinlich, daß das gerade heute passieren muß, wo ich hier bin. Jawohl, ich sehe alles! und ich warte. Meine Stoppuhr hat alles brav registriert. 50 Minuten, 70 Sekunden – der Diesel springt nicht an! Die Menschen warten in ihren Gaskammern. Vergeblich! Man hört sie weinen, schluchzen ... Der Hauptmann Wirth schlägt mit seiner Reitpeitsche den Ukrainer, der dem Unterscharführer Heckenholt beim Diesel helfen soll, 12-, 13mal ins Gesicht. Nach zwei Stunden 49 Minuten – die Stoppuhr hat alles wohl registriert – springt der Diesel an. Bis zu diesem Augenblick leben die Menschen in diesen 4 Kammern, viermal 750 Menschen in 4 mal 45 Kubikmetern! – Von neuem verstreichen 25 Minuten. Richtig, viele sind jetzt tot. Man sieht das durch das kleine Fensterchen, als das elektrische Licht die Kammern einen Augenblick beleuchtet. Nach 28 Minuten leben nur noch wenige. Endlich, nach 32 Minuten ist alles tot! – Von der anderen Seite öffnen Männer vom Arbeitskommando die Holztüren. Man hat ihnen – selbst Juden – die Freiheit versprochen und einen gewissen Promillesatz von allen gefundenen Werten für ihren schrecklichen Dienst. Wie Basaltsäulen stehen die Toten aufrecht aneinandergepreßt in den Kammern. Es wäre auch kein Platz, hinzufallen oder auch nur sich vornüber zu neigen. Selbst im Tode noch kennt man die Familien. Sie drücken sich, im Tode verkrampft, noch die Hände, so daß man Mühe hat, sie auseinander zu reißen, um die Kammern für die nächste Charge frei zu machen. Man wirft die Leichen – naß von Schweiß und Urin, kotbeschmutzt, Menstruationsblut an den Beinen, heraus. Kinderleichen fliegen durch die Luft. Man hat keine Zeit. Die Reitpeitschen der Ukrainer sausen auf die Arbeitskommandos. Zwei Dutzend Zahnärzte öffnen mit Haken den Mund und sehen nach Gold. Gold links, ohne Gold rechts. Andere Zahnärzte brechen mit Zangen und Hämmern die Goldzähne und Kronen aus den Kiefern ... Die nackten Leichen wurden auf Holztragen nur wenige Meter weit in Gruben von 100 mal 20 mal 12 Meter geschleppt. Nach einigen Tagen gärten die Leichen hoch und fielen alsdann kurze Zeit später stark zusammen, so daß man eine neue Schicht auf dieselben draufwerfen konnte. Dann wurden zehn Zentimeter Sand darüber gestreut, so daß nur noch vereinzelte Köpfe und Arme herausragten ...

Am anderen Tage – dem 19. August 1942 – fuhren wir mit dem Auto des Hauptmanns Wirth nach Treblinka, 120 km NNO von Warschau. Die Einrichtung war etwa dieselbe, nur viel größer als in Belcec. Acht Gaskammern und wahre Gebirge von Koffern, Textilien und Wäsche.

* *Gerstein, Abteilungsleiter im SS-Führungs-Hauptamt, war mit der Blausäurebeschaffung beauftragt. Religiös gebunden, verstand er sich als Kronzeuge.*

Ich befehligte Auschwitz

Eidesstattliche Erklärung des KZ-Kommandanten Höß am 5. April 1946 in Nürnberg (Auszug)

2. Seit 1934 hatte ich unausgesetzt in der Verwaltung von Konzentrationslagern zu tun und tat Dienst in Dachau bis 1938; dann als Adjutant in Sachsenhausen von 1938 bis zum 1. Mai 1940, zu welcher Zeit ich zum Kommandanten von Auschwitz ernannt wurde. Ich befehligte Auschwitz bis zum 1. Dezember 1943 und schätze, daß mindestens 2500000 Opfer dort durch Vergasung und Verbrennen hingerichtet und ausgerottet wurden; mindestens eine weitere halbe Million starben durch Hunger und Krankheit, was eine Gesamtzahl von ungefähr 3000000 Toten ausmacht. Diese Zahl stellt ungefähr 70 oder 80 Prozent aller Personen dar, die als Gefangene nach Auschwitz geschickt wurden; die übrigen wurden ausgesucht und für Sklavenarbeit in den Industrien des Konzentrationslagers verwendet. Unter den hingerichteten verbrannten Personen befanden sich ungefähr 20000 russische Kriegsgefangene ... Der Rest der Gesamtzahl der Opfer umfaßte ungefähr 100000 deutsche Juden und eine große Anzahl von Einwohnern, meistens Juden, aus Holland, Frankreich, Belgien, Polen, Ungarn, Tschechoslowakei, Griechenland oder anderen Ländern. Ungefähr 400000 ungarische Juden wurden allein in Auschwitz im Sommer 1944 von uns hingerichtet ...

6. Die «Endlösung» der jüdischen Frage bedeutete die vollständige Ausrottung aller Juden in Europa. Ich hatte den Befehl, Ausrottungserleichterungen in Auschwitz im Juni 1942 zu schaffen ...

Als ich das Vernichtungsgebäude in Auschwitz errichtete, gebrauchte ich also Zyklon B, eine kristallisierte Blausäure, die wir in die Todeskammer durch eine kleine Öffnung einwarfen. Es dauerte 3 bis 15 Minuten, je nach den klimatischen Verhältnissen, um die Menschen in der Todeskammer zu töten. Wir wußten, wann die Menschen tot waren, weil ihr Kreischen aufhörte ...

7. Eine andere Verbesserung gegenüber Treblinka war, daß wir Gaskammern bauten, die 2000 Menschen auf einmal fassen konnten.

Zahlen zum KZ-System

Lager	Registrierte Häftlinge	Im Lager Verstorbene	Sofort Ermordete	Zahl der Toten
Auschwitz	405 000	340 000	3 660 000	4 000 000
Buchenwald	216 000	46 200	9 500	55 700
Dachau	162 000	30 000	7 000	37 000
Flossenbürg	109 500	27 500	2 000	29 500
Mauthausen	196 400	102 000	6 500	108 500
Ravensbrück	133 000	2 700	.	92 700
Sachsenhausen	190 000	45 800	33 200	79 300

Das KZ-System

Segensreiche Freundschaft

Brief des IG-Farben-Vorstandsmitglieds Ambros an die IG-Farben-Direktoren ter Meer und Struß vom 12. April 1941 über die Errichtung des Bunabetriebes Auschwitz-Monowitz

In Anlage übersende ich Ihnen die Berichte über unsere Baubesprechungen, die regelmäßig wöchentlich einmal unter meiner Leitung stattfinden.
Sie entnehmen daraus die organisatorische Regelung und vor allem den Beginn unserer Tätigkeit im Osten.
Inzwischen fand auch am 7.4. die konstituierende Gründungssitzung in Kattowitz statt, die im großen und ganzen befriedigend verlief. Gewisse Widerstände von kleinen Amtsschimmeln konnten schnell beseitigt werden.
Dr. Eckell hat sich dabei sehr bewährt, und außerdem wirkt sich unsere neue Freundschaft mit der SS sehr segensreich aus.
Anläßlich eines Abendessens, das uns die Leitung des Konzentrationslagers gab, haben wir weiterhin alle Maßnahmen festgelegt, welche die Einschaltung des wirklich hervorragenden Betriebs des KZ-Lagers zugunsten der Buna-Werke betreffen.

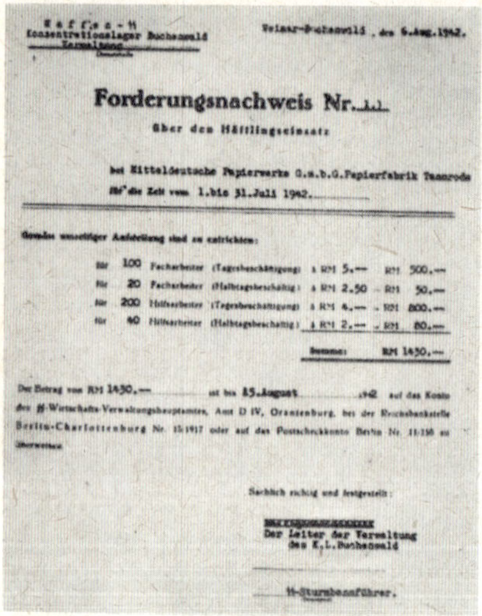

Waffen-SS
Konzentrationslager Buchenwald
Verwaltung

Weimar-Buchenwald, den 6. Aug. 1942.

Forderungsnachweis Nr. 11

über den Häftlingseinsatz

bei Mitteldeutsche Papierwerke G.m.b.H. Papierfabrik Tannrode
für die Zeit vom 1. bis 31. Juli 1942.

Gemäss umseitiger Aufstellung sind zu entrichten:

für	100	Facharbeiter	(Tagesbeschäftigung)	à RM 5.—	RM 500.—
für	20	Facharbeiter	(Halbtagsbeschäftig.)	à RM 2.50	RM 50.—
für	200	Hilfsarbeiter	(Tagesbeschäftigung)	à RM 4.—	RM 800.—
für	40	Hilfsarbeiter	(Halbtagsbeschäftig.)	à RM 2.—	RM 80.—
				Summe:	RM 1430.—

Der Betrag von RM 1430.— ist bis 15. August 1942 auf das Konto des SS-Wirtschafts-Verwaltungshauptamtes, Amt D IV, Oranienburg, bei der Reichsbankstelle Berlin-Charlottenburg Nr. 15/1917 oder auf das Postscheckkonto Berlin Nr. 11-158 zu überweisen.

Sachlich richtig und festgestellt:

Der Leiter der Verwaltung
des K.L. Buchenwald

SS-Sturmbannführer.

Bestellformular der Betriebe für KZ-Häftlinge. Die IG Farben rechnete allein für Dezember 1943 die Ausbeutung von hundertfünfzigtausend Häftlingen ab

Friedensmäßiger Ausbau

Schreiben des Reichsführers SS, gez. SS-Obersturmbannführer Liebehenschel, vom 2. Juli 1941 an die Kommandanten der KZ-Lager

Um mit den Vorbereitungen für den friedensmäßigen Ausbau der Konzentrationslager (Massivbau) beginnen zu können, ist nach Mitteilung des Chefs des Amtes II – Bauten – eine Verstärkung des Personals in den Büros der SS-Baudienststellen unerläßlich.
Da auf dem Arbeitsmarkt eine ausreichende Anzahl von Fachkräften nicht zur Verfügung steht, muß dieser Mangel durch Häftlinge ausgeglichen werden. In Ihrem Lager dafür in Frage kommende Häftlinge, die noch nicht in den SS-Baudienststellen beschäftigt werden, sind unter Angabe ihrer beruflichen tech. Vorbildung umgehend namentlich nach hier zu melden. (Auch Häftlinge, die nur beschränkt arbeitsfähig sind.)

Wandlung zum SS-Konzern

Bericht des Chefs des SS-Wirtschaftsverwaltungs-Hauptamtes, SS-Obergruppenführer Pohl, über die Eingliederung der Inspektion der KZ in sein Amt, unter dem 30. April 1942 an Himmler gerichtet

Ich berichte Ihnen heute über die augenblickliche Lage der Konzentrationslager und über Maßnahmen, welche ich getroffen habe, um Ihren Befehl vom 3. März 1942 durchzuführen.
I. 1. Bei Kriegsausbruch waren folgende Konzentrationslager vorhanden:

	1939	heute	
a) Dachau	4000	8000	Häftlinge
b) Sachsenhausen	6500	10000	,,
c) Buchenwald	5300	9000	,,
d) Mauthausen	1500	5500	,,
e) Flossenbürg	1600	4700	,,
f) Ravensbrück	2500	7500	,,

2. In den Jahren 1940–1942 wurden neun weitere Lager errichtet, und zwar:
a) Auschwitz,
b) Neuengamme,
c) Gusen,
d) Natzweiler,
e) Groß-Rosen,
f) Lublin,
g) Niederhagen,
h) Stutthof
i) Arbeitsdorf.
3. Außer diesen 15 Lagern, welche aufgaben- und arbeitsmäßig, in der Zusammensetzung ihrer Kommandanturstäbe und ihres Schutzhaftlagerdienstes sich vollkommen mit der Organisation der alten Konzentrationslager decken, wurden folgende weitere Aufgaben erteilt:
a) SS-Sonderlager Hinzert: Kommandanturstab und Wachmannschaften unterstehen mir. Das Schutzhaftlager untersteht dem Reichssicherheitshauptamt. Keine Betriebe, keine Arbeitsmöglichkeit.
b) Jugendschutzlager Moringen: keine Betriebe.
c) Jugendschutzlager Uckermark: in Bau.
d) Jugendschutzlager Litzmannstadt: in Planung.
4. In den letzten Wochen sind vom Reichssicherheitshauptamt und vom Kommandoamt der Waffen-SS für von diesen Dienststellen geplante Lager in Riga, Kiew und Bobruisk SS-Führer angefordert worden.
Ich halte es für richtig, wenn solche Pläne an das SS-Wirtschafts-Verwaltungshauptamt herangetragen werden, damit sie einheitlich von einer Stelle für SS und Polizei geplant und durchgeführt werden. So kann leicht ein Nebeneinander und daraus ein Durcheinander entstehen.
II. 1. Der Krieg hat eine sichtbare Strukturänderung der Konzentrationslager gebracht und ihre Aufgaben hinsichtlich des Häftlingseinsatzes grundlegend geändert.
Die Verwahrung von Häftlingen nur aus Sicherheits-, erzieherischen oder vorbeugenden Gründen allein steht nicht mehr im Vordergrund.
Das Schwergewicht hat sich nach der wirtschaftlichen Seite hin verlagert. Die Mobilisierung aller Häftlingsarbeitskräfte zunächst für Kriegsaufgaben (Rüstungssteigerung) und später für Friedensaufgaben schiebt sich immer mehr in den Vordergrund.
2. Aus dieser Erkenntnis ergeben sich die notwendigen Maßnahmen, welche eine allmähliche Überführung der Konzentrationslager aus ihrer früheren einseitigen politischen Form in eine den wirtschaftlichen Aufgaben entsprechende Organisation erfordern.
3. Ich habe deshalb alle Führer der früheren Inspektion der Konzentrationslager, alle Lagerkommandanten und alle Werkleiter am 23. und 24.4.1942 versammelt und ihnen persönlich die neue Entwicklung dargelegt. Die wesentlichen Dinge, deren Durchführung vordringlich ist, damit die Aufnahme rüstungsindustrieller Arbeiten keine Verzögerung erleidet, habe ich in beiliegender Anordnung zusammengefaßt.
4. Die Überführung der Inspektion der Konzentrationslager in das Wirtschafts-Verwaltungshauptamt ist im besten Einvernehmen aller beteiligten Hauptämter durchgeführt. Die Zusammenarbeit aller Dienststellen ist reibungslos, die Beseitigung des Nebeneinander in den Konzentrationslagern wird allgemein als Überwindung der den Fortschritt hemmenden Fesseln begrüßt.

Vernichtung durch Arbeit

Aufzeichnung Thieracks über eine Besprechung mit Himmler am 18. September 1942 in dessen Feldquartier (Auszug)

1. Korrektur bei nicht genügenden Justizurteilen durch polizeiliche Sonderbehandlung. Es wurde auf Vorschlag des Reichsleiters Bormann zwischen Reichsführer-SS und mir folgende Vereinbarung getroffen:
a) Grundsätzlich wird des Führers Zeit mit diesen Dingen überhaupt nicht mehr beschwert.
b) Über die Frage, ob polizeiliche Sonderbehandlung eintreten soll oder nicht, entscheidet der Reichsjustizminister …
2. Auslieferung asozialer Elemente aus dem Strafvollzug an den Reichsführer-SS zur Vernichtung durch Arbeit. Es werden restlos ausgeliefert die Sicherungsverwahrten, Juden, Zigeuner, Russen und Ukrainer, Polen über 3 Jahre Strafe, Tschechen oder Deutsche über 8 Jahre Strafe nach Entscheidung des Reichsjustizministers. Zunächst sollen die übelsten asozialen Elemente unter letzteren ausgeliefert werden …
3. Rechtsprechung durch das Volk.
Diese ist Schritt für Schritt zunächst in den Dörfern und den kleinen Städten bis etwa 20000 Einwohner möglichst bald durchzuführen. In Großstädten ist die Durchführung schwierig. Hierzu werde ich durch einen Artikel im Hoheitsträger besonders die Partei zur Mitwirkung anregen. Es besteht Klarheit darüber, daß die Gerichtsbarkeit nicht in den Händen der Partei liegen darf …
6. Der von mir geplanten Regelung der vom Führer angeordneten Prügelstrafe stimmt Reichsführer-SS in vollem Umfange zu.
7. Ich nehme auf das Gemeinschaftsfremdengesetz Bezug und melde Ansprüche der Justiz an, z.B. bei Feststellung Jugendlicher als asoziale Elemente und ihre Einweisung. Auch scheinen mir die Tatumstände, die zur Abstempelung eines Menschen als asozial dienen, nicht klar genug im Gesetz dargelegt. Reichsführer-SS wartet unsere Stellung-

In faschistischen Karteien registrierte KZ-Häftlinge

1938 (November)	1939 (September)	1942 (August)	1943 (August)	1944 (August)	1945 (Januar)
60000	30000	115000	224000	524000	714000

Häftlinge in Zuchthäusern und Gefängnissen

Jahr	1935	1936	1937	1938	1939	1940	1941	1942	1943	1944
Anzahl	112 000	114 000	116 000	103 000	108 685	132 932	·	195 636	·	199 782

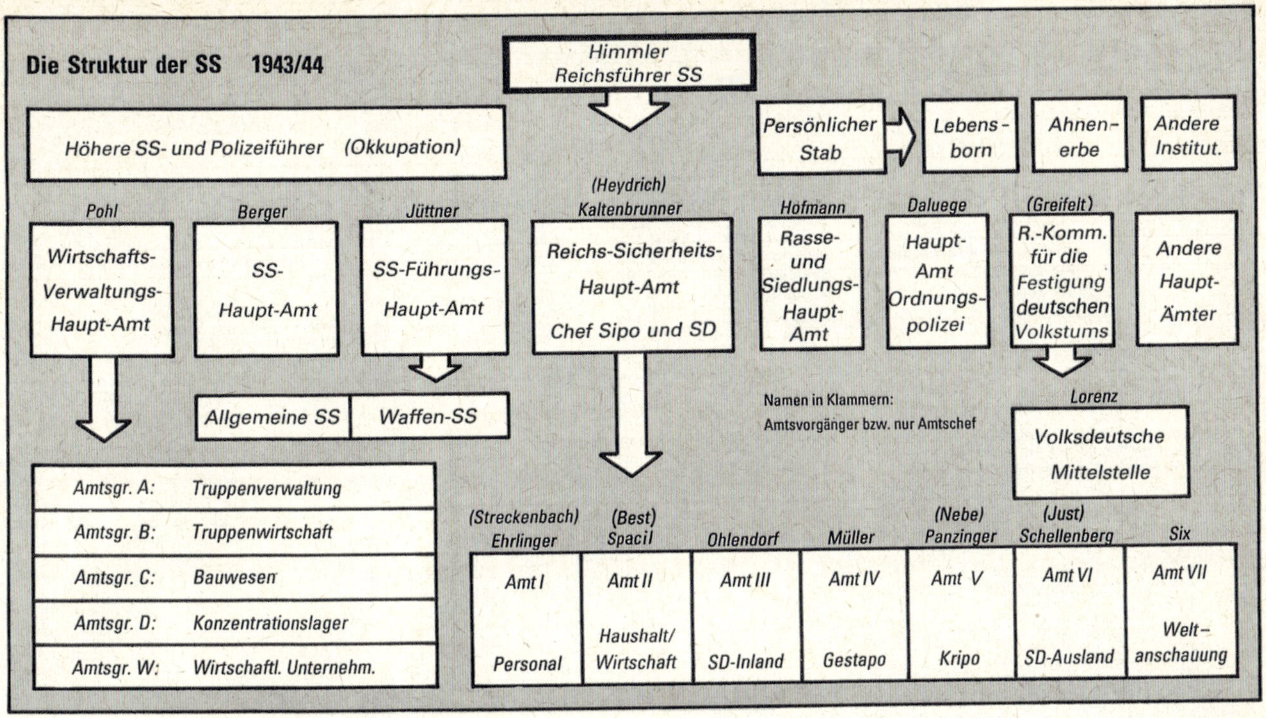

nahme ab und wird bis dahin die Vorlage des Gesetzes nicht betreiben.

8. Reichsführer-SS ist mit einer Bestimmung, wonach die Strafmündigkeit auf zwölf Jahre herabgesetzt und die verminderte Strafmündigkeit über 18 Jahre erweitert werden kann, für das Jugendstrafgerichtsgesetz einverstanden ...

14. Es besteht Übereinstimmung darüber, daß in Rücksicht auf die von der Staatsführung für die Bereinigung der Ostfragen beabsichtigten Ziele in Zukunft Juden, Polen, Zigeuner, Russen und Ukrainer nicht mehr von den ordentlichen Gerichten, soweit es sich um Strafsachen handelt, abgeurteilt werden sollen, sondern durch den Reichsführer-SS erledigt werden.

Arbeitskräfte-Beschaffung

Durch den Gestapo-Chef Müller unterzeichnetes Schreiben des Chefs der Sipo und des SD vom 17. Dezember 1942 (Auszug)

Aus kriegswichtigen, hier nicht näher zu erörternden Gründen hat der RFSS und Chef der Deutschen Polizei am 14.12.1942 befohlen, daß bis Ende Januar 1943 spätestens mindestens 35000 arbeitsfähige Häftlinge in die Konzentrationslager einzuweisen sind.

Um diese Zahl zu erreichen, ist folgendes erforderlich:

1) Ab sofort (zunächst bis zum 1.II.1943) werden Ost- oder solche fremdvölkische Arbeiter, welche flüchtig gegangen oder vertragsbrüchig geworden sind und nicht den verbündeten, befreundeten oder neutralen Staaten angehören, unter Beachtung der unter Ziffer 3) aufgeführten notwendigsten Formalitäten auf dem schnellsten Wege den nächstgelegenen Konzentrationslagern eingeliefert.

Dritten Dienststellen gegenüber muß gegebenenfalls jede einzelne dieser Maßnahmen als unerläßliche sicherheitspolizeiliche Maßnahme unter entsprechender sachlicher Begründung aus dem Einzelfall heraus dargestellt werden, so daß Beschwerden vermieden, jedenfalls aber ausgeräumt werden.

2) Die Befehlshaber und Kommandeure der Sicherheitspolizei und des SD und die Leiter der Staatspolizei(leit)stellen überprüfen sofort unter Zugrundelegung eines besonders scharfen und engen Maßstabes

a) die Hafträume

b) die Arbeitserziehungslager.

Alle arbeitseinsatzfähigen Häftlinge sind, wenn es sachlich und menschlich irgendwie zu vertreten ist, sofort nach den folgenden Richtlinien in das nächtgelegene KZ zu überstellen, z. B. auch dann, wenn Strafverfahren demnächst eingeleitet werden oder werden sollen. Nur solche Häftlinge, welche im Interesse des weiteren Ermittlungsverfahrens unbedingt in Einzelhaft verbleiben müssen, können weiterhin belassen werden.

Es kommt auf jede einzelne Arbeitskraft an!

Die Überprüfung ist sofort in Angriff zu nehmen. Jedwedes Zurückhalten von arbeitsfähigen Häftlingen ist verboten. Ausnahmen bedürfen meiner Genehmigung.

Ansteigende Sterblichkeit

Schreiben des Chefs der Sipo und des SD an Pohl vom 31. Dezember 1942, unterzeichnet durch den Vertreter des Amtschefs (Auszug)

Auf das an den Reichsführer-SS und Chef der Deutschen Polizei gerichtete Schreiben, das mir in Abschrift von der Adjutantur des Reichsführers-SS zugeleitet worden ist, teile ich zur dortigen Unterrichtung mit, daß inzwischen Maßnahmen getroffen worden sind, um die Gesamthäftlingszahl in den KL zu erhöhen.

1. Die von der Justiz abzugebenden asozialen Häftlinge werden umgehend in ein KL übergeführt. Bisher sind etwa 12000 solcher Häftlinge vom Reichsminister der Justiz namhaft gemacht worden, die zum Teil bereits schon in KL übergeführt sind bzw. deren Überführung im Gang ist.

2. Die nachgeordneten Stellen sind – wie bereits bekannt – angewiesen, etwa 35000 Häftlinge nach erfolgter Festnahme im vereinfachten Verfahren sofort in die KL zu überstellen.

3. Es ist Vorsorge getroffen, daß alle polnischen Häftlinge, die in den Gefängnissen des Generalgouvernements einsitzen und deren Verwahrung für längere Zeit notwendig ist, ebenfalls umgehend in die KL übergeführt werden.

Sobald diese Aktionen beendet sind, werde ich weitere Mitteilungen geben. Ich möchte aber in diesem Zusammenhang noch darauf hinweisen, daß infolge der zahlreichen Todesfälle in den KL trotz der in letzter Zeit in verstärktem Maße verfügten Einweisungen eine Erhöhung des Häftling-Gesamtbestandes nicht zu erreichen war und daß bei anhaltender bzw. sogar ansteigender Sterblichkeit eine Besserung selbst bei erhöhten Einweisungen voraussichtlich nicht zu erreichen ist.

Versuchspersonen

Bericht des SS-Arztes Rascher an Himmler vom 17. Februar 1943 (Auszug)

In der Anlage überreiche ich, in kurze Form gebracht, eine Zusammenstellung der Resultate, welche bei den Erwärmungsversuchen an ausgekühlten Menschen durch animalische Wärme gewonnen wurden. Zur Zeit arbeite ich daran, durch Menschenversuche nachzuweisen, daß Menschen, welche durch trockene Kälte ausgekühlt wurden, ebenso schnell wieder erwärmt werden können als solche, welche durch Verweilen im kalten Wasser auskühlten. Der Reichsarzt-SS, SS-Gruppenführer Dr. Gravitz bezweifelte diese Möglichkeit allerdings stärkstens und meinte, daß ich dies erst durch 100 Versuche beweisen müsse. Bis jetzt habe ich etwa 30 Menschen unbekleidet im Freien innerhalb 9–14 Stunden auf – 27° bis – 29° abgekühlt. Nach einer Zeit, welche einem Transport von einer Stunde entsprach, habe ich die Versuchspersonen in ein heißes Vollbad gelegt. *Bis* jetzt war in jedem Fall, trotz teilweise weißgefrorener Hände und Füße, der Patient innerhalb längstens einer Stunde wieder völlig aufgewärmt...

Am einfachsten wäre es, wenn ich zur Waffen-SS überstellt, mit Neff nach Auschwitz fahren würde und dort die Frage der Wiedererwärmung an Hand Erfrorener schnell in einem großen Reihenversuch klären würde. Auschwitz ist für einen derartigen Reihenversuch in jeder Beziehung besser geeignet als Dachau, da es dort kälter ist und durch die Größe des Geländes im Lager selbst weniger Aufsehen erregt wird (die Versuchspersonen brüllen, wenn sie sehr frieren).

Die neue Methode

Bericht Prof. Claubergs vom 7. Juni 1943 (Auszug)

Trotz der kurzen Zeitspanne von eigentlich nur 4 Monaten ist es mir heute bereits möglich, Ihnen – Reichsführer – folgendes mitzuteilen:
Die von mir erdachte Methode, ohne Operation eine Sterilisierung des weiblichen Organismus zu erzielen, ist so gut wie fertig ausgearbeitet. Sie erfolgt durch eine einzige Einspritzung vom Eingang der Gebärmutter her und kann bei der üblichen, jedem Arzt bekannten gynäkologischen Untersuchung vorgenommen werden ...
Was die Frage anlangt, die Sie, Reichsführer, mir vor fast Jahresfrist stellten, nämlich in welcher Zeit es etwa möglich sein würde, 1000 Frauen auf diese Weise zu sterilisieren, so kann ich dies heute voraussehend beantworten. Nämlich:
Wenn die von mir durchgeführten Untersuchungen so weiter ausgehen wie bisher – und es besteht kein Grund anzunehmen, daß sie es nicht tun –, so ist der Augenblick nicht mehr sehr fern, wo ich sagen kann «von einem entsprechend eingeübten Arzt an einer entsprechend eingerichteten Stelle mit vielleicht 10 Mann Hilfspersonal (die Zahl des Hilfspersonals der gewünschten Beschleunigung entsprechend) höchstwahrscheinlich mehrere hundert – wenn nicht gar 1000 – *an einem Tage*».

Prof. Porsche bittet uns

Fernschreiben Himmlers an Pohl vom 4. März 1944

Professor *Porsche** hat mich heute besucht. Er bittet uns, ein Werk für die Fabrikation einer Geheimwaffe, die in einem Bergwerk unter Tag stattfindet und 3½ tausend Arbeitskräfte braucht, als KL-Betrieb zu übernehmen.
Nehmen Sie doch bitte mit Porsche Verbindung auf.

* *vor dem Krieg VW-, im Krieg Panzerkonstrukteur*

500000 Industriesklaven

Eidliche Erklärung des stellvertretenden Amtschefs im Wirtschaftsverwaltungs-Hauptamt der SS, Sommer, im Nürnberger Prozeß (Auszug)

Der Einsatz von KZ-Häftlingen in der deutschen Industrie begann in den Monaten August bis September 1942. Er erfolgte auf Drängen des Rüstungsministeriums, das damit die industriellen Betriebe instand setzen wollte, die ihnen gegebenen Produktionsaufträge zu erfüllen. Meiner Erinnerung nach waren KZ-Häftlinge bei fast allen deutschen Industriefirmen, für die ein Masseneinsatz an KZ-Häftlingen in Betracht kam, eingesetzt. Die Zahl der bei den einzelnen Firmen eingesetzten KZ-Häftlinge war verschieden groß. Ein Einsatz erfolgte nicht, wenn nicht mindestens etwa 500 KZ-Insassen in einem Betrieb beschäftigt werden konnten. Die Höchstzahl der in einem Betrieb beschäftigten KZ-Häftlinge betrug zwischen 40000 und 50000. Insgesamt waren in der gesamten deutschen Industrie zur Zeit des Höhepunktes des Einsatzes etwa 500000 KZ-Insassen eingesetzt.
Die von einem Konzentrationslager einem Industrieunternehmen zur Verfügung gestellten KZ-Häftlinge wurden in eigens errichteten Lagern am Sitz des Betriebes untergebracht. Solche Lager wurden als Arbeitslager bezeichnet ...
Die Auswahl von KZ-Häftlingen als Industriearbeiter erfolgte allein nach dem Gesichtspunkt manueller und handwerklicher Fähigkeiten. Zu diesem Zweck wurde häufig vor einem Arbeitseinsatz eine Kommission aus dem Betrieb in das Konzentrationslager geholt, die die einzelnen Insassen auf die im speziellen Falle besonders erwünschten Fähigkeiten und Fertigkeiten überprüfte ...
Eine Firma zahlte um diese Zeit (etwa seit Frühjahr 43) einen festgelegten Satz von RM 4 für Hilfsarbeiter und RM 6 für Facharbeiter pro Tag an die Reichskasse.

9 Der Totale Krieg

Verteidigung statt Angriff bedeutete für ein System wie das faschistische den Anfang vom Ende. Bar aller echten Werte und Leistungen, bedurfte es vor dem eigenen Volke wie zur Selbstbestätigung unaufhörlich glanzvoller Siege und nie endender Expansion. Stillstand ließ nur unerwünschte Fragen aufsteigen, jede Krise bedrohte die Existenz der Gesellschaftsordnung. Realitätswidriges Beharren auf militärisch offensiver Handlungsweise ergab sich deshalb nahezu unausweichlich aus der politischen Vorwärts-Strategie des Faschismus.
Mit Beginn des vierten Kriegsjahres bestimmten ausschließlich die langfristig wirkenden Faktoren den Gang der Dinge. Stalingrad machte erstmals Veränderungen im Kräfteverhältnis zwischen den kriegführenden Seiten deutlich, die sich während des folgenden halben Jahres rasch vergrößerten. Das Potential der Sowjetunion und ihrer Alliierten entfaltete sich zu sprunghaft wachsender Stärke, wogegen die Wehrmacht sogar Mühe hatte, ihre Ausfälle zu ersetzen. Die Menschen und Material verschlingenden, nur kurz abebbenden Schlachten im Osten waren zwangsläufig begleitet und gefolgt von einer ganzen Serie ernster Rückschläge auf den übrigen Kriegsschauplätzen, für die es an Kräften und Mitteln mangelte. In Nordafrika gerieten die deutsch-italienischen Verbände nach dem Verlust der Luft- und damit auch der Seeherrschaft über das Mittelmeer in eine ausweglose Lage, zumal in ihrem Rücken neue anglo-amerikanische Verbände landeten, gegen die auch deutsche Verstärkungen auf die Dauer nicht aufkamen. Anschaulicher noch rächte sich der rapide Verschleiß der deutschen Luftstreitkräfte in der Sowjetunion an zahlreichen deutschen Städten, die den nun weit überlegenen

anglo-amerikanischen Bomberflotten preisgegeben waren. Die deutsche Seekriegführung ging eben zu der Zeit, wo sie endlich den Höhepunkt ihrer Wirksamkeit erreicht zu haben glaubte, materiell und technisch dem Zusammenbruch entgegen. Zur Entscheidung stand daher jetzt, welche Seite die strategische Initiative an sich reißen und endgültig behaupten konnte.

Unter Mißachtung des sich von Monat zu Monat nur ungünstiger gestaltenden Kräfteverhältnisses hielten Staats- und Wehrmachtführung starr an der bisherigen Offensiv-Strategie fest. Sie glaubten, damit Zeit gewinnen und ihr Kriegszielprogramm so letzten Endes doch noch durchsetzen zu können. Dem nach den Katastrophen an der Ostfront bis ins Innerste erschütterten deutschen Volk machte die Nazipropaganda – Not zur Tugend kehrend – den Eintritt in die neue Phase des Krieges durch abruptes Umschalten auf Moll bewußt. Hatte sie all die Jahre hindurch Sorglosigkeit genährt, so bemühte sie sich nun tagtäglich, die blanke Angst zur Produktivkraft zu entwickeln, indem sie eine beispiellose antisowjetische Greuelhetze entfachte. Trotz der schon weit verbreiteten Kriegsmüdigkeit zeigten sich erhebliche Teile der Bevölkerung von der Behauptung beeindruckt, ihr Schicksal sei mit dem des Regimes unlösbar verknüpft. Der rasch zunehmenden Zahl derer, die da anderer Meinung waren, trat der nach weiterer Verschlechterung der Lage voll der SS unterstellte Terrorapparat mit «unnachsichtiger Härte» entgegen.

Durch die «totale Mobilisierung» aller Reserven sollten die enormen Verluste ausgeglichen sowie neue Stoßverbände geschaffen werden. Grundlage dafür war ein weiterer Umbau der ökonomischen Strukturen. Das Monopolkapital verstärkte unter dem Motto von einer «Selbstverantwortung der Industrie» seine Führungsrolle im faschistischen Staatsapparat erheblich; in der Konsequenz wurde ihm nach neuerlichen schweren Niederlagen über das umgebildete «Ministerium für Rüstung und Kriegsproduktion» schließlich mit Ausnahme der Luftrüstung die gesamte Wirtschaft ausgeliefert. Die tonangebenden Konzerne legten aus eigener Machtvollkommenheit zivile Fertigungen anderer Betriebe still und konzentrierten die Produktion in ihren großen Werken; die Arbeitskräfte wurden entsprechend «umgesetzt». Mit der Arbeitspflicht für Frauen, dem Einsatz weiterer Millionen von Zwangsarbeitern sowie der stärkeren Einbeziehung der Konzentrationslager in die Rüstung stellten die Behörden eine beträchtliche Zahl von Männern für die Front frei. Eine optimale Ausbeutung der in die Konzernbetriebe gepreßten Werktätigen wurde gesichert durch die Verlängerung des Arbeitstages, eine rigorose Rationalisierung und ein ausgefeiltes Akkordsystem. Dennoch gelang es bei weitem nicht, der Kriegführung die Ressourcen des Landes restlos zu erschließen; der Kapitalismus stieß dabei auf die Schranken des eigenen Systems.

Die ersten Ergebnisse der inneren Mobilisierung dienten sofort dem Bemühen, das Kräfteverhältnis an der als kriegsentscheidend erkannten Ostfront durchgreifend zu ändern. Frisch aufgefüllte, mit modernsten Waffen ausgestattete Armeen sollten hier, an einem kurzen Abschnitt zusammengefaßt, dem Heer durch einen Vernichtungsschlag wieder Bewegungsfreiheit auf längere Sicht verschaffen. Diesen Plan ins Gegenteil verkehrend, vollendeten die Sowjetstreitkräfte in der Schlacht von Kursk den grundlegenden Umschwung im Kriegsverlauf. Der Zusammenbruch der faschistischen Offensiv-Strategie erzwang den längst fälligen Übergang zur Verteidigung, die entgegen den «Ostwall»-Plänen schon nicht mehr am Dnepr möglich war. Bis Jahresende mußten die deutschen Verbände, verbrannte Erde hinterlassend, über die Hälfte des besetzten Territoriums räumen.

Angesichts der schweren Niederlagen begann der Kriegsblock des Faschismus auseinanderzubrechen. Bereits nach den Schlachten an Wolga und Don hatte in den durch die Hilfstruppen mitbetroffenen Staaten eine nicht mehr zu dämpfende Unruhe um sich gegriffen. Das Bestreben reaktionärer Kreise, in geheimer Übereinkunft mit den Westmächten dem Ende ihrer Herrschaft vorzubeugen, traf auf immer nachdrücklichere Forderungen der Naziführung nach gesteigerten Kriegsanstrengungen. Aber selbst den Neutralen schien es nun geboten, deutlich vom Faschismus abzurücken und seinen Gegnern Vorteile einzuräumen. Japan, mit dem es ohnehin niemals zu einer wirklichen Koordination gekommen war, nahm trotz äußerst dringender Vorstellungen endgültig Abstand von einem Angriff auf die Sowjetunion. Mit der Landung der alliierten Armeen in Italien fiel dieses als erster Staat voll aus dem faschistischen Kriegsblock heraus.

Gegen den Abbau seiner Herrschaft über Europa

beschwor der Faschismus verstärkt das Gespenst des Bolschewismus herauf. Seine «Neuordnungs»-Pläne modifizierend, keineswegs aufgebend, suchte er sowohl abhängige als auch besetzte Staaten zu einem «Kreuzzug des Abendlandes» zu vereinen. Das Projekt eines vom deutschen Finanzkapital zu lenkenden «Europäischen Staatenbundes» nahm in der faschistischen Außenpolitik festere Formen an. Zunichte wurde es am ungestümen Vordringen der Sowjetarmee, vor allem aber auch an dem dadurch mächtig aufflammenden Freiheitskampf der Völker. Beide Faktoren entschieden schon nicht mehr nur den Kriegsverlauf, sie beeinflußten nachhaltig die Entwicklung der internationalen Lage.

Der Druck der Tatsachen zwang die Westmächte nun zu entschlossenerem Handeln. Ihr energieloser Feldzug in Italien, der politisch überdies auf den Balkan-Einfluß abzielte, berührte weder ernsthaft die Substanz der Wehrmacht, noch stillte er das weltweite Verlangen nach der Zweiten Front, die von Jahr zu Jahr aufgeschoben worden war. Zwar hatten die Vereinigten Staaten und Großbritannien schon auf der Konferenz von Casablanca mit der Forderung nach «bedingungsloser Kapitulation» Deutschlands ihre prinzipielle Bereitschaft deutlich gemacht, die Anti-Hitler-Koalition zu stärken, was auf der faschistischen Seite umgehend den Versuch auslöste, durch das Angebot eines Separatfriedens Zwietracht ins gegnerische Lager zu tragen. In Moskau und Teheran sahen sie sich nun jedoch bindend für das Ende des dritten Jahres ihrer Zusammenarbeit mit der Sowjetunion ins Wort genommen. Damit waren die Manöver der Nazis an der zunehmenden politischen Geschlossenheit der Koalition vorerst gescheitert; die Invasion in Westeuropa wurde absehbar.

Dem drohenden Mehrfronten-Krieg glaubte sich die Naziführung durch eine auf den Vorteil der inneren Linie gegründete Defensiv-Konzeption entziehen zu können. Nach einer Stabilisierung der Ostfront sollten die dort frei werdenden Verbände helfen, die westalliierten Landungstruppen schon an der Küste abzuweisen. Derart meinte man, die Invasionsgefahr auf lange Zeit bannen, womöglich ein Einlenken der Westmächte herbeiführen, auf jeden Fall aber anschließend das Blatt im Osten wenden zu können.

Zu einer Stabilisierung der Ostfront jedoch ließ es die Sowjetarmee nicht kommen. Sie zerschlug noch während des der Invasion vorausgehenden Winters und Frühjahrs im Norden und im Süden weitere faschistische Kräftegruppierungen, so ihre Front bis an die Grenzen der Tschechoslowakei und Rumäniens vortreibend. Vom Tag des Überfalls an ständig im harten Kampf gegen zumindest zwei Drittel des deutschen Feldheeres, nicht gerechnet die Streitkräfte der Satelliten, veränderte sie das politische, militärische und wirtschaftliche Kräfteverhältnis noch vor dem Erscheinen ihrer Alliierten in Westeuropa derart, daß die völlige Niederlage des Faschismus sich zu einer bloßen Zeitfrage verringerte.

1943 ist der nach einer Neuaufteilung der Erde gierende deutsch-italienisch-japanische Mächteblock an allen seinen Fronten in die Verteidigung gezwungen. Japan vermag das Kräftegleichgewicht im Pazifik nicht länger aufrechtzuerhalten; nun weitaus überlegen, dringen die Amerikaner in sein insulares Vorfeld ein. Für das kommende Ende des italienischen Faschismus spricht die Landung anglo-amerikanischer Truppen auf Sizilien. Vor allem aber scheitert in der Sowjetunion nahe Kursk der Versuch der Wehrmacht, durch eine Kräftekonzentration auf engstem Raum noch einmal das Gesetz des Handelns zu bestimmen. Die mit dem Ziel einer entscheidenden Schwächung der Sowjetarmee unternommene Panzer-Offensive führt das endgültige Fiasko der deutschen Angriffsstrategie herbei.

Aggressoren in der Defensive

1943

1. Febr. Nach fünfmonatigen Kämpfen räumen die Japaner die Insel Guadalcanal

15. März Erster Operationsbefehl Hitlers für die Offensive bei Kursk **26. Mai** Erneute sowjetische Angriffe auf den «Kuban-Brückenkopf» **Mai/Juni** Schwere Kämpfe mit den sowjetischen Partisanen in den Wäldern um Brjansk **5. Juli** Beginn der deutschen Großoffensive im Kursker Frontbogen («Zitadelle») **6. Juli** Im Süden und im Norden des Frontbogens nur geringfügige Einbrüche **12. Juli** Sowjetische Gegenoffensive bei Orjol und im Süden des Frontbogens **13. Juli** OKW befiehlt Abbruch der deutschen Offensive **17. Juli** Bei Isjum und am Mius weitere sowjetische Offensiven **1. Aug.** Der deutsche Frontbogen bei Orjol wird auf Stellung östlich Brjansk zurückgenommen **3. Aug.** Erste Etappe der Partisanen-Operation «Schienenkrieg» im Hinterland der HGr. Mitte und Süd beginnt – Sowjetische Offensive im Raum Belgorod **5. Aug.** Belgorod und Orjol befreit **12. Aug.** Hitler befiehlt die «sofortige Errichtung eines Ostwalls» an Dnepr und Desna **23. Aug.** Befreiung Charkows

Febr./März Jugoslawiens Volksbefreiungsarmee entzieht sich einer deutschen Offensive in Bosnien **März** Nationalrat der Widerstandsbewegung in Frankreich gegründet **5. März** In Turin erster Massenstreik der Italiener während des Krieges – Athener Demonstration gegen das faschistische Zwangsarbeits-Gesetz **März/April** Aufbau einer Volksbefreiungsarmee in Bulgarien **April/Mai** In den Niederlanden Massenstreiks gegen erhöhte Ausplünderung **6. Mai** Bund Polnischer Patrioten veranlaßt Aufstellung der «Kościuszko»-Division in der Sowjetunion **15. Mai** Mißlungene Offensive gegen die Volksbefreiungsarmee Jugoslawiens in Montenegro **Juni** In Rumänien Gründung einer Patriotischen Front **3. Juni** De Gaulle und Giraud bilden Französisches Nationales Befreiungskomitee (in Algier) **11. Juni** Aufruf der FKP zu bewaffnetem Aufstand in ganz Frankreich **21. Juni** Offensive der griechischen Volksbefreiungsarmee **10. Juli** In Albanien die Nationale Befreiungsarmee formiert **18. Aug.** Einwöchiger Generalstreik in Dänemark; ihm folgt am **29. Aug.** Ausnahmezustand; Rücktritt der Regierung: Ende der Selbstverwaltung; Heer entwaffnet; Flotte versenkt sich selbst

11. Juni Italiens Inselfestung Pantelleria kapituliert; tags darauf Lampedusa **10. Juli** Landung alliierter Verbände an Siziliens Südostküste; am **12. Juli** Kapitulation der Besatzungen von Augusta und Syrakus **22. Juli** Fall Palermos **5. Aug.** Catania wird erobert; am **17. Aug.** Räumung Siziliens

Gefangene Japaner auf Guadalcanal. Mit ihrer Landung auf dieser Salomonen-Insel leiten die US-Streitkräfte die Wende auf dem pazifischen Kriegsschauplatz ein, die bereits durch hohe japanische Verluste in der See-Luft-Schlacht bei den Midway-Inseln vorbereitet war

Der ruhmlose Zusammenbruch des faschistischen Italien kündigt sich unmittelbar nach der Landung anglo-amerikanischer Truppen auf Sizilien Mitte Juli 1943 an. Italienische Soldaten leisten den rasch vordringenden Alliierten kaum noch Widerstand. Sie geben sich gefangen

Auf Rußlands Feldern vollendet sich im Juli 1943 der Umschwung an der Ostfront, der in Stalingrad angebahnt wurde. Der Versuch der obersten deutschen Führung, den sowjetischen Frontvorsprung von Kursk abzuschneiden und so die strategische Initiative wieder an sich zu reißen, mißlingt innerhalb von Tagen. Die Verluste sind riesig; nicht die Sowjetarmee, sondern die Wehrmacht blutet aus

Für die neue Offensive konzentriert das deutsche Oberkommando an einem verhältnismäßig kurzen Frontabschnitt nicht weniger als zweiundvierzig Divisionen. Achtzehn davon sind Panzerdivisionen

Amerikanische Sachverständige begutachten an der sowjetischen Front Einschußlöcher in den «Tiger»-Panzern, die hier erstmals in Massen auftreten. Neu ist auch das Sturmgeschütz «Ferdinand»

Im Angriffsstreifen der deutschen Panzerdivisionen, die aus dem Raum Belgorod nach Norden vorgehen. Ihnen sucht eine weitere Gruppierung aus dem Raum Orjol südwärts entgegenzustoßen. Sie bleibt nach wenigen Tagen liegen. Auch am Südrand des Kursker Bogens gelingt den deutschen Verbänden kein Durchbruch, obwohl sie hier anfangs mit rund eintausend Panzern gleichzeitig anrennen

Sowjetische Panzereinheiten mit dem neuen «KW 85» machen sich bereit. Das gut informierte sowjetische Oberkommando versammelt hier vierzig Prozent seiner Armeen, darunter alle Panzerarmeen

Waffen-SS im Hagel sowjetischer Granaten, der die Angreifer noch in ihren Bereitstellungsräumen erfaßt. Die sowjetische Artillerie verschießt während der Schlacht zwölfhundert Waggons Munition

Ein ausbrennender «Tiger»-Panzer im Raum Orjol, wo sowjetische Armeen zum Gegenangriff übergehen. Wenig später kommt es im Süden zu einer großen Begegnungsschlacht der Panzerverbände

Auf dem Gefechtsfeld werden Tote und Verwundete geborgen. Im tiefgestaffelten sowjetischen Stellungssystem kosten unbedeutende Einbrüche hohe Verluste. Die Angriffe müssen abgebrochen werden

Am bedrängten Kriegsblock des deutschen Imperialismus zehrt eine schwelende Krise. Nach dem Verlust ihrer Armeen im Süden der Sowjetunion nehmen die herrschenden Kreise Ungarns und Rumäniens insgeheim Gespräche mit den Westmächten über ihr Ausscheiden aus dem Krieg auf; Finnlands Regierung sondiert mit dem gleichen Ziel in Moskau. Der sowohl in der Sowjetunion als auch in Nordafrika zur Ader gelassene italienische Faschismus verlangt von seinem Partner mehr Unterstützung, der erwartet das gleiche von ihm. Mussolini kann sich nicht länger behaupten. Seine Nachfolger vereinbaren einen Waffenstillstand, den die Wehrmacht mit der gewaltsamen Besetzung beantwortet. Ihre Truppen überziehen das Land mit schweren Kämpfen gegen die im Süden gelandeten Anglo-Amerikaner.

Bruch der Achse

1943

19. Jan. Rumäniens Außenminister rät Mussolini zu Kontakt mit den Westalliierten **3. Febr.** Finnlands Marschall Mannerheim mit Präsident Ryti und der Regierung einig über den raschen Kriegsaustritt **5. Febr.** Ciano abgesetzt **26. März** v. Ribbentrop verlangt von Finnland vergeblich den Verzicht auf Friedensfühler **1. April** Ungarns Ministerpräsident Kállay tritt bei Mussolini für Separatfrieden ein **8. April** Mussolini bei Hitler in Schloß Kleßheim (bei Salzburg) **12. April** Antonescu schlägt Hitler in Kleßheim Westkontakt vor **16. April** Horthy in Kleßheim; verweigert Ablösung Kállays **19. Juli** Mussolini bittet Hitler in Feltre um mehr Truppen **24. Juli** Der Große Faschistische Rat ersucht den König Italiens, wieder Oberbefehl zu übernehmen **25. Juli** Mussolini bietet seinen Rücktritt an; wird verhaftet; Badoglio neuer Regierungschef **1. Aug.** Erste OKW-Weisung Fall «Achse» (Besetzung Italiens) **3. Aug.** In Lissabon Kontakte Italiens zu den Westalliierten **6. Aug.** v. Ribbentrop und Keitel in Tarvis; Druck auf Italiener; am **15. Aug.** Jodl und Rommel in Bologna **3. Sept.** Italien schließt auf Sizilien geheimen Waffenstillstands-Vertrag – Britische Landung in Kalabrien **8. Sept.** Korsika erhebt sich gegen Besatzung – Waffenstillstand bekanntgegeben **9. Sept.** Die Amerikaner landen bei Salerno, Briten nahe Taranto – Italiens Flotte läuft nach Malta aus; deutsche Bomber versenken Schlachtschiff «Roma» – Im Norden faschistische Gegenregierung Pavolini – Italienisches Komitee der Nationalen Befreiung gebildet – Ungarisch-britische Geheimabsprache (zu Waffenstillstand) **10. Sept.** Deutsche Verbände besetzen Rom – Die italienischen Truppen werden entwaffnet **12. Sept.** Ein deutscher Kommandotrupp entführt Mussolini **13. Sept.** Deutscher Gegenangriff auf Landekopf Salerno – Franzosen landen auf Korsika **15. Sept.** Mussolini proklamiert in Salò (Norditalien) die Republik **16. Sept.** Dänischer Freiheitsrat gebildet **20. Sept.** Sardinien völlig geräumt – Die Briten erobern Bari **27. Sept.** Flugbasis Foggia besetzt **27./30. Sept.** Neapel befreit sich selbst **28. Sept.** Weisung des OKW für den Fall des finnischen Kriegsaustritts **30. Sept.** Wehrmacht-Führungsstab (Jodl) legt Plan zur eventuellen Besetzung Ungarns vor **5. Okt.** Räumung Korsikas **12. Okt.** Amerikanische Offensive im Norden des Volturno **13. Okt.** Kriegserklärung der Regierung Badoglio an Deutschland **5. Nov.** Die Amerikaner erreichen den Sangro; drei Tage später auch die Briten **21. Nov.** Kesselring wird OB Südwest; zuständig für Italien **27. Nov.** Britische Offensive am Sangro; deutscher Rückzug auf den Moro **25. Dez.** Beginn rumänisch-sowjetischer Geheimgespräche über einen Waffenstillstand (in Stockholm)

Mit dem Ruf «Frieden» demonstrieren viele Römer Ende Juli 1943 durch die Straßen der italienischen Hauptstadt. Angesichts der drohenden Niederlage rücken die Bourgeoisie und die meisten seiner faschistischen Führer von Mussolini ab; er wird gestürzt und verhaftet

Der lange vorbereitete Fall «Achse» ist in Kraft; zwischen den deutschen und italienischen Truppen kommt es zu Kämpfen. Italiens neuer Regierungschef, Marschall Badoglio, hat mit dem anglo-amerikanischen Oberkommando Anfang September Waffenstillstand geschlossen

Unter deutschem Beschuß landen am Tage nach der Bekanntgabe des Waffenstillstandes mit Italien amerikanische Truppen in der Bucht von Salerno. Britische Verbände gehen bei Reggio, Tarent und Bari an Land. Gegenschläge bei Salerno zeitigen nur zu Beginn Erfolge

Fallschirmjäger besetzen strategisch wichtige Positionen in Rom; im Hintergrund die Engelsburg. Die italienischen Streitkräfte werden von siebzehn in Marsch gesetzten deutschen Divisionen entwaffnet

Neapel wird Ende September durch italienische Partisanen von den deutschen Nachhuten gesäubert. Drei Wochen zuvor haben sechs Parteien das Komitee der Nationalen Befreiung ins Leben gerufen

Ein von SS-Führer Skorzeny befehligtes Fallschirmjäger-Kommando entführt Mitte September den am Gran Sasso gefangengehaltenen Mussolini, der daraufhin in Salò eine faschistische Republik ausruft

Mit «Sherman»-Panzern ausgerüstete britische Einheiten während ihres Vormarsches nach Norden. Die alliierten Verbände setzen sich nur langsam durch; Anfang Oktober stehen sie am Volturno

Eiliger Stellungswechsel einer Vierlings-Flak während des Rückzugs auf die Linie Garigliano–Cassino–Sangro–Moro, vor welcher der alliierte Vormarsch am Jahresende vorläufig zum Erliegen kommt

Durch Verkündung des «Totalen Krieges» suchen die Nazis ihrer Offensiv-Strategie noch ungenutzte Reserven zu erschließen. Einschneidende Mobilisierungsmaßnahmen sollen alle Deutschen dem unmittelbaren Kriegseinsatz dienstbar machen; die Länder im deutschen Machtbereich werden radikal ausgepreßt. Obwohl auf diese Weise das Heer aufgefüllt und die Rüstungsproduktion nahezu verdoppelt werden kann, bleibt das Ergebnis insgesamt weit unter dem Bedarf. In ihren Erwartungen nicht getäuscht sehen sich lediglich die Konzernchefs. Auf Grund der Auslieferung immer größerer Teile der Volkswirtschaft an sie, der harten Zwangsregulierung des Arbeitsmarktes sowie der Schließung vieler Klein- und Mittelbetriebe ist ihre Herrschaft praktisch unbegrenzt. Dem entsprechen riesige Profite.

Die «Heimatfront»

1943

Jan. Rüstungs-Monopole fordern für das erste Quartal achthunderttausend neue Arbeitskräfte; in der Folge Forderungen auf anderthalb Millionen für erstes Halbjahr erhöht (ohne die Grundstoff-Industrien, Verkehrswesen und Landwirtschaft) – Keitel meldet allein für die Ostfront Fehlbedarf von siebenhunderttausend Mann **2. Jan.** Interne Diskussion des ersten Gesetz-Entwurfs (Sauckel) zur Ausschöpfung aller Arbeitskräfte-Reserven – Axmann verkündet Kriegseinsatz der deutschen Jugend (zu Anfang des Jahres stehen bereits etwa fünf Millionen Jugendliche in Arbeit) **7./8. Jan.** Die Mobilisierungs-Pläne für den «Totalen Krieg» in Chef-Besprechungen mit Speer, Sauckel, Keitel u.a. gebilligt; Keitel kündigt die Einberufung des Jahrgangs 1925 an (ca. fünfhunderttausend Mann), dazu Einsatz von achthunderttausend Mann aus dem Ersatz-Heer; siebenhunderttausend Soldaten soll zivile Mobilisierung freistellen **8. Jan.** Hitler ordnet die erste Sonder-Einziehungs-Aktion an (rund zweihunderttausend jüngere Facharbeiter) **10. Jan.** Erlaß zur «totalen Mobilisierung» durch Reichs- und Parteikanzlei sowie Goebbels- und Speer-Ministerium verabschiedet **13. Jan.** Erlaß über den Einsatz der deutschen Zivilbevölkerung für Kriegszwecke von Hitler unterzeichnet; bis zum Ende der Stalingrader Schlacht (liefert die Begründung!) geheimgehalten; Leitung sämtlicher Maßnahmen durch einen Drei-Männer-Ausschuß: Bormann/Keitel/Lammers – Erste Propagierung des «Dorf-Dreiecks»: NSDAP-Ortsgruppen-Leiter, Ortsbauernführer und (als nur Ausführender) der Bürgermeister **19. Jan.** Propaganda-Ministerium leitet Presse-Kampagne für härteren Einsatz der Heimatfront ein **22. Jan.** Erlaß über Kriegshilfs-Einsatz der Jugend bei der Flak – Verkündung eines neuen Panzer-Programms: Bis September soll Monats-Ausstoß auf fünfzehnhundert Stück gesteigert werden **26. Jan.** Anordnung über den (allgemeinen) Kriegshilfs-Einsatz der deutschen Jugend (vor allem Schüler) **27. Jan.** Verordnung Sauckels über die Meldepflicht der Männer und Frauen für Aufgaben der Reichsverteidigung; eine halbe Million Männer und drei Millionen Frauen betroffen **29. Jan.** Drei-Männer-Ausschuß ordnet Betriebs-Stillegungen an – Wirtschaftsministerium leitet Maßnahmen zur Aufhebung aller bisherigen Kartelle ein – Himmler übergibt Kaltenbrunner die Leitung des Reichs-Sicherheits-Hauptamtes – Übergabe aller Fälle von «Wehrkraft-Zersetzung» an Sondergerichte oder Volksgerichtshof befohlen **30. Jan.** Verordnungen zur Stillegung von Läden, Gaststätten, Handwerksbetrieben sowie ganzen «nicht lebenswichtigen Branchen»

Totaler Krieg im Reich: Seite 465

Der «Reichskriegsopfer-Führer» Oberlindober (links) und sein Anhang begutachten bei Lazarettbesuchen im März 1943 die Wiederverwendungsfähigkeit Verwundeter. Mangel an Ersatz veranlaßt allein in diesem Jahr die Einberufung von weiteren zwei Millionen Mann

Mit «geistiger Kriegführung» im Rundfunk wird der bisher für die Presse zuständige Fritzsche betraut; er ist Chefkommentator

Zum Dienst als Nachrichtenhelferinnen der Wehrmacht («Blitzmädels») werden mit der Zeit Zehntausende von Mädchen verpflichtet

In seinem Hauptquartier instruiert Hitler Anfang Februar 1943 die zu «Reichsverteidigungs-Kommissaren» ernannten Gauleiter sowie die Reichsleiter. Rechts Bormann, mächtiger Leiter der Parteikanzlei

Als «Luftwaffenhelfer» eingezogene Berliner Hitler-Jungen rücken Mitte Februar 1943 ein. Sie sollen die Flak-Soldaten ersetzen, die in zwanzig Luftwaffen-Felddivisionen Frontlücken stopfen müssen

Den «Totalen Krieg» proklamiert Goebbels Mitte Februar 1943 bei einer Kundgebung im Berliner Sportpalast. Maßnahmen dafür sind bereits seit Dezember 1942 in Vorbereitung. Sie sollen die immer krasser werdende Diskrepanz zwischen steigenden Anforderungen der mehr und mehr Menschen und Material verschlingenden Front und den Leistungen der deutschen Kriegswirtschaft überbrücken

Himmler, Ende August 1943 zum Innenminister ernannt, übernimmt sein neues Amt. Rechts von ihm Staatssekretär Stuckart. Damit ist der Unterdrückungsapparat vollständig in den Händen Himmlers

Demonstrative Heimatbesuche von «Frontkämpfer-Abordnungen» wie hier überlebender «Welikije-Luki-Kämpfer» Ende Februar 1943 sollen die wachsende Kluft zwischen Volk und Bonzen verdecken

Eine regelrechte Flutwelle antibolschewistischer Hetze fördert die «totale Mobilisierung» ideologisch. Dem «Ansturm aus den Steppen Asiens» wird die «Festung Europa» entgegengestellt; im Gegensatz zu früher ist jetzt von einem «Existenzkampf» die Rede, der vom ganzen Volk letzten Einsatz erfordere. Tatsächlich gelingt es den Nazis damit, vor allem kleinbürgerliche Schichten zu erschrecken

Verstärkte Wehrmachtstreifen kämmen die Wartesäle und Gaststätten nach den Soldaten durch, die des Krieges endgültig müde sind

Ferntrauung – ein tragisch-komisches Schauspiel auf Kosten seiner Darsteller. An der Front vertritt der Kompanieführer den Standesbeamten. Urlaub ist rar; so werden oft Familien begründet, die nie existieren. Höhepunkt des Irrwitzes ist die Eheschließung mit Gefallenen

Zweifel am «Endsieg» ist «Zersetzung der Wehrkraft»; blutrote Plakate nennen jede Woche die «ausgemerzten Volksschädlinge»

Die Spionagefurcht treibt mitunter groteske Blüten – so, wenn der schwarze Mann den arglosen Deutschen auf dem Lokus belauert

Zur Erbauung von Front und Heimat laufen über alle Sender «Wunschkonzerte» unter Leitung eines gewissen Goedecke (rechts)

Mit dem «Ritterkreuz zum Kriegsverdienstkreuz» zeichnet Speer im Juni 1943 führende Konzern-Mitarbeiter aus. V. l. n. r.: Rohland, Ley, Hinkerohe, Saur, Speer, Krauch, Werner sowie zwei Obermeister und Sawatzki, bald darauf Technischer Direktor im KZ «Dora»

Speer, vom September 1943 an Minister für Rüstung und Kriegsproduktion, läßt nun fast die gesamte Wirtschaft von Monopolen leiten

Frauen beim Sortieren von Patronenhülsen. Die im Januar 1943 verfügte Arbeitspflicht für alle Nichtberufstätigen bringt statt einiger Millionen nur vierhunderttausend Frauen in die Betriebe. Die meisten entziehen sich dem Einsatz, vor allem Angehörige der Oberschichten

«Kriegsdienst» als Schaffner. 1943 werden fünfhunderttausend Arbeitskräfte aus zivilen Bereichen zur Rüstungsindustrie umgesetzt

Verlust der Kornkammern im Osten zwingt schon 1943 selbst in der «Reichshauptstadt» zum Anbau von Nutzpflanzen in Grünanlagen

Der angesichts der militärischen Niederlagen schwindende Einfluß des Faschismus veranlaßt die Naziführung zu ihrer demagogischen Losung vom «vereinigten antibolschewistischen Europa». Auch Ley scheut sich nun nicht mehr, die «ausländischen Arbeitskameraden» anzusprechen. 1943 werden weitere zwei Millionen Menschen ins Reich verschleppt, wo damit sieben Millionen Ausländer arbeiten

Ländliche Idylle im deutschen Dorf. Selbstverständlich ist solche Arbeitsweise nur in kleinen Wirtschaften anzutreffen. Wohlhabende Bauern und Rittergutsbesitzer lassen sich Zwangsarbeiter kommen

An der «inneren Front» sind Frauen im Bergwerk eine durchaus akzeptable Lösung. Vor Ort machen die Zechenleitungen allerdings lieber von preisgünstigen sowjetischen Kriegsgefangenen Gebrauch

Gegenläufig zum rapid einsetzenden Zerfall des faschistischen Lagers bahnt sich unter den drei Großmächten der antifaschistischen Koalition eine engere Zusammenarbeit an. Beträchtlich gefördert wird sie durch den Druck der Volksmassen in den westlichen Staaten, vor allem aber durch das siegreiche Vorrücken der sowjetischen Streitkräfte. Großbritannien verzichtet auf seinen recht durchsichtigen Plan einer Balkan-Invasion; die Zweite Front in Westeuropa wird zur Gewißheit. Die «Großen Drei» stimmen überein in der Forderung nach bedingungsloser Kapitulation Deutschlands, gerechter Bestrafung der Kriegsverbrecher und einer internationalen Kooperation auch nach dem Sieg. Durch Ablehnung westlicher Teilungspläne wahrt die Sowjetunion schon jetzt die Interessen eines Deutschlands ohne Nazis.

Koordination in der Koalition

1943

14. Jan. In Casablanca verlangen Roosevelt und Churchill erstmals bedingungslose Kapitulation Deutschlands und Japans **30. Jan.** Staatspräsident Inönü sagt Churchill in Adana die «wohlwollende Neutralität» der Türkei zu **14. April** Roosevelt und Eden vereinbaren in Washington, daß Ostpreußen an Polen übergeben werden soll; Roosevelt rät zu Aussiedelung der Deutschen **12. Mai** Churchill und Roosevelt beschließen in Washington Landung in Süditalien; Invasion im Westen verschoben – Beneš erhält die Zustimmung Roosevelts zur Aussiedelung der Sudetendeutschen **10. Juni** Die Komintern wird aufgelöst **15. Juli** Vorlage eines Operations-Entwurfs zur Invasion in Frankreich **14. Aug.** Auf der ersten Konferenz von Quebec setzen Roosevelt und Churchill den 1. Mai 1944 als Invasions-Termin fest **26. Aug.** Nationales Befreiungskomitee Frankreichs von Sowjetunion anerkannt, später auch von Westmächten **5. Okt.** Roosevelt befürwortet Aufteilung Deutschlands in drei bis vier Staaten **8. Okt.** Spanien verlangt die Rückkehr seiner «Blauen Division» von der Ostfront **12. Okt.** Portugal räumt den Westalliierten Stützpunkte auf den Azoren ein **19. Okt.** Moskauer Außenminister-Konferenz (Molotow/Eden/Hull) eröffnet; beschließt Proklamation zur Bestrafung der Kriegsverbrecher sowie die Einsetzung einer Europäischen Beratenden Kommission (Regelung der Nachkriegsfragen) **3. Nov.** OKW-Weisung zur Verstärkung der West-Abwehr; am **21. Nov.** wird Rommel mit der Überprüfung beauftragt **22. Nov.** Erste Kairoer Konferenz (Roosevelt/Churchill/Tschiang Kai-schek); legt Fernost-Strategie fest **28. Nov.** Teheraner Konferenz; Stalin, Roosevelt und Churchill stimmen die Operationspläne für 1944 ab; Einigkeit über die Oder-Neiße-Grenze; westliche Teilungspläne für Deutschland nicht verabschiedet **3. Dez.** Zweite Kairoer Konferenz; (Roosevelt/Churchill/Inönü); kein Kriegseintritt der Türkei **12. Dez.** Freundschafts-Pakt zwischen Sowjetunion und Tschechoslowakei (in Moskau) **14. Dez.** Sowjetunion anerkennt Nationalkomitee der Befreiung Jugoslawiens (29. Nov. in Jajce prokl.)

1944

1. Jan. Rommel wird OB der HGr. B (nördlich der Loire); OB West: v. Rundstedt **12. Jan.** OKW-Weisung zu evtl. Sperrung der Pyrenäen **14. Jan.** Churchill erklärt Oder-Neiße-Grenze zu Polens endgültiger Westgrenze **15. Jan.** Ein britischer Kabinettsausschuß (Attlee) legt Zonen-Einteilung für Deutschland vor; am 18. Februar Zustimmung der sowjetischen, am 1. Juni der amerikanischen Regierung **21. April** Die Türkei erklärt sich zum «alliierten Staat» **5. Mai** Spanien schränkt seine Lieferungen an das Reich ein

Roosevelt und Churchill lassen sich in Casablanca demonstrativ im Kreis ihrer Stabschefs fotografieren. Sie haben mit ihnen über den Fortgang der gemeinsamen Operationen im Mittelmeer-Raum entschieden. Zugleich fordern sie erstmals bedingungslose Kapitulation

Während ihrer ersten Quebecer Konferenz Mitte August 1943 einigen sich Roosevelt und Churchill, hier mit Kanadas Premierminister Mackenzie King und den Stabschefs, auf den 1. Mai 1944 als Termin für die Eröffnung der lange aufgeschobenen Zweiten Front in Europa

Auf der Moskauer Außenminister-Konferenz setzt die Sowjetunion im Oktober 1943 eine Reihe von Beschlüssen zur Festigung der antifaschistischen Koalition durch. Ganz außen die Minister Eden (links) und Molotow (rechts), in der Mitte hinten Botschafter Gromyko

US-Flieger nach der Landung auf sowjetischem Gebiet. Soldaten der Alliierten sind sich im Kampf gegen den Faschismus ebenso einig wie ihre Völker. Das beeindruckt auch die westlichen Regierungen

Churchill bei einem seiner Besuche in der Sowjetunion, begrüßt vom Moskauer Stadtkommandanten. Im Hintergrund steht Marschall Schaposchnikow, Generalstabschef der UdSSR, neben ihm Molotow

Anerkennung für die von der Sowjetarmee erbrachten Leistungen symbolisiert das Ehrenschwert, das der britische König auf der Konferenz von Teheran den Verteidigern Stalingrads überreichen läßt. Im Vordergrund, von rechts nach links: Churchill, neben ihm Roosevelt, der wegen der Folgen einer schweren Kinderlähmung nicht mehr stehen kann, Woroschilow mit dem Schwert und Stalin

Eine Stabilisierung der Ostfront durch aktiv angelegte strategische Verteidigung erweist sich dem Oberkommando der Wehrmacht während der zweiten Hälfte des Jahres 1943 als unmöglich. Seine Armeen werden im mittleren und südlichen Frontabschnitt auf rund zwölfhundert Kilometer Breite unter hohen Verlusten weit nach Westen zurückgeworfen. Zum Jahresende ist die nun als «Ostwall» bezeichnete Dnepr-Linie auf fast voller Breite durchbrochen, am Unterlauf des Stromes erreicht. Damit sind hier auch die gerade erst vom «Kuban-Brückenkopf» abgezogenen deutschen Verbände auf der Krim abgeschnitten. Der sich streckenweise bis zu panischer Flucht steigernde deutsche Rückzug bekommt ein besonderes Gepräge durch die systematisch geübte Praxis der «verbrannten Erde».

Bewegungskrieg am «Ostwall»

1943

7. Aug. Sowjetische Offensive auf Smolensk bei Spas-Demensk **13. Aug.** Offensive bei Isjum zum Donezbecken; mit dem gleichen Ziel am **18. Aug.** Offensive am Mius **25. Aug.** Deutscher Rückzug aus Frontvorsprung Achtyrka **26. Aug.** Offensive zwischen Sewsk/Rylsk **28. Aug.** Erneuter Stoß auf Smolensk; befreit zunächst aber nur Jelnja und Dorogobush **30. Aug.** Taganrog befreit **Anf. Sept.** Offensive bei Brjansk – Deutscher Rückzug auf die Desna **2. Sept.** Sumy befreit **6. Sept.** Seim-Front durchbrochen – Durchbruch auf Pawlograd **7. Sept.** Himmler und Göring befehlen «restlose Räumungs-Zerstörung» der Ukraine – Auf der Taman-Halbinsel beginnt Räumung des «Kuban-Brückenkopfes» **8. Sept.** Stalino befreit **9. Sept.** Befreiung von Bachmatsch **10. Sept.** Landung bei Noworossisk **14. Sept.** Neuer Stoß auf Smolensk **15. Sept.** Neshin befreit – Rückzugs-Befehl für die HGr. Mitte und Süd **16. Sept.** Noworossisk befreit **17. Sept.** Befreiung von Brjansk **19. Sept.** «Operation Schienenkrieg» geht in zweite Phase **22. Sept.** Erste Dnepr-Brückenköpfe oberhalb von Kiew – Die Molotschnaja erreicht – Demidow und Tschernigow befreit – Beginn heftiger Kämpfe um die Kiewer Brückenköpfe **23. Sept.** Poltawa befreit **25. Sept.** Smolensk und Roslawl befreit **26. Sept.** Offensive beiderseits Melitopol **29. Sept.** Krementschug befreit – Beseitigung des deutschen Brückenkopfs östlich Dnepropetrowsk **Anf. Okt.** Sowjetarmee steht von Lojew bis Saporoshje am Dnepr **2. Okt.** Pronja und Sosh erreicht **6. Okt.** Offensive am Nordflügel der HGr. Mitte; bringt am **7. Okt.** Befreiung Newels **14. Okt.** Befreiung von Saporoshje **15. Okt.** Offensive bei Krementschug; am **23. Okt.** südlich davon erweitert; gleichzeitig Offensive an der Molotschnaja, sofort Melitopol befreit **25. Okt.** Befreiung von Dnepropetrowsk/Dneprodsershinsk **30. Okt.** Slowakische Verbände gehen zur Sowjetarmee über (im September ein Slowakischer Nationalrat gegründet) **Ende Okt.** Partisanenstreifzüge bis in die westliche Ukraine **31. Okt.** Landung bei Kertsch **3. Nov.** Offensive nördlich Kiew **5. Nov.** Krim abgeschnitten **6. Nov.** Befreiung von Kiew; am **7. Nov.** Fastow befreit **8. Nov.** Deutscher Gegenangriff auf Kiew **10. Nov.** Offensive bei Lojew auf Gomel **12. Nov.** Shitomir befreit **13. Nov.** Neuer deutscher Gegenangriff auf Kiew; Shitomir zurückerobert **18. Nov.** Retschiza befreit **20. Nov.** Offensive bei Nikopol/Kriwoi Rog **22. Nov.** Offensive bei Propoisk – Brückenkopf an der Beresina **26. Nov.** Deutscher Rückzug aus dem Dnepr-Sosh-Winkel – Gomel befreit **6. Dez.** Neue zweiwöchige deutsche Angriffe in Richtung Kiew **24. Dez.** Offensive bei Shitomir; befreit Nowograd-Wolynski, Berditschew, Shitomir, Belaja Zerkow

Bei den Kämpfen um Belgorod gefangengenommene deutsche Soldaten. Die Sowjetarmee ist seit der Kursker Schlacht unaufhaltsam im Angriff. Anfang August befreit sie Belgorod und Orjol; Ende dieses Monats müssen die deutschen Truppen Charkow endgültig räumen

Vor dem Abrücken sprengen Pioniere im Südabschnitt sämtliche Bahnanlagen. Durch die oberste deutsche Führung sind alle Verbände nachdrücklich angewiesen worden, die von ihnen zu räumenden Gebiete restlos zu zerstören. Der Befehl wird gewissenhaft ausgeführt

Von Ende August bis Dezember 1943 verliert das deutsche Heer in den Kämpfen östlich des Dnepr sowie an seinem rechten Ufer sechzig Divisionen, darunter elf Panzer- und motorisierte Divisionen

Ein deutsches Feuernest am rechten Dnepr-Ufer, dicht neben der gesprengten Brücke. Der breite und wasserreiche Strom ist das Haupthindernis der als «Ostwall» gelobten deutschen Dnepr-Linie

Rückzug aus dem Donezbecken, das die sowjetischen Streitkräfte in nur sechs Tagen vom Feind säubern. Bei «Absetzbewegungen» der deutschen Truppen bleibt das schwere Material meist zurück

Die Gleise der Eisenbahnstrecken werden im Rückzugsgebiet mit einem Spezialfahrzeug zerstört. Der «Schienenwolf» zerreißt alle Schwellen. Für den Abtransport der Schienen fehlt schon die Zeit

Unter Aufsicht der Landwirtschaftsführer werden die Einwohner der Dörfer zusammen mit dem Vieh ins Hinterland der deutschen Front getrieben. Nachhuten vernichten Wohnstätten sowie Vorräte

Sowjetische Truppen folgen dem sich absetzenden Gegner. Erstmals überlegen mit modernen Waffen ausgestattet, sind sie kaum noch aufzuhalten. Der Anblick der verwüsteten Gebiete tut ein übriges

Alarmeinheiten werden zur letzten Aushilfe der deutschen Truppenführung. Alles, was ein Gewehr halten kann, muß in die Gräben

Auf einer völlig verstopften Rückzugsstraße der deutschen Truppen im Südabschnitt. Ihr Ziel ist zunächst das Westufer des Dnepr

Flucht zu den Fähren, die Anfang Oktober die geschlagene Kaukasus-Armee aus ihrem «Kuban-Brückenkopf» zur Krim evakuieren

Die scharf nachdrängenden sowjetischen Verbände überwinden den Dnepr im September meist noch aus der Bewegung heraus. Viele Übergangsstellen sind von Partisaneneinheiten besetzt. So entstehen zwanzig Brückenköpfe, um die ein erbitterter Kampf entbrennt. Er führt im Mittelabschnitt Anfang November zur Befreiung Kiews und weiterer Gebiete, im Süden zum Durchbruch ans Schwarze Meer

Alles, was die aus den Wäldern und dem Hinterland in die Dörfer zurückkehrende Bevölkerung vorfindet, sind Trümmer. Millionen von Menschen müssen angesichts des hereinbrechenden Winters in Erdhütten hausen. Kaum weniger schwer ist das Leben in den stark zerstörten Städten, in denen das gesamte Versorgungssystem darniederliegt, Stromnetze und Wasserleitungen unterbrochen sind

Von den abziehenden deutschen Truppen gesprengt und in Brand geworfen: die Hüttenwerke von Dnepropetrowsk. Für die deutsche Kriegswirtschaft ist der Verlust der reichen Erz- und Kohlelager wie der umfangreichen Industrieanlagen ein schwerer Schlag, der den ausbeutenden Konzernen obendrein ihre Bilanz verdirbt. Dem «Wirtschaftsstab Ost» bleibt als Aufgabe nur der Raub der Reste

Deutschlands Städte erreicht dieser Krieg noch vor den Armeen. Durch die enormen Verluste im Osten weiter geschwächt, muß die Luftwaffe den Himmel über dem Reichsgebiet immer mehr anglo-amerikanischen Bombern überlassen. Das anfängliche Ziel der Briten, die deutsche Rüstungsindustrie direkt zu treffen, wird schon 1942 durch die Absicht ersetzt, die Moral der Bevölkerung durch rigorose Flächenbombardements der Wohnviertel zu brechen. 1943 erklären die Westmächte die Luftoffensive zum Hauptbestandteil ihrer Kriegführung; Zahl und Ausmaß der Angriffe nehmen erheblich zu. Zum Tragen kommen jetzt folgenschwer die amerikanischen Produktionskapazitäten. Obgleich eine Großstadt nach der anderen in Trümmer sinkt, erhöht sich der Ausstoß der deutschen Rüstungsindustrie weiter.

In Schutt und Asche

1941
10. Mai Vor Verlegung der deutschen Luftflotten in den Osten letzter deutscher Großangriff auf das Stadtgebiet von London **12. Juni** Schwerer Angriff der Briten gegen das Ruhr-Gebiet **7. Nov.** Berlin u.a. Städte von vierhundert Bombern angegriffen
1942
28. März Erster britischer Flächenangriff; er trifft Lübeck **14. April** Hitler ordnet Terrorangriffe zur «Vergeltung» an **30. Mai** Erster Tausend-Bomber-Angriff der britischen Luftwaffe; das Ziel ist Köln **20. Dez.** Neues Radar-Fernführungs-System der britischen Luftwaffe erprobt **21. Dez.** Über Essen neues britisches Richtstrahl-System im Einsatz
1943
30. Jan. Erster Angriff britischer Schnellbomber auf Berlin – Über Essen erstmals Einsatz von britischen Radar-Bordgeräten **5. März** Auftakt zu neuer Luftoffensive gegen Ruhr-Gebiet **10. Juni** «Combined Bomber Offensive» beginnt: Am Tage amerikanische Präzisions-Bombardierung, nachts britische Flächenwürfe **21. Juni** Erster britischer «Weberschiffchen»-Angriff zwischen der Insel und Nordafrika; Ziel ist Krefeld **24. Juli** Mehrtägige anglo-amerikanische Luftoperation («Gomorrha») gegen Hamburg; erstmals radarstörende Folien abgeworfen **6. August** Goebbels kündigt Evakuierung der Berliner Bevölkerung an **18. Aug.** Selbstmord des Generalstabschefs der Luftwaffe, Jeschonnek **14. Okt.** Herbstkrise der amerikanischen Tagesangriffe: Bombardierung von Schweinfurt kostet zwanzig Prozent der Maschinen **22. Okt.** In Italien amerikanische strategische Luftkriegs-Gruppe für Einsätze gegen Süddeutschland und Südosteuropa gebildet **13. Dez.** Tausendfünfhundert Maschinen der Amerikaner gleichzeitig über dem Reich
1944
21. Jan. Beginn einer Serie deutscher Gegenangriffe auf London, Süd- und Südost-England **31. Jan.** Im Monat Januar gehen über elfhundert deutsche Jagdflugzeuge verloren **20./25. Febr.** Dreitausendachthundert amerikanische Bomber im Einsatz gegen die deutsche Flugzeug-Industrie **29. Febr.** Im Februar mehr als zwölfhundert deutsche Jäger verloren **16. April** Schwere deutsche Verluste bei Abwehr von Angriffen auf bayrische Flugplätze **18. April** Erstmals viertausend Tonnen Bomben auf Deutschland abgeworfen **12. Mai** Beginn der Luftoffensive gegen deutsche Treibstoff-Werke **21. Mai** Fünftausend Jäger und Jagdbomber greifen Transportsystem in Westdeutschland und Westeuropa an **21. Juni** Zweitausend amerikanische Maschinen bombardieren den Raum Berlin **7. Okt.** Dreitausend anglo-amerikanische Maschinen sind gleichzeitig über Deutschland im Einsatz

Deutsche Luftrüstung: Seite 369, 465, 531

Hamburg wird Ende Juli/Anfang August 1943 bei wiederholten Tag- und Nachtangriffen von jeweils mehr als eintausend Bombern zu drei Vierteln zerstört. Annähernd vierzigtausend Menschen kommen um, zum größten Teil im Feuersturm riesiger Flächenbrände erstickt

Bergung einer verschütteten Frau aus den Trümmern nach einem Angriff auf Remagen im stark bombardierten Rhein-Ruhr-Gebiet

Kreidenotizen an rußgeschwärzten Mauern berichten über das Schicksal der einstigen Bewohner und den vorläufigen Zufluchtsort

Reihenwurf eines Pulks viermotoriger «Fliegender Festungen» der amerikanischen Luftstreitkräfte auf eine deutsche Großstadt. Jedes der mit dreizehn schweren MGs bestückten Flugzeuge trägt bis zu acht Tonnen Bomben. Abgeschirmt werden die meist über tausend Maschinen zählenden «Bomberströme» durch starke Verbände von Langstrecken-Jägern. Dem ist keine Luftabwehr mehr gewachsen

Am Morgen nach einem nächtlichen Luftangriff. Neben geborgenen Habseligkeiten stehen die «ausgebombten» Einwohner ratlos vor den rauchenden Ruinen ihrer Hauser. Mehr als vierhunderttausend Wohngebäude werden im damaligen Reichsgebiet durch Bomben bis auf die Grundmauern zerstört; etwa ebensoviel Menschen finden dabei den Tod, wie überall vorwiegend Frauen, Kinder und Greise

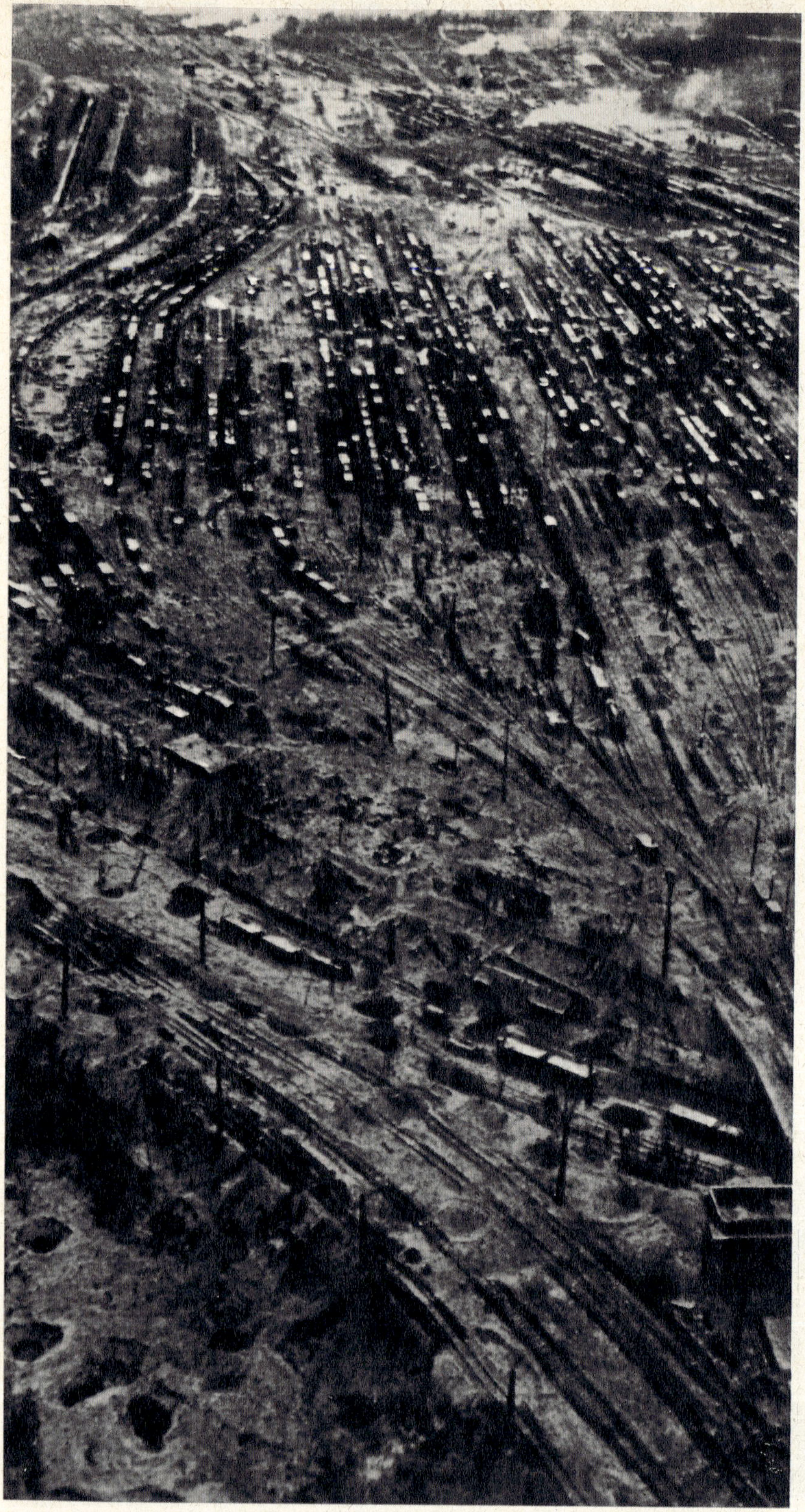

Ein Verschiebe-Bahnhof im Rhein-Ruhr-Gebiet nach massierten Luftangriffen. Der Verkehr ist hier völlig paralysiert. Zu derart militärisch wirksamem Bombardement entschließen sich die westlichen Alliierten erst 1944, als die eigenen Armeen in Westeuropa kämpfen müssen

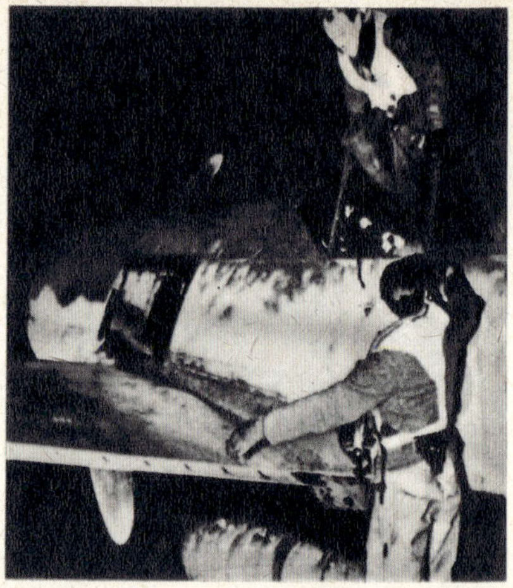

Rückkehr eines deutschen Nachtjägers. Die den Anglo-Amerikanern sechs- bis achtfach unterlegene Jagdwaffe hat wenig Chancen

Zentrale der deutschen Nachtjagd-Verbände in Treuenbrietzen, nahe Potsdam. Von hier aus werden die bedrohten Städte alarmiert

An Scheinwerfern, Entfernungs-Meßgeräten und Horchgeräten der Flakbatterien tun ab 1944 «Arbeitsmaiden» als Flakhelfer Dienst

Das Fiasko der Luftabwehr bekennt auf einer Rüstungstagung der Inspekteur der Jagdflieger, Galland. Im März 1944 entsteht unter Speer und Milch ein «Jägerstab» der gesamten Flugzeug-Industrie

Das Leben der Bevölkerung verlagert sich in ständig angegriffenen Städten zunehmend unter die Erde. Hier bietet ein ausgebranntes Warenhaus seine Restbestände im hergerichteten Kellergeschoß an

Salve einer 8,8-cm-Flakbatterie. Wegen anhaltender Mißerfolge der Jagdwaffe verlagert sich die Abwehr zunehmend auf die Flak, die 1944 im Reich bereits über mehr als zweitausend Batterien verfügt

«Behelfsheime» und Baracken sollen den Ausgebombten, auf deren Arbeitsleistung nicht verzichtet werden kann, vorerst Unterkunft bieten. Mit den Zerstörungen ist bei weitem nicht Schritt zu halten

Mittels Parolen wie dieser macht sich die Goebbels-Propaganda den Zorn der Bevölkerung über die sinnlose Zerstörung raffiniert zunutze. Gegen abgesprungene Flieger wird zum Lynchmord gehetzt

Ansporn zum «Durchhalten» sollen einem schon sichtbar Kriegsmüdigkeit zeigenden deutschen Volk die mit viel Propagandalärm umgebenen V-Waffen sein. Militärtechnisch bedeutsam, erzielen die Flügelbomben wie die Raketen aus einer Reihe von Gründen jedoch nicht die erstrebte Wirkung, zumal sie kaum gegen militärische Objekte eingesetzt werden. Auch die Entwicklung auf anderen Gebieten – z. B. bei Luftwaffe und Marine, in Elektronik und Atomforschung – kann trotz recht ansehnlicher Fortschritte den Kriegsverlauf nicht mehr beeinflussen. Anfangs im Vertrauen auf die Blitzkriegssiege zurückgestellt, kommen neue Waffensysteme später durch ständige Konzeptionsänderungen und harte Konkurrenzkämpfe kaum noch zum Einsatz. Letztlich bleibt es bei neuen Kleinkampfmitteln.

Wirkungslose Wunderwaffen

1942

9. Juni Zweiter Reichs-Forschungs-Rat gegründet; Präsident: Göring; geht auf die Initiative Speers zurück; vor allem Grundlagen-Forschung stagniert nach der Einziehung eines Drittels der deutschen Wissenschaftler noch im ersten Kriegsjahr

1943

27. März Das für die Atomforschung Deutschlands Schweres Wasser herstellende Kraftwerk Norsk Hydro wird durch britische Kommando-Trupps und norwegische Widerstandskämpfer gesprengt **Mai** In Karlshagen/Usedom beginnt die Heeres-Versuchs-Anstalt Peenemünde Serien-Erprobung der Rakete A-4: «V-2»; am **22. Juni** Arbeitsbeginn in Friedrichshafen/Bodensee, am **3. Juli** in Wiener Neustadt **29. Juli** Planungs-Amt unter Osenberg als Exekutiv-Organ des Reichs-Forschungs-Rates eingerichtet: dort Ingenieur-Stab gebildet **17. Aug.** Britischer Luftangriff auf die Peenemünder Anstalt **20. Aug.** Speer erörtert mit Himmler den Einsatz von KZ-Häftlingen für Neuaufnahme der Arbeiten; am **22. Aug.** Anordnung Hitlers zur Beschleunigung der Arbeiten mit KZ-Insassen; am **28. Aug.** erste Häftlinge am Kohnstein bei Nordhausen; beginnen Stollen für das spätere Hauptwerk auszubauen **Sept.** Der Reichs-Forschungs-Rat beginnt um die Freigabe von fünftausend Naturwissenschaftlern durch die Wehrmacht zu kämpfen **1. Sept.** Leitung des Konstruktions-Programms für die A-4 an SS-Führer Kammler übertragen **15. Okt.** In Wiener Neustadt läuft A-4-Montage an; muß nach **2. Nov.** – Luftangriffe auf das Werk in Wiener Neustadt – nach Nordhausen verlegt werden **14. Nov.** Erstes Walter-Versuchs-U-Boot in Dienst gestellt **Anf. Dez.** In Nordhausen läuft die Serienfertigung der A-4 an **5. Dez.** Vorrangige Fertigung der «Me262» als schneller Jagdbomber befohlen **18. Dez.** Hitler befiehlt erneut die Entpflichtung von fünftausend Wissenschaftlern **20./31. Dez.** Drei Luftangriffe auf Abschuß-Rampen für die «V-1» in Nordfrankreich

1944

11. Jan. Erster deutscher Jagdflieger-Einsatz mit Bordraketen **12./13. Juni** Abschuß der «V-1» gegen den Raum London aufgenommen **15./16. Juni** Die britische Luftabwehr vernichtet über zwanzig der Flügel-Bomben **30. Juni** Bisher zweitausend «V-1» gestartet; ca. eintausend erreichen London; rund siebenhundert werden abgeschossen **20. Juli** Erster Einsatz von Raketen-Jägern über dem Leuna-Werk **4. Aug.** Amerikanischer Angriff auf Peenemünder Anstalt; am **25. Aug.** weiterer Luftangriff **8. Sept.** Erster Abschuß einer A-4 gegen England; in der Folge mehr als elfhundert Einschläge derartiger ballistischer Raketen **16. Dez.** Raketen-Beschuß von Lüttich/Antwerpen; endet hier und in Brüssel am 5. April, in Großbritannien am 27. März 1945

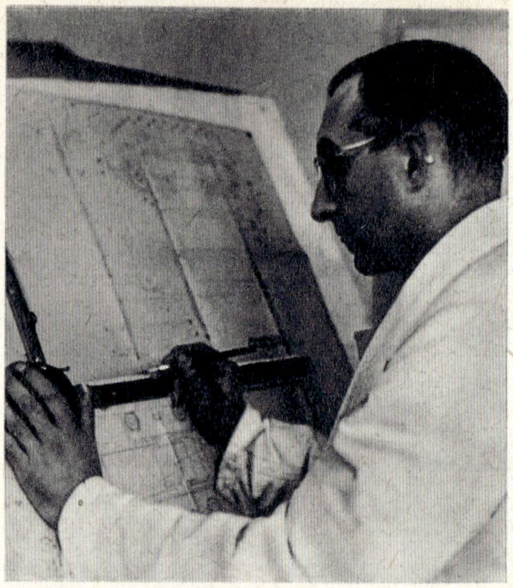

Auf dem Reißbrett der Konstrukteure tobt der Konkurrenzkampf der Konzerne, deren Unzahl von Typen die Produktion behindert

Als die im Glauben an einen raschen Sieg zurückgestellten Entwicklungen wieder aus den Tresoren geholt werden, fehlt die Zeit

Zum Schutz gegen Luftangriffe wird in den letzten Kriegsjahren eine Anzahl wichtiger Rüstungsbetriebe unter die Erde verlagert

Serienfertigung von «Volksjägern» («He 162») in dreihundert Meter tiefen Hallen der Staßfurter Kali-Bergwerke. Für den Einsatz auf diesen düsengetriebenen Jagdflugzeugen sind «Freiwillige» der HJ vorgesehen. Praktische Bedeutung gewinnt dieses Muster nicht

In einem der unterirdisch produzierenden Betriebe. Nach schweren Angriffen auf die V-Waffen-Versuchsanstalt in Peenemünde erfolgt auch diese Massenfertigung unter Tage. Bei Nordhausen sind dazu von Häftlingen des Buchenwald-Nebenlagers «Dora» Stollen in das Gebirge getrieben worden, in denen sie dann unter unmenschlichen Bedingungen arbeiten müssen. Sie organisieren sich zur Sabotage

Mit zwei Strahltriebwerken ausgerüstet ist die «Me 262», hier in der ersten Version vom Sommer 1942. Die als Jäger konzipierte Maschine wird auf Weisung Hitlers als «Schnellbomber» ausgelegt

Die «Mistel» ist eine zur Hohlladung umgebaute «Ju 88», die von dem sich absprengenden Jäger gesteuert wird. Vorgesehene Ziele sind die Kraftwerke im Ural, tatsächliche 1945 die Oder-Brücken

Eine «V-1» kurz nach dem Start. Die Flügelbombe wird von einem Treibsatz bewegt, der über dem Ziel aussetzt. Im Juni 1944 lagern an zwölftausend Stück in Deutschland, Nordfrankreich und Belgien

Die Abschußrampen werden von der britischen Luftaufklärung bald ausgemacht. Innerhalb von zwei Wochen sind zwei Dutzend davon durch Bombenangriffe zerstört, weitere achtzehn schwer beschädigt

Britische Piloten untersuchen eine abgeschossene «V-1». Von rund achttausend Flügelbomben kommt ein großer Teil vom Kurs ab; die meisten werden durch Flak und Jagdflieger zum Absturz gebracht

Gegen die ballistische «V-2» gibt es noch keine Abwehrmittel. Die V-Waffen töten und verwunden nochmals weit über dreißigtausend englische Zivilisten. Militärische Objekte werden kaum angegriffen

Der kleine deutsche Atomreaktor in Haigerloch wird 1945 durch eine US-Sondergruppe abgebaut. Er ist nie kritisch geworden. Für größere Anlagen mangelte es vor allem an Produktionskapazitäten

Neun Monate in See bleiben können diese nicht mehr zum Einsatz gelangenden U-Kreuzer von sechzehnhundert Tonnen. Auch andere Neukonstruktionen kommen kaum noch über die Erprobung hinaus

Letzte «Wunderwaffe» des deutschen «Einzelkämpfers» ist die hier in einem kleinen Handwerksbetrieb gefertigte «Panzerfaust». Mit ihr werden vor allem «Volkssturm» und Hitlerjugend ausgerüstet

Noch vor den deutschen Atomphysikern werden Anfang April 1945 durch ein amerikanisches Spezialkommando alle Raketenexperten von Peenemünde festgenommen. In der Mitte, mit dem nach einem Autounfall geschienten Arm, der Konstrukteur v. Braun, links davon im Ledermantel General Dr. Dornberger, der militärische Leiter der Anstalt. Sie werden sofort in die Vereinigten Staaten geflogen

Auf den Weltmeeren bringt das Jahr 1943 ebenfalls die Wende. Noch während der ersten Kriegsjahre gefährdeten die hohen Versenkungsziffern der deutschen U-Boote bedrohlich die Versorgung der Britischen Inseln. Jetzt übersteigt die Produktion der britischen und amerikanischen Werften die Verluste an Frachtraum schon bei weitem. Gleichzeitig gehen durch vervollkommnete Abwehrmethoden mehr Boote verloren, als hinzugebaut werden können. Der U-Boot-Krieg bricht trotz verlagerter Operationsgebiete und technischer Neuerungen bald zusammen; nahezu achtundzwanzigtausend deutsche Seeleute gehen in ihm zugrunde. Auch der ohnehin nur episodisch geführte Kreuzerkrieg der deutschen Überwasserstreitkräfte endet bald mit der Einbuße der meisten Einheiten.

Ausfahrt ohne Wiederkehr

1941

22. März «Scharnhorst» und «Gneisenau» laufen nach Kreuzerkrieg in Brest ein; am 1. April nach gleichem Einsatz «Admiral Scheer» wieder in Kiel **30./31. März** Britische Luftangriffe auf die in Brest liegenden Schiffe; bis Anfang nächsten Jahres mehrfach wiederholt **18. Mai** «Bismarck» und «Prinz Eugen» laufen zu Atlantik-Einsatz aus; endet am **27. Mai** mit dem Verlust der «Bismarck»

1942

11. Jan. Operation «Paukenschlag» der deutschen U-Boote vor amerikanischer Ostküste **12. Febr.** Kanal-Durchbruch der großen deutschen Schiffe von Brest zur Nordsee; Minentreffer auf beiden Schlachtschiffen; «Gneisenau» in Kiel zerbombt **5. März** «Tirpitz» auf Eismeer-Konvoi angesetzt; kein Ergebnis **27. März** Erste See-Luft-Operation gegen Eismeer-Konvois **Mai** Versenkungsquote der deutschen U-Boote liegt erstmals weit über fünfhunderttausend BRT monatlich **Juni** U-Boote versenken über sechshunderttausend BRT **4. Juli** Flugzeuge und U-Boote vernichten in einwöchigem Einsatz nahezu völlig den Eismeer-Konvoi PQ 17 **19. Juli** Schwerpunkt der U-Boot-Kriegführung wieder zum Nordatlantik verlegt **17. Sept.** Dönitz verbietet U-Booten Rettungsversuche für Seeleute versenkter Schiffe **Nov.** Versenkungsquote der U-Boote erreicht eine dreiviertel Million BRT **14. Nov.** Beginn schwerer Bombenangriffe auf die U-Boot-Stützpunkte an der französischen Küste

1943

21. Jan. Bekämpfung der deutschen U-Boote an die Spitze der Prioritäts-Liste der westalliierten Kriegführung gesetzt **30. Jan.** Anstelle Raeders wird U-Boot-Befehlshaber Dönitz zum OB der Kriegsmarine ernannt **Mai** Bei starkem Rückgang der Versenkungsquote dreiundvierzig deutsche U-Boote verloren **24. Mai** Geleitzug-Bekämpfung im Nordatlantik abgebrochen; Wende im U-Boot-Krieg **7. Sept.** «Tirpitz» und «Scharnhorst» im Einsatz gegen Spitzbergen **22. Sept.** Britische Klein-U-Boote beschädigen die «Tirpitz» im Alta-Fjord **7. Nov.** Letzte Gruppenaufstellung deutscher U-Boote im Nordatlantik scheitert **26. Dez.** Im Eismeer wird die «Scharnhorst» versenkt

1944

14. Febr. Im Nordatlantik letzter Versuch einer (mit Fernaufklärer-Einsatz) «geführten» U-Boot-Gruppen-Operation **3. April** Träger-Flugzeuge greifen die «Tirpitz» im Kaa-Fjord an; am **12. Nov.** Versenkung im Tromsö-Fjord mit Spezialbomben

1945

3. April «Admiral Hipper» in Kieler Werft von Bombern zerschlagen **9. April** «Admiral Scheer» im Kieler Hafen durch Bomben versenkt **16. April** «Lützow» in Swinemünde von Bombern versenkt

Im Atlantikhafen Brest wiederholt von britischen Flugzeugen angegriffen, brechen die dort liegenden schweren deutschen Einheiten Mitte Februar 1942 unter starkem Zerstörer- und Jagdschutz im Kanal zur Nordsee durch, darunter der schwere Kreuzer «Prinz Eugen»

Das im Mai 1941 zum Handelskrieg ausgelaufene Superschlachtschiff «Bismarck» (hinten) übernimmt von seinem Begleitkreuzer Treibstoff. Es hat bis dahin in Gotenhafen (Gdynia) gelegen. Beide Einheiten werden kurz darauf von zwei britischen Schlachtschiffen gestellt

Niemals ins Gefecht gelangt das Riesenschlachtschiff «Tirpitz». An seinem Liegeplatz in einem Tromsöer Fjord wird es, schon stark beschädigt, Ende 1944 durch Spezialbomben zum Kentern gebracht

Der schwere Kreuzer «Admiral Hipper», von Bomben getroffen, in einem Kieler Dock. Das gleiche Schicksal ereilt hier den schweren Kreuzer «Admiral Scheer» sowie das Schlachtschiff «Gneisenau»

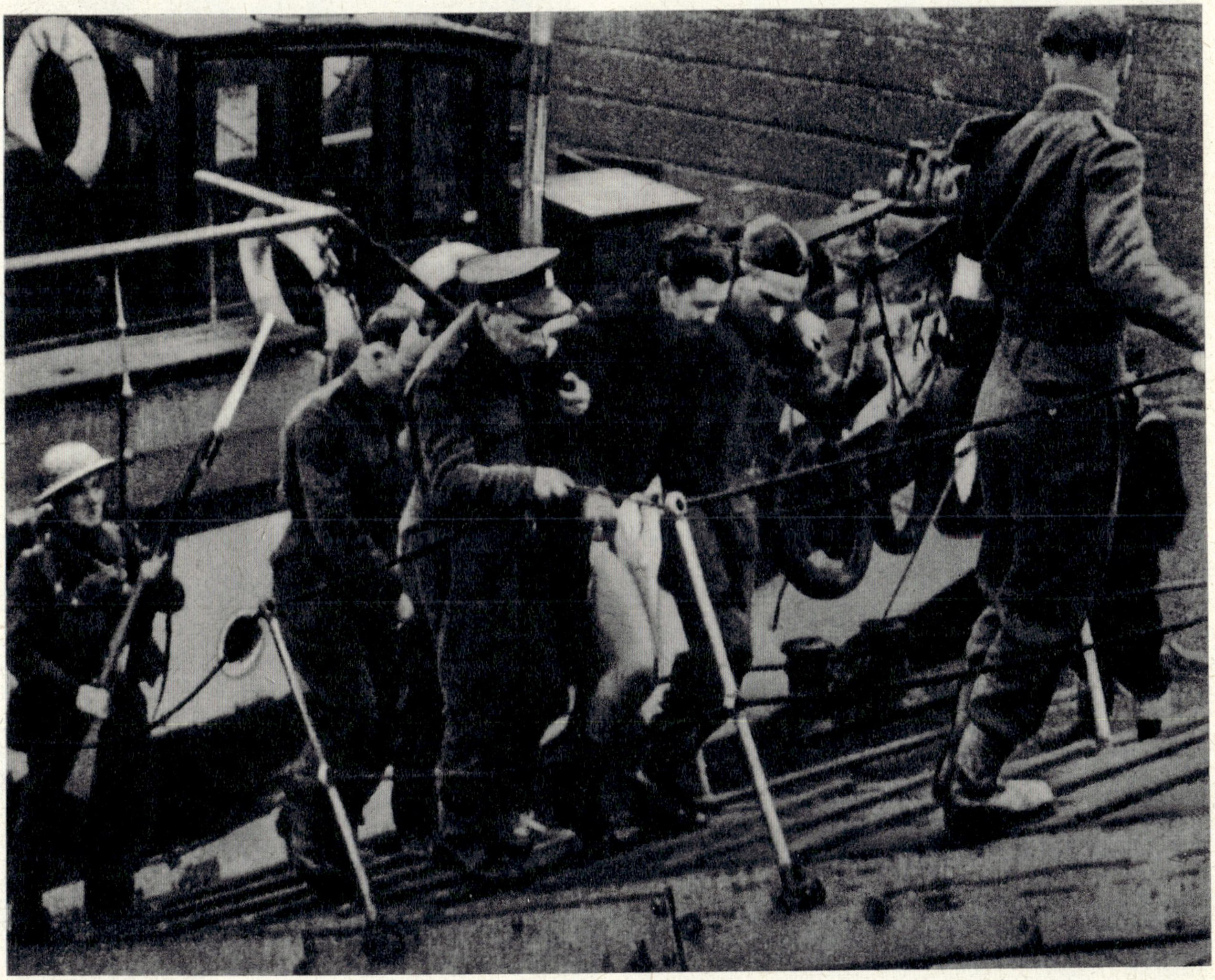

Einhundertzehn überlebende Seeleute der «Bismarck» werden in einem britischen Hafen an Land gebracht. Annähernd zweitausend kamen um, als das durch Torpedoflugzeuge am Ruder beschädigte Schiff von einem britischen Flottenverband zu Schrott geschossen wurde. Im vorausgegangenen Gefecht hatten die beiden deutschen Schiffe die «Hood» versenkt und die «Prince of Wales» beschädigt

Auf einem Rettungsfloß bitten die Überlebenden eines versenkten Frachters die U-Boot-Besatzung um Hilfe. In der Regel werden die Handelsschiffe ohne Warnung torpediert, vor allem aus Geleitzügen

Versenkung eines Frachters vor der amerikanischen Küste. Nach dem Kriegseintritt der USA operieren die deutschen U-Boote hier anfangs ungehindert, da ihre Bekämpfung noch nicht organisiert ist

Wimpel am Mast des heimkehrenden U-Bootes geben die versenkte Tonnage an. Vom zunehmend gefährlicher werdenden Einsatz zeugt das Flakgeschütz zur Abwehr von Patrouille fliegenden Bombern

Einer der an der französischen Atlantikküste ausgebauten Bunker für U-Boote, die selbst schwersten Bomben standhalten. Von hier laufen die Boote zu ihren Einsätzen an den Schiffahrts-Routen aus

Aus einem sinkenden U-Boot läßt ein US-Küstenschutz-Kutter den Rest der Besatzung bergen. Das Boot war, durch Wasserbomben schwer beschädigt, zum Auftauchen gezwungen und dann mit den Bordgeschützen vollends leck geschossen worden. Meistens werden die U-Boote von mit Radargeräten bestückten Bombern ausgemacht und versenkt, noch ehe sie dem durch Tauchen entgehen können

Der Lohn der Angst ist auf dem Höhepunkt der Krise das Eiserne Kreuz aus der Hand des neuen Kriegsmarine-Oberbefehlshabers

Verzweifelt fleht ein U-Boot-Fahrer um seine Rettung aus eisigem April-Wasser, in dem die Schwimmweste kaum eine Stunde nutzt

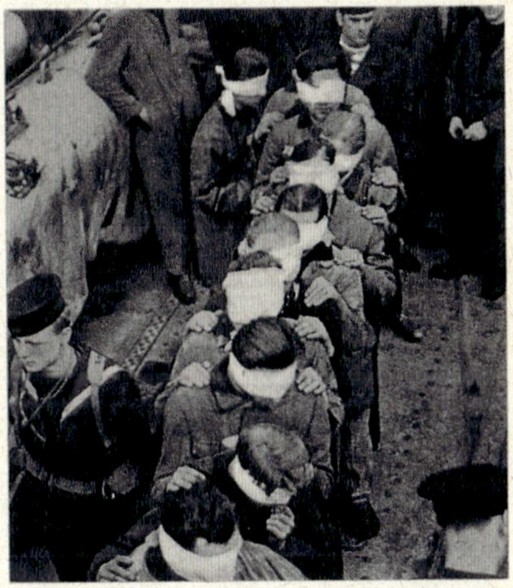

Mit verbundenen Augen wird die Besatzung eines im Atlantik versenkten U-Bootes von Bord eines britischen Zerstörers gebracht

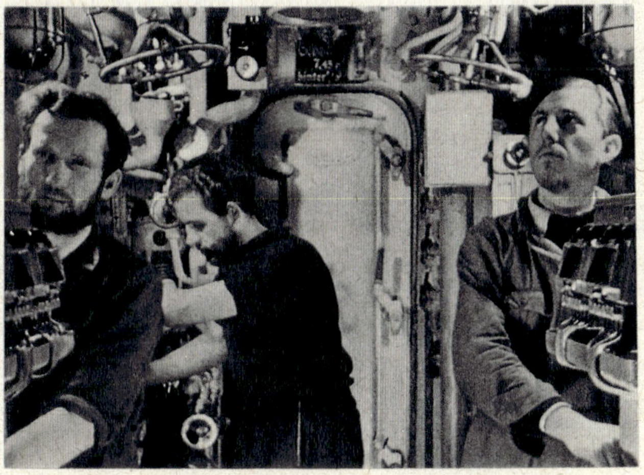

Im Maschinenraum eines U-Bootes. Die psychische Belastung der Besatzung wird oft unerträglich, wenn das verfolgte Boot tagelang nicht auftauchen kann oder von den Wasserbomben geschüttelt wird

Den Bankrott des U-Boot-Krieges zeigen die von der Kriegsmarine ab 1944 propagierten «Kleinkampfmittel» für Todeskandidaten. Zu ihnen zählen die Ein-Mann-Torpedos (oben) und die Sprengboote

Das Jahr 1944 beginnt für die Wehrmacht im Osten mit neuen Erschütterungen. Die Heeresgruppe Nord wird unter schweren Kämpfen aus ihren Stellungen vor dem eng belagerten Leningrad sowie am Wolchow vertrieben; sie findet erst wieder am Westufer des Peipus-Sees und südlich von ihm Halt. Etwa zur gleichen Zeit wird in der Ukraine eine starke deutsche Kräftegruppe bei Korsun eingeschlossen und völlig vernichtet. Anschließend spalten sowjetische Armeen den deutschen Südflügel bis zu den Karpaten auf; weitere Verbände befreien die Krim. Die Strategie Hitlers und seiner Generäle reduziert sich angesichts der Kette von Niederlagen auf ein einziges Rezept: «Halten um jeden Preis.» Das macht aus vielen der Verteidigungsoperationen außerordentlich verlustreiche Kesselschlachten.

Ein Winter wie gehabt

1944

Anf. Jan. Sowjetische Offensive bei Kirowograd; führt am **8. Jan.** zur Befreiung der Stadt **12. Jan.** Angriff bei Nowossokolniki/Newel; bildet Auftakt für **14./15. Jan.:** Offensive gegen die HGr. Nord bei Oranienbaum und Puschkin; am **18. Jan.** Offensive bei Nowgorod; am **20. Jan.** Nowgorod befreit – Rückzug der HGr. Nord zur Luga; OB v. Küchler abgelöst **24. Jan.** Offensive beiderseits von Korsun **27. Jan.** Offensive südlich Sarny Richtung Rowno und Luzk **28. Jan.** Einschließung starker deutscher Kräftegruppe bei Korsun; Entsatzversuche ohne Effekt **30. Jan.** Offensive bei Kriwoi Rog/Nikopol **2. Febr.** Luzk und Rowno befreit **3. Febr.** Angriff bei Witebsk **8. Febr.** Befreiung Nikopols **12. Febr.** Befreiung von Luga **17. Febr.** Kessel von Korsun liquidiert; Ausbruchsversuch **18. Febr.** Befreiung von Staraja Russa – HGr. Nord zieht sich auf die «Panther-Linie» zurück **22. Febr.** Befreiung von Kriwoi Rog **4./6. März** Frühjahrs-Offensive der Sowjetarmee zwischen Luzk und Dnepr-Mündung **10. März** Befreiung von Uman **13. März** Cherson befreit **15. März** Vorstoß in der Richtung Brody **17. März** Kowel zeitweilig eingeschlossen; Dubno befreit **18. März** Hitler setzt Horthy in Kleßheim unter Druck; am **19. März** deutsche Besetzung Ungarns **20. März** Winniza befreit **23. März** Neue ungarische Regierung Sztójay; unterstellt Erste Armee der HGr. Süd **26. März** Kamenez-Podolski befreit – Sowjetische Verbände nördlich Iaşi am Prut – Offensive am Südlichen Bug **28. März** Nikolajew befreit **29. März** Tschernowzy befreit **30. März** Einschließung einer deutschen Panzerarmee bei Kamenez-Podolski **8. April** Offensive über Perekop-Enge und Siwasch auf die Krim – Ausbruch der Gruppierung bei Kamenez-Podolski **10. April** Befreiung Odessas; deutsch-rumänischer Rückzug auf den Dnestr – Siret überwunden **11. April** Kertsch befreit **12. April** Befreiung von Tiraspol **14. April** Befreiung Ternopols **5./9. Mai** Befreiung von Sewastopol; am **12. Mai** Kapitulation deutscher Resttruppen auf Kap Cherson **2. Juni** Neue bulgarische Regierung Bagrjanow; nimmt Geheimverhandlungen mit den Westmächten auf

1. Jan. Polnischer Landesnationalrat unter Bierut in Warschau gebildet; Volksarmee beschlossen **25. April** Erste Volksbefreiungsbrigade Bulgariens formiert **Mai** Gründung der Ungarischen Front auf Initiative der KP **25. Mai** Antifaschistischer Nationaler Befreiungsrat Albaniens gegründet – Versuch, Titos Hauptstab durch Fallschirmjäger auszuheben, gescheitert **13. Juni** In Rumänien ein militärrevolutionärer Ausschuß für den Aufstand gebildet **20. Juni** Nationaldemokratischer Block Rumäniens gegründet

Kurze Marschpause während des Rückzugs der deutschen Verbände von Leningrad. Die beiden Armeen der Heeresgruppe Nord, welche die Stadt noch blockierten, werden bis Mitte Februar 1944 durch eine mächtige Offensive auf die «Panther-Linie» zurückgeworfen

Gesprengte Belagerungsgeschütze, die von den deutschen Truppen während der Flucht auf dem Rabenberg bei Krasnoje Selo stehengelassen wurden. Ende Januar ist die Blockade Leningrads endgültig gebrochen, schlägt nach neunhundert Tagen keine Granate mehr ein

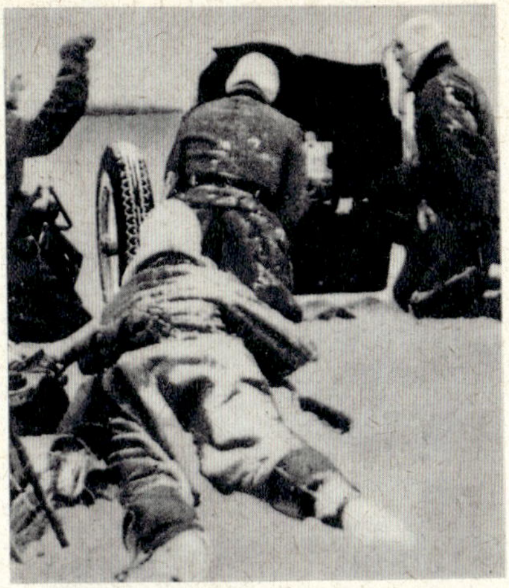

Im «Kampfraum Newel» halten sowjetische Fesselungsangriffe die deutschen Verbände an der Flanke der Heeresgruppe Nord fest

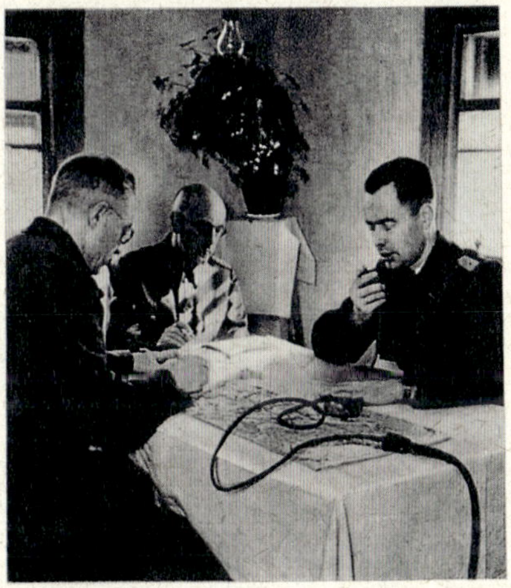

Führende Mitglieder des NKFD suchen die im Kessel von Korsun Eingeschlossenen zu retten: v. Seydlitz, Korfes und Engelbrecht

Durch eine Einbruchstelle läuft ein Melder zum Gefechtsstand. Von Mitte Januar 1944 an zerbricht auch die deutsche Front in der Ukraine. Vorbote des unaufhaltsamen Fiaskos ist hier die Einschließung von sieben Divisionen bei Korsun-Schewtschenkowski (Tscherkassy)

Die drei Wochen lang von außen gegen die Korsuner Einschließungsfront anrennenden Entsatzverbände werden blutig abgewiesen

Völlige Zerfahrenheit angesichts der zwischen Pripjat und Schwarzem Meer losbrechenden Offensive demonstriert der Sechshundert-Kilometer-Marsch dieser Panzerdivision, die von Nikopol nach Korsun und wieder zurück beordert wird, gleich zweimal zu spät kommend

Letzte Verpflegungsausgabe im Kessel von Korsun, kurz vorm Ausbruchsversuch. Die Luftversorgung war verlustreich gescheitert

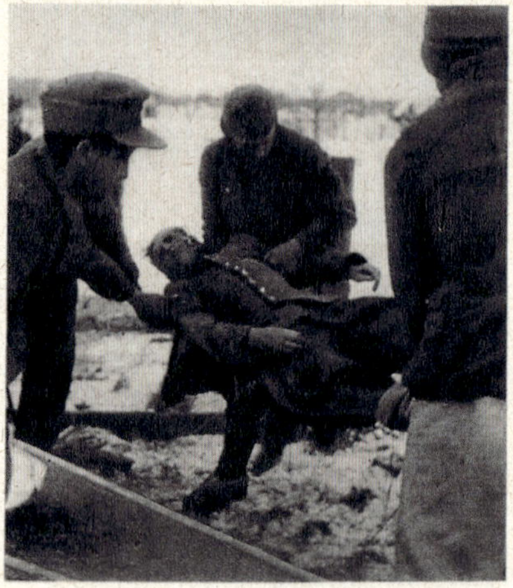

Die Leiche von General Stemmermann, dem Befehlshaber im Kessel. Man fand sie mit zehntausend anderen im Ausbruchsstreifen

Von den bei Korsun eingeschlossenen einhunderttausend Mann kommt Mitte Februar nur noch ein geringer Teil in Gefangenschaft. Die meisten sind im mehrfach verengten Kessel unter Artilleriebeschuß gefallen, der Rest bei einem Ausbruchsversuch im Schneesturm

Insgesamt werden in der Sowjetunion rund zweiunddreißigtausend Betriebe zerstört – ein Großteil davon beim deutschen Rückzug

In völliger Auflösung rettet sich Mitte April eine Panzerarmee bei Kamenez-Podolski aus der Einschließung. Im Vordergrund eine der für die Flüchtenden abgeworfenen Verpflegungsbomben. Die Armee gehört zu der in dieser Zeit auf die Karpaten zurückweichenden Heeresgruppe Süd. Von dieser völlig abgeschnitten, wird südlich davon die Heeresgruppe A an den Unterlauf des Dnestr geworfen

Der Sturm auf Sewastopol Anfang Mai vollendet die Befreiung der Krim. Kaum die Hälfte der rund zweihunderttausend Mann starken deutsch-rumänischen Besatzung kann übers Meer evakuiert werden

Panzertruppen der Sowjetarmee bei ihren Mitte April erfolgreich abgeschlossenen Operationen zur Befreiung von Odessa. Schlamm und Hochwasser vermögen den Angriffsschwung nicht zu hemmen

Das von den deutschen Verbänden im Süden mit außerordentlicher Beharrlichkeit gehaltene Industriegebiet westlich Dnepr und Ingulez wird den sowjetischen Truppen als Trümmerwüste hinterlassen. In Kriwoi Rog (oben) sind die Hochöfen samt Werkhallen gesprengt sowie alle Nebenanlagen vernichtet. So sieht es überall aus – an Metall produziert die Sowjetunion gerade noch soviel wie 1933/35

Dokumente zur Zeit

Die innere Mobilisierung

Stalingrad-Darstellung der Goebbels-Propaganda

Freimachen von Kräften

Durch Hitler, Keitel, Lammers und Bormann unterzeichneter Erlaß vom 13. Januar 1943 (Auszug)

Der Bedarf an Kräften für Aufgaben der Reichsverteidigung macht es notwendig, alle Männer und Frauen, deren Arbeitskraft für diese Zwecke nicht oder nicht voll ausgenutzt ist, zu erfassen und ihrer Leistungsfähigkeit entsprechend zum Einsatz zu bringen. Das Ziel ist, die wehrfähigen Männer für den Fronteinsatz frei zu machen.
Hierzu ist ein Austausch in der Weise vorzunehmen, daß für die Wehrmacht und die Rüstungsindustrie verwendbare Kräfte durch andere, bereits in der übrigen Wirtschaft verwendete oder noch nicht verwendete Kräfte ersetzt werden. Die Umschulung und Anlernung von Ersatzkräften ist vorsorglich auf lange Sicht und großzügig laufend zu betreiben. Im übrigen bestimme ich:
I. Der Chef des Oberkommandos der Wehrmacht hat anzuordnen, daß alle Uk-Stellungen erneut schärfstens zu überprüfen und in allen Fällen aufzuheben sind, in denen dies ohne Gefährdung der anderen kriegswichtigen Aufgaben möglich ist.
II. Zur Erreichung des gesteckten Zieles haben alle Dienststellen des Staates und der Partei in ihrem Bereich mitzuwirken ...
Es ist Pflicht der Obersten Reichsbehörden und der Reichsverteidigungskommissare, alle nicht im Sinne dieses Auftrages liegenden Arbeiten in den einzelnen Zweigen der Verwaltung einstellen zu lassen und, soweit angängig, Dienststellen, Organisationen oder Einrichtungen stillzulegen ...
III. Die folgenden, für den Einsatz von Arbeitskräften dringlichsten Maßnahmen sind sofort in Angriff zu nehmen und in kürzester Frist durchzuführen:
1. Der Generalbevollmächtigte für den Arbeitseinsatz wird anordnen, daß sich für den Arbeitseinsatz noch nicht erfaßte Personen, und zwar Männer im Alter vom vollendeten 16. bis zum vollendeten 65. Lebensjahre, Frauen vom vollendeten 17. bis zum vollendeten 50. Lebensjahre, zu melden haben. Er hat weiterhin Männer und Frauen aus Handel, Handwerk und Gewerbe sowie aus Beschäftigungsverhältnissen in freien Berufen, soweit sie noch nicht eine überwiegend kriegswichtige Tätigkeit ausüben, in eine solche zu überführen ...
2. Um Arbeitskräfte aus Handel, Handwerk und Gewerbe weitgehend für Aufgaben der Reichsverteidigung frei zu machen, haben der Reichswirtschaftsminister oder die sonst zuständigen Obersten Reichsbehörden im Benehmen mit dem Generalbevollmächtigten für den Arbeitseinsatz die Stillegung von Betrieben und Unternehmungen anzuordnen, die nicht ganz oder überwiegend Aufgaben der Kriegswirtschaft oder der Sicherung des lebenswichtigen Bedarfs erfüllen.

Zehn Fragen vor der Welt

Rede Goebbels' im Berliner Sportpalast am 18. Februar 1943 (Auszug)

Ihr also, meine Zuhörer, repräsentiert in diesem Augenblick die Nation. Und an euch möchte ich zehn Fragen richten, die ihr mir mit dem deutschen Volke vor der ganzen Welt, insbesondere vor unseren Feinden, die uns auch an ihrem Rundfunk hören, beantworten sollt:
Die Engländer behaupten, das deutsche Volk habe den Glauben an den Sieg verloren.
Ich frage euch: Glaubt ihr mit dem Führer und mit uns an den endgültigen totalen Sieg des deutschen Volkes?
Ich frage euch: Seid ihr entschlossen, dem Führer in der Erkämpfung des Sieges durch dick und dünn und unter Aufnahme auch der schwersten persönlichen Belastungen zu folgen?
Zweitens: Die Engländer behaupten, das deutsche Volk ist des Kampfes müde.
Ich frage euch: Seid ihr bereit, mit dem Führer als Phalanx der Heimat hinter der kämpfenden Wehrmacht stehend diesen Kampf mit wilder Entschlossenheit und unbeirrbar durch alle Schicksalsfügungen fortzusetzen, bis der Sieg in unseren Händen ist?
Drittens: Die Engländer behaupten, das deutsche Volk hat keine Lust mehr, sich der überhandnehmenden Kriegsarbeit, die die Regierung von ihm fordert, zu unterziehen.
Ich frage euch: Seid ihr und ist das deutsche Volk entschlossen, wenn der Führer es befiehlt, zehn, zwölf und, wenn nötig, vierzehn und sechzehn Stunden täglich zu arbeiten und das Letzte herzugeben für den Sieg?
Viertens: Die Engländer behaupten, das deutsche Volk wehrt sich gegen die totalen Kriegsmaßnahmen der Regierung. Es will nicht den totalen Krieg, sondern die Kapitulation.
Ich frage euch: Wollt ihr den totalen Krieg? Wollt ihr ihn, wenn nötig, totaler und radikaler, als wir ihn uns heute überhaupt noch vorstellen können?
Fünftens: Die Engländer behaupten, das deutsche Volk hat sein Vertrauen zum Führer verloren.
Ich frage euch: Ist euer Vertrauen zum Führer heute größer, gläubiger und unerschütterlicher denn je? (Die Menge erhebt sich wie ein Mann. Sprechchöre: «Führer, befiehl, wir folgen!») Ist eure Bereitschaft, ihm auf allen seinen Wegen zu folgen und alles zu tun, was nötig ist, um den Krieg zum siegreichen Ende zu führen, eine absolute und uneingeschränkte?
Ich frage euch als sechstes: Seid ihr bereit, von nun ab eure ganze Kraft einzusetzen und der Ostfront die Menschen und Waffen zur Verfügung zu stellen, die sie braucht, um dem Bolschewismus den tödlichen Schlag zu versetzen?
Ich frage euch siebentens: Gelobt ihr mit heiligem Eid der Front, daß die Heimat mit starker Moral hinter ihr steht und ihr alles geben wird, was sie nötig hat, um den Sieg zu erkämpfen?
Ich frage euch achtens: Wollt ihr, insbesondere ihr Frauen selbst, daß die Regierung dafür sorgt, daß auch die deutsche Frau ihre ganze Kraft der Kriegführung zur Verfügung stellt und überall da, wo es nur möglich ist, einspringt, um Männer für die Front frei zu machen und damit ihren Männern an der Front zu helfen?
Ich frage euch neuntens: Billigt ihr, wenn nötig, die radikalsten Maßnahmen gegen einen kleinen Kreis von Drückebergern und Schiebern, die mitten im Kriege Frieden spielen und die Not des Volkes zu eigensüchtigen Zwecken ausnutzen wollen? Seid ihr damit einverstanden, daß, wer sich am Krieg vergeht, den Kopf verliert?
Ich frage euch zehntens und zuletzt: Wollt ihr, daß, wie das nationalsozialistische Parteiprogramm es gebietet, gerade im Kriege gleiche Rechte und gleiche Pflichten vorherrschen, daß die Heimat die schweren Belastungen des Krieges solidarisch auf ihre Schultern nimmt und daß sie für hoch und niedrig und arm und reich in gleicher Menge verteilt werden?
Ich habe euch gefragt; ihr habt mir eure Antwort gegeben. Ihr seid ein Stück Volk, durch euren Mund hat sich damit die Stellungnahme des deutschen Volkes manifestiert.

«Kohlenklau» stiehlt Energie, «Groschengrab» assistiert ihm durch Materialverschwendung

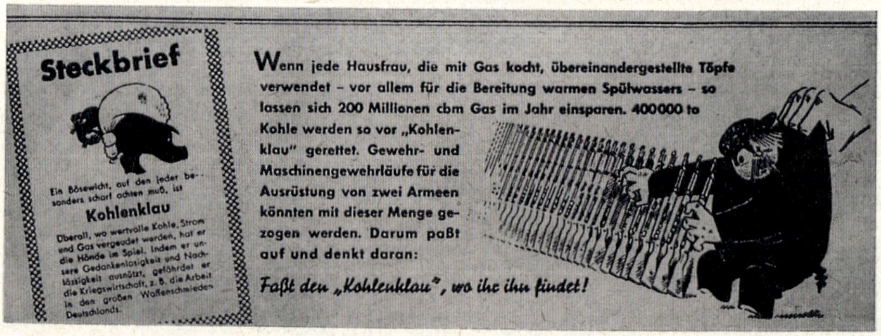

Arbeitskräfte im Reich

Anzahl in Mill.

	1939	1940	1941	1942	1943	1944
Reichsbürger	39,1	34,8	33,1	31,3	30,3	28,4
darunter Frauen	14,6	14,4	14,1	14,4	14,8	14,9
Zwangsarbeiter/Kriegsgefangene	0,3	1,2	3,0	4,1	6,3	7,1
Einberufene insgesamt	1,4	5,7	7,4	9,4	11,2	13,0

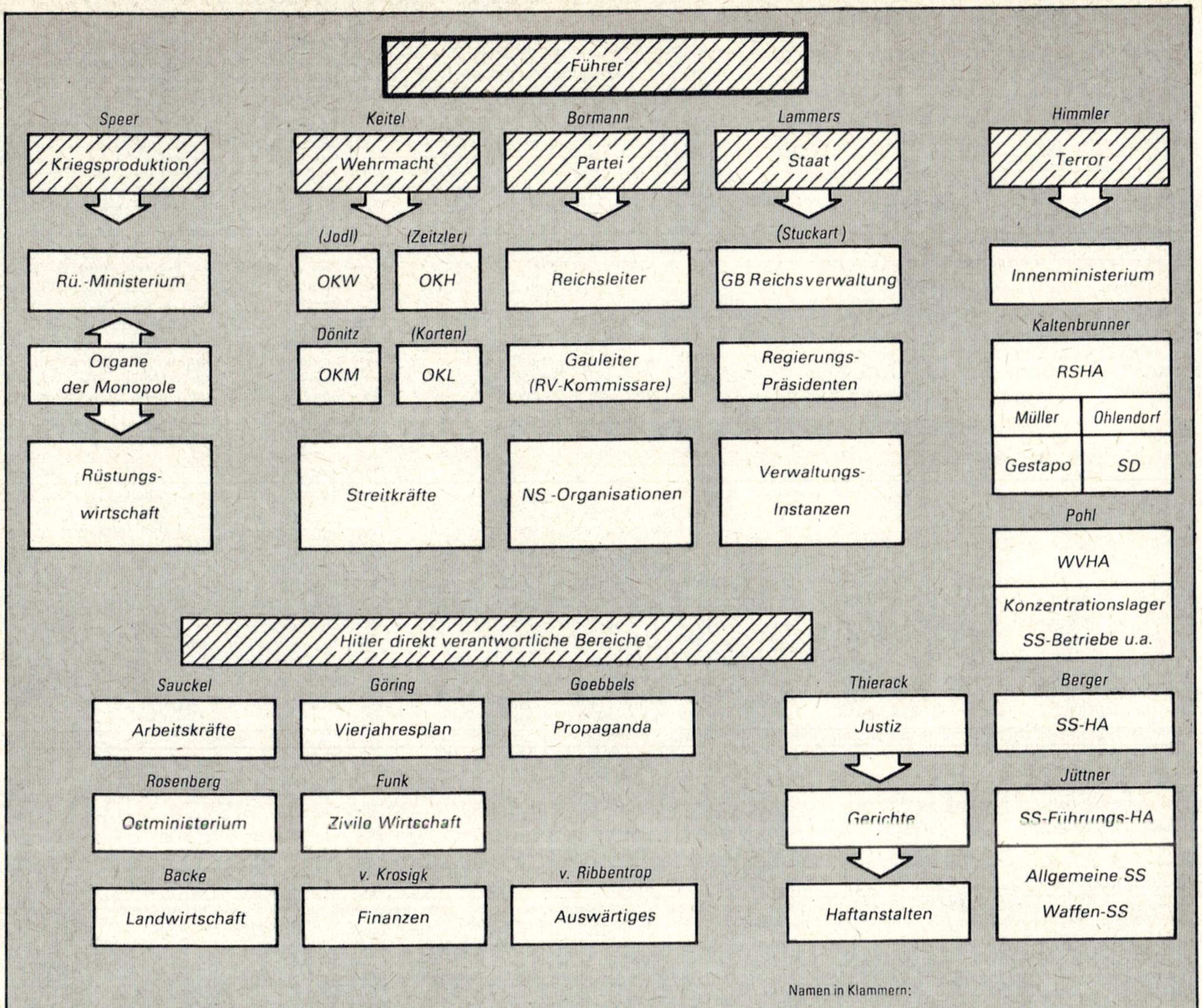

Umverteilung staatlicher Macht 1943/44

Sauckel legt Rechenschaft

Bericht Sauckels an Hitler vom 15. April 1943 (Auszug)

Wie Ihnen bereits durch Gruppenführer Bormann mitgeteilt wurde, begebe ich mich am 15.4. in die Ostgebiete, um für die kommenden Monate eine Million Arbeitskräfte aus dem Osten für die deutsche Kriegswirtschaft sicherzustellen.
Das Ergebnis meiner letzten Frankreichreise besteht darin, daß nach exakter Erfüllung des letzten Programms auch aus den Westgebieten bis zum Sommerbeginn erneut 450000 Arbeiter ins Reich kommen werden, mit den noch aus Polen und den übrigen Gebieten in Frage kommenden Kräften in Höhe von etwa 150000 wird es dann gelingen, der deutschen Landwirtschaft wieder 5 bis 600000 und der Rüstungs- und übrigen Kriegswirtschaft eine Million Arbeitskräfte bis zu den Sommermonaten zur Verfügung zu stellen.
1. Nach einjähriger Tätigkeit als Generalbevollmächtigter für den Arbeitseinsatz darf ich Ihnen melden, daß vom 1. April v.Js. bis zum 31. März ds.Js. der deutschen Kriegswirtschaft 3638056 neue fremdvölkische Arbeitskräfte zugeführt werden konnten. Im großen ganzen haben diese Kräfte zufriedenstellende Leistungen gebracht. Ihre Ernährung und Unterbringung ist sichergestellt, die Behandlung so einwandfrei geregelt, daß unser nationalsozialistisches Reich gegenüber den Methoden der kapitalistischen und bolschewistischen Welt auch in dieser Beziehung ein leuchtendes Beispiel darstellt. Dabei ist es natürlich unvermeidlich, daß hier und da noch Fehl- und Mißgriffe vorkommen. Ich werde stets bemüht bleiben, sie mit der größten Energie auf ein Mindestmaß zu beschränken.
Außer den fremdvölkischen Zivilarbeitern werden noch 1622829 Kriegsgefangene in der deutschen Wirtschaft beschäftigt.
2. Die 3638056 Arbeitskräfte verteilen sich auf folgende Zweige der deutschen Kriegswirtschaft:

Rüstung	1568801
Bergbau	163632
Bauwirtschaft	218707
Verkehr	199074
Land- und Forstwirtschaft	1007544
Sonstige Wirtschaftszweige	480298

Schockartige Auswirkung

Geheimbericht des SD «Meldungen aus dem Reich» Nr. 384 vom 20. Mai 1943 (Auszug)

Die bisher aus einzelnen Reichsgebieten, u.a. aus Bayreuth, Berlin, Breslau, Danzig, Dortmund, Frankfurt/Oder, Graz, Halle, Hamburg, Karlsruhe, Kiel, Litzmannstadt und Stettin vorliegenden Meldungen zur Kürzung der Fleischration* lassen erkennen, daß sich trotz der seit Wochen umlaufenden Gerüchte die diesbezüglichen Veröffentlichungen äußerst nachteilig und nahezu schockartig ausgewirkt haben. Ein großer Teil der Volksgenossen hätte eine derartige Wendung in der Lebensmittelversorgung vor allem deshalb für unmöglich gehalten, weil es nach den Worten des Reichsmarschalls mit der deutschen Ernährung nur noch besser, aber nicht mehr schlechter werden könnte. Vielfach werde die Kürzung mit den militärischen Rückschlägen im Osten in Verbindung gebracht, wobei verschiedentlich der Meinung Ausdruck gegeben werde, daß weitere Rationskürzungen folgen würden.

* *um fast ein Drittel*

Deutschlands Rüstungsproduktion im Kriege

Waffenart	1940	1941	1942	1943	1944
Karabiner	1 351 700	1 358 500	1 370 180	2 244 100	2 586 600
automat. Inf. Waffen	171 880	324 800	316 690	435 400	787 000
Granatwerfer	4 380	4 230	9 780	22 570	30 860
Geschütze ab 7,5 cm	5 499	7 092	11 988	26 904	40 684
Panzer (u. Sturmgeschütze)	2 154	5 188	9 287	19 824	27 340
LKW	29 600	62 400	78 200	82 000	89 200
Flugzeuge	10 250	11 050	14 700	25 220	37 950

Die Stärke der Wehrmacht

Jahr	Heer	Luftwaffe	Kriegsmarine	Insgesamt
1939	3 100 000	680 000	140 000	3 900 000
1940	4 150 000	980 000	150 000	5 300 000
1941	5 650 000	1 400 000	360 000	7 450 000
1942	6 500 000	1 900 000	580 000	9 000 000
1943	7 500 000	2 050 000	640 000	10 200 000
1944	7 850 000	2 120 000	780 000	10 750 000

Ein Lob den Managern

Rede Minister Speers im Berliner Sportpalast am 5. Juni 1943 (Auszug)

Es sollen der Öffentlichkeit heute wenigstens einige dieser zum Teil unbekannten Männer in der Rüstung bekanntgegeben werden. Wir werden sie daher gegen ihren Willen aus ihrer Zurückhaltung hervortreten lassen. Das Volk hat ein Anrecht darauf, diese Männer, die eine ungeheure Aufbauarbeit geleistet haben, kennenzulernen. Führende Köpfe der Industrie, wie Pleiger, der die gesamte Kohlenwirtschaft leitet, Krauch, der den chemischen Sektor im kriegsentscheidenden Umfang ausgebaut hat, Röchling, der durch seine großen Erfahrungen und durch seine Tatkraft die Erzeugung des Eisens auf eine Rekordhöhe brachte, Rohland, der die Panzerherstellung hochtrieb, Werner, der die Flugmotoren auf eine ungeahnte Höhe gebracht hat, Frydag und Heyne, die die Flugzeugzellen und -ausrüstung vervielfacht haben, Geilenberg, der die Munition diktatorisch leitet, Tix, der die Waffenherstellung vervielfachte, Degenkolb, der die Lokomotivproduktion bedeutend steigerte, aber auch Porsche, der für die Entwicklung der Panzer, Müller, als «Kanonen-Müller» bekannt, der für die Entwicklung unserer Geschütze und sonstiger Waffen, und Wolff, der für die Entwicklung der Munition gemeinsam mit den Wehrmachtsteilen die Verantwortung trägt, und weiter meine engsten Mitarbeiter Saur und Schieber, die ebenfalls aus der Industrie hervorgegangen sind, sie alle sind nur die Spitzen von weiteren zahlreichen Köpfen, die aus den besten Werken der Industrie heraus mit ihren Kenntnissen in reibungsloser Zusammenarbeit mit den Wehrmachtsteilen ein riesiges Aufbauwerk vollendet haben.

Ahndung betrieblicher Verstöße

Anordnung Sauckels, Generalbevollmächtigter für den Arbeitseinsatz, vom 1. November 1943 (Auszug)

§ 2 Der Betriebsführer kann Verstöße der Gefolgschaftsmitglieder gegen die Ordnung (Arbeitsdisziplin) oder Sicherheit des Betriebes mit Verwarnungen oder Geldbußen nach Maßgabe der folgenden Bestimmungen ahnden, auch wenn eine solche Maßnahme bisher weder in gesetzlichen Vorschriften noch in Bestimmungen der Betriebsordnungen oder arbeitsvertraglichen Regelungen vorgesehen ist, und zwar:
1. leichte Verstöße, z. B. einmalige Unpünktlichkeit, mit mündlicher oder schriftlicher Verwarnung;
2. schwerere Verstöße, z. B. unentschuldigtes oder grundloses Fehlen, wiederholte Unpünktlichkeit oder eigenmächtiges oder vorzeitiges Verlassen der Arbeitsstelle sowie Wiederholung leichter Verstöße, mit einer Geldbuße bis zum Höchstbetrag eines durchschnittlichen Tagesverdienstes;
3. erhebliche Verstöße, z. B. wiederholte Verstöße nach Ziffer 2 oder bewußte Widerspenstigkeiten gegen Anordnungen des Betriebsführers oder seines Beauftragten, mit einer Geldbuße bis zum Höchstbetrage eines durchschnittlichen Wochenverdienstes.

§ 3 Die Erteilung der Verwarnung sowie die Verhängung der Geldbußen erfolgt durch den Betriebsführer oder durch eine von ihm beauftragte leitende Person; die Verhängung von Geldbußen nach Beratung im Vertrauensrat, wenn ein solcher besteht ...

§ 5 Hält der Betriebsführer eine betriebliche oder nebenbetriebliche Maßnahme nicht für ausreichend oder sind diese erschöpft, so hat er unverzüglich – bei Inländern beim Leiter des zuständigen Arbeitsamts als Beauftragten des Reichstreuhänders der Arbeit, bei Ausländern (einschließlich Protektoratsangehörigen und Schutzangehörigen des Deutschen Reichs) sowie bei Ostarbeitern bei der zuständigen Polizeistelle – Anzeige zu erstatten.

Monopol-Werbung für Kriegsgewinne, hier sogar pikanterweise durch einen Konzernbetrieb, dessen Stammhaus im feindlichen Amerika beheimatet ist

Der endgültige Umschwung

Operation «Zitadelle»

Durch Hitler erlassener Operationsbefehl Nr. 6 des OKH vom 15. April 1943 (Auszug)

Ich habe mich entschlossen, so bald die Wetterlage es zuläßt, als ersten der diesjährigen Angriffsschläge den Angriff «Zitadelle» zu führen. Diesem Angriff kommt daher ausschlaggebende Bedeutung zu. Er muß schnell und durchschlagend gelingen. Er *muß* uns die Initiative für dieses Frühjahr und Sommer in die Hand geben. Deshalb sind alle Vorbereitungen mit größter Umsicht und Tatkraft durchzuführen. Die besten Verbände, die besten Waffen, die besten Führer, große Munitionsmengen sind an den Schwerpunkten einzusetzen. Jeder Führer, jeder Mann muß von der entscheidenden Bedeutung dieses Angriffs durchdrungen sein. Der Sieg von Kursk muß für die Welt wie ein Fanal wirken.
Hierzu befehle ich:
1.) *Ziel des Angriffs ist*, durch scharf zusammengefaßten, rücksichtslos und schnell durchgeführten Vorstoß je einer Angriffsarmee aus dem Gebiet Belgorod und südlich Orel die im Gebiet Kursk befindlichen Feindkräfte einzukesseln und durch konzentrischen Angriff zu vernichten. Im Zuge dieses Angriffs ist eine verkürzte kräftesparende neue Front zu gewinnen in der Linie: Neshega-Korotscha Abschnitt Skorodnoje Tim ostw. Schtschigry-Ssossna Abschnitt.

Räumung verseuchter Gebiete

Befehl Himmlers vom 10. Juli 1943 an den Chef der «Bandenkampf»-Verbände und die Höheren SS- und Polizeiführer Ukraine bzw. Rußland-Mitte

1. Der Führer hat entschieden, daß die bandenverseuchten Gebiete der Nordukraine und von Rußland-Mitte von jeder Bevölkerung zu räumen sind.
2. Die gesamte arbeitsfähige männliche Bevölkerung wird gemäß der noch abzumachenden Bestimmungen dem Reichskommissar für den Arbeitseinsatz zugewiesen, jedoch unter den Bedingungen von Kriegsgefangenen.
3. Die weibliche Bevölkerung wird dem Reichskommissar für den Arbeitseinsatz zur Arbeit im Reich zugewiesen.
4. Ein Teil der weiblichen Bevölkerung und alle elternlosen Kinder kommen in unsere Auffanglager.
5. Die bevölkerungsmäßig evakuierten Gebiete sind tunlichst nach noch zu treffender Abmachung mit dem Reichsernährungsminister und dem Minister für die besetzten Ostgebiete von den Höheren SS- und Polizeiführern in Bewirtschaftung zu nehmen und dort zum Teil mit Kok-Sagys zu bebauen und, soweit es möglich ist, landwirtschaftlich auszunutzen. Die Kinderlager sind an den Rand der Gebiete zu legen, so daß die Kinder als Arbeitskräfte zur Verfügung stehen.

Ausschlachtung

Schreiben der Mitteldeutschen Stahlwerke AG an die Eisenwerk-Gesellschaft Maximilianshütte vom 22. Juli 1943 (Auszug)

Wie in der heutigen Vorstandsbesprechung vereinbart, bitten wir Sie, uns möglichst bald anzugeben, für welche Anlageteile der in der Ukraine zur Ausschlachtung kommenden Hüttenwerke Sie besonderes Interesse haben. Einige Anhaltspunkte über die Anlagen, die noch verfügbar sind, werden Sie aus dem Reisebericht der HGW entnehmen können, den wir Ihnen kürzlich zugeschickt haben.
Zu Ihrer Unterrichtung teilen wir Ihnen ferner mit, daß u. W. die folgenden Werke ausgeschlach-

tet werden sollen: Taganrog, mit einem modernen Stahlwerk, einem modernen Röhrenwerk und zahlreichen Hallen; Stalino, mit einer Kokerei, einem Hochofenwerk, einem modernen Stahlwerk und verschiedenen Hallen; Kertsch, mit zahlreichen Hallen; Saporoshje, mit einer modernen Kokerei, einem Hochofenwerk, einem Stahlwerk und verschiedenen Hallen; ferner im gewissen Umfange die Werke Konstantinowka, Makejewka, Kramatorsk, Mariupol.

Total verbranntes Land

Brief Himmlers an den Höheren SS- und Polizeiführer Ukraine, Prützmann, vom 7. September 1943 (Auszug)

Der General der Infanterie Stapf hat bezüglich des Donezgebietes besondere Befehle, nehmen Sie mit ihm sofort Fühlung auf. Ich beauftrage Sie, mit allen Kräften mitzuwirken. Es muß erreicht werden, daß bei der Räumung von Gebietsteilen in der Ukraine kein Mensch, kein Vieh, kein Zentner Getreide, keine Eisenbahnschiene zurückbleiben, daß kein Haus stehenbleibt, kein Bergwerk vorhanden ist, das nicht für Jahre gestört ist, kein Brunnen vorhanden ist, der nicht vergiftet ist. Der Gegner muß wirklich ein total verbranntes und zerstörtes Land vorfinden. Besprechen Sie diese Dinge sofort mit Stapf und tun Sie Ihr Menschenmöglichstes.

Der «Ostwall»

Befehl Nr. 1 des Oberkommandos der HGr. Süd für den Ausbau der «Adler-Stellung» entlang des Dnepr vom 7. September 1943 (Auszug)

1. Der Ausbau ist mit allen Mitteln soweit vorwärtszutreiben, daß die Stellung am 15. November 1943 in den wichtigsten Abschnitten verteidigungsfähig ist ...
4. Art des Ausbaues: Der Ausbau ist in feldmäßiger Bauweise durchzuführen. Es ist bis zum Spätherbst zu erreichen:
1. Dringlichkeit: Ein durchlaufendes Pz.- und Inf.-Hindernis vor der Front, Unterstände bzw. Unterschlupfe für die Bedienung der zum Bestreichen der Hindernisse erforderlichen Waffen, Herrichten des Vorfeldes.
2. Dringlichkeit: Unterschlupfe und Unterstände für die im vorderen Teil des HKF* eingesetzten Kräfte, B-Stellen, Gefechtsstände.
3. Dringlichkeit: Feuerstellungen für schwere Inf.-Waffen, Pak-Stellungen.
4. Dringlichkeit: Feuerstellungen für die Artillerie.

* *Hauptkampffeldes*

Mit allen Mitteln

Befehl des Oberbefehlshabers der Heeresgruppe Süd, v. Manstein, vom 11. September 1943 (Auszug)

Bisherige Erfahrungen in Räumungsgebieten haben gezeigt, daß große Teile der Bevölkerung nicht freiwillig mit der Truppe zurückgehen. Dadurch fielen große Mengen von Arbeitskräften, Vieh, Lebensmitteln und Material in Feindeshand. Nur schärfstes Vorgehen der Truppe ermöglicht, Hunderttausende von Arbeitskräften, Vieh und Getreide zu bergen...
Die landwirtschaftliche Bevölkerung ist mit allen Mitteln zu veranlassen, mit Pferden und Großvieh nach Westen abzuwandern. Bei Weigerung sind Pferde und Vieh wegzutreiben, das Vieh der Truppenverpflegung nutzbar zu machen oder zu erschießen.
Die Wehrfähigen sind mit allen Mitteln zu sammeln und geschlossen abzubefördern unter dem Hinweis, daß sie von den Russen sofort in das Heer eingestellt werden würden. Anzustreben ist geschlossene Abbeförderung oder Abmarsch geschlossener Betriebsgemeinschaften unter Angabe, daß sie in Betriebe am Dnjepr verlegt werden. Abschub nach Möglichkeit, ehe die Zerstörungen beginnen. Angehörige können mitgenommen werden.
Vernichtung aller Wirtschaftsgüter, die nicht abbefördert werden können, ist mit allen Mitteln durchzuführen. In der Kampfzone kommt es darauf an, daß die noch vorhandenen Vorräte in größtmöglichem Umfang von der Truppe verbraucht werden.

Ausweg nur im Wunder

Geheimbericht des SD (grüne Serie); 18. Oktober 1943 (Auszug); *Gegenstand ist die NS-Propaganda der «Vergeltung» durch angebliche «Wunderwaffen»*

Im Rahmen des gesamten Kriegsgeschehens maß man der Vergeltung anfänglich zwar große, aber doch nicht entscheidende Bedeutung bei. In den letzten Monaten hat der Vergeltungsgedanke hierin aber einen Bedeutungswandel erfahren. Unter dem Eindruck der ganzen Entwicklung des Krieges seit Stalingrad hat sich der Volksgenossen das Gefühl bemächtigt, daß der Ring der Feinde um Deutschland und die besetzten Gebiete immer enger werde und die Entwicklung unaufhaltsam einer Krise entgegentreibe, aus der ein Ausweg nur durch ein «Wunder» möglich scheint. Und dieses Wunder, die entscheidende Wendung des Krieges, erwartet heute die Mehrzahl der Volksgenossen – in den vom Luftkrieg betroffenen Gebieten sogar nahezu die Gesamtheit – von der Vergeltung. Auch und gerade bei den Volksgenossen, welche durch ihre Siegeszuversicht positiv auf ihre Umgebung wirken und manchem Verzagten und Wankelmütigen das Rückgrat stärken, beruht der Glaube an den Sieg vornehmlich auf den Hoffnungen, welche sie an den kommenden Einsatz neuer Waffen und Kampfmittel knüpfen. Diese Hoffnungen gehen viel weiter als nur auf eine Unterbindung der Terrorangriffe. Dies ist das mindeste, was man von der Vergeltung erwartet. Vielmehr soll der Gegenschlag dazu führen, daß England binnen weniger Tage oder Wochen aus dem Krieg «herausgeboxt» wird...
Wer nicht an die Vergeltung glaubt – das sind aber nur wenige –, glaubt auch sonst nicht mehr an den Sieg.

Sowjetisches Kriegsplakat aus dem Jahr 1943

Kleinmut niederringen

Vortrag des Chefs des Wehrmachtführungsstabes, General Jodl, vor den Reichs- und Gauleitern in München am 7. November 1943 (Auszug)

An uns allen ist es nun, jeden Kleinmut in uns niederzuringen und damit in uns selbst die Grundlage des Vertrauens zu schaffen, aus der allein der Sieg erwachsen kann. Der andere fürchtet sich immer noch ein Stückchen mehr, und ein Krieg ist nur dann verloren, wenn man ihn selbst verloren gibt.
Wie dieser Krieg einmal enden wird, das kann kein Mensch vorhersagen. Was sich in ihm noch alles ereignet an Unsagbarem, wie viele Hoffnungen enttäuscht und wie viele Sorgen sich ins Gegenteil verkehren werden, liegt im Dunkel der Zukunft verborgen. Sicher ist nur, daß wir nie aufhören werden zu kämpfen, denn durch die Weltgeschichte zieht wie ein ehernes Gesetz der Fortschritt und der Aufstieg. In ihm hat Europa geführt und an seiner Spitze Deutschland...
Ich möchte in dieser Stunde nicht mit dem Munde, sondern aus tiefstem Herzen bekennen,
daß unser Vertrauen und unser Glaube an den Führer ein grenzenloser ist...
daß wir selbst die Trümmer unserer Heimat bis zur letzten Patrone verteidigen würden, weil es in ihnen tausendmal besser zu leben ist als in der Knechtschaft,
daß wir siegen werden, weil wir siegen müssen, denn sonst hätte die Weltgeschichte ihren Sinn verloren.

Die Feldheere an der Ostfront

Zeitpunkt der Erfassung	Sowjetarmee: Menschen	Panzer und Selbstfahrlafetten	Geschütze und Granatwerfer	Kampfflugzeuge	Wehrmacht (und Verbündete): Menschen	Panzer und Selbstfahrlafetten	Geschütze und Granatwerfer	Kampfflugzeuge
22. Juni 1941	2 800 000	1 800 (moderne)	34 695	1 540 (moderne)	5 500 000	4 260	47 200	4 980
1. Dezember 1941	4 200 000	1 731	21 983	3 495	5 093 000	1 453	26 800	2 465
1. Mai 1942	5 500 000	4 065	43 642	3 164	6 200 000	3 230	43 000	3 400
1. November 1942	6 124 000	5 004	72 505	3 088	6 144 000	6 600	70 080	3 500
1. Juli 1943	6 442 000	9 580	98 790	8 293	5 165 000	5 850	54 330	2 980
1. Januar 1944	6 100 000	4 914	88 900	8 500	4 906 000	5 400	54 570	3 073
1. Mai 1945	6 000 000	7 994	91 400	14 570	3 100 000	3 950	28 500	1 960

Die anderen Fronten

Deutscher Wegweiser in Nordafrikas Wüste

Jeden in die Schlacht werfen

Aufzeichnung des OB der deutsch-italienischen Streitkräfte in Nordafrika, Generalfeldmarschall Rommel, über die Schlacht bei El Alamein vom 3. November 1942 (Auszug)

Um die Mittagszeit kehrte ich zu meinem Gefechtsstand zurück. Auf dem Rückweg konnten wir gerade noch in rasender Fahrt einem Bombenteppich ausweichen, der von 18 britischen Maschinen gelegt wurde. Um 13.30 Uhr traf ein Führerbefehl ein, der folgendermaßen lautete:
«An GFM. Rommel
Mit mir verfolgt das deutsche Volk in gläubigem Vertrauen auf Ihre Führerpersönlichkeit und auf die Tapferkeit der Ihnen unterstellten deutsch-italienischen Truppen den heldenhaften Abwehrkampf in Ägypten. In der Lage, in der Sie sich befinden, kann es keinen anderen Gedanken geben als auszuharren, keinen Schritt zu weichen und jede Waffe und jeden Kämpfer, die noch freigemacht werden können, in die Schlacht zu werfen. Beträchtliche Verstärkungen an fliegenden Verbänden werden in diesen Tagen dem Oberbefehlshaber Süd zugeführt werden. Auch der Duce und das Comando Supremo werden die äußersten Anstrengungen unternehmen, um Ihnen die Mittel zur Fortführung des Kampfes zuzuführen. Trotz seiner Überlegenheit wird auch der Feind am Ende seiner Kraft sein. Es wäre nicht das erste Mal in der Geschichte, daß der stärkere Wille über die stärkeren Bataillone des Feindes triumphierte. Ihrer Truppe aber können Sie keinen anderen Weg zeigen als den zum Siege oder zum Tode.
Adolf Hitler»

Die Seekriegslage

Denkschrift des neuen Chefs der Seekriegsleitung, Dönitz, an Hitler, das OKW u. a. vom 8. Juni 1943 (Auszug)

Die Seekriegslage ist z. Zt. gekennzeichnet durch das Absinken der Erfolge in dem von der Kriegsmarine zielbewußt als Schwerpunkt des Offensivkrieges geführten Tonnagekriege.

Das Scheitern des deutschen Tonnage-Krieges

	1939	1940	1941	1942	1943	1944	1945	1939–45
Westalliierte Schiffsraumverluste in Tsd. BRT insgesamt	746	3 912	4 187	7 706	3 203	1 044	396	21 194
davon								
durch deutsche U-Boote	421	2 125	2 126	6 250	2 579	773	263	14 537
durch sonstige Einwirkung*	325	1 787	2 061	1 456	624	2 701	133	6 657
Westalliierte Schiffsraumverluste in Mill. BRT		16,6**			3,2	1,0	0,4	21,2
Westalliierte Neubauten an Fracht-Raum in Mill. BRT		7,2***			14,6	13,3	3,8	38,9
Verluste an deutschen U-Booten	9	23	36	92	230	243	151	784

* *Minen, Luftangriffe, Überwasser-Streitkräfte*
** *Verluste der Jahre 1939 bis 1942*
*** *Neubauten der Jahre 1939 bis 1942*

Der Hauptträger dieser Kriegführung, das *U-Boot*, ist durch die mit Anspannung aller Kräfte vorwärtsgetriebene feindliche U-Boot-Abwehr, die sich vor allem durch die feindl. Luftwaffe infolge noch nicht erkannter Ortung und neuartiger Unterwasserwaffen auswirkt, in seiner Kampftätigkeit eingeschränkt.
Die Folge ist, daß die bisherige Methode des Geleitzugkampfes auf der feindl. Hauptverkehrslinie, dem Nordatlantik, vorläufig aufgegeben werden muß und die U-Boote sich so lange in abwehrschwächere Seegebiete absetzen müssen, bis wirksame Abwehrmittel gegen die neuartigen Feindwaffen gefunden sind ...
Der Fortfall der Bedrohung durch den Tonnagekrieg würde mit Sicherheit ein überhaupt nicht übersehbares Kriegspotential beim Gegner für den Einsatz an anderer Stelle frei machen.
Außer den Auswirkungen auf die Land- und besonders die Luftlage wäre die Folge für die Seekriegslage, daß eine hohe Anzahl von Verbänden leichter Seestreitkräfte für den Einsatz gegen unsere eigenen Seeverbindungen frei würde; der damit eintretenden Überlegenheit des Gegners im Küstenvorfeld würden die deutschen, schon jetzt zu knappen Sicherungsstreitkräfte nicht gewachsen sein, so daß z. B. das vom Nachschub über See abhängige Norwegen auch ohne Invasion wegen Aufhörens des Nachschubs zu Fall gebracht werden könnte.
Es kommt daher für die deutsche Kriegführung darauf an, dem Tonnagekrieg seine Wirkung zu erhalten.
Die für das Wiedergewinnen der Kampfkraft des U-Bootes notwendigen Maßnahmen werden z. Zt. durchgeführt bzw. vorbereitet. Selbst wenn der U-Boot-Krieg die augenblicklichen Schwierigkeiten nicht voll überwinden und die alten Erfolge nicht wieder erreichen sollte, müssen für die U-Boot-Waffe alle Kräfte eingesetzt werden, weil durch ihren Einsatz ein Vielfaches von unserem Aufwand an feindl. Kriegspotential vernichtet oder gebunden wird.

Darüber hinaus ist es Aufgabe der Kriegsmarine, den Tonnagekrieg durch die übrigen Seekampfmittel zu ergänzen.
Die Verstärkung der Schnellboot-Waffe zum Kampf im britischen Küstenvorfeld ist notwendig und befohlen.
Die Überwasserstreitkräfte werden jede ihnen greifbare Möglichkeit des Angriffs auf die feindl. Seeverbindungen ausnutzen.

Nach Mussolinis Sturz

Fernschreiben Bormanns an die Gauleiter vom 26. Juli 1943 (Auszug)

Staatsfeinde, die sich jetzt demaskieren, sind rücksichtslos sofort den Dienststellen der Staatspolizei anzuzeigen. Wertlose Schwächlinge sind aus der Partei auszuschließen oder zu entlassen.
Die Männer der Partei müssen, wie schon mehrfach betont, auf alle nervösen und aufgeregten Gemüter unendlich beruhigend wirken. Zu jeder Zeit müssen gerade die Parteigenossen den unerschütterlichen Glauben, daß der Führer stets zur rechten Zeit das Rechte tun wird, ausstrahlen.

Drei Gruppen Italiener

Kriegstagebuch des OKW; Eintragung unter dem 15. September 1943 (Auszug)

Dementsprechend sind drei Gruppen ital. Soldaten (einschließlich Miliz) zu unterscheiden:
1. bündnistreue ital. Soldaten, die weiterkämpfen oder Hilfsdienst leisten ...
2. ital. Soldaten, die nicht weitermitmachen wollen,
3. ital. Soldaten, die Widerstand leisten oder mit dem Feind oder Banden paktiert haben.
Die Offiziere sowie geschlossene Einheiten der ersten Gruppe behalten die Waffen und werden unter voller Wahrung ihrer Ehre behandelt; wirtschaftlich werden sie gleichgestellt ...

Der anglo-amerikanische Luftkrieg gegen das Hinterland

Jahr	Bombenlast insgesamt (t)	abgeworfen auf Städte	U-Boot-werften	Verkehrs-ziele	Flugzeug-industrie	Kugellager-werke	Treibstoff-werke	Flug-plätze	andere Ziele
1939	31	–	31	–	–	–	–	–	–
1940	13 546	1 453	544	2 087	–	–	–	–	9 462
1941	37 106	14 475	1 729	7 852	–	–	–	–	13 050
1942	50 456	33 044	1 194	773	–	–	–	–	9 445
1943	206 188	131 668	5 549	11 623	4 678	1 557	–	–	51 113
1944	1 201 534	324 965	–	313 126	25 725	3 114	143 794	101 082	289 728
1945 bis 30. April	481 149	96 428	–	194 967	2 882	–	72 528	23 572	90 772
Insgesamt	1 990 010	608 033	9 047	530 428	33 285	4 671	216 322	124 654	463 570
Anteil	100%	30,5%	0,5%	26,6%	1,7%	0,3%	10,8%	6,3%	23,3%

Ital. Soldaten der zweiten Gruppe sind Kriegsgefangene und werden für die Kriegswirtschaft und anderen Einsatz gesichtet.
Ital. Soldaten der dritten Gruppe: Offiziere sind zu erschießen, Uffz. und Mannschaften nach dem Osten zum Arbeitseinsatz zu verbringen. Den noch Widerstand leistenden Truppen ist ein Ultimatum zu stellen.

Hamburg ein Flammenmeer

Einleitung zu den Berichten von Prof. Gräf über pathologisch-anatomische Untersuchungen vieler Bombenopfer in Hamburg (Auszug)

In den 10 Tagen und Nächten vom 25. Juli bis 3. August 1943 fanden 7 Angriffe auf Hamburg statt, davon 4 Großangriffe, die zusammen etwa 11 Stunden dauerten und über 40000 Tote unter der Bevölkerung forderten. Planmäßig wurde ein Stadtteil nach dem anderen angegriffen.
Der 1. Großangriff in der Nacht vom 24. zum 25. Juli 1943 dauerte etwa 2½ Stunden und erbrachte 1500 Tote unter der Zivilbevölkerung. Diese Zahl von Gefallenen war im Vergleich mit den Menschenverlusten bei früheren Angriffen außerordentlich hoch, wenn man bedenkt, daß für sämtliche vorangehenden Luftangriffe auf Hamburg insgesamt 1436 Personen als Luftkriegstote beurkundet wurden.
Den Höhepunkt der Wirkung erreichte der 2. Großangriff in der Nacht vom 27. zum 28. Juli. Bereits nach einer halben Stunde waren die Gebiete in ein großes Flammenmeer verwandelt. Der 3. Großangriff in der Nacht vom 29. zum 30. Juli wird, gemessen am Einsatz der Maschinen und der abgeworfenen Spreng-, Brand- und Minenbomben und Phosphorkanister, als der schwerste aller Angriffe bezeichnet. Bei diesem Luftangriff wurden die dicht bevölkerten Wohnviertel von Barmbek durch Flächenbrände völlig zerstört. Da nach dem 2. Großangriff aber ein großer Teil der Bevölkerung evakuiert oder abgewandert war – nach einem Polizeibericht hatten innerhalb 48 Stunden insgesamt 900000 Menschen das Stadtgebiet verlassen –, waren die Menschenverluste, verglichen mit dem 2. Großangriff, erheblich geringer.
Ein 4. Großangriff in der Nacht vom 2. zum 3. August 1943, der sich über das ganze Stadtgebiet verteilte, wurde durch schlechtes Wetter in seiner Wirkung abgeschwächt. Die Stadt war außerdem bereits weitgehend zerstört und entvölkert, so daß die Menschenverluste verhältnismäßig gering waren.
Die Polizei hatte bis zum 3. Oktober 1945 nach Einstellung der Leichenbergung insgesamt 48602 Bombenopfer registriert. Wenn man die Fehlschätzung auf Grund von aufgefundener Asche und Leichenteilen mit 500, die Zahl der Vermißtenmeldungen, die bei Kriegsende bei der Polizei vorlagen, mit 3000 und die Zahl der unterbliebenen Vermißtenmeldungen mit 3000 annimmt, so ergibt sich bei vorsichtiger Schätzung eine Gesamtzahl von 55000 Luftkriegstoten infolge von 213 Bombenangriffen auf die Hansestadt Hamburg.

Bringt Euch in Sicherheit!

Flugblatt der Leipziger Partei- und Widerstandsorganisation vom Dezember 1943

Die Leipziger Antifaschisten sagen euch, was zu tun ist. Bei einem Luftangriff müßt ihr zuerst euer Leben sichern. Stellt deshalb bei Voralarm in den Betrieben jede Arbeit ein! Bringt euch in Sicherheit! Im Falle eines Angriffs verlaßt die Rüstungsbetriebe und kümmert euch um eure Familien und Wohnungen! Die ganze Rüstungsindustrie kann zerschlagen werden, aber euer Leben müßt ihr erhalten. Laßt euch nicht von Nazi-Betriebsbonzen oder Werkschutz im Betrieb festhalten! Bleibt nach einem Angriff der Arbeitsstelle fern. Entschuldigt euch mit Aufräumungsarbeiten oder schlechten Verkehrsverhältnissen! Langsamer ar-

Totaler Krieg im Reich

1943
30. Jan. Proklamation Hitlers leitet zum zehnten Jahrestag der Machtübergabe antibolschewistische Großkampagne ein **2. Febr.** Reichs-Sicherheits-Hauptamt verlangt von den Abwehr-Beauftragten in den Betrieben verstärkte Spitzelwerbung zur «Bekämpfung der Staatsfeinde» **4. Febr.** Bericht des SD registriert «allgemeine Auffassung» der Bevölkerung, Stalingrad sei der «Wendepunkt des Krieges» bzw. der «Anfang vom Ende» **10. Febr.** Jahrestagung aller Oberlandgerichts-Präsidenten und Generalstaatsanwälte; wichtigstes Thema: die «Bekämpfung jugendlicher Cliquen und Banden» **15. Febr.** Einziehung von zweiundvierzigtausend Oberschülern der Jahrgänge 1926/27 zur Heimat-Flak eingeleitet **18. Febr.** Im Berliner Sportpalast verkündet Goebbels den Totalen Krieg; «Zehn Fragen an das deutsche Volk» **28. Febr.** Speer bei Göring, wenig später Goebbels; Versuch einer Wiederbelebung des Ministerrats für die Reichsverteidigung, um Einfluß Bormanns und Lammers' sowie den der Gauleiter zu beschneiden; scheitert am Beharren der Gruppe um Hitler auf bisherigem Kurs, vor allem auch in den besetzten Ländern – Keitel befiehlt Neugründung des Wehrwirtschaftsstabes im OKW (Becker); dieser faßt nach dem Aufgehen auch des Wehrwirtschafts-Amtes im Speer-Ministerium während der ersten Monate des Jahres dessen Reste in der Hauptsache zur Ausplünderung besetzter Territorien zusammen **März** Vorbereitungen für ein Reichs-Sicherheits-Ministerium; soll alle Repressiv-Organe außer der Justiz vereinigen und das Innenministerium auf Verwaltungsaufgaben beschränken; nicht realisiert **13. März** Eine von militärischen Verschwörern (v. Tresckow/v. Schlabrendorff) im Hauptquartier der HGr. Mitte in Hitlers Flugzeug eingeschleuste Zeitbombe versagt **16. März** Auskämmung sowie Stillegung weiterer Industriebetriebe angeordnet; erbringt eine halbe Million Arbeitskräfte für die Rüstungs-Monopole **21. März** Im Zeughaus Berlin scheitert ein Sprengstoff-Anschlag (v. Gersdorff) auf Hitler – Im «Reich» eröffnet Goebbels seine «Vergeltungs»-Propaganda – Der Lagebericht der Parteikanzlei rügt als unerwünschtes Ergebnis der Propaganda für den Totalen Krieg die Aufnahme seiner Parolen durch «destruktive Elemente» in Form «klassenkämpferischer Tendenzen» **26. März** Denkschrift Goerdelers an die Generalität; für Putsch, Separatfrieden mit den Westmächten und die Fortsetzung des Krieges im Osten **30. März** Gestapo-Weisung zur Überführung umgelegter Funktionäre von KPD und SPD aus der Justiz-Haft in die KZ **April** Das Innenministerium beginnt die Umquartierung aus Luftkriegs-Gebieten staatlich zu regeln; von der Evakuierung betroffen sind etwa zehn Millionen «unproduktive» Großstädter – Projektierung für die Neugestaltung der Reichshauptstadt eingestellt (bis dahin auch in vielen anderen Städten Planungs- und Bauarbeiten für NS-Bauten kaum vermindert fortgeführt) **7. April** Gestapo-Erlaß ordnet KZ-Einweisung für alle an, die mit sowjetischen Gefangenen «in irgendeiner Weise Umgang pflegen» **12. April** Bormann zum Sekretär des Führers ernannt (unkontrollierbare Weisungs-Möglichkeit) **26. April** Die Parteikanzlei fordert NSDAP-Funktionäre zur Zurückstellung nicht kriegsentscheidender Angelegenheiten auf, besonders solcher, die «geeignet sind, Differenzen auszulösen und die Volksgemeinschaft zu spalten» (wie «politisch-konfessionelle Angelegenheiten») **27. April** Besprechung Hitlers mit Ley, Fischböck (Reichskommissar für Preisbildung), Lammers u. a. über eine Angleichung der Frauenlöhne; Hitler begründet seine Ablehnung mit Festhalten daran, daß «grundsätzlich nur der Mann verdiene» **Mai** Zweite Sonder-Einziehungs-Aktion eingeleitet; erfaßt weitere achtundsiebzigtausend Facharbeiter **3. Mai** Ley spricht auf der «ersten gemeinsamen antibolschewistischen Kundgebung» mit eigens dazu abkommandierten Zwangsarbeitern in Berlin **8. Mai** Lammers teilt Obersten Reichsbehörden in einem Runderlaß Befugnis Bormanns mit, auch «außerhalb des Rahmens der Partei Weisungen und Auffassungen des Führers führenden und leitenden Persönlichkeiten des Staates und staatlichen Dienststellen» zu übermitteln; das bisherige Monopol von Lammers damit gebrochen **20. Mai** Erlaß des Wirtschaftsministeriums zur Übergabe der aufgelösten Kartelle an die Wirtschaftsgruppen (der Reichsgruppe Industrie u. a.) **31. Mai** Fleisch-Ration von wöchentlich dreihundertfünfzig Gramm um hundert Gramm gesenkt **Anf. Juni** Vor Hitler und Industrie-Vertretern registriert Speer, daß durch die totale Mobilisierung «die Leistung der Arbeiterschaft bis auf das Äußerste ausgenutzt» wurde; sie stieg in der Rüstungs-Produktion je Beschäftigtem (incl. «unproduktiver» Angestellter) gegenüber 1941/42 bis zur Jahreswende 1942/43 um siebenundfünfzig Prozent, bis zur Jahreswende 1943/44 um dreiundachtzig und bis zur Jahresmitte 1944 um einhundertvierunddreißig Prozent **1. Juni** Das Propaganda-Ministerium gibt Durchhalte-Film «Kolberg» in Auftrag **Sommer** Stadtbevölkerung beginnt massenweise «Hamsterfahrten» auf das Land; Tausch- und Schwarzhandel steigen wegen Lebensmittel-Verknappung sprunghaft an – Zur Freistellung weiterer Kapazitäten für die Rüstung wird die deutsche Konsumgüter-Industrie zum Teil in das okkupierte Westeuropa verlagert **26. Juni** Speer berichtet Hitler über seine Abstimmung mit Dönitz zur Übernahme der Marine-Rüstung vom OKM in sein Ministerium; verlangt zugleich die noch beim Wirtschaftsministerium verbliebene Verfügungsgewalt über gesamte zivile Produktion **30. Juni** Erlaß des Reichs-Sicherheits-Hauptamtes verfügt (die Praxis bestätigend) die Erledigung der anfallenden Strafsachen mit «staatspolizeilichen Zwangsmitteln»: KZ-Einweisung, gegebenenfalls «Sonderbehandlung»; Weiterleitung an die Justiz lediglich aus «stimmungspolitischen Gründen» bei sicherem Todesurteil – Die Arbeits-Meldepflicht hat bisher nur eineinviertel Millionen Frauen (einundvierzig Prozent) zum Einsatz gebracht; davon die Hälfte in Halbtags-Arbeit; die übrigen haben sich durch Atteste, Hilfs-Dienste usw. entzogen **Anf. Juli** Anordnung über Ernte-Hilfe der Jugend (Zehn- bis Sechzehnjährige) – v. Stauffenberg in die Verschwörung Goerdeler/Beck einbezogen; bildet hier mit der ihn umgebenden Gruppe junger Offiziere den progressiven Flügel **1. Juli** Minister-Konferenz in Berchtesgaden einigt sich auf den Abschluß der Stillegungs-Aktionen bis zum Ende des Monats **5. Juli** Rundverfügung des Justizministeriums fordert Sondergerichte zu größerer Härte und Schnelligkeit auf: «Standgerichte der inneren Front» **16. Juli** Merkblatt für die Betriebe «zur Erhaltung der Arbeitsdisziplin der Jugend» herausgegeben **25./26. Juli** Auf Grund des Sturzes von Mussolini ergehen im Führer-Hauptquartier Weisungen an Himmler zu Sicherheits-Maßnahmen im Reich gegen Streiks, Demonstrationen usw. – In Hessen und Schwaben Aufstellung bewaffneter Trupps von NSDAP-Funktionären: Heimatschutz **30. Juli** SD-Bericht meldet nach der Einäscherung von Hamburg, daß «die Masse der Kleingläubigen und der Pessimisten während der letzten vierundzwanzig Stunden die Mehrheit erlangt» hat **31. Juli** Die Belieferung der dritten und vierten Kleiderkarte ausgesetzt; verkauft wird nur noch Arbeits- und Berufskleidung, Bekleidung für die Ausgebombten sowie für Kinder und Jugendliche; der Verkauf sonstiger Konsumgüter wird auf die Bombengeschädigten beschränkt **Aug.** «Ruhr-Stab Speer» gebildet, Leitung: Rohland/Vögler; soll die durch den Luftkrieg verursachten Störungen der Rüstungs-Produktion beheben **1. Aug.** Goebbels erläßt Panik erzeugenden Aufruf zu sofortiger Evakuierung Berlins; am **2. Aug.** Flucht Tausender Berliner in die Umgebung der Stadt **4. Aug.** Lage-

beratung der Reichs- und Gauleiter sowie der Reichsminister und Staatssekretäre; sprechen sich für Macht-Demonstration aus; in der Folge als erstes SA-Wehrkampftage; danach Mobilisierung der SA-Stürme z.b.V. (neunzigtausend Mann); militärisch organisiert und bewaffnet **7. Aug.** Im Führer-Hauptquartier Beratung von Maßnahmen zur Sicherung der innenpolitischen Situation – Generalbevollmächtigter für die Reichsverwaltung legt im Entwurf «Gemeinschaftsfremden»-Gesetz vor: Bürger, die nicht «aus eigener Kraft den Mindestanforderungen der Volksgemeinschaft ... genügen», sollen als «Personen minderen Rechts» nach achtjähriger Justiz-Haft in eine unbefristete Polizei-Haft übergeführt werden **9. Aug.** Reform-Entwurf des Kreisauer Kreises für ein künftiges Deutschland (christlich-sozial bestimmt) – Das Reichs-Sicherheits-Hauptamt ordnet umgehende Erweiterung des Netzes betrieblicher Abwehr-Beauftragter an **15. Aug.** Anordnung Hitlers macht das Goebbels-Ministerium voll verantwortlich für die Steuerung der Antisowjet-Propaganda, vor allem auch in besetzten sowjetischen Gebieten; Aufbau von zwölf Ost-Propaganda-Ämtern – Chef des Heeresstabes beim Chef des OKW registriert Fehlbestand von hundertsechsundvierzigtausend Mann im «Achthunderttausend-Mann-Programm» **16. Aug.** Unter Goebbels Tagung der Leiter seiner zweiundvierzig Propaganda-Ämter: Kampf gegen «Einbruch in die Moral des deutschen Volkes»; eine Kampagne gegen Gerüchte eingeleitet **18. Aug.** Schepmann anstelle des verunglückten Lutze zum Stabschef der SA ernannt **20. Aug.** Reichsarbeits-Führung wird selbständige Reichsbehörde; Hierl Reichsminister – Aufruf Leys an Unternehmer und Funktionäre der Arbeitsfront zur «Pflege der Betriebsgemeinschaft»; fordert Beschäftigung mit «persönlichen Sorgen und Nöten» der Werktätigen **21. Aug.** Mitteilung Bormanns über Kooperation der NSDAP mit dem SD bei der Berichterstattung und Nachrichtenbeschaffung **25. Aug.** Ernennung Himmlers zum Reichs- und preußischen Minister des Inneren sowie zum Generalbevollmächtigten für die Reichsverwaltung; Staatssekretär bleibt Stuckart; zugleich geschäftsführender Generalbevollmächtigter; Frick erhält die Funktion des Reichsprotektors für Böhmen und Mähren **26. Aug.** Der preußische Finanzminister Popitz versucht Himmler in die Putsch-Pläne der Verschwörer um Goerdeler einzubeziehen **27. Aug.** Der Bankier v. Schröder sichert dem neuen Innenminister den Beistand des großindustriellen «Freundeskreises Himmler» zu; meldet ihm Überweisung von über einer Million Mark Spenden – Rundschreiben des Justizministeriums verlangt größte Beschleunigung bei Vollstreckungs-Entscheidungen über gefällte Todesurteile **31. Aug.** Bormann befiehlt für den gesamten deutschen Machtbereich Generalappelle der NSDAP; Aufrüttelung der «schwimmenden» Partei gegen die zunehmende öffentliche Kritik **Anf. Sept.** Pressekampagne gegen «Miesmacher» und «Defätisten» läuft an **1. Sept.** Die Wehrmacht nimmt Freiwillige ab sechzehneinhalb Jahren auf; die Einwilligung der Eltern nicht mehr erforderlich **2. Sept.** Erlaß Hitlers über die Konzentration der Kriegswirtschaft; Speer-Ministerium wird Reichsministerium für Rüstung und Kriegsproduktion; in ihm die Leitung der gesamten – auch zivilen – Produktion zusammengefaßt; Beschränkung des Wirtschaftsministeriums auf die Versorgung der Bevölkerung, allgemeine Wirtschaftspolitik, das Geld- und Kreditwesen sowie den Außenhandel – Die Zentrale Planung erhält eigene Behörde; ihr Führungs-Gremium (Speer, Milch, Körner) wird durch Funk ergänzt **4. Sept.** Erlaß Görings über Schaffung eines Planungs-Amtes im Vierjahres-Plan; vereinigt Planungsstellen der gewerblichen Kriegswirtschaft (Kehrl) **5. Sept.** Brandt wird Reichskommissar für das gesamte Sanitäts- und Gesundheitswesen (zuständig auch für Forschung und Wissenschaft sowie Produktion auf diesem Gebiet) **7. Sept.** Erlaß zur «polizeilichen Sicherung der Volksordnung»; wesentliche Sachgebiete des Innenministeriums gehen auf Reichs-Sicherheits-Hauptamt über (u.a. Melde- und Registrierwesen, Polizeirecht und allgemeine Polizei-Organisation); Innenministerium nun «reine Vermittlungs-Stelle» **7./12. Sept.** «Plötzenseer Blutnächte»; in nur fünf Tagen zweihundertvierundneunzig Hinrichtungen **9. Sept.** Bormann-Denkschrift regt bei Himmler Verwaltungs-Reform an; Dezentralisierung «nicht reichswichtiger Aufgaben» zwecks Stabilisierung des NS-Systems – Hitler-Erlaß überträgt Ley das Deutsche Wohnungs-Hilfswerk (für Ausgebombte) **14. Sept.** Gestapo-Chef Müller fordert Verfolgung des Abhörens feindlicher Sender «in verschärfter Form»; Gestapo soll «Exempel statuieren» **15. Sept.** Reichsverteidigungs-Kommissare zur Evakuierung ganzer Schulen aus den luftbedrohten Gebieten ermächtigt **16. Sept.** Bormann-Denkschrift zur Kriegseinsatz-Pflicht der Parteigenossen; für die Duldung gegnerischer Äußerungen, Nichttragen des Partei-Abzeichens und Vermeiden des Hitler-Grußes Ausschluß angedroht **20. Sept.** Erhöhung der Brot-Rationen **Herbst** Gesteuerte Gerüchteverbreitung über Wunderwaffen und Vergeltung durch Spezial-Büro im Goebbels-Ministerium unter Schwarz van Berk und Kommission der Abteilung Wehrmacht-Propaganda im OKW (Sommerfeld) **26. Sept.** Im «Reich» veröffentlicht Goebbels die «Dreißig Kriegsartikel des deutschen Volkes»; im wesentlichen Ablehnung jeder Kapitulation sowie Drohungen gegen alle Andersdenkenden **29. Sept.** Anordnung von General-Mitglieder-Appellen der NSDAP in allen Gauen ab 15. Oktober; innerhalb der Ortsgruppen Dienst-Appelle; Hausbesuche der Zellen- und Blockleiter; öffentliche Sprechstunden in Partei-Zellen; Kundgebungen und Propaganda-Märsche (in der Praxis Prügel-Märsche gegen die nicht Beifall spendenden Zuschauer) **1. Okt.** Zahl der Tageszeitungen um zweihundert auf weniger als tausend gesunken; Städten bis hunderttausend Einwohnern nur noch eine Tageszeitung erlaubt; Zeitschriften gegenüber Jahresanfang um tausend auf fünfzehnhundert verringert; zugleich starke Auflagen-Erhöhung der zentralen NSDAP-Presse **4. Okt.** Vor SS-Führern in Posen betont Himmler die Notwendigkeit, die innere Front «brutal und gnadenlos» zu halten **6. Okt.** Auf einer Reichs- und Gauleiter-Tagung in Posen begründet Speer «notwendige Brutalität» zur weiteren Leistungssteigerung in den Betrieben sowie bei kommender Stillegung von großen Teilen der Verbrauchsgüterindustrie; Monopol-Vertreter (Rohland, Frydag, Merker) assistieren ihm **11. Okt.** Erlaß Hitlers über Vorbereitung des Wiederaufbaus bombengeschädigter Städte (reine Propaganda) **28. Okt.** Rundverfügung Himmlers über Grundsätze für die allgemeine innere Verwaltung: «Klarer, nicht von Sonderstellen durchbrochener Befehlsweg»; mehr «Reichsfreudigkeit» der Gauleiter verlangt **1. Nov.** Sauckel verpflichtet die Betriebsdirektoren zur Bestrafung am Arbeitsplatz bei unentschuldigtem Fehlen, Unpünktlichkeit und vorzeitigem Verlassen der Arbeitsstelle; Geldstrafen bis zur Höhe des Wochenlohns; Meldung an Treuhänder der Arbeit; bei Ausländern an Gestapo **6. Nov.** Altersgrenze im Jugendstrafrecht von vierzehn auf zwölftes Lebensjahr herabgesetzt; Jugendgefängnis bis zu zehn Jahren oder unbefristet; die HJ-Führungen haben Mitsprache-Recht bei der Urteils-Findung **7. Nov.** Reichs- und Gauleiter-Tagung in München; Jodl: «Landauf, landab schreitet der Teufel der Zersetzung» **9. Nov.** Himmlers Geheimdienst-Chef Schellenberg führt in Stockholm Gespräche mit einem Beauftragten der Vereinigten Staaten über Friedensmöglichkeiten **Dez.** Arbeitsgemeinschaft für Jugendbetreuung (seit 1941; mit Vertretern von SS, SD, Polizei, Justiz, RAD, Staatsapparat, Wehrmacht, NSDAP, Industrie u.a.) bildet mehrere Arbeitskreise zu intensiverer Beaufsichtigung der Jugendlichen, vor allem in den Betrieben **9. Dez.** Himmler entschließt sich zu Gesprächen mit den Amerikanern; Schellenbergs Kontakt-Partner ist jedoch schon abgereist **22. Dez.** Ein Runderlaß Kaltenbrunners macht die Gestapo-Stellen auf das Recht Politischer Leiter und Gliederungs-Führer aufmerksam, «Meckerer» festzunehmen

beiten führt zur schnelleren Beendigung des Krieges. Unterstützt euch gegenseitig, wenn es gilt, euer Leben, eure Wohnungen und euer Hab und Gut zu bergen! Das Leben der deutschen Arbeiter, ihrer Frauen und Familien ist tausendmal wichtiger als die Rüstungsbetriebe der Nazi-Verbrecher. Kämpft mit uns Antifaschisten gegen den totalen Krieg Hitlers, für den totalen Frieden!

Die Zerstörung deutscher Städte

Stadt	Wohnungen (Proz.)	abgeworfene Bombenlast (t)
Berlin	32	35 000
Hamburg	54	25 000
Köln	64	30 679
München	34	16 666
Leipzig	25	4 764
Essen	52	31 146
Dresden	60	1 989
Frankfurt/M.	44	17 402
Dortmund	65	17 538
Düsseldorf	38	24 008
Hannover	51	12 830
Duisburg	29	26 110
Stuttgart	33	20 822
Wuppertal	45	5 883
Nürnberg	51	9 578
Chemnitz	25	3 246
Gelsenkirchen	51	8 035
Bremen	51	13 890
Bochum	52	11 175
Magdeburg	50	3 503
Mannheim	48	14 604
Kiel	44	13 474
Kassel	68	6 187
Augsburg	24	2 984
Krefeld	34	2 858
Braunschweig	33	10 067
Aachen	80	2 160
Wiesbaden	30	2 502
Karlsruhe	38	8 449
Mainz	54	1 519
Solingen	20	2 968
Münster	56	5 058
Mönchen-Gladbach	44	.
Plauen	75	.
Ludwigshafen	36	2 736
Darmstadt	52	1 655
Würzburg	75	608
Remscheid	51	883
Bonn	33	1 635

Haßausbrüche

Geheimbericht des SD (grüne Serie) vom 7. Februar 1944 (Auszug)

Grundfragen der Stimmung und Haltung des deutschen Volkes; hier: Gefühlsmäßige Einstellung der Bevölkerung gegenüber den Feinden.
Aus den laufenden Meldungen ergibt sich für die innere Einstellung der Bevölkerung zu unseren verschiedenen Gegnern die Feststellung, daß der im deutschen Wesen liegende Hang zur Objektivität und das Bestreben, auch dem Feinde «Gerechtigkeit» angedeihen zu lassen, nach wie vor gegeben ist. Vorherrschend seien vor allem Gefühle des Abscheus, der Verachtung und der Erbitterung. Erst in neuerer Zeit breite sich auf Grund des britisch-amerikanischen Luftterrors auch ein echtes Haßgefühl aus, von dem jedoch nicht alle Bevölkerungskreise und Reichsteile gleichmäßig erfaßt seien. Haßausbrüche seien in erster Linie unter der vom Bombenterror besonders schwer heimgesuchten Bevölkerung zu beobachten gewesen. In diesen Fällen würden dann allerdings meist alle übrigen Regungen, auch solche konfessioneller Art, von einem unerbittlichen Haß überdeckt.

Die Anti-Hitler-Koalition

Kriegsentscheidung im Osten

Verteilung der Heereskräfte in Proz. der Gesamtstärke	22. 6. 41	1. 1. 42	1. 1. 43	1. 1. 44	1. 7. 44	1. 1. 45
Ostfront	69,6	70,0	70,8	62,7	51,8	60,6
Übrige Fronten	0,9	1,3	2,0	6,2	28,8	34,9
Besetzte Gebiete	29,5	28,7	27,2	31,1	19,4	4,5

Bedingungslose Kapitulation

Roosevelt auf der Pressekonferenz in Casablanca am 24. Januar 1943 (Auszug)

Der Weltfriede kann nur durch die totale Ausmerzung des deutschen und japanischen Kriegspotentials erreicht werden ...
Die Ausmerzung des deutschen, japanischen und italienischen Kriegspotentials ist gleichbedeutend mit der bedingungslosen Übergabe Deutschlands, Italiens und Japans. Das bedeutet nicht die Ausrottung der Bevölkerung, aber es bedeutet die Ausrottung der Ideologien dieser Länder, die auf Eroberung und Unterjochung anderer Völker gegründet sind.

Die alles beherrschende These

Ministerbesprechung bei Goebbels am 12. Februar 1943 (Auszug)

Der Minister führt aus, daß uns jetzt eine einmalige große Gelegenheit gegeben sei, eine schlagkräftige Propagandaparole herauszugeben. Der Kampf gegen den Bolschewismus und die Gefahr der Bolschewisierung Europas beschäftige heute Freund und Feind in der gleichen Weise. Unser Kampf gegen den Bolschewismus müsse als die große und alles beherrschende Propagandathese alle Propagandainstrumente beherrschen. Unter diesem Gesichtspunkt hätten die kleinen laufenden Tagesfragen zurückzutreten und nur einen untergeordneten Platz zu beanspruchen. Mit dem Näherrücken der bolschewistischen Gefahr verstärke sich die Angst der Neutralen und das Zugehörigkeitsgefühl der mit uns befreundeten und verbündeten Staaten. Das Thema des Bolschewismus spreche alle an. Auch in England werde es sicher Kreise geben, die sich der Gefahr des Bolschewismus bewußt seien. Der Minister sagt, er könne sich nicht vorstellen, daß der Bolschewistenfresser Churchill über Nacht zum Philobolschewisten geworden sei, sondern die englische Politik mit Rußland sei ein Zweckbündnis. Die Engländer hofften, daß sich Bolschewisten und Nationalsozialisten gegenseitig totschlügen, damit England dann in der entscheidenden Stunde seine Politik und seine Vorherrschaft durchsetze.
Der Minister erteilt Anweisung zur Errichtung eines Propagandaausschusses unter Führung der Reichspropagandaleitung, die diese Propaganda lenkt und führt. Bis zum Ende des Krieges werde nunmehr immer auf dem Bolschewismus herumgetreten werden, und in jeder Versammlung solle das A und O der Kampf gegen den Bolschewismus sein.

Doppeltes Spiel

Aufzeichnung über die Schweizer Unterredung des RSHA-Agenten Fürst Maximilian Egon v. Hohenlohe (Pauls) mit Allen Welsh Dulles (Mr. Bull), Leiter des Office of Strategic Service für Europa, Mitte Februar 1943 (Auszug)

Mr. Bull entwickelt eine ziemlich energische Tätigkeit und empfängt laufend offiziöse Verbindungsmänner der verschiedensten europäischen Staaten und Organisationen. Man kann ihn ruhig als eine Art Sonderbotschafter Roosevelts für Europa bezeichnen. Es war ihm gelungen, als er von Amerika etwas verspätet nach der Schweiz entsandt wurde, noch Vichy-Frankreich zu passieren, als bereits deutsche Truppen in die unbesetzte Zone einmarschierten, und ohne Zwischenfall erreichte er glücklich die Schweiz ... Seiner Ansicht nach müßte in Europa ein Frieden geschaffen werden, an dessen Erhaltung alle Beteiligten auch tatsächlich interessiert wären ... Der deutsche Staat müßte als Ordnungs- und Aufbaufaktor bestehen bleiben, eine Aufteilung desselben oder Loslösung Österreichs käme nicht in Frage. Andererseits aber müsse die preußische Macht zurückgeschraubt werden und den Gauen im Rahmen Großdeutschlands mehr Selbständigkeit und gleichmäßiger Einfluß zukommen. Der tschechischen Frage schien Mr. Bull wenig Bedeutung zuzumessen, andererseits glaubt er, durch eine Vergrößerung Polens nach dem Osten hin und der Erhaltung Rumäniens und eines starken Ungarns einen sanitären Riegel gegen Bolschewismus und Panslawismus befürworten zu können. Er verlor sich nicht in Einzelfragen, sondern vertrat die Auffassung, daß eine eingeteilte industrielle Produktion mit gesicherten Absatzmärkten nach dem Kriege die beste Garantie für die Dauer des Friedens und eine Verständigung der Völker sein werde. Amerika lege, wie er ausdrücklich hervorhob, den größten Wert auf den afrikanischen Markt. Den industriellen Führungsanspruch Deutschlands in Europa schien Mr. Bull durchaus anzuerkennen. Von Rußland sprach er mit wenig Sympathie und bemerkte, daß dieses Land über einen entsprechenden großen inneren Markt verfüge. Herr Pauls hatte das Gefühl, daß die Amerikaner, in diesem Fall auch Mr. Bull, vom Bolschewismus oder Panslawismus in Zentraleuropa nichts wissen wollten und im Gegensatz zu den Engländern die Russen keinesfalls an den Dardanellen oder in dem Petroleumgebiet Rumäniens oder Kleinasiens sehen wollen. Es zeigt sich hier wieder bestätigt, daß England zur Erhaltung eines russenfreien Westeuropas und Mittelmeeres Nord- und Zentraleuropa zerschlagen und mit den Russen dortselbst eine Interessenteilung und -begrenzung eingehen würde. USA jedoch wünschen ein modern geordnetes Europa als Wohlstandszone, Absatzgebiet und vor allem als geopolitischen Faktor zu erhalten (s. z. B. englisch-russischen Gegensatz in der Frage der baltischen Staaten).

Werbung für ein antisowjetisches Vereintes Europa

Sowjetunion fast allein gelassen

Persönliche und geheime Botschaft Stalins an Roosevelt vom 11. Juli 1943 (Auszug)

Sie erinnern sich ohne Zweifel, daß in der gemeinsamen Botschaft von Ihnen und Herrn Churchill vom 26. Januar dieses Jahres von dem seinerzeit angenommenen Beschluß Mitteilung gemacht wurde, bedeutende deutsche Land- und Luftstreitkräfte von der russischen Front abzulenken und Deutschland im Jahre 1943 in die Knie zu zwingen.
Am 12. Februar hat daraufhin Herr Churchill in seinem und Ihrem Namen die genauen Termine der anglo-amerikanischen Operationen in Tunesien und im Mittelmeerraum sowie an der Westküste Europas mitgeteilt. In dieser Mitteilung hieß es, daß Großbritannien und die Vereinigten Staaten energische Vorbereitungen für die Überquerung des Kanals im August 1943 träfen und daß, sollten das die Wetterverhältnisse oder andere Gründe verhindern, diese Operation unter Beteiligung noch stärkerer Kräfte für den September 1943 vorbereitet werden würde.
Jetzt, im Mai 1943, wird von Ihnen und Herrn Churchill ein Beschluß gefaßt, der die anglo-amerikanische Invasion in Westeuropa bis zum Frühjahr 1944 hinausschiebt. Mit anderen Worten, die Errichtung der zweiten Front in Westeuropa, die bereits im Jahre 1942 auf das Jahr 1943 verlegt worden ist, wird wiederum aufgeschoben, diesmal auf das Frühjahr 1944.
Durch diesen Beschluß werden der Sowjetunion, die schon zwei Jahre lang unter äußerster Anspannung aller Kräfte im Kampf gegen die Hauptkräfte Hitlers und seiner Satelliten steht, außerordentliche Schwierigkeiten bereitet und die sowjetischen Streitkräfte, die nicht nur für ihr eigenes Land, sondern auch für ihre Verbündeten kämpfen, auf ihre eigenen Kräfte gestellt, im Kampf mit dem noch sehr starken und gefährlichen Feind fast allein gelassen.
Es erübrigt sich wohl zu erwähnen, welchen überaus negativen Eindruck in der Sowjetunion – im Volk wie in der Armee – dieser erneute Aufschub der zweiten Front und die Tatsache hervorrufen werden, daß unsere Armee, die so viele Opfer gebracht hat, ohne die erwartete ernsthafte Unterstützung durch die anglo-amerikanischen Armeen bleiben wird.

Zusammenarbeit in Krieg und Frieden

Teheraner Erklärung Stalins, Roosevelts und Churchills vom 1. Dezember 1943 (Auszug)

Wir bringen unsere Entschlossenheit zum Ausdruck, daß unsere Nationen im Kriege und in dem ihm folgenden Frieden zusammenarbeiten werden.
Was den Krieg anbelangt, so haben unsere militärischen Stäbe an unseren Besprechungen am Runden Tisch teilgenommen, und wir haben unsere Pläne zur Vernichtung der deutschen Streitkräfte abgestimmt. Wir erreichten völlige Übereinstimmung über Ausmaß und Zeit der Operationen, die von Osten, Westen und Süden angesetzt werden sollen. Das allseitige Einvernehmen, das wir hier erzielt haben, gewährleistet, daß der Sieg unser sein wird ...
Keine Macht der Erde kann uns daran hindern, die deutschen Heere zu Lande, ihre U-Boote zur See und ihre Rüstungsanlagen aus der Luft zu zerstören. Unsere Angriffe werden erbarmungslos und mit steigender Wucht geführt werden.

Die innere Front

Wenn wir besiegt würden ...

Ministerbesprechung bei Goebbels am 21. Januar 1943 (Auszug)

Wir sollten auch einige Grundsätze immer wieder durchklingen lassen. Einer dieser Grundsätze sei der, daß, gleichgültig wie die einzelnen Deutschen zum Nationalsozialismus stehen, wenn wir besiegt würden, jedem der Hals abgeschnitten werde. Diese Propagandaparole werde sich durchsetzen.

Die Edelweißpiraten

Bericht des Reichs-Sicherheits-Hauptamtes vom 15. März 1943 (Auszug)

Seit 1½ Jahren machten sich in verschiedenen rheinischen und westfälischen Städten wilde Jugendgruppen bemerkbar, die sich als «Edelweißpiraten» bezeichnen und durch betont lässige Kleidung und Haltung allenthalben auffielen und Anstoß erregten. Verschiedene Angehörige dieser Gruppen trugen weiße Strümpfe, kurze Lederhose, buntes Fahrtenhemd, Halstuch und als äußeres Erkennungszeichen ein Edelweiß. Sie führten auf ihren Wanderungen Klampfen mit, sangen Piraten-, Fahrten- und bündische Lieder und übernachteten draußen in Zelten oder bei Bauern in Scheunen ...
Im übrigen legten diese Jugendlichen gegen alles, was irgendwie mit der HJ zu tun hatte, eine feindliche Einstellung an den Tag, was auch in ihren Liedern sowie in ihrem Verhalten gegenüber HJ-Angehörigen zum Ausdruck kam.
Am 7.12.1942 wurden nach vorhergehender Überwachung im Bezirk der Staatspolizeileitstelle Düsseldorf die einzelnen Gruppen schlagartig aufgelöst, und zwar in:

Düsseldorf	10 Gruppen	m. insg.	283 Jugendl.
Duisburg	10 Gruppen	m. insg.	260 Jugendl.
Essen	4 Gruppen	m. insg.	124 Jugendl.
Wuppertal	4 Gruppen	m. insg.	72 Jugendl.

Auflockerungserscheinungen

Geheimbericht des SD (grüne Serie) vom 8. Juli 1943 (Auszug)

Am 12.4.1943 gegen 12.20 Uhr hielt ein Hauptmann der Wehrmacht einen Flaksoldaten in Dortmund-Hörde wegen schlechten Grüßens an. Die resistente Haltung des Soldaten veranlaßte den Hauptmann, mit einem zur Hilfe herbeigerufenen Soldaten die Personalien des Angehaltenen festzustellen. Es stellt sich heraus, daß der Soldat desertiert war. Der Hauptmann veranlaßte das Nötige, wobei er sich nach einwandfreien Feststellungen völlig korrekt verhielt. Umstehende Volksgenossen wurden aber des Vorfalls gewahr. Es sammelte sich eine 300–400köpfige Menschenmenge an, die in der Hauptsache aus Frauen bestand. Im Handumdrehen bildeten sich unglaubliche Gerüchte, die sämtlich gegen den Offizier gerichtet waren. Der Offizier habe u.a. den Soldaten mit dem Koppel geschlagen, habe ihn mit Erschießen bedroht usw. Die Erregung der Menge wuchs ungeheuer schnell, und sie nahm eine so drohende Haltung an, daß der Offizier regelrecht in die Straßenbahn flüchten mußte. Aus der Menge kamen erregte Rufe wie: «Pfui, es gibt Revolution! Gebt uns unsere Jungen, gebt uns unsere Männer wieder!» Die Erregung war derart, daß eine Pressenotiz den Vorfall klarstellen mußte und in Hörde in einer Versammlung der NS-Frauenschaft der Sachverhalt ebenfalls richtiggestellt wurde.

Mut im Widerstand

Flugblatt, das im Juli 1943 in München verteilt wurde (Auszug)

Hitler und die Partei allein sind die Schuldigen am Kriege! Sie sollen für ihre Verbrechen am deutschen Volke und an der ganzen Welt die verdiente Strafe erleiden! Keiner wird seinem Schicksal entrinnen. Diesmal muß gründlich aufgeräumt werden mit den ewigen Kriegstreibern.
Deutsches Volk! Du hast im Kampfe gegen Deine Gegner so viel Mut und Tapferkeit bewiesen für eine Sache, die nicht die Deine war! Nun zeige ebensoviel Mut im Kampfe gegen Deine inneren Feinde und Bedrücker, gegen den Nationalsozialismus!
Nieder mit Hitler! Schluß mit dem Kriege!
Es lebe die Freiheit, der Friede und Deutschland!

Nationalkomitee «Freies Deutschland!»

Lesen und weitergeben! Lesen und weitergeben!

Der «Kreisauer Kreis»

Grundsätze des «Kreisauer Kreises» für die Neuordnung Deutschlands vom 9. August 1943 (Auszug)

1. Das zertretene Recht muß wieder aufgerichtet und zur Herrschaft über alle Ordnungen des menschlichen Lebens gebracht werden. Unter dem Schutz gewissenhafter, unabhängiger und von Menschenfurcht freier Richter ist es Grundlage für alle zukünftige Friedensgestaltung.
2. Die Glaubens- und Gewissensfreiheit wird gewährleistet. Bestehende Gesetze und Anordnungen, die gegen diese Grundsätze verstoßen, werden sofort aufgehoben.
3. Brechung des totalitären Gewissenszwanges und Anerkennung der unverletzlichen Würde der menschlichen Person als Grundlage der zu erstrebenden Rechts- und Friedensordnung. Jedermann wirkt in voller Verantwortung an den verschiedenen sozialen, politischen und internationalen Lebensbereichen mit. Das Recht auf Arbeit und Eigentum steht ohne Ansehen der Rassen-, Volks- und Glaubenszugehörigkeit unter öffentlichem Schutz.
4. Die Grundeinheit friedlichen Zusammenlebens ist die Familie. Sie steht unter öffentlichem Schutz, der neben der Erziehung auch die äußeren Lebensgüter: Nahrung, Kleidung, Wohnung, Garten und Gesundheit sichern soll.
5. Die Arbeit muß so gestaltet werden, daß sie die persönliche Verantwortungsfreiheit fördert und nicht verkümmern läßt. Neben der Gestaltung der materiellen Arbeitsbedingungen und fortbildender Berufsschulung gehört dazu eine wirksame Mitverantwortung eines jeden an dem Betrieb und darüber hinaus an dem allgemeinen Wirtschaftszusammenhang, zu dem seine Arbeit beiträgt. Hierdurch soll er am Wachstum einer gesunden und dauerhaften Lebensordnung mitwirken, in der der einzelne, seine Familie und die Gemeinschaften in ausgeglichenen Wirtschaftsräumen ihre organische Entfaltung finden können. Die Wirtschaftsführung muß diese Grunderfordernisse gewährleisten.
6. Die persönliche politische Verantwortung eines jeden erfordert seine mitbestimmende Beteiligung an der neu zu belebenden Selbstverwaltung der kleinen und überschaubaren Gemeinschaften. In ihnen verwurzelt und bewährt, muß seine Mitwirkung im Staat und in der Völkergemeinschaft durch selbstgewählte Vertreter gesichert und ihm so die lebendige Überzeugung der Mitverantwortung für das politische Gesamtgeschehen vermittelt werden.
7. Die besondere Verantwortung und Treue, die jeder einzelne seinem nationalen Ursprung, seiner Sprache, der geistigen und geschichtlichen Überlieferung seines Volkes schuldet, muß geachtet und geschützt werden. Sie darf jedoch nicht zur politischen Machtzusammenballung, zur Herabwürdigung, Verfolgung oder Unterdrückung fremden Volkstums mißbraucht werden. Die freie und friedliche Entfaltung nationaler Kultur ist mit der Aufrechterhaltung absoluter einzelstaatlicher Souveränität nicht mehr zu vereinbaren. Der Friede erfordert die Schaffung einer die einzelnen Staaten umfassenden Ordnung. Sobald die freie Zustimmung aller beteiligten Völker gewährleistet ist, muß den Trägern dieser Ordnung das Recht zustehen, auch von jedem einzelnen Gehorsam, Ehrfurcht, notfalls auch den Einsatz von Leben und Eigentum für die höchste politische Autorität der Völkergemeinschaft zu fordern.

Starke Hand notwendig

Brief des Kölner Bankiers v. Schröder an Himmler vom 27. August 1943 (Auszug)

Mit aufrichtiger Freude habe ich Ihre Ernennung zum Reichsminister des Innern begrüßt und erlaube mir, Ihnen meine herzlichsten Glückwünsche zur Übernahme dieses Amtes zu übermitteln. Eine starke Hand ist jetzt für die Führung dieses Ministeriums sicher sehr notwendig, und es wird deshalb allseitig, insbesondere aber von Ihren Freunden dankbar empfunden, daß der Führer Ihnen diese Aufgabe übertragen hat. Seien Sie auch versichert, daß wir immer und jederzeit alles tun werden, was in unseren Kräften steht, wenn wir Ihnen behilflich sein können.
Es ist mir eine Freude, Ihnen bei dieser Gelegenheit melden zu können, daß Ihr Freundeskreis Ihnen auch in diesem Jahr wieder einen Betrag von etwas über 1 Million RM für Ihre besonderen Aufgabengebiete zur Verfügung gestellt hat.

Streuzettel des in der Résistance kämpfenden deutschen Malers Hanns Kralik

Gemeinsam mit Kriegsgefangenen

Anklageschrift des Oberreichsanwalts beim Volksgerichtshof gegen Karl Zimmet, Hans Hutzelmann, Rupert Huber u.a. vom 7. September 1943 (Auszug)

Am 9. März 1943 fand in Berlin eine Konferenz der bereits in mehreren Großstädten des Reiches bestehenden Komitees der «Brüderlichen Vereinigung der Kriegsgefangenen» (BSW) statt ...

Die wesentlichen Ziele der BSW waren in folgendem Programm enthalten: «Führung eines Kampfes der Kriegsgefangenen innerhalb Deutschlands und seiner verbündeten Länder zu dem Zweck, die militärische und wirtschaftliche Macht Deutschlands zu schwächen und den Arbeitern Deutschlands bei ihrem bewaffneten Aufstand unter Führung der Kommunistischen Partei Deutschlands Hilfe zu erweisen zur Niederwerfung Hitlers und zur Durchführung der Revolution in Europa.»

Innerhalb der BSW wurde bereits darangegangen, die besonders zuverlässigen Mitglieder zu Kampfgruppen zusammenzuschließen ... Teilweise waren die Angehörigen der BSW bereits im Besitz von Schußwaffen ...

Leiter der in München bestehenden Organisation der BSW war der Ostarbeiter und ehemalige Oberleutnant der Roten Armee Iwan Korbukow ...

Im Jahre 1943 wurde die Angeschuldigte Emma Hutzelmann mit dem ebenfalls bei der Firma Saumweber in München beschäftigt gewesenen Ostarbeiter Koslow bekannt. Sie berichtete ihm in der Folgezeit fortlaufend über den Verlauf der deutschen Front im Osten. Eines Tages, Ende Juni 1943, brachte Koslow sie mit dem Leiter der BSW in München, Korbukow, zusammen ... In der Folgezeit kam Korbukow fast jeden Dienstag und Donnerstag, um den Moskauer Sender abzuhören ...

Eines Tages, Anfang Juli, traf der Angeschuldigte Zimmet bei den Eheleuten Hutzelmann mit Korbukow zusammen ... Zimmet berichtete darauf über die von ihm zusammen mit Hutzelmann gegründete ADV. Sie beschlossen dann, durch Verteilung der bereits von Zimmet hergestellten Flugblätter sowie mündliche Propaganda, die Revolution in Deutschland vorzubereiten ...

Titelblatt einer illegalen KPD-Zeitung

Hitler muß fallen

Flugblatt der Neubauer-Poser-Organisation vom September 1943 (Auszug)

Jetzt naht das Ende. Millionen Tote und Verwundete an den Fronten, Verwüstung eines großen Teiles der deutschen Industrie, Hunderttausende Tote an der Heimatfront und grenzenloses Elend: Das ist die Bilanz dieses verbrecherischen Krieges.

Hitler und seine Bande wissen, daß sie den Krieg verloren haben. Trotzdem wollen sie ihn weiterführen, mag auch ganz Deutschland dabei zugrunde gehen, nur um ihre Hälse zu retten. Das deutsche Volk aber muß leben. Darum muß Hitler fallen und mit ihm das Finanzkapital, das ihn zum «Führer» gemacht hat.

Krise der deutschen Bourgeoisie

Kadermaterial Nr. 1 der Saefkow-Jacob-Bästlein-Organisation vom 1. Oktober 1943, gerichtet an die Funktionäre der Organisation (Auszug)

Der deutsche Faschismus ist in die letzte Etappe seiner Entwicklung eingetreten. Er kämpft mit dem Rücken an der Wand, um die Krise, in der er sich befindet, zu meistern.

Die Krise des deutschen Faschismus ist aber nicht nur die Krise einer Clique oder des Staatsapparates allein, sondern die Krise der deutschen Bourgeoisie. Und genauso, wie die italienische Bourgeoisie durch den Sturz Mussolinis sich einen Ausweg zur Sicherung ihrer eigenen Klassenherrschaft zu sichern versucht, ist auch die deutsche Bourgeoisie nicht auf immer und ewig mit Hitler verheiratet, sondern wird alles tun, um, wenn nicht mit Hitler – dann gegen ihn –, trotz militärischen Zusammenbruchs und politischer Katastrophe, sich einen kapitalistischen Ausweg zu eröffnen.

Tiefe Friedenssehnsucht

Geheimbericht des SD (grüne Serie) vom 22. November 1943 (Auszug)

1. Wie aus den vorliegenden Meldungen hervorgeht, ist die Bevölkerung von einer tiefen Friedenssehnsucht erfüllt, die in erster Linie von dem Wunsch bestimmt ist, es möchte mit den schweren Blutopfern und den Verwüstungen durch feindliche Terrorangriffe ein Ende haben. Andererseits wird aber vom Frieden im einzelnen so gut wie gar nicht gesprochen. Die Bevölkerung sei nicht dazu aufgelegt, Voraussagen über den kommenden Frieden zu machen ...

2. Soweit vom Frieden gesprochen wird, handelt es sich meist um Pessimisten, Gleichgültige oder Staatsfeinde, die häufig unter dem Einfluß der Feindpropaganda stehen. Nach der Art der Meinungsäußerungen lassen sich zwei Richtungen unterscheiden: einmal die verhältnismäßig geringe Zahl derer, die für einen Frieden um jeden Preis sind, und zum anderen die erheblich größere Zahl derer, die zu einem Kompromißfrieden neigen.

Verhaftungen im Reich 1943/44

soweit Quartalsangaben aufgefunden

Grund	1943/I. Quartal Jan.	Febr.	März	1943/II. Quartal April	Mai	Juni	1943/III. Quartal Juli	Aug.	Sept.	1944/I. Quartal Jan.	Febr.	März	1944/II. Quartal April	Mai	Juni
Betätigung für KPD bzw. SPD	1 147	1 480	1 534	1 527	1 603	1 599	2 843	1 485	1 429	1 340	1 877	1 283	1 387	2 188	1 478
Widerstand allgemein	1 111	2 003	1 625	1 189	1 507	1 292	2 215	1 825	2 171	2 128	2 470	2 371	1 781	3 166	3 593
Opposition allgemeiner Art	2 504	1 743	1 939	1 632	1 535	1 722	1 950	2 488	2 783	2 079	2 154	2 222	529	567	723
Verstoß gegen die Rundfunk-VO	86	440	415	373	.*	.	.	.	.	.	.	.	1 665**	1 913**	2 294**
Arbeits-niederlegung	25 297	24 451	28 476	29 250	29 770	30 330	37 536	37 200	37 075	29 108	30 051	32 515	36 204	34 566	43 505
davon															
Reichsbürger	1 978	2 068	2 230	1 948	2 126	2 079	2 212	2 233	2 104	2 060	2 085	2 294	2 047	2 159	2 280
Ausländer	23 319	22 383	26 246	27 302	27 644	28 251	35 324	34 967	34 971	27 048	27 966	30 221	34 157	32 407	41 225
verbot. Umgang mit Ausländern***	1 669	1 828	1 987	1 839	1 913	1 537	1 565	1 484	1 588	1 796	2 236	2 207	1 169	1 820	2 248
Proteste gegen die Kirchenpolitik	77	85	98	138	137	103	132	130	142	152	244	153	245	447	480
Wirtschafts-angelegenheiten	315	444	469	350	290	422	359	401	368	549	568	582	618	1 218	628
Sonstige Gründe	2 994	2 500	2 405	2 972	2 602	1 232	1 979	2 347	3 073	1 711	436	402	453	331	533
Juden (Anlaß unbekannt)	805	5 144	1 825	675	2 817	5 248	508	289	852	3 717	5 008	4 467	.	.	.
Insgesamt	35 505	40 118	40 773	39 953	42 174	43 445	49 087	47 649	49 481	42 580	45 027	46 302	59 939	56 830	66 991

* *von nun an nicht mehr getrennt berichtet; wahrscheinlich mit unter Rubrik «Widerstand» erfaßt*

** *neu eingeführte Rubrik «Heimtücke»*

*** *Kriegsgefangene und Zwangsarbeiter*

Europa im Widerstand
FINNLAND
NORWEGEN
Trondheim
Bergen
Oslo
SCHWEDEN
Stockholm
Helsinki
Leningrad
Tallinn
Luga
Malaja Wischera
Pskow
Moskau
Riga
SOWJET-
UNION
Schauljai
Witebsk
Smolensk
Kaunas
Minsk
Brjansk
Orjol
Bobruisk
Kursk
Gomel
Charkow
Kiew
Proskurow
Saporoshje
Nikolajew
Cherson
Odessa
Simferopol
GROSS-
BRITANNIEN
IRLAND
DÄN.
Kopenhagen
Kiel
Lübeck
Hamburg
Bremen
Stettin
Danzig
Königsberg
DEUTSCHLAND
Braunschweig
Berlin
Magdeburg
Dortmund
NL.
Essen
Eisleben
Leipzig
Gotha
Jena
Dresden
Breslau
Köln
Frankfurt
Mannheim
Nürnberg
Stuttgart
Ulm
München
POLEN
Warschau
Brest
Łódź
Lublin
Katowice
Krakow
Lille
Brüssel
BELG.
L.
Le Havre
Rouen
Brest
Paris
Reims
Nantes
Orleans
Nancy
FRANKREICH
Limoges
Clermont-Ferrand
Lyon
Toulouse
Marseille
Toulon
Nice
A.
SPANIEN
Kladno
Prag
TSCHECHOSLOWAKEI
Brno
Wien
Bratislava
Eger
Budapest
ÖSTERREICH
SCHWEIZ
L.
UNGARN
Cluj
Iași
RUMÄNIEN
Arad
Petrila
Timisoara
Aninoasa
Lupeni
Bukarest
Constanta
Mailand
Padua
Triest
Turin
Venedig
Genua
Bologna
Florenz
La Spezia
JUGOSLAWIEN
Zagreb
Sarajevo
Belgrad
Split
Skopje
BULGARIEN
Varna
Sofia
Plovdiv
ALBANIEN
Tirana
Saloniki
GRIECHEN-
LAND
Pátrai
Athen
Kreta
TÜRKEI
ITALIEN
Rom
Neapel
Korsika
Sardinien
Messina
Sizilien
Staatsgrenzen 1937
Staatsgrenze der UdSSR 22.6.1941
Linie des weitesten Vordringens faschistischer Armeen
Volksaufstände und nationale Erhebungen
größere Streiks, Generalstreiks (Auswahl)
antifaschistische Massendemonstrationen (Auswahl)
Ort mit größerer KPD- und Widerstandsorganisation in Deutschland
Haupt-Operationsräume oder Basen der Partisanen
Großaktionen der Partisanen

10 Der Zusammenbruch

Mit der Niederlage im Krieg stand die Existenz des deutschen Imperialismus in Frage. Nach den furchtbaren faschistischen Verbrechen, die sich in der Schlußphase zunehmend auch gegen das eigene Volk richteten, schien keine andere Konsequenz denkbar. Den unterdrückten wie den nicht direkt mit den Herrschenden verbundenen Klassen und Schichten eröffnete sich dadurch eine einmalige Möglichkeit, sich gemeinsam über gesellschaftliche Gegensätze hinweg für immer des gemeinsamen Feindes zu entledigen.

Deutschlands baldiger Zusammenbruch kündigte sich drei Jahre nach dem Überfall auf die Sowjetunion im Osten und Westen zugleich an. Während in Frankreich Invasionstruppen der Westalliierten Fuß faßten, zertrümmerten die Sowjetarmeen in Belorußland den Kern der deutschen Streitkräfte: Der Zweifronten-Krieg begann für die Wehrmacht mit einer doppelten Niederlage. Ihre Defensivkonzeption – Abwehr der Invasion durch vorübergehende Entblößung der Ostfront – hatte sich noch vor der Landung der Westalliierten im Hinblick auf die krisenhafte Lage als undurchführbar erwiesen. So war den Invasionstruppen von vornherein eine erdrückende Überlegenheit nicht nur in der Luft sowie zur See, sondern auch zu Lande gesichert. Immerhin brauchten sie noch zwei Monate bis zum Ausbruch aus dem Landekopf, zwei weitere, ehe sie, kräftig unterstützt von Frankreichs Patrioten, an der Reichsgrenze anlangten – fast gleichzeitig mit den sowjetischen Verbänden im Osten.

Hauptfront des Krieges blieb trotz der Invasion die Ostfront. Hier hatte das Ende der Heeresgruppe Mitte nur den furiosen Auftakt zu vernichtenden Offensiven gegen die übrigen deutschen Heeresgruppen auf den Flügeln gebildet. Durch sie wurde das sowjetische Territorium fast völlig vom Feind gesäubert, der größte Teil Südosteuropas befreit. Der faschistische Kriegsblock zerfiel nun von einer Woche zur anderen. Mußte Finnland noch gewaltsam aus ihm herausgebrochen werden, so löste in Rumänien, Bulgarien und der Slowakei schon die Annäherung der Sowjetarmee Volksaufstände aus; Ungarn verließ das Bündnis wenig später. Unter dem Druck der Volksbefreiungsarmeen zogen sich die faschistischen Truppen auch aus Griechenland, Albanien und ausgedehnten Gebieten Jugoslawiens zurück. Das Ende des Okkupationsregimes über fast ganz Ost-, Südost- und Westeuropa machte zugleich das Vorhaben der Naziführung zunichte, gestützt auf das dortige wirtschaftliche Potential und seine Arbeitskräfte, der Anti-Hitler-Koalition einen langwierigen Krieg aufzuzwingen.

Die deutsche Großbourgeoisie indessen hatte sich schon umgestellt. Eine Fortsetzung des verlorenen Krieges um jeden Preis nach den Wahnideen der führenden Nazis widersprach ihren elementaren Interessen; ihr ging es nun um seine zweckmäßige Beendigung: den imperialistischen Übergang zum Frieden, der ihre Machtgrundlagen unangetastet ließ. Wie ein Alptraum lastete auf den Monopolen die Vorstellung, der von Erhebungen der Völker begleitete Vormarsch der Sowjetarmee könnte mit einer revolutionären Umwälzung in Deutschland selbst enden. Unter Hinweis darauf forderten sie von den reaktionärsten Kreisen der Westmächte Klassensolidarität, ihnen dringlich den Bruch mit der Sowjetunion nahelegend. Diesen Bruch strebte auch der Putsch einer keineswegs repräsentativen Gruppe politischer und militärischer Opponenten Hitlers aus Bürgertum und Adel an; den meisten Monopolherren schien die Wirkung eines derart radikalen Vorgehens unwägbar. Das Fehlschlagen des Putsches bestärkte sie noch in ihrer Taktik: Einerseits unterstützten sie das Naziregime auf jede Weise bei der Weiterführung des Krieges – im Osten aus grundsätzlicher Gegnerschaft, im Westen, um dort endlich Verhandlungsbereitschaft zu erzwingen –, andererseits ließen sie insgeheim Nachkriegspläne ausarbeiten, die Deutschland als politischen Machtfaktor und antisowjetische Kraft zu erhalten trachteten. Als Variante zu belasteten Begriffen tauchte in ihnen verstärkt der Terminus «Europäische Wirtschaftsgemeinschaft» auf. Mit dem Monopolkapital begann sich hintergründig der Staatsapparat und selbst ein Teil der Nazipartei auf die kommenden Zeiten vorzubereiten. Hand in Hand traf man Vorkehrungen zur Sicherung der wirtschaftlichen und politischen Verhältnisse, um einen neuen November neunzehnhundertachtzehn von vornherein auszuschließen.

Im Gegensatz zu den zwangsläufig auf schmalste Basis gegründeten Plänen der Monopolbourgeoisie gingen die programmatischen Vorbereitungen der Partei des Proletariats für die Nachkriegszeit vom schon bewährten Volksfront-Gedanken aus. Er lag verstärkt auch ihren Bemühungen zugrunde, zum Sturz des Naziregimes sämtliche Gegner Hitlers zusammenzufassen. Kontakte von Mitgliedern ihrer dritten operativen Leitung zu sozialdemokratischen Funktionären, die dem religiös-sozial orientierten «Kreisauer Kreis» angehörten, sowie zu einigen fortschrittlichen Vertretern der bürgerlichen und militärischen Opposition ließen den Terrorapparat sofort zuschlagen. Seiner blutigen Abrechnung mit den Putschisten fiel zugleich die operative Leitung zum Opfer, ebenso ein recht erheblicher Teil des Netzes von Widerstandsorganisationen, mit dem die Kommunistische Partei in zähester Kleinarbeit weite Gebiete Deutschlands überzogen hatte. Das verringerte die Möglichkeiten zur Abwehr letzter Verbrechen des Faschismus eben zu jener Zeit, als sie für das deutsche Volk am gefährlichsten wurden. Trotzdem ging der Kampf weiter.

Nach dem mißlungenen Putsch nahm die Nazipartei die «Reichsverteidigung» weitgehend unter ihre Kontrolle und Regie. Eine «zweite Mobilisierung» strebte das restlose Aufgebot letzter Kräfte und Mittel an. In der Praxis konnte weder das rapide Absinken der ohne Rohstoffe bleibenden Rüstungsproduktion aufgehalten noch die Kampfkraft der Wehrmacht erhöht werden, die sowohl quantitativ als auch qualitativ stark gemindert war. Schwere Luftangriffe bewirkten akuten Treibstoffmangel und lähmende Transportkrisen; die Bevölkerung, vom Bombenkrieg am meisten betroffen, war kaum noch zu versorgen. Sie verfiel zunehmend in Lethargie, allenfalls unterbewußt auf das Wunder wartend, das den Nazis den «Endsieg» bringen sollte.

Eine «Wende» erhoffte sich die Naziführung nach dem Mißerfolg ihrer Verzweiflungsoffensive in den Ardennen bald nur noch von Widersprüchen in der Anti-Hitler-Koalition, die sie mit dem Übergreifen des Krieges auf Reichsgebiet doppelt zu vertiefen suchte: militärisch durch verringerte Abwehr an der Westfront, politisch in Geheimverhandlungen. Tatsächlich gab es im westlichen Lager Gruppen mit der Neigung, wegen der angeblich drohenden «kommunistischen Vorherrschaft in Europa» nun den Boden des Bündnisses zu verlassen. Sich die Konzeption der gehenkten Verschwörer zu eigen machend, übersahen die Spitzen des Nazistaates notgedrungen einen markanten Umstand: Gerade sie kamen für ein derartiges Komplott überhaupt nicht mehr in Betracht. So konnte die Sowjetunion in Jalta, gestützt auf den Willen der Völker und die Überzeugungskraft neuer mächtiger Offensiven, ihre demokratischen Ziele gegen alle Störmanöver durchsetzen. Spekulationen auf einen Zerfall der Koalition geisterten nur noch als Wunschträume durch den Tiefbunker der Reichskanzlei. Zuletzt bestimmten sie dann noch einmal die Winkelzüge der Flensburger Hitler-Nachfolger, ohne das Ende aufhalten zu können.

Als die Streitkräfte der Koalition Oder und Rhein erreichten, die «Schlacht um Deutschland» also im eigentlichen noch bevorstand, war der Wehrmacht das Rückgrat schon gebrochen. Die verbliebenen Hauptkräfte hatte eine überwältigende sowjetische Winteroffensive zwischen Ostsee und Karpaten zum größten Teil verschlungen. Dennoch leisteten die deutschen Truppen auf Befehl ihrer Führung gerade im Osten weiterhin «fanatisch Widerstand», während sie sich im Westen willig gefangengaben. Rasender Terror des Naziregimes erzwang an der Front und im Hinterland, für die Verteidigung von Städten und Ortschaften, durch Evakuierung der Zivilbevölkerung sowie bei der Liquidierung der Konzentrationslager ein letztes Mal ungeheure Opfer. Das deutsche Volk besaß nach der Ansicht seines Führers ohnehin keine Lebensberechtigung mehr: Es war eine deutlich «unterlegene Rasse». Im achten Monat des sechsten Kriegsjahres, zwölf Jahre und drei Monate nach dem Machtantritt des Faschismus, schlugen die Wogen der weltweiten Empörung über dem Nazireich zusammen.

Fünfzig Millionen Menschen erlebten dieses Ende des von seinen Urhebern und Führern gemeinsam entfachten Weltbrandes nicht mehr, fünfunddreißig Millionen nur noch als Krüppel. Europas Völker vegetierten wie die großer Teile Asiens in einer endlosen Trümmerwüste, unermeßliche materielle, unersetzliche kulturelle Werte waren vernichtet. Deutschland selbst brachte dieser mörderischste und verheerendste aller Kriege die schlimmste Katastrophe seiner Geschichte. Doch brachte der Triumph über seine Armeen ihm zugleich mit der übrigen Menschheit die Befreiung von der Geißel des Faschismus, veränderte er grundlegend das internationale Kräfteverhältnis, war er Höhepunkt und Krönung einer Etappe des weltrevolutionären Kampfes und Auftakt einer neuen.

Die zweite Niederlage des deutschen Imperialismus im Ringen um die Weltherrschaft übertraf seine vorangegangene im ersten Weltkrieg nach Ausmaß und Folgen um ein Vielfaches. In Potsdam zogen die Alliierten Bilanz. Ihre maßgeblich durch die Sowjetunion beeinflußten Beschlüsse eröffneten dem deutschen Volk über Schuld und Sühne hinaus die Möglichkeit demokratischer Bewährung. Den konsequentesten Weg dazu zeigte wiederum die Kommunistische Partei im Bemühen, die einmalige historische Chance zu nutzen und Militarismus, Faschismus und Monopolherrschaft für immer aus Deutschland zu verbannen. Was sie zusammen mit fortschrittlichen Sozialdemokraten und anderen aufrechten Antifaschisten ins Werk setzte, bildete lange vor Ende und Anfang des Faschismus das ersehnte Ziel im Kampf der Volkskräfte.

Die militärische Niederlage des deutschen Imperialismus wird vom Sommer 1944 an unaufhaltbar. An der Ostfront zertrümmert eine ganze Serie sowjetischer Offensiven sämtliche deutschen Heeresgruppen. Den Zusammenbruch der neuen Verteidigungs-Konzeption des OKW leitet die Vernichtung der Heeresgruppe Mitte ein; die Heeresgruppen Nord- und Südukraine folgen nach. Die Heeresgruppe Nord wird vertrieben und fest blockiert, die Heeresgruppe E muß Griechenland und Albanien aufgeben. Aus dem geborstenen faschistischen Kriegsblock befreit, können die Völker Ost- und Südosteuropas ihr Schicksal endlich in die eigenen Hände nehmen. Rumänien, Bulgarien und Finnland erklären Hitler-Deutschland den Krieg. Dessen Führung sucht jetzt nur noch Zeit zu gewinnen.

Klärung der Fronten

1944

10. Juni Sowjetische Offensive auf der Karelischen Landenge; am **20. Juni** Befreiung Wyborgs – Dritte Etappe der Operation «Schienenkrieg» **21 Juni** Offensive am Swir und nördlich des Onega-Sees **22. Juni** v. Ribbentrop in Helsinki **23./24. Juni** Bei Witebsk/Orscha sowie bei Bobruisk beginnt die sowjetische Sommer-Offensive; am **25. Juni** Kessel westlich Witebsk; am **27. Juni** Kessel liquidiert – Zweiter Kessel bei Bobruisk – Orscha befreit **28. Juni** Mogiljow befreit; Beresina-Übergang – Petrosawodsk befreit **29. Juni** Bobruisk befreit; Kessel liquidiert **1. Juli** Borissow befreit **3. Juli** Befreiung von Minsk; östlich der Stadt zwanzig Divisionen im Kessel **4. Juli** Polozk befreit **8. Juli** Einstellung des Widerstands im Minsker Kessel – Baranowitschi befreit **9. Juli** Einschließung von Vilnius; nach vier Tagen befreit **10. Juli** HGr. Nord in den Richtungen Daugavpils/Paneiežys angegriffen **13./14. Juli** Offensive gegen die HGr. Nordukraine (bisher Süd) in Richtung auf Rawa-Russkaja und Lwow **16. Juli** Befreiung Grodnos **17. Juli** Angriff südlich Pskow **18. Juli** Kessel bei Brody **21. Juli** In Chełm ein Polnisches Komitee der Nationalen Befreiung gebildet **24. Juli** Lublin befreit; Komitee übersiedelt tags darauf hierher – Angriff auf Narva **25. Juli** Im Karpaten-Vorland ungarische Armee aufgespalten **26. Juli** Befreiung von Narva **27. Juli** Šiauliai, Daugavpils sowie Paneiežys befreit – Befreiung Białystoks – Brest eingeschlossen – Lwow befreit – Eroberung von Stanislaw **27. Juli/2. Aug.** Weichsel-Brückenköpfe bei Magnuszew, Puławy und Baranów gebildet **30. Juli** Deutscher Gegenschlag östlich Warschau; trifft die Vorausverbände **31. Juli** Jelgava befreit **1. Aug.** Durchbruch zur Rigaer Bucht; HGr. Nord abgeschnitten – Kaunas befreit – Rücktritt Rytis; Mannerheim finnischer Staatspräsident – Aufstand in Warschau; Zerstörungs-Befehl Hitlers **3. Aug.** Sowjetische Vorausverbände südöstlich Warschau aufgerieben **6. Aug.** Deutscher Gegenschlag bei Riga; öffnet bis Monatsende wieder Verbindung zur HGr. Nord – Drogobytsch erobert **12. Aug.** In Jugoslawien deutsche Offensive gegen Volksarmee **15. Aug.** Tartu befreit **17. Aug.** Keitel in Helsinki; Mannerheim für Kriegsaustritt **18. Aug.** Befreiung von Sandomierz **20. Aug.** Offensive gegen die HGr. Südukraine (bisher A); am **21. Aug.** Iaşi besetzt **23. Aug.** Volksaufstand in Rumänien; Verhaftung Antonescus; Regierung Sânâtescu gebildet; am **24. Aug.** Kriegsaustritt Rumäniens – Deutscher Luftangriff auf Bukarest; Handstreich scheitert ebenso wie eine spätere Luftlandung – Huşi und Bîrlad erobert – Südwestlich von Akkerman eine rumänische Armee aufgerieben – HGr. Südukraine

Fortsetzung auf Seite 476

Aus der Hauptkampflinie schleppen sich die Verwundeten zum Verbandplatz. Hier kann man ihnen meist auch nur erste Hilfe geben

Stellungsbau ist nur noch in den wichtigsten Richtungen möglich. Die Reste der meisten Verbände sind auf der Flucht ins Hinterland

Eine Funkstelle im Kessel von Minsk, wo siebzigtausend deutsche Soldaten fallen und fünfunddreißigtausend die Waffen strecken

Die Heeresgruppe Mitte verliert drei ihrer vier Armeen. Allein im Kessel von Minsk werden an zwanzig Divisionen zerschlagen

Das nun deutlich absehbare Ende des Faschismus symbolisiert der Zug vieler tausend Gefangener durch Moskau nach der Niederlage der deutschen Heeresgruppe Mitte. Die Ende Juni 1944 anlaufende sowjetische Offensive hatte zuerst die Flanken der Heeresgruppe bei Witebsk und Bobruisk aufgerissen. Danach wurde die Masse ihrer Divisionen östlich von Minsk eingeschlossen und vernichtet

Fortsetzung von Seite 474
zum größten Teil bei Kischinjow eingeschlossen – Bagrjanow verlangt die Räumung Bulgariens – In Ungarn Militärkabinett Lakatos gebildet. **25. Aug.** Rumänische Kriegserklärung an Deutschland – In Moskau Anfrage Finnlands nach Waffenstillstand **26. Aug.** Bagrjanow teils Bulgariens «Rückzug» aus Krieg mit **27. Aug.** Focşani-Tore durchbrochen **29. Aug.** Kesselschlacht von Kischinjow beendet – Slowakischer Nationalaufstand; Armee nimmt teil **30. Aug.** Ölgebiet von Ploieşti besetzt – Landung in Constanta **31. Aug.** Einmarsch in Bukarest **Sept.** Offensive der Volksbefreiungsarmee Albaniens **1. Sept.** Donau bei Giurgiu erreicht **2. Sept.** Finnen fordern den Abzug der deutschen Truppen **4. Sept.** Braşov erobert **5. Sept.** Die Sowjetunion erklärt Bulgarien den Krieg – Finnland stellt den Kampf ein. Deutsch-ungarischer Angriff bei Cluj **6. Sept.** Turnu-Severin erobert; Eisernes Tor und Grenze Jugoslawiens erreicht – Rücktritt des Kabinetts Tuka (Slowakei) **7. Sept.** Räumung des Szekeler Zipfels – Ungarn verlangt Verstärkung **8. Sept.** Bei Krosno Angriff zum Dukla-Paß – Einmarsch in Bulgarien; Regierung Murawijeff erklärt Krieg mit Deutschland **8./9. Sept.** Besetzung der Häfen Warna/Burgas/Rustschuk **9. Sept.** Volksaufstand in Bulgarien; Vaterländische Front bildet Regierung **12./13. Sept.** Deutsch-ungarischer Gegenschlag auf Timişoara und Arad **14. Sept.** Praga (Warschauer Vorort) befreit – Offensive zwischen Jelgava und dem Wirts-See **15. Sept.** Durchbruch bei Narva – Sofia begrüßt Sowjetarmee **16. Sept.** Deutscher Gegenschlag im Südwesten von Jelgava **17. Sept.** Durchbruch bei Tartu **19. Sept.** Deutscher Gegenschlag im Süden von Riga – Sowjetisch-finnischer Waffenstillstand **22. Sept.** Befreiung von Tallinn **23. Sept.** Pärnu befreit – Restgruppierung nahe Aiud zerschlagen – Ungarische Friedensmission in Caserta scheitert; am **24. Sept.** Delegation nach Moskau **28. Sept.** Offensive am Südflügel gegen Užgorod, Budapest und Belgrad; rumänische bzw. bulgarische Verbände beteiligt **2. Okt.** Rest der Warschauer Aufständischen kapituliert – Schlag gegen Debrecen **3. Okt.** OKW befiehlt Räumung Griechenlands, Süd-Albaniens und des westlichen Mazedoniens **4. Okt.** Landung der Briten auf dem griechischen Festland **5. Okt.** Offensive gegen Memel **6. Okt.** Rückzug von Riga – Offensive aus Raum Arad; Theiß-Übergang; Donau erreicht – Eroberung des Dukla-Passes **7. Okt.** Im Hohen Norden Offensive östlich von Petsamo **8. Okt.** Deutscher Rückzug aus Nordtranssylvanien und den Karpaten **10. Okt.** Beiderseits Memel Ostsee erreicht – Jurbarkas und Tauragė befreit – Die ostpreußische Grenze überschritten – Deutsche Armeegruppe in Serbien aufgespalten – Ende des slowakischen Volksaufstands **11. Okt.** Cluj befreit – Einigung mit Ungarn in Moskau **13. Okt.** Britische Truppen in Athen **15. Okt.** Befreiung von Riga – Petsamo genommen – Niš befreit – Horthy gibt Feuereinstellung bekannt; wird verhaftet; Putsch der Pfeilkreuzler unter Szálasi **16. Okt.** Einbruch von Memel bis Suwałki; Eydtkuhnen, Stallupönen und Goldap erobert **20. Okt.** Belgrad befreit – Dubrovnik befreit – Debrecen genommen **21. Okt.** HGr. Nord nach Kurland **22. Okt.** Nach Räumung von Dagö und Ösel Kampf um Halbinsel Sworbe **25. Okt.** Kirkenes befreit **26. Okt.** Mukačevo erobert **27. Okt.** Užgorod besetzt **28. Okt.** Nautsi und Vadsö geräumt **29. Okt.** Offensive in Richtung Budapest bei Kecskemét; diese Stadt am dritten Tag erobert **3. Nov.** Ivalo geräumt **5. Nov.** Goldap wird zurückerobert **8. Nov.** Budapester Vorstädte erreicht **11. Nov.** Angriff aus dem Raum Szolnok **13. Nov.** Skopje befreit; bis **16. Nov.** Mazedonien geräumt **17. Nov.** Befreiung Tiranas **27. Nov.** Aus Donau-Brückenköpfen bei Mohács Angriff; Stadt erobert **1./5. Dez.** Zangen-Angriff auf Budapest; am **18. Dez.** Gran erreicht **20. Dez.** Umfassungs-Angriff auf Budapest nördlich der Stadt und am Velencei-See **22. Dez.** In Debrecen provisorische Nationalversammlung; wählt eine Volksregierung **26. Dez.** Budapest eingeschlossen **28. Dez.** Volksregierung Ungarns erklärt Deutschland den Krieg

Während des sowjetischen Vormarschs zur Weichsel, die von den stürmisch angreifenden Verbänden Ende Juli/Anfang August auf breiter Front erreicht wird. Erst hier läuft sich die sowjetische Offensive fest, nachdem zuvor noch Brückenköpfe gebildet werden konnten

Deutscher Rückzug im nördlichen Finnland. Nach dem Ausscheiden des «Waffenbruders» muß sich die noch in Mittel- und Nordfinnland stehende deutsche Gebirgsarmee schleunigst «absetzen». Ihre drei Jahre lang stabile Front am Eismeer wird im Oktober zertrümmert

Nach dem Ende der Heeresgruppe Mitte schlägt der südlich von ihr stehenden Heeresgruppe Nordukraine die Stunde. Gleichzeitig wird die Heeresgruppe Nord unaufhaltsam an die Küste gedrückt

Im Vorfeld von Warschau kämpft auch eine polnische Armee, der es jedoch ebensowenig wie den erschöpften sowjetischen Truppen gelingt, die Stadt noch im Zuge der Sommeroffensive zu befreien

Vom befreiten Lublin aus ruft eine polnische Volksregierung ihre Landsleute auf, Polen als demokratischen Staat wiedererstehen zu lassen. Das bürgerliche Exilkabinett in London reagiert umgehend

Ein vom Exilkabinett Anfang August bewußt ohne Abstimmung mit der Sowjetarmee ausgelöster Aufstand der Armia Krajowa wird durch die hier eben verstärkten deutschen Truppen unter Einsatz von Bombern, Artillerie und Panzern niedergeschlagen. Warschau verwandelt sich in ein Trümmerfeld. In den achtwöchigen Kämpfen finden weit über zweihunderttausend Einwohner der Stadt den Tod

Bukarester Einwohner erkennen nach dem deutschen Luftangriff Ende August ihre tot aus den Trümmern geborgenen Angehörigen

Das Ende des Faschismus in Rumänien führen Abteilungen bewaffneter Arbeiter herbei, die Antonescu Ende August verhaften. Eine demokratische Regierung erklärt Deutschland den Krieg. An diesem Lauf der Dinge ändert auch ein Handstreich gegen Bukarest nichts mehr

Rumäniens Streitkräfte leisten der hier Mitte August angreifenden Sowjetarmee kaum Widerstand. Als die Heeresgruppe Südukraine im Kessel von Iasi und Kischinjow zweiundzwanzig vorwiegend deutsche Divisionen verliert, lösen sich die rumänischen Verbände faktisch auf. Neu aufgestellt, unterstützen sie die Sowjetarmee bei der Säuberung des Landes und im folgenden Angriff gegen Ungarn

Bei einer kurzen Rast zwischen den endlosen Rückzugsgefechten hat diese deutschen Soldaten der Schlaf übermannt. Auf den Fersen sind ihnen und ihresgleichen im Norden, Osten und Südosten des Kontinents jetzt nicht nur sowjetische Truppen, sondern auch die «Waffenkameraden» aus den bisher abhängigen Staaten, die ihrem Abscheu vor dem Faschismus erstmals Ausdruck verleihen können

Bulgarische Patrioten begrüßen von eroberten Panzern aus die in Sofia einrückende Sowjetarmee. Am Tag nach ihrem Eindringen Anfang September hatte das Volk auch hier die Diktatur gestürzt

Sowjetische Truppen in den Karpaten. Eines ihrer akuten Ziele ist der Durchbruch über den Dukla-Paß, um den Ende August in der Slowakei aufgeflammten Volksaufstand nach Kräften zu unterstützen

Im Bereich der Heeresgruppe Nord gelingt es im September eben noch, bei Riga einen schmalen Korridor für den Rückzug der am Finnischen Meerbusen stehenden deutschen Verbände offenzuhalten

Für Jugoslawiens Volksbefreiungsarmee kommt Mitte Oktober die Stunde des Triumphes. Mit Hilfe sowjetischer Verbände wird den Okkupanten Belgrad entrissen; eine bulgarische Armee befreit Niš

Mitte Oktober ist die Heeresgruppe Nord nach einem sowjetischen Durchbruch auf Memel abgeschnitten. Als auch Riga fällt, werden ihre dreiunddreißig Divisionen im «Kurland-Kessel» eng blockiert

Durch die montenegrinischen Berge zieht sich die Heeresgruppe E von Oktober an unter starken Verlusten auf Sarajevo und weiter nach Norden zurück. Ihre dreihunderttausend Mann in Albanien und Griechenland sowie auf den Ägäischen Inseln sind nach dem Fall von Belgrad und Niš in Gefahr, abgeschnitten zu werden. Die deutschen Verbände in Albanien werden von Partisanen vertrieben

Gefangengenommene Ungarn. Der Einbruch sowjetischer Verbände in die ungarische Tiefebene entfesselt hier von Ende Oktober an schwere Kämpfe. Ende des Jahres wird Budapest eingeschlossen

Nach einem Judenpogrom in Budapest, in dem seit der Verhaftung Horthys Mitte Oktober die Pfeilkreuzler Szálasis wüten. Horthy hatte mit den Alliierten heimlich einen Waffenstillstand geschlossen

Slowakische Bauern empfangen die Sowjetsoldaten freudig als ihre Befreier von den deutschen und einheimischen Unterdrückern. Der Sowjetarmee war es hier erst Anfang Oktober gelungen, die sich auf die natürlichen Hindernisse stützenden deutschen Stellungen zu durchbrechen. Mit der Eroberung weiterer Teile der Slowakei im Herbst und Winter ist Hitlers faschistischer Kriegsblock liquidiert

Parallel zum Fiasko im Osten entsteht der Wehrmacht die Zweite Front im Westen. Die mit imposantem Aufwand in Nord- und später auch in Südfrankreich landenden Streitkräfte der Westalliierten finden hier vorwiegend stark geschwächte Divisionen von der Ostfront vor. Deren Verteidigung kann angesichts der außerordentlich großen Überlegenheit dieses Gegners an Menschen und vor allem an Material nicht sehr lange standhalten; der hoch auflodernde Freiheitskampf des französischen Volkes macht ihre Lage vollends unhaltbar. Nach einem halben Jahr stehen die Alliierten vor dem völlig unzureichend belegten Westwall. In Italien besetzen anglo-amerikanische Verbände im Sommer 1944 den zentralen Teil des Landes, auch hier unterstützt durch eine mächtige Volksbewegung.

Invasion im Westen

1944

Febr. In Frankreich vereinte Untergrund-Armee (FFI) mit fünfhunderttausend Kämpfern gebildet **14. Febr.** Eisenhower OB der alliierten Invasions-Armeen **15. März** Nationales Befreiungskomitee Frankreichs beschließt Kampfprogramm **20. April** Beginn alliierter Luftangriffe auf Flugplätze und Nachschub-Linien in Westeuropa **6. Juni** Landung der Invasions-Armeen in der Normandie; etwa fünfzehntausend Lufteinsätze – FFI löst nationalen Aufstand aus **9. Juni** Gegenangriff der deutschen Panzergruppe West läuft sich fest; am **10. Juni** Übergang zur Verteidigung **12. Juni** Aus Polen ein Panzerkorps der SS an die Invasions-Front verlegt **16. Juni** Deutscher Gegenangriff östlich der Orne; ergebnislos **18. Juni** Auf Cotentin Durchbruch der Amerikaner zur Westküste; Cherbourg ist damit abgeschnitten **25. Juni** Britischer Angriff bei Caen; am **28. Juni** nahe Tilly **30. Juni** Kapitulation von Cherbourg – Fünftägiger Generalstreik erzwingt in Kopenhagen die Aufhebung des Belagerungszustandes **3. Juli** v. Rundstedt als OB West durch v. Kluge abgelöst **18. Juli** Angriff der Alliierten bei Caen; Flächen-Bombardements – St. Lô erobert **19. Juli** Caen eingenommen **25. Juli** Offensive der Amerikaner westlich St. Lô – Britischer Angriff auf Falaise bleibt infolge von Panzer-Gegenstößen liegen **27. Juli** Durchbruch bei St. Lô; deutscher Rückzug nach Südosten **31. Juli** Amerikanischer Panzer-Durchbruch bei Avranches; ab **2. Aug.** Vormarsch der Amerikaner in die Bretagne, zur unteren Loire sowie in den Rücken der deutschen Normandie-Front **4. Aug.** Rennes besetzt **5. Aug.** Einschließung von St. Malo; zwölf Tage verteidigt **6. Aug.** Gegenangriff einer deutschen Panzerarmee bei Mortain; bleibt stecken **7. Aug.** Kanadische Durchbruchs-Versuche nördlich Falaise **9. Aug.** Le Mans erobert **10. Aug.** Eisenbahner-Streik in Paris; leitet hier einen Generalstreik ein **11. Aug.** Angers und Nantes geräumt; Rückzug in U-Boot-Basen St. Nazaire und Lorient **15. Aug.** Landung amerikanisch-französischer Streitkräfte zwischen Cannes und Toulon – v. Kluge als OB West durch Model ersetzt **16. Aug.** Aufgabe Süd-Frankreichs befohlen **17. Aug.** Chartres und Orléans erobert – Kanadier nehmen Falaise – Pétain nach Belfort gebracht; Rücktritt Lavals **18. Aug.** Rückzug der HGr. G von spanischer Grenze und Atlantik-Küste **19. Aug.** Einschließung starker deutscher Kräftegruppe (hundertfünfundzwanzigtausend Mann) bei Falaise; der Großteil bricht aus – Volksaufstand in Paris **20. Aug.** Amerikaner erreichen die Seine beiderseits Paris **22. Aug.** Amerikanischer Angriff auf Troyes und Reims **23. Aug.** Grenoble durch Maquis befreit – Reguläre französische Verbände

Fortsetzung auf Seite 484

Im Landekopf der Alliierten in der Seine-Bucht. An der Invasion sind über sechstausend Kriegsschiffe und Landungsfahrzeuge beteiligt; ihre Artillerie sowie eine dreizehntausend Maschinen zählende Luftflotte zerfetzen das hier ohnehin nicht sehr starke Abwehrsystem

Von den Landungsfahrzeugen watet die erste Welle amerikanischer Truppen an den Strand der normannischen Küste. Innerhalb einer Woche sind die Landeköpfe der Amerikaner, Briten und Kanadier zu einem einzigen vereint; einen Monat nach dem «D-Day» befinden sich in ihm eine Million Mann. Ihnen stehen zu diesem Zeitpunkt lediglich dreizehn stark dezimierte deutsche Divisionen gegenüber

Zu Bruch gegangener Lastensegler der westlich von St. Mere Eglise abgesetzten amerikanischen Luftlande-Division. Weitere Landungen aus der Luft erfolgen südwestlich Carentan und nordöstlich Caen

Eine verbunkerte Fernkampfbatterie des «Atlantik-Walls», der im übrigen vorwiegend aus bloßen Strandhindernissen und einzelnen Stützpunkten besteht. Den Luftraum decken fünfhundert Flugzeuge

Fortsetzung von Seite 482

nehmen Toulon – Hitler befiehlt Zerstörung von ganz Paris **24. Aug.** Bordeaux geräumt **25. Aug.** Amerikaner und Franzosen in Paris; Besatzung kapituliert **28. Aug.** Franzosen befreien Marseille **30. Aug.** Offensive der Alliierten über die Seine: Briten nach Norden, Amerikaner nach Nordosten **1. Sept.** Verdun erobert **3. Sept.** Brüssel besetzt – Amerikaner und Maquis in Lyon – v. Rundstedt erneut OB West **4. Sept.** Antwerpen erobert; sein Hafen vorerst unbenutzbar **6. Sept.** Lüttich und Gent genommen **7. Sept.** Eisenbahner-Streik in Holland **9. Sept.** De Gaulle bildet provisorische Regierung Frankreichs **10. Sept.** Amerikaner in Luxemburg **11. Sept.** Briten dringen aus Belgien in die Niederlande vor – Amerikaner besetzen Eupen und Malmedy – Dijon erobert

Italien

Jahresanfang Nationale Befreiungskomitees im ganzen Land **3. Jan.** Kampfbeginn im Vorfeld der deutschen «Gustav»-Linie **8. Jan.** Ein faschistisches Gericht verurteilt in Verona Ciano und Marschall de Bono zum Tod **22. Jan.** Amerikanische Landung im Raum Anzio und Nettuno **15. Febr.** Inder und Neuseeländer greifen Monte Cassino an **16. Febr.** Deutscher Gegenangriff bei Anzio/Nettuno; am **29. Febr.** Zweiter Gegenangriff **10. März** Beginn eines achttägigen Generalstreiks im faschistischen Machtbereich **12. Mai** Angriff der Amerikaner und Briten am Garigliano **18. Mai** Cassino geräumt **23. Mai** Angriff aus dem Landekopf Anzio/Nettuno; Durchbruch; am **25. Mai** Vereinigung mit den von Süden vorstoßenden Verbänden – Rückzugsbeginn an der Adria **31. Mai** Durchbruch auf Valmontone **4. Juni** Einmarsch in selbstbefreites Rom **9. Juni** Freiwilligen-Korps der Freiheit (CVL) bildet ein Generalkommando **17. Juni** Räumung Elbas **19. Juni** Eroberung von Perugia **3. Juli** Siena geräumt; Rückzug vom Trasimenischen See **7. Juli** An der Adria Rückzug auf die «Georg»-Linie; am **18. Juli** Angriff der Briten; Räumung Anconas – Rückzug hinter den Arno **19. Juli** Livorno erobert **26. Juli** Amerikaner nehmen Pisa ein **3. Aug.** Rückzug auf Florenz; am **4. Aug.** Südteil geräumt; am **10. Aug.** Nordteil – An der Adria Rückzug zum Casale **19. Aug.** Kämpfe am Cesano-Abschnitt bis an den Metauro **22. Aug.** Rückzug auf Vor-Apennin-Linie **26. Aug.** Beginn längerer Kämpfe im Raum Fano/Pesaro/Rimini **29. Aug.** Rückzug auf die Apennin-Linie **2. Sept.** Nach britischem Durchbruch an der Adria neue Riegelstellung bezogen **21. Sept.** Rimini erobert **30. Okt.** Kampfbeginn bei Foreli **20. Nov.** Angriff der Briten bei Faenza **5. Dez.** Aufgabe von Ravenna **17. Dez.** Eroberung von Faenza **21. Dez.** Briten eröffnen Angriff Richtung Comacchio-See

Die alliierte Luftherrschaft macht es bei Tage fast unmöglich, ausreichend Verstärkungen heranzuführen: die Truppen können ihre Deckung nicht verlassen. Auch hält das OKW noch bis Ende Juni Reserven zurück, weil es eine weitere Landung am Kanal befürchtet

In dem mit Hecken durchsetzten Gelände der Normandie entwickelt sich ein «Buschkrieg», in dem sich die Verteidiger zunächst noch behaupten. Dazu trägt allerdings das Zögern der alliierten Führung bei, die bis Ende Juli keine Offensive ansetzt. Zu diesem Zeitpunkt sind auf deutscher Seite sechsundzwanzig schwache Divisionen im Kampfraum, auf alliierter neununddreißig mit viermal mehr Panzern

Amerikanische Infanterie in heftigem Straßenkampf auf der Halbinsel Cotentin, die Ende Juni erobert ist. Die Besatzung von Cherbourg muß kapitulieren; seine gesprengten Hafenanlagen werden repariert

Abgeschossene «Tiger»-Panzer in Caen, das im Juli dreimal durch jeweils über zweitausend Bomber in Trümmer gelegt, jedoch erst beim dritten Angriff genommen wird. Ebenso sieht es in St. Lô aus

Gefangene begegnen einem Jeep mit Montgomery, dem britischen Befehlshaber einer Armeegruppe (rechts). Den Oberbefehl über die gesamten Invasionsstreitkräfte hat der amerikanische General Eisenhower. Auf deutscher Seite führt zunächst v. Rundstedt; sein Heeresgruppen-Befehlshaber Rommel ist bei einem Fliegerangriff verwundet worden. Im Juli wird v. Rundstedt durch v. Kluge ersetzt

Gegenschläge deutscher Panzertruppen bei Mortain Anfang August kosten beträchtliche Verluste, ohne den Durchbruch abzuriegeln

Bei Falaise im eigenen Panzer verbrannt. Hier wird im August zeitweise die Masse der deutschen Abwehrkräfte eingeschlossen, nachdem die Amerikaner Ende Juli bei Avranches in die Bretagne durchgebrochen sind. Ein großer Teil der Panzerkräfte entkommt jedoch

Nach Liquidierung des Falaise-Kessels geben die Alliierten die deutschen Verluste mit hunderttausend Toten und Gefangenen an

Die vierzigtausend Mann starke Besatzung von Brest kapituliert Mitte September. Bis Kriegsende kämpfen St. Nazaire und Lorient

Abwehr eines Angriffs französischer Widerstandskämpfer auf eine deutsche Kolonne. Die eine halbe Million Mann zählende Résistance unterstützt die Operationen der Alliierten in hohem Maß. Sie befreit zwei Drittel Frankreichs aus eigener Kraft noch vor den Armeen

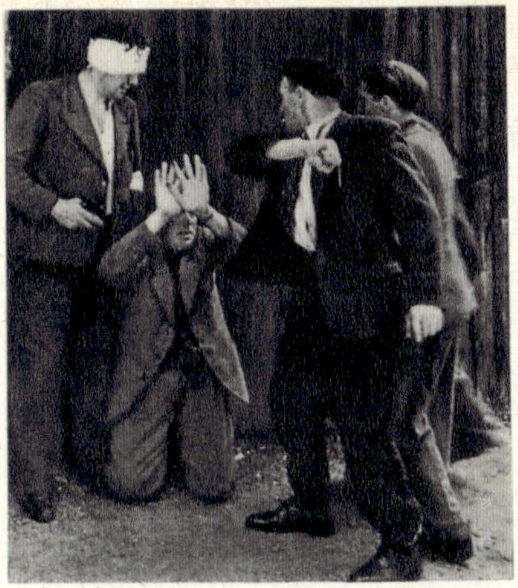

Mit Kollaborateuren rechnet die Résistance zumeist auf der Stelle ab. Pétain und Laval ereilt ihr Schicksal nach Ende des Krieges

Paris, das nach Hitlers Befehl «in ein Trümmerfeld zu verwandeln» ist, erhebt sich Mitte August gegen die deutsche Besatzung. Sie wird in fast einwöchigen Straßenkämpfen auf ein kleines Restgebiet der Stadt zusammengedrängt und ergibt sich den einrückenden Truppen

Vielfach werden die alliierten Soldaten von Kämpfern des Maquis begrüßt, die in ihrem Bereich bereits die Verwaltung übernahmen

Nach ihrer Landung in Südfrankreich nahe Cannes besetzen amerikanisch-französische Truppen Ende August Marseille und Toulon

Eine vorgeworfene französische Division übernimmt das befreite Paris. An der Spitze der Kolonne marschiert General de Gaulle. Unterdessen setzen sich die geschlagenen deutschen Truppen von der Seine und aus Südfrankreich zum Westwall ab, wo die Verfolgung endet

Auf dem italienischen Kriegsschauplatz halten sich die deutschen Truppen – hier Fallschirmjäger – den Winter 1943/44 hindurch in den ausgebauten Stellungen entlang des Garigliano und Sangro

Angehörige einer Luftwaffen-Felddivision graben sich an der Front bei Anzio und Nettuno ein, wo anglo-amerikanische Truppen Ende Januar gelandet sind. Gegenschläge binden sie dort bis Mitte Mai

Hauptkampflinie am Monte Cassino. Stadt und Bergkloster werden durch Fallschirmjäger erbittert verteidigt. Die alliierten Truppen suchen hier im Februar und März nach massivem Artillerie- und Luftbombardement auf Rom durchzubrechen. Das mißlingt. Erst ein von viertausend Flugzeugen unterstützter Durchbruch am unteren Garigliano und im Liri-Tal veranlaßt Mitte Mai hier den Rückzug

Eine Gruppe italienischer Partisanen, darunter auch Frauen, wird Ende Juni in der Provinz Novara zur Erschießung geführt. Die Delinquenten müssen ein Schild tragen, auf dem sie beschimpft werden. Den Widerstand ihrer hunderttausend Mitkämpfer beeinflußt das nicht

Erhängte Partisanen. Neben den deutschen Truppen tun sich bei derartigen «Aktionen» gern die Sondereinheiten Mussolinis hervor

Bei Cisterna gehen Ende Mai die alliierten Verbände aus dem Landekopf vor, um sich mit den zu ihnen Vorstoßenden zu vereinen

Am Kolosseum in Rom haben sich Fallschirmjäger als Nachhut gesammelt. Der deutsche Oberbefehlshaber in Italien, Feldmarschall Kesselring, muß die Stadt Anfang Juni räumen lassen, als der Durchbruch der alliierten Verbände allmählich immer mehr Raum gewinnt

Die von den deutschen Verbänden am Arno – hier in Florenz – bezogene Stellung muß Ende August gleichfalls aufgegeben werden

In die durch Partisanen gesäuberte Hauptstadt Italiens ziehen Anfang Juni Truppen der Alliierten ein. Den über mehrere Zwischenstellungen auf die Apenninen zurückweichenden deutschen Verbänden wird von Ende Oktober an den Winter über die Po-Ebene belassen

Unter Aufbietung aller Kräfte stemmt sich die von Kommunisten aufgebaute deutsche Widerstandsbewegung der Fortsetzung des Krieges bis in das Chaos entgegen. Rund zehntausend Illegale erhalten durch eine neu gebildete operative Leitung der KPD im Kampf Richtung und Ziel. Im Gegensatz zu ihnen strebt die Großbourgeoisie nach der Aufrechterhaltung ihrer Herrschaft auch über einen militärischen Zusammenbruch hinaus. Der zielverwandte Oppositionskreis um Goerdeler/Beck hofft, durch Errichtung einer Militärdiktatur mit den Westmächten ins reine zu kommen. An seinem Putsch beteiligt sich in bester Absicht eine Gruppe patriotischer Offiziere. Er mißlingt – letzten Endes mangels Massenbasis. In die blutige Abrechnung bezieht die Naziführung weite Kreise der Widerstandsbewegung ein.

Putsch contra Aufstand

1944

Jahresanfang Massenverhaftungen in München bei der ADV/BSW **Jan.** «Kreisauer Kreis» wird durch Verhaftung v. Moltkes gesprengt **29. Jan.** Flucht Bästleins aus Plötzensee; er stellt Verbindung zu Saefkow/Jacob her **Febr.** Militärische Abwehr nun unter Kontrolle Kaltenbrunners; Putsch-Gruppe Canaris/Oster kaltgestellt **6. Febr.** Führung der KPD bildet Arbeitskommissionen zur Klärung von politischen Grundfragen für den Sturz Hitlers und die Nachkriegszeit **27. Febr.** «Asphaltierwerk II» im Hörder Hüttenverein Dortmund streikt gegen erhöhte Panzerplatten-Auflage **April** Operative Leitung der KPD bereitet erneut die Befreiung Thälmanns vor; Plan scheitert an der Verhaftungswelle im Juli **22. April** Erste organisierte Flucht aus dem KZ Sachsenhausen **15. Mai** Rommel plant mit v. Stülpnagel die Festnahme Hitlers **30. Mai** Bästlein verhaftet **22. Juni** Operative Leitung der KPD in Kontakt mit Leber/Reichwein («Kreisauer Kreis») **4. Juli** Einsetzen von Massenverhaftungen; unter den ersten der über eintausend Opfer sind Reichwein, Leber, Jacob und Saefkow, bald auch Neubauer und Schumann; in den rasch folgenden Prozessen über vierhundert Todesurteile **11. Juli** Erster Attentats-Versuch v. Stauffenbergs auf dem Berghof scheitert; am **14. Juli** Scheitern eines zweiten Versuchs im Hauptquartier Rastenburg **16. Juli** Haftbefehl gegen Goerdeler **20. Juli** In Rastenburg Attentat v. Stauffenbergs auf Hitler; Ersatzheer für Militärputsch mobilisiert – Befehl über das Ersatzheer übernimmt Himmler; Putsch niedergeschlagen; Verschwörer erschossen bzw. verhaftet – Guderian mit den Geschäften des Generalstabschefs beauftragt **23. Juli** Göring führt in der Wehrmacht «Deutschen Gruß» ein **4. Aug.** Ehrengericht der Wehrmacht zur Ausstoßung der Verschwörer **7. Aug.** Erster Putsch-Prozeß vor dem Volksgerichtshof **8. Aug.** v. Witzleben und sieben Mitverschwörer als erste gehenkt **18. Aug.** Thälmann im KZ Buchenwald ermordet – v. Kluge begeht Selbstmord **22./23. Aug.** Aktion «Gitter»: Verhaftung von über fünftausend Mandatsträgern der Weimarer Parteien **24. Aug.** Tod Breitscheids bei Luftangriff auf Buchenwald **25. Sept.** Beratung führender Funktionäre der KPD mit emigrierten Schriftstellern über Kulturfragen im Nachkriegs-Deutschland; Kulturkommission gebildet (Becher) **Okt.** KPD-Führung berät «Aktionsprogramm des Blocks der kämpferischen Demokratie» **14. Okt.** Erzwungener Selbstmord Rommels **Nov.** Die ZK-Gruppe Thiele mit Hilfe von Partisanen nach zwei Monaten in Berlin **Dez.** Brandt (SAP) in Schweden für Entmachtung der Monopole **12. Dez.** Zentrale Beratung der Antifaschistischen Arbeitergruppe Mitteldeutschland im Mineralölwerk Lützkendorf

Mitte 1944 ist Deutschlands Weg in die Katastrophe offenkundig. Hat schon der Luftterror das Land zum Kriegsschauplatz gemacht, so stehen nun im Osten wie im Westen Armeen der antifaschistischen Koalition vor den Grenzen, die sie im Herbst überschreiten werden

Franz Jacob leitet mit Anton Saefkow seit Anfang 1943 die Berliner Organisation der KPD und die Hitler-Gegner an ihrer Seite

Die operative Leitung der KPD im Reich besteht aus Anton Saefkow (oben), Jacob, Bästlein, Neubauer, Schumann, Schwantes

Widerstand und Terror wachsen. Im ersten Halbjahr 1944 meldet Himmlers Apparat weit über dreihunderttausend Verhaftungen

Martin Schwantes wird nach illegaler Arbeit in Erfurt von 1934 bis 1941 inhaftiert. Dann führt er Kommunisten im Magdeburgischen

Ernst Schneller (oben), Gustl Sandtner und Matthias Thesen werden in Sachsenhausen mit anderen wegen Widerstand erschossen

Bernhard Bästlein ist von 1933 bis 1940 in Zuchthaus- und KZ-Haft, dann in Hamburg illegal tätig, wird verhaftet und entflieht 1944

Das Krematorium im KZ Buchenwald, wo im August 1944 der aus dem Zuchthaus Bautzen hierher gebrachte Führer der KPD, Ernst Thälmann, heimlich ermordet wird. Nur Tage später fällt im selben Lager der SPD-Führer Rudolf Breitscheid einem Luftangriff zum Opfer

Julius Leber, lange inhaftiert, mit Wilhelm Leuschner einer der SPD-Führer, die 1944 für Aktionseinheit mit der KPD eintreten

Prof. Adolf Reichwein, sozialdemokratischer Pädagoge, steht wie Leber dem «Kreisauer Kreis» und besonders v. Stauffenberg nahe

Helmuth James Graf v. Moltke ist Gründer des christlich-sozialen «Kreisauer Kreises» (benannt nach v. Moltkes Gut, wo man tagte)

Zentrale des Umsturzversuchs vom 20. Juli 1944 ist das Gebäude des Oberkommandos des Heeres in der Berliner Bendlerstraße. Hier lösen die militärischen Führer des Aufstandes die Operation «Walküre» aus, hier werden sie nach seinem Scheitern nachts erschossen

Claus Graf Schenk v. Stauffenberg, Stabschef des Ersatzheeres, tritt für ein Bündnis aller Hitler-Gegner und für echte Demokratie ein

Henning v. Tresckow, Generalmajor bei der Heeresgruppe Mitte, legte bereits im März 1943 eine Zeitbombe in das Flugzeug Hitlers

Die Lage-Baracke in der «Wolfsschanze» bei Rastenburg nach der Explosion der Bombe, die v. Stauffenberg dort deponierte. Mehrere Personen aus Hitlers Umgebung werden getötet oder verletzt; er selbst erleidet nur geringen Schaden. Als das bei einigen über die Ziele der Verschwörer nicht informierten Truppenführern bekannt wird, bricht der Umsturzversuch innerhalb von Stunden zusammen

Nach dem Attentat: Hitler spricht mit Männern der «Organisation Todt», die jenseits des inneren Sperrkreises arbeiten. Den durch die Explosion gelähmten rechten Arm hält er mit der Linken fest

Empfang von NS-Führungsoffizieren im «Führerhauptquartier», bald nach dem Attentat. NSFO sind den Kommandeuren schon seit Ende 1943 beigeordnet, um die Truppe «weltanschaulich auszurichten»

Vor Freislers Volksgerichtshof werden die Verschwörer – hier der frühere Generalfeldmarschall v. Witzleben – von Anfang August an abgeurteilt. Nur wenige Angeklagte kommen mit dem Leben davon

Durch die Goebbels-Propaganda einst zum Helden aufgebaut, erhält Generalfeldmarschall Rommel in Ulm ein Staatsbegräbnis, weil er sich, den Verschwörern zuneigend, zum Selbstmord zwingen ließ

Dr. Goerdeler, früherer Oberbürgermeister von Leipzig, gestützt von Industriellen wie Bosch, sollte neuer Reichskanzler werden

Zwielichtiger Exponent der Bürokratie ist Minister Popitz. Er hält Fühlung mit dem an Westkontakten interessierten Himmler

Als Staatsoberhaupt der Militärdiktatur war Ex-Generalstabschef Beck vorgesehen. Mit ihm sollte der Krieg im Osten weitergehen

Eine abstoßende Rolle spielt am 20. Juli Generaloberst Fromm, der Vorgesetzte v. Stauffenbergs, der die Verschwörer duldet, ihnen an diesem Tag aber in den Rücken fällt und sie dann erschießen läßt

In Paris hat Stadtkommandant v. Boineburg (hinten, Mitte) bereits SS und Polizei hinter Gittern, als sich Oberbefehlshaber v. Kluge zurückzieht. Verdächtigt, nimmt sich der Feldmarschall das Leben

Während des Schauprozesses begeifert Gerichtspräsident Freisler seine Opfer in übelster Weise. Die angeklagten Offiziere sind zuvor durch ein «Ehrengericht» aus der Wehrmacht ausgestoßen worden

Zum Befehlshaber des Ersatzheeres ernannt, beginnt Himmler nun die Wehrmacht unter Kontrolle zu bringen. Dort wird Guderian als Generalstabschef und Model als Oberbefehlshaber West eingesetzt

In Plötzensee werden neunundsechzig der weit über hundert zum Tode verurteilten Verschwörer auf nachdrücklichen Befehl Hitlers an Fleischerhaken gehenkt. Die Hinrichtung wird, wie bereits der Prozeß, für Hitler gefilmt. Der Verhaftungswelle nach dem Putsch fallen weitere siebentausend Antifaschisten zum Opfer, großenteils auch nicht entfernt beteiligte Kommunisten und Sozialdemokraten

Vom Herbst 1944 an wird sowohl im Osten als auch im Westen bereits an Deutschlands früheren Grenzen gekämpft. Auf seiten der westlichen Alliierten handelt es sich dabei zunächst nur um regionale Operationen mit dem Ziel, vorteilhafte Ausgangsstellungen für die abschließende Offensive zu erlangen. Weitergehende Absichten verfolgt lediglich ein mißlingendes Luftlandeunternehmen der Briten am Niederrhein. Im verzweifelten Ringen um Zeitgewinn zwingen die Nazis nahezu die gesamte Bevölkerung auf das Schlachtfeld, um teils waffentragend, teils schanzend die wankende Front zu stützen. Ihr letzter Trumpf ist eine Überraschungsoffensive durch die Ardennen. Sie soll die Anglo-Amerikaner schwächen, sie bereit zu Verhandlungen machen und so Kräfte für die Ostfront freistellen.

Der Krieg kehrt heim

1944
10. Okt. Sowjetische Verbände überschreiten die ostpreußische Grenze; am **16. Okt.** Einbruch von Memel bis Suwałki; u.a. Goldap erobert

19. Juli Das OKW befiehlt die Vorbereitung der Verteidigung des Reiches **27. Juli** Guderian ordnet Ausbau (Befestigung) des deutschen Ostraums an **Aug.** Beginn der Evakuierung Ostpreußens von Tilsit bis Lyck **30. Aug.** Befehl zur Herstellung der Verteidigungsbereitschaft des entblößten Westwalls **Sept.** Evakuierungsbeginn auch im Westen Deutschlands **1. Sept.** Bormann erhält die Leitung des Bevölkerungs-Einsatzes beim Stellungsbau

11. Sept. Nördlich von Trier stoßen Amerikaner zur Reichsgrenze vor **12. Sept.** Kapitulation von Le Havre **13. Sept.** Plateau von Langres erobert **15. Sept.** Nancy genommen **16. Sept.** Einwöchiger Generalstreik in Dänemark beginnt **17. Sept.** Bei Arnheim, Nimwegen und Eindhoven Luftlandung britisch-amerikanischer Verbände **19. Sept.** Brest erobert **23. Sept.** Boulogne kapituliert **26. Sept.** Alliierte Luftlandetruppen bei Arnheim geben auf **1. Okt.** Calais kapituliert **14. Okt.** Einschließung von Aachen; am **21. Okt.** Einnahme der Stadt – Britisch-kanadischer Angriff gegen Brückenkopf an der unteren Maas **27. Okt.** Deutscher Gegenstoß aus Maas-Brückenkopf westlich Roermond/Venlo **1. Nov.** Insel Walcheren erobert; damit wird der Antwerpener Hafen benutzbar **2. Nov.** Schelde-Brückenkopf nahe Breskens aufgegeben **9. Nov.** Räumung des Brückenkopfes an der unteren Maas **14. Nov.** Angriff der Amerikaner an der Zaberner Senke – Französischer Angriff an Burgundischer Pforte **16. Nov.** Kämpfe an der Roer **21. Nov.** Die Franzosen nehmen Belfort **22. Nov.** Metz erobert **23. Nov.** Amerikaner in Strasbourg; Vorstoß zum Rhein; Eindrehen nach Norden und Süden **24. Nov.** Franzosen besetzen Mulhouse; bei Colmar bleibt ein deutscher Brückenkopf bestehen **30. Nov.** Bei Merzig die Front hinter die Saar zurückgenommen **3. Dez.** Amerikaner brechen bei Saarlautern in Westwall ein – Aufgabe des Maas-Brückenkopfes westlich Venlo **8. Dez.** Roer-Brückenkopf Jülich geräumt **10. Dez.** Haguenau/Sarreguemines fallen **13. Dez.** Rücknahme der deutschen Front im Nord-Elsaß **16. Dez.** Beginn der deutschen Ardennen-Offensive; schon am **18. Dez.** Steckenbleiben des Angriffs **22. Dez.** Amerikanischer Gegenangriff im Süden des Einbruchs **23. Dez.** Deutsche Panzer östlich Dinant **24. Dez.** Offensive bleibt auch hier liegen – Sechstausend Lufteinsätze der Alliierten nur über dem Einbruchsraum **31. Dez.** Begrenzter deutscher Angriff im Elsaß

Das Reich im Niedergang: Seite 531, 535

Schon Mitte Oktober 1944 erreicht die Sowjetarmee Ostpreußen. Zu ihren ersten Zielen gehören Tilsit, Gumbinnen und Goldap. Durch einen Gegenstoß deutscher Panzereinheiten kann Goldap noch einmal zurückerobert werden (oben). Memel ist landseitig eingeschlossen

Die Soldaten haben die Grenzen des ihnen physisch Zumutbaren überschritten, ganz zu schweigen von ihrer psychischen Verfassung

Großvater und Enkel im Graben, der sich im Falle eines Angriffs umgehend zum Grab wandelt: die neue «Schicksalsgemeinschaft»

Während der im ostpreußischen Grenzland entbrennenden Kämpfe werden die für einen Durchbruch auf Memel bereitgestellten Kräfte vernichtet; ebenso ergeht es den in Kurland antretenden Verbänden

Ostpreußens Bevölkerung ist schon von August an zum Ausheben von Panzergräben auf die Felder getrieben worden. Die Arbeiten organisieren und beaufsichtigen die «Hoheitsträger» der Nazipartei

Großdeutschlands allerletztes Aufgebot wird der Ende September ins Leben gerufene «Volkssturm», der «alle waffenfähigen Männer im Alter von sechzehn bis sechzig Jahren» zum Fronteinsatz bringt

Auf den öffentlichen Plätzen ganz Deutschlands veranstaltet die SA schon im Sommer ein allgemeines «Wehrschießen». Ihr Stabschef Schepmann, Nachfolger Lutzes, hat die Schießausbildung zu leiten

Wer noch nicht dienstpflichtig ist, wird jetzt – wie diese Jungen für das Infanterieregiment «Großdeutschland» – als «Kriegsfreiwilliger» eingekleidet. Dafür «geworben» wird vor allem an den Oberschulen

An der Westfront scheitert Ende September der Versuch britischer Luftlandetruppen, bei Arnheim über den Niederrhein vorzustoßen

Der Westwall-Bunker «Hindenburg» ist von einem britischen Sergeanten und seinen Leuten «unter neue Leitung» gestellt worden

Das Mitte Oktober eingeschlossene Aachen wird ohne Rücksicht auf die Zivilbevölkerung eine Woche lang verteidigt. Östlich davon kommen die Alliierten nach schweren Kämpfen im Hürtgenwald nicht über die Rur; bei Strasbourg und Mulhouse erreichen sie den Rhein

An der Saar berät Röchling (rechts) mit Speer (links), wie er seine Betriebe trotz der vor der Tür stehenden Alliierten erhält

Kanadische Truppen säubern im Herbst den Raum im Nordwesten von Antwerpen, damit der Hafen für den Nachschub gesichert ist

Wie an der Ostfront sind auch hier schon Minderjährige im Fronteinsatz. Ihr großes Abenteuer endet rasch als blutige Tragödie

In den Ardennen überrollen Mitte Dezember siebzehn deutsche Divisionen die Stellungen der Amerikaner. Beliebte Beute: Zigaretten

SS-Einheiten machen bei Malmedy die ihnen in die Hände gefallenen Amerikaner einfach nieder. Aufgefunden, werden sie identifiziert

Einer von achthundert englisch sprechenden Diversanten im Hinterland der Amerikaner wird gezwungen, US-Uniformteile abzulegen

Die amerikanischen Verluste belaufen sich neben großen Einbußen an Panzern, Waffen und Gerät auf siebzigtausend Mann, doch die deutschen Verbände verlieren neunzigtausend Mann. Sorglosigkeit auf amerikanischer Seite ermöglichte den aus der gesamten Front herausgezogenen Truppen einen Durchbruch auf hundert Kilometer Breite. Er endet an der Maas; Mitte Januar setzt ihr Rückzug ein

Über die deutsche Ostfront flutet Anfang 1945 die sowjetische Großoffensive hinweg. Mit unwiderstehlicher Gewalt wirft sie die Verbände der Wehrmacht von der Weichsel an die Oder zurück. In den ihr folgenden zehn Wochen zerschlagen die sowjetischen Armeen die deutschen Kräftegruppierungen in Ostpreußen und Hinterpommern sowie in Nieder- und in Oberschlesien, hier ihre Front an die Neiße heranschiebend. Nach Polen werden zu dieser Zeit auch große Teile der Slowakei und das ganze Ungarn befreit; eine letzte Angriffsoperation der Wehrmacht am Platten-See entblößt dann noch Österreich. Aus den ihnen verlorengehenden Gebieten evakuieren die Nazis zwangsweise Millionen von Einwohnern. Zehntausende kommen auf den Trecks um, mehr noch in sinnlos verteidigten Städten.

Einmarsch sowjetischer Truppen in Warschau, das schon in den ersten Tagen der großen Offensive beidseitig umfaßt und von der deutschen Besatzung geräumt wird. Zwischen der Ostsee und den Karpaten bricht zur gleichen Zeit die gesamte deutsche Front zusammen

Ostfront an der Oder

1945

1. Jan. Provisorische Regierung Polens in Lublin gebildet **6. Jan.** Churchill bittet Sowjetunion um Vorverlegung ihrer Offensive **12. Jan.** Beginn der Winter-Offensive am Weichsel-Brückenkopf von Sandomierz; am **13. Jan.** operativer Durchbruch – Bei Pillkallen und nördlich von Tilsit Offensive auf Königsberg **14. Jan.** Offensive aus den Weichsel-Brückenköpfen Magnuszew und Puławy – Aus den Narew-Brückenköpfen Różan/Serock Offensive auf das Frische Haff **15. Jan.** Offensive am Abschnitt Jasło/Košice – Befreiung von Kielce – Deutscher Rückzug auf Kraków **16. Jan.** Sowjetische Luftwaffe fliegt achttausend Front-Einsätze – Durchbruch auf Mława **17. Jan.** Warschau befreit, Radomsko und Częstochowa ebenfalls – Durchbruch nördlich von Gumbinnen **18. Jan.** Nach zwei vergeblichen Entsatzversuchen Ostteil von Budapest geräumt – Ostpreußische Verteidigungszone durchbrochen **19. Jan.** Befreiung von Kraków, Łódź und Mława – Verteidigung an der oberen Warthe durchbrochen; Oberschlesien erreicht **20. Jan.** Tilsit genommen **21./22. Jan.** In Ostpreußen deutscher Rückzug auf die Seen-Linie bei Lötzen **22. Jan.** Allenstein und Insterburg erobert – Beiderseits von Breslau die Oder erreicht – Räumung Memels **23. Jan.** Zivile Evakuierung Ostpreußens setzt mit Transporten über See (vor allem Danziger Bucht) voll ein – Bydgoszcz befreit **24. Jan.** Oppeln und Gleiwitz erobert – Himmler OB der neugebildeten HGr. Weichsel in Hinterpommern **25. Jan.** Poznańer Verteidigungsstreifen an Warthe durchbrochen – Oder von Köben bis Oppeln erreicht **26. Jan.** Bei Tolkemit Durchbruch zum Frischen Haff; damit Ostpreußen abgeschnitten **26./27. Jan.** Deutsche Kräftegruppe südlich Braunsberg versucht nach Westen durchzubrechen **27. Jan.** Einschließung von Poznań – Im oberschlesischen Industriegebiet deutsche Front zerrissen; Gebiet in zwei Tagen völlig geräumt **28. Jan.** Katowice befreit **30. Jan.** Panzerverbände stoßen beiderseits Küstrin zur Oder durch – Ostteil Samlands erobert; damit Königsberg zu Lande isoliert **31. Jan.** Bei Kienitz Oder-Brückenkopf **Ende Jan.** In den Beskiden Front auf Linie Bielsko-Biała/Zakopane vorgerückt **3. Febr.** Rechtes Oder-Ufer ab Zehden aufwärts gesäubert (ohne Küstrin und Frankfurt); neuer sowjetischer Brückenkopf südlich Küstrin **7. Febr.** Toruńs Besatzung bricht aus **8. Febr.** Offensive aus den Brückenköpfen nördlich Breslau **10. Febr.** Liegnitz erobert – Bei Graudenz Offensive gegen die HGr. Weichsel **13. Febr.** Einschließung von Glogau – Nach dem Scheitern auch eines dritten deutschen Entsatzversuchs wird Budapest völlig befreit **15. Febr.** Breslau eingeschlossen **16. Febr.**
Fortsetzung auf Seite 502

Der sich mit dem Übergreifen der Kämpfe auf deutsches Gebiet versteifende Widerstand hält die Sowjetarmee nicht auf. Nachdem bis Ende Januar das oberschlesische Industrierevier besetzt worden ist, geht im Februar und März ganz Ober- und Niederschlesien verloren

Nach zwei Wochen sind die zerschlagenen Verbände auf fünfhundert Kilometer Breite von der Weichsel zur Oder zurückgeworfen

In einem Panzergraben erwarten deutsche Infanteristen den nächsten Angriff. Während der ersten Phase der Offensive wird Ostpreußen abgeschnitten; die drei dort stehenden Armeen werden aufgesplittert und um Königsberg, bei Heilsberg sowie auf Samland eingeschlossen

Am Südflügel kämpfen sich die sowjetischen Truppen anfangs auf Zakopane, im Februar und März bis in den Raum von Ostrava vor

Außenminister v. Ribbentrop wagt, nunmehr arbeitslos, einen Blick über die Oder. Ihm gehen 1945 nur noch Kriegserklärungen zu

Propagandaminister Goebbels erbaut sich in Lauban an kindlicher Ahnungslosigkeit. Sein Lügen steigert sich zur panischen Hysterie

Erbittert umkämpft: Küstrin, die alte Festung im Oder-Warthe-Winkel. Sie fällt, nachdem die Heeresgruppe Weichsel in Hinterpommern noch vor ihrem entlastenden Flankenangriff aufgespalten und teils hinter die untere Oder, teils an die Danziger Bucht gedrängt wurde

 Fortsetzung von Seite 500

Im Raum Stargard kurzer deutscher Gegenangriff **18.Febr.** Festung Graudenz eingeschlossen **19.Febr.** Verbindung Königsberg–Pillau wieder geöffnet **23.Febr.** Poznań befreit **24.Febr.** Neue Offensive in Hinterpommern, Richtung Köslin **1.März** Aus dem Raum Arnswalde unterstützender Angriff auf Kolberg **1./5.März** Begrenzter deutscher Gegenangriff in Niederschlesien; Lauban und Striegau zurückerobert **4.März** Ostsee westlich Kolberg erreicht; Köslin erobert **5.März** Durchbruch im Norden von Köslin; HGr. Weichsel aufgespalten – Festung Graudenz kapituliert **6.März** Deutsche Offensive beiderseits des Platten-Sees **13.März** Im Raum Heiligenbeil Angriff auf die deutsche Gruppierung um Braunsberg **15.März** Offensive in Oberschlesien aus dem Raum Grottkau sowie im Norden von Ratibor **16.März** Sowjetische Gegenoffensive am Platten-See; nach neun Kampftagen Durchbruch; Kessel bei Esztergom zerschlagen **18.März** Südwestlich von Oppeln deutsche Kräftegruppe eingeschlossen – Kolberg nach kurzer Einschließung erobert **20.März** Frontbogen um Sarajevo geräumt – Jugoslawische Offensive in Dalmatien **22.März** Deutsche Angriffe gegen den Brückenkopf westlich von Küstrin – Himmler als militärischer Befehlshaber abgelöst **23.März** Auf die Danziger Bucht gerichtete Offensive in Hinterpommern; deutsche Front zerreißt **24.März** Neiße erobert **26.März** Vormarsch auf Wien beginnt **28.März** Raab überwunden; Befreiung von Györ und Komárom; deutscher Rückzug vom Ölzentrum Nagykanizsa – Gdynia befreit **29.März** Angriff auf Maribor bis zur Mur – Vernichtung der an die Küste gedrückten Braunsberger Gruppierung **30.März** Danzig erobert **31.März** Linie Strehlen/Neiße/Ratibor erreicht – Befreiung Nitras **Ende März** Brückenköpfe beiderseits von Küstrin zu operativem Brückenkopf vereint – In der Slowakei sowjetische Verbände auf Linie östlich Ostrava/Istebna/Vrútky angelangt **1.April** Die Halbinsel Hel wird evakuiert **2.April** Nagykanizsa besetzt **4.April** Befreiung von Bratislava – Einmarsch in Österreich – Ungarn von den deutschen Truppen restlos geräumt **5.April** Angriff auf Wien **6.April** Wiener Gruppierung umfaßt – Sturmangriff auf Königsberg – Jugoslawische Volksarmee befreit Sarajevo **8./10.April** In Wien deutscher Rückzug hinter den Donau-Kanal **9.April** Kapitulation von Königsberg **12.April** Jugoslawische Offensive in Syrmien; Räumung Ostkroatiens beginnt **13.April** Wien erobert – Sturm auf West-Samland; bis zum Monatsende gesäubert **15.April** Offensive auf Ostrava; zehn Tage später befreit – St. Pölten genommen; Vormarsch an den Ostalpen eingestellt

Volkssturm-Männer errichten unter Aufsicht des schlesischen Gauleiters Hanke (links) im Mitte Februar abgeschnittenen Breslau Sperren. Um freies Schußfeld und Flugschneisen zu erhalten, werden ganze Stadtviertel niedergelegt. Den Endkampf erlebt Hanke im Flugzeug

Durch Danzigs Vororte rollen sowjetische Sturmgeschütze. Seine Einnahme Ende März schließt die Besetzung ganz Hinterpommerns ab; Truppenreste werden auf Hel und im Weichsel-Delta blockiert

Der sechzigtausend Mann starken Besatzung Breslaus wird Straße um Straße entrissen, doch leidet die Bevölkerung noch bis in den Mai. Auch Glogau und Oppeln müssen erst blutig erkämpft werden

Nach dreitägigem Sturmangriff auf Königsberg. Die länger als zwei Monate verteidigte Festung wird Anfang April eingenommen. Fast zwanzigtausend Mann der Besatzung sehen diesen Tag nicht mehr

Unter den siebenundzwanzigtausend Gefangenen in Königsberg fehlt nur einer: Gauleiter Koch. Das Ende der Heilsberger Gruppierung kam noch im März – achtzigtausend Tote, fünfzigtausend Gefangene

Am Südflügel wird Mitte Februar das bereits seit Ende 1944 fest eingeschlossene Budapest befreit. Trotz wütender Entsatzversuche muß die Besatzung in Gefangenschaft. Achthundert Mann entkommen

Eine Anfang März beiderseits vom Platten-See anlaufende deutsche Offensive scheitert nach zehn Tagen bei Verlust von vierzigtausend Mann. Ungarns Öl bleibt verloren, der Weg nach Wien liegt offen

Vor dem nun mit allen Schrecken nach Deutschland einbrechenden Krieg fliehen Millionen Menschen im Osten und Westen ins Innere des Landes. Das schwerste Los haben dabei die Mütter zu tragen

Die irrsinnige Verteidigung einzelner Großstädte einschließlich der gesamten Zivilbevölkerung bringt dieser unerträgliche Leiden. Den Stadtkommandanten aber beaufsichtigen die Nazibonzen und die SS

Im Landesinneren wird die schon längst nicht mehr mit Bekleidung versorgte Bevölkerung 1945 zum «Volksopfer» aufgerufen, «damit Dein Stolz, Dein Volkssturmmann, in Uniform sich zeigen kann ...»

Auf dem Weg ins Hinterland geraten die Flüchtlings-Trecks nicht selten mitten in die Kämpfe, wenn sowjetische Panzer die Front durchbrechen oder deutsche – wie hier – Gegenstöße vortragen

Ostpreußens Häfen sind von Flüchtlingen überschwemmt. Zunächst hatten die Nazis hier jede Evakuierung als «feige Flucht» streng verboten. Als die Zivilbevölkerung im Kampfgebiet zur Belastung der Truppe wird und «abgeschoben» werden soll, ist Ostpreußen abgeschnitten. Unter Verlust ihrer Habe werden die Flüchtlinge nun über See evakuiert; Tausende kommen in versenkten Schiffen um

Später suchen sich «Trecks» wochenlang über das Eis des Frischen Haffs einen Weg aus Ostpreußen. Verendete Pferde und zerbrochene Wagen sind stumme Zeugen für die Folgen der faschistischen Antisowjethetze, die sich jetzt in Greuelmeldungen förmlich überschlägt

Existenz oder Untergang mancher Gemeinde hängt mitunter nur davon ab, ob ein Trupp SS-Leute sich davonmacht oder Amok läuft

Militärisch bankrott, bleibt den Nazis nur die mehr als vage Hoffnung auf den Zerfall der antifaschistischen Koalition. Die mit dem Heranrücken der Sowjetarmee vernehmlich lauteren antikommunistischen Stimmen im westlichen Lager nähren die Spekulation. Auf sie ist jetzt die Strategie des deutschen Oberkommandos völlig abgestellt: An der Westfront läßt es nur hinhaltend Widerstand leisten, um alle noch schlagkräftigen Verbände an der Ostfront konzentrieren zu können. Begleitet wird dies von der Hetze über den angeblichen «Vernichtungswillen des Feindes». Eben zu dieser Zeit setzt sich auf der Krim-Konferenz der «Großen Drei» gegen neue westliche Aufteilungspläne der sowjetische Standpunkt zu einer friedlichen und demokratischen Zukunft für das mißbrauchte deutsche Volk durch.

Roosevelts Finanzminister Morgenthau plant im September 1944, Deutschland zu einem «Land der Felder und Wiesen» zu machen

Über den schwedischen Grafen Bernadotte strebt Himmler ab Februar 1945 insgeheim den Separatfrieden mit den Westmächten an

Spekulationen um Deutschland

1944

25. Juli Europäische Beratende Kommission billigt den Entwurf für eine bedingungslose Kapitulation Deutschlands **26. Juli** Freundschafts- und Militär-Vertrag der Sowjetunion mit Befreiungskomitee Polens **12. Aug.** Treffen Churchill/Tito in Caserta **21. Aug.** Konferenz von Dumbarton Oaks berät UNO-Gründung (die «Großen Drei» und China) **25. Aug.** Roosevelt ernennt Kabinetts-Ausschuß für die Deutschland-Frage: Hull/Stimson/Morgenthau; am **2. Sept.** Vorlage eines durch Morgenthau noch verschärften Deutschland-Plans **11. Sept.** Zweite Konferenz von Quebec (Roosevelt/Churchill); sie bestätigt revidierten Morgenthau-Plan **12. Sept.** Europäische Beratende Kommission billigt erstes Zonen-Protokoll zur Besetzung Deutschlands; in ihm sowjetische Zone festgelegt – Rumänischer Waffenstillstands-Vertrag in Moskau unterzeichnet **19. Sept.** Finnischer Waffenstillstands-Vertrag in Moskau unterzeichnet – Tito fliegt zu Treffen mit Stalin nach Moskau **22. Sept.** Roosevelt zieht seine Unterschrift zum Morgenthau-Plan zurück **9. Okt.** Churchill und Stalin konferieren in Moskau; als Beobachter der USA nimmt Harriman teil **28. Okt.** Bulgarischer Waffenstillstands-Vertrag in Moskau unterzeichnet **14. Nov.** Die Europäische Beratende Kommission paraphiert zweites Zonen-Protokoll (mit amerikanischer und britischer Zone) sowie das Kontrollrats-Abkommen **17. Nov.** Roosevelt stimmt der Umsiedlung aus und nach dem neuen polnischen Staatsgebiet zu **2. Dez.** De Gaulle in Moskau; dort am **10. Dez.** französisch-sowjetischer Bündnisvertrag; Stalin lehnt die Abtrennung von Rhein und Ruhr ab **15. Dez.** Churchill erklärt sich im Unterhaus für die Entschädigung Polens durch deutsche Gebiete und völlige Umsiedlung **21. Dez.** Bidault bestätigt Frankreichs Einverständnis mit Übergabe Ostpreußens, Pommerns und Schlesiens

1945

4. Jan. Sowjetunion erkennt Polens Provisorische Regierung an **20. Febr.** Waffenstillstands-Vertrag mit Ungarn in Moskau **4. Febr.** Konferenz von Jalta (Stalin/Roosevelt/Churchill); faßt Beschlüsse über militärische Koordination, die Besatzungs-Zonen in Deutschland, Reparationen, Kontrollrat, UNO-Gründung, sowjetischen Kriegseintritt im Fernen Osten; Übergabe deutscher Ost-Gebiete an Polen sowie Umsiedlung bestätigt **23. Febr.** Kriegserklärung der Türkei an Deutschland; am **3. März** rückdatierte Kriegserklärung Finnlands an das Reich **5. April** Sowjetunion kündigt den Neutralitäts-Vertrag mit Japan **11. April** Beistands-Vertrag der Sowjetunion mit Jugoslawien **12. April** Tod Roosevelts **21. April** Beistands-Vertrag der Sowjetunion mit Polen **25. April** Konferenz von San Francisco über eine UNO-Charta

Zur Konferenz von Jalta Anfang Februar 1945 wird Präsident Roosevelt (im Jeep) auf dem Flugplatz von Außenminister Molotow und Premierminister Churchill empfangen. Auf der Konferenz einigt man sich über eine gemeinsame Besetzung und Kontrolle Deutschlands

Beim Abschiedsessen während der Krim-Konferenz bringt der neuernannte amerikanische Außenminister Stettinius (links) seinen Trinkspruch aus. Ihm gegenüber sitzen von rechts nach links Molotow, Churchill, Roosevelt und Stalin. Acht Wochen später stirbt Roosevelt

Ein mehrtägiger Luftangriff von insgesamt eintausendeinhundert anglo-amerikanischen Bombern auf die mit Flüchtlingen überfüllte Kunststadt Dresden stützt die Behauptung der Nazis, die Alliierten wollten vor allem das deutsche Volk vernichten. Auf dem Altmarkt verbrennt man wegen der Seuchengefahr auf riesigen Rosten die Toten, deren Zahl auf rund fünfunddreißigtausend geschätzt wird

Zu einem hastigen Stabsbesuch an der Oder verläßt Hitler im März noch einmal seinen Reichskanzlei-Bunker, in den er sich Anfang 1945 zurückgezogen hat. Armee-Oberbefehlshaber Busse berichtet

Keitel, Göring und Dönitz am «Helden-Gedenktag» Mitte März vor der Neuen Wache in Berlin. Über ihrem Gespräch liegt sichtbar die düstere Vorahnung des eigenen, durchaus unheroischen Endes

Als Folge der sowjetischen Winteroffensive löst sich nach vergleichsweise belanglosen Kämpfen am Rhein die gesamte deutsche Westfront auf: Ihr fehlen die noch kampfkräftigen Verbände, die seit Jahresbeginn in den Osten verlegt worden sind. Mit dem Frühlingsanbruch rücken die ausgeruhten Armeen aller westlichen Alliierten gegen nur noch örtlichen Widerstand in West-, Nord- und Süddeutschland ein, dann auch in die Westgebiete der Tschechoslowakei und Österreichs. Ihnen gegenüber begeben sich die deutschen Verbände meist geschlossen in die Gefangenschaft. Der Vormarsch im Westen wird vereinbarungsgemäß an der Elbe eingestellt. Dem folgt der Zusammenbruch der deutschen Front in Italien, der zugleich das Schicksal Mussolinis und seines faschistischen Pseudoregimes besiegelt.

Vom Rhein zur Elbe

1945

1. Jan. Massierter deutscher Luftangriff gegen die Flugplätze im Westen **3. Jan.** Amerikaner bomben konzentriert westdeutsche Bahnanlagen – In den Ardennen alliierte Gegenoffensive; erst am **16. Jan.** Zusammentreffen ihrer Stoßkeile bei Houffalize **8. Febr.** Kanadische Offensive zwischen Rhein und Maas östlich Nimwegen; Kämpfe im Reichswald; Rückzug in Brückenkopf Wesel **22. Febr.** Alliierte fliegen neuntausend Einsätze gegen Verkehrsziele **23. Febr.** Amerikaner greifen aus Brückenköpfen an der Roer an; am **3. März** Zusammentreffen mit den Kanadiern – Trier erobert **5. März** Nördlich Neuß Rhein-Ufer nahezu völlig erreicht **7. März** Köln erobert – Amerikanischer Brückenkopf bei Remagen **10. März** Kesselring löst v. Rundstedt als OB West ab – Brückenkopf Wesel geräumt **17. März** Koblenz erobert **22. März** Amerikaner überschreiten bei Oppenheim den Rhein **23. März** Rhein-Übergang beiderseits Wesel durch Briten, Amerikaner und Kanadier **25. März** Mit Worms, Germersheim und Ludwigshafen gesamte Pfalz besetzt **26. März** Rhein-Übergang bei Worms – Verbände im Westerwald zerschlagen – Einnahme Darmstadts – Bei Hanau und Aschaffenburg Main erreicht **29. März** Vernichtung von Verbänden im Raum Idstein; Frankfurt/M. besetzt – Mannheim erobert **30. März** Bocholt und Emmerich besetzt **1. April** Bei Lippstadt Vereinigung amerikanischer Stoßkeile im Rücken der HGr. B: Kessel im Raum Rhein/Ruhr/Sieg – Franzosen nahe Phillipsburg über den Rhein **3. April** Münster besetzt **4. April** Franzosen in Karlsruhe **6. April** Hamm erobert **10. April** Essen sowie Hannover besetzt **17. April** Ruhr-Kessel liquidiert; dreihundertfünfzigtausend Gefangene **18. April** Magdeburg sowie Düsseldorf genommen – Amerikaner nach Böhmen **19. April** Leipzig besetzt **20. April** Nürnberg niedergekämpft **22. April** Franzosen besetzen Stuttgart **23. April** Briten vor Hamburg-Harburg **24. April** Franzosen und Amerikaner in Ulm **26. April** Briten nehmen Bremen **28. April** Augsburg besetzt **29. April** Bei Lauenburg überschreiten Briten die Elbe **30. April** Amerikaner besetzen München

Italien

8. März Alliiertes Oberkommando Italien nimmt in Bern mit von Himmler beauftragtem SS-Führer Wolff Geheimverhandlungen auf **9. April** Alliierte Offensive zur Po-Ebene **19. April** Durchbruch auf Bologna **24. April** Ferrara und La Spezia besetzt **25. April** Po-Übergang; Mantua, Reggio, Parma besetzt; Partisanen befreien Mailand, dann auch Genua, Turin u.a. Städte **26. April** Verona besetzt **28. April** Partisanen nehmen Mussolini bei Dongo fest; erschießen ihn tags darauf **29. April** Briten in Venedig – Kapitulation der HGr. C in Caserta

Köln wird Anfang März besetzt. Stromaufwärts sind die Amerikaner zugleich bei Remagen am Rhein angelangt. Weitere amerikanische Kräfte säubern nun den Raum zwischen Rhein und Mosel; südlich von Strasbourg stehen die Franzosen schon seit Mitte Februar am Strom

Mit der Eroberung des Ruhrgebiets durch alliierte Verbände bricht die deutsche Front im Westen völlig zusammen. Die hier stehenden deutschen Truppen werden von den aus dem Remagener Brückenkopf und bei Wesel vorgehenden Alliierten Anfang April eingeschlossen

Nach künstlicher Überflutung: Das Rur-Tal, das die Amerikaner Ende Februar überschreiten, um den im Reichswald bei Kleve und Goch lange aufgehaltenen Briten und Kanadiern entgegenzustoßen

Die Rhein-Brücke bei Remagen fällt den Amerikanern unzerstört in die Hände; sie bilden hier sofort einen starken Brückenkopf. Hitler läßt alle für diesen Abschnitt verantwortlichen Offiziere erschießen

Über dreihunderttausend Mann geben im Ruhr-Kessel Mitte April auf. Ihr Feldmarschall Model erschießt sich; der Oberbefehlshaber West, v. Rundstedt, wurde schon vorher durch Kesselring ersetzt

Nahe Wesel setzen Ende März zwei anglo-amerikanische Armeen über den Rhein, unterstützt durch eine Luftlande-Operation. Zwei weitere Armeen überschreiten ihn zwischen Mannheim und Mainz

In Holland müssen die kanadischen Truppen Amphibien-Fahrzeuge einsetzen, nachdem die deutsche Besatzung ohne Rücksicht auf die Bevölkerung das Land durch Öffnung der Seedeiche überflutet hat

Nach dem Ende an der Ruhr spielen sich in Westdeutschland nur noch örtliche Gefechte ab, wie hier in Franken. Der Nordwesten Deutschlands wird durch die Briten besetzt, Mitteldeutschland bis Elbe und Mulde von den Amerikanern, die von hier aus auch nach Böhmen vordringen. Weitere Kräfte, darunter Franzosen, nehmen Süddeutschland und anschließend den westlichen Teil Österreichs

Nürnberg muß in fünftägigem Straßenkampf genommen werden. Er vollendet die Zerstörung der Stadt, die – wie alle übrigen vor der Front der West-Alliierten – zuvor verheerend bombardiert wurde

In Magdeburg rücken die Amerikaner Mitte April ein. Die noch in der Aufstellung befindliche «Armee Wenck», die zu einer im Harz eingeschlossenen Gruppierung durchstoßen soll, macht hier kehrt

Auf dem italienischen Kriegsschauplatz erzwingen die Alliierten erst Ende April den Po-Übergang. Der Flucht deutscher Einheiten zu den Alpen setzt am 2. Mai ein separater Waffenstillstand ein Ende

Gegen die Faschisten erhebt sich Ende April das Volk im Norden Italiens. Es befreit die wichtigsten Städte; Mussolini samt Anhang richtet es bei Como. In Mailand werden ihre Leichen ausgestellt

Einzeln und in ganzen Verbänden fliehen die an der östlichen Front zurückgedrängten Soldaten über die Elbe. Briten und Amerikaner gestatten das – nicht ohne den Hintergedanken an künftige Konflikte

Zahllose Kriegsgefangene erleben in amerikanischen Massenlagern wie Andernach (oben) und Bad Kreuznach böse Wochen. Unter offenem Himmel zusammengepfercht, sterben hier noch Tausende

Diesen US-Sergeanten fesselt im «Braunen Haus» zu München ein begehrtes Souvenir. Sein Oberbefehlshaber Eisenhower plakatiert eben jetzt den Entschluß, Nazismus und Militarismus auszurotten

Das unwiderrufliche Ende des Faschismus in Deutschland naht mit dem Durchbruch sowjetischer Armeen an Oder und Neiße. Die herzliche Begegnung der verbündeten Heere an der Elbe zerstört alle Hoffnungen der Nazis auf einen sie rettenden Konflikt. Während ihres raschen Vorrückens haben die Soldaten der alliierten Mächte in den Konzentrationslagern grauenhafte Beweise für die faschistische Brutalität vorgefunden. Die wendet sich in den letzten Monaten zunehmend gegen das ganze deutsche Volk. Nach dem erklärten Willen Hitlers hat es einen Untergang des Faschismus zu teilen. Seine Existenzgrundlagen sollen vernichtet, alle noch irgend einsatzfähigen Menschen in den sicheren Tod getrieben werden. An zahlreichen Orten stellen sich dem die noch handlungsfähigen Antifaschisten entgegen.

Von der Oder-Front aus bricht Mitte April die abschließende sowjetische Offensive gegen Berlin los. Im Einsatz sind auf sowjetischer Seite rund einundvierzigtausend Geschütze und Granatwerfer, weit über sechstausend Panzer sowie siebentausendfünfhundert Flugzeuge

In letzter Stunde

1945

16. April Offensive aus den Oder-Brückenköpfen bei Küstrin und an der Neiße **20. April** Berliner Stadtzentrum unter Artillerie-Feuer – Offensive an unterer Oder auf Vorpommern/Mecklenburg – Hitler unterstellt «Nordraum» Dönitz, «Südraum» Kesselring **21. April** Nordöstlicher Stadtrand von Berlin erreicht – Cottbus erobert **23. April** Befehl Hitlers, alle noch verfügbaren Kräfte «gegen den Bolschewismus» einzusetzen **24. April** Deutsche Gruppierung westlich Frankfurt/O. eingekesselt; beim Durchbruchs-Versuch zerschlagen – OKW (Keitel/Jodl) verlegt nach Rheinsberg, dann nach Plön **25. April** Berlin eingeschlossen – An der Elbe stoßen sowjetische Verbände bei Torgau auf die Amerikaner – Pillau erobert; Rückzug auf die Frische Nehrung **26. April** Innerer Verteidigungs-Ring Berlins zerrissen – Stettin erobert – Brno befreit **28. April** Durchbruch bei Prenzlau

30. Jan. KPD ruft die Bevölkerung über Radio Moskau auf, Volksausschüsse und Kampfgruppen zu bilden **Anf. Febr.** KPD-Führung setzt eine Kommission zur Ausarbeitung von Richtlinien für antifaschistisch-demokratische Umgestaltung ein **Frühjahr** KPD-Organisationen in Berlin, Leipzig und Thüringen rufen dazu auf, Zerstörungen zu verhindern **7./10. April** Aus Buchenwald nahezu dreißigtausend Häftlinge evakuiert; am **11. April** bewaffneter Aufstand im Lager; Selbstbefreiung **14. April** Himmler befiehlt, bei KZ-Räumung keine Häftlinge lebend zurückzulassen **14./17. April** Das Leipziger NKFD ruft die Bevölkerung auf, jede Verteidigung zu verhindern; NKFD-Kampfgruppen im Einsatz **15. April** KZ Bergen-Belsen befreit **20. April** Dreiunddreißigtausend Häftlinge des KZ Sachsenhausen beginnen Todesmarsch in Richtung Mecklenburg **22. April** Befreiung Sachsenhausens **26. April** Zuchthaus Brandenburg befreit – Aus KZ Neuengamme Todesmarsch zur Neustädter Bucht **27. April** Aufstand in München (Führung: Dolmetscher-Kompanie Gerngroß) – Ausbruch aus dem KZ Dachau **27./28. April** Fünfzehntausend Häftlinge Ravensbrücks auf Todesmarsch **28. April** In Penzberg verhindern Antifaschisten Sprengung u.a. des Bergwerks; werden von NS-Formationen überwältigt und ermordet **29. April** Greifswalder Kampfkommandant übergibt die Stadt unversehrt **30. April** KZ Ravensbrück befreit; die evakuierten Häftlinge gleichfalls – Befreiung des KZ Dachau **1. Mai** Evakuierte Häftlinge des KZ Sachsenhausen befreit **3. Mai** Achttausend evakuierte Häftlinge Neuengammes ins Meer versenkt **5. Mai** Minensuch-Boot M 612 setzt die rote Fahne – Aufstand im KZ Mauthausen – KZ Theresienstadt befreit

Das Reich im Niedergang II: Seite 535

Die gegen die Sowjetarmee im Berliner Vorfeld aufgebotenen Restverbände werden nach einem vernichtenden Trommelfeuer überrollt. In der Hauptstoßrichtung waren zuvor auf den Seelower Höhen durch verzweifelte Gegenangriffe mehrtägige schwere Kämpfe entbrannt

Nahe Torgau an der Elbe begegnen sich am 25. April sowjetische und amerikanische Truppen. Bei den sowjetischen Einheiten handelt es sich um Teilkräfte einer zwischen Forst und Muskau über die Neiße gegangenen Stoßgruppe. Die schließt gemeinsam mit der bei Küstrin angetretenen Hauptgruppierung im Raum Lübben/Guben zweihunderttausend Mann ein und greift südlich um Berlin herum

Am Südflügel der Gesamtfront ist die Sowjetarmee im Vorgehen auf Linz und Klagenfurt. Nach dem Scheitern der deutschen Offensive am Platten-See war sie sofort durch Nordwest-Ungarn vorgestoßen

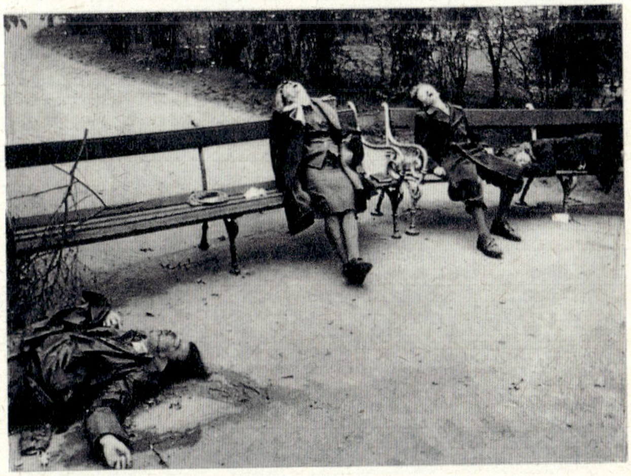

Selbstmord einer Nazifamilie in Wien, das Mitte April genommen wird. Die deutschen Verluste betragen hier hundertdreißigtausend Mann. Nördlich der Donau befreit die Sowjetarmee die Slowakei

KZ-Häftlinge feiern ihre Rettung. Die Gefangenen von Buchenwald helfen sich Mitte April selbst. Kampfgruppen des Internationalen Lagerkomitees überwältigen im Sturm die SS-Wachen und befreien das Lager. In Mauthausen erheben sich die Antifaschisten Anfang Mai zum bewaffneten Aufstand, und auch Dachau wird bereits vor dem Eintreffen alliierter Truppen durch die Häftlinge kontrolliert

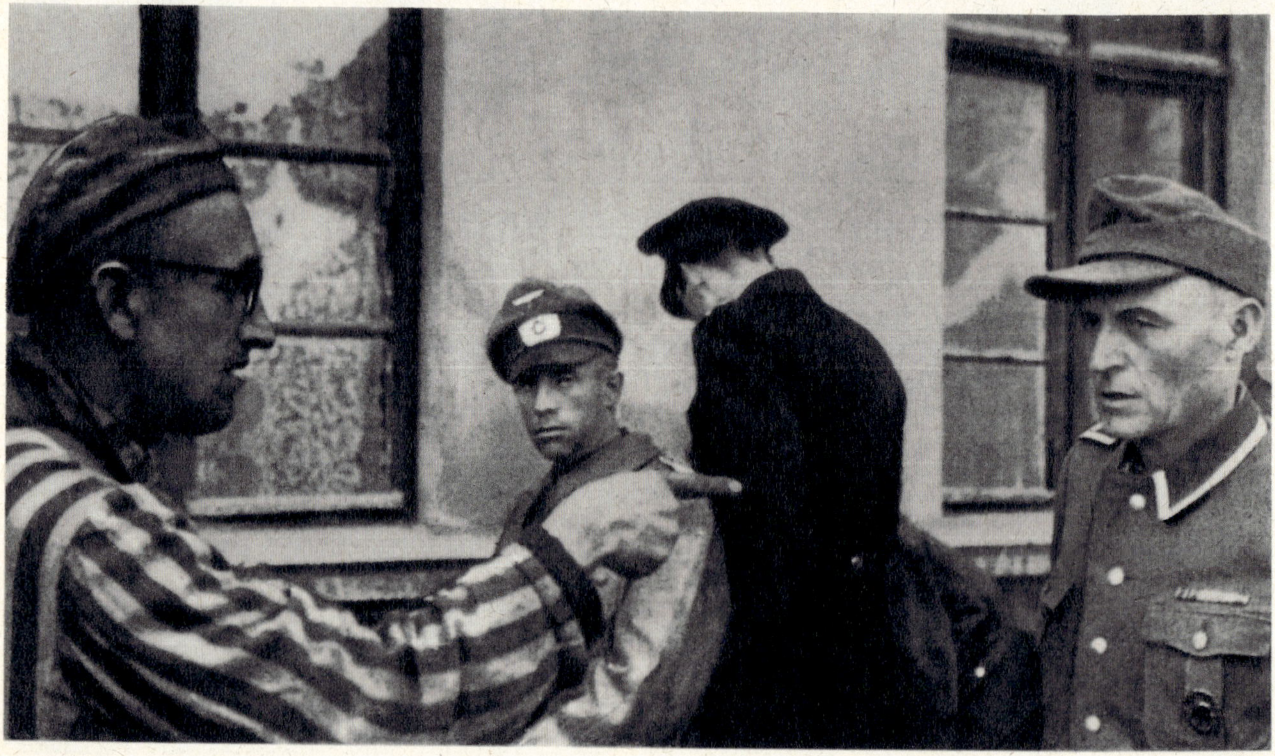

Ein Häftling identifiziert einen der besonders brutalen Peiniger aus der Wachmannschaft. Der SS ist befohlen, die Lager zu sprengen und die Insassen zu evakuieren. Auf den folgenden Todesmärschen kommen ungezählte Häftlinge um. Die Insassen von Sachsenhausen und Ravensbrück sowie die einiger Zuchthäuser – vor allem die in Brandenburg-Görden – werden von der Sowjetarmee gerettet

Einige der KZ-Kommandanten können gefaßt werden, so Kramer, den in Bergen-Belsen dreizehntausend Häftlingsleichen anklagen

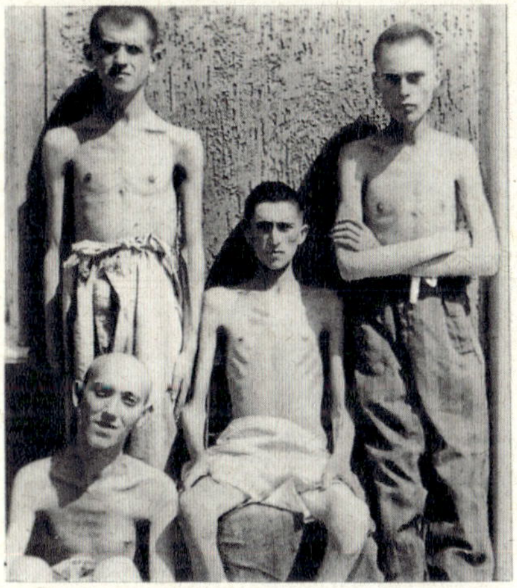

Viele Häftlinge überleben die Befreiung nur um Tage. Allein in Bergen-Belsen sterben noch vierzehntausend entkräftete Menschen

Amerikanische Panzertruppen ziehen in das KZ-Mauthausen ein, froh umringt von den Häftlingen, darunter tausend Bewaffneten

Im Dora-Lager Nordhausen finden alliierte Truppen dreitausend Leichen vor. Achttausend Häftlinge aus Neuengamme gehen Anfang Mai in der Ostsee zugrunde, als die von der SS zur Versenkung bestimmten Transporter irrtümlich durch die Briten bombardiert werden

An vielen Orten verhindern Antifaschisten die sinnlose Zerstörung der Existenzgrundlagen des Volkes durch Sprengkommandos der Wehrmacht und der SS. Auf diese Weise bleiben der Bevölkerung zahlreiche lebenswichtige Anlagen und Einrichtungen erhalten, so auch das «Blaue Wunder», die Dresdener Elbe-Brücke. Einwohner einiger Städte und Gemeinden erzwingen eine kampflose Übergabe

Aus ihrem schlesischen Stammlager befreite britische Kriegsgefangene unterhalten sich mit sowjetischen Soldaten. Gegen Gefangene, vor allem aber gegen Zwangsarbeiter, üben die in wilde Panik geratenen Nazis in der Schlußphase des Krieges einen gnadenlosen Terror

Britische Soldaten haben einen «Werwolf» zur Strecke gebracht. Der Naziuntergrund soll den demokratischen Neubeginn stören

Oberst Petershagen, Kampfkommandant in Greifswald, übergibt die Stadt entgegen dem OKW-Befehl unversehrt der Sowjetarmee

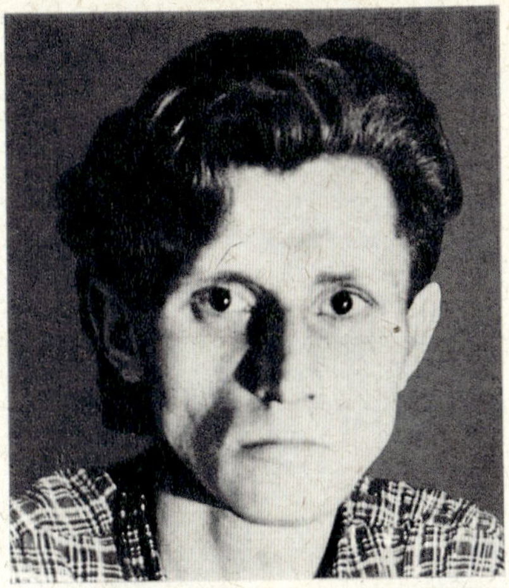

In Leipzig verhindert die Organisation des NKFD unter Leitung von Gerhard Ellrodt ernstere Kämpfe mit starken US-Verbänden

Hauptmann Gerngroß führt in München die Dolmetscherkompanie in den Aufstand. Er beschleunigt damit die Auflösung im Süden

Eine Volkssturm-Streife in Stuttgart prüft Ausweispapiere. Nazibonzen und SS suchen vielerorts das Ende blutig hinauszuzögern

Der Minensucher «M 612» Anfang Mai im dänischen Søderborg. Unter Führung des Maats Heinrich Glasmacher verhindern die Matrosen sein Auslaufen nach Kurland. Sie setzen die rote Fahne und gehen auf Heimatkurs. Überwältigt, werden elf von ihnen erschossen

Angesichts der bevorstehenden Verwüstung der oberbayrischen Bergwerksstadt Penzberg übernehmen Ende April dortige Antifaschisten gewaltsam die Verwaltung. Der Gauleiter schickt Wehrmacht, SS und «Werwölfe» gegen sie vor; siebzehn Bürger werden ermordet

Im Feuerkreis der Berlin eng umringenden sowjetischen Heeresmasse bäumt sich der Faschismus noch einmal zu einem letzten Massenopfer auf. Ungehemmter Terror der SS soll die Stunde der Abrechnung hinausschieben; Himmler und Göring wollen ihr außerhalb der Hauptstadt durch Geheimkontakte mit den Westmächten entgehen. Die blutigen Kämpfe, denen die Nazis die ganze Bevölkerung bedenkenlos aussetzen, ebben erst nach dem feigen Selbstmord von Hitler und Goebbels ab. Mit der Nachfolge ist die NS-«Regierung» Dönitz in Flensburg betraut. Ihre Bemühungen, das Naziregime durch Manipulationen bei den westlichen Alliierten aufrechtzuerhalten, schlagen fehl. Alle Verbände der Wehrmacht müssen die Waffen niederlegen. Der Traum von der Weltherrschaft endet bedingungslos.

Agonie im Chaos

1945

27. April Kämpfe im Berliner Zentrum **28. April** Garnison gespalten – Potsdam erobert; bei Ferch die «Entsatz-Armee Wenck» abgewiesen – Hitler befiehlt die Verhaftung des «Verräters Himmler» **29. April** Testament Hitlers: Göring und Himmler aus NSDAP ausgestoßen; Dönitz Reichspräsident, Goebbels Reichskanzler **30. April** Erstürmung des Reichstags – Selbstmord Hitlers **1. Mai** In Plön Amtsübernahme durch Dönitz; Tagesbefehl: Im Osten Fortsetzung des Krieges – Goebbels bittet in Berlin durch Krebs um Waffenstillstand; nach Ablehnung Selbstmord – Ausbruchs-Versuch der Naziführer aus der Reichskanzlei (Bormann u.a.) **2. Mai** Kapitulation der Garnison unter Weidling – Rostock erobert – Bei Wismar Zusammentreffen sowjetischer und britischer Verbände – Dönitz verlegt nach Flensburg; v. Ribbentrop entlassen – Neue «Reichsregierung» mit v. Schwerin-Krosigk gebildet **3. Mai** OKW nach Flensburg – Briten besetzen Hamburg – Amerikaner in Innsbruck **4. Mai** Kapitulation im britischen Hauptquartier Lüneburg (alle Verbände in Nordwestdeutschland, den Niederlanden, Dänemark) – Rest der HGr. Weichsel flieht nach Westen **5. Mai** In Haar bei München kapituliert die HGr. G – Rückzug der HGr. E aus Jugoslawien – Amerikaner in Linz – Volksaufstand in Prag **6. Mai** Offensive gegen die HGr. Mitte in Böhmen – Amerikaner in Plzeň; brechen hier Vormarsch ab – In Österreich von Süden her Einmarsch der Amerikaner – Breslau kapituliert – Dönitz entläßt Himmler **7. Mai** Im amerikanischen Hauptquartier Reims nimmt Jodl Gesamtkapitulation vor – «Armee Wenck» geht bei Tangermünde über die Elbe – Wilhelmshaven, Cuxhaven und Emden besetzt **8. Mai** Endgültige Gesamtkapitulation vor den vier Siegermächten in Berlin-Karlshorst – Rede Stalins; Bekenntnis zur Einheit Deutschlands – Übergabe der U-Boot-Basen Lorient, La Rochelle und St. Nazaire – Verhaftung Görings am Zeller See – Einnahme Dresdens – Olomouc befreit **9. Mai** Befreiung von Prag – In Österreich Sowjetarmee in Graz und Amstetten – Sowjetische Landung auf Bornholm **10. Mai** HGr. Mitte eingeschlossen; ihr Widerstand erlischt – Übergabe der HGr. Kurland **11. Mai** Beim OKW eine Alliierte Kontrollkommission gebildet – Übergabe Dünkirchens sowie der Stützpunkte in der Ägäis **12. Mai** Kapitulation von Restgruppen an der Danziger Bucht – Übergabe Kretas **13. Mai** Verhaftung Keitels; das OKW übernimmt Jodl **14. Mai** Übergabe einer Armee an der Mündung der Weichsel **17. Mai** Sowjetische Vertreter in Flensburg eingetroffen **21. Mai** Himmler verhaftet **23. Mai** Dönitz, sein Kabinett, das OKW in Haft; Selbstmord v. Friedeburgs – Selbstmord Himmlers

Im Berliner Stadtgebiet entwickeln sich blutige Straßenkämpfe, in die sowjetische Panzer und Sturmgeschütze wirkungsvoll eingreifen. Mit ihrer Hilfe werden die Feuernester und zahllosen Sperren während der Tag und Nacht tobenden Schlacht sehr schnell überwunden

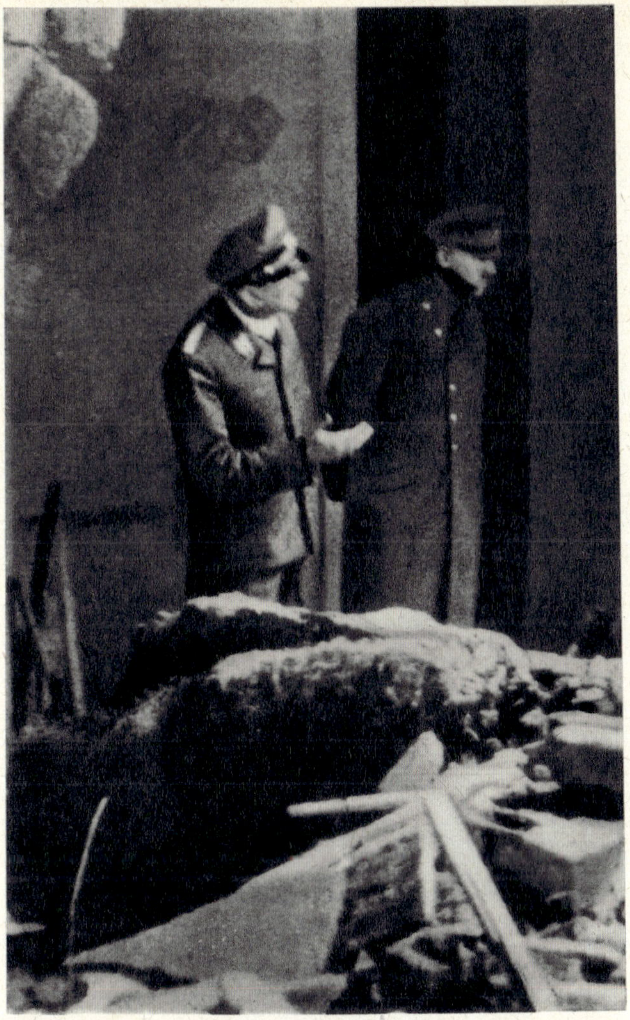

Aus den Tiefen seines Bunkers in der Reichskanzlei steigt Hitler am 20. April das letztemal nach oben. Inmitten von Ruinen will er sich noch immer nicht zur Konsequenz der totalen Niederlage bekennen

Am Potsdamer Platz: Fronttruppen unterwegs zum Schanzen. Die Besatzung Berlins zählt etwa hundertfünfzigtausend Mann, doch gibt es kaum noch geschlossene Verbände. Ihre Verluste zählt niemand

Berge leerer Kartuschen sprechen von der Härte der Kämpfe. Bei den Operationen zwischen Oder und Elbe büßt die Sowjetarmee dreihunderttausend Mann ein, in Berlin allein dreißigtausend Tote

Trotz der faschistischen Durchhalte-Parolen stoßen sowjetische Truppen von allen Seiten ins Stadtzentrum vor. Nach Überwindung der beiden äußeren Verteidigungsgürtel am Autobahn-Ring und am Stadtrand zerreißen sie während der letzten Apriltage auch den dritten am S-Bahn-Ring. Die Berliner Garnison wird in mehrere Teile aufgespalten. «Fliegende Standgerichte» halten sie im Feuer

Der Sturm auf den von fünfzehnhundert Mann gehaltenen Reichstag leitet das Ende ein. Hitler, der in der vorausgegangenen Nacht noch seine Geliebte geheiratet hat, nimmt sich mit ihr zusammen feige das Leben; ihre Leichen werden verbrannt. Zum Staatsoberhaupt hat Hitler zuvor den in Flensburg amtierenden Dönitz ernannt; in Berlin, wo nun Goebbels regiert, beginnen die Ausbruchsversuche

Tausende fünfzehnjähriger «Hitler-Jungen» werden im Westen Berlins geopfert, um den Nazibonzen einen Fluchtweg offenzuhalten

Die «Armee» von General Wenck (rechts) soll Berlin entsetzen, bleibt aber bei Ferch liegen. Dann flieht sie zu den Amerikanern

Dem neuernannten Reichskanzler Goebbels bieten sich keine Perspektiven. Göring und Himmler hat Hitler als Verräter verstoßen

Generalstabschef Krebs (vorn), der Guderian Ende März abgelöst hatte, überbringt ein Waffenstillstands-Angebot, um Goebbels Zeit zu verschaffen. Als es abgelehnt wird, begehen beide Selbstmord

Zum 1. Mai wird den sowjetischen Truppen ein Tagesbefehl Stalins verlesen. Da der Widerstand auf Weisung von Dönitz immer noch anhält, schießt Artillerie die Reste der Kampfgruppen zusammen

Unter den Linden schweigen die Waffen. Das Chaos spottet jeder Beschreibung. Straßen und Plätze sind mit Leichen bedeckt; in den Gefangenenlagern zählt man (ohne Verwundete) nur siebzigtausend Überlebende. Schwere Verluste hat auch die von den Nazis in die Schlacht gerissene Bevölkerung. Höhepunkt solcher Brutalität: die Flutung menschenüberfüllter S-Bahn-Schächte um die Reichskanzlei

Durch eine Gesamtkapitulation in Eisenhowers Hauptquartier zu Reims versucht Jodl, Chef des Wehrmachtführungsstabes, Dönitz Handlungsfreiheit gegenüber den Sowjetstreitkräften zu bewahren

Eine Teilkapitulation mit demselben Ziel hatte kurz zuvor Admiral v. Friedeburg für die Truppen in Nordwestdeutschland, Holland und Dänemark in Montgomerys Hauptquartier Lüneburg unterzeichnet

Zur Unterzeichnung der vereinbarten Urkunde über die allgemeine und bedingungslose Kapitulation werden auf energisches Ersuchen der Sowjetunion Fliegergeneral Stumpff, Feldmarschall Keitel und Admiral v. Friedeburg als Vertreter des deutschen Oberkommandos nach Berlin geflogen. Am 8. Mai unterschreiben sie in Karlshorst vor Marschall Shukow und Beauftragten der westlichen Alliierten

Die deutschen Einheiten lösen sich auf; jeder sucht jetzt sein Heil in der Flucht. Nach der Berliner Kapitulation strecken in Kurland einhundertneunzigtausend Mann die Waffen, an der Ostsee-Küste etwa zwanzigtausend und an den übrigen Abschnitten, vor allem in der Tschechoslowakei und in Nord-Jugoslawien, zusammen rund eine Million. In Böhmen gehen dem dramatische Ereignisse voraus

Prager Einwohner begrüßen die sowjetischen Verbände, die ihnen in Gewaltmärschen von Dresden, Ostrava und Brno her zu Hilfe gekommen sind. In der Stadt hatte sich die Widerstandsbewegung erhoben, war jedoch rasch in eine gefährliche Lage geraten. Die hier konzentrierte Heeresgruppe Mitte drohte den Aufstand blutig zu ersticken. Sie wird sofort eingeschlossen und muß kapitulieren

Deutsche werden in Prag gezwungen, Barrikaden abzutragen. Ihr Oberbefehlshaber Schörner, der seine Truppen auf Dönitz' Geheiß den Amerikanern zuführen sollte, wird als Zivilist in Tirol gestellt

Das Flensburger Doppelspiel endet erst nach scharfer Intervention der Sowjetunion. Dönitz und sein Anhang werden verhaftet und per Flugzeug abtransportiert. Himmler, unerkannt gefangen, nimmt Gift

Zwischen Deutschland und dem Faschismus wird auf der Potsdamer Konferenz der drei führenden Siegermächte ein entschiedener Trennstrich gezogen. Nazismus, Militarismus und die Monopolvereinigungen sollen ausgetilgt, die demokratischen Bestrebungen des deutschen Volkes aber ermutigt und durch einen freien, einheitlichen Friedensstaat anerkannt werden. Die Verurteilung und Hinrichtung der Hauptkriegsverbrecher setzen formal den Schlußpunkt hinter den Faschismus. Praktisch überwindet ihn das deutsche Volk in der schweren Zeit nach Kriegsende, indem es aus den Trümmern neues Leben erweckt. Im Osten Deutschlands wird die Entwicklung dabei von den Grundsätzen bestimmt, für die ungezählte deutsche Antifaschisten Freiheit und Leben gewagt haben.

Sühne und Bewährung

1945

28. April Sowjetischer Stadtkommandant Berlins wird Bersarin; erläßt Befehl Nr. Eins über Ruhe und Ordnung sowie Normalisierung des Lebens **30. April** Im Auftrag des ZK der KPD trifft nahe Berlin die Gruppe Ulbricht ein **Anf. Mai** Gruppe Ackermann in Dresden **6. Mai** Gruppe Sobottka in Stargard **9. Mai** Gruppe Ulbricht nach Berlin-Friedrichsfelde; Besprechungen mit bürgerlichen Politikern – Mikojan in Berlin, um Versorgung der Bevölkerung zu regeln **12. Mai** Beschluß des zuständigen Kriegsrates zur Ingangsetzung der kommunalen Wirtschaft Berlins **15. Mai** Befehl der Berliner Militärkommandantur legt Lebensmittel-Rationen fest **19. Mai** Demokratischer Magistrat von Groß-Berlin ins Amt eingeführt **21. Mai** Erste Nummer der «Berliner Zeitung» erscheint **5. Juni** Berliner Deklaration der Alliierten; Übernahme der Regierungsgewalt durch den Kontrollrat (die vier Oberbefehlshaber) **9. Juni** Befehl Nr. Eins der sowjetischen Militärverwaltung: SMAD gegründet; Chef: Marschall Shukow **10. Juni** Befehl Nr. Zwei der SMAD gestattet die Gründung antifaschistisch-demokratischer Parteien in sowjetischer Zone – Treffen führender Sozialdemokraten (u.a. Fechner und Grotewohl) in Berlin-Schöneberg; Gründung des SPD-Zentralausschusses beschlossen **11. Juni** Aufruf des ZK der KPD an das deutsche Volk über Weg aus der Katastrophe und zur Lösung der nationalen Lebensfragen **15. Juni** Aufruf des Zentralausschusses der SPD; bekennt sich zur antifaschistisch-demokratischen Ordnung **14. Juli** In Berlin bilden KPD, SPD, LDP und CDU den Demokratischen Block ....

17. Juli Potsdamer Konferenz der «Großen Drei» mit Stalin, Churchill (später Attlee) und Truman eröffnet; Beschlüsse über Außenminister-Rat zur Friedensregelung, politische und wirtschaftliche Grundsätze zur Behandlung Deutschlands als eine Einheit, die deutschen Reparations-Leistungen, die Übergabe der Gebiete jenseits Oder und Neiße an Polen bzw. die Sowjetunion, die Aussiedelung dort sowie in der Tschechoslowakei und Ungarn lebender Deutscher usw.; Besatzungsziele sind Entmilitarisierung und Entnazifizierung sowie die Demokratisierung **7. Aug.** Frankreich notifiziert Einverständnis mit Beschlüssen **8. Aug.** Londoner Viermächte-Abkommen über die Bestrafung der Hauptkriegsverbrecher **20. Nov.** Internationales Militärtribunal tritt in Nürnberg zusammen.....

6. Aug. Amerikaner werfen erste Atombombe auf Hiroshima **9. Aug.** Sowjetstreitkräfte eröffnen in der Mandschurei Kampf gegen Japan – Zweite Atombombe auf Nagasaki **16. Aug.** Kaiser Hirohito befiehlt sofortige Feuereinstellung **2. Sept.** Japan kapituliert bedingungslos ....

Auf der Potsdamer Konferenz, wo Truman den Platz Roosevelts einnimmt, setzt sich die sowjetische Deutschland-Politik endgültig durch. Die Großmächte vereinbaren hier, den Militarismus und Faschismus auszurotten und ihre Grundlage, die Monopole, zu entmachten

Während einer Sitzung in Potsdam, an der nach seinem Wahlsieg auch Premierminister Attlee (hinten, Mitte) teilnimmt. Die Sowjetunion weist alle westlichen Teilungspläne ab; sie sichert Deutschland konsequent die Möglichkeit, als demokratischer Staat wiederzuerstehen

Im Nachfolge-Prozeß gegen die IG Farben. In der ersten Reihe (v. l. n. r.): Krauch, Schmitz, v. Schnitzler, Gajewski, Ambros. Zweite Reihe: Bütefisch, Haefliger, Ilgner, Jähne, Kühne, Lautenschläger, Mann, Oster, Dürrfeld. Dritte Reihe: Gattineau, von der Heyde und Kugler

Drei Jahre nach dem Kriegsende im Pazifik hören auch Japans Hauptkriegsverbrecher ihr Urteil. Sieben von ihnen werden gehenkt

Vor dem Internationalen Militärtribunal in Nürnberg beginnt Ende November der zehn Monate dauernde Prozeß gegen einundzwanzig deutsche Hauptkriegsverbrecher. Zehn der Angeklagten werden gehenkt; Göring nimmt Gift. Zwölf Nachfolge-Prozesse finden vor US-Militärgerichten gegen verbrecherische Gruppen von Ärzten, Juristen, Diplomaten, Industriellen, Militärs und SS-Führern statt

Noch während der Kämpfe um Berlin trifft eine Gruppe deutscher Kommunisten mit Walter Ulbricht (rechts) ein, um ohne Verzug den demokratischen Neuaufbau der Hauptstadt in Gang zu bringen

Sowjetische Kommandeure organisieren umgehend die in den letzten Kriegswochen zusammengebrochene Versorgung der Bevölkerung mit Lebensmitteln. Für den Antransport sorgen Militär-Lastwagen

In den sowjetischen Kommandanturen holen sich viele Einwohner Rat und oft Hilfe. Hier wird eine vertrauensvolle Zusammenarbeit begründet, die das System der Militärverwaltung überdauern soll

Der sowjetische Stadtkommandant Bersarin (links) unterstützt die Bevölkerung tatkräftig bei der Normalisierung des Lebens. Neben ihm Dr. Werner, Oberbürgermeister des neugebildeten Magistrats

Von Anfang an beruht die politische Arbeit der Kommunisten auf dem im antifaschistischen Kampf erprobten Prinzip, das sie im Juni 1945 verkünden: Schluß mit der Spaltung des schaffenden Volkes!

Erste Befehle der sowjetischen Militäradministration sichern das neue Leben. Das in vier Besatzungszonen aufgeteilte Deutschland untersteht Militärregierungen, als Ganzes dem alliierten Kontrollrat

Demokratische Freiheiten verkündet die erste Nummer der neuen «Berliner Zeitung». Noch Anfang Juni 1945 werden vier Parteien (KPD, SPD, LDP und CDU) sowie freie Gewerkschaften zugelassen

Aufgerufen, künftig das Schicksal in eigene Hände zu nehmen, geht die Bevölkerung im Osten Deutschlands mit sichtbar wachsendem Selbstvertrauen daran, die Trümmer des faschistischen Krieges zu beseitigen und sich zum erstenmal in der deutschen Geschichte ein echtes Vaterland zu geben. Mag das zunächst nur «Aktivisten der ersten Stunde» bewußt sein – es ist dies beginnende Zukunft

NORWEGEN
Oslo
SCHWEDEN
FINNLAND
Leningrad
Wolchow
NORDSEE
IRLAND
Dublin
GROSS-
BRITANNIEN
London
DÄNEMARK
Kopenhagen
OSTSEE
West Dwina
Witebsk
Königsberg
Danzig
Vilnius
Minsk
Bobruisk
Gomel
NIEDERLANDE
Hamburg
Berlin
BELGIEN
Brüssel
Ruhrgebiet
Poznań
Wisla
Warschau
Brest
Falaise
Seine
Paris
Lux.
Rhein
Elbe
Oder
Breslau
POLEN
Bug
Dnepr
Kiew
Nantes
Loire
Frankfurt
Prag
Krakau
Lwow
Brody
FRANKREICH
Donau
München
TSCHECHO
SLOWAKEI
Korsun
Rhône
SCHWEIZ
ÖSTERREICH
Wien
Theiß
Budapest
Dnestr
Kriwoi Rog
Mailand
UNGARN
Iași
Po
Bologna
SPANIEN
RUMÄNIEN
Florenz
JUGOSLAWIEN
ITALIEN
Belgrad
Bukarest
Donau
Korsika
Rom
Cassino
Anzio
Sofia
SCHWARZES
BULGARIEN
Sardinien
Neapel
ALBANIEN
Salerno
MITTELMEER
GRIECHENLAND
TÜRKEI
Palermo
Sizilien
Athen
Staatsgrenzen 1937
Staatsgrenze der UdSSR am 22.6.1941
Deutschland
faschistisch besetzte Gebiete
Basis der Anti-Hitler-Koalition
neutrale Staaten
Landung der Westalliierten
Vernichtung einer größeren faschistischen Gruppierung
Operationen von Volksbefreiungsarmeen
Volksaufstände

Der Zweifronten-Krieg

Die neue Gefahr

Hitlers OKW-Weisung Nr. 51 vom 3. November 1943 (Auszug)

Der harte und verlustreiche Kampf der letzten zweieinhalb Jahre gegen den Bolschewismus hat die Masse unserer militärischen Kräfte und Anstrengungen aufs Äußerste beansprucht. Dies entsprach der Größe der Gefahr und der Gesamtlage. Diese hat sich inzwischen geändert. Die Gefahr im Osten ist geblieben, aber eine größere im Westen zeichnet sich ab: die angelsächsische Landung! Im Osten läßt die Größe des Raumes äußersten Falles einen Bodenverlust auch größeren Ausmaßes zu, ohne den deutschen Lebensnerv tödlich zu treffen.
Anders der Westen! Gelingt dem Feind hier ein Einbruch in unsere Verteidigung in breiter Front, so sind die Folgen in kurzer Zeit unabsehbar. Alle Anzeichen sprechen dafür, daß der Feind spätestens im Frühjahr, vielleicht aber schon früher, zum Angriff gegen die Westfront Europas antreten wird.
Ich kann es daher nicht mehr verantworten, daß der Westen zugunsten anderer Kriegsschauplätze weiter geschwächt wird. Ich habe mich daher entschlossen, seine Abwehrkraft zu verstärken, insbesondere dort, von wo aus wir den Fernkampf gegen England beginnen werden. Denn dort muß und wird der Feind angreifen, dort wird – wenn nicht alles täuscht – die entscheidende Landungsschlacht geschlagen werden.

Aushöhlung der Defensiv-Konzeption

Der Chef des Wehrmachtführungsstabes, Jodl, am 13. April 1944 in einem den Heeresgruppen und Armeen übermittelten «Strategischen Überblick» (Auszug)

Es ist eine scheinbar richtige und doch trügerische Statistik, daß 53% des Heeres im Osten für die Existenz des deutschen Volkes kämpfen, während 47% im übrigen Europa untätig auf eine Invasion warten, die nicht kommt ...
VI. Zusammenfassend ergibt sich, daß die bei weitem überwiegende Masse des deutschen Heeres sowohl nach Zahl der Verbände wie nach ihrem inneren Wert im Osten eingesetzt ist.
Auf allen übrigen Fronten ist nur ein Mindestmaß der Kräfte vorhanden, teilweise das Mindestmaß sogar unterschritten. Ein großer Teil der auf diesen Kriegsschauplätzen eingesetzten Verbände ist für den Osten überhaupt nicht brauchbar.
Abgaben an den Osten wurden in ununterbrochener Folge bis in die letzte Zeit hinein vorgenommen, meist ohne daß die dafür im Austausch und zur Wiederauffrischung vorgesehenen Verbände aus dem Osten zugeführt werden konnten. Die Abgaben betrafen meistens neu aufgestellte, bestausgerüstete Verbände, die eben erst fertig geworden waren. Vielfach wurden damit in der Gruppierung der Kräfte Lücken aufgerissen, die bis heute nicht wieder geschlossen werden konnten.

Fatalistische Ergebenheit

Geheimbericht des SD (grüne Serie) vom 20. April 1944 (Auszug)

Die Meldungen vom Süden der Ostfront und insbesondere von der Krim haben die Bevölkerung sehr stark aufgeschreckt und zum Teil in eine Art «Stalingradstimmung» versetzt. Ein neues Unglück für unsere Ostarmee kündige sich an ... Viele Volksgenossen zeigten sich allmählich müde unter dem ständigen Druck, durch das Bangen um die Entwicklung im Osten und die immer wieder enttäuschte Hoffnung «auf ein erlösendes Wunder». Vor allem sind die Frauen in großer Sorge um das Schicksal ihrer Angehörigen an der Front. Allgemein habe man den Krieg «bis obenhin satt». Der Wunsch nach einer baldigen Beendigung sei überall sehr groß. Selbstverständlich soll der Kriegsausgang ein für uns günstiger sein. Gerade davon aber könne man sich überhaupt keine Vorstellung mehr machen.
Große Teile der städtischen Bevölkerung haben es aufgegeben, sich ein festes Bild zu machen. Man lasse sich treiben und sage das nach, was man von anderen hört. Sei es, daß «schwarzgemalt» wird, oder sei es, daß einer etwas Hoffnungsvolles findet. Ein Teil rutsche in eine «fatalistische Ergebenheit» in das Schicksal hinein.

Schnell Schluß machen!

Flugblatt der Leipziger Partei- und Widerstandsorganisation vom Mai 1944 (Auszug)

Was sollt ihr tun? In jedem Betrieb die 72-Stunden-Woche ablehnen! Arbeitet langsamer! Brandmarkt die faschistischen Antreiber! Meldet euch krank! Werdet ihr durch den Vertrauensarzt gesund geschrieben, so meldet euch erneut krank oder bleibt der Arbeit fern! Die Frauen im Betrieb müssen nicht nur auf ihrem freien Wirtschaftstag bestehen, sondern noch mehrere Tage frei verlangen. Treibt Sabotage an Maschinen und Werkzeugen! Übt passive Resistenz in jeder Form! Tut alles, was dem Krieg schadet und ihn schnell beendet. Schreibt euren Angehörigen ins Feld, sie sollen Schluß machen, sie sollen sich in Gefangenschaft begeben! Beseitigt endlich die Furcht vor den Nazis! Wenn wir uns zusammenschließen, dann ist dieser nazistische Spuk bald hinweggefegt und die Welt von dem größten Übel aller Zeiten befreit. Zeigt der Welt, daß das deutsche Volk mit den Naziverbrechern nichts gemein hat! Beweist, daß wir in der Lage sind, ein freies, demokratisches Deutschland aufzubauen! Nieder mit der 72-Stunden-Woche! Gegen den totalen Krieg! Für den totalen Frieden!

Das Diktat der Monopole

Rede Minister Speers vor Industriellen am 9. Juni 1944 (Auszug)

Jetzt wird in 21 Hauptausschüssen, die die Endfertigung der Rüstung zu verantworten haben, und in 12 Ringen, die die hierzu notwendigen Zulieferungen gewährleisten müssen, die gesamte wichtigste Rüstungs- und Kriegsproduktion gesteuert. Neben den Hauptausschüssen und Ringen sind für die Entwicklung der Waffen eigene Gremien gebildet, in denen sich die Konstrukteure der Firmen und die Vertreter der Wehrmachtteile, die die militärischen Forderungen zu stellen haben, gleichberechtigt gegenübersitzen. Den Vorsitz dieser «Kommissionen» haben in der Regel beste Konstrukteure aus der Industrie. Ihnen ist die letzte Entscheidung über die Entwicklung der Waffen in die Hand gegeben ... Diese einmalige Organisation der Selbstverantwortung der Industrie setzt sich heute aus etwa 6000 ehrenamtlichen, von den Betrieben zur Verfügung gestellten Technikern und Ingenieuren zusammen ... Durch die industrielle Selbstverantwortung wird die fachliche Lenkung bis in die kleinsten Gliederungen der Industriefertigungen durchgeführt. Zu ihren Hauptaufgaben gehören neben der Belegung der Werke mit Aufträgen weiter die Typenbeschränkung, die Spezialisierung der Werke und damit unter Umständen die Stillegung von ganzen Fertigungen und von Betrieben, die Rationalisierung in rohstoffmäßiger, konstruktiver und fertigungstechnischer Hinsicht und der bedingungslose Erfahrungsaustausch ohne Rücksicht auf Schutzrechte.

Die Opfer des deutschen Feldheeres
(vom 1. September 1939 bis zum 20. April 1945)
*Bericht des Heeresamtes im OKH vom 26. April 1945**

Gefallene insgesamt	1 211 222
im Osten	1 005 413
beim Gebirgs-AOK 20 (Finnland)	16 395
im Westen	109 046
im Bereich OB Südwest (Italien)	48 750
im Bereich OB Südost	22 370
Verwundete insgesamt	4 708 977
im Osten	3 992 062
beim Gebirgs-AOK 20	60 515
im Westen	382 776
im Bereich OB Südwest	174 734
im Bereich OB Südost	70 064
Vermißte insgesamt	2 394 751
im Osten	1 369 174
beim Gebirgs-AOK 20	6 852
im Westen	772 460
im Bereich OB Südwest	215 525
im Bereich OB Südost	24 620

* *Additionsfehler übernommen*

Jetzt Geheimwaffe?
Geheimbericht des SD (grüne Serie) vom 8. Juni 1944 (Auszug)

Der Eintritt der Invasion wird allgemein als Erlösung aus einer unerträglichen Spannung und drückenden Ungewißheit empfunden. Sie bildet fast den einzigen Gesprächsgegenstand. Alles andere tritt demgegenüber völlig zurück.
Die Nachricht vom Beginn der Invasion wurde teilweise mit großer Begeisterung aufgenommen. Sie kam für die vielen, die wegen des langen Ausbleibens schon nicht mehr daran geglaubt hatten, ganz überraschend. Die Stimmung hat sich mit einem Schlage gewandelt und ist hinsichtlich des Kommenden zwar ernst, aber sehr ruhig und zuversichtlich. Die Meldungen über den Verlauf der Kämpfe am Atlantik werden mit größter Spannung verfolgt.
Die Erörterungen um die Invasion drehen sich in der Hauptsache um folgende Fragen: Bringt die Invasion die sehnlichst erwartete Entscheidung? Wird sie ein dauerhaftes Nachlassen der Luftangriffe auf das Reichsgebiet zur Folge haben? Kommt mit der Invasion endlich auch die Vergeltung? Wird unsere «Geheimwaffe» jetzt eingesetzt?

Überraschung bei Mitte
Aufzeichnung des Kriegstagebuchführers der Heeresgruppe Mitte (Auszug)

Eine Überraschung bedeutete dagegen das neue russ. Angriffsverfahren und seine taktische Durchschlagskraft. Offenbar hatte sich der Feind auf Grund der Erfahrungen der Winterschlachten rasch umgestellt. Das Angriffsverfahren war gekennzeichnet durch mehrstündige trommelfeuerartige Artillerievorbereitung und eng und tief massierten Infanterieeinsatz. Nach erfolgtem Einbruch wurde sofort angestrebt, die Lücke durch Aufrollen nach beiden Seiten zu erweitern; hierbei wurden die stehengebliebenen eigenen Widerstandsnester durch einen neuartigen wendigen Artillerieeinsatz ausgeschaltet. Die Panzer wurden während des Infanterieangriffs zurückgehalten und erst nach gelungenem Einbruch massiert zum Durchbruch in die Tiefe angesetzt. Weitgesteckte operative Ziele und die Koppelung mit mech. und Kav.-Verbänden zeigten das Vorbild der deutschen Panzertaktik. Nach englisch-amerikanischem Beispiel setzte der Feind seine große Luftüberlegenheit ein, um durch massierte Schlachtfliegerangriffe die deutsche Artillerie, das Rückgrat der Verteidigung bei der schwachen infanteristischen Gefechtskraft, mit Angriffsbeginn völlig niederzuhalten und auch die Bewegungen auf dem Gefechtsfelde zu unterbinden. Zahlreiche Jäger verhinderten außerdem der deutschen Luftaufklärung den Einblick in die Tiefe des feindlichen Raumes. Die Frage, ob gegenüber dieser Angriffstaktik, deren Durchschlagskraft sich besonders durch die Ausschaltung der eigenen Artillerie vom ersten Tage an zeigte, eine andere Form der Abwehr (Freimachen der vorderen Gräben vor Angriffsbeginn, größere Staffelung der Verteidigung in die Tiefe u.a.m.) größere Erfolgsaussichten gehabt hätte, läßt sich schwer beantworten.

Endlich totalen Krieg führen
Kehrl, Leiter des Planungsamtes beim Generalbevollmächtigten für die Rüstung, am 10. Juli 1944 an Minister Speer (Auszug)

1. Die hohen Verluste des gegenwärtigen Dreifrontenkrieges werden kurzfristig zu starken Einziehungen zwingen.
2. Die Beibringung von ausländischen Arbeitskräften in nennenswertem Umfang wird auch in Zukunft nicht möglich sein.
3. Die Produktionsprogramme müssen trotzdem innegehalten werden.
Die von Ihnen angeordneten Maßnahmen zur Mobilisierung von Leistungsreserven in der Rüstungswirtschaft können, wenn sie konsequent, schnell und radikal durchgeführt werden, eine starke Erleichterung bringen. Sie können aber günstigenfalls die ansteigende Produktion sichern, nicht aber die bedeutenden Löcher stopfen, die in wenigen Monaten durch starke Einziehungen geschaffen werden. Der Beginn der Invasion und die Lage an der Ostfront lassen es als zwingend notwendig erscheinen, nun endlich den totalen Krieg wirklich durchzuführen.

Täglich zunehmende Sorge
Geheimbericht des SD vom 13. Juli 1944 (Auszug)

Die schweren Kämpfe an allen Fronten sind für die gesamte Bevölkerung Gegenstand einer täglich zunehmenden Sorge. Das unerwartete rasche Vordringen der Sowjets ist erschreckend und beschäftigt die Gemüter mehr als alles andere. Im Augenblick erscheint allen die Ostfront auf Grund ganz akuter Gefahren viel wichtiger als der Westen. Die Unmöglichkeit für jeden einzelnen, die Zusammenhänge zu erkennen und die Frage nach dem Zeitpunkt der immer sehnlicher erwarteten Entscheidung im Westen und einer Wendung im Osten zu beantworten, wirkt so deprimierend, daß nur ein kleiner Teil der Bevölkerung eine unbeirrt zuversichtliche Stimmung bewahrt.

Vor der Krise im Westen
Fernschreiben des Oberbefehlshabers der Heeresgruppe B, Generalfeldmarschall Rommel, an Hitler vom 15. Juli 1944 (Auszug)

Die Lage an der Front der Normandie wird von Tag zu Tag schwieriger, sie nähert sich einer schweren Krise.
Die eigenen Verluste sind bei der Härte der Kämpfe, dem außergewöhnlich starken Materialeinsatz des Gegners, vor allem an Artillerie und Panzern, und bei der Wirkung der den Kampfraum unumschränkt beherrschenden feindlichen Luftwaffe derartig hoch, daß die Kampfkraft der Divisionen rasch absinkt. Ersatz aus der Heimat kommt nur sehr spärlich und erreicht bei der schwierigen Transportlage die Front erst nach Wochen. Rund 97000 Mann an Verlusten (darunter 2360 Offiziere – unter ihnen 28 Generale und 354 Kommandeure) – also durchschnittlich pro Tag 2500–3000 Mann – stehen bis jetzt insgesamt 6000 Mann Ersatz gegenüber. Auch die materiellen Verluste der eingesetzten Truppen sind außerordentlich hoch und konnten bisher in nur geringem Umfang ersetzt werden, z.B. von 225 Panzern bisher nur 17.
Die neuzugeführten Divisionen sind kampfungewohnt und bei der geringen Ausstattung mit Artillerie, panzerbrechenden Waffen und Panzerbekämpfungsmitteln nicht imstande, feindliche Großangriffe nach mehrstündigem Trommelfeuer und starken Bombenangriffen auf die Dauer erfolgreich abzuwehren. Wie die Kämpfe gezeigt haben, wird bei dem feindlichen Materialeinsatz auch die tapferste Truppe Stück für Stück zerschlagen.
Die Nachschubverhältnisse sind durch die Zerstörungen des Bahnnetzes, die starke Gefährdung der Straßen und Wege bis zu 150 Kilometer hinter der Front durch die feindliche Luftwaffe derartig schwierig, daß nur das Allernötigste herangebracht werden kann und vor allem mit Artillerie- und Werfermunition äußerst gespart werden muß.
Neue nennenswerte Kräfte können der Front in der Normandie nicht mehr zugeführt werden. Auf der Feindseite fließen Tag für Tag neue Kräfte und Mengen an Kriegsmaterial der Front zu. Der feindliche Nachschub wird von unserer eigenen Luftwaffe nicht gestört. Der feindliche Druck wird immer stärker.
Unter diesen Umständen muß damit gerechnet werden, daß es dem Feind in absehbarer Zeit – 14 Tage bis drei Wochen – gelingt, die eigene dünne Front, vor allem bei der 7. Armee, zu durchbrechen und in die Weite des französischen Raumes zu stoßen. Die Folgen werden unübersehbar sein.
Die Truppe kämpft allerorts heldenmütig, jedoch der ungleiche Kampf neigt dem Ende entgegen. Ich muß Sie bitten, die Folgerungen aus dieser Lage unverzüglich zu ziehen. Ich fühle mich verpflichtet, als Oberbefehlshaber der Heeresgruppe dies klar auszusprechen.

Die deutschen Flugzeug-Verluste

Einsatzperioden	Verluste*	Monats-Durchschnitt
1. September 1939 bis 21. Juni 1941	11 004	500
22. Juni 1941 bis 30. November 1942	19 792	1 164
1. Dezember 1942 bis 31. Dezember 1943	26 731	2 056
1. Januar 1944 bis 31. Dezember 1944	34 431	2 869
Gesamt-Verluste 1939–1944	91 958; bis Kriegsende etwa 100 000	

* *von Total-Verlusten bis zu Schäden von zehn Prozent*

Die wichtigsten Verluste der Kriegsmarine

Schlachtschiffe	Panzerschiffe	Schwere Kreuzer	Leichte Kreuzer	Zerstörer	U-Boote
4	3	2	6	22	784

Der Rückzug

Trümmerbefehl für Paris

Befehl Hitlers, durch den Nachfolger Rommels als Oberbefehlshaber der Heeresgruppe B, Generalfeldmarschall v. Kluge, am 23. August 1944 an den Pariser Stadtkommandanten, v. Choltitz, übermittelt*

Gemäß Bezug hat der Führer befohlen:
Die Verteidigung des Brückenkopfes Paris ist von entscheidender militärischer und politischer Bedeutung. Sein Verlust reißt die gesamte Küstenfront nördlich der Seine auf und nimmt uns die Basis für den Fernkampf gegen England.
In der Geschichte bedeutete der Verlust von Paris aber auch bisher immer den Fall von ganz Frankreich.
Der Führer wiederholt daher seinen Befehl, daß Paris im Sperrgürtel vorwärts der Stadt verteidigt werden muß, und verweist dazu auf die für Ob. West angekündigten Verstärkungen.
Innerhalb der Stadt muß gegen erste Anzeichen von Aufruhr mit schärfsten Mitteln eingeschritten werden, z. B. Sprengung von Häuserblocks, öffentliche Exekutierung der Rädelsführer, Evakuierung des betroffenen Stadtteils, da hierdurch eine weitere Ausbreitung am besten verhindert wird.
Die Seinebrücken sind zur Sprengung vorzubereiten, Paris darf nicht oder nur als Trümmerfeld in die Hand des Feindes fallen.

* *Rommel war durch Tiefflieger-Angriff verwundet*

Niederlegung Warschaus

Fernspruch des Distriktgouverneurs von Warschau, Fischer, an den Generalgouverneur, H. Frank, vom 11. Oktober 1944 (Auszug)

Obergruppenführer von dem Bach hat den neuen Auftrag erhalten, Warschau zu pazifizieren, d. h. Warschau noch während des Krieges dem Erdboden gleichzumachen, soweit nicht militärische Belange des Festungsbaues entgegenstehen. Vor dem Ab(brech)en sollen aus Warschau alle Rohstoffe, alle Textilien ... geräumt werden. Die Hauptaufgabe fällt der Zivilverwaltung zu.
Ich gebe hiervon Kenntnis, da dieser neue Führerbefehl über die Niederlegung Warschaus für die weitere neue Polenpolitik von größter Bedeutung ist.

Zwangsevakuierung in Nordnorwegen

Generaloberst Jodl, Chef Wehrmachtführungsstab, am 28. Oktober 1944 an das Gebirgs-AOK 20 (Auszug)

Auf Grund der geringen Bereitwilligkeit der nordnorwegischen Bevölkerung zur freiwilligen Evakuierung hat der Führer den Vorschlägen des Reichskommissars für die besetzten norwegischen Gebiete zugestimmt und befohlen, daß die gesamte norwegische Bevölkerung ostwärts des Lyngenfjords im Interesse ihrer eigenen Sicherheit *zwangsweise* zu evakuieren und alle Wohnstätten niederzubrennen bzw. zu zerstören sind.
Ob. Nordfinnland ist dafür verantwortlich, daß der Führerbefehl rücksichtslos durchgeführt wird.

Den Haag sprengen

Tagebuch-Notiz Kerstens, Masseur Himmlers, vom 8. März 1945 über ein Gespräch mit dem Leibarzt Hitlers, Prof. Brandt (Auszug)

Heute vormittag zeigte mir Dr. Brandt einen Geheimbefehl Hitlers, wonach der Reichsführer-SS dafür zu sorgen habe, daß, wenn Holland nicht mehr zu halten wäre, die Festung Clingendael, die Stadt Den Haag mit allen wichtigen Gebäuden und der Abschlußdeich der Zuidersee in die Luft gesprengt würden.

Prag muß brennen

Blitzfernschreiben des Generalleutnants v. Pückler, Befehlshaber der Waffen-SS in Böhmen und Mähren, an den Fliegerverbindungsoffizier bei der HGr. Mitte vom 5. Mai 1945 (Auszug)

Betrifft Einsatz Luftwaffe am 6. Mai 1945 Morgengrauen.
1. Eigene Truppen mit Morgengrauen im Angriff auf Südost- und Südstadtrand aus Richtung Beneschau auf rechtem und aus Richtung Königsaal auf linkem Moldauufer nach Norden.
2. Beachten Hakenkreuze und rote Kreuze auf Gebäuden und Fliegersichtzeichen.
3. Ziele: Ganzer Stadtkern auf ostwärtigem Moldauufer mit Hauptzielpunkt Umgebung Wenzelplatz (ostwärts Schützeninsel, über die eine einzige Brücke führt).
4. Viel Brandbomben, das ganze Nest muß brennen.

Das Reich im Niedergang I

1944

Jan. Verpflichtung von italienischen Staatsbürgern (außer Militär-Internierten) zum Dienst in der Heimat-Flak **10. Febr.** Zwecks Stabilisierung der «inneren Front» vereinbaren Parteikanzlei- und OKW-Vertreter die Wehrmacht-Entlassung auch hauptamtlicher Mitarbeiter von NS-Gliederungen und -Verbänden nach sechs Monaten Einsatz an der Front (bis dahin wurden nur hauptamtliche Mitarbeiter der NSDAP selbst vorzeitig aus der Wehrmacht entlassen) **Anf. März** In der Rüstungs-Industrie läuft das «Programm des Sieges» an; soll den Ausstoß an Waffen und Kriegsgerät bis Jahresende nochmals um achtundfünfzig Prozent steigern **1. März** Errichtung eines «Jäger-Stabs» beim Speer-Ministerium; er hat die vordringliche Instandsetzung/Verlagerung bombengeschädigter Luftrüstungs-Betriebe des neuen Jäger-Programms zu organisieren; Leitung: Speer/Milch; Chef des Stabes: Saur **4. März** Geheim-Erlaß Görings zum Jäger-Stab ordnet für den Ausbau unterirdischer Fertigungsstätten den Einsatz von KZ-Häftlingen an **Mitte März** Speer stellt aus Industriellen und Spezialisten der Rüstungswirtschaft Kommissionen zur Rationalisierung der rückwärtigen Dienste von Wehrmacht und Waffen-SS zusammen; Ziel: die Auskämmung von Soldaten für die Front; gesamte Leitung: Ziegler; Kommissions-Leiter: Pleiger, Röchling, Vögler, Krauch, Seebauer, Roehnert, Achter, Mergell und Jander **26. Mai** Verordnung Himmlers über die Übertragung von Verwaltungs-Aufgaben auf kreisangehörige Gemeinden (durch Bormann angeregte Reform im Interesse einer inneren Stabilisierung) **31. Mai** Bormann ordnet für den Invasions-Fall eine «Mobilisierung aller Kräfte im Heimatkriegsgebiet» durch die NSDAP zur Verstärkung von Wehrmacht und Polizei an **6. Juni** Auf Befehl von Keitel haben sämtliche im Reichsgebiet untergebrachten Dienststellen und Einheiten der Wehrmacht vierzig Prozent der bei ihnen im Einsatz befindlichen Leute zum Dienst in der Heimat-Flak abzustellen **10. Juni** Sauckel erneuert die Meldepflicht für Männer und Frauen «für Aufgaben der Reichsverteidigung» **19. Juni** Erlaß Hitlers über die weitere Konzentration der Rüstung und Kriegsproduktion; beinhaltet eine Schwerpunkt-Bildung bei Entwicklungs-Arbeiten, einen Abänderungs-Stopp für die laufenden Serien, die «Entfeinerung» von Waffen und Gerät sowie eine stärkere Typen-Bereinigung **20. Juni** Göring unterstellt die gesamte Luftrüstung dem Speer-Ministerium **28. Juni** Meldepflicht-Alter für den Arbeits-Einsatz von Frauen wird auf fünfzig Jahre heraufgesetzt (bis dahin fünfundvierzig) **30. Juni** Erste Hydrier-Denkschrift Speers; setzt sich mit Ausmaß und Folgen der zunehmenden Luftangriffe auf die deutschen Treibstoff-Werke auseinander **Jahres Mitte** Die Stärke der Waffen-SS hat sich auf neunhundertzehntausend Mann erhöht (1943: fünfhundertvierzigtausend Mann) **Juli** Absoluter Höhepunkt der deutschen Rüstungs-Produktion ist erreicht (zwanzig Prozent über dem Stand vom März); von nun an sinkt Erzeugung stark ab – Seit dem Beginn des totalen Kriegseinsatzes im Januar 1943 sind über drei Millionen Männer und Frauen für Rüstungs-Wirtschaft und Wehrmacht mobilisiert worden **Anf. Juli** Beginn von intensiven Vorbereitungen für zweite «totale Mobilisierung» unter der Leitung von Goebbels **10. Juli** Kehrl, Leiter des Planungs-Amtes, setzt sich gegenüber Speer dafür ein, «nun endlich den totalen Krieg wirklich durchzuführen»; allein so sei den Folgen absehbarer starker Einziehungen aus dem Kreis der anderthalb Millionen bis dahin uk-gestellten jüngeren Facharbeiter zu begegnen **11. Juli** Bei einer Chef-Besprechung in der Reichskanzlei muß Sauckel sein Scheitern bei der Aushebung von vier Millionen Zwangsarbeitern für das Jahr 1944 eingestehen; deportiert werden konnten bis dahin nur wenige hunderttausend **15. Juli** Die Zahl der uk-gestellten Funktionäre hat sich in der NSDAP, den Gliederungen und angeschlossenen Verbänden auf über dreiundzwanzigtausend erhöht **20. Juli** Speer ernennt zur Rationalisierung der Rüstung und KriegsproduktionKonzentrations-Beauftragte sowie steuernde Arbeitsstäbe **25. Juli** Ein Erlaß Hitlers proklamiert zweite «totale Mobilisierung»; Goebbels zum Reichsbevollmächtigten für totalen Kriegseinsatz ernannt – «Selbstschutz»-Kräfte der Bevölkerung werden Bormann unterstellt **26. Juli** Im Hinblick auf den raschen sowjetischen Vorstoß zur Reichsgrenze Erlaß Speers zur Behandlung der im Osten gelegenen Betriebe; unterscheidet Räumung (Maschinen, Lagerbestände); Lähmung (Ausbau wichtiger Teile) sowie Zerstörung (aller Gebäude und Fertigungs-Anlagen); Entscheidung den Rüstungs-Kommissionen bzw. -Inspekteuren übertragen **28. Juli** Zweite Hydrier-Denkschrift Speers zum Produktions-Abfall bei synthetischen Treibstoffen; auf Grund dieser Lage bildet Speer mit Sondervollmachten ausgestatteten Einsatz-Stab zur Aufrechterhaltung der Treibstoff-Erzeugung; Leiter: Geilenberg **Anf. Aug.** Im Zuge der «totalen Mobilisierung» werden Theater, Konservatorien, Kunst-Akademien und -Hochschulen, Kabaretts und Varietés geschlossen, die meisten Orchester aufgelöst; viele Zeitungen werden zusammengelegt (Umfang auf vier Seiten reduziert) **1. Aug.** Milch zum Stellvertreter des Ministers für Rüstung und Kriegsproduktion ernannt **2. Aug.** Himmler (seit 20. Juli Befehlshaber des Ersatz-Heeres) mit der Auskämmung der Wehrmacht-Dienststellen zum Front-Einsatz beauftragt **10. Aug.** In Strasbourg Geheim-Konferenz von Beauftragten führender Monopole und Vertretern der Ministerien Speers und Funks über ein Programm zur Nachkriegs-Politik; verstärkte Finanz-Transaktionen in das neutrale Ausland und Sicherung der Kriegsbeute beraten; Erfahrungs-Austausch über Kooperation vor allem mit den nordamerikanischen Monopolen; generell stärkere Koordinierung der Maßnahmen zur Erhaltung der Machtgrundlagen des deutschen Imperialismus über das Kriegsende hinaus **14. Aug.** Die Post stellt die Beförderung von Päckchen und Drucksachen ein **16. Aug.** Bormann und Goebbels übertragen den Gauleitern in allen Fragen des Totalen Krieges die endgültige Entscheidungs-Befugnis **Ende Aug.** In der Spielfilm-Produktion fünftausenddreihundert Beschäftigte (über fünfzig Prozent) für den Kriegseinsatz erfaßt **Aug./Dez.** Im Zuge «totalen Kriegseinsatzes» werden mehr als eine Million uk-Stellungen aufgehoben.

Das Reich im Niedergang II: Seite 535

Die künftige Orientierung

Ehe die Ostfront zerbricht

Memorandum des stellvertretenden Leiters des Office of Strategic Services, Brigadegeneral Magruder, an das US State Department vom 17. Mai 1944 (Auszug)*

1. Seit Anfang 1944 sind die Vertreter von OSS in Bern regelmäßig von zwei Abgesandten einer deutschen Gruppe aufgesucht worden, die beabsichtigte, das Naziregime zu stürzen. Der Gruppe gehören Leuschner, sozialistischer Führer und früherer Innenminister von Hessen, Oster, General, früher die rechte Hand von Canaris, nach seiner Entlassung unter Beobachtung gestellt und kürzlich offiziell seiner Funktionen von Keitel enthoben, Goerdeler, ehemaliger Oberbürgermeister von Leipzig, und General Beck an. Die letzten beiden Männer sind den Vertretern von OSS als die Führer der Gruppe bezeichnet worden, in deren Auftrag die beiden Abgesandten die Vorschläge unterbreiteten.
2. Anfang April unterbreiteten die beiden Abgesandten den Vertretern von OSS die Anregung über ein Abkommen zwischen der deutschen Oppositionsgruppe und den westlichen Alliierten. Die Gruppe drückte ihren Willen und ihre Bereitschaft aus zu versuchen, Hitler und die Nazis zu beseitigen ...
Die Gruppe erklärte, daß die deutschen Generale, die nun im Westen kommandierten – besonders Rundstedt und Falkenhausen –, bereit wären, den Widerstand einzustellen und die alliierten Anlandungen zu unterstützen, wenn die Nazis beseitigt wären. Sie nehmen an, daß ähnliche Vereinbarungen für den Empfang alliierter Luftlandekräfte an strategischen Punkten in Deutschland getroffen werden können ...
3. Die Bedingung, unter der die Gruppe bereit ist zu handeln, besteht darin, daß sie direkt und ausschließlich mit den Westmächten nach dem Sturz des Hitlerregimes verhandeln wird. Als Präzedenzfall, um die UdSSR von allen Verhandlungen auszuschalten, beriefen sie sich auf das jüngste Beispiel Finnlands, das nach ihren Worten ganz allein mit Moskau verhandele. Diese Bedingung der Gruppe ergibt sich aus dem konservativen Charakter ihrer Mitglieder und Träger. Dennoch erklärt die Gruppe ihre Bereitschaft, mit allen linken Kräften zusammenzuarbeiten mit Ausnahme der Kommunisten. Im Februar bezeichnete sie Leuschner als akzeptable Führungspersönlichkeit einer Übergangsregierung, vorausgesetzt, daß weder die Militärs noch die Kommunisten während der Übergangsperiode vorherrschen. Die Gruppe fürchtet das politische und ideologische Übergewicht des Bolschewismus in Zentraleuropa mit dem Ersetzen des Nazitotalitarismus durch den Totalitarismus der radikalen Linken, der begleitet ist vom Versinken der Demokratie und der christlichen Kultur ...
5. Im Mai 1944, ungefähr einen Monat nach dem Besuch der Abgesandten bei den Vertretern von OSS, erhielten sie eine mündliche Nachricht von einem Kurier der Oppositionsgruppe. Nun wurden als Mitglieder auch Halder, Zeitzler, Heusinger (Chef der Operationsgruppe bei Zeitzler), Olbricht (Chef des Allgemeinen Heeresamtes), Falkenhausen und Rundstedt genannt. Die Gruppe teilte mit, daß sie bereit wäre, den alliierten Verbänden zu helfen, nach Deutschland einzudringen, wenn die Alliierten zustimmten, daß die Wehrmacht weiterhin die Ostfront hält ...
Von der Oppositionsgruppe wird berichtet, daß sie den Krieg für Deutschland verlorengibt und daß die einzige Chance, ein kommunistisches Deutschland zu verhindern, darin besteht, die Besetzung eines möglichst großen Teiles Europas durch die anglo-amerikanischen Streitkräfte zu erleichtern, bevor die Ostfront zusammenbricht.

* *Amt für strategische Dienste = Militärspionage*

Historische Parallelen

Hitler vor Generälen und Offizieren am 22. Juni 1944 im Platterhof auf dem Obersalzberg (Auszug)

Es werden in diesen kommenden Monaten ungeheure Anforderungen an unsere Widerstandskraft gestellt. Der deutsche Offizier, der deutsche General, aber überhaupt jeder deutsche Führer muß hier vorbildlich an seelischer Kraft seinen Männern voranleuchten. Dann werden sie sich an ihm aufrichten können und werden auch die schwersten Hindernisse nehmen und die schwersten Belastungen überdauern.
Die deutsche Geschichte gibt uns zahllose Beispiele, was die Kraft eines Namens, die Kraft eines Mannes, die Kraft einer Führung vermag ... Die Lage Preußens im Siebenjährigen Kriege war so schlecht wie etwa die Lage Roms nach der Schlacht bei Cannae. Es war die Größe Roms, daß Rom nach dieser katastrophalen Niederlage – Hannibal vor den Toren Roms! – nicht verzagte, sondern im Gegenteil den Kampf erst recht weiterführte, entschlossen, unter keinen Umständen aufzuhören, bis nicht der Friede, und zwar ein positiver Friede, errungen und gesichert war. Es ist nichts anderes, als wenn Friedrich der Große erklärt: Ich will weiterkämpfen, bis es unseren verfluchten Feinden endlich paßt, bis sie bereit sind, mit uns einen Frieden zu schließen.
Genauso ist es auch heute. Wir müssen diesen Kampf weiterführen, bis diese Stunde kommt. Sie kann vielleicht näher sein, als wir alle es ahnen. Es kann plötzlich auch in der anderen Welt die Wende eintreten, die der Mensch nicht vorauszusehen vermag. Was aber auch kommen kann, es ist alles gleichgültig, unter keinen Umständen wird mehr ein 8. oder 9. November 1918 in Deutschland eintreten ... Niemals wird dieser neue Staat kapitulieren, er wird kämpfen bis zum letzten Atemzug.

Hartnäckige Meinung

Geheimbericht des SD vom 2. Juli 1944 (Auszug)

Mit Hartnäckigkeit hält sich die Meinung in der Bevölkerung, im Falle einer deutschen Niederlage würden die Westmächte Deutschland nicht den Russen ausliefern, sondern mit uns gemeinschaftlich gegen diese zu Felde ziehen. Deutschland müsse dazu das Hauptkontingent an Truppen stellen, werde aber für diese Waffenhilfe günstigere Friedensbedingungen erhalten. Diese Kombination brachten erst neuerdings wieder Urlauber aus Griechenland unter der Angabe mit, griechische Emigranten hätten in Ägypten derartige Pläne in englischen Offizierskreisen gehört.

Fahne Europas aufgezogen

Studie des Aufsichtsrats-Vorsitzenden Richard Riedl, Donau-Chemie AG, (eine Tochtergesellschaft der IG Farben), vom Herbst 1944 (Auszug)

Wollen wir Kontinental-Europäer zu Einheit und Zusammenarbeit gelangen, von deren Begründung und Behauptung unsere ganze Zukunft abhängt, so wird zweierlei von uns verlangt: Der Verzicht auf Herrschaftsgelüste eines einzelnen Volkes über die anderen und der Verzicht aller auf schrankenlose Selbständigkeit außerhalb europäischer Ordnung. In diesem Sinne Fahnenträger, nicht Herr Europas zu werden, muß eigener Vorsatz Deutschlands sein, Fahnenträger eines neuen Europa, das seinen Platz und Rang unter den neuen Weltmächten behaupten kann, der ihm nach seiner geschichtlichen Entwicklung und seinen kulturellen und wirtschaftlichen Kräften gebührt ...
Seien wir uns klar darüber: Wir Festlandeuropäer haben nur mehr die Wahl, uns zu koordinieren oder zu subordinieren, uns untereinander zu vertragen und zu einer gesunden Einheit zusammenzuschließen oder uns einer von außen kommenden Fremdherrschaft zu unterwerfen.

I. Der Weg nach Europa

§ 1 Wir haben in dem Kriege, den wir führen, die Fahne Europas aufgezogen und es uns zum Ziel gesetzt, aus der jahrtausendalten Kulturgemeinschaft, welche die Völker unseres Erdteils umschließt, eine Staaten- und Wirtschaftsgemeinschaft erstehen zu lassen, in deren Schutz und auf deren Grundlage unsere kulturelle Gemeinschaft Sicherheit ihres Bestandes und ihrer Zukunft gegen die Gefahren von außen zu finden vermag ...
Was wir wollen und wofür wir kämpfen, ist Freiheit der Entwicklung und Sicherung des Bestandes für uns und für die Staaten des europäischen Festlandes, die in diesem Kampfe unsere Bundesgenossen oder doch, wenn zum Teil auch ungewollt, unsere Schicksalsgenossen sind: Schaffung eines auf den Zusammenschluß freier Nationen begründeten europäischen Großraums, der die Voraussetzungen für seine wirtschaftliche, politische und kulturelle Behauptung inmitten der anderen Mächte in sich trägt und bereit ist, freundwillig mit allen zusammenzuwirken, die gleiche Bereitschaft auch ihrerseits zeigen ...

§ 3 Wenn man von solchen Grundanschauungen ausgeht, tritt beim Aufbau einer europäischen Wirtschaftsgemeinschaft naturgemäß die organische Regelung der Gütererzeugung und des Güteraustausches in den Vordergrund, während die Regelung eines alle umspannenden Geld- und Kreditwesens von untergeordneter Bedeutung ist ...

§ 5 Für uns ist Ziel und Ausgangspunkt jeder weiteren Überlegung der Europäische Großraum, der einem jeden ihm zugehörigen Volke eine ausreichende Lebensgrundlage und soziale Entwicklungsmöglichkeit aller Schaffenden sichert ...

§ 8 Schließlich muß auch noch hervorgehoben werden, daß der Abschluß eines solchen Wirtschaftsbündnisses keineswegs politischer Bedeutung und politischen Wertes entbehrt. Es ist bereits gesagt worden, daß eine Erörterung der politischen Organisation Europas während des Krieges nicht möglich ist und dem Frieden vorbehalten werden muß. Wenn jedoch die Schaffung des europäischen Großraumes, die vom Führer wiederholt als Ziel unserer Politik proklamiert wurde, in Form eines Wirtschaftsbündnisses durchgeführt werden soll, setzt dies allein schon unsere Absicht voraus, den nationalen Bestand der besetzten Gebiete und auch der kleinen Völker in ihrer staatlichen Selbständigkeit nicht anzutasten ...

§ 21 Als gemeinsames Organ der Beratung, Verhandlung und Beschlußfassung in allen Angelegenheiten, die sich auf die Durchführung und Weiterbildung des Bündnisvertrages und der mit ihm zusammenhängenden zweiseitigen Wirtschaftsverträge oder auf den Abschluß wirtschaftlicher Vereinbarungen mit außenstehenden Staaten beziehen, wäre ein ständiger «Europäischer Wirtschaftsrat» ins Leben zu rufen, der aus gehörig bevollmächtigten, Gesandtenrechte genießenden Vertretern der Regierungen aller verbündeten Staaten zu bestehen hätte ...
Gemeinsam können die Völker Europas sich diese Sicherheiten erringen und wahren, einzeln müssen sie in rettungslose Abhängigkeit von den großen Weltmächten, die rings um sie emporwachsen, und damit ihrem Abstiege verfallen.
Aussicht auf Behauptung ihrer bisherigen Selbständigkeit, auf Wahrung ihrer völkischen und staatlichen Individualität und auf eine kulturelle und wirtschaftliche Entwicklung, die von dieser getragen wird, vermag ihnen nur der Zusammenschluß zu einem Europäischen Wirtschaftsbündnis zu bieten. Versagen sie sich ihm, so versinkt Europa mit seiner glücklichen Vielfalt artverwandter, miteinander wetteifernder und sich wechselseitig ergänzender Völker in Abhängigkeit von fremden Mächten, die jeden Augenblick wirtschaftlich und politisch in Vernichtung umschlagen kann.

Sofortprogramm der KPD

Aktionsprogramm der KPD «zur Schaffung eines Blocks der kämpferischen Demokratie» vom Oktober 1944 (Auszug)

1. Sofortige Freilassung aller von den Faschisten eingekerkerten Freiheits- und Friedenskämpfer.
Sofortige Verhaftung und Aburteilung der Nazimörder und Kriegsschuldigen für ihre Verbrechen am eigenen Volke und an den anderen Völkern.
Enteignung ihres Besitztums und Vermögens.
Gründliche Säuberung des gesamten Staatsapparats und der Kommunalverwaltungen von allen faschistischen Elementen.
2. Aufhebung aller faschistischen volksfeindlichen, auf Völker- und Rassenhaß beruhenden Gesetze und aller unser Volk entehrenden Einrichtungen des Hitlerregimes.
Auflösung aller faschistischen Organisationen.
Verbot jeder faschistischen und imperialistischen Propaganda.
Säuberung des gesamten Erziehungs- und Bildungswesens (Schulen, Universitäten, Bibliotheken, Theater, Kino, Literatur, Zeitungen usw.) von dem faschistischen, imperialistischen Unrat und Ungeist. Pflege eines wahrhaft demokratisch-freiheitlichen nationalen Geistes zur Wiederherstellung der Ehre der Nation.
3. Energische Maßnahmen zur Ausrottung aller Wurzeln des barbarischen Faschismus und räuberischen Imperialismus und zur Umerziehung des deutschen Volkes auf freiheitlicher, demokratischer Basis für den Frieden und die Freundschaft mit den anderen Völkern.
Ausrottung der vom Faschismus gezüchteten Korruption und Unmoral.
4. Energische Entfaltung einer wahren Demokratie, die die staatsbürgerliche Freiheit aller Volksangehörigen ohne Unterschied der Herkunft, des Standes, der Rasse und der Religion und eine ständige Erweiterung der Anteilnahme des ganzen Volkes an der inneren Umgestaltung des Landes sichert.
Volle Glaubens- und Gewissensfreiheit. Freiheit der Organisation, der Presse und der Versammlung.
Freiheit der wissenschaftlichen Forschung und Lehre und der schöpferischen, künstlerischen Gestaltung.
Wiederherstellung des freien, gleichen, geheimen und direkten Wahlrechts für alle staatlichen und kommunalen Organe auf Grund des Verhältnis-Wahlsystems.
Schaffung und Entwicklung von Volksorganen zur Kontrolle und Sicherung der Durchführung der beschlossenen Gesetze und Maßnahmen und zur Heranziehung der Volksmassen zur aktiven Teilnahme am Staatsleben.
5. Sofortige Inangriffnahme von Maßnahmen zur Wiedergutmachung der den anderen Völkern besonders dem Sowjetvolke, zugefügten Kriegsschäden unter der Verpflichtung der Anteilnahme aller deutschen Volksangehörigen an der Arbeit zur Wiedergutmachung.
6. Durchführung einer Wirtschaftspolitik, die dem Wiederaufbau Deutschlands und der Herstellung friedlicher Wirtschaftsbeziehungen dient.
7. Sicherung des Wiederaufbaus der Wirtschaft durch Umstellung aller Betriebe auf die Erzeugung der den Bedürfnissen des Volkes dienenden Verbrauchsgüter.
Lenkung und Kontrolle der Wirtschaft durch die Organe des demokratischen Staates im engen Zusammenwirken mit den Betriebsräten und Gewerkschaften.
8. Planmäßiger kommunaler und privater Wohnungsbau mit staatlicher Unterstützung.
Gewährung von billigen staatlichen Krediten an Ausgebombte für Heimstättenbau und Wohnungseinrichtungen.
9. Recht und Pflicht zur Arbeit.
Tarifliche Festlegung der Löhne und Arbeitsbedingungen auf Grund von Vereinbarungen zwischen den Gewerkschaften und Unternehmern und gesetzliche Anerkennung dieser Verträge.
Anerkennung und Sicherung der alten Rechtsansprüche der für den demokratischen Staat zuverlässigen Beamten.
Schaffung weitgehender Möglichkeiten zur Berufsschulung und Umschulung.
10. Sicherung der Volksernährung.
Freiheit der bäuerlichen Wirtschaft und ihre staatliche Förderung.
Gewährung billiger staatlicher Kredite zum Wiederaufbau ihrer Wirtschaft.
Demokratische Bodenreform zugunsten der landarmen Bauern und der Landarbeiter.
Wiederherstellung freier bäuerlicher Genossenschaften und Schaffung demokratischer Bauernkammern als öffentlich-rechtliche Berufsvertretung.
11. Wirtschaftsfreiheit des gewerblichen Mittelstandes und Sicherung seiner Existenz.
Gewährung von billigen staatlichen Krediten zur Wiederherstellung ihrer Betriebe.
Staatliche Förderung der gewerblichen Genossenschaften und Berufsverbände.
12. Schutz der Arbeitskraft des schaffenden Volkes.
Ausbau des Arbeitsschutzes und seine unbeschränkte Ausdehnung auf Landarbeiter und Hausangestellte.
Recht auf Erholung für alle Arbeiter und Angestellten bei Fortzahlung der Löhne und Gehälter.
Ausbau des Sozialversicherungswesens (Kranken-, Invaliden- und Altersversorgung) und des öffentlichen Gesundheitsdienstes.
Erweiterung des Schutzes für Mutter und Kind und der Unterstützung kinderreicher Familien.
13. Ausreichende Unterstützung und Fürsorge für Kriegsversehrte und Hinterbliebene.
Schaffung von weitgehenden Umschulungsmöglichkeiten für Kriegsversehrte.
14. Erziehung der Jugend im Geiste der wahren nationalen Ehre und des allgemeinen menschlichen Fortschritts, für das brüderliche, friedliche Zusammenleben der Nationen.

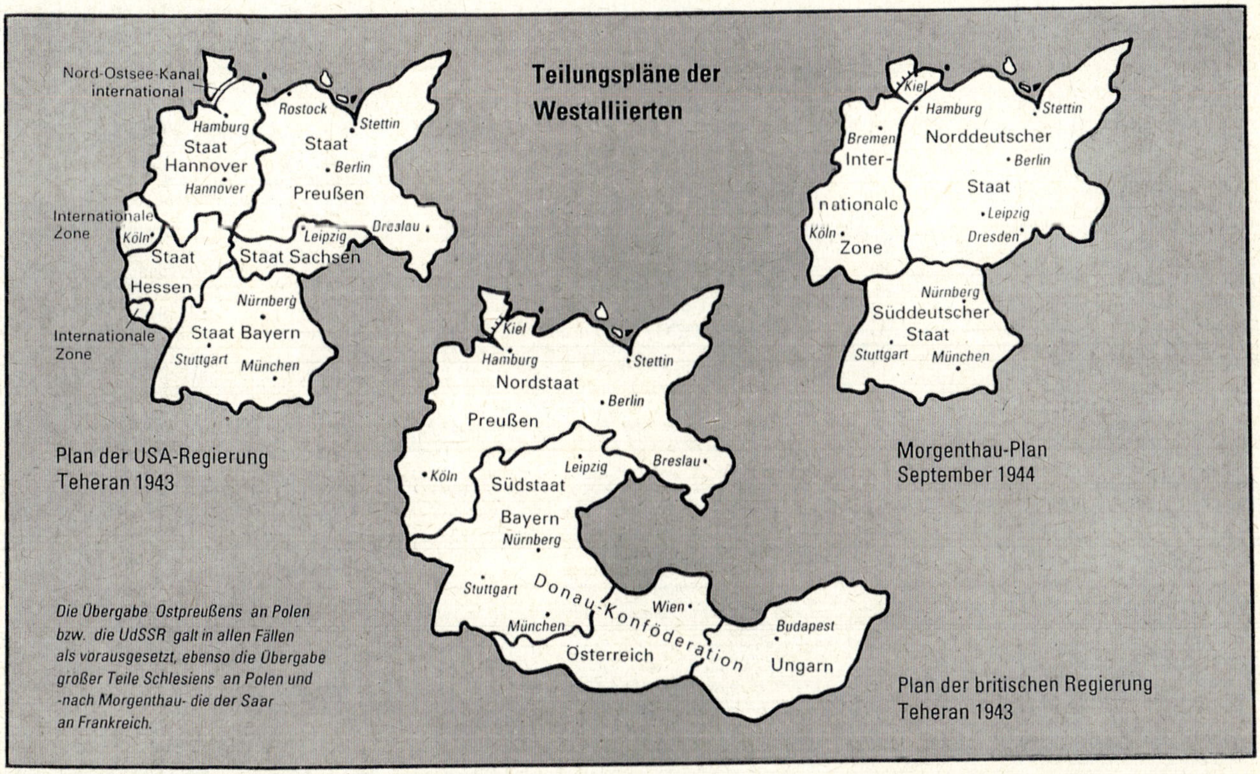

Staatliche Förderung der Begabten und der allgemeinen Bildungs- und Aufstiegsmöglichkeiten der Jugend. Gewährung von Freistellen an den Höheren Schulen und Universitäten.
Gründliche Berufsausbildung unter staatlicher Beihilfe.
Verbot der Erwerbsarbeit für Kinder und energischer Schutz der Jungarbeiter.
Kräftiger Ausbau der Jugend-Gesundheitspflege und des Jugendsports.

Konzern-Strategie

Agentenbericht an das US State Department vom 7. November 1944 (Auszug)

1. Ein Treffen der wichtigsten deutschen Industriellen, die in Frankreich Interessen haben, fand am 10. August 1944 im Hotel Rotes Haus in Strasbourg (Frankreich) statt. Anwesend waren unter anderem:
Dr. Scheid, der den Vorsitz führte, SS-Obergruppenführer und Direktor der Hese (Hermansdorff & Schenburg Gesellschaft),
Dr. Kaspar, der Krupp vertrat,
Dr. Tolle, der Röchling vertrat,
Dr. Sinceren, der Messerschmitt vertrat,
Dr. Kopp, Vier und Beerwanger, die Rheinmetall vertraten,
Hauptmann Haberkorn und Dr. Rube, die Büssing vertraten,
Dr. Ellenmayer und Kandos, die die Volkswagenwerke vertraten,
die Ingenieure Drose, Yanshew und Koppsheim, die verschiedene Fabriken in Posen (Polen) vertraten (Drose, Yanshew & Co., Brown-Boveri, Herkuleswerke, Boschwerke und Stadtwerke),
Hauptmann Dornbusch, Leiter der Rüstungsinspektion Posen,
Dr. Meyer, Vertreter der deutschen Seekriegsleitung in Paris,
Dr. Strassner, Vertreter des Reichsministeriums für Rüstung und Kriegsproduktion in Paris.
2. Dr. Scheid stellte fest, daß das gesamte Industriematerial sofort nach Deutschland verlagert werden müsse. Die Schlacht um Frankreich sei für Deutschland verlorengegangen. Die Verteidigung des Westwalles sei jetzt das Hauptproblem. Von nun an müsse die deutsche Industrie erkennen, daß der Krieg nicht mehr gewonnen werden könne und daß Schritte für die Vorbereitung einer Nachkriegskampagne unternommen werden müssen. Jeder Industrielle müsse Kontakte und Verbindungen zu ausländischen Firmen aufnehmen, doch müsse das individuell geschehen, ohne Verdacht zu erregen. Außerdem müsse der Boden finanziell vorbereitet werden, um nach dem Kriege beträchtliche Summen aus dem Ausland zu entleihen. Als Beispiele für die Art der Durchdringung, die sich in der Vergangenheit als sehr nützlich erwiesen hat, wertete Dr. Scheid die Tatsache, daß Patente für nichtrostenden Stahl gemeinsam der Chemical Foundation Inc., New York, und dem deutschen Kruppkonzern gehören, daß die United States Steel Corp., Carnegie Illinois, American Steel & Wire, National Tube usw. dadurch verpflichtet wären, mit dem Kruppkonzern zusammenzuarbeiten. Er erwähnte auch Zeiß, Leica und die Hamburg-Amerika-Linie als Firmen, die besonders wirksam deutsche Interessen im Ausland vertreten hätten, und gab ihre New-Yorker Adressen den in der Sitzung anwesenden Industriellen.
3. Nach dieser Sitzung fand eine zweite statt, die von Dr. Bosse vom Reichsministerium für Rüstung und Kriegsproduktion geleitet wurde und an der nur Vertreter von Heco, Krupp und Röchling teilnahmen. In der zweiten Sitzung wurde festgestellt, daß der Krieg praktisch verloren sei, aber daß er fortgesetzt werden solle, bis eine Garantie der Einheit Deutschlands erlangt werde. Deutschlands Industrielle, so wurde gesagt, müßten durch ihre Exporte die Stärke Deutschlands vergrößern. Sie müßten sich ebenfalls darauf vorbereiten, die Nazipartei zu finanzieren, wenn sie in Gebirgsverteidigungsstellungen gehen müsse. Von nun an werde die Regierung den Industriellen große Summen zuweisen, so daß jeder sich eine sichere Nachkriegsbasis im Ausland schaffen könne. Die bestehenden Finanzreserven im Ausland müßten zur Verfügung der Partei gehalten werden, so daß ein starkes deutsches Reich nach der Niederlage geschaffen werden könne. Es ist ebenfalls dringend erforderlich, daß die großen Werke in Deutschland kleine technische Dienststellen und Büros aufbauen, die völlig unabhängig erscheinen und in keiner ersichtlichen Beziehung zum Werk stehen. Diese Büros werden Pläne und Pausen von neuen Waffen erhalten, ebenfalls alle Unterlagen, die sie benötigen, um ihre Forschungen fortzusetzen. Sie dürfen dem Feind auf keinen Fall in die Hände fallen. Die Büros sind in großen Städten zu errichten, wo sie leicht verborgen werden können, oder in kleinen Städten in der Nähe von Elektrizitätswerken, wo sie vorgeben können, sie beschäftigten sich mit der Ausnutzung von Wasserenergien. Die Existenz dieser Büros ist nur einem ganz kleinen Kreis von Industriellen und den Führern der Nazipartei bekannt. Jedes Büro hat einen Verbindungsmann zur Partei. Sobald die Partei stark genug ist, die Macht in Deutschland wieder zu übernehmen, würden die Industriellen für ihre Anstrengungen und Zusammenarbeit durch Konzessionen und Vorrechte bezahlt werden.
4. Die Sitzungen scheinen anzudeuten, daß das Verbot, Kapital zu exportieren, das bisher strikt befolgt worden war, nun völlig zurückgezogen worden ist und an seine Stelle eine neue Nazipolitik getreten ist, die die Industriellen mit Regierungsunterstützung soviel Kapital als möglich ins Ausland exportieren läßt. Bisher wurde Kapital deutscher Industrieller ins neutrale Ausland heimlich und durch besondere Beziehungen exportiert. Nun stellt sich die Nazipartei hinter die Industriellen und drängt sie, damit sie sich selbst retten, ihr Kapital im Ausland anzulegen, womit die Partei gleichzeitig ihre Pläne für ihre Nachkriegsoperationen fördert. Die Freiheit, die den Industriellen gegeben worden ist, zementiert ihre Beziehungen zur Partei weiter, indem sie ihr eine Art Schutz gewährt.
5. Die deutschen Industriellen kaufen sich nicht nur in die deutsche Landwirtschaft ein, sondern legen ihr Kapital auch im Ausland an, besonders in neutralen Ländern. Zwei Hauptbanken, über die der Kapitalexport abgewickelt wird, sind die Baseler Handelsbank und die Schweizerische Kreditanstalt in Zürich. Daneben gibt es eine Reihe Schweizer Firmen, die für eine fünfprozentige Provision Eigentum in der Schweiz aufkaufen unter schweizerischem Deckmantel.
6. Nach der Niederlage Deutschlands rechnet die Nazipartei damit, daß ihre bekanntesten Führer als Kriegsverbrecher verurteilt werden. Dennoch bringt sie eine Reihe weniger bekannter, aber sehr wichtiger Mitglieder in Zusammenarbeit mit den Industriellen als technische Spezialisten oder als Angehörige von Forschungs- und Entwicklungsbüros in verschiedenen Fabriken Deutschlands unter.

Es ist unser unbeugsamer Wille ...

Offizieller Bericht über die Krim-Konferenz der «Großen Drei» vom 11. Februar 1945 (Auszug)

Es ist unser unbeugsamer Wille, den deutschen Militarismus und Nationalsozialismus zu zerstören und dafür Sorge zu tragen, daß Deutschland nie wieder imstande ist, den Weltfrieden zu stören. Wir sind entschlossen, alle deutschen Streitkräfte zu entwaffnen und aufzulösen; den deutschen Generalstab, der wiederholt die Wiederaufrichtung des deutschen Militarismus zuwege gebracht hat, für alle Zeiten zu zerschlagen; sämtliche deutschen militärischen Einrichtungen zu entfernen oder zu zerstören; die gesamte deutsche Industrie, die für militärische Produktion benutzt werden könnte, zu beseitigen oder unter Kontrolle zu stellen; alle Kriegsverbrecher vor Gericht zu bringen und einer schnellen Bestrafung zuzuführen sowie eine in gleichem Umfang erfolgende Wiedergutmachung der von den Deutschen verursachten Zerstörungen zu bewirken; die Nationalsozialistische Partei, die nationalsozialistischen Gesetze, Organisationen und Einrichtungen zu beseitigen, alle nationalsozialistischen und militärischen Einflüsse aus den öffentlichen Dienststellen sowie dem kulturellen und wirtschaftlichen Leben des deutschen Volkes auszuschalten und in Übereinstimmung miteinander solche Maßnahmen in Deutschland zu ergreifen, die für den zukünftigen Frieden und die Sicherheit der Welt notwendig sind.
Es ist nicht unsere Absicht, das deutsche Volk zu vernichten, aber nur dann, wenn der Nationalsozialismus und Militarismus ausgerottet sind, wird für die Deutschen Hoffnung auf ein würdiges Leben und einen Platz in der Völkergemeinschaft bestehen.

Materielle Verluste einiger Staaten durch den zweiten Weltkrieg

*Insgesamt 260 Mrd. Dollar; pro Kopf 487 Dollar**

Land	Verluste	pro Kopf*
UdSSR	128 Mrd.	663
Deutschland	48 Mrd.	703
Frankreich	21,1 Mrd.	503
Polen	16,9 Mrd.	528
Jugoslawien	9,1 Mrd.	582
Großbritannien	6,8 Mrd.	14
Niederlande	4,4 Mrd.	496
ČSR	4,2 Mrd.	286
Griechenland	2,5 Mrd.	353
Belgien	2,3 Mrd.	271

* *bezogen auf die jeweilige Vorkriegsbevölkerung*

Ausgaben der kriegführenden Staaten für militärische Zwecke im zweiten Weltkrieg 1 117 Mrd. Dollar, also pro Kopf der Vorkriegsbevölkerung 1 390 Dollar

Menschenverluste im zweiten Weltkrieg

Etwa 50 Millionen Tote, 35 Millionen Versehrte und 20 Millionen Verwaiste insgesamt

Darunter	Tote	Prozent*
UdSSR	20 000 000	10,4
China	10 000 000	2,0
Polen	6 028 000	17,2
Deutschland	6 000 000	8,8
Japan	2 000 000	2,7
Jugoslawien	1 706 000	10,9
Frankreich	653 000	1,6
Griechenland	520 000	7,2
USA	503 000	0,4
Österreich	485 000	7,2
Rumänien	460 000	3,4
Ungarn	420 000	3,0
Italien	410 000	0,9
ČSR	400 000	2,7
Großbritannien	388 000	0,8
Niederlande	210 000	2,3
Belgien	88 000	1,0
Finnland	84 000	2,2
Kanada	34 000	0,3
Albanien	28 000	2,5
Indien	24 000	0,01
Australien	12 000	0,2
Norwegen	10 262	0,3
Neuseeland	10 000	0,6
Luxemburg	5 000	1,7

* *bezogen auf die jeweilige Vorkriegsbevölkerung*

Das Reich im Niedergang II

1944

Sept. Angesichts des Vorstoßes der verbündeten Streitkräfte an die deutschen Reichsgrenzen neuer Befehl Bormanns zur Reichsverteidigung – Die Treibstoff-Erzeugung sinkt unter konzentrierten Luftangriffen auf zehntausend Tonnen/Monat ab; die Luftwaffe und z.T. selbst Panzertruppen trotz gesteigerten Umfangs nicht einzusetzen **6. Sept.** Hitler befiehlt Vorbereitung des «Volkssturms» **7. Sept.** Die «Normal-Arbeitswoche» auf sechzig Stunden festgelegt **19. Sept.** Speer begrenzt die Anordnung zur Räumung bzw. Zerstörung von Industrie-Anlagen in Westdeutschland auf eine (leicht zu behebende) Lähmung **20. Sept.** Erlaß der ersten von zweiundvierzig bis zum Februar ergehenden Anordnungen Kaltenbrunners über verschärften Terror gegen Antifaschisten sowie Kriegsmüde **25. Sept.** Erlaß Hitlers und des Drei-Männer-Kollegiums zum Volkssturm; Einberufung aller Waffenfähigen von sechzehn bis sechzig Jahren; Zusammenfassung in schwach bewaffneten Bataillonen; Oberste Leitung: Bormann/Himmler **12. Okt.** Anordnung Himmlers über das Verhalten der Behörden bei Feind-Besetzung; Einrichtung eines «Ordnungs-Dienstes»; mögliche Funktionen und Ämter sollen mit unbelasteten Gefolgsleuten des NS-Regimes besetzt werden **20. Okt.** Erlaß zum Volkssturm wird veröffentlicht **Ende Okt.** Seit August hat das Heer nach Meldung des OKH eine Million hundertneunundachtzigtausend Mann an Toten, Vermißten (inclusive Gefangenen) und Verwundeten verloren; gleichzeitig erhielt es an Ersatz zweihundertneunundachtzigtausend Mann **2. Nov.** Anordnung Bormanns zur Instandsetzung der Verkehrsanlagen der Reichsbahn sowie der Wasserstraßen durch den Einsatz der Bevölkerung **29. Nov.** Goebbels/Bormann/Keitel verordnen die Bildung eines Wehrmacht-Helferinnen-Korps zur Freistellung von Soldaten für die Front (bisher rund dreihunderttausend Frauen und Mädchen als Nachrichten- und Stabs-Helferinnen tätig; nun bis Mitte Januar weitere einhundertfünfzigtausend ab achtzehn Jahren einberufen) **Ende Nov.** Ausstoß der Rüstungs-Industrie sinkt unter den Stand vom März ab **6. Dez.** Vögler wird General- (Rüstungs-) Bevollmächtigter für gesamtes Rhein-Ruhr-Gebiet

1945

5. Jan. Aufruf zum «Volks-Opfer»: Sammlung von Kleidung für Volkssturm und Wehrmacht **14. Jan.** OKW droht allen Überläufern mit «Sippenhaft» **23. Jan.** Die Post stellt auch die Brief-Beförderung außerhalb von Ortschaften ein – Einstellung des öffentlichen Schnell- und Eilzug-Verkehrs **26. Jan.** Verordnung zur Front-Hilfe; Androhung härtester Strafen für die Behinderung der Auskämmung Kampftauglicher **28. Jan.** Bormann/Speer/Sauckel regeln in einem Geheim-Erlaß den Einsatz von nicht mehr voll zu beschäftigenden Arbeitskräften **29. Jan.** Himmler stellt allen aus feindbedrohten Gebieten fliehenden Leitern von militärischen und zivilen Dienststellen die Todesstrafe in Aussicht **30. Jan.** Letzte Rundfunk-Rede Hitlers – OKW teilt das Land in einer Begriffs-Bestimmung ein in «Festungen» (mit ständigen Anlagen, auch aus früheren Jahrhunderten), Verteidigungs-Bereiche (Bereiche oder nur Ortschaften von militärischer Bedeutung ohne einen ständigen Ausbau) sowie Ortsstützpunkte; erstere haben sich einschließen zu lassen, und die letzteren sind «zäh verteidigte Stützpunkte in der Tiefe des Gefechtsgebietes» – Uraufführung des Durchhalte-Films «Kolberg» in belagerter Atlantik-Festung La Rochelle **2. Febr.** Staatssekretär Backe kürzt Lebensmittel-Rationen durch Verlängerung der Zuteilungs-Perioden für Februar/März von acht auf neun Wochen um elf Prozent **3. Febr.** Anglo-amerikanische Luftwaffe leitet mit bisher schwerstem Angriff auf Berlin die Vernichtung von Städten und Betrieben im Osten Deutschlands ein (insgesamt werden 1945 noch einmal fünfhunderttausend Tonnen Bomben auf Deutschland abgeworfen) **5. Febr.** Das OKW erweitert die «Sippenhaft» auf Angehörige aller Antifa-Kriegsgefangenen **8. Febr.** Reichsgruppe Industrie berät unter Stellvertreter Stahl über die weitere Bindung der Arbeiter an die Betriebe «als wichtige ‹Ordnungszellen› im Staatsgefüge auch bei zeitweise verminderter Beschäftigungsmöglichkeit» **12. Febr.** Volkssturm-Hilfsdienst für Frauen und Mädchen eingeführt **13./14. Febr.** Mit der Vernichtung Dresdens Höhepunkt des angloamerikanischen Luftkriegs im Osten Deutschlands erreicht **15. Febr.** Thierack ordnet Standgerichte für die feindbedrohten Gebiete an; bis Kriegsende etwa sieben- bis achttausend Exekutionen **17. Febr.** Speer ernennt nach Vögler weitere Industrielle zu seinen Rüstungs-Bevollmächtigten (u.a. Malzacher, Leitner, Kelchner); sollen im Namen Speers die Rüstungs- und Produktionsaufgaben ihres Bezirks in «wirtschaftlicher Selbsthilfe» autark bewältigen **18. Febr.** Gegen die durch die Luftangriffe um sich greifende Transportkrise ein Verkehrs-Stab unter Speer eingesetzt **19. Febr.** Himmler nimmt Kontakt zu Graf Bernadotte (Präsident des schwedischen Roten Kreuzes) auf; Ziel: ein Separatfrieden mit den Westmächten **20. Febr.** Hitler/Jodl/Dönitz erörtern die Kündigung der Genfer Konvention; soll Truppe zum Weitermachen zwingen; wegen Überwiegen der Nachteile verworfen **24. Febr.** Proklamation Hitlers verspricht «noch in diesem Jahr geschichtliche Wende» **26. Febr.** Bormann vermerkt probeweise Aufstellung eines Frauenbataillons; bei Bewährung sollen sofort weitere Frauenbataillone aufgestellt werden – Himmler befiehlt Sonderstandgerichte gegen «Auflösungs-Erscheinungen» **März** Rüstungs-Industrie kann den Munitions-Bedarf nicht mehr decken **2. März** Parteikanzlei ordnet an, Schwerkriegsbeschädigte über siebzig Prozent im allgemeinen nicht zum Volkssturm einzuberufen **5. März** Einberufung des Jahrgangs 1929 (Sechzehnjährige) zur Wehrmacht **6. März** Bormann ordnet den Einsatz der NS-Gau-Funktionäre zur Krisenbekämpfung in frontnahen Gebieten an **8. März** Hitler droht jedem mit der «Sippenhaft», der «in Gefangenschaft gerät, ohne verwundet zu sein oder nachweisbar bis zum Äußersten gekämpft zu haben ...» **9. März** Reymann erläßt als Befehlshaber im Bereich Berlin einen Grundsätzlichen Befehl über die Verteidigung der Reichshauptstadt: sie «wird bis zum letzten Mann und bis zur letzten Patrone verteidigt» **10. März** Bormann verlangt von der gesamten Bevölkerung die Erfassung von Deserteuren, Versprengten und «Drückebergern», die «rücksichtslos ausgemerzt» werden sollen **15. März** Denkschrift Speers kündigt den wirtschaftlichen Zusammenbruch des Reichs für die nächsten vier bis acht Wochen an **19. März** Befehl Hitlers, auch innerhalb des Reichsgebiets bei Rückzug neben militärischen alle «Verkehrs-, Nachrichten-, Industrie- und Versorgungsanlagen sowie Sachwerte» zu zerstören («Nero-Befehl») – Geheim-Beauftragter v. Ribbentrops sondiert in Stockholm die Möglichkeit eines Separatfriedens mit den Westmächten **20. März** Hitler dekoriert im Garten der Reichskanzlei Jugendliche ab zwölf Jahren mit Eisernen Kreuzen **22. März** Schwerin v. Krosigk schlägt Goebbels Kontakte im Westen vor **23. März** Hitler befiehlt sofortigen Ausbau der Berliner Ost-West-Achse als Start- und Landebahn **28. März** Anstelle Guderians wird Krebs mit den Geschäften des Generalstabschefs betraut – Die Lebensmittel-Rationen für April werden nochmals gekürzt; Normalverbraucher erhalten pro Woche siebzehnhundert Gramm Brot, zweihundertfünfzig Gramm Fleisch, je hundertfünfundzwanzig Gramm Fett und Zucker und zweihundertfünfundzwanzig Gramm Nährmittel **30. März** Durchführungs-Erlaß zum «Nero-Befehl»; Speer und Keitel schwächen ihn auf bloße Lähmung ab; soll nicht zuletzt den Monopolen ihre Betriebe erhalten – Das USA-Außenministerium berichtet in seinem Bulletin über geheime Nachkriegspläne der Monopole zur Wiedererrichtung ihrer Macht **2. April** Aufruf für eine NS-Diversions-Organisation in den besetzten deutschen Gebieten verbreitet: «Werwolf» – Über Bernadotte bietet Himmler dem westalliierten OB Eisenhower eine Teilkapitulation an – Bormann verlangt in Aufruf an die Politischen Leiter, daß sie «in ihrem Gau und Kreis siegen oder fallen» **3. April** Befehl Himmlers, aus Häusern mit weißen Fahnen sofort sämtliche Männer zu erschießen («Flaggen-Befehl») **5. April** Das Reichsamt für Volksgesundheit empfiehlt seinen Gauämtern die Propagierung von Ersatz-Lebensmitteln wie Klee und Luzerne, Frösche und Schnecken, Streckung des Brotmehls durch Sägespäne und Baumrinde sowie Vitamin-Versorgung durch Jungtriebe von Kiefern und Fichten **6. April** Goebbels läßt u.a. in Berlin Durchhalte-Plakate anbringen **7. April** Dönitz befiehlt, sämtliche «Verräter aus niedriger Feigheit» mit einem entsprechenden Schild um den Hals aufzuhängen **8. April** Die Parteikanzlei ordnet Zurückziehung von NSDAP-Funktionären aus dem Staatsapparat und ihre Beschränkung auf Partei-Funktionen an (Bürgermeister, Landräte) **12. April** Keitel/Himmler/Bormann befehlen eine Verteidigung aller deutschen Städte «bis zum Äußersten» **14. April** Tagesbefehl Hitlers «an die Soldaten der Ostfront»: «Berlin bleibt deutsch, Wien wird wieder deutsch ...» **15. April** Keitel unterstellt das Personal der Binnenschiffahrt den militärischen Strafvorschriften **16. April** Seit dem Monatsbeginn haben sich im Westen über eine dreiviertel Million Mann nahezu kampflos gefangengegeben **19. April** Goebbels beschwört in einer Rundfunk-Ansprache mit Blick auf die Westmächte erneut die «bolschewistische Gefahr» **20. April** Zu Hitlers sechsundfünfzigstem Geburtstag letzte Zusammenkunft der NS-Führungsspitze im Bunker der Reichskanzlei; danach geht Göring mit Stab nach Bayern, Himmler mit dem Großteil der SS-Führung und des Reichs-Sicherheits-Hauptamtes sowie v. Ribbentrop mit seinem Außenministerium nach Schleswig-Holstein; im Reichskanzlei-Bunker verbleiben neben Hitler im wesentlichen nur noch Bormann, Goebbels und Krebs **21. April** Himmler verhandelt im Gut Hartzfelde mit einem Vertreter des zionistischen Weltkongresses über bedingte Freigabe jüdischer Häftlinge **23. April** Vorschlag Jodls zum Abzug der deutschen Verbände aus dem Westen an die Ostfront – Plan Bormanns zur Entsendung tschechischer Industrieller nach Frankreich; sollen Westalliierte um «Schutz der Tschechoslowakei vor den Bolschewisten» bitten – Hitler gibt auf Anfrage Görings, ob er Führung des Reiches übernehmen soll, Befehl zu dessen Verhaftung; v. Greim OB der Luftwaffe – Zum Befehlshaber im Bereich Berlin wird Weidling ernannt **24. April** Keitel/Jodl verlegen das OKW nach Rheinsberg (später nach Plön) – Himmler übergibt in Lübeck Bernadotte Angebot für eine West-Kapitulation **25. April** Trotz Einschließung Berlins und amerikanisch-sowjetischer Begegnung an der Elbe ergehen sich Hitler und Goebbels im Reichskanzlei-Bunker in Spekulationen über ein Auseinanderbrechen der Anti-Hitler-Koalition in letzter Stunde **27. April** Himmlers Angebot an die Westmächte von diesen bekanntgegeben **29. April** Hitler verfaßt Testament; ernennt Dönitz zum Reichspräsidenten, Goebbels zum Reichskanzler, Bormann zum Parteiminister; Göring und Himmler werden aus der NSDAP ausgestoßen **30. April** Nach dem Sturm auf den Reichstag begeht Hitler Selbstmord **1. Mai** Nach vergeblichem Versuch, einen Waffenstillstand auszuhandeln, nehmen sich im Bunker der Reichskanzlei Goebbels und Krebs das Leben; Bormann wird bei einem Ausbruchs-Versuch getötet – In Plön übernimmt Dönitz die Amtsgeschäfte Hitlers; erklärt in Tagesbefehl: «Gegen Engländer und Amerikaner muß ich den Krieg so weit und so lange fortsetzen, wie sie mich in der Durchführung des Kampfes gegen die Bolschewisten hindern ...» Nach Zusammenbruch des Widerstandes im Osten werden zahlreiche Verbände von dort den Westalliierten zugeführt

Der Krieg im Reich

Allerschwerste Gefahren

Urteil des Volksgerichtshofes gegen den Kopf der operativen Leitung der KPD, Saefkow, Jacob und Bästlein, vom 5. September 1944 (Auszug)

Anton Saefkow, Franz Jacob und Bernhard Bästlein haben als Spitzenfunktionäre einer im Jahre 1943 von den ersten beiden gegründeten Organisation den kommunistischen Hochverrat vorbereitet und zugleich den Feind des Reiches begünstigt.
Auch haben sie durch ihre Hetzparolen es unternommen, die Wehrkraft des deutschen Volkes zu zersetzen.
Sie sind für immer ehrlos und werden mit dem Tode bestraft ... Sämtliche Angeklagten haben als Spitzenfunktionäre vornehmlich in Berlin sich maßgeblich am Aufbau der illegalen KPD, Jacob und Bästlein zudem auch schon in den Jahren 1941 und 1942 in Hamburg beteiligt. Gemäß der ihnen bekannten revolutionären Zielsetzung der KPD kam es, wie sie offen bekennen, allen Angeklagten darauf an, durch ihre organisatorische und propagandistische Arbeit den militärischen und inneren Zusammenbruch Deutschlands und damit die gewaltsame Beseitigung des ihnen verhaßten deutschen nationalsozialistischen Staates herbeizuführen ...
Durch die von ihnen betriebene Hetz- und Zersetzungspropaganda gegenüber der inneren und äußeren Front und durch Unterstützung der Bestrebungen des im Dienst der Feindmächte stehenden Nationalkomitee «Freies Deutschland» haben sie es schließlich zielstrebig unternommen, die Widerstandskraft des deutschen Volkes zum Durchstehen in diesem schweren Schicksalsringen zu zerstören, und somit auch Wehrkraftzersetzung ... begangen ...
Saefkow, Jacob und Bästlein sind alte kommunistische Funktionäre, die von einem abgründigen Haß gegen unseren Führer und unseren Staat erfüllt sind und daraus selbst in der Hauptverhandlung keinen Hehl gemacht haben. Sie sind unbelehrbar und unverbesserlich. Die wegen Vorbereitung zum Hochverrat von ihnen verbüßten Strafen haben ebensowenig Eindruck bei ihnen hinterlassen wie ihr nachfolgendes Verweilen im Konzentrationslager. Sie haben vornehmlich im fünften Kriegsjahr die KPD in einem derartigen Umfang wiederaufgezogen und die Wehrmacht zu zersetzen gesucht, daß hier für das Reich die allerschwersten Gefahren heraufbeschworen wurden.

Kampfführung fanatisieren

Schreiben v. Rundstedts, am 21. September 1944 durch die Parteikanzlei allen Gauleitern übermittelt (Auszug)

Der Führer hat befohlen, daß, da der Kampf auf weiten Abschnitten auf deutschen Heimatboden übergegriffen hat und deutsche Städte und Dörfer zum Kampfgebiet werden, unsere Kampfführung fanatisiert werden muß. In der Kampfzone muß unser Einsatz zu äußerster Härte und unter Beteiligung jedes wehrfähigen Mannes auf das äußerste Höchstmaß gesteigert werden. Jeder Bunker, jeder Häuserblock in einer deutschen Stadt und jedes deutsche Dorf muß zu einer Festung werden, an der sich der Feind entweder verblutet oder die ihre Besatzung im Kampf Mann gegen Mann unter sich begräbt.
Es gibt nur noch Halten der Stellung oder Vernichtung.
Ich bitte die Gauleiter, in geeigneter Form auf die Bevölkerung einzuwirken, daß sie sich der Notwendigkeit dieses Kampfes und ihrer jeden einzelnen angehenden Folgen bewußt wird. Die Härte des Kampfes kann dazu zwingen, nicht nur Besitztum zu opfern, sondern es aus Kampfgründen zerstören zu müssen oder durch Kampf zu verlieren. Dieser Kampf um Sein oder Nichtsein des deutschen Volkes macht in seiner Härte auch nicht vor Kunstdenkmälern und sonstigen kulturellen Werten halt.

Auflösungserscheinungen

Befehl Keitels vom 23. September 1944 (Auszug)

An einzelnen Stellen der Front und im Verlauf von Absatzbewegungen ist es vorübergehend zu Auflösungserscheinungen gekommen. Um das für die Zukunft von vornherein im Keime zu ersticken, wird auf besondere Weisung des Führers unter Zusammenfassung und Ergänzung der bisher ergangenen Anordnungen und Befehle bestimmt:
1. Gegen haltlose Elemente, die durch Verletzung der Dienstpflicht oder durch andere Straftaten die Kampfmoral der Truppe gefährden, Auflösungserscheinungen herbeiführen oder begünstigen, ist unverzüglich und mit äußerster Schärfe an Ort und Stelle, bei Gefahr im Verzuge auch durch sofortige Waffenanwendung, durchzugreifen. Das gilt insbesondere gegenüber Führern oder Unterführern, die der Feigheit schuldig sind, die ihre Pflichten als Truppenführer schwer verletzten, anvertrautes Wehrmachtsgut im Stich lassen, in ihrer soldatischen Haltung versagen oder sonst das Ansehen der Wehrmacht schwer schädigen. Mit derselben Schärfe ist, gegebenenfalls auch durch sofortigen Waffengebrauch, vorzugehen, wenn Soldaten Gewehre oder andere leichte Waffen liegen lassen, ablegen oder ohne Befehl Kampfmittel zerstören.
2. Gerichtsherren und Standgerichtsherren haben das ausdrückliche Recht, bei solchen Straftaten Todesurteile gegen jedermann, auch gegen Offiziere jeden Ranges, unmittelbar zu bestätigen, wenn die sofortige Vollstreckung der Todesstrafe zur Aufrechterhaltung der Manneszucht aus Gründen der Abschreckung geboten sind.
3. Von Standgerichten ist stets Gebrauch zu machen, wenn Gefahr im Verzuge ist oder wenn ein Aufschub des Verfahrens die Minderung der Beweismittel (Zeugen) oder die Verschleierung des Tatbestandes befürchten läßt.
4. Die Todesurteile sind unverzüglich im Angesicht der Truppe zu vollstrecken.

Der Volkssturm

Erlaß Hitlers vom 25. September 1944 (Auszug)

1. Es ist in den Gauen des Großdeutschen Reiches aus allen waffenfähigen Männern im Alter von 16 bis 60 Jahren der deutsche Volkssturm zu bilden. Er wird den Heimatboden mit allen Waffen und Mitteln verteidigen, soweit sie dafür geeignet erscheinen.
2. Die Aufstellung und Führung des deutschen Volkssturms übernehmen in ihren Gauen die Gauleiter. Sie bedienen sich dabei vor allem der fähigsten Organisatoren und Führer der bewährten Einrichtungen der Partei, SA, SS, des NSKK und der HJ.
3. Ich ernenne den Stabschef der SA, Schepmann, zum Inspekteur für die Schießausbildung und den Korpsführer des NSKK, Kraus, zum Inspekteur für die motortechnische Ausbildung des Volkssturms.
4. Die Angehörigen des deutschen Volkssturms sind während ihres Einsatzes Soldaten im Sinne des Wehrgesetzes.
5. Die Zugehörigkeit der Angehörigen des Volkssturms zu außerberuflichen Organisationen bleibt unberührt. Der Dienst im deutschen Volkssturm geht aber jedem Dienst in anderen Organisationen vor.
6. Der Reichsführer-SS ist als Befehlshaber des Ersatzheeres verantwortlich für die militärischen Organisationen, die Ausbildung, Bewaffnung und Ausrüstung des deutschen Volkssturms.
7. Der Kampfeinsatz des deutschen Volkssturms erfolgt nach meinen Weisungen durch den Reichsführer-SS als Befehlshaber des Ersatzheeres.
8. Die militärischen Ausführungsbestimmungen erläßt als Befehlshaber des Ersatzheeres Reichsführer-SS Himmler, die politischen und organisatorischen in meinem Auftrage Reichsleiter Bormann.
9. Die Nationalsozialistische Partei erfüllt vor dem deutschen Volk ihre höchste Ehrenpflicht, indem sie in erster Linie ihre Organisationen als Hauptträger dieses Kampfes einsetzt.

«Wacht am Rhein»*

Durch Hitler unterzeichneter Aufmarschbefehl des OKW vom 10. November 1944 zur Ardennen-Offensive (Auszug)

1. *Ziel der Operation ist*, durch Vernichtung der feindlichen Kräfte nördlich der Linie Antwerpen–Brüssel–Luxemburg eine entscheidende Wendung des Westfeldzuges und damit vielleicht sogar des ganzen Krieges herbeizuführen. Ich bin entschlossen, an der Durchführung der Operation unter Inkaufnahme des größten Risikos auch dann festzuhalten, wenn der feindliche Angriff beiderseits Metz und der bevorstehende Stoß auf das Ruhrgebiet zu großen Gelände- und Stellungsverlusten führen sollten.
2. *Ob. West* durchbricht am X-Tag mit Heeresgruppe B (15., 6. Pz., 5. Pz., 7. Armee) unter Ausnutzung einer Schlechtwetterlage die zur Zeit schwache Front der 1. amerikanischen Armee zwischen Monschau und Wasserbillig nach etwa einstündiger Feuervorbereitung. Heeresgruppe B gewinnt in kühnem und rücksichtslosem Durchstoßen die Maasübergänge zwischen Lüttich und Dinant unter Abschirmung der Flanken durch rückwärtige Staffeln. Ihr weiteres Ziel ist, durch Vorstoß bis Antwerpen und das Westufer der Scheldemündung die gesamten englischen Kräfte und den Nordflügel der 1. amerikanischen Armee von ihren rückwärtigen Verbindungen abzuschneiden und sie im Zusammenwirken mit Heeresgruppe H zu vernichten.

* *Deckname für die Ardennen-Offensive*

Hinrichtungen durch die Wehrmacht-Justiz

Kriegsjahr (Sept. – Aug.)	1939/40	1940/41	1941/42	1942/43	1943/44	1944 (Sept. – Dez.)
Anzahl	519	447	1 673	2 769	4 118	204

Hinrichtungen durch die zivile Justiz

nach Angaben des Reichsjustizministeriums

Jahr	1937	1938	1939	1940	1941	1942	1943	1944	1945
Anzahl	86	99	143	306	1 146	3 393	5 684	5 764	800*

* *geschätzt*

Bekanntmachung an die Bevölkerung

Die Gemeinde

Goch

gehört zum Kampfgebiet

Sie ist von der gesamten Zivilbevölkerung

sofort zu räumen!

Was an Gepäck mitgenommen werden kann, hat der Kreisleiter durch Flugblatt bekanntgegeben.

Wer nach dem

5. Dezember 1944, 24 Uhr

im Kampfgebiet angetroffen wird, trägt zur Unsicherheit der Kampfzone bei und muß damit rechnen, als Plünderer und Spion standrechtlich behandelt zu werden.

Die Truppe hat das Recht, jeden Zivilisten, der sich ohne besonderen Ausweis des Landrats im Kampfgebiet aufhält, festzunehmen oder zu erschießen. Sein Eigentum wird beschlagnahmt.

Der Reichsverteidigungskommissar für den Reichsverteidigungsbezirk Essen

Schleßmann

Räumungsbefehl für eine westdeutsche Ortschaft

Kernproblem im Osten

Denkschrift General Winters, stellvertretender Chef des Wehrmachtführungsstabes, vom 19. Januar 1945 (Auszug)

Ich sehe somit bei Auswertung aller bisherigen Erkenntnisse der sowj.-russ. Großoffensive und auf Grund der Lageentwicklung bis zum 19. Januar 1945 einschließlich die Rettung (ich wähle absichtlich dieses starke Wort) und überhaupt die Voraussetzung für eine weitere erfolgreiche Fortführung des Krieges einzig und allein darin, daß ein wesentlicher Teil des sowj.-russ. Heeres sobald als möglich vernichtend geschlagen wird.
Ich bin daher der Auffassung, daß nunmehr die im Osten entstandene Not dazu zwingt, auf Kosten aller anderen Kriegsschauplätze und unter bewußter Inkaufnahme des damit auf dem Westkriegsschauplatz verbundenen schwerwiegenden Risikos ein Höchstmaß an Kräften für die große Entscheidungsschlacht auf dem Ostkriegsschauplatz zusammenzuziehen und darüber hinaus die Führung auf allen Kriegsschauplätzen und bei allen Wehrmachtteilen demselben Gedanken einzuordnen.
Das Kernproblem ist die möglichst baldige Versammlung stärkster Angriffskräfte des Heeres im Osten, und zwar in einem Raum, in dem diese Versammlung mit Wahrscheinlichkeit auch ohne unmittelbare Feindeinwirkung durchgeführt werden kann.

Sippenhaft

Anordnung des OKW-Chefs, Keitel, vom 5. Februar 1945

Während die überwältigende Mehrzahl aller kriegsgefangenen deutschen Soldaten es für ihre selbstverständliche Pflicht hält, lieber den Tod oder schwerste Mißhandlungen zu erleiden als Führer, Volk und Vaterland zu verraten, haben einzelne ehrvergessene Elemente in der Kriegsgefangenschaft Angaben über Stärke, Bewaffnung und Einsatzort ihrer Truppe gemacht oder sind sonst zum Landesverräter geworden. Die Gefahr, die dadurch für die kämpfende Front und die Kriegsanstrengungen der Heimat beschworen wird, muß rücksichtslos und mit allen Mitteln bekämpft werden. Die Sicherheit des Reiches und die Erhaltung der Nation verlangen das.
Auf Grund der Weisungen des Führers wird daher befohlen:

1. Für Wehrmachtsangehörige, die in der Kriegsgefangenschaft Landesverrat begehen und deswegen rechtskräftig zum Tode verurteilt werden, haftet die Sippe mit Vermögen, Freiheit oder Leben. Den Umfang der Sippenhaftung im Einzelfalle bestimmt der Reichsführer-SS und Chef der Deutschen Polizei.
2. Dieser Befehl ist der Truppe unverzüglich mündlich bekanntzugeben und bei jeder gebotenen Gelegenheit mit dem Bezugserlaß zum Gegenstand eingehender Belehrung zu machen. Schriftliche Weitergabe vorwärts der Divisionsusw. -stäbe hat zu unterbleiben.

Ordnungszelle Betrieb

Der stellvertretende Leiter der Reichsgruppe Industrie, Stahl, am 9. Februar 1945 an Staatssekretär Hayler vom Reichswirtschaftsministerium (Auszug)

Ihrem Wunsche entsprechend habe ich gestern nachmittag mit einem kleinen Sachverständigenausschuß die Maßnahmen durchberaten, die wir vom Standpunkt der Reichsgruppe Industrie aus in der Ergänzung des Geheimerlasses Bormann/Speer/Sauckel vom 28. 1. 1945 für erforderlich und zweckmäßig halten.
Als oberster Grundsatz steht uns dabei die moralische und staatspolitische Pflicht der Unternehmer vor Augen, ihre Stammgefolgschaft so lange wie irgend möglich in Arbeit und Lohn zu halten. Bei einer etwaigen weiteren Verschärfung der Lage muß unter allen Umständen vermieden werden, daß die Arbeiterschaft, die im Kriege ihr Bestes und Letztes hergegeben hat, auf die Straße kommt. Vielmehr müssen die Betriebe als wichtige «Ordnungszellen» im Staatsgefüge auch bei zeitweise verminderter Beschäftigungsmöglichkeit aufrechterhalten bleiben, um eine Entwurzelung der schaffenden Menschen zu verhindern und auch Arbeitsplätze für die später zurückkehrenden Soldaten offenzuhalten.

Standgerichte im Reich

Verordnung des Reichsministers der Justiz, Thierack, vom 15. Februar 1945 (Auszug)

I. In feindbedrohten Reichsverteidigungsbezirken werden Standgerichte gebildet.
II. 1. Das Standgericht besteht aus einem Strafrichter als Vorsitzer sowie einem politischen Leiter oder Gliederungsführer der NSDAP und einem Offizier der Wehrmacht, der Waffen-SS oder der Polizei als Beisitzern.
2. Der Reichsverteidigungskommissar ernennt die Mitglieder des Gerichts und bestimmt einen Staatsanwalt als Anklagevertreter.
III. 1. Die Standgerichte sind für alle Straftaten zuständig, durch die die deutsche Kampfkraft oder Kampfentschlossenheit gefährdet sind.
2. Auf das Verfahren finden die Vorschriften der Reichsstrafprozeßordnung sinngemäß Anwendung.
IV. 1. Das Urteil des Standgerichts lautet auf Todesstrafe, Freisprechung oder Überweisung an die ordentliche Gerichtsbarkeit. Es bedarf der Bestätigung durch den Reichsverteidigungskommissar, der Ort, Zeit und Art der Vollstreckung bestimmt.
2. Ist der Reichsverteidigungskommissar nicht erreichbar und sofortige Vollstreckung unumgänglich, so übt der Anklagevertreter diese Befugnis aus.

Die geschichtliche Wende

Botschaft Hitlers an die NSDAP vom 24. Februar 1945, anläßlich des Parteiprogramm-Jubiläums (Auszug)

Es soll aber kein Zweifel darüber herrschen, daß das nationalsozialistische Deutschland diesen Kampf solange weiterführen wird, bis am Ende auch hier, und zwar noch in diesem Jahre, die ge-

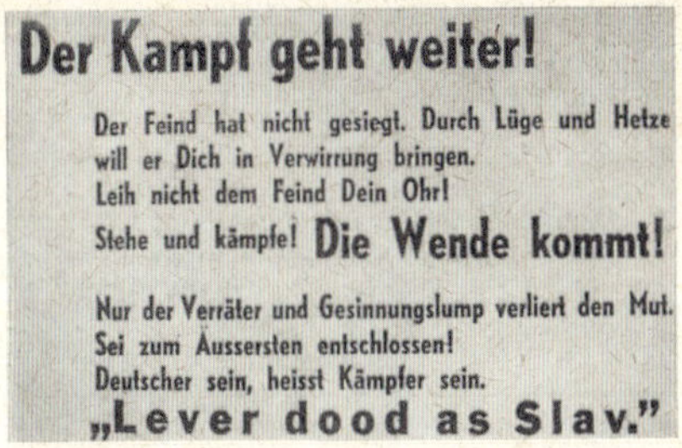

Durchhalte-Parolen aus letzter Stunde

schichtliche Wende eintritt. Keine Macht der Welt wird uns im Herzen schwach machen ... Es ist deshalb unsere Pflicht, die Freiheit der deutschen Nation für die Zukunft zu erhalten und die deutsche Arbeitskraft nicht nach Sibirien verschleppen zu lassen, sondern sie für den Wiederaufbau im Dienst unseres eigenen Volkes einzusetzen ...
Wenn Front und Heimat weiter gemeinsam entschlossen sind, jeden zu vernichten, der es auch nur wagt, dem Gebot der Erhaltung gegenüber zu versagen, der sich entweder feige zeigt oder gar den Kampf sabotiert, so werden sie gemeinsam verhindern, daß die Nation vernichtet wird. Dann muß am Ende dieser Auseinandersetzung der deutsche Sieg stehen ...
Vor 25 Jahren verkündete ich den Sieg der Bewegung. Heute prophezeie ich – wie immer durchdrungen vom Glauben an unser Volk – am Ende den Sieg des deutschen Reiches.

Aufruf zum «kriegsentscheidenden Endkampf»

Frauenbataillone

Aktenvermerk des Leiters der Parteikanzlei, Bormann, vom 28. Februar 1945 (Auszug)

1. RFSS Himmler sagte mir am gestrigen Abend, der Führer habe genehmigt, daß er 6000 Jungen des Jahrgangs 1929 zur Verstärkung seiner hintersten Verteidigungslinie heranzöge.
2. Außerdem habe der Führer, wie mir ja genau bekannt sei, inzwischen die probeweise Aufstellung eines Frauenbataillons genehmigt.
Die Frauen sollen so rasch wie möglich tadellos ausgebildet werden.
Aufstellung des Frauenbataillons in Verbindung mit der Reichsfrauenführung.
Bewährt sich dieses Frauenbataillon, sollen sofort weitere aufgestellt werden.

In der Festung Breslau

Niederschrift des Breslauer Einwohners Grieger nach seinem Tagebuch vom Frühjahr 1945 (Auszug)

In monatelanger und, wie sich später herausstellte, gänzlich zweckverfehlter Arbeit wurden ganze Wohnviertel gesprengt, planierten Männer, Frauen und Jugendliche, von Parteifunktionären Tag und Nacht herangeführt, die Häuser von der Kaiserbrücke bis zur Fürstenbrücke am Scheitniger Park. Es verschwanden spurlos die mächtige Lutherkirche, die Canisiuskirche, die Häuserreihen am Scheitniger Stern, die Wohnviertel von der Dickhutstraße bis zur Tiergartenstraße, von der Memellandstraße bis an die landwirtschaftliche Hochschule. Diese Riesenmassen arbeitender Leute blieben den Russen natürlich nicht lange verborgen, und in dem bald einsetzenden Bomben- und Granatenhagel gingen Scharen dieser Hilfskräfte zugrunde. Am 15. März meldete die Zeitung den ersten wegen Arbeitsverweigerung standrechtlich Erschossenen.

Feindliche Haltung von Zivilisten

Befehl Models, Oberkommandierender der HGr. B, an den General der Wehrmacht-Ordnungstruppen vom 18. März 1945 (Auszug)

Es sind Fälle bekannt geworden, in denen mindere Elemente aus der Zivilbevölkerung eine defaitistische, in einzelnen Fällen sogar feindliche Haltung eingenommen haben. So wird gemeldet, daß an einer Stelle von deutschen Zivilisten eine Sprengladung aus einer Brücke ausgebaut worden ist. In anderen Fällen Soldaten zum Anlegen von Zivilkleidung und Einstellung des Kampfes aufgefordert wurden.
Für den Soldaten gibt es in solchen Fällen nur einen Weg, und zwar den der Anwendung der härtesten Mittel, um den Kampf zu führen und sich in jeder Lage entsprechend seines Auftrages durchzusetzen.
Ich befehle daher:
Gegen Zersetzungs- und Sabotagehandlungen auf dem Gefechtsfeld ohne Unterschied, ob der Täter Soldat oder Zivilist ist, ist mit der Waffe einzuschreiten. Wo es die Kampfhandlung zuläßt, sind die Täter vor einem Standgericht abzuurteilen. Aburteilung von Zivilpersonen nur nach Anordnung des Standgerichtsherrn.

Fäden spinnen

Reichsfinanzminister Graf Schwerin v. Krosigk am 22. März 1945 an Goebbels (Auszug)

Fäden können nicht dadurch gesponnen werden, daß zweitrangige Abgesandte des AA über zweitrangige Vermittler Anknüpfung suchen. Es gibt – neben dem Papst, den ich Ihnen schon einmal nannte – m. E. nur zwei Männer in Europa, die dank ihrer Stellung und ihrem Ansehen eine Vermittlerrolle spielen könnten: Burckhardt in der Schweiz und Salazar in Portugal. Zu ihnen müßte man aber auch Leute von Niveau und internationalem Ansehen schicken, etwa Neurath, Lindemann-Bremen, es gibt noch mehr. Aber Zeit haben wir nicht mehr zu verlieren.

Durch Erschießen unschädlich machen

Verordnung zur Freimachung von Gefängnissen usw. vom März 1945 (Auszug)

Sobald die Räumung angeordnet wird, ist die Freimachung den festgelegten Plänen entsprechend durchzuführen. Vielfach werden allerdings die Verhältnisse Abweichungen und Improvisationen notwendig machen. Läßt sich die Rückführung der Gefangenen in dem vorgesehenen Umfang aus irgendwelchen Gründen nicht mehr durchführen, so sind die nicht ausgesprochen asozialen und staatsfeindlichen Gefangenen noch so rechtzeitig zu entlassen, daß sie nicht in Feindeshand fallen, die vorgenannten Elemente sind dagegen der Polizei zur Beseitigung zu überstellen oder, wenn auch dies nicht möglich, durch Erschießen unschädlich zu machen. Die Spuren der Unschädlichmachung sind sorgfältig zu beseitigen.

Der «Nero-Befehl»

Befehl Hitlers vom 19. März 1945, auf Betreiben Speers im Interesse der Konzerne nur wenig später wesentlich abgeschwächt

Der Kampf um die Existenz unseres Volkes zwingt auch innerhalb des Reichsgebietes zur Ausnutzung aller Mittel, die die Kampfkraft unseres Feindes schwächen und sein weiteres Vordringen behindern. Alle Möglichkeiten, der Schlagkraft des Feindes unmittelbar oder mittelbar den nachhaltigsten Schaden zuzufügen, müssen ausgenutzt werden. Es ist ein Irrtum zu glauben, nichtzerstörte oder nur kurzfristig gelähmte Verkehrs-, Nachrichten-, Industrie- und Versorgungsanlagen bei der Rückgewinnung verlorener Gebiete für eigene Zwecke wieder in Betrieb nehmen zu können. Der Feind wird bei seinem Rückzug uns nur eine verbrannte Erde zurücklassen und jede Rücksichtnahme auf die Bevölkerung fallenlassen.
Ich befehle daher:
1. Alle militärischen, Verkehrs-, Nachrichten-, Industrie- und Versorgungsanlagen sowie Sachwerte innerhalb des Reichsgebietes, die sich der Feind für die Fortsetzung seines Kampfes irgendwie sofort oder in absehbarer Zeit nutzbar machen kann, sind zu zerstören.
2. Verantwortlich für die Durchführung dieser Zerstörung sind die militärischen Kommandobehörden für alle militärischen Objekte einschl. der Verkehrs- und Nachrichtenanlagen; die Gauleiter und Reichsverteidigungskommissare für alle Industrie- und Versorgungsanlagen sowie sonstigen Sachwerte. Den Gauleitern und Reichsverteidigungskommissaren ist bei der Durchführung ihrer Aufgabe durch die Truppe die notwendige Hilfe zu leisten.
3. Dieser Befehl ist schnellstens allen Truppenführern bekanntzugeben, entgegenstehende Weisungen sind ungültig.

Zu wilder Entschlossenheit bringen

Staatssekretär Naumann vom Ministerium für Volksaufklärung und Propaganda am 28. März 1945 vor den verantwortlichen Propagandisten des deutschen Rundfunks (Auszug)

Der Rundfunk ist im Augenblick unsere wichtigste Propagandawaffe ... Das einzige, was die Bevölkerung hört, womit die Bevölkerung orientiert werden kann, ist, wenn der Strom nicht abgeschaltet wird, der Rundfunk. Das heißt, ohne Zweifel ist der Rundfunk heute unser wichtigstes Propaganda- und Informationsinstrument, das überhaupt zur Verfügung steht ...
Wir unterscheiden uns vom Asphalt-Journalismus der alten Zeit dadurch, daß wir nicht eine Nachricht bringen deshalb, weil sie neu ist und weil sie sensationell ist, sondern ich bringe eine Nachricht nur dann, wenn sie in mein Schema hineinpaßt. Wenn sie in mein Schema nicht hineinpaßt, bringe ich sie gar nicht, auch wenn sie noch so aktuell ist ...
Ihren hungrigen Hörern, die draußen am Rundfunk sitzen und die jeden Nachrichtendienst und jede Wortsendung sehnsüchtig erwarten ... dürfen Sie nicht eine Hülle und Fülle Material unverdaut hinwerfen nach dem Motto: So, nimm und friß –, sondern Sie müssen das Material denen bestens nach den Grundsätzen, die ich eben aufgestellt habe, verdaut, in einer richtigen Verpackung, für jeden etwas hergerichtet, durch den Rundfunk senden, damit der Hörer die Nachricht und die Meldung, die wir durchgeben, gleich so aufnimmt, wie wir wollen, daß er sie aufnimmt ... Es interessiert am ersten, wo steht heute der Feind, wieviele Fortschritte hat er gemacht; besteht noch eine Möglichkeit, ihn aufzuhalten; wie, wo, wann will der Führer ihn aufhalten; hat der Führer etwas vor, usw.? Das sind Fragen, die ich dem Volk beantworten muß und die es mehr interessieren als solches Unterhaltungsprogramm. Und nun habe ich hundert Möglichkeiten ... das klarzubringen. Die beste Möglichkeit ist eine Führerrede. Vielleicht bekommen wir sie in absehbarer Zeit einmal wieder, vielleicht bekommen wir sie nicht. Das ist ein Geschenk, das wir bekommen, das wir dann senden, womit wir in Deutschland zunächst mal für einige Tage alle Leute befriedigen können. Diese Führerrede steht uns aber nicht zur Verfügung. Ergo müssen wir mit den Mitteln, die wir sonst haben, eben versuchen, dem Volk diese Frage zu beantworten ... Sie müssen das Volk zu einer wilden Entschlossenheit bringen in Ihrem Programm ... Sowohl im Wortprogramm als auch im Musikprogramm müssen diese Grundsätze Berücksichtigung finden ... Der Nachrichtendienst muß kämpferisch sein. Ich kann eine unangenehme Nachricht meiner Bevölkerung bekanntgeben mit dem Ergebnis, daß die Bevölkerung ganz besonders traurig ist; ich kann aber auch eine unangenehme Nachricht meiner Bevölkerung in einem entschlossenen Ton bekanntgeben ...
Wir müssen von den bürgerlichen Hemmungen losfinden, dürfen nicht Rücksicht nehmen auf irgendein altes Weib, was vielleicht ohnmächtig wird oder was einen Nervenzusammenbruch kriegt, wenn wir diese Sprache sprechen, die ... die mutigen Männer in Deutschland anspricht. Ich will es Ihnen so sagen: Der Rundfunk muß ein Magnet sein, der alles Eisenhaltige, was in Deutschland ist, anzieht.

Flugblatt der Westalliierten nach der Einschließung der deutschen Hauptgruppierung an der Westfront

Antifaschistische Kampftruppe

Erinnerungs-Bericht über den Widerstand der in Hamburg wirkenden KdF- (Kampf dem Faschismus-) Gruppe, die vorwiegend aus kleinbürgerlichen Hitler-Gegnern bestand (Auszug)

Um ein schnelles Vorrücken der Alliierten zu fördern, wurden Vorbereitungen getroffen, Kampfhandlungen der Nazis zu inhibieren und ihre gesamte Tätigkeit zu sabotieren. Es wurden deshalb Trupps gebildet, die Brückensprengungen verhindern und angelegte Sprengladungen beseitigen sollten, ferner das Hauptquartier der Gauleitung,

Österreichs Hauptstadt wird Kampfgebiet

die im Falle einer Verteidigung Hamburgs den Hochbunker in der Eiffestraße beziehen wollte, zu isolieren (die Schlüssel zum Bunker standen uns durch einen Kameraden zur Verfügung), außerdem Sperren zu sprengen und den einrückenden Truppen die kürzesten Wege zu den militärisch wichtigen Stützpunkten freizumachen und [sie] zu führen. Hierfür war ein geeigneter Verbindungsmann bestimmt. Es war uns bekannt, daß zum Schutz des Gauleiters SS, SA, Flakbatterien usw. eingesetzt werden sollten.

Der «Flaggen-Befehl»

Funkspruch des Kommandeurs der Ordnungspolizei beim Regierungspräsidenten von Niederbayern in Regensburg vom 3. April 1945 (Auszug)

RFSS hat befohlen:
1. Im jetzigen Zeitpunkt des Krieges kommt es einzig und allein auf den sturen, unnachgiebigen Willen an zum Durchhalten.
2. Gegen das Heraushängen weißer Tücher, das Öffnen bereits geschlossener Panzersperren, das Nichtantreten zum Volkssturm und ähnliche Erscheinungen ist mit härtester Maßnahme durchzugreifen.
3. Aus einem Haus, aus dem eine weiße Fahne erscheint, sind alle männlichen Personen zu erschießen. Es darf bei diesen Maßnahmen in keinem Augenblick gezögert werden.

Kampfkommandanten

Durch Keitel und Himmler unterzeichnete OKW-Mitteilung vom 13. April 1945 (Auszug)

Städte liegen an wichtigen Verkehrsknotenpunkten. Sie müssen daher bis zum äußersten verteidigt und gehalten werden, ohne jede Rücksicht auf Versprechungen und Drohungen, die durch Parlamentäre oder feindliche Rundfunksendungen überbracht werden. Für die Befolgung dieses Befehls sind die in jeder Stadt ernannten Kampfkommandanten persönlich verantwortlich. Handeln sie dieser soldatischen Pflicht zuwider, so werden sie, wie alle zivilen Amtspersonen, die den Kampfkommandanten von dieser Pflicht abspenstig zu machen versuchen oder gar ihn bei der Erfüllung seiner Aufgabe behindern, zum Tode verurteilt. Ausnahmen von der Verteidigung von Städten bestimmt ausschließlich das Oberkommando der Wehrmacht.

Das Ende des Faschismus

Soldaten der Ostfront

Tagesbefehl Hitlers an die Oberbefehlshaber der entsprechenden Heeresgruppen vom 14. April 1945

Nachstehender Tagesbefehl des Führers ist sofort bis zu Kompanien bekanntzugeben. Veröffentlichungen in der Armee-Zeitung ist gestattet. Veröffentlichung in der Tagespresse verboten.
Die Heeresgruppen haben dafür zu sorgen, daß dieser Befehl umgehend jedem Soldaten der Ostfront bekannt wird.
«Soldaten der Deutschen Ostfront.
Zum letzten Mal ist der jüdisch-bolschewistische Todfeind mit seinen Massen zum Angriff angetreten. Er versucht, Deutschland zu zertrümmern und unser Volk auszurotten. Ihr Soldaten aus dem Osten wißt zu einem hohen Teil heute bereits selbst, welches Schicksal vor allem den deutschen Frauen, Mädchen und Kindern droht.
Während die alten Männer und Kinder ermordet werden, werden Frauen und Mädchen zu Kasernenhuren erniedrigt. Der Rest marschiert nach Sibirien.
Wir haben diesen Stoß vorhergesehen und es ist seit dem Januar dieses Jahres alles geschehen, um eine starke Front aufzubauen. Eine gewaltige Artillerie empfängt den Feind. Die Ausfälle unserer Infanterie sind durch zahllose neue Einheiten ergänzt. Alarmeinheiten, Neuaufstellungen und Volkssturm verstärken unsere Front. Der Bolschewist wird dieses Mal das alte Schicksal Asiens erleben, d.h., er muß und wird vor der Hauptstadt des Deutschen Reiches verbluten.
Wer in diesem Augenblick seine Pflicht nicht erfüllt, handelt als Verräter an unserem Volk. Das Regiment oder die Division, die ihre Stellung verlassen, benehmen sich so schimpflich, daß sie sich vor den Frauen und Kindern, die in unseren Städten dem Bombenterror standhalten, werden schämen müssen.
Achtet vor allem auf die verräterischen wenigen Offiziere und Soldaten, die, um ihr erbärmliches Leben zu sichern, im russischen Solde vielleicht sogar in deutscher Uniform gegen uns kämpfen werden. Wer Euch Befehle zum Rückzug gibt, ohne daß Ihr ihn genau kennt, ist sofort festzunehmen und nötigenfalls augenblicklich umzulegen, ganz gleich, welchen Rang er besitzt.
Wenn in diesen kommenden Tagen und Wochen jeder Soldat an der Ostfront seine Pflicht erfüllt, wird der letzte Ansturm Asiens zerbrechen, genau so wie am Ende auch der Einbruch unserer Gegner im Westen trotz allem scheitern wird.
Berlin bleibt deutsch, *Wien* wird wieder deutsch und *Europa* wird niemals russisch.
Bildet eine verschworene Gemeinschaft zur Verteidigung nicht des leeren Begriffes eines Vaterlandes, sondern zur Verteidigung Eurer Heimat, Eurer Frauen, Eurer Kinder und damit unserer Zukunft.
In diesen Stunden blickt das ganze deutsche Volk auf Euch, meine Ostkämpfer, und hofft nur darauf, daß durch Eure Standhaftigkeit, Euren Fanatismus, durch Eure Waffen und unter Eurer Führung der bolschewistische Ansturm in einem Blutbad erstickt. Im Augenblick, in dem das Schicksal den größten Kriegsverbrecher aller Zeiten* von dieser Erde weggenommen hat, wird sich die Wende dieses Krieges entscheiden.»
* *gemeint ist Roosevelt, der am 12. April starb*

Die Parteidienststellen verschwinden

Bericht der Außenstelle Berlin II des SD in Berlin-Wilmersdorf vom 17. April 1945 (Auszug)

Die Flucht von Privatpersonen aus Berlin hat offenbar mangels Ziel stark nachgelassen. Dafür bemühen sich alle möglichen Dienststellen und führenden Leute, sich schleunigst in Sicherheit zu bringen. In vielen Behörden wird seit 6 Wochen so gut wie nicht mehr gearbeitet. Dabei ist ein neuer Unruheherd entstanden, die Unruhe überträgt sich auf die Bevölkerung, die ganz offen von Sabotage spricht. Die Parteidienststellen verschwinden meist nach Bayern, und zwar die besseren nach Landshut und Berchtesgaden. In dem letzteren Ort soll sich der Führer, wenn alles schiefgeht, mit seinen Getreuen verschanzen wollen. Das Arbeitsministerium war zeitweise nach Eisenach verlegt, kam dann zurück und ist jetzt auch nach Bayern gegangen. Viele Reichsstellen, z.B. die Reichsstelle für Metalle und das RAM, haben eine Reihe von Angestellten beurlaubt oder ganz entlassen.

Frontlücke am Müggelsee

Befehl Hitlers an den Oberbefehlshaber der Heeresgruppe Weichsel, Generaloberst Heinrici, vom 21. April 1945 (Auszug)

Die um die Reichshauptstadt entstandene kritische Lage kann nur durch äußerste Entschlossenheit und Standhaftigkeit von Führung und Truppe gemeistert werden. Die erfolgreichen Angriffe am Nordflügel der Heeresgruppe Mitte müssen zur baldigen Bereinigung der Lage bei Spremberg führen. Hierzu ist unbedingt erforderlich, daß die Eckpfeiler um Cottbus wieder genommen und unter allen Umständen gehalten werden.
Im übrigen ist der Kampf wie folgt zu führen:
9. Armee verdichtet ihre Abriegelungsfront von Königs Wusterhausen bis Cottbus und führt aus ihr mit scharf zusammengefaßten Kräften immer wieder Angriffe gegen die tiefe Flanke des die Südfront von Berlin angreifenden Gegners. Die Armee hält die bisherige Front von Cottbus bis Fürstenberg und biegt ihren Nordflügel in Linie Fürstenberg–Müllrose–Fürstenwalde zurück, um beschleunigte Kräfte zum Schließen der Frontlücke südöstlich des Großen Müggelsees frei zu machen.
Armeegruppe Steiner hat ihren Angriff mit aller Energie fortzusetzen. Das Ziel des Angriffs muß es sein, eine Abwehrfront im Zuge der Autobahn wiederherzustellen.
3. Panzerarmee hat auch die letzten Brückenköpfe des Feindes über die Oder zu beseitigen und dann weitere Kräfte frei zu machen, die für einen Angriff am rechten Armeeflügel nach Süden bereitzustellen sind.
Der Verteidigungsbereich Berlin ist dem Oberst Kaether mit der Masse des bisherigen Stabes zu unterstellen; er tritt unter unmittelbaren Befehl des Führers.

Antibolschewistisches Plakat an der Ostfront

Das Ende in Sachsenhausen

Vernehmung des letzten KZ-Kommandanten Kaindl im Prozeß (Auszug)

Staatsanwalt: Angeklagter Kaindl, erhielten Sie, um die Spuren der begangenen Untaten zu beseitigen, Befehl, das Lager zu sprengen?
Kaindl: Jawohl. Am 1. Februar 1945 hatte ich ein Gespräch mit dem Chef der Gestapo, Müller. Er übermittelte mir dabei den Befehl, das Lager durch Artilleriebeschuß, Luftangriff oder Vergasung zu vernichten. Die Durchführung dieses Befehls, der von Himmler stammte, war aber technisch unmöglich.
Staatsanwalt: Hätten Sie den Befehl ausgeführt, wenn es technisch möglich gewesen wäre?
Kaindl: Selbstverständlich. Aber es ging nicht. Bei Artilleriebeschuß oder bei einem Fliegerangriff wäre die Bevölkerung der Umgebung darauf aufmerksam geworden. Bei einer Vergasung wäre nicht nur die Zivilbevölkerung, sondern auch das eigene SS-Personal Gefahr gelaufen.
Staatsanwalt: Was unternahmen Sie dann?
Kaindl: Ich besprach mich mit Höhn und anderen und gab daraufhin den Befehl, alle Kranken, Arbeitsunfähigen und vor allem alle politischen Gefangenen, die vernichtet werden mußten, zu vernichten.
Staatsanwalt: Wurde das getan?
Kaindl: Es wurde damit begonnen. In der Nacht zum 2. Februar wurden die ersten, ungefähr 150 Häftlinge, erschossen. Bis Ende März gelang es, rund 5000 zu vernichten...
Staatsanwalt: Wieviel Häftlinge befanden sich dann noch im Lager?
Kaindl: 40000 bis 45000. Am 18. April bekam ich Befehl, diese auf Schleppkähne zu verladen und sie über die Spreekanäle in die Ost- oder Nordsee zu bringen und dort auf offenem Meer zu versenken. Das war aber ebenfalls nicht möglich, weil die Beschaffung von Kähnen für so viele Häftlinge zu lange gedauert hätte und die Rote Armee zu schnell vorstieß.
Staatsanwalt: Was geschah dann?
Kaindl: Ich ließ die Häftlinge zu Fuß in Marsch setzen, zuerst in Richtung Wittstock, später nach Lübeck, um sie dort auf Schiffe zu verladen und, wie befohlen, zu versenken.
Staatsanwalt: Bekamen bei dieser Evakuierung alle Häftlinge Verpflegung?
Kaindl: Nein, 6000 bis 7000 bekamen keine mehr, weil sie alle war.
Staatsanwalt: Kamen diese Häftlinge deshalb auf dem Marsch vor Erschöpfung und Hunger um?
Kaindl: Jawohl.

In letzter Stunde

Berlins Verteidigung unmöglich

Aussage General Weidlings, ab 24. April 1945 Befehlshaber des Verteidigungsbereichs Berlin (Auszug)

Schon am 24. April überzeugte ich mich davon, daß es unmöglich war, Berlin zu verteidigen, und es auch vom militärischen Standpunkt aus sinnlos war, da das deutsche Kommando nicht über ausreichende Kräfte verfügte. Darüber hinaus befand sich zu dieser Zeit in Berlin zur Verfügung des Kommandeurs nicht eine einzige reguläre Einheit, wenn man vom Regiment «Großdeutschland» und einer SS-Brigade absieht, die die Reichskanzlei bewachten. Die gesamte Verteidigung war dem Volkssturm, der Polizei, der Feuerwehr und verschiedenen Truppen der rückwärtigen Dienste sowie Dienststellen übertragen.
Die Stadt war in acht äußere und einen inneren Verteidigungsabschnitt eingeteilt. Die Verbindung zwischen den einzelnen Abschnitten war schlecht. Auch die Verbindung zwischen dem Verteidigungsstab und den einzelnen Teilen war ungenügend. Bis zum 22. April leitete die Verteidigung Generalleutnant Reymann. Er war von Oberst Kaether abgelöst worden, der in den letzten Tagen den Rang eines Generalleutnants erhalten hatte.
Berlin verfügte über Lebensmittel und Munitionsreserven für 30 Tage. Da sich jedoch die Lagerhäuser am Stadtrand befanden, wurde die Versorgung mit Lebensmitteln und Munition immer schwieriger, je mehr sich der Ring der russischen Truppen um die Verteidiger schloß. In den letzten beiden Tagen verfügten wir weder über Lebensmittel noch über Munition.
Ich denke, daß der Volkssturm, die Polizeiabteilungen, die Feuerwehr und die Einheiten der Flak ohne Truppen der rückwärtigen Dienste über rund 90000 Mann verfügten. Außerdem gab es Volkssturmabteilungen des 2. Aufgebots, die zu den Verteidigungstruppen stießen, als im Kampfverlauf die verschiedenen Betriebe geschlossen wurden. Das LVI. Panzerkorps gelangte nach Berlin, d. h. zog sich nach Berlin zurück, mit 13000 bis 15000 Mann. Eine genaue Angabe über die Zahl der Verteidiger von Berlin zu machen ist unmöglich, da ich von einzelnen, mir unterstellten Teilen keine Angaben über den Mannschaftsbestand erhielt.

Mordbilanz eines Zuchthauses

Nach Unterlagen der Haftanstalt zusammengestellt

Vom 22. 8. 1940 bis zum 20. 4. 1945 wurden in Brandenburg 2 042 Menschen hingerichtet, 1 807 davon aus politischen Gründen. Von diesen 1 807 Opfern wurden 498 wegen Hochverrats, 558 wegen Wehrkraftzersetzung, 654 wegen Kriegsdienstverweigerung, ideellen Landesverrats, Feindbegünstigung und 97 auf Grund faschistischer Ausnahmegesetze zum Tode verurteilt.
Unter den 1 807 Opfern waren:

Arbeiter	775
Techniker/Ingenieure	363
Angestellte	234
Selbständige	97
Bauern	79
Intellektuelle	53
Künstler	49
Berufssoldaten	35
Beamte	38
Geistliche	21
Schüler/Studenten	22

Befreiung in Brandenburg

Erinnerungsbericht des ehemaligen politischen Häftlings Wilhelm Thiele (Auszug)

Die Zuchthausleitung begann mit der SS in Brandenburg zu verhandeln, um die Anstalt an die SS zu übergeben. Dies hätte unsere Liquidierung bedeutet. Die Zeit zum Handeln war gekommen. So wurde an den Zuchthausdirektor die Forderung gestellt, aus den Reihen der Gefangenen Obleute zu bestimmen, die – wie die von uns vorgebrachte Begründung lautete – bei der Aufrechterhaltung der Ordnung im Falle von Kriegshandlungen in der Nähe des Zuchthauses helfen sollten. Die Genossen, die zu Obleuten bestimmt worden waren, wurden nunmehr zum größten Teil nicht mehr in ihren Zellen eingeschlossen und hatten somit eine größere Bewegungsfreiheit. Gleichzeitig wurde – allerdings ohne Genehmigung des Zuchthausdirektors – ein Gefangenenausschuß gebildet, der sich aus Kommunisten, Sozialdemokraten, bürgerlichen Antifaschisten und ausländischen Gefangenen zusammensetzte und der in der Zuchthausbibliothek in Permanenz tagte ...

Als am 27. April 1945 die Spitzen der Sowjetarmee bis in die unmittelbare Nähe des Zuchthauses vorstießen, kam der Tag unserer Befreiung. Der Zuchthausdirektor und viele Zuchthausbeamte ergriffen die Flucht in Richtung Westen. Der Gefangenenausschuß ließ die politischen Häftlinge aus den Zellen, die Waffenkammer wurde geöffnet und das Zuchthaus durch bewaffnete Genossen gesichert. Nach einiger Zeit war auch die Verbindung zu den sowjetischen Truppen hergestellt, die einen Panzer zum Zuchthaus entsandten und somit unsere Befreiung vollendeten. Das Zusammentreffen mit sowjetischen Soldaten im Zuchthaus wurde von einer solchen Welle der Begeisterung getragen, daß dies zu einem unvergleichlichen Erlebnis in unserem Leben geworden ist. Und wie stolz waren wir, als uns ein sowjetischer Offizier sagte: «Ihr seid Kommunisten und bewaffnet, und somit seid ihr ein Teil der sowjetischen Front geworden.»

Gegeben zu Berlin

Letzte Verfügung Hitlers vom 29. April 1945, 4.00 Uhr morgens (Auszug)

Da die Kräfte zu gering sind, um dem feindlichen Ansturm gerade an dieser Stelle noch standzuhalten, der eigene Widerstand aber durch ebenso verblendete wie charakterlose Subjekte allmählich entwertet wird, möchte ich mein Schicksal mit jenem teilen, das Millionen andere auch auf sich genommen haben, indem ich in dieser Stadt bleibe. Außerdem will ich nicht Feinden in die Hände fallen, die zur Belustigung ihrer verhetzten Massen ein neues, von Juden inszeniertes Schauspiel benötigen. Ich hatte mich daher entschlossen, in Berlin zu bleiben und dort aus freien Stücken in dem Augenblick den Tod zu wählen, in dem ich glaube, daß der Sitz des Führers und Kanzlers selbst nicht mehr gehalten werden kann ...

Ich stoße vor meinem Tode den früheren Reichsmarschall Hermann Göring aus der Partei aus und entziehe ihm alle Rechte, die sich aus dem Erlaß vom 29. Juni 1941 sowie aus meiner Reichstagserklärung vom 1. September 1939 ergeben könnten. Ich ernenne an Stelle dessen den Großadmiral Dönitz zum Reichspräsidenten und Obersten Befehlshaber der Wehrmacht.

Ich stoße vor meinem Tode den früheren Reichsführer-SS und Reichsminister des Innern Heinrich Himmler aus der Partei sowie allen Staatsämtern aus. Ich ernenne an seiner Stelle den Gauleiter Karl Hanke zum Reichsführer-SS und Chef der deutschen Polizei und den Gauleiter Paul Giesler zum Reichsminister des Innern. Göring und Himmler haben durch geheime Verhandlungen mit dem Feinde, die sie ohne mein Wissen und gegen meinen Willen abhielten, sowie durch den Versuch, entgegen dem Gesetz die Macht im Staate an sich zu reißen, dem Lande und dem gesamten Volk unabsehbaren Schaden zugefügt, gänzlich abgesehen von der Treulosigkeit gegenüber meiner Person.

Um dem deutschen Volk eine aus ehrenhaften Männern zusammengesetzte Regierung zu geben, die die Verpflichtung erfüllt, den Krieg mit allen Mitteln weiter fortzusetzen, ernenne ich als Führer der Nation folgende Mitglieder des neuen Kabinetts: Reichspräsident Dönitz, Reichskanzler Dr. Goebbels, Parteiminister Bormann, Außenminister Seyß-Inquart, Innenminister Gauleiter Giesler, Kriegsminister Dönitz, Oberbefehlshaber des Heeres Schörner, der Luftwaffe Greim, Justiz Thierack, Kultus Scheel, Propaganda Dr. Naumann, Finanz Schwerin-Krosigk, Reichsführer-SS und Chef der deutschen Polizei Hanke, Wirtschaft Funk, Landwirtschaft Backe, Arbeit Dr. Hupfauer, Rüstung Saur, Leiter der DAF und Mitglied des Kabinetts Reichsminister Dr. Ley.

Dönitz' Hauptsorge

Fernschreiben Dönitz' an Gauleiter Kaufmann vom 30. April 1945 (Auszug)

1. Hauptsorge der militärischen Führung in der augenblicklichen Situation ist die Rettung deutschen Landes und deutschen Volkstums vor dem Bolschewismus. Der Schwerpunkt der Kampfführung liegt daher eindeutig im Osten. Es wird militärisch alles nur Mögliche getan, den russischen Vormarsch im Mecklenburger Raum abzustoppen oder zumindest solange als möglich aufzuhalten, um den Abfluß der deutschen Menschen zu ermöglichen ...

3. Es ist daher unumgänglich notwendig, die Elbestellung mit äußerster Zähigkeit gegen den Westen zu verteidigen. Wo durch diese Kampfaufgabe Sachwerte zerstört werden, wird dies durch die Rettung deutschen Blutes im Osten tausendfach gerechtfertigt.

Im Munde Glassplitter

Akte Nr. 12 «Über die gerichtsmedizinische Untersuchung der durch Feuer entstellten Leiche eines Mannes (vermutlich Hitler)», ausgefertigt durch eine Kommission aus Offizieren des medizinischen Dienstes der 1. Belorussischen Front im Leichenschauhaus des Chirurgischen Armeefeldlazaretts Nr. 496 in Berlin-Buch am 8. Mai 1945 (Auszug)

Da die Leiche erheblich beschädigt ist, läßt sich das Alter des Toten schwer schätzen. Vermutlich lag das Alter zwischen 50 und 60 Jahren. Der Tote ist 165 cm groß (die Messung ist ungenau, weil das Gewebe verkohlt ist), das rechte Schienbein 39 cm lang. Die Leiche ist stark verkohlt und riecht nach verbranntem Fleisch. Ein Teil des Schädeldaches fehlt. Erhalten sind Teile des Hinterhauptbeines, des linken Schläfenbeines, die unteren Teile der Joch- und Nasenbeine sowie Ober- und Unterkiefer. Die Verbrennungen sind an der rechten Schädelseite stärker als an der linken. In der Schädelkapsel sind Teile des durch Feuer beschädigten Gehirnes und der harten Gehirnhaut zu sehen. Am Gesicht und am Körper fehlt die Haut völlig; nur Überreste der verkohlten Muskeln blieben erhalten ... Die Zunge ist verkohlt, die Zungenspitze fest zwischen den Zähnen des Ober- und Unterkiefers eingeklemmt ...

Im Munde wurden Glassplitter gefunden, Teile von der Wand und dem Boden einer dünnwandigen Ampulle.

Anmerkung

1. Der «Smersch»-Abteilung der 3. Stoßarmee wurden folgende der Leiche entnommene Gegenstände am 8.5.45 übergeben:

a) eine Oberkieferbrücke aus gelbem Metall, bestehend aus 9 Zähnen,

b) ein angesengter Unterkiefer, bestehend aus 15 Zähnen.

2. Nach dem Protokoll über die Vernehmung der Frau Käthe Heusermann kann man annehmen, daß die in der Akte beschriebenen Zähne und die Brücke dem Reichskanzler Hitler gehören.

3. In ihrem Gespräch mit dem gerichtsmedizinischen Chefexperten der Front, Oberstleutnant Schkarawskij, das am 11.5.45 in den Räumen des Chirurgischen Armeefeldlazaretts Nr. 496 stattfand, hat Frau Käthe Heusermann den Zustand des Gebisses von Hitler in allen Einzelheiten beschrieben. Ihre Beschreibung stimmt mit den anatomischen Angaben über die Mundhöhle des unbekannten Mannes überein, dessen verbrannte Leiche wir geöffnet haben ...

2. Todesursache

An dem durch Feuer stark verunstalteten Körper wurden keine sichtbaren Zeichen schwerer tödlicher Verletzungen oder Erkrankungen festgestellt.

Das Vorhandensein der Überreste einer zerdrückten Glasampulle in der Mundhöhle und gleichartiger Ampullen in der Mundhöhle anderer Leichen (siehe die Akten Nr. 1, 2, 3, 5, 6, 8, 9, 10, 11 und 13), der ausgeprägte Bittermandelgeruch, der von den Leichen ausgeht (Akten Nr. 1, 2, 3, 5, 8, 9, 10, 11) und die gerichtschemische Untersuchung der inneren Organe, wobei Zyanverbindungen festgestellt wurden ..., gestatten der Kommission, den Schluß zu ziehen, daß der Tod in diesem Falle durch Vergiftung mit Zyanverbindungen verursacht wurde.

Die Kapitulation

Text der durch Keitel, v. Friedeburg und Stumpff am 8. Mai in Berlin-Karlshorst unterzeichneten Urkunde über die bedingungslose Kapitulation

1. Wir, die hier Unterzeichneten, die wir im Auftrage des Oberkommandos der Deutschen Wehrmacht handeln, übergeben hiermit bedingungslos dem Obersten Befehlshaber der Alliierten Expeditionsstreitkräfte und gleichzeitig dem Oberkommando der Roten Armee alle gegenwärtig unter deutschem Befehl stehenden Streitkräfte zu Lande, zu Wasser und in der Luft.

2. Das Oberkommando der Deutschen Wehrmacht wird unverzüglich allen deutschen Land-, See- und Luftstreitkräften und allen unter deutschem Befehl stehenden Streitkräften den Befehl geben, die Kampfhandlungen um 23.01 Uhr mitteleuropäischer Zeit am 8. Mai 1945 einzustellen, in den Stellungen zu verbleiben, die sie in diesem Zeitpunkt innehaben, und sich vollständig zu entwaffnen, indem sie ihre Waffen und Ausrüstung den örtlichen alliierten Befehlshabern oder den von den Vertretern der obersten alliierten Militärführungen bestimmten Offizieren übergeben. Kein Schiff, Seefahrzeug oder Flugzeug irgendeiner Art darf zerstört werden, noch dürfen Schiffsrümpfe, maschinelle Einrichtungen oder Geräte, Maschinen irgendwelcher Art, Waffen, Apparaturen und alle technischen Mittel zur Fortsetzung des Krieges im allgemeinen beschädigt werden.

3. Das Oberkommando der Deutschen Wehrmacht wird unverzüglich den zuständigen Befehlshabern alle von dem Obersten Befehlshaber der Alliierten Expeditionsstreitkräfte und dem Oberkommando der Roten Armee erlassenen zusätzlichen Befehle weitergeben und deren Durchführung sicherstellen.

4. Diese Kapitulationserklärung stellt kein Präjudiz für an ihre Stelle tretende allgemeine Kapitulationsbestimmungen dar, die durch die Vereinten Nationen oder in deren Namen festgesetzt werden und Deutschland und die Deutsche Wehrmacht als Ganzes betreffen werden.

5. Im Falle, daß das Oberkommando der Deutschen Wehrmacht oder irgendwelche unter seinem Befehl stehende Streitkräfte es versäumen sollten, sich gemäß den Bestimmungen dieser Kapitulationserklärung zu verhalten, werden der Oberste Befehlshaber der Alliierten Expeditionsstreitkräfte und das Oberkommando der Roten Armee alle diejenigen Straf- und anderen Maßnahmen ergreifen, die sie als zweckmäßig erachten.

Zu den Dokumenten
Bei den abgedruckten Dokumenten handelt es sich um Auszüge der wichtigsten Stellen des Originaltextes. Die Schreibweise wurde unverändert übernommen, auch wenn sich dabei Abweichungen zur Orthographie im übrigen Text des Buches ergeben. Sinnentstellende Lücken in den Originaltexten wurden ergänzt, die Einfügungen – in Ausnahmefällen auch Erläuterungen des Autors – durch eckige Klammern erkennbar gemacht. Lediglich die Interpunktion der Originaltexte wurde im Interesse besserer Verständlichkeit dem heutigen Gebrauch angepaßt.
Die Überschriften der Dokumenten-Auszüge entstammen in der Regel dem Text des jeweiligen Dokumentes. Wegen dieser Praxis wurde im allgemeinen auf die Verwendung von Anführungszeichen, seien sie distanzierender oder hervorhebender Art, verzichtet.
Hervorhebungen durch Kursivschrift wurden aus den vorliegenden Wiedergaben der Originaltexte im gleichen Umfang übernommen. Innerhalb der einzelnen Unterabschnitte sind die Dokumenten-Auszüge im Prinzip chronologisch geordnet. Kürzungen innerhalb des gewählten Auszuges sind durch drei Auslassungspunkte gekennzeichnet.

Zu den Chroniken
Aus Platzgründen wurde bei länger dauernden Ereignissen, zum Beispiel Konferenzen und großen militärischen Operationen, nur das Datum des jeweiligen Beginns aufgenommen.
Bei der chronologischen Darstellung militärischer Operationen mußte aus demselben Grunde auf die ausdrückliche Benennung der handelnden Seite häufig verzichtet werden; sie ist im allgemeinen ohnehin aus dem Gesamtzusammenhang ersichtlich. So werden Offensiven der Wehrmacht bis zur Stalingrader Schlacht meist nicht ausdrücklich mit dem Adjektiv «deutsch» versehen, umgekehrt Offensiven der Sowjetarmee von diesem Zeitpunkt an nicht ausdrücklich mit dem Adjektiv «sowjetisch». Gegenschläge der anderen Seite sind besonders gekennzeichnet.
Leerzeilen innerhalb der Chroniken verdeutlichen den Übergang zu einem neuen Thema.

Zu den Tabellen
Punkte statt Zahlen in den Ziffernkolonnen besagen, daß in diesem Fall keine Angaben vorliegen. Striche verdeutlichen solche Stellen in den Tabellen, in die logischerweise keine Werte eingesetzt werden können.
Die Tabellen wurden unterschiedlichsten Quellen entnommen; ihre detaillierte Überprüfung war nicht immer möglich. So enthalten sie gelegentlich auch übernommene Additionsfehler, die sich heute nicht mehr berichtigen lassen.

Anhang

Verzeichnis der Karten und Schemata

Abkürzungsverzeichnis

A Ausnahme (Fall)
AA Auswärtiges Amt
A-Plan Aufstellungs-Plan
ADGB Allgemeiner Deutscher Gewerkschaftsbund
Adm. Admiral
ADV Antinazistische Deutsche Volksfront
AFA Arbeitsgemeinschaft freier Angestelltenverbände
AFA-Bund Allgemeiner Freier Angestelltenbund
AG Aktiengesellschaft
AIZ Arbeiter-Illustrierte-Zeitung (1925–1937)
AK Armeekorps
Am.-Apparat Antimilitaristischer Apparat der illegalen KPD
Amtsgr. Amtsgruppe
Wehrm.-Nachr.-Verbn. Wehrmacht-Nachrichten-Verbindungen
AO der NSDAP Auslandsorganisation der NSDAP
AOK Armee-Oberkommando
ATSB Arbeiter-Turn-und-Sport-Bund
automat. Inf. Waffen automatische Infanteriewaffen

BB-Apparat Betriebs-Berichterstattungs-Apparat der illegalen KPD
BDM Bund Deutscher Mädel
B. d. U-Boote Befehlshaber der U-Boote
BJ Bündische Jugend
B. K. Bekennende Kirche
B-Stellen Beobachtungs-Stellen
BRT Bruttoregistertonnen
BSW Bratskoje sotrudnitschestwo wojennoplenych (Brüderliche Zusammenarbeit der Kriegsgefangenen)
BVP Bayerische Volkspartei

CDU Christlich-Demokratische Union (DDR)
ČSR Tschechoslowakische Republik
CVL Corpo Volontari della Libertà (Generalkommando des Freiwilligenkorps der Freiheit)

DAF Deutsche Arbeitsfront
DC Deutsche Christen
Div., Divn. Division, Divisionen
DJ Deutsches Jungvolk
DNVP Deutschnationale Volkspartei
Do Flugzeug der Dornier-Werke
DVP Deutsche Volkspartei

EdED Einheitsverband der Eisenbahner Deutschlands

E-Häfen	Einsatzhäfen (der Luftwaffe)
EKKI	Exekutivkomitee der Kommunistischen Internationale
ELAS	Griechische Volksbefreiungsarmee (Ellinikos Laikos Apelevtherotikos Stratos)
e. V.	eingetragener Verein
Fa.	Firma
FFI	Forces Françaises de l'Intérieur (Bewaffnete Verbände der französischen Widerstandsbewegung)
FKP	Französische Kommunistische Partei
Flak	Fliegerabwehrkanone
FS	Fernschreiben
FTP	Francs-Tireurs et Partisans Français
GB	Generalbevollmächtigter
GenQu	Generalquartiermeister
Gestapa	Geheimes Staatspolizeiamt
Gestapo	Geheime Staatspolizei
GFM	Generalfeldmarschall
GG	Generalgouverneur
GmbH	Gesellschaft mit beschränkter Haftung
GPU	Gossudarstwennoje polititscheskoje uprawlenije (Staatliche politische Verwaltung – der UdSSR)
HA	Hauptabteilung; Hauptamt
He	Flugzeug der Heinkel-Werke
HGr.	Heeresgruppe
HGW	Hermann-Göring-Werke
Hisma	Compania Ltda. Hispano-Marroqui de Transportes
HJ	Hitlerjugend
HKF	Hauptkampffeld
I. D.	Infanteriedivision
IG (auch I. G.)	Interessengemeinschaft
IGB	Internationaler Gewerkschaftsbund
Inf.	Infanterie
ISK	Internationaler Sozialistischer Kampfbund
ITF	Internationale Transportarbeiter-Föderation
JM	Jungmädel
Ju	Flugzeug der Junkers-Werke
Jugendl.	Jugendliche
Kav.	Kavallerie
KdF	Kraft durch Freude
KdF-Gruppe	Kampf dem Faschismus-Gruppe
KI	Kommunistische Internationale
KJVD	Kommunistischer Jugendverband Deutschlands
KL	Konzentrationslager
Komintern	Kommunistische Internationale
Komp.	Kompanie
Konti-Öl	Kontinentale Öl-Aktiengesellschaft
Konz.-Lager	Konzentrationslager
Korv.	Korvetten-
KPČ, auch KPTsch	Kommunistische Partei der Tschechoslowakei
KPD	Kommunistische Partei Deutschlands
KPdSU (B)	Kommunistische Partei der Sowjetunion (Bolschewiki)
KPÖ	Kommunistische Partei Österreichs
Krim.-Insp.	Kriminalinspektor
Krim.-Sekr.	Kriminalsekretär
KZ	Konzentrationslager
La	Leitabschnitt, Landwirtschaft
LDP	Liberaldemokratische Partei
MAN	Maschinenfabrik Augsburg – Nürnberg AG
M- (Chef)	Marine- (Chef)
Mar.-Gruppen	Marine-Gruppen
Me	Flugzeug der Messerschmitt-Werke
mech.	mechanisiert
Mefo	Metallurgische Forschungs-Gesellschaft
MG	Maschinengewehr
MGU	Moschtschnaja gromkogoworjaschtschaja ustanowka (eine auf LKW oder in Panzern montierte Lautsprecheranlage)
Mob.	Mobilmachung
mot.	motorisiert
Moto	Tonnen pro Monat
MPi	Maschinenpistole
MWT	Mitteleuropäischer Wirtschaftstag
Napola	Nationalpolitische Erziehungsanstalt
Neb. Ansch.	Nebenanschluß
NK	Nationalkomitee
NKFD	Nationalkomitee «Freies Deutschland»
Norsk Hydro	Norsk Hydro Elektrisk Kvaelstof A/S
NS	Nationalsozialistisch
NSBO	Nationalsozialistische Betriebszellenorganisation
NSD-	Nationalsozialistischer Deutscher – ...
NSDAP	Nationalsozialistische Deutsche Arbeiterpartei
NSFK	Nationalsozialistisches Fliegerkorps
NSFO	Nationalsozialistischer Führungsoffizier
NS-Hago	Nationalsozialistische Handwerks-, Handels- und Gewerbeorganisation
NSKK	Nationalsozialistisches Kraftfahrerkorps
OB., Ob.	Oberbefehlshaber
Ob. d. H., ObdH	Oberbefehlshaber des Heeres
ObdL	Oberbefehlshaber der Luftwaffe
Ob. d. M.	Oberbefehlshaber der Kriegsmarine
OGU	Ogromnaja gromkogoworjaschtschaja ustanowka (transportables Lautsprechergerät)
OKH	Oberkommando des Heeres
OKL	Oberkommando der Luftwaffe
OKM	Oberkommando der Kriegsmarine
OKW	Oberkommando der Wehrmacht
Op. Abt.	Operations-Abteilung
OSS	Office of Strategic Services
Pak	Panzerabwehrkanone
PEN-Club	International Association of Poets, Playwrights, Editors, Essayists and Novelists (Internationale Vereinigung von Dichtern, Bühnenautoren, Herausgebern, Essayisten und Romanschriftstellern)
Pg.	Parteigenosse der NSDAP
PK	Propaganda-Kompanie
PO	Parteiorganisation der NSDAP
Pol.	Politische
Prop.-	Propaganda-...
Pz.	Panzer
Pz. Div.	Panzerdivision
RAD	Reichsarbeitsdienst
RAM	Reichsaußenministerium
Refa	Reichsausschuß für Arbeitszeitermittlung (1924/36); Reichsausschuß für Arbeitsstudien (1936/45)
Reg. Bez.	Regierungsbezirk
Regg.	Regierung
RFSS	Reichsführer SS
RGr.	Reichsgruppe
Rgt.-Kdr.	Regimentskommandeur
RGI	Rote Gewerkschaftsinternationale
RGO	Revolutionäre Gewerkschaftsopposition
RH	Rote Hilfe
Rk	Reichskanzlei
R.-Komm.	Reichs-Kommissar
RLM	Reichsluftfahrtministerium
RM	Reichsmark
RSHA	Reichs-Sicherheits-Hauptamt
Rü In	Rüstungsinspektion
Rü-Ministerium	Rüstungsministerium
RV-	Reichsverteidigungs-...
RWM, RWiM	Reichswirtschaftsministerium
SA	Sturmabteilung
SAI	Sozialistische Arbeiter-Internationale
SAP	Sozialistische Arbeiterpartei Deutschlands
SD	Sicherheitsdienst der SS
SdP	Sudetendeutsche Partei
Sipo	Sicherheitspolizei
SKL	Seekriegsleitung
SMAD	Sowjetische Militäradministration in Deutschland
SPD	Sozialdemokratische Partei Deutschlands
SS	Schutzstaffel der NSDAP
St.	Saint bzw. Sankt
Stapo	Staatspolizei
Stuka	Sturzkampfbomber
synth.	synthetisch
TASS	Telegrafische Agentur der Sowjetunion
UFA	Universum-Film AG
Uffz.	Unteroffiziere
UFI	Universum-Film-GmbH (1942–1945)
Uk, uk	unabkömmlich
USA (US-)	United States of America (Vereinigte Staaten von Amerika)
V	«Vergeltungswaffe»
VB	Völkerbund
VDA	Volksbund für das Deutschtum im Ausland
VJP	Vierjahresplan
VO	Verbindungsoffizier, Verordnung
VO	(Abteilung) Vorbereitung/Ordnung
VW	Volkswagen
W.-, Wehrm.-	Wehrmacht-...
WHW	Winterhilfswerk
Wi	Wirtschaft, Wehrwirtschaftliche-
Wi.-Rü. A	Wehrwirtschafts- und Rüstungsamt im OKW
WVHA	Wirtschaftsverwaltungs-Hauptamt
Z-Plan	Ziel-Plan
z. b. V.	zur besonderen Verwendung
z. D.	zur Disposition
ZK	Zentralkomitee

Vorbemerkung

Ziel dieses Registers ist es, dem Leser das Auffinden ihm vertrauter, durch Literatur oder anderweitig vermittelter Sachbegriffe im Buch zu erleichtern.
Aufgenommen wurden vor allem Begriffe, die in der Erinnerung des einzelnen wie in der historischen oder auch belletristischen Literatur eine Rolle spielen, ferner typische Nazi-Bezeichnungen und -Begriffe, die nur aus dem konkreten Zusammenhang verständlich und interpretierbar sind. (Um das Register überschaubarer zu halten, wurde auch bei diesen Stichworten auf Anführungszeichen verzichtet.) Einige Sachbegriffe wurden zwecks besserer Übersichtlichkeit systematisiert in Gruppen zusammengefaßt, z. B. Angriffspläne, Schlachten des zweiten Weltkriegs, Gesetze u. ä.
Der Vermerk (Tab.) führt zu statistischem Zahlenmaterial, der Vermerk (Schema) zu grafischen Übersichten, der Inhalt der Karten wurde nur in Ausnahmefällen erfaßt.
Die Suche nach umfassenden thematischen Bereichen wird erleichtert durch die Aufnahme einer «Inhaltsübersicht nach Sachbegriffen», in der in Form streng sachlich gehaltener Vermerke praktisch das Inhaltsverzeichnis in noch stärker untergliederter Gestalt wiederholt wird.
Sachbegriffe, die identisch sind mit der Bezeichnung von Behörden, Parteien und Organisationen, Einrichtungen der Streitkräfte, mit Firmen oder mit Institutionen sonstiger Art, sind in der Regel im Sachwortregister nicht enthalten. Sie sind im Institutionenregister und im Firmenregister zu finden.

Inhaltsübersicht nach Sachbegriffen

Weiteres umfangreiches Material zu den genannten Sachbegriffen befindet sich im Dokumentenanhang des jeweiligen Kapitels.

Institutionenregister

Firmenregister

Geographisches Register

(Der Inhalt der Karten wurde nicht erfaßt)

Bildquellenverzeichnis

Die in diesem Buch wiedergegebenen Dokumentar-Fotos entstammen folgenden Quellen:
Zentralbild (384); Institut für Marxismus-Leninismus (108); Illustrated London News (83); Life (37); Sowjetische Frontillustrierte (21); TASS (11); Akademie der Künste der DDR (9); Zentralmuseum der Sowjetarmee (8); Museum für Deutsche Geschichte (5); Fernsehen der DDR (5); Staatliches Zentralarchiv der UdSSR (5); Akademie-Verlag (3); Neues Deutschland (3); Neue Berliner Illustrierte (2); Henschelverlag (2); Krasnaja Swesda (2); Ogonjok (2); The Sphere (1); Gesellschaft für Deutsch-Sowjetische Freundschaft (1); Planeta-Verlag (1); DEFA (1); Staatliches Filmarchiv der DDR (1); Hedwigs-Blatt (1); VVN München (1); Friedrich-Wolff-Archiv (1); Johannes R. Becher-Archiv (1); Otto-Nagel-Archiv (1); Ullstein-Bildarchiv (1); Privatbesitz (6)

Aufnahmen, die der Verfasser von einzelnen Bildreportern erhielt:
Schagin (8); Schaichet (5); Chaldej (5); Selma (3); Kapustjanski (3); Trachman (3); Alpert (2); Loskutow (2); Ustinow (2); Chomsor (2); Kemlein (2); Dorenski (1); Sawin (1); Redkin (1); Tichanow (1); Kudojarow (1); Sanko (1); Friedland (1); Rjumkin (1); Paszkowiak (1); Wlocka (1)

Deutschen und ausländischen Sammlungen wurden zusätzlich 375 Aufnahmen entnommen; aus dem Archiv des Verfassers stammen 263 Fotos